INVENTAIRE

DES

ARRÊTS DU CONSEIL D'ÉTAT

(RÈGNE DE HENRI IV)

Monsieur le Directeur général,

Le Chef de la Section administrative, ayant examiné, d'après vos instructions, le travail de l'Inventaire des arrêts du Conseil d'État (règne de Henri IV), a l'honneur de vous proposer l'impression du premier volume.

Le Chef de la Section administrative,

Félix ROCQUAIN.

Approuvé :

Le Directeur général.

MINISTÈRE DE L'INSTRUCTION PUBLIQUE, DES CULTES ET DES BEAUX-ARTS

ARCHIVES NATIONALES

INVENTAIRES ET DOCUMENTS

PUBLIÉS

PAR LA DIRECTION GÉNÉRALE DES ARCHIVES NATIONALES

INVENTAIRE

DES

ARRÊTS DU CONSEIL D'ÉTAT

(RÈGNE DE HENRI IV)

PAR

M. NOËL VALOIS

ARCHIVISTE AUX ARCHIVES NATIONALES

TOME PREMIER

PARIS

IMPRIMERIE NATIONALE

M DCCC LXXXVI

AVANT-PROPOS.

Annoncée depuis près de vingt ans, la publication du présent Inventaire a subi des retards répétés dont il convient de faire connaître ici les causes au lecteur.

L'ensemble des arrêts rendus par le Conseil d'État sous le régime antérieur à 1789 constitue, sans contredit, une des collections les plus précieuses et les plus intéressantes des Archives nationales. Elle forme une suite de près de 800,000 minutes d'arrêts, allant des dernières années du xvie siècle à la fin de l'ancienne monarchie. On y a fréquemment recours; car elle fournit les renseignements les plus abondants et les plus circonstanciés sur le fonctionnement de l'administration, telle qu'elle existait avant la Révolution. Malheureusement pour cette vaste collection, il n'a point été dressé de répertoire général, et les inventaires qu'on a à sa disposition, sont incomplets ou insuffisants. Aussi, quand les indications touchant la date et l'objet des arrêts sont vagues ou inexactes, les investigations deviennent-elles fort difficiles. Tout le monde appelait donc de ses vœux la publication d'un inventaire de la totalité de ce fonds. Pour être véritablement utile, cet inventaire devait présenter une analyse méthodique des arrêts dont la collection se compose et se terminer par des tables détaillées où se trouveraient relevés les titres des matières et les noms de personnes et de lieux. Telle est la forme sous laquelle la rédaction fut décidée en 1857. M. le marquis de Laborde, alors Directeur général des Archives de l'Empire, fit comprendre l'Inventaire des arrêts de l'ancien Conseil d'État dans l'annonce des publications qu'entreprenait, sur son initiative, cet établissement. Un archiviste de la section administrative, M. Gorré, fut, à sa demande, chargé du travail, sous la direction du chef de cette section, dans le ressort de laquelle sont placés les papiers des Conseils du Roi (série E). La tâche que s'imposait cet archiviste était lourde et de longue durée. Elle présentait, dans l'exécution, plus d'une difficulté. Les matériaux qu'il rencontrait dans sa section ne fournissaient pas d'ailleurs à M. Gorré tous les éléments indispensables à la publication. Les tables manuscrites de l'ancien Conseil d'État qu'elle possède ne commencent, pour la série des arrêts en commandement, qu'en l'année 1617; celles des arrêts en finance, qu'en 1700. Ces inventaires ont été sans doute, depuis peu, soumis à une revision partielle et complétés ou améliorés sur divers points; mais ils n'apportent presque aucun moyen de recherche pour les arrêts correspondant au règne de Louis XIII, et ces moyens ont fait jusqu'ici totalement défaut pour les arrêts remontant au règne de Henri IV. Or, l'ordre chronologique exigeait que la publication débutât précisément par l'inventaire de ces derniers arrêts. De plus, M. Gorré n'avait pas aux Archives nationales tous les recueils d'arrêts de l'époque de Henri IV. Il existe au département des manuscrits de la Bibliothèque nationale des registres d'arrêts du Conseil d'État datant du xvie siècle et notamment du règne de ce prince. Quoique, en principe, les publications entreprises sous la haute direction de M. le marquis de Laborde ne fussent destinées qu'à faire connaître les richesses renfermées au Palais Soubise, il paraissait difficile de ne pas mentionner, dans l'Inventaire des arrêts de l'ancien Conseil d'État au temps de Henri IV, ceux dont les minutes ou des transcriptions authentiques appartiennent à la Bibliothèque nationale, d'autant plus qu'elles pourront un jour, par voie d'échange ou autrement, être rendues au fonds dont elles ont été distraites. Ne point tenir compte des arrêts qui faisaient lacune et qu'on découvrait dans un établissement de l'État en relations journalières avec les Archives nationales, c'eût été vouloir demeurer systématiquement incomplet. Les tables à publier devaient d'ailleurs, comme les autres publications décidées sur la proposition de M. le marquis de Laborde, servir, non seulement aux recherches qu'exigent les demandes adressées à l'Hôtel Soubise, mais encore aux études historiques en général. M. Gorré pensa donc qu'il ne pouvait se dispenser de rappeler, dans l'Inventaire dont il était chargé, les documents de la Bibliothèque nationale, et, lors de la première élaboration de son œuvre, il s'enquit, au département des manuscrits, des papiers qui faisaient défaut au grand dépôt des Archives. C'est seulement en 1864 que ce consciencieux employé se crut en mesure de commencer la rédaction de la première partie de son Inventaire. Le tome I devait renfermer l'inventaire des arrêts du Conseil d'État sous le règne de Henri IV. Mais M. Gorré ne s'attacha d'abord qu'à l'examen des arrêts émanés du Conseil d'État sous le gouvernement de la Ligue (1591-1593). Il dressa, d'après le plan qui avait été soumis par M. le marquis de Laborde à l'approbation du Ministre, le relevé de tous les arrêts, en analysant ceux qu'il jugeait les plus importants. C'était dans ces limites que l'Inventaire devait être publié. On ajournait à une époque indéterminée, et au moment où les ressources pécuniaires le permettraient, la publication des tables générales des noms d'hommes et de lieux qui compléteraient le répertoire. L'impression du travail de M. Gorré fut commencée en 1869; mais en avançant dans sa tâche, cet archiviste s'était trouvé en présence de questions concernant la nature et le contenu de ces arrêts, sur lesquelles régnait encore pour lui beaucoup d'incertitude et d'obscurité. Le contrôle de son travail en rendit manifestes les imperfections. L'impression fut, en conséquence, interrompue, et l'on ne tarda pas à se convaincre qu'un remaniement du texte était indispensable. Sur ces entrefaites, M. Gorré mourut, et l'œuvre qu'il avait abordée demeura suspendue durant quelques années. Les événements dont la France fut le théâtre en 1870-1871 ne se prêtaient pas, au reste, à la continuation d'une impression qui se faisait aux frais de l'État. Il fallait longuement mûrir le nouveau plan à adopter, afin de n'être point exposé à revenir une seconde fois sur l'exécution. Non seulement il y avait lieu à corriger le travail de M. Gorré, il fallait encore résoudre les difficultés qu'il n'avait pu éclaircir. Feu M. E. Boutaric étudia attentivement la question, en recourant à toutes les lumières qu'il lui était possible de réunir. La revision des éléments qu'on avait à utiliser s'était opérée avec assez de célérité; il s'agissait de les coordonner et de les compléter, et le Directeur général des Archives nationales demeura quelques années sans rencontrer un archiviste qui fût assez préparé pour poursuivre d'une main sûre l'ouvrage interrompu. En 1875, M. Robert de Lasteyrie, entré depuis peu comme archiviste aux Archives nationales, se chargea enfin de la tâche et y apporta autant de zèle que d'intelligence. On était toujours résolu à publier d'abord l'Inventaire analytique des arrêts du Conseil de la plus ancienne des périodes entre lesquelles se partage la collection des Archives nationales.

La majorité des archivistes interrogés sur les changements à introduire dans la publication émit l'opinion qu'il convenait de donner un répertoire complet de tous les arrêts ou actes analogues émanés du Conseil du Roi sous le règne de Henri IV. Le choix fait dans les pièces en vue d'une analyse eût été d'ailleurs arbitraire; M. Robert de Lasteyrie sentit la nécessité de maintenir le cadre agrandi et de compléter l'inventaire des documents des Archives nationales par ceux qui se trouvent au département des manuscrits. Il poursuivit donc, mais avec plus de suite et de soin que ne l'avait fait M. Gorré, la recherche des arrêts datant du règne de Henri IV existant à la Bibliothèque nationale, de façon à pouvoir les inscrire dans la publication qui lui était confiée, et, d'accord avec le chef qui dirigeait alors la section administrative, feu M. Jules Tardif, le Directeur général des Archives nationales, donna son entière approbation aux idées que lui avait soumises M. Robert de Lasteyrie. L'impression des premières feuilles de l'Inventaire, ainsi modifié, fut mise en train. Cependant la tâche dévolue au nouveau rédacteur, auquel incombait encore un autre service dans l'administration des Archives nationales, devenait trop étendue pour qu'il y pût suffire seul. Un ancien élève de l'École des chartes, M. Noël Valois, lui prêta un concours gratuit et bénévole, et c'est à celui-ci que revint, à partir de décembre 1879, le soin d'effectuer, au département des manuscrits, le dépouillement des volumes contenant des arrêts du Conseil d'État de Henri IV que possède cet établissement. Tout semblait donc promettre la continuation régulière et non interrompue de l'impression de l'Inventaire des arrêts du Conseil d'État; mais bientôt M. Robert de Lasteyrie fut appelé à occuper une des chaires de l'École des chartes, et il résigna ses fonctions d'archiviste titulaire aux Archives nationales. Le travail risquait d'être encore une fois suspendu, quand l'admission de M. Noël Valois aux Archives nationales, en qualité d'auxiliaire, para à ce danger. Au mois de janvier 1881, M. Valois prenait place dans le personnel des Archives nationales, où il est aujourd'hui attaché, en qualité d'archiviste titulaire, à la section administrative. Il concentra immédiatement tous ses efforts en vue de poursuivre sans interruption l'œuvre qui avait été plusieurs fois remaniée ou interrompue. Aucun archiviste avant lui n'a fait une étude si méthodique et si approfondie des documents

*A.

dont il a dû dresser l'inventaire. Il compléta et améliora çà et là le plan de M. Robert de
Lasteyrie, et, au bout de quelques années, il avait, d'abord sous le contrôle de M. Jules Tardif,
puis sous celui de M. F. Rocquain, qui a succédé à ce dernier comme chef de la section
administrative, achevé la tâche laborieuse de dresser et d'imprimer l'inventaire analytique de la
première moitié des arrêts du Conseil du Roi pour le règne de Henri IV. Il l'a fait suivre d'une
table détaillée des matières et des noms d'hommes et de lieux. Il a placé en tête de cet Inventaire la savante introduction qu'on va lire, et où se trouvent résolues la plupart des
difficultés qui avaient embarrassé ses devanciers; il y met en lumière l'organisation, le fonctionnement et les vicissitudes du Conseil d'État jusqu'à l'époque où s'arrêtera le prochain
volume (14 mai 1610).

Le Directeur général des Archives nationales, membre de l'Institut,

Alfred MAURY.

INTRODUCTION.

ÉTUDE HISTORIQUE SUR LE CONSEIL DU ROI.

Lorsque M. le Directeur général des Archives nationales nous chargea de reprendre en sous-œuvre le présent *Inventaire* et de le continuer, au moins jusqu'à l'avènement de Louis XIII, nous sen-tîmes le besoin d'acquérir une connaissance exacte des attributions et de l'organisation des Conseils, de façon à bien discerner le caractère, à bien saisir le sens des quinze ou seize milliers d'arrêts dont nous avions à donner l'analyse sommaire et substantielle. Mais, si nous avions pu croire un instant possible de nous en tenir aux renseignements fournis par les actes et les mémoires contemporains de Henri IV, l'étude de ces documents eux-mêmes n'aurait pas tardé à nous entraîner en une suite de recherches et de considérations plus générales. L'organisation des Conseils qui fonctionnent durant les années 1589 à 1610 n'est pas l'œuvre de Henri IV : elle est le résultat d'ordonnances et de règlements qui se sont succédé, à d'assez courts intervalles, pendant la seconde moitié du xvie siècle; elle est surtout la conséquence de modifications lentes, survenues les unes sous Charles IX, les autres sous Henri II, celles-ci aux temps de François Ier ou de Louis XI, celles-là dès le xive siècle. Ainsi, en remontant de règne en règne et de siècle en siècle, on en vient à rechercher jusque dans le moyen âge la raison d'être des institutions modernes. L'examen des attributions et du mécanisme des diverses sections qui composent le Conseil du Roi sous Henri IV conduit insensiblement à une étude d'ensemble sur presque toute l'histoire du Conseil.

Cependant il faut se prescrire des bornes. Si le Conseil du Roi est aussi ancien que la royauté elle-même (et cette théorie, souvent mise en avant par le Conseil[1], repose, à vrai dire, sur un fondement plus solide que les prétentions analogues de la plupart des corps constitués), si donc le *Comitat* des rois mérovingiens contient en germe le Conseil d'État de Henri IV ou celui de Louis XIV, il n'en est pas moins vrai que, sur l'importance, sur le rôle, sur l'organisation de cette assemblée rudimentaire, distincte des grands *Placita*, jusqu'à présent l'histoire est muette : nous garderons le même silence que tous nos devanciers. On nous saura gré de glisser aussi rapidement sur le Conseil féodal des premiers rois capétiens, composé d'abord exclusivement de vassaux que la règle des fiefs oblige d'accomplir à leurs frais le devoir de la *cour*, comme celui de l'*ost*, peu après envahi par des chevaliers, par des clercs, par des bourgeois, serviteurs obscurs, « instruments maniables d'un gou-vernement qui se concentre et qui se fortifie[2] ». Nous nous contenterons de renvoyer soit aux auteurs qui ont exposé les progrès de la royauté féodale, soit à ceux qui ont disserté sur l'origine du Parle-

---

[1] Michel de Marillac, *Traité inédit du Conseil du Roi*, Archives nationales, U 945ᵃ, fol. 1 r°. — René Guillard, avocat au Conseil, *Histoire du Conseil du Roy depuis le commencement de la monarchie jus-*qu'à la fin du règne de Louis le Grand, Paris, 1718, in-4°. — [2] Ach. Luchaire, *Histoire des institutions monarchiques de la France sous les premiers Capétiens*, Paris, 1883, in-8°, t. I, p. 200.

ment. La grande scission opérée dans la Cour du Roi au xiii° siècle est le premier événement considérable qu'enregistrent les historiens du Conseil : ce sera le terme au delà duquel nous nous interdirons de remonter.

D'autre part, il faut convenir que, si l'histoire des Conseils pendant la dernière époque peut faire encore quelques progrès, c'est à la condition qu'on poursuivra, sur les innombrables arrêts des Conseils de Louis XIII, de Louis XIV, de Louis XV, de Louis XVI, le même travail d'analyse ou de dépouillement auquel nous avons soumis les arrêts du règne de Henri IV et de ses prédécesseurs. La découverte d'un grand nombre de faits nouveaux serait-elle du moins la récompense d'une aussi vaste entreprise? il est permis d'en douter. Après les importants travaux de contemporains comme Michel de Marillac, L. Ducrot, Fr. Duchesne, Delisle de Hérissé, R. Guillard, ou de savants modernes comme MM. Chéruel, Maury, R. Dareste, Aucoc, le comte de Luçay, mais surtout après la belle étude que M. de Boislisle a consacrée récemment aux *Conseils du Roi sous Louis XIV,* étude qui éclaire également le règne antérieur de Louis XIII et la suite du xviii° siècle, il semble que, sur ce sujet, l'histoire ait dit son dernier mot. Dans tous les cas, nous devons nous résoudre à ne pas dépasser ici le terme du règne de Henri IV.

Divisions, personnel, attributions du Conseil pendant la période indiquée, tels sont les principaux chefs sous lesquels peuvent se ranger les éclaircissements qui vont suivre. On y joindra quelques détails sur la tenue des écritures et sur la formation du dépôt des anciennes archives du Conseil.

Pour la préparation de cet *Inventaire,* les exemples et les conseils de notre obligeant prédécesseur, M. Robert de Lasteyrie, nous ont été d'un grand secours; l'érudition si sûre de notre collègue M. Auguste Longnon nous a permis de résoudre la plupart des difficultés géographiques; de même, pour la rédaction de l'étude préliminaire, nous avons eu constamment recours aux lumières spéciales d'un des savants qui ont le mieux approfondi l'histoire de l'administration ancienne : les ouvrages et les dissertations de M. Arthur de Boislisle seront cités presque à toutes les pages de cette notice ; mais nous aurions craint de fatiguer le lecteur en notant, au fur et à mesure, les innombrables éclaircissements que nous devons à son bienveillant concours, et nous préférons lui en exprimer dès à présent notre reconnaissance.

CHAPITRE PREMIER.

DIVISION DU CONSEIL EN TROIS CORPS : PARLEMENT, CHAMBRE DES COMPTES ET GRAND CONSEIL.

Le Conseil politique distinct du Parlement et de la Chambre des comptes; serment des conseillers au xiii° siècle; apparition du terme de *Grand Conseil.* — Rapports subsistant entre les trois sections (xiv°-xvii° siècles); réunions plénières; la formule *Par le Conseil estant au Parlement* ou *en la Chambre des comptes;* admission au Conseil des membres du Parlement ou de la Chambre des comptes; admission dans les cours des gens du Grand Conseil.

Jusqu'au xiii° siècle, la Cour du Roi, dont les attributions étaient à la fois religieuses, politiques, administratives et judiciaires, voyageait à la suite du prince. Saint Louis transforma le Conseil en créant une capitale. On sait comment Paris devint, vers la même époque, le siège d'une commission préposée à l'examen des comptes, et le lieu de réunion habituel de la Cour du Roi réduite à ses fonctions judiciaires. De la sorte, deux sections détachées du Conseil se fixèrent dans l'île de la Cité et commencèrent à y mener une vie à peu près indépendante[1]. Le reste de la Cour conserva son caractère ambulatoire. Le Roi pouvait bien déléguer à deux groupes de conseillers sédentaires le droit de justice et le droit de contrôle sur les officiers comptables; mais il devait garder à portée de sa voix, sous ses yeux mêmes, ceux qui l'assistaient journellement dans l'expédition des affaires politiques.

Toutefois cette séparation ne fut pas l'œuvre d'un jour. Un règlement de l'Hôtel, du 23 janvier 1286[2], nomme treize *clercs de Conseil*, c'est-à-dire treize ecclésiastiques faisant partie du Conseil du Roi[3] : leur service les appelait tantôt à la Cour, près du prince, tantôt à Paris, au Parlement. On voit que les conseillers s'accoutumaient à exercer tour à tour des fonctions qu'ils ne pouvaient plus remplir simultanément. Entre le Conseil de gouvernement et la Cour de justice, c'était un roulement continuel, un va-et-vient, qui explique les changements opérés sans cesse dans le personnel du Parlement.

En somme, la composition des deux assemblées restait à peu près la même. Nous en découvrons une nouvelle preuve dans une curieuse formule, celle du serment que prêtaient les gens du Conseil sous Louis IX ou sous Philippe III. M. E. Boutaric a cru l'imprimer[4]; mais il lui a substitué, par mégarde, le texte du serment des vassaux, *juramentum fidelitatis*[5]. Celui du Conseil présente une particularité remarquable : il prouve qu'en chaque conseiller l'administrateur, l'homme politique était doublé d'un magistrat : « *Forma juramenti quod faciunt illi qui sunt de Consilio domini Regis*. Nous jurons « que nous serons leal au Roi et le conseillerons leilment, quant il nous demandera conseil, et celerons « son secré et son conseil en bone foi; et, ès causes que nous orrons devant lui, ou sanz lui par s'au- « torité, nous li garderon sa droiture et l'autrui en bonc foi; ne ne lerrons pour amour, ne pour haine, « ne pour grace, ne por autre chose; et que nous ne prandron nul don, ne par nous ne par autre, « de balli, ne de prevost, ne de autre qui ait fait le serement au Roi que li bailli font, tandis com il « seront en l'office, ne de nule autre persone qui ait cause meue en la Court le Roi, ou qui apere « qu'el doie estre meue, partans que nos sachiens, ne emprès la cause pour achoison de la cause, se « ce n'est vins hors de tonnel, ou chiens, ou oisiaux, ou viande, hors de buef ou de pors, ou de autre « chose qui tournast à mauvaise convoitise[6]. » Loyauté et discrétion, telles sont les qualités requises chez le conseiller politique; équité, intégrité, ce sont les devoirs du juge.

Quelque chose de la confusion qui règne dans les institutions pendant cette dernière partie du XIIIe siècle apparaît aussi dans la langue : on manque de termes propres pour désigner les trois sections. *Parlamentum, Curia* ne sont pas encore des dénominations réservées exclusivement à la Cour de justice; *Compoti* commence à peine à désigner la Chambre des comptes; quant à l'assemblée politique, elle n'a de dénomination ni en latin, ni en français : faute de mieux, l'on se sert du mot

[1] Le Chanteur, *Dissertation historique et critique sur la Chambre des comptes*, 1765, in-4°, p. 40 et suiv. — Comte Beugnot, préface du t. III des *Olim*, p. xvii. — E. Boutaric, *La France sous Philippe le Bel*, p. 193. — A. de Boislisle, *Premiers présidents de la Chambre des comptes de Paris*, p. xxi.

[2] Arch. nat., JJ 57, fol. 7 v°. — C. Leber, *Collection des meilleurs dissertations, notices et traités particuliers relatifs à l'histoire de France*, t. XIX, p. 11-30.

[3] M. Vuitry (*Études sur le régime financier de la France avant la révolution de 1789*, nouvelle série, Paris, 1883, in-8°, t. I, p. 237, n. 3) propose une autre explication : «il semble, dit-il, que cette expression désigne plutôt les officiers attachés au Conseil pour l'expédition des affaires, ceux qui furent plus tard les notaires ou secrétaires

du Roi.» Cette hypothèse s'accorde-t-elle bien avec le nombre relativement considérable des *clercs de Conseil* et avec le chiffre élevé de leurs gages (5 sous par jour)? — Il ne semble guère. D'ailleurs ce même règlement du 23 janvier fournit la liste des notaires du Roi en exercice pendant l'année 1286, et il est facile de constater que les *clercs de Conseil* ne s'y trouvent pas.

[4] *La France sous Philippe le Bel*, p. 165.

[5] Ce dernier texte est transcrit immédiatement après le serment du Conseil dans le registre du Trésor des chartes, JJ 30°. Il a été reproduit, sur la foi de Boutaric, par MM. Aucoc (*Le Conseil d'État avant et depuis 1789*, Paris, 1876, in-8°, p. 33) et Vuitry (*op. cit.*, t. I, p. 237, n. 2).

[6] Arch. nat., JJ 30°, fol. 200 v°.

Conseil; mais cette expression vague désigne à volonté l'ensemble des assemblées issues de l'ancienne Cour, ou bien l'une quelconque de ces sections, soit le Parlement[1], soit la Chambre des comptes[2], soit le Conseil de gouvernement[3]. Cela est si vrai que, dans la suite, la langue administrative ayant gagné en précision comme les institutions en stabilité, le mot *Conseil* désigna presque toujours la section politique, mais ne laissa pas de conserver ses autres significations. Voici deux textes du XIVe siècle dans lesquels il désigne la Chambre des comptes : « *Les thresoriers... ne seront pas du Conseil de la Chambre des comptes*[4]. — *La supplication... par nous envoiée à nostre Conseil de nostre Chambre des comptes à Paris*[5]. » Dans cet exemple de 1408, il est synonyme de Parlement : « *Cy après s'ensuist la table des cent seigneurs qui à ce present jour estoient du Conseil du Roy nostredit seigneur en son Parlement et qui faisoient ledit Parlement*[6]. » Nous citerons enfin quatre cas dans lesquels il signifie l'ensemble du Parlement, de la Chambre des comptes et du Conseil de gouvernement : « [1331.] *Quatre personnes de nostre Conseil, c'est assavoir deux personnes de nostre Parlement et deux autres personnes des maistres de nostre Chambre des comptes*[7].— [1372.] *Ce jour, vaqua la Cour, du commandement du Roy, qui assembla tout son Conseil, jusques au nombre de cc personnes*[8]. — [1389.] *Les gens du Conseil, tant de la Chambre des comptes comme autres, qui servent continuellement et comme ordinaires*[9]. » En 1413, l'élection des gens des Comptes est faite par le Chancelier, « *appelez avec luy des gens de nostre Grand Conseil et autres de nostre Conseil, en grant et suffisant nombre*[10]. »

Cette dernière phrase contient, avec le mot *Conseil*, le terme propre qui, après s'être fait long-temps attendre, servit pendant deux cents ans à désigner la section politique : *Magnum Consilium, — Grand Conseil.* Ce terme apparut peut-être dès le XIIIe siècle[11], au plus tard en 1303[12]; il conserva la même signification jusque dans les dernières années du XVe siècle. Soit que l'adjectif *Magnum* ait pour objet d'indiquer un Conseil composé de grands personnages, ou une assemblée occupée à délibérer sur de grandes affaires[13], l'expression est admise, c'est ce qu'il importe le plus de remarquer; elle devient d'un usage fréquent, sinon général, et la clarté du discours y gagne[14]. Cet heureux

---

[1] « Il suffit de parcourir les *Olim* pour y voir le Parlement nommé de la sorte, pour ainsi dire, à chaque page. » Le comte Beugnot, auteur de cette remarque, va plus loin encore : il semble croire que le mot *Consilium*, au XIIIe siècle, désignait toujours le Parlement. Il est ainsi amené à faire dater seulement du règne de Philippe le Bel ce qu'il appelle la « création » du Conseil de gouvernement (préface du t. III des *Olim*, p. XIII-XVI).

[2] Le Chanteur, *op. cit.*, p. 23.

[3] Joinville emploie le mot *Conseil* dans ce dernier sens en parlant de l'assemblée qui blâma la cession du Limousin, du Quercy et du Périgord à l'Angleterre.

[4] Joly, additions au traité des *Offices de France* de Girard, t. I, p. 646.

[5] *Recueil des ordonnances des rois de France*, t. I, p. 156.

[6] A. Tuetey, *Journal de Nicolas de Baye*, Paris, 1885, in-8°, t. I, p. 246.

[7] *Ordonnances*, t. II, p. 76.

[8] Arch. nat., P 2295, fol. 55.

[9] *Ordonnances*, t. VII, p. 240.

[10] *Ordonnances*, t. X, p. 100.—Il faut ajouter que le mot *Conseil* a servi aussi à désigner des tribunaux qui n'étaient pas issus de l'ancien Conseil du Roi. Ainsi La Curne de Sainte-Palaye cite (*Dictionnaire*, v° Conseil) cet exemple : « nostre Conseil du Chastelet. » De même le titre de *conseiller du Roi*, réservé en principe aux membres des cours souveraines, a fini par être accordé à des officiers subalternes.

[11] *Ordonnances*, t. I, p. 541. — Cf. Pardessus, préface du t. XXI des *Ordonnances*, p. LIX LXIV.

[12] *Ordonnances*, t. I, p. 359. — Delisle de Hérissé n'en cite aucun exemple antérieur à 1392 (*Histoire et origine des Conseils du Roi*, Bibl. nat., collection Lancelot, ms. n° 100, fol. 4 v°). Victor Le Clerc n'en fait remonter l'usage qu'à l'année 1318 (*Histoire littéraire de la France au XIVe siècle*, Paris, 1865, in-8°, t. I, *Discours sur l'état des lettres*, p. 224).

[13] Delisle de Hérissé, Bibl. nat., coll. Lancelot, ms. n° 100, fol. 4 v°.

[14] Signalons comme tout à fait accidentel à cette époque l'emploi dans le même sens de l'expression *Privé Conseil*. Pardessus dit l'avoir rencontrée dans un document du 6 août 1349 (*Ordonnances*, t. XXI, p. LXIX) : vérification faite, elle ne s'y trouve pas. Nous n'en connaissons d'autre exemple que celui qu'a relevé Du Cange (v° Consilium) dans le poème de Guillaume Guiart, composé vers 1306 :

> Quand li Rois et li sien là furent,
> Cil du Privé Conseil conurent
> Qu'il n'iert pas tems de l'estriver...
>
> (*Branche des royaux lignages*, v. 3190.)

Delisle de Hérissé, dans son *Histoire inédite des Conseils du Roi* (Bibl. nat., coll. Lancelot, ms. n° 100, fol. 8 1°), et le procureur général, Carmonne, dans un discours prononcé au Parlement en 1485 (*Le Conseil du Roi et le Grand Conseil pendant la première année du règne de Charles VIII*, dans la *Bibliothèque de l'École des chartes*, t. XLIV, 1883, p. 164), considèrent également comme synonyme de Grand Conseil l'expression *Commune consilium*, que l'on lit dans l'ordonnance de mars 1303 (*Ordonnances*, t. I, p. 359). Mais d'autres

changement coïncide avec un nouveau pas dans la voie de la séparation des pouvoirs : plus on avance dans le règne de Philippe le Bel, plus le personnel des trois sections tend à devenir distinct [1].

La séparation des trois grands corps est un fait accompli. Avant de concentrer notre attention sur le Conseil proprement dit, nous devons cependant rappeler, en peu de mots, les relations intimes qu'entretinrent entre elles jusqu'au xviie siècle, malgré de nombreux dissentiments, ces trois assemblées unies par les liens d'une commune origine. Tantôt c'est le Parlement et le Grand Conseil, celui-ci et la Chambre des comptes, ou tous les trois en même temps qui se réunissent en assemblées plénières, de façon à recomposer, pour un instant, le faisceau de l'ancienne Cour royale. Tantôt il y a réunion partielle : le Grand Conseil ouvre ses portes à des gens des Comptes, à des parlementaires, ou bien les Cours fournissent des sièges aux gens du Conseil du Roi.

Chacun sait que, durant tout le moyen âge, et encore au xviie siècle, certaines résolutions importantes furent prises, d'un commun accord, par les gens du Conseil et des Comptes, par ceux du Parlement et du Conseil ou par les membres réunis du Conseil, du Parlement et des Comptes. Le Roi rappelait ainsi aux officiers des deux plus anciennes cours souveraines qu'ils n'avaient pas complètement cessé de faire partie du Conseil de gouvernement. Dans le fait, que voulait-il ? recourir aux lumières d'hommes spéciaux ? prévenir, par une marque de déférence, l'opposition possible de compagnies avec lesquelles il devait compter ? faire servir à la politique royale la popularité des magistrats [2] ? ou même modifier, dans un sens plus conforme aux vues du gouvernement, la majorité d'un Conseil suspect de partialité [3] ? Tous ces motifs sont plausibles, et tous ont eu leur influence.

Néanmoins, ces réunions plénières, surtout utiles aux époques de troubles, se sont peut-être produites moins fréquemment qu'on n'est généralement porté à le croire. Il est d'usage, en traitant ce point, de rappeler les nombreux actes passés « par le Conseil tenu au Parlement » ou « tenu en la Chambre des comptes [4] »; nul ne doute qu'il n'y ait eu réunion du Conseil au Parlement ou à la Chambre des Comptes, chaque fois qu'un notaire a inscrit au bas d'une charte royale une des formules suivantes : « *Par le Conseil estant dans la Chambre du Parlement. — Par le Conseil estant en la Chambre des comptes. — Par le Roy, à la relation du Conseil estant dans la Chambre du Parlement ou en la Chambre des comptes.* » S'il en était ainsi, ce serait par milliers qu'il faudrait compter les réunions plénières du xive au xvie siècle [5]; durant certains règnes, le Conseil n'aurait guère fait autre chose que de se transporter dans les deux cours : première difficulté, qu'il est intéressant de résoudre au double point de vue de la diplomatique et de l'histoire des institutions.

---

auteurs, parmi lesquels nous citerons Laurière (*Ordonnances*, t. I, p. 354), les rédacteurs de l'*Encyclopédie méthodique* (*Jurisprudence*, v° Conseil du Roi), Guyot (*Traité des droits, franchises..., annexés en France à chaque dignité, à chaque office*, Paris, 1787, t. II, p. 186), Moreau (*Discours sur l'histoire de France*, 1789, t. XXI, p. 40), Beugnot (*Olim*, t. I, p. xv, et t. III, p. xxviii) et Boutaric (*La France sous Philippe le Bel*, p. 212), lui attribuent avec plus de vraisemblance le sens de Parlement.

[1] Suivant M. Boutaric, ce n'est que sous Philippe de Valois que le Parlement et la Chambre des comptes furent complètement séparés, et que les membres de l'un ne furent plus admis à siéger dans l'autre (*La France sous Philippe le Bel*, p. 240).

[2] Le règne de Charles VI fournit de nombreux exemples de réunions plénières qui n'ont pas d'autre explication. Voir, par exemple, la *Chronique du Religieux de Saint-Denys*, t. IV, p. 411, l'*Histoire de Charles VII*, par le marquis de Beaucourt, t. I, p. 365, etc.

[3] C'est ainsi qu'au mois de juin 1561, Catherine de Médicis,

effrayée des tendances protestantes de son Conseil, lui adjoignit, pendant vingt jours, le Parlement, dont le zèle ardent pour les intérêts catholiques devait contrebalancer, en quelque sorte, la froideur des conseillers (Arch. nat., X¹ª 1598, fol. 4-6. — Isambert, *Anciennes lois françaises*, t. XIV, p. 109. — M. de Vidaillan, *Histoire des Conseils du Roi depuis l'origine de la monarchie jusqu'à nos jours*, Paris, 1856, in-8°, t. II, p. 62). L'Hospital déclara que les gens du Parlement étaient conseillers du Roi, non seulement pour juger les procès, mais aussi pour les grandes affaires de l'État, quand il lui plaisait de les en requérir (*Mémoires de Condé*, t. II, p. 396).

[4] Le Chanteur, *Dissertation historique*, p. 17. — A. de Boislisle, *Premiers présidents de la Chambre des comptes*, p. xxv. — Aucoc, *op. cit.*, p. 29. — Vuitry, *op. cit.*, nouvelle série, t. I, p. 238; t. II, p. 555-558, etc.

[5] Voir les tables du tome IV des *Ordonnances*, p. lxxviii et lxxix, du tome V, p. lxxvi, du tome VI, p. lxxxviii et cxxxvi, du tome VII, p. xcvi, du tome VIII, p. lxxxvii, du tome IX, p. cii.

IMPRIMERIE NATIONALE.

Si la formule est suivie de l'énumération des membres du Grand Conseil qui se sont joints aux officiers du Parlement ou des Comptes, nul doute n'est possible. On rencontrera, par exemple, des lettres signées ainsi : « *Par le Roy, à la relacion du Conseil estant en la Chambre des comptes, ou quel Vous, MM. l'archevesque de Senz, les evesques de Beauvaez et d'Amiens, les contes de Salebruche et de Brene et les gens des Comptes, Mes Jehan d'Achiere, Hue de Roche, Thomas Le Tourneur, et plusieurs autres estiez* [1]. » D'autres fois, la formule indique un déplacement du Grand Conseil : « *Per Dominum Regem, ad relationem sui Consilii habiti in Camera* [2]. — *Par le Conseil assemblé sur ce en la Chambre des comptes* [3]. » Il y a lieu de présumer une réunion plénière, bien qu'à vrai dire on ait vu tenir des Conseils politiques au Parlement, dans la salle Saint-Louis, ou *Salle Verte*, pendant que la Cour délibérait en la Grand' Chambre sur quelque procès pendant [4]. Le plus souvent, la formule finale ne fournit d'autre indication que celles contenues en ce peu de mots : « *Par le Conseil estant en la Chambre de Parlement. — Par le Roy en son Conseil estant en la Chambre des comptes* [5]. — *Per Consilium in Camera compotorum existens.* » La question devient alors singulièrement embarrassante. Toutefois, nous croyons pouvoir dire que, dans la plupart des cas, ce Conseil *estant* au Parlement, ce Conseil *estant* en la Chambre des comptes n'étaient autres que la Chambre des comptes et le Parlement eux-mêmes [6].

Un règlement du 4 août 1361 commence, en effet, par ces mots : « *C'est l'instruction et ordonance faite et baillée par le Conseil estant en la Chambre des comptes aux visiteurs des pors et passages...* ; » il finit ainsi : « *Par les gens des Comptes. P. Briare* [7]. » D'autre part, dans un arrêt du Parlement du 14 février 1373, on lit d'abord : « *Ordené fut par le Conseil du Roy estant en la Chambre des comptes...* ; » puis, un peu plus loin : « *...selon la dicte ordenance de la Chambre des comptes* [8]. » Il n'est peut-être pas téméraire d'en conclure que *Conseil estant en la Chambre des comptes* est synonyme de *Chambre des comptes*. De là vient que, sous Charles VI, toutes les lettres de diminution ou de réparation de feux qui, aux termes de l'ordonnance du 7 mars 1381 [9], devaient être expédiées en la Chambre des comptes, furent signées : « *Par le Conseil du Roy estant en la Chambre des comptes* [10]. »

Il résulte d'un document de 1418 que le Parlement prenait parfois le nom de *Conseil estant en la Cour de Parlement*, et qu'il employait même, dans certaines lettres, une formule encore plus pompeuse : « *Per Regem ad relationem Magni Consilii in camera Parlamenti existentis* [11]. »

---

[1] Arch. nat., JJ 105, fol. 83 v° — Cf. *Ordonnances*, t. III, p. 48, 337, 339, 340, t. IV, p. 716, t. V, p. 123, 642, t. VI, p. 391, 581; et L. Delisle, *Mandements de Charles V*, n° 386. — On trouve aussi : « Par le Roy, à la relacion du *Grand Conseil* tenu en la Chambre des comptes, ouquel Vous, les commissaires et generaulx gouverneurs de toutes les finances, Guillaume d'Orgemont, les prevostz de Paris et des marchans, les eschevins, les generaulx maistres des monnoyes et autres estiez. » (*Ordonnances*, t. XI, p. 54. Cf. *ibid.*, p. 52.)

[2] Formule finale d'un arrêt du Grand Conseil du 26 mai 1339, transcrit sur un registre des *Jugés*. (Arch. nat., X[ia] 9, fol. 52 v°).

[3] *Ordonnances*, t. II, p. 10. — On trouve également « Par le Roy, à la relacion du Grant Conseil tenu en la Chambre de Parlement » (*Ordonnances*, t. XI, p. 48), et, au bas d'un mandement daté de Troyes, le 27 octobre 1319, « Par le Grant Conseil en la Chambre des comptes. » (Arch. nat., JJ 58, fol. 48 r°.) — D'autres fois, la réunion des gens du Conseil et des gens des Comptes est clairement indiquée dans l'acte : « [Février 1321.] ...relatione do predictio nobis facta in nostra et nostri prefati Majoris Consilii ad hoc specialiter convocati et existentis in Camera compotorum presentia... » (Arch. nat., JJ 60, fol. 34 r°.) — « [Février 1364.] ...habita super hoc matura Consilii deliberatione cum [gentibus nostris Compotorum] una cum pluribus aliis de Concilio nostro... » (*Ordonnances*, t. IV, p. 241.)

[4] Le 31 décembre 1409, et peut-être le 2 septembre 1413, du

22 février au 17 mars 1417, le 20 novembre 1527, les 4, 7 et 27 janvier 1528. (Arch. nat., U 471, fol. 865 v°, 866 v°, 867 r°, et 889 r°.)

[5] C'est le « Conseil en la Chambre des comptes » qui, aux termes de l'ordonnance du 7 janvier 1401, devait procéder à l'élection des quatre généraux maîtres des monnaies. (*Ordonnances*, t. VIII, p. 416.)

[6] Tel paraît avoir été l'avis de La Curne de Sainte-Palaye. « Le nom de Conseil, dit-il (*Dictionnaire*, v° Conseil), a servi à désigner la Chambre des comptes; » et il cite cet exemple de 1327 : « Par le Conseil assemblé en la Chambre des comptes. »

[7] *Ordonnances*, t. III, p. 463.

[8] Arch. nat., X[ia] 1470, fol. 13 v°.

[9] *Ordonnances*, t. VI, p. 561.

[10] Table du tome VI des *Ordonnances*, p. cv.

[11] Nous lisons dans les registres du Parlement, à la date du 18 novembre 1418 : « Ce jour, pour occasion des plaintes et inconveniens qui estoient advenus et advenoient chascun jour pour cause de l'insouffisance, ignorance ou negligence de plusieurs qui se disoient et dient avoir dons d'aucuns offices de Chastelet de Paris..., a esté ordonné par le Conseil estant en la court de Parlement que lettres seroient faittez adreçans au prevost de Paris ou à son lieutenant, pour pourvoir et commettre à l'exercice desdiz offices gens ydoines, expers et souffisans, ou lieu de ceulx qui sont, ainsi que dit est, ignorans,

Dernier argument péremptoire, fourni par les lettres de foi et hommage, dont les archives de la Chambre des comptes possèdent une si riche collection. Quand l'hommage a été fait au Roi, les lettres sont signées : « *Par le Roi.* » Quand il a été rendu dans le Conseil, les lettres sont signées : « *Par le Roi en son Conseil.* » Quand il a été reçu par le Chancelier, les lettres sont expédiées : « *Par le Roi, à vostre relation.* » D'autres fois, elles sont signées : « *Par le Roi, à la relation* » d'un conseiller délégué entre les mains duquel a été prêté l'hommage. En un mot, la personne ou l'assemblée qui a reçu les promesses du vassal est toujours indiquée, une première fois dans le contexte de l'acte, une seconde fois dans la formule finale. Or, quand l'hommage a été rendu au bureau de la Chambre des comptes, à la personne du président (et c'est un usage fréquent au xve, constant au xvie siècle), les lettres de foi et hommage sont uniformément signées : « *Par le Conseil estant en la Chambre des comptes. — Par le Roy, à la relation du Conseil estant en la Chambre des comptes* [1]. » Ici encore, il n'y a pas de doute possible ; ces formules désignent évidemment la Chambre des comptes elle-même.

On a vu que la Chambre des comptes et le Parlement s'intitulaient *Conseil estant en la Chambre des comptes*, *Conseil estant au Parlement*, quand ils admettaient des étrangers à leurs délibérations [2], sans doute parce que le terme générique de *Conseil* pouvait seul convenir à une assemblée composée d'éléments disparates. Ne recouraient-ils pas aussi à ces solennelles périphrases quand ils accomplissaient un acte de souveraineté, un acte ne rentrant pas directement dans leurs attributions ordinaires, parce qu'alors leur titre d'héritiers de l'ancien Conseil pouvait seul justifier cet empiétement ? Quoi qu'il en soit, le nom du Conseil et celui du Parlement ou de la Chambre des comptes ont été joints l'un à l'autre sur le parchemin plus souvent que ces assemblées ne furent réunies dans la réalité : il faut faire la part du style, tenir compte des artifices du langage de chancellerie [3] et reléguer la plupart des assemblées plénières dans le domaine de la légende.

Un cas beaucoup plus fréquent est celui qui se présente quand une députation du Parlement ou de la Chambre des comptes se rend auprès du Grand Conseil, pour l'assister dans l'élection d'un officier, dans le jugement d'un procès, dans l'établissement d'une taxe [4]. Comme les assemblées générales, ces convocations partielles se multiplient à la faveur des troubles. Il arrive même alors que les magistrats imposent leur concours au gouvernement. On vit ainsi le Parlement refuser d'enregistrer des lettres de Charles VI, sous prétexte « que à la conclusion ou passement d'icelles n'avoient esté presens ne consentant aucunz dez conseillers de la Court... qui avoient acoustumé d'estre presens et appellez ou Grant Conseil du Roy [5]. » Pendant la négociation du traité de Troyes, le même Parlement trouva mauvais que le Conseil réuni à Paris ne recourût pas à ses lumières, et il ne se fit pas

---

negligens ou mains souffisans de exercer lesditz offices de Chastellet, jusques à ce que autrement en soit ordonné par ladicte Court. Et en ont esté les lettres à moy commandées, pour ycelles signer : *Per Regem, ad relationem Magni Consilii in camera Parlamenti existentis.* » (Arch. nat., X^{1a} 1480, fol. 157 v°. — Cf. Arch. nat., U 471, fol. 887 v° : « Le terme de *Conseil* est ici pour signifier l'assemblée du Parlement. »)

[1] Arch. nat., P 263¹, n°⁵ 85-88, 92, 94, 101 ; P 266¹, n°⁵ 1790, 1792, etc. — Les gens des Comptes pouvaient difficilement figurer à la fois dans l'adresse et dans la souscription des lettres de foi et hommage ; de là, l'emploi de la périphrase *Conseil estant en la Chambre des comptes.*

[2] Pour autoriser l'emploi de ces formules, il suffisait de la présence du Chancelier (*Ordonnances*, t. IV, p. 132), ou de celle des généraux maîtres des monnaies (*ibid.*, p. 559).

[3] Autres expressions analogues : le *Conseil en la Chambre des généraux*, le *Conseil en la Chambre des aides*, le *Conseil en la Chambre des aides de la guerre*. (L. Delisle, *Mandements de Charles V*, n°⁵ 1046,

1849, 1852, 1895, 1912, 1924, 1940. — *Ordonnances*, t. VIII, table ; p. LXXXVII, t. VII, table ; p. XCVI. — Arch. nat., JJ 161, fol. 176 v°.)

[4] *Religieux de Saint-Denys*, t. I, p. 7. — *Journal de Jean Maupoint*, édit. Fagniez, dans les *Mémoires de la Société de l'histoire de Paris*, t. IV, p. 91, 95. — Champollion-Figeac, *Captivité du roi François I*, p. 161, etc. — Parfois, comme l'a remarqué Du Tillet (*Recueil des Roys*, édition de 1607, p. 424), le Conseil se bornait à demander l'avis du Parlement sur quelque difficulté juridique ; le procès de la demoiselle de Rohan (28 avril 1566) fournit un exemple de ces consultations. (Bibl. nat., ms. français n° 16221, fol. 111 v°.)

[5] Arch. nat., X^{1a} 1480, fol. 135 1°. — Ce fait tendrait à justifier l'hypothèse suivant laquelle le droit de remontrances tire en partie son origine de l'usage où étaient les Rois d'appeler dans leur Conseil certains membres des cours souveraines. Énoncée par M. Aucoc sous une forme peut-être trop absolue (*op. cit.*, p. 30), cette opinion a été combattue par M. Fagniez (*Revue historique*, 1877, t. IV, p. 445).

faute d'exprimer franchement sa manière de voir : « Seroit expédient que, chascun jour ou bien souvent, le conte de Saint-Pol ou le Chancelier tenissent Conseil, appellez avec eulz le premier president et trois ou quatre des conseillers de ceans…[1] » Sous le même règne, l'ordonnance cabochienne avait déjà enjoint aux présidents du Parlement de demeurer autour de Paris, dans un rayon de quarante lieues, pour pouvoir répondre au premier appel des gens du Conseil du Roi. A d'autres moments, c'est par un refus de prendre part aux travaux législatifs que le Parlement témoigna son dépit au gouvernement. Henri IV ayant exprimé le désir, en 1595, de voir son Conseil se renforcer de quelques représentants des cours, pour l'élaboration de cinq édits bursaux, les délégués du Parlement s'enfermèrent dans un silence maussade; vainement les conseillers d'État leur firent entendre que leur présence, dans ces conditions, était assez inutile, tandis que, s'ils opinaient, la Cour n'en demeurerait pas moins libre de discuter plus tard l'enregistrement des édits; vainement le prince de Conti, le maréchal de Retz, Antoine d'Estrées insistèrent près du Parlement, alléguant le petit nombre des conseillers d'État demeurés dans la capitale : si la victoire de Fontaine-Française ne fût venue fort à propos décourager l'opposition, la Cour persistait dans son refus de partager à aucun degré la responsabilité du pouvoir [2].

Il y avait aussi des magistrats appelés isolément à faire partie du Conseil, à titre de conseillers. Ce cumul fut d'abord la règle; il devint bientôt l'exception. Alors seulement, on prit la peine de l'autoriser par lettres : Jean le Bon, retenant de son Conseil Simon de Bucy, en 1351, crut devoir spécifier que ce favori demeurerait premier président du Parlement [3]. Cette déclaration de compatibilité, la première, ou plutôt la seule que l'on connaisse, a induit Marillac en erreur : il en conclut témérairement qu'on voyait alors pour la première fois des magistrats faire partie du Conseil [4].

Charles IX ouvrit les portes de son Conseil à tous les présidents au parlement de Paris. L'extension d'un privilège longtemps précieux par la rareté ne laissa pas d'émouvoir le Parlement lui-même : « Nul ne peut nier, écrivait alors le greffier, Jean Du Tillet, que les offices des présidents des parlements ne requièrent résidence : et l'inconvénient est que les publications et entérinements de plusieurs choses où ils ont été, sont adressés auxdits parlements, èsquels, s'ils s'en abstiennent, y a diminution, s'ils y opinent, pis [5]. » Comme exemple de « diminution », l'on pourrait rappeler que, le 3 décembre 1557, trois présidents se retirèrent, au moment où la Cour commençait à discuter un dédoublement d'office ordonné par Charles IX [6].

Loin de remédier à cet abus, Henri III aggrava le mal en généralisant la mesure : par règlement

---

[1] Séance du 12 février 1420. Dès le lendemain, la Cour députa un président et deux conseillers pour « aler chascun jour au Conseil avec M. le Chancelier ». (Arch. nat., X¹ª 1480, fol. 205 v° et 206 r°.) — Des faits semblables sont rapportés par le continuateur de Gilles le Boüvier, à la date de 1458 (Denys Godefroy, *Histoire de Charles VII*, Paris, 1661, p. 478).

[2] Arch. nat., X¹ª 1737, fol. 13 r°, 15 v°, 54 r°. — A d'autres moments, on vit les députés du parlement de Paris mis en demeure de parler debout et tête nue devant le Conseil, assis et couvert : pour avoir refusé de se prêter à cette humiliante formalité, le premier président Lizet fut remplacé par Bertrandi (J.-A. de Thou, *Historiarum liber VI*, Londres, 1733, in-fol., t. I, p. 217).

[3] Lettres du 6 avril 1351 : « Notum facimus quod, licet nos, de fidelitate, prudentia, discretione et diligentia dilecti et fidelis consiliarii nostri Simonis de Buciaco plenarie confidentes, ipsum in consiliarium nostrum secretum et de Secreto nostro Consilio duximus retinendum, intentionis nostre tamen non fuit, nec adhuc est quod ipse, propter retentionem hujusmodi, officia vel status alios quos

antea obtinebat, videlicet statum primi presidentis in nostro Parisiensi parlamento et primi magistri requestarum Hospitii nostri deserat… » (Bibliothèque de la Chambre des députés, collection Lenain, *Registres du Parlement*, t. XIV, fol. 384 r°.) — En 1420, au dire des gens du Parlement, le premier président était de droit premier maître des requêtes de l'Hôtel et membre du Grand Conseil (Arch. nat., X¹ª 1480, fol. 205 v°).

[4] Arch. nat., U 945ª, fol. 3 v°. — Guillard, *op. cit.*, p. 35. — Il nous suffira de constater que dans l'Étroit Conseil de 1316 siégeaient le souverain de la Chambre des comptes et deux prélats, membres du Parlement. — On trouve dans Marillac une liste, très incomplète, des parlementaires appelés à siéger dans le Conseil du Roi du XIV° au XVI° siècle.

[5] *Recueil des Roys*, édition de 1607, p. 423.

[6] Arch. nat., X¹ª 1622, fol. 26 r°. — Le 22 mars 1484, un plaideur récuse les membres du Parlement qui ont pris part à certaine délibération du Conseil (*Le Conseil du Roi et le Grand Conseil … de Charles VIII*, dans la *Bibl. de l'École des ch.*, t. XLIV, p. 159).

du 17 septembre 1574[1], il accorda l'entrée du Conseil à tous les présidents des cours souveraines, ainsi qu'aux gens du Roi de la Chambre des comptes et du parlement de Paris, et, par
règlement du 11 août 1578[2], il donna, non seulement l'entrée, mais la voix délibérative aux
présidents et aux gens du Roi du parlement de Paris, au premier et au second président de la
Chambre des comptes, enfin au premier président de chacun des parlements de province. La même
disposition se retrouve dans les règlements du 31 mai 1582[3] et du 8 janvier 1585[4]; ce dernier
porte, il est vrai, que de tels avantages sont concédés à titre de faveur personnelle aux magistrats
qui ont déjà prêté le serment du Conseil, mais qu'ils ne doivent, en aucun cas, être considérés
comme une prérogative définitivement attachée à leurs charges[5].

La fusion entre le Conseil et les cours était d'autant plus complète que les gens du Conseil, à
leur tour, prétendaient pouvoir siéger dans la Chambre des comptes et au Parlement. Ce droit,
contraire aux ordonnances de 1300 et de 1320[6], fut rétabli, ou plutôt consacré, au moins en ce
qui touche le Parlement, par lettres du 21 janvier et du 5 février 1389[7]. Il paraît même qu'un
moyen fréquemment employé pour faire surseoir au jugement d'une cause pendante au Parlement
était d'obtenir des lettres par lesquelles il était défendu à la Cour de passer outre hors la présence
de plusieurs conseillers au Grand Conseil[8]. On imagine sans peine quelle pression exerçait sur
l'esprit des juges la présence des gens du Conseil : aussi les Rois recouraient-ils à ce moyen d'intimi-
dation pour influer sur l'issue d'un procès, sur le résultat d'une élection[9]. Mais le Parlement, pro-
fitant sans doute de la faiblesse de Charles VI, fit restreindre ce privilège : les gens du Conseil
n'obtinrent plus le droit de siéger dans les cours souveraines qu'à la condition d'être porteurs de
lettres d'entrée personnelles, de se soumettre à la formalité d'une réception publique et de prêter
serment entre les mains du premier président[10]. On en trouve la preuve fréquente dans les registres
du Parlement, à partir de 1416[11]; à cet égard, les conseillers de Charles VI et du régent anglais ne
furent pas mieux traités au parlement de Paris, que ceux du Dauphin ou de Charles VII à Poitiers[12].

[1] Arch. nat., KK 625, fol. 98 r°.

[2] Girard et Joly, Offices de France, t. I, p. 623.

[3] Bibl. nat., ms. français n° 16227, p. 1. — Girard et Joly, Offices de France, t. I, p. 627.

[4] Bibl. nat., ms. français n° 16234, fol. 1 r°. — Archives curieuses de l'histoire de France, 1re série, t. X, p. 332.

[5] Cf. Chéruel, Dictionnaire historique des institutions, mœurs et coutumes de la France, 1874, p. 214 et 215.

[6] Exclusion des prélats, barons et autres gens du Conseil qui
entrent dans la Chambre des comptes pour y causer d'autre besogne
(Boutaric, La France sous Philippe le Bel, p. 237). Suivant Le Chanteur, ces prohibitions impliquent le droit pour les gens du Conseil de
prendre part aux délibérations de la Chambre (Dissertation historique,
p. 23).

[7] Ordonnances, t. VII, p. 218 et 225. — Du Tillet suppose que
les gens du Conseil eurent, seulement à partir du règne de Charles VI,
le droit de siéger dans le Parlement (Recueil des Roys, édition de
1607, p. 424). Lenain partage cette opinion (Tables du Parlement,
Arch. nat., U 513, p. 145).

[8] Abus réprimé par une ordonnance du 15 août 1389 (Ordonnances, t. VII, p. 290). — De son côté, la Chambre des comptes devait s'adjoindre un certain nombre de conseillers au Grand Conseil
quand elle procédait à l'élection des prévôts ou à la fixation des gages
des vicomtes de Normandie (Ordonnances, t. IX, p. 287). Le 18 décembre 1351, plusieurs conseillers du Roi se rendirent à la Chambre
des comptes pour une adjudication (Arch. nat., P 2570, fol. 91 v°).
Le droit qu'avaient les conseillers du Roi d'opiner en la Chambre

des comptes fut reconnu par une décision du 15 septembre 1403
(Bibl. de la Chambre des députés, collection Lenain, Registres de la
Chambre des comptes, t. III, fol. 436 r°).

[9] Election de Jean de Mailly (Arch. nat., X1a 1479, fol. 157 v°).
— Procès d'Anne Dubourg (Vidaillan, op. cit., t. II, p. 40).

[10] Les parlementaires se plaisaient à croire que ces conditions avaient
été toujours remplies (Arch. nat., X1a 1584, fol. 225 r°. — Lenain,
Tables du Parlement, U 513, p. 145); mais le chancelier de
L'Hospital soutenait l'opinion contraire (X1a 1597, fol. 109).

[11] Lenain, ibid. — Étienne Pasquier, Recherches de la France, édition de 1611, p. 78.

[12] «[14 octobre 1418.] M° Guy Gelinier presenta ceans lettres royaux
de sa retenue du Grant Conseil... et fist le serement acoustumé
(X1a 1480, fol. 150 v°). — [9 janvier 1421.] Ce jour ont esté publiées les lettres de la retenue du sieur de La Baulme au Grant Conseil...; et a fait le serement acoustumé, ainsi que pareillement en a
esté fait ou regard des evesques de Therouenne, de Beauvès... et
autres, qui pareillement ont esté retenuz du Grant Conseil du Roy
(X1a 1480, fol. 226 v°). — [3 février 1422.] Et messire Jacques
de Courtjamble, chevalier, fu receu...» (ibid., fol. 246 r°). —
[24 juillet 1424.] Serment du chancelier du duc de Bedford (ibid.,
fol. 303 v°). — [18 février 1429.] Serment de M° Martial Fournier,
évêque d'Évreux (X1a 1481, fol. 7 r°). — A Poitiers, le 20 juillet
1423, l'évêque de Bazas «prestitit juramentum prestari solitum in
Curia». M° Jean Rabateau fit de même le 4 juillet 1433 (Bibliothèque de la Chambre des députés, collection Lenain, Registres du
Parlement, t. CLXXX, fol. 481 r°; Arch. nat., X1a 9194, fol. 49 r°).

C'est également à cette époque que se place un trait d'indépendance dont les membres du Parlement aimaient à évoquer le souvenir[1] : Pierre Baston, abbé de Saint-Maixent, conseiller au Grand Conseil, ayant obtenu des lettres qui lui donnaient entrée au parlement de Poitiers, la Cour arrêta, le 24 avril 1426, qu'il n'y serait point reçu[2].

Le Parlement conserva-t-il cette attitude résolue? les gens du Grand Conseil craignirent-ils de s'exposer à de tels mécomptes? Il est certain qu'ils désapprirent le chemin du Parlement, et, quand Louis XI, peu suspect de ménagements envers les juges, voulut faire asseoir en toutes les chambres un de ses conseillers les plus intimes, magistrat lui-même, François Hallé, il ne jugea pas inutile de descendre à des explications[3]. Un peu plus tard, Guillaume de Corbie dut déclarer qu'il n'entendait pas se prévaloir du titre de conseiller pour pénétrer dans le Parlement[4].

Le Conseil ne prit sa revanche que sous le règne de Henri II. Nous ne parlons pas de l'incident soulevé par Nicolas de Pellevé, qui obtint du Roi le droit d'entrée, dans son acception la plus large, et qui fut reçu aux Plaidoiries à titre d'ancien parlementaire (22 juin 1554): c'était l'annonce du grand coup que le gouvernement allait frapper. Le 23 février 1557, un maître de requêtes apporte à la Cour un édit conçu à peu près en ces termes : « Tous les gens du Conseil du Roi siègeront dans les cours souveraines et dans les juridictions inférieures; au Parlement, ils prendront place sur les hauts sièges, à la suite des présidents de la Grand'Chambre; ils y auront voix délibérative, tant aux Plaidoiries qu'au Conseil. » A la lecture de cette pièce, grand émoi sur tous les bancs; les gens du ministère public protestent de leur obéissance : « Quant à eulx, dient qu'ilz ont tousjours estimé que les personnaiges ausquelz le Roy faict cest honneur de les appeller en son Conseil privé et aux plus grands de ses affaires, *ob singularem industriam, exploratam fidem et gravitatem*, comme dict la loy, et lesquelz aucunement il associe, comme disoit *Aurelius, imperator*, à la principale evre et charge de ses affaires, sont dignes de grande recommandation, *quasi ceteris luce quadam dignitatis prefulgentes.* Et, à ceste cause, estiment que la Court sera tousjours plus conservée en sa grandeur et majesté y admettant telz personnaiges, tous d'eslite et splendeur. » Moins sensible à cet honneur, le président Christophe de Thou représente au Roi que, si les membres de son Grand Conseil ont pris quelquefois séance au Parlement pendant l'audience[5], ils n'y ont jamais eu le droit de suffrage : « Quand il plairoit au Roy de donner lettres particulières à ceulx qui luy avoient autreffoys faict service ès faictz de judicatures..., cela pourroit estre trouvé raisonnable... Mais, de decerner lettres generales pour tous ceulx qui sont et seront du Conseil privé,... ce seroit chose de grande consequence, et par le moyen de laquelle l'on donneroit pouvoir de juger à ceux qui n'en avoient la cognoissance. » Henri II fit au Parlement une réponse évasive[6], et l'on ne sut que six mois plus tard[7] quelle concession il dai-

---

[1] Remontrances présentées par le président de Thou, le 25 mars 1557 (Arch. nat., X¹ᵃ 1584, fol. 225 r°).

[2] Bibliothèque de la Chambre des députés, collection Lenain, *Registres du Parlement*, t. CLXXIX, fol. 153 v°.

[3] Lettres du 12 juillet 1482, publiées dans la *Bibliothèque de l'École des chartes*, t. XLIII, 1882, p. 612, n. 3.

[4] [1ᵉʳ mars 1484.] «Sur les lettres presentées à la Court par Mᵉ Guillaume de Corbie, naguieres president de la Court de ceans, par lesquelles le Roy a retenu ledit de Corbie son conseiller et veult qu'il soit appellé en ses consultations et affaires et qu'il joisse de telz et semblables droiz, privileges, franchises, libertez et prerogatives dont joissoient les autres conseillers dudit seigneur, et, oy la declaracion faicte par ledict Mᵉ Guillaume de Corbie, la Court a ordonné et ordonne que, sur lesdites lettres dudit Mᵉ Guillaume de Corbie, sera escript ce qu'il ensuit : *Attenta declaracione per magistrum Guillelmum*

de Corbye, in presentibus litteris nominatum, facta, per quam ipse vigore hujusmodi litterarum, tanquam consiliarius domini nostri Regis, in Curiam venire nec sedere minime intendebat, declaravit, Curia predicta litteris, in quantum eam tangit, obtemperavit atque obtemperat.» (Arch. nat., X¹ᵃ 1491, fol. 76 r°.)

[5] Cf. les lettres d'entrée de l'abbé de Saint-Maixent (Bibliothèque de la Chambre des députés, collection Lenain, *Registres du Parlement*, t. CLXXIX, fol. 153 v°).

[6] «Ceulx qui n'estoient experimentez au faict de la jurisdiction... n'auroient entrée au Parlement pour opiner.» (Arch. nat., X¹ᵃ 1584, fol. 130 v°, 131 r°, 134 r°, 151 r°, 197 r°, 215 v°, 224 et suiv. — Gibert, *Recherches historiques sur les Cours* dans les *Mémoires de l'Académie des inscriptions et belles-lettres*, 1764, t. XXX, p. 609.)

[7] A la date du 3 septembre 1557, le Parlement n'avait pas encore reçu le texte de l'édit modifié (X¹ᵃ 1586, fol. 202 v°).

gnait faire : la nouvelle rédaction de l'édit distinguait entre le droit d'entrer aux Plaidoiries, qui devait appartenir également à tous les gens du Conseil du Roi, et le droit d'opiner aux Plaidoiries, d'entrer et d'opiner au Conseil, qui ne pouvait leur être conféré que par des lettres particulières, moyennant l'obligation de prêter serment[1]. Le Parlement, qui espérait mieux, rédigea des remontrances[2] et ne se tint pas pour battu ; ce fut le point de départ d'une guerre de quarante ans dont il ne nous est possible ici que d'indiquer sommairement les phases.

Tout d'abord, de nombreux conseillers au Conseil obtinrent des lettres particulières, dont on peut lire la formule dans un protocole du temps[3]. Le Parlement imposa à ces intrus, non seulement le serment légal, mais la profession de foi catholique et romaine[4]; il les reçut par «faveur spéciale et sans tirer à conséquence[5]». Les registres, à cette époque, sont pleins de protestations que l'on n'osait faire entendre au dehors : «Il est reservé *in mente Curie* que ledit*** joyra desdictz droictz tant qu'il plaira au Roy seullement et tant qu'il sera du Conseil privé,... à la charge qu'il ne pourra presider... en l'absence des presidens du Parlement; ains presideront les presidens et anciens conseillers laiz d'icelle court, en la manière acoustumée[6].» Ce mauvais vouloir dégénéra en opposition violente quand il s'agit d'admettre un membre étranger au corps judiciaire. Charles IX allégua en vain «que ceulx de son Conseil estoient gens ayans esté envoyez en ambassades en diverses et loingtaines regions, nourriz en diversitez d'affaires,» et bien plus capables de juger que les jeunes licenciés des cours; il ajouta très justement, mais non moins inutilement, «qu'il ne vouloit riens faire de nouveau..., mais que anciennement les abbez, religieux et moynes estans du Conseil... estoient bien receuz» au Parlement[7]; celui-ci, à son tour, invoqua certaine parole échappée un jour à Henri II[8]. Jean de Monluc avait présenté ses lettres le 12 novembre 1561 : malgré les instances de L'Hospital, l'avis conforme des gens du Roi, les ordres réitérés de Charles IX, il n'était pas encore reçu au mois d'octobre 1563[9]. Le surintendant des finances Gonnor ne fut admis à prendre part qu'aux délibérations en matière de finances; le cardinal de Guise bénéficia de la popularité de son nom[10]; tous les conseillers-évêques se heurtèrent contre un obstacle sur lequel il y aura lieu de revenir plus loin[11]. Le 1er juillet 1570, le Parlement se promit à lui-même de ne plus recevoir un

---

[1] X¹ᵃ 1586, fol. 511 r°; X¹ᵃ 1587, fol. 10 r°.

[2] X¹ᵃ 1586, fol. 238 v°. — Les remontrances portèrent sans doute sur ce point que le droit d'opiner ne devait appartenir qu'aux anciens magistrats. (Voir le discours prononcé par l'avocat du Roi, du Mesnil, le 27 avril 1563. X¹ᵃ 1601, fol. 155 v°.)

[3] Bibl. nat., ms. français n° 5285, fol. 88 v°. — Ces lettres d'entrée sont adressées au Parlement, au Grand Conseil, à la Chambre des comptes et à la Cour des aides.

[4] Le Parlement proposa au Roi, en 1563, de soumettre à la profession de foi les principaux membres du Conseil privé, moyen certain, suivant lui, de parvenir à la pacification du royaume. Catherine de Médicis évita de répondre, mais la Cour n'en maintint que plus strictement la même obligation pour tous ses membres : «Et est retenu *in mente Curie* que doresnavant ceulx qui par cy après seront pourveuz pour avoir l'entrée en ladite court n'entreront... que prealablement ilz n'ayent faict profession...» (X¹ᵃ 1605, fol. 215-218.) La profession était précédée d'une enquête sur les bonne vie, mœurs et religion du postulant (X¹ᵃ 1626, fol. 472 v°). C'est ainsi que furent reçus les conseillers du Roi, Martin de Beaune (30 juillet 1569. X¹ᵃ 1626, fol. 474 v°), B. Bochetel (11 et 12 août 1569. X¹ᵃ 1627, fol. 6 v° et 8 r°), Philippe Hurault (août 1569), de Lansac (10 mai 1570. X¹ᵃ 1629, fol. 221 v°), Arnauld du Ferrier (10 juillet 1570. X¹ᵃ 1630, fol. 8 v°), etc.

[5] Réception de François de Montmorency.

[6] Réceptions de Jacques de Saint-Marcel, sieur d'Avanson (3,

13 et 24 septembre 1557. X¹ᵃ 1586, fol. 202 v°, 238 v°, 258 v°), d'André Guillart, sieur du Mortier (29 décembre 1557. X¹ᵃ 1586, fol. 511 r°), de Jean de Morvillier, évêque d'Orléans (13 janvier 1558. X¹ᵃ 1587, fol. 10 r°).

[7] Séance du 14 octobre 1563 : «... Et sur ce, mondit seigneur le mareschal de Montmorency a dict que le Roy luy avoit commandé dire que, quant les conseillers du Conseil privé dudict seigneur apporteront lettres particulières de luy pour avoir entrée ès courtz souveraines, aucune difficulté n'en fust faicte.» (X¹ᵃ 1606, fol. 471 v°.)

[8] Le président de Thou dit (17 décembre 1561) «qu'il en falloit exclure ceulx qui n'auroient esté conseillers ès courts souveraines, *que telle fut la volonté du feu roy Henry*, que encores en pouvoit-il souvenir au duc de Montmorency, connestable de France, lors present, le Roy estant en son lict; que personne ne doubtoit de la suffisance dudit evesque de Valence; mais, ne sçavoit pourquoy, cela avoit esté ordonné par le feu roy Henry. Lors, quelques ungs dirent que ce avoit esté pour le sieur de La Chesnaye seullement, que on ne vouloit qu'il eust entrée...» (X¹ᵃ 1599, fol. 220 v°.)

[9] X¹ᵃ 1599, fol. 1 v° et 220 v°; X¹ᵃ 1606, fol. 490 v°.

[10] X¹ᵃ 1605, fol. 215 v°.

[11] Plus tard, le Parlement consentit à recevoir les conseillers-évêques, à condition qu'aux jours de Conseil, ils porteraient le rochet et le camail, aux jours d'audience, la crosse et le chaperon (24 juillet 1573. X¹ᵃ 1640, fol. 139 v°).

seul membre du Conseil sans adresser des remontrances au Roi, et il tint sa résolution. Combien de fois, par la suite, supplia-t-il Charles IX que « désormais son plaisir fût de n'octroyer plus telles lettres, d'autant que si grand nombre engendroit confusion en la Cour[1] »! Le titre d'ancien membre du Parlement fut même invoqué sans succès. Pour exclure Antoine Nicolay, premier président de la Chambre des comptes, la Cour soutint une lutte ardente et jura, en procédant à la réception, que ce serait la dernière[2]. Les registres de la seule année 1572 n'offrent pas moins de six exemples semblables[3]. La Cour décide, un jour, de ne plus recevoir que des magistrats en charge[4]; une autre fois, elle exige la preuve de vingt années de service au Parlement[5], ou bien elle écarte quiconque n'a point été conseiller dix ans[6]; puis, peut-être éprouvant le besoin de mettre quelque uniformité dans ses réponses, elle ordonne la recherche dans ses registres des précédents arrêts sur la matière et se propose d'en faire l'objet d'un règlement définitif[7].

Le plus souvent, il faut bien le dire, ces éclats retardaient de quelques jours à peine le triomphe des gens du Conseil : le Parlement fut débordé. On le vit obligé d'admettre des robes courtes, des hommes d'épée, des maréchaux[8], M. de Villequier, sous Henri III, le duc de Sully[9], sous Henri IV, bien qu'à tout prendre, cette marque de confiance fût accordée par le prince avec un certain discernement, attendue pendant de longues années par quelques conseillers d'État et refusée au plus grand nombre. Suivant le témoignage de Pasquier, la résistance du Parlement prit fin en même temps que les guerres civiles : « Finalement, dit-il, après l'assoupissement des tumultes derniers, tout ainsi que les cinq présidents de la Cour furent reçus conseillers du Conseil privé, aussi fut-il arresté que, de là en avant, tous conseillers du Conseil privé auroient voix déliberative en la Cour[10]. » Il n'est pas étonnant que Henri IV, ce grand pacificateur, ait su terminer une lutte à laquelle les passions religieuses n'étaient point demeurées étrangères.

Comme les assemblées plénières dont il a été question plus haut, l'admission des magistrats dans le Conseil et celle des conseillers dans les cours contribuaient à resserrer les liens qui unissaient depuis l'origine les trois plus anciens corps de l'État[11]. Si le gouvernement profitait de ces communications fréquentes, la justice parfois en pâtissait; mais, on l'a dit et démontré, rien n'était plus étranger aux idées du moyen âge que de considérer comme un principe fondamental la séparation entre l'ordre judiciaire et l'ordre administratif[12].

---

[1] 17 août 1570. Réception de Pompone de Bellièvre, ancien conseiller au parlement de Chambéry (X¹ᵃ 1630, fol. 183 v° et 184 r°).

[2] 18 septembre-20 novembre 1570 (A. de Boislisle, *Premiers présidents de la Chambre des comptes*, p. 106).

[3] 16 et 23 juillet, 5 et 6 septembre, 13 novembre 1572. Réceptions du cardinal de Rambouillet, du maréchal de Cossé, d'Honorat de Savoie, marquis de Villars, du maréchal Gaspard de Saulx-Tavannes, etc. (X¹ᵃ 1637, fol. 38 v°, 99 r°, 274 v°, 281 v°; X¹ᵃ 1638, fol. 2 v°).

[4] 21 février 1573. Réceptions de Guillaume Bailly et de Nicolas Luillier, présidents des Comptes (X¹ᵃ 1638, fol. 401 r°).

[5] 2 décembre 1583. Réception de René Crespin, sieur du Gast (X¹ᵃ 1683, fol. 48 r°).

[6] 26 juillet 1599. Réception de Louis Hurault de L'Hospital, archevêque d'Aix (X¹ᵃ 1764, fol. 327 v°).

[7] 8 mars 1578 (X¹ᵃ 1658, fol. 151 r°). — Réception de Nicolas Brûlart de Sillery : la Cour ordonne, le 13 juillet 1587, que ses lettres d'entrée soient réformées « en ce qui concerne le pretendu privillege de conseiller d'Estat d'avoir entrée et voix deliberative en ladite court» (X¹ᵃ 1704, fol. 326 r°). — L'ambassadeur vénitien Lippomano écrivait en 1577 : «Quelquefois, dans les causes de haute importance, pour ne pas convoquer les États, le Parlement et le Conseil privé sont réunis en une seule assemblée. Alors le Roi, s'il est présent, peut autoriser ceux du Conseil privé à donner leur vote avec les membres du Parlement; mais, si le Roi n'est pas présent, ils ne peuvent pas voter.» (Tommaseo, *Relations des ambassadeurs vénitiens*, t. II, p. 509.)

[8] Maréchaux de la Chastre, de Brissac (5 avril, 18 mai 1594. X¹ᵃ 1730, fol. 14 v° et 93 r°), de Lesdiguières (18 janvier 1610).

[9] 15 et 19 mars 1602 (X¹ᵃ 1782, fol. 179 v° et 265 v°).

[10] *Recherches de la France*, édit. de 1611, p. 108. — Cf. A. de Boislisle, *Les Conseils du Roi sous Louis XIV*, p. 20.

[11] Que serait-ce si, passant en revue les attributions de ces trois corps, nous constations les empiétements journaliers de la Chambre des comptes et du Parlement sur le pouvoir législatif, du Conseil sur le pouvoir judiciaire?

[12] A. Vuitry, *Études sur le régime financier de la France avant la révolution de 1789*, Paris, 1878, p. 160.

CHAPITRE II.

LE CONSEIL ETROIT ET LE CONSEIL DU MOIS DE PHILIPPE V. — LE CONSEIL SECRET
DE PHILIPPE VI.

Conseil étroit constitué au mois de juillet 1316; *Conseil du mois* organisé en 1318-1319 : leur caractère aristocratique, leur courte durée. — *Conseil secret* établi à Paris de 1347 à 1350; formule *Sine financia*. Autres Conseils sédentaires établis à Paris.

Communément employées au xive siècle dans la langue diplomatique et littéraire, les expressions de *Conseil* et de *Grand Conseil* ne sont pourtant pas les seules qui désignent alors le Conseil de gouvernement : *Consilium majus, Étroit Conseil, Conseil du mois, Conseil secret* sont d'un usage assez répandu [1]. On s'est demandé si ces termes répondaient à diverses subdivisions du Grand Conseil, ou étaient entièrement synonymes; mais il ne semble pas qu'on ait trouvé jusqu'à présent de réponse satisfaisante. Un des écrivains le mieux informés de ces matières a posé la question sans la résoudre. «Beaucoup d'anciens auteurs, rapporte M. Aucoc [2], pensent que les mots de *Conseil privé, Conseil secret, Conseil étroit* et *Grand Conseil* ont, à cette époque, le même sens et désignent la même institution. D'autres pensent que le nom de Grand Conseil s'appliquait à une assemblée plus considérable que le Conseil étroit. Les écrivains modernes sont divisés sur ce point. » On verra si l'examen attentif des textes et le dépouillement complet des registres de la chancellerie royale réussiront mieux à éclaircir cette nouvelle difficulté.

La réaction féodale qui suivit la mort de Philippe le Bel eut pour conséquence immédiate la disgrâce ou la condamnation des principaux conseillers du Roi. Cette épuration du personnel, ce *restrait*, comme on disait alors [3], coïncide, à ce qu'il semble, avec l'apparition du terme d'*Étroit Conseil* [4]. Il n'est pas impossible que cette expression ait originairement désigné un Grand Conseil de choix, un Conseil aristocratique.

Au surplus, le même terme se retrouve, au mois de juillet 1316, employé précisément avec cette signification. On sait que la question de succession au trône soulevée par la mort de Louis Hutin demeura en suspens durant quelques mois, jusqu'à la naissance de son fils posthume; dans l'intervalle, le comte de Poitiers se fit reconnaître par les barons le titre de régent du royaume, non sans leur donner des garanties et des compensations de plus d'une sorte : c'est à ce moment décisif que fut rendue à Saint-Germain l'*Ordonnance du Conseil, du Parlement et de la Chambre des comptes* [5]. Le nouveau régent abandonnait une part de ses prérogatives, notamment le droit d'accorder toute espèce de grâces, celui de disposer des offices royaux et des bénéfices ecclésiastiques, à un *Étroit Conseil*,

[1] *Venerabile Consilium* est une expression pompeuse qui se rencontre dans quelques procurations de députés aux États généraux : «... ad comparendum coram serenissimo Rege et ejus venerabili Consilio.» (Hervieu, *Recherches sur les premiers États généraux*, dans la *Revue de législation*, 1873, p. 512.) — *Grande Consilium* est un synonyme, peu usité, de *Consilium magnum* (Ordonnances, t. II, p. 449).

[2] *Op. cit.*, p. 29.

[3] Arch. nat., JJ 57, fol. 25 r°. — Cf. Du Cange, v° RESTRINGITOR.

[4] Les lettres qui ratifient les clauses du testament de Philippe le Bel (Vincennes, décembre 1314; Arch. nat., K 39, n° 2) en pres-

crivent l'observation aux gens des Comptes; aux trésoriers et à «ceux qui ores sont de nostre Estroit Conseil». (Cf. Du Cange, v° Consilium 2.) — Nous n'avons pas retrouvé dans Guillaume de Nangis l'expression de *Conseil étroit* qu'y signalait Delisle de Hérissé (Bibl. nat., collection Lancelot, ms. n° 100, fol. 3 v°).

[5] Arch. nat., JJ 57, fol. 40 v°. — Des extraits de ce règlement ont été publiés par Du Tillet (*Recueil des Roys*, édition de 1607, p. 422) et par M. Boutaric (*Actes du parlement de Paris*, n° 4482ª). Pasquier paraît l'avoir connu; mais il en fait honneur à Louis Hutin (*Recherches de la France*, édition de 1611, p. 65).

composé de vingt-quatre grands personnages [1] : six princes du sang, les comtes de Valois, d'Évreux et de la Marche, Robert d'Artois, Louis et Jean de Clermont, oncles, frère et cousins de Philippe V; quatre barons, Amé V, comte de Savoie, Jean II, dauphin de Viennois, Robert le Grand, comte d'Auvergne et de Boulogne, Jean Ier, comte de Lyonnais et de Forez; neuf officiers de la Couronne, Gautier de Châtillon, connétable, Jean de Beaumont et Renaud de Trie, maréchaux de France, Pierre d'Arrablay, chancelier, le comte de Saint-Pol, grand bouteiller, Herpin d'Erquery, grand panetier, Guillaume d'Harcourt, queux de France, Mathieu de Trie, grand maître de l'Hôtel, Béraud de Mercueil, connétable de Champagne, Anseau de Reynel, qui devint peu après, par la mort de son père, sire de Joinville et sénéchal de Champagne, Miles de Noyers, ancien maréchal, Henri de Sully, souverain de la Chambre des comptes, Gilles Aycelin, archevêque de Rouen, et Raoul Rousselet, évêque de Saint-Malo. Tel est le rôle habituel des Conseils de régence : ils contre-balancent l'autorité des chefs du gouvernement. Instituée pour partager avec le futur Philippe le Long les charges et les profits du pouvoir, plutôt que pour seconder son action, l'assemblée aristocratique de 1316 ne doit pas être confondue avec un autre Conseil plus particulièrement attaché à la personne du comte de Poitiers, entretenu à ses frais, dévoué à son service : nous voulons parler des *chevaliers poursuians monseigneur pour li compaingnier et pour conseil* dont l'existence nous est révélée par le même règlement. Ils sont onze conseillers [2] qui, du vivant de Louis Hutin, étaient peut-être attachés déjà à la suite du comte de Poitiers, plus sept seigneurs faisant, en même temps, partie du Conseil étroit [3]; ils servent quatre par quatre et sont payés à la journée [4].

La naissance (15 novembre), puis la mort (21 novembre) de l'enfant qui devait porter le nom de Jean Ier mirent fin à ce régime provisoire. Toutefois le régent, devenu le Roi, ne se hâta pas de bouleverser une administration envers laquelle il était tenu à certains ménagements. Il conserva l'Étroit Conseil : c'est du moins ce qu'il est permis de supposer, en présence des allusions nombreuses faites, dans les chartes, au *Conseil estrait*, à l'*Estroit Conseil* [5], au *Consilium majus* [6]. Philippe le Long se borna peut-être à exiger des membres un nouveau serment [7] et à ouvrir peu à peu les portes du Conseil étroit à d'anciens conseillers de son père, tels que Martin des Essars [8].

A mesure que cette assemblée perdait son caractère aristocratique, il devenait plus facile au Roi de l'assujettir à une règle. Ce fut le résultat d'une ordonnance dressée à Pontoise, le 18 juillet 1318 [9],

---

[1] Le traité conclu par le régent avec le duc de Bourgogne, le 17 juillet 1316, est passé en la présence de quatorze membres de l'Étroit Conseil, auxquels se sont joints, pour la circonstance, Mahaut, comtesse d'Artois, Blanche de Bretagne et Charles de Valois, le jeune (Dupuy, *Traité de la majorité de nos rois*, p. 153). — La liste publiée par M. Vuitry (*Études sur le régime financier*, 2ᵉ série, t. I, p. 237), d'après le manuscrit français n° 4596 de la Bibliothèque nationale, ne fait qu'ajouter aux vingt-quatre membres de l'Étroit Conseil les deux noms de Renaud de Lor et de Guy Florent.

[2] «Messiré Hugues de Vienne, messire J. de Beaumont, seigneur de Sainte-Genevieve, Mignot de Viezpont, Goujon de Bauçay, messire Guillaume de La Kaiate, messire Sausset de Boussai, messire Pierre de Bauffremont, messire Pierre de Guarancières, messire Symon de Menou, messire Jehan de Gaillon et le Borgne des Barres.» (JJ 57, fol. 71 v°.) Il est dit que les bacheliers toucheront «les gaiges ne coustumez que Monseigneur donnoit avant que il venist au gouvernement du royaume.» Sept de ces conseillers feront encore partie de l'Hôtel au mois de juillet 1317 (*Recueil des historiens des Gaules et de la France*, t. XXIII, p. 808).

[3] Le comte de Forez, le seigneur de Noyers, le sire de Reynel, Herpin d'Erquery, Jean de Beaumont, Renaud de Trie et Mathieu de Trie, le vieux.

[4] Une fois au moins, l'Étroit Conseil porte le nom de *Conseil secret* : «Per dominum Regentem, presentibus dominis Ebroicensi et Soliaci ac universali Secreto Consilio, ad relationem vestram.» (Arch. nat., JJ 54b, fol. 4 r°.)

[5] Décembre 1316 : «Il est ordené par le Roy et par son Consseil estrait... Et de ce furent à acort touz ceus de son Estrait Conseil...» (Arch. nat., JJ 57, fol. 66 v° et 67 r°.)

[6] Octobre 1317 : «Per dominum Regem, in presencia Majoris Consilii sui.» (Arch. nat., JJ 54ᵃ, fol. 53 v°.)

[7] 2 décembre 1316 : «Les seremenz de ceus du Consseil seront renouvelez.» (Boutaric, *Actes du parlement de Paris*, n° 4490ᵉ.)

[8] Décembre 1316 : «L'estat Martin des Essars est demourez à ce que li Roys veust que il soit mestres de son Hostel, et son estat en la Chambre des comptes et de l'Estrait Conseil en la manière qu'il estoit au temps du père Monsieur.» Martin des Essars faisait, en effet, partie du Conseil au mois de janvier 1314 (Arch. nat., JJ 57, fol. 18 r° et 67 v°). — 16 mars 1317 : «Dominus episcopus Claromontensis retentus est de Consilio Regis.»

[9] Arch. nat., JJ 57, fol. 88 r°. Ancien mémorial *Noster*, fol. cxv v°. AD IX 103, n° 2. — Le texte imprimé dans le *Recueil des ordonnances* (t. I, p. 656) et dans le traité des *Offices de France* de Girard et Joly (t. I, p. ccxci) contient deux articles additionnels et une date

confirmée à Longchamps près Paris, le 10 juillet 1319, et complétée par un acte passé à Bourges, le 16 novembre 1318[1]. Cet ensemble de règlements contient des innovations si importantes que la plupart des historiens font dater de 1318, sinon la création, du moins l'organisation du Conseil [2]. En réalité, il ne s'agissait que d'une réforme passagère. Le Roi voulait qu'une fois par mois, à une époque déterminée[3], il y eût au lieu de sa résidence, quel qu'il fût, réunion solennelle du Conseil. La composition de ces assemblées n'était laissée ni au hasard, ni au caprice des conseillers : Philippe arrêtait d'avance et renouvelait, en temps et lieu, la liste des membres convoqués à ces rendez-vous mensuels. Nous pensons avoir rencontré, dans un registre du Trésor des chartes, le rôle qui fut ainsi dressé au commencement de l'année 1320; il comprend les princes du sang, le Connétable et les sires de Sully, de Noyers, de Joinville, c'est-à-dire une dizaine des membres de l'ancien Conseil étroit [4]. Si, par sa composition, l'assemblée mensuelle offre une ressemblance frappante avec l'Étroit Conseil de 1316, elle ne s'en rapproche pas moins par les noms qu'elle porte et par les attributions dont elle jouit. Avec les termes de *Grand Conseil*[5] et de *Conseil du mois*, *Consilium majus*[6] et *Conseil étroit*[7] sont ses dénominations habituelles. On se souvient qu'en 1316, l'Étroit Conseil s'était réservé la collation des grâces : de même, Philippe promet d'attendre le jour de la réunion mensuelle pour examiner les requêtes parvenues dans le courant du mois, c'est-à-dire les recours gracieux, les demandes s'adressant à sa clémence ou à sa libéralité, les requêtes en remise de taxe, en rachat de redevance, etc. Il se propose de les faire «rapporter» et juger «par le Conseil». Les grâces de moindre importance peuvent être octroyées par le Roi en dehors de la séance mensuelle, pourvu que ce soit «à la relation des gens de l'Étroit Conseil»; mais, sitôt qu'il s'agit d'un «don à héritage», Philippe perd le pouvoir d'agir isolément, et ses sujets eux-mêmes ont défense de l'implorer en particulier. A ces attributions gracieuses, le Conseil du mois en joint d'autres, financières : il examine en détail les états du Trésor et des hôtels du Roi, de la Reine, de leurs enfants. Les affaires judiciaires, ne pouvant attendre, sont expédiées au jour le jour; mais les «poursuians le Roy», qui sont chargés de cet office, doivent tenir registre de leurs actes, pour en répondre au besoin devant le Conseil du mois.

De quelque côté qu'on l'envisage, le Conseil du mois, digne successeur du Conseil étroit de 1316, apparaît donc, en quelque sorte, comme un pouvoir pondérateur qui, non content d'enlever au Roi une part de ses prérogatives, prétend exercer un contrôle sur son administration. Il a même valu à Philippe V les éloges de la critique moderne; on a loué ce désintéressement qui faisait «prendre au prince des précautions contre lui-même[8]», et cette clairvoyance qui lui révélait le danger d'un régime absolu. S'il s'est lié les mains, dit-on, c'est qu'il craignait de trop donner. Il est vrai : le désir de couper court à un gaspillage inquiétant perce dans l'article 6 de l'ordonnance de novembre[9].

postérieure, celle du dimanche avant la Noël (23 décembre) 1319. On trouve les articles 1, 2, 3, 11 et 14 de cette ordonnance reproduits dans un arrêt du Grand Conseil, non daté, qui avait été également enregistré à la Chambre des comptes (ancien mémorial *Pater*, fol. LIV v°), et qui est imprimé dans le tome I (p. 693) du *Recueil des ordonnances*. (Cf. Arch. nat., AD IX 100, n° 122.)

[1] *Ordonnances*, t. I, p. 668. — Isambert, t. III, p. 182.

[2] Boutaric, *La France sous Philippe le Bel*, p. 163.

[3] Ordonnance du 18 juillet 1318 : «Et regarderons quant le mois commencera et quiex de nostre Conseil il aura ovecques nous.» — Ordonnance du 16 novembre 1318 : «... especiaument à la fin dou mois, que nous aurons nostre Estroit Conseil.»

[4] Le Roi ordonne «de son Estroit Conseil en toutes ses besoignes, avec noz seigneurs de son sanc, le Connestable, le sire de Seuly, monseigneur de Noyers, monseigneur de Gienville». Cet article est extrait d'un règlement du Conseil étroit et des «poursuians» qui n'est pas daté, mais qui est dressé au Vivier-en-Brie (Arch. nat., JJ 57, fol. 98 r°). Il paraît faire corps avec un règlement de la Chambre des comptes également dressé au Vivier-en-Brie, et dont la date approximative (6 janvier 1320) nous est fournie par une copie (*Ordonnances*, t. I, p. 703. Cf. Arch. nat., AD IX 103, n° 2).

[5] Arch. nat., JJ 60, fol. 69 r°. — Art. 6 de l'ordonnance du 16 novembre 1318.

[6] Arch. nat., JJ 59, fol. 98 v°, 210 v° et 216 v°.

[7] Arch. nat., JJ 57, fol. 98 r°. — Art. 4 et 7 de l'ordonnance du 16 novembre 1318.

[8] H. Martin, *Histoire de France*, t. IV, p. 537. — Vuitry, *op. cit.*, nouvelle série, t. I, p. 42.

[9] «Pour les dons outrageus, y est-il dit, qui ont esté faiz çà en arrière par nos predecesseurs, li domaine dou royaume sont moult

Mais Philippe le Long n'avait-il donc à se méfier que de lui-même? était-il le seul dissipateur du domaine et des deniers de l'État? N'oublions pas que le règlement du mois de juillet 1316 avait réservé au Conseil étroit, en général, et à chacun de ses membres, en particulier, le droit d'accorder des grâces. Avec quelle prodigalité plusieurs d'entre eux disposèrent de biens qui ne leur appartenaient pas, il serait aisé de s'en convaincre en dépouillant les registres de la chancellerie royale[1]. S'ils étaient encore, vers 1318, en possession de ce privilège, on peut penser que Philippe le Long se proposa de le restreindre : et quel plus sûr moyen d'y parvenir que de diminuer à la fois le nombre des membres et le nombre des séances du Conseil étroit? Les princes et les grands seigneurs, qui continuaient à statuer sur les recours gracieux, ne pouvaient se dire encore tout à fait dépossédés, bien qu'ils perdissent le droit d'agir isolément, et que la difficulté qu'ils éprouvaient à se réunir à jour fixe dût peu à peu les écarter des assemblées mensuelles. En un mot, s'il nous est permis de former une simple conjecture, l'institution du Conseil du mois nous semble plutôt une précaution prise par le Roi contre les princes et les seigneurs du Conseil, un progrès, non un affaiblissement de l'autorité monarchique; ce serait, si l'on veut, la dernière et la moins importante des concessions faites par le prince à une aristocratie qui, depuis la mort de Philippe le Bel, avait repris goût au pouvoir, mais se sentait de jour en jour plus incapable de le conserver.

Dès le mois de mars 1319, au plus tard, le Conseil du mois fonctionne; il continue à se réunir jusqu'au mois de novembre 1320. Durant ces vingt mois, il ne se borne pas à examiner les demandes gracieuses; il juge certaines contestations, il institue des foires, etc.[2]

Philippe V, d'ailleurs, ne se fait aucun scrupule de violer la règle établie. Pour peu que le besoin se fasse sentir d'accorder sans retard une grâce, une rémission, un office, un amortissement, un don, il en commande les lettres, en dehors du Conseil étroit, et se borne à faire inscrire au bas de la charte une des formules suivantes : « *Veu par le Roy, qui veult qu'ele passe ainsinc non contrestant les ordenances*[3]. — *Per dominum Regem in presencia vestra, et vult quod sic transeat non expectato Consilio mensis*[4]. — *Per dominum Regem, qui vidit eam et legit, ut michi dixit, et vult quod sic transeat non expectato Consilio mensis et sine aliqua contradicione*[5]. — *Per Regem, et vult quod non expectato Consilio sigilletur mensis*[6]. — *Par le Roy, et veut que soit seelée nonobstant li Conseil du moys*[7]. — *Per dominum Regem, volente ut transeat sine Consilio mensis*[8], »* etc. D'autres fois, il se dispense même de cette formalité; on rencontre des lettres de « don à héritage » simplement signées : « *Par le Roy*[9]. » Apparemment les ordonnances de 1318 étaient une arme dont Philippe le Long pouvait se servir contre les princes et les barons, mais qui ne devait en aucun cas se retourner contre lui-même.

Le Conseil du mois disparaît définitivement vers la fin de l'année 1320 : il n'est plus fait aucune

---

apetilié. Nous qui desirons mout l'accroissement et le bon estat de nostre royauume et de nos subgiez, nous entendons dores en avant garder de tels dons ou plus que nous pourrons bonnement. »

[1] Beaucoup de lettres royaux sont signées à cette époque : «Per dominum Macloviensem, — Per Vos, — Per dominum de Noeriis, » etc. (Arch. nat., JJ 54ᵇ, fol. 1 r°, 4 r°, 7 v°.)

[2] Août 1319 : «Per dominum Regem. Transivit per Consilium mensis, ad relationem vestram (JJ 59, fol. 18 v°). — Rescripta per Vos, et transivit per Consilium mensis, ad relationem vestram.» (Ibid., fol. 19 r°.) — Septembre 1319 : «Per dominum Regem in Consilio mensis septembris. — Par le Roy, ou Conseil du moys. — Per dominum Regem in Consilio mensis septembris, ad relationem domini Petri Bertrandı » (Ibid., fol. 19 r° et v°.) — Octobre 1319 : «Per dominum

Regem. Transivit per Consilium mensis, ad relationem vestram.» (JJ 59, fol. 81 v°.)

[3] JJ 56, fol. 260 r°. — JJ 54ᵇ, fol. 260 r°.

[4] Boutaric, Actes du parlement de Paris, n° 5729. — JJ 58, fol. 27 r° et 63 r°; JJ 59, fol. 37 r° et 57 v°.

[5] JJ 59, fol. 117 r°.

[6] JJ 58, fol. 27 r°.

[7] JJ 59, fol. 129 r°.

[8] JJ 59, fol. 276 r°. — On trouve encore, au mois d'août 1319 : «Per dominum Regem, et vult quod transeat non obstante ordinacione mensis.... Transivit in Consilio mensis, ad relationem vestram.» (JJ 59, fol. 30 r°. Cf. ibid., fol. 102 v°.).

[9] JJ 54ᵇ, fol. 264 v°.

allusion à des réunions mensuelles dans le règlement dressé au mois de février suivant[1]. Le Grand Conseil est redevenu ce qu'il était sous Philippe le Bel, une assemblée de composition variable, réunie à intervalles irréguliers. Les jours de séances solennelles, où il porte encore quelquefois le nom de *Consilium majus* [2], sa composition rappelle beaucoup celle du Conseil étroit de 1316, celle du Conseil du mois de 1320 [3]; mais le plus souvent il est formé de personnalités moins importantes.

Qui sait, d'ailleurs, si ces clercs, ces chevaliers obscurs qui prennent dès lors la plus grande part aux travaux du gouvernement ont cessé un seul moment de prêter leur concours à Philippe V? Le Conseil du mois ne pouvait suffire à tout. Dans l'intervalle de ses réunions, bien des lettres furent expédiées sur le rapport ou par l'ordre de conseillers qui ne figuraient sur aucun rôle. Ainsi se perpétuait peut-être secrètement auprès du prince ce Conseil intime que nous avons vu fonctionner, en 1316, à côté du Conseil étroit, et c'est lui sans doute qui, à la fin du règne de Philippe le Long, se réunit au Conseil du mois. A partir de cette fusion définitive de l'élément administratif avec l'élément aristocratique, fusion qui fut le dernier triomphe de la politique royale, il faut effacer de la langue les mots de *Conseil étroit* : il n'y a plus qu'un Grand Conseil [4].

L'histoire du Conseil ne présente aucune particularité digne de remarque sous le gouvernement de Charles le Bel et pendant la première partie du règne de Philippe de Valois. Mais les dernières années de ce prince, assombries par le désastre de Crécy et par l'apparition de la grande peste, n'en furent pas moins favorables au développement du domaine et des institutions : c'est la date de l'acquisition de Montpellier, de l'établissement d'un impôt direct personnel, et aussi d'une nouvelle transformation du Conseil, généralement ignorée. Paris possédait dans ses murs la Chambre des comptes et le Parlement : il ne s'agissait de rien moins que d'y fixer une partie du Conseil.

Ce changement s'opéra peu à peu. Dès le début de la guerre de Cent ans, Philippe de Valois avait compris que la plus grande partie de son temps allait être désormais consacrée à l'organisation de la défense, et il avait résolu, pour conserver la liberté de ses mouvements, de confier à une assemblée sédentaire l'expédition des affaires courantes : son choix était tombé sur la Chambre des comptes. Par lettres du 13 mars 1340 [5], il lui avait conféré, jusqu'à la Toussaint, le pouvoir d'accorder grâces, octrois, rappeaux de bans, transactions, anoblissements, légitimations, et de faire dresser, à cet effet, toute manière de lettres : privilèges dont les gens des Comptes usèrent pendant plusieurs années. Mais, en 1347, on trouve des lettres expédiées «à la relation du Conseil qui estoit à Paris[6]» : un petit groupe de conseillers assistait déjà les gens des Comptes dans l'exercice de leurs fonctions nouvelles. Cette commission sédentaire ne tarda pas à s'organiser et prit, en 1348 [7],

---

[1] *Ordonnances*, t. I, p. 732. C'est le règlement que les historiens, sur la foi de Laurière, datent généralement du mois de décembre 1320. La date de février 1321, donnée par Du Tillet (*Recueil des roys*, p. 422), n'est pas douteuse; elle est inscrite à la fin du préambule de ce règlement dans la copie conservée aux Archives (JJ 57, fol. 105 r°).

[2] JJ 60, fol. 31 v° et 34 r°.

[3] Ainsi, aux séances solennelles du mois de février 1321, assistent Charles de Valois, le comte de La Marche, Louis de Clermont, Robert d'Artois, Gaucher de Châtillon, Henry de Sully, Miles de Noyers, Anseau de Joinville, Martin des Essars, etc. (JJ 60, fol. 29 r°, 31 v°, 32 r°, 34 r°.)

[4] Secousse a bien démontré la synonymie des deux expressions, *Conseil* et *Grand Conseil* pour le XIVe siècle (*Ordonnances*, t. III, p. 71 et 72).

[5] Arch. nat., P 2570, fol. 47 v°. — Dupuy, *Traité de la majorité de nos rois*, p. 153. — A. de Boislisle, *Premiers présidents*, p. xxv.

[6] P. Guérin, *Recueil des documents concernant le Poitou contenus dans les registres de la chancellerie*, dans les *Archives historiques du Poitou*, t. XIII, p. 356. — Dès 1341, Philippe VI laissait au moins une partie de son Conseil à Paris; c'est ainsi que, le 6 juillet, il écrivait de Champtoceaux au roi Pierre d'Aragon : «Avons retenu vostre dit chevalier jusques à ceste feste de la Magdelaine que nous serons à Paris, e là aurons nostre Conseil, et sur ce nous ferons telle response que vous en devrez estre content.» (Arch. nat., JJ 270, fol. 93 v°. Lettre citée par M. A. Molinier, dans la *Revue historique*, mars-avril 1884, p. 268.)

[7] Avant le 28 janvier (*Ordonnances*, t. II, p. 281. Arch. nat., JJ 77, fol. 180 r°).

pour mieux se distinguer sans doute du Grand Conseil ambulatoire, le nom, jusque-là peu connu, de *Conseil secret.*

Sur ce point, il nous paraît impossible de conserver le moindre doute. Depuis le commencement de l'année 1348 jusqu'au 22 août 1350, date de la mort de Philippe VI, les mots de *Conseil secret, Secretum Consilium,* apparaissent à toutes les pages des registres de la chancellerie royale. Une ordonnance du 26 janvier 1349 établit des rapports fréquents entre la Chambre des comptes et le Conseil secret[1]. Toutes les lettres signées : *Par le Secret Conseil du Roy,* tous les mandements dressés « *De par le Conseil secret* » sont datés de Paris[2], tandis que les expressions de *Conseil* et de *Grand Conseil* sont réservées à la section ambulatoire. Il n'est pas jusqu'aux lettres de retenue des conseillers au Secret Conseil qui n'inscrivent au nombre de leurs devoirs l'obligation d'habiter Paris : « Et est nostre entencion que, pour ce, il face sa demourance à Paris, fors quant il vendra devers nous ou ailleurs pour les besoignes qu'il nous touche : ainsy toutes foyes que, quant il aura affaires pour ses propres besoignes, il y pourra aller et entendre, mais qu'il ne face mie demeure longue, sans retourner aux nostres[3]. »

Eusèbe de Laurière, dans les annotations du tome II des *Ordonnances,* n'a prononcé qu'une fois le nom du Conseil secret, pour indiquer les cinq personnages qui, dit-il, en faisaient partie[4]; mais le dépouillement des registres de la chancellerie royale ne nous permet pas de compter moins de dix-sept membres du Secret Conseil[5]. Ce personnel, composé en grande partie de trésoriers de France ou d'anciens présidents des Comptes, s'occupait principalement de matières de finance. Sans doute, il octroyait des rémissions, des privilèges, des sauvegardes, des anoblissements[6]; mais les assignations, les accensements, les décharges, la licitation des biens des comptables, la réglementation des foires, l'examen des questions monétaires rentraient plus spécialement dans son programme[7]. On voyait, par exemple, le Conseil secret chargé, concurremment avec les trésoriers de

---

[1] Ancien mémorial C, fol. XLI v°. Arch. nat., P 2570, fol. 60 v°.

[2] JJ 77, fol. 100 r°, 111 v°. — *Ordonnances,* t. II, p. 330. — *Archives historiques du Poitou,* t. XIII, p. 429, etc. — Le nom de Paris se trouve même parfois joint à celui du Secret Conseil : « Par le Roy, à la relation de son Conseil secret à Paris (*Ordonnances,* t. II, p. 288). — Noz amez et feaux les gens de nostre Secret Conseil à Paris ... » (*Ibid.,* p. 314.)

[3] Retenue de Mathieu de Trie, seigneur de Moucy, comme conseiller au « Grand et secret Conseil » (2 novembre 1349), c'est-à-dire à la fois comme membre du Grand Conseil et comme membre du Conseil secret. (Ancien mémorial C, fol. XLV. Arch. nat., P 2292, p. 115; P 2529, p. 421; P 2544, fol. 178 v°; P 2591, p. 313.)

[4] « Lequel (le Conseil secret), comme nous l'apprenons du registre C de la Chambre des comptes, estoit alors (25 mai 1350) composé de Guillaume Flotte, seigneur de Revel, chancelier, de Mathieu de Trie, seigneur de Moucy, et de Pierre de Beancon, chevalier, d'Enguerrand du Petit-Cellier et de Bernart Fermant, trésoriers. Chaque conseiller d'État avait 1000 livres de gages, et le Roy ne faisoit rien que par leurs avis. » (*Ordonnances,* t. II, p. 330.) Cette note, reproduite par plusieurs auteurs modernes (Henrion de Pansey, *Œuvres judiciaires,* Paris, 1843, in-8°, p. 501. Auroc, *op. cit.,* p. 33), est inspirée plutôt qu'extraite de l'ancien mémorial C. Bien que ce volume ait été incomplètement reconstitué, les documents qui le composaient nous sont assez bien connus, par les anciennes tables des mémoriaux (Arch. nat., PP 117), pour que nous puissions nous expliquer la confusion qui a dû se produire dans l'esprit de Laurière. Au fol. XLV du mémorial C, le savant juriste aura découvert les lettres de retenue de Mathieu de Trie : elles lui auront fourni le chiffre des

gages des conseillers au Secret Conseil; puis, au fol. LXII, trouvant, dans une ordonnance du 31 décembre 1348 (voir Arch. nat., P 2570, fol. 66 v°), une liste de cinq personnages, parmi lesquels Mathieu de Trie, il se sera figuré qu'il était en présence d'une liste de conseillers au Secret Conseil. Cependant, sur ces cinq personnes dont on a lu les noms plus haut, trois seulement, Guillaume Flotte, Mathieu de Trie, Pierre de Becond, appartenaient au Secret Conseil; les deux autres ne leur étaient associés que temporairement, pour l'examen de certaines questions monétaires (cf. *Ordonnances,* t. II, p. 294). Le Conseil secret de cinq membres ne paraît avoir existé que dans l'imagination de Laurière.

[5] Jean de Marigny, archevêque de Rouen, ancien garde des sceaux; Hugues d'Arcy, évêque de Laon, Jean de Meulant, évêque de Meaux, Gilles Rigaud, Hugues de Vers et Simon Le Maye, abbés de Saint-Denis, de Corbie et de Marmoutier, anciens trésoriers de France; Firmin de Coquerel, chancelier, et son prédécesseur, Guillaume Flotte; Jean de Nesle, seigneur d'Offémont et de Mello; Jean, seigneur de Thil et de Marigny, et Jean Du Chastellier, anciens présidents des Comptes; Mathieu de Trie, seigneur de Moucy, Geoffroy de Charny, seigneur de Pierre-Perthuis, A. de Meulant, P. de Becond, Bernard de Mareuil et le baron de Briquebec.

[6] Arch. nat., JJ 77, fol. 80 r°, 92 r°, 110 r°, 181 v°, 224 r°. — *Ordonnances,* t. XVIII, p. 616. — *Archives historiques du Poitou,* t. XIII, p. 394.

[7] Arch. nat., JJ 77, fol. 85 v°, 92 v°, 97 r°; AD IX 102, n° 57. — *Ordonnances,* t. II, p. 276, 281, 288, 300 et 330. — *Archives historiques du Poitou,* t. XIII, p. 399 et 429. — Le Conseil secret fut chargé d'interpréter, en cas de besoin, le règlement des foires de Champagne : à son défaut, la Chambre des comptes devait s'acquitter

France et gens des Comptes, d'interpréter un règlement sur le commerce ou d'appliquer aux comptables les dispositions de l'ordonnance du 28 janvier 1348. Il exerçait habituellement sur les libéralités royales une sorte de contrôle dont un exemple fera bien saisir la portée. Jeanne de Marle, bourgeoise de Laon, ayant obtenu des gens des Requêtes remise d'une somme qu'elle devait au Roi, le bailli de Vermandois s'excusa d'en avoir exigé le payement, sous prétexte que les gens des Comptes avaient seuls qualité en France pour accorder à un comptable décharge bonne et valable; toutefois il se tint, pour suffisamment couvert quand il eut reçu du Secret Conseil deux mandements itératifs lui intimant l'ordre de se conformer à la volonté du Roi [1]. Ces résistances ne sont pas rares de la part des officiers du Roi, ordonnateurs ou comptables, et les mandements qui ont pour but de lever leurs derniers scrupules, après avoir été dressés d'abord par les gens des Comptes, puis par les trésoriers de France, ensuite par le groupe des conseillers détachés à Paris, émanent tous, sans exception, pendant les trois années 1348, 1349 et 1350, des gens du Conseil secret [2].

C'est ainsi que la section sédentaire du Grand Conseil héritait, en fait, de tous les pouvoirs extraordinaires que les gens des Comptes avaient reçus, par la volonté du prince, ou s'étaient arrogés arbitrairement. Autant Philippe de Valois avait témoigné de complaisance à la Chambre des Comptes pendant les premières années du règne, autant il s'efforçait alors de la ramener brusquement à son point de départ; les derniers mandements de ce prince sont rédigés en des termes dont la vivacité n'a point échappé à M. Vuitry [3] : «Car vous, gens de nos Comptes, savez que seulement nous vous avons ordenez et establis pour nos comptes oïr et recevoir,... sans ce que d'autres choses vous vous entremettiez en rien, se nous ne vous le commettons pour espécial [4]. » Le 26 janvier 1349, il leur reprochait le temps perdu en audition de requêtes « et autres choses qui ne sont pas du faict de ladicte chambre » : laquelle « chose, ajoutait-il, est en nostre grant domage, et sçachiez qu'il nous en déplaist. » Ce même mandement allait plus loin : il associait au travail de vérification des comptes les gens du Conseil secret : « Si la chose estoit grosse ou pesant ou tele que vous doutassiez à la delivrer, rapportez la besoigne aus gens de nostre Secret Conseil, et nous voulons [et] leur mandons par ces lettres qu'ilz en determinent avec aucuns de vous [5]. » Ces derniers mots expliquent suffisamment les empiétements du Conseil secret sur le domaine le plus habituellement réservé à la Chambre des comptes, et l'on est moins surpris de rencontrer dans une table d'anciens mémoriaux cette analyse d'un document du 22 août 1349 : « *Injonction aux gens du Secret Conseil de faire rendre compte par les comptables vivants et les héritiers des morts de tout ce qu'ils doivent, et spécialement Barthelemy Du Drach, Jean Chauveau et Jean Du Change, trésoriers des guerres* [6]. »

D'autres fonctions constamment exercées par le Conseil secret, à partir de 1348 [7], consistaient à juger si les lettres royaux obtenues par les communautés ou par les particuliers devaient donner lieu à l'acquittement de certains droits de chancellerie, droit de sceau, droit d'expédition ou droit d'enregistrement [8]. Quand le Conseil secret avait rendu un arrêt favorable, il faisait inscrire au côté droit de la charte cette formule, que l'on a pu lire plusieurs centaines de fois : « *Sine financia, per*

---

de ce soin. Les gardes des foires étaient tenus d'adresser un rapport annuel au Conseil secret ou à la Chambre des comptes (*Ordonnances*, t. II, p. 314).

[1] Arch. nat., JJ 77, fol. 100 et 101.

[2] Voir, par exemple, un mandement mis par le Secret Conseil, le 25 mars 1348, au dos de lettres du 25 novembre 1347, lesquelles avaient été corroborées, dès le 29 novembre 1347, par un mandement des abbés de Corbie et de Marmoutier (Bibl. nat., *Chartes royales*, ms. français n° 25698, n° 165. Cf. *ibid.*, n° 167).

[3] *Op. cit.*, nouvelle série, t. II, p. 560.

[4] Lettres du 14 juillet 1349 (*Ordonnances*, t. II, p. 304).

[5] Arch. nat., P. 2570, fol. 60 v°.

[6] Arch. nat., PP 117, p. 604.

[7] Auparavant le Grand Conseil, ou du moins quelques-uns de ses membres, se chargeaient de ce soin (JJ 77, fol. 77 v°, 55 r°, etc.).

[8] Cf. E. de Rozière, *Des erreurs de date contenues dans les registres du Trésor des chartes*, dans la *Bibliothèque de l'École des chartes*, 2° série, t. III, p. 149.

Consilium secretum, in quo erant... [1]. » En pareille matière, le Conseil Secret paraît avoir été seul compétent : les lettres passées au Grand Conseil lui étaient ensuite adressées, pour qu'il y mît, au besoin, le *Sine financia;* celles qu'il avait commandées lui-même repassaient sous ses yeux, quelquefois au bout de plusieurs semaines, pour qu'il pût constater le payement ou accorder la remise des droits fiscaux [2]. C'était une surveillance constante qu'il exerçait de très près sur un des revenus de la Couronne [3].

En somme, si les départements ministériels avaient été séparés dès lors comme ils le sont à présent, on pourrait presque dire que, partageant ses conseillers en deux groupes, Philippe de Valois conserva près de lui la guerre, les affaires étrangères, la politique intérieure, et qu'il laissa les finances à Paris aux mains du Conseil secret.

L'expression de *Secret Conseil* se rencontrera encore quelquefois, à d'assez rares intervalles, particulièrement sous les règnes de Jean le Bon et de Charles V [4]; mais l'institution ne paraît pas avoir survécu à Philippe VI.

Cependant Paris demeura longtemps la vraie capitale administrative. Pendant la captivité de Jean le Bon, lorsque les États généraux tentèrent d'imposer au Dauphin des réformes dont il sera question plus loin, c'est à Paris qu'ils entendaient fixer le siège du Grand Conseil. Secousse a fort bien démontré que le dauphin Charles et Jean le Bon, quand ils s'éloignaient de Paris, y laissaient volontiers une partie de leur Conseil, avec pouvoir de passer toute sorte de lettres, sous le sceau du Châtelet ou sous le contre-sceau du Roi [5]. Il était bien rare que Charles V quittât Paris, sa résidence habituelle, sans y établir, à poste fixe, plusieurs de ses conseillers, et, en 1380, à l'avènement de Charles VI, un règlement déclara que le Conseil devait siéger à Paris, hormis le cas de force majeure [6] : il n'y demeura que trop constamment à une époque où les factions armées faisaient de la capitale le séjour le moins favorable à la liberté des délibérations. On sait que, pour distinguer les actes dressés en l'absence du Roi, les mots *Par le Conseil, Per Consilium Regis* remplaçaient la formule habituelle *Par le Roy en son Conseil;* lorsque le gouvernement, ainsi détaché, siégeait dans la capitale, la plupart des lettres étaient signées : «*Par le Conseil estant à Paris, Per Consilium Parisius existens.* »

L'essai tenté par Philippe VI d'un Conseil résidant à Paris n'est donc pas un fait unique dans l'histoire du moyen âge; mais il se distingue doublement des tentatives postérieures : le groupe de conseillers laissé dans la capitale prit alors un nom particulier et jouit d'attributions distinctes, en grande partie financières; il paraît avoir eu, plus qu'aucun autre, le caractère d'un établisse-

---

[1] Arch. nat., JJ 77, fol. 74 v°. — Ém. Molinier, *Documents relatifs aux Calaisiens expulsés par Édouard III,* dans le *Cabinet historique,* 1878, p. 268, 272-274.

[2] «Par le Roy, à la relation de son Secret Conseil, ouquel estoient MM. de Laon et de Mermoustier. TOURNEUR. *Sine financia, per Secretum Regis Consilium, in quo erant domini in plica hujus littere nominati.* TOURNEUR.» (*Archives historiques du Poitou,* t. XIII, p. 429.) — Des lettres d'abolition du mois de novembre 1348 sont expédiées, le 18 décembre, «*Par le Roy, à la relation du Conseil secret*» et sont revêtues, le 28 décembre, de la mention suivante : «*Financia pacata supra, et sic transiit per Consilium secretum, die XXIII* decembris...» (JJ 77, fol. 181 v°.)

[3] Quelquefois il accordait remise des droits de chancellerie, en vertu d'un ordre émanant directement du Roi : «*Sine financia, virtute mandati domini Regis facti per suas litteras clausas dominis sui Secreti Consilii, in quo erant domini Laudunensis et de Corbeya.*» (JJ 77, fol. 99 r°. Cf. *ibid.,* fol. 131 r°.)

[4] Lettres du 6 avril 1351 en faveur de Simon de Bucy, retenu du Conseil secret (Bibliothèque de la Chambre des députés, collection Lenain, *Registres du Parlement,* t. XIV, fol. 384 r°). — Mai 1354 : «...prout hec... dilectis et fidelibus gentibus Secreti Consilii nostri plenius apparuit evidenter...» (*Ordonnances,* t. IV, p. 149). — Le 4 mai 1355, l'archevêque de Rouen, le Chancelier, l'évêque de Châlons, Geoffroy de Charny, Simon de Bucy, etc., sont qualifiés «conseillers de nostre Secret Conseil» (Archives nationales, JJ 84, fol. 344 v°). — Le même titre est donné, dans un acte du 9 mai 1356, au duc d'Athènes, à Jean de Clermont, à Raoul de Louppy, etc. (*ibid.,* fol. 345 v°). — Février 1363 : «Per Regem, ad relacionem Consilii... *Et aliter sic signata* : Per Regem, ad relationem sui Secreti Consilii.» (*Ordonnances,* t. IV, p. 226.) — Règlement du 9 mai 1365 sur la tenue des notaires qui se rendent au «Conseil secret» (*ibid.,* p. 555).

[5] Préface du tome III des *Ordonnances,* p. IX-XI.

[6] Règlement du 30 novembre 1380 (*Ordonnances,* t. VI, p. 529).

ment durable. Nous n'oserions affirmer que, depuis l'institution de la Chambre des comptes et du Parlement, aucun roi de France ait jamais songé à détacher de sa suite définitivement une nouvelle section du Conseil : mais, si ce roi de France avait existé, ce serait assurément Philippe VI.

Des deux transformations qu'a subies jusqu'à présent le Grand Conseil, l'une peut s'expliquer par le trouble que la mort de Philippe le Bel avait jeté dans le gouvernement : restreint à un petit nombre de barons, le Conseil du Roi, ou du moins le seul Conseil avoué, tenait séance une fois par mois; lui, l'appui continuel et le bras droit de la royauté, il était passé au rang de puissance que l'on ménage, et rendait peut-être moins de services qu'il n'imposait de sacrifices au Roi : un tel état de choses devait cesser le jour où la royauté reprit sa marche en avant. Le second changement que nous avons constaté dans le fonctionnement du Conseil peut avoir pour cause occasionnelle la complication d'une guerre; il n'en répondait pas moins à un besoin constant : ces perpétuels déplacements d'une administration politique, contentieuse et financière attachée à la suite du Roi causèrent, dans tous les temps, un désordre et une lenteur auxquelles on tâcha d'obvier à plusieurs reprises, soit par l'institution d'une régence, soit par l'établissement à poste fixe d'une partie du Conseil du Roi.

CHAPITRE III.

LE GRAND CONSEIL DE LA JUSTICE.

La juridiction du Conseil au xive siècle; efforts des Rois pour la restreindre. La section judiciaire du Conseil sous Charles VII, sous Louis XI; le procureur du Roi au Grand Conseil. Le Conseil de la justice sous Charles VIII. Opposition faite par les États généraux et le Parlement au développement de la nouvelle cour. Ordonnance du 2 août 1497.

Durant la première moitié du xive siècle, le Conseil avait subi des transformations aussi rapides que passagères. Il nous faut maintenant assister à un travail beaucoup plus lent, dont le résultat définitif apparut seulement vers le déclin du xve siècle. Alors, pour la première fois depuis l'institution de la Chambre des comptes et du parlement de Paris, on vit une section du Conseil se détacher, s'organiser, s'ériger en cour distincte : elle garda le nom de *Grand Conseil*, qui cessa bientôt de désigner le Conseil proprement dit.

Si l'on excepte Pardessus, qui, dans une préface célèbre, a reporté au règne de Louis XI l'établissement du *Grand Conseil*[1], sans citer, malheureusement, de preuves à l'appui de sa « conjecture », tous les auteurs sont d'accord pour assigner à ce démembrement la date précise du 2 août 1497[2]. Seul parmi les cours souveraines, on pourrait presque dire seul parmi les institutions monarchiques, le Grand Conseil aurait été créé d'une pièce; Charles VIII, agissant dit-on, sous l'inspiration des États, aurait, en une ordonnance unique, posé les assises de cette institution, que Louis XII, à son avènement, ne fit que consolider[3]. Cette thèse paraît contradictoire avec les

---

[1] Préface du tome XXI des Ordonnances, p. LXXIV et LXXV.

[2] *Création du Grand Conseil, composé du Chancelier, des maîtres des requêtes, de vingt conseillers, d'un procureur général et de deux secrétaires, par les rois Charles VIII et Louis XII.* (13 juillet 1498). Pièce in-4°. — Guillard, *Histoire du Conseil du Roy*, p. 7. — Guyot, *Répertoire universel de jurisprudence*, v° GRAND CONSEIL. — M. de Vidaillan, *Histoire du Conseil du Roi*, t. I, p. 383. — M. de Royer, *Discours de*

rentrée prononcé, en 1854, à la Cour de cassation : Les origines et l'autorité de la Cour de cassation, p. 20. — H. Martin, *Histoire de France*, t. VII, p. 306. — Chéruel, *Dictionnaire historique des institutions*, v° GRAND CONSEIL. — Cl. Dareste de la Chavanne, *Histoire de l'administration en France*, t. I, p. 66 et 311, etc.

[3] Voir cependant les *États généraux*, par M. Arthur Desjardins (Paris, 1871, in-8°), p. 252.

témoignages les plus avérés et les documents les plus formels. En remontant quelque peu dans l'histoire, on reconnaîtra facilement, croyons-nous, que, si la scission fut consommée en 1497, elle avait été accomplie de fait avant l'avènement de Charles VIII et préparée beaucoup plus tôt.

Lorsque Paris fut devenu le siège de la cour judiciaire suprême, les Rois conservèrent auprès d'eux des clercs ou des chevaliers dont le rôle consistait à juger sommairement les causes peu importantes que l'on soumettait au prince, à renvoyer les autres au Parlement. Bien dirigée, sagement contenue, la juridiction ambulatoire des *juges de la porte*, appelés plus tard *poursuians* ou *maîtres des requêtes*; eût parfaitement suffi aux besoins du gouvernement, épargnant souvent à des plaideurs d'inutiles formalités, facilitant au lieu de gêner le fonctionnement de la justice. On est d'autant plus surpris de constater qu'à côté des Requêtes les Rois aient laissé grandir une autre juridiction ambulatoire, celle du Grand Conseil.

Qu'on ne s'y trompe pas en effet. Le Conseil, dès le xıvᵉ siècle, ne se bornait pas à statuer sur les recours contentieux contre les actes du gouvernement [1], à prononcer sur les conflits de juridiction, à casser, pour erreur de fait ou pour violation des ordonnances, des arrêts rendus en dernier ressort par le Parlement, en un mot, à jouer le rôle d'un tribunal administratif suprême ou d'une cour de cassation : c'est un véritable pouvoir judiciaire qu'il exerçait dans certains cas [2]. On a cité plus d'une fois l'arrêt qu'il rendit, en 1318, dans un procès entre l'église et la municipalité de Laon [3]; en 1339, il donna gain de cause au prévôt des marchands et aux échevins de Paris à l'encontre du chapitre de Notre-Dame [4]. Les réunions plénières qu'il organisait, les invitations collectives qu'il adressait à des magistrats, les consultations qu'il demandait quelquefois au Parlement avaient pour objet le plus ordinaire le jugement d'une cause ardue. « Tantôt, observe M. R. Dareste [5], le Roi évoquait un procès actuellement pendant au Parlement ou devant une autre juridiction, tantôt il attribuait au Conseil, d'avance et par mesure réglementaire, toute une catégorie de contestations. » En droit, ces dérogations aux lois générales de la compétence se justifiaient par l'axiome que toute justice émane du Roi, qui la retient à son gré ou la délègue, comme il lui plaît, soit au Parlement, soit au Conseil [6]. En fait, elles s'expliquaient par la condescendance du prince aux désirs de certains plaideurs, et aussi par l'intérêt qu'il prenait au gain ou à la perte de certaines causes.

Charles V, il faut lui en savoir gré, essaya de rétablir la compétence exclusive du Parlement : par lettres du 22 juillet 1370, il lui renvoya « aucunes petites causes » qu'il avait coutume de faire juger en son Conseil, par complaisance, disait-il, pour les gens de l'hôtel du Roi [7]. Charles VI parla, ou plutôt on lui fit parler le même langage : le 15 août 1389, il autorisa le Parlement à ne tenir aucun compte des mandements royaux, quand ils lui sembleraient devoir retarder l'expédition de la justice [8], et l'ordonnance cabochienne annula, par avance, toutes les lettres de surséance ou d'évocation. Néanmoins ce règne calamiteux vit s'accroître, dans des proportions inquiétantes, la juridiction du Grand Conseil. En ce temps-là, comme le raconte Pasquier [9], « tout ainsi que toutes les choses de la

---

[1] Lire, dans un des plus anciens *Registres du greffe* (Arch. nat.; Xıᵃ 8845; fol. 334 rᵒ), les curieuses lettres du 24 juillet 1334 par lesquelles Philippe VI casse un arrêt du Parlement et réserve au Grand Conseil la connaissance de certaines causes.

[2] Pardessus, préface du tome XXI des *Ordonnances*, p. lxxi-lxxiii. — Vuitry, *op. cit.*, nouvelle série, t. II, p. 381.

[3] Marillac (Arch. nat., U 945ᵃ, fol. 32 vᵒ). — Guillard, *op. cit.*, p. 69.—Chéruel, *Dictionnaire historique des institutions*, vᵒ Conseil, § 2.

[4] Arch. nat., Xıᵃ 9, fol. 52 vᵒ.

[5] *La justice administrative en France*, 1862, in-8ᵒ, p. 59. — Cf. *Ordonnances*, t. III, p. 649, t. IV, p. 662.

[6] Picot, *Histoire des États généraux*, t. I, p. 449. — Ém. Bos, *Les avocats au Conseil du Roi*, Paris, 1881, in-8ᵒ, p. 14.

[7] *Ordonnances*, t. V, p. 223. — Un privilège de l'évêque et des chanoines du Mans en vertu duquel leurs causes devaient être jugées par le Grand Conseil ou par le Parlement, ne fut confirmé, le 3 septembre 1372, qu'en ce qui concernait le droit d'ester au Parlement (*ibid.*, p. 522).

[8] *Ordonnances*, t. VII, p 290.

[9] Étienne Pasquier, *Recherches de la France*, édition de 1611, p. 78. — Cf. Du Tillet, *Recueil des roys de France*, édition de 1607, p. 424.

France se trouvèrent grandement brouillées et en très-grand désarroi, aussi ceux qui avoient la force et puissance par-devers eux pour gouverner toutes choses à leur appétit faisoient évoquer les négoces qu'il leur plaisoit par-devers le Conseil du Roi, qui étoit composé ou de Bourguignons ou d'Orléanois, selon ce que les uns ou les autres des deux factions avoient le crédit en la cour du Roi... Ainsi, jouant ces grands seigneurs à boute-hors, trouve-l'on ès registres de la Cour restitutions d'offices ôtées, et la connoissance attribuée au Grand Conseil, du 18 novembre 1412[1]. » De même que les restitutions d'offices, les confiscations politiques donnèrent lieu à de nombreuses contestations dont la connoissance appartenait exclusivement au Conseil[2]. Le duc de Bedford put s'autoriser de ces précédents fâcheux pour réserver au Conseil anglais le jugement d'une multitude de causes criminelles ou civiles[3].

Sous Charles VII, la juridiction du Grand Conseil avait pris une telle extension que, si l'on en croit Henri Baude, trois jours de la semaine, le lundi, le mardi et le jeudi, étaient consacrés à la tenue d'une sorte de *Conseil de justice* présidé par le Chancelier[4]. Il se peut même que le personnel de cette section fût distinct; car un document du 29 novembre 1452 nous révèle l'existence de conseillers au Grand Conseil commis par le Roi « à l'audicion et decision des causes meues et pendans en icelluy[5] ». Charles VII, un peu tardivement, s'inspira de l'exemple de son aïeul : cette même ordonnance adressée à la section judiciaire du Conseil lui enjoignait de renvoyer aux généraux sur le fait de la justice des aides toute contestation au sujet d'impôts, et de vaquer dorénavant « à plus grans choses touchans » le Roi; elle annonçait l'intention de « remettre tous procès à leur ordinaire, ainsi que raison est[6] ». En conséquence, le Grand Conseil s'accoutuma à se renfermer dans le champ, suffisamment vaste, de la politique et de l'administration, et, plus d'une fois, en refusant d'intervenir judiciairement dans un procès, il posa d'excellents principes : « [Le Conseil], disait-il, n'a pas accoustumé de cognoistre de debats de partie à partie; car ce seroit contre l'ordonnance nouvellement faite par le Roy[7]; et, si ainsy estoit, seroit ordonner juges sur la cour de Parlement, qui est cour souveraine. » Mais la doctrine opposée avait aussi ses partisans au Grand Conseil; il suffit de suivre pour s'en convaincre la curieuse discussion du 3 juin 1455. Quatre conseillers seulement sur seize, plus le Chancelier, se rallièrent à l'opinion suivante : « Attendu que, de ceste matière, pend

---

[1] Arch. nat., X¹ᵃ 1479, fol. 222 v° et 225 r°.

[2] *Ordonnances*, t. X, p. 37.

[3] 10 mars 1423 : « ... furent au Conseil... pour avoir advis et deliberacion ensemble, pour pourveoir sur la requeste baillée à la Court de par aucuns prisonniers qui avoient appellé ceans dez commissaires sur le fait dez conspirateurs et adversaires, lesquelz n'avoient peu obtenir adjornement en cas d'appel en la Chancelerie, soubz umbre de ce que on disoit que le duc de Bedford avoit ordonné et vouloit que les gens du Grant Conseil eussent la congnoissance d'icelle appellacion. » (Arch. nat., X¹ᵃ 1480, fol. 270 v°.) — Autre exemple analogue à la date du 19 février 1424 (*ibid.*, fol. 289 v°). — 23 mars 1428 : « Pour avoir advis et deliberacion sur le contenu d'unes lettres royaulx données à Paris, le XIIᵉ jour de ce mois de mars..., par lesquelles... le Roy advoque et renvoye par devant les gens du Conseil à Rouen toutes causes, en quelque estat qu'elles soient, touchans dons de terres et benefices estans au duchié de Normendie et terres de la conqueste fais par feu le roy Henry d'Angleterre, heritier et regent de France, et le Roy qui est à present, avant le trespas de feu le roy Charles. Et, sur ce, a esté conclu que esdictes lettres sera mise, se faire se puet, une clause telle, c'est assavoir : *S'il appert aux juges devant qui les causes seroient introduites que ycelles causes soient desdiz dons, ilz n'en tiengnent court ne congnoissance, mais renvoient tout devant les gens dudit Conseil à Rouen.*

Et, ce fait, seront lesdites lettres tolleréez estre executéez et sortir effect, sans y faire publicacion generale ceans. Et a reprises ledit de Morvillier lesdites lettres, qui lez avoit apportées ceans, et a dit à la Court que ledit regent lui avoit hier dit, entre autres choses, que lesdictes gens du Conseil à Rouen, et non autres, congnoistroient desdictz dons, quelque chose que l'on voulsist dire au contraire par deçà; et qu'il avoit fait veoir le traictié de la paix, et que ce n'estoit point contre ycellui traictié. » (*Ibid.*, fol. 398 v°.)

[4] *Chronique de Jean Chartier*, édit. Vallet de Viriville, 1858, t. III, p. 133.

[5] *Ordonnances*, t. XIV, p. 251.

[6] En effet, le soin des affaires politiques empêchait souvent le Grand Conseil de s'occuper du jugement des procès; aussi les plaintes étaient fréquentes. En 1446, Jacques de Pons écrivait aux conseillers du Roi : « ... me faictes mencion que, pour les grans et haulx affaires que le Roy, nostre souverain, a de present, et en especialment pour la venue de l'ambaxade d'Angleterre, maintenant ne poez vaquer sur mon fait, ainsi qu'il avoit ordonné et volu... » (Bibl. nat., manuscrits français n° 2811, n° 22.) On pourrait citer beaucoup d'exemples semblables.

[7] Il s'agit peut-être de la grande ordonnance d'avril 1454 sur la réformation de la justice. (Voir l'article 66. *Ordonnances*, t. XIV, p. 298.)

D.

procès en la court de Parlement, et que ladite court a desjà congneu du droit des parties et aussi des editz et declaracions sur ce faictes, *que c'est la court souveraine de ce royaume, et où il faut presumer qu'il se y fait la meilleur justice,* que ladite court a jà donné deux arrestz en ladite matière, et que difficile et perilleuse chose seroit de octroyer nouvelle declaration en la matière, et seroit decider du droit des parties, ce que faire ne se doit sans oyr lesdites parties et veoir leurs droiz, qui ne sont pardeçà, ainçois sont, et les editz, en Parlement, *que le Roi a osté et deffendu au Grant Conseil la congnoissance de toute causes,* on se doit rapporter à ce que la Court en ordonnera, et est à croire qu'elle fera sur tout bonne justice[1]. » Charles VII, du moins, persista dans sa résolution, s'il faut en croire un avocat du Roi au Parlement qui proposait, trente ans plus tard, à l'imitation de Charles VIII ce grand exemple de respect pour l'autorité judiciaire[2] : « Dit, oultre, que le roy Charles septiesme renvoya de son temps toutes les causes du Grant Conseil ceans[3], pour ce qu'il disoit, comme il a autreffoiz oy reciter à gens de grant auctorité, que les advocatz du Grant Conseil n'estoient stilez ès plaidoiries et les greffiers à bien enregistrer, et ceulx qui tenoient lors ledit Conseil à donner les appoinctemens. » Il se peut donc que Charles VII ait réussi, en dépit d'une tradition plus ancienne que respectable, à restreindre la compétence de son Conseil aux causes intéressant directement le domaine de la Couronne ou l'État[4].

Quoi qu'il en soit, cette réforme n'eut aucune durée. Le Conseil de la justice prit, sous Louis XI, un développement soudain[5]. C'est alors que les mots de *Grand Conseil* commencèrent à désigner plus spécialement la section judiciaire du *Conseil;* on vit des lettres expédiées par le *Conseil* proprement dit et adressées au *Grand Conseil,* en même temps qu'au Parlement[6]; on vit le *Grand Conseil* enregistrer et publier des ordonnances, ni plus ni moins qu'un tribunal chargé de les appliquer, les gens du *Grand Conseil* passer au rang de « justiciers », le *Grand Conseil* figurer lui-même dans les énumérations de « cours, juridictions et auditoires[7] ». Un symptôme non moins caractéristique est l'institution définitive d'un *procureur du Roi au Grand Conseil*[8], présidant lui-même ou en la personne de son substitut, Me Michel de Villechartre, à l'enregistrement des lettres royaux[9] : fonctions nouvelles, qui, en complétant l'organisation du *Grand Conseil,* lui donnaient la physionomie d'une cour souveraine indépendante. Un protocole de notaire du Roi, conservé à la Bibliothèque nationale, fournit la formule des actes les plus usités sous Louis XI; on n'est point surpris d'y rencontrer des « adjourne-

---

[1] *Fragment d'un registre du Grand Conseil de Charles VII,* dans l'*Annuaire-Bulletin de la Société de l'histoire de France,* année 1882, p. 280, et année 1883, p. 220.

[2] Nous aurons plus d'une fois à citer ce discours prononcé le 15 mars 1484 (Arch. nat., X1a 4825, fol. 167 r°).

[3] Nous n'avons pas retrouvé le texte même de cette ordonnance de renvoi. Mais un renseignement précieux nous est fourni par une plaidoirie du 28 juillet 1491 : « Semblablement y a ordonnance de l'an IIIIe XLIX par laquelle le Roy ordonne que, touchant les evocations, que on n'y obtemperast point, se ilz veoient que faire se deust; en charge le Roy ceulx de la Court de ce faire en leur conscience. » (Arch. nat., X1a 4832, fol. 438 r°.)

[4] Le procès d'Otto Castelan, trésorier de Toulouse, et de ses complices fut évoqué au Grand Conseil, auquel le Roi adjoignit, pour la circonstance, des membres du parlement de Toulouse. (*Chronique de Jean Chartier,* édit. Vallet de Viriville, t. III, p. 54. — Mandement du 11 avril 1459. Bibl. nat., *Pièces originales,* vol. 704, v° CHATELAIN, n° 23.)

[5] Au mois d'octobre 1468, les nombreuses contestations auxquelles donnait lieu la possession des offices de la Cour des aides furent déférées « au Roy et *à messeigneurs de son Grand Conseil par luy commis*

à la justice et police de son royaume. » (*Bibliothèque de l'École des chartes,* 2e série, t. V, p. 61-66.)

[6] *Ordonnances,* t. XVII, p. 203, t. XVIII, p. 470. — Bibl. nat., ms. français n° 388a, fol. 417 v°.

[7] *Ordonnances,* t. XVII, p. 556, t. XVIII, p. 480. — Bibl. de la Chambre des députés, collection Lenain, *Registres de la Chambre des comptes,* t. VIII, fol. 62 r°.

[8] Lenain a inséré dans sa collection, des textes qui établissent l'existence de cette magistrature dès 1469, 1470 et 1471 (Bibl. de la Chambre des députés, *Registres du Parlement,* t. CLXV, fol. 167, 169, t. XXIII, fol. 49, t. CCXXI, fol. 175). A vrai dire, la première mention d'un procureur au Grand Conseil que nous ayons trouvée dans les registres originaux du Parlement est du 7 mars 1472 (Arch. nat., X1a 1485, fol. 232 v°). Mais un rôle de comptes publié, en 1864, par M. de Beaucourt prouve que, sous Charles VII, durant les années 1448 à 1450, il existait un *procureur du Roi en son Grand Conseil,* Jean le Maire, qui touchait 300 livres tournois de gages tous les ans (*Rôles de dépenses du temps de Charles VII,* dans l'*Annuaire-Bulletin de la Société de l'histoire de France,* 1864, 2e partie, p. 134).

[9] *Ordonnances,* t. XVIII, p. 98 et 308.

mentz personnelz » et des « deffaultz donnez ou Grant Conseil[1] ». Quant au Parlement, habitué sous ce règne à s'effacer derrière les commissions extraordinaires, il mettait rarement obstacle aux empiétements du Grand Conseil[2] et déférait de bonne grâce aux évocations, de jour en jour plus nombreuses[3], surtout en matière bénéficiale. « Au commencement que l'en usa d'evocacions, rapporte, en 1484, l'avocat du Roi Thiboust, l'en ne evoquoit que de grans causes, et par lettres commandées par le Roy. Mais on les a voulu amplier tellement que, du temps du feu roy (Louis XI), le Grant Conseil a congneu jusques à une simple chappelle de cent solz; car, quant il estoit question des nominacions des universitez[4], on bailloit indifferaument evocacions au Grant Conseil, ordinairement sans en parler au Roy, comme ung simple *debitis*[5] : en quoy les parties ont esté moult interessées le temps passé[6]. » Ce que n'explique pas l'avocat Thiboust, c'est que, le Parlement ayant longuement combattu l'ordonnance de Louis XI qui révoquait la Pragmatique Sanction, il en était résulté une divergence entre la jurisprudence du Parlement et celle du Conseil en matière bénéficiale. Le Roi n'avait d'autre moyen de faire triompher sa politique que d'attribuer la connaissance des matières religieuses à des conseillers au Grand Conseil, non suspects de gallicanisme. A n'en point douter, quel que soit le silence des historiens, c'est là le secret du développement que prit le Grand Conseil au temps de Louis XI.

Hâtons-nous de parvenir à une époque où le champ des hypothèses se trouve singulièrement restreint, par suite de l'abondance des textes. Trois mois après l'avènement de Charles VIII, le 31 octobre 1483, commence une précieuse série de registres, conservée actuellement aux Archives, et contenant la transcription ancienne de tous les arrêts du Grand Conseil[7]. Le premier coup d'œil jeté sur ces volumes fait reconnaître l'existence d'un tribunal distinct, sinon indépendant du Conseil. Par une heureuse coïncidence, les procès-verbaux de ce dernier correspondant à la même date nous sont parvenus[8]. En rapprochant les uns des autres, on est frappé du contraste : d'un côté, un Conseil de gouvernement et d'administration, appelé *Conseil étroit*[9], *Conseil du Roi* et aussi *Grand Conseil*[10]; de

---

[1] Bibl. nat., ms. français n° 5727, fol. 79 v°.

[2] 14 février 1471. Procès au sujet d'une cure du diocèse de Périgueux; renvoi de l'affaire au Grand Conseil, sollicité par les parties, accepté par le Parlement (Arch. nat., X¹ᵃ 1485, fol. 132 r°). — 24 septembre 1482. Le Parlement obtempère à des lettres d'évocation qui lui sont présentées par le procureur du Roi, et ordonne « que les informations faictes en ceste partie seront baillées à Jehan le Parcheminier, huissier-sergent des Requestes de l'Ostel du Roy nostre sire, pour icelles porter aux gens tenans son Grant Conseil, ainsi que ledit seigneur le veult et mande. » (Arch. nat., X¹ᵃ 1490, fol. 198 r°.) — 23 janvier 1482. Le Parlement passe outre au jugement d'une affaire évoquée, mais diffère jusqu'à l'autorisation du Roi la prononciation de sa sentence (*Ibid.*, fol. 32 r°). — Une seule fois, en 1483, l'opposition du Parlement, jointe à celle de la Cour des aides, fut véritablement efficace : elle empêcha Louis XI d'attribuer au Grand Conseil la connaissance exclusive des infractions aux privilèges des notaires. (Édit de novembre 1482, enregistré au Grand Conseil, sans difficulté, le 28 avril 1483; réserves faites par le Parlement, le 5, par la Cour des aides, le 13 juillet; texte de l'article 20 modifié. *Ordonnances*, t. XIX, p. 62. Arch. nat., Vᵃ 2, n° 119 et Z¹ᵃ 194, p. 8.)

[3] 26 juillet 1463 (Arch. nat., X¹ᵃ 4808, fol. 143 v°). — 14 octobre 1468 (*Ordonnances*, t. XVII, p. 152). — 15 novembre 1471. (La Roque, *Preuves de l'histoire de la maison de Harcourt*, t. III, p. 549). — Décembre 1480 (Arch. nat., X¹ᵃ 1489, fol. 177 v°), etc.

[4] C'est-à-dire quand il s'agissait de la possession des bénéfices que la Pragmatique Sanction réservait aux gradués nommés par les universités.

[5] « Lettres contenant un mandement au premier huissier de contraindre le débiteur de l'impétrant au payement de sommes dues suivant des actes qui, quoique authentiques, n'ont pas une exécution parée. » (Guyot, *Répertoire de jurisprudence*.) Ces lettres étaient délivrées par la chancellerie ou même par les juges royaux. (Du Cange, v° Debitis.)

[6] Arch. nat., X¹ᵃ 4825, fol. 167 r°.

[7] Le premier de ces registres, coté V³ 1040, ne porte aucun titre, aucune pagination ancienne; nous n'en possédons peut-être pas le commencement. Il débute brusquement par la transcription des arrêts du 31 octobre 1483. Toutefois, si ce registre a subi une lacération, elle est antérieure à 1723. (Voir Arch. nat., U 624, fol. 1 r°.) — Les Archives possèdent également la collection des minutes du Grand Conseil; mais elle ne remonte pas au delà de 1502.

[8] A. Bernier, *Procès-verbaux des séances du Conseil de régence du roi Charles VIII pendant les mois d'août 1484 à janvier 1485*, dans la collection des *Documents inédits*, 1836. — Pélicier, *Essai sur le gouvernement de la dame de Beaujeu*, Paris, 1883, in-8°, p. 217 à 237. — *Le Conseil du Roi et le Grand Conseil... de Charles VIII*, dans la *Bibliothèque de l'École des chartes*, t. XLIV, 1883, p. 419 à 444.

[9] A. Bernier, *Journal des États généraux de France tenus à Tours en 1484*, dans la collection des *Documents inédits*, 1835, p. 488, 490, 49⁴, 508, 642. — A. Bernier, *Procès-verbaux des séances du Conseil*, p. 99, etc.

[10] *Ordonnances*, t. XIX, p. 158, 164, 165, 170, 188, 200, 211, 219, 230, 231, 253, 259, 276, 292, 295, 302, 307, 309, 400. — A. Bernier, *Procès-verbaux des séances du Conseil*, p. 222.

l'autre, un tribunal qui peut s'intituler par tradition le « Conseil », mais qu'on désigne plus particulièrement dès noms de *Grand Conseil*[1], *Conseil de la justice*[2], *Conseil des parties*[3]; l'un présidé par le
Roi ou par un prince du sang, l'autre par le Chancelier, chef du corps judiciaire[4]. Les princes du
sang et les seigneurs qui siègent au Conseil étroit ne pénètrent au Grand Conseil qu'en des circonstances solennelles, pour y accompagner le Roi; les juristes[5], les maîtres des requêtes, le Chancelier vont de l'un à l'autre, mais se montrent plus assidus aux délibérations du Grand Conseil; quelques
clercs et magistrats[6] semblent appartenir exclusivement à la section judiciaire. Pour compléter ce
personnel de légistes, le *procureur du Roi au Grand Conseil*, ou *procureur général du Roi en son Grand
Conseil*[7], Me Jean de Bailly[8], intervient chaque jour dans les procès, soit comme partie principale[9],
soit comme partie jointe[10], en vertu d'un mandat général qui lui remet le soin de défendre
devant la Cour les intérêts du Roi et de l'État[11]. S'il est permis aux parties privées d'y comparaître en personne, le plus souvent elles s'y font représenter par des *procureurs au Grand
Conseil*, sorte d'officiers ministériels peu nombreux, et par là même fort occupés. Le procureur
général, à cette époque n'ayant pas de substitut attitré, délivre, en cas d'absence, des lettres de substitution à l'un des procureurs au Grand Conseil[12]. Les productions des sacs et dossiers se font entre
les mains d'un greffier[13].

La nouvelle cour diminue les frais et simplifie les formes de la procédure : c'est là son grand avantage; mais elle conserve obstinément le caratère ambulatoire : c'est là son grave inconvénient. Tantôt elle voyage avec le Roi et avec le Conseil ordinaire, tantôt elle s'attache de préférence aux pas
du Chancelier. Ainsi, le 2 mai 1484, elle est à Meaux, tandis que le Conseil s'attarde au Bois-
de-Vincennes; le 19 juin, le Conseil étroit étant toujours au même lieu, le Grand Conseil siège à
Paris; le 17 novembre, l'un est à Gien, l'autre à Sully-sur-Loire. Ce sont ces pérégrinations qui
fournissaient aux adversaires de la juridiction nouvelle quelques-uns de leurs traits les plus mor-

[1] *Ordonnances*, t. XIX, p. 278 et 280. — A. Bernier, *Procès-ver-
baux des séances du Conseil*, p. 68, 70, 115, 132, 160, 168, 175. —
Arch. nat., V⁵ 1040, fol. 54 r°. — *Voyage de l'abbé de Cîteaux aux
États généraux de Tours* : « Consilium autem quod dicitur *Magnum
Consilium*, ubi videlicet presidet dominus Cancelarius cum magistris
requestarum.... » (Bibl. nat., ms. français n° 16248.)

[2] A. Bernier, *Procès-verbaux des séances du Conseil*, p. 88, 159,
175. — Arch. nat., V⁵ 1040, fol. 36 r°.

[3] Arch. nat., V⁵ 1040, fol. 78 r°. — M. de Royer a bien vu qu'il
existait deux Conseils en 1484; mais, pour lui, le *Conseil étroit* est la
réunion des conseillers ordinaires et des maîtres des requêtes sous la
présidence du Chancelier, le *Grand Conseil* est une assemblée plus
nombreuse, dans laquelle des membres du Parlement et de la Chambre
des comptes se joignent aux conseillers ordinaires. M. de Royer,
comme on voit, a pris au pied de la lettre les termes de *Grand
Conseil* et de *Conseil étroit*. (*Les origines et l'autorité de la Cour de
cassation*, p. 18.)

[4] Le registre V⁵ 1040 contient même quelquefois soit des requêtes adressées à la personne du Chancelier, soit des décisions rendues en son nom propre (fol. 67 v° et 101 v°).

[5] Philippe Baudot, Gatien Faure, Bernard Lauret, Pierre Co-
hardy, Louis Blosset, Aubert Le Viste (Arch. nat., V⁵ 1040, fol. 3 r°,
37 r°, 60 v°; X¹ᵃ 4825, fol. 164).

[6] Geoffroy Floreau, évêque de Châlons, Mes Christophe de Ce-
rizay, Jean Pellieu et Jean de Courcelles, conseillers au Parlement,
Me Jean Du Deffens, Pierre Audin, official du Puy, Jean Paulmier,
Charles de la Porte, trésorier de la collégiale de Sainte-Marthe de
Tarascon, Charles de Bayoncourt, Pierre Milet, Louis de Montmi-

rel, etc. (Arch. nat., V⁵ 1040, fol. 37 r°, 50 r°, 54 r°, 61 r°, 62 r°,
87 r° et 97 r°; X¹ᵃ 1491, fol. 79 r° et 95 r°).

[7] Arch. nat., V⁵ 1040, fol. 68 r°, 106 v°, 111 r°, 115 v° et 119 r°.
Cf. U 624, p. 74, 128 et etc.

[8] A. Bernier, *Procès-verbaux des séances du Conseil*, p. 222, 227,
229, 230, etc.

[9] Ainsi le procureur général se porte demandeur en cas d'abus
et d'excès contre un soi-disant officier du Roi (V⁵ 1040, fol. 106 v°).
Il est, au contraire, défendeur au procès en revendication intenté
contre le Roi par les enfants du duc de Nemours (*ibid.*, fol. 61 r°).

[10] Un seul exemple : dans le célèbre procès intenté à Philippe de
Commynes par le sire de la Trémoille, le procureur général fait cause
commune avec l'ancien favori de Louis XI (*ibid.*, fol. 4 v°, etc.).

[11] Le Grand Conseil, d'ailleurs, conserve son indépendance et
parfois se prononce contre les conclusions de Me Jean de Bailly (*ibid.*,
fol. 105 v°, etc.).

[12] 26 novembre 1492 : « Veues les requestes présentées au Conseil
par Me Lambert Bongars, procureur au Grant Conseil, d'une part, et
Me Regnault Garnier, aussi procureur audit Conseil, d'autre, par lesquelles requestes chacune desdites parties devoit estre *substitud
du procureur general du Roy* oudit Conseil, ensemble plusieurs lettres
et substitutions, et tout ce qu'ilz ont voulu mettre et produire par
devers icelluy Conseil..., dit a esté que ledit Me Regnault Garnier
exercera, en l'absence du procureur general, ledit office de procureur,
ainsi qu'il a fait par cy-devant, par manière de provision et jusqu'à
ce que, ledit procureur general sur ce oy, autrement en soit ordonné. »
(Arch. nat., V⁵ 1041.)

[13] Arch. nat., V⁵ 1040, fol. 18 v°.

dants[1]: « Et quant il n'y auroit autre inconvenient, sinon que il fault que le Grant Conseil suyve la personne du Roy, et qu'il fault porter les procès en males et bahuz, à cause de quoy s'en perdent plusieurs; aussi qu'il fault que à chascun lieu où ledit Conseil va,... les parties changent leur conseil; et que, veu que, se l'un commence à plaider, il n'acheve pas à conduire la matière, aussi que les juges qui sont quant la cause est plaidée, ne sont pas souvent au jugement, parce que les ungs s'en vont, les autres retournent, l'en peu bien cognoistre et veoir *luce clarius* que c'est une chose damnée et reprouvée, contraire à toute bonne justice et raison[2]. »

La juridiction du Grand Conseil, à cette époque, est à la fois celle d'une cour suprême statuant, par voie de règlements de juges, d'évocations et de renvois, sur les luttes de compétence ou sur les conflits judiciaires, celle d'un tribunal administratif prononçant sur les recours formés contre les actes des officiers du Roi, celle d'un tribunal d'appel ou de première et dernière instance connaissant, au civil et au criminel, des matières les plus variées[3]. Quelle que soit la diversité de ces attributions, il semble que la jurisprudence ou la loi ait délimité, jusqu'à un certain point, la compétence du Grand Conseil. Un des moyens le plus souvent et le plus victorieusement employés pour en obtenir un renvoi était de faire valoir que « icelles causes et matières ne les parties n'estoient privilégiées en manière que leurs causes deussent estre decidées oudit Conseil. » Il y avait même dans ce moyen, double motif de renvoi: incompétence *ratione personæ*, ou incompétence *ratione materiæ*; il suffisait d'invoquer l'une ou l'autre. En quoi consistaient-elles au juste, nous ne saurions le dire. Plusieurs des personnes investies du droit d'ester au Grand Conseil appartenaient à la plus haute noblesse[4]. Quant aux matières « privilégiées », on appelait surtout ainsi les contestations pour cause de fiefs[5] et les mille procès auxquels donnait lieu la possession des bénéfices ecclésiastiques[6].

Si le Grand Conseil avait une juridiction mal délimitée, il faut avouer qu'il se montra d'abord peu jaloux de la conserver ou de l'étendre. Prompt à se dessaisir d'une affaire, il accueillait volontiers toutes les demandes de renvoi, non seulement si la cause ou la personne était « non privilégiée », mais aussi dans le cas où l'une des parties pouvait rencontrer quelque faveur parmi ses membres[7], quand il s'agissait « de matière de comptes[8] », ou même lorsque le déclinatoire était basé sur un vice inhérent à sa constitution; il admettait qu'on lui reprochât d'être ambulatoire[9], qu'on fît allusion à sa lenteur, ou, ce qui revenait au même, « à ses grandes occupations[10] ». Le reproche d'ailleurs était fondé. Que penser d'une affaire qui, en 1479, au moment d'être jugée, avait été évoquée au

[1] Remontrances du 8 juillet 1489. Les plaideurs évoqués se voient obligés de suivre « le Roy, mal logés, mal traictez, en danger de leurs personnes, de perdre les lettres et tiltres qu'il leur fault porter. Ne pevent avoir accetz aux juges; car ne scevent lieu, heure ne temps, et ne tiennent souvent aucun Conseil, qui est ung grant desordre en justice. Et vauldroit mieulx aux parties habandonner tout. » (Arch. nat., X¹ᵃ 9323, n° 83.)

[2] Discours prononcé par Thiboust, avocat du Roi au Parlement, le 15 mars 1484 (Arch. nat., X¹ᵃ 4825, fol. 167 r°).

[3] Prise d'une ville à main armée (V⁵ 1040, fol. 61 r°); pillages, vols, sacrilèges (*ibid.*, fol. 50 r°, 64 r°, 80 r°); contestations au sujet d'un modeste héritage (*ibid.*, fol. 53 r°); grands litiges pendants entre barons au sujet de domaines usurpés; procès entre Commynes et la Trémoïlle, entre le comte de Narbonne et la princesse de Viane, etc. « Sont souvent traictiez [au Grand Conseil] des grandes matières, tant des droictures du Roy, comme des procès des grans personnaiges et autres de tous estatz. » (A. Bernier, *Journal des États généraux*, p. 684.) Cette définition, fournie par le cahier des États, est juste, parce qu'elle est vague.

[4] Marie de Laval, veuve du seigneur du Lude, Antoine de Crève-

cœur (Arch. nat., V⁵ 1040, fol. 4 r° et 20 r°), etc. Au contraire, le même droit est refusé non seulement à des non-nobles, mais à des écuyers, à des chevaliers (*ibid.*, fol. 22 r°, 24 r° et 58 r°).

[5] *Ibid.*, fol. 2 v° et 3 v°.

[6] Le Grand Conseil connaissait surtout des différends relatifs aux bénéfices dont la possession avait été réglée par le choix des universités. Ainsi, pour obtenir renvoi de sa cause aux Requêtes du Palais, Guillaume Fournier, qui disputait à Gilles de Brie la possession d'un canonicat, crut devoir déclarer qu'il « n'entendoit aucunement soy ayder d'aucun droit ou tiltre de nomination d'aucune université qu'il pretendist en ladite cause et procès, mais que audit droit de nomination il renunçoit, et de fait y a renuncé. » (Arch. nat., fol. 66 v°.) D'autres fois, les contestations en matière bénéficiale semblent avoir été rangées parmi les causes « non privilégiées ». (*Ibid.*, fol. 11 v°, 46 v°, 47 v°, 48 r°, 54 r°, 101 r°.)

[7] Arch. nat., U 624, p. 193.

[8] Arch. nat., V⁵ 1040, fol. 42 r°.

[9] Arch. nat., U 624, p. 179.

[10] Archives nationales, V⁵ 1040, fol. 2 v°, 4 r°, 19 r°, 46 v° et 57 r°.

Grand-Conseil ? le 7 janvier 1484, les sacs des parties dormaient encore au greffe des Requêtes du Palais[1]. Vers la même date, un procès fut renvoyé au Parlement : il avait été évoqué en 1478[2]. « Il semble, dit M. Picot, qu'à cette époque l'évocation servît moins à transporter au Conseil du Roi la connaissance d'un procès qu'à ajourner indéfiniment l'affaire dont un plaideur influent redoutait l'issue[3]. »

Déjà l'on peut mesurer la longueur du chemin parcouru. Nous sommes loin du 2 août 1497 et de la prétendue « création » du Grand Conseil de la justice ; à peine venons-nous d'entrer dans le règne de Charles VIII, et cependant cette cour fonctionne ; elle a une composition, elle jouit d'attributions distinctes : dès à présent sa séparation d'avec le Conseil est complète.

Nous ignorons par suite de quelle erreur on a dit et répété que les États réunis à Tours en 1484 avaient encouragé, provoqué l'organisation du Grand Conseil[4] : loin de se montrer favorables aux progrès de cette institution, ils l'eussent volontiers fait rétrograder d'un siècle. S'attaquant au personnel, ils prétendaient que des baillis et des officiers du Roi pouvaient entrer au Grand Conseil et prendre part au jugement de causes qu'ils n'avaient point entendues ; ils requéraient la nomination de nouveaux conseillers, choisis dans les divers états et dans les diverses provinces, « bien renommez et expers en administracion de justice, sachant les usages et coustumes des pays ». Le gouvernement fit aux États une de ces réponses évasives dont il possédait le secret[5] : il en fut de cette demande comme de toutes celles qui paraissaient porter trop directement atteinte aux prérogatives de la Couronne. En même temps, la juridiction de la nouvelle Cour subissait une plus rude attaque : les États ne demandaient rien moins que « la suppression absolue des évocations et le renvoi immédiat des affaires pendantes devant leurs juges naturels[6] » ; ils interdisaient au Grand Conseil tout jugement en première instance. Le gouvernement, en répondant à ce second article, ne dissimula pas son dessein d'attribuer exclusivement au Grand Conseil la connaissance des « procès d'offices[7] » ; mais il ajouta, dans l'intention de fermer la bouche aux mécontents : « Par ordonnance[s] jà faicte[s] par le Roy à Cléry et en ceste ville de Tours, a esté pourveu à l'effect de ce present article ; lesquelles ordonnances sont ès mains de Mᵉ Estienne Petit, notaire et secretaire dudit seigneur, et dont les parties en pourront avoir la coppie, pour eulx en aider quant et ainsi que mestier sera. » Les « ordonnances jà faictes par le Roy en ceste ville de Tours » n'étaient autres que deux déclarations rendues, le 8 mars, au profit du Dauphiné et du Languedoc, provinces que leur éloignement faisait particulièrement souffrir de la multiplicité des évocations : renvoi aux juges ordinaires des causes précédemment distraites du ressort de Grenoble ou de Toulouse, promesse de ne plus renouveler à l'avenir pareil abus ; tel était le grand résultat obtenu au moyen de ces lettres[8]. Mais que voulait-on dire par ces mots : « ordonnances faites à Cléry ? » Les auteurs se perdent en conjectures ; on peut croire que les

---

[1] Arch. nat., V⁵ 1,040, fol. 19 v°.

[2] Ibid., fol. 48 v°.

[3] Histoire des États généraux, t. I ; d. 450.

[4] Parce que les États constataient, dans leur cahier, l'existence du « Grand Conseil de la justice » (A. Bernier, Journal des États généraux, p. 684), on a cru qu'ils en requéraient l'institution. Nous trouvons cette erreur notamment dans des remontrances présentées à Henri III par les maîtres des requêtes de l'Hôtel (Bibl. nat., ms. français n° 16216, fol. 203 r°), dans les Recherches de la France d'Étienne Pasquier (p. 78), dans le Dictionnaire géographique d'Expilly (t. II, p. 460) et dans le traité De l'autorité judiciaire du président Henrion de Pansey (Œuvres judiciaires, p. 502). Ce dernier prête même aux députés une singulière sollicitude pour les intérêts des conseillers du Roi ; après avoir rappelé les remontrances qu'avaient

présentées les États au sujet des évocations : « Comme la réforme de cet abus, dit-il, rendait inutile la majeure partie des membres qui composaient [le Conseil], pour que cette réforme ne s'étendît pas jusque sur les personnes, ils lui suggérèrent l'idée de composer de la majeure partie de ces conseillers une cour de judicature qui connaîtrait des affaires qui lui seraient successivement attribuées. » — Cf. Le Conseil d'État avant et depuis 1789, par M. Aucoc, p. 36, et l'Histoire des États généraux, par M. Picot, t. I, p. 453.

[5] « Selon l'advertissement de ce présent article, le Roi y pourvoira si bien que le Conseil, avec Mᵍʳ le Chancelier, sera garny de bons personnages et gens de bien. » (A. Bernier, op. cit., p. 707.)

[6] Picot, Histoire des États généraux, t. I, p. 450.

[7] A. Bernier, Journal des États généraux, p. 706.

[8] Ordonnances, t. XIX, p. 285 et 287, note d.

députés eux-mêmes demeurèrent quelque temps dans le doute : ceux de Bourgogne n'obtinrent probablement que le 28 mars, c'est-à-dire plusieurs semaines après la clôture des États, une expédition authentique de ces fameuses ordonnances [1]. En réalité, il s'agissait de décisions du Conseil. Dès le mois de décembre, le gouvernement, prévoyant les plaintes qui allaient l'assaillir durant la session des États, avait chargé le Conseil de la justice de préparer divers projets de réformes, qu'il avait ensuite fait passer sous les yeux du Conseil étroit. Réunis à Cléry, les deux Conseils avaient arrêté la conduite à suivre : la lecture des procès-verbaux détaillés de cette conférence devait révéler aux provinces la véritable pensée du gouvernement. En ce qui touche le Grand Conseil, nous doutons que les promesses royales aient de tout point répondu à l'attente des députés.

« *Du IXe jour de decembre, estant le Roy à Nostre Dame de Clery...*

« A esté remonstré par M. le Chancellier comment MM. du Conseil de la justice ont commencé à
« dresser les articles pour besoigner en la refformation de la justice du royaulme, tant des parlemens,
« Grant Conseil, que autres cours subalternes, et qu'il est besoing commencer au Grant Conseil du
« Roy. A ceste cause, a esté mis en deliberation le fait des evocations par le moyen desquelles les
« causes sont introduictes en ladite cour du Grant Conseil, c'est assavoir si on deffendroit desormais
« faire aucunes evocations. A esté conclud que, attendu que on presumme que toutes evocations sont
« impetrées par les evocans pour fuyr à droit, comme par ceux qui font doubte de leurs droiz ès
« choses qu'ils pretendent, et que, au moïen d'icelles evocations, les party sont fort travaillées, tant
« par la distance des lieux que aussi par ce qu'on n'a eu par cy devant audit Grant Conseil bresve
« expedition, que doresnavant on conseillera le Roy ne bailler ne octroyer evocations si ce n'est qu'il
« y ait grande, juste et evidente cause d'icelles octroyer; et que, avant que les depescher, elles
« seront debbatues ou Conseil de la justice, pour veoir si les causes seront raisonnables; et, après ce,
« iceulx dudit Conseil de la justice en feront leur rapport au Conseil du Roy. Et a esté ordonné que,
« en nulles evocations que on pourroit cy après octroyer, que, pour la première foiz, la clausule
« contenant que un huissier, au reffuz des juges, fasse l'evocation ou fasse le renvoy n'y sera point
« mise, posé ores que ladite evocation soit trouvée raisonable.

« *Du Xe de decembre, audit lieu de Clery.*

« A esté mis en deliberation de la matière des renvoys des causes evocquées ou Grant Conseil du
« Roy, tant par le feu roy Loys, que Dieu absoille, que par le Roy qui est à present, pour icelles
« renvoyer soit en Parlement ou devant les ordinaires, ainsi qu'il devra estre fait, pour ce que, au
« moïen desdites evocations faictes oudit Conseil des pièces et matières evocquées, les party sont
« fort molestez, au deshonneur du Roy et dommaige des parties. Sur quoy, après que les choses ont
« esté bien debatues, a esté conclud que, de faire ordonnance generale de tout renvoyer generale-
« ment, en pourroit cy après estre faite quelque exception : par quoy à semblé ne devoir faire lesdits
« renvoys en termes generaulx, sans premierement avoir sceu et congneu les causes particulièrement
« pendens et evocquées oudit Conseil, et les causes pourquoy elles ont eté evocquées oudit Grant
« Conseil. Et, pour donner ordre en ceste matière, a esté conclud que M. le Chancellier et tout le
« Conseil de la justice soubz lui feront mettre ès mains du greffier du Grant Conseil, par declaration,
« les procès audit Grant Conseil evocqués, pour veoir et congnoistre par eulx quelles matières et

[1] *Bulletin du Comité de la langue, de l'histoire et des arts de la France*, t. III, 1855-1856, p. 248-258. — La présence aux archives de la Côte-d'Or d'une copie authentique des procès-verbaux du Conseil des 9, 10, 11 et 21 décembre 1483 peut-elle s'expliquer autrement que par une demande des députés de la Bourgogne?

Seuls ils avaient le droit, seuls ils pouvaient témoigner le désir d'obtenir une copie de ces arrêts, qui tous ont trait aux réformes générales projetées par le gouvernement en vue de la prochaine convocation des États. (Remarquer la formule finale de l'expédition, p. 258.)

« procès illecques pendens sont subgetz à renvoy, pour, sur ce, après qu'ilz auront advisé quelles
« causes doivent estre renvoyées, en estre fait renvoy, afin d'en faire par leur advis les lettres patentes
« de renvoy, celles qui seront necessaires aux cas particuliers. »

Ainsi, tout en reconnaissant l'abus des évocations, le gouvernement ne les supprimait pas. Il se
bornait à en restreindre l'usage, à exiger l'avis préalable du Grand Conseil, puis du Conseil étroit;
il voulait que l'opposition des tribunaux fut prise en considération. Enfin, s'il se montrait disposé à
renvoyer aux juridictions ordinaires le plus grand nombre des procès pendants au Grand Conseil, il
ne voulait pas recourir à une mesure générale qui n'eût permis de faire aucune exception en faveur
des causes intéressant les princes ou l'État. C'était, en somme, une demi-mesure, une concession
de la royauté plus prudente que sincère, et qui n'assurait pas pour longtemps la victoire aux États
généraux. Quatre mois ne s'étaient pas écoulés que le « renvoi général requis par les gens des
trois Estatz » n'était déjà plus invoqué avec le même succès[1]; le nombre des procès jugés au Grand
Conseil ne diminua pas sensiblement.

Au même moment, s'élevait une opposition plus efficace que celle des États, parce qu'elle était
moins passagère. Le Parlement avait recouvré la parole à la mort de Louis XI, et il se sentait trop
directement menacé par les empiétements du Grand Conseil pour en demeurer plus longtemps simple
et tranquille spectateur. Soutenu par les gens du Roy[2], il fit saisir les premières lettres d'évocation
qui lui furent adressées après l'avènement de Charles VIII et défendit à tous ses huissiers d'en « exécuter » aucune sans son autorisation préalable[3].

Le Grand Conseil sentit cette fois qu'il y allait de son existence; timide à l'égard des plaideurs,
indifférent en apparence au maintien de sa juridiction, il prit, envers le Parlement, une attitude
hostile : c'étaient de continuelles injonctions à la partie évoquée d'avoir à s'abstenir de toutes poursuites, « sur peine de perdicion de cause et de 500 marcs d'argent à appliquer au Roy[4]. » On vit le
Grand Conseil citer à sa barre des conseillers au Parlement, pour répondre de leurs arrêts et ex-
ploits, « entreprinse qui jamais ne fut faicte, » écrivaient au Roi les magistrats, et ils ajoutaient amè-
rement : « Si telles voies avoient lieu, il ne fauldroit plus de court de Parlement, et seroient messeigneurs du Grant Conseil juges souverains par dessus toute la Court, messeigneurs des Requestes du
Palais et tout les juges de ce royaume[5]. » Telle était bien effectivement la prétention du Grand
Conseil.

[1] Arch. nat., V⁵ 1040, fol. 103 v°, 111 v° et passim. — Les parlementaires reconnaissaient eux-mêmes la compétence du Grand
Conseil «ès matières d'importance». Ainsi, le 19 août 1484, le procureur général au parlement de Bordeaux invoqua le «renvoy general requis estre fait par le Roy par les gens des trois Estatz des
causes et matières evocquées oudit Conseil, distraictes de leurs parlemens et jurisdictions ordinaires, qui ne seroient d'importance» (ibid.,
fol. 99 r°). A vrai dire, certains plaideurs soutinrent que le Grand
Conseil ne pouvait connaître d'aucune cause, si elle ne lui était «commise par lettres du Roy» (ibid., fol. 79 r°); mais cette doctrine ne
prévalut jamais dans la pratique.

[2] Plus tard, en 1491, le procureur général Carmonne alla presque
jusqu'à soutenir qu'on pouvait relever en Parlement un appel interjeté
contre un arrêt du Grand Conseil (Arch. nat., X¹ᵃ 4830, fol. 438 r°). —
Nous avons déjà extrait plusieurs passages du discours prononcé, en
1484, par l'avocat du Roi, Thiboust : «Pour congnoistre des abbuz en
justice qui procedent à cause de telles evocacions; disait-il encore, ne
fault ramener les anciennes histoires ; car on a veu à l'œil, depuis peu
de temps, quelz dommaiges et interestz ont souffert les subjectz de ce
royaume à cause de telles evocacions. Car on a veu tout communement
que ceulx qui avoient mauvaises causes les faisoient evoquer au Grant

Conseil; mais, quant on les y vouloit expedier, ilz lez faisoient evoquer audit Grant Conseil devant la personne du Roy, afin que, par ce
moïen, les procès ne prennissent jemais fin... Il ne veult pas nyer que
le Roy puisse et doive avoir son Grant Conseil, car il lui est très necessaire; mais dit que en iceluy l'on ne devroit traicter ne congnoistre
d'aucunes causes de partie à partie, ne juger aucunement procès. Mais
a esté ledit Grant Conseil introduit pour conseiller le Roy ès grans
affaires et matières de ce royaume, dont il en y a assez pour occuper
ledit Grant Conseil.» (Arch. nat., X¹ᵃ 4825, fol. 166 v°.) Le bruit se
répandit à la Cour que Mᵉ Thiboust «avoit plaidé touchant les evocacions et dit aucunes choses malsonans»; mais il se disculpa dans la
Grand' Chambre, déclarant qu'«il n'avoit rien dit, nisi ex debito officii».
(Arch. nat., X¹ᵃ 1491, fol. 99 r°.)

[3] Le Conseil du Roi et le Grand Conseil... de Charles VIII, dans
la Bibliothèque de l'École des chartes, 1883, t. XLIV, p. 155. —
G. Picot, Le Parlement sous Charles VIII, dans les Séances et travaux de
l'Académie des sciences morales et politiques, 1877, 1ᵉʳ semestre,
p. 805.

[4] Arrêts du 19 août, du 18 novembre, du 2 décembre 1484.
(Arch. nat., V⁵ 1040, fol. 98 v°, 113 v° et 115 r°.)

[5] Remontrances du 8 juillet 1489 : «Plusieurs treuvent moïen de

Nous signalerons deux points sur lesquels se porta principalement l'effort des compagnies rivales : la compétence en matière bénéficiale et la connaissance des procès soulevés au sujet de la possession des charges. Le Grand Conseil n'était plus l'adversaire de la Pragmatique Sanction qui s'était révélé sous Louis XI[1] : ses principes s'étaient modifiés conformément aux vues de la Cour; mais il montrait toujours moins d'attachement aux libertés de l'Église gallicane que de complaisance pour les candidats agréables au gouvernement. Aussi, quand deux compétiteurs se disputaient un siège, l'archevêché de Narbonne[2], l'évêché de Séez[3], celui de Béziers[4], par exemple, il était rare que l'un d'eux n'eût pas l'appui du Parlement, l'autre l'approbation du Grand Conseil; ces contestations donnaient lieu à d'interminables conflits[5]. « Est question de la Pragmatique Xanction et saincts decretz de Basle et de la liberté de l'eglise gallicane, faisait observer, en 1491, un procureur général au Parlement; et seroit bien requis qu'il en feust determiné par la court de ceans, où la Pragmatique a esté leue et publiée... Et fait bien à considérer que aucunefoiz se treuvent au Grant Conseil prothonotaires de bonne maison, qui desirent chascun evesché... contre les saincts decretz et Pragmatique Sanction, qui n'aroient pas en fort bonne recommandacion iceulx sains decretz et Pragmatique Xanction, et tendent estre pourveuz autrement, qui est contre les libertez de l'eglise de France... On ne voit pas que ung eleu face evocquer une cause, mais seulement ceulx qui obtiennent lesdites provisions de court de Romme[6]. »

Quant à la connaissance des procès d'offices, elle avait appartenu longtemps aux maîtres des requêtes de l'Hôtel[7], en dernier lieu, à une commission instituée par le feu Roi[8], et les gens du Parlement la revendiquaient avec d'autant plus d'énergie qu'ils entendaient bien examiner les requêtes présentées par leurs collègues destitués sous Louis XI[9]. Tout autre était l'intention d'Anne de Beaujeu, tout autre l'intérêt du chancelier Guillaume de Rochefort, qui avait succédé, peu de mois auparavant, à Doriole, disgracié par le feu Roi : un édit du mois de janvier 1484 évoqua en bloc au Grand Conseil toutes les contestations relatives à la propriété des charges. Le Parlement protesta, refusa l'enregistrement, et ordonna que les parties retenues à sa barre seraient contraintes d'y plaider[10]. En vain, rapporte M. Picot, le Conseil du Roi chercha-t-il à atténuer l'effet de cette décision. Des lettres

---

faire evocquer leurs causes ou Grant Conseil du Roy, lesquelles evocacions se baillent bien legièrement... Quant les sentences ou arrestz sont donnés contre eulx, ne seuffrent qu'ilz soient executez; se ce sont sentences et ilz voient qu'elles soient justes, raisonnables et telles que, s'ilz appelloient en Parlement, elles seroient confermées, ilz appellent et relevent au Grant Conseil du Roy; et baillent les gens dudit Grant Conseil relièvement en cas d'appel pardevant eulx, ce qu'ilz ne pevent ne doivent faire. *Item* et, si ce sont arrestz de Parlement, ilz n'obéiront point, feront toutes rebellions et desobéissances aux executeurs, ou les mander devers le Roy pour les faire cesser; et après, se la Court veult congnoistre desdites rebellions et desobéissances, ilz appellent des executeurs au Grant Conseil du Roy et obtiennent lettres au contraire. *Item* et, combien que, puis qu'il y a arrest prononcé, l'on ne doye donner provision en la Chancellerie derrogant audit arrest, mais doye tousjours estre mis en la lettre : *pourveu que l'execucion de l'arrest n'en soit retardée,* neantmoins on fait tout le contraire; car, chascun jour, l'on y mect : *non obstant quelzconques arrestz, jugemens de nostredite Court,* etc., tout ainsi que d'un exploit d'un sergent; et fault recommancer nouveau procès au Grant Conseil... » Ces remontrances, qu'il faudrait citer en entier, concluent à la nécessité de rompre définitivement avec de pareils erremens : « *Item*, plaise [au Roi] cesser et faire cesser toutes evocacions de causes en son Grant Conseil... » (Arch. nat., X¹ᵃ 9323, n° 84.)

[1] Le Grand Conseil avait été le premier, lors de l'avènement de Charles VIII, à proposer le rétablissement de la Pragmatique Sanc-

tion; d'après son avis, le Conseil étroit avait décidé qu'il serait bon d'amener les États généraux à se prononcer dans le même sens. (*Bulletin du Comité de la langue*, t. III, p. 248, 249.)

[2] Procès entre Georges d'Amboise et François Hallé. (Arch. nat., X¹ᵃ 1491, fol. 81 bis v°, 85 r° et 94 r°; X¹ᵃ 4895, fol. 164 et suiv. — *Bibliothèque de l'École des chartes*, t. XLIV, p. 440. — G. Picot, *Le Parlement sous Charles VIII*, p. 803.)

[3] Procès entre Étienne Goupillon et Gilles de Laval. (Arch. nat., X¹ᵃ 1492, fol. 295 r°. — *Bibliothèque de l'École des chartes*, t. XLIV, p. 441.)

[4] Arch. nat., X¹ᵃ 4832, fol. 436 v°; X¹ᵃ 4833, fol. 32 r°; X¹ᵃ 4838, fol. 221-225.

[5] Remontrances du 8 juillet 1489. (Arch. nat., X¹ᵃ 9323, n° 84.)

[6] Arch. nat., X¹ᵃ 4832, fol. 437 r°, 438 r° et v°.

[7] Ordonnances du 25 février 1319, de 1334, du 15 février 1346, du 5 avril 1351, du 28 décembre 1355, du 3 mars 1357. (Isambert, t. III, p. 196, t. IV, p. 421, 517, 640, 734, 859.)

[8] Dans une plaidoirie du 30 janvier 1476, on lit : « Dit que l'an LXIX, le Roi ordonna que tous les procès qui estoient pendans en matière d'office feussent portez par devant luy, pour en ordonner par les commissaires qu'il y commist. » (Arch. nat. X¹ᵃ 4817, fol. 64 v°.)

[9] G. Picot, *Le Parlement sous Charles VIII*, dans les *Séances et travaux de l'Académie des sciences morales et politiques*, p. 800 et suiv.

[10] Arch. nat., X¹ᵃ 1491, fol. 66 v°.

furent écrites au Parlement, non seulement au nom du Roi, mais de la part des ducs d'Orléans et de Bourbon, du sire de Beaujeu, du Chancelier et des gens du Grand Conseil; elles furent communiquées, le 22 mars, à l'assemblée générale. La Cour ne se sentit pas désarmée par tant de ménagements; à peine la lecture achevée, elle défendit à l'huissier porteur de ces messages de rendre compte de sa mission, s'il ne voulait payer 100 marcs et perdre son office par surcroît; deux conseillers demandèrent même qu'il fût emprisonné sur l'heure[1]. La résistance du Parlement fut telle qu'après avoir fait tenir au Roi une sorte de lit de justice[2], le gouvernement dut revenir sur ses pas et remettre l'affaire en délibération. Un plaideur prétendait, au mois de juillet, que sa cause, suivant la promesse du Chancelier, devait être tenue en surséance «jusques à ce que par le Roy fust declairé si la congnoissance et discucion des offices demourroit oudit Conseil ou en Parlement[3]». Effectivement, au mois d'août, à la suite de nouvelles remontrances, la question fut déférée d'abord à une sorte de tribunal des conflits, composé de six membres du Parlement et de six membres du Conseil étroit, sous la présidence du Chancelier; puis, le Parlement ne se prêtant à aucune espèce d'arbitrage, le Conseil étroit rendit lui-même, le 11 août, un arrêt qui substituait au Grand Conseil, pour le jugement des procès d'offices, une commission mixte composée de six délégués du Parlement et de six délégués du Conseil étroit, ces derniers choisis vraisemblablement parmi les membres du Grand Conseil; les douze commissaires devaient se réunir «en l'ostel du Roy, et non ailleurs[4]». Cette concession ne désarma ni le Parlement, ni le Grand Conseil[5]. Il faut attendre aux derniers mois de l'année 1485 pour assister à un apaisement, au moins momentané, du conflit : alors seulement, Charles VIII signifie aux gens du Parlement, sur un ton qui n'admet pas de réplique, «que à lui, qui paie les gaiges de ses officiers, appartient, et non à autre, de pourvoir à ses offices et d'en congnoistre, quant il lui plaist...; que en la conduite et excercice desditz offices consiste, pour grant part, le fait, administration et seureté de l'Estat..., et que plusieurs secretz et affaires y pevent contrevenir dont n'est mestier parler en publique[6].... » Le 7 janvier suivant, la Cour consentit enfin à nommer des délégués, qui devaient, avec le concours des gens du Grand Conseil et des maîtres des requêtes de l'Hôtel, juger les contestations relatives à la possession des charges[7].

Nous ne suivrons pas plus loin l'histoire du Grand Conseil, désormais détaché du Conseil du Roi.

[1] *Bibliothèque de l'École des chartes*, t. XLIV, p. 159.

[2] A. Bernier, *Procès-verbaux des séances du Conseil*, p. 44. — G. Picot, *Le Parlement sous Charles VIII*, p. 821.

[3] Arch. nat., V⁵ 1040, fol. 79 v°. — L'incertitude où cette attente plongeait les deux tribunaux en conflit n'empêchait pas le Grand Conseil d'édicter des amendes de plus en plus fortes contre les plaideurs qui tentaient de se soustraire à sa juridiction, ou qui continuaient à poursuivre devant le Parlement le jugement d'un procès d'office; elle n'empêchait pas le Parlement de lancer des lettres de *capiatur* contre les parties trop empressées à profiter de l'évocation. (*Ibid.*, fol. 89 v° et 91 r°.)

[4] Arch. nat., XI° 1491, fol. 171 r°. — A. Bernier, *Procès-verbaux des séances du Conseil*, p. 15-17, 43 et 44. — *Bibliothèque de l'École des chartes*, t. XLIV, p. 100 et 101.

[5] Arrêts du 19 août, du 18 novembre et du 2 décembre 1484 (Arch. nat., V⁵ 1040, fol. 98 v°, 113 v° et 115 r°). Plutôt que de céder au Parlement, le Grand Conseil aimait mieux reconnaître la juridiction des Requêtes de l'Hôtel, auxquelles, disait-il, «la congnoissance des matières d'offices compettoit et appartenoit». (Arrêt du 6 novembre 1484. *Ibid.*, fol. 112 r°. Cf. U 624, p. 62, 87, 306 et 323.) — Voir encore les pièces relatives au procès pendant entre

Pierre Poignant et Étienne Pascal, au sujet d'un office de maître des requêtes. (*Bibliothèque de l'École des chartes*, t. XLIV, p. 162 à 164.)

[6] Arch. nat., XI° 1493, fol. 42 v°.

[7] Le Parlement céda de mauvaise grâce : «La Court, affin d'obvier aux questions et differens qui pourroient survenir, et pour ce que les gens du Grant Conseil dudit seigneur ont voulu congnoistre de plusieurs causes d'appel interjettées pour raison de certains offices quereleux entre plusieurs parties en la Court de ceans, *et desquelles causes d'appel la congnoissance appartient à ladicte Court*, a conclud et deliberé que pour l'un ou deux des presidens de la Court de ceans et certain nombre des conseillers en icelle que la Court elira, et aussi par aucuns des maistres des requestes ordinaires de l'Ostel du Roy nostredit seigneur et autres conseillers en son Grant Conseil, telz qu'il lui plaira ordonner, tous les procès estans pendans en ladicte Court en matière d'office seront vuidez et jugez en la Court de ceans, dedans ung mois à compter du jour que on commencera à juger iceulx procès. Et, au surplus, a deliberé la Court que, *ou refuz de M. le Chancellier, elle baillera des adjournemens en cas d'appel en matière d'office* et autrement, ainsi qu'elle a acoustumé. » (Arch. nat., XI° 1493, fol. 42 r°.)

Cependant, qu'on relise l'ordonnance de 1497[1] : on s'apercevra qu'elle consacre une institution déjà née. Sans doute, l'intention du législateur serait plus claire s'il rappelait le développement récent du Conseil de la justice; mais il semblerait favoriser l'intrusion d'une cour nouvelle. Il aime mieux constater simplement l'existence actuelle d'un Grand Conseil, qui connaît des procès les plus importants, surtout en matière héréditaire et bénéficiale, et il s'efforce, au moyen d'un ingénieux sophisme, d'en faire remonter l'institution au delà du XIIIe siècle. Le Conseil du Roi, dont l'origine se perdait dans la nuit des temps, n'avait-il pas toujours eu des attributions judiciaires? ne portait-il pas depuis deux siècles le nom de Grand Conseil? Qu'y avait-il donc de changé? — Ni le nom, ni la chose : le tribunal qui faisait l'objet de l'ordonnance du 2 août était antérieur au Parlement. A vrai dire, c'est une prétention qu'eut toujours le Grand Conseil, et, pour établir sa priorité, il ne manquait pas de s'appuyer sur les termes spécieux de l'ordonnance du 2 août 1497[2].

Fixer à dix-sept le nombre des conseillers ordinaires, leur assigner des gages, les astreindre à un service régulier, ériger leurs charges en titre d'offices, les constituer en collège, interdire à tout étranger l'entrée du Grand Conseil, tel fut le principal objet d'une ordonnance que Pardessus a pu nommer une loi de réorganisation[3]. Elle faisait définitivement passer au rang de cour souveraine la section judiciaire de l'ancien Conseil du Roi, et Louis XII se borna, l'année suivante, à la confirmer, en y ajoutant quelques dispositions relatives aux offices de procureur général, de greffier, de secrétaire, qu'avait oubliés Charles VIII (13 juillet 1498)[4].

La « création » du Grand Conseil ne date donc pas de cette époque; elle pourrait être plus justement reportée au règne de Louis XI; mais, à proprement parler, nous ne voyons là que l'épanouissement d'un rameau qui peu à peu s'écarte du tronc commun. Il en est du Grand Conseil comme du Parlement et de la Chambre des comptes : nul ne saurait préciser la date de sa formation.

Le développement du Grand Conseil ne répondait à aucun vœu de la nation, mais à un besoin du gouvernement. Utile peut-être à la défense d'une administration compliquée, il n'en portait pas moins une grave atteinte à l'unité judiciaire, et les plus sages Rois, d'accord avec le Parlement, avaient tenté d'y mettre obstacle. Le Grand Conseil emporta toutes les digues. Son rôle fut d'abord de favoriser la politique religieuse des Rois et de maintenir leur autorité sur les possesseurs d'offices, puis, en bien des cas, de plier la justice aux fantaisies du gouvernement. Sa présence à la suite de la Cour garantissait sa dépendance. Il fut un instrument docile dans la main des Rois absolus.

---

[1] *Ordonnances*, t. XXI, p. 4.

[2] Voir notamment les mémoires manuscrits conservés aux Archives nationales dans le registre U 949 (p. 2, 28 et 66) : «Toutes les raisons qui maintiennent aujourd'huy la primauté du Conseil privé s'appliquent à la supériorité du Grand Conseil. La seule objection que l'on peut faire est que, depuis la réduction du Grand Conseil en corps et en collège, il est devenu une compagnie ordinaire et semblable à toutes les compagnies souveraines de nouvelle création : il ne faut pour détruire cette pensée que la simple lecture de l'édit de 1597. On ne peut dire que cet édit de Louis XII, ni celluy de Charles VIII qui y est referé soient l'institution du Grand Conseil, puis qu'il paroist, au contraire, par les termes de ces édits que, lorsque ils ont été faits, le Grand Conseil subsistoit et etoit en possession de tous les mesmes droits et fonctions qu'il eut depuis : de sorte que l'on ne peut douter que le Grand Conseil n'ait toujours été.» — Les mêmes auteurs refusent de considérer les conseillers au Parlement comme des juges ordinaires, les conseillers au Grand Conseil comme des juges extraordinaires; ils soutiennent la proposition contraire, en se fondant sur l'identité du Grand Conseil et du Conseil du Roi : «Les Parlements, disent-ils, ne connoissent des matières et affaires importantes qu'en tant que le Grand Conseil ne les peut toutes expedier...» Tout le monde sait que sa jurisdiction n'a point d'autres bornes que celles des terres de l'obéissance du Roy; d'où l'on a pris le sujet de la devise du Grand Conseil : *Unico universus.*» (*Ibid.*, p. 7 et 8.)

[3] *Ordonnances*, t. XXI, p. 644.

[4] *Ibid.*, p. 56.

CHAPITRE IV.

LE CONSEIL DES AFFAIRES.

Formation progressive, du xiv° au xvi° siècle, d'un Conseil intime appelé à délibérer sur les affaires d'État les plus importantes. — Organisation du *Conseil des affaires* sous François I°; son fonctionnement sous les successeurs de ce prince. — Décadence du Conseil ordinaire. — Projets de Henri IV et de Sully tendant à faire participer la noblesse au gouvernement de l'État : le *Conseil des affaires étrangères*, le *Conseil de la guerre* et le *Conseil d'exécution.*

Le Conseil se trouvant dépouillé de ses attributions judiciaires par suite de l'organisation du Grand Conseil, il lui restait l'administration, il lui restait la politique.

De tout temps, on l'avait vu en possession du droit d'éclairer le souverain sur les difficultés du gouvernement. Le prince esquivait le danger qu'il y aurait eu pour lui à divulguer des secrets d'État devant une assemblée nombreuse, en composant avec soin et en réduisant à son gré le personnel de chaque séance.

De bonne heure, la confiance plus grande que le Roi témoignait à quelques-uns se traduisit par un titre spécial. Ainsi les conseillers les plus intimes de Jean le Bon se qualifiaient, vers 1356, *conseillers du Grand et Secret Conseil*[1], expression renouvelée des dernières années de Philippe VI, mais détournée de son premier sens. *Grand et Étroit Conseil* eut peut-être, quelques années plus tard, une signification semblable; au retour de sa captivité, Jean II retint le maréchal d'Audeneham de son Grand et Étroit Conseil[2]; or le maréchal avait sa place marquée depuis longtemps parmi les conseillers ordinaires[3] : il obtenait donc une sorte d'avancement en grade. Boucicaut, en 1364[4], l'archevêque de Besançon, en 1403, étaient décorés du même titre[5]. Vers cette époque, la réunion des conseillers les plus intimes, proches parents, ministres ou familiers du Roi, est appelée *le principal Conseil*[6], *le plus spécial Conseil du Roy*[7], et ces expressions, employées par Froissart ou d'Escouchy, ont des équivalents dans les chartes : *Secretius, Superius*[8], *Majus Consilium*[9].

En 1436, Charles VII fait un choix parmi les membres de son Grand Conseil; il décerne à plusieurs d'entre eux, par exemple à Prégent de Coëtivy, le titre de « conseillers especiaulx » et les désigne « pour conduire, conseiller et adrecier ses plus haulz et grans afaires », pour « besoigner continuelment » auprès de sa personne, tant en la compagnie des princes du sang que autrement[10].

D'ailleurs, sous le règne de Charles VII et aussi sous celui de Louis XI, les protocoles nous apprennent à distinguer deux classes de conseillers du Roi : les simples « conseillers » admis aux

[1] Isambert, t. IV, p. 783. — *Bibliothèque de l'École des chartes,* t. II, p. 365. — *Ordonnances,* t. III, p. 346.

[2] Ém. Molinier, *Étude sur la vie d'Arnoul d'Audrehem,* dans les *Mémoires présentés par divers savants à l'Académie des inscriptions et belles-lettres,* 2° série, t. VI, 1° partie, p. 233.

[3] Dès le mois de mai 1356, il est appelé par le Roi *dilectus et fidelis miles et consiliarius noster.* (Arch. nat., J 475, n° 70⁵.)

[4] L. Delisle, *Mandements de Charles V,* p. iv et n° 16.

[5] *Ordonnances,* t. VIII, p. 592. Cf. t. VII, p. 228.

[6] *Chronique de Mathieu d'Escouchy,* édition de Beaucourt, t. I, p. 185.

[7] *Chroniques de J. Froissart,* édition Luce, t. I, 2° partie, p. 96, t. VI, p. 237.

[8] *Ordonnances,* t. VIII, p. 294 et 307.

[9] Septembre 1406 : « Per Regem in suo Majori Consilio, in quo dominus dux Bituricensis, dominus Jacobus de Borbonio, Vos, dominus de Baqueville, et plures alii erant. » (Archives nationales, JJ 161, fol. 30 v°.)

[10] Lettres du 8 juin 1436, publiées par M. Marchegay. (*Archives historiques de la Saintonge et de l'Aunis,* t. VI, p. 23.) — En 1442, les nobles réunis à Nevers prient Charles VII de ne plus « commettre la somme ou conduite des grans affaires à deux ou trois conseillers, comme il a esté fait par ci-devant ». (Isambert, *Anciennes lois françaises,* t. XIII, p. 108. *Chronique de Mathieu d'Escouchy,* édition de Beaucourt, t. III, pièces justificatives, p. 77.)

« Conseilz et affaires » et les « conseillers du Grand Conseil » appelés aux « plus grans Conseils et besoignes », ces derniers probablement seuls initiés aux secrets de la politique [1].

Un état de l'Hôtel du Roi, qu'on peut rapporter vraisemblablement aux dernières années du règne de Louis XI [2], oppose au *Conseil des choses communes* celui *des choses especiales* : « Il y a, dit-il, un autre Conseil particulierement d'aucunes secretes matières que le prince ne veut pas que guere de gens en ayent cognoissance, et icelles il les peut commettre à telles gens, à telles personnes et à tel nombre que son plaisir est, et ne se doit nul ingerer d'y aller, s'il n'est appelé. » Il n'est pas impossible que les familiers admis dans ce cercle intime fussent choisis même en dehors du Conseil proprement dit; François Hallé fréquentait les « Conseilz des grandes matières et affaires » avant de faire partie régulièrement du Grand Conseil de Louis XI [3].

Sous Charles VIII, sous Louis XII, en s'aidant des renseignements que fournissent les ambassadeurs toscans, il est facile de reconnaître ceux des conseillers du Roi sur qui reposait principalement la direction des affaires politiques [4].

Un ancien conseiller de Louis XII, Claude de Seyssel, s'inspirait visiblement du spectacle que lui offrait alors la monarchie française quand il proposait aux rois l'exemple des trois Conseils de Jésus-Christ : « Il avoit premièrement, dit-il, son Grand Conseil, qui étoit de LXXII disciples..... Son second Conseil étoit de XII apostres..... Le tiers étoit de III desdictz XII, c'est assavoir saint Pierre, saint Jean et saint Jacques, auxquels il communiquoit les choses plus intrinsèques. » A l'imitation de ce dernier, Seyssel vouloit qu'on instituât un *Conseil secret* ou *étroit* de deux ou trois confidents intimes, qui fût chargé de préparer sous main et de réformer, au besoin, les décisions du Conseil ordinaire [5].

En somme, du XIVᵉ au XVIᵉ siècle, on constate une tendance à former un petit Conseil dans le grand, ou à côté du grand, et à lui confier exclusivement le soin des matières d'importance. C'est bien ce qu'avait entendu dire, sous Henri III, l'ambassadeur vénitien Jérôme Lippomano [6], et c'est ce que savaient de bonne source les maîtres des requêtes de l'Hôtel [7].

Ce petit Conseil politique s'organise sous François Iᵉʳ. Suivant la relation de Giustiniano, datée de 1535, l'entrée des « Conseils secrets » était alors réservée à un nombre restreint de personnages tout-puissants dans le royaume [8]. Peu après, nous apprenons que le Roi tient ces Conseils chaque

---

[1] Bibl. nat., ms. français nº 5024, fol. 58 vº, 59 rº, 60 vº; ms. français nº 14351, fol. 32 vº, 33 rº; ms. français nº 5727, fol. 67. Ce dernier protocole, contemporain de Louis XI, est postérieur à l'année 1578. (Voir fol. 41 vº, 45 vº, 89 rº.)

[2] C'est l'état imprimé par C. Leber, dans le tome XIX (p. 176-185) de sa *Collection des meilleurs dissertations, notices et traités particuliers relatifs à l'histoire de France*, sous cette rubrique : *L'estat des offices de l'ostel du Roy* (sans doute après 1407). Nous le croyons postérieur 1º à la mort de Charles VI, parce qu'on y lit cette phrase (p. 183) : « pour certaines causes qui advinrent du roy Charles VI... »; 2º à l'année 1450, attendu qu'il compte (p. 185) quatre trésoriers de France (cf. Arch. nat., P 2571, fol. 37 vº, et le *Mémoire sur les privilèges et fonctions des trésoriers généraux de France*, Orléans, 1745, in-4º, p. 11); 3º à l'année 1454, parce qu'il mentionne (p. 183) l'office de procureur du Roi en la Chambre des comptes (cf. A. de Boislisle, *Premiers présidents de la Chambre des comptes*, p. LXXII); 4º à l'année 1465, parce qu'il considère le Roi (p. 184) comme le soixantième membre du collège des notaires et secrétaires du Roi, place qu'occupait auparavant la communauté des Célestins (Girard et Joly, *Offices de France*, p. 686, 688 et 691); 5º enfin, à l'année 1479, parce qu'il constate (p. 183) l'existence d'un avocat en la

Chambre des comptes (cf. A. de Boislisle, *ibid.*). — D'autre part, la mention du *roi des ribauds* (p. 181), office qui ne paraît pas avoir survécu à Louis XI (C. Leber, *ibid.*, t. VIII, p. 225); et surtout les termes de l'article consacré (p. 183) au *Conseil de la justice*, nous porteraient à considérer les dernières années du règne de Louis XI ou les premières années du règne de Charles VIII comme la date approximative de ce précieux document.

[3] *Le Conseil du Roi et le Grand Conseil... de Charles VIII*, dans la *Bibliothèque de l'École des chartes*, t. XLIII, p. 612, note 3.

[4] Abel Desjardins, *Négociations diplomatiques de la France avec la Toscane*, t. I, p. 223; t. II, p. 505, 509, 513 et 514.

[5] *La grand'monarchie de France, composée par messire Claude de Seyssel*, Paris, 1557, in-8º, 2ᵉ partie, chap. IV-VII, fol. 21-55.

[6] Tommaseo, *Relations des ambassadeurs vénitiens*, t. II, p. 506.

[7] Mémoire rédigé par les maîtres des requêtes vers 1585 : « Vray est qu'il y avoit tousjours un Conseil secret, comme tous les princes en ont tousjours eu, pour les affaires de la guerre et aultres grandes et importantes à la majesté du Roy, concernans la conservation de l'Estat general, duquel les majestés des roys ont honnorez ceulx qu'il leur a pleu. » (Bibl. nat., ms. français nº 16216, fol. 201.)

[8] Tommaseo, *op. cit.*, t. I, p. 107.

matin, à l'heure de son lever[1], avant de se rendre à la messe[2]; il y réunit ses plus intimes, Jean, cardinal de Lorraine, Philippe Chabot, Claude d'Annebaut, le duc Claude de Guise, le cardinal de Tournon, Anne de Montmorency, Henri d'Albret, roi de Navarre, le Dauphin, Marguerite d'Angoulême; on s'y passe de secrétaire[3]; les questions les plus délicates y sont tranchées, la paix et la guerre y sont résolues, sans qu'aucune nouvelle en transpire au dehors : habitué à surprendre les secrets d'État, le Vénitien Dandolo avouait cette fois son impuissance, non sans quelque étonnement[4]. Ce petit comité porte un nom : on l'appelle le *Conseil des affaires*, ou simplement les *Affaires*, expression qui s'explique d'elle-même, mais dont un jeu de mots, bien digne du xvie siècle, a contribué peut-être à répandre l'usage parmi les contemporains de Rabelais. Le Roi, disait-on, reçoit ses conseillers dans sa chambre, étant encore au lit; tandis qu'il confère avec eux des destinées du royaume, on le voit se lever, s'habiller, satisfaire aux plus vulgaires besoins, assis sur sa « chaise d'affaires »; le nom du fauteuil est devenu celui du Conseil lui-même[5].

Appelé aussi *Conseil étroit, Conseil secret*, le Conseil des affaires subsiste sous le règne de Henri II. Ce prince, dont l'ambassadeur Capello dit qu'il se levait au point du jour en été, à la lumière en hiver, s'agenouille, aussitôt habillé, devant un autel portatif; « ses dévotions faictes, lui relevé, chacun se retire, et ne demeure que ceux des *Affaires*[6]. » Il faut entendre par là le duc François de Guise, le maréchal de Saint-André, le jeune Charles, cardinal de Lorraine, que Henri II a distingué dès les premiers jours de son règne, le connétable de Montmorency, qu'il a aussitôt rappelé d'exil, au besoin, le maréchal Robert de La Marck, le roi de Navarre, Antoine de Bourbon, duc de Vendôme, plus tard, le maréchal Charles de Cossé-Brissac[7]. Diane de Poitiers, « pour avoir l'œil partout à l'entour du prince[8], » fait entrer au Conseil des affaires le trésorier de l'Épargne André Blondet, sa créature, qui lui répète tout ce qui s'y dit. On prétend que, pour marier sa petite-fille Diane de La Marck à Jacques de Clèves, second fils du duc François de Nevers, elle s'est engagée à faire introduire ce dernier dans le même Conseil; mais « le mariage fut consommé, et la promesse non gardée, parce que, cette femme ayant considéré qu'elle seroit aussi contrainte d'y faire appeler Claude de Lorraine, son gendre, depuis duc d'Aumale, qu'elle aimoit beaucoup, pour étouffer la rumeur qui en fût venue et ne donner ouverture à la confusion, ni l'un ni l'autre n'y furent admis[9]. » Dans les dernières années du règne, l'absence de Montmorency et de Saint-André laisse les deux frères de Guise à peu près seuls maîtres de la place. Le Chancelier ou Garde des sceaux assiste au

---

[1] Dès 1526, François Ier examinait à son lever les affaires les plus importantes, et ses conseillers s'assemblaient parfois avant son réveil. (Arch. nat., J 666, *Espagne*, IX, *Traités*, liasse I, n°s 4-4 quater.)

[2] Relation de Matteo Dandolo, août 1542. (Albèri, *Relazioni degli ambasciatori veneti*, série I, t. IV, p. 33.)

[3] Relations de Marino Giustiniano, 1535 (Tommaseo, *op. cit.*, t. I, p. 107), de Matteo Dandolo, août 1542 (Albèri, *loc. cit.*; Jean Zeller, *La diplomatie française vers le milieu du xvie siècle d'après la correspondance de Guillaume Pellicier*, Paris, 1881, in-8°, p. 7), et de Marino Cavalli, 1546 (Tommaseo, *op. cit.*, t. I, p. 281). — Giustiniano nomme, au second rang, le chancelier Duprat, l'évêque de Soissons (Mathieu de Longuejoue) et le président Poyet. — Le Conseil devant lequel Monluc réclama si énergiquement, en 1544, l'autorisation de livrer bataille se tint vers le milieu du jour. Le Roi y était assis devant une table, ayant à côté de lui M. de Saint-Pol, et vis-à-vis de lui l'amiral d'Annebaut. Y assistaient debout le grand écuyer Jacques Ricard de Genouillac, dit Galiot, Claude Gouffier, duc de Roannez, marquis de Boisy, et deux ou trois autres, enfin le Dauphin, qui n'opinait pas, mais se tenait derrière la chaire du Roi et faisait à Monluc, pendant son discours, des signes d'encourage-

ment. (*Commentaires et lettres de Blaise de Monluc*, édition de Ruble, t. I, p. 243-253.)

[4] Albèri, *loco. cit.*

[5] Relations de Lorenzo Contarini, 1551 (Albèri, *op. cit.*, série I, t. IV, p. 77), et de Michel Suriano, 1561 (Tommaseo, *op. cit.*, t. I, p. 513).

[6] Relation de Giovanni Capello, 1554 (Tommaseo, *op. cit.*, t. I, p. 371). — *Histoire particulière de la court du roy Henry II* (Cimber et Danjou, *Archives curieuses de l'histoire de France*, 1re série, t. III, p. 282). — Baron de Ruble, *Le mariage de Jeanne d'Albret*, Paris, 1877, in-8°, p. 235.

[7] Relation de Lorenzo Contarini, 1551 (Albèri, série I, t. IV, p. 77). — Relation de Giovanni Capello. — *Commentaires et lettres de Blaise de Monluc*, édit. de Ruble, t. I, p. 435. — Relation de Giovanni Sorenzo, 1558. (Albèri, série I, t. II, p. 433 et 444.)

[8] Suivant Contarini, la duchesse de Valentinois ne s'occupait pas ouvertement des affaires de l'État; mais Henri II lui communiquait tous ses projets et passait chaque jour, après son dîner, une heure et demie à lui parler d'affaires. (Albèri, série I, t. IV, p. 77.)

[9] *Archives curieuses*, 1re série, t. III, p. 282 et 284.

Conseil des affaires, moins pour y donner des avis que pour y recevoir des ordres, privilège modeste qu'il partage avec un secrétaire des commandements. C'est dans ce Conseil qu'est dépouillée la correspondance diplomatique, débattue toute question militaire, dirigée l'administration, déterminée la ligne politique que doit suivre le gouvernement [1]. Le Conseil proprement dit n'apparaît plus qu'à l'arrière-plan.

Sous le règne de François II, le cercle se resserre encore. Entre le jeune Roi, présent pour la forme, le cardinal de Lorraine et le duc de Guise, il n'y a guère de place pour aucun autre conseiller intime. Catherine de Médicis elle-même se voit écartée des *Affaires* [2].

Mais elle prend habilement, sous la minorité de Charles IX, une revanche, qu'elle achète, il est vrai, par des concessions nombreuses. A sa suite, le roi de Navarre, tous les princes du sang, le duc de Guise, le cardinal de Lorraine, le Connétable, le Chancelier, les cardinaux de Châtillon et de Tournon, d'autres encore se font admettre au *Conseil des affaires du matin* [3]. Le règlement du mois de mai 1561 y laisse entrer non seulement les secrétaires d'État, mais le trésorier de l'Épargne, les intendants, le contrôleur des finances. Derrière la porte, d'autres officiers, tels que les trésoriers des guerres, attendent pour se présenter que le Conseil les fasse appeler [4]. Peu à peu l'assistance augmente, si bien que Charles IX, déclaré majeur, croit faire beaucoup en édictant un règlement ainsi conçu (23 octobre 1563) : «Le Roy.... veult et entend que cy après les matins, quant il parlera de ses affaires, il n'y entre plus que MM. les prince de Navarre, cardinal de Bourbon, prince de Condé, duc de Montpensier et prince de la Roche-sur-Yon, MM. les princes, Connestable, Chancellier, les mareschaulx de France, seigneurs et aultres qui estoient du Conseil du feu Roy, son père, les sieurs de Gonnort et de Chaune, le sieur de Sipierre et, en son absence, le sieur de Lanssac, pour entrer aux Affaires du Roy, les quatre secretaires d'Estat et le tresorier de l'Espargne, et M. du Perron, qui demeurera pour habiller le Roy.» Tout l'espoir du Roi était de réduire le nombre de ces conseillers à douze, et, comme s'il avait eu affaire à autant de ministres inamovibles, il ne se flattait d'y parvenir que peu à peu, par extinction [5]. A vrai dire, le Conseil des affaires renouvela son personnel à chaque changement un peu brusque dans la politique royale [6]. Avant la Saint-Barthélemy, on y voyait les cardinaux, princes et maréchaux, l'amiral de Coligny, les évêques d'Orléans et de Limoges, René de Birague et Paul de Foix [7]. Le 24 octobre 1572, on en accorda l'entrée au nouvel Amiral, Honorat de Savoie, au Grand Écuyer, Léonor Chabot, à MM. de Strozzi, de Biron, de Villequier et de Saint-Sulpice. Le Conseil des affaires se tenait alors dans un

---

[1] Relations de Giovanni Soranzo et de Lorenzo Contarini. (Albèri, série I, t. II, p. 444; t. IV, p. 77.) — Cf. le mémoire adressé par le chancelier Olivier au cardinal de Lorraine. (Arch. nat., KK 625, fol. 71.)

[2] Étienne Pasquier signale, sous François II, l'existence d'un *Conseil des affaires* «auquel trois ou quatre des principaux de la France avoient entrée, pour aviser sur le gouvernement général de ce royaume». (*Recherches de la France*, édit. de 1611, p. 80.) — Regnier de la Planche, *Histoire de l'estat de France sous le règne de François II*, édit. Mennechet, t. I, p. 16. — *Mémoires de Vieilleville*, édit. Michaud. p. 286. — Marillac, *Du Conseil du Roi*. (Arch. nat., U 945°, fol. 22 v°.) — Vidaillan, *Histoire du Conseil du Roi*, t. II, p. 38.

[3] Relation de Marco-Antonio Barbaro, 1563. (Tommaseo, t. II, p. 28.) — Comte Delaborde, *Histoire de Coligny*, Paris, 1881, in-8°, t. I, p. 501.

[4] Louis Paris, *Négociations, lettres et pièces diverses relatives au règne de François II*, p. 868.

[5] Une copie contemporaine du règlement du 23 octobre 1563 est conservée dans le ms. français n° 5905, fol. 79 v°. Cf. ms. français n° 7496, fol. 187 r°, collection de Brienne, ms. n° 249, fol. 69, et Arch. nat., KK 625, fol. 73.

[6] En l'année 1569, le Conseil du matin comprenait, entre autres membres, MM. de Rambouillet, l'évêque de Rennes, Bochetel et Henri de Mesmes, qui ne faisaient pas partie du Conseil privé et qui, pour cette raison, se tenaient debout. Au commencement de l'année suivante, Henri de Mesmes fut retenu du Conseil privé, et un nouveau règlement réduisit à six le nombre de ceux qui entraient «le matin aux affaires d'Estat»; c'étaient Morvillier, Lansac, Pellevé, l'évêque de Limoges, Birague et Henri de Mesmes. (*Mémoires de H. de Mesmes*, Bibliothèque nationale, manuscrit français n° 749, fol. 24 r°.) — Cf. *Mémoires de Castelnau*, t. II, p. 776, et Baguenault de Puchesse, *Jean de Morvillier*, 1869, in-8°, p. 217.

[7] Relation d'Alvise Contarini, février 1572. (Albèri, série I, t. IV, p. 253.)

IMPRIMERIE NATIONALE.

cabinet voisin de la chambre à coucher du Roi. Charles IX s'y rendait, dit-on, après avoir passé sa chemise, cérémonie qu'il accomplissait aux yeux de toute la Cour, et il ne s'habillait que plus tard, au moment de sortir pour la messe[1].

Le *Conseil des affaires du matin* devait, aux termes d'un règlement du 21 décembre 1560, entendre lecture des lettres présentées à la signature du Roi[2], examiner les dépêches transmises par la voie des postes, fixer le sens des réponses qu'il convenait de faire au nom du prince. Dans les très rares procès-verbaux de séances d'*Affaires* que l'on possède, nous avons cherché vainement la trace d'une seule de ces décisions rendues sous forme conditionnelle que l'on appelait *avis* : grâce à la présence à peu près constante du prince ou de la Reine mère, le Conseil du matin pouvait tout oser[3]. Aussi les cours souveraines s'inclinaient-elles plus volontiers, à ce qu'il semble, devant les décisions du Conseil des affaires que devant les arrêts du Conseil privé[4]. La prépondérance du premier est attestée dans toutes les relations des ambassadeurs de Venise. Le Roi de France, disent-ils invariablement, exerce son pouvoir ordinaire par l'intermédiaire du Conseil privé; par l'intermédiaire du Conseil des affaires, il exerce son pouvoir absolu. L'un applique la loi que l'autre fait. L'un se résigne à n'être qu'un Conseil d'administration; l'autre jouit des prérogatives d'un Conseil de gouvernement[5].

Le Conseil des affaires n'en était pas moins en voie de décadence, infériorité passagère qu'il devait à son personnel relativement nombreux. Les grands personnages qu'y avait introduits la politique de la Reine mère n'inspiraient pas tous le même degré de confiance au Roi. Le prince en venait à garder à l'égard du Conseil des affaires la même réserve que son grand-père envers le Conseil privé. Il n'en assemblait parfois que la moindre partie, et Lorenzo Contarini remarquait fort bien que le nombre des conseillers diminuait à mesure qu'augmentait l'importance des matières mises en délibération. Souvent même le Conseil des affaires disparaissait entièrement, pour faire place à ce que cet ambassadeur appelle assez improprement le *Triumvirat* : la Reine mère, Charles IX et son frère le duc d'Anjou se réunissaient à part, en une sorte de conciliabule suprême, dont on a pu dire qu'il était alors le pivot du gouvernement[6].

Nul ne sentit plus que Henri III le besoin de s'envelopper de mystère. Durant les premières années de son règne, quand Philippe Hurault de Cheverny, François d'O et René de Villequier composaient avec Nogaret de La Valette, Anne d'Arques et François d'Espinay de Saint-Luc, « jeunes gens encore plus dépourvus de sens que de barbe, » le Conseil des affaires du matin[7], Henri III, enhardi par la complaisance et par l'insuffisance même de la plupart de ces confidents de son choix, les associait peut-être à tous les secrets de sa politique à double face; mais, quand il y eut

[1] Bibl. nat., ms. français n° 7007, fol. 255 r°; ms. français n° 7499, fol. 133 v°. Arch. nat., KK 625, fol. 87 r°.

[2] Les autres dépêches passaient seulement sous les yeux du Conseil privé. (Isambert, t. XIV, p. 58, art. 4 et 5.)

[3] Bibl. nat., ms. français n° 18154, fol. 202 v°; ms. français n° 16223, fol. 46 r°.

[4] Relations de Suriano, vers 1561, et de M.-A. Barbaro, en 1563. (Tommaseo, t. I, p. 513; t. II, p. 27.)

[5] Relations de Suriano (*ibid.*, t. I, p. 513), de Barbaro (*ibid.*, t. II, p. 29), de Contarini (Albèri, série I, t. IV, p. 253), de Cavalli (*ibid.*, p. 323); etc. — Cf. un arrêt du Conseil du 12 février 1563 : « Sur les requestes des habitans de Forestz en Beaujoulois à fin de leur continuer l'exemption des tailles..., a esté remis en parler aux *Affaires du Roy*, attendu l'importance des sommes... » (Bibl. nat., ms. français n° 18156, fol. 16.)

[6] Albèri, série I, t. IV, p. 253. — Un ambassadeur toscan écrivait le 20 juillet 1570 : « Il Consiglio per la pace e affari principali è

ristretto solamente tra il Re, Regina e Monsignore, essendo vietato al cardinale di Bourbon e a tutti gli altri principi di intervenirvi; ma intervengono nel Consiglio privato. » (Abel Desjardins, *Négociations de la France avec la Toscane*, t. III, p. 637. Cf. *ibid.*, p. 677.) Le Vénitien Giovanni Michiel répétait également, au mois de novembre 1572, que le Conseil secret se trouvait réduit aux trois personnes du Roi, de la Reine et du duc d'Anjou. (Albèri, 1re série, t. IV, p. 253.) Le ministre espagnol D. Francés de Alava insinuait, en 1570, que, pour demeurer seule à diriger les affaires du royaume, Catherine de Médicis réunissait le Conseil les jours où elle savait que Charles IX devait se rendre à la chasse. (*Documents inédits relatifs à l'histoire du xvie siècle*, publiés par le baron Kervyn de Lettenhove, 1re partie, Bruxelles, 1883, in-8°, p. 135.) Enfin, Sigismondo Cavalli prétendit que le Roi, la Reine, Morvillier et le chancelier de Birague entraient seuls au Conseil des affaires lorsque Charles IX mourut. (Albèri, série I, t. IV, p. 324.)

[7] Relation de Lippomano, 1577. (Tommaseo, t. II, p. 506.)

admis plus tard des princes et des cardinaux, on le vit prendre, au Conseil des affaires, une attitude méfiante : retiré dans un coin de la pièce, il s'entretenait à voix basse avec Catherine de Médicis ou dictait mystérieusement ses ordres à l'un des secrétaires d'État. Nul ne faisait mine de l'approcher, ni ne troublait ces colloques, à moins d'être appelé, ce qui arrivait rarement. Parfois même Henri III se dispensait de consulter la Reine mère, préférant soumettre ses doutes à quelqu'un de ses favoris, dans un tête-à-tête intime [1].

Cependant, en principe, les gens des « Affaires » demeuraient chargés de conseiller le Roi sur les matières importantes [2]. « En la monarchie, écrivait Jean Bodin, on prend les avis ou délibérations au Sénat, ou *Conseil privé* (c'est le Conseil ordinaire), et la résolution au *Conseil étroit* (ou Conseil des affaires)…. Là sont signés les rôles des dons, lettres et mandements; là sont ouverts les paquets des princes, des ambassadeurs, des gouverneurs et capitaines, et les réponses commandées aux secrétaires d'État [3]. »

Obligés de se rendre de grand matin dans la chambre d'audience, les hommes des « Affaires » y attendaient, avec la foule des courtisans, le moment où Sa Majesté leur faisait savoir qu'elle était éveillée. Ils pénétraient alors, en compagnie nombreuse, dans la chambre à coucher du Roi, suivis de près par l'eau et par le bouillon, puis entraient seuls dans le cabinet, où Sa Majesté ne tardait pas à se faire apporter son vin. Deux d'entre eux, Épernon (Nogaret de La Valette) et Joyeuse (Anne d'Arques), pouvaient pénétrer à toute heure du jour dans le cabinet du Roi. Telles étaient du moins les dispositions d'un règlement du mois de janvier 1585 [4].

Dégagé de toute formalité, affranchi de l'obligation oiseuse d'assister au lever, à la toilette ou au premier déjeuner du Roi, le Conseil des affaires fut, sous Henri IV, le plus utile auxiliaire du trône. Il continua de se tenir le matin. Fontenay-Mareuil rapporte, il est vrai, qu'à toute heure du jour, et « même quand il étoit dans ses plaisirs », Henri IV écoutait les conseillers qui venaient lui parler d'affaires. « Le temps toutefois, ajoute-t-il, destiné ordinairement pour cela étoit le matin [5], devant que d'aller à la messe, en se promenant (car il aimoit à faire exercice) dans des jardins ou dans une galerie, avec ceux de son Conseil, qu'il faisoit couvrir quand c'étoit à découvert. Les secrétaires d'État s'y trouvoient aussi pour rendre compte de leurs charges; mais ils n'approchoient point qu'ils ne fussent appelés. C'étoit là qu'il prenoit résolution de tout ce qui se devoit faire, et où il en donnoit l'ordre, tant à ceux du Conseil qu'aux secrétaires d'État, qu'il falloit ponctuellement exécuter, ou dire pourquoi. Et ce qui est encore fort à remarquer, c'est qu'ayant à gouverner un État tel que le sien, non encore tout à fait purgé de factions et étant obligé de prendre part dans tout ce qui se faisoit au reste du monde, dont on peut dire qu'il étoit l'arbitre, ce Conseil néanmoins ne duroit jamais plus de deux heures. Et si ce n'étoit pas par impatience ou envie d'aller ailleurs qu'il le finissoit; car il n'en partoit point qu'il n'eût tout achevé, et ne remettoit rien au lendemain de ce qui se pouvoit vider sur-le-champ : jusque-là même que, s'il rencontroit en sortant quelqu'un qui lui voulût parler de ses affaires particulières, comme il arrivoit assez

---

[1] Relation de Lorenzo Priuli, 5 juin 1582. (Albèri, série 1, t. IV, p. 418.) — Cf. *Les secrétaires d'État depuis leur institution jusqu'à la mort de Louis XV*, par le comte de Luçay, p. 28.

[2] En 1577, Lippomano attribue au Conseil des affaires le droit de délibérer sur ce qui touche le pouvoir absolu du Roi, ainsi que le pouvoir de casser les arrêts du Conseil d'État, au grand déplaisir, ajoute-t-il, des membres de ce dernier. (Tommaseo, t. II, p. 504.)

[3] *Les VI livres de la République*, édit. de 1578, in-fol., p. 259 et 260.

[4] Cimber et Danjou, *Archives curieuses de l'histoire de France*, 1ʳᵉ série, t. X, p. 313 et 315. — Après la journée des Barricades, Henri III semble avoir voulu fondre le Conseil des affaires avec le Conseil privé : c'est ce qui résulte d'un règlement daté de Chartres, le 16 août 1588. (Bibliothèque nationale, manuscrit français n° 7007, fol. 281 r°.)

[5] Cf. une lettre du duc de la Force du 13 octobre 1607. (Marquis de la Grange, *Mémoires authentiques de Jacques Nompar de Caumont, duc de la Force*, Paris, 1843, in-8°, t. I, p. 463.)

souvent, la présence de tous ses ministres en rendant l'heure fort propre, il l'écoutoit avec autant de patience et de douceur que s'il n'eût rien fait de tout le jour [1]. »

C'est alors que le Conseil des affaires répond le plus exactement à la définition de Du Haillan : une assemblée à laquelle le Roi « appelle quelque petit nombre de ceux qu'il répute ou les plus sages et expérimentés et plus féables à luy, ou ceux qu'il aime le plus [2] ». Henri IV variait, bien entendu, la composition du Conseil suivant la nature des matières qu'il se proposait d'y traiter. Aux séances destinées à l'examen des entreprises militaires il ne convoquait jamais « les gens de robe longue ni d'écritoire », mais seulement « ses plus confidents et intelligents serviteurs faisant profession des armes et le seul secrétaire qui avoit le département de la guerre ». Rosny, en même temps qu'il fut chargé du gouvernement général des finances, eut ses entrées au Conseil des affaires [3] et ne tarda pas à en devenir le chef le plus autorisé, à tel point qu'il y ruina le crédit de Charles de Bourbon, comte de Soissons. Pompone de Bellièvre, Brûlart de Sillery, qui pouvait jouer tour à tour les rôles de conseiller et de secrétaire, le président Jeannin, plus rarement le connétable Henri de Montmorency et le duc de Mayenne, y représentèrent, dans une heureuse proportion, les deux partis réconciliés des royalistes et des ligueurs [4]. « La faveur ni la qualité, conclut Fontenay-Mareuil, ne servoient de rien pour être de ce Conseil, les princes du sang mêmes n'en étant pas; de sorte que, s'ils venoient pendant qu'il se tenoit, il falloit qu'ils attendissent qu'il fût achevé au lieu où tout le monde étoit. Mais il est vrai que, si [le Roi] les voyoit, il les appeloit quasi toujours devant que de rentrer dans la foule, et faisoit quelque tour avec eux, pour les distinguer aucunement du reste des hommes par cette petite différence. »

Les arrêts du Conseil des affaires ne nous sont pas parvenus, par la bonne raison que le plus souvent il n'en a pas été dressé procès-verbal. Mais l'importance de cette institution se mesure en quelque sorte à la décadence de l'autre Conseil. Le Conseil ordinaire décline visiblement à partir de François Ier; il intervient encore quelquefois dans les négociations diplomatiques au temps de Henri II [5], conserve jusque sous Charles IX quelques attributions militaires [6]; mais, sous Henri III et sous Henri IV, c'en est fait de son importance : il se renferme modestement dans le domaine administratif et se désintéresse du gouvernement. Nous ajouterons que l'avenir, qui lui réserve bien des vicissitudes, ne fera que consacrer la prééminence du Conseil des affaires, appelé aussi *Conseil étroit, Conseil secret, Conseil de cabinet* et enfin *Conseil d'en haut* [7]; la politique demeurera définitivement le partage d'un petit nombre de ministres délibérant avec ou sans le Roi.

On a répété à satiété que le xvie siècle avait vu la monarchie française faire un grand pas dans la voie du gouvernement absolu : nous doutons qu'on ait indiqué l'un des moyens les plus efficaces employés par les derniers des Valois et par le premier des Bourbons pour mettre la royauté hors de page, moyen qui consistait à soustraire la politique aux regards du Conseil ordinaire, trop mêlé,

[1] *Mémoires de Fontenay-Mareuil*, édition Michaud, p. 18.—Henri IV avoit quelque mérite à présider le Conseil des affaires avec cette régularité, si le renseignement de Francesco Vendramin est exact : «Sente maggior molestia nell' assistere ai Consigli che nelle fatiche della caccia.» (Albèri, 1re série, t. IV, p. 405.)

[2] «Et là, ajoute-t-il, sont lues les lettres qui viennent des ambassadeurs, des gouverneurs et capitaines des frontières, et résolues et commandées aux secrétaires d'État les dépêches, et les dons et bienfaits y sont accordés, les rôles et les expéditions d'iceux vus et signés de la main du Roi. Cette forme a changé deux ou trois fois depuis quelques années.» (*De l'estat et succez des affaires de France*, édit. de 1595, fol. 177 r°.)

[3] *Œconomies royales*, édition Michaud, t. I, p. 224 et 243.

[4] Relation d'Angelo Badoer, 1603-1605 (Barozzi et Berchet, *Relazioni degli Stati europei lette al Senato dagli ambasciatori Veneti nel secolo decimosettimo*, série II, FRANCIA, t. I, p. 114). — Abel Desjardins, *Négociations de la France avec la Toscane* (dépêche du 15 juillet 1608), t. V, p. 569. — Cf. les *Mémoires de Fontenay-Mareuil*, édit. Michaud, p. 18.

[5] Bibl. nat., ms français n° 18153, fol. 1 r°, 7 r°, 11 v°, 265-272, 294 r°.

[6] *Ibid.*

[7] Bibl. nat., ms. français n° 18153, fol. 34 r°, 38 v°, 52 r°, 75 r°, 101 r° et 340 r°.

trop indépendant et trop nombreux, surtout dans les derniers temps, pour inspirer au monarque une confiance illimitée.

A vrai dire, un tel procédé s'accorde mal avec les tendances qu'on se plaît généralement à reconnaître chez Henri IV. Aussi est-il juste de signaler divers projets de réformes dont les circonstances malheureusement empêchèrent la réalisation. Henri IV, vers la fin de son règne, se préoccupa du sort de la noblesse, plus peut-être que la noblesse elle-même. Pour l'empêcher de déchoir, pendant la paix, du rang qu'elle avait conquis sur les champs de bataille, il l'eût volontiers associée, dans une certaine mesure, au gouvernement, et lui eût communiqué une partie des secrets que ses prédécesseurs et lui avaient coutume de confier seulement à leurs intimes. Au mois de juin 1609, il mande précipitamment Sully au Louvre et le prie de lui rédiger « à sa mode, c'est-à-dire à peu de langages et beaucoup de substances », un certain nombre de mémoires sur des questions qu'ils avaient, paraît-il, préalablement examinées : notamment « un état des divers Conseils qu'il seroit à propos d'établir pour donner quelque satisfaction aux personnes qualifiées du royaume » et aux chevaliers des ordres, un abrégé des « règlements qu'il faudroit observer en chacun d'iceux », une énumération « des affaires dont ils devroient connoître », l'indication des précautions à prendre « pour empêcher que cet établissement ne pût apporter préjudice au Roi, à ses affaires, à l'État, ni aux particuliers [1] ». Nul doute que nous n'ayons les réponses de Sully dans les très curieux morceaux publiés par feu Pierre Clément, d'après les manuscrits originaux appartenant à M. le marquis de Vogüé [2]. Quelques notions sur ces pièces seront ici d'autant plus à leur place que l'éditeur s'est, pour ainsi dire, abstenu de tout commentaire.

Aux Conseils existants, Sully propose de joindre un *Conseil des affaires étrangères* et un *Conseil de la guerre*. Le premier doit jouir d'une autorité purement consultative. Il ne prend aucune décision sans l'assentiment du Roi. Mais il donne son avis sur le choix des ambassadeurs, rédige leurs instructions, en présence du Roi et de la Reine [3], et en fait transcrire le texte sur un registre secret, qu'il confie à la garde d'un « secrétaire des affaires étrangères ». Il règle, en présence de Leurs Majestés, le cérémonial des réceptions, assiste aux audiences particulières accordées à des ambassadeurs étrangers, dépouille devant le Roi la correspondance diplomatique, arrête aussitôt le sens général des réponses qu'il convient de faire, puis délègue un de ses membres qui en surveille la rédaction, et entend la lecture du texte définitif. Deux conseillers ont mission de rechercher les plus anciens traités conclus entre la France et les divers pays du monde; ils les font transcrire, une première fois, dans l'ordre géographique, une seconde fois, dans l'ordre chronologique, afin d'éclairer le Conseil, qui devra désormais, sinon conclure, du moins revoir et enregistrer tous les traités. Le même Conseil connaît des difficultés auxquelles donnent lieu les rapports avec les pays étrangers, tient un compte exact des dettes contractées par la France au dehors et de celles qui sont amorties chaque année, prend, en présence du Roi, toutes les mesures nécessaires au payement des émissaires et des pensionnaires que la France entretient à l'étranger. Quant aux déclarations de guerre, s'il les prépare avec le Roi, il ne les vote qu'en assemblée plénière, avec le concours des autres Conseils.

Le *Conseil de la guerre* [4], qui ne décide rien non plus hors la présence du Roi, doit prendre

---

[1] *Œconomies royales*, édit. Michaud, t. II, p. 291.

[2] Pierre Clément, *Portraits historiques*, Paris, 1855, in-8°, p. 495, 496, 500.

[3] Sur les efforts de Henri IV pour initier Marie de Médicis aux secrets du gouvernement, consulter le vénitien Pietro Priuli. (Barozzi et Berchet, *Relazioni*, série II, FRANCIA, t. I, p. 208.)

[4] L'idée d'un Conseil spécial de guerre n'était point chose nouvelle. Après la bataille de Poitiers, les États généraux de la Langue d'oïl requirent l'institution d'un *Conseil de la guerre*, composé de seigneurs, de bourgeois et de prélats « suffisans en faiz d'armes », qui devait prendre en main la direction des opérations militaires. (Isambert, t. IV, p. 783.) — Suivant Henri Baude, Charles VII réservait la séance du mercredi à l'examen du « fait de la guerre »; il s'y trouvait en compagnie du Connétable, des maréchaux, des capitaines et des

connaissance des opérations projetées. Il exerce une influence directe sur la composition de l'armée en relisant et enregistrant les lettres de provision aux charges militaires et en procédant à l'examen, puis à la réception des officiers pourvus. Il dresse, en présence du Roi, les états de payement des troupes, statue sur les difficultés soulevées par des officiers au sujet de leur commandement et de leur rang, règle les diverses fonctions des chefs, organise la police militaire, demande compte de leur conduite, non seulement aux prévôts, vice-baillis et vice-sénéchaux, mais au grand maître de l'Artillerie, au colonel général de l'Infanterie, à l'Amiral, aux maréchaux, au Connétable, arrête les projets de fortification et prononce, en dernier ressort, sur les querelles survenues entre gentilshommes et soldats.

C'étaient en grande partie les dépouilles du Conseil des affaires que devaient ainsi se partager les « personnes qualifiées » admises à composer les nouveaux Conseils. Sully toutefois n'allait pas jusqu'à leur sacrifier cette institution; il se contentait de donner au Conseil des affaires un nouveau nom, celui de *Conseil ordinaire*, de *Conseil secret*, de *Conseil royal*, de *Conseil de la personne*, de *Conseil étroit* ou de *Conseil d'exécution*. Il ne manquait pas d'ajouter que trois ou quatre membres à peine composeraient cette assemblée; hommes agréables au Roi, ses confidents, ses familiers, capables d'aller et venir sans peine, de suivre Sa Majesté partout et de lui dire la vérité : il ne pouvait annoncer plus discrètement son intention d'être lui-même un des membres du *Conseil secret*. Ne faire, à proprement parler, partie d'aucun Conseil, mais aller de l'un à l'autre et surveiller ce qui s'y passe, y exposer la pensée du Roi, puis, comme les anciens maîtres des requêtes, recevoir les demandes adressées directement au prince et renvoyer au Conseil compétent celles qu'ils n'examinent pas eux-mêmes, veiller enfin à ce que les parties soient expédiées sans retard et les promesses royales inviolablement gardées, telles sont les principales fonctions de ces conseillers suprêmes. Si quelque conflit survient entre les différents Conseils, ils sont naturellement désignés pour en prévenir les suites fâcheuses. De hautes questions sont, en outre, proposées à leurs médi-

gens de finance. (Vallet de Viriville, *Chronique de Jean Chartier*, t. III, p. 133.) — Sous Charles VIII, l'expédition des arrêts rendus en matière de guerre incombait à des secrétaires spéciaux. (A. Bernier, *Procès-verbaux des séances du Conseil*, p. 222.) — Bien que le Conseil des affaires fût, à partir de François Ier, le plus compétent en matière de guerre, le Conseil ordinaire ne laissa pas, nous l'avons dit, de conserver jusque sous Charles IX des attributions militaires : on en trouverait une fois la preuve dans les *Mémoires du maréchal de Vieilleville*, rédigés par Vincent Carloix. C'est ici le lieu de rappeler le mot prononcé par Montmorency pour écarter L'Hospital, alors que se discutait le projet d'une guerre civile, en 1562 : « Un homme de robe ne devrait pas assister aux Conseils de guerre. » A quoi le Chancelier répondit que, si lui et ses semblables ignoraient l'art de faire la guerre, ils savaient décider pourtant quand il importait de la faire. (De Thou, *Historiarum* lib. XXIX, t. II, p. 167.) — Le règlement du 23 octobre 1563 organisa, le jeudi, un *Conseil de la guerre*, auquel assistaient le Roi, les cardinaux de Bourbon et de Lorraine, les princes, tous les conseillers de robe courte, les gouverneurs des provinces, le général des galères, le maître et le capitaine général de l'Artillerie. A la porte, prêts à répondre au premier appel, se tenaient les secrétaires d'État, les trésoriers de l'Épargne et des guerres, le contrôleur général de la guerre. (Bibl. nat., ms. français n° 5905, fol. 79 v°.) — Aux termes du règlement du 24 octobre 1572, le duc d'Anjou devait assembler, une fois la semaine, les princes, les maréchaux, les gouverneurs des provinces, les capitaines et autres chefs de guerre dont il voulait prendre conseil, pour délibérer sur le fait de la guerre, et il en faisait rapport au Roi. (Bibl. nat., ms. français n° 7007, fol. 255 r°.) — En 1578, le Conseil spé-

cial de la guerre avait disparu; mais Henri III entendait avoir constamment près de lui un des maréchaux de France, qui assistât au Conseil d'État, « pour prendre garde et avoir soin de tout ce qui concernait la gendarmerie, les garnitures des provinces, le faict de la guerre, » etc... et veiller à ce que le Conseil prît toutes les mesures nécessaires. (Art. 23 du règlement du 11 août.) — D'après le règlement du 10 décembre 1579, une section du Conseil composée des maréchaux de Retz et de Matignon, de MM. de Roissy, de Chavigny, de Pons et d'Aumont, qui pouvaient au besoin mander près d'eux le lieutenant civil, se réunissait, deux fois par jour, les lundi, mardi, jeudi et samedi, pour délibérer sur la police et sur le fait de la gendarmerie. (Bibl. nat., ms. français n° 7007, fol. 268 r°.) — Enfin, à une époque où la question militaire primait toutes les autres, le 23 mars 1590, à Mantes, Henri IV édicta un règlement ainsi conçu : « Tous les jours [autres que les dimanches et jours de fête], depuis six heures du matin jusques huict heures aussy du matin, sera tenu, au logis du Roy et en la chambre destinée et marquée pour ce seul effect, Conseil pour les affaires de la guerre, auquel assisteront les princes du sang et autres, les officiers de la Couronne, les seigneurs de Guische, grand maistre de l'Artillerye, d'O, baron de Biron, Duplessis et secrétaires d'Estat, chascun selon son rang et ordre accoustumé audict Conseil, et non autres, si ce n'est qu'ils y soyent appelez par le commandement de S. M. ou des seigneurs dessusnommez, selon que l'occasion s'en offrira pour le service de S. M. » (Bibl. nat., ms. français n° 7007, fol. 283 r°.) — On peut voir ce qu'il advint plus tard de ce Conseil de guerre dans l'ouvrage de M. de Boislisle, *Les Conseils du Roi sous Louis XIV*, p. 146.

tations : quels sont les moyens les plus propres à « asseurer la personne du Roy, exalter sa gloire, accroistre sa domination, enrichir son royaume, pacifier son estat et soulager son peuple »? Comment fortifier les alliances étrangères? Quelles mesures prendre « pour ameliorer la police et discipline militaire, maintenir la marine, fortifier les côtes et frontières, faciliter le commerce par charroy sur terre et la navigation tant par mer [que] par eau douce »? L'étude de ce dernier problème oblige les membres du *Conseil royal* à acquérir une connaissance exacte de la configuration des côtes. Comment « trouver de l'argent au Roy et bonifier ses revenus »? Ici, le devoir des conseillers intimes est de prêter l'oreille à toutes les offres, à toutes les plaintes, d'avertir le Roi quand les Conseils n'ont point, à leur sens, suffisamment examiné les propositions sérieuses, et de l'aider de leurs lumières pour la vérification des grands budgets de la guerre, de l'artillerie, de la marine, de la voirie, des bâtiments ou des fortifications. Soit au moyen d'avis semblables, soit par des propositions faites aux Conseils, ils peuvent prendre, sur toutes matières politiques, diplomatiques, militaires, commerciales, financières, l'initiative de mesures d'autant plus utiles qu'ils se placent à un point de vue plus haut. A eux aussi appartient de conjurer le danger qui menace l'autorité, par suite l'existence même de la noblesse, danger si bien connu de Henri IV : ils doivent rechercher les moyens de « donner contentement raisonnable aux grands du royaume, de conserver les gens de merite et de sçavoir », et surtout « d'en faire instruire et rendre capables quelques-uns pour succeder à l'intelligence de ceux que l'aage et le temps pouvoit ravir ». Ainsi se serait formée, dans les rangs mêmes de la noblesse, une pépinière d'hommes d'État qui n'auraient pas peu contribué à lui conserver son prestige.

Lorsque Henri IV, en cela d'accord sans doute avec son ministre, méditait ce retour vers le passé, qui était en même temps un progrès, ses jours étaient comptés. Il périt avant d'avoir pu réaliser ce projet d'association de la royauté et de la noblesse, et ses plus chauds panégyristes ne lui en ont même pas su gré. Le Conseil proprement dit perdit définitivement l'espoir de ressaisir les attributions qu'il s'était laissé ravir, la plus belle part, sans contredit, de son vaste héritage.

CHAPITRE V.

LE CONSEIL PRIVÉ OU DES PARTIES.

Empressement du Conseil à ressaisir une partie de ses attributions judiciaires, dès les premières années du xvie siècle; le procureur général du Roi en son Conseil privé; développement d'une nouvelle section judiciaire. — Opposition des États généraux, du Parlement et de la royauté elle-même à l'institution du Conseil des parties; personnes intéressées au maintien du *statu quo*. — Dernier sens du terme de *Conseil privé*. — Procédure en usage devant cette juridiction.

En suivant les phases de l'institution du *Grand Conseil de la justice*, on a pu penser, une fois parvenu aux règnes de Louis XI et de Charles VIII, que le Conseil du Roi proprement dit avait pour toujours dit adieu à ses attributions judiciaires. Tel était, sans nul doute, le désir du gouvernement : débarrassé des causes particulières qui l'avaient trop longtemps distrait de ses fonctions essentielles, le Conseil du Roi, pensait-on, allait pouvoir vaquer exclusivement aux affaires de l'État; il en était grand temps.

Mais une assemblée habituée à jouir de tous les pouvoirs se résigne difficilement à un partage : on le vit bien en cette circonstance. Le Roi, certes, ne pouvait trouver de tribunal plus complaisant que ce *Grand Conseil* attaché à sa suite [1], dévoué à son administration. D'où vient donc la rivalité qui apparut, dès les premiers jours, dans les rapports du Grand Conseil avec le Conseil du Roi? Pourquoi celui-ci sembla-t-il regretter presque aussitôt l'abandon qu'il venait de faire de sa juridiction civile? Pourquoi ne cessa-t-il jamais de statuer sur des règlements de juges, d'évoquer certains procès [2]? Pourquoi le nombre des causes jugées au *Conseil privé* (c'est le nom que le Conseil du Roi portait alors habituellement) augmenta-t-il dans des proportions notables sous Louis XII et sous François Ier [3]? Pourquoi le même fait qui s'était produit après l'institution du Parlement se renouvela-t-il alors, à deux cents ans d'intervalle, comme si le goût de la chicane eut été au sein du Conseil un mal profondément enraciné, qui, après chaque amputation, devait fatalement reparaître? — Peut-être parce que les charges de conseillers au Grand Conseil, devenues vénales et transmissibles, échappaient, dans une certaine mesure, au contrôle du gouvernement; plus vraisemblablement par suite du besoin qu'éprouvait le Conseil d'étendre son champ d'action. Quoi qu'il en soit, l'organisation d'une nouvelle section du contentieux est un des faits les plus saillants de l'histoire du Conseil au XVIe siècle [4].

Dès 1535, suivant Marillac [5], en 1543, au plus tard, apparaît un *procureur général du Roy en son Conseil privé*. Tantôt il poursuit devant le Conseil les violateurs des ordonnances, tantôt il provoque, par une demande au Roi, l'évocation au Conseil ou aux Requêtes de l'Hôtel de certaines causes intéressant la Couronne ou l'administration [6]. Le titulaire de cet office était, sous François Ier, Jean Le Clerc [7] et, dès l'avènement de Henri II, Guillaume Postel, sieur de Fourneaux [8]. Mais le procureur général au Parlement obtint, dit-on, en 1555, la suppression définitive de son collègue du Conseil privé [9]. L'organisation d'un ministère public ne fut qu'un incident dans la vie du Conseil, mais un incident caractéristique, qui faisait prévoir l'établissement d'une nouvelle section judiciaire.

Dans les écrits des parlementaires, le chancelier Poyet, d'antipathique mémoire, passe pour avoir contribué plus qu'aucun autre au développement de cette juridiction. «Messire Guillaume Poyet, dit Étienne Pasquier, qui avoit été nourri dès le berceau à façonner les procès, apporta [au Conseil] tant de chicaneries que, combien qu'auparavant lui on ne traitât en ce lieu que matières d'État, si est-ce qu'il commença de prêter l'oreille aux parties privées, pour matières même-

---

[1] Le Grand Conseil ne s'est fixé à Paris que sous le règne de Henri III. (Voir son itinéraire dans les registres U 624 et suiv.) On lit dans les cahiers du Tiers aux États de Blois de 1576 (art. 183): «Depuis, le Grand Conseil subsistant de soi-même et s'éloignant aucunement de votre suite, quelques-uns... ont voulu faire un petit Conseil...» ([Lalourcé et Duval], *Forme générale et particulière de la convocation et de la tenue des assemblées nationales ou États généraux*, Paris, Barrois, 1789, in-8°, *Recueil des cahiers*, t. II, p. 255.)

[2] A. Bernier, *Procès-verbaux des séances du Conseil*, p. 221, etc.

[3] On trouve, dans les registres du Parlement, qu'au mois de mai 1525, durant la captivité de François Ier, les requêtes touchant la justice étaient reçues par les «gens dudit estat», c'est-à-dire par le premier président de votre suite, quelques-uns... par messire Jean Brinon, par un président de Bordeaux et deux conseillers de Paris, qui en faisaient rapport au Conseil. (Arch. nat., X[1a] 1528, fol. 468 r°.) — Voir l'indication de plusieurs causes évoquées au Conseil privé sous François Ier dans la thèse de M. Decrue, *De Consilio Regis Francisci I*, Paris, 1885, in-8°, p. 54 et 55. Pour la procédure en usage, consulter la relation de Cavalli. (Tommaseo, t. I, p. 320 et suiv.).

[4] A. Maury, *Revue des Deux Mondes*, octobre 1873, p. 845. — R. Dareste, *La justice administrative en France*, p. 60.

[5] Arch. nat., U 945, fol. 4 v°.

[6] Lettres du 15 septembre et du 17 octobre 1543, du 28 octobre 1546 et du 22 avril 1550. (Bibliothèque de la Chambre des députés, collection Lenain, *Registres des Requêtes de l'Hôtel*, fol. 33 v°, 219 v°, 223-225, *Registres du Parlement*, t. CLXXV, fol. 200. Cf. le manuscrit français n° 18153 de la Bibliothèque nationale, fol. 33 r° et 41 v°.)

[7] Le 14 mai 1546, Me Jean Le Clerc est qualifié *procureur du Roy sur le faict de sa justice des aydes de Paris et en son Privé Conseil*. Le 11 mars suivant, il ne porte plus que le titre de *conseiller et procureur du Roy en son Conseil privé*. (Arch. nat., X[1a] 1558, fol. 36 v°; X[1a] 1559, fol. 284 v°.)

[8] Voir son serment du 11 juin 1547. (Bibl. nat., ms. français n° 18153, fol. 7 v°.)

[9] Marillac, *Du Conseil du Roi*, Arch. nat., U 945, fol. 4 v°. — Dans une commission du 24 septembre 1556, citée par Blanchard (*Les généalogies des maistres des requestes ordinaires de l'Hostel du Roy*, Paris, 1570, p. 296), et dans une pièce du 1er septembre 1559, conservée à la Bibliothèque nationale (*Pièces originales*, vol. 2348, v° POSTEL, n°° 7 et 11), le sieur de Fourneaux n'est plus qualifié que «conseiller et maistre des requestes ordinaire de l'Hostel. — Cf. Bibl. nat., ms. français n° 7495, fol. 187 r°; ms. français n° 3947, fol. 82 r°.

ment qui se doivent décider dans un Châtelet de Paris ou une Cohue de Rouen[1]. » Le fait est qu'à cette époque et sous le règne de Henri II, la première heure de chaque séance était consacrée aux affaires de l'État : après quoi l'on faisait entrer les maîtres des requêtes[2], et la séance continuait «pour les parties[3] ». De là, le nombre considérable de décisions judiciaires qui remplissent les registres de cette époque[4]; on n'y voit pas seulement, comme le prétendait, en 1606, un maître des requêtes[5], de «grandes causes» où étaient en jeu les intérêts de l'État et des pairs de France, des règlements de juges, des sentences servant «de loy à l'advenir », mais aussi des procès indignes, et, par la qualité des parties et par l'insigniance de la matière, d'être jugés au Conseil[6]; on y constate l'existence d'une procédure régulière. On y voit les fonctions de rapporteurs exercées par des maîtres des requêtes, par des conseillers (bien que, suivant la remarque d'un Chancelier[7], «leur autorité apportât grande conséquence à la suite des opinions »), et même par le Garde des sceaux[8]. On y trouve enfin, dit Étienne Pasquier[9], des gens «qui font acte de procureurs et avocats en ce Conseil tout ainsi qu'aux simples juridictions subalternes : voire et y ont été quelquefois taxés les dépens par les maîtres des requêtes, coutume véritablement indigne de ce grand tribunal de la France. »

Un règlement du 30 octobre 1557 vint, en quelque sorte, donner la consécration légale à un usage dont aucun édit n'avait prescrit l'adoption. Il fit même un grand pas dans la voie nouvelle en réservant deux séances par semaine à la tenue du «Conseil public» ou des parties : «Afin que les parties qui auront à faire entendre et remonstrer aucune chose audit Conseil y puissent avoir la bonne et prompte expédition de justice que ledict seigneur desire estre faicte et distribuée à ses subjects, veult et entend que, par chacune sepmaine, aux jours de mardy et jeudy, lesdits sieurs de son Conseil s'assemblent depuis midy jusques à quatre heures du soir, pour vacquer et entendre au faict des particulliers et rendre raison et justice à un chacun, et non à autre chose; auquel Conseil se pourront trouver et entrer, outre ceux cy devant nommez, les maistres des requestes de son Hostel, autres secretaires signans en ses finances, tresoriers de France, generaulx de sesdites

[1] *Recherches de la France*, édit. de 1611, p. 80. — Cf. Ém. Bos, *Les avocats au Conseil*, p. 15. — Après avoir parcouru les pièces du procès criminel qui aboutit, le 24 avril 1545, à une sentence de dégradation, nous devons reconnaître qu'une seule fois Poyet fut accusé d'avoir expédié, de sa propre autorité, des lettres d'évocation, par complaisance pour les filles du sieur de Bussac. On lui reprochait de s'ériger lui-même en juge souverain, bien plutôt que de favoriser la juridiction du Conseil; c'est ce qui résulte de la déposition du secrétaire des commandements de La Chesnaye : «A dist qu'il luy a veu appeller les maistres des requestes, aucune fois des conseillers du Grand Conseil, èz choses qui estoient de consequence; mais, èz choses communes et ordinaires concernans les instructions des procès, s'il estoit seul, donnoit jugement sans envoyer querir autre Conseil...: Bien peut avoir donné des jugemens diffinitifz où n'y avoit autre Conseil.» (Arch. nat., U 797, fol. 447, 448, 451, 452.) Il est vrai que le fait de multiplier les évocations au Conseil ne constituait pas un crime de lèse-majesté, au contraire, et qu'il pouvait ne pas attirer l'attention des commissaires chargés de juger, ou plutôt de condamner Poyet.

[2] Et peut-être aussi un certain nombre de conseillers dont les fonctions consistaient uniquement à statuer sur les requêtes particulières. C'est du moins ce qui semble résulter d'un rôle du 26 février 1543 (n. st.) publié par M. Decrue (*De Consilio Regis Francisci I*, p. 91) : François Ier réservait à huit personnes le droit d'entrer en son Conseil ordinaire, qui traitait encore de matières d'État, mais surtout, par suite de l'institution du Conseil des affaires, de matières de finance; dix conseillers, écartés du Conseil proprement dit, se

voyaient ainsi relégués dans la section judiciaire du Conseil; on leur reconnaissait seulement le droit d'assister, s'ils le voulaient, aux *Requestes* : «MM... sont hors de ce Conseil, lequel est estably tant pour les dictes finances que pour les matières d'Estat, et assisteront aux Requestes, s'ils veullent.»

[3] Comte H. de la Ferrière, *Lettres de Catherine de Médicis*, t. II, p. 93.

[4] Aux termes du règlement du 2 avril 1547, le Conseil plus nombreux qui se tenait chaque jour après dîner entendait les requêtes des parties sur le rapport des maîtres des requêtes. (Bibl. nat., ms. français n° 7007, fol. 217 r°. Arch. nat., KK 625, fol. 39 et suiv. G. Ribier, *Lettres et mémoires d'Estat*, t. II, p. 1. Chéruel, *Dictionnaire des institutions de la France*, v° CONSEIL D'ÉTAT, p. 213.) — Cf. Tommaseo, t. I, p. 371.

[5] Bibl. nat., ms. français n° 8947, fol. 82-86. — Cf. la relation de Giovanni Soranzo (1558) dans les *Relazioni* d'Albèri, série I, t. II, p. 445.

[6] Voir surtout les mss. français n°° 5905 et 18153. — Le Conseil privé prononce sur de nombreux procès en matière bénéficiale (ms. français n° 18153, fol. 6 r°, 13 v°, 41 v°, 165 v°, 182 r°, 186 r°, 301 r°), bien que la connaissance de pareilles causes soit réservée au Grand Conseil, en premier et dernier ressort. (Fontanon, *Les édicts et ordonnances des rois de France*, t. II, p. 838; t. III, p. 97 et 150.)

[7] Mémoire adressé au cardinal de Lorraine par le chancelier Olivier. (Arch. nat., KK 625, fol. 71.)

[8] Bibl. nat., ms. français n° 5905, fol. 14 v°.

[9] *Recherches de la France*, édition de 1611, p. 80.

finances, tresoriers et comptables qui ont accoustumé d'y entrer. Et, quand il se trouvera qu'il sera feste ou jour festé lesdits jours de mardy ou jeudy, afin que lesdites parties ne soient pour cela tirées et menées en aucune longueur, se tiendra ledit *Conseil publicq* le jour tousjours precedent ladite feste, voullant icelluy seigneur que cette sienne presente ordonnance soit leue et publiée et enregistrée en sondit Conseil au registre d'iceluy [1]. » Sans doute, les recours gracieux ou contentieux adressés au gouvernement pouvaient tenir encore une large place parmi les requêtes des particuliers; il n'en est pas moins vrai que les plus nombreux à fréquenter l'auditoire public du mardi et du jeudi appartenaient à la classe des plaideurs.

La nouvelle section judiciaire se maintint et se développa sous les fils de Henri II : on en trouve la preuve dans les règlements qui se succédèrent, à d'assez courts intervalles, pendant la seconde moitié du XVIᵉ siècle. Ainsi celui du 21 décembre 1560 consacre les séances du mardi et du vendredi au « *Conseil pour les partyes,* où toutes requestes seront ouïes et pourveu aux suppliants en touttes bonnes et brieves expeditions de justice et equité [2] ». Le 23 octobre 1563, c'est le jeudi et le samedi qui sont affectés à la tenue du *Conseil pour les parties,* auquel assistent le Chancelier et tous les conseillers de robe longue [3]. Vers la même époque, Chantonnay écrivait au cardinal Granvelle : « Il n'est question au Conseil que de requêtes particulières [4]. » Aux termes d'un règlement du 18 février 1566, les gens du Conseil doivent s'assembler avec les maîtres des requêtes et les gens des finances, le mercredi et le vendredi, « pour ouïr toutes plaintes et requestes de justice et pourvoir aux partyes, sans vaquer à autre chose [5]. » Le règlement du 11 janvier 1570 constate et maintient cet usage : « Se tiendra aussi, les mercredys et vendredys, Conseil pour les parties, ainsi que l'on a accoustumé [6]. » Celui du 24 octobre 1572 exige la présence d'un des frères du Roi, ou du moins d'un des princes, ducs, maréchaux, de l'Amiral ou du Grand Écuyer, lorsque se tient le « Conseil privé de Sa Majesté ordonné pour les parties et personnes privées [7] ». En 1574, les séances du mercredi sont spécialement réservées au jugement des procès, à moins d'affaires urgentes [8]. En 1576, on porte à quatre le nombre des greffiers du Conseil chargés de tenir le registre des présentations et celui des arrêts judiciaires [9]. Enfin, le 11 août 1578, le Roi entend que le Conseil des parties « soit tenu en la manière accoustumée le mercredy et vendredy, une heure après midy [10] », dispositions reproduites par les règlements des 5 octobre 1579 [11], 31 mai 1582 [12] et 8 janvier 1585 [13]. Il suffit de jeter les yeux sur les registres du temps pour y reconnaître aisément l'œuvre de la section judiciaire, œuvre considérable et quelque peu hétérogène, mais qui consiste surtout, à cette époque, en arrêts de cassation, en règlements de juges, en évocations [14], en jugements

---

[1] Bibl. nat., ms. français n° 18152, fol. 1 r°.

[2] Bibl. nat., ms. français n° 7499, fol. 129 v°. Arch. nat., U 945ᵃ, fol. 6 v°.

[3] Arch. nat., KK 625, fol. 73. — A en juger par les registres du Conseil, il semble que ce règlement ait été fort mal observé.

[4] Comte H. de la Ferrière, *Le XVIᵉ siècle et les Valois*, Paris, 1879, in-8°, p. 162.

[5] Bibl. nat., ms. français n° 7499, fol. 130 v°; collection Dupuy, ms. 128, fol. 6 r°. Arch. nat., KK 625, fol. 76; U 945ᵃ, fol. 68 r°.

[6] Bibl. nat., ms. français n° 7499, fol. 131; collection Dupuy, ms. 128, fol. 15 r°. Arch. nat., KK 625, fol. 80.

[7] Bibl. nat., ms. français n° 7007, fol. 255 r°; ms. français n° 7499, fol. 133 v°. Arch. nat., KK 625, fol. 87 r°.

[8] Règlement du 17 septembre. (Arch. nat., KK 625, fol. 98 r°.)

[9] Édit d'octobre 1576. (Arch. nat., P 2320, p. 857 et 863. Girard et Joly, *Offices de France*, t. I, p. 634.)

[10] Art. 10-13. (Bibl. nat., ms. Clairambault n° 647, fol. 99; ms. français n° 7499, fol. 134. Arch. nat., KK 625, fol. 103. — Girard et Joly, *Offices de France*, t. I, p. 623.)

[11] Bibl. nat., ms. français n° 16225, fol. 424 r°. Arch. nat., KK 625, fol. 110.

[12] Bibl. nat., ms. français n° 16227, p. 1. — Girard et Joly, *Offices de France*, t. I, p. 627.

[13] Bibl. nat., ms. français n° 16234, fol. 1 r°; ms. français n° 18152, pièce 7; ms. français n° 18548, fol. 26 r° (sous la date fausse du 17 septembre 1573). Arch. nat., U 945ᵃ, fol. 101 v°. — Cimber et Danjou, *Archives curieuses*, 1ʳᵉ sé.ie, t. X, p. 332.

[14] L'ordonnance d'Orléans (art. 38) avait attribué au Conseil privé : 1° la connaissance des récusations proposées contre les membres des cours souveraines; 2° le jugement des évocations, que prononçait jusque-là le Chancelier, sur l'avis des maîtres des requêtes. — Cf. le traité de Marillac (Arch. nat., U 945ᵃ, p. 43 v°).

d'appel [1] et enfin en arrêts de première et dernière instance, ceux-ci presque tous relatifs aux offices royaux, aux bénéfices [2], aux rapports entre protestants et catholiques, entre Français et étrangers [3].

Les guerres apportèrent quelque trouble dans la tenue des Conseils du Roi [4]; mais, quand la Ligue fut dissoute, les plaideurs revinrent en foule, si bien que, durant la seconde moitié du règne de Henri IV, les séances du Conseil des parties n'occupaient pas moins de trois jours par semaine, d'ordinaire les lundis, mercredis et vendredis [5]. Le nombre toujours croissant des avocats au Conseil témoigne également de la marche ascendante de la juridiction nouvelle : maintenus au nombre de six, vers 1585, au nombre de dix, le 25 janvier 1595, de vingt, le 1er juin 1597 [6], et de vingt-trois, le 12 novembre de la même année [7], ils étaient, en 1606, une « multitude effrénée [8] ».

A voir ce progrès constant, poursuivi durant cinq règnes, on serait tenté de croire que l'institution du Conseil des parties répondait à un besoin réel et conciliait l'intérêt des sujets avec celui du gouvernement. Si, au contraire, l'histoire de cette juridiction présente un fait remarquable, c'est le concert de plaintes qui s'élève de tous côtés contre elle. Aux États d'Orléans, le Tiers État réclame contre les plaideurs qui, par leur crédit, font évoquer des causes purement civiles [9]. En 1576, à Blois, les trois ordres sont unanimes à contester au Conseil le droit de juger avec ou sans le Roi [10], « attendu qu'il n'est point érigé pour juger, et n'y a pas un seul du Privé Conseil qui soit officier du Roi en cette qualité [11] »; le Tiers État surtout prend vigoureusement l'offensive [12] : « Le Grand Conseil ne suffit donc plus? Voilà que l'on plaide au Conseil et que l'on parle même d'en faire une juridiction ordinaire. Les plus obstinés plaideurs sont trop heureux d'y recourir, pour éviter la condamnation qui les attend, pour profiter de la faveur dont ils jouissent ou pour décourager leurs adversaires. Voilà des procureurs, des avocats, des greffiers, des rapporteurs, tout le personnel d'un tribunal! Mais quel édit l'a donc créé? Qui a fixé le nombre des juges? Où sont les procureurs

---

[1] Appels interjetés contre des arrêts de la Chambre des comptes ou des parlements, contre des ordonnances de sénéchaux, de lieutenants généraux, etc. (Bibl. nat., ms. français n° 18156, fol. 23 r°, 34 r°, 59 v°, 80 r°, 143 r°, 150 r°), ou même contre des rescrits apostoliques. (Bibl. nat., ms. français n° 16921, fol. 114 v°. — Baron de Ruble, *Le duc de Nemours et Mlle de Rohan*, Paris, 1883, in-8°, p. 120.)

[2] Des lettres patentes du 1er août 1575 avaient évoqué au Conseil privé tous les procès relatifs au clergé. (Fontanon, *Les édicts et ordonnances des rois de France*, t. IV, p. 560.) Plus anciennement encore, un règlement du 13 octobre 1563 avait réservé au Roi la connaissance des procès relatifs aux évêchés, abbayes et bénéfices consistoriaux. (Bibl. nat., ms. français n° 5905, fol. 81 v°.)

[3] D'après le règlement du 13 octobre 1563, le Roi ou son Conseil connaissaient, en dernier ressort, des difficultés soulevées par l'exécution de l'édit de pacification; en 1566, les parlements réclamèrent contre cette disposition. (Ms. français n° 18156, fol. 148 v°, 149 r°, etc.) Plus tard, on vit des catholiques se donner comme protestants afin d'obtenir l'évocation de leurs causes par-devant le Conseil privé. (Floquet, *Histoire du parlement de Normandie*, t. IV, p. 124.)

[4] D'après le règlement du 23 mars 1590, un « Conseil pour les requestes et remonstrances des particuliers » se tient le lundi de deux à cinq heures. Y assistent les mêmes personnes qu'au Conseil du matin, plus les conseillers d'État qui suivaient Henri III lors de sa mort, enfin les maîtres des requêtes et les officiers des finances, si bon leur semble. (Bibl. nat., ms. français n° 7007, fol. 283 r°.) Il est à remarquer que ce Conseil est le seul où puissent siéger tous les conseillers d'État.

[5] *OEconomies royales*, édition Michaud, t. II, p. 483. Les jours de séance ne sont nommés que dans l'édition de 1745 (*Mémoires de Sully*, t. III, p. 277); mais ce renseignement concorde avec celui qui nous est fourni, pour l'année 1605, par les mémoires d'André d'Ormesson (Chéruel, *Histoire de l'administration monarchique en France*, t. I, p. 356), et, pour l'année 1606, par un clerc au greffe du Conseil privé (Bibliothèque de l'Institut, collection Godefroy, ms. n° 309, fol. 484 r°); d'ailleurs, il est facile d'en vérifier l'exactitude, en relevant les jours des séances dans les premiers registres ou cartons de la série V°.

[6] Ém. Bos, *Les avocats au Conseil*, p. 63, 64.

[7] Bibl. nat., ms. français n° 18152, fol. 6 v°.

[8] Mémoire rédigé, en 1606, par un maître des requêtes : « S'il y avoit [sous Henri II] des advocats suivant seulement le Conseil privé, je ne le sçay pas bien; mais bien pourray-je asseurer, s'il y en avoit, que c'estoit en petit nombre. Et, de fait, nous l'avons veu croistre et tellement augmenter, depuis que nous sommes de retour à Paris (1594), que, pour ung, il y en a à présent dix, la pluspart ignorans, indignes et incapables de leur charge. » (Bibl. nat., ms. français n° 3947, fol. 82-86.)

[9] Art. 185 du cahier général. (Barrois, *Recueil des cahiers*, t. I, p. 365.)

[10] Art. 263, 264, 269, 271, 285 du cahier du clergé; art. 94 du cahier de la noblesse. (Barrois, *Recueil des cahiers*, t. II, p. 85-87 et 146.)

[11] *Des États généraux et autres assemblées nationales*, La Haye, 1789, in-8°, t. XIII, p. 279.

[12] Art. 183 du cahier du Tiers. (Barrois, *Recueil des cahiers*, t. II, p. 255.)

G.

et les avocats assermentés[1]? D'où lui vient ce pouvoir de reviser à tort et à travers des arrêts souverains[2]? Si au nombre des gens du Conseil figurent de vertueux personnages, s'il leur arrive souvent de bien et saintement juger, leur juridiction n'en est pas moins illégale et contradictoire aux actes d'institution des parlements. » De même, les députés réunis à Blois en 1588 et les notables assemblés à Rouen en 1596 demandent que la juridiction d'appel appartienne aux cours souveraines, à l'exclusion du Conseil, convenant que rien n'est plus onéreux au peuple, plus contraire au repos des familles que le pouvoir attribué aux maîtres des requêtes, ainsi qu'aux conseillers d'État[3]. Dans la première de ces assemblées, on entend la définition suivante, donnée par l'orateur du Tiers : « Le *Conseil des parties* ainsi appelé parce que les juges y sont parties[4]. »

Au Parlement, la mauvaise humeur, qui doit remonter à l'origine, dégénéra en opposition violente vers l'année 1556. L'évocation au Conseil privé d'un procès pendant en la Cour, la citation décernée contre le président et le rapporteur[5], les commentaires qu'y joignit une partie abusant de sa force, toutes ces circonstances, à la fois pénibles et inquiétantes, provoquèrent au suprême degré l'indignation des parlementaires. « Quelle loi, demanda le président Riants, introduit devant le prince, quelle loi autorise le Conseil privé à évoquer à lui une cause pendante? Le Roi l'a-t-il commandé? le Parlement obéira. Mais, tant qu'il ne sera pas prouvé que les cours ont perdu la souveraineté, l'acte du Conseil demeurera un attentat injustifiable. Va-t-on accueillir les dénonciations faites par les parties condamnées? Les magistrats, à qui leurs gages modestes permettent difficilement de nourrir une mule, seront-ils toujours sous le coup d'un ordre qui les force à un départ précipité? Les criailleries ne manqueront pas si le Conseil se promet d'entendre toutes les prétendues victimes des décisions judiciaires. » L'orateur en était là de son discours, quand il fut soudain interrompu : « N'entrez pas là ! fit un des conseillers présents. Vous ne sauriez empêcher que le Conseil du Roi écoute les plaintes des parties. » C'était le moment de protester contre tout empiétement du Conseil sur le domaine purement judiciaire; Riants n'en eut pas le courage : il se borna à la revendication du droit des cours souveraines. Détail remarquable : durant cette discussion, deux pairs de France, invités à se souvenir qu'ils faisaient partie du Parlement, quittèrent le groupe des gens du Conseil pour se joindre à celui des magistrats. Henri II finit par donner gain de cause au Parlement[6].

Comparé au discours du président Riants, le langage que tint à Henri III, en 1579, le président Pierre Séguier paraît plus mesuré dans la forme et plus hardi quant au fond : « Vous êtes roi; partant, nous ne doutons point que vous, qui êtes la source de justice, ne puissiez, quand bon vous semblera, et pour bonnes causes, prendre en votre Conseil connoissance de telle cause qu'il vous plaira. Mais, d'y faire une justice ordinaire entre parties privées, comme elle y est, y évoquer et y faire appeler toutes parties pour y plaider..., et y faire un greffier ordinaire des présentations, comme il y est, et quatre greffiers de l'ordonnance, comme ils y sont, et y juger congés et défauts, et y taxer dépens, c'est grande nouvelleté et grande entreprise, qui ne peut apporter à vous, Sire, un seul écu de profit, mais trouble à votre État et travail à vos pauvres sujets... C'est une concurrence incompatible avec le ressort de vos parlements; et se trouvera, chacun jour, jugements contraires entre les uns et les autres sujets : c'est ce que l'on dit en commun proverbe, qu'*il ne peut*

---

[1] Plus tard, les avocats et procureurs au Conseil prêtèrent serment devant le Chancelier. (Bibl. nat., ms. français n° 16230, fol. 98 v°. Cf. le registre matricule des avocats au Conseil, coté ms. français n° 18233.)

[2] Arthur Desjardins, *États généraux*, p. 524.

[3] J.-A. de Thou, *Historiarum liber CXVII*, t. V, p. 637.

[4] Art. 18 du cahier du clergé (Barrois, *Recueil des cahiers*, t. III, p. 66). — Discours du député Bernard (*Collection des procès-verbaux des assemblées générales du clergé de France depuis l'année 1560*, Paris, 1767, in-fol., t. I, p. 495).

[5] Arch. nat., U 471, fol. 871 et suiv.

[6] 23 décembre 1556. (Arch. nat., X¹ᵃ 1583, fol. 443 r°.

bien venir en un corps, quand une main coupe l'autre... Si celui qui veut tirer sa cause à votre Conseil prétend quelque suspicion contre les juges ordinaires, il peut les récuser; si les récusations ne peuvent être jugées, ou si elles sont jugées bonnes et qu'il y ait matière d'évocation, il peut faire évoquer au plus prochain parlement, selon les ordonnances. Mais, à l'appétit d'un homme qui, par aventure, n'a pas la volonté bien réglée pour bien traiter son prochain, évoquer la cause en votre Conseil privé et le faire suivre votre Cour à sa discrétion [1], Sire, cela se trouvera bien dur et mal aisé à digérer pour la partie privée, et sans aucun profit pour vous [2]. »

A quelques mois de là, le Parlement voulait que le Roi déclarât nulle et non avenue toute procédure faite au Conseil [3]. En 1587, il formait la résolution de surseoir à toute réception de conseiller au Conseil privé jusqu'à ce que Henri III eût mis des bornes aux empiétements de la nouvelle cour [4]. Le 3 décembre 1594, c'était le parquet lui-même qui, considérant l'inutilité des remontrances, suppliait le Parlement de recourir à une mesure plus énergique, telle que l'emprisonnement des huissiers porteurs de lettres d'évocation [5]. On pourrait citer bien d'autres preuves [6] de la colère et du dédain qu'excitait, dans la magistrature, la vue d'un Conseil descendu au-dessous du Châtelet de Paris [7]. Il n'est pas jusqu'à l'historiographe Du Haillan, qui ne s'offense de voir les conseillers d'épée porter et rapporter au Conseil de gros « sacs de chicanerie [8] ».

Chose curieuse, le gouvernement lui-même se mit du parti des opposants. Quand le chancelier Olivier reprit les sceaux, à l'avènement de François II, son premier soin, s'il faut en croire Pasquier, « fut d'exterminer du Conseil toutes telles manières de procès, renvoyant chacun en sa chacune [9] ». Charles IX accueillit les vœux du Tiers aux États d'Orléans [10], et L'Hospital favorisa les juridictions ordinaires [11]. Sous Henri III [12], le règlement du 11 août 1578 renvoya au Grand Conseil ou aux parlements les causes que le Conseil privé n'aurait pas retenues par ordonnance expresse. Un autre règlement du 1ᵉʳ mars 1579 chercha, par tous les moyens, à tarir la source des procès dont le Conseil était inondé; la connaissance des matières bénéficiales fut rendue au Grand Conseil; les contestations auxquelles donnait lieu l'application des édits nouveaux durent être jugées, nonobstant les

---

[1] Le caractère ambulatoire du Conseil contribua surtout à rendre sa juridiction impopulaire. Ainsi, le corps échevinal et le clergé de Troyes avaient profité, en 1564, de la présence du Roi dans leurs murs pour porter leurs contestations devant le Conseil privé; mais, quand ils se virent obligés de suivre la Cour à Châlons, à Vitry, à Bar-le-Duc, à Dijon et enfin à Lyon, ils comprirent qu'ils auraient mieux fait de transiger dès le début. (Boutiot, *Histoire de la ville de Troyes*, 1873, in-8°, t. III, p. 580.)

[2] 18 juillet 1579. (Arch. nat., X¹ᵃ 1665, fol. 13 v°. — Barrois, *Recueil de pièces*, t. III, p. 666.)

[3] Modification proposée à l'article 91 de l'ordonnance de Blois (Arch. nat., X¹ᵃ 1667, fol. 191 v°). — Voir aussi, en 1584, des remontrances du parlement de Toulouse (Bibl. nat., ms. français n° 16229, fol. 56 r°).

[4] Arch. nat., X¹ᵃ 1705, fol. 288 v°.

[5] Les gens du Roi ajoutent « qu'ilz ont veu les fondemens des parlemens, et ne se treuve que le Conseil du Roy ait aucune octorité sur ce qui est de la justice contentieuse entre les parties, ce qu'il entreprend néantmoings chacun jour. Ils n'oublient pas d'infliger un blâme sévère aux maîtres des requêtes qui, au lieu de faire respecter les arrêts d'une Cour où ils ont servi, ne se font point scrupule de les casser sur simple requête (Arch. nat., X¹ᵃ 1733, fol. 146 r°).

[6] Le 25 avril 1595, les présidents au Parlement disaient, en s'adressant aux gens du Conseil : « Nous vous soustenons que n'avez jurisdiction ordinaire. L'ordenance [nous] l'atribue, et à vous poinct.» (Arch. nat., X¹ᵃ 1736, fol. 57 v°.) — Le 26 janvier 1607, les

trois Chambres assemblées décidaient, encore une fois, que remontrances seraient faites au Roi « sur l'entreprise de jurisdiction de son Conseil privé et interversion des loix et ordonnances du royaume». (Arch. nat., X¹ᵃ 1811, fol. 339 v°. Cf. X¹¹ 1805, fol. 32 v°.) — Enfin le premier président du parlement de Rouen, Groulart, se plaignait que le Conseil privé eût, par ses arrêts iniques, tellement vilipendé la justice « qu'elle estoit exposée au mespris du peuple». (Floquet, *Histoire du parlement de Normandie*, t. IV, p. 187.)

[7] Remontrances du président de Harlay, en 1597 (Poirson, *Mémoires et documents nouveaux relatifs à l'histoire de France*, p. 86).

[8] *De l'estat et succez des affaires de France*, édition de 1595, fol. 178 r°.

[9] *Recherches de la France*, édition de 1611, p. 80.

[10] Barrois, *Recueil des cahiers*, t. I, p. 365.

[11] Tel est l'avis d'Étienne Pasquier (cf. l'art. 70 de l'ordonnance de Moulins); mais l'auteur d'un mémoire rédigé sous le règne de Henri IV attribue, au contraire, à L'Hospital la pensée de substituer peu à peu un nouveau Conseil judiciaire aux cours souveraines, dont la décadence semblait devoir résulter de la vénalité et de la multiplicité des charges. (Bibl. nat., ms. français n° 16216, fol. 81.) — Suivant un maître des requêtes qui écrivait en 1606, le garde des sceaux Morvillier « introduisit ou permit la chicanerie » dans le Conseil, « pour ce que aultre fois il avoit esté lieutenant general en Berry». (Bibl. nat., ms. français n° 3947, fol. 82 r°.)

[12] Le 21 mars 1577, Henri III se vantait de n'avoir accordé que quatre évocations en quatre mois. (Arch. nat., X¹ᵃ 1651, fol. 313 v°.)

clauses d'évocation les plus formelles, dans la cour souveraine au greffe de laquelle l'enregistrement avait eu lieu; les récusations elles-mêmes durent être soumises à l'appréciation du Grand Conseil et jugées, en dernière instance, par le parlement le plus voisin; l'exécution d'un arrêt prononcé par une cour souveraine ne pouvait être suspendue en aucun cas[1]. Par l'article 91 de l'ordonnance de Blois, le nom du Conseil privé fut rayé de la hiérarchie judiciaire : le gouvernement ne reconnaissait plus qu'une juridiction de première instance, celle des tribunaux ordinaires, et qu'une juridiction d'appel et de dernier ressort, celle des cours souveraines[2]. Interrogé à plusieurs reprises[3] par les délégués du Parlement, Henri III déclara qu'il n'avait jamais considéré le Conseil privé comme un corps : « Son intention n'estoit pas, disait-il, d'accorder aulcunes evocations; s'il en faisoit aulcunes, comme possible cela faire ce pourroit, mais peu souvent, elles se feroient si à propos qu'on n'auroit cause de s'en plaindre. » Effectivement, le sage règlement du 1er mars 1579 fut confirmé le 20 janvier 1580[4], et, plus de deux ans après (31 mai 1582), le Roi en prescrivait la lecture au commencement de chaque quartier. N'oublions pas que, dans l'intervalle, un règlement du 12 avril 1581 avait ordonné la suppression totale du Conseil des parties[5].

Au mois de janvier 1585, nouvelle tentative pour réprimer l'abus des évocations[6]. En 1588, défense au Conseil de juger aucune contestation, à moins qu'il n'y ait lieu d'interposer l'autorité du Roi[7]. L'édit de janvier 1597 renouvelle enfin, sous une forme à la fois plus solennelle et plus précise, les injonctions et les promesses contenues dans tous ces règlements[8].

Si la pensée de Henri IV ne nous était pas révélée par les mémoires et par la conduite même de Sully, qui, dans les séances du Conseil des parties, se prononçait invariablement pour le renvoi des procès pendants[9], le mécontentement que causait au Roi l'organisation de ce Conseil nous apparaîtrait à toutes les pages de deux curieux mémoires, dus chacun à la plume d'un maître des requêtes anonyme, l'un adressé au Chancelier postérieurement à l'année 1598[10], l'autre rédigé en 1606 par ordre du garde des sceaux Sillery[11]. Il résulte de cette lecture que la limitation du ressort du Conseil privé était la réforme la plus urgente aux yeux d'un gouvernement qui en projetait de considérables, surtout dans l'ordre judiciaire : « Jaçoyt, écrit un de ces maîtres des requêtes, qu'il y ayt moings d'instances pendantes au Conseil qu'il n'y a eu depuis xxv ans, neantmoingtz il y en a qui ne sont pas dignes d'estre jugés en une telle compaigyne, en laquelle il ne se débvroit traicter que de grandes affaires importantes le general du royaume ou des provinces, les plainctes contre les courtz souveraines, lieutenans du Roy ou autres officiers sy puissans que leurs partyes ne peussent esperer justice que par l'aucthorité de Sa Majesté, les interpretations des ordonnances *inter jus et æquitatem*, les evocquations, qui sont matières sommaires, et les reiglemens de juges où il s'agist de la jurisdiction du Grand Conseil seullement; car, pour tous les autres reiglemens de juges, ledit

---

[1] Bibl. nat., ms. français n° 16225, fol. 90 r°; ms. de Brienne n° 257, fol. 105. Arch. nat., KK 625, fol. 105.

[2] Cf. l'article 97 de la même ordonnance, qui prohibe les évocations du « propre mouvement du Roi ».

[3] Le 27 juin 1579 (Arch. nat., X¹ᵃ 1664, fol. 339 r°. Barrois, *Recueil de pièces*, t. III, p. 657) et le 28 janvier 1580 (Arch. nat., X¹ᵃ 1666, fol. 314 r°. Barrois, *ibid*, t. III, p. 683). Voir également la séance du 15 janvier 1580 (Arch. nat., X¹ᵃ 1666, fol. 237 r°. Barrois, *ibid.*, t. III, p. 673).

[4] Arch. nat., KK 625, fol. 113.

[5] *Ibid.*, fol. 116.

[6] *Archives curieuses*, 1ʳᵉ série, t. X, p. 345.

[7] Arch. nat., KK 625, fol. 168 r°.

[8] Art. 13 et 14 (Isambert, t. XV, p. 123.) — Certains histo-

riens racontent que « littéralement la justice périssait en France, quand elle fut sauvée par l'édit du mois de janvier 1597 ». (Poirson, *Histoire de Henri IV*, 2ᵉ édition, t. III, p. 63 ; *Mémoires et documents nouveaux relatifs à l'histoire de France à la fin du xviᵉ siècle*, p. 36-38, 189 et 190. Bos, *Les avocats au Conseil*, p. 19.) Le lecteur fera bien de se tenir en garde contre cette double exagération. Les chambres des parlements retentirent longtemps encore de plaintes contre l'abus des évocations. (Voir notamment Floquet, *Histoire du parlement de Normandie*, t. IV, p. 124 et suiv.)

[9] *Œconomies royales*, édit. Michaud, t. II, p. 99.

[10] Bibl. nat., ms. français n° 16216, fol. 81-85.

[11] *Reglement par moy dressé pour la direction de la justice au Conseil privé, estant maistre des requestes, par commandement de M. le chancelier de Sillery, 1606.* (Bibl. nat., ms. français n° 3947, fol. 82-86.)

Grand Conseil les debvroit juger [1]. » Sur ce dernier point, l'auteur du mémoire de 1606 se montre, il est vrai, plus favorable à la juridiction du Conseil : « Ce pouvoir, dit-il, et cest honneur de regler et donner des juges n'appartient qu'au Roy en son Conseil, estant un acte suprême et de toute souveraineté [2]. »

Enfin, parmi les règlements dont nous avons déjà parlé, que Sully soumit, en 1609, à l'approbation du Roi, figure un projet de réforme du Conseil des parties. M. P. Clément ne l'a pas compris, on ne sait pourquoi, dans sa publication; nous le reproduisons d'après le manuscrit qu'une obligeante communication de M. le marquis de Vogüé nous a mis à même de consulter. On y voit la juridiction du Conseil soigneusement resserrée dans d'étroites limites : « Le Conseil [des parties] prendra con- « gnoissance de toutes matières concernantes la justice commutative seulement. Plus, ayant pris con- « gnoissance desdites matières, il reglera sommairement les parties et les renvoiera par devant les juges « ordinaires, qui en debvront juger, si ce n'est qu'il y eust des interest de l'Estat mellés. — Plus, ledit « Conseil congnoistra de tous reglemens de juges. — Plus, congnoistra de tous differends pour matières « ecclesiastiques entre particuliers où le Roy n'aura point d'interest, pour les renvoier ainsi qu'il jugera « raisonnable. — Plus, congnoistra de tous differends qui interviendront de parlement à parlement, « de chambre des comptes à chambre des comptes et de court des aides à court des aides; plus, con- « gnoistra de tous differends qui interviendront entre les compagnies souveraines et subalternes où il « n'y aura aucun interest des finances du Roy; plus, congnoistra de tous differends entre officiers de « justice, soient de courts souveraines ou subalternes, pourveu que les finances du Roy n'y soient « interessées, et qu'il aparoisse que leurs compagnies n'y ayent peu remedier. — Plus, congnoistra « des differends qui intervienent entre les divers corps des villes, comme presidiaux, tresoriers de « France, universités, elleus, maires et eschevins, à cause de leurs rangs, seances et ordres de mar- « cher aux assemblées et maisons de villes, entrées et porcessions. — Plus, poura congnoistre de « toutes plaintes et delits dont les prevots des mareschaux et autres de semblable qualité auront pris « congnoissance. — Plus, poura congnoistre et juger de toutes graces, abolitions et autres lettres de « benefice du prince concernant la justice. — Plus, dans ledit Conseil seront interogés, si M. le « Chancelier le juge à propos, tous les officiers de justice qui ce presenteront à luy pour cest effect. « — Plus, ledit Conseil aura, s'il plaist au Roy, le choix des trois hommes qui seront nommés à Sa « Majesté par les compagnies pour estre l'un d'iceux pourveu d'un office de judicature qui seroit « vacant, lorsque un tel reglement sera establi. — Plus, congnoistra ledit Conseil de toutes falcifi- « cations de sceaux, escritures et autres choses. — Plus, congnoistra de touts differends qui inter- « viendront entre les officiers des monnoies, eaux et forests, travers et peages où il ne sera point « question des finances du Roy. — Plus, congnoistra de toutes pirateries et autres exès commis sur « mer où les autres princes souverains n'ont point d'interest, mais ne concerne que les particuliers « du roiaume. — Plus, se feront audit Conseil toutes receptions d'officiers de judicature qui, par « animosité ou autre cause indeue, n'auront peu estre receus en leur compagnie. — Plus, n'y pourra « jamais avoir audit Conseil plus de douze Conseillers qui ayent seance et voix deliberative, à quoy « M. le Chancelier, Garde des sceaux, ou autre qui presidera audit Conseil, tiendra le main. Plus, nul « conseiller de robe longue ny d'espée ne sera receu audit Conseil du Roy qu'il n'ait passé trente-six « ans. Plus, les maistres des requestes n'entreront point audit Conseil, s'ils n'ont quelques requestes « à y presenter ou affaires à deduire. — Plus, le Conseil de justice du Roy ne se tiendra jamais en « la maison d'aucun particulier, fort Chancelier ou autre, mais tousjours en une de celles du Roy. —

[1] Bibl. nat., ms. français n° 16216, fol. 82 r°. — [2] On peut également consulter un projet d'ordonnance rédigé entre les années 1605 et 1610, qui s'élève énergiquement contre l'abus des évocations. (Bibl. nat., ms. français n° 16216, fol. 89-92.)

« Plus, le Conseil ne retiendra aucunes causes de particulier à particulier, ny en evoquera aucune
« pour la juger, mais seulement pour la renvoier à l'ordinaire. — Plus, les espices des arêts du
« Conseil et les salaires des advocats, greffiers et huissiers seront reduites en bonne consience, et le
« reglement aprouvé et signé du Roy mesme. — Plus, les jours des Conseils et les heures de leurs
« entrées et issues seront establis et precis. — Plus, nul de ceux du Conseil ne ce chargera de la
« requeste d'aucun qui soit son parent, proche, alié ny ami intime; plus, lorsqu'il se parlera des
« affaires de quelque particulier, touts ces parents et proches se retireront du Conseil [1]. »

Ainsi, jusqu'au xviie siècle [2], la royauté se trouvait d'accord avec la magistrature et avec les États
pour juger en grande partie dangereuse l'institution du nouveau Conseil. Elle ne se contentait pas
d'amuser l'opinion publique par des satisfactions passagères, d'ordonner périodiquement le renvoi
des procès pendants : cette promesse était de style dans les règlements du Conseil, « et cela seul,
ajoute M. R. Dareste [3], suffirait à prouver qu'on la tenait assez mal. » Le gouvernement voulait sin-
cèrement la suppression d'une juridiction nuisible, et il étudia, sous Henri IV, les moyens d'y parvenir. Ce fut en vain : plus fort que les parlements, que les États généraux et que la royauté elle-
même, le Conseil des parties repoussa ces assauts, répara ses brèches et se maintint quand même.

Il fallait bien pourtant que cette victoire fût profitable à quelqu'un : sans doute aux gens qui de
près ou de loin appartenaient au Conseil, et à certaines catégories de plaideurs particulièrement
influents.

Ainsi, les maîtres des requêtes [4] s'étaient habitués à regarder le Conseil des parties comme une
mine d'une exploitation facile et productive. Rapporteurs de tous les procès qui s'y jugeaient, ou
peu s'en faut, ils en tiraient de gros profits; on les avait vus, sous Henri III, réclamer hautement
contre une innovation qui tendait à les dépouiller de cette sorte de monopole [5]. La guerre civile et
l'interruption du cours de la justice leur avaient été trop préjudiciables pour qu'ils ne cherchassent
pas, suivant l'expression de l'un d'eux, à « se récompenser » du temps perdu. « Nous faisons ung
mestier de la justice, avouait très simplement l'auteur d'un des mémoires cités plus haut,... comme
sy c'estoit ung art mecanicque, vendant nostre labeur, comme ung artisan faict son ouvrage à sa
bouticque. Car qui juge plus de procès et met plus d'arrestz au greffe, plus il gaigne; bien ou mal,
c'est tout ung. Voilà comme la pluspart de nous vit; et, qui pis est, aulcuns des vieux et antiens nous
monstrent l'exemple. » Les maîtres des requêtes, ajoutait-il, « pour la pluspart sortent des compagnies, non pour se reposer ou se contenter d'avoir l'honneur d'entrer au Conseil du Roy et y rapporter des requestes, ou bien une instance ou deux en tout leur quartier; mais, se voyant presque
inutiles dans les compagnies, et oyant dire que l'on travaille et gaigne beaucoup, comme y en a
quelques ungs, en l'estat de maistre des requestes, s'y mettent... Et le moyen qu'ilz tiennent pour
faire venir la practicque est de donner forces commissions pour appeller les partyes, qui passent assez
aysement au resultat, plus par ung erreur commung que par raison. Et ancores, pour faire couller
cela plus doucement, les mieux entenduz disent que les partyes seront sommairement ouyes : ce qui
ne se debvroit faire, s'il se doibt, sinon que quand touttes les partyes sont à la suitte du Conseil. »

---

[1] On lit au verso du feuillet : « *Reglement pour le Conseil de justice,
qu'il faut emplifier et achever, suivant ce que le Roy a tesmoigné le desirer.* »

[2] Au contraire, Louis XIV voulut faire au Conseil une part aussi
large que possible dans le domaine de la justice. (A. de Boislisle, *Les
Conseils sous Louis XIV*, p. 7.) Guillard, au xviiie siècle, professait la
thèse de la juridiction illimitée du Conseil. (*Histoire du Conseil du
Roy*, p. 2 et 32.)

[3] *La justice administrative en France*, p. 65.

[4] La multiplication du nombre des maîtres des requêtes serait
l'unique cause de l'établissement du Conseil des parties, suivant un
mémoire conservé dans le registre U 949 (p. 9 et suiv.) des Archives.

[5] « Nosseigneurs du Conseil, estans princes, prelats, ducz, comtes,
chevalliers,... ne peuvent sans beaucoup de peyne veoir les pièces et
faire les rapportz; et, encores qu'ilz le facent très dignement,... si le
font-ilz laborieusement... » (Bibl. nat., ms. français n° 16216,
fol. 201-207.)

Aux conseillers d'Etat [1] et aux cinquante-six maîtres des requêtes, particulièrement intéressés au maintien du *statu quo*, il convient de joindre les quatre greffiers, commis en titre d'office, qui, dit-on, faisaient du pillage, chaque année, pour plus de 6,000 écus [2]; le greffier des sacs, dont la charge, vendue 1,000 ou 1,200 écus, en rapportait par an 3,000 ou 4,000 [3], les huissiers, voleurs par profession et indiscrets par avarice, les solliciteurs, tolérés à la suite de la Cour, contrairement aux ordonnances, et qui s'intitulaient déjà, quand ils écrivaient en province, *procureurs au Conseil du Roi*. Sur ceux-ci, l'on peut également interroger un de nos maîtres des requêtes contemporains : « Ils introduisent audit Conseil, dit-il, par leurs menées et caballes, beaucoup de causes dont la cognoissance debvroit appartenir aux juges ordinaires; et se font ordinairement faire des promesses et contractz pour le payement de leurs sallaires et vaccations; et, quand les causes sont jugées, ilz supposent que les partyes ne les veulent payer, et obtiennent des commissions pour les faire assigner au Conseil en payement de leurs fraiz, qui sont actions fort indignes de la cognoissance dudit Conseil [4]. »

Ajoutons enfin la multitude des avocats postulants, « malicieux, necessiteux et ignorans pour la pluspart,.... qui n'ont peu faire les charges d'advocatz ny procureurs ès moindres justices, et neantmoingtz ont trouvé moyen de se glisser au Conseil... Es causes où il n'y fauldroit que deux ou troys fueilletz d'escripture, ou poinct du tout, comme ès causes sommaires, ilz en font L et LX roolles, remplys de parolles vaynes et inutiles, » et, pour toute excuse, déclarent que chacun doit vivre de son métier [5]. En un mot, le Conseil des parties offre, du petit au grand, le spectacle d'une exploitation dont le gouvernement se rend complice, dans la crainte d'ameuter contre lui la tourbe des spéculateurs.

Les Rois eurent, en outre, à compter avec l'intérêt de certains plaideurs qui, malheureusement, avaient acheté le droit de leur imposer des conditions [6]. N'avait-on pas emprunté partout pour faire face aux dépenses de la guerre? et, pour tenir tête aux ennemis, n'avait-on pas appelé des mercenaires de plusieurs pays étrangers? La plupart de ces créanciers, surtout les Suisses, exigèrent que le Conseil fût juge de toutes les questions que soulèverait l'application des édits bursaux destinés à les satisfaire. La même pénurie d'argent avait mis le royaume à la merci de ces *partisans* qu'un orateur contemporain représente chevauchant par les provinces, le sergent en croupe, pour exécuter les pauvres sujets du Roi, les évocations en main, pour les réduire par la menace d'un procès dispendieux [7]. « Il n'y a sy petit fermier, disait un de nos maîtres des requêtes, qui ne face

[1] Marillac fait observer que le nombre, de jour en jour plus grand, des conseillers de robe longue a dû contribuer à développer la juridiction du Conseil. (Arch. nat., U 945*, fol. 35 r°.)

[2] Ils prenaient, pour les expéditions, des honoraires excessifs et donnaient communication des arrests avant la signature du résultat.

[3] « Chasque sac, en entrant audit greffe, paye pour le moingtz 3/4 d'escu, et aultant en le retirant, sans compter ce qu'on donne pardessus au commis, pour porter les procès chés les raporteurs; pour chasque certificat de forclusion ou aultre acte, on paye aussy 3/4 d'escu; et de là on peult juger ce que montent les droictz dudit greffe en toute l'année, oultre les gaiges attribuez audit office. Mais la plus grande plainte n'est pas encores sur lesditz payemens; car ce seroit peu de cas, sy ledit greffe, qui doibt estre ung depost publicq, ne servoit ordinairement de surprise, comme il faict, en ce que quelques advocatz et soliciteurs abbonez aveq le commis dudit garde des sacz produisent, au lieu d'ung sac, un recepicé audit greffe... » (Bibl. nat., ms. français n° 16216, fol. 84 r°.)

[4] Bibl. nat., ms. français n° 16216, fol. 83 v° et 84 r°.

[5] Bibl. nat., ms. français n° 16216, fol. 84 r°. — « Aussy antiennement les appointemens en droict, les communicquations et autres actes semblables se passoyent doulcement entre les advocatz. A present, il ne s'y en passe plus que par force, et ne se rendent plus de pièces que par constrainctes et multitude d'exploictz, et ces chicquanneryes se commettent par aulcuns desditz advocatz à deux fins, l'une pour estre estimés bons chicaneurs..., et l'aultre pour en tirer proffict, en composant aveq les huissiers, et de L exploicta leur en payer seullement xxv et se faire rembourser du tout à leurs partyes. Les soliciteurs aussy tiennent quelques fois la main à ces abbus, participans au guain. » (*Ibid.*, fol. 84 v°.)

[6] Tels étaient, par exemple, les chefs ligueurs, le duc de Mercœur, le maréchal de Boisdauphin, dont les traités portaient expressément que leurs procès seraient jugés au Conseil. (Bibl. nat., ms. français n° 3947, fol. 82-86.)

[7] Harangue du député Bernard, 16 janvier 1589. (*Collection des procès-verbaux des assemblées générales du Clergé de France*, t. I, p. 495.)

méttre en son bail : *nonobstant oppositions et appellations, dont la cognoissance est reservée au Conseil.* Et, soubz pretexte de ceste clause, qu'ilz estendent, comme il leur plaist, exercent toutes sortes de concutions, principallement sur les pauvres, ausquelz la justice estant interdicte sur les lieux, plus tost que venir playder au Conseil, où les partisans les font assigner, sont constrainctz de porter le faix qui les accable; et ceulx qui s'efforcent d'y venir sont quelques fois sy mal traictés, par les faveurs desdictz partisans (qui n'y sont que trop appuyez), qu'ilz s'en repentent [1]. »

On peut juger par là des forces d'une coalition qui devait faire échouer toutes les tentatives de la royauté pour « mettre à sec », suivant le mot de Pasquier, la juridiction du Conseil.

Le Conseil des parties survécut donc aux réformes. Il fut une section à part, en ce sens qu'il eut des jours de séances, des attributions, un nom et une procédure distincts. Les jours de séances nous sont connus, ainsi que les attributions judiciaires : jamais le Conseil ne s'en est tenu « au rôle de régulateur souverain des juridictions ordinaires, d'interprète suprême des lois quant à la lettre et quant à l'esprit. Lui aussi voulut juger au fond, même sur des demandes en première instance, même en matière criminelle [2]; » on comprend d'ailleurs qu'il soit impossible de parvenir à une détermination précise, à une définition complète de son ressort.

Le nom de *Conseil des parties* eut bientôt un synonyme, *Conseil privé.* Pendant les trois premiers quarts du xvie siècle [3] et, plus tard durant quelques mois de l'année 1588 [4], cette expression s'applique à tout le Conseil : elle est ordinairement réservée, à partir du règne de Henri III (1578), à la section judiciaire, et le Conseil ordinaire ne porte plus que le nom de *Conseil d'État.* Il se passait alors un fait analogue à celui qu'on avait pu observer vers la fin du xve siècle. Le Conseil du Roi, après s'être appelé *Grand Conseil* pendant deux cents ans, avait, on s'en souvient, abandonné cette dénomination au Conseil de la justice; à présent, il se défaisait de son nom de *Conseil privé* en faveur du Conseil des parties : on eût dit que, chaque fois qu'était instituée une juridiction nouvelle, le Conseil voulût lui céder son nom, comme s'il eût espéré de la sorte lui communiquer quelque chose de son autorité et de son prestige.

Quant à la procédure en usage devant le *Conseil privé* ou *des parties*, sans entrer dans le détail des dispositions du règlement du 30 juin 1597 [5], en voici les principaux traits. Hors le cas où une

---

[1] Ms. français n° 16216, fol. 83 v°. — Ms. français n° 3947, fol. 82-86. — On retrouve les mêmes plaintes dans les cahiers de la Normandie (octobre 1607); voici la réponse du Roi : «Lesdites evocations ne se peuvent revocquer, estant permises et accordée aux fermiers par leur bail, auquel Sa Majesté ne veut controvenir.» (Ch. de Robillard de Beaurepaire, *Cahiers des États de Normandie sous le règne de Henri IV,* t. II, p. 126.)

[2] A. de Boislisle, *Les Conseils du Roi sous Louis XIV,* p. 7. — Floquet, *Histoire du parlement de Normandie,* t. III, p. 271.

[3] L'expression de *Conseil privé* est d'un usage extrêmement rare avant le xvie siècle, quoi qu'en aient pu penser Du Tillet (*Recueil des Roys de France,* p. 422), Étienne Pasquier (*Recherches de la France,* p. 103) et les auteurs de l'*Encyclopédie méthodique* (*Jurisprudence,* t. II, p. 212); les quelques exemples qu'on en cite sont empruntés à la langue littéraire, plutôt qu'à la langue officielle. On lit pourtant dans une ordonnance du 28 avril 1607 : «Nommons et ordonnons, pour nos conseillers et estre à nos *Grands Consaulx secrets et privez*... » (*Ordonnances,* t. XII, p. 225.) Mais il faut attendre l'érection du Grand Conseil en cour de justice, et surtout le règne de François Ier, pour voir l'expression de *Conseil privé* jointe d'abord, puis substituée à celle de *Conseil étroit,* qui avait prévalu pendant la minorité de Charles VIII, ou à celle de *Conseil secret.* (*Mémoires de la Société des Antiquaires de Normandie,* t. XIX, p. 599.) On trouvera, par exemple,

les termes de *Conseil étroit et privé,* de *Privé et Étroit Conseil* et même de *Conseil privé et secret* en 1530 (Arch. nat., X1a 1534, fol. 28 v°), en 1535 (Bibl. de la Chambre des députés, collection Lenain, *Registres du Parlement,* t. DCCXXXIII, fol. 84 v°) et en 1541 (Isambert, t. XII, p. 721), celui de *Conseil privé* en 1530 (Arch. nat., X1a 1534, fol. 28 v°), en 1533, etc. (Comte de Laborde, *Comptes des bâtiments du Roi,* t. II, p. 219. Cf. Bibl. nat., ms. français n° 3947, fol. 82.) — Il résulte, d'ailleurs, de ces observations que, contrairement à une étymologie courante, *Conseil privé* n'était pas originairement synonyme de «Conseil ordonné pour les parties *privées*». Si le Conseil s'est appelé *privé,* ne serait-ce pas plutôt, comme le prétend Delisle de Hérissé, parce que les personnes dont il se composait, ou les matières dont il traitait, présentaient un caractère intime?

[4] Le règlement de 1588 avait supprimé le Conseil des parties. (Arch. nat., KK 626, fol. 160 r°.) A partir du mois de septembre, le Conseil d'État prit le nom de Conseil privé, comme on peut le constater dans le registre des résultats originaux. (Bibl. nat., ms. français n° 16236.)

[5] Girard et Joly, *Offices de France,* t. I, p. 633. — Le carton V° 1221 des Archives contient l'original de ce règlement; le ms. français n° 7007, fol. 301 r°, de la Bibliothèque nationale en contient une copie authentique.

évocation, un renvoi, un acte royal est intervenu pour introduire la cause au Conseil des parties, la seule manière de s'y pourvoir est de présenter une requête signée d'un avocat au Conseil. Il ne faut point se tromper de porte : toute partie qui adresserait au Conseil d'État une requête de l'ordre judiciaire serait passible d'amende. La requête, une fois présentée, est l'objet d'un premier rapport, d'après lequel elle est admise ou rejetée. Supposons qu'elle soit admise : assignation est donnée aux avocats des deux parties; ils doivent se présenter au greffe dans un délai calculé suivant la distance qui sépare le domicile de la partie du lieu où siège actuellement le Conseil; le moindre retard peut donner lieu à la prononciation d'un défaut-congé. Les deux parties ayant ainsi respectivement comparu, le poursuivant doit présenter une requête de *committitur* à l'effet d'obtenir un rapporteur, à moins (circonstance très rare) que le procès ne soit de nature à être jugé « à l'audience »; le rapporteur désigné est parfois un conseiller d'État, si le litige est d'une haute importance, plus ordinairement un maître des requêtes. Les avocats ensuite se communiquent respectivement un inventaire de toutes les pièces dont ils entendent s'aider, puis remettent, dans les trois jours, leurs productions aux mains du garde des sacs : faute par l'un d'eux de remplir cette formalité en temps voulu, la partie adverse peut obtenir un jugement « par forclusion » ou, comme on dirait aujourd'hui, par défaut faute de conclure. A l'origine, le Conseil jugeait tous les procès en état, dans un délai plus ou moins court, mais sans exiger de consignation; l'usage s'introduisit peu à peu de faire « visiter » les procès par une assemblée de maîtres des requêtes, qui se tenait dans l'enceinte du Palais ou chez l'ancien du quartier; le Conseil se bornait ensuite à ratifier purement et simplement les conclusions du rapporteur. Cette manière de procéder était à la fois plus expéditive et plus sûre, et les plaideurs ne croyaient pas acheter trop cher ce double avantage en consignant 9 écus et demi. Il paraît que cette coutume se généralisa surtout en 1589, « parce que, durant les troubles, et les incommodités que recepvoient MM. les maistres des requestes estans refugiez à Tours, telz petitz guains n'estoient poinct à mespriser » [1]. Au moins, le Conseil des parties garda toujours un avantage sur les parlements, celui de ne point exiger d'épices.

L'arrêt se donne à la pluralité des voix, même quand le Roi est présent. Les conseillers récusés pour cause jugée valable ne peuvent même assister à la délibération [2]. La partie qui veut lever l'arrêt prend soin de le faire expédier au greffe, puis signifier à l'avocat de la partie adverse; cette signification équivaut à une prononciation. La voie de l'opposition demeure ouverte pendant six mois à qui veut attaquer un arrêt du Conseil rendu par forclusion ou par défaut.

En résumé, l'on peut appliquer à la procédure du Conseil des parties cette double observation que suggère à un auteur bien compétent la procédure en usage dans notre Conseil d'État moderne : « Son caractère fondamental est d'être une procédure écrite... De plus, l'instruction des procès n'y est pas abandonnée aux parties ou à leurs représentants; elle est dirigée, dès le début, par le

---

[1] Bibl. nat., ms. français n° 16216, fol. 82 v°. — L'auteur, qui est un maître des requêtes, prend la défense de cette coutume : «On blasme, dit-il, les consignations que les partyes font pour la visitation des procès ès assemblées desdits sieurs maistres des requestes, lesquelles il seroit honorable d'oster. Mais aussy peult estre dommageable, premièrement pour la trop grande creance qu'il fauldroit donner à ung raporteur, qui pourroit luy mesme faillir..., sur le raport duquel neantmoingtz on donneroit arrest, *par ce que, au Conseil, on n'a poinct de coustume de veoir les pièces,* sy ce n'est ès cas de grande importance; en second lieu, il est expedient de laisser lesdites consignations pour la briefveté de la justice, estant à craindre que les expeditions n'en fussent pas sy promptes, et que, pour espargner 10 escus à une partye, elle fust constraincte d'en despendre 100, à faulte que lesdiz

[2] Règlement du 8 janvier 1585, art. 14. — Ainsi les parties pouvaient demander que la liste des membres du Conseil leur fût communiquée (ms. français n° 16228, fol. 88 r°; ms. français n° 16232, fol. 221 v°). Le 20 juin 1565 et le 28 avril 1566, on avait vu l'avocat de Françoise de Rohan récuser inutilement vingt-neuf membres du Conseil privé. (Baron de Ruble, *Le duc de Nemours et Mlle de Rohan,* p. 120.)

sieurs maistres des requestes ne s'assembleroient peult estre sy souvent...» — Au contraire, nous lisons dans un projet d'ordonnance qui dut être rédigé entre les années 1601 et 1610 (art. 12): «Les maistres des requestes ordinaires de l'Hostel n'opineront plus à part sur les procès et requestes, ny n'apporteront d'ailleurs au Conseil une opinion formée.» (Bibl. nat., ms. français 16216, fol. 90 r°.)

rapporteur... Le travail même du rapporteur n'est pas un travail isolé, ni personnel[1]. » Le rapport est l'œuvre collective de l'assemblée des maîtres des requêtes; le Conseil ne voit que par leurs yeux, et, d'ordinaire, il se contente d'apposer quelques signatures, qui transforment leurs conclusions en arrêts définitifs.

N'y a-t-il pas là une nouvelle preuve de l'inutilité du Conseil des parties ? Cette cour de justice que l'on avait ainsi élevée au-dessus du Grand Conseil, devait offrir apparemment, suivant l'intention du prince, de plus sûres garanties de fidélité, jouir d'un plus haut prestige. Or, au bout de peu d'années, les maîtres des requêtes y font la loi, les maîtres des requêtes membres nés et présidents du Grand Conseil! L'auditoire a été changé; les juges sont restés les mêmes. Était-il donc si nécessaire, pour aboutir à ce résultat, de braver l'irritation des justiciables, des États et des parlements ?

Quoi qu'il en soit, le Conseil des parties garda, dans la hiérarchie judiciaire, un rang supérieur à celui du Parlement et à celui du Grand Conseil. Comme l'a dit ingénieusement M. Émile Bos [2], le « Parlement, le Grand Conseil et le Conseil des parties sont trois branches sorties d'un tronc commun : d'autant plus élevée et plus étendue qu'elle est plus jeune, chacune d'elle perd de sa force à mesure qu'une autre s'ajoute à l'arbre qui grandit. » Le Conseil privé n'eut au-dessus de lui que le Conseil d'État, qui conserva toujours une sorte de prééminence, avec le droit de se substituer au Conseil des parties dans certains cas exceptionnels, soit comme tribunal régulateur, soit comme juridiction extraordinaire [3] : tant il est vrai que le Roi et la partie de son Conseil qui lui demeurait le plus unie ne renoncèrent jamais entièrement à l'exercice direct du droit de justice; leur prétention à l'omnipotence mit constamment obstacle à toute séparation complète des pouvoirs administratif et judiciaire.

Le Conseil des parties n'alla jamais jusqu'à rompre les derniers liens qui le rattachaient au Conseil proprement dit. Il continua de suivre la Cour, et ses membres ne furent jamais pourvus en titre d'office : par ce double caractère il différait du Grand Conseil et du Parlement. Longtemps même, son personnel se confondit entièrement avec celui du Conseil d'État; on ne distinguait pas, sous Henri IV, les membres de l'un et de l'autre : tous étaient *conseillers au Conseil d'État et privé*. En un mot, le Conseil des parties, malgré sa physionomie judiciaire, demeura jusqu'au dernier jour une section du Conseil du Roi ou, comme on disait alors, le Conseil du Roi lui-même.

CHAPITRE VI.

LE CONSEIL DES FINANCES.

xiv° et xv° siècles. Participation du Conseil au gouvernement financier. — xvi° siècle. Substitution d'un *Conseil des finances* au surintendant général : le surintendant Gonnor évincé, sous Charles IX, par un Conseil des finances; le surintendant Bellièvre admis, sous Henri III, à partager ses pouvoirs avec un Conseil des finances; le surintendant François d'O remplacé, sous Henri IV, par un Conseil des finances, lequel finit par s'effacer devant le surintendant Sully. Projets de réorganisation de ce Conseil. Rôle des Conseils de finance au xvi° siècle.

Trompés peut-être par quelques-unes de ces anciennes chronologies qui établissent tant bien que mal, de Philippe le Bel à Louis XIV, une suite ininterrompue de surintendants, de graves auteurs

---

[1] R. Dareste, *La justice administrative en France*, p. 655. — A consulter également L. Du Crot, *Le vray styl du Conseil privé du Roy, de la Cour de parlement, de la Cour des aydes, des Requestes* *du Palais et du Chastelet de Paris*, Paris, 1623, in-8°, p. 1-64.
[2] *Les avocats au Conseil*, p. 34.
[3] Voir nos n°ˢ 5306 et 5678.

ont prétendu que la direction des finances était demeurée, dès le xive siècle, entre les mains d'un chef unique. « Nos rois, écrivait Jean Hennequin, ont suivi la trace des républiques bien fondées et n'ont eu qu'un seul superintendant de leurs deniers[1]. » Aujourd'hui, l'on connaît trop bien les nombreuses vicissitudes par lesquelles ont passé nos institutions, particulièrement celles de finance, pour tomber dans pareille erreur. Les recherches savantes de MM. Pierre Clément, Vuitry, de Beaucourt, de Boislisle, Clamageran tendent à prouver que le gouvernement financier a revêtu mille formes, s'est partagé de mille façons différentes. Le régime monarchique de la surintendance a souvent fait place à une oligarchie, qui a pu elle-même dégénérer en une complète anarchie. Mais, parmi les ordonnateurs suprêmes, on n'a peut-être pas assez remarqué quelle place importante occupaient les gens du Conseil du Roi et comme ils avaient joué, à plusieurs reprises, un rôle vraiment prépondérant.

Sans doute, au xive siècle, la Chambre des comptes semble d'abord hériter, pour le tout, de la partie financière des attributions de l'ancienne Cour du Roi. Indépendamment du contrôle qu'elle exerce sur les comptables, elle prend part à l'élaboration des lois de finance, en surveille l'application; elle nomme les officiers, elle ordonnance les dépenses, elle demeure, pour beaucoup de raisons qu'il serait trop long de rappeler ici, le « Conseil supérieur du Roi en matière de finance ». Cependant, de son côté, le *Conseil du mois* examine l'état des dépenses du Trésor et des hôtels de la famille royale. Bientôt après, le *Conseil secret* s'enrichit des dépouilles de la Chambre des comptes. Puis, il s'établit entre la Chambre des comptes et le Conseil des relations fréquentes qui s'expliquent moins par une communauté d'origine que par une communauté d'action.

D'autre part, les trésoriers de France, chargés d'encaisser les revenus du domaine et d'effectuer tous les payements, joignent aux fonctions de comptables celles d'administrateurs; si la première de ces qualités les soumet au contrôle des gens des Comptes, la seconde les place au plus haut degré dans la hiérarchie financière. Mais, soit qu'ils exercent collectivement cette sorte de suprématie, soit que l'un d'eux s'en empare à l'exclusion des autres, ils ont bien soin de se concerter avec les gens du Conseil du Roi : comme l'a remarqué M. Vuitry, les nombreux documents qui constatent la présence au Conseil des gens des Comptes mentionnent aussi, pour la plupart, la présence des trésoriers[2].

Il en est de même des généraux conseillers sur le fait des aides, lorsque l'établissement d'impôts nouveaux a rendu nécessaire l'institution de ces nouveaux administrateurs. Le Grand Conseil prend souvent part à leurs travaux financiers. On peut même citer une ordonnance du 12 juin 1426, qui fonde sur cette collaboration l'espoir d'un gouvernement meilleur[3].

En un mot, quelles que soient, au xive et au xve siècle, les personnes ou les assemblées investies de l'autorité suprême en matière de finance, Chambre des comptes, souverain, trésoriers, généraux[4], le Grand Conseil leur est associé pour une part plus ou moins grande.

La seconde moitié du xve siècle vit monter à l'apogée la puissance des trésoriers et des généraux; par contre, l'autorité financière du Grand Conseil subit, à la même époque, une diminution sensible. Henri Baude, il est vrai, rapporte que, les mercredi, vendredi et samedi de chaque semaine,

---

[1] *Le guidon général des finances*, Paris, 1601, in-8°, fol. 170 v°. — *Discours de ceux qui ont eu la superintendance des finances*. (Bibl. nat., Clair. 647, n° 79.) — *Lettres, instructions et mémoires de Colbert*, publiés par P. Clément, t. II, p. 19.

[2] Vuitry, *Études sur le régime financier*, nouvelle série, t. I, p. 280; t. II, p. 584, note 2. — Voir spécialement l'ordonnance du 28 février 1379. (*Ordonnances*, t. VI, p. 381.)

[3] *Ordonnances*, t. XIII, p. 117. — Marquis de Beaucourt, *Histoire de Charles VII*, t. II, p. 619. — Vuitry, *op. cit.*, t. II, p. 606.

[4] Il ne peut entrer dans notre plan de rappeler les vicissitudes par lesquelles passa, durant deux siècles, l'administration centrale des finances : c'est l'instabilité même. Un moment, en 1413, les trésoriers et généraux disparaissent pour faire place à deux « commis ordonnés par le Roi pour le gouvernement des finances ». Dix ans plus tard

Charles VII « besoignait aux finances avec ses conseillers[1] », et des documents contemporains de Charles VIII tendent à prouver, sous ce règne, l'existence d'un *Conseil des finances*[2]. Mais jusqu'à quel point les gens du Conseil avaient part aux délibérations d'un bureau dirigé surtout par les généraux et les trésoriers, c'est ce que l'on ignore. Il résulte, au contraire, des procès-verbaux du temps que les gens du Conseil, réduits à leurs seules lumières, abordaient alors les questions financières avec une singulière circonspection. Au sujet d'une revendication, ils se bornaient à émettre timidement un vœu et ajoutaient : « Pour ce que ceste matière touche la charge de MM. les tresoriers, on leur doist monstrer ladite requeste, avec cest advis. » Ils répondaient à une demande d'octroi : « A semblé ladite requeste estre raisonnable ; mais, pour ce que ce touche les finances, soit monstrée aux gens des finances ; » et à une demande d'amortissement : « A semblé que on les doit envoyer à MM. les tresoriers et des finances[3]. » Enfin la règle suivie dans chacun de ces cas particuliers fut bien nettement posée le 2 décembre 1484 : « Les requestes que seront doresnavant présentées au Conseil qui seront deppendans ou toucheront fait de finance, seront envoyez aux tresoriers ou generaulx des finances, selon que à chascun la matière pourra toucher et appartenir[4]. »

C'est surtout à partir de François Ier que les auteurs nous font suivre la filiation des surintendants généraux : d'après un mémoire récent, qui a singulièrement réduit, en cette matière, le domaine des conjectures, l'administration financière n'aurait cessé qu'une fois de 1517 à 1610 d'être centralisée aux mains d'un seul[5].

Effectivement, François Ier sentit le besoin de placer au-dessus des trésoriers et généraux un administrateur unique « ayant charge de centraliser les états de recette et de dépense, d'établir les éléments du budget et de la comptabilité, de régler l'assignation des fonds, d'ordonnancer les dépenses extraordinaires et subsides divers ». L'élévation de Semblançay fut le point de départ de la décadence des généraux et trésoriers, désormais relégués à l'arrière-plan, puis transformés peu à peu en administrateurs provinciaux. Jusqu'à sa chute, c'est-à-dire durant cinq années au moins, Jacques de Beaune, seigneur de Semblançay, s'il ne porta pas officiellement le titre de *superintendant*, en eut toutes les prérogatives. Il est également vrai que sa succession échut en grande partie au trésorier de l'Épargne, Philibert Babou ; toutefois le Conseil privé en recueillit aussi sa part : « Et ordonna le Roi, dit le *Bourgeois de Paris*, que dorénavant ses finances ne passeroient plus par nuls fors que par les mains du trésorier Babou, et *que rien ne se feroit plus sans le Conseil du Roi*[6]. » Babou fut remplacé, en 1525, par Guillaume Prudhomme. Puis, la direction des finances ne pouvant toujours demeurer entre les mains d'un agent comptable, on vit, « avant la fin du règne de François Ier et sous ses deux successeurs immédiats, des favoris, des personnages de grande race et de haut crédit, représentant tour à tour telle ou telle faction triomphante, exercer le pouvoir durant

(avril 1428), on retrouve deux « commissaires généraux sur le fait et gouvernement des monnoies et de toutes les autres finances », parmi lesquels un général conseiller. Puis un trésorier général est commis, en 1425, « à la distribution des finances ». Il cède la place, quelques années plus tard, à un receveur général, lequel est remplacé par un Conseil où siègent les généraux. (Marquis de Beaucourt, *Histoire de Charles VII*, t. II, p. 616, 617, 619 et 6). Cf. Loiseleur, *L'administration des finances dans les premières années du règne de Charles VII*, dans les *Mémoires lus à la Sorbonne en avril 1868. Histoire, philologie et sciences morales*, p. 245 et suiv.)

[1] Vallet de Viriville, *Chronique de Jean Chartier*, t. III, p. 133.

[2] *Ordonnances*, t. XIX, p. 258 et 267. — A. Bernier, *Journal des États généraux*, p. 713. — Suivant Du Tillet (*Recueil des Roys*,

édition de 1607, p. 425), la section financière du Conseil se serait maintenue jusqu'en 1526.

[3] Séances du 30 avril, des 4 et 10 mai 1455. (*Fragment d'un registre du Grand Conseil de Charles VII*, dans l'*Annuaire-Bulletin de la Société de l'histoire de France*, t. XIX, 1882, p. 286 et 307, et t. XX, 1883, p. 209.)

[4] *Le Conseil du Roi et le Grand Conseil de Charles VIII*, dans la *Bibliothèque de l'École des chartes*, t. XLIV, p. 443.

[5] A. de Boislisle, *Semblançay et la surintendance des finances*, dans l'*Annuaire-Bulletin de la Société de l'histoire de France*, t. XVIII, 1881, p. 262 à 265.

[6] L. Lalanne, *Journal d'un bourgeois de Paris*, p. 195 ; passage cité par M. de Boislisle (*Semblançay*, p. 251).

des périodes plus ou moins longues». Un rapport adressé au parlement de Paris, et qui a sans doute passé inaperçu, signale, en 1526, la prééminence de Duprat. Le Chancelier, y est-il dit, «a la totale administracion, superintendance et gouvernement des finances, et s'en repose le Roy sur luy du tout, et tellement que, en matière de finances, on ne sauroit bailler ung solt, sinon par son commandement [1].» On trouve le nom de ses successeurs dans le mémoire de M. de Boislisle : ce furent, sous François I⁰ʳ, le connétable de Montmorency [2] et l'amiral d'Annebaut; sous Henri II, le Connétable, et peut-être Jean de Saint-Marcel, seigneur d'Avanson; sous François II, le cardinal de Lorraine; sous Charles IX, Artus de Cossé, baron de Gonnor, comte de Secondigné, qui, le premier, porta dans les textes officiels le titre de *superintendant des finances* : M. de Boislisle en a trouvé la preuve dans une pièce de 1564, à laquelle on pourrait joindre un mandement du 21 octobre 1562 [3]. Gardons-nous seulement d'admettre, suivant l'opinion courante, que Gonnor soit demeuré seul chef de l'administration financière jusqu'au règne de Henri III : il est temps de faire intervenir le *Conseil des finances* [4].

Le 23 octobre 1563, la première guerre civile avait pris fin; Charles IX venait d'être déclaré majeur : Catherine de Médicis, tout occupée à organiser son gouvernement, jeta les bases d'une institution qui devait se perpétuer, sous des formes diverses, jusqu'à la fin de l'ancienne monarchie. Elle voulut que le Conseil consacrât exclusivement aux finances une séance par semaine, celle du lundi soir : «Auquel Conseil, disait-elle, sera rapporté tout ce qui touche le fait [des] finances, pour rendre raison de tout ce qui sera à faire toute la semaine;» sorte d'examen préalable, qui permettait de classer les affaires courantes suivant leur ordre d'importance et aussi de subordonner à l'intérêt général les intérêts des particuliers. Ce Conseil devait se tenir dans la chambre et en la présence du Roi; on y appelait les mêmes personnages qui jouissaient du droit d'entrer le matin au Conseil des affaires, les princes, les grands officiers, quelques anciens conseillers de François II, Artus de Gonnor, Louis d'Ongnies, seigneur de Chaulnes, MM. de Cipierre (Philibert de Marcilly) ou de Lansac (Louis de Saint-Gelais), les quatre secrétaires d'État, le trésorier de l'Épargne, un secrétaire des finances et les deux intendants des finances de Granville et de Voisinlieu [5].

Le chancelier de L'Hospital n'eut garde de supprimer cette utile institution. Il se borna, quand il entreprit, en 1566, ses grandes réformes, à régler différemment l'emploi des jours de la semaine. Le lundi fut réservé aux séances du Conseil privé, mais affecté à l'examen des requêtes de finance. Quant au *Conseil des finances*, qui devait se tenir le dimanche, au logis du Chancelier, il conserva le caractère d'une réunion préparatoire : le trésorier de l'Épargne y prenait la parole le premier, pour exposer l'état des recettes et des dépenses de la semaine; puis, la situation financière étant connue, on passait à l'examen des affaires pendantes, et, sans prendre de résolution définitive, on arrêtait les termes des propositions qui devaient faire, le lendemain, l'objet de rapports au Conseil

---

[1] Séance du 17 avril 1526. (Arch. nat., X¹ª 1529, fol. 211 r°.)

[2] Nous signalerons, sans y attacher grande importance, la mention suivante relevée, à la date de juillet 1547, dans un registre du Conseil : Mⁱ Jean de La Chesnaye, «secrétaire au Conseil privé et ayant la charge et superintendance des finances». (Bibl. nat., ms. français n° 18153, fol. 23 v°.) Le même personnage est qualifié de «conseiller au Conseil privé et général des finances» dans des documents de 1549 et de 1551. (Ibid., fol. 136 v°, 158 r°, 236 r°. Du Tillet, *Recueil des Roys*, édition de 1607, p. 99 et 100.)

[3] Arch. nat., X¹ª 1603, fol. 493 v°.

[4] Depuis longtemps, les affaires de finance occupaient la plus grande place dans les travaux du Conseil. Cela venait probablement de ce que le Conseil des affaires avait attiré à lui la politique, la guerre

et la diplomatie. Ainsi le Conseil reconstitué par François I⁰ʳ le 26 juin 1543 fut «estably tant pour les finances que pour les matières d'Estat». (Decrue, *De Consilio Regis Francisci I*, p. 91.) Celui que Henri II institua le 2 avril 1547 «devait délibérer sur les «matières d'Estat et de finances». (Ribier, *Lettres et mémoires d'Estat*, t. II, p. 1.) La séance du jeudi fut réservée, par l'acte du 21 décembre 1560, à l'examen du fait des finances et des autres matières d'État. (Isambert, t. XIV, p. 60.)

[5] Règlement du 23 octobre 1563. Texte d'une écriture contemporaine dans le ms. français n° 5905, fol. 79 v°; copies plus ou moins récentes dans le ms. français n° 7496, fol. 187 r°, dans le ms. Brienne n° 249, fol. 69, et dans le registre des Archives KK 625, fol. 73.

privé [1]. Bien que les dispositions de ce règlement n'aient jamais été observées dans la grande rigueur, et que, la guerre civile y aidant, l'ordre des séances se soit trouvé fréquemment interverti,
le 18 février 1566 n'en marque pas moins l'accomplissement d'un progrès véritable : témoin ces
registres dans lesquels les secrétaires prirent l'habitude de transcrire dès lors séparément les procès-
verbaux du Conseil des finances. L'œuvre entière de ce Conseil, depuis le 3 mars 1566 jusqu'au
23 mars 1569, est conservée dans des registres authentiques, qui portent aujourd'hui les nos 18154
et 16222 du fonds français. Ces mêmes volumes ont l'avantage de nous faire connaître la composition de l'assemblée : sans parler des maîtres des requêtes et d'une vingtaine de conseillers de
passage, elle comprenait le Chancelier, Sébastien de L'Aubespine [2], Jean de Morvillier, Jean de
Monluc, MM. de Lansac et de La Casedieu (Jacques Du Faur), à titre de simples assistants, les trésoriers de l'Épargne et, comme rapporteurs, les deux intendants des finances de Granville et de
Voisinlieu. Ainsi se trouve vérifiée la compétence spéciale d'une section sur laquelle le Conseil privé
aimait volontiers à se décharger du poids des affaires financières. « A esté remis y adviser au Conseil
des finances. — Lecture à esté faicte de plusieurs requestes et placetz presentez au Roy pour remboursement et assignation de deniers, et la response remise au Conseil des finances [3] : » c'étaient
là des façons de conclure habituelles au Conseil privé.

Quant au surintendant Gonnor, s'il fut encore question de lui au mois de juillet 1566 [4], ses ap-
paritions au Conseil des finances devinrent de plus en plus rares, et bientôt le silence se fit sur lui.
Il est facile d'expliquer cette retraite : fait maréchal de France en 1567, Gonnor assistait, le
10 novembre, à la journée de Saint-Denis; pendant l'hiver de 1568, il dirigeait, sous le duc
d'Anjou, les opérations militaires de Champagne; en 1569, il prenait le titre de lieutenant général
en Normandie; le 3 octobre, il se signalait à la bataille de Moncontour, et il ne tarda pas à être
nommé « lieutenant général pour la conduite de l'armée en l'absence du duc d'Anjou [5] ». Ces services
militaires ne lui laissaient pas le loisir, on en conviendra, de surveiller la rentrée des fonds et
d'équilibrer le budget de l'État. En réalité, la surintendance avait pris fin, et l'autorité collective du
Conseil des finances remplaçait le gouvernement d'un seul.

La disgrâce de L'Hospital (mai 1568) priva le Conseil des finances de son président; mais les
sceaux passèrent aux mains de l'évêque d'Orléans Morvillier, qui en était l'un des membres les
plus actifs. Cependant la guerre, qui ne tarda pas à se rallumer, ouvrit l'entrée du Conseil des
finances à « nombre de chevaliers et à quatre ou cinq hommes de robbe longue [6] ». C'est là peut-être
ce qui amena le gouvernement à dresser, le 11 janvier 1570, un règlement nouveau, pour rétablir
dans cette assemblée « le mesme ordre qui estoit auparavant les troubles [7] ». De Cossé-Gonnor, bien
entendu, il ne fut plus question, encore moins d'un chef suprême de l'administration financière,
mais de cinq, et bientôt de six personnages ayant « la charge et superintendance des finances [8] ».

[1] Règlement du 18 février 1566. (Bibl. nat., ms. français n° 7499,
fol. 130 v°; Brienne 257, fol. 255; Dupuy 128, fol. 6 r°; Arch. nat.,
KK 625, fol. 76.)

[2] C'est là peut-être l'origine d'un bruit recueilli par M. Louis
Paris : l'évêque de Limoges, Sébastien de L'Aubespine, serait devenu,
à la fin de l'année 1567, surintendant des finances. (Négociations sous
François II, p. xxxi.)

[3] Bibl. nat., ms. français n° 18155, fol. 173 v° et 201 v°.

[4] Ibid., fol. 173 v°.

[5] J. Tardif, Monuments historiques, p. 549 et 550.

[6] Mémoires de Henri de Mesmes. (Bibl. nat., ms. français n° 749,
fol. 24 r°; passage cité par M. Éd. Frémy, dans le Correspondant,
t. CXXIII, 1881, p. 801.)

[7] Bibl. nat., ms. Brienne n° 257, fol. 49. Arch. nat., KK 625,
fol. 80.

[8] L'entrée de Henri de Mesmes au Conseil des finances et au
Conseil des affaires doit être placée peu de temps après la mort de
Jean-Jacques de Mesmes (19 septembre 1569), à une époque où la
Cour de Charles IX se trouvait à Angers (Bibl. nat., ms. français
n° 749, fol. 24 r°), par conséquent vers le mois de janvier, de février ou de mars 1570. (Cf. Pièces fugitives pour servir à l'histoire
de France, par le marquis d'Aubais, 1759, t. I, p. 111.) Trompé
sans doute par un commentaire inexact de Le Laboureur (Additions
aux mémoires de Castelnau, Bruxelles, 1731, t. II, p. 776), M. Baguenault de Puchesse a placé ce fait en 1568. (Jean de Morvillier,
1869, in-8°, p. 217.)

MM. de Morvillier, de L'Aubespine, de Lansac, que l'on a déjà vus à l'œuvre, Nicolas de Pellevé, archevêque de Sens, l'Italien René de Birague, Henri de Mesmes, seigneur de Roissy et de Malassize, furent choisis pour composer ce Conseil, dans lequel pouvaient également siéger, parmi les princes, les cardinaux de Bourbon, de Lorraine et de Guise, parmi les fonctionnaires, les secrétaires d'État, le trésorier de l'Épargne et le contrôleur général des finances en quartier. A la porte de la salle devaient se tenir, prêts à répondre au premier appel, les autres secrétaires, contrôleurs et officiers des finances. On devait se réunir tous les matins dans le cabinet de Charles IX, de Catherine de Médicis ou du duc d'Anjou, et adresser, le samedi, au Roi un rapport général sur les travaux de la semaine. La fréquence des réunions, la haute situation politique des membres, qui faisaient tous également partie du *Conseil des affaires du matin* [1], la suppression de la surintendance, tout contribuait à rehausser l'importance du Conseil des finances.

On sait quels étaient alors les brusques revirements de la politique royale; le contre-coup s'en faisait sentir dans le Conseil des affaires et jusque dans le Conseil privé. Mais il semble que le Conseil des finances ait vécu dans une région plus sereine. Après la paix de Saint-Germain, toute favorable aux réformés, lorsque le Conseil des finances fut l'objet d'un règlement nouveau [2], on put constater que, malgré le triomphe momentané des protestants, Catherine de Médicis entendait y maintenir tous les anciens ordonnateurs : Morvillier, Birague, Limoges, Lansac, Pellevé, Roissy restèrent en place. On leur adjoignit Paul de Foix, Pompone de Bellièvre, Philippe Hurault de Cheverny, les intendants des finances et le secrétaire des finances en quartier.

La terrible secousse de la Saint-Barthélemy ne réussit pas mieux à rompre l'équilibre du gouvernement financier. Ce n'est certes ni devant un Henri de Mesmes, ni devant un Paul de Foix [3] qu'eût trouvé grâce cet attentat; nul ne songea pourtant, en se séparant brusquement de la Reine mère, à lui donner une marque publique de sa désapprobation. Après comme avant le 24 août, les hommes désignés par leurs aptitudes spéciales ou par leur expérience des affaires figurent sur les cadres officiels du Conseil des finances [4]; on remarque seulement l'absence du ligueur Nicolas de Pellevé, appelé à Rome par d'autres fonctions : les deux chanceliers de Catherine et de son quatrième fils, le duc d'Alençon, Martin et Regnault de Beaune, le remplacent au Conseil des finances [5]. Le Roi exprime le désir que ce Conseil «soit tenu en lieu près de sa chambre, auquel il puisse se rendre sans estre veu ny sortir en public, toutes les foys que bon luy semblera, pour entendre et estre informé de ce que s'y presentera».

Les mêmes traditions et les mêmes hommes furent encore maintenus par le règlement du 7 février 1573 [6]. Ainsi s'écoula le règne de Charles IX, sans apporter de changement notable à l'état d'une institution qui semblait avoir pris racine sur le sol de notre pays.

Cependant le nouveau Roi que la France venait de réclamer à la Pologne n'eut pas plus tôt remis le pied dans ses Etats héréditaires, qu'il se fit un jeu de renverser l'œuvre de Catherine de Médicis;

---

[1] «De façon que, pour ce temps là, ajoute Henri de Mesmes, le Conseil des finances estoit seulement desdicts seigneurs de Morvillier, Limoges et moy. Les autres estoient absens, et n'y avoit autre intendant que Marillac : cela a bien esté remué depuys, et, come les afaires et finances furent plus malades, plus de medecins, moins de remedes.» (Bibl. nat., ms. français n° 749, fol. 24 r°.) C'est peut-être là ce qui porte Brantôme à qualifier Marillac de surintendant. (Cf. A. de Boislisle, *Semblançay*, p. 264, note 2.)

[2] Règlement du 28 juillet 1571. (Bibl. nat., ms. français n° 7499, fol. 132; Dupuy n° 128, fol. 17; Brienne n° 257, fol. 259. Arch. nat., KK 625, fol. 82.)

[3] Cf. Secousse, *Mémoire pour servir à l'histoire de messire Paul de Foix*, dans les *Mémoires de l'Académie des inscriptions et belles-lettres*, t. XVII, 1751, p. 646.

[4] Règlement du 24 octobre 1572. (Bibl. nat., ms. français n° 7007, fol. 255 r°; ms. français n° 7499, fol. 133 v°. Arch. nat., KK 625, fol. 87; U 945°, fol. 70 v°.)

[5] Les officiers des finances admis dans ce Conseil sont les intendants des finances (et non le surintendant, comme on lit dans KK 625, fol. 88 r°, ou les surintendants, leçon donnée par U 945°, fol. 9 v°), le trésorier de l'Épargne et le secrétaire des finances en quartier.

[6] Arch. nat., KK 626, fol. 94; U 945° fol. 73 v°. Bibl. nat., Dupuy n° 128, fol. 18 r°.

d'un trait de plume il supprima le Conseil des finances (10 septembre 1574) : « Sera traicté au Conseil privé de Sa Majesté de toutes affaires, *tant de finances que autres*, que s'offriront, comme s'observoit du regne du feu roy Henry, son père [1]. » De même que sous Henri II, la direction des finances fut remise aux mains d'un chef suprême, auquel le règlement conféra expressément la « surintendance ». Ce fut un des personnages qui avaient siégé au Conseil des finances de 1571 à 1573, Pompone de Bellièvre; il avait suivi en Pologne le duc d'Anjou, et la faveur de Henri III l'accompagnait au retour : « Aura le sieur de Bellièvre la surintendance des finances,... qu'assemblera les intendants desdictes finances et le tresorier de l'Espargne, lorsqu'il verra bien estre, pour aveq eulx en adviser, et luy seul en faire rapport à Sa Majesté, lorsqu'il luy sera par elle commandé. Et se trouvera ledit seigneur de Bellièvre à chacun Conseil qui se tiendra, pour, au commencement dudict Conseil, faire entendre l'estat desdites finances, si besoing est, avant que l'on traicte d'autres affaires [2]. » La surintendance, ainsi rétablie, se maintint durant les quinze années du règne de Henri III. Pompone de Bellièvre prit le titre de « superintendant des finances », aux gages de 2,000 écus, et le garda jusqu'en l'année 1585, au moins [3], bien que François d'O passe généralement pour lui avoir succédé dès 1578 [4]. Celui-ci, à son tour, dirigea certainement les finances pendant la seconde partie du règne de Henri III, peut-être sans titre officiel [5], peut-être aussi avec le concours de Robert Miròn, seigneur de Chenailles, que les États généraux de 1588 confondent dans la même attaque et sous la même appellation [6].

Est-ce à dire que, sous Henri III, le Conseil se soit vu interdire toute excursion dans le domaine des finances? Cela est si peu vrai que, sept jours après la nomination de Bellièvre, d'autres règlements conféraient diverses attributions financières soit au *Conseil d'État et des finances*, nouvelle création de Henri III, soit plutôt au Conseil privé [7]. Ces deux assemblées ne manquèrent pas, durant les années suivantes, de pourvoir à l'amortissement de la dette, à l'établissement de nouveaux impôts, ou à l'examen des expédients que de nombreux spéculateurs proposaient chaque jour au gouvernement. Le Roi songeait-il à l'adoption des mesures fiscales réclamées par les États de 1576 ? loin de s'en

---

[1] Bibl. nat., ms. français n° 7007, fol. 260 r°.

[2] On est habitué à faire dater seulement de 1575 la nomination de Bellièvre. (P. Anselme, t. VI, p. 520. A. de Boislisle, *Semblançay*, p. 264.)

[3] Bibl. nat., *Pièces originales*, vol. 280, v° BELLIÈVRE; manuscrit français n° 16224. — Halphen, *Lettres inédites du roi Henri IV à M. de Bellièvre*, Paris, 1872, in-8°, p. 2 et 46. — G. Picot, *Histoire des États généraux*, t. II, p. 366 et suiv. — Deux pièces conservées au Cabinet des titres seraient de nature à faire commettre une regrettable méprise. La première, datée du 20 décembre 1581, est une quittance au nom de « Jehan de Bellièvre, sieur de Haultefort, conseiller du Roy en son Conseil privé *et superintendant de ses finances*». (Bibl. nat., *Pièces originales*, vol. 280, v° BELLIÈVRE, n° 25.) La seconde, datée du 1er novembre 1584, commence par ces mots : « Nous [*prénom en blanc*] de Bellièvre, conseiller du Roy en son Conseil privé et *superintendant de ses finances*. » (Ibid., n° 26.) Le contexte prouve, d'ailleurs, qu'il s'agit dans les deux pièces d'un même et unique personnage. On serait ainsi amené naturellement à conclure que Jean de Bellièvre exerçait la surintendance au mois de décembre 1581 et au mois de novembre 1584, c'est-à-dire à une époque où cette charge appartenait incontestablement à son frère cadet Pompone. Nous avons voulu d'abord vérifier si la chose était possible. Or, des lettres datées de Blois au mois d'octobre 1584, et conservées dans un des registres du parlement de Grenoble (Arch. de l'Isère, B 2339; communication de M. P. Fournier), nomment Ennemont Rabot pour succéder dans l'office de premier président à

son beau-père, Jean de Bellièvre, seigneur de Hautefort, récemment décédé. Celui-ci avait donc cessé de vivre le 1er novembre 1584, date de la seconde pièce du Cabinet des titres. La vérité est qu'il n'est question de lui dans aucune des deux quittances. On s'en convaincra en examinant, d'une part, la signature, de l'autre, le cachet armorié apposé sur ces deux pièces : ce sont la signature et le cachet, non pas de Jean (cf. *ibid.*, n°s 19, 20, 21, 24), mais de Pompone (cf. *ibid.*, n° 24 *bis* et 78). La suscription de la première pièce est tout simplement fautive; le scribe, par une étrange inadvertance, a substitué au nom de Pompone celui de son frère Jean.

[4] *OEconomies royales*, édit. Michaud, t. II, p. 95. — A. de Boislisle, *Semblançay*, p. 264, note 3. — J.-J. Clamageran, *Histoire de l'impôt en France*, Paris, 1868, in-8°, t. II, p. 249.

[5] Nous trouvons, pour la première fois, François d'O qualifié de superintendant des finances dans une pièce du 26 mai 1594. (Bibl. nat., *Pièces originales*, vol. 2133, v° O, n° 65.) Cela concorderait bien avec un passage des mémoires inédits d'André d'Ormesson cité par M. Chéruel (*Dictionnaire des institutions de la France*, v° SURINTENDANT) : « Quand le roi Henri IV entra dans Paris, au mois de mars 1594, il fit messire François d'O, seigneur de Fresnes, gouverneur de Paris et surintendant des finances. »

[6] *Mémoires de Cheverny*, édit. Michaud, p. 490.

[7] Règlements du 17 septembre 1574. — C'est au Conseil privé que servaient par quartier quatre « secrétaires ordonnés pour les expéditions de ce qui se traite pour nosdites finances ». (Girard et Joly, *Offices de France*, t. I, p. 634.) — Cf. ms. français n° 16224.

tenir à l'avis de Bellièvre, il nommait une commission qui, du 1ᵉʳ au 12 février 1578, devait tenir deux séances et fournir sept heures de travail par jour[1]. Dans le rapprochement momentané de ces hommes dont la moitié avait fait partie du Conseil des finances sous Charles IX, on pouvait voir déjà un acheminement vers la reconstitution de ce Conseil, et tel est en effet le résultat auquel devait aboutir, après bien des tâtonnements, le gouvernement de Henri III. Il décrivait alors un cercle qui devait le ramener au point de départ.

Un grand pas dans cette voie fut fait le 11 août 1578. Toutes les attributions de l'ancien Conseil des finances furent dévolues au Conseil ordinaire, désormais appelé Conseil d'État[2]. C'était l'effacement du surintendant; les contemporains ne s'y trompèrent pas: « Quant à MM. les superintendant et intendantz des finances, écrivait deux jours après M. de La Barthe, leur charge désormais sera de bien peu d'autorité, d'aultant que la moindre despeche concernant les finances se doit resouldre audit Conseil, voire quand ce ne seroit qu'une rescription d'une douzaine d'escuz[3]. »

Fixer les jours de la semaine, les heures du jour pendant lesquels le Conseil d'État devait se livrer à l'examen des questions financières, c'était montrer que ses nouveaux pouvoirs n'existaient pas seulement sur le papier. Aux termes d'un règlement du 5 octobre 1579[4], deux jours par semaine, le lundi et le jeudi furent consacrés à rechercher les moyens : 1° de recouvrer le domaine engagé ou aliéné; 2° d'augmenter les recettes; 3° de diminuer les dépenses; 4° de pourvoir à l'entretien de la maison du Roi et de celle de la Reine; 5° de payer les garnisons; 6° de faire face aux dépenses nécessaires à la conservation de l'État. Quelques semaines plus tard, le 10 décembre[5], un nouveau règlement réserva aux travaux de finance deux séances par jour les lundi, mardi, jeudi et samedi. Ces dispositions furent confirmées, sauf à l'égard du mardi, par le règlement du 20 janvier 1580[6]. Celui du 31 mai 1582[7] conserva l'habitude de tenir une séance « pour les finances » dans l'après-midi des lundi, mardi, jeudi et samedi. Le Roi lui-même intervenait pour déterminer l'emploi du temps d'une manière encore plus précise; au moment de partir pour un voyage, au mois de juin 1582, il ordonna que, d'une heure à trois, le Conseil avisât chaque jour aux moyens de récupérer le domaine et les impositions vendus[8]. Enfin, en 1585, cette séance fut transportée de l'après-midi au matin, et se tint, suivant le règlement du 2 janvier[9], le mardi, le jeudi et le samedi de chaque semaine.

Après avoir ainsi fixé le temps consacré aux finances, il restait à déterminer le personnel de ces séances. Henri III avait commencé par répartir les conseillers ordinaires en plusieurs séries dont les membres, astreints pendant quatre mois à une rigoureuse exactitude[10], délibéraient indistinctement sur toutes les matières pendantes. Une autre division, fondée sur les aptitudes spéciales de

---

[1] Ms. français n° 7007, fol. 266 r°; ms. français n° 16224, fol. 13 v°.

[2] Ainsi, tous les états généraux et particuliers de recettes et dépenses doivent être vérifiés au Conseil d'État; il examine la correspondance des trésoriers de France et des receveurs; il exerce un contrôle analogue à celui de la Chambre des comptes. Il taxe les offices, et le trésorier des Parties casuelles ne peut délivrer une seule quittance sans son autorisation. Il pourvoit à l'adjudication des fermes, statue sur les demandes de rabais, établit de nouveaux impôts et assure la rentrée des fonds. « Bref, ajoute le règlement, Sadite Majesté entend qu'audit Conseil, et non ailleurs, se traitent dorénavant toutes matières concernant ses finances. » Le Conseil d'État doit se tenir à la suite du Roi, les lundi, mardi, jeudi et samedi, de 6 à 9 heures du matin et de 1 à 4 heures du soir. (Girard et Joly, *Offices de France*, t. I, p. 623.)

[3] Durant quelques mois, Henri III tint la main à ce que le règle-

ment du 11 août fût rigoureusement suivi; (Bibl. nat., ms. français n° 16225, fol. 6 v°, 7 r°, 29 v°, 43 v°, 131 v°, 249, etc.)

[4] Bibl. nat., ms. français n° 16225, fol. 424 r°. Arch. nat., KK 625, fol. 110; U 945*, fol. 77 r°. — Ce règlement, mis en vigueur dès le 5 octobre, fut assez bien observé durant les deux mois qui suivirent. (Ms. français n° 16225, fol. 423, 424, 431 et 444.)

[5] Ms. français n° 7007, fol. 268 r°.

[6] Ms. Brienne n° 257, fol. 113. Arch. nat., KK 625, fol. 113.

[7] Ms. français n° 16231, fol. 1 r°. Arch. nat., KK 625, fol. 120; U 945*, fol. 90 r°.

[8] Ms. français n° 16231, fol. 2 v° et 28 r°.

[9] Ms. français n° 16233, fol. 1 r°.

[10] Le règlement du 11 août 1578 avait institué vingt-quatre conseillers ordinaires, servant huit par huit pendant un tiers d'année. Le règlement du 5 octobre 1579 établit un roulement hebdomadaire entre ces huit conseillers de service.

chaque conseiller, fut organisée par le règlement du 10 décembre 1579, et tendit à former, non plus des séries, mais des sections véritables, une « pour le faict de l'Église », une autre « pour la police et le faict de la gendarmerie », une troisième « pour le faict de la justice ». La section des finances, la seule dont nous ayons à parler ici, comprenait MM. de Bellièvre, de La Vauguyon (Jean d'Escars), de Maintenon (Louis d'Angennes), de Combault et les intendants des finances. Les sections ne tardèrent pas à se mêler les unes aux autres, et bientôt, si l'on s'en rapporte au règlement du 20 janvier, les séances de finance ne se distinguèrent plus que par la présence des intendants ou des secrétaires d'État; mais cette confusion ne dura guère. Le règlement du 31 mai 1582 réduisit de nouveau à neuf le nombre des conseillers de finance [1] : le cardinal de Bourbon et le duc de Montpensier (Louis II de Bourbon), représentant la famille royale; Birague, Cheverny et Bellièvre, naturellement désignés pour occuper trois autres places; Joyeuse, Épernon, Retz et Villequier, choix scandaleux imputables à la faiblesse du Roi : Henri III ne se contentait plus d'appauvrir le trésor public à leur profit, il leur en livrait les clefs. Le plus souvent, il est vrai, le Conseil des finances se trouva réduit à ses membres seuls compétents, auxquels se joignaient quelquefois le président Nicolay, Pierre de Ficte, les trois secrétaires d'État, les trois intendants des finances, les deux trésoriers de l'Épargne, etc. La plupart de ces détails nous sont fournis par les registres spéciaux du Conseil des finances, dont la tenue redevint régulière à partir de 1582 [2].

Des attributions, des séances, un personnel et des écritures distincts, c'en est assez pour faire comprendre que le Conseil des finances est reconstitué. Désormais on l'aperçoit à côté du surintendant. Son autorité eut bientôt atteint ses anciennes limites; elle les dépassa. Ses empiétements même réveillèrent un moment chez Henri III le sentiment de la dignité et le goût du gouvernement. Il saisit l'occasion d'un don octroyé à son insu pour exprimer l'intention de tout voir désormais par ses yeux : « Je sçay, écrivit-il, que ce me sera de la peyne; mais je n'ay que trop d'aage pour avoir aultre principalle occupation. » Il en fut de ce projet comme de tant d'autres, qui reçurent à peine un commencement d'exécution. Le faible prince enflait sa voix pour faire preuve de fermeté : c'est à peine s'il réussissait à s'en imposer à lui-même [3].

---

[1] Le même règlement confiait au Conseil d'État une partie des affaires de finance.

[2] Une commission extraordinaire, organisée le 3 mars 1583 pour traiter diverses questions financières, recouvrement du domaine, rachat des rentes, etc., mérite une mention particulière. (A. de Boislisle, *Premiers présidents de la Chambre des comptes*, p. 765.) Une autre commission appelée à réformer les gabelles fut constituée le 29 avril 1584. (Bibl. nat., ms. français n° 16231, fol. 278 r°.) — En 1585, le clergé, ayant accordé un subside, demanda l'admission de ses députés dans le Conseil des finances. (*Collection des procès-verbaux des assemblées générales du clergé de France*, t. I, p. 299.)

[3] La lettre du 28 septembre 1586, adressée par Henri III aux gens du Conseil de finances, jette une trop vive lumière sur le caractère du prince et sur l'état des institutions pour que nous puissions nous dispenser d'en reproduire les principaux traits : « Messieurs, cette occasion particullière sera bien le commencement de ma lettre, et l'occasion première par icelle de la vous avoir escrite; mais non que je ne fusse très resolu, lors que je serois pour retourner à ma court entière, de vous declarer mon intention sur les poinctz, après celluy cy particullier, couchez dans cette moyenne lettre. Je vous diray donc, Messieurs, qu'il m'a esté aporté la lettre que je vous envoye, que j'ay trouvée aussy estrange que mauvaise; car je ne saurois le dire en meilleur françois, comme j'ay accoustumé de parler sans rien desguiser; pour avoir veu par icelle que ce qui doibt proceder de mon propre mouvement et franche liberalité, soubs mon adveu, est donné sans que je saiche que c'est. Et la depesche, comme elle est de nulle valeur, aussy la declaray-je telle, et vous commande, incontinant la presente receue, que celluy qui l'a eue la raporte; et que je la trouve à mon retour, estimant qu'il l'a surprise, pour ne vouloir croire que l'on se voulust ingerer de ce qui ne se peult ny doibt faire, sans garder les formes que j'ay prescrites en mes liberallitez... Or, Messieurs, comme j'ay commancé par vous dire qu'après cette particularité vous entendriez mon intention specialle sur les poinctz cy-après, j'ay creu qu'il estoit très necessaire, et que ce fust de ma propre main, qui aura l'efficace que je desire. Car, par d'aultres reiglemens passez qui n'estoient que d'aultres mains que de la moyenne propre, comme cette lettre, je n'ay pas veu que madite intention fust fort ambrassée, ny suyvye; et si c'est ce qui est le plus requis à ceulx qui servent, que d'entendre la volonté de leur maistre et roy. Car, si l'on sert bien d'ung doigt, l'on augmente et en volonté et en moyens de beaucoup, lorsque l'on scet : « Il se fault « gouverner ainsy; c'est ce que le maistre veult. » Je vous diray doncques la fin, qu'il n'arrive plus telle chose que cette première. — Que je veulx desormais que tous dons, c'est assavoir de dignitez eclesiastiques, de guerre, de justice et finances, ne se despechent plus; et les declare doresnavant sans nulle valeur, aultrement qu'ilz n'ayent passé par le roolle qui aura esté signé de ma propre main, comme celluy que j'ay introduit par l'ordre que j'ay estably en mes placetz. — Et,

Si, au milieu du grand bouleversement qui précéda et suivit le meurtre de Henri III, le Conseil des finances disparut, le Conseil ordinaire ne manqua pas de recueillir une partie de sa succession. Aux termes d'un règlement daté de Mantes, le 23 mars 1590, les séances de l'après-midi des mardis, jeudis et samedis étaient consacrées aux affaires de finance et composées comme il suit : les princes, les grands officiers, MM. de La Guiche, de Biron et Du Plessis-Mornay, les secrétaires d'État, les contrôleurs, les officiers des finances et, au premier rang, François d'O, toujours

pour venir à esclarcir mon intention, afin que l'on n'en puisse demeurer en doubte aucune, je metteray sur chacun des poinctz generaulx cy dessus ditz et escritz ce que j'y comprans, veulx et vous commande. — Pour les dignitez ecclesiastiques, depuis les premiers archevesques jusques à la moindre chappelle, ou cure, ou prebende, et ce qu'il y peult avoir de moindre, qui est en ma donaison, comme la France est assez bien reiglée pour savoir ce que je puis, et est à moy de donner tant par mort, resignation que en toute autre sorte, que vous sçavez, qui estez versez et rompus aux affaires de ordre de cest estat, qu'il n'apartient qu'à ma volonté d'en ordonner et les donner, et non à aultre. — Pour celles de la guerre, depuis la plus grande, soit des officiers de la Couronne, gouvernemens, cappitaineries de places, chasteaux, gens d'armes et aultres que je n'ay poinct promis à aultres par lettres patentes d'y pourvoir, y comprenans en cette sorte jusques à la plus petite charge; vous sçavez bien quelles elles sont. — Pour ceulx de la justice, en cas pareil, et par ce que le malheur du temps, à mon grand regret, comme je l'avois prou tesmoigné avant ladite guerre, m'a forcé d'en vendre, et que qui a de l'argent en a souvent sans le meriter et sans qu'il passe par mon susdit roolle, je veulx que nul ne s'expedie plus sans y passer, et que vous, M. le Chancellier, me presentiez, à mon retour, une taxe de tous les offices de judicature qui sont en mon roiaume qui sont à la taxe, et aussy celles qui n'y sont point : celles qui y sont, pour, après advis de la somme qu'ilz peuvent porter et qu'ilz meritent d'estre taxez, en signer la liste, dont vous, M. le Chancellier, en garderez l'une; l'aultre en mon Conseil; et une que j'auray par devers moy, et, s'il en fault au tresorier des Parties casuelles et à mes intendans, leur en bailler de mesmes, afin que nul desormais ne puisse ny hausser ny amoindrir ladite taxe sans mon commandement exprès, signé de ma main propre; et; pour ce que l'on pourra dire que toutes les provinces ne se ressemblent pas, et qu'ilz vallent myeulx en une qu'en une aultre, aiez, en la faisant, esgard à cela, et, lorsque vous me la representerez, vous me representerez aussi les raisons qui auront donné force à ne les mettre pas toutes à ung pris celles qui sont de mesme tiltre; et ferez faire ladite liste de sorte que mettant toutes les differances de pris, et combien il y en a d'offices, vous le pouvez faire de sorte qu'elle ne sera pas si grosse, comme elle seroit si par le menu vous y mettiez toutes les offices, mais le pied seulement de chacune et de chacune qui y sont semblables, j'entendz de celles qui sont à ma donaison : vous savez bien quelles elles sont; et n'en oubliez point. — Pour celles de finances, elles sont toutes, que je croy, venalles. Vous en ferez le semblable, que vous me representerez avec le mesme ordre dict cy dessus pour celles de justice. Et en sera baillé, de la mesme sorte, des listes signées de ma propre main; dont j'en veulx avoir une aussy, comme de celles de justice; sans que ny rabais, ny surcharge, ny delivrance en soit sans que je l'aye signé de ma propre main et trouvé bon. Je sçay qu'on celle si urgente necessité il s'en faict souvent, et en si grande quantité qu'il seroit difficile de mettre cela sur mes rolles que je signe d'ordinaire. Mais, soit pour celles de judicature ou de finance, je veulx que roolle de chacun office s'en face à part, sans le mettre sur celluy que j'ay de coustume de signer; lesquelz me seront representez les jours que je commanderay, aultres que ceulx des samediz de mes rolles ordinaires, où

vous, M. le Chancellier, assisterez tousjours, pour me rendre compte de la cause qui peult mouvoir mon Conseil de me donner advis s'il y a eu plus grande somme que la taxe signée premiere de moy, ou moindre; afin que, comme les bienffaictz deppendent de moy, que je les face et saiche à qui et pourquoy, et qu'après l'avoir aresté, il soit signé de moy et suivy en vertu d'icelluy roolle, et non aultrement. — Aussy veulx-je que, tous les matins, quand je vous feray appeller, avant que commancer aultre chose, le resultat de mon Conseil des finances du jour precedent me soit representé, et que rien ne soit expedié, non seullement ce qui est remis à moy, mais les aultres poinctz où il y a ou rabais, ou charge, ou partiz, ou toutes aultres provisions d'argent ou de levée de deniers sur mon peuple, comme, entre aultres, exemption des tailles ou subsides, et que, de tout ce qui aura esté traicté en mondit Conseil des finances, il m'en demeure ung abregé pardevers moy, comme il faict des roolles des placetz. — Ne voulant pas desormais que le tresorier des Parties casuelles ny aultre delivre des offices, que je ne saiche si la taxe que j'auray signée aura esté suivye, ou, si elle se doibt changer, que ce soit par mon sceu, volonté et signature, et non aultrement; ce que je deffendz d'en user d'aultre sorte en maniere que ce soit. — En somme, je ne veulx plus qu'il soit rien expedié de tous articles generaulx, sur lesquelz infinis particuliers sont comprins; sans que je l'aye signé, ou bien entendu. Je sçay que ce me sera de la peyne; mais je n'ay que trop d'aige pour avoir aultre principalle occupation, qui est d'avoir trente cinq ans accomplis et entiers, avec une resolution de vouloir faire plus que jamais mes affaires, les savoir jusques à la moindre, et [que] rien ne soit ordonné que par mon particulier commandement. Dieu ne me meut pas cette intention, qu'il ne m'ayde par sa toute puissance d'en sortir, ou d'y donner quelque ordre, avec voz bons et fidelz advis, que je vous prye, plus que jamais, de rechercher pour me bien conseiller à son honneur et gloire, bien et repos, s'il est possible, de mes pauvres subgetz, en conservant tous jours ce qui doibt aller devant toute chose, et, à qui a une ame, son honneur et religion. Car l'on ne peult estre à Dieu et au diable : il nous fault tousjours souvenir de cela; et mes affaires en iront de bien en mieulx; dont je l'en requiers. C'est ung exercice et occupation que j'auray à grand plaisir, que d'essayer, par l'assiduité à mes affaires, d'y aporter quelque soulagement. J'ay esté long temps dehors, qui m'a assez duré. Je me viens mettre à l'attache, qui me sera prou plaisante, si je puis servir, comme j'espere que je feray, à soustenir le grand faiz et garder qu'il ne nous acable, où il est besoing que chacun mette tous ses cinq sens de nature. Je vous trouveray establiz de trois ou quatre jours à Saint Germain en Laye, lieu propre pour bien penser à mes affaires. Vous vous y en irez donc mercredy prochain, premier jour d'octobre, et ferez ce que je vous escriz cy-dessus, en m'attendant, afin que je le trouve prest le lendemain que je seray arrivé. Car j'arriveray fort tard. Dieu par sa sainte grace vous conserve. Le jour de ma nativité que j'ay faict cette lettre. *Ainsy signé* : HENRY. — Vous commencierez cette reigle le lendemain que je seray arrivé à Saint Germain en Laye, qui sera le vi ou vij d'octobre au plus tard. Lorsque je seray dehors les aultres fois, comme je ne veulx pas que mes affaires demeurent, vous m'envoierez ung recueil de toutes les affaires tous les samediz, pour, sur telles

investi du titre et d'une partie des prérogatives de surintendant [1]. Si l'on en croit les rédacteurs des *OEconomies royales*, sa mort, survenue le 24 octobre 1594, produisit une révolution profonde dans le gouvernement financier.

Soit que l'on considère François d'O comme un ministre intègre, ruiné au service du Roi [2], soit que l'on souscrive à l'oraison funèbre prononcée sur lui par Sully, — « profus, confus, grand dépensier, grand joueur, nonchalant, qui aimoit les plaisirs [3] », — il faut bien convenir que son administration menait directement la France à la banqueroute. Aussi le régime de la surintendance était-il l'objet d'attaques violentes : « Quelques-uns de ceux auxquels le Roi, depuis quelque temps, avoit pris grande créance et qui envioient cette charge à M. d'O, dont l'un des principaux étoit M. de Sancy, prirent sujet de dire à Sa Majesté, lorsqu'elle se plaignoit à eux des nécessités où elle se trouvoit souvent, qu'elle ne pouvoit, à leur avis, provenir d'ailleurs que de cette trop absolue autorité d'un seul superintendant des finances de France, en laquelle M. d'O s'étoit introduit et maintenu par un si long temps. De sorte que, lui étant venu à mourir promptement en l'année 1594, quoique telles gens eussent bien désiré chacun d'eux de tenir sa place, si est-ce qu'ils avoient tant blâmé cette unique superintendance qu'ils n'osèrent plus encore parler de l'avoir ; mais il fut proposé par le sieur de Sancy d'établir un Conseil composé de plusieurs personnes de qualité avec égale puissance, que le Roi agréeroit, afin d'éteindre par ce moyen cette charge d'unique superintendance que l'on lui avoit tant blâmée. » En un autre passage de ses *OEconomies royales*, Sully attribue à l'inimitié de Mme de Liancourt la ruine des espérances secrètes de Nicolas de Harlay-Sancy [4].

Les auteurs contemporains sont partagés sur la composition du nouveau Conseil [5], et, entre leurs affirmations, comme entre les deux listes fournies par les *OEconomies royales* [6], nous ne saurions comment choisir, si nous n'avions heureusement remis la main sur le rôle officiel dressé par Henri IV à Saint-Germain, le 25 novembre 1594 [7]. Il comprend neuf conseillers en titre : le duc de Nevers, le connétable de Montmorency, le chancelier de Cheverny, le duc de Retz, Pompone de Bellièvre, MM. de Schonberg, de Sancy [8], de Fresnes et de La Grange-le-Roy. Des huit intendants et contrôleurs généraux des finances en charge, quatre doivent servir au Conseil d'État ou à l'armée, les quatre autres au Conseil des finances, deux par deux pendant six mois. Jouissent en outre de l'entrée les secrétaires d'État, le trésorier de l'Épargne en charge, le trésorier des Parties casuelles (le jour

---

choses savoir ma volonté et la suivre. Et, s'il y a chose pressée qui meritast plus promptement advis, vous n'attendrez les samediz, ains la mesme heure. C'est comme font les roys qui veulent, comme il est raisonable, bien entendre leurs affaires, et que leurs ministres les y servent myeulx, quand ilz sont esclarciz de leur intention. Vous suivrez doncq ma volonté sur tous ces pointz, sans que j'aye jamais plus la peyne de la vous declarer, priant Nostre Seigneur vous conserver tous en sa sainte grace. De ce susdit jour, le xxviii° jour de septembre 1586. *Signé :* HENRY. — Je vous diray aussy que, pour myeulx distribuer ce que je doibz donner, je suis resolu d'y penser tousjours en moy mesmes desormais, sans m'y laisser emporter au premier soudain qu'il me demandera, et desire que l'on le saiche. Car je me fasche d'estre seullement celluy qui signe, et non qui choisit qui je doy et veulx gratifier. Je croy que les gens de bien tous s'en resjouyront. *Signé :* HENRY. — Vous garderez cette lettre aux registres de mon Conseil, pour me la representer, si d'avanture quelqueffois je la voulois veoir. *Signé :* HENRY. » (Bibl. nat., ms. français n° 16233, fol. 470 v°.)

[1] Ms. français n° 7007, fol. 283 r°.

[2] Marbault, *Remarques sur les mémoires de Sully*, édit. Michaud, p. 20.

[3] *OEconomies royales*, t. II, p. 95. Cf. ibid., p. 16 et 17.

[4] *OEconomies royales*, t. I, p. 189, et t. II, p. 95.

[5] « Il (Sully) nous dit maintenant qu'après la mort de M. d'O, le Roi mit neuf surintendants des finances. Il n'y en eut que sept : dont on dit que c'étoit la parabole de l'Évangile, de celui duquel il étoit sorti un diable, et y en étoit rentré sept. » (Marbault, *Remarques sur les mémoires de Sully*, p. 98.) Le traité *Des personnes desquelles les Rois ont composé leurs Conseils* ne compte parmi les membres de ce Conseil ni le duc de Retz, ni Hurault de Maisse. (Bibl. nat., Clair. 649, fol. 41.)

[6] La première liste porte les noms du duc de Nevers, de Cheverny, du duc de Retz, de Bellièvre, de Sancy, de Schonberg, de Maisse, de Fresnes et de La Grange-le-Roy. (*OEconomies royales*, t. I, p. 189.) La seconde remplace Bellièvre par Matignon. (*Ibid.*, t. II, p. 96.)

[7] Ms. français n° 7007, fol. 176 ; ms français n° 10837, fol. 189 ; ms. Dupuy n° 128, fol. 25 r°. Arch. nat., KK 625, fol. 173.

[8] Dans un passage de son *Histoire de Henri IV* (2° édition, t. II, p. 355), Poirson affirme que Sancy ne fit jamais partie du Conseil des finances. Ailleurs, on le voit soutenir sans preuve que Sancy entra dans ce Conseil en 1594, pour en sortir l'année suivante. (*Mémoires et documents nouveaux relatifs à l'histoire de France à la fin du xvi° siècle*, p. 141.)

de la taxe des offices), les autres trésoriers, comptables ou officiers des finances, lorsqu'on a besoin d'eux, le secrétaire du Conseil en quartier, pour y tenir la plume. Le Conseil des finances doit toujours accompagner le Roi, se réunir dans l'après-midi chaque jour, s'il le faut, et pour le moins trois fois la semaine.

Henri IV augurait bien de cette nouvelle institution. Le jour même où fut expédié le règlement du Conseil, il écrivait à la Reine : « M'amye, depuis peu de jours j'ay donné la charge de mes finances à des gens de bien. J'espere que non seulement moy, mais tous mes serviteurs recevront de ce costé là tout ce qu'ils se pouvoient promettre. » Et, trois jours après, notifiant à M. de Bellièvre sa nomination : « Je vous ay reservé, ajoutait-il, le rang que vostre vertu et la confiance que j'ay en vous meritent; dont j'espere estre à l'advenir grandement soulagé et mieux servy que je n'ay encores esté [1]. » Les documents analysés dans le présent *Inventaire* permettront de juger dans quelle mesure le nouveau Conseil des finances répondit aux espérances du Roi [2].

Quant à la durée de ce Conseil, même divergence parmi les contemporains. De Thou le fait disparaître au bout d'un an [3], et il n'a pas tort. Les *OEconomies royales* constatent son existence jusqu'à la fin du règne de Henri IV, et elles ont également raison. La vérité est que l'année 1595 amena, non pas la dissolution, mais la disparition momentanée, ou, si l'on veut, la transformation du Conseil des finances. Henri IV partait pour la Bourgogne (24 mai); parmi ses conseillers, les plus valides allèrent tenir le Conseil d'État à Lyon; les autres restèrent à Paris. Ceux-ci formèrent, sous la présidence du prince de Conti, un *Conseil de direction des affaires et finances* [4], qui consacra, à vrai dire, la meilleure partie de son temps aux questions de finances [5], mais qui fut aussi obligé, à raison de l'éloignement du Roi, de s'occuper du contentieux administratif, de la correspondance avec les provinces, en un mot, de toutes les affaires trop insignifiantes ou trop pressées pour pouvoir être utilement renvoyées au Conseil d'État de Lyon. Après la victoire de Fontaine-Française, le Conseil d'État revint à Paris, et le *Conseil de direction des affaires et finances* prit fin (octobre 1595). Mais, le 20 mai 1596, par une déclaration fort peu connue, datée du camp devant la Fère [6], Henri IV réorganisa l'ancien *Conseil des finances*, sans même chercher à combler le vide que la mort du duc de Nevers y avait produit. Ainsi, plus de dix-huit mois après le décès de François d'O, la *surintendance*, pour employer l'expression même de Henri IV, se retrouvait confiée aux mêmes administrateurs, dont le Roi proclamait l'intégrité et la haute compétence financière. La prétendue disparition du Conseil des finances au bout d'un an n'est qu'une éclipse de douze mois. Si nous descendions encore plus bas dans le règne de Henri IV, de nombreuses mentions, relevées soit dans le texte ou la formule finale des arrêts, soit dans la correspondance du Roi, nous attesteraient la persistance d'un *Conseil tenu pour les finances* [7]. Mais, pour bien faire voir la distinction que l'on maintenait entre les simples con-

[1] Berger de Xivrey, *Lettres missives de Henri IV*, t. IV, p. 254 et 266.

[2] Les arrêts de ce Conseil des finances sont reconnaissables : 1° à leur intitulé «*Résultat du Conseil du Roy tenu pour les finances à Paris*»; 2° aux noms des conseillers qu'on lit en tête des résultats; 3° aux signatures apposées à la fin des résultats; la première est presque toujours celle du duc de Nevers. Nous avons cru devoir, dans l'*Inventaire*, distinguer ces arrêts par une mention spéciale (*Conseil des finances*).

[3] *Historiarum liber CXI*, § 9, t. V, p. 433.

[4] D'après les *OEconomies royales*, il fut composé comme il suit : le prince de Conti, MM. de Retz, de Schonberg, de Fresnes, de Maisse et de La Grange-le-Roy, les intendants des finances de Heudicourt, Marcel et Guibert, le secrétaire Méliand (t. I, p. 192). Le comte de Soissons aurait désiré pouvoir en être nommé chef; mais

Henri IV lui fit accroire qu'il avait grand besoin de lui. — Cf. *Lettres missives*, t. IV, p. 375 et 418; Poirson, *Histoire de Henri IV*, 2ᵉ édit., t. II, p. 9 et 44; Arch. nat., X¹ᵃ 1737, fol. 15 v°.

[5] Au bas de la plupart des arrêts de ce Conseil, on lit les formules suivantes : «*Fait au Conseil des finances*, ou au *Conseil tenu pour les finances*, ou au *Conseil estably pour les finances à Paris*.» (Voir nos nᵒˢ 2484, 2485, 2497, 2507, 2590, 2603, 2621, 2627, 2633, 2636, 2652, 2653, 2686-2688, 2690, 2694, 2696, 2700, 2705, 2716, 2717, 2719, 2722, 2739, 2757, 2765, 2773-2780, 2783.) On reconnaîtra, dans notre *Inventaire*, les arrêts du *Conseil de direction des affaires et finances* à leur date : ils sont tous rendus à Paris entre les mois de juin et d'octobre 1595.

[6] Ms. français n° 7007, fol. 158 r°.

[7] Des Conseils sont *tenus pour les finances* les 18, 23 et 26 octobre 1596; y assistent, non seulement le Connétable, le Chancelier,

seillers d'État et les gens du Conseil des finances, en même temps que la supériorité hiérarchique de ceux-ci, bornons-nous à citer le brevet décerné, le 3 septembre 1605, à Philippe de Béthune, frère de Sully, qui, depuis le 22 mai 1599 [1], était conseiller d'État. Le Roi « desirant recognoistre ses bons et agreables services, . . . et estant Sa Majesté bien et deuement informée de la suffizance, probité et capacité dudit sieur de Bethune au maniement et direction de ses affaires et finances, elle l'a choisy pour estre du Conseil de sesdites finances avecq les autres appellez à pareille charge. Veult et ordonne Sadite Majesté qu'il ait doresnavant entrée, sceance et voix deliberatifve en sondit Con-. seil des finances et jouisse des mesmes honneurs, auctoritez, prerogatifves et pention de 6,000 livres par an, à commancer du premier jour de la presente année, dont jouissent les autres conseillers dudit Conseil des finances, sans que, pour ce, il soit tenu de prester autre nouveau serment que celuy qu'il a jà faict et presté pour la charge de conseiller audit Conseil d'Estat de laquelle il est pourveu [2]. »

Henri IV serait-il donc demeuré fidèle partisan du système qui divise entre un certain nombre d'administrateurs égaux la charge et la responsabilité du gouvernement financier ? Il suffit de nommer Sully pour écarter cette hypothèse. Mais alors par quels échelons vit-on le chef désigné des finances monter jusqu'au degré suprême ? et comment son élévation n'entraîna-t-elle pas la chute du Conseil des finances ? Ce serait tout un récit à faire ; nous nous contenterons de fixer quelques dates qui permettront de rectifier sur plus d'un point la version, singulièrement confuse, des *Œconomies royales*.

Rosny, dès l'âge de dix-neuf ans, fait partie du Conseil de Navarre. Il entre au Conseil d'État, avec 2,000 livres de gages et 3,600 livres de pension, peu après l'avènement de Henri IV [3], au mois d'octobre 1590, suivant Delisle de Hérissé [4]. Le Conseil des finances qui succède, en 1594, à François d'O le compterait peut-être parmi ses membres, s'il ne tenait qu'au Roi ; mais les ennemis que s'est fait Rosny par son caractère intraitable parviennent à l'en écarter [5]. C'est le moment où la fortune semble sourire à Sancy [6] ; on le voit dominer de toute sa hauteur ses collègues du Conseil des finances, même MM. de Fresnes et de La Grange-le-Roy [7] ; peu s'en faut qu'il ne parvienne à la surintendance, et il ne manque pas de contemporains pour le saluer de ce titre à partir de 1596 [8]. Au demeurant, ce terme n'impliquait peut-être pas la collation officielle d'une charge, l'expédition en forme d'un brevet.

Au mois de mai 1595, Henri IV, partant pour la Bourgogne, se hasarde à porter Rosny sur la liste des membres du *Conseil sédentaire de direction des affaires et finances*. Vaine tentative ! à peine en place,

le duc de Retz, MM. de Bellièvre, de Fresnes, de Sancy, de Heudi-court et d'Incarville, mais aussi le cardinal de Gondy, l'Amiral, MM. de Villeroy, de Gesvres, de Sillery, de Bothéon, les maréchaux de Matignon et de Lavardin (Arch. nat., E 1 b, fol. 45 r°, 47 r°, 51 r°). Les Notables réunis à Rouen au mois de janvier 1597 demandent que le Conseil des finances soit réduit à quatre membres, « et qu'audit Conseil, il n'y puisse être traité d'aucunes autres affaires que de celles desdites finances...» (Poirson, *Mémoires et documents nouveaux*, p. 60.) On trouve encore des mentions du Conseil des finances dans des arrêts du 21 juillet 1600 (E 2 b, fol. 229 v°), du 9 février 1602 (E 4*, fol. 86 r°), des 3 et 21 février, du 23 mars et du 14 août 1604 (E 6*, fol. 57, 140, 333 ; E 7*, fol. 265). Le 30 avril de la même année, Henri IV mande près de lui, à Fontainebleau, les membres ordinaires de son *Conseil ordinaire des finances*. (*Lettres missives*, t. VI, p. 242.)

[1] Ms. français n° 18152, fol. 115 r°. André Du Chesne, *Histoire de la maison de Béthune*, p. 495 et 499.

[2] Ms. français n° 18152, fol. 159 r°. — Cf. la lettre adressée par Henri IV au président de Thou le 4 novembre 1598. (*Lettres missives*, t. V, p. 62).

[3] *Œconomies royales*, t. II, p. 90.

[4] Bibl. nat., collection Lancelot, ms. n° 100, fol. 126 v°. — La le présence de Rosny aux séances du Conseil d'État peut être constatée le 16, le 22 et le 24 janvier, le 5 mai, le 6 et le 11 octobre 1594, le 13 février 1595, etc. Voir les manuscrits français n°s 18159 et 10841.

[5] *Œconomies royales*, t. I, p. 89.

[6] Traité inédit *Des personnes desquelles les Rois ont composé leurs Conseils*. (Bibl. nat., Clair. 649, fol. 41.)

[7] *Œconomies royales*, t. I, p. 189. — Voir, dans notre *Inventaire*, les n°s 1897, 1907, etc.

[8] Marbault, *Remarques sur les mémoires de Sully*, p. 30. — A. de Boislisle, *Semblançay*, p. 265. — Cf. *Œconomies royales*, t. I, p. 228, et Poirson, *Histoire de Henri IV*, 2° édition, t. II, p. 354.

Rosny se voit en butte aux soupçons de ses collègues; il passe pour les espionner et les desservir auprès du Roi; on le contrecarre, on l'observe, on le tient à l'écart, on correspond avec Bellièvre ou avec Sancy : la position n'est plus tenable. Il brusque alors le dénouement : après avoir déclaré qu'il ne signera plus d'arrêt, il se retire dans sa maison de campagne et répond fièrement au prince de Conti que, n'ayant pu prévenir le mal, il ne veut pas « lui servir d'ombre ». C'est au retour de son expédition de Bourgogne (vers le 30 septembre 1595) que Henri IV, apprenant cet éclat, se serait écrié : « Ces gens-là ne veulent personne que j'aime particulièrement... Néanmoins, pour l'heure présente, il nous faut tous deux prendre patience [1]. »

Rosny patiente effectivement jusqu'au milieu de l'année suivante. Employé par le Roi, pendant le siège de la Fère (8 novembre 1595-16 mai 1596), « comme solliciteur pressant, comme commissaire actif auprès du Conseil des finances [2] », s'il n'en est pas encore membre ordinaire, il peut du moins y pénétrer, s'en faire entendre, lui arracher une partie des sommes nécessaires à la continuation de l'entreprise. Mais à quel moment précis céda la dernière barrière? quand obtint-il le droit de siéger régulièrement dans le Conseil des finances? — suivant les uns, au mois d'avril 1596 [3]; suivant les autres, vers le milieu du mois d'octobre ou de novembre de la même année [4]; en réalité, vers le commencement du mois d'août intermédiaire.

S'il est en effet un point sur lequel Sully paraisse avoir gardé des souvenirs précis, c'est cette circonstance notable que sa nomination fut décidée à Amiens, quatre ou cinq jours avant que le Roi quittât cette ville, qu'elle fut blâmée à Liancourt par les gens du Conseil des finances, qu'elle fut enfin publiée une quinzaine de jours au moins après l'arrivée du Roi en sa demeure de Monceau [5]. Or, les lettres originales du Roi (nous ne parlons pas de celles dont la copie plus ou moins fautive est insérée au milieu des OEconomies royales) nous enseignent que Henri IV se trouvait en la ville d'Amiens à la date du 8 juillet 1596, et au château de Monceau du 16 juillet au moins jusqu'au 13 août [6]. Liancourt était sur sa route : il dut s'y arrêter, au mois de juillet, entre le 8 et le 16. Donc c'est dans la première moitié du mois de juillet 1596 que Henri IV fit venir, un matin, Rosny, et lui dit : « Or sus, mon ami, à ce coup, je me suis résolu de me servir de votre personne aux plus importants Conseils de mes affaires, et surtout en celui de mes finances. Ne me promettez-vous pas d'être bon ménager, et que vous et moi couperons bras et jambes à madame Grivelée? » C'est le lendemain matin que, sur les observations de Rosny et sur les remontrances de Gabrielle, il se décida, coûte que coûte, à imposer aux gens du Conseil la nomination de Rosny, et, après en avoir touché quelques mots au Connétable, commanda les expéditions au secrétaire d'État Villeroy. Celui-ci demanda quelques jours pour se procurer le formulaire des provisions de conseiller au Conseil des finances, et les expéditions ne furent prêtes que quand le Roi, accompagné de Rosny, fut parvenu à Monceau. Mais, dans l'intervalle, le Conseil des finances avait protesté de son zèle et prévenu le Roi contre « des gens nouveaux et inexpérimentés ausquels le bruit couroit qu'il vouloit se fier ». Henri IV, tout ébranlé, regrettait presque l'engagement qu'il venait de prendre vis-à-vis de Rosny; il ne se décida à lui faire remettre son brevet qu'au bout de quinze jours, en apprenant des faits étranges qui lui firent de nouveau douter de la compétence ou de l'honnêteté de son Conseil des finances. Rosny reçut l'ordre de partir immédiatement pour Paris. Il

[1] OEconomies royales, t. I, p. 192 et suiv.

[2] Poirson, Histoire de Henri IV, 2ᵉ édition, t. II, p. 166.

[3] A. de Boislisle, Semblançay, p. 265, note 2.

[4] Poirson exprime tour à tour, sur ce point, des opinions contradictoires, dans les tomes II (p. 255) et IV (p. 649) de son Histoire

de Henri IV (2ᵉ édition, 1864-1867), et dans les Mémoires et documents nouveaux relatifs à l'histoire de France à la fin du XVIᵉ siècle (p. 142).

[5] OEconomies royales, t. I, p. 224-228.

[6] Lettres missives, t. IV, p. 618, 619.

alla prendre place au Conseil des finances, où les flatteries du Chancelier, les sourires contraints de ses collègues dissimulèrent imparfaitement le déplaisir que leur causait sa venue. Ceci se passait probablement dans la première quinzaine d'août. Les gages et la pension de Rosny furent augmentés dès lors de 3,600 livres [1].

Il n'entre pas dans notre plan de rappeler les opérations et les tournées heureuses par lesquelles Rosny réussit en peu de temps à justifier la confiance du Roi. Mais nous devons suivre, chez Henri IV, les progrès d'un attachement de plus en plus vif pour son futur ministre, et en même temps d'une défiance de jour en jour plus marquée à l'égard des autres membres du Conseil des finances. Ainsi la lettre dans laquelle le Roi flétrit leurs dilapidations, lettre qu'on a toujours citée sous la date du 15 avril 1596 [2], est probablement bien postérieure, dans ses passages essentiels, à la nomination de Rosny. L'original, de l'aveu des rédacteurs des *OEconomies royales*, a été brûlé aussitôt que reçu; celui qui en a reconstitué le texte de mémoire a dû se tromper quant à la date : outre que Henri IV ne se trouvait pas le 15 avril 1596 à Amiens [3], il n'a pu s'exprimer en des termes aussi sévères sur le compte d'un Conseil dont il allait, le 20 mai suivant, proclamer la compétence et renouveler les pouvoirs. D'ailleurs, le Roi, dans cette lettre, commence par se lamenter sur l'insuccès d'une expédition récente contre Arras, évènement que les *OEconomies royales* rapportent sans doute au mois d'avril 1596, mais qu'il faut replacer dans la nuit du 26 au 27 mars 1597 [4]. C'est donc dans les premiers jours d'avril 1597 que Henri IV a pu écrire ces lignes souvent citées : « L'on m'a donné pour certain, et s'est-on fait fort de le vérifier, que ces huit personnes que que j'ai mises en mes finances ont bien encore pis fait que leur devancier, et qu'en l'année dernière et la présente, que j'ai eu tant d'affaires sur les bras faute d'argent, ces messieurs-là et cette effrénée quantité d'intendants qui se sont fourrés avec eux par compère et par commère ont bien augmenté les grivelées et, mangeant le cochon ensemble, consommé plus de 1,500,000 escus [5]. » Quant aux passages de la même lettre relatifs à l'assemblée des Notables, au voyage de Gabrielle, à la nomination de Rosny, ils ont dû être interpolés ou dénaturés par Sully, à raison de la confusion qui existait dans son esprit entre les évènements de 1596 et de 1597.

C'est vers le même moment que Rosny s'attaqua au plus redoutable et au plus puissant de ses rivaux, à celui auquel la voix publique décernait le titre de surintendant. Sur le vu d'un mandat signé Sancy : « Hé! qu'est-il, ce M. de Sancy? s'écriait-il. Je ne connois ni lui, ni son écriture. » Ce conflit l'amena bientôt à déclarer nettement au Roi qu'il n'entendait plus être traité comme un commis de trésorier : « Je ne veux pas que M. de Sancy entreprenne de supériorité sur moi; il se doit contenter que nous soyons compagnons [6]. » Entre deux hommes de cette importance, l'égalité était chimère : l'un devait céder la place à l'autre. Aussi, vers le commencement de juin, Henri IV se prononça-t-il hautement pour Rosny, chargé, suivant son expression favorite, de jouer au Conseil des finances le rôle de « solliciteur et de chasse-avant ». A ce langage significatif, Sancy rejoignit le camp d'Amiens; les émules du nouveau ministre ne se montrèrent plus que de loin en loin [7].

Il ne restait à Rosny qu'à franchir un dernier pas, en se faisant nommer, comme François d'O,

---

[1] *OEconomies royales*, t. II, p. 90.

[2] *Lettres missives*, t. IV, p. 564. Voir la note de Berger de Xivrey, p. 568. Cf. Poirson, *Mémoires et documents nouveaux relatifs à l'histoire de France à la fin du xvi° siècle*, p. 32.

[3] Voir, dans le recueil des *Lettres missives*, des lettres de Henri IV des 7, 8, 11, 14 et 15 avril 1596, datées du camp de Travecy (t. IV, p. 559-569), et des lettres du 16, datées de Nesle (*ibid.*, p 570 et 571).

[4] Achmet d'Héricourt, *Les sièges d'Arras*, Arras, 1844, in-8°, p. 144.

[5] *OEconomies royales*, t. I, p. 230 et suiv.

[6] *Ibid.*, p. 250 et 285. — Tallemant des Réaux, *Historiettes*, édit. Monmerqué, t. I, p. 109, 110. — Poirson, *Histoire de Henri IV*, 2° édit., t. IV, p. 649. — A. de Boislisle, *Semblançay*, p. 265, note 3.

[7] Les *OEconomies royales* expriment le plus profond mépris pour les membres du Conseil des finances. Il est plus intéressant de re-

Pompone de Bellièvre et Gonnor, surintendant des finances. Marbault rapporte cette promotion au mois d'avril, Pierre de L'Estoile, au mois de juin 1598; mais, à en juger par les pièces connues, Sully ne prit, dans les documents officiels, la qualité de *superintendant* qu'à partir de l'année 1601[1]. Aurait-il donc exercé la surintendance, comme Sancy, sans brevet ni commission? A l'appui de cette hypothèse, on peut alléguer non seulement une phrase relevée par M. de Boislisle[2] dans le *Journal* d'Arnauld d'Andilly, mais aussi les expressions vagues dont se servent les rédacteurs des *OEconomies royales* pour marquer la dernière augmentation obtenue par Sully « quand il eut l'entière charge des finances [3] ».

Quoi qu'il en soit, à partir de 1597, le membre le plus assidu[4], le plus influent des Conseils, celui qui signe chaque résultat[5] et traduit la pensée royale, c'est Rosny. Son autorité s'exerce, de plus, en dehors et aux dépens des Conseils, particulièrement du Conseil des finances, dont les séances de plus en plus rares, les fonctions de plus en plus insignifiantes témoignent des progrès irrésistibles du surintendant désigné[6]. Seul dans son cabinet, en tête à tête avec un secrétaire, Rosny dresse lui-même et met au net les règlements et les états qui ne passent ensuite que pour la forme devant le Conseil des finances[7]. Celui-ci, dépouillé de toute part active dans la direction des affaires, se résigne à n'être plus qu'une doublure du Conseil d'État, à tel point que, dans la langue officielle, on les prend souvent l'un pour l'autre[8] : les conseillers des finances sont, en fin de compte, des conseillers d'État mieux payés.

Il n'est pas bien sûr que Henri IV vît avec une entière satisfaction cette fusion du Conseil des finances avec le Conseil d'État. «Mon ami, écrivait-il à Sully, le 28 avril 1607, j'ai su que plusieurs personnes entrent tous les jours en mon *Conseil des finances* qui n'y devroient être reçues ni souffertes pour la dignité et réputation d'icelui, ni pour le bien de mon service... Je vous prie de consulter et aviser avec M. de Sillery quel ordre et réglement vous estimez que j'y dois apporter. »

---

lever les accusations que contiennent d'autres écrits moins suspects de partialité, par exemple les remontrances du parlement de Paris (1597): «Que c'est chose indigne de voir ceux qui manient les armes, les finances, *et qui sont de son Conseil*, des femmes mesmes entrer en ces partis, en estre les chefs, et puis juger les differends qui surviennent pour raison d'iceux, comme on l'a veu par escrit et se peut justifier... Que il plaise [au Roy] purger son Conseil des personnes qui se trouveront coupables de ce que dessus, en establir un bon au lieu d'icelny, de personnes non interessées aux partis et finances, et qui ne soient à la charge du peuple et de sesdites finances...» (Poirson, *Mémoires et documents nouveaux relatifs à l'histoire de France à la fin du xvi° siècle*, p. 85 et 88.)

[1] Arrêt du 28 juillet (Arch. nat., E 3ᵃ, fol. 219 r°).

[2] *Semblançay*, p. 258, 265, note 3, et 266, note 4.

[3] *OEconomies royales*, t. II, p. 90. — L'auteur d'un mémoire adressé à Henri IV entre 1599 et 1605 se sert de la même expression: M. de Rosny, dit-il, est tenu à l'assiduité «pour la charge principale qu'il a en voz finances». (Ms. français n° 16216, fol. 93.) — Dans la dissertation citée plus haut (*Histoire de Henri IV*, 2° édition, t. IV, p. 649), Poirson croit pouvoir affirmer que la charge de surintendant fut conférée à Sully, par acte public et exécutoire, en 1599. Les deux passages des *OEconomies royales* qu'il considère comme fournissant, à cet égard, une démonstration complète, nous paraissent au contraire favorables à l'hypothèse de M. de Boislisle. (*OEconomies royales*, t. I, p. 310 et 323.)

[4] Rosny est présent à peu près à toutes les séances du Conseil des finances pendant les derniers mois de l'année 1597 et durant les années suivantes. (Bibl. nat., mss. français nᵒˢ 18161 et 18163.) Sou-

vent il est seul à signer les arrêts (Arch. nat., E 3ᵃ, fol. 198 r°, 223 r°, 250 r°; *Musée*, n° 769.)

[5] On trouve même de nombreux arrêts corrigés de la main de Sully. (Arch. nat., E 3ᵃ, fol. 225 r°; E 16ᵃ, 21 février 1608, n° 4, etc.) Cf. *OEconomies royales*, t. I, p. 520.

[6] M. Chéruel a cité le passage suivant des *Mémoires d'André d'Ormesson*: «Quand je fus reçu maître des requêtes, en février 1605, il n'y avoit que ces Messieurs qui entrassent dans les Conseils. Les lundi, mercredi et vendredi matin, Conseils des parties; les mardi, jeudi et samedi matin, Conseils des finances. Il n'y avoit point de Direction autre que la personne seule du marquis de Rosny, qui travailloit assidûment et étoit fort laborieux et exact, et si rude à ceux qui avoient à parler à lui que l'on appréhendoit de l'approcher...» (*Histoire de l'administration monarchique en France*, t. I, p. 353.)

[7] *OEconomies royales*, t. I, p. 305.

[8] Non seulement le Conseil d'État porte habituellement le nom de *Conseil d'État et des finances*, mais très souvent le nom de *Conseil des finances* est donné au Conseil d'État. Voir, par exemple, des arrêts du 10 mai 1603 et du 17 août 1609 (Girard et Joly, *Offices de France*, t. I, p. 639 et 640), la relation de Badoer (Barozzi et Berchet, *Relazioni*, série II, FRANCIA, t. I, p. 113). Cf. Bibl. de l'Institut, ms. Godefroy n° 310, fol. 51 r°. — On trouve souvent des minutes munies à la fois des deux formules «Faict au Conseil du Roy tenu pour ses finances. Faict au Conseil d'Estat,» l'une précédant, l'autre suivant les signatures. (Arch. nat., E 6ᵃ, fol. 45, 47, etc.) — Cette confusion qui règne, à partir de 1596, entre les arrêts du Conseil d'État et ceux du Conseil des finances nous a empêché, dans l'*Inventaire*, de distinguer ces derniers par une mention particulière.

Sully feignit de croire que le Roi avait en vue le Conseil d'État : il répondit en développant sa théorie favorite de la participation des gens d'épée aux affaires d'administration [1]. Le Roi insista-t-il, une autre fois, sur la nécessité de conserver, ou plutôt de rendre au Conseil des finances son caractère intime [2] ? Se souvenait-il encore d'un avis donné quelques années plus tôt [3] : « Outre [le Conseil d'Estat et le Conseil des parties], vostre service requiert qu'il y aict *ung Conseil particulier et fort secret*, où l'on parlera du fondz des finances, seront veuz les roolles de l'Espargne, et se y feront les expeditions necessaires pour les receptes generales et autres affaires semblables. . . ? » Toujours est-il que Sully. fut invité, en 1609, à préparer un projet de réforme du Conseil des finances [4].

Le mémoire qu'il rédigea, sans doute, à cette occasion fait partie des projets publiés par M. Pierre Clément. Avouons-le, on y reconnaît moins « l'ennemi des dépenses folles, le fidèle gardien des deniers de l'État [5] », que le surintendant jaloux de son autorité suprême. Sully abandonne bien au Conseil des finances le contentieux, par exemple le droit de statuer sur les différends entre comptables, sur les difficultés auxquelles donne lieu le payement des assignations, sur les procès dont l'issue importe le plus au trésor royal. Mais il fait en sorte que le Conseil des finances se trouve, dans la plupart des cas, subordonné au Conseil d'État [6]; et celui-ci ne voit que par les yeux du ministre. Ce n'est pas un Conseil des finances ainsi réduit aux attributions d'une sorte de bureau ministériel ou de tribunal administratif qui eût beaucoup restreint le champ d'action du surintendant général, si Henri IV eût assez vécu pour donner suite à ses projets, et ce n'est pas ainsi que Charles IX, Henri III, Henri IV lui-même, après la mort de François d'O, comprenaient le rôle du Conseil des finances : on peut sans peine le prouver.

Omettons les attributions communes au Conseil des finances et au Conseil d'État. Un triple caractère distingue le Conseil des finances, à quelque époque qu'on l'observe : 1° il fait des efforts constants pour embrasser dans son ensemble la situation financière [7]; 2° indifférent aux intérêts des particuliers, il concentre toute son attention sur le budget de l'État, qu'il travaille à équilibrer [8] (ce qui montre combien Sully l'aurait écarté de sa voie en l'égarant dans le dédale de la

---

[1] *OEconomies royales*, t. II, p. 185. — En un autre passage du même ouvrage, il est dit que Sully faisait «observer un tel ordre aux *Conseils privé, d'État et de finance* que tous les princes, ducs, pairs, officiers de la Couronne, gouverneurs et lieutenants du Roi aux provinces et autres seigneurs de qualité qui avoient brevets du Conseil entroient en *tous les trois*, en tous temps et en tout lieu, et y avoient séance et voix délibérative.» (*Ibid.*, t. I, p. 520.)

[2] Il le faisait prévoir dans sa lettre du 4 mai. (*Ibid.*, p. 186.)

[3] Il s'agit d'un mémoire adressé par quelque haut personnage au Roi, après 1599, car Rosny y est qualifié de grand maître de l'Artillerie, avant 1605, car Sillery n'est pas encore garde des sceaux. (Bibl. nat., ms. français n° 16216, fol. 93-94.)

[4] P. Clément, *Portraits historiques*, p. 498.

[5] *Ibid.*, p. 95.

[6] Ainsi, c'est le Conseil d'État qui, chaque année, doit arrêter le brevet de la taille : le Conseil des finances se borne à en répartir le montant entre les généralités et à connaître des plaintes, des avis et des remontrances fondées sur la prétendue inégalité de ce département. S'agit-il d'établir ou de supprimer un impôt? le Conseil d'État vote la mesure, le Conseil des finances l'applique. L'état général des finances, après avoir été projeté par ceux qui en ont la charge (lisez : par le surintendant) avec l'aide du Conseil des finances, est résolu au Conseil d'État. Le Conseil des finances dresse seulement les états particuliers et statue sur les difficultés auxquelles ces états et l'état général peuvent donner lieu. C'est le Conseil d'État qui, investi d'une autorité souveraine, consent les décharges et remises de

tailles, prononce l'adjudication des fermes, accorde aux fermiers des rabais; simple exécuteur, le Conseil des finances surveille le payement des termes, assure aux comptables et aux contribuables le bénéfice des sursis obtenus. Le Conseil d'État autorise les octrois excédant 1,000 livres; le Conseil des finances se contente de juger les contestations qui en résultent. Le Conseil d'État connaît de toutes liquidations, jugemens et recongnoissances de dettes de la Couronne et autres grandes dettes d'importance pretendues par les particuliers»; le Conseil des finances, des «remboursemens de toutes parties pretendues sur le Roy». Le domaine ne peut être engagé ou aliéné que par le Conseil d'État; il peut seulement être racheté par le Conseil des finances. A l'un de créer ou de supprimer les offices; à l'autre de les taxer.

[7] Tel est l'objet de la plupart des articles du règlement du 25 novembre 1594 (et non du 27, comme le portent KK 625, fol. 176, les mss. Dupuy n° 128, fol. 19, et français n° 7496, fol. 233 r°). Chaque année, le Conseil des finances doit revoir les états des recettes générales, pour constater les changemens qui ont pu survenir, et supputer exactement le produit net de l'année suivante (cf. notre n° 2326). Il doit soumettre à la même revision les autres revenus de l'État, sel, grosses fermes, subsides des villes ou des rivières, ventes de bois, impositions extraordinaires, etc. (Ms. français n° 7007; fol. 176 r°. Cf. nos n°° 1897-1899, 1907, 1938, 1943 et 1945.)

[8] Aux termes du règlement du 25 novembre 1594, le Conseil des finances arrête chaque année, au mois de novembre ou de décembre, un projet de budget, répartit les dépenses prévues entre les receveurs généraux, règle avec les comptables les frais de recouvre-

procédure administrative); 3° il agit moins qu'il ne délibère, procède plus par avis que par décisions, possède, au premier chef, le caractère d'une assemblée consultative.

Reprenons les deux premiers points. On a remarqué la présence continuelle de plusieurs comptables au Conseil; elle ne servait qu'à le tenir au courant de la situation. Tous les mois, tous les quinze jours, ou même toutes les semaines, le Conseil des finances examinait « par le menu » l'état des recettes et des dépenses des Parties casuelles [1], de même les comptes de l'Épargne [2], cette caisse centrale où se versait la presque totalité des revenus royaux, où était puisé l'argent nécessaire à la plus grande partie des dépenses publiques. Il connaissait ainsi, au jour le jour, le chiffre du reliquat, trop souvent celui du déficit [3]. Mais, poussant plus loin son enquête, voulant remonter jusqu'à la source des « fautes de fonds » partielles qui grossissaient le déficit général, il étudiait aussi attentivement : 1° les états des comptables qui prélevaient leur budget particulier sur celui de l'Épargne, trésoriers de l'extraordinaire des guerres, de l'artillerie, etc. [4]; 2° les états des comptables qui, après avoir acquitté les assignations levées sur eux, devaient envoyer à l'Épargne l'excédent de leur recette, receveurs généraux [5], fermiers [6], etc. Il complétait ses informations en dépouillant les rapports des trésoriers de France [7] (ces pièces lui étaient adressées directement) et parvenait à connaître ainsi la situation du jour, mieux encore, celle du lendemain : science plus rare qu'on ne saurait le croire, surtout à ces époques troublées, et au milieu d'une organisation incroyablement compliquée. Au besoin de s'instruire se mêlait le désir de contrôler : ce contrôle, plus sommaire et plus prompt que celui de la Chambre des comptes [8], naissait de la comparaison des *états du Roi*, dressés par le Conseil au commencement de l'année, en vue de dépenses prévues et de ressources probables, avec les *états au vrai*, dressés par les comptables en fin de leur exercice [9]. Les dépenses extraordinaires ne lui échappaient pas, ne pouvant être ordonnancées que de deux façons : ou par un arrêt du Conseil, que les secrétaires des finances transcrivaient sur un registre particulier, ou par un *mandement patent* adressé au trésorier de l'Épargne, et que celui-ci devait porter à la connaissance du Conseil au moyen d'un rôle spécial [10]. Quant aux levées extraordinaires, aux emprunts, aux aliénations, qui augmentaient d'une manière imprévue les ressources de l'année courante, ils ne pouvaient se produire sans que le Conseil des finances en fût le premier averti [11]. Pour l'accomplissement de cette double tâche, le

---

ment, les intérêts des avances qu'ils devront faire au Roi, arrête, avec un soin particulier, les états de l'Ordinaire et de l'Extraordinaire des guerres (cf. notre n° 1918), examine les états de la dépense des armées, dresse les états particuliers d'après l'état général, procède à la taxe des offices (cf. notre n° 1901), donne son approbation aux actes royaux concernant les finances, établissements d'impôts, créations ou suppressions d'offices, aliénations du domaine, constitutions de rentes, emprunts, etc. (cf. notre n° 1904); pourvoit à l'acquittement des dépenses imprévues, et forme un fonds de réserve à cet effet (cf. nos n° 1892, 1893, 1903, 1905, etc.).

[1] Arrêt du 8 février 1570 (ms. français n° 5133, fol. 7 r°). Règlement du 31 mai 1582, sur le Conseil des finances (art. 11).

[2] Règlements du 18 février 1566, du 11 août 1578, du 31 mai 1582 (art. 4), du 25 novembre 1594, sur les attributions du Conseil des finances (art. 19 et 20). Cf. ms. français n° 18154, fol. 15 v°, 27 r° et 65 v°; ms. français n° 16222, fol. 149 r°, 165 v°; ms. français n° 5133, fol. 15 r°. Voir aussi notre n° 2322. — Sur ces mêmes états de l'Épargne, le Conseil entend les rapports des intendants des finances (mss. français n° 18154, fol. 30 r°, et n° 16222, fol. 45 r°).

[3] Mss. français n° 18154, fol. 70 r° et 110 v°, n° 16222, fol. 20 r° et 29 v°.

[4] Mss. français n° 18156, fol. 66 r°, n° 16231, fol. 49 v°, n° 16222, fol. 7 v°, 22 r°, 211 r°. Cf. le règlement sur le Conseil des

finances, du 31 mai 1582 (art. 7), et celui du 25 novembre 1594, sur les attributions du Conseil des finances (art. 21).

[5] Mss. français n° 18154, fol. 73 v°, n° 5133, fol. 2 r°, n° 16222, fol. 15 r°, 20 r° et 145 v°, n° 16231, fol. 46 v°. Voir aussi, à la date du 8 janvier 1599, un département des dix-huit recettes générales entre les conseillers d'État et les intendants des finances (ms. français n° 16225, fol. 6 v°). — Cf. Jean Hennequin, *Le guidon général des finances*, édition de 1601, fol. 174 r°, et nos n° 5133 et 5160.

[6] Mss. français n° 16231, fol. 277 v°; n° 18156, fol. 187 r°. — Règlement sur le Conseil des finances, du 31 mai 1582 (art. 7).

[7] Règlement sur le Conseil des finances, du 31 mai 1582 (art. 2 et 9). Règlement du 8 janvier 1585 (art. 3). Règlement sur les attributions du Conseil des finances, du 25 novembre 1594 (art. 22 et 23). Cf. notre n° 5132.

[8] C'est ce qui ressort nettement de la déclaration du 20 mai 1596 (ms. français n° 7007, fol. 158 r°). Cf. *OEconomies royales*, édition Michaud, t. I, p. 233.

[9] Ms. français n° 16222, fol. 29 v°. Cf. un arrêt du 17 février 1601 (Arch. nat., E 3a, fol. 58 r°).

[10] Ms. français n° 5133, fol. 15 r°.

[11] Règlement du 31 mai 1582, sur le Conseil des finances (art. 8 et 12).

Conseil trouvait des auxiliaires précieux dans des officiers dont l'existence ne remonte pas au delà du règne de François Ier, et qui avaient précisément pour mission de vérifier, de contrôler : les intendants des finances; donneurs d'avis, rapporteurs, exécuteurs, contrôleurs, ils étaient la cheville ouvrière de tous les Conseils des finances [1].

On ne connaît encore que deux remèdes aux maladies qui atteignent la fortune d'un peuple : augmentation des ressources, ou diminution des charges. Ce dernier peut être le plus sûr; il est assurément le moins employé : nous ajouterons que le Conseil des finances l'avait rarement à sa disposition. Cependant il conseillait au Roi le rejet de toute demande gracieuse, l'ajournement du payement des dons, pensions [2], etc. Il exhortait à la patience les créanciers de l'État [3]. Il faisait entendre au prince de sages remontrances sur le chiffre croissant des dépenses de la guerre [4]; il opérait des réductions, que le monarque approuvait bon gré mal gré, sur le budget des menus, de la vénerie, des filles de la Reine [5], etc. Pour créer des ressources, il avait une imagination fertile. Émissions de rentes [6], aliénations du domaine [7], emprunts forcés [8], anoblissements [9], saisie des biens des religionnaires [10] : on sait à quels expédients recourt un pouvoir aux abois. Il parlait un jour d'emprunter 300,000 écus « à tiers debte [11] »; une autre fois, il abandonnait le quart du produit d'une taxe, pour assurer le recouvrement du reste de cet impôt [12]. La recherche des faux exempts et l'opération du régalement des tailles, qui l'occupèrent en 1582 et en 1584, étaient des projets mieux conçus [13]. Il semblait que la lassitude le prît à certains jours : il promettait alors des primes aux inventeurs d'expédients [14]; mais il ne tardait pas à reconnaître le danger de suivre des avis dictés ordinairement par l'égoïsme, et sa colère se tournait soudain contre ceux auxquels, la veille, il avait prodigué des encouragements : « Sa Majesté deffend, disait-il, à toutes personnes desormais de favoriser, recevoir, ny presenter aucun advis et invention de recouvrer deniers qui soient à la foulle et charge de son peuple, comme aussi de diminution des droictz de Sa Majesté ou charge à ses finances, sur tant qu'ils craignent de perdre sa bonne grace et encourir son indignation, et aux inventeurs et porteurs de tels advis de n'entreprendre plus d'en presenter ou faire presenter à Sa Majesté, sur peine de bannissement de sa cour, d'amende pecuniaire applicable aux pauvres, ou du fouet, ou de l'amende honnorable, ou de l'estrapade, selon les qualitez des personnes ou les circonstances du faict [15]. » Enfin, semblables en cela au surintendant qu'ils remplaçaient, les gens du Conseil des finances jouaient à la fois, comme on l'a dit [16], le rôle de banquiers de la cour et celui de ministres des finances : ils mettaient leur crédit personnel au service du trésor public [17].

[1] Ms. français n° 7007, fol. 40 r°. — Jean Hennequin, Le guidon général des finances, fol. 288.

[2] Mss. français n° 18154, fol. 66 r°; n° 18156, fol. 245 v°; n° 16222, fol. 1 r°, 8 v°, 29 v°, 81 r° et 118 r°; n° 16233, fol. 4 v°, 5 r° et 478 r°; n° 16234, fol. 22 v°. Ordonnance de Blois (art. 354). Ms. français n° 16231, fol. 171 r°. Archives curieuses, t. X, p. 356.

[3] Mss. français n° 16222, fol. 8 v°; n° 16233, fol. 4 v° et 5 r°; n° 16234, fol. 22 v°.

[4] Ms. français n° 16222, fol. 268 r°.

[5] Ms. français n° 16231, fol. 35 v°; Clairambault 653, p. 29.

[6] Ms. français n° 16222, fol. 270 v°; ms. français n° 16231, fol. 70 r° et 78 r°.

[7] Ms. français n° 16231, fol. 106 v°.

[8] Ms. français n° 16231, fol. 300 r°.

[9] Ms. français n° 16231, fol. 86 v°.

[10] Ms. français n° 5133, fol. 6 r°.

[11] Ms. français n° 16231, fol. 61 v°.

[12] Ibid., fol. 34 v°.

[13] Ms. français n° 16231, fol. 87 r° et 271 r°. — On peut se faire une idée des utiles avis donnés par le Conseil des finances en lisant les observations qu'il présenta, en 1563, sur un projet d'unification des tailles et crues. (Ibid., fol. 215 v°, 220 v°, 223 v°. Cf. Clamageran, Histoire de l'impôt en France, t. II, p. 228.)

[14] Ms. français n° 16233, fol. 571 r° et 586 v°. — Le donneur d'avis, l'inventeur d'expédients financiers, l'arbitrista, pour employer l'expression espagnole, n'était pas moins répandu en France, au XVIe siècle, qu'à la cour de Philippe II. (Ms. français n° 16222, fol. 22 v°, 39 r° et 76 r°. Abel Desjardins, Négociations de la France avec la Toscane, t. IV, p. 301. Règlement du 25 novembre 1594, sur les attributions du Conseil des finances, art. 18.)

[15] Règlement de janvier 1585 (Archives curieuses, t. X, p. 308. Cf. ibid., p. 357). — Voir aussi le règlement du 16 mai 1583 (ms. français n° 16231, fol. 171 r°) et un arrêt du Conseil d'État du 24 janvier 1585 (ms. français n° 16234, fol. 27 r°).

[16] A. de Boislisle, Semblançay, p. 241.

[17] L'emprunt aux membres du Conseil est un des expédients auxquels recouraient le plus souvent Charles IX et Henri III (lettre du

Ainsi, pendant toute la seconde partie du xvɪᵉ siècle, le gouvernement financier oscille entre un Conseil et un surintendant. La royauté avait peine à se prononcer pour l'un ou l'autre de ces systèmes. Leur succès dépendait des circonstances et du mérite des personnages chargés d'en faire l'application. Le Conseil des finances de Charles IX avait pu surpasser en vigilance le surintendant Gonnor; Sully n'avait point eu de peine à prouver sa supériorité sur le Conseil créé le 25 novembre 1594. En somme, au moment où prit fin la période qu'embrasse notre étude, l'épreuve semblait plutôt favorable à la centralisation complète. «S'il est difficile, disait Sully, de trouver dans tout le royaume un seul homme digne de cet emploi, comment se flatter d'en trouver huit;» et, sous une forme railleuse, Henri IV avouait sa préférence pour le gouvernement d'un seul, «particulièrement, ce disoit-il, parce que, s'il étoit dérobé, un pouvoit être fort satisfait de ce qui ne seroit rien à plusieurs [1]». Telle était également l'opinion de l'historiographe Du Haillan : «Il a été dit quelquefois par quelques grands personnages qu'il ne se tenoit Conseil des finances qui ne coutât au Roi dix mille écus. Depuis, il s'en est tenu plusieurs qui n'ont pas été à si bon marché [2].» Cependant le Conseil des finances fut réorganisé en 1611, et joua encore, plus d'une fois, un rôle prépondérant dans l'administration centrale [3].

La longue histoire des démembrements du Conseil est enfin conduite au terme où nous devions nous arrêter. C'est le moment de jeter un coup d'œil sur le chemin parcouru.

La Cour du Roi du xɪɪɪᵉ siècle a projeté dans plusieurs sens de vigoureux rameaux; les uns, détachés du tronc, ont pris racine, les autres sont restés unis. Sept assemblées tiennent la place que remplissait à elle seule la Cour des premiers Capétiens; ce sont d'abord trois cours souveraines; puis, sous la dénomination commune de Conseil, quatre sections, entre lesquelles sont réparties la politique, la justice, les finances, l'administration : nous avons nommé, d'une part, le Parlement, la Chambre des comptes, le Grand Conseil; d'autre part, le Conseil des affaires, le Conseil privé, le Conseil des finances, enfin le Conseil d'État. Nous réservons pour la fin, et nous nous proposons d'étudier avec détail cette dernière section, dont les arrêts ont fourni, à eux seuls, presque toute la matière du présent recueil, et qui n'est autre, en définitive, que le Conseil proprement dit. A travers ses transformations, et sous ses noms successifs (*Grand Conseil, Conseil étroit, Conseil privé, Conseil d'État*), on reconnaît en elle l'héritière la plus directe de l'ancienne Cour, et c'est à elle que vont se rapporter plus spécialement nos chapitres consacrés au personnel et aux attributions.

---

11 février 1570, citée par M. Baguenault de Puchesse, *Jean de Morvillier*, p. 220. Ms. français n° 16295, fol. 27 v°). Il est vrai que les conseillers s'assuraient le remboursement du capital et le payement des intérêts (ms. français n° 16231, fol. 4 r°, 48 r°, 52 r° et v°, 61 r°, 77 r°). On trouvera au fol. 172 r° du même registre l'interminable nomenclature des «promesses faictes par MM. du Conseil pour les affaires et service du Roy depuis le 1ᵉʳ jour de janvier 1583 jusques au dernier jour de juillet audit an». Pour les mois et les années suivantes, on devra se reporter au même registre, fol. 183 r°, 186 v°, 225 v°, aux mss. français n° 16233, fol. 137 v°, n° 16235, fol. 45 r° et 83 r°, n° 18159, fol. 10 r°, et enfin au registre des Archives E 25ᵇ (6 mars 1610, n° 59).

[1] *Mémoires de Fontenay-Mareuil*, édit. Michaud, p. 20.

[2] *De l'estat et succez des affaires de France*, fol. 177 r°.

[3] L'histoire du *Conseil* ou *Bureau du commerce* appartient au xvɪɪɪᵉ siècle. Nous devons une simple mention à la commission consultative instituée en 1601 et 1602 pour «vaquer au retablissement du commerce et manufactures dans le royaume». Voir les procès-verbaux publiés dans les *Documents historiques inédits tirés des collections manuscrites de la Bibliothèque nationale*, par Champollion Figeac, t. IV, 2ᵉ partie, p. ɪ-ʟxvɪ et 1-301; Poirson, *Histoire de Henri IV*, 2ᵉ édition, t. II, p. 99-107; Fagniez, *L'industrie en France sous Henri IV*, dans la *Revue historique*, 1883, p. 95, 96; A. de Boislisle, *Les Conseils du Roi sous Louis XIV*, p. 155.

CHAPITRE VII.

DU CHOIX DES CONSEILLERS.

Les conseillers de naissance et les conseillers de droit. — Les cabales de cour. — Influence des États généraux et des Notables. — Projet de gouvernement représentatif formé par les États de 1356; prétendu Conseil élu de 1357 : erreur des historiens qui ont suivi Froissart et de ceux qui s'en sont rapportés à l'acte d'accusation dressé contre Robert le Coq. — Hardiesse de langage et impuissance réelle des États de 1484; véritable signification des changements apportés dans le personnel du Conseil étroit. — Résultats obtenus, grâce à la complaisance de la Reine mère, par les États de 1561. — Vaine démonstration des États de 1576. — Dénouement sanglant des États de 1588. — Audacieuse réforme attribuée à l'assemblée des Notables de 1596; le véritable caractère du *Conseil de raison.*

Une des questions les plus graves que soulève l'histoire du Conseil est celle du choix des conseillers. Qu'il appartînt ordinairement au Roi, cela est trop évident. Mais le Roi a-t-il seul usé, a-t-il toujours pleinement usé de cette prérogative ? « Les Rois, affirme Marillac, ont toujours appelé librement les personnes qu'ils ont voulu pour les conseiller, sans s'astreindre à certaines personnes[1]. » Le droit du souverain n'aurait-il donc jamais subi d'altération? A côté des conseillers de choix, n'y avait-il pas, par exemple, des conseillers de droit[2]; et, quand le Roi pouvait choisir, choisissait-il librement?

La réponse à la première de ces questions ne saurait être douteuse si l'on se reporte à l'origine de la féodalité. Les grands vassaux étaient alors des conseillers nécessaires, auxquels le prince se voyait obligé d'avoir recours; car, sans leur aide, il n'eût pu faire exécuter ses ordres. Mais peu à peu le Roi se montra moins « disposé à utiliser, soit pour les jugements, soit pour la discussion des affaires politiques, le concours souvent gênant, ou même dangereux, des grands vassaux. Lorsqu'une administration et une justice vraiment royales commencèrent à se constituer dans la seconde moitié du XIIᵉ siècle, l'obligation du service de cour, qui n'avait jamais été exactement remplie par les hauts feudataires, même sous les trois premiers successeurs de Hugues Capet, tendit à devenir à peu près illusoire[3]. » On vit d'abord les petits vassaux relevant du domaine royal, puis bientôt les familiers, les clercs, les hommes de loi supplanter les feudataires. Les grands du royaume, ecclésiastiques ou laïques, ne furent plus consultés que de loin en loin. C'est à peine si la réaction de 1314 et de 1316 peut être considérée comme une revendication du droit de siéger dans les Conseils faite par les princes et les vassaux.

Nous avons nommé les princes. Eux, du moins, ont conservé l'habitude, sinon le droit, de faire partie du Conseil. La plupart y ont siégé; aucun n'y a jamais été reçu. Les actes royaux qui règlent la composition du Conseil les y admettent hors rang[4]. A eux seuls, ils forment quelquefois ce que l'on

---

[1] Arch. nat., KK 626, fol. 5 v°.

[2] C'est ce que soutient Guy Coquille : « [Le Roi] a des conseillers, les uns nés, les autres faits, sans l'assistance desquels il ne doit rien faire, puisqu'en sa personne il reconnaît toutes les infirmités qu'ont les autres hommes. Les conseillers nés sont les princes de son sang et les pairs de France, tant laïcs qu'ecclésiastiques. Les conseillers faits sont les officiers généraux de la Couronne. » (*Institution au droit français*, dans les *Institutes coutumières* de Loysel, édition Dupin et Laboulaye, 1846, in-12, t. I, p. 3.)

[3] Ach. Luchaire, *Institutions monarchiques*, t. II, p. 43.

[4] Ordonnances ou règlements du 26 avril 1403 (*Ordonnances*, t. VIII, p. 581), du 28 juillet 1406 (Arch. nat., J 469, n° 13), du 28 avril 1407, du 31 décembre 1409 (*Ordonnances*, t. XII, p. 225 et 229), du 6 novembre 1417 (*ibid.*, t. X, p. 424), du 30 octobre 1557 (ms. français n° 18152, fol. 1 r°), du 21 février 1566, du 17 septembre 1574, du 11 août 1579, du 31 mai 1582, du 8 janvier 1585. Relations des ambassadeurs vénitiens Lippomano (Tommaseo, t. II, p. 505) et Badoer (Barozzi et Berchet, *Relazioni*, série II, FRANCIA, t. I, p. 113). — Voir surtout l'arrangement conclu entre les princes, le 30 novembre 1380, après le couronnement de

appelait, au xve siècle, le *Conseil général des fleurs de lis*. Toutefois, au besoin, les Rois savent fort bien les écarter : en 1392, la guerre est décidée sans eux; en 1410, le duc de Berry se plaint de n'avoir pas été mandé une seule fois au Conseil en trois mois; au mois de septembre de la même année, l'Université, cherchant un remède à l'irritation des partis, obtient du Roi l'éloignement de tous les princes du sang royal[1]. Henri II, plus tard, se prive du concours de la plupart d'entre eux. Mécontents, ils le sont sans doute : ils ne revendiquent cependant ce qu'ils appellent leur droit qu'en des cas exceptionnels, par exemple lors de l'assemblée de Nevers, en 1442[2], et quand l'âge ou l'imbécillité du prince ouvre un recours facile contre l'arrêt qui les exclut[3].

Que dire des autres conseillers nés? Les ducs et pairs figurent parmi les membres du Conseil dans les règlements du 17 septembre 1574 et du 31 mai 1582; mais, au xviie siècle, ils laissent tomber en prescription ce privilège, si privilège il y a, et nous doutons fort qu'à aucune époque ils aient siégé dans le Conseil sans l'agrément, sans l'invitation du Roi.

Il doit en être à peu près de même des prélats auxquels le prince a concédé, par privilège général attaché à leur bénéfice, le droit de faire partie du Conseil. Tels sont les évêques de Viviers, en vertu d'un accord du 2 janvier 1308, confirmé à plusieurs reprises durant le xive siècle[4], les abbés de Saint-Denis, et plusieurs autres. D'ailleurs, n'interprétait-on pas leur privilège comme le droit d'assister seulement aux *Conseils* du Parlement[5] ?

Les cardinaux français, dont la présence au Conseil souleva, en une circonstance que nous rappellerons bientôt, de vives objections, n'y sont admis par mesure générale que sous le règne de Henri III (règlements du 17 septembre 1574, du 11 août 1578, du 31 mai 1582). Quant aux dignitaires pour lesquels le droit d'entrer au Conseil est un privilège attaché à des fonctions publiques, ils doivent presque tous leur commission ou leur office au choix du Roi : ce sont, au xve siècle, le Chancelier, qualifié de *conseiller spécial*[6], le Connétable, l'Amiral, les maréchaux, le maître d'hôtel, le grand maître des arbalétriers, ceux que l'on appelait «les chefs d'offices du royaume tant au fait de la guerre comme de la justice et de l'Hôtel», le colonel de l'Infanterie française, le capitaine de l'Arsenal, le grand prévôt de France, le mestre de camp de la garde française, les capitaines des gardes, les gouverneurs et lieutenants généraux des provinces, les commandeurs du Saint-Esprit pendant leurs deux mois de service, etc.[7] Il est bon de rappeler que ce Conseil dont le prince ouvrait libéralement les portes à de si nombreuses catégories d'offi-

---

Charles VI : les quatre ducs d'Anjou, de Berry, de Bourgogne et de Bourbon, ou au moins deux d'entre eux, doivent assister au Conseil. La présence du duc d'Anjou est particulièrement requise; car, en son absence, on ne peut «délivrer aucunes grosses et pesantes besoignes sans lui faire savoir et avoir son consentement». Toutes mesures doivent être prises par les princes d'accord avec la majorité du Conseil (*Ordonnances*, t. VI, p. 529). Cf. la formule suivante, fréquente en 1381 : «Et depuis s'i est consenti M. le duc de Bourgoigne.» (Arch. nat., JJ 119, fol. 97 vo.) — Toutefois, les princes ne faisaient pas tous nécessairement partie des Conseils de régence; ainsi celui que Charles V organisa éventuellement au mois d'octobre 1374 comprenait seulement les ducs de Bourgogne et de Bourbon.

[1] *Religieux de Saint-Denys*, t. II, p. 11; t. III, p. 287; t. IV, p. 373, 379, 385. — G. Picot, *Histoire des États généraux*, t. I, p. 252. — Cf. des lettres de Charles VI du 2 décembre 1410 (Bibl. nat., ms. Clairambault no 647, p. 83).

[2] Voir l'article 10 des doléances de l'assemblée de Nevers : «*Item* qu'aux grandes affaires de ce royaume, le Roi devroit appeler les princes de son sang, plus que nuls autres, et qu'ainsi se doit faire raisonnablement, vu leur grand intérêt; et ainsi est accoutumé de faire par les

très chrétiens rois de France, ses progéniteurs.» Cet article ne reçut point de réponse. (Isambert, t. IX, p. 108. — Beaucourt, *Chronique de Mathieu d'Escouchy*, pièces justificatives, t. III, p. 76 et 77; *Histoire de Charles VII*, t. III, p. 220, 227.)

[3] *Geste des nobles*, édit. Vallet de Viriville, 1859, p. 148. Vallet de Viriville, *Histoire de Charles VII*, t. III, p. 407; *Mémoire sur les institutions de Charles VII*, dans la *Bibliothèque de l'École des chartes*, 1872, t. XXXIII, p. 15.

[4] *Ordonnances*, t. VII, p. 12.

[5] *Ordonnances*, t. VII, p. 218 et 288. Cf. *Religieux de Saint-Denys*, t. I, p. 571.

[6] Marillac fait observer que, jusqu'en 1545, les provisions du Chancelier lui décernaient le titre de *conseiller spécial*. (Arch. nat., U 945*, fol. 21 vo.)

[7] Le droit des officiers de la Couronne paraît avoir été méconnu, aussi bien que celui des princes, sous Henri II et sous François II : «J'ay veu, dit un contemporain, M. le mareschal de Termes, du temps du roy François second, entrer dans le Conseil pour parler d'affaires; il estoit debout derrier les seigneurs du Conseil, avec les maistres des requestes.» (Bibl. nat., ms. français no 16216, fol. 93 ro.)

ciers et de dignitaires avait perdu depuis longtemps toute importance politique, et que le Roi se gardait bien d'introduire en ses « Affaires » ces prétendus conseillers de droit.

On voit, par ces observations, combien il est excessif de dire qu'avant Richelieu, le Roi exerçait incomplètement le droit de choisir ses conseillers[1]. Depuis longtemps, le Conseil avait cessé de renfermer des « éléments indépendants », si l'on entend par là des hommes siégeant malgré le Roi, et participant contre son gré au gouvernement de l'État.

Les conseillers de droit ont donc peu d'importance, surtout à partir du x111e siècle. Il n'en est pas de même des conseillers choisis sous l'empire d'une pression que la faiblesse ou la détresse du prince rendait souvent irrésistible. C'est ici qu'il faudrait peindre les transformations soudaines d'un Conseil composé tour à tour, sous Charles VI, d'Armagnacs et de Bourguignons[2], sous Charles VII, de partisans du Connétable ou d'amis du président Louvet[3], sous Charles IX et sous Henri III, de membres favorables ou hostiles à la Religion réformée. Les grands seigneurs, suivant l'expression piquante de Pasquier[4], jouaient, au Conseil, à « boute-hors », usant de leur crédit ou de leur force pour se disputer la puissance, et d'autant plus entreprenants que le prince était plus incapable, ou le royaume plus troublé. Qu'était-ce donc quand le Roi, à peine sorti de l'enfance, n'exerçait un semblant de pouvoir qu'en vertu d'une fiction légale, quand son couronnement ou la proclamation de sa majorité n'avaient d'autre but que de permettre à son entourage de régner? En 1380, par exemple, après le couronnement de Charles VI, les ducs d'Anjou, de Berry, de Bourgogne et de Bourbon se partagèrent le gouvernement et choisirent douze conseillers pour former un nouveau Conseil[5], reconnaissable dans les chartes au nom de *Grand Conseil ordoné*[6]. Mais cette histoire, si nous entreprenions de la raconter tout au long, aurait l'inconvénient de tomber dans le détail des petites coteries de cour, des mille cabales de cabinet : elle ne jetterait aucune lumière sur l'institution du Conseil, que seule il nous faut étudier. Bornons-nous à expliquer, avec tout le soin nécessaire, l'influence exercée parfois sur le choix des conseillers, non par tel ou tel personnage, telle ou telle faction maîtresse, mais par les représentants autorisés de la nation elle-même, par les États généraux. Nous ne trouverons pas là seulement l'occasion de résoudre une difficulté technique; la question qui se pose est grave, elle fut souvent débattue : il s'agit de déterminer jusqu'à quel point la France connut dès le moyen âge une liberté inséparable de nos institutions modernes, le droit d'influer sur le choix des chefs du gouvernement. Nous fixerons particulièrement notre attention sur les dates de 1357, de 1484, de 1561, de 1576, de 1588 et de 1596.

Les meilleurs historiens enseignent qu'après la bataille de Poitiers, les États généraux ont imposé à la royauté un Conseil souverain, élu par les représentants des trois ordres : sorte de régime populaire substitué, en plein xive siècle, à la monarchie traditionnelle. Dans leur récit, le

---

L'auteur de ce même mémoire, qui fut adressé à Henri IV entre les années 1599 et 1605, tout en cherchant le moyen de réduire le personnel des Conseils, reconnaissait la nécessité d'y admettre les princes, les cardinaux et les officiers de la Couronne qui y avaient été reçus. Il proposait de n'y laisser entrer les gouverneurs et lieutenants généraux des provinces que quand ils auraient quelque communication à faire au sujet de leur province, les parlementaires que quand ils auraient à traiter des affaires du Roi ou de leur compagnie. (*Ibid.*, fol. 93 v°.)

[1] Vicomte d'Avenel, *Richelieu et la monarchie absolue*, 1883, in-8°, t. I, p. 40.

[2] *Religieux de Saint-Denys*, t. II, p. 27; t. IV, p. 431, etc.

[3] Marquis de Beaucourt, *Histoire de Charles VII*, t. II, p. 81, 84, 89-110, 123, 155, etc. — D. Plancher, *Histoire de Bourgogne*, t. IV, p. cxvi.

[4] *Recherches de la France*, édition de 1611, p. 78.

[5] *Ordonnances*, t. VI, p. 529.

[6] Tel est, sans doute, le sens de cette expression, dont on rencontre de fréquents exemples en 1381 et en 1382 : «Par le Conseil ordoné, — Par le Grant Conseil ordoné, — Per Regem in suo Magno Consilio ordinato,» etc. (JJ 119, fol. 244 r°; cf. ibid., fol. 248 r°; JJ 120, fol. 15 v°, 18 v°, 23 r°, 29 v°, 34 r°, 59 v°, 134 v°.) Le

Conseil du Roi, qui doit tout au prince, cède la place au « Conseil des États », qui doit tout au peuple ; la révolution triomphe dès le second jour, et, sur les ruines d'une institution dont elle ne laisse rien subsister, elle élève ce que nous appellerions aujourd'hui un gouvernement représentatif. Gouvernement moins éphémère qu'on ne serait tenté de le croire : les mêmes auteurs affirment que, durant plus d'une année, le Conseil élu gouverna la France, offrant avec le précédent Conseil le plus singulier contraste, constituant au moyen âge un véritable anachronisme [1], et jetant un continuel défi aux principes sur lesquels reposait alors le droit public de la France.[2] Nous croyons avoir montré ailleurs [3] qu'un examen minutieux des textes contemporains modifiait un peu l'opinion courante, rendait la résistance du Dauphin plus évidente, le triomphe des États généraux moins éclatant, l'existence d'un Conseil élu plus que douteuse, en un mot l'histoire de la révolution de 1356 à 1358 moins merveilleuse et plus exacte.

La faute du Roi, qui ne prévoyait ni les revers, ni la captivité, avait été de ne pas choisir ceux qu'il laissait près de son fils. Échappés au désastre, une trentaine de conseillers s'étaient retrouvés à Paris et vaquaient, comme devant, aux affaires de l'État, sous la direction plus ou moins effective d'un lieutenant général de dix-neuf ans. Il y avait malheureusement parmi eux des parvenus déconsidérés, dont la présence ne pouvait manquer de produire un fâcheux effet. Les députés de la Langue d'Oïl convoqués au mois d'octobre 1356 n'étaient pas réunis à Paris depuis trois jours qu'ils déclaraient la guerre au gouvernement.

Ils réclamèrent l'arrestation de huit conseillers, sans compter le Chancelier, archevêque de Rouen, et ils proposèrent de substituer à l'ancien Grand Conseil : premièrement, un *Conseil de la guerre*, composé de seigneurs, de bourgeois, et même de prélats « suffisants en faits d'armes », qui devait siéger en un lieu fixe, pourvoir aux besoins de l'armée, correspondre avec les chefs de troupe, prendre en main la direction des opérations militaires ; en second lieu, un *Grand et Secret Conseil*, de vingt-huit membres, quatre prélats, douze chevaliers, douze bourgeois, élus par les députés s'il faut en croire les récits royalistes, choisis dans le sein des trois ordres par le lieutenant du Roi suivant un discours de l'évêque de Laon. Les États flétrirent, en même temps, un abus qui n'avait pas peu contribué à discréditer l'ancien Conseil. Rarement, durant les dernières années, plus de deux ou trois conseillers assistaient aux séances d'affaires ; ceux-là même arrivaient fort tard : neuf heures sonnaient souvent avant qu'on se mît au travail. Le dîner faisait diversion ; l'on s'attardait à table, et l'après-midi s'écoulait sans grand profit pour les affaires. De là (sans parler du préjudice causé aux intérêts de l'État), des lenteurs telles qu'après quinze jours, trois semaines, un mois d'attente, les parties, à bout de ressources, en étaient réduites à vendre leur équipage ou à s'éloigner sans réponse ; de là aussi des mécontentements qui, suivant l'article 7 des doléances,

---

Conseil ordonné paraît n'avoir formé qu'une partie du Grand Conseil : « Par le Roy, à la relacion du Conseil, où quel MM. les ducz de Bourgoingne et de Bourbon, Vous, cinq de MM. du Grant Conseil ordonné, le chancellier du Dauphiné et plusieurs autres estiez. » (JJ 130, fol. 39 v°.) « Par le Roy, à la relation du Conseil, ouquel M. le duc de Bourbonnois, *trois du Conseil ordonné* et plusieurs autres estoient. » (JJ 121, fol. 82 r°.) Mais on s'explique difficilement ce que signifiait l'expression de *Conseil ordonné* en 1389, c'est-à-dire à une époque où Charles VI régnait par lui-même avec le concours de conseillers de son choix (*Religieux de Saint-Denys*, t. I, p. 568) : « Se ne sont ceulz de nostre *Grant Conseil ordonné* ou noz autres conseillers à gages ordinaires et les prélats qui seront retenus par nos lettres depuis cette presente ordonnance.... » (*Ordonnances*, t. VII, p. 275.)

[1] Pour trouver un gouvernement analogue, sinon équivalent, il faudrait se transporter en Angleterre, au temps de Henri III (cf. Bémont, *Simon de Montfort, comte de Leicester*, Paris, 1884, in-8°, p. 111, 114 et 163). On sait comment saint Louis avait jugé le régime constitutionnel inauguré à Oxford.

[2] « Cette grande ordonnance de 1357, que le Dauphin fut obligé de signer, était bien plus qu'une réforme. Elle changeait d'un coup le gouvernement. Elle mettait l'administration entre les mains des États, *substituait la république à la monarchie*. Elle donnait le gouvernement au peuple. » (Michelet, *Histoire de France*, t. III, p. 247.)

[3] *Le gouvernement représentatif en France au XIVe siècle ; étude sur le Conseil du Roi pendant la captivité de Jean le Bon*, dans la *Revue des questions historiques*, 1885, p. 63-115.

grossissaient singulièrement le nombre des partisans d'Édouard III. Sous le régime nouveau, rien de semblable. Des précautions étaient prises pour tenir les hommes en haleine. Chaque matin, le soleil, à son lever, devait trouver les vingt-huit réunis dans une chambre « amont », s'apprêtant à « dépêcher les grosses et pesantes besognes »; chaque fois « qu'ils défaudroient d'être au Conseil, si cause légitime n'avoient, ils perdroient les gages de la journée ». Ils juraient de mettre de côté leur intérêt personnel : l'inertie des mauvais jours allait faire place à l'activité d'un gouvernement réparateur. Ainsi soumis, dès l'origine, à une discipline sévère, le nouveau Grand Conseil paraissait digne d'absorber en lui tous les pouvoirs civils. Quiconque approchait du Dauphin s'engageait à ne jamais lui soumettre aucune nomination de bailli, de prévôt, de vicomte, de grand officier, à moins qu'elle n'eût l'agrément du Conseil. Il n'était pas jusqu'au rachat des prisonniers qui ne nécessitât l'intervention d'un corps dont Pierre d'Orgemont définissait ainsi les attributions : « la jouissance de tout faire et ordener au royaume ».

Tel était, dans sa forme naïve, le rêve des députés. Révocation et châtiment des conseillers responsables, suppression de l'ancien Grand Conseil, institution de deux Conseils nouveaux, dont les membres, peut-être élus, peut-être choisis dans les trois ordres, devaient à coup sûr gouverner sous l'inspiration des États : si ces projets, tant soit peu chimériques, avaient été réalisés, observe judicieusement M. Arthur Desjardins[1], « le pays aurait conquis dès lors ce qu'il a tant cherché plus tard ; il se serait, dès le XIVe siècle, gouverné lui-même. Mais il ne suffit pas, pour qu'un peuple se gouverne lui-même, qu'une poignée d'hommes le veuille. » Nous ajouterons volontiers que cette poignée d'hommes ne le voulait même pas. Qui pouvait songer, en 1356, à une révolution durable? Les députés, en caressant le projet d'une réforme constitutionnelle, n'envisageaient que l'hypothèse d'une lieutenance générale; ils ne s'inquiétaient nullement d'obtenir, pour plus tard, l'assentiment de Jean II : tant il semblait certain que, le jour où le Roi rentrerait en France, l'échafaudage élevé par les États s'abattrait tout d'une pièce.

Se flatter qu'un régime si différent du gouvernement régulier pourrait s'établir en France même à titre provisoire était encore une illusion dont les États généraux ne devaient pas tarder à se défaire. Ils comptaient sans l'énergie précoce du jeune duc de Normandie. Celui-ci, après de longues hésitations, résolut de ne pas paraître à la séance générale annoncée pour le 31 octobre, et congédia les députés. Tous ses efforts ne tendirent plus dès lors qu'à obtenir soit des provinces, soit même de l'Empereur, le secours qu'il ne pouvait plus demander aux représentants de la Langue d'Oïl. Peut-être sa résistance se serait-elle prolongée longtemps encore, peut-être aurait-il obtenu, à force de persévérance, des aides partielles qui l'eussent dispensé de recourir une seconde fois aux États, si, à ce moment, un nouvel adversaire ne se fût élevé contre lui : l'émeute, maîtresse de la rue et conduite par Étienne Marcel.

Il fallut capituler. Le 20 janvier, Charles permit aux États de se réunir quand ils voudraient. Il déclara qu'il révoquait et renvoyait du Conseil ceux que les députés lui avaient nommés, promettant même de les faire arrêter, s'il était possible, et de les garder jusqu'au retour du Roi. Le 5 février, les députés s'assemblèrent. Le 3 mars, eut lieu la séance publique dans laquelle les cahiers des États, préalablement soumis à l'approbation des électeurs, furent revêtus de la sanction du Dauphin, et par là même convertis en une ordonnance royale.

Les États d'octobre avaient demandé, les émeutes de janvier avaient obtenu l'éloignement de neuf conseillers : ce résultat considérable ne suffisait déjà plus. On voulait maintenant que Charles

[1] *États généraux*, p. 47.

privât perpétuellement de tout office trois maîtres des Requêtes de l'Hôtel, trois présidents au Parlement, un conseiller, un avocat du Roi, un trésorier des guerres, un maître des Comptes, un
simple notaire du Roi, et jusqu'à trois écuyers de l'hôtel de Normandie; de ces nouveaux pro-
scrits, six à peine mériteraient d'être cités ici comme appartenant au Grand Conseil. Les députés
stipulaient, en outre, la tenue de trois sessions nouvelles avant la date du 1ᵉʳ mars 1358, et,
chaque fois, ils se proposaient d'aviser « sur le fait de la guerre, de l'aide et du gouvernement »,
de sorte que, trois fois en une seule année, le pouvoir devait retomber tout entier entre les mains
des États généraux. Cependant la constitution d'un gouvernement régulier n'importait pas moins
que le retour périodique des sessions parlementaires : c'est à ce gouvernement, en définitive, qu'il
appartenait de suivre l'impulsion donnée par les États et d'assurer le succès des réformés. Le
moment semblait venu de faire triompher le hardi projet du mois d'octobre. On y renonça. Que
se passa-t-il? quel fut, quant au gouvernement, la résolution des meneurs ? Tous les historiens
sont unanimes : ils proclament, à cette date, l'avènement du Conseil élu. C'est alors, disent-ils,
que le royaume commença d'être gouverné par des hommes qui tous, sans exception, devaient leur
pouvoir, non pas au choix du prince ou de son représentant attitré, mais aux suffrages de ses
sujets. Fait inouï, dont nous avons cherché à vérifier l'exactitude, et que nous avons cru pouvoir
résolument rejeter dans le domaine de la légende. Les limites forcément restreintes de la présente
étude ne nous permettent pas de reproduire une démonstration d'autant plus lente et laborieuse que
la matière était plus délicate, et l'opinion contraire défendue par l'autorité des meilleurs noms :
Dupuy, Secousse, Augustin Thierry, Georges Picot, Siméon Luce. Nous nous bornerons ici à présenter le résumé de nos conclusions.

D'accord sur le fait principal de l'élection des conseillers, les auteurs qui viennent d'être cités,
et auxquels il serait facile d'en joindre plusieurs autres, ne laissaient pas de différer sur deux points :
1° le nombre total des conseillers élus; 2° le nombre des conseillers élus par chacun des trois
ordres. Cette divergence provenait de ce qu'ils puisaient à deux sources différentes : les uns s'en
rapportaient à Froissart, les autres faisaient usage de l'acte d'accusation dressé contre Robert le Coq.

Les premiers[1] portaient à trente-six le nombre des conseillers élus : « On nomma, dit M. Picot,
une grande commission *composée de trente-six membres : chaque ordre choisit douze députés* chargés de
veiller à ses intérêts respectifs. *Le gouvernement tout entier passait entre leurs mains :* la révolution
était faite... Le Grand Conseil, ainsi constitué sous l'influence des États généraux et composé des
plus ardents, allait devenir le centre et comme le pivot de la réforme ; *douze prélats, douze nobles,
douze bourgeois, choisis et en réalité imposés par les États, se trouvaient investis d'une autorité sans
limites.* Ces trente-six députés, réunis pour conseiller le Dauphin, le dominèrent dès le premier jour et lui
dictèrent toutes les résolutions qui furent prises pendant plus d'une année. » Il suffit de jeter un
coup d'œil sur la chronique de Froissart pour y reconnaître les éléments de ce récit. Toutefois, bien
que Froissart ait écrit, suivant l'opinion commune, peu de temps après la captivité de Jean le Bon,
les souvenirs personnels, les traditions orales lui faisaient généralement défaut, et cette partie de son
œuvre est simplement une paraphrase de la chronique contemporaine du chanoine de Liège Jean

[1] Dupuy, *Traité de la majorité de nos roys*, p. 33. — Secousse, *Histoire de Charles le Mauvais*, t. I, p. 138. — Vidaillan, *Histoire du Conseil du Roi*, t. I, p. 155. — Picot, *Histoire des États généraux*, t. I, p. 66 et 93. — H. Martin, *Histoire de France*, t. V, p. 172. — Michelet, *Histoire de France*, t. III, p. 245 et 247. — Cl. Dareste de la Chavanne, *Histoire de France*, t. II, p. 474. — Comte de Torreánaz, *Los consejos del Rey durante la edad media*, Madrid, 1884, in-8°, t. I, p. 106. — S'il nous était permis de nous citer le dernier, nous avons nous-même partagé l'opinion ou, si l'on veut, l'erreur commune dans notre étude sur *Le Conseil du Roi et le Grand Conseil pendant la première année du règne de Charles VIII.* (*Bibliothèque de l'École des chartes*, 1882, t. XLIII, p. 611.)

le Bel[1]. Nous avons mis les deux textes en regard, et l'on a pu constater que le fait capital de l'élection des conseillers par les États ne se trouvait rien moins qu'établi dans le récit du chanoine de Liège. C'est Froissart qui, inconsciemment, en intercalant un mot, en arrondissant une phrase, en interprétant un texte qu'il ne lisait pas toujours attentivement, a totalement dénaturé le sens du récit original, auquel il ne se proposait sans doute que d'ajouter des agréments de style.

De même, les nombreux savants[2] qui, sur la foi de Douët d'Arcq[3], avaient reconnu les membres du Conseil élu dans les six nobles, les onze prélats et les dix-sept députés des bonnes villes que nomme l'acte d'accusation dressé contre Robert le Coq, ces savants n'avaient point lu, sans doute, l'article 40 du réquisitoire. Il détermine de la façon la plus nette la mission de ces trente-quatre délégués : le prétendu Conseil élu en 1357 pour gouverner l'État n'est autre qu'une commission parlementaire chargée momentanément, au mois d'octobre 1356, de s'entendre avec le Dauphin et de rédiger des remontrances. Il en résulte que, pour apprécier les résultats du mois de mars, on ne doit consulter ni Froissart, ni Jean le Bel, ni l'acte d'accusation dressé contre Robert le Coq, textes plus ou moins sujets à vérification, mais qui se rapportent tous trois à divers incidents de la session d'octobre.

Quant aux chartes, que seules il nous est permis d'interroger sûrement, elles montrent qu'on a généralement grossi la victoire remportée, en 1357, sur la royauté par les États. Déjà l'expulsion et la retraite d'une douzaine des membres les plus influents du Conseil avaient laissé les députés à peu près maîtres de la place. Parmi les conseillers maintenus, ils comptaient des amis; ils respectèrent les autres, se bornant à leur adjoindre six ou sept de leurs partisans, qu'ils élurent vraisemblablement dans la séance du 10 mars. Si le résultat définitif ne fut pas avantageux à la royauté, au contraire, les États du moins se gardèrent de faire table rase des institutions royales; ils ne substituèrent pas au Grand Conseil, comme on l'a dit, une assemblée entièrement issue du suffrage populaire. Des hommes furent écartés, un élément électif furtivement introduit dans le Conseil, mais ce fut tout : rien de changé pour l'avenir, ni dans le mode de recrutement, ni dans le titre essentiellement révocable des conseillers du Roi.

En revanche, la règle sévère imaginée au mois d'octobre devint une réalité. Le Dauphin ne pouvait plus se dispenser de prendre l'avis du Conseil pour certaines catégories de décisions. Alors s'introduisit, sans doute, parmi les conseillers, l'habitude de contresigner les lettres expédiées sous leurs yeux.

Mais, encore une fois, l'ancien Conseil survivait, bien qu'épuré. Il ne cessa de disputer aux commissaires sur le fait du subside, aux généraux réformateurs et aux autres corps élus la meilleure part du pouvoir exécutif. Ce gouvernement lui-même, si peu populaire qu'il fût, dura quatre mois à peine. Dès le mois d'août, le Dauphin balaya les intrus, désavoua les députés, rappela les officiers suspects, donna des gages positifs aux conseillers bannis, fit rentrer de son mieux les institutions et les hommes dans les bornes accoutumées. Sa main devait une fois encore dessaisir le gouvernail : mais le régime qui s'établit en France vers la fin de l'année 1357, pour se terminer brusquement le

---

[1] Les vrayes chroniques de messire Jehan le Bel, édit. Polain, Bruxelles, 1863, t. II, p. 212.

[2] Augustin Thierry, Recueil des monuments inédits de l'histoire du tiers état, t. I, p. XLIII. — Rathery, Histoire des États généraux, 1845, p. 87 et 93. — Ch. Jourdain, L'Université de Paris au temps d'Étienne Marcel, dans la Revue des questions historiques, 1878, p. 551 et 553. — Arthur Desjardins, États généraux, p. 60. — Baron Kervyn de Lettenhove, Œuvres complètes de Froissart, t. VI, p. 451. —

Perrens, L'tienne Marcel, 2ᵉ édition, p. 108; cf. p. 155. — Michelet, Histoire de France, t. III, p. 245, 247. — S. Luce, Examen critique de l'ouvrage intitulé: Étienne Marcel, par M. Perrens, dans la Bibliothèque de l'École des chartes, t. XXI, 1860, p. 261; Chroniques de J. Froissart, t. V, p. XIX; cf. Histoire de la Jacquerie, p. 51. — Aug. et Ém. Molinier, Chronique normande du XIVᵉ siècle, p. 305.

[3] Acte d'accusation contre Robert le Coq, dans la Bibliothèque de l'École des chartes, 1ʳᵉ série, t. II, p. 364.

25 mars 1358, ne saurait offrir la moindre ressemblance avec un gouvernement représentatif; c'est plutôt le règne de l'émeute. Le Grand Conseil demeure debout; bon nombre d'anciens conseillers sont à leur poste; la plupart ne se retirent que devant les sommations des bandes armées. Il faut attendre aux derniers jours de la période anarchique pour assister à l'intrusion d'un fort petit nombre de meneurs, qui reçoivent de la populace, bien plutôt que de la bourgeoisie, l'investiture de conseillers. Aussitôt après la victoire du régent, les derniers vestiges de l'insurrection sont effacés, le gouvernement retrouve sa physionomie ancienne.

Tout au plus pourrions-nous compter parmi les bienfaits de l'époque cette clause, consacrée en 1359 par l'assemblée royaliste de Compiègne, qui requérait la présence et l'avis préalable de trois membres au moins du Grand Conseil dans certains cas déterminés : pour une donation, pour une rémission, pour une nomination d'officier, pour toute résolution relative à la guerre, aux finances et au domaine royal. En vue d'assurer l'observation de cette loi, on demandait à trois conseillers d'apposer leur signature ou, s'ils ne savaient pas écrire, leur signet sur les lettres royales : l'oubli de cette formalité entraînait la nullité de l'acte. Cette règle, pour être utile, n'en fut pas moins souvent violée. Ce serait, d'ailleurs, en exagérer singulièrement la portée que d'y voir même une apparence de responsabilité ministérielle. Au lieu de signatures, l'ordonnance du 27 janvier 1360 se contenta d'exiger, au bas des lettres, la mention des noms de deux conseillers présents : c'était l'usage constamment observé depuis l'époque de Philippe le Long.

En réalité, le mouvement révolutionnaire avait échoué parce qu'il ne répondait à aucun besoin général. En France, au lendemain de Poitiers, on trouve un mécontentement sourd, une inquiétude patriotique, chez plusieurs de l'ambition, peut-être même la pensée de déplacer la Couronne au profit d'une branche rivale, tout, en un mot, excepté le désir de fonder un gouvernement libre et de substituer, suivant le mot d'un historien moderne [1], « la république à la monarchie ».

La commission de douze réformateurs nommée en 1413, plutôt par les soins de l'Université que sous l'inspiration des États, et la commission temporaire de dix-sept membres choisie par les États généraux de 1467 [2] méritent à peine une mention. Mais la question du Conseil élu revint à l'ordre du jour dès le lendemain de la mort de Louis XI (30 août 1483), et, pour bien mesurer l'influence exercée sur le gouvernement par les députés réunis à Tours en 1484, il importe de rappeler brièvement les circonstances au milieu desquelles s'ouvrit cette session fameuse [3].

Charles VIII, âgé de treize ans et quelques mois, pouvait être considéré comme majeur ou mineur suivant qu'on interprétait en tel ou tel sens la célèbre ordonnance de Charles V sur la majorité des Rois [4]. On ignorait donc si le nom de régence convenait au gouvernement; mais ce que l'on savait mieux, c'est que trois partis s'étaient disputé le pouvoir et avaient constitué d'un commun accord, peu après la mort de Louis XI, un Conseil provisoire de douze membres, puis de quinze, connu sous le nom de Conseil étroit. Ces trois factions étaient celles du sire et de la dame de Beaujeu, beau-frère et sœur du jeune Roi, de Charlotte de Savoie, sa mère, et de Louis d'Orléans, son cousin et son héritier présomptif. Quant au Conseil, dès l'abord, composé, pour la majeure partie, de seigneurs disposés à suivre la bannière du duc d'Orléans, il avait peu à peu élargi son cercle et complètement changé de

[1] Michelet, *Histoire de France*, t. III, p. 247.

[2] G. Picot, *Histoire des États généraux*, t. I, p. 351.

[3] Nous ne faisons que résumer ici la première partie d'un mémoire paru, en 1882, dans la *Bibliothèque de l'École des chartes* (t. XLIII, p. 594-618), sous ce titre : *Le Conseil du Roi et le Grand Conseil pendant la première année du règne de Charles VIII*. Nous renvoyons à ce travail le lecteur curieux d'approfondir un point d'histoire controversé, ou même désireux de connaître les textes sur lesquels reposent les affirmations qui vont suivre.

[4] *Ordonnances*, t. VI, p. 261.

caractère. Les princes avaient commencé par y amener quelques gens de leur suite; puis, par l'entremise des Beaujeu, d'autres s'y étaient glissés : des prélats, des seigneurs, des financiers, des légistes;
soit environ vingt nouveaux membres, dont plusieurs avaient déjà siégé au Conseil sous le précédent
règne, et qui promettaient presque tous d'apporter aux Beaujeu le concours d'un attachement de
vieille date ou d'un dévouement intéressé. Avant la fin de l'année 1483, la mort de la Reine mère
avait soudain fait disparaître un des trois grands partis qui se disputaient le gouvernement.

La situation d'Anne de Beaujeu s'améliorait donc de jour en jour, quand l'ouverture des États
généraux, provoquée par ses adversaires, vint compromettre le résultat de ses adroites manœuvres.
Si le clergé, la noblesse de province et la bourgeoisie avaient éprouvé à la mort de Louis XI un
même « sentiment de joyeuse délivrance [1] », on pouvait penser qu'ils allaient confondre leurs res-
sentiments avec celui des princes et faire retomber sur la fille les haines qu'avait excitées le gouvernement du père. Les ducs d'Orléans, de Bourbon et d'Alençon, les comtes d'Angoulême, de Dunois
et le sire d'Albret comptaient bien profiter de ces mécontentements pour s'emparer du pouvoir, et
ils voulaient avant tout un Conseil composé uniquement de leurs créatures.

C'est le but que poursuivait secrètement leur émissaire l'évêque du Mans, quand il vint, au mois
de janvier, trouver les États de leur part : « Les princes demandent, dit-il aux députés, que vous
composiez le Conseil d'hommes probes et expérimentés, auxquels on ne puisse reprocher *soit d'avoir
imposé au peuple quelqu'une des charges perfidement inventées dans ces derniers temps*, soit d'avoir accepté
des pensions aussi onéreuses que peu méritées. Si de tels hommes font déjà partie du Conseil,
chassez-les. A cette condition, l'appui des princes ne vous manquera pas. » On ne pouvait désigner
plus clairement à la vengeance des États les conseillers du feu Roi. Mais la déclaration, pour être
claire, n'en fut pas moins trouvée hardie, et peu s'en fallut que les députés, choqués de s'entendre
dicter des ordres, ne répondissent par un refus à l'ouverture des princes. Toutefois, le 4 février,
la discussion s'ouvrit sur « l'élection d'un certain nombre de conseillers qui, en raison de la jeunesse
du Roi, devaient administrer avec une souveraine autorité les affaires de France [2] ». C'était le
moment où un vote flétrissant pouvait impitoyablement écarter du Conseil les plus sûrs partisans
des Beaujeu.

Si nous comprenons bien la conduite d'Anne de France en cette conjoncture critique, elle craignit
d'engager une discussion dont elle appréhendait l'issue, et, plutôt que d'exposer à un échec les amis
et les serviteurs qu'elle venait d'introduire au Conseil, elle fit en sorte que leur nom ne fût pas
même prononcé. Elle imagina donc de produire la liste de quinze conseillers dressée au début du
règne, jetant comme un voile sur les changements survenus dans l'intervalle. De tous ces personnages reçus au Conseil plus ou moins clandestinement depuis le mois de septembre 1483, il ne fut
pas plus question que s'ils ne devaient jamais prendre, que s'ils n'avaient jamais pris aucune part
au gouvernement. Grâce à cette ingénieuse réticence, les rôles se trouvèrent intervertis. Les princes,
qui attaquaient le Conseil royaliste du mois de janvier, défendirent le Conseil aristocratique du mois
de septembre. Passant de la défensive à l'offensive, les Beaujeu s'emparèrent de la position qu'aban-
donnaient leurs adversaires : à eux désormais de réchauffer l'ardeur des députés, à eux de flatter
leur amour-propre en les reconnaissant hautement pour arbitres de la situation, à eux de dénoncer
les conseillers impopulaires, nombreux même dans le parti des princes. Engagé de la sorte, le
combat pouvait se terminer à l'avantage des Beaujeu, mais non tourner à leur ruine. La liste du
Conseil était-elle modifiée? ils gagnaient probablement au change; maintenue? ils ne perdaient pas
l'espoir de rouvrir une seconde fois la porte à leurs amis, momentanément écartés et oubliés.

[1] G. Picot, *Histoire des États généraux*, t. I, p. 355. — [2] *Journal des États généraux*, p. 80, 82, 98 et 116.

Cependant les princes, obligés de changer tout d'un coup de tactique et se trouvant, dès les premiers pas, en contradiction avec eux-mêmes, en éprouvaient quelque embarras : les messagers qu'ils envoyaient aux États généraux se bornèrent d'abord à insister sur l'accord absolu qui régnait entre le duc de Bourbon et le duc d'Orléans (5 février); le lendemain, ils se risquèrent à dire que les quinze conseillers inscrits devaient leur nomination au choix des ducs d'Orléans et de Bourbon, déclaration qui répandit le trouble dans l'assemblée. Les princes prétendaient-ils donc imposer aux États la confirmation des quinze ? A cette question, posée à brûle-pourpoint, le duc de Bourbon, embarrassé, répond que les députés sont libres d'agir à leur gré; le duc d'Orléans hésite, saisit le prétexte d'un dîner qui l'attend, et congédie la députation.

Tout autre est le langage des Beaujeu. Leurs messagers donnent à entendre que, si les États s'en remettent aux princes du soin de composer le Conseil, de redoutables compétitions se produiront dans le royaume; ils exhortent les députés à remanier entièrement la liste des conseillers, dont le nombre serait alors porté à vingt-quatre. C'était la thèse hardie du Conseil élu qui reparaissait au bout de cent vingt-huit ans, défendue cette fois par les représentants mêmes de l'autorité monarchique, par la fille et par les serviteurs du plus absolu des Rois.

Huit jours durant, les députés discutèrent cette question primordiale avec un acharnement qui dénotait la crainte de déplaire aux princes et l'ambition de fonder un gouvernement électif; les intérêts personnels des seigneurs, les rivalités des provinces se jetèrent souvent à la traverse. Masselin appelait ce débat l'hydre à sept têtes : on en coupait une, il en renaissait deux.

La Normandie[1] se montra constamment opposée au maintien du Conseil étroit; elle discernait parmi les quinze des traîtres, des incapables, des dilapidateurs du trésor public, dont la fortune datait des plus mauvais jours, des accapareurs de domaines confisqués. Il fallut tout le respect que lui inspirait la volonté des princes pour l'arrêter sur la pente d'une revision totale : elle consentit à conserver douze des conseillers nommés, à condition que vingt-quatre autres seraient élus par les États.

La Bourgogne voulait faire asseoir au Conseil, à côté des princes descendant des Rois par la ligne masculine, douze des anciens conseillers et douze députés choisis par les États : c'était, après la Normandie, la province la plus dévouée à la cause du gouvernement représentatif. L'objection très grave que soulevait l'idée d'un Conseil élu, au lendemain d'un règne despotique, fut abordée de front par l'orateur bourguignon Philippe Pot, seigneur de la Roche, il n'est pas inutile d'ajouter que ce premier défenseur de la souveraineté du peuple[2] devait le succès de sa candidature à la recommandation royale et ne prenait vraisemblablement la parole qu'à l'instigation des Beaujeu. Philippe Pot n'admettait pas que les princes du sang fussent des tuteurs auxquels la loi confiait, pendant la jeunesse du prince, le gouvernement du royaume; ce rôle, suivant lui, appartenait aux États. «Les princes, disait-il[3], ont institué un Conseil à la mort de Louis XI : c'est vrai; il fallait pourvoir aux besoins urgents de l'État; vous n'étiez pas réunis. On a nommé un Conseil provisoire, on a bien fait. Grâces soient rendues à ceux qui ont pris cette mesure; mais, aujourd'hui que les États sont réunis, toute autorité est revenue à eux; le Conseil, en réalité, n'existe plus; rien n'a de force sans votre sanction : aucune institution ne subsiste légalement, si elle n'est établie par vous ou conforme

---

[1] La Normandie avait d'abord voulu organiser une élection à deux degrés : les États devaient élire dix-huit délégués; les quinze conseillers nommés devaient en élire huit, et ces vingt-trois personnes devaient recevoir des États la mission de choisir les vingt-quatre ou les trente-six membres du Conseil définitif.

[2] «La souveraineté, disait-il, émane du peuple, qui l'a confiée aux Rois et a droit de la reprendre quand ils sont incapables de régner.»

[3] Nous n'avons cru pouvoir mieux faire que d'emprunter cette analyse à M. Picot (*Histoire des États généraux*, t. I, p. 412).

à votre volonté régulièrement exprimée.... » Une grande partie de son discours n'était ainsi qu'un commentaire éloquent des mots *quousque fuerint Status congregati* qui figuraient dans l'acte d'institution du Conseil étroit, et qu'il appelait l'article capital du rôle communiqué à l'assemblée. Son argumentation semblait plus faible quand il cherchait à prouver que tous les princes, sans exception, attendaient de l'initiative des députés la réforme du gouvernement.

Les autres sections des États furent plus sensibles aux promesses des ducs qu'aux encouragements du seigneur de la Roche. Au premier abord, la Guyenne, le Languedoc et la Langue d'Oïl avaient paru disposés à suivre l'avis de la Normandie et de la Bourgogne; les Parisiens eux-mêmes, à qui toutes les armes paraissaient bonnes, jusqu'aux citations d'Ovide[1], pour défendre le Conseil des quinze, avaient proposé de leur adjoindre neuf conseillers élus. Mais ces velléités d'indépendance cédèrent à la réflexion : la Guyenne comptait dans le Conseil étroit deux membres influents; parmi les autres conseillers, trois, suivant Masselin, appartenaient à la Langue d'Oïl, six à la section de Paris; la plupart des princes étaient originaires des mêmes contrées; enfin le duc d'Orléans exerçait l'office de lieutenant général dans l'Île-de-France et la Champagne. C'était plus qu'il n'en fallait pour assurer dans ces sections le succès du Conseil des quinze.

Le 12 février, l'on convint tant bien que mal de la rédaction d'un article qui devait être, le jour même, présenté en séance royale. « Le jeune Roi, y était-il dit, devra, pour tout acte de gouvernement, se conformer à l'avis du Conseil; il assistera lui-même aux séances le plus souvent qu'il lui sera possible. En son absence, la présidence appartient au duc d'Orléans; à son défaut, au duc de Bourbon, ou enfin, en l'absence de celui-ci, au sire de Beaujeu. Le droit de siéger au Conseil est reconnu à tous les princes. » Les États refusent d'apporter aucune modification à la liste qui leur a été officiellement transmise : ils s'en rapportent, sur ce point, au bon plaisir des princes; mais ils souhaitent que le Roi et ses conseillers choisissent eux-mêmes dans les États douze nouveaux membres du Conseil. » Le Chancelier répondit : « Le Roi confirme et établit dès à présent son Conseil comme réel et définitif. Il veut y adjoindre, suivant votre demande, des hommes probes tirés du corps des États, et il entend leur donner le pouvoir de prescrire tout ce qu'ils jugeront utile, sauf toutefois sa prérogative de commander en son propre nom. » Décision agréable aux princes, mais peu préjudiciable aux Beaujeu, qui voyaient, d'un autre côté, leur situation consolidée, et qui d'ailleurs, nous le répétons, avaient si bien pris leurs mesures qu'ils ne pouvaient, en aucun cas, essuyer de défaite véritable. C'est alors que, connaissant le résultat de la session, ils devaient s'applaudir d'avoir prévu la défaillance des députés et de n'avoir pas commis aux hasards d'une discussion publique le sort de leurs plus fidèles partisans. La suite des évènements fera comprendre que, s'il eût été difficile de maintenir des conseillers flétris par un vote solennel des trois États, il était aisé de rouvrir secrètement la porte du Conseil étroit à d'anciens serviteurs sur lesquels l'opinion publique ne s'était pas prononcée; l'on va voir qu'il était même possible d'éluder en partie les demandes, cependant bien discrètes, des députés.

Masselin poursuit en ces termes : « M. de Coutances nous apprit, le 11 mars, que les conseillers avaient résolu de s'adjoindre encore six membres des États, et qu'ils en choisissaient un parmi les Normands, M⁰ Jacques de Croismare. Nous lui en fîmes nos remerciements. Peu de temps auparavant, quatre ou six députés avaient été admis au Conseil : MM. de Lombez, de Montmorency, de la Roche, d'Arpajon et plusieurs autres[2]. » — « Vers le commencement de mars, dit M. Picot, le Conseil s'adjoignit environ dix membres des États[3]. » En réalité, la concession faite aux États fut plus insigni-

---

[1] « Turpius ejicitur quam non admittitur hospes. » (Ovide, *Trist.* V, eleg. vi, 13.) — [2] A. Bernier, *Journal des États généraux*, p. 648. — [3] *Histoire des États généraux*, t. I, p. 421.

fiante encore. La présence au Conseil de Jacques de Croismare et du seigneur d'Arpajon, pendant l'année 1484, n'a laissé aucune trace, à notre connaissance; l'évêque de Lombez ne faisait que rentrer au Conseil, où il avait longtemps siégé sous Louis XI; l'évêque de Périgueux, député du Périgord, était, ainsi que le maréchal Des Querdes, député de l'Artois, membre du Conseil étroit depuis l'origine; le seigneur de La Trémoille, député de la Rochelle, y avait été introduit dès le mois d'octobre : restent trois députés, l'évêque de Rieux, le sire de Montmorency et le célèbre Philippe Pot, qui, suivant toute vraisemblance, durent le titre de conseillers à l'intervention des États. Faible résultat d'un grand effort.

Anne de Beaujeu n'attendit même pas la dispersion des députés pour faire rentrer au Conseil les amis qu'elle y avait introduits. Elle ne s'arrêta pas là. D'anciens conseillers de Louis XI restaient encore à l'écart : elle les rappela. Le Conseil étroit gardait une physionomie trop aristocratique à son gré : elle le peupla de légistes et de financiers. C'est ainsi qu'avant la fin de l'année 1484, on avait déjà vu siéger six nouveaux prélats, entre autres Tristan de Salazar et François Hallé, l'un des juristes auxquels Louis XI avait témoigné le plus de confiance dans les derniers temps de sa vie; quinze nouveaux seigneurs environ, dont le célèbre Étienne de Vesc; douze maîtres des Requêtes de l'Hôtel, onze autres magistrats au moins; cinq trésoriers de France, parmi lesquels Jean Bourré; quatre généraux des finances, dont le plus connu, Guillaume Briçonnet, devait s'assurer une autorité presque absolue en matière de finance; deux généraux des aides, un général maître des monnaies, un président de la Chambre des comptes, un vice-président, qui n'était autre que le médecin Jacques Coictier, et trois maîtres des Comptes, parmi lesquels Olivier le Roux, fort compromis dans les tristes commissions dont l'avait chargé quelquefois Louis XI : c'était un groupe d'environ quarante légistes ou financiers, dans lequel une large part était faite à la bourgeoisie, une plus large encore aux serviteurs du feu Roi.

Il y avait loin de cette grande assemblée au Conseil étroit de vingt-quatre ou trente membres dont les États avaient requis, et le gouvernement promis l'institution. En moins d'un an, ce nombre se trouvait plus que triplé : y compris les princes, il dépassait la centaine [1]. On peut juger par là, du peu d'influence qu'exercèrent, en définitive, sur la composition du Conseil les États généraux réunis à Tours en 1484. Les princes, qui les avaient appelés, pour être leurs instruments dociles, avaient pesé sur tous leurs votes; les Beaujeu, qui les avaient vus venir avec une certaine appréhension, avaient feint de les encourager, mais, aussitôt la session close, n'avaient plus tenu compte de leurs vœux. Il est vrai qu'à aucune époque, si l'on excepte les temps modernes, le principe du Conseil élu et du gouvernement représentatif ne fut plus nettement posé; mais il faut ajouter que le fameux discours du seigneur de la Roche était « plutôt une arme de parti qu'un manifeste de politique libérale [2] », et que, s'il a pu faire luire aux yeux de quelques députés des espérances prématurées, il n'a ni rallié les suffrages, ni écarté les objections de la majorité des États.

La mort de Henri II replaça la France à peu près dans la situation où elle s'était trouvée à la mort de Louis XI : un héritier du trône majeur, mais trop jeune pour gouverner. A la vérité, François II comptait, en 1559, deux années de plus que Charles VIII en 1483, ce qui mettait le fait de la majorité royale au-dessus de toute contestation; mais, l'incapacité du prince étant notoire, comme au temps de la dame de Beaujeu, et le Conseil devant par là même exercer toute la puis-

[1] Ces conseillers n'assistèrent jamais tous ensemble aux Conseils; les séances les plus nombreuses comptent une trentaine de membres présents. Voir, par exemple, dans les *Procès-verbaux* publiés par A. Ber-nier, les séances des 3, 13 et 17 août, du 13 décembre 1484, etc.
[2] P. Pélicier, *Essai sur le gouvernement de la dame de Beaujeu*, Paris, 1882, in-8°, p. 74.

sance, le précédent de 1484 autorisait, dans une certaine mesure, l'intervention des États. Cependant le Conseil se constitua de lui-même; la phrase *quousque fuerint Status congregati* ne fut pas même prononcée : laissant la place d'honneur à la Reine mère, les Guise attirèrent à eux la réalité du pouvoir, et écartèrent du Conseil jusqu'aux princes du sang[1]. Ceux-ci n'avaient plus à leur tête un Dunois, un Louis d'Orléans : le roi de Navarre n'était pas de force à lutter contre Catherine de Médicis. Les tentatives des *Malcontents*, qui, sous prétexte de seconder la revendication des princes, poursuivaient le triomphe de la Réforme, n'eurent pas un meilleur succès : leur prise d'armes aboutit aux exécutions d'Amboise, et leurs écrits, destinés à démontrer la nécessité de ce qu'ils appelaient le *légitime Conseil*, furent réfutés par Jean Du Tillet[2]. Lorsqu'au mois, d'août 1560, tous les conseillers de François II, jusqu'aux chefs du parti catholique, se rallièrent à l'idée d'une convocation des États, ce fut dans l'espoir de mettre fin aux dissensions religieuses, mais avec le ferme propos de ne laisser les députés trancher aucune des questions relatives à la composition du Conseil.

La situation était bien changée quand les États d'Orléans s'ouvrirent : François II avait disparu (5 décembre 1560); la même loi fondamentale qui avait permis de considérer le fils aîné comme majeur, condamnait le fils cadet à demeurer mineur pendant au moins trois ans. Il n'appartenait pas à Charles IX de nommer lui-même son Conseil, comme avait semblé le faire François II : c'était une véritable régence qu'il s'agissait d'organiser, et plusieurs des arguments imaginés par Du Tillet pour défendre l'autorité d'un monarque de quinze ans se retournaient contre un prince âgé de dix ans et demi. Cependant, quand les députés se réunirent, le nouveau gouvernement était fondé; tous les arrangements avaient été pris, nous ne dirons pas le lendemain, mais la veille de la mort de François II[3]. Catherine de Médicis était régente; le prince de Condé avait fui; le roi de Navarre s'était « si doulcement comporté » envers la Reine mère, qu'elle avait lieu de s'en contenter[4]. Du reste, Catherine de Médicis avait sagement replacé dans le Conseil de trente membres, définitivement constitué le 7 décembre, les anciens serviteurs de Henri II et les disgraciés du dernier règne, le Connétable, les princes du sang, en première ligne le roi de Navarre[5].

C'était là le fait accompli en présence duquel se trouvaient placés les députés des trois ordres. Quelques jours après, le 21 décembre, la régence fut constituée, en pleine session, et les travaux du Conseil organisés par un acte solennel, auquel prirent part la Reine mère, les princes, les conseillers, mais auquel les États, bien que présents, demeurèrent totalement étrangers[6].

Ce procédé d'une hardiesse blessante trouva sa justification dans la complaisance ou la timidité d'une grande partie des États. Le clergé se confondit en remerciements à l'adresse de la Reine mère qui avait, disait-il, bien voulu prendre en mains le gouvernement. Toute son ambition se bornait à obtenir communication de la liste du Conseil[7]. Le tiers état et la noblesse, un peu moins accom-

[1] Abel Desjardins, *Négociations de la France avec la Toscane*, t. III, p. 402. — Regnier de La Planche, *Histoire de l'estat de France sous le règne de François II*, édit. Mennechet, 1836, t. I, p. 16. — Comte H. de La Ferrière, *Lettres de Catherine de Médicis*, t. I, p. LVII. — Comte Delaborde, *Histoire de Coligny*, t. I, p. 386 et 392. — Baron de Ruble, *Antoine de Bourbon et Jeanne d'Albret*, 1882, in-8°, t. II, p. 15 et suiv.

[2] Dupuy, *Traité de la majorité de nos roys*, p. 313, 317, 329, 332, 339. — La Popelinière, *Histoire des troubles et guerres civiles en France pour le fait de la religion*, 1581, t. I, fol. 153, et suiv. — J.-A. de Thou, *Historiarum lib. XXIII*, t. I, p. 775-780. — Comte H. de La Ferrière, *Lettres de Catherine de Médicis*, t. I, p. LXXIX.

[3] Lettre de Chantonnay, citée par M. de La Ferrière (*Lettres de Catherine de Médicis*, t. I, p. LXXXV).

[4] L. Paris, *Négociations sous François II*, p. 986. — Comte H. de La Ferrière, *Lettres de Catherine de Médicis*, t. I, p. LXXXVII.

[5] «*Séance de MM. du Conseil du Roy en l'année 1560, au commencement du règne du Roy Charles IX, comme elle se trouve dans un registre de M. de Laubespine, secrétaire d'Estat, du 7 décembre 1560* : Les princes du sang et autres seigneurs ordonnez par le Roy pour seoir en son Conseil...» (Bibl. nat., ms. Brienne n° 267, fol. 45. Arch. nat., KK 625, fol. 69.) Cette liste est plus complète que celle qui est fournie par la *Relation de ce qui se passa à Orléans le lendemain de la mort du roi François II.* (Dupuy, *Traité de la majorité de nos roys*, p. 347; L. Paris, *Négociations sous François II*, p. 731; Vidaillan, *Histoire du Conseil du Roi*, t. II, p. 53.)

[6] Bibl. nat., ms. français n° 7496, fol. 204 v°. — Isambert, *Anciennes lois françaises*, t. XIV, p. 58.

[7] Barrois, *Recueil des cahiers*, t. I, p. 58. — G. Picot, *Histoire des États généraux*, t. II, p. 70. — Arthur Desjardins, *États généraux*, p. 288.

modants, avaient d'abord contesté la validité de leur mandat, demandant qu'une assemblée nouvelle fût chargée d'élire un Conseil de régence[1]. Mais, quand cette proposition eut reçu du Conseil, alors constitué, l'accueil qu'elle en pouvait attendre, le tiers état et une partie de la noblesse adhérèrent silencieusement au gouvernement établi.

C'est avec d'étranges précautions qu'un groupe de seigneurs dévoués aux intérêts de l'Église exprima vaguement sa préférence pour les conseillers bons catholiques, et il est nécessaire d'examiner leur cahier général de très près pour s'apercevoir qu'ils ont rayé de la liste officielle du Conseil les noms de six conseillers penchant plus ou moins ouvertement vers le parti de la Réforme[2]. La portion de la noblesse acquise aux opinions nouvelles fit seule entendre dans son cahier une sorte de protestation; elle expliqua son silence prolongé au sujet du Conseil de régence en disant qu'elle préférait ne point se mêler de cette affaire, si elle ne pouvait en prendre la souveraine et absolue direction; d'ailleurs, pleine de respect pour Catherine de Médicis, elle essayait de lui prouver combien son pouvoir grandirait quand il aurait reçu la consécration des suffrages de ses sujets[3].

La timidité relative des députés d'Orléans s'explique par la pression qu'avaient exercée les Guise sur les élections de 1560; mais les États s'étaient séparés sans accorder de subsides. Le gouvernement dut les rappeler, et les nouvelles élections eurent lieu sous l'influence, alors prédominante, du parti calviniste. Dès l'ouverture des assemblées partielles qui se réunirent en diverses provinces, on vit que la question du Conseil allait revenir sur le tapis et soulever de violentes tempêtes. Les États particuliers de la prévôté de Paris, assemblés le 15 mars 1561, décernent la régence au roi de Navarre, à son défaut au prince de Condé, laissent seulement à la Reine mère la garde de la personne royale; réclament l'institution d'un *Conseil légitime*, c'est-à-dire élu, qu'ils se mettent en devoir d'organiser; ils en excluent les Guise, leurs partisans, le maréchal de Saint-André, les cardinaux, s'ils ne consentent à déposer le chapeau, sous prétexte qu'ils ont prêté serment «à autre que au Roi»; ils s'en remettent aux États généraux du soin de compléter leur liste, insistant seulement pour le maintien des princes, du Connétable, des maréchaux de Brissac, de Termes et de Montmorency, de l'amiral de Coligny[4]. Au même moment et à l'autre extrémité du royaume, les gens de Nîmes, satisfaits de la nomination de Crussol, leur compatriote, n'en témoignent pas moins le désir qu'un Conseil de seize ou dix-huit membres, laïques, originaires des diverses provinces, soit constitué avec l'aveu des États, et que le droit de régler le gouvernement en cas de minorité soit reconnu aux États généraux comme une loi fondamentale[5]. Vainement une déclaration royale du 25 mars tint pour nulles et non avenues ces réunions préparatoires, où aucuns s'étaient «amusés» à disputer du gouvernement; vainement, dans l'espérance de désarmer les protestants, Catherine de Médicis conféra le titre de lieutenant général au roi de Navarre et s'éloigna ostensiblement des chefs du parti catholique; vainement elle essaya de peser sur les résolutions des Parisiens : le Chancelier de L'Hos-

---

[1] Ils revendiquaient pour les États le droit que leur attribuaient généralement les publicistes au XVIe siècle. (Arthur Desjardins, *op. cit.*, p. 379.)

[2] Ces gentilshommes appartenaient aux provinces du sud-est. (Barrois, *Recueil des cahiers*, t. I, p. 261.) Ni M. Desjardins (*op. cit.*, p. 293), ni M. Picot (*op. cit.*, t. II, p. 72) ne se sont aperçus que ce cahier rayait intentionnellement de la liste plusieurs des membres du Conseil. Il se termine pourtant par une phrase assez significative : «Vous suppliant très humblement, Sire, qu'en votre Conseil vous ne receviez et mettiez homme qui n'ait l'honneur de Dieu et de la Sainte Église catholique... en recommandation.»

[3] Arthur Desjardins, *op. cit.*, p. 281, 289. — G. Picot, *op. cit.*, t. II, p. 40, 50, 70, 71. — Vidaillan, *Histoire du Conseil du Roi*, t. II, p. 54-

58. — Ruble, *Antoine de Bourbon et Jeanne d'Albret*, t. III, p. 23.

[4] L. Paris, *Négociations sous François II*, p. 833. — *Mémoires de Condé*, t. I, p. 25, t. II, p. 334.

[5] «Au surplus, comme a été jà ordonné, et ne se peut faire autrement selon Dieu, tous ecclésiastiques soient, par loi perpétuelle et générale, envoyés chacun en leur charge. — Que audit Conseil ne soient admis le père et fils ou frères pour être ensemble, mais l'un en l'absence de l'autre, réservé MM. les princes du sang, qui sont le Conseil naturel du Roi, et, décédant l'un d'eux, sera un Conseil d'y en mettre un autre. — Aux expéditions qui se feront soit mise cette clausule : *Par le Roy, à la relation de son Conseil* (quatre des principaux membres)...» (Ménard, *Histoire civile, ecclésiastique et littéraire de la ville de Nismes*, 1753, t. IV, p. 270.)

pital se vit réduit à autoriser de bonne grâce ce qu'il ne pouvait empêcher; il exhorta les députés à s'exprimer avec franchise sur tout ce qui concernait l'État[1].

Au mois d'août, tandis que le clergé prenait part au colloque de Poissy, le tiers état et la noblesse se réunirent à Pontoise. Dans cette assemblée laïque, le droit de concourir avec les princes à l'institution du Conseil, en cas de minorité, fut considéré comme une prérogative incontestable des États; les deux ordres furent pleinement d'accord pour approuver l'arrangement intervenu entre Catherine et le roi de Navarre, mais aussi pour demander qu'on écartât du Conseil, en premier lieu, les cardinaux et les ecclésiastiques; en second lieu, ceux qui avoient manié ou gouverné les finances du royaume, jusqu'à ce qu'ils eussent rendu leurs comptes; troisièmement, les étrangers; enfin, les membres d'une même famille, de telle sorte que deux frères, par exemple, ou le père et le fils ne pussent siéger en même temps au Conseil du Roi. « A moins de nommer le cardinal de Lorraine et le duc de Guise, on ne pouvait pas proposer plus clairement leur expulsion [2]. » La noblesse désirait même compléter la liste du Conseil en y portant un certain nombre de personnages « vertueux », qu'elle se permettait de désigner à la Reine et aux princes du sang [3].

Ces vœux concordaient, jusqu'à un certain point, avec les tendances nouvelles de Catherine, qui avait reconnu la nécessité de préparer une évolution vers le parti de la Réforme ou du moins vers celui de la tolérance. Aussi la session de Pontoise eut-elle une influence momentanée sur la composition du Conseil. « Les princes et seigneurs catholiques, rapporte à cette date Claude Haton, se trouvèrent à la Court en tel mespris qu'ilz furent contrainctz de s'en retirer, excepté le Connestable; les sieurs princes de Montpensier, de Nemours, de Guise, d'Aumalle, le mareschal de Saint-André s'en absentèrent quand ilz apperceurent qu'on n'y vouloit plus d'eux [4]. » Il y eut même alors une mesure prise pour interdire aux ecclésiastiques, sinon l'entrée du Conseil, au moins une absence prolongée hors de leurs diocèses respectifs, et peut-être supprima-t-on la pension des conseillers évêques [5]; nous aurons lieu de revenir plus loin sur cette tentative curieuse qui aurait eu pour effet de donner au Conseil du Roi un caractère exclusivement laïque. Toutefois, il ne faudrait pas exagérer le succès des États de Pontoise : aucun conseiller élu ne fut confirmé; les ecclésiastiques ne cessèrent jamais de faire partie du Conseil; les Guise eux-mêmes, s'ils se virent éloignés momentanément de la Cour, conservèrent leur titre et furent convoqués, dès le mois de janvier 1562, à la séance solennelle connue sous le nom d'assemblée de Saint-Germain. En un mot, la Reine mère n'accueillit, des demandes des députés, que celles qui lui parurent rentrer dans le programme de sa politique du moment [6].

La session de 1576 nous retiendra moins longtemps. Si, au milieu du règne de Henri III, c'està-dire en pleine majorité, les États osèrent discuter la composition du Conseil, c'est qu'impuissant à gouverner, le Roi, haï, désarmé, s'adressait en désespoir de cause à ses sujets et provoquait par sa faiblesse les empiètements des députés. Toutefois, l'ambition des États sembla d'abord se borner à récuser un certain nombre de conseillers du Roi pour le moment où les cahiers seraient discutés au Conseil : c'est uniquement en vue de cette épuration momentanée qu'ils réclamèrent, dès le début, la liste des conseillers, et c'est sous la même réserve que Henri III consentit à leur livrer les

---

[1] *Mémoires de Condé*, t. II, p. 280. — Arthur Desjardins, *op. cit.*, p. 381-383.

[2] Arthur Desjardins, *op. cit.*, p. 386.

[3] G. Picot, *op. cit.*, t. II, p. 73.

[4] *Mémoires de Claude Haton*, édit. Bourquelot, t. I, p. 176. —

Comte H. de La Ferrière, *Lettres de Catherine de Médicis*, t. I, p. CXII. — Tommaseo, *Relations des ambassadeurs vénitiens*, t. II, p. 63.

[5] Le Laboureur, *Additions aux mémoires de Castelnau*, Bruxelles, 1731, in-fol., t. I, p. 503.

[6] En rendant compte au duc d'Étampes de ce qui s'était passé

noms de ceux « qu'il entendoit assister ès réponses des cahiers, afin que, si les États en avoient de
suspects, il pût les en faire départir [1] ». Mais la lecture de l'interminable liste communiquée de la
part du Roi produisit un effet tel qu'on en vint à ne plus parler que d'un remaniement définitif. Soit
au cours de la session, soit dans leurs cahiers généraux, les députés réclamèrent la destitution en
masse de tous les gens du Conseil privé, la formation d'un nouveau Conseil composé, outre les
princes et les officiers de la Couronne, de dix-huit ou de vingt-quatre membres au plus, tous bons
catholiques, tous fidèles, connus pour n'avoir trempé dans aucune conspiration et, de plus, choisis
de telle sorte que chaque province fût représentée par un conseiller au moins; le clergé désirait que
le Conseil fût organisé à l'image du royaume, comprenant en nombre égal des ecclésiastiques, des
gentilshommes et des laïques de robe longue; la noblesse voulait augmenter le nombre des gentilshommes d'épée au détriment des robes longues; les trois ordres étaient d'accord pour demander
l'exclusion des membres des cours souveraines [2]. Henri III, auquel ces requêtes causaient un déplaisir
marqué, promit d'écarter, sinon d'exclure, un grand nombre de conseillers [3], et le bruit courut
même qu'il donnait congé à Philippe de Lenoncourt et à Sébastien de L'Aubespine, évêque de
Limoges [4]. Dans la suite, il essaya de réduire le nombre de ses conseillers par une série de règlements que nous aurons bientôt à faire connaître; mais il demeura libre de maintenir et d'écarter
ceux qu'il voulait.

Les tristes choix faits par le Roi contribuèrent sans doute à provoquer les récriminations haineuses
des États de 1588. On sait à quels débordements d'injures se virent exposés, durant cette session,
le « Valois » et ses conseillers, de quels sarcasmes le parti ligueur y poursuivit les ministres, traités
publiquement de « harpies ». D'abord Henri III s'humilia, congédia, les uns après les autres, ses
conseillers, ses serviteurs. Mais, le jour même (23 décembre) où les États généraux devaient recevoir la liste officielle de tous les membres du Conseil, afin de pouvoir procéder à une épuration
complète [5], l'assassinat de Henri de Guise leur apprit, une dernière fois, ce que valaient les promesses royales. Le peu de députés qui restèrent libres, et qui n'en profitèrent pas pour fuir, durent
se contenter d'émettre un vœu, renouvelé de 1577 : exclusion des magistrats, des conseillers favorables à l'accroissement de l'impôt, admission dans le Conseil d'un représentant de chaque province [6].
Cette inutile démonstration se perdit d'ailleurs dans le tumulte avant-coureur de la guerre civile.

Si l'on jugeait de l'importance des assemblées politiques par la grandeur des résultats que les
historiens leur attribuent, aucune ne mériterait de captiver notre attention au même titre que

---

dans l'assemblée de Pontoise, Catherine de Médicis écrivit : «Il n'a
pas tenu à ces fols qu'ils ne m'aient mise en pourpoint et spoliée de
ce que je pense légitimement m'appartenir.» (Comte H. de La Ferrière,
Lettres de Catherine de Médicis, t. I, p. xcviii.)

[1] Barrois, Recueil de pièces originales et authentiques concernant la
tenue des États généraux, t. II, p. 123 et 124; t. V, p. 268 et suiv.
— Collection des procès-verbaux des assemblées générales du clergé,
t. I, p. 76 et 91. — Cf. G. Picot, Histoire des États généraux, t. I,
p. 317, 380 et suiv.

[2] Cahier du clergé, art. 197 (Barrois, Recueil des cahiers, t. II,
p. 70). — Cahier de la noblesse, art. 93 (Barrois, Recueil des cahiers,
t. II, p. 146). — Journal de Bodin (Des États généraux et autres assemblées nationales, chez Buisson, 1789, in-8°, t. XIII, p. 258, 259,
270). — Journal du duc de Nevers (Barrois, Recueil de pièces, t. III,
p. 93).— G. Picot, op. cit., t. II, p. 380, 381. — Arthur Desjardins, op. cit., p. 423.

[3] Nous lisons dans le Journal du duc de Nevers, sous la date du
5 février 1577 : «Les États [présentèrent] requête pour les dix-huit
conseillers, ou vingt-quatre, avec les princes et officiers de la Couronne.
Le Roi répondit qu'il n'en aura plus près de lui, hors qu'il ne les ôte
du Conseil, pour ne leur faire honte.» (Barrois, Recueil de pièces,
t. III, p. 93.) — Cf. J.-A. de Thou, Historiarum liber LXIII, t. III,
p. 152.

[4] Journal de Bodin (Des États généraux et autres assemblées nationales, chez Buisson, t. XIII, p. 275). — Cf. une lettre, du 13 février, de l'ambassadeur toscan Saracini : «Si dubita che il Re non ab-
bia privato del Consiglio M. di Morvilliers...» (Abel Desjardins, Négociations de la France avec la Toscane, t. IV, p. 110.)

[5] G. Picot, op. cit., t. III, p. 133, 136, 138.

[6] Cahier du clergé, art. 177; cahier de la noblesse, art. 41;
cahier du tiers, art. 76 (Barrois, Recueil des cahiers, t. III, p. 66,
103 et 203).

l'assemblée de Notables ouverte à Rouen le 4 novembre 1596. Cette fois, l'on ne sait qu'admirer le plus, de la témérité de l'entreprise ou de la promptitude du résultat. Les Notables prennent au mot Henri IV, qui avait promis, au début de la session, de se mettre en tutelle entre leurs mains. Ne vont-ils pas proposer, bien mieux, n'obtiennent-ils pas l'établissement immédiat d'un Conseil appelé *Conseil de raison*, dont les membres, choisis par eux la première fois, doivent l'être ensuite en cas de vacance, par les gens des parlements? Ne partagent-ils pas les revenus de l'État en deux portions égales, l'une nationale, l'autre royale? La première, montant à cinq millions d'écus, est affectée au payement des gages des officiers civils, aux « fiefs et aumônes », aux rentes, aux dettes du royaume : le Conseil de raison doit disposer d'une manière absolue de cette moitié des revenus publics, sans avoir à rendre compte de ces fonds à qui que ce soit, et sans que le Roi, son Conseil ou les cours souveraines puissent apporter le moindre changement à la destination qu'il leur donne. La seconde portion, également de cinq millions d'écus, est seule laissée à la disposition du prince et de son Conseil, pour les dépenses de la personne et de la maison du Roi, pour les frais de la guerre, de l'artillerie, des fortifications, des ambassades, des dons et pensions, des menus plaisirs, des bâtiments. C'était, suivant l'expression des rédacteurs des *OEconomies royales*, dresser autel contre autel, former un État dans l'État. Cependant, malgré l'avis formel du Conseil, ces propositions furent acceptées : Sully, convaincu d'avance de l'insuccès de cette tentative, avait persuadé au Roi d'accorder aux Notables une satisfaction peu dangereuse, parce qu'elle devait être momentanée. C'est ainsi que, le 28 janvier 1597, Henri IV, se rendant près des Notables, leur ordonna de procéder, dans les vingt-quatre heures, à l'élection du Conseil de raison, lequel entra immédiatement en jouissance de tous ses pouvoirs. On ajoute que, suivant la prédiction de Sully, trois mois suffirent aux membres du nouveau Conseil pour reconnaître les difficultés de leur mission, qu'ils s'en vinrent ingénument confesser leur impuissance et supplier le Roi de les décharger de toute part dans le gouvernement.

Tel est, fort abrégé, le récit des *OEconomies royales* [1]. Les historiens modernes l'ont reproduit avec une scrupuleuse exactitude; ils ont seulement renchéri sur la gravité du péril que Henri IV osa braver, sur les suites possibles de l'aventure dans laquelle, bon gré mal gré, il engageait la monarchie : « Que le Conseil de raison, disent-ils, devînt un seul moment accessible à l'ambition et à l'esprit de révolte, il attaquait la royauté avec la moitié de l'argent de la France, et, en abaissant, en dégradant le Roi, il replongeait le pays dans la guerre civile. » D'ailleurs, ajoute-t-on, les craintes que Henri IV ressentit au cours de cette épreuve lui laissèrent de fâcheux souvenirs, et le « funeste établissement du Conseil de raison » contribua peut-être à ruiner l'avenir du gouvernement représentatif, en inspirant à la royauté une répugnance invincible pour toutes les manifestations du sentiment national [2].

A vrai dire, le silence absolu gardé par les contemporains autres que les secrétaires de Sully sur l'élection et sur l'existence même du Conseil de raison semble quelque peu étrange à l'historien Poirson. En dehors des *OEconomies royales*, Mézeray est le seul auteur ancien qui ait mentionné, d'une façon très vague, le Conseil de raison [3]; or, Mézeray écrivait un demi-siècle plus tard, et il puisait lui-même ses renseignements dans les *OEconomies royales*. C'est pourquoi, tout en déclarant le témoignage de Sully « tellement grave en soi, et de plus tellement précis et tellement circonstancié, qu'il commande *presque* la conviction », Poirson avoue qu'il désirerait en trouver la confirmation dans des

[1] Édit. Michaud, t. I, p. 237 et suiv.
[2] Poirson, *Histoire de Henri IV*, t. II, p. 268, 275-279, 282, 283; *Mémoires et documents nouveaux relatifs à l'histoire de France à la fin du XVIe siècle*, p. 11, 30 et suiv. — P. Clément, *Portraits*

historiques, p. 59. — G. Picot, *Histoire des États généraux*, t. III, p. 270. — J.-J. Clamageran, *Histoire de l'impôt en France*, t. II, p. 341. — Cl. Dareste, *Histoire de France*, t. IV, p. 543, etc.
[3] *Histoire de France*, Paris, 1654, in-fol., t. III, p. 1186.

écrits ou dans des actes jusqu'alors demeurés inconnus. Mais aussitôt il se réjouit d'avoir découvert un texte (le cahier des Notables) qui lève ses derniers scrupules, en donnant, à ce qu'il nous assure, gain de cause plein et entier à Sully.

C'est donc bien contre une opinion universellement admise que nous venons nous heurter en contestant l'exactitude du récit des *OEconomies royales*. Cependant nous nous faisons fort de démontrer qu'il est en contradiction avec les témoignages de Marbault, de J.-A. de Thou et de Groulart, avec une lettre de Henri IV à M. de Rambouillet, et même avec le passage du cahier des Notables retrouvé et invoqué par Poirson [1].

Nous ne prétendons pas donner Marbault, ce perpétuel contradicteur des *OEconomies royales*, comme un témoin non suspect de partialité. Mais il est impossible de ne pas remarquer, au milieu de son trop malveillant commentaire, les énergiques dénégations que, sur ce point particulier, il oppose au récit de Sully, et l'autorité avec laquelle il conteste même l'existence de ce Conseil de raison, dont autre que Sully, dit-il, n'a jamais parlé. Il se réfère d'ailleurs au cahier des Notables, rédigé, dit-il, sous la forme d'une humble supplication et signé de personnages trop dévoués à la personne du prince pour avoir pu prêter les mains à de pareils empiétements [2].

D'autre part, le contemporain Jacques-Auguste de Thou, qui consacre quatre grandes pages à l'assemblée des Notables, garde le silence au sujet du Conseil de raison. Tout au plus indique-t-il une sorte de distinction faite par les Notables entre les cinq millions d'écus affectés aux dépenses de la guerre, de la maison du Roi, etc., et les quatre millions huit cent mille écus destinés à solder les gages d'officiers, les rentes constituées sur les aides, les autres dettes de l'État : comme moyen de couper court au gaspillage des finances, l'assemblée proposait que le Roi ne payât aucune pension, ne fît aucune dépense extraordinaire, avant que les dettes positives et les dépenses indispensables fussent intégralement acquittées [3]. Il y a loin de cet avis prudent aux exigences que les *OEconomies royales* reprochent à l'assemblée de Rouen.

Au surplus, il serait puéril de discuter les témoignages de tel ou tel contemporain relativement aux vœux des Notables, quand nous possédons le texte officiel des cahiers de cette assemblée. Il a été publié par Poirson dans un ouvrage peu connu : *Mémoires et documents nouveaux relatifs à l'histoire de France à la fin du XVIe siècle*. C'est même dans cet *Avis au Roi* que le savant éditeur croyait voir une éclatante confirmation des faits avancés par Sully. Or, le passage suivant est le seul, dans l'*Avis au Roi*, qui se réfère à l'organisation d'un nouveau système financier, le seul par suite où l'on ait chance de trouver une allusion quelconque au Conseil de raison : « Sa Majesté sera suppliée vouloir se con- « tenter, pour la dépense de sa maison et État, armées, gendarmerie, artillerie, vivres, munitions, « garnisons et autres charges de l'État, de la somme de 5,000,000 écus. Et le surplus de laisser pour « le payement des autres charges ci-après : . . . gages des officiers, . . . rentes constituées, . . . charges « ordinaires, . . . justes dettes, tant des traités suisses que autres dettes, qui se payeront après les- « dits gages et rentes, et non autrement. . . ; somme desdites charges et dettes : 4,876,416 (écus). » Suit l'énumération des fonds sur lesquels doivent être pris d'une part les cinq millions, d'autre part les quatre millions huit cent soixante-seize mille quatre cent seize écus [4].

---

[1] Nous avons déjà soutenu cette thèse dans l'*Annuaire-Bulletin de la Société de l'histoire de France*, 1885, p. 248 à 256.

[2] *Remarques sur les Mémoires de Sully*, édit. Michaud, p. 33 et 34. — Marbault nomme ici M. de Montpensier, le cardinal de Gondy, le duc de Retz et le maréchal de Matignon, qui ont effectivement apposé leur signature au bas du cahier des Notables. (Voir Poirson, *Mémoires et documents nouveaux*, p. 75.) Ce n'est pas, du reste, la seule invraisemblance que relève Marbault dans le récit des *OEconomies royales* :

« Sully, dit-il, n'a pas voulu ennuyer les lecteurs en leur disant quel fonds étoit demeuré [aux Notables], ni comment en si peu de temps qu'est celui de deux ou trois mois, leur revenu étoit si fort diminué, et celui du Roi augmenté de 5 millions de livres, encore que ce changement si subit, ayant quelque chose de merveilleux, eût bien mérité d'être su. »

[3] *Historiarum liber CXVII*, § 5, t. V, p. 634-637.

[4] *Mémoires et documents nouveaux*, p. 59. — Poirson n'indique

On aura beau presser ce texte dans tous les sens, il est impossible d'en tirer ce qui ne s'y trouve pas, c'est-à-dire la preuve d'un partage des revenus publics entre le Roi et un Conseil élu. Une simple séparation des revenus du royaume en deux parts à peu près égales, dont l'une est affectée au payement des dépenses ordinaires, l'autre à l'acquittement des frais de guerre et des dépenses de la maison du Roi, c'est tout ce que demandent les Notables; leur démarche se rapproche ici singulièrement de l'idée que s'en faisait J.-A. de Thou.

Puisque l'*Avis au Roi* ne renferme aucune allusion à un Conseil élu, tout ce qu'on peut faire, c'est de supposer qu'à leurs requêtes écrites, les Notables avaient joint des remontrances verbales, parmi lesquelles une demande relative au Conseil de raison, demande qui, comme toutes les autres, aurait reçu, grâce à Sully, le plus favorable accueil. Mais cette hypothèse se trouve écartée par un témoignage indiscutable. Claude Groulart, premier président du parlement de Rouen, faisait partie de l'assemblée des Notables; il a même collaboré à la rédaction du projet de réforme financière. Ses *Mémoires* rendent compte jour par jour de ce qui s'est passé à Rouen, et cette partie de son journal a été écrite le 8 février 1597, dix jours seulement après la clôture de l'assemblée. Or, ce témoin si bien informé, non seulement ne souffle mot du Conseil de raison, mais raconte le dénouement de l'assemblée des Notables d'une façon qui contredit formellement Sully [1]. A l'entendre, le 29 janvier, l'assemblée fut dissoute sans avoir reçu de réponse du Roi : les Notables partirent mécontents, inquiets de l'avenir et convaincus qu'ils avaient perdu leur temps et leur peine. Groulart lui-même, qui personnellement avait tout lieu de se louer de l'accueil bienveillant du prince [2], écrivait, deux jours après avoir fait ses adieux au Roi : « J'ai grand peur que tout notre travail ne soit vain, pour autant que les méchants ont trop la vogue [3]. » Donc l'acquiescement de Henri IV aux demandes des Notables est supposé, l'ordre d'élire tout de suite un Conseil de raison fictif, la remise d'une moitié des revenus publics aux mains de délégués des Notables purement imaginaire. Le partage des recettes qu'avait demandé l'*Avis au Roi* n'aurait peut-être lui-même jamais été effectué, si un événement imprévu n'avait obligé le Roi à donner quelque satisfaction à l'opinion publique:

Le 11 mars 1597, les Espagnols surprirent Amiens. Réunir en toute hâte les sommes énormes qu'allait coûter la reprise d'une ville si forte et si fortement gardée, telle fut, à partir de ce jour, l'unique préoccupation du Roi. Parmi les expédients financiers auxquels il dut recourir, un emprunt sur les plus riches de la Cour et des grandes villes rencontra de vives objections, surtout dans les rangs de cette bourgeoisie qui avait fourni à elle seule presque tout le personnel des Notables. Henri IV était résolu à vaincre les résistances; mais il jugea sans doute utile, pour apaiser l'irritation,

nulle part le document d'après lequel il a copié le cahier des Notables. C'est sans doute le manuscrit Y 125 de la bibliothèque de Rouen; nous l'avons eu tout récemment entre les mains, et nous en avons constaté la parfaite conformité avec le texte édité dans les *Mémoires et documents nouveaux.*

[1] «Le samedi 25 janvier 1597, fut achevé le cahier d'être lu en l'assemblée, pour le présenter au Roi; ce qui fut fait le lendemain, 26 janvier, par M. de Montpensier... Sa Majesté fit la réponse... qu'il remercioit tous les députés de la peine qu'ils avoient prise, acceptoit leur volonté et leurs cahiers, qu'il feroit voir à son Conseil, et que, dans trois jours, il feroit la réponse ; cependant qu'il conjuroit un chacun et leur faisoit défense à tous de désemparer. Le mercredi 28 janvier, MM. du Conseil firent appeler en la même galerie [de Saint-Ouen] plusieurs des députés, entre lesquels j'étois aussi; nous remontrèrent par les sieurs de Sancy et d'Incarville la difficulté qu'il y auroit d'avoir les deniers que Sa Majesté s'attendoit recevoir, si on vouloit tenir à la rigueur du département qui étoit dans notre cahier.

Leur fut fort prudemment répliqué par M. le cardinal de Gondy qu'on ne pouvoit plus y rien changer, et que la compagnie n'étoit plus assemblée, et qu'il y avoit trop de délicatesses en leurs demandes, qui ne tendoient qu'à toucher tous les deniers et continuer les mêmes désordres des années passées; et chacun de nous en jugea autant. De sorte qu'eux, voyant qu'on ne vouloit leur accorder aucune chose, firent que Sa Majesté, le lendemain, *licencia la compagnie, dont beaucoup prennent très mauvais augure*, et que tant de personnages d'honneur, s'en retournant *avec peu d'espérance* dans leurs provinces, feront remplir toute la France d'effroi.» (*Mémoires de Claude Groulart ou voyages par lui faits en Cour*, édition Michaud, p. 573 et 574.)

[2] *Ibid.*, p. 587.

[3] *Ibid.*, p. 573. — Cf. une lettre de M. de La Force du 2 janvier 1597 : «L'assemblée sera bientôt achevée; il ne s'y est pas fait d'aussi grands règlements que l'on espéroit; toutefois... a été pris de belles résolutions, pourvu qu'elles s'observent.» (*Mémoires du maréchal de La Force*, publiés par le marquis de La Grange, t. I, p. 279.)

d'exaucer l'un des vœux formés par l'assemblée de Rouen. Au moment d'imposer de nouvelles charges aux contribuables, n'était-ce pas une heureuse inspiration que de mettre en vigueur le système de garanties imaginé par les Notables pour prévenir les dissipations? On effectuerait cette division des revenus publics en deux parts qu'avaient réclamée les Notables. On dirait d'avance à quelle somme monteraient les dépenses de la guerre, et quelle somme serait réservée à l'acquittement des dépenses courantes. Ici se produisit peut-être l'intervention de Sully : pour mieux faire apparaître la loyauté des intentions du gouvernement, il aura proposé de confier l'opération du partage à un Conseil spécial formé de membres, non pas élus par les Notables, mais désignés par le Roi. Quoi qu'il en soit, le 29 mai 1597, au plus fort de sa lutte avec le Parlement à propos de l'enregistrement des nouveaux édits bursaux [1], Henri IV fit annoncer publiquement, par le Chancelier, son intention d'établir un Conseil composé principalement de membres des cours souveraines [2]. Le 23 mai, il écrivit la lettre que l'on va lire et qui, bien qu'imprimée par Berger de Xivrey [3], paraît avoir échappé à tous les historiens modernes : « M. de Rambouillet, suivant la deliberation qui fut « prinse en l'assemblée de Rouen qu'il y auroit un maniement separé pour le payement des gages et « rentes qui sont assignées sur la recette generale et autres revenus, pour ne demeurer point « confus avec les aultres deniers reservez pour les despenses de la conservation de l'Estat et de ma « maison, *et affin que cela se feist encores avec meilleur ordre, j'ay advisé d'establir un Conseil particulier à* « *cest effect, que j'ay composé de ceux que j'ay estimé y pouvoir le mieux et le plus dignement servir,* ayant « voulu, pour ceste occasion, que vous feussiés de ce nombre. C'est pourquoy je vous prie de vous « retrouver avec mon cousin le cardinal de Gondy, *que j'ay ordonné pour presider au dict Conseil,* et « entre les mains duquel j'ay faict mettre la commission d'icelluy, pour commencer à y vacquer et y « continuer le plus assiduement qu'il sera possible : en quoy vous pourrés grandement servir au « publicq et à mes affaires, vous pouvant asseurer que je tiendray ce service en la consideration qu'il « le merite. »

Que ce soit là le Conseil dont parlent les *OEconomies royales,* il n'est pas permis d'en douter. La première phrase nous apprend que ce Conseil avait pour mission spéciale d'effectuer le partage réclamé par l'assemblée de Rouen; de plus, le président nommé, le cardinal de Gondy, est le même que les *OEconomies royales* désignent comme chef du Conseil de raison [4]. Mais alors il faut bien reconnaître la double erreur de Sully. Le Conseil de raison n'a point vécu du 28 janvier au mois d'avril 1597 : il n'a été formé qu'à la fin de mai. Les membres n'en furent pas élus par l'assemblée des Notables : ils furent choisis par le Roi. Que, d'ailleurs, cette commission ait reconnu au bout de peu de temps les difficultés de sa tâche, ainsi que nous le donnent à entendre les *OEconomies royales,* nous inclinons d'autant plus à le croire qu'elle n'a laissé aucune trace de ses séances ni de ses travaux, et qu'on voit, pendant le siège d'Amiens, Henri IV ne correspondre qu'avec le Conseil des finances. Nous trouvons donc dans le récit des *OEconomies royales* une part de vérité jointe à une part plus grande d'erreur; qu'y a-t-il là de surprenant? Un livre composé fort tard, au milieu du règne de Louis XIII, auquel une demi-douzaine de secrétaires collaborèrent, doit réserver plus

---

[1] Voir la harangue du 21 mai et la lettre du 4 juin 1597 éditées par Berger de Xivrey (*Lettres missives,* t. IV, p. 764 et 772). A en juger par une dépêche d'un ambassadeur toscan (2 mai 1597), le Parlement, prenant l'offensive, demandait alors le renvoi de plusieurs membres du Conseil. « Assez mal à propos, ajoute l'ambassadeur, car le Roi a besoin, en ce moment, du concours de son Conseil des finances; aussi répond-il au Parlement avec irritation. » Dans un des Conseils suivants, «tutti concorsono in un parere che si debba aiutare il Re, ma che danari da qui avanti non passino per le mani di quelli che

l'hanno impeciato.» (Abel Desjardins, *Négociations de la France avec la Toscane,* t. V, p. 339.)

[2] «[Le Roy desire], pour la direction de ses affaires, establir un Conseil, entre aultres, des princippaulx des compagnies souveraines, pour pourvoir aux desordres passez. . . , tellement qu'il ne fault doubter de l'employ des deniers.» (Arch. nat., X^{ia} 1749, fol. 426 r°.)

[3] Lettre éditée d'après l'original, faisant partie de la collection Lucas de Montigny (*Lettres missives,* t. IV, p. 766).

[4] Tome I, p. 244.

M.

d'une surprise de cette nature aux historiens qui prendront soin de le soumettre à un minutieux contrôle.

Si ces considérations ont quelque poids, on devra cesser de regarder le Conseil de raison comme une des plus folles tentatives d'émancipation politique qu'ait vues échouer l'ancien régime; les Notables réunis à Rouen en 1597 ne passeront plus pour de maladroits précurseurs des députés rassemblés à Versailles en 1789, et Henri IV ne sera plus blâmé ou loué tour à tour d'avoir commis une moitié de la fortune publique aux mains d'administrateurs élus par la bourgeoisie.

La conclusion à laquelle ces observations nous conduisent est qu'on a sensiblement exagéré l'influence exercée par les États sur la composition des Conseils [1]. Non seulement ils ne sont intervenus que lorsque le Roi, prisonnier ou mineur, réduit à l'impuissance par sa jeunesse ou accablé par les difficultés, abandonnait forcément une part de ses prérogatives; mais ils ont remporté, en somme, d'assez médiocres avantages. Au lieu d'un Conseil élu gouvernant pendant plus d'une année la France, nous n'apercevons, au moment de la captivité de Jean le Bon, qu'un petit nombre de députés qui, introduits dans le Conseil, n'y peuvent tenir quatre mois. Les députés des États de Tours, en 1484, sont dupes à la fois des princes et de la dame de Beaujeu : on soumet à leur approbation une liste du Conseil incomplète, on élude en partie leurs vœux, si timides et modérés qu'ils soient. La majorité des députés aux États de 1560 accepte le régime et le Conseil constitués sans eux; les États de Pontoise bénéficient des dispositions favorables de la Reine mère. Les États de 1576 et de 1588 procèdent par élimination, mais n'obtiennent à grand'peine que l'éloignement provisoire d'un bien petit nombre de conseillers. Quant aux Notables réunis à Rouen en 1596, ils ne sollicitent même pas le droit d'élire un nouveau Conseil, et c'est Henri IV qui compose lui-même la commission financière dite Conseil de raison.

CHAPITRE VIII.

DU NOMBRE, DE LA QUALITÉ, DE LA RÉCEPTION ET DES PRIVILÈGES DES CONSEILLERS DU ROI.

Règlements tendant à réduire le nombre des conseillers : inutilité de ces mesures. — Le tiers état au Conseil. Objections faites contre la présence des membres du clergé au Conseil; de la formule : *Par le Conseil des lais.* — Les lettres et le brevet de *retenue.* — Le serment; la réception. — Les gages, les prérogatives, les obligations des conseillers du Roi.

Une récapitulation sommaire des règlements ou ordonnances destinés à limiter le nombre des conseillers du Roi [2] doit nécessairement trouver place dans cette étude sur les Conseils. Mais, ou nous nous trompons fort, ou cet aperçu servira moins à faire connaître le nombre exact des con-

---

[1]. «On remarque, écrit le vicomte d'Avenel, jusqu'à la monarchie absolue, que le peuple et le Roi ont, sur la composition du Conseil, deux idées diamétralement contraires. L'un pense que les conseillers doivent être surtout les représentants de la nation, l'autre estime qu'ils doivent être uniquement ses créatures à lui... Dans l'opinion publique, ce bon Conseil était une délégation des États généraux, une sorte de commission permanente, assistant le monarque pour le guider dans l'accomplissement des réformes.» (*Richelieu et la monarchie absolue*, t. I, p. 41.)

[2] Il ne peut être ici question des hommes de toutes conditions

appelés accidentellement à siéger dans le Conseil. On sait quelle était au moyen âge l'élasticité de ce corps, à combien de seigneurs, de bourgeois, de députés, clercs ou laïques, des églises ou des communautés, le Roi faisait appel en cas de besoin. Aucune règle ne présidait à ces convocations extraordinaires. C'est en ce sens que M. Lavisse a pu dire du Conseil du Roi : «Il n'a jamais été un Conseil fermé, il s'élargit de temps à autre et redevient une véritable assemblée... Les États généraux ne sont pas autre chose que des Conseils élargis.» (*Le pouvoir royal au temps de Charles V*, dans la *Revue historique*, novembre 1884, p. 267.)

seillers aux différentes époques, qu'à démontrer précisément l'inutilité de tous les essais de limitation et de réduction du personnel des Conseils.

Aux vingt-quatre membres du *Conseil étroit* constitué à la mort de Louis Hutin, il convient de joindre les onze chevaliers du Conseil particulier de Philippe V : total trente-cinq conseillers pour la seule année 1316. En 1357, nous n'avons pas compté moins de soixante-huit conseillers présents. Le Grand Conseil de vingt-huit membres que les États projetaient d'élire au mois d'octobre 1356, et celui de quarante-sept membres à qui Charles V confiait éventuellement la régence en 1374 n'atteignaient pas le chiffre normal des conseillers d'alors. Quant au *Conseil ordonné*, que les princes organisèrent le 30 novembre 1380, son effectif de douze membres ne tarda pas à disparaître au milieu de la foule croissante des conseillers de Charles VI.

Le xve siècle inaugura l'ère des réformes. Un projet de réduction, annoncé le 7 janvier 1401 [1], n'aboutit vraisemblablement que le 28 juillet 1406; à cette date, une ordonnance, dont il est bon de citer le préambule, ramena le nombre des titulaires au chiffre encore élevé de cinquante et un [2] : « Comme souventesfoiz, était-il dit, nous aions par plusieurs des plus prochains de nostre sang et « lignage et de nostre Grant Conseil esté advertiz que, pour la très grant multitude d'officiers que, « par importunité de requerans et autrement, nous avons mis, ordonnez et retenuz par cy devant en « nostre Grant Conseil..., très grans maulx, inconveniens, charges et dommages sont ensuiz...; « noz Consaulz et besoignes ont esté tenues moins secretes que besoing feust; et aussi plusieurs noz « offices, comme bailliages, seneschaucies, capitaineries et autres moins deuement exercez et gou- « vernez qu'elles ne deussent, pour ce que plusieurs de ceulz qui tiennent iceulx offices n'y ont fait « residence, ne les exercez en personne, ains se sont tenuz et tiennent en nostre hostel et ès hostelz « de nosdiz oncles, frere et cousins et à suyvre noz diz Consaulx, à la grant charge de nous et prejudice « des diz offices et de nos subgiez, etc.... » L'ordonnance s'attachait surtout à écarter du Conseil les fonctionnaires dont l'absence désorganisait l'administration provinciale. Moins d'un an après, le 28 avril 1407, nouvelle réduction, plus importante que la première : déplorant la « multitude des retenues » et la « confusion désordonnée » qui en résultait, le Roi fixait le nombre des titulaires à vingt-six et défendait au Chancelier de sceller aucunes lettres de retenue supplémentaires [3]. A vrai dire, cette réforme, inspirée par la faction des Armagnacs, avait peut-être pour seul but d'éloigner un certain nombre de conseillers bourguignons. De même, la promesse de réduire le Conseil « à nombre compétent » faite, après l'assassinat du duc d'Orléans, le 7 janvier 1408, par les ducs d'Anjou, de Berry et de Bourbon cachait peut-être le secret dessein de modifier le gouvernement dans un intérêt politique [4]. En 1410, le seul désir de mettre un terme aux querelles des ducs de Berry et de Bourgogne fit réduire le Grand Conseil à treize chevaliers et à trois ou quatre prélats, « non pensionnaires d'aucuns des princes »; mais cette réforme, accomplie seulement sur le papier, ne tint pas devant l'entêtement des favoris de Jean sans Peur [5].

Il fallut qu'Eustache de Pavilly, l'orateur de l'Université, réclamât, le 14 février 1413, l'exécution des anciennes promesses : « N'oubliez pas, disait-il au Roi, aux princes, aux députés, qu'autrefois les Conseils étaient composés d'hommes circonspects, craignant Dieu, dévoués aux intérêts de

---

[1] *Ordonnances*, t. VIII, p. 415.

[2] Arch. nat., J 469, n° 13. — Rédigée à la suite de plusieurs délibérations, auxquelles avaient assisté les ducs de Berry, d'Orléans, de Bourgogne et de Bourbon, cette ordonnance fut scellée de cire jaune, sur double queue. Nous ignorons quelles circonstances en empêchèrent la publication; on lit, en effet, au dos de la pièce : « *Quia non fuerunt publicate, ne registrentur.* »

[3] *Ordonnances*, t. XII, p. 225.

[4] Girard et Joly, *Offices de France*, t. I, p. cccii. — *Ordonnances*, t. IX, p. 279. — Les comptes du Trésor de 1408 nous fournissent les noms de quatorze conseillers au Grand Conseil, parmi lesquels plusieurs ne figurent pas sur la liste du 28 avril 1407. Arch. nat., KK 16, fol. 36 39.)

[5] *Geste des nobles*, édit. Vallet de Viriville, p. 131. — *Ordon-*

l'État, dont le nombre était limité. Aujourd'hui, grâce à la faveur et à la condescendance du prince, ce nombre se trouve tellement accru que les affaires ne peuvent s'expédier. Chacun sait qu'en ce moment même, à l'exemple de Murat et de la Rochelle, nombre d'habitants des provinces reculées sont prêts à s'allier aux Anglais, parce qu'ils ne peuvent se faire entendre ni au Conseil, ni au Trésor[1]. » Il fallut qu'un maître en théologie dénonçât en plein Parlement le nombre excessif et l'insuffisance de ces mêmes conseillers du Roi[2]. Il fallut surtout que les bouchers et les écorcheurs prêtassent à l'Université un concours violent qu'elle n'avait point sollicité. Alors, au milieu des excès sanguinaires du parti cabochien, fut promulguée la célèbre ordonnance du 25 mai 1413 : « Par importunité de requérants, plusieurs chevaliers et autres se sont fait retenir de notre Grand Conseil en nombre excessif..., et si ne nous étoient nécessaires. » Outre le surcroît de dépense et la divulgation des secrets de l'État, ce nombre excessif entraîne une perturbation dans l'ordre de la justice et une diminution des revenus royaux; chaque conseiller prétend jouir de l'exemption des péages et truages et du droit de *committimus*. Tous seront donc révoqués; leurs noms seront effacés des registres du Trésor; le Grand Conseil ne comprendra plus, avec les conseillers de droit, que des prélats, des chevaliers et des « clercs solennels », dont le nombre, qu'il appartient aux princes de fixer, ne devra pas dépasser quinze : toute personne non comprise dans la nouvelle liste qui s'introduirait au Conseil serait immédiatement incarcérée; si le Roi se laisse arracher des lettres de retenue nouvelles, les notaires doivent refuser de les signer, le Chancelier de les sceller[3]. Cette fois, les mesures étaient bien prises pour remédier à tout abus : mais on sait qu'un intervalle de trois mois et quelques jours à peine sépara la publication et l'abrogation de l'ordonnance cabochienne.

En un seul trimestre de l'année 1455, nous n'avons pas compté moins de cinquante conseillers présents. Le Conseil étroit de quinze membres constitué à la mort de Louis XI ne tarda pas, comme on l'a vu, à se transformer en un Conseil quatre et cinq fois plus nombreux, qui ne laissa pas de conserver la qualification d'*étroit* durant trois règnes consécutifs, en souvenir de la réduction de 1483. François Ier recourut peut-être au seul parti qu'il pût prendre en transportant au Conseil des affaires une grande partie des attributions du Conseil ordinaire; il obviait ainsi aux indiscrétions, il respectait les titulaires. Cette réforme, qui conciliait, dans une certaine mesure, l'intérêt de l'État avec celui des conseillers, eut au moins un avantage sur les essais antérieurs : elle subsista.

Cependant les efforts des Rois pour réduire le personnel du Conseil ordinaire se renouvelèrent, avec un inégal succès, pendant toute la durée du XVIe siècle. Au mois de mai 1525, le Conseil réuni à Lyon autour de la régente Louise de Savoie comprenait dix-sept ou dix-huit membres[4]; il n'en comptait plus que sept au mois d'avril suivant : l'huissier Jacques de Mailly, signalant la présence à la Cour d'un grand nombre de hauts prélats et de « gros seigneurs », tels que les cardinaux de

nances, t. IX, p. 573. — Suivant le *Religieux de Saint-Denys* (t. IV, p. 373; 379, 385), ce nouveau Conseil devait se composer de l'archevêque de Reims, des évêques de Saint-Flour et de Noyon, des sires d'Offémont, de Mailly, de Rambures et de Blaru, et de neuf autres chevaliers. Il résulte de la pièce suivante, du 2 décembre 1410, qu'il faut joindre à ces noms celui de Jean de Thoisy, évêque de Tournai : «Charles... Comme naguères, par très grant et meure deliberation de plusieurs de nostre sang et lignaige, qui du commun consentement d'entre eulx se sont traiz en leurs pays et seigneuries pour y demourer pour leurs besoingnes et affaires jusques à ce que nous les manderons venir par devers nous, ait esté advisié, entre autres choses,... que certaines personnes saiges et preudomes soient esleuz pour resider par devers nous et estre à noz Consaulx,... ait esté faicte ladite election par très grant scrutine et investigation de plusieurs saiges de nostre Conseil et autres noz officiers, et, entre les autres, ait esté à ce

nommé et esleu nostre amé et feal conseillier l'evesque de Tournay, lequel, depuis ladite election, ait continuellement et diligemment vacqué et entendu et encores de jour en jour vacque et entend à nosdictz Consaulx et à l'expedicion des affaires... » (Bibl. nat., ms. Clairambault n° 647, p. 83.)

[1] *Religieux de Saint-Denys*, t. IV, p. 737.

[2] 17 février 1413 : «Cedit jour, l'Université de Paris, le prevost des marchans et les eschevins de Paris, en grant compaignie, sont venus en la Court, et, appeler (*sic*) toutes les chambres de ceans, ont proposé par un maistre en theologie que, pour ce que le Roy a trop grant nombre de conseillers et de trop insuffisans... » (Arch. nat., X1a 1479, fol. 231 r°.)

[3] Fontanon, t. IV, p. 1344.

[4] Renseignement fourni au Parlement, le 18 mai 1525, par l'archevêque d'Aix. (Arch. nat., X1a 1528, fol. 467 r°.)

Lorraine et de Bourbon, les comtes de Saint-Pol et de Vaudémont, les évêques de Meaux et de Lisieux, ajoutait que la porte du Conseil leur demeurait constamment fermée[1]. Un rôle arrêté le 26 février 1543 comprenait quinze conseillers, dont cinq seulement pouvant entrer au Conseil tenu pour les finances et pour les matières d'État[2]. Henri II, à son avènement, composa son Conseil de vingt et un membres, dont onze seulement faisant partie du Conseil tenu le matin pour les matières d'État et de finance[3]. Mais, peu à peu, de nouvelles retenues[4] et l'admission d'un certain nombre de parlementaires[5] grossirent l'assemblée à tel point que, dans une séance tenue en 1551, dont rend compte Vincent Carloix, il n'y eut pas moins de trente et un conseillers votants[6]. Aussi, sans opérer encore de réduction véritable, un règlement du 30 octobre 1557 insistait-il pour que les affaires fussent traitées avec plus de mystère, et pour que l'huissier, recommençant à faire sentinelle à la porte, n'y laissât passer aucun intrus[7].

Le règne de Charles IX fait apparaître encore plus nettement l'impuissance du prince à défendre les entrées du Conseil contre la multitude qui les assiège. Au nombre de trente dès le début[8], les conseillers du Roi sont déjà quarante-quatre en l'année 1563[9]. Le 28 juin suivant, le jeune prince annonce solennellement qu'aucune réception n'aura lieu avant que le nombre des titulaires se trouve réduit à vingt[10]. En 1566, il éloigne vingt-quatre conseillers retenus depuis la mort de Henri II[11], veille à ce que sa présence au Conseil, celle de sa mère ou de ses deux frères ne servent pas de prétexte aux courtisans pour s'y introduire à leur suite; les valets de chambre et les huissiers montent la garde à la porte, repoussent les importuns, exhibent, en cas de réclamation, une copie du règlement[12]. Malheureusement l'effet de cette réforme ne se fait pas longtemps sentir : l'ambassadeur Contarini rapporte, en 1572, que le Conseil du Roi compte une centaine de membres, conséquence inévitable des guerres civiles qui obligent Charles IX à prodiguer tour à tour ses faveurs aux deux partis[13]. Le Roi se voit obligé, pour remédier à l'encombrement, d'établir un roulement entre les conseillers derniers reçus : «Tous ceux de robbe longue qui ont esté appellez et receus au Conseil privé depuis deux ans en çà seront despartis par quartier, pour y assister en nombre de quatre seulement en chacun quartier, et non plus; et, à cette fin, seront faictz et baillez

[1] Relation de l'huissier Jacques de Mailly, du 17 avril 1526. (Arch. nat., X¹ᵃ 1529, fol. 211 r°.)

[2] Fr. Decrue, De Consilio Regis Francisci I, p. 91.

[3] Règlement dressé à Saint-Germain-en-Laye, le 2 avril 1547. (Bibl. nat., ms. français n° 7007, fol. 217 r°.) Dans plusieurs copies modernes, il porte, par erreur, la date du 3 avril (Bibl. nat., ms. Brienne n° 257, fol. 41; ms. français n° 7499, p. 127. Arch. nat., KK 625, fol. 39). Marillac s'est avisé de trouver invraisemblable que Henri II eût consacré les premiers jours de son règne à remanier la liste du Conseil (Arch. nat., U 945ᵃ, fol. 5 v°), comme si la mort d'un roi n'amenait pas tout naturellement des changements dans le personnel administratif. Le seul nom du connétable de Montmorency, disgracié sous le dernier règne, devait faire comprendre que ce règlement était l'œuvre de Henri II. M. Chéruel ne laisse pas d'en attribuer la rédaction à François Iᵉʳ (Dictionnaire des institutions de la France, v° CONSEIL D'ÉTAT).

[4] «Nota que, ung mois après, M. de Laubespine y feust adjousté.» (Bibl. nat., ms. français n° 7007, fol. 217 r°.) — Vieilleville entra au Conseil en 1551 (Mémoires de Vieilleville, édit. Michaud, p. 116), et Claude d'Urfé, le 13 janvier 1552 (Bibl. nat., ms. français n° 18153, fol. 299 r°).

[5] Vincent de La Loupe, Commentarii de magistratibus et praefecturis Francorum, Paris, 1560, in-8°, lib. II, c. 2.

[6] Mémoires de Vieilleville, édit. Michaud, p. 122.

[7] Bibl. nat., ms. français n° 18152, fol. 1 r°. — Cf. la relation

de Giovanni Soranzo, de 1558. (Albèri, Relazioni, série I, vol. II, p. 445.)

[8] Voir plus haut, p. xcii.

[9] Bibl. nat., ms. français n° 18150, passim.

[10] Bibl. nat., ms. français n° 7499, fol. 130. — Cette déclaration fut lue au Conseil privé, à Lyon, dans la séance du 30 juin 1564. (Ms. français n° 18156, fol. 82 r°.) — Du Tillet, en parlant de cette promesse, regrette qu'elle n'ait point été tenue : «Si cela eût été gardé, dit-il, la dignité eût été plus grande.» (Recueil des Roys, édit. de 1607, p. 423.)

[11] «Les noms de ceulx qui n'entreront plus au Conseil privé, pour y avoir esté mis depuis la mort du roy Henry : l'arcevesque de Sens, l'evesque de Vallance, l'evesque d'Auxerre, l'evesque de Mende, l'abbé de la Cazedieu, le président de Biragüe, le président de Lisle, les cinq présidens de Paris, M. le Grand Escuyer, M. le marquis de Villars, M. de Gonnort, M. de Chaulne, M. de Crussol, M. de Sanssac, M. de Lanssac, M. d'Escars, M. le baron de La Garde, M. d'Andelot, M. d'Estrée, M. de La Rochefoucault... Les princes, les mareschaulx, les cardinaulx d'Armaignac et Estrossy (de Strozzi), l'evesque de Limoges et MM. de Laubespine et Bourdin demeureront. — Arresté à Molins, au Conseil, le xxiᵉ febvrier 1566.» (Bibl. nat., ms. Clairambault n° 647, p. 93.)

[12] Règlements du 18 février 1566 et du 28 juillet 1571. (Arch. nat., KK 625, fol. 76 et 82.)

[13] Albèri, Relazioni, série I, vol. IV, p. 252.

les departemens des quartiers à chacun d'eux, afin qu'ils sçachent le temps qu'ils auront à servir et se rendre audict Conseil [1]. »

Non moins inutiles sont les efforts tentés plus tard par Henri III. En 1574, il se borne à réduire les titulaires à cinquante-cinq, parmi lesquels douze ordinaires, astreints à l'assiduité. Cette réforme est timide; elle ne laisse pas de surprendre : un contemporain, à ce propos, qualifie le Roi de sévère censeur, et le loue de n'avoir conservé qu'un fort petit nombre de conseillers, toutes personnes d'un vrai mérite [2]. Les remontrances des États de Blois sur l'« excessif et extraordinaire nombre » des conseillers du Roi sont le point de départ d'une série de mesures un peu plus énergiques. En 1577, Lippomano ne compte au Conseil d'État que vingt-cinq membres [3]; Saracini, le 25 avril 1578, parle d'une réduction à vingt-quatre [4]; tel est effectivement le nombre fixé par le règlement du 11 août suivant [5]. Ces vingt-quatre conseillers sont répartis en trois séries de huit, qui doivent servir, à tour de rôle, pendant quatre mois. Pour s'être mal acquitté de son devoir, l'huissier se voit enlever les clefs; il garde la porte, mais ne l'ouvre plus. C'est au conseiller lui-même qu'il appartient de s'introduire et de s'enfermer dans la salle, au moyen d'une clef qui ne le quitte pas pendant son séjour à la Cour, et que l'on garde, en son absence, dans un des coffres de la chambre du Roi. Nouvelle réduction au commencement de l'année 1579. Les victimes de ces épurations deviennent la fable de la ville [6].

Seize titulaires sont maintenus par le règlement du 10 décembre; vingt-sept, servant neuf par neuf pendant quatre mois, sont confirmés par celui du 31 mai 1582 : jointe une déclaration par laquelle Henri III s'engage à ne plus augmenter, sous aucun prétexte, ce nombre, quelque prière qu'on lui en fasse, et se réserve seulement de pourvoir aux sièges vacants par décès. Cependant, en 1584, le nombre des titulaires est porté à trente [7]; il est qualifié d'effréné dès 1585, et déjà le Roi n'espère pouvoir le réduire à trente-trois qu'au fur et à mesure des morts, par extinction; il va sans dire que les trente-trois doivent servir successivement par séries de onze pendant quatre mois, suivant l'usage établi depuis 1579 [8]. Le nombre des « quaternaires » atteint, en 1586, trente-six [9] et, en 1587, cinquante et un [10], pour redescendre à quarante-huit en 1588 [11]. Henri III donne d'une main ce qu'il refuse de l'autre : à l'heure même où il annonce solennellement qu'il laissera les charges s'éteindre à la mort des titulaires, il s'empresse d'en créer de nouvelles, au profit de ses courtisans. Nous avons compté quatre réceptions en 1579, quatre en 1580, trois en 1581, deux en 1582, six en 1583, une en 1584, onze en 1585, huit en 1586, six en 1587, sept en 1588, et ce ne sont probablement pas les seules [12].

[1] Règlement du 24 octobre 1572, art. 8. (Arch. nat., KK 625, fol. 88 r°.)

[2] *La vie et mœurs de messire Guy du Faur, seigneur de Pybrac*, dans les *Archives curieuses de l'histoire de France*, 1re série, t. X, p. 289.

[3] Tommaseo, t. II, p. 505.

[4] «Intanto il Re ha riformato il suo Privato Consiglio, avendolo ridotto a venti quattro personaggi fuori de' principi, dodici di toga lunga e dodici di spada, fra questi è restato M. de la Chappelle...» (Abel Desjardins, *Négociations de la France avec la Toscane*, t. IV, p. 161.)

[5] Il serait dû à l'initiative de Cheverny, qui en fit, dit-il, une condition de son acceptation de la charge de Garde des sceaux. (*Mémoires de Cheverny*, édit. Michaud, p. 479.)

[6] «Le Roi, faisant dresser le nouveau état de sa maison et revoyant l'ancien, fit casser plusieurs de ses officiers, même de son Conseil privé, entre les autres le maître des requêtes Riant, qui se faisoit apeler de Riant, et plusieurs autres. Et, pour ce qu'il avoit

vendu une sienne métairie deux mille écus, qu'il avoit baillés pour être du Conseil privé, en ayant été cassé, on en fit une risée, et le suivant quatrain, qui rencontre sur son nom Riant...

Pour être du Conseil privé
Il a vendu sa métairie;
Maintenant qu'il en est privé,
Est-ce pas raison qu'on en rie?»

(*Mémoires-journaux de Pierre de L'Estoile*, t. I, p. 307.)

[7] Département fait le 4 mai 1584. (Guillard, *Histoire du Conseil du Roy*, p. 110. Cf. Arch. des Affaires étrangères, vol. France 761.)

[8] Règlement du 8 janvier 1585. Il doit toujours y avoir de service en même temps deux conseillers d'église, sept d'épée et deux de robe longue laïque.

[9] Bibl. nat., ms. français n° 16235, fol. 1 r°.

[10] Bibl. nat., ms. français n° 16236, fol. 1 r°.

[11] Département du 20 janvier 1588. (*Ibid.*, fol 179 r°.)

[12] Bibl. nat., ms. français n° 16235, fol. 17 v°, 69 r°, 213 v°;

Les guerres civiles qui occupèrent les premières années du règne de Henri IV mirent le comble à ce désordre; en la seule année 1594, nous pourrions citer vingt réceptions [1]. C'est le moment où Du Haillan traçait ce triste tableau de la situation du Conseil : «Jadis, disait-il, on y appeloit «les hommes signalés ou par noblesse de sang et par grandeur de maison, ou par dignité, savoir, «sagesse et expérience. Depuis, plusieurs y furent mis pour leur argent, les autres pour en gagner, «les autres pour avoir mal fait, et qui ont fait semblant de bien faire. Tel a été menacé d'être jeté «un sac en l'eau, qui, au bout d'un mois, s'est vu assis au Conseil. Tel y parle, une heure durant, «hors de propos et prépare avec une longue étude, qui ne sait pas conclure. Et voilà la plupart «de ces grands conseillers qui font une cohue du Conseil.» Plus loin, il insistait encore sur le «nombre effréné» des conseillers, «si grand, disait-il, qu'on ne le peut nombrer», et que «plusieurs «qui en sont ont une grande honte de l'être. Tel y est en personne, qui a l'esprit ailleurs et pense «plus à ses affaires particulières qu'aux publiques [2].» Ces renseignements concordent bien avec les détails fournis par un autre mémoire contemporain : «La guerre civile, mere de toutz desordres, dit «l'auteur en s'adressant au Roi, a apporté plus de cônfusion et de desordre au Conseil de Vostre «Majesté qu'en toutes les autres compagnies de ce royaume. Il me souvient, me trouvant en Court «lorsque le roy Henry second deceda, que, de la robbe longue, entroient seulement au Conseil «MM. du Mortier, de Marillac..., de Morvilliers... et d'Avanson... Ce nombre de quatre, comme «j'estime, est maintenant multiplié en cent et deux cens... Maintenant, aussi tost qu'un homme est «evesque, president ou de voz gens en court souveraine, il est faict du Conseil. L'on veoid aucuns «des plus jeunes maistres des requestes lesquelz, pour avoir esté receuz au Conseil, parlent couvertz; «et leurs anceyens, qui par leur suffizance et services ont acquis plus de reputation, parlent descou- «vertz... Toutes choses avilissent par le nombre, et l'honneur d'estre de vostre Conseil, dont les «grandz services de voz bons subjectz souloient estre recompensez, est maintenant venu à mespris [3].» C'est la situation que résume, vers l'année 1605, l'ambassadeur Badoer, par ces seuls mots : «Le «nombre des membres du Conseil est infini [4].» Le service intermittent par quartiers semble même tombé en désuétude [5]. L'encombrement mettrait obstacle à la tenue régulière des séances, n'était l'inexactitude des conseillers : mais le nombre des présences dépasse rarement dix ou douze [6].

Henri IV, à plusieurs reprises, se préoccupa d'une réduction. Un auteur que nous avons précédemment cité, et que le Roi chargeait peut-être d'en étudier les voies et moyens, ne se dissimulait pas la difficulté de l'entreprise : «La reformation, si exacte, disait-il, qu'il seroit bien requis de faire ne se

---

— Ms. français n° 16226, fol. 40 v°, 93 r°, 105 v°. — Abel Desjardins, *Négociations de la France avec la Toscane*, t. IV, p. 301 et 463. — Ms. français n° 4010, fol. 6 r°, 54 v°, 365 v°, 564 v°. — *Mélanges de Colbert* n° 87, fol. 199 r°, 339 r°, 357 r°, 380 r°. — Ms. français n° 16227, p. 140. — Ms. français n° 16230, fol. 23 r°; 35 r°. — Ms. français n° 16233, fol. 2 v°. — Ms. français n° 16234, fol. 9 r°, 49 v°, 59 v°. — Ms. français n° 18158, fol. 11 r°, 30 r°, 38 r°, 56 r°, 61 r°. — Ms. Clairambault n° 647; p. 115. — Ms. français n° 16236, fol. 18 r°, 34 r°, 42 r°, 181 v°, 212 r°, 234 v°, 238 v°, 242 v°, 264 r°, 284 v°, 290 v°. — Arch. nat., V⁵ 1221 (2 sept. 1587).

[1] *Mémoires de Mⁿᵉ de Mornay*, édit. de Mᵐᵉ de Witt, t. I, p. 193. — Bibl. de l'Institut, mₛ. n° 310, fol. 284 v°. — Bibl. nat., ms. français n° 18159, fol 30 v°, 36 r°, 87 v°, 89 v°, 319 r°, 358 v°, 359 v°, 381 r°, 479 r°, 484 v°. — Ms. français n° 10841, fol. 2 v°, 12 v°, 24 r°, 59 r°, 75 r°, 100 r°. — Ms. Clairambault n° 653, p. 157. — Ms. français n° 4014, fol. 178 v°. — Ms. français n° 18152, fol. 115 r°, 157 r°, 165 r°, 221 v°, 266 r° et 272 r°.

[2] Ces passages, qui ne se trouvent pas dans les premières éditions du livre *De l'estat et succez des affaires de France* (1570, in-8°, Paris,

chez l'Huillier, et 1573, 2 vol. in-16, Paris, chez le même); ont été ajoutés par Du Haillan dans son édition de 1595 (fol. 177 r°, 188 r°).

[3] Mémoire adressé à Henri IV entre 1599 et 1605 (ms. français n° 16216, fol. 93 r°). — De même, en 1596, J-A. de Thou fait observer que le nombre des conseillers d'État s'est extraordinairement accru depuis trente ans. (*Historiarum lib. CXVII*, t. V, p. 637.)

[4] Barozzi et Berchet, *Relazioni*, série II, FRANCIA, vol. I, p. 113.

[5] Marillac, *Du Conseil du Roy* (Arch. nat., U 945*, fol. 15 v°).

[6] Suivant Lippomano, les membres les plus distingués du Conseil se souciaient peu d'assister aux séances. (Tommaseo, *Relations des ambassadeurs vénitiens*, t. II, p. 506. Cf. la relation d'Angelo Badoer, dans Barozzi et Berchet, *loco cit.*) — C'est ainsi qu'il faut entendre un passage d'André d'Ormesson : «Au mois de février 1605, dit-il, les Conseils étaient composés seulement de MM. Pompone de Bellièvre, chancelier, Brûlart de Sillery, garde des sceaux, de Châteauneuf (Claude de Laubespine), doyen du Conseil, Hurault de Maisse, de Pontcarré, de Vic, le président Jeannin, de Calignon, de Boissize, de Caumartin et de Fresnes.» (Chéruel, *Histoire de l'administration monarchique en France*, t. I, p. 356.)

« peult executer si à coup. » Il ne croyait pas possible d'infliger à des évêques, à des magistrats l'affront d'une révocation imméritée et se bornait à préconiser le système des conseillers semestres[1]. Consulté sur le même besoin, Sully proposait, en 1607, de réduire le nombre des titulaires à vingt-huit, dont huit ordinaires et vingt par quartiers, servant cinq par cinq pendant trois mois[2]. Mais les papiers dont nous devons la connaissance à une obligeante communication de M. le marquis de Vogüé nous apprennent que, deux ans plus tard, toute l'ambition du ministre, toute l'espérance du Roi étaient de réduire les conseillers au nombre de cent soixante-quinze[3]; il est vrai que Sully voulait ne conserver de gages qu'aux vingt conseillers d'épée et aux vingt conseillers de plume les plus anciens reçus. D'ailleurs, l'insuccès complet de toutes les tentatives de réforme résulte d'une lettre adressée plus tard par Marillac au cardinal de Bérulle[4] : « Les conseillers d'État étoient déchus à une confusion telle que vous « savez qu'ont vue les premiers temps de notre âge. Nous soupirions ensemble après quelques rè- « glements; nous avons continuellement sollicité et pressé nos prédécesseurs d'y donner ordre : ils « l'ont fait plusieurs fois par écrit, après de longues, pénibles et importantes sollicitations; mais « jamais ils ne se sont mis en devoir de l'exécuter : les uns n'ont pas eu assez de volonté, et les autres « pas assez de vie[5]. » C'est, en effet, à Richelieu, puis au chancelier Séguier, que revint la mission de restreindre définitivement une affluence si contraire à la dignité et au fonctionnement du Conseil.

La qualité des conseillers n'a pas varié moins souvent que leur nombre : c'est ce qui rend presque impossible de déterminer la part faite, dans les Conseils, à chacun des trois ordres. Qui sait d'ailleurs si entre les classes de la société, au moyen âge, il existait autant de barrières qu'on se plaît parfois à le supposer? Faut-il comprendre les anoblis parmi les nobles ou les bourgeois? doit-on ranger les clercs mariés au nombre des clercs ou des laïques? Selon qu'on prend tel ou tel parti, et l'un et l'autre a ses dangers, la proportion de chacun des groupes dont se compose le Conseil varie. Sans attacher grande importance à ces distinctions sociales, les Rois choisissaient leurs conseillers dans les diverses classes de leurs sujets[6]; jamais ils ne s'appliquèrent à conserver exactement le même nombre de conseillers nobles, ecclésiastiques ou bourgeois.

On doit aussi se tenir en garde contre la tentation d'assigner une date précise à l'introduction de la bourgeoisie au Conseil. Les hommes de petite naissance qui gouvernèrent le royaume sous le règne de Charles VII et de Louis XI avaient eu des ancêtres au Conseil dès le xie siècle. Les Capétiens, entrant en lutte contre la féodalité, s'étaient vus obligés de prendre leurs conseillers dans les rangs

---

[1] C'est-à-dire l'institution de huit conseillers semestres de robe longue, astreints à l'assiduité. — « Le Conseil des parties, ajoutait le même auteur, ne pourra estre si resserré que celuy d'Estat. » (Ms. français n° 16216, fol. 93 v°.)

[2] « Il me sembleroit honorable et utile tout ensemble de composer votre Conseil d'État et des finances de huit conseillers ordinaires et assidus seulement, selon le choix de votre prudence, dont il y en eût quatre d'épée et quatre de robe longue; et, outre cela, faire dresser un état ou rôle de vingt des plus qualifiés de votre royaume, ayant passé trente ans, desquels cinq d'iceux par chacun quartier eussent, non seulement l'entrée libre en iceluj, mais aussi fussent tenus de s'y trouver, dès le matin, les trois jours de la semaine que ces Conseils se tiennent, et à condition que, s'ils manquoient à l'ordre établi sans cause légitime, ils seroient retranchés dudit état, et d'autres mis en leurs places. » (Lettre du 2 mai 1607, insérée dans les Œconomies royales, t. II, p. 185.)

[3] Voici le détail : au Conseil des Affaires étrangères, six membres; au Conseil des Affaires du dedans, dix membres; au Conseil de la guerre, trente-deux membres, servant huit par huit par quartiers; au Conseil des finances, sept membres; au Conseil d'État, soixante membres, servant quinze par quinze par quartiers; le même nombre au Conseil privé. Encore ne sont pas compris parmi ces cent soixante-quinze membres ceux du Conseil de direction, dont le nombre reste indéterminé. (Articles generaulx pour le reglement de divers Conseils, escripts par Nicolas, lesquels le Roy a veus et aprouvez. Manuscrits appartenant à M. le marquis de Vogüé.)

[4] Mémoire de Michel de Marillac, édit. Michaud, p. 538.

[5] On se persuade trop facilement que, du jour au lendemain, Henri IV mit un terme aux maux qui désolaient le royaume. « L'ordre, écrit M. Chéruel (Journal d'Ol. d'Ormesson, t. I, p. ciii), rentra dans le Conseil, comme dans la France entière : il fut réduit à un petit nombre de membres. »

[6] A rapprocher de cette remarque le passage dans lequel Vauban recommande au Roi de rechercher dans ses conseillers d'état les qualités personnelles : « Car celles de la naissance ne donnent pas la qualité requise. » (Pensées et Mémoires politiques publiés par le commandant de Rochas, dans le Journal des économistes, t. XVIII, 1882, p. 183.)

inférieurs de la domesticité royale. Sous Louis VII, on a constaté d'une manière positive la présence de bourgeois au Conseil : leur influence alla croissant sous Philippe-Auguste, sous saint Louis, sous Philippe III[1] et sous Philippe le Bel[2]. Le Conseil de Jean le Bon se composait en grande partie d'anciens bourgeois anoblis[3], et l'on a vu que les États généraux n'avaient pas craint, en 1356, de proposer l'admission au Conseil de douze députés des bonnes villes. En 1374, Charles V eut soin de placer six bourgeois dans le Conseil de régence qu'il organisait éventuellement. Sous Charles VI, qui ne se souvient du gouvernement des *Marmousets?* et pendant le règne des « sires des fleurs de lis », à l'heure où le Conseil semblait revêtir la forme la plus aristocratique, quelle influence n'exerçaient pas le Parlement et l'Université, appelés sans cesse à seconder les conseillers titulaires[4]? Vallet de Viriville n'a peut-être pas assez tenu compte de cette intervention quand il a cherché à établir, par raisonnements « mathématiques », la progression du tiers état pendant le cours du xv⁰ siècle[5]. Il a du moins mis en lumière la préférence des Armagnacs, du Dauphin[6] et, plus tard, de Charles VII pour les conseillers de « petit état, inconnus de lignage, » et il a justement remarqué que cette prédilection, trop souvent reprochée au Roi, avait servi de prétexte, sinon d'excuse, au soulèvement de la Praguerie. Semblable au règne de Louis XI[7], le gouvernement d'Anne de Beaujeu multiplia, nous l'avons dit, les gens du tiers dans le Conseil : sur soixante conseillers inscrits en 1484, il n'y a pas moins de quarante financiers ou légistes, parmi lesquels nous ne comptons pas les maîtres des requêtes de l'Hôtel. Cette progression s'arrêta au commencement du xvⁱ siècle[8]. Cependant, à partir du règne de Charles IX[9], les robes longues laïques redevinrent nombreuses; financiers, diplomates et surtout parlementaires se multiplièrent au point de provoquer dans les États, en 1576 et en 1588, de vives protestations. Sully parle quelque part[10] de ce « tas de maîtres des requêtes et autres bonnets cornus qui font une cohue du Conseil et voudroient volontiers réduire toutes les affaires d'État et de finance en chicanerie »; à la place de ces « soutanes », il s'efforçait d'attirer des seigneurs de haute naissance, persuadé que, s'ils quittaient « les cajoleries, fainéantises et baguenauderies de cour », ils deviendraient les plus dignes auxiliaires de la monarchie[11].

---

[1] C'est un fait que M. Ch.-V. Langlois a mis habilement en lumière dans un mémoire, encore inédit, sur *Le gouvernement de Philippe III.*

[2] Il faudrait aussi rappeler les monnayeurs, les bourgeois, les « marchands d'espicerie », convoqués exceptionnellement, à cette époque, pour renseigner le Conseil sur des questions de leur compétence, ou même pour donner leur avis sur quelque projet d'ordonnance. (*Ordonnances,* t. I, p. 347, 390, 412, 475, 477, 512, 519, 548. Cf. Boutaric, *La France sous Philippe le Bel,* p. 16; Hervieu, *Recherches sur les premiers États généraux,* dans la *Revue historique du droit françois et étranger,* 1879, p. 101-104; Bayet, *Revue historique,* novembre 1881, p. 327.)

[3] *Le gouvernement représentatif en France au xiv⁰ siècle,* dans la *Revue des questions historiques,* janvier 1885, p. 66-73.

[4] Nous ne parlons pas des frères Legoix et autres bouchers qui, en 1411, s'introduisirent de force dans le Conseil et y régnèrent par la terreur : ils s'étaient fait concéder le droit de présenter les suppliques de la bourgeoisie, et prirent part à un grand nombre de délibérations politiques. (*Religieux de Saint-Denys,* t. IV, p. 445, 451, 463, 465, 605, 625. *Ordonnances,* t. IX, p. 637. Cousinot, *Geste des Nobles,* éd. Vallet de Viriville, p. 178. Cf. A. Longnon, *Paris pendant la domination anglaise,* 1878, p. 39 et 70, et A. Tuetey, *Journal d'un bourgeois de Paris,* 1881, p. 19 et 37.)

[5] *Mémoire sur les institutions de Charles VII,* dans la *Bibliothèque de l'École des chartes,* t. XXXIII, 1872, p. 15. Vallet de Viriville dresse un tableau des soixante principaux conseillers de Charles VI

entre les années 1403 et 1418; il y compte trente princes ou princesses, dix nobles d'ancienne chevalerie, vingt conseillers de robe ou du tiers état. Puis, dressant un tableau semblable pour la période de Charles VII, il trouve, dans cette seconde période, dix princes ou princesses, vingt nobles d'ancienne chevalerie et trente conseillers de robe ou du tiers état. Sa conclusion toute naturelle est que le Conseil, au xv⁰ siècle, s'ouvrit dans une proportion croissante à la classe moyenne, au tiers état.

[6] Cf. les remontrances des États de Clermont, 1421. (Marquis de Beaucourt, *Histoire de Charles VII,* t. I, p. 363.)

[7] *Des États généraux et autres assemblées nationales,* chez Buisson, t. IX, p. 209. — G. Picot, *Histoire des États généraux,* t. I, p. 346.

[8] En même temps, l'on se montra sévère au sujet de l'ancienneté de la noblesse : le règlement du 8 janvier 1585 exigea trois degrés de noblesse paternelle pour les conseillers d'épée.

[9] L'auteur de *La vie et mœurs de Messire Guy du Faur, sieur de Pibrac,* constate que, sous Charles IX, bien peu de robes longues entrent au Conseil : « Encore faut-il qu'ils aient été employés aux ambassades ou affaires d'importance et reconnus pour personnes de mérite. » (*Archives curieuses de l'histoire de France,* 1ʳᵉ série, t. X, p. 243.)

[10] Lettre au Roi du 2 mai 1607 (*Œconomies royales,* t. II, p. 185). — Cf. Marillac (Arch. nat., U 945*, f⁰ 15 v⁰) : « Cessa aussy le Conseil estre composé d'un sy grand nombre de gentilhommes..., et peu à peu fut quasy tout reduict aux personnes de robbe longue. »

[11] Si nous descendions jusqu'au règne de Louis XIV, nous consta-

Quant à l'élément ecclésiastique, prédominant au xiiiᵉ siècle, il se maintint, avec des alternatives de fort et de faible, aux xivᵉ, xvᵉ et xviᵉ siècles, tantôt s'élevant jusqu'à un tiers, tantôt s'abaissant jusqu'à un septième du personnel : la majorité demeurait toujours aux conseillers laïques. Toutefois, la présence des clercs au Conseil appelle au moins deux réflexions.

La règle canonique interdisant à tout ecclésiastique de verser le sang, ou même d'intervenir dans un acte de nature à produire l'effusion du sang, les conseillers clercs s'abstenaient, au moins en principe, non seulement de tout jugement sur les matières criminelles, mais de toute participation aux actes dont la sanction était la mort. Tel est le sens d'une formule en usage dès le xivᵉ siècle, et que les secrétaires avaient ordre d'insérer au bas de toutes les ordonnances dites criminelles[1] : « *Par le Conseil des lays. — Par le Roy, à la relacion du Conseil lay. — Par le Roy, à la relacion du Conseil des lays. — Par Messieurs les lays estanz ou Conseil*[2]. »

Autre remarque : les Rois ne toléraient pas que les prélats, en tant que conseillers, répondissent de leurs décisions et de leurs actes devant les juridictions ecclésiastiques. Ainsi, en 1408, plusieurs membres de l'université de Paris s'étaient avisés d'en appeler à Rome des prélats qui avaient pris part, dans le Grand Conseil, à l'élaboration de certains décrets. Grande fut l'émotion : le chancelier du Dauphin dénonça au Parlement ces « frivoles et non recevables appellacions » par lesquelles on s'efforçait de transporter aux cours d'Église la connaissance des actes royaux; le Roi, disait-il, tient sa puissance de Dieu seul, « sans reconnoistre souverain ». L'avocat du Roi déclara les appelants coupables de lèse-majesté : « Comme seroit se aucun vouloit indirectement appeller du Roy ou des « arrests de son Parlement et il se disoit appeler du premier president ou des conseillers dudit Par- « lement qui auroient conseillié les arrests, tel appellant seroit griefment à punir comme desobeissant « au Roy et come crimineux de lese majesté. » Le Régent alla jusqu'à emprisonner le recteur, l'orateur et plusieurs autres membres de l'Université; ils ne recouvrèrent la liberté qu'à la condi- tion de faire, en sa présence, une sorte de rétractation : « Yceulx prisonniers et recteur iroient « par devers M. le Dauphin, en son hostel, soy excuser et lui supplier humblement de leur deli- « vrance, en disant ce que autrefois avoient dit, c'est assavoir que ce ne fust onques, n'estoit leur « intencion d'appeler du Roy, de ses ordonnances ou conseillers qui auroient conseillié ou voul- « droient tenir ou executer ycelles ordonnances, mais qu'ilz entendoient tant seulement avoir appellé « d'iceulz prelas ou conseilliers ou cas que de leur propre auctorité ilz vouldroient aucune chose faire, « entreprendre ou attempter en leur prejudice, en disant oultre que ce n'estoit, et n'est pas leur « intencion de poursuir ladicte appellacion[3]. »

Quant à la présence elle-même des prélats dans le Conseil, approuvée par les auteurs ecclé- siastiques [4], autorisée expressément par Philippe V[5], reconnue nécessaire par l'auteur du *Songe*

---

terions, avec M. de Boislisle (*Les Conseils du Roi sous Louis XIV*, p. 16), que chaque ordre se trouve encore représenté dans le Conseil d'État; «mais, par un renversement complet du primitif état de choses aristocratique, la robe du tiers état y était quatre fois plus nom- breuse que les représentants de l'Église et que ceux de la noblesse militaire.» De là l'étonnement d'André d'Ormesson en constatant le nombre relativement petit des robes longues laïques dans le Conseil de Henri III (1586) : «L'on peut remarquer, dit-il, comme le Con- seil étoit presque tout composé d'ambassadeurs, de grands seigneurs, de maréchaux de France, gouverneurs de province, gens d'épée, et de cardinaux, de prélats, d'évêques et d'archevêques et peu de gens de robe longue. Maintenant (1644), ce sont toutes robes longues qui tiennent le Conseil...» (Chéruel, *Dictionnaire des institutions de la France*, vᵒ Conseil d'État.)

[1] On lit dans un protocole de notaire du Roi du temps de Louis XI :

« *Item*, autres lettres et mandemens de justice se signent : *Par le Roy, à la relacion du Conseil*. Et, quant les lettres sont criminelles, on y adjouste ce mot : *lay, du Conseil lay*... Semblablement, où le Chan- cellier de France n'est,... on signe toutes les lettres...: *Par le Conseil*. Et, quant la lettre est criminelle, on y mect : *Par le Conseil lay*.» (Bibl. nat., ms. français nᵒ 5727, fol. 19 rᵒ.)

[2] *Ordonnances*, t. III, p. 505, 507, 520, 522, t. VI, p. 218, t. VIII, p. 365 et 444; t. IX, p. 179; t. X, p. 406; t. XIII, p. 109. — Arch. nat., Z¹ᵇ 56, fol. 46 vᵒ.

[3] Arch. nat., X¹ᵃ 1480, fol. 119 rᵒ, 120 rᵒ, 122 vᵒ.

[4] L. Thomassin, *Ancienne et nouvelle discipline de l'Église touchant les bénéfices*, Paris, 1681, in-fol., t. III, p. 335-337, 654-656.

[5] «Il n'aura nuls prelaz en Parlement... Toutevoies l'entente du Roy n'est mie que les prelaz qui sont de son Conseil en soient pour ce hors...» (Boutaric, *Actes du parlement de Paris*, nᵒ 5899*.)

du vergier [1], elle ne souleva aucune difficulté pendant toute la durée du moyen âge. Mais, au début du règne de Charles IX[2], elle devint l'objet d'attaques violentes dont catholiques et protestants donnèrent à l'envi l'exemple, les uns désireux de retenir les évêques dans leur diocèse, les autres impatients d'écarter les papistes du gouvernement. A ce point de vue, le Conseil constitué par la Reine mère au mois de décembre 1560 donnait prise à la critique : il ne comprenait pas moins de six cardinaux et de trois évêques. Aussi les États généraux d'Orléans, les États provinciaux de Paris et les États laïques de Pontoise demandèrent-ils l'expulsion de tous les prélats du Conseil, comme ayant prêté serment à un souverain étranger; ils n'admettaient même point d'exception en faveur du cardinal de Bourbon, à moins qu'il ne quittât le chapeau, et ils ajoutaient que la résidence était pour tous les évêques un devoir impérieux, sanctionné par les édits, imposé par les circonstances : « MM. les cardinaux et ecclésiastiques, encore qu'ils soient bien suffisants de « manier de grands affaires, ne doivent être du Conseil, et tel est leur avis; car seroit contrevenir « à ce que par les précédents cahiers des États a été très instamment requis, même par ceux du « Clergé, qu'ilz aient à s'abstenir de toutes négociations publiques et séculières, ni étant raisonnable, « ne conforme à la volonté de Dieu que ceux à qui les églises sont commises délaissent leurs charges « spirituelles pour suivre les cours et assister au Conseil des princes, de la juridiction desquels ils « se veulent, quand il leur plait, exempter[3]. » Le gouvernement, dit-on, supprima la pension des conseillers évêques[4] et imposa, par de nouvelles lettres, la résidence aux prélats[5]. Toutefois, il ne s'expliqua pas sur la situation particulière des évêques investis du titre de conseiller, et c'est en quoi il provoqua une nouvelle explosion de murmures, cette fois dans le sein du Parlement. La Cour, toutes chambres assemblées, vérifia l'édit le 5 mai, en y ajoutant ces quelques mots : « *Sans exception de ceux que le Roy pourra appeler en ses Conseils, quelque dispense que l'on pust obtenir.* » Elle rappela que l'obligation de résider, étant de droit divin, ne pouvait souffrir aucune dispense, pas plus que le devoir d'aimer Dieu, et joignit à cet axiome ce simple et hardi corollaire : « Par aultant qu'il y a « plusieurs prelatz au royaume que l'on vouldroit comprendre en la generalité du present edict, « lesquelz le Roy et ses predecesseurs ont appellez en leur service pour les conseillier ès affaires « d'importance, gens d'honneur, vertu et experience, s'il plaist au Roy par necessité et occasion occur- « rente les appeller, et autres de pareille qualité, pour s'ayder de leur conseil, seront tenuz y obeyr, « pourveu toutesfois qu'ilz ne preignent tiltre ou qualité de conseiller du Privé Conseil du Roy et lettres « particulieres ou generales pour cest effect, et que, si tost que le Roy aura pris le conseil d'eulx « pour la necessité ou occasion qui sera offerte, et icelle passée, ilz seront tenuz se retirer en leur dio- « cèse, sans en povoir partir, sur les peines dudit edict, sinon que à temps ilz soient mandez par le

---

[1] Le *Clerc* prétendait interdire le Conseil aux prélats dans l'inté-rêt des âmes dont ils étaient chargés. Voici quelques parties de la réponse du *Chevalier* : « Certes, ce n'est pas chose nouvelle que les prélats soient du Conseil du Roi; car, en tant que les prélats sont plus honnêtes et plus sages et plus vertueux que les autres, en tant c'est plus grand profit si la chose publique est par eux conseillée... Et, entre nous, clercs, ne devez pas le Roi reprendre s'il gouverne son Conseil par les prélats de Sainte Église; par avanture, maintes fois, si les prélats n'étoient ès Conseils des Rois, aucuns des conseillers pourroient forger sur le dos de l'Église. De présent, s'aucune chose est innovée ou attentée en l'injure ou en préjudice de l'Église, elle est corrigée et adressée par le conseil des évêques... La rigueur de justice est tempé-rée, la clameur des pauvres si est exaucée, la dignité de l'Église si est élevée, la liberté des clercs si est firmée, la paix gardée, justice si est franchement exercée, la dévotion du peuple est crue, les loix sont ac-ceptées, les décrets gardés et les possessions de l'Église sont dilatées... »

(*Traitez des droits et libertez de l'Église gallicane*, 1731, in-fol., t. II, 1re partie, p. 141-144.)

[2] Ce mouvement d'opinion s'explique par l'accroissement considé-rable de l'élément ecclésiastique dans le Conseil à partir de la mort de Henri II. Le mémoire adressé à Henri IV que nous avons cité plus haut (p. cv) laisse entrevoir ce grand changement : « Il me sou-vient, me trouvant en Court lorsque le roy Henry second deceda, que, de la robbe longue, entroient seulement au Conseil MM. du Mortier, de Marillac, archevesque de Vienne, de Morvilliers, evesque d'Orléans, et d'Avanson, qui tous avoient servy ès ambassades près des plus grandz princes de la chrestienté, etc... »

[3] Cahier de la noblesse aux États de Pontoise; passage cité par M. Picot, *Histoire des États généraux*, t. II, p. 73.

[4] Le Laboureur, *Additions aux mémoires de Castelnau*, t. I, p. 503.

[5] Lettres patentes du 1er avril 1561. (Fontanon, *op. cit.*, t. IV, p. 220.)

« Roy expressement, comme dict est. Et, à ce que l'on puisse cognoistre si lesditz archevesques et
« evesques seront absens voluntairement ou par ordonnance du Roy, feront enregistrer, auparavant que
« partir, le mandement du Roy, tant ès registres du chappitre de leur eglise, que du siege principal
« du bailliage ou seneschaucée de leur archevesché ou evesché [1]. » Le Parlement, sans doute, ne
se flattait pas d'obtenir du Roi pareille réforme; mais il comptait fermer sa porte aux prélats
reçus conseillers. L'évêque de Valence, Monluc, membre du Conseil dès l'origine, et pourvu de
lettres d'entrée, essuya le premier refus : on lui fit entendre qu'il ne pouvait administrer son diocèse
s'il siégeait au Conseil privé. A quoi le Chancelier répondit en alléguant l'ancien usage : « [Les évêques],
« dit-il, ne se plaignent de la residence, mais de ce que la Court leur a osté le nom et tiltre de con-
« seillers audit Conseil privé; et dient que c'est oultre le pouvoir de ladite Court, laquelle ne les y
« a mis, ains est le Roy, auquel seul est les en oster... N'entendent laisser leur residence pour venir
« ceans, ne rompre l'edict. Mais, en passant à jours solennelz, comme cestuy-cy, ou quand ilz seront
« mandez par le Roy, ilz desirent garder, tant qu'il luy plaira, l'honneur de seoir en sondit Conseil
« et ceans et y avoir voix, qui n'est chose nouvelle... [2] » L'incident se prolongea pendant plusieurs
semaines, et le Parlement obtint du Roi la promesse que Monluc résiderait en son diocèse une
grande partie de l'année [3]. Quelques mois après, la réception de Nicolas Dangu, évêque de Mende [4],
et celle de Philippe de Lenoncourt, évêque d'Auxerre [5], donnèrent lieu à de nouvelles protestations.
Puis, à la longue, les esprits se calmèrent; l'obligation de la résidence rencontra, parmi les laïques
de moins ardents défenseurs, et toutes choses reprirent, au Conseil, leur ordre accoutumé [6].

Le titre de conseiller au Conseil est conféré par un acte royal, généralement appelé *retenue* [7].
La retenue se présente au moyen âge sous forme de lettres patentes. M. Boutaric [8] en a cité un
exemple latin de 1311, qui contient déjà, dans le dispositif, le terme *retinentes* [9]. Les lettres
patentes expédiées le 4 novembre 1360 pour retenir Arnoul d'Audeneham du Grand et étroit
Conseil sont en français, mentionnent, comme celles du 20 janvier 1311, les titres de l'impétrant, précisent en outre les services qu'il est appelé à rendre, comme les appointements qu'il doit
toucher, et se terminent par un mandement à tous justiciers, comptables, gens des Comptes ou sujets
de se conformer, chacun en ce qui le concerne, à la volonté du Roi [10]. Sous Charles VII et sous
Louis XI, les protocoles de notaires du Roi fournissent différents modèles de retenues du Grand
Conseil [11], les unes donnant le chiffre des gages, les autres en renvoyant la fixation à une époque

---

[1] Arch. nat., X[1a] 1597, fol. 109 r°.

[2] 12 novembre 1561. (X[1a] 1599, fol. 2 r°.)

[3] X[1a] 1599, fol. 220 v°; X[1a] 1606, fol. 490 v°.

[4] 29 et 30 mars 1562. (X[1a] 1604, fol. 550 v° et 555 v°.)

[5] 27 avril 1562. (X[1a] 1601, fol. 155 v°.) — Philippe de Lenoncourt fut reçu, le 4 mai suivant, comme ancien conseiller au Parlement.

[6] J. Bodin, peu favorable à la présence des ecclésiastiques au
Conseil, allègue l'exemple de Venise. (*Les VI livres de la République*,
édit. de 1578, p. 254.) — Au mois d'avril 1583, l'évêque de Paris,
Pierre de Gondy, sollicitant l'autorisation de prendre un coadjuteur,
fit valoir qu'il était souvent distrait de ses fonctions épiscopales par
ses devoirs de conseiller au Conseil privé. (P. de L'Estoile, *Mémoires-
journaux*, t. II, p. 123.)

[7] On en trouvera un exemple du mois de novembre 1301 dans
les tablettes de cire de Jean de Saint-Just. (*Recueil des historiens des
Gaules et de la France*, t. XXII, p. 510.)

[8] *La France sous Philippe le Bel*, p. 164, n. 5.

[9] Philippus, etc... Grata notis comprobate fidelitatis obsequia et

labores continuos in agendis quos ex [   ] dilectus et fidelis magister
P. de Cabilone, canonicus Eduensis, familiaris clericus noster, nobis
incessanter exhibuit et pro nobis voluit gratancius sustinere, plenis
affectibus attendentes, ipsum, quem dudum benemeritum invenimus,
volentes nostris obtuitibus repraesentari frequentius ac favore prosequi
speciali, ut sic honoribus et commodis, suis exigentibus meritis, attol-
lamus, eundem de nostris Consilio et Hospicio in nostrum consiliarium
et familiarem clericum retinentes, ceterorum consiliariorum et fami-
liarium clericorum nostrorum consorcio volumus aggregari, presentes
sibi litteras in testimonium concedentes. Actum Pissiaci, die mercurii
ante festum beati Vincencii, anno Domini M CCC decimo [20 janvier
1311].» (Arch. nat., JJ 49°, n° 133, fol. 119 r°.)

[10] Lettres publiées par M. Ém. Molinier dans les *Mémoires présentés
par divers savants à l'Académie des inscriptions et belles-lettres*, t. VI,
1re partie, p. 233. — Les lettres du 2 août 1372 retenant l'abbé de
Charroux du Grand et secret Conseil sont rédigées en latin. (*Gallia
christiana*, t. II, instr., c. 349.)

[11] Bibl. nat., ms. français n° 5024, fol. 58 v°, 60 v°; ms. français
n° 14351, fol. 32 v°, 33 r°; ms. français n° 5727, fol. 68 r°.

ultérieure, toutes confiant au Chancelier le soin de recevoir le titulaire. Les originaux des retenues sont scellés du grand sceau, de cire jaune, sur double queue[1].

Sous Henri II encore, les nominations se font par le moyen de lettres scellées[2]; mais on prend alors l'habitude de dresser, après la réception, un brevet sous forme indirecte, signé par un secrétaire d'État[3]. Bientôt on supprime les lettres, et l'on ne se sert plus, sous Charles IX, que d'un brevet signé du Roi, prouvant à la fois la réception et la retenue du titulaire[4], ou simplement la retenue[5]. « Les sénateurs ou conseillers d'État, écrivait Jean Bodin[6], n'ont autres lettres en ce royaume qu'un « simple brevet signé du Roi, sans scel ni cachet, portant, en trois mots, que le Roi leur donne « séance et voix délibérative au Conseil, tant qu'il lui plaira; et, le Roi mort, ils ont besoin d'un « autre brevet[7]. » Henri III, dès 1576, remit en honneur l'usage ancien des lettres de retenue du grand sceau; celles que nous possédons sont adressées au titulaire lui-même et ne se font remarquer que par leur style particulièrement pompeux[8]; les mots *élire et ordonner* y remplacent, dans la formule, le terme consacré *retenir*. Le règlement du 8 janvier 1585 (art. 32) insiste pour que ces lettres soient signées de la propre main du Roi. Henri IV revint aux anciennes formules et à l'emploi du brevet signé[9]; mention était faite sur le brevet, à la suite des signatures, de la réception et du serment du nouveau conseiller. L'usage des lettres scellées ne reparut que plus tard, sous l'administration du garde des sceaux Marillac[10].

Dès le XIIIe siècle, les conseillers sont astreints à prêter serment. En 1269, saint Louis, partant pour sa seconde croisade, ordonne à ses conseillers de renouveler leur serment : il n'admettait d'exception qu'en faveur des évêques[11]. Gardons-nous bien de confondre ce serment professionnel avec la promesse d'observer telle ou telle ordonnance récente[12], promesse parfois obligatoire pour tous les conseillers du Roi. De même, on doit le distinguer, à partir de 1416, du serment prêté en Parlement à l'effet d'obtenir l'entrée[13].

---

(1) Arch. nat., KK 625, fol. 19 r° et 21 r°. — Cf. Aucoc, *Le Conseil d'État avant et depuis 1789*, p. 69.

(2) «Alors, le Roi prit des mains de M. le Chancelier les lettres d'état de conseiller du Roi en son Privé Conseil au nom de M. de Vieilleville, *toutes scellées*, et les lui donna.» (*Mémoires de Vieilleville*, édit. Michaud, p. 117.)

(3) «Aujourd'huy, 19° jour de janvier, l'an mil cinq cens cin quante ung, le Roy estant à Blois en son Conseil du matin, ouquel MM... estoyent presens, le sieur d'Urfé, chevallier de l'ordre dudict seigneur, gouverneur des personne et maison Mgr le Daulphin, a esté receu au serment et institué en la place et estat de conseiller du Roy en son Conseil privé, auquel il a esté retenu, pour en joir aux honneurs, auctoritez, prerogatives, preeminences, franchises, libertez, gaiges, pension, droictz, proffictz et emoluments qui y appartiennent, comme les autres ses semblables. Et m'a commandé ledit seigneur luy en expedier ce present acte de retenue et reception, qu'il veult estre enregistré au registre de sondit Conseil privé. Du THIER.» (Bibl. nat., ms. français n° 18153, fol. 299 r°.)

(4) Brevet du 24 janvier 1569. (Bibl. nat., ms. Clairambault n° 647, p. 94.)

(5) Brevets du 3 octobre 1572 (Arch. nat., KK 625, fol. 85 r°), du 16 janvier 1574 (K 98, n° 64), du 21 octobre 1575 (K 99, n° 19). Ils sont signés du Roi et contresignés par un secrétaire d'État. — Brevet de M. de Voisinlieu, du 15 février 1573, inséré dans un protocole du temps (Bibl. nat., ms. français n° 5285, fol. 189 v°).

(6) *Les VI livres de la République*, édit. de 1578, p. 272.

(7) Ainsi M. de la Mothe-Fénelon avait été retenu, une première fois, du Conseil privé par brevet du 16 janvier 1574, du vivant de Charles IX. Henri III lui accorda de nouveau le même brevet, le

21 octobre 1575 (Arch. nat., K 98, n° 64, et K 99, n° 19). — Suivant un projet de Sully, tous les conseillers maintenus devaient être astreints à prendre de nouveaux brevets. (Papiers appartenant à M. le marquis de Vogüé.)

(8) Lettres du 25 avril 1579 (Arch. nat., K 100, n° 50), du 21 janvier 1587 (Bibl. nat., ms. Clairambault n° 647, p. 115).

(9) 22 mai 1599. «Aujourd'huy,... le Roy estant à..., désirant, autant qu'il luy sera possible, gratifier et favorablement traicter le sieur de Bethune,... S. M. luy a liberallement accordé la charge et dignité de conseiller en son Conseil d'Estat, avecq voix deliberatifve, gaiges de 2000 l., droictz, honneurs et preeminences telz que les autres conseillers honorez de pareille dignité. Veult et entend Sadite Majesté qu'il en jouisse en vertu du present brevet, qu'elle a, pour tesmoignage de ce, voulu signer de sa main et icelluy faict contre-signer par moy, son conseiller et secretaire d'Estat, lequel present brevet sera à cest effect enregistré au greffe dudit Conseil d'Estat.» (Bibl. nat., ms. français n° 18152, fol. 157 r°.) — On peut lire d'autres brevets semblables du 26 janvier 1594 (ms. français n° 18159, fol. 36 r°), du 31 mai 1604, du 7 mai 1605, du 31 janvier 1606 et du 3 janvier 1607 (ms. français n° 18152, fol. 165 r°, 221 r°, 266 r° et 272 r°).

(10) A. de Boislisle, *Les Conseils du Roi sous Louis XIV*, p. 21.

(11) *Ordonnances*, t. I, p. 104.

(12) Notamment les ordonnances de mars 1357, du 7 janvier 1401 (*Ordonnances*, t. VIII, p. 417), du 28 février 1402 (*ibid.*, p. 484), du 28 avril 1407 (*ibid.*, t. XII, p. 225), du mois de février 1425 (D. Plancher, *Histoire de Bourgogne*, t. IV, p. 116).

(13) Ainsi Martial Fournier, évêque d'Évreux, prête serment entre les mains du Chancelier, le 19 novembre 1428, puis au Parlement,

Le serment de conseiller est reçu soit par le Roi, soit par le Chancelier[1], soit par une personne déléguée à cet effet : Arnaud d'Ossat, retenu à Rome, en 1598, pour le service du Roi, prête le serment de conseiller devant François de Luxembourg, ambassadeur près Sa Sainteté[2]; cependant, aux termes de lettres du 25 avril 1579, le Roi devait être au moins présent[3]. Les uns prêtent serment à genoux, la main sur les Évangiles; les autres se contentent de lever la main. « Pour ce que votre suffisance « et valeur, prudence et fidélité me sont assez connues, je n'en voudrois nullement prendre le serment « de vous », disait gracieusement Henri II à Vieilleville, en 1551. « Mais, ajoutait-il, étant cette forme « et usance en tel cas accoutumée et de toute ancienneté observée, M. le Chancelier, faites lever la « main[4]. » Nous avons eu l'occasion de citer plus haut[5] le texte des serments du XIIIᵉ siècle; nous nous bornerons à reproduire ici celui de l'époque de Henri IV : « Vous jurez Dieu, vostre Createur, de « bien, fidellement et soigneusement servir le Roy, nostre souverain seigneur, en l'estat et charge de « conseiller en son Conseil d'Estat et privé; que vous ne revelerez à creature vivante les choses qui « seront traictées en vostre presence audit Conseil et entenderez de ses secrets; que vous ne vous obli- « gerez au service d'aulcun prince, potentat ou aultre que de Sa Majesté seulle, et ne prendrez ou « accepterez d'autres aulcunes charges, estatz, dignitez, dons, pensions ne biensfaictz, sy ce n'est par « le commandement ou par la permission expresse de Sadite Majesté; conserverez ses droictz et « observerez ses ordonnances de tout vostre pouvoir; que ne luy donnerez aulcun conseil que vous « ne pensiez en vostre conscience estre juste, equitable, utile et profictable au bien de ses affaires et « à la conservation de son Estat; qu'en la charge en laquelle Sadite Majesté vous faict cest honneur « de vous appeler, vous vous gouvernerez et comporterez comme ung personnaige d'honneur, crai- « gnant et aymant Dieu, doibt et est tenu de faire pour son Roy et le bien de sa patrye, et qu'en « toutes actions vous servirez fidelement et diligemment Sadicte Majesté; laquelle, moyennant ce, vous « reçoyt et admect au nombre des conseillers de sondict Conseil, pour y seoir et servir dorenavant aux « mesmes honneurs, dignitez, gaiges et preminences que les autres conseillers d'icelluy Conseil[6]. » Acte de la prestation de serment est immédiatement dressé par un secrétaire du Roi; mention en est faite ordinairement sur le brevet, d'une part, et, de l'autre, sur les registres du Conseil. A partir de ce moment, le titulaire prend rang et séance au Conseil, ses gages commencent à courir[7].

La rémunération fixe des conseillers consiste en des gages, et quelquefois en une pension supplémentaire[8]. L'importance en varie suivant les temps et même suivant les personnes[9]. Ainsi certains

le 18 février 1429. (Bibl. de la Chambre des députés, collection Lenain, *Tables de la Chambre des comptes*, t. II, fol. 28. — Arch. nat., X¹ᵃ 1481, fol. 7 r°.)

[1] Voir un protocole du temps de Charles VII (Bibl. nat., ms. français n° 5024, fol. 59 r°), les serments prêtés sous les règnes de Charles IX et de Henri III (Arch. nat., KK 625, fol. 84 r°; K 98, n° 84) et le règlement du 8 janvier 1585 (art. 32).

[2] Bibl. nat., ms. français n° 4014, fol. 178 v°.

[3] Arch. nat., K 100, n° 50. — Un projet d'ordonnance rédigé entre 1601 et 1610 contenait l'article suivant : «Et afin qu'en rendant la reception des conseillers audit Conseil plus solemnelle, ils soient d'aultant plus advertis de la grandeur du lieu auquel ils entrent..., le serment qu'ils seront tenus de prester sera doresnavant receu en la presence du Roy par M. son Chancellier.» (Bibl. nat., ms. français n° 16916, fol. 91 v°.)

[4] *Mémoires de Vieilleville*, édit. Michaud, p. 118.

[5] Page VII.

[6] Bibl. de l'Institut, ms. Godefroy n° 310, fol. 283 r°. — On trouvera le texte du serment que prêtaient les conseillers sous Henri III dans les règlements du 11 août 1578 et du 31 mai 1582 (Bibl. nat., ms. français n° 16227, p. 1; Girard et Joly, *Offices de France*, t. I,

p. 627). Les conseillers s'engageoient, sous peine de mort, à n'accepter de pension ou de gages d'aucun prince sans la permission du Roi.

[7] Bibl. de la Chambre des députés, collection Lenain, *Tables de la Chambre des comptes*, t. I, fol. 223 r°. — De ce jour datent aussi les incompatibilités : « L'archevêque d'Urbin, nonce du Pape, ayant été fait conseiller d'État par un brevet que le roi Henry IV lui avoit donné, quelques-uns prétendirent que par là il étoit devenu incapable de la nonciature. Mais le cardinal Du Perron remarque que, ne servant pas actuellement au Conseil, il ne pouvoit pas être réputé officier ni conseiller du Roi qu'il n'eût été reçu en cette qualité au Conseil et qu'il n'eût fait serment...» (Delisle de Hérissé, Bibl. nat., ms. Lancelot n° 100, fol. 55 v°.)

[8] Souvent aussi le Roi leur faisait quelque présent. Ainsi, en 1534, François Iᵉʳ distribue entre ses fils et les membres de son Conseil vingt-trois bourses de velours incarnat brodé, contenant chacune cent jetons d'argent. (*Extraits des comptes de dépenses de François Iᵉʳ*, dans les *Archives curieuses de l'histoire de France*, 1ʳᵉ série, t. III, p. 90.)

[9] Il semble même que certains conseillers fussent retenus « sans gaiges». (Ms. français n° 14351, fol. 33 r°.)

conseillers obtenaient une rente viagère, qu'ils continuaient à toucher sans fournir aucun service, sorte de pension de retraite égale au traitement lui-même; une ordonnance du 19 mars 1342 tenta de remédier à ce dangereux abus [1]; toutefois, les comptes du Trésor de l'année 1408 fournissent les noms de deux conseillers encore inscrits au chapitre des *Redditus ad vitam* [2]. Le chiffre des gages n'a lui-même rien de fixe : en 1420, un conseiller touche au Trésor 1,000 livres, trois autres en reçoivent 500, un cinquième seulement 300 [3]; en 1582, Morvilliers touche 4,000 livres, Paul de Foix, 3,000, les évêques de Limoges et de Valence, Bellièvre, du Ferrier, Cheverny et Ferrières, 2,000, Baillet et Nicolay chacun 1,000 [4]. La somme se trouve parfois doublée ou triplée par la pension : ainsi, à ses gages de 2,000 livres, Rosny joint, comme conseiller d'État, une pension de 3,600 livres [5] : cumul vainement prohibé par trois ordonnances du xve siècle. Donnez à votre traitement tel nom qu'il vous plaira, appelez-le gages ou pension, mais choisissez; l'on ne saurait être, pour une même fonction, rémunéré deux fois : tel est le langage sensé que Charles VI avait inutilement fait entendre aux gens de son Grand Conseil [6].

Malgré cette inégalité, il est possible de fixer, aux différentes époques, le traitement moyen des conseillers. Le règlement du 23 janvier 1286 assigne 5 sous de gages par jour aux clercs du Conseil, quand ils font le service de la Cour ou du Parlement [7]. En 1316, le traitement quotidien des chevaliers bannerets qui assistent Philippe le Long à titre de conseillers est porté à 30 sous tournois [8]. 1,000 livres par an est un chiffre souvent dépassé [9], mais qui tend à devenir la moyenne des gages de conseillers à partir de 1335 [10]; on le retrouve en 1350 [11], en 1393 [12], en 1408 [13], en 1410, en 1420, en 1421 et en 1422 [14], même en 1424 et en 1428 [15], dans le Grand Conseil anglais

---

[1] *Ordonnances*, t. II, p. 172.

[2] Arch. nat., KK 16, fol. 34 r°, 36 r°, 123 r°.

[3] Arch. nat., KK 17, fol. 21 r°; passage cité par La Roque, *Histoire généalogique de la maison d'Harcourt*, t. III, p. 1075.

[4] Bibl. nat., ms. français n° 7007, fol. 79 r°.

[5] *OEconomies royales*, t. II, p. 90. — En 1597, les gages et la pension de La Grange-le-Roy, conseiller d'État, atteignent le chiffre de 8,000 livres. (Arch. nat., E 3a, fol. 130 r°.)

[6] Ordonnance du 7 janvier 1401, art. 24. (*Ordonnances*, t. VIII, p. 417.) — Ordonnance du 28 juillet 1406 : «Et ne auront ne prendront doresenavant iceulx noz conseillers que uns gaiges ou pension seulement.» (Arch. nat., J 469, n° 13.) — Ordonnance du 7 janvier 1408 (*Ordonnances*, t. IX, p. 279). — Cf. des lettres du 8 juin 1436 (*Archives historiques de la Saintonge et de l'Aunis*, t. VI, p. 23).

[7] Arch. nat., JJ 57, fol. 6 r°. — Du Cange, *Dissertations sur l'histoire de saint Louys, Des plaits de la porte*, à la suite du *Glossarium*, p. 11. — Leber, *Collection des meilleurs dissertations, notices et traités*, t. XIX, p. 25.

[8] Arch. nat., JJ 57, fol. 40 v°.

[9] En 1332, Miles de Noyers (P. Anselme, t. VI, p. 649), vers 1355, le comte de Vendatour furent retenus du Conseil aux gages de 2,000 livres (Arch. nat., PP 117, p. 327). Le 20 novembre 1360, Jean le Bon octroya au maréchal d'Audencham le titre de conseiller au Grand et étroit Conseil, avec des gages de 4,000 florins d'or royaux (Ém. Molinier, *Mémoires présentés par divers savants à l'Académie des inscriptions et belles-lettres*, t. VI, 1re partie, p. 233). La même pension de 4,000 livres fut accordée par Jean le Bon, le 26 avril, et confirmée par Charles V, le 4 mai 1364, à Jean le Maingre, dit Boucicault, «pour estre du Grand et estroit Conseil» (L. Delisle, *Mandements de Charles V*, p. iv et n° 16). Philippe de Maizières, en 1380, touchait 2,000 francs d'or «pour vaquer et en-

[¹] tendre aux Consaux du Roy». (P. Paris, *Nouvelles Recherches sur le véritable auteur du Songe du vergier*, dans les *Mémoires de l'Académie des inscriptions et belles-lettres*, t. XV, 1re partie, p. 394.)

[10] Retenue du baron de Briquebec (P. Anselme, t. VI, p. 689).

[11] Lettres de retenue de Mathieu de Trie, seigneur de Moucy (Arch. nat., P 2492, p. 115).

[12] Lettres de retenue de Jean de Roye (P. Anselme, t. VIII, p. 12).

[13] Outre les deux conseillers nommés plus haut qui touchent une pension de 1,000 livres, douze conseillers au Grand Conseil sont inscrits, dans les comptes du Trésor de 1408, au chapitre des *Pensiones ad voluntatem*, pour la somme de 1,000 livres; nous remarquons, parmi eux, l'archevêque de Sens, le patriarche d'Alexandrie, les évêques de Châlons, de Laon, de Tournai, de Paris, de Meaux, de Bayeux et de Poitiers, Philippe des Essarts, etc. (Arch. nat., KK 16, fol. 38 r°, 39-41 et 55 r°.)

[14] Bibl. nat., ms. Clairambault n° 647, p. 83; ms. français n° 3882, 1er foliotage, fol. 119 r°. Arch. nat., KK 625, fol. 19 r°; X1a 1480, fol. 226 v° et 246 r°.

[15] Arch. nat., X1a 1480, fol. 303 v°; X1a 1481, fol. 7 r°. — Bibl. de la Chambre des députés, collection Lenain, *Tables de la Chambre des comptes*, t. II, fol. 28. — Cependant Jean le Clerc, s'étant démis de son office de chancelier de France, fut de nouveau retenu du Grand Conseil, par lettres du 6 février 1425, aux gages de 2,000 livres (Arch. nat., P 2572, fol. 165 v°). D'autre part, Jean de Précy, trésorier général et gouverneur des finances de France, fut retenu du Grand Conseil, le 29 novembre 1429, aux gages de 400 livres (ancien mémorial J, fol. lxv, Bibl. de la Chambre des députés, collection Lenain, *Tables de la Chambre des comptes*, t. II, fol. 30); et Guillaume Boisratier, le 27 décembre 1409, aux gages de 300 livres seulement (Blanchart, *Les généalogies des maistres des requestes de l'Hostel*, p. 85).

qui siège alors à Paris, sous la présidence de Bedford. Charles VII, qui, au même moment, croyait devoir porter à 1,200 livres les appointements des conseillers qui lui étaient demeurés fidèles [1], revint, avant 1450, au chiffre normal de 1,000 livres [2]. La dépréciation de l'argent peut expliquer l'augmentation qui se produisit au xvie siècle; les gages annuels atteignaient alors généralement 2,000 livres, comme on peut le prouver par de nombreux exemples empruntés aux règnes de François Ier, de Charles IX, de Henri III et de Henri IV [3].

Quant au payement, il s'effectue de la façon la plus irrégulière, surtout quand le trésor est pauvre. On peut facilement s'en convaincre en compulsant les comptes du temps de Charles VI : des termes échus en 1398, en 1399, en 1401 sont payés en 1408 [4]. Tantôt les revenus domaniaux, tantôt le produit des aides ordonnées pour la guerre sont affectés à ce payement, ce dernier en vertu d'un virement dont notre histoire financière offre de continuels exemples [5].

Rarement le payement des gages est subordonné à l'accomplissement du devoir professionnel. En 1357, il est vrai, les États généraux avaient obtenu que tout conseiller dont l'absence ne serait pas justifiée suffisamment se vît privé des gages de la journée; mais, peu de temps après, le jeune Régent fit compter aux conseillers destitués le montant de leurs gages échus pendant toute la durée de l'exil. Au xvie siècle, on exige, sinon l'assiduité, au moins la présence habituelle des conseillers à la Cour : ainsi la Chambre des comptes insiste pour qu'une pension allouée à Guillaume Poyet ne lui soit comptée que pendant le temps qu'il passera auprès de François Ier [6]; en 1579, il ne faut rien moins qu'un arrêt du Conseil d'État pour assurer la jouissance de leurs gages aux conseillers qui accompagnent à Nérac la Reine mère, Catherine de Médicis [7]; enfin les règlements de 1584 et de 1585 défendent aux conseillers ordinaires de s'absenter sans excuse légitime, sous peine d'être privés de leurs gages, et le premier (art. 56) dispose de l'argent ainsi confisqué en faveur de l'Hôtel-Dieu de Paris.

Signalons rapidement d'autres prérogatives attachées au titre de conseiller : le logement à la Cour; une place parmi les commensaux du Roi. Vers 1547, à chaque repas, un sommelier plaçait deux bouteilles de vin blanc et de clairet devant chacun des conseillers présents [8]. Le privilège de *committimus* ne fut jamais contesté aux gens du Conseil du Roi. Leurs causes étaient même souvent jugées au Conseil lui-même [9]. Joignez à cela l'exemption des péages [10], de la taxe du ban et de l'arrière-ban [11], etc. Si le Trésor, faute de ressources, suspendait ses payements, une exception était admise au profit des conseillers du Roi [12]. Les lois et les coutumes locales fléchissaient même en

[1] *Histoire de Charles VII*, par le marquis de Beaucourt, t. II, p. 80 et 290.

[2] La pension de 1,200 livres accordée à Prégent de Coëtivy par lettres du 8 juin 1436 (*Archives historiques de la Saintonge et de l'Aunis*, t. VI, p. 23) devait être supérieure au traitement moyen des conseillers d'alors, à raison de la situation exceptionnelle que Coëtivy était appelé à occuper dans le Conseil. La pension de Thomas Basin, originairement fixée à 1,000 livres (24 mai 1450), fut réduite à 600 livres le 4 mars 1459 (J. Quicherat, *Histoire de Charles VII et de Louis XI par Thomas Basin*, t. IV, p. 191 et 222).

[3] Bibl. de la Chambre des députés, collection Lenain, *Tables de la Chambre des comptes*, t. IV, fol. 147. — Bibl. nat., *Pièces originales*, dossier Guillart, n°s 25 et 26; dossier Argennes, n°s 149, 157 et 162; ms. français n° 4010, fol. 240 v°; ms. français n° 18152, fol. 115 r°. — Voir nos n°s 4251 et 4272, et l'art. 24 du règlement du 8 janvier 1585.

[4] Arch. nat., KK 16, fol. 51 r° et 141 v°.

[5] On peut consulter sur ce point *L'administration des finances dans*

les premières années du règne de Charles VII, par J. Loiseleur, dans les *Mémoires lus à la Sorbonne en avril 1868* (*Histoire, philologie et sciences morales*), p. 252.

[6] Enregistrement du 21 mars 1536. (Bibl. de la Chambre des députés, collection Lenain, *Registres de la Chambre des comptes*, t. XIII, fol. 84 r°.)

[7] Bibl. nat., ms. français n° 16225, fol. 23 v°.

[8] *Mémoires de Vieilleville*, édit. Michaud, p. 106.

[9] A. Bernier, *Procès-verbaux des séances du Conseil... de Charles VIII*, p. 221. — Fr. Decrue, *De Consilio Regis Francisci I*, p. 55.

[10] Ordonnance cabochienne (Fontanon, t. IV, p. 1344).

[11] 19 août 1598. «Veue par la Cour la requeste à elle presentée par Françoise de Chalvet, veufve de feu messire Jacques Faye, president en ladite cour, par laquelle, attendu que, au prejudice des privileges qu'ont les conseillers d'Estat, dont estoit ledit deffunct, et officiers de ladicte court, [d'estre] exempts de la contribution au ban et arrière ban... » (Arch. nat., X[1a] 1758, fol. 9 r°.)

[12] Lettres du 6 septembre 1351 (*Ordonnances*, t. IV, p. 99).

leur faveur, s'il est vrai qu'au xive siècle, les cordonniers de Troyes, auxquels on interdisait d'ordinaire le travail de nuit, pussent fabriquer à la lumière les chaussures des conseillers [1].

La plupart des obligations auxquelles étaient astreints les conseillers nous sont connues par leur
serment.

L'assiduité : nous avons résumé les ordonnances minutieuses de 1357; le règlement de 1585
prescrit de placer sur la table du Conseil une montre, et fixe l'heure passé laquelle on ne laissera
plus entrer personne, ainsi que l'heure avant laquelle il est défendu de sortir [2]; le même règlement
prétend obtenir des conseillers de service l'assiduité, non seulement aux séances, mais au lever du
Roi, à son dîner, à sa promenade (art. 26-28) [3].

La discrétion : le seul fait d'avoir divulgué une délibération du Conseil est puni, par le règlement
de 1585 (art. 12), de l'exclusion, la première fois pendant un an, en cas de récidive pour toujours.
Défense est faite à qui que ce soit de déposer en justice de ce qui a été dit ou ordonné par le Roi en
son Conseil [4]. En 1583, l'assemblée de Saint-Germain exprime le désir que les conseillers ne fassent
jamais connaître à personne leur opinion particulière sur une affaire jugée : «Lesdits sieurs désire-
«roient qu'il plût à Sa Majesté ordonner que les conseillers étant lors du Conseil ne déclareront
«point de quelle opinion ils ont été et certifieront avoir toujours été de l'opinion de l'arrêt, comme
«il se fait en toutes les autres compagnies [5]. »

L'indépendance : depuis le xiiie siècle, un conseiller du Roi ne peut recevoir ni gages, ni pension
d'aucune autre personne, non plus que d'aucune communauté [6]. Le règlement de 1585 (art. 18)
ne fait d'exception que pour les chevaliers d'honneur des deux Reines et pour le chancelier de Catherine de Médicis. Il va sans dire que les exceptions introduites par l'usage ou tolérées dans la pratique étaient beaucoup plus nombreuses [7].

L'interdiction de faire le commerce s'applique aux gens du Conseil, comme aux officiers du Roi [8].
Quant au fait d'être associé aux fermiers ou partisans, il constitue un crime de péculat dénoncé
énergiquement par l'assemblée de Saint-Germain. Les mêmes Notables, interrogés sur l'opportunité
d'un règlement qui défendrait aux conseillers d'État de boire ou de manger hors de chez eux,
préférèrent s'en rapporter au tact des conseillers eux-mêmes, persuadés qu'ils sauraient bien, «tant
«en leur repos qu'en leurs visitations, garder l'ordre et la modestie qu'il convient à la dignité de
«leurs charges, pour ne rendre aucunement leurs jugements et opinions suspects [9] ».

Quant à l'assistance à la messe basse dite «messe du Conseil» et célébrée dans la chapelle ou
l'église la plus proche, entre 6 et 7 heures du matin, elle ne fut obligatoire que sous le régime
inauguré le 31 mai 1582. Les huissiers devaient faire en sorte que le chapelain fût exact et aver-
tissaient, en temps voulu, les conseillers de quartier; un secrétaire ou un greffier devait relever le
nom des absents sur le résultat du Conseil [10].

[1] T. Boutiot, *Histoire de Troyes*, 1872, in-8°, t. II, p. 440.

[2] Sully proposa à Henri IV de remettre en honneur cet usage.
(Papiers appartenant à M. le marquis de Vogüé.)

[3] Quand on commença à mettre en vigueur le règlement du
31 mai 1582, les secrétaires du Conseil prirent l'habitude de noter
sur les résultats eux-mêmes les noms des conseillers absents. (Bibl.
nat., ms. Colbert n° 87, *passim*.)

[4] Lettres de mars 1553 (Arch. nat., X¹ª 1574, f° 349 v°).

[5] Fontanon, t. IV, p. 1390.

[6] Le Nain de Tillemont, *Vie de saint Louis*, t. V, p. 276.

[7] Des poursuites sont exercées, en 1302, contre un conseiller du
Roi, Jean de Montigny, accusé d'avoir accepté des présents et de s'être
fait pensionner par plusieurs villes (*Olim*, t. II, p. 461). — Voir
l'art. 17 de l'ordonnance de mars 1303 et les lettres de dégradation
de l'amiral Chabot, du 8 février 1541 (Isambert, t. XII, p. 731).
Cf. Bodin, *Les VI livres de la République*, édit. de 1578, p. 254.

[8] Ordonnance du 28 décembre 1355, art. 24. (*Ordonnances*,
t. III, p. 32. Cf. Isambert, t. IV, p. 662.)

[9] Fontanon, t. IV, p. 1386 et 1390.

[10] Girard et Joly, *Offices de France*, t. I, p. 627.

CHAPITRE IX.

LES OFFICIERS DU CONSEIL. — LES SÉANCES.

Les maîtres des requêtes de l'Hôtel. Les intendants des finances. Qui faisait l'office de rapporteur? Les huissiers et le garde des meubles. — La chambre du Conseil. Le costume des conseillers et l'ordre des séances. Les fonctions de président. Le vote. La suite du Conseil.

Le personnel du Conseil comporte un certain nombre de fonctionnaires d'un rang plus ou moins inférieur, dont les charges diffèrent essentiellement des commissions de conseillers en ce qu'elles ont le titre d'offices.

Ce sont, en premier lieu, les maîtres des requêtes. Nous n'avons pas à rappeler comment les *juges de la porte* sont devenus, sous Louis Hutin, les *suivants* ou *poursuivants le Roi*, nom qu'ils n'ont pas tardé à échanger contre celui de *maîtres des requêtes de l'Hôtel*. Leur nombre toujours croissant, leurs privilèges, leurs fonctions dans le Parlement, auquel ils furent de bonne heure incorporés, dans la Chancellerie, au Grand Conseil, la juridiction qu'ils exercèrent, surtout en matière d'offices, leurs chevauchées dans les provinces ont été le sujet d'un grand nombre de dissertations estimées. Le rôle qu'ils furent appelés à jouer dans le Conseil du Roi est peut-être demeuré l'un des points les plus obscurs de leur histoire : c'est le seul qu'il nous soit permis d'aborder dans cette Introduction.

Trois causes contribuèrent à faire entrer les maîtres des requêtes au Conseil : la prééminence des conseillers, qui voulaient avoir l'œil sur eux; l'habileté des maîtres des requêtes, qui surent se rendre indispensables; la collaboration des uns et des autres à une œuvre juridique commune. Le besoin d'exercer un contrôle sur les « poursuivants le Roi » apparaît clairement dans le règlement du 16 novembre 1318 : le Conseil, alors composé de hauts fonctionnaires et de barons, voulait, dans sa séance mensuelle, demander compte aux poursuivants de toutes les grâces, de toutes les faveurs qu'ils auraient accordées pendant le mois [1]. D'autre part, l'éloignement des membres du Parlement obligeait le Conseil à recourir, en cas de difficultés, aux seuls légistes demeurés dans la compagnie du prince : on voit ainsi les poursuivants mêlés, dès 1321, aux membres du Conseil étroit [2] et se rendre tellement utiles qu'on offrait de proroger leurs gages s'ils consentaient à assister, en dehors de leur mois de service, aux séances du Grand Conseil [3]. Bientôt l'habitude de tenir les *Requêtes* au Grand Conseil resserra encore plus les liens qui unissaient les maîtres des requêtes aux gens du Conseil proprement dits : cela demande explication.

Renouvelant l'usage du xiiie siècle, les Rois se piquaient, à certains jours, de rendre la justice eux-mêmes et de prêter l'oreille à toutes les demandes que leurs sujets leur adressaient : c'est ce qui s'appelait « tenir Requêtes », et les maîtres des requêtes, en pareil cas, faisaient l'office de rapporteurs, d'intermédiaires ou d'assesseurs. On voyait aussi des conseillers prêter leur concours au prince; on le vit surtout à partir de l'année 1360, quand le dauphin Charles, qui affectait une déférence entière aux avis des conseillers du Roi, annonça l'intention de soumettre à leur approbation la plupart des demandes gracieuses et de tenir Requêtes au Grand Conseil une ou deux fois

[1] Arch. nat., JJ 55, n° 114. (*Ordonnances*, t. I, p. 668.) — [2] Voir l'art. 4 de l'ordonnance de février 1321. (*Ibid.*, t. I, p. 732.) — [3] Lettres du 10 mars 1352. (*Ibid.*, t. IV, p. 120.)

la semaine [1]. Sous Charles V, les « pleines Requêtes » se tinrent au Conseil le vendredi [2]. Ainsi, peu à peu les maîtres des requêtes furent amenés à exercer leurs fonctions de rapporteurs devant les gens du Conseil [3]. Mais qu'arriva-t-il? Souvent le Roi se dispensait de venir aux Requêtes [4]; les conseillers ne laissaient pas de consacrer à cet examen la séance du vendredi, et les maîtres des requêtes présentaient les suppliques, non plus au prince lui-même, mais aux gens du Conseil, qui le remplaçaient. Cette habitude est constatée par les ordonnances de 1401 [5], de 1406 [6] et de 1408 [7]. En dernier lieu, les maîtres des requêtes remplissent l'office de rapporteurs dans le Conseil, et cela non seulement le vendredi, mais presque toutes les fois que le Conseil se trouve mis à même de prononcer sur des demandes particulières.

A ce point de vue, le Conseil de la justice qui s'organisa au xvᵉ siècle devait offrir un champ plus vaste à l'activité des maîtres des requêtes; effectivement, dès le début, ils s'y assurèrent un rang supérieur même à celui des conseillers ordinaires. En revanche, ils perdirent du terrain dans le Conseil proprement dit [8], momentanément dépouillé de ses attributions contentieuses. Mais, du jour où ce Conseil rouvrit sa porte aux postulants et aux plaideurs, avec les requêtes reparurent ceux qui avaient coutume de les présenter : les maîtres des requêtes reprirent leur poste dans le Conseil ordinaire sous François Iᵉʳ et sous Henri II. Il est vrai que, quand une nouvelle section judiciaire s'organisa, les maîtres des requêtes, bon gré mal gré, s'éloignèrent des séances où l'on continuait à traiter de questions purement administratives et se confinèrent exclusivement dans le Conseil des parties. Finalement, ils demeurèrent exclus du Conseil d'État : c'est ce qui nous semble résulter d'un mémoire de Catherine de Médicis [9], d'une relation de l'ambassadeur vénitien Soranzo [10], du témoignage de Du Haillan [11], ainsi que de divers règlements de 1547, de 1557, de 1566, de 1578, de 1582 et de 1590 [12]. De là le zèle avec lequel, dans cette dernière période, les maîtres des requêtes prennent fait et cause pour le Conseil des parties, le seul où ils aient entrée et voix délibérative, le seul sur lequel ils fondent l'espoir d'un gain régulier. Pour peu que le Roi fasse

[1] *Ordonnances*, t. III, p. 385.

[2] *Ibid.*, t. IV, p. 370.

[3] « Le Roy estant dans son Conseil et tenant ses pleines Requestes... » (*Ibid.*, t. IV, p. 478, 517, 519, 521, 523, 557, 604, 648; t. V, p. 604; t. VI, p. 586, 621; t. VII, p. 407. Arch. nat., JJ 118, fol. 232 vᵒ et 263 vᵒ.)

[4] Par lettres du 13 mars 1402, Charles VI donna pouvoir au Chancelier de tenir à sa place les Requêtes générales, en présence du Grand Conseil (*Ordonnances*, t. VIII, p. 491). Depuis ce jour, suivant Delisle de Hérissé, les Rois tinrent rarement ce Conseil, « et enfin, par succession de temps, ils ne le tinrent plus que le jour du Vendredi saint, et, quoi qu'ils se fussent réservé ce jour, ils ne le conservèrent que jusqu'au règne de François Iᵉʳ. » (Bibl. nat., ms. Lancelot nᵒ 100, fᵒ 8 rᵒ. Cf. les lettres du 7 avril 1528, transcrites dans le recueil KK 625 des Arch. nat., fᵒ 3a rᵒ.) Cependant, à plusieurs reprises, des villes, des États généraux demandèrent et obtinrent que le prince remît en honneur la coutume d'entendre les requêtes lui-même. (Du Cange, *Dissertations sur l'histoire de saint Louys*, *Des plaits de la porte*, p. 12. — T. Boutiot, *Histoire de Troyes*, t. III, p. 472. — Article 112 du cahier du tiers aux États de 1577. — Articles 89 et 90 de l'ordonnance de Blois. — Règlements de janvier 1585.)

[5] *Ordonnances*, t. VIII, p. 415.

[6] « Pour les grans charges que nous avons eues et avons des requestes qui nous sont faictes chascun jour à part et quant alons à nostre Conseil, ordonnons que doresenavant ne nous seront faictes requestes de finances, sinon que nous soions assiz en nostre chaere en nostre Conseil, et presens noz oncles et frere et autres plus prochains

de nostre sang, et à l'ouye d'eulx et des autres dudit Conseil. Et se feront icelles requestes chascune sepmaine à un jour que nous ordonnerons, et par les maistres des requestes de nostre Hostel, et en l'absence de ceulx par qui et à quel requeste elles se feront. » (Ordonnance du 28 juillet 1406. Arch. nat., JJ 169, nᵒ 13.)

[7] Art. 13. (Girard et Joly, *Offices de France*, t. I, p. cccii). Cf. les art. 211, 212, 213 et 215 de l'ordonnance cabochienne. — Sous Charles VII, les lettres de retenue des maîtres des requêtes mentionnent, entre autres privilèges, le droit d'être appelés aux Conseils avec les autres conseillers du Roi (Bibl. nat., ms. français nᵒ 14351, fᵒ 32 vᵒ.)

[8] Plus tard, les maîtres des requêtes rappelaient qu'avant l'érection du Grand Conseil, ils étaient seuls rapporteurs au Conseil de toutes les affaires de justice et de finance, de tous les cahiers, de toutes les plaintes des provinces et des communautés; mais, ajoutaient-ils, François Iᵉʳ et Henri II jugèrent à propos de mettre en leur Conseil privé « de grandz et notables personnages pour ouïr les rapports et donner leur advis sur iceulx. » (Bibl. nat., ms. français nᵒ 16216, fol. 203 vᵒ à 203 vᵒ.) — Guillard, dans son *Histoire du Conseil du Roy* (p. 121), doit exagérer l'importance du rôle joué par les maîtres des requêtes dans le Conseil de François Iᵉʳ.

[9] Comte H. de La Ferrière, *Lettres de Catherine de Médicis*, t. II, p. 90.

[10] Albèri, *Relazioni*, 1ʳᵉ série, vol. II, p. 445.

[11] *De l'estat et succez des affaires de France*, éd. de 1595, fᵒ 177 vᵒ.

[12] Bibl. nat., ms. français nᵒ 7007, fol. 283 rᵒ et 311 rᵒ. — Voir cependant les *Mémoires de Vieilleville*, édition Michaud, p. 122.

mine d'en restreindre la compétence, ils se répandent en doléances, se trouvent directement lésés. C'est ainsi que le règlement de janvier 1585 excite leur indignation : « Les maistres des requestes, « disent-ils, ont quasi esté depouillés du tout de leur première et ancienne dignité et de leurs « charges et sont demeurez, avec un beau tiltre, desnuez de toute fonction. Car, de visitations, « ilz n'en font plus. La congnoissance de vostre domaine, la reformation de voz forestz, la correction « des officiers, la congnoissance de la contravention à vos cedictz, les plainctes de vostre peuple, « des villes, communaultez ne viennent plus jusques à eulx. Et ont tellement esté roignées leurs « charges qu'ilz ne sçavent ce qu'ilz doibvent ou ne doibvent pas faire, vaguans à l'incertain et fluc-« tuans en une grande mer, pretz à y faire du tout naufraige, s'il ne plaict à Vostre Majesté leur « tendre la main. » Aux termes du dernier règlement, toutes leurs anciennes fonctions sont attri-buées au Conseil d'État : « Tout ce qui est estably pour le Conseil d'Estat y est mis affirmativement « et en termes si generaulx qu'il comprent tout et ne leur laisse rien », au lieu qu'en l'article du Conseil privé, « il n'y a rien qui ne soit negatif et prohibitif ». Ils n'y doivent même opiner que quand le Chancelier les interroge. A vrai dire, ils sont bien sûrs de rencontrer toute bienveillance auprès du Chancelier actuel; mais un autre pourrait agir différemment, et c'est alors que le règle-ment leur deviendrait véritablement préjudiciable [1].

Le peu de succès de ces remontrances, l'inutilité des démarches que les maîtres des requêtes tentèrent sous Henri III et sous Henri IV [2] pour être admis à opiner, ou simplement à rapporter, dans le Conseil des finances et dans le Conseil d'État, l'obligation même de se découvrir chaque fois qu'ils prenaient la parole dans le Conseil des parties, et le dépit de s'y voir précédés par de jeunes collègues favorisés d'un brevet de conseillers d'État [3], ces diverses causes contribuèrent à dégoûter de leur métier de vieux maîtres des requêtes à qui le droit de siéger, à un rang inférieur, dans un seul des Conseils du Roi paraissait trop chèrement acheté par le versement d'une somme énorme et par un stage prolongé dans les cours ou l'administration. La plupart résignèrent leurs charges, qui tombèrent alors en des mains inexpérimentées, ce qui ne contribua pas à relever le prestige de l'emploi. La décadence des maîtres des requêtes est constatée dès le xvie siècle, et l'on eût pu dès lors leur appliquer le mot piquant de Daguesseau : « Les maîtres des requêtes ressemblent « aux désirs du cœur humain : ils aspirent à n'être plus; c'est un état qu'on n'embrasse que pour le « quitter [4]. »

Au Conseil d'État, les rapporteurs n'étaient autres que les intendants des finances et les conseillers eux-mêmes. Nous avons vu quelle figure faisaient les premiers dans le Conseil spécial des finances. A l'avènement de Henri III, le Conseil des finances disparaissant, ils passèrent tout naturellement dans le Conseil d'État et des finances, et de là dans le Conseil d'État. Entrée, séance, voix délibéra-tive, ils y eurent tous les privilèges des conseillers titulaires [5]. Le règlement de 1578 les astreignit

---

[1] Bibl. nat., ms. français n° 16216, fol. 204-206. — Suivant un *Dictionnaire* inédit des matières concernant le Conseil du Roi, les maîtres des requêtes avaient réclamé, dès 1582, le droit de rapporter toutes requêtes de justice, police et finance; en 1594, ils se bornèrent à demander le droit de rapporter les affaires de justice. (Bibl. nat., ms. français n° 7495, fol. 162 v°.)

[2] Suivant Pierre de L'Estoile (*Mémoires-Journaux*, t. VII, p. 49), le maître des requêtes Étienne Du Breuil supplia Henri IV, le 1er fé-vrier 1596, que son bon plaisir fût que désormais les maîtres des re-quêtes pussent rapporter même les requêtes de finance. Le Roi ré-pondit qu'il y avait donné ordre.

[3] «Ceste inegalité les fait resouldre à chercher de se defaire de leurs offices, et nous baillent en leurs places de jeunes gens sans

experience.....» (Bibl. nat., ms. français n° 16216, fol. 93 r°.)

[4] *OEuvres de Daguesseau*, t. XIII, p. 9; passage cité par M. de Boislisle, *Les Conseils du Roi sous Louis XIV*, p. 36.

[5] Le chancelier Séguier se méprenait étrangement sur le rôle des intendants des finances au xvie siècle quand il écrivait, en 1657 : «Si l'on considère quelle a été la fonction des intendants des finances en leur origine, l'on trouvera qu'ils étoient simplement des commis, et qu'ils n'avoient aucune entrée dans les Conseils, sinon lorsqu'on les appeloit pour rendre compte du travail dont ils avoient été chargés, et l'on ne verra point dans les anciens registres du Conseil que leurs noms soient compris dans les résultats, ni leur qualité... Quant à la séance des Conseils, ils n'en ont jamais eu....» (Lettre citée par M. de Bois-lisle, *ibid.*, p. 11.)

à y servir deux par deux pendant quatre mois, et leur recommanda de devancer chaque fois l'époque de leur rentrée, de manière à se mettre au courant des dossiers déposés au greffe. « Il ne se passe « aucune chose au Conseil d'État, écrivait en 1584 l'auteur du *Guidon des finances*, Jean Hennequin, « que lesdits intendants n'en aient la connoissance, ni qu'ils en donnent leur avis; rapportent toutes « les requêtes présentées en icelui par les particuliers soit pour demander taxes de quelques frais, « validations de quelques parties rayées ou supersédées en quelques comptes, remboursement de « quelques deniers prêtés au Roi, modération de fermes, aliénations de domaines ou tailles, affran- « chissements, exemptions à temps ou à perpétuité, et autres choses concernant lesdites finances [1]. »

Quant aux conseillers, le Roi leur partageait le reste des requêtes et affaires courantes, comme aux secrétaires d'État, suivant un ordre géographique : la France et les pays étrangers formaient trois ou quatre lots, dont chacun était attribué à deux ou trois conseillers ordinaires; ceux-ci se chargeaient de rapporter, pendant la durée de leur service, toutes les requêtes émanant des provinces ou des pays de leur département, et, à l'issue de chaque quartier, ils devaient adresser au Roi un rapport général sur chacune de ces circonscriptions [2]. Henri III, qui abusait en toutes choses de la réglementation, alla même jusqu'à désigner les conseillers rapporteurs pour chacun des jours de la semaine où se tenait le Conseil d'État [3].

Nous aurions à mentionner encore les secrétaires ou greffiers; mais leur histoire sera résumée dans notre avant-dernier chapitre.

Restent les huissiers du Conseil, dont le premier peut-être fut créé par lettres du 30 octobre 1473. Son titre alors était « huissier de la Grande Chancellerie et du Grand Conseil »; ses gages, fixés à 60 livres [4], furent doublés au xvie siècle [5]. L'un des quatre huissiers du Conseil exerçant sous Charles IX touchait 140 livres, en sus de ses gages ordinaires, « pour l'entretenement du chariot et chevaulx à mener les meubles » [6]. Telle fut également la charge confiée à un cinquième huissier adjoint, sous Henri III ou sous Henri IV, aux quatre huissiers ordinaires qui, depuis 1560, faisaient alternativement le service [7]. Au dedans, les fonctions d'huissier consistent à préparer la salle, à faire allumer le feu par le « garçon des huissiers » [8], à recouvrir les tables d'un tapis [9], à escorter

[1] *Guidon général des finances*, édit. de 1601, fol. 288. — Le clergé, en 1577, le tiers état, en 1588, réclamèrent énergiquement la suppression des intendants des finances, « comme très dommageables au public ». (Barrois, *Recueil de pièces originales et authentiques concernant les états des États généraux*, t. II, p. 175; *Recueil des cahiers*, t. III, art. 167 du cahier du tiers.)

[2] Ce régime paraît avoir été inauguré par le règlement du 11 août 1578, « afin que chacun sût mieux ce qu'il devoit faire, et que les parties sussent à qui s'adresser ». Il fut maintenu par les règlements du 31 mai 1582 et du 8 janvier 1585. Chaque intendant des finances avait également en partage une ou deux de ces circonscriptions, en même temps qu'un certain nombre de matières administratives : guerre, reîtres, maison de la Reine; — Suisses, clergé; — Maison du Roi, bâtiments (ms. français n° 16231, f° 3 v°). Comme exemples de ces départements, on peut citer celui du second quartier de 1582, qui se trouve à la page 11 du ms. français n° 16227, celui du premier quartier de 1585, qu'on lit au f° 158 v° du registre KK 625, et celui du premier quartier de 1586 (ms. français n° 16235, f° 1 r°). Les départements des secrétaires d'État sont imprimés, pour la même époque, dans l'ouvrage de M. de Luçay (*Les secrétaires d'État depuis leur institution jusqu'à la mort de Louis XV*, p. 582 et suiv.).

[3] Règlement du 8 janvier 1585. (Arch. nat., KK 625, fol. 159 v° et 160 r°.)

[4] Tessereau, *Histoire de la Chancellerie*, t. I, p. 54.

[5] [10 janvier 1527] : « Pour Jehan Poussin de Vendosme, huis- sier du Conseil, acquit sur le tresorier de l'Espargne de la somme de VII^{xx} xIIII l. x s. t., savoir est VI^{xx} pour ses gaiges de l'année finie le derrenier jour de decembre derrenier passé et xIIII l. x s. t. pour son remboursement de plusieurs parties qu'il a fournies oudit Conseil. » (Bibl. nat., ms. français n° 5502, fol. 43 v°; pièce citée par M. Decrue, *De Consilio Regis Francisci I*, p. 62, note 2.)

[6] Ms. français n° 7007, fol. 80 r°. — Le titre d'huissier-garde-meubles du Conseil était déjà porté par Alexandre Charreau, qui mourut en 1537. (Arch. nat., E 7*, f° 231 r°.)

[7] Règlement du 8 janvier 1585. — Arrêts du Conseil du 27 octobre 1594 (ci-dessous, n° 1617), du 26 février 1602 (Arch. nat., E 4*, fol. 105 r°), du 12 août et du 10 septembre 1604 (E 7*, fol. 231 r°; E 7^b, fol. 47 r°). — Tolozan, *Règlement du Conseil*, Paris, 1786, in-4°, p. 28.

[8] 15 mars 1588 : « A Pierre Joubert, garson des huissiers du Conseil dudit seigneur, la somme de 32 escus à luy aussi ordonnée pour son remboursement de pareille somme qu'il a avancée de ses deniers pour l'achapt du boys qui a esté bruslé en la chambre du Conseil dudit seigneur durant l'yver dernier, et autres menues necessitez. » (Arch. nat., *Comptes de l'Épargne*, KK 141, fol. 2308 v°.)

[9] On lit dans un des projets soumis par Sully, vers 1609, à l'approbation du Roi : « Seront tenuz les huissiers desditz Conseils d'avoir soing d'arranger et preparer tout ce qui sera necessaire audit Conseil, estant fourny par le greffier. » (Manuscrits appartenant à M. le marquis de Voguë.)

le Chancelier, à introduire les autres membres, puis, pendant la séance, à garder la porte extérieurement de façon que personne n'écoute ou ne trouble les délibérations [1]. Au dehors, ils s'acquittent des citations et des significations d'arrêts [2]. Sur ce dernier point, leur monopole fut l'objet d'attaques violentes; ils se plaignirent notamment des huissiers du Grand Conseil, qui, vers 1583, venaient à la Cour à seule fin d'exécuter et de signifier les ordonnances du Conseil; mais la question fut tranchée, le 1er mars, à l'avantage des huissiers du Conseil [3]. Un autre droit dont Charles IX leur avait confirmé la jouissance consistait à servir d'intermédiaires, pour l'envoi de divers mémoires, entre les trésoriers de France et le Conseil; une taxe annuelle de 25 livres leur était allouée, de ce chef, sur chaque recette générale [4].

L'ameublement de la pièce appelée « Chambre du Conseil » [5] consiste en une ou plusieurs tables et en un certain nombre de flambeaux, d'écrans et de sièges portatifs [6]. A partir de 1585, les tables sont recouvertes, pour les séances, d'un tapis de velours violet cramoisi entouré d'une large bande fleurdelisée [7], sur lequel on dispose les jetons, les écritoires, les plumes et le papier.

Jusqu'au règne de Henri III, les conseillers ne paraissent avoir porté aucun costume uniforme [8], si ce n'est peut-être dans les cérémonies publiques : ainsi, aux noces de Charles IX, ils se faisaient remarquer par de longues robes de velours noir [9]. En 1583, Henri III, ayant réuni à Saint-Germain un grand nombre de notables, les consulta sur l'opportunité d'une nouvelle réforme du Conseil faite principalement au point de vue du décorum et de l'étiquette. Il leur demanda notamment « s'il seroit bon que les conseillers d'État portassent quelques habits pour être remarqués et honorés davantage allans et assistans au Conseil ». L'assemblée applaudit fort à ce projet d'uniforme; elle déclara « qu'il seroit décent que les conseillers fussent signalés de quelque habit grave et honorable, duquel S. M. ordonneroit [10] ». Ce vœu se trouva réalisé par le règlement du 8 janvier 1585, qui imposa aux gens du Conseil un costume aussi nouveau que majestueux. « Veut et ordonne S. M. « que tous ceux qui auront cet honneur d'être des Conseils d'État et privé soient désormais vêtus, « avant qu'il leur soit permis d'entrer ni assister auxdits Conseils, et durant iceux, de la façon et « habits que s'ensuit; et sans lesquels habits S. M. déclare qu'ils n'auront entrée, séance ni voix « délibérative auxdits Conseils, en aucune sorte. » La couleur de ce vêtement somptueux était le violet cramoisi pour les conseillers d'État, le cramoisi brun pour le Chancelier, le violet pour les intendants des finances, le tout doublé d'étoffe cramoisie de haute couleur; le noir était adopté pour le costume des maîtres des requêtes, des secrétaires ou greffiers, des trésoriers de l'Épargne et des huissiers. L'étoffe du vêtement variait suivant les saisons : velours doublé de satin, du mois d'oc-

---

[1] Rôle du 26 février 1543 (F. Decrue, *De Consilio Regis Francisci I*, p. 91). — Règlement du 2 avril 1547 (Bibl. nat., ms. français 7007, fol. 217 r°). — Règlement du 8 janvier 1585, art. 9. — Règlement de 1588, art. 17 (Arch. nat., KK 625, fol. 167 v°).

[2] Ms. français n° 16225, fol. 52 v° et 291 r°. — Pour citer une personne de qualité, l'huissier se faisait accompagner, par exemple, d'un maître des requêtes et d'un secrétaire du Roi. (*Mémoires de Vieilleville*, édit. Michaud, p. 232.)

[3] Ms. français n° 16930, fol. 63 r°.

[4] [16 février 1573] : Charles IX confirme le droit des huissiers du Conseil de percevoir chaque année 25 livres sur chacune des recettes générales, droit qui leur était contesté par la Chambre des comptes. [3 août et 11 septembre] : nouvelles jussions du Roi à la Chambre des comptes. [22 septembre] : la Chambre des comptes s'incline devant une dernière jussion. (Arch. nat., P 2318, p. 271 et 881.)

[5] Sur la chambre du Conseil de l'hôtel Saint-Pol, voir Sauval, *Antiquités de Paris*, t. II, p. 275, et F. Bournon, *Mémoires de la Société de l'histoire de Paris*, t. VI, p. 94.

[6] Voir nos n°s 3636, 4382 et 4602.

[7] Règlement du 8 janvier 1585. — A un moment, sous François Ier, l'ameublement du Conseil fut probablement en velours vert et en satin de Bourges violet. (Comte de Laborde, *Les comptes des bâtiments du Roi*, t. II, p. 219.)

[8] Les lettres patentes du 9 mai 1365 se bornent à recommander aux notaires qui pénètrent dans le Conseil de ne porter de vêtements ni partis, ni rayés, non plus que des manchettes à mouffle, ou des souliers à poulène. (*Ordonnances*, t. IV, p. 555.)

[9] *Relation de ce qui s'est observé au mariage de Charles IX et d'Élisabeth d'Autriche* (Arch. nat., P 2571 bis).

[10] Fontanon, t. IV, p. 1390.

tobre au mois d'avril; satin doublé de taffetas, du mois de mai au mois de septembre. Pour les gens d'épée, un long manteau, fendu à droite du haut en bas, attaché par un cordon violet, retroussé à gauche jusqu'au coude, et sur lequel pouvait se détacher la croix du Saint-Esprit. Pour les autres laïques, la robe longue à manches larges et courtes, le collet semblable à celui des gens de justice et la cornette de taffetas noir. Pour les conseillers d'Église, les manches étroites et la cornette violette. Le Chancelier, sous sa robe, portait une saie cramoisie. La robe des autres officiers ne leur descendait qu'au genou. L'huissier enfin était reconnaissable à son collet carré, à ses manches pendantes au coude, à sa chaîne d'or fleurdelisée, à sa petite baguette. Il faut avouer que Du Haillan, pour un historiographe, s'exprime sur ces habillements avec une certaine irrévérence : Henri III, dit-il, composa son Conseil de personnages « habillés, comme en mascarade, de robes violettes doublées de rouge. Tel s'en sentoit bien honoré, qui en étoit moqué [1]. » Mais son dédain même tend à prouver que ces vêtements cessèrent d'être en usage durant les guerres de la Ligue [2]; si le violet resta longtemps la marque distinctive du Conseil, la couleur noire ne tarda pas à prédominer sous Louis XIV, et fût adoptée officiellement en 1673 [3].

Les gens du Conseil s'asseoient des deux côtés de la longue table. Cette opération, plus délicate qu'on ne pense, demande, de la part des conseillers qui l'accomplissent et du président qui la surveille, une attention soutenue : il faut se garder d'enfreindre les lois de la préséance. Ainsi, le fauteuil du Roi, placé au haut bout de la table, demeure vide dans la plupart des cas; mais les sièges rangés de l'un et de l'autre côté sont considérés comme d'autant plus honorables qu'ils sont plus proches de la place réservée au Roi. Au XVe siècle, l'ordre de préséance était réglé comme il suit : les princes, le Chancelier, les prélats, les seigneurs et autres conseillers [4]. Plus tard, il fut entendu que les princes du sang, les cardinaux, les autres princes, les ducs et pairs et les officiers de la Couronne précéderaient le reste des conseillers, mais que ceux-ci, clercs ou lais, seraient classés suivant leur ordre de réception. Ainsi les maréchaux de France, comme officiers, étaient rangés suivant la date de leur nomination de maréchaux, tandis que les prélats prenaient rang suivant la date de leur entrée au Conseil : un évêque antérieurement reçu précédait un archevêque. Plusieurs conseillers prêtant serment le même jour, on indiquait dans quel ordre ils devraient prendre séance. Quand arrivait dans la salle du Conseil un nouveau membre, les conseillers moins anciens que lui se levaient et lui cédaient la place. Un conseiller qui ne pouvait s'asseoir faute de siège devait se retirer plutôt que de demeurer debout contrairement à son droit [5].

En fait, à partir du XVIe siècle, les princes désertant le Conseil, et le Connétable n'ayant plus jamais, comme autrefois, la présidence, la première place appartenait presque toujours au Chancelier, chef naturel du Conseil. Vis-à-vis de lui, la première place de l'autre rangée revenait de droit au plus ancien, ou quelquefois au plus influent du Conseil : c'était, sous Henri IV, Sully [6].

---

[1] De l'estat et succez des affaires de France, éd. de 1595, f° 78 r°. — Dans la procession du 5 janvier 1595, les gens du Conseil, au dire de Pierre de L'Estoile, étaient revêtus de robes rouges, ainsi que les membres du Parlement. (Mémoires-journaux, t. VII, p. 2.)

[2] Cependant le Chancelier portait encore en 1602 le costume institué en 1585. (D. Félibien, Histoire de la ville de Paris, t. V, p. 491.)

[3] A. de Boislisle, Les Conseils du Roi sous Louis XIV, p. 404.

[4] Du Tillet, Recueil des rangs des grands de France, éd. de 1606, p. 10 et 11. — Delisle de Hérissé, ms. Lancelot n° 100, fol. 36 et suiv. — Ordonnances, t. XVII, p. 37. — Ms. français n° 2831, fol. 51. — Dans un Conseil présidé, en 1405, par le Dauphin, les princes du

sang prennent place à la droite de ce prince, les prélats à sa gauche. (Religieux de Saint-Denys, t. III, p. 297.)

[5] Règlements du 17 septembre 1574, du 11 août 1578, du 31 mai 1582, du 8 janvier 1585 et de Blois, 1588. — Bibl. nat., ms. français n° 16230, f° 23 r°. — Par faveur exceptionnelle, le Roi décidait parfois qu'un conseiller prendrait rang du jour de l'expédition de son brevet. (Ms. français n° 16236, f° 290 v°.)

[6] Pour plus de détails, voir le chapitre IV du traité de Marillac (Arch. nat., U 945*, fol. 44 et suiv.), la relation d'Angelo Badoer (Barozzi et Berchet, Relazioni, série II, Francia, t. I, p. 113), les Œconomies royales (édit. Michaud, t. I, p. 520) et une dépêche du 19 mai 1602 (Négociations de la France avec la Toscane, t. V, p. 495).

A une table plus petite siégeaient les secrétaires d'État, à moins que, le Roi ou la Reine assistant au Conseil, ils ne fussent obligés par l'étiquette de se tenir debout[1].

Que le président fût un prince, le Connétable, un simple conseiller, le Chancelier ou le Garde des sceaux, c'est à lui seul qu'il appartenait de faire la proposition, de recueillir les voix, de tenir la main à ce que le règlement fût suivi[2]. « On a sagement pourvu en ce royaume, écrivait Jean Bodin, « qu'il fût permis à tous ceux qui ont entrée au Conseil (ores qu'ils n'aient ni voix délibérative, ni « séance) de rapporter les requêtes d'un chacun et avertir le Conseil de ce qui est utile au public, « afin d'y pourvoir. Et, le plus souvent, on demande leur avis, puis aux conseillers d'État, qui ont « séance et voix délibérative, en sorte que les plus grands seigneurs opinent les derniers, afin que la « liberté ne soit retranchée par l'autorité des princes[3]. » On avait même soin d'interroger les conseillers titulaires en commençant par le dernier reçu : c'était un usage constant dans la seconde partie du xvie siècle[4]. Les conseillers avaient le privilège d'opiner assis et couverts; ils se découvraient cependant devant le Roi, au moins du temps de Henri II : les maîtres des requêtes, comme on l'a vu, opinaient debout et découverts[5].

La pluralité des voix emporte arrêt, en l'absence du Roi dans tous les cas, et, en présence du Roi quand l'intérêt d'une partie est en jeu. Si au contraire il s'agit de matière de guerre ou d'État, le Roi peut ratifier le jugement de la minorité. Ainsi, Vieilleville ayant rallié à son avis dix-sept voix contre quatorze, Vincent Carloix, son secrétaire, ajoute : « Si ce Conseil se fût tenu pour les parties, « M. de Vieilleville l'emportoit... Mais, en matière d'État, principalement pour la guerre, et le Roi « présent, tous les résultats dépendent de la conclusion de Sa Majesté, par laquelle bien souvent « il renverse toutes opinions, ou n'en prend sinon ce qu'il lui en plaît[6]. »

Tout conseiller doit se retirer quand on traite d'affaire intéressant sa personne, sa famille, ses amis ou quelque grand seigneur qu'il sert avec la permission du Roi. Nul ne doit troubler la séance par des gestes ou des conversations; nul ne doit prononcer de parole injurieuse, sous peine d'exclusion, et sans préjudice d'autres châtiments proportionnés[7]. En 1584, le chevalier de Seurre faillit

---

[1] Règlement de Blois, 1588, art. 29. (KK 625, fol. 171 r°.) — Mémoires d'État de Villeroy, édit. Michaud, p. 131.

[2] Règlement du 31 mai 1582, art. 32 et 33. (Girard et Joly, Offices de France, t. I, p. 627.) — Règlement de Blois, 1588, art. 14-16. (KK 625, fol. 167 r°.) — On trouvera dans le Jouvencel de Jean de Bueil le compte rendu détaillé d'une séance du xve siècle : le Roi préside; mais c'est un prince désigné sous le pseudonyme de comte de Parvanchières (Charles d'Anjou ou Dunois?) qui porte la parole et, sur l'invitation du Roi — « Beau cousin, demandez-en », — procède à l'interrogation des conseillers présents. (Communication de M. Lecestre, éditeur de Jean de Bueil.) — D'ordinaire, quand le Roi présidait et avait fait la proposition, il appartenait au Chancelier de la reprendre « pour la déduire, amplifier et mieux faire goûter par son savoir l'assistance». (Mémoires de Vieilleville, édit. Michaud, p. 120.)

[3] Les VI livres de la République, édit. de 1578, p. 265.

[4] Dans l'assemblée de Fontainebleau (août 1560), François II commanda à Jean de Monluc, évêque de Valence, dernier conseiller retenu, d'opiner le premier, et aux autres ensuite, dans l'ordre de leurs réceptions : « qui est la façon de laquelle l'on use en France, que les derniers et plus jeunes conseillers opinent les premiers, afin que la liberté des avis ne soit diminuée ou retranchée par l'autorité des princes ou premiers conseillers et seigneurs.» (Mémoires de Castelnau, édit. de Bruxelles, 1731, in-fol., t. I, p. 46.) Tel paraît être aussi l'ordre suivi dans la séance que relate le Jouvencel. Le 24 mai 1413,

le duc de Berry, à qui son âge assigne le premier rang au Conseil, étant prié de dire son avis, insiste pour que les plus jeunes parlent les premiers. (Religieux de Saint-Denys, t. V, p. 51.) Au contraire, dans une séance tenue en 1551, le Connétable opine le premier; après lui, les cardinaux, les princes, le Chancelier, les maréchaux, les gouverneurs de provinces, Vieilleville, la Casedieu, les évêques et les maîtres des requêtes; aussi l'influence des chefs du Conseil s'y fait-elle grandement sentir et, sans Vieilleville, le Connétable entraînerait à sa suite presque tous les suffrages. (Mémoires de Vieilleville, p. 120 à 123.) Cf. le règlement du 3 avril 1547. (G. Ribier, Lettres et mémoires d'Estat, t. II, p. 1.)

[5] Mémoire adressé à Henri IV (Bibl. nat., ms. français n° 16216, fol. 93). — Traités de Marillac (Arch. nat., U 945*, fol. 53 v°) et de Delisle de Hérissé (Bibl. nat., ms. Lancelot n° 100, fol. 7 r°). — L'assemblée de Saint-Germain, en novembre 1583, était d'avis que personne ne devait rester couvert en la présence du Roi, sinon par son ordre exprès. « Mais, s'il lui plaisoit en dispenser les princes, ducs, officiers de la Couronne et ceux de son Conseil, quand ils ne parlent à Sadite Majesté, ce leur seroit une belle remarque de l'honneur qu'il lui auroit plu de leur faire.» (Fontanon, t. IV, p. 1389.)

[6] Mémoires de Vieilleville, édit. Michaud, p. 122. — Règlements du 17 septembre 1574 (KK 625, fol. 96 v°) et du 8 janvier 1585, art. 20. — J. Bodin, Les VI livres de la République, p. 268. — A. de Boislisle, Les Conseils du Roi sous Louis XIV, p. 44.

[7] Règlement du 8 janvier 1585, art. 11, 15 et 16.

être tué de la main du Roi, pour avoir traité, en pleine séance, un intendant des finances de larron et pour avoir semblé mettre en doute la bonne foi de Henri III[1].

La surveillance du Conseil s'étend même, en dehors de son enceinte, sur la foule des solliciteurs et des plaideurs, venus parfois des extrémités de la France pour grossir la suite du Roi, au détriment de l'Épargne[2]. Parmi les mesures destinées à éviter l'encombrement, citons des lettres délibérées le 6 décembre 1566 qui défendaient à toute communauté de députer au Conseil plus d'une personne à la fois; les États provinciaux étaient seuls admis à envoyer trois délégués. A peine arrivés en Cour, ceux-ci devaient prendre soin de faire certifier sur le registre du Conseil la date de leur départ et celle de leur arrivée[3] : la taxe de voyage et l'indemnité, calculées en conséquence, demeuraient à la charge du Trésor. Le prix des vacations de ces délégués variait, suivant leur qualité, entre 3 écus et 100 sous par jour[4].

On voit que la police du Conseil fut l'objet de règlements nombreux, si nombreux même qu'on peut douter qu'ils fussent rigoureusement suivis. Effectivement, le Roi eut beau en prescrire l'observation, en ordonner la lecture tous les quinze jours ou tous les mois, en placer le texte en évidence sur la table même du Conseil[5] : la négligence et la routine reprenaient vite le dessus. C'est dans les recueils d'arrêts plus que dans les règlements, c'est aussi dans les correspondances ou mémoires contemporains qu'on retrouve un tableau fidèle du Conseil au xvie siècle[6].

CHAPITRE X.
LES ATTRIBUTIONS DU CONSEIL.

Compétence d'abord universelle du Conseil; démembrements successifs qui la réduisent et la limitent. — Pouvoirs spéciaux attribués par certaines ordonnances au Conseil. — Attributions du Conseil proprement dit, ou Conseil d'État, pendant la dernière époque. — Autorité des arrêts du Conseil, toujours revêtus de l'approbation expresse ou tacite du Roi.

Participant à l'omnipotence du prince qu'il secondait, le Conseil du Roi, à l'origine, jouissait d'attributions aussi variées, de prérogatives aussi vastes que la royauté elle-même. La délimitation

[1] P. de L'Estoile, *Mémoires-journaux*, t. II, p. 149. — Lettre de Busbecq du 20 mai 1584. (*Archives curieuses de l'histoire de France*, 1re série, t. X, p. 110.) — On se rappelle également la chaude dispute à laquelle se livrèrent, en plein Conseil, le duc d'Épernon et Sully. (Marquis de La Grange, *Mémoires du duc de la Force*, t. I, p. 296. — P. Clément, *Portraits historiques*, p. 73.)

[2] Aux termes d'un arrêt du 3 mars 1570, le lieutenant ordinaire du prévôt de l'Hôtel devait, tous les vendredis, adresser un rapport au Conseil sur les abus commis dans la suite du Roi. (Bibl. nat., ms. français n° 5133, fol. 21 v°.) — En 1585, le Conseil réclamait une punition exemplaire pour l'attentat commis sur la personne de M. de Médavy, assassiné comme il revenait du Conseil, où il était allé demander justice. (Ms. français n° 16234, fol. 26 v° et 49 v°.)

[3] Cf. l'arrêt suivant, du 16 novembre 1556 : «Pour eviter aux abus qui se font le plus souvent ès taxes que poursuivent et demandent au Conseil privé les presidens et conseillers des courts souveraines et autres officiers du Roy pour leurs voyages, sallaires et vaccations d'estre venuz audit Conseil faire remonstrances, rapports de procès ou autres tels et semblables actes, il est ordonné que doresnavant aucuns d'iceulx officiers ne departiront desdites courts sans congé d'icelles et lettres du Roy, par lesquelles leur sera permis de desemparer leurdite compaignie

pour venir pardevers ledit seigneur, si ce n'est pour affaire si pressée qu'il ne puisse permettre le delay d'attendre les lettres de congé dudit seigneur; et, si tost qu'ils seront arrivez, ils seront tenus se presenter audit Conseil et faire enregistrer par un des secretaires des finances au registre des expeditions d'iceluy Conseil lesdits congé et lettres missives, le jour de leur partement et celuy de leur arrivée, afin que, quand se viendra à demander leur taxe audit Conseil, l'on se puisse reigler, pour le temps de leur voyage, sur ce qui s'en trouvera par ledit registre, selon l'ordonnance faite sur le reglement et limitation desdites taxes; les doubles de laquelle ordonnance desdites taxes et de la presente seront envoyez en chacune desdites courts, à ce qu'ils n'en puissent pretendre cause d'ignorance.» (Arch. nat., AD. I 41, n° 26.)

[4] Bibl. nat., ms. français n° 16221, fol. 215 v°. — Arch. nat., E 18h, n°s 362, 367 et 368. — Voir notre n° 608.

[5] Règlements du 31 mai 1582, du 8 janvier 1585, art. 31, de Blois, 1588. — Mandement du 16 août 1588 (ms. français n° 7007, fol. 281 r°).

[6] Nous n'irons pas toutefois, comme M. d'Avenel, jusqu'à dire de ces règlements : «Les uns ne furent pas appliqués, les autres le furent imparfaitement et pendant peu de temps... Il n'y a pas lieu d'en tenir compte.» (*Richelieu et la monarchie absolue*, t. I, p. 46, note 2.)

de son ressort fut l'œuvre du temps et le résultat de ces démembrements successifs dont nous avons suivi l'histoire. Le Parlement se détachant, la Chambre des comptes s'organisant, le Conseil cessa, pour un temps, de juger et de compter. Il perdit, de nouveau, ses attributions judiciaires quand Louis XI, Charles VIII et Louis XII constituèrent le Grand Conseil. Mais ce fut surtout l'organisation du Conseil des affaires, au xvie siècle, qui porta un coup funeste à la prépondérance du Conseil proprement dit (le « Conseil privé » d'alors, le « Conseil d'État » de la fin du siècle) : à la fois, il se vit enlever la guerre, la diplomatie, la politique, tout ce qui exigeait un coup d'œil prompt, de l'initiative et du mystère, tout ce qui lui assurait une part réelle dans la direction générale. Réduit aux affaires courantes que le prince se contentait de suivre de loin d'un regard forcément distrait, il ne gouverna plus : il administra. Bientôt les fonctions judiciaires qu'il avait conservées, ou plutôt reprises, passèrent au Conseil des parties. Enfin le Conseil des finances lui épargna plusieurs fois le soin de veiller à l'acquittement des dettes publiques, à l'accroissement du revenu de l'État. Bref, en éliminant successivement les pouvoirs échus aux cours souveraines et aux sections indépendantes auxquelles il donna naissance, on se représente à peu près ce que furent les attributions du Conseil aux diverses époques comprises dans le cadre de cette étude. Il nous restera peu de choses à dire pour préciser ces notions.

Aux xive et xve siècles, certains pouvoirs, certains droits furent expressément réservés au Conseil par les ordonnances. Tantôt c'était une garantie contre l'arbitraire royal qu'obtenaient, à la faveur des troubles, des sujets entreprenants; tantôt c'était une précaution qu'imaginait le Roi lui-même dans l'intérêt de son pouvoir. D'ailleurs, l'effet de ces ordonnances se fit généralement sentir pendant quelques années à peine. Ces lois ont trait pour la plupart au choix des officiers royaux. Ainsi baillis et sénéchaux devaient être désignés à la suite d'une délibération du Conseil aux termes des ordonnances de 1303, de 1351, de 1355, de 1360 et de 1389[1], ou même nommés directement par le Conseil suivant les lettres de 1406 et de 1408[2]. Il dut en être à peu près de même, à certains moments, des prévôts, des gardes des foires de Champagne, des maîtres et gardes des eaux et forêts, des vicomtes et receveurs, des généraux maîtres des monnaies, des conseillers sur le fait de la justice des aides, et des trésoriers pour le gouvernement des finances[3]. On se souvient des mesures catégoriques que prescrivirent, dans cet ordre d'idées, les ordonnances de 1357 et de 1359. Il n'est pas jusqu'à la composition du Parlement qui ne dût être réglée, à chaque session, par le Chancelier et les présidents avec le concours de dix membres du Grand Conseil; jusqu'à ce qu'un droit de présentation eût été reconnu au Parlement lui-même, par ordonnance du 11 mars 1345[4]. L'ordonnance de 1413 attribua, de même, au Grand Conseil le droit de prendre part à la nomination des maîtres des requêtes, des présidents et des maîtres de la Chambre des comptes[5]. Enfin l'élection du Chancelier par tous les membres réunis du Parlement et du Conseil a été l'objet d'une étude spéciale dont l'auteur, M. Siméon Luce, a cru pouvoir attribuer à l'influence d'Aristote le goût nouveau de Charles V pour les magistratures électives[6]; cet usage persista pendant le règne de Charles VI et sous la domination anglaise[7]. Nous avons dit que, d'autre part, l'intervention ou la présence du Conseil furent exigées, à plusieurs reprises, pour toute création d'office, pour tout don, pour toute grâce ou rémission, pour toute aliénation du domaine, etc.[8].

(1) *Ordonnances*, t. I, p. 359; t. II, p. 456; t. III, p. 2, 389; t. XII, p. 162. — Cf. l'art. 166 de l'ordonnance cabochienne (*ibid.*, t. X, p. 107).

(2) *Ibid.*, t. IX, p. 279. — Arch. nat., J. 469, n° 13 (art. 12).

(3) *Ordonnances*, t. I, p. 359; t. II, p. 456; t. IX, p. 279; t. X, p. 83, 85, 114. — Arch. nat., J 469, n° 13 (art. 9).

(4) *Ordonnances*, t. II, p. 173; t. X, p. 103.

(5) Art. 141 et 210. (*Ibid.*, t. X, p. 100 et 122.)

(6) *De l'élection au scrutin de deux chanceliers de France sous Charles V*, dans la *Revue historique*, mai-août 1881, p. 91.

(7) Arch. nat., X1a 1480, fol. 218 r°.

(8) En l'absence d'un Chancelier, on vit parfois le Conseil privé ou

Laissant de côté ces fonctions spéciales, qui varièrent continuellement, nous voudrions tracer à grands traits le tableau des attributions du Conseil proprement dit pendant la dernière époque, c'est-à-dire après tous les démembrements qui réduisirent ses pouvoirs à leur expression la plus simple, alors que, suivant Bodin, les conseillers déchus ne trouvaient l'emploi de leurs facultés que dans l'exercice souvent ingrat d'une juridiction infime.

Le *Conseil d'État et des finances*, ce terme apparu dans le règlement de 1574 et employé concurremment, sous Henri III et sous Henri IV, avec l'expression synonyme de *Conseil d'État*, donne une assez juste idée des attributions du Conseil proprement dit pendant cette dernière période. Il connaissait : 1° d'affaires d'État, 2° d'affaires de finances; mais, contrairement à ce qu'il paraîtrait logique de supposer, les premières étaient l'accessoire, les secondes le principal.

C'est ainsi qu'au même moment où fonctionnait régulièrement un Conseil spécial des finances, les règlements conféraient au Conseil proprement dit un certain nombre d'attributions financières[1] : le droit d'examiner les édits d'érection ou de suppression des offices et d'ordonner le remboursement de ceux-ci; la liquidation des frais et dépens; l'expédition de toute commission ordinaire ou extraordinaire « tant pour imposer et lever deniers, vivres et munitions sur le peuple, que pour rechercher et poursuivre faux monnoyeurs, usuriers, banqueroutiers et autres malversations et abus »; l'examen des « requêtes concernant le fait et exécution des baux à ferme généraux et particuliers du domaine, aides, greniers à sel, douanes, imposition foraine, traite domaniale et de tous autres deniers et droits appartenant à Sadite Majesté »; le soin de procéder à l'adjudication solennelle des mêmes revenus publics, ainsi qu'à la conclusion de tous contrats et marchés; enfin, d'une manière générale, la connaissance de « toutes les actions que les particuliers pourroient prétendre envers Sa Majesté pour chose concernant directement la police du royaume » ou les impôts[2]. Il est à peine utile de rappeler la part importante que Sully proposait d'assigner au Conseil d'État dans le gouvernement financier[3]. Mais on remarquera que le plus grand nombre, la presque totalité des arrêts rendus par le Conseil d'État se réfère à des intérêts fiscaux. Un simple coup d'œil jeté sur le présent Inventaire fera découvrir une multitude d'assignations, de décharges, de remises, de surséances, de contraintes, de validations. Il n'est pas jusqu'aux décisions relatives à la possession ou à la transmission des charges qui, à raison des hauts profits qu'en retirait l'État, ne présentent au premier chef un caractère fiscal. Régir le personnel financier, administrer la fortune publique, pourvoir au payement des créances, à l'acquittement des dettes de l'État, suppléer à l'insuffisance des revenus publics par l'établissement de nouvelles taxes, statuer sur les recours gracieux ou contentieux formés par des sujets contre le fisc, par-dessus tout, défendre le domaine financier contre l'intervention des cours, telles sont les préoccupations constantes des conseillers d'État. Il va sans dire qu'en bien des cas le rôle du Conseil d'État se confondait avec celui du Conseil des finances. Mais il nous semble que ce dernier se plaçait de préférence au point de vue du gouvernement, le premier au double point de vue de

---

le Conseil d'État prendre la garde du sceau : ainsi de 1568 à 1571 (Bibl. de la Chambre des députés, collection Lénain, *Registres de la Chambre des comptes*, t. XIV, fol. 152-156) et au début du règne de Henri IV. Le règlement provisoire du 28 mars 1590 portait : « Les mercredy et vendredy aussy de chascune sepmaine, au mesme lieu et à pareille heure de deux heures après midy jusques à cinq, sera ouvert le sceau, et seront scellées les lettres qui se trouverront de justice et raisonnables, en la presence des dessusnommez pour le Conseil de la guerre, du sieur de Rozieres, conseiller audit Conseil, contrerolleur et intendant des finances, et des sieurs maistres des requestes et officiers de la Chancellerie, et non autres. » (Bibl. nat., ms. français n° 7007, fol. 283 v°.) — Cf. *Mémoires de Cheverny*, édit. Michaud, p. 502.

[1] Nous ne parlons pas du règlement du 11 août 1578 qui, sous le nom de *Conseil d'État*, organisait un véritable Conseil des finances. Voir ce que nous en avons dit plus haut, p. LXVII.

[2] Règlement du 31 mai 1582 (Bibl. nat., ms. français n° 16227, p. 2; Girard et Joly, *Offices de France*, t. I, p. 627), lu au Conseil d'État le 25 juin (ms. de Colbert n° 87, fol. 186). Ces affaires devaient être examinées dans les séances du matin, le lundi, le mardi, le jeudi et le samedi. — Règlement du 8 janvier 1585 (Bibl. nat., ms. français n° 16234, fol. 1 r°; *Archives curieuses de l'histoire de France*, 1re série, t. X, p. 332) : la séance est transportée dans l'après-dîner, de une heure à quatre.

[3] Voir plus haut, p. LXXVI.

l'État et des particuliers [1]; l'un n'avait guère d'autre mission que de remplir la caisse publique, l'autre se préoccupait plutôt de concilier l'intérêt du prince avec celui des sujets et d'exercer dans le domaine fiscal une justice administrative. En un mot, s'il nous est permis d'indiquer l'impression qui résulte pour nous de la lecture et de la comparaison des arrêts, le Conseil des finances ressemblait plus à un ministère des finances; le Conseil proprement dit se rapprochait davantage de notre Conseil d'État moderne.

A ces matières financières, il convient de joindre quelques affaires de gouvernement intérieur et de contentieux administratif. Les réponses aux cahiers des provinces, des villes, des communautés, aux remontrances des parlements, aux avis des trésoriers de France, aux consultations des gouverneurs et des lieutenants généraux occupent, dans les règlements et dans les travaux du Conseil, une place dont nous n'avons garde de méconnaître l'importance [2]. En outre, d'après le règlement du 10 décembre 1579, les conseillers d'État se partageaient et traitaient séparément certaines affaires concernant « le fait de l'Église, le fait de la justice, la police et le fait de la gendarmerie ». Les règlements de 1582 et de 1585 parlent encore des « contraventions aux édits et ordonnances » : par là, il faut entendre la connaissance de tous différends relatifs à l'exécution des ordonnances que l'on prévoyait devoir rencontrer une certaine opposition; tels étaient les édits de pacification; tel fut l'édit de Nantes, qui eut pour conséquence de déférer au jugement du Conseil d'État un grand nombre de procès entre protestants et catholiques. Sully, qui proposait au Roi d'élargir considérablement les attributions du Conseil, se borna peut-être, en sa qualité de Grand Voyer, à attirer plus spécialement l'attention du Conseil sur les questions de voirie et de communications. Du reste, plusieurs arrêts ne rentrent dans aucune des catégories d'affaires que nous venons d'énumérer : la compétence du Conseil d'État demeure, jusqu'à un certain point, flottante et indéterminée.

Si le Conseil proprement dit a vu restreindre sa compétence, son autorité est demeurée inébranlable et absolue [3]. « Les arrêts du Conseil, remarque Bodin, ne dépendent aucunement d'icelui, « ains de la puissance royale, et par commission seulement... Aussi voit-on que tous les arrêts « portent ces mots : Par le Roy en son Conseil; lequel ne peut rien faire si le Roi n'est présent, ou qu'il « ait pour agréables les actes de son Conseil [4]. » Cette approbation royale, qui a pour effet de transformer en arrêts souverains les décisions du Conseil, s'est manifestée de plus d'une sorte : au XIVe et au XVe siècle, par l'assistance fréquente du monarque aux séances [5] et par l'examen minutieux qu'il faisait des procès-verbaux; plus tard, quand le Roi se bornait à présider les « Affaires », par la lecture et par la signature du « résultat » du Conseil. Henri IV, il est vrai, dédaigna de recourir à ce contrôle; mais la surveillance qu'il exerçait sur ses conseillers d'État par l'entremise de

---

[1] « Or, les Conseils sont ordonnés pour pourvoir aux plaintes des privées affaires concernant l'État... » (Du Haillan, De l'estat et succez des affaires de France, édit. de 1595, fol. 178 r°.) — « Delibera questo Consiglio quelle materie che sono publiche e di minor importanza. » (Relation d'Alvise Contarini, février 1572 : Albèri, Relazioni, 1re série, t. IV, p. 253.)

[2] Règlements du 11 août 1578, du 31 mai 1582, du 8 janvier 1585. — Celui du 5 octobre 1579 réserve les matinées du mardi et du samedi aux affaires d'État, qui consistent « à voir les cahiers, requestes et remonstrances des provinces, villes et communautez, les estatz et lettres qui seront envoyez par les tresoriers generaux de France, y faire les responses necessaires, etc... » (Bibl. nat., ms. français n° 16325, fol. 424 r°). — Ce sont les attributions qui furent, par la suite, dévolues au Conseil des dépêches. (A. de Boislisle, Les Conseils du Roi sous Louis XIV, p. 90 et suiv.)

[3] Citons l'édit de juillet 1539 et la déclaration de septembre 1555 portant que tout arrêt ou commission émanant du Conseil privé est exécutoire par tout le royaume, sans qu'il soit besoin d'obtenir des parlements ou autres juridictions locales annexe ni pareatis. (Girard et Joly, Offices de France, t. I, p. 655.)

[4] Les VI livres de la République, p. 268.

[5] Nombre de fois, les États généraux, les communautés, les villes exprimèrent au Roi leur désir de le voir assister régulièrement aux séances du Conseil. (A. Bernier, Journal des États généraux, p. 761. — T. Boutiot, Histoire de Troyes, t. III, p. 472. — Barrois, Recueil des cahiers, t. II, p. 70, etc.) Henri III est l'un des princes qui s'acquittèrent le plus mal de ce devoir; en 1582, il promit de venir au Conseil d'État tous les quinze jours, et au Conseil des finances toutes les semaines (règlements du 31 mai sur le Conseil d'État, art. 37, et sur le Conseil des finances, art. 19) : mais il oublia de tenir parole.

l'un d'entre eux, pour être moins apparente, n'en était pas moins réelle. « Il n'y eut jamais en « France, disait-il, un meilleur Conseil que le mien. Il ressemble à ma meute de chiens courants, « où se trouve toujours un aboyeur. J'ai, dans mon Conseil des parties et dans mon Conseil d'État, « des hommes qui me rapportent tout. On le sait, et les méchants en conçoivent de l'inquiétude; les « bons n'en sont que plus réjouis et encouragés à bien faire [1]. » C'était là le système de rapports et de comptes rendus oraux que Sully voulait consacrer par un nouveau règlement [2]. D'ailleurs, le prince, à l'occasion, ne se faisait nullement scrupule de diriger par correspondance les délibérations du Conseil; dans un billet au Chancelier, il nomme la partie dont il désire que le Conseil puisse « conserver les droits »; il insiste pour obtenir l'expédition d'un procès, ou l'ajournement indéfini d'une mesure qu'il désapprouve [3]. En apparence, les conseillers jouissent de quelque indépendance; mais le prince a l'œil sur eux, et, au premier écart, il intervient.

D'ailleurs, que les arrêts du Conseil fussent revêtus d'une approbation orale, écrite ou sous-entendue, ils n'en étaient pas moins considérés comme émanant directement du Roi [4]. A vrai dire, à plusieurs reprises, et surtout aux époques de troubles, on prétendit rendre les conseillers individuellement responsables des mesures qu'ils avaient votées; c'est dans ce dessein que l'on réclamait parfois au bas des ordonnances l'insertion de leurs noms [5]. D'autre part, des avocats osèrent interjeter appel d'une décision du Conseil, soit au Parlement, soit plutôt au Roi « bien conseillé » [6] : telle fut, en 1453 et en 1487, la prétention des héritiers de Jacques Cœur [7]. Mais ces rares tentatives reçurent, de la part du gouvernement, le plus défavorable accueil, et même, auprès des magistrats, les plus timides encouragements. Il demeura reçu que, contre un arrêt du Conseil, comme contre tout acte souverain de l'autorité royale, on ne pouvait se pourvoir que par proposition d'erreur ou par supplication, à moins que l'arrêt n'eût été rendu sur une simple requête, auquel cas la voie de l'opposition demeurait ouverte à la partie qui n'avait point fait de production [8].

[1] *Entretien du roy Henri IV avec M. de Crequy, en présence de M. de Bullion, lorsqu'il luy donna la survivance de la lieutenance du Roy de Dauphiné...* [1606]. (Bibliothèque de l'Institut, ms. Godefroy n° 310, fol. 51 r°.)

[2] P. Clément, *Portraits historiques*, p. 495. — Il y avait, en outre, un certain nombre de matières plus délicates que Sully proposait de ne traiter au Conseil qu'en la présence du Roi : telles étaient les questions d'établissement ou de suppression d'impôts, les remises générales de tailles, les adjudications des grandes fermes, les réponses aux cahiers des provinces ou des grandes villes, les dons, les créations et suppressions d'offices, etc. (Papiers appartenant à M. le marquis de Vogüé.)

[3] *Lettres missives*, t. IX, p. 20, 73, 88 à 90, 92, 95, 97, 99, 101 à 103, 106 et 107. — E. Halphen, *Lettres inédites du roi Henri IV au Chancelier de Bellièvre*, 1872, in-8°, p. 219.

[4] Le 26 avril 1595, le Parlement prétendit pouvoir attaquer un arrêt du Conseil rendu hors la présence du Roi. « M. le Chancelier, respondant en general, auroict dict que c'estoit ung arrest du Roy, et

ne faisoient de différence de ceulx donnez-en sa présence, parce que le Conseil avoit la puissance, et ne povoit la force de l'arrest estre moindre.» (Arch. nat., X¹ª 1736, fol. 58 v°.) — Cf. *Richelieu et la monarchie absolue*, par le vicomte d'Avenel, t. I, p. 49.

[5] Cahier des Notables de 1597. (Poirson, *Mémoires et documents nouveaux*, p. 60 et 63.)

[6] Plaidoirie du 7 décembre 1497. (Arch. nat., X¹ª 4839, fol. 31 r°.) — De même, les députés refusant de traiter avec la royauté par l'intermédiaire du Conseil d'État; ils prétendaient reconnaître le Roi seul pour chef. (Barrois, *Recueil de pièces...*, t. V, p. 174.)

[7] Bonamy, *Mémoire sur les suites du procès de Jacques Cœur*, dans la *Collection des meilleures dissertations, traités*, etc., de C. Leber, t. XVII, p. 443, 468 et 471. — Cf. une plaidoirie du 11 janvier 1587 : « A veu des arrestz de ceans par lesquelz estoit dit : mal jugé par le Conseil et bien appellé. » (Arch. nat., X¹ª 4828, fol. 68 r°.)

[8] Plaidoirie du 30 janvier 1476 (Arch. nat., X¹ª 4817, fol. 64 v°). — Guillard, *Histoire du Conseil du Roy*, p. vi. — Cf. Tommaseo, *Relations des ambassadeurs vénitiens*, t. I, p. 513.

CHAPITRE XI.

LES ÉCRITURES AU CONSEIL.

Les procès-verbaux, du xiv° au xvi° siècle; double rôle des secrétaires ou greffiers du Conseil. — Progrès réalisé sous Charles IX; les quatre secrétaires des finances et le greffier. — Augmentation du personnel du greffe sous le règne de Henri III; mécanisme compliqué des écritures. — Sous Henri IV, décadence du *résultat;* procédés plus expéditifs pour la confection des arrêts; simplification des écritures. — Indication des procès-verbaux et recueils d'arrêts encore existants. — Décisions du Conseil expédiées sous forme de lettres scellées; emploi de diverses formules, qui perdent peu à peu de leur importance. — Expéditions signées. — Impression des arrêts.

Les travaux du Conseil n'ont pu se poursuivre sous tant de règnes consécutifs sans donner lieu à la confection d'une multitude d'écrits, les uns destinés à demeurer en la possession du Conseil, les autres voués à la dispersion. Ne fallait-il pas que le Conseil lui-même conservât le souvenir de ses actes, et n'était-il pas nécessaire de porter la plupart d'entre eux à la connaissance du public, des parties intéressées, ou tout au moins des agents royaux chargés d'en faire l'application?

Nous ignorons quand l'idée première d'un plumitif ou procès-verbal vint à l'esprit du Conseil. Si l'on en juge d'après les textes parvenus jusqu'à nous, la cour de justice, sur ce point, devança l'assemblée politique. Il faut attendre le règne de Philippe le Long pour trouver dans un acte officiel une disposition relative aux procès-verbaux du Conseil : c'est l'article 7 de cette ordonnance du 16 novembre 1318 qui, comme nous l'avons dit, contribua à organiser temporairement le système des réunions mensuelles. Un notaire du Roi, spécialement désigné pour cet office, doit assister à la séance « du mois », ou tout au moins à la sortie des conseillers; là, le Chancelier ou quelqu'un du Conseil lui indique ce qu'il doit « enregistrer »; il garde par-devers lui la minute de son procès-verbal et en délivre deux copies, l'une au Roi, l'autre aux officiers chargés d'exécuter les mesures prises. Au bout du mois, la lecture du « registre [1] » permet au Conseil de vérifier de quel effet ont été suivis ses résolutions et ses vœux.

L'institution du plumitif survécut au « Conseil du mois ». Me Pierre Barrière, clerc du Roi, reçoit l'ordre, en février 1321 [2], de s'informer, à l'issue de chaque séance, auprès d'un conseiller ou d'un poursuivant, de ce qui aura été fait de notable; il rédige un livre appelé *Journal,* dont il est constitué gardien, et qui doit fournir, avec les noms des conseillers présents, l'analyse des délibérations les plus dignes de mémoire; à l'aide de ces procès-verbaux, il peut et doit, deux fois la semaine, rappeler aux gens du Conseil les mesures qui restent en suspens. Nous ne serions point surpris si le manuscrit n° 4596 du fonds français contenait copie d'un procès-verbal dû à la main de Pierre Barrière [3]. C'est un long recueil de décisions rédigées sous forme impersonnelle (*Il fut dit... Il a esté dit... Item, il est ordonné*) et précédées d'une rubrique : « Ce qui s'ensuit fut faict et ordonné

---

[1] « On sait que le terme *registrum* était alors très élastique; il ne faut guère y chercher d'autre signification plus précise que celle de *scriptum,* un écrit en général; c'est ainsi qu'on rencontre dans les registres l'expression : *registratum in rotulo...* » (H. Lot, *Essai sur l'authenticité et le caractère officiel des Olim,* Paris, 1863, in-12, p. 40.) « Le mot *registrare...* signifie consigner un fait par écrit. » (A. Grün, *Notice sur les archives du parlement de Paris,* dans les *Actes du parlement de Paris,* par E. Boutaric, p. c.

[2] *Ordonnances,* t. I, p. 732. Pour la date de ce règlement, voir plus haut, p. xxi, note 1.

[3] Le ms. français n° 4596 paraît surtout composé de copies faites dans les anciens mémoriaux. Effectivement la première partie tout au moins de ce procès-verbal était transcrite aux fol. xciii et suiv. de l'ancien mémorial ✠ (Arch. nat., AD IX 101, n° 2). Mais il ne s'ensuit pas que la minute de ce procès-verbal ne fît pas partie du livre de Pierre Barrière.

par le Roy en son Grand Conseil, à Vincennes, le lundy devant Pasques, v^e jour en avril, l'an ccc xxi, sur le faict des dommaines [1]. »

Le *Journal* du Conseil continua-t-il d'être régulièrement tenu? Rien n'autorise à le supposer, et les révélations fâcheuses faites par les États de 1356 sur la négligence des conseillers de Jean le Bon tendraient à prouver le contraire. A vrai dire, les secrétaires ne faisaient point défaut. Des lettres du 7 janvier 1401 en comptent dix servant au Conseil; une ordonnance du 8 avril 1407 déplore leur affluence excessive : elle en maintient treize dans le privilège d'assister aux séances, à condition qu'ils n'y viendront jamais plus de deux ou trois à la fois. En 1413, le nombre des scribes s'était tellement accru, qu'il devenait presque impossible de garder les secrets du Conseil. Cependant, ces secrétaires s'inquiétaient peu de tenir au courant le procès-verbal; leurs fonctions, plus lucratives, consistaient à faire des expéditions pour le compte des parties privées. Suivant l'ordonnance de 1413, huit secrétaires du Roi, dont deux « signant sur les finances », durent servir au Grand Conseil tour à tour pendant un mois : l'un des quatre toujours présents rédigeait jour par jour un « livre » donnant, avec les noms de conseillers, le sommaire des principaux arrêts; le Chancelier, chargé de garder ce livre dans son hôtel, prenait soin de le faire apporter à chaque séance du Conseil [2]. Nous ignorons si l'abrogation de l'ordonnance cabochienne entraîna la suppression du nouveau procès-verbal; mais il reparut sous Charles VII, après la guerre de Cent ans.

A cette période d'apaisement et de réorganisation administrative appartient un texte, précieux par sa rareté, dont nous avons fait l'objet d'une publication récente [3]. Il s'agit d'un fragment de journal original du Conseil, correspondant au second trimestre de l'année 1455 [4]. Sans rappeler les détails nombreux que fournit ce document sur l'époque et sur la politique de Charles VII, il nous suffira d'en extraire quelques renseignements précis sur la façon dont les secrétaires s'acquittaient alors de leurs fonctions. Tantôt ils reproduisaient intégralement, tantôt ils résumaient en quelques lignes les requêtes des provinces, des villes ou des simples particuliers, les réponses, les résolutions du Conseil; quand la séance présentait un intérêt exceptionnel, le procès-verbal, plus développé, comprenait l'interrogatoire, les rapports, la discussion, jusqu'aux tournures de phrase, sorte de tableau vivant du Grand Conseil au xve siècle. La disposition matérielle de ce petit volume contribuait à en faciliter l'usage. En tête de chaque procès-verbal se lisent la date, le lieu de la séance, les noms des conseillers présents; en haut de la page, la date du mois forme un véritable titre courant, dans la marge de gauche, un ou deux mots font connaître l'objet de chaque pièce. Cette marge reçoit, en outre, au bout de quelques jours, le texte des observations royales, ou simplement, si le Roi s'est borné à ratifier la décision du Conseil, le nom du secrétaire chargé des expéditions nécessaires. Nous pensons que ce secrétaire, sa mission remplie, apposait sur le registre même, dans un intervalle laissé libre, sa signature et son paraphe, pour bien montrer que la décision avait été exécutée : telle est, du moins, l'explication la plus naturelle des signatures de secrétaires qui se trouvent dans le registre en question. Ce procès-verbal répondait donc à un besoin

[1] M. Victor Le Clerc a supposé bien gratuitement que l'habitude du xive siècle était de rédiger en latin les procès-verbaux du Grand Conseil (*Histoire littéraire de la France au xive siècle*, t. I. *Discours sur l'état des lettres*, p. 224).

[2] *Ordonnances*, t. VIII, p. 417; t. IX, p. 287; t. X, p. 125, et t. XII, p. 225.

[3] *Fragment d'un registre du Grand Conseil de Charles VII (mars-juin 1455)*, dans l'*Annuaire-Bulletin de la Société de l'Histoire de France*, années 1882 et 1883.

[4] On remarquera que, dans ce journal, les décisions du Conseil, non seulement sont rédigées sous un mode impersonnel, mais encore affectent le plus souvent la forme de simples avis : « Touchant..., a semblé que... — Sur la requeste faicte par M..., a semblé que... — Sur la response que on doit faire à M..., sembla que... — Appointé a esté que M... sera ouy de tout ce qu'il vouldra dire. — Sur quoy a esté respondu... — Sur le faict de..., semble à mesdits seigneurs que... — A semblé que le Roy le peut faire et en commander les lettres, si s'est son plaisir. »

réel en ce qu'il permettait de vérifier l'exécution des mesures prises. Mais, par malheur, les secrétaires, au lieu de le tenir au jour le jour, le rédigeaient au bout d'une semaine, de quinze jours, de plusieurs mois. De là des omissions nombreuses[1] et de plus nombreuses interversions : une décision du mois de mars se lit après des documents du 9 juin; certaines pièces que l'on avait, paraît-il, oublié de transcrire se retrouvent copiées, après coup, en caractères si fins qu'il est difficile de les lire, dans une marge ou sur une moitié de page laissée en blanc par mégarde. Il va sans dire que le greffier est maître de canceller ou d'ajouter une décision quelconque, la mauvaise tenue du registre ne permettant aucun contrôle. Dernier défaut : la matière choisie pour la confection du volume est un papier sans résistance, aujourd'hui détérioré ou déchiré en maint endroit[2].

La plume de greffier du Conseil fut tenue, sous Louis XI, par le secrétaire du Roi Jean Bourré, dont il ne subsiste, à ce qu'il semble, aucun fragment de journal[3]. Au contraire, les procès-verbaux des premiers temps du règne de Charles VIII nous sont parvenus en grand nombre, par voie plus ou moins directe. Une expédition authentique de ceux des 9, 10, 11 et 21 décembre 1483 a été retrouvée par M. Cl. Rossignol dans les archives de la Côte-d'Or[4]; Baluze a transcrit de sa main, d'après le registre original, le compte rendu de trente-trois séances comprises entre le 4 mars et le 24 juillet 1484, copies qui ont récemment fourni la matière de deux publications simultanées[5]; enfin la plus grande partie de ce même registre original, comprenant toutes les séances du mois d'août au mois de décembre 1484, a été conservée sous le n° 5265 du fonds français et publiée, dès 1836, par M. Adhelm Bernier[6]. Ces textes nombreux vont nous permettre d'apprécier le progrès réalisé depuis l'époque de Charles VII. La grande supériorité du registre de 1484 provient de ce que les procès-verbaux y sont disposés suivant un ordre rigoureusement chronologique : il est probable que les deux greffiers, dont l'un au moins, Étienne Petit, a fait quelque figure dans l'histoire[7], s'astreignaient à les dresser au jour le jour. Non seulement ils les faisaient précéder de la liste des conseillers présents; ils avaient soin même de noter l'entrée ou la sortie de ceux qui n'assistaient pas à la séance entière. On peut aussi compter parmi les innovations heureuses l'habitude, trop tôt perdue, de faire signer le procès-verbal par un des conseillers présents[8]. Malheureusement, ces avantages sont bien près d'être égalés par de non moins réels inconvénients.

---

(1) Voir, dans le t. XIV des *Ordonnances* (p. 352, 355, 357, 359) et dans le registre JJ 184, de nombreuses lettres de mai-juin 1455 signées : *Par le Conseil, Par le Roy en son Conseil*. On doit, il est vrai, tenir compte de la remarque que nous faisons, p. CXL.

(2) Il est intéressant de rapprocher de ce registre du Conseil du Roi un registre du Conseil ducal d'Anjou, correspondant à la même période (1450-1457), qui est conservé aujourd'hui aux Archives nationales (P 1334³. Cf. Lecoy de la Marche, *Le roi René*, t. I, p. 446). Rédigé sous une forme analogue, il contient le procès-verbal des délibérations et la transcription des actes résolus au Conseil. Mais, au bas de chaque compte rendu, on lit la signature d'un des secrétaires; elle paraît avoir été destinée à authentiquer le procès-verbal, plutôt qu'à prouver l'exécution des mesures prises.

(3) Le ms. français n° 20489 (fol. 95 r°) ne nous offre qu'une sorte d'agenda dans lequel Jean Bourré notait à la hâte les actes, arrêts du Conseil ou autres, qu'il était chargé d'expédier. Ainsi : « Le vendredi XXVIII° d'aoust IIII° LXI, le Roy estant à Saint Denis en son Conseil, où estoient le mareschal, l'Amiral, etc..., une commission adressante à... » (Voir la pièce publiée par M. J. Quicherat dans les *Documents historiques inédits* de Champollion-Figeac, t. II, p. 203.)

(4) *Bulletin du Comité de la langue*, etc., t. III, p. 248-258.

(5) P. Pélicier, *Essai sur le gouvernement de la dame de Beaujeu*, p. 217-237. — N. Valois, *Le Conseil du Roi et le Grand Conseil pendant la première année du règne de Charles VIII*, dans la *Bibliothèque de l'École des chartes*, t. XLIV, 1883, p. 419-444.

(6) *Procès-verbaux des séances du Conseil de régence du roi Charles VIII pendant les mois d'août 1484 à janvier 1485*, dans la collection des *Documents inédits*. — Trois feuillets correspondant au mois de décembre manquent dans ce registre depuis plusieurs centaines d'années; en effet, toutes les copies qui en ont été faites, et l'une d'elles (Bibl. nat., ms. Dupuy n° 556) remonte à 1631, sont postérieures à ces lacérations (voir aux Arch. nat. le registre KK 630 bis, qui est la reproduction du ms. Dupuy; à la Bibl. nat., le ms. Brienne n° 296, qui faisait double emploi avec le ms. Scrilly n° 193, et le ms. français n° 16220; enfin le registre KK 630 des Archives [ancien K 76, n° 22], dont l'écriture n'est pas si ancienne que le supposait Bernier, p. IV).

(7) Pour la biographie de ce personnage, voir notre mémoire déjà cité (*Bibliothèque de l'École des chartes*, t. XLIII, p. 596).

(8) Dans le fragment qui nous reste du registre original (ms. français n° 5265), nous n'avons trouvé aucune signature de conseiller. Mais il paraît que cette formalité avait été mieux observée dans les premiers mois de l'année 1484. Baluze, dont les observations portent sur cette première période, a remarqué que l'évêque de Périgueux signait parfois les procès-verbaux de cette manière : G. E. PERIGUEUX. (Bibl. nat., ms. Baluze n° 17, fol. 23 r°.)

Le registre de 1484 n'est pas seulement inférieur dans ses dimensions à celui de 1455 [1] : il est plus mal écrit, plus mal tenu, couvert de ratures et de surcharges. Avec les fonctions de greffiers, Étienne Petit et Jean Mesme cumulent celles de notaires-secrétaires du Roi; en cette qualité, ils expédient un grand nombre d'actes émanant soit du Conseil, soit du Roi, sous forme de lettres patentes, de mandements, de lettres closes ou missives. Par une disposition d'esprit assez facile à concevoir, ils en arrivent à faire un choix parmi les arrêts du Conseil : les uns, dont l'expédition leur a été confiée, prennent à leurs yeux une importance plus grande; les autres, dont la rédaction a été donnée à l'un de leurs collègues, excitant à un moindre degré leur intérêt, figurent rarement sur le procès-verbal [2]. Ils ne composent pas un recueil complet des résolutions du Conseil, mais bien plutôt un répertoire de leurs propres expéditions; leur procès-verbal ne s'appelle pas le *Journal du Conseil*, mais le *Registre des commandemens et expeditions faites ou Conseil par M⁰ˢ Estienne Petit et Jehan Mesme.* C'est là ce qui explique, d'une part, la mention de certains ordres reçus par l'un des greffiers en dehors du Conseil [3], d'autre part, l'omission systématique des arrêts du Conseil qui, en raison de leur objet spécial, devaient être expédiés par d'autres secrétaires du Roi. Tels étaient les arrêts rendus en matière de guerre ou de finance, qui ne pouvaient être valablement signés que par un secrétaire des finances [4] ou par un secrétaire de la guerre [5] : Étienne Petit et Jean Mesme se dispensaient de les noter [6]. On ne sait si les secrétaires spéciaux des finances et de la guerre comblaient cette lacune en rédigeant, de leur côté, un plumitif, qui serait aujourd'hui perdu; cependant, comme ni l'un ni l'autre n'étaient « greffiers du Grand Conseil », le plus probable est qu'ils se bornaient à remplir un agenda sommaire, destiné à leur usage personnel et très semblable aux notes connues de Jean Bourré ou de Florimond Robertet [7]. Dans tous les cas, une partie importante des résolutions du Conseil n'est point parvenue jusqu'à nous [8].

Quelque incomplet que soit le registre d'Étienne Petit et de Jean Mesme, nous serions heureux d'en posséder l'équivalent pour les temps de Louis XII, de François Iᵉʳ, de Henri II. Au Conseil des affaires, qui, de plus en plus, prend de l'importance au xvıᵉ siècle, l'emploi de greffier est inconnu : les lettres sont commandées de vive voix aux secrétaires présents (bientôt aux secrétaires d'État),

---

[1] Il mesure 279 millimètres sur 207, au lieu que le registre de 1455 en mesure 309 sur 223.

[2] De très nombreuses lettres expédiées au Conseil en 1484 (avril à novembre) sont revêtues des signatures : A. Brinon (Arch. nat., K 73, n° 2; Bibl. nat., ms. français n° 25716; *Ordonnances*, t. XIX, p. 383 et 402); J. Damont (*Ordonnances*, t. XIX, p. 369; Arch. nat., JJ 215, fol. 57 v°, 70 r°, 71 v°, 77 v°), de Vignacourt (*Ordonnances*, t. XIX, p. 428), etc.; il n'on est pas question dans notre registre. Au contraire, tous les actes dont il y est fait mention, et dont nous avons pu retrouver ailleurs l'expédition ou la minute, sont signés soit par Jean Mesme, soit par Étienne Petit.

[3] A. Bernier, *Procès-verbaux des séances du Conseil*, p. 127, 136, 140, etc. — Quelquefois, Étienne Petit ou Jean Mesme reproduisaient *in extenso*, dans leur procès-verbal, le texte des lettres qu'ils avaient été chargés d'expédier. (*Ibid.*, p. 32.)

[4] Comte de Luçay, *Les secrétaires d'État depuis leur institution jusqu'à la mort de Louis XV*, p. 6 et suiv. — N. Valois, *Le Conseil du Roi et le Grand Conseil pendant la première année du règne de Charles VIII*, dans la *Bibliothèque de l'École des chartes*, t. XLIII, p. 620 à 622.

[5] Nous croyons avoir prouvé l'existence, au temps de Louis XI, de deux « notaires et secrétaires du Roi sur le fait de la guerre », qui touchaient un traitement annuel de 600 livres tournois (*ibid.*, p. 622).

[6] « Des 14, 15, 16, 17, 18, 19, 20 et 21ᵉ jours de décembre,

nihil, pour ce que MM. besognoient ès finances et en la guerre... — *Nihil fuit expeditum* en justice ne en autres choses, excepté au fait des finances. — Rien ne fut besogné au fait de la justice ne autres choses, excepté ès matières de finances. » (A. Bernier, *Procès-verbaux des séances du Conseil*, p. 222, 227 et 228. Cf. *ibid.*, p. 106.)

[7] Bibl. nat., ms. français n° 5779 : *Registre de messire Florimond Robertet, chevalier, secrétaire des finances du Roy, des expedicions comandées par Madame, regente en France, durant l'absence d'icelluy seigneur hors son royaume.* — Tel est encore le ms. français n° 5502, qui porte, sur sa reliure moderne, ce faux titre : *Dépenses du Conseil*, et que le P. Lelong appelle *Registre des dépêches du Conseil d'État* (*Bibliothèque historique de la France*, t. III, p. 203). Il ne renferme pas exclusivement, comme semble le croire M. F. Decrue (*De Consilio Regis Francisci I*, p. 2, 45, 86, etc.), des lettres délibérées dans le Conseil du Roi.

[8] Étienne Petit et Jean Mesme se bornent d'ordinaire à énumérer les actes commandés au Conseil : « Une retenue de conseiller du Roy aux honneurs... — Don à N... — Lettres à X..., etc... » Quand la décision donne lieu à une analyse détaillée, ils emploient une formule moins dubitative que les greffiers de 1455 : « A esté ordonné que le procès sera évoqué... A esté conclud que, sur le premier point... » Il ne faut pas oublier, en effet, qu'en 1484, Charles VIII régnait seulement pour la forme, et que les décisions de son Conseil étaient ordinairement des arrêts souverains.

et c'est dans les notes de ces derniers, généralement très succinctes, qu'on a chance de retrouver la trace des délibérations. Nous ne parlons pas du compte rendu de quelques séances « du matin » inséré, comme par mégarde, dans les collections d'arrêts[1]. L'œuvre du plus haut placé des Conseils au xvi⁰ siècle est, en définitive, à peu près perdue.

Il n'en est pas tout à fait de même des actes du Conseil privé; mais le désordre dans lequel ceux qui restent nous sont parvenus (il s'agit d'actes postérieurs à l'avènement de Henri II) dépasse toute imagination. Qu'on se figure un registre épais[2] dans lequel sont transcrits pêle-mêle des arrêts de 1547 et des sept années suivantes, puis des lettres patentes, des édits, des procès-verbaux de comparution, de simples brevets expédiés par ordre du Conseil, des mémoires apostillés, les comptes rendus de quelques séances. Quatre secrétaires des finances, Guillaume Bochetel, Côme Clausse, Claude de L'Aubespine et Jean Du Thiers, désignés par le règlement comme secrétaires du Conseil[3], se sont réunis pour mettre au jour cette compilation informe. La part de collaboration de chacun d'eux est indiquée par la signature qu'ils apposaient au bas des actes; on voit ainsi qu'ils se relayaient à intervalles irréguliers, et il faut imputer seulement à leur négligence extrême le retard qu'ils apportaient sans cesse à la transcription des pièces. Leur œuvre est assurément très inférieure, sur ce point, aux registres du xv⁰ siècle, par exemple à celui d'Étienne Petit. En revanche, ils transcrivaient *in extenso* les pièces qu'ils nous ont transmises, de façon à pouvoir en délivrer de nouvelles expéditions. A côté de ce recueil d'arrêts, dont on ne peut contester l'utilité, il est bien regrettable que les secrétaires de Henri II n'aient pas trouvé le temps d'élaborer soit un *Journal du Conseil* comme celui de 1455, soit un *Registre des commandements ou expéditions faits au Conseil*, tel que celui d'Étienne Petit[4].

Ce double résultat fut atteint sous le règne de Charles IX, qui marque un progrès véritable dans l'organisation du greffe. Alors, pour la première fois, les fonctions d'expéditionnaire et de greffier furent séparées les unes des autres. Aux quatre secrétaires des finances, Sarred, Clausse de Marchaumont, Duboys, Dolu, à chacun durant un quartier, appartint le soin d'expédier les décisions du Conseil, sous forme d'arrêts, de lettres closes, de lettres patentes[5], etc.; ils cédaient seulement la plume aux secrétaires d'État dans les séances royales ou dans les Conseils de finances[6]. Un simple notaire et secrétaire du Roi[7] investi du titre de greffier, M⁰ Jean Camus, sieur de Saint-Bonnet, se chargea, de son côté, d'élever un monument durable qui perpétuât, dans l'intérêt de l'État aussi

---

[1] Ms. français n° 16223, fol. 46 v°. (Conseil des affaires du 16 mai 1568.)

[2] Bibl. nat., ms. français n° 18153. Ce registre, dont nous ne possédons pas la fin, ne renferme aucun acte postérieur au 3 janvier 1554. Bien que deux pièces y soient transcrites sous cet intitulé « Extraict des registres du Conseil privé du Roy » (fol. 145 r° et 245 v°), il ne nous paraît pas nécessaire de supposer l'existence d'un autre registre original dont celui-ci serait la copie. Le secrétaire aura répété, par mégarde, sur notre registre la mention qui se trouvait en tête des expéditions.

[3] Règlement du 3 avril 1547. (G. Ribier, *Lettres et mémoires d'État*, t. II, p. 1.)

[4] Nous doutons qu'il convienne de ranger parmi les registres officiels du Conseil le ms. français n° 5905, petit volume complètement dépourvu de signatures, et qui, parmi les transcriptions d'arrêts (la plupart sont des arrêts rendus entre parties de 1552 à 1566), contient des pièces quelque peu étrangères au Conseil, un *Sciendum des notaires et secrétaires du Roy* (fol. 68 r°), une liste des maîtres des requêtes de l'Hôtel en 1563 (fol. 94 v°), etc.

[5] Règlement de mai 1561. (Louis Paris, *Négociations sous le règne de François II*, p. 868.)

[6] Aux termes du règlement du 21 décembre 1560, les secrétaires d'État entrent à toutes les séances du Conseil; mais deux d'entre eux « ordonnés pour le faict des finances » sont spécialement désignés pour assister, et probablement pour tenir la plume à la séance du jeudi, où l'on s'occupe surtout des finances. (Bibl. nat., ms. français n° 7496, fol. 204 v°.) A partir de 1561, les secrétaires d'État ne paraissent plus être venus aux séances ordinaires du Conseil que pour y accompagner le Roi; ils se bornèrent à assister régulièrement au Conseil des affaires et, quand il fut mieux organisé, au Conseil des finances. (Règlements de mai 1561, du 23 octobre 1563, du 18 février 1566 et du 11 janvier 1570. Cf. *Les secrétaires d'État, depuis leur institution*, par le comte de Luçay, p. 21.)

[7] Saint-Bonnet n'obtint commission pour signer en finance que le 2 juillet 1568. (Ancien mémorial 3 H, fol. cdix et cdxiii.) Le 31 août 1570, il fut pourvu d'une charge d'intendant des finances. (Ancien mémorial 3 K, fol. ccxii. Cf. Bibl. nat., *Pièces originales*, vol. 582, dossier Camus, n° 50.)

bien que dans celui des particuliers, le souvenir des actes du Conseil. Il ne crut pouvoir y parvenir qu'en menant de front, pour le moins, quatre espèces d'écritures.

En premier lieu, il rédigeait, après ou pendant les séances, un plumitif commençant, comme les procès-verbaux du xv° siècle, par l'indication de la date, du lieu, des conseillers présents, et fournissant une analyse plus ou moins succincte des arrêts. Chaque plumitif formait un cahier de deux à six feuilles, appelé : *Registre du Conseil tenu le... jour de..., à...;* c'est même un titre que l'on rencontre souvent inscrit au verso de la dernière feuille, parallèlement au bord de la marge intérieure. Un assez grand nombre de ces cahiers, compris entre les dates du 3 janvier 1563 et du 13 août 1578, ont été reliés ensemble au xvii° siècle, probablement par les soins de Philibert de La Mare; ils se trouvent aujourd'hui conservés sous le n° 421 de la bibliothèque de Dijon. A en juger par la description que nous devons à l'obligeance de M. Guignard, bibliothécaire, la plupart de ces cahiers sont rédigés en une cursive rapide, pleins de ratures et de surcharges, présentant l'aspect d'un brouillon. Ils étaient soumis, le lendemain de la séance, à l'approbation royale, surtout quand le Conseil avait renvoyé certains points à la décision de Charles IX ou de Catherine de Médicis; on ne manquait pas ensuite d'ajouter sur le registre une mention spéciale : « Leu à Leurs Majestez, le xiv° octobre 1565, à Nantes. — Leu au Roy, le xxvi° dudit mois, » etc [1].

Exposées à de nombreuses chances de perte ou d'interpolation, ces feuilles volantes ne présentaient pas les garanties nécessaires d'authenticité et de durée : aussi Saint-Bonnet les transcrivait-il fidèlement sur des volumes dont la Bibliothèque nationale peut offrir un spécimen sous le n° 18156 du fonds français. On y verra copiés, avec un soin et dans un ordre rigoureux [2], les procès-verbaux de près de quatre années (du 3 janvier 1563 au 14 septembre 1567) [3], parmi lesquels se rencontrent parfois des arrêts transcrits *in extenso* que le greffier, pour une raison quelconque, avait omis d'analyser. Ainsi disposés et tenus avec une régularité parfaite, ces volumes de copies pouvaient faire foi, bien que dépourvus de signatures originales.

Au Conseil des parties, qui commençait à s'organiser séparément, Saint-Bonnet remplissait le même rôle : les deux règlements de 1561 et de 1566 exigent qu'il y soit présent « pour le *registre* du Conseil, ainsy qu'il est accoustumé [4] ». Nous savons ce qu'il faut entendre par cette expression. Peut-être les « registres » originaux du Conseil des parties, semblables aux cahiers de Dijon, existent-ils encore disséminés dans les bibliothèques ou les archives.

Mais Saint-Bonnet transcrivait-il ces procès-verbaux sommaires du Conseil des parties, comme il faisait pour les « registres » du Conseil privé? il est permis d'en douter. Les arrêts rendus entre parties devant être toujours conservés dans l'intérêt des plaideurs et expédiés à la requête de toute personne intéressée, il y avait lieu de les transcrire *in extenso*. C'est ce que fit le sieur de Saint-Bonnet en reproduisant sur ses livres, non pas les analyses sommaires, mais les arrêts tout entiers. Ainsi s'ouvrit une série nouvelle de transcrits contenant des arrêts en forme de jugements : les manuscrits français.n°ˢ 16221 et 16223, qui correspondent aux années 1563 à 1569, peuvent en fournir le type. On lit en tête du premier : « En ce livre sont insérées les coppies collationnées aux propres originaux des arrets donnés au Conseil privé du Roy, desquelz tient registre le sieur de Sainct-Bonnet, Mᵉ Jehan Camus, notaire et secretaire du Roy et de sondit Conseil privé ». Il est inutile d'insister sur la ressemblance de ces volumes avec le recueil des arrêts contemporains de Henri II, recueil également formé de transcriptions intégrales, mais disposées, l'on s'en souvient, dans le plus complet désordre[1].

Seul, le Conseil des finances échappait au sieur de Saint-Bonnet. La plume y était aux mains de deux secrétaires des finances, qui ne pouvaient mieux faire que d'imiter les procédés du greffier. Un procès-verbal sommaire dressé au cours de la séance était ensuite recopié sur des volumes dont nous possédons encore aujourd'hui divers échantillons : les manuscrits français nᵒˢ 18.154 (du 3 mars 1566 au 11 janvier 1567), 16222 (du 12 janvier 1567 au 23 mars 1569) et 5133 (du 17 janvier 1570 au 5 janvier 1572) [2].

Sous Henri III, les fonctions de greffiers furent de nouveau réunies à celles d'expéditionnaires. Les quatre « secrétaires du Conseil d'État », chargés chacun pendant trois mois de faire les expéditions, rédigeaient, durant le même temps, les procès-verbaux sommaires sur des cahiers séparés, que l'on ne nommait plus *registres*, mais *résultats*[3], puis les transcrivaient sur des volumes. Le même service était rempli au Conseil des parties par quatre « secrétaires des finances et greffiers du Conseil privé », créés par édit d'octobre 1576 [4]. Bientôt aux secrétaires du Conseil d'État on adjoignit un commis[5], aux greffiers du Conseil privé un commis et un clerc[6]; ce personnel était devenu si nombreux que le Parlement s'en émut et proposa tout simplement, en 1580, de supprimer d'un même coup secrétaires et greffiers : leurs fonctions eussent été dévolues aux secrétaires d'État[7].

Ce projet n'eut point de suite. Voici, sous Henri III, l'ordre et le détail des écritures auxquelles donnait lieu toute décision dans l'un ou l'autre Conseil. Durant la séance, le secrétaire ou le greffier en quartier prend des notes, debout, à l'un des côtés de la table ; il en donne lecture aux conseillers avant la levée de la séance [8], puis rédige le *résultat*, en ayant soin de numéroter les décisions du Conseil, d'inscrire le nom du rapporteur en vedette[9], la date au verso du cahier, d'apposer enfin son paraphe au bas des apostilles, en marge de toutes les pages et après le dernier arrêt[10]. Au commen-

---

[1] Le ms. français nᵒ 16223, non plus que le nᵒ 16221, ne contient aucune signature. C'est par erreur que M. Aucoc le désigne sous le nom de « copie authentique ». (*Le Conseil d'État avant et après 1789*, p. 275.)

[2] Des signatures et des paraphes accompagnent ces transcriptions. Autre perfectionnement : une table alphabétique des matières est jointe au ms. français nᵒ 16222.

[3] Règlement du 17 septembre 1574, art. 11 et 12.

[4] Girard et Joly, *Offices de France*, t. I, p. 634. — Arch. nat., P 2320, p. 857 et 863.

[5] Arrêt du 8 mars 1580, accordant 250 écus à Guillaume de Verneson, pour lui permettre de continuer à exercer l'office de commis dont il s'acquitte depuis douze ans près de MM. Guybert et Potier, secrétaires du Conseil d'État. (Bibl. nat., ms. français nᵒ 16226, fol. 85 vᵒ.)

[6] Ms. français nᵒ 16216, fol. 97 rᵒ.

[7] Arch. nat., X¹ᵃ 1667, fol. 191 vᵒ. — En 1581, le Conseil des parties ayant été supprimé, le personnel du greffe fut momentanément réduit à quatre « secrétaires-greffiers du Conseil privé » (KK 625, fol. 116); mais deux secrétaires suppléants furent désignés par le règlement du 31 mai 1582 (art. 20) pour remplacer, en cas d'absence, les secrétaires du Conseil. Le tiers état, aux États de Blois de 1588, réclama bien inutilement le retour à l'organisation du temps de Henri II (art. 171 du cahier). Un intérêt purement fiscal amena, au mois de novembre 1594, la création de deux offices de « clercs commis au greffe du Conseil privé » et, au mois de décembre, la création de quatre « clercs commis au greffe du Conseil d'État et des finances » (Girard et Joly, *Offices de France*, t. I, p. 636); expédient désastreux,

si l'on en juge par les réflexions suivantes tirées d'un mémoire contemporain : « Pour 3 ou 4,000 escus de finance que les commis du Conseil des partyes ont payé, ilz font du pillaige chasque année pour plus de 6,000 escus, soyt en prenant pour les expeditions plus que le prix des taxes, soyt en donnant des advis de ce qui a esté jugé avant que les resultatz soient signez, soyt pour advancer ou retarder les expeditions, soyt pour soliciter et donner advis aux partyes condampnées de ce qu'ilz ont à faire, soyt pour recepvoir des presentations au prejudice des congés et deffaulx levez, ou au contraire, et faire d'aultres telles et semblables friponneryes, estant le bruict commung, veritable ou calomnieulx, que chascun desdits commis a ung confident en chasque quartier. » (Bibl. nat., ms. français nᵒ 16216, fol. 82 rᵒ.) Malgré deux arrêts du 4 mai 1600 et du 3 août 1601, qui avaient autorisé les secrétaires du Conseil d'État à rembourser leurs clercs-commis, ceux-ci existaient encore en 1618. (Girard et Joly, *loco cit.*) Le vœu des Notables de Rouen tendant à la suppression de deux des secrétaires du Conseil d'État et de deux greffiers du Conseil privé n'avait produit aucun résultat. (Poirson, *Mémoires et documents nouveaux relatifs à l'histoire de France à la fin du XVIᵉ siècle*, p. 70.)

[8] Règlements du 8 janvier 1585 (art. 28) et de Blois, 1588 (art. 19).

[9] Règlement du 31 mai 1582 (art. 28.) — Henri III tenait à cette formalité (voir Bibl. nat., ms. français nᵒ 16229, fol. 6 rᵒ).

[10] Règlements du 14 août 1578 (art. 3), du 1ᵉʳ mars 1579 (art. 12 et 13), du 5 octobre 1579 (art. 6). — C'est ce dernier règlement qui, au dire de Marillac (Arch. nat., U 945ᵃ, fol. 42 rᵒ), aurait institué le résultat.

cement de la séance suivante, il lit son résultat [1], formalité constatée sur le résultat lui-même par la mention « *Veu et relcu au Conseil, le . . .* », ou par la signature du président. Remise est alors faite du résultat authentique aux mains d'un secrétaire d'État : celui-ci, dès le lendemain matin, doit en donner lecture au Roi [2], en présence du Chancelier ou du président du Conseil [3]. Sa Majesté fait ses observations, tranche les questions douteuses : corrections et résolutions sont notées en marge par le secrétaire d'État; Henri III signe de sa propre main [4], et le secrétaire d'État contresigne. Nouvelle lecture au Conseil du résultat original, après quoi le secrétaire ou le greffier du Conseil en transcrit le texte définitif sur son registre [5]. Alors seulement, il est permis de songer aux expéditions [6]. Ce soin appartient d'ordinaire au secrétaire ou au greffier, en certains cas seulement au secrétaire d'État, c'est-à-dire quand il s'agit soit de répondre au cahier d'une province, soit d'ordonner une levée d'impôt, soit de faire exécuter une décision émanant directement du Roi [7]. Si l'expédition se fait sous forme de lettres scellées, le Chancelier ou le Garde des sceaux doit vérifier, avant l'apposition du sceau, la conformité des lettres au résultat [8].

Donc, sous le règne de Henri III, deux sortes de recueils d'arrêts : des résultats originaux et des copies de résultats. Les premiers sont représentés à la Bibliothèque nationale par les manuscrits français 10840 (second quartier de l'année 1579), 16226 (premier quartier de l'année 1580) et Colbert 87 (second quartier des années 1582 et 1583) [9], recueils dont le pendant pour le Conseil privé existe dans les manuscrits français 18157 (années 1579-1588), 18158 (année 1586) et dans le carton V⁶ 1221 des Archives (années 1579, 1582, 1586, 1588). Quant aux registres de transcriptions, ils sont rangés, dans le fonds français, sous les n⁰ˢ 16224 (premier quartier de l'année 1578), 16225 (année 1579), 4010 (année 1581), 16227 (juin-décembre 1582), 16230 (janvier-juin 1583), 16228 (juillet-décembre 1583), 16229 (janvier-mars 1584), 16232 (avril-décembre 1584), 16234 (année 1585), 16230 (année 1586) et 16236 (années 1587 et 1588) [10]. Les manuscrits français 16231 (juin-décembre 1584) et 16233 (années 1585 et 1586) sont des registres de transcriptions propres au Conseil des finances, dans lequel un ordre semblable était suivi en vertu du règlement du 31 mai 1582 [11].

L'avènement de Henri IV marque un changement notable : le Roi ne signe plus les résultats; il estime « ceste forme indigne de sa grandeur et de son desir de remettre la justice en son antienne

---

[1] Règlements du 31 mai 1582 (art. 4 et 5.), du 8 janvier 1585 (art. 28) et de Blois, 1588 (art. 19, 23 et 24). Cf. l'art. 180. du cahier du clergé aux États de Blois (Barrois, *Recueil des cahiers*, t. III, p. 67.)

[2] Le secrétaire d'État se faisait souvent remplacer par son commis. (Bibl. nat., ms. Colbert n° 87; ms. français n° 16227. Arch. nat., U 945¹, fol. 42 r°.) — Cf. *Les secrétaires d'État, depuis leur institution jusqu'à la mort de Louis XV*, par le comte de Luçay, p. 29.

[3] Règlements du 11 août 1578 (art. 2 à 4), du 31 mai 1582 (art. 6) et du 16 août 1588.

[4] Voici la formule habituelle : « Faict et arresté par le Roy, à..., le... HENRY. (Et plus bas :) DE NEUFVILLE. » Quand le résultat a été arrêté par la Reine mère, il ne laisse pas d'être signé par le Roi.

[5] Règlements du 31 mai 1582 (art. 5) et du 8 janvier 1585 (art. 29).

[6] Le règlement du 31 mai 1582 (art. 7) ne fait exception que pour les arrêts interlocutoires, qui doivent être expédiés le plus vite possible dans l'intérêt des plaideurs, mais que l'on doit coter sur le résultat, pour que rien n'échappe au regard du Roi.

[7] Règlements du 11 août 1578 (art. 3) et du 31 mai 1582 (art. 8). — C'est ainsi que les cahiers des provinces restaient parfois entre

les mains des secrétaires d'État. (Ms. français n° 16225, fol. 186 r°.)

[8] Ordonnance de mars 1598. (Girard et Joly, *Offices de France*, t. I, p. 622.) — On lit dans le règlement du 31 mai 1582 (art. 11) : « Lesdits secretaires des finances et greffiers seront tenuz porter à M. le Garde des sceaulx ung *dupplicata* desditz resultatz, incontinent après qu'ilz auront esté arrestez par Sadite Majesté, lesquelz ilz collationneront et signeront de leur main, pour sur iceluy sceller les lettres et provisions qui seront requises et avoir egard qu'il ne soit rien passé au contraire. » Le règlement de Blois 1588 va jusqu'à exiger que trois exemplaires du résultat soient remis au secrétaire d'État, le premier destiné à demeurer entre les mains du Roi, le second à être rendu au secrétaire du Conseil, le troisième à être donné au Chancelier ou Garde des sceaux. (Arch. nat., KK 625, fol. 167 v°.)

[9] Le ms. français n° 16218 contient (fol. 180-181) deux feuillets détachés des résultats originaux du 18 mai et du 29 juin 1586.

[10] Le premier de ces registres de transcriptions, semblable à ceux de Saint-Bonnet, ne porte ni signatures, ni paraphes. Dans les huit suivants, au contraire, chaque copie de résultat est revêtue de la signature ou du paraphe du secrétaire en quartier. Les deux derniers, conformément au règlement du 8 janvier 1585, sont signés du Chancelier.

[11] Règlement spécial du Conseil des finances, art. 14, 15 et 20.

splendeur ». L'auteur d'un mémoire anonyme prétend même alors que le résultat fut inventé pour rendre les conseillers et les ministres irresponsables : ils se trouvaient suffisamment couverts par la signature du Roi et n'hésitaient plus à ordonner des mesures funestes. On commence à s'apercevoir que les arrêts expédiés d'après des résultats, c'est-à-dire d'après des notes sommaires, répondent quelquefois fort mal aux intentions du Conseil. On regrette le temps où le Conseil faisait inscrire ses ordonnances sur les requêtes mêmes des parties : cela, du moins, rendait impossible de substituer après coup à la requête jugée par le Conseil une requête conçue différemment, et de changer par là même le sens et la portée de l'arrêt. Enfin l'on trouve les secrétaires singulièrement enclins à grossir le résultat, pour augmenter leur gain; à la fin de leur quartier, ils vont mendiant partout des requêtes, enregistrent des actes insignifiants, des requêtes pour ouïr sommairement les parties, et jusqu'à des lettres que le Chancelier a refusées au sceau [1].

Est-ce uniquement à ce discrédit et au désir de relever la dignité du Conseil qu'il faut attribuer, sous Henri IV, la décadence du résultat? Il est certain que, plus l'on avance dans ce règne, plus les résultats se font rares et courts, plus le nombre des arrêts conservés *in extenso* s'accroît [2]. Au Conseil des parties, le résultat vivra encore jusqu'en 1629 au moins [3]. Mais, au Conseil d'État, il décline, et l'on n'en trouve plus trace en 1603 [4]. Du même coup disparaissent ces listes de conseillers présents, ces mentions de réceptions, de serments qui conservaient au résultat l'apparence d'un procès-verbal et qui fournissaient de précieux détails aux historiens du Conseil. Il n'est pas jusqu'aux rapporteurs dont les noms ne soient supprimés, en attendant qu'ils reparaissent dans la marge des minutes d'arrêts [5].

Cette révolution dans les habitudes du greffe s'explique aussi par la précipitation plus grande avec laquelle le Conseil expédiait les affaires : il y avait, sous Henri IV, trois manières de procéder.

La première était la plus lente, et aussi la plus rarement employée. L'affaire est exposée par le rapporteur, et le Conseil fixe en séance les termes de la résolution. Le secrétaire alors rédige soit un résultat, c'est-à-dire un projet sommaire, qu'il soumet à l'approbation du Conseil et à la signature du Chancelier, avant d'en faire l'expédition, soit un arrêt complet, daté, définitif, que les conseillers signent après coup dans l'intervalle laissé libre entre le dispositif et la date. Cette marche, la moins rapide que l'on suive sous Henri IV, est pourtant singulièrement expéditive; on s'affranchit ainsi de la plupart des formalités remplies sous le règne de Henri III.

Le second cas était moins rare. Le rapporteur a eu soin de rédiger d'avance l'exposé de l'arrêt, et il arrive au Conseil avec sa feuille de papier déjà aux trois quarts remplie. *Sur la requeste, Sur les remonstrances présentées au Roi par...*, ou bien *Entre N... et N..*, tels sont les mots qui se lisent en tête de l'exposé, selon qu'il s'agit d'un arrêt sur requête ou d'un arrêt contradictoire. Suivent les

---

[1] Bibl. nat., ms. français n° 16216, fol. 81-98. — Aux États de Blois de 1588, la noblesse et le tiers avaient déjà réclamé l'abolition du résultat : « Soit le résultat du privé Conseil (très pernicieux et inventé à la foule et oppression de votre peuple) du tout éteint et aboli. » (Barrois, *Recueil des cahiers*, t. III, p. 104 et 203.)

[2] Sur ce point, le récit de Marillac (Arch. nat., U 945°, fol. 43 r°) manque un peu de clarté : suivant lui, on n'inscrivait au résultat que les qualités et le dispositif des arrêts entre parties; les minutes de ces arrêts demeuraient entre les mains du greffier; mais, des abus s'étant produits, on se mit, sous le Chancelier de Sillery (1607-1616), à ne plus lire les arrêts que sur les minutes, et l'on ne fit plus de résultat. — D'autre part, Claude Raincé, ancien clerc au greffe du Conseil privé, écrivait en 1653 : « [Le chancelier de Sillery] supprima le resultat en l'année 1608 et voulut que MM. les maistres

des requestes misent les arrests donnez à leur rapport chacun à part, et mondit seigneur le Chancelier les signoit en ceste forme, chacun arrest separement. » (Bibl. de l'Institut, ms. Godefroy n° 309, fol. 485 r°.)

[3] Arch. nat., V⁶ 1221-1223; V⁰ 1171 et suiv.

[4] Postérieurement à cette date, on trouve encore de loin en loin des *résultats pour le Clergé*, c'est-à-dire des séries d'arrêts ayant un objet commun, les demandes relatives aux décimes, et, pour cette raison même, réunis en un résultat unique. (Voir la série E aux dates du 14 décembre 1601, des 25 et 28 octobre 1602, du 14 février 1603, des 4 février et 3 septembre 1604, des 3 et 17 février 1606.)

[5] Dès 1601, l'on trouve un nom quelquefois inscrit dans l'angle de gauche inférieur du recto de la minute : c'est celui du rapporteur. (Arch. nat., E 3°, fol. 145 et suiv.) Cet usage tend à se généraliser surtout à partir de 1608.

motifs et les faits, les conclusions des parties, et, précédée de la formule *Vu par le Roi en son Conseil*, l'énonciation des pièces produites et des degrés de procédure; le reste du papier est blanc. Après lecture de l'exposé, le rapporteur conclut en deux mots; le Conseil vote, et, séance tenante, le secrétaire se hâte d'écrire le dispositif : *le Roi en son Conseil a ordonné et ordonne*, etc., à la suite de l'exposé. Il ne reste plus qu'à signer et à dater la minute, formalités qui s'accomplissent avant la fin de la séance [1].

Nous arrivons au cas le plus ordinaire. L'arrêt tout entier, y compris le dispositif, a été rédigé d'avance. Tout au plus le rapporteur a-t-il ménagé un blanc pour permettre au Conseil de préciser un point en intercalant une phrase. Le plus souvent, moins scrupuleux, il se borne à laisser la date en blanc, ne sachant quel jour l'affaire viendra. On peut constater que, sur la plupart des minutes de cette époque, la même main qui a tracé le corps de l'arrêt a posé à la suite, comme pierres d'attente, les mots *Faict, Faict au Conseil*, ou même a inscrit d'avance la formule entière de la date, en espaçant certains mots (*Faict au Conseil d'Estat du Roy tenu à   le   jour de   *), de façon que le secrétaire puisse après coup intercaler ceux qui manquent. D'ordinaire, quand le rapporteur commence la lecture de son projet, il est certain de ne rencontrer aucune objection au Conseil. Cependant le contraire a pu se produire, et notre Inventaire lui-même contient un certain nombre de pièces non signées, non datées (au moins d'une manière précise), qui sont de simples projets rejetés ou abandonnés. Quelquefois aussi, le Conseil demande l'adjonction d'un mot, la suppression d'une phrase, le remplacement d'une disposition par une autre, tous changements qui s'accomplissent séance tenante au moyen de ratures, de surcharges, de renvois, généralement non approuvés. On a remarqué combien cette mauvaise habitude rendait aisée la falsification des arrêts [2]. Les minutes authentiques pouvant être surchargées de corrections et d'additions d'une autre main, qui empêchait de les raturer et de les corriger après la signature sans que le Conseil s'en aperçût? Le plus souvent, à dire vrai, le projet du rapporteur passait sans provoquer une seule observation : on l'adoptait silencieusement, on le signait; le secrétaire le datait, et c'est ainsi que, sous Henri IV, on a vu le Conseil d'État expédier jusqu'à cent arrêts en une seule séance [3].

En résumé, sous ce dernier règne, il faut s'attendre à rencontrer trois sortes de documents provenant du greffe :

1° Des notes prises par le secrétaire au cours des séances en vue de la rédaction d'un résultat ou d'un arrêt. Le manuscrit Clairambault 654 nous en offre de nombreux exemples, pour les mois de février et de mars 1592 et pour le premier trimestre de 1593 [4]; le manuscrit 2343 de la bibliothèque Mazarine contient un certain nombre de ces brouillons se rapportant aux années 1598 à 1609. Le secrétaire prenait le premier papier qui lui tombait sous la main, parfois le dernier feuillet blanc d'un résultat de la veille; il notait rapidement la date, les conseillers présents, l'objet de chaque arrêt. Son écriture trahissait une grande hâte; il comptait beaucoup sur sa mémoire, et son mémorandum demeure à peu près inintelligible pour quiconque ne peut mettre en regard les arrêts ou les résultats;

2° Des minutes de résultats, et surtout des minutes d'arrêts. Ainsi, pour le Conseil d'État, le

---

[1] Les minutes du temps de Louis XIII ont suggéré des remarques semblables à M. d'Avenel (*Richelieu et la monarchie absolue*, t. I, p. 47).

[2] Vicomte d'Avenel, *op. cit.*, t. I, p. 47 et 54.

[3] Le registre E 10ᵇ ne contient pas moins de cent dix-neuf arrêts pour la seule journée du 21 mars 1606. — On usait exceptionnellement d'un procédé encore plus sommaire : nous voulons parler des arrêts que Sully rédigeait et signait chez lui, en dehors de toute séance du Conseil, sauf à les faire ensuite revêtir de la signature du Chancelier. Le registre E 5ᵃ des Archives (fol. 295 r°) nous en offre

un exemple curieux du 16 mars 1603. Le secrétaire de Sully fit passer la pièce au secrétaire du Conseil, en l'accompagnant du billet suivant : «Monsieur, Monseigneur de Rosny a signé ce petit arrest, pour donner moyen à un pauvre d'éviter d'estre chiquanez. Vous verrez ce que est et le pourrez faire entendre à Monseigneur le Chancelier.»

[4] Bibl. nat., ms. Clairambault n° 654, p. 62, 75, 79, 81, 85, 95, 99, 103, 105, 120, 121, 125, 127, 131, 133, 135, 137, 141, 143, 145, 151, 153, 155 à 157, 159, 165, 166, 168, 181, 185, 199, 201, 203, 205, 207, 211, 212, 214, 216 et 217.

manuscrit Clairambault 654 renferme des résultats de 1592, de 1593 et de 1594, signés par le Chancelier : ils sont même revêtus de son paraphe à toutes les pages, à partir du 1er février 1594 [1]. Le manuscrit français 10843 contient des minutes d'arrêts comprises entre les années 1600 et 1608. Mais la série E des Archives (registres E 1ª-E 26), malgré de très importantes lacunes, qui portent principalement sur les arrêts du second quartier, demeure la collection la plus riche de minutes. Vers 1601, les résultats disparaissent presque complètement, et l'on ne trouve plus que des minutes d'arrêts, signées d'abord du Chancelier ou du président du Conseil, quelquefois aussi du secrétaire, puis, suivant l'usage presque constant de la seconde moitié du règne, du Chancelier, de Sully et du conseiller rapporteur [2]. Quelquefois une expédition, signée ou paraphée d'un secrétaire du Conseil et portant l'en-tête *Extraict des registres du Conseil d'État*, remplace dans notre collection la minute de l'arrêt [3], sans doute parce que celle-ci avait été délivrée par mégarde à la partie. D'autres fois, c'est la minute qui porte l'en-tête *Extraict* [4], etc., peut-être parce que le rapporteur avait fait dresser l'arrêt en double et inscrire la même mention sur les deux copies de l'arrêt, ne sachant pas laquelle deviendrait minute et laquelle expédition. Enfin, quand l'arrêt est signé *en commandement* par un secrétaire d'État, c'est à celui-ci qu'il appartient d'en conserver la minute : notre collection, dans ce cas, n'en possède qu'une expédition [5]. Le registre E 1ª des Archives, les manuscrits Clairambault 652 et français 16216 de la Bibliothèque nationale contiennent également un certain nombre de minutes ou de résultats originaux provenant du Conseil des finances et correspondant au premier quartier de l'année 1595 [6]. En ce qui concerne le Conseil privé, le manuscrit français 18158 contient les résultats originaux du second quartier de 1593, les cartons V⁰ 1221-1223 ceux de 1597 à 1614 [7], enfin les cartons V⁰ 1-17 des minutes d'arrêts de différentes années du règne.

3° Des volumes de transcription de résultats et d'arrêts [8]. Bien que dépourvus de signatures, ils présentent toutes les garanties d'authenticité; les pièces s'y suivent sans intervalle, écrites de la même main, et les lignes, qui sont de même longueur et entièrement recouvertes d'écritures, se prêteraient difficilement à l'intercalation d'un mot. Ces volumes sont munis de tables, à partir de 1609. En voici la nomenclature :

Ms. français 18159. Copie des résultats et des arrêts de 1594.

Ms. français 10841. Copie des résultats et des arrêts du premier quartier de 1595. Volume probablement destiné à contenir la transcription de tous les arrêts de 1595; il se compose, pour plus des trois quarts, de feuilles blanches.

Ms. français 18160. Copie des résultats et des arrêts du premier quartier de 1597.

Ms. français 18161. Copie des résultats et des arrêts du dernier quartier de 1597.

Ms. français 18162. Copie des résultats et des arrêts du premier quartier de 1598.

Ms. français 18163. Copie des résultats et des arrêts du dernier quartier de 1598.

---

[1] Ce détail n'avait pas échappé à Claude Raincé (bibl. de l'Institut, ms. Godefroy n° 309, f° 484 r°). Un autre contemporain remarque que cette précaution eut pour objet de mettre fin à toutes sortes d'abus (changements et intercalations de feuillets) qui se commettaient journellement, «jusques à ce que ung homme assés remarqué essaya de s'introduire ès bonnes graces d'ung des chefs du Conseil, en luy donnant advis des faultes qu'il avoit aultrefois commises». (Bibl. nat., ms. français n° 16216, f° 81 v°.)

[2] On pourrait citer plus d'une minute signée seulement de Sully.

[3] Arch. nat., E 1ª, f° 131 r°.

[4] Bibl. nat., ms. Clairambault n° 654, p. 487, 491, etc.

[5] 7 novembre 1603 : «Le present arret a esté expedié et signé par le sieur de Fresne-Forget, secretaire des commendemens, qui en a retenu l'original et delivré la presente coppie, pour la transcrire au registre du Conseil.» (Arch. nat., E 5ᵇ, fol. 340 r°. — Cf. E 6ª, fol. 36 v° et 39 v°.) — Telle est l'origine de la série des arrêts en commandement.

[6] Le règlement du 25 novembre 1594, qui organise le Conseil des finances, ordonne au secrétaire du Conseil en quartier de tenir deux «registres», l'un des «ordonnances» dudit Conseil «par résultats», qui devront être signés de tous les membres du Conseil présents, l'autre des «expéditions générales» qui se feront.

[7] Les résultats du Conseil des parties sont revêtus, à tous les feuillets, de la signature du Chancelier à partir de 1599.

[8] Il est à remarquer que ces volumes ne contiennent pas copie des minutes dont le Conseil ou le Roi, pour une raison quelconque, ont ordonné la radiation.

Ms. français 18164. Copie des résultats et des arrêts du dernier quartier de 1598.

Ms. français 18165. Copie des résultats et des arrêts du dernier quartier de 1599, de 1600 et de 1601.

Ms. français 18166. Copie des résultats et des arrêts du premier quartier de 1602 et de 1603.

Ms. français 18167. Copie des arrêts du premier quartier de 1604.

Ms. français 18168. Copie des arrêts du premier quartier de 1605.

Ms. français 18169. Copie des arrêts du dernier quartier de 1605.

Ms. français 18170. Copie des arrêts du premier quartier de 1606.

Ms. français 18171. Copie des arrêts du premier quartier de 1607.

Ms. français 18172. Copie des arrêts du dernier quartier de 1607.

Ms. français 18173. Copie des arrêts du premier quartier de 1608.

Ms. français 18174. Copie des arrêts du dernier quartier de 1608.

Ms. français 18175. Copie des arrêts du premier quartier de 1609.

Ms. français 18176. Copie des arrêts du dernier quartier de 1609.

Ms. français 18177. Copie des arrêts du premier quartier de 1610 [1].

Cette série, dont le pendant existe pour le Conseil privé dans les registres V⁶ 1171-1188 des Archives [2], complète heureusement les collections de minutes; mais elle doit être consultée avec une grande circonspection, à cause des erreurs nombreuses que les secrétaires ont commises, particulièrement en transcrivant les noms de personnes et les noms de lieux.

Si, des écrits rédigés en vue du Conseil lui-même, nous passons aux actes destinés à se disperser de tous côtés, le greffe nous apparaîtra comme le lieu de fabrication de deux sortes de documents : 1° des lettres scellées; 2° des expéditions signées. Les premières furent longtemps seules en usage. Au xive et au xve siècle, l'unique manière de porter une décision du Conseil à la connaissance du public était de la présenter sous la forme d'un acte royal scellé, lettres patentes, mandement, commission, lettres closes, etc. [3]. Les actes scellés en vertu d'arrêts du Conseil ne se distinguaient d'abord par aucun signe; leur provenance restait douteuse. Ce fut sous le règne de Philippe le Bel, vers 1310, qu'on commença à nommer la personne ou le corps de qui émanait le commandement : on connaît ces précieuses formules inscrites au bas de l'acte scellé sur simple queue et sur le repli de l'acte scellé sur double queue de parchemin; elles devinrent surtout variées à partir de Louis Hutin. Nous reproduisons celles qui indiquaient l'acte dressé par le Conseil : *Per dominum Regem, presente Consilio.* — *Par le Roy, présent son Conseil.* — *Per dominum Regem in Consilio.* — *In Consilio, per Regem.* — *Par le Roy en son Grant Conseil.* — *Per dominum Regem in Consilio suo, ad relationem domini M.* — *Par le Roy en son Grant Conseil, à vostre relacion.* — *Per dominum Regem in Consilio suo, presentibus . . .* — *Par le Roy en son Conseil, à la relation du segneur de N., presens le tresorier de Rains et le chantre de*

---

[1] La série E des Archives contient aussi, parmi les minutes, un grand nombre de copies de résultats, particulièrement pour les années 1595, 1596 et 1597.

[2] Les transcrits du Conseil privé ont l'avantage d'avoir été collationnés sur les minutes; cette opération terminée, le greffier du Conseil apposait sa signature sur le volume.

[3] Secousse a prouvé que les lettres royaux portaient la date du jour où elles avaient été scellées, et non pas celle du jour où elles avaient passé au Conseil. (Préface du tome III des *Ordonnances*, p. v.) — A cette époque, lorsqu'on ne prenait pas la peine de convertir la décision du Conseil en un acte royal rédigé sous forme directe, on avait l'habitude de la sceller au moins du contre-sceau du Roi. Ainsi les deux pièces suivantes, qui n'étaient autres que deux arrêts rédigés sous forme indirecte, étaient indiquées de la façon suivante dans l'ancien mémorial D : «*Instructions faites par le Grand Conseil du Roi étant à Paris sur la manière de lever l'aide... faites au mois de décembre, l'an 1360...* Donné à Paris, sous le contre-scel du Roy, le 18e jour de décembre, l'an de grâce 1360. *Per Regem in suo Consilio.*» — «*Ordonnances faites par le Grand Conseil du Roy le darrein jour de décembre, l'an 1360, sur la manière de payements de toutes choses...* Donné à Paris sous le contre-scel du Roy, le 7e jour de janvier, l'an 1360. *Per Consilium Regis.*» (*Ordonnances*, t. III, p. 436 et 453.)

Clermont. — *Per dominum et Consilium suum ad relationem domini de Suliaco.* — *Per Regem ad relationem Consilii, in quo Vos, dominus Cluniacensis et gentes Requestarum Hospitii eratis,* etc. Les formules suivantes, qui méritent une mention spéciale, servaient à distinguer les actes ordonnés par le Conseil en l'absence du Roi : *Par le Conseil* [1]. — *Per Magnum Consilium Regis.* — *Per Consilium, quo Vos, domini Parisiensis, Cabilonensis et Dolensis episcopi... eratis.* Celles-ci, au contraire, caractérisaient les actes ordonnés par le Conseil en la présence effective du prince : *Par le Roy estant en son Conseil.* — *Par le Roy seant en son Conseil.* Il était d'ailleurs recommandé aux secrétaires du Roi de ne mentionner, au bas d'un acte, parmi les conseillers présents que ceux qui avaient bien réellement entendu et vidé l'affaire [2].

La plupart de ces formules subsistèrent; mais, en vieillissant, elles perdirent quelque peu de leur importance : c'est ce que l'on n'a peut-être pas assez remarqué. Ainsi les mots *Par le Conseil, Par le Roy en son Conseil* n'indiquèrent plus nécessairement un acte passé au Conseil : le 17 mai 1431, Jouvenel des Ursins, parlant pour le procureur du Roi, soutenait devant le parlement de Poitiers que, si certain acte produit par le connétable de Richemont avait été, comme le prétendait celui-ci, passé dans le Grand Conseil, le secrétaire ne se serait pas contenté d'inscrire au bas de cet acte la formule consacrée *Par le Roy en son Conseil :* il aurait pris la peine de nommer à la suite trois ou quatre conseillers présents; tout au plus cet acte pouvait-il avoir été commandé à l'issue d'une des séances [3]. D'autre part, il résulte bien de deux protocoles de notaires du Roi contemporains de Louis XI [4] que certaines formules étaient devenues en quelque sorte de style et avaient complètement perdu leur signification première : il y avait alors toute une catégorie de lettres, grâces à plaider, sauvegardes, *debitis,* répits, qu'un notaire du Roi pouvait expédier spontanément, sans ordre; mais, pour se couvrir, aux yeux du public, de l'autorité supérieure du Chancelier ou du Conseil, il inscrivait au bas de la charte l'une ou l'autre de ces deux formules, également trompeuses, *Par Vous, Par le Conseil,* suivant que le Chancelier, ou le Conseil se trouvait présent dans la ville où était expédiée la pièce. De plus, les deux formules *Par le Roy à vostre relation, Par le Roy en son Conseil* étaient devenues presque synonymes et se mettaient indistinctement sur certaines lettres en forme commune, les ajournements en cas d'appel, les états, les anticipations, les déceptions d'outre moitié du juste prix, à condition bien entendu que le Roi et le Chancelier fussent là; s'ils étaient éloignés, l'on se servait de la formule *Par le Conseil.* Les mêmes mentions *Par le Conseil, Par le Roy à la relation du Conseil* paraissent avoir également servi pour toutes lettres de justice, sans qu'il soit possible d'en inférer que ces lettres fussent passées au Conseil lui-même. En résumé, au xve siècle, il ne suffit pas, pour qu'on puisse affirmer l'intervention du Conseil, de trouver le mot de « Conseil » écrit au bas d'un acte : il faut encore découvrir dans cet acte la preuve d'une réunion effective, ou lire dans la formule finale l'énumération des conseillers présents [5].

Au xvie siècle [6], un très grand nombre d'arrêts du Conseil furent expédiés sous la simple signature

---

[1] Il résulte cependant d'un traité rédigé vers 1336 (et non en 1497 comme le portent les éditions) que la formule *Per Consilium* était quelquefois jointe à des actes commandés au Grand Conseil en la présence du Roi : mais alors on insérait dans le dispositif les mots *ex certa scientia,* qui indiquaient clairement, paraît-il, un acte dû à l'initiative personnelle du prince : « Quandoque tamen vidi litteras in quibus ista verba erant *ex certa sciencia* signatas *Per Consilium,* et hoc fit quando Rex est in Magno suo Consilio presens, sed raro vidi.» (*Processus commissariorum,* publié par Du Moulin à la suite du *Style du Parlement,* dans ses *OEuvres complètes,* édit. de 1612, in-fol., t. III, col. 1798. Communication de M. P. Guilhiermoz.)

[2] Cf. l'art. 220 de l'ordonnance cabochienne.

[3] Arch. nat., X^1a^ 9199, fol. 396 r°.

[4] Bibl. nat., ms. français n° 5727, fol. 19 r°, et 14371, 2° partie, fol. 19 r°.

[5] La même remarque s'applique, à plus forte raison, au xvie siècle. Ainsi, au cours de son procès, le Chancelier Poyet eut l'occasion de déclarer «qu'on ne faisoit différence de ce qui se dépéchoit au Privé Conseil ou par devant ledit Chancelier quant à la signature; car l'un et l'autre se signoit : (*Signé*) *Par le Roi en son Conseil.*» (Arch. nat., U 797, fol. 448 v°.)

[6] Dès le xve siècle, on trouve des arrêts isolés transcrits sur feuille

du secrétaire en quartier [1]. L'arrêt conservait alors sa forme indirecte [2]; il était d'ordinaire pourvu, comme nous l'avons dit plus haut, de l'en-tête *Extraict des registres du Conseil*, et quelquefois la signature du secrétaire suivait une formule de collationné : « *Collationné sur la minute originelle, signée Bellièvre, de Sancy, M. de Bethune et Hurault, par moy, conseiller, secretaire du Roy, de ses finances et Conseil privé.* FAYET. » Mais, tandis que les arrêts du Conseil passés en « commissions scellées » pouvaient et devaient être exécutés par le premier huissier requis, les arrêts simplement pourvus de la signature d'un secrétaire ne pouvaient être exécutés que par les huissiers du Conseil [3].

Souvent enfin, comme on l'a remarqué, « il était utile de faire imprimer les textes d'arrêts, pour leur assurer publication et notoriété; un grand nombre de ces pièces se retrouvent aujourd'hui dans les collections d'imprimés législatifs des Archives nationales ou de la Bibliothèque [4]. » Un arrêt du 4 novembre 1608 considéra le droit d'imprimer les édits, lettres patentes et arrêts des Conseils comme un privilège réservé aux imprimeurs ordinaires du Roi, et il leur défendit, sous peine de 1,000 livres d'amende, d'imprimer aucun de ces actes autrement que sur le vu de l'original, ou de la minute dûment collationnée [5]. Il n'est pas rare, à cette époque de rencontrer des imprimés revêtus d'une formule manuscrite de collationné et de la signature autographe d'un secrétaire du Conseil [6].

CHAPITRE XII.

LES ARCHIVES ANCIENNES DU CONSEIL.

Causes principales de la perte des anciennes archives du Conseil. Premier projet d'un dépôt unique; diverses tentatives de concentration. Les gardes des anciennes minutes. Le dépôt du Loùvre et celui de Sainte-Croix-de-la-Bretonnerie. Les triages de la période révolutionnaire. La reliure et l'inventaire des minutes.

De tous les grands corps qui composaient en France l'administration centrale, il n'en était pas de plus important que le Conseil : il n'en est pas dont les archives anciennes soient plus difficiles à reconstituer. Quelle pauvreté est la nôtre, si l'on se reporte au temps où le Conseil intervenait dans les affaires politiques et dressait journellement des actes du plus haut intérêt pour l'histoire!

volante et munis quelquefois de la signature d'un secrétaire du Roi : c'étaient sans doute des extraits destinés soit au Roi, qui en examinait le contenu, soit aux agents qui en exécutaient la teneur. Voir, par exemple, les arrêts du 5 juillet 1456 (Bibl. nat., ms. latin n° 5956°, fol. 213 et 214), du 31 décembre 1458, du 11 mars 1470 (ms. Baluze n° 17, fol. 11 et 12. — La Roque, *Histoire généalogique de la maison d'Harcourt*, t. III, p. 525), du 2 décembre 1484 (ms. français n° 20432, p. 3 et 4. — *Bibliothèque de l'École des chartes*, 1883, t. XLIV, p. 442), du 15 mai 1487 (ms. français n° 15541, fol. 193 et 194), etc.

[1] Voici en quels termes une partie pouvait demander officieusement expédition d'un arrêt du Conseil qui l'intéressait : « Monsieur, je vous supplie m'expedier l'arrest seul dont je vous envoye la coppie; car j'ay à le produire au Conseil; et en parchemin, signé L'Huilier, il sera plus séant qu'en papier. Je le viendray prendre demain, s'il vous plaict de me le tenir prest... » (Bibl. nat., ms. français, n° 18170, *in fine*.)

[1] La présence effective du Roi ou de la Reine était mentionnée non seulement dans le dispositif de l'arrêt, par les mots *le Roy* ou la *Royne estant en son Conseil*, mais dans la formule finale de la date : *Faict au Conseil, le Roy y estant*. Qu'on en juge par les difficultés que fit le parlement de Paris pour recevoir, au mois d'avril 1595, un arrêt différemment rédigé : « [Le premier président] a dit que ledit arrest ne se pouvoit soustenir ni en la forme ni en la matière et que, encores qu'il portast ces motz *la Royne estant en son Conseil*, touteffois la fin en ces motz *Faict au Conseil* faisoit assez congnoistre qu'il n'avoit esté donné en sa présence, et que la compagnie estimoit beaucoup de différence de l'un à l'autre. » (Arch. nat., X¹ᵃ 1736, fol. 57 v°.) De plus, les arrêts rendus en la présence du Roi étaient d'ordinaire signés par le Roi lui-même et contresignés par un secrétaire d'État. (E 4ᵇ, fol. 412 r°.)

[3] Girard et Joly, *Offices de France*, t. I, p. 639 et 640.— Cf. un arrêt du 19 juillet 1607 (Arch. nat., E 14).

[4] A. de Boislisle, *Les Conseils du Roi sous Louis XIV*, p. 422.

[5] Arch. nat., E 19°, n° 75 ᵇⁱˢ.

[6] Pierre de L'Estoile écrit en 1607 : « J'ai acheté un sol un arrêt du Conseil d'État portant révocation de plusieurs commissions. » (*Mémoires-journaux*, t. VIII, p. 326.)

Qu'avons-nous à mettre en pendant des *Proceedings and ordinances of the Privy Council* que l'Angleterre a su conserver [1]? Quelques pièces disséminées, quarante feuillets détachés d'un registre du temps de Charles VII, un volume incomplet de 1484, un registre du temps de Henri II. Il faut descendre jusqu'à l'année 1563 pour trouver la tête de plusieurs séries, encore bien incomplètes. Sous Henri III, les transcriptions manquent pour plus de sept années, et, réunis en quatre volumes, les résultats originaux ne représentent pas à eux tous le travail d'une année entière. Sous Henri IV, les minutes du Conseil d'État offrent une lacune d'environ neuf ans, les transcriptions font défaut pendant plus de quatorze années, et les quinze mille articles de cet Inventaire, dans lequel pourtant on s'est efforcé de compléter les séries l'une par l'autre, représenteront à peine deux tiers des arrêts du règne. Il est vrai que, si l'on poursuivait ce récolement pour une époque postérieure, on verrait se succéder presque sans interruption les dix-sept cent quatre-vingt-cinq cartons des arrêts en finance, les neuf cent soixante-dix-sept volumes des arrêts en commandement, les trois cent quarante registres et les onze cent quatre-vingt-quatre cartons du Conseil des parties, sans parler de tous les papiers des bureaux et des commissions. Mais cette richesse des archives modernes ne compense pas, encore une fois, la perte des anciens arrêts.

La responsabilité de cette perte pèse, dans une certaine mesure, sur le Conseil et sur le Roi. Si le premier avait moins manqué de cet esprit de corps si remarquable dans la Chambre des comptes et le Parlement, s'il avait moins suivi la tendance naturelle à toute assemblée composée, non d'officiers, mais de commissaires, s'il s'était moins identifié à la personne du Roi, jaloux de maintenir ses traditions, il eût conservé pieusement des souvenirs qui faisaient sa force et qui assuraient son indépendance. A vrai dire, les déplacements auxquels ses fonctions l'obligeaient lui rendaient bien difficile la surveillance de ses archives. Mais alors c'est au Roi qu'il appartenait d'en assurer la conservation et le versement dans le dépôt du Trésor des chartes. Nous ne savons s'il y a jamais songé. Les rares ordonnances qui parlent d'un coffre fermé à clef dans lequel devaient être gardés les procès-verbaux du Conseil n'avaient évidemment en vue que les registres les plus récents. Mis promptement au rebut, ces documents périssaient, à moins que le greffier n'en disposât, ou ne les conservât pour lui. Le hasard seul peut aujourd'hui permettre d'en retrouver la trace. Qui saurait dire par quelles mains a passé ce fragment d'un registre du Grand Conseil de Charles VII que détenait au xviie siècle le fameux Antoine Vyon d'Hérouval [2]? Et comment s'est-il trouvé ensuite mêlé aux papiers des bénédictins continuateurs de D. Vaissete [3]? D'autre part, le registre d'Étienne Petit fut partagé en deux morceaux : à quelle époque? On l'ignore. Comment le plus considérable de ces fragments est-il entré dans la Bibliothèque du Roi [4], tandis que l'autre, avant 1715, passait sous les yeux de Baluze [5]? Ce sont problèmes que, pour notre part, nous renonçons à élucider. Connût-on le nom de tous les greffiers, le sort de tous leurs manuscrits, nous ne savons si l'on découvrirait beaucoup de plumitifs

---

[1] Sir Harris Nicolas les a publiés, de 1834 à 1837, dans la collection du Maître des rôles (*Proceedings and ordinances of the Privy Council of England*, Londres, 7 vol. in-8°). Ils embrassent une période de près d'un siècle (1386-1461). On y trouve, avec les pièces extraites du *Book of the Council*, ou rôle de transcription des ordonnances du Conseil (1421-1435), une multitude de notes, de projets, d'instructions, de minutes, de correspondances, de requêtes et de réponses libellées au Conseil. Notez qu'en dehors de sa publication l'éditeur laissait tous les registres originaux du xvie siècle, conservés (à partir de 1540) soit au British Museum, soit au Privy Council Office.

[2] Voir dans le vol. 17 des *Armoires* (fol. 1 r°) cette note écrite de la main de Baluze : «Extraicts du registre original du Conseil ou

Grand Conseil du roy Charles VII, qui m'a esté communiqué par M. d'Hérouval, au mois d'avril 1677.»

[3] Il occupe aujourd'hui les fol. 98-137 du ms. n° 182 de la collection de Languedoc, coté *Jurisprudence et domaine*.

[4] Avant 1622; car il figure déjà sur le catalogue de N. Rigault. (Ms. latin n° 10365, fol. 112 r°.)

[5] Baluze eut sans doute communication de la première partie du ms. français 5265 avant 1715, année où il publia le t. VII des *Miscellanea* : on lit en effet aux pages 563-582 de ce recueil des documents du 18 mars et du 21 juillet 1484 tirés *ex regesto originali Caroli VIII*, c'est à dire, à n'en pas douter, du registre d'Étienne Petit. Les mêmes pièces ont été réimprimées en 1761, aux pages 362-367 du t. I de l'édition Mansi.

anciens : dans le fonds considérable du greffier Jean Bourré, nous avons vainement cherché un seul fragment des procès-verbaux du temps de Louis XI[1].

Sous Henri III, la division du greffe des Conseils en quartiers accrut encore beaucoup les chances de perte et de dispersion. Chacun des quatre secrétaires et des quatre greffiers se crut permis de conserver par-devers lui les minutes de son exercice; il se forma, pour chaque Conseil, autant de dépôts particuliers : heureux quand les titulaires, en se succédant les uns aux autres, prenaient soin de se transmettre les minutes de leur quartier. Aussi voit-on ces documents suivre les routes les plus diverses. Des procès-verbaux authentiques de 1563 à 1578 parviennent, au xviie siècle, dans la collection de Philibert de La Mare, ce qui explique leur présence actuelle dans la bibliothèque de Dijon[2]. Des résultats rédigés par le secrétaire Forget de Fresnes deviennent la propriété de Me Bénard de Rezay, conseiller au Parlement, puis en dernier lieu de Méon, qui, le 22 germinal an x, les vend à l'administrateur de la Bibliothèque, Capperonnier[3]. D'autres ont enrichi les collections privées de Colbert[4], de Baluze[5], de Harlay[6], de Mesmes[7], de Clairambault[8]; avant de passer dans la Bibliothèque du Roi.

Le mois de janvier 1619 date dans l'histoire de nos archives : pour la première fois peut-être, l'attention du Conseil se porta sur des recueils d'arrêts antérieurs de plusieurs années. Un secrétaire bien connu, et quimérite d'être nommé ici, le sieur Malier Du Houssay, fit exécuter par son commis, Ambroise Leconte, un travail de collation des copies sur les minutes pour tous les arrêts contenus dans deux registres de 1611 et de 1612[9]; le résultat de cette vérification fut de faire passer deux volumes informes dans la catégorie des recueils authentiques. L'exemple fut bientôt suivi par un autre secrétaire, M. de Flécelles, qui soumit à même opération cinq registres du quatrième quartier de 1610, de 1611, de 1612, de 1625 et de 1626[10]. Mieux encore, en 1629, l'évêque de Belley, Jean-Pierre Camus, fut prié de remettre au Roi deux registres de transcription des années 1563 à 1569, certainement dus à la plume de son grand-père Jean Camus, sieur de Saint-Bonnet, greffier du Conseil privé[11].

Par malheur, ces collations et ces revendications ne profitaient guère au Conseil. Pierre Séguier, qui prit les sceaux en 1633, et dont on connaît le goût éclairé pour les documents d'archives, concentra dans sa bibliothèque privée tous les volumes de transcription qui étaient restés peut-être jusque-là aux mains des secrétaires du Conseil[12], soit environ soixante-huit volumes de copies comprises entre les années 1547 et 1626[13]. Après la mort du Chancelier, ces manuscrits eurent le sort de toute la collection Séguier : nous n'avons pas à rappeler par quelle voie détournée elle parvint à la Bibliothèque.

---

[1] Voir le *Catalogue du fonds Bourré à la Bibliothèque nationale*, publié par J. Vaesen, dans la *Bibliothèque de l'École des chartes*, t. XLIV, p. 26 et 301, t. XLV, p. 152 et 488, t. XLVI, p. 272 et 625.

[2] Ms. n° 421. — Voir ci-dessus p. cxxxiii.

[3] Ms. français n° 10840.

[4] *Mélanges* de Colbert n° 87.

[5] Ms. français n° 5133.

[6] Ms. français n° 16236.

[7] Ms. français n° 4010. — Les mss. français 4004 et suiv., provenant également de la collection de Mesmes, contiennent les procès-verbaux du Conseil de la Ligue.

[8] Mss. Clairambault n°s 652-654, 1097.

[9] Mss. français n°s 18179 et 18181.

[10] Mss. français n°s 18178, 18180, 18182, 18203 et 18204.

[11] Mss. français n°s 18156 et 16223.

[12] Le travail de collation auquel se livra le commis de M. de Flécelles prouve qu'en 1627 les registres de transcription étaient encore entre les mains des secrétaires du Conseil (voir le ms. français n° 18204). Cependant, au mois de novembre 1629, le registre de transcription des résultats de 1586 (ms. français n° 16235) était entre les mains du garde des sceaux de Marillac, qui le prêta à Lefebvre de Lezeau : c'est ce qui résulte d'un passage des mémoires d'André d'Ormesson cité par M. Chéruel (*Histoire de l'administration monarchique en France*, t. I, p. 353).

[13] Le procès-verbal de la prisée faite en 1672 accuse seulement soixante-deux registres du Conseil d'État, estimés en bloc 1,200 livres. (L. Delisle, *Le Cabinet des manuscrits*, t. II, p. 91.) Mais, pour les années mentionnées dans ce procès-verbal (1563-1626), la collection Séguier ne contenait pas moins de soixante-sept registres du Conseil (mss. français n°s 16216, 16221-16236, 18154, 18156-18204), auxquels il faut ajouter un registre antérieur, le ms. français n° 18153.

Toutes les minutes auraient sans doute suivi le chemin des anciens registres et seraient tombées tôt ou tard dans le domaine privé, si le gouvernement n'avait enfin pris quelque mesure conservatrice. La première idée d'un dépôt général où fussent gardés les minutes, registres, expéditions du Conseil privé, d'État et des finances, ainsi que les registres du Contrôle et les papiers de la Chancellerie, remonte à 1631. Trois édits du mois de mars annoncèrent qu'une salle du Louvre serait aménagée pour recevoir les minutes de chaque quartier[1]. — Bien des années devaient s'écouler avant l'exécution de cette promesse. — De plus, on créait deux gardes alternatifs des papiers du Conseil d'État, de la Chancellerie et du Contrôle, un contrôleur des extraits et grosses de tous les arrêts du Conseil d'État et des finances et deux contrôleurs alternatifs gardes des registres et arrêts du Conseil privé. Les trois premiers de ces offices furent joints à ceux des trois secrétaires du Conseil d'État et des finances, et rien d'ailleurs ne fut changé à la situation des archives[2].

Un arrêt du 21 mai 1654 tenta, non pas de réaliser, mais de préparer la réforme annoncée sous Louis XIII. Il ordonna que toutes les personnes ayant exercé ci-devant les charges de secrétaires du Conseil d'État, et, à leur défaut, leurs veuves ou héritiers seraient tenus de remettre les minutes dont ils étaient dépositaires entre les mains des nouveaux pourvus, en sorte que les pièces du même quartier fussent réunies chez un même secrétaire[3]. Cette mesure avait l'avantage de s'appliquer aux plus anciennes, comme aux plus récentes minutes. Exécutée, elle eût réduit à quatre le nombre des dépôts d'archives entre lesquels se trouvaient répartis les papiers du Conseil d'État; elle eût fait faire un grand pas à la concentration projetée. Mais il faut encore attendre sept ans pour voir cet arrêt recevoir un commencement d'exécution. Le 12 septembre 1661, il est ordonné aux secrétaires en charge de prendre possession des minutes conservées chez les sieurs Bossuet, Galland et Chastellain, anciens secrétaires, et chez les héritiers des feus sieurs Bordier, de Bordeaux, Desfontaines-Bouer, Galland, Payen, etc.; la remise des pièces doit s'accomplir, de gré ou de force, dans les trois jours après signification de l'arrêt[4]. Des circonstances imprévues retardèrent la translation de ces fonds[5]. En 1678, nouvel arrêt, enjoignant de remettre aux mains des secrétaires en charge au moins les minutes postérieures à l'année 1620[6]; une partie de ces papiers furent effectivement retirés de la demeure des anciens titulaires, mais ils s'arrêtèrent en chemin : au lieu d'être versés dans les dépôts des secrétaires en charge, ils demeurèrent dans la maison de l'intendant des finances Hotman, qui avait été chargé d'en opérer le transport, et ils passèrent, après sa mort, à sa veuve et à ses héritiers[7].

Malgré toutes les difficultés qui s'opposaient, comme l'on voit, à la concentration des minutes, le projet d'un dépôt unique n'était pas entièrement abandonné. Peu s'en fallut qu'il ne se réalisât

---

[1] Tessereau, *Histoire de la Chancellerie*, t. I, p. 365. — A. de Boislisle, *Correspondance des contrôleurs généraux des finances*, t. I, p. II. — Nous ferons de fréquents emprunts à ce dernier mémoire, qui est une histoire approfondie de la formation des archives administratives et de la conservation des papiers ministériels sous l'ancien régime.

[2] Au mois de janvier 1639, suppression de ces cinq offices, et création de quatre offices de «contrôleurs des expéditions du Conseil d'État et des finances et gardes des registres d'icelles», charges que les secrétaires du Conseil avaient la faculté d'acheter. (Tessereau, *op. cit.*, t. I, p. 409. — Arch. nat., AD I 255, n° 6.)

[3] Arch. nat., E 1701, n° 79. — H. Bordier, *Les Archives de la France*, Paris, 1855, in-8°, p. 92.

[4] Arch. nat., E 1712, n° 341. — Plusieurs arrêts intervinrent, relatifs à cette concentration : ils témoignent des difficultés que rencontraient les commissaires. Citons les arrêts du 12 janvier, du 10 février, du 22 mars, du 8 et du 9 novembre 1662 (E 1715, p. 3, 19,

33, 167 et 169), du 16 septembre et du 24 novembre 1663 (E 1718, fol. 121 r° et 169 r°).

[5] A. de Boislisle, *Correspondance des contrôleurs généraux*, t. I, p. XII. — Un arrêt du 30 mars 1675 porte que les papiers mis sous scellés à la mort du secrétaire Bossuet devront être incessamment remis aux mains du secrétaire actuel Berryer, après toutefois qu'inventaire en aura été dressé par MM. de La Marguerie, conseiller d'État, et Marin, intendant des finances (Arch. nat., E 483°, 30 mars, n° 73). Il est difficile de supposer que Lainé de La Marguerie ait profité de cette circonstance pour s'approprier un certain nombre d'arrêts: mais on ne peut s'empêcher de remarquer que le ms. français n° 10843, qui contient beaucoup de minutes anciennes du Conseil, provient de sa bibliothèque. Ce manuscrit fut acheté, à la mort de La Marguerie, en 1696, par le P. Léonard de Sainte-Catherine, bibliothécaire du couvent des Petits-Pères.

[6] Arch. nat., E 514b, 17 décembre, n° 51.

[7] Arrêt du 5 septembre 1684 (E 1824).

en 1671 : déjà l'arrêt était signé, enjoignant de remettre indistinctement aux mains de M. Foucault, père d'un archéologue connu, les minutes de tous les quartiers, quand l'opposition du sieur Ranchin, l'un des secrétaires en charge, vint faire échouer cette tentative [1]. Claude Le Peletier, contrôleur général, la renouvela en 1684. Un arrêt du 5 septembre, confirmé le 10 mars suivant, ordonna le transport au Louvre de tous les papiers conservés chez la veuve Hotman, chez les veuves ou héritiers des anciens secrétaires, et même dans les quatre dépôts des secrétaires en charge. La division par quartiers devait subsister dans les armoires dont on comptait garnir le nouveau dépôt : le tout était confié à la garde de M. Coquille, l'un des secrétaires en charge [2]. Malheureusement, il n'y avait point au Louvre de local disponible; faute de place, on se contenta de faire porter toutes les minutes, préalablement inventoriées, dans la maison de Coquille, rue Sainte-Croix-de-la-Bretonnerie. Encore cette concentration provisoire laissait-elle fort à désirer : le nouveau dépôt, dont nous possédons un inventaire détaillé [3], ne contenait aucune pièce antérieure à 1650.

A la place de Coquille, un édit d'août 1691 nomma Antoine Hersent, et créa en faveur de celui-ci un office de « secrétaire-garde des anciennes minutes du Conseil des finances et commissions extraordinaires » [4]. Qu'aux yeux du nouveau titulaire on fit luire la perspective d'une installation au Louvre, il n'y avait rien là que de conforme aux traditions des dernières années; mais, cette fois, le gouvernement ne s'en tenait pas à des promesses : la surintendance des Bâtiments consentit à livrer un des appartements du Louvre, dans lequel Hersent transporta aussitôt un grand nombre de coffres, de sacs et de dossiers. A vrai dire, peu de temps après, on s'aperçut que le plancher cédait sous le poids des papiers, et, comme, d'autre part, les minutes laissées dans la demeure d'Hersent étaient menacées d'expulsion par le propriétaire, l'administration ne put mieux faire que de louer provisoirement une maison entière, dans laquelle furent transférés même les papiers portés au Louvre [5]. Hersent mourut, en 1709, avant d'avoir réinstallé son dépôt dans les salles promises [6].

Au secrétaire-garde des minutes succéda un « secrétaire du Conseil, garde des archives », doublé d'un premier-commis [7]; mais ce changement dispendieux [8] n'améliora en aucune façon la situation des archives. Au mois d'avril 1725, le nouveau titulaire, Poisson de Bourvallais, financier bien connu, ne s'était encore occupé ni de prendre possession des minutes, ni même de les faire inventorier. La maison où le fils Hersent les conservait provisoirement était en démolition; d'autre part, le local du Louvre n'était pas prêt à les recevoir : force fut à l'administration de transférer les minutes dans une nouvelle maison, et comme, faute d'inventaire, on ne pouvait décharger valablement

[1] Bibl. nat., ms. Clairambault n° 647, p. 359.

[2] Arrêt du 10 mars 1685. (Arch. nat., E 1829.) — A. de Boislisle, *Correspondance des contrôleurs généraux*, t. I, p. XII. — Cf. un arrêt du 30 mars 1686. (E 560, n° 11.)

[3] Arch. nat., E 2663. — Un arrêt du 11 septembre 1691 avait chargé Nicolas Heudebert du Buisson, conseiller d'État, de dresser cet inventaire, en présence du nouveau garde, Hersent (E 599, 11 septembre, n° 5). Ils y procédèrent du 27 octobre 1691 au 18 janvier 1696.

[4] Aux gages de 8,000 livres (Arch. nat., P 2391, p. 507). — Cf. un arrêt du 11 septembre, fixant à 600 livres le droit de marc d'or du même office. (E 599, 11 septembre, n° 6.)

[5] Arrêt du 29 avril 1704. (E 743, n° 288.)

[6] Arrêt du 16 juin 1716. (E 2663[b].)

[7] Édit de février 1710. (Arch. nat., AB V° 1.) — Arrêt du 3 juin 1710, chargeant L.-Fr. Le Fèvre de Caumartin de procéder incessamment au récolement des minutes détenues par les propriétaires de l'office supprimé, ainsi qu'à l'inventaire des minutes laissées par

feu de Laistre, secrétaire ordinaire du Conseil. (E 817, n° 33.) — Arrêt du 31 janvier 1713, confiant au même Caumartin le soin d'inventorier les minutes restées entre les mains du sieur Berthelot de Belloy, ancien secrétaire du Conseil. Le tout doit être réuni au dépôt du garde des archives. (E 847, n° 156.) — Arrêt du 11 juillet 1713, réitérant l'ordre à Caumartin d'inventorier les minutes du feu garde Hersent, ainsi que celles des anciens secrétaires de Laistre et Berthelot de Belloy, le tout devant être remis au sieur Poisson de Bourvallais, secrétaire du Conseil, garde des archives; il est également question, dans cet arrêt, de l'appartement du Louvre que le Roi destine à recevoir le dépôt. (E 853, n° 106.)

[8] Le nouveau garde jouissait de gages et de privilèges considérables; il avait seul qualité pour remplacer, en cas d'absence, les secrétaires du Conseil pour expédier, à l'exclusion de ces secrétaires, les baux et ce que l'on appelait alors les *résultats*. (Voir l'explication que fournit, à ce sujet, M. de Boislisle dans *Les Conseils du Roi sous Louis XIV*, p. 62.) — Le premier commis touchait 6,000 livres de gages, plus 3 livres par chaque recherche.

Hersent, les archives furent enfermées sous une double serrure, et Bourvallais obligé, pour toute recherche, de s'entendre avec Hersent [1]. On devine assez les inconvénients d'une pareille organisation.

Enfin, Louis XIV mort, le garde et le commis supprimés, MM. Lefebvre et de La Blinière, secrétaires du Conseil des finances, gardes des anciennes minutes [2], entrèrent en possession du local promis depuis quatre-vingt-cinq ans [3]. Ce fut l'étage supérieur du Vieux-Louvre du côté de la Seine [4]. D'août à novembre 1716, le maître des requêtes Taschereau de Baudry procéda au récolement des papiers épars de divers côtés, ainsi qu'à l'inventaire des minutes gardées rue de la Madeleine (dans la maison du fils Hersent), dont les plus anciennes remontaient au second quartier de l'année 1607 [5]. Le 19 décembre, un certain nombre de caisses pleines de papiers avaient été déjà portées au Louvre, dans l'appartement des bains de la Reine [6]. Le 8 mai 1717, l'emménagement était fini; un arrêt alloua 1,200 livres au commis employé par les secrétaires « tant pour demeurer dans le dépôt, pour y veiller à la garde, arrangement, conservation et nettoyement desdites minutes, qu'à y faire les recherches et expéditions et y tenir les registres nécessaires » [7].

La suppression du Conseil des finances, en 1720, n'entraîna pas celle des deux secrétaires, qui prirent et conservèrent jusqu'à la Révolution le titre de « gardes et dépositaires des anciennes minutes du Conseil des finances ». MM. de La Blinière et Lefebvre eurent pour successeurs MM. Arrault, Lorenchet, Pierron, Cocqueley de Chaussepierre et Boyetet des Bordes. Leurs commis, sur lesquels retomba la partie active du service, et qui s'en acquittèrent à la satisfaction générale [8], furent MM. Hermant, Thurot, Hémart, Mongni, l'abbé Le Page et Cheyré.

Toutefois, l'installation du Louvre présentait de graves inconvénients. Une confusion, que le travail et le temps pouvaient, il est vrai, faire disparaître, rendait difficile toute recherche parmi des documents classés suivant l'ordre des versements : ainsi les minutes de 1606 ne venaient qu'après les papiers du dernier quartier de 1686, et les premiers fonds étaient rangés comme il suit :

1° Quartier d'avril des années 1670 à 1691;

2° Quartier de janvier de l'année 1650;

3° Quartier d'avril de l'année 1655;

4° Années 1635 et suivantes;

5° Année 1622;

6° Années 1618 à 1631;

7° Années 1583 [9] à 1615;

8° Année 1608.

---

[1] Arrêt du 16 avril 1715. (E 874, n° 54.)

[2] Edit de mars 1716, supprimant le secrétaire-garde des archives et son premier commis. — Édit d'avril 1716, confiant, gratuitement cette fois, le dépôt des minutes aux deux secrétaires du Conseil des finances institué par déclaration du 15 septembre 1715, «attendu qu'ils... seront toujours à portée de fournir aux chef, président et conseillers dudit Conseil les expéditions des minutes dont ils pourront avoir besoin, sans être obligés de recourir à un autre titulaire, qui, cherchant à pénétrer les motifs des recherches qu'on voudroit faire, pourroit découvrir des résolutions qu'il est souvent essentiel de tenir secrètes.» (Arch. nat., AB V* 1.) Ce même édit promet de faire aménager incessamment l'appartement du Louvre.

[3] Arrêt du 16 juin 1716, ordonnant le transport au Louvre des minutes du Conseil et des commissions extrordinaires demeurées chez le fils Hersent. (E 2663[b].)

[4] Mémoire rédigé en 1778. (Arch. nat., O¹ 1671¹.)

[5] Arrêt du 25 avril 1716, ordonnant à Taschereau de Baudry de procéder, en présence des sieurs Lefebvre et de La Blinière, à l'inventaire des minutes non encore inventoriées et au récolement des inventaires précédemment dressés. (E 885, n° 123.) Le travail de Taschereau de Baudry fut commencé le 1ᵉʳ août et terminé le 1ᵉʳ décembre 1716, comme il résulte d'un arrêt du 10 février 1722. (E 2663[b].)

[6] Arrêt du 19 décembre 1716, ordonnant la destruction de certaines caisses remplies de drogues saisies chez un faussaire et mêlées aux papiers des commissions extraordinaires. (E 2663[b].)

[7] Arch. nat., E 898, n° 55.

[8] Mémoire rédigé en 1778. (Arch. nat., O¹ 1671¹.) On lit aussi dans un rapport fait en 1792 ou en 1793 : «Il paroît que ce commis s'est seul occupé soigneusement dans ce vaste dépôt, et que les deux gardes successivement choisis par les ministres des finances pour veiller à la conservation des titres et minutes qu'il contient n'ont presque jamais rempli leurs obligations.» (Arch. nat., AB V* 2.)

[9] S'il n'y a pas d'erreur de chiffre dans l'arrêt du 10 février 1722

Un arrêt du 10 février 1722 prescrivit le rétablissement de l'ordre chronologique [1].

Mais l'encombrement des documents d'archives était un mal qui, avec le temps, devait forcément s'accroître. Outre les minutes retrouvées aux mains de « gens sans caractère », qui venaient compléter d'anciennes séries [2], on versait constamment dans ce dépôt des fonds considérables plus ou moins étrangers au Conseil. Le maître des requêtes Tolozan, auteur d'un *Style* ou *Règlement du Conseil*, observait, en 1771, que, si l'on ne prenait point un grand parti, la multitude des papiers serait bientôt telle au Louvre qu'on ne pourrait plus y faire entrer les pièces intéressant le Roi [3]. Pour comble de malheur, le garde des minutes Coqueley de Chaussepierre vint s'installer, avec sa femme, dans un superbe appartement attenant aux archives, et que, de tout temps, on destinait à l'agrandissement du dépôt. Réclamations indignées de l'autre garde, Pierron, qui, jusqu'en 1776, ne cessa de faire retentir le ministère de ses plaintes [4]. « Que diroit un étranger, écrivait-on vers cette époque, s'il voyoit un dépôt aussi intéressant en l'état où il est faute d'emplacement [5] ! » En 1782, on affecta aux archives de la Maison du Roi une partie inoccupée de l'appartement de Chaussepierre, grand local « qui, à raison de son étendue, peut, pendant les longues nuits d'hiver, favoriser le malfaiteur qui viendroit s'y cantonner; les patrouilles du Louvre y ont plusieurs fois trouvé des gens qui s'y sont dits égarés [6]. » On pouvait espérer que bientôt le reste de l'appartement serait joint au dépôt du Conseil; mais Coqueley de Chaussepierre, qui comprenait d'une façon singulière ses devoirs de garde des minutes, déménagea clandestinement, et, quand son collègue apprit ce départ précipité, l'appartement était donné à l'Académie des sciences [7].

En dépit de ces contretemps et de ces vices d'organisation, les archives du Conseil rendirent de véritables services. A partir de 1756, nous avons la preuve qu'elles furent ouvertes au public le mardi et le vendredi, de neuf heures à une heure [8]. « Les minutes anciennes, écrivait-on en 1778, sont « rangées dans des cartons avec beaucoup d'ordre. Les ministres du Roi, tous ceux qui administrent « ses affaires y trouvent avec facilité et sans frais les pièces dont ils peuvent avoir besoin. Il n'en « coûte au public qu'un droit de recherche très léger [9]. » Il existait un certain nombre de répertoires partiels, et l'on songeait à exécuter sur l'ensemble du dépôt un inventaire général, dont le projet avait déjà reçu l'approbation du Garde des sceaux [10], quand la Révolution vint couper court à tous les travaux commencés.

Quant aux archives du Conseil privé, à plusieurs reprises il fut question de les placer également au Louvre. Mais, malgré les promesses faites par le Roi en 1631 et en 1756 [11], malgré les efforts des gardes Pujol, Cogorde, Laurent, qui insistèrent particulièrement en 1771, lorsque la suppression du Grand Conseil rendit vacants au Louvre de vastes appartements, les portes de la vieille demeure royale demeurèrent jusqu'au bout fermées aux minutes du Conseil des parties. La Révolution les trouva, rangées en bel ordre et déjà partiellement inventoriées, dans une maison de la

qui nous a fourni ces renseignements, et il paraît difficile de le supposer en présence d'une affirmation semblable de Camus (Félix Ravaisson, *Rapport adressé à S. E. le Ministre d'État au nom de la commission instituée le 22 avril 1861*, p. 284), la collection des minutes du Conseil d'État et des finances commençait alors dix ans plus tôt qu'elle ne commence aujourd'hui.

[1] Arch. nat., E 2086.

[2] Mémoire composé vers 1740. (Arch. nat., O¹ 1671¹.)

[3] Arch. nat., AB V⁴ 1.

[4] Lettres du 13 juillet, du 8 octobre 1773, du 6 juillet 1776. (Arch. nat., O¹ 1671¹.)

[5] Mémoire rédigé en 1778. (*Ibid.*)

[6] Lettre du comte d'Angivillier, 18 mars 1782. (*Ibid.*)

[7] Lettre de Boyetet des Bordes, 4 avril 1785. (*Ibid.*)

[8] Voir les *Almanachs royaux*, à partir de 1756.

[9] Arch. nat., O¹ 1671¹.

[10] A. de Boislisle, *Correspondance des contrôleurs généraux*, t. I, p. XXXIII.

[11] Voir un arrêt du Conseil d'État du 14 juillet 1756 (Arch. nat., E 2354, n° 82) qui ordonne de transporter « incessamment » au Louvre les anciennes minutes du Conseil privé et qui règle le service du classement, des recherches et des expéditions, en vue d'une installation définitive. Cet arrêt, comme beaucoup d'autres, est demeuré lettre morte.

rue des Billettes louée, pour la somme de six cents francs, aux chanoines de Sainte-Croix-de-la-Bretonnerie[1].

Des écrivains autorisés ont dit à quelles vicissitudes et à quels triages furent soumis les papiers administratifs pendant la période révolutionnaire. Un jour (1er frimaire an II), Mallet, l'un des deux gardes subordonnés à Camus, se fait adjuger les minutes du Conseil privé, et même celles du Conseil des finances, pour grossir sa *Section historique et judiciaire*. Puis le Conseil privé, attribué au citoyen Terrasse, est dirigé vers la Sainte-Chapelle, où il demeure jusqu'en 1847, tandis que le Conseil d'État, rattaché à la *Section domaniale*, est replacé au Louvre, sous la garde de l'ancien commis Cheyré (16 fructidor an V)[2]. Plus tard, en 1811, après de longues hésitations, Daunou fait passer le Conseil d'État (sous la cote E) dans la *Section administrative*, alors conservée au couvent des Minimes de la place des Vosges, et c'est seulement au mois d'octobre 1813 que la série E parvient à l'hôtel Soubise [3]. Elle y occupe actuellement une partie du premier étage dans le bâtiment neuf construit le long de l'ancienne rue du Chaume. Plus tard, un chef de la Section administrative eut l'heureuse idée de revendiquer pour la série E les minutes que le Bureau des triages ou Daunou en avaient malencontreusement distraites pour les faire figurer parmi les *Monuments historiques* [4] : replacées à leur ordre de date, elles ne sont plus reconnaissables qu'à l'ancienne cote K, qui rappelle leur long séjour dans les *Cartons des Rois* [5].

Enfin, par mesure de conservation, l'administration des Archives a entrepris, en 1873, de faire relier les minutes du Conseil d'État et des finances; ce travail, qui se poursuit sans interruption, a pour résultat de partager entre deux ou trois volumes le contenu de chacun des cartons, dont on a soin d'ailleurs de respecter le numérotage ancien.

Lorsque fut mis à l'étude le projet de publication d'un inventaire détaillé des arrêts du Conseil d'État, la direction générale des Archives ne crut pas devoir se contenter d'un dépouillement des cartons parvenus à l'hôtel Soubise. Frappée du grand nombre de lacunes qui déparaient la collection, surtout pendant les premières années du règne de Henri IV, elle pensa bien mériter du public et des savants en reconstituant, autant que possible, les anciennes séries d'arrêts. Elle résolut de réunir, dans un inventaire commun, les documents de la série E et les minutes ou transcriptions qu'une circonstance souvent fortuite avait fait entrer à la Bibliothèque nationale. De la sorte, le répertoire dont nous publions le premier volume réalisera, en quelque façon, cette concentration complète de toutes les minutes et de tous les registres du Conseil d'État que le XVIIe siècle avait projetée, que le XVIIIe a préparée, mais insuffisamment accomplie.

NOËL VALOIS.

[1] Arch. nat., O1 1671[1]. — Ravaisson, *Rapport au ministre d'État,* p. 283. — A. de Boislisle, *Correspondance des contrôleurs généraux,* t. I, p. v et suiv.

[2] Ces papiers furent alors cotés comme il suit : « *Conseil des finances :* 1566 cartons et 272 liasses, contenant les arrêts depuis et compris l'année 1593 jusques et compris le mois d'avril 1791; 458 registres de répertoires et plumitifs. » (Arch. nat., M 718.) — Cf. le compte rendu des travaux du Bureau du triage des titres depuis le 1er prairial an V jusqu'au 1er frimaire an VI (Arch. nat., T 1608).

[3] Arch. nat., AB Va 2.

[4] Ravaisson, *Rapport au ministre d'État,* p. 361. — Comte de Laborde, *Monuments historiques,* p. LXXIV, LXXXVI et XCIII. — Le 1er septembre 1809, Daunou proposait encore de « reconnoître dans les diverses parties de la Section domaniale les articles à réunir à la Section historique». (Arch. nat., M 719.)

[5] On a cependant laissé dans les *Cartons des Rois* un grand nombre d'états arrêtés au Conseil des finances (voir, par exemple, dans le carton K 118, les nos 11, 14, 18, 55 à 59, etc.).

TABLE DES CHAPITRES DE L'INTRODUCTION.

PREMIÈRE PARTIE. — DIVISIONS ET DÉMEMBREMENTS DU CONSEIL.

NOTE EXPLICATIVE

SUR LE MODE DE RÉDACTION DE L'INVENTAIRE.

Comme on l'a plus amplement expliqué dans l'Avant-propos et dans l'Introduction, tous les recueils d'arrêts du Conseil, conservés tant aux Archives qu'à la Bibliothèque nationale, ont été dépouillés en vue du présent Inventaire. Voici la nomenclature des registres ou cartons qui ont fourni la matière de ce premier volume :

Archives nationales.	*Bibliothèque nationale.*
E 1ᵇ.	
E 1ᵇ.	Ms. français n° 2751.
E 1ᶜ.	Ms. français n° 7007.
E 2ᵃ.	Ms. français n° 10841.
KK 1013. (Recueil de lettres et d'arrêts relatifs à la ville de Paris.)	Ms. français n° 16216.
	Ms. français n° 18159.
AD I 110. (Collection Rondonneau. Série chronologique de lettres patentes et d'arrêts imprimés.)	Ms. français n° 18160.
	Ms. français n° 18161.
AD I 113.	Ms. français n° 18162.
AD I 114.	Ms. français n° 18163.
AD I 115.	Ms. français n° 18164.
AD I 117.	Ms. français n° 18165.
AD I 119.	Ms. français n° 23677.
AD I 120.	Ms. Clairambault n° 652.
AD I 121.	Ms. Clairambault n° 653.
AD I 123.	Ms. Clairambault n° 654.
AD I 124.	Ms. Clairambault n° 1097.
AD I 127.	
AD I 128.	

Nous avons disposé les arrêts suivant l'ordre chronologique.

Les analyses ont été rédigées de manière à faire connaître, en quelques mots aussi brefs que possible, la nature et l'objet de la pièce, ou même, quand il y avait lieu, les circonstances les plus notables mentionnées soit dans l'exposé, soit dans le dispositif.

A part certaines pièces présentant des caractères tout à fait distincts, telles que les « avis » du Conseil, les « règlements », les « remontrances », les « articles » soumis à l'approbation du Conseil, etc., tous les actes ont été compris sous la dénomination d'« arrêts ». A vrai dire, d'autres expressions avaient cours au xviᵉ siècle : les termes d'« ordonnances » et d'« appointements » ont souvent servi à désigner des décisions du Conseil, particulièrement des actes rendus dans un intérêt privé ou intervenus au cours d'une instance judiciaire. Mais, outre que ces expressions n'ont jamais eu un sens nettement déterminé et ont été constamment employées les unes pour les autres, nous avons acquis la preuve que le terme générique était « arrêt » et qu'il pouvait, par conséquent, s'appliquer sans exception à toutes les décisions du Conseil.

Nous avons cherché, autant que possible, à traduire dans le langage moderne les idées et les faits contemporains de Henri IV, et nous n'avons que bien rarement reproduit les cotes anciennes qui figurent en tête ou au dos de quelques arrêts. Les phrases et les expressions que nous avons cru devoir emprunter au texte même des pièces ont été placées entre guillemets.

Les noms de lieux ont pu être presque toujours ramenés à leur orthographe actuelle.

L'identification des noms de personnes présentait de bien autres difficultés. La concision des arrêts, qui souvent nomment un personnage sans indiquer son prénom, ses fonctions, ses titres, et sans fournir aucune mention propre à le faire reconnaître, l'habitude de désigner un noble tantôt par son nom patronymique, tantôt par celui d'une de ses terres, le mauvais état des transcriptions, qui présentent beaucoup de noms propres sous une forme méconnaissable (par exemple « Pappe » pour Piépape, « Simieu » pour Disimieu, etc.), tout contribuait à compliquer cette partie de la tâche de l'éditeur. Aussi a-t-il cru devoir reproduire la forme même du manuscrit chaque fois que l'identification lui paraissait ne pouvoir s'accomplir avec toute la sûreté désirable, se réservant de corriger ou de compléter plus tard les indications onomastiques, si, au moment de la confection de la table, il avait acquis une entière certitude par le dépouillement des imprimés ou par le rapprochement des textes. De là vient que les noms de personnes gardent souvent dans l'analyse une forme quelque peu différente de celle qu'ils présentent dans la table : le lecteur est prévenu que la première forme est celle que donne le manuscrit, tandis que la seconde est la vraie forme, celle que l'éditeur a pu reconnaître au prix de recherches souvent longues et malaisées. Il arrivera peut-être que parfois la table elle-même reproduira la forme défectueuse du manuscrit : c'est qu'après avoir épuisé tous les moyens d'information, l'éditeur aura reconnu l'impossibilité de parvenir à une identification certaine du personnage.

La table alphabétique comprend : 1° une table des noms de personnes, complétés et, autant que possible, ramenés à leur véritable forme; 2° une table des noms de lieux, fournissant les indications géographiques nécessaires pour faire retrouver les localités sur la carte moderne; 3° une table des matières, groupant dans l'ordre alphabétique tous les renseignements fournis par les analyses d'arrêts sur l'histoire, sur les mœurs et sur les institutions de l'époque.

Les articles de la table renvoient aux numéros que portent les arrêts dans l'Inventaire.

INVENTAIRE

DES

ARRÊTS DU CONSEIL D'ÉTAT.

RÈGNE DE HENRI IV.

1592, 6 janvier. — Au camp devant Rouen.

1. — « Règlement que le Roy veult estre fait sur les [parties casuelles]. »

Bibl. nat. — Ms. fr. 7007, f° 298 r°.

1592, 25 janvier. — Darnetal.

2. — Arrêt ordonnant au trésorier de la marine du Ponant de fournir comptant 300 écus aux gens de guerre envoyés au secours du Roi par la reine d'Angleterre.

Bibl. nat. — Clairambault 654, p. 35.

3. — Arrêt attribuant au sieur Le Conte un office de président au parlement de Bordeaux, et réduisant à 4,000 écus la taxe dudit office, en considération des services rendus au Roi par ledit Le Conte.

Clair. 654, p. 35.

4. — Arrêt ordonnant la mise en liberté du sieur Pinart, attendu qu'il a « satisfait aux trente mil escus qu'il avoit pleu à Sa Majesté luy commander luy prester à la charge de remboursement ».

Clair. 654, p. 35.

5. — Arrêt attribuant à la veuve de M° Maulevault, conseiller au Grand Conseil, tué par les Ligueurs auprès de Château-Regnault, l'office de son mari, pour y être pourvu à sa nomination.

Clair. 654, p. 36.

6. — Arrêt relatif au payement de la rente due au sieur de Fors, pour la vente faite au Roi, par les héritiers du sieur de Myrambeau, de la châtellenie d'Hiers et des îles de Brouage.

Clair. 654, p. 36.

7. — Arrêt confirmant une ordonnance des trésoriers de France en la généralité de Paris relative au payement des droits sur le transport des marchandises et du bétail dans ladite généralité.

Clair. 654, p. 36.

8. — Arrêt approuvant les modérations de taxe ordonnées par le sieur de La Grange, gouverneur de Melun, et les trésoriers de France audit lieu, pour faciliter le passage des marchandises qui s'effectue par ladite ville.

Clair. 654, p. 37.

9. — Arrêt confirmant la commission donnée à

Mᵉ François Collin, pour la recette des deniers provenant des recherche, saisie et vente des biens appartenant aux Ligueurs, nonobstant les lettres de déclaration du 16 décembre 1591, qui ont révoqué toutes les commissions de ce genre.

Clair. 654, p. 38.

10. — Arrêt ordonnant à Mᵉ Étienne Regnault, trésorier général de l'Extraordinaire des guerres, de prendre sur les deniers destinés au payement des reîtres une somme de 2,100 écus, qu'il remettra comptant à Mᵉ Pierre Le Charron, son compagnon d'office, pour le payement d'un demi-prêt aux Suisses et de 200 écus aux quatre compagnies de lansquenets du sieur de Wilhemmott.

Clair. 654, p. 38.

11. — Arrêt ordonnant à Mᵉ Étienne Regnault de prendre sur les deniers destinés aux reîtres une somme de 775 écus, qu'il remettra à Mᵉ Pierre Le Charron, pour le payement de cinq compagnies de lansquenets du régiment du colonel Vincq.

Clair. 654, p. 38.

12. — Arrêt ordonnant au même de prendre sur les deniers destinés aux Suisses une somme de 1,000 écus, qu'il remettra à Mᵉ Le Charron, pour le payement de deux compagnies «de gens de guerre à pied Suisses».

Clair. 654, p. 39.

13. — Arrêt donnant assignation au trésorier de l'Extraordinaire des guerres d'une somme de 2,500 écus, à prendre sur les deniers des tailles de l'élection de la Rochelle, pour le payement de la garnison de Pons.

Clair. 654, p. 39.

14. — Arrêt décidant que la remise des décimes spécifiée dans la capitulation d'Avranches n'est applicable qu'aux ecclésiastiques résidant en ladite ville.

Clair. 654, p. 40.

1592, 27 janvier. — Darnetal.

15. — Arrêt évoquant au Conseil l'appel interjeté par le capitaine Gounard contre l'arrêt dudit Conseil qui le condamnait à restituer à un marchand d'Amsterdam cinq ballots de toile saisis par lui sur un navire qui allait en Espagne.

Clair. 654, p. 41.

16. — Arrêt donnant commission à Mᵉ Jean de Choisy pour faire la recette des deniers provenant de la douane transférée de Lion [sur-Mer] à Caen.

Clair. 654, p. 41.

17. — Arrêt réglant le remboursement de 29 muids de vin pris au sieur Bonnot, trésorier de la vénerie et fauconnerie du Roi, pour être distribués à la garnison de Melun, «pendant que les ennemis tenoyent le siège devant Corbeil».

Clair. 654, p. 41.

18. — Arrêt ordonnant aux commissaires généraux des vivres de faire distribuer 100 pains chaque jour à Philippe Faucart, pour la nourriture des chiens du Roi.

Clair. 654, p. 42.

19. — Arrêt ordonnant à Mᵉ Jean de Choisy, commis à la recette de la douane établie à Caen, Dieppe et Calais, de fournir au Roi, sous forme de prêt, une somme de 6,000 écus, dont il se remboursera sur les premiers deniers provenant de sa charge.

Clair. 654, p. 42.

1592, 6 février. — Darnetal.

20. — Lettre de «Messieurs en Conseil» proposant au Roi la nomination d'un commissaire chargé de faire enquête sur les exactions des garnisons de Corbeil, Montlhéri, etc.

Clair. 654, p. 47. — Cf. *ibid.*, p. 159.

1592, 9 février. — Darnetal.

21. — Arrêt ordonnant au sieur Du Fay, conseiller d'État, de requérir cent paysans pour aider à la construction d'un fort.

Clair. 654, p. 51.

22. — Arrêt ordonnant au sieur Du Fay de mettre en réquisition tous les bateaux qu'il pourra trouver, pour hâter la construction du pont que le Roi fait établir sur la Seine.

Clair. 654, p. 53.

1592, 11 février. — Darnetal.

23. — Arrêt confirmant un autre arrêt du 9 mars 1590 qui avait condamné Jean Biard, receveur des tailles en l'élection d'Argentan, à restituer ès mains du trésorier de l'Épargne une somme de 4,904 écus 10 sols, par lui fournie sur les deniers de sa recette au comte de Brissac et autres Ligueurs.

Clair. 654, p. 55.

24. — Avis du Conseil tendant à faire lever une imposition de 40,000 écus sur les habitants du plat pays de Bretagne, pour subvenir à l'entretien de l'armée dans ledit pays.

Clair. 654, p. 55.

25. — Avis du Conseil tendant à valider les levées de deniers faites par le sieur de La Force, lieutenant général et gouverneur des villes de Bergerac, Sainte-Foy et Montflanquin, et de pourvoir au remboursement des avances faites par ledit sieur pour le service de Sa Majesté.

Clair. 654, p. 56.

26. — Arrêt ordonnant au parlement de Bretagne de ne « prendre plus doresnavant aulcune cognoissance de ce qui touche le faict des finances ».

Clair. 654, p. 57.

27. — Arrêt réglant la saisie et la vente des biens des Ligueurs en Bretagne.

Clair. 654, p. 58.

1592, 13 février. — Darnetal.

28. — Arrêt accordant aux fournisseurs des greniers à sel une augmentation sur le « prix de marchand ».

Clair. 654, p. 63 et 71.

29. — Arrêt ordonnant que le sieur de Châtillon, trésorier de France à Orléans, continuera à exercer sa charge en la ville de Chartres, et qu'il lui sera adjoint un de ses compagnons d'office, afin qu'il y ait toujours deux trésoriers de France résidant à Chartres.

Clair. 654, p. 63.

30. — Arrêt approuvant le règlement des trésoriers de France établis à Orléans « pour l'exercice de leurs estats ès villes de Bloys et Chartres, où ils ont été transférés ».

Clair. 654, p. 64.

31. — Arrêt ordonnant d'expédier les lettres de confirmation de la vente à faculté de rachat perpétuel des greffes du parlement de Paris, transféré à Tours.

Clair. 654, p. 64.

32. — Arrêt ordonnant la levée d'une somme de 2,000 écus sur les habitants de Louviers « de toute qualité, sans nul excepter », pour l'achèvement de la citadelle en construction audit lieu.

Clair. 654, p. 65.

1592, 15 février. — Darnetal.

33. — Arrêt prorogeant pour quatre mois les commissions ci-devant délivrées pour l'aliénation du domaine, des aides, greffes et tabellionages.

Clair. 654, p. 65.

34. — Arrêt autorisant les commissaires délégués aux aliénations du domaine à subdéléguer les élus pour procéder à l'aliénation des greffes de paroisse.

Clair. 654, p. 65.

35. — Arrêt ordonnant qu'un des trésoriers de France à Tours se transportera au Mans, pour y visiter, et évaluer avec les maîtres maçons et charpentiers, les travaux faits ou à faire au château de ladite ville, et pour lever sur les habitants la somme qui sera reconnue nécessaire pour l'achèvement des travaux.

Clair. 654, p. 65.

36. — Arrêt portant acceptation de l'enchère mise par Gilles Le Moyne et Gervais Vannelle sur la ferme des aides en la ville de Chartres, et mandant au Conseil les fermiers desdites aides, pour être ouïs sur le dédommagement qu'ils pourraient réclamer ou les offres qu'ils pourraient faire.

Clair. 654, p. 66.

37. — « Estat des parties à acquitter en l'estat de
de M⁰ Thomas Robin, receveur général des finances
en Berry, qui font portion de la somme de 20,514
écus 10 sous 4 deniers, à luy deue par la fin de son
estat vérifié par Messieurs les trésoriers généraulx de
France pour l'année 1591. »

Clair. 654, p. 29.

1593, 4 janvier. — Chartres.

38. — Arrêt déchargeant les religieux de Saint-
Florent de Saumur de l'entretien de six soldats tenant
garnison dans ladite abbaye.

Clair. 654, p. 219.

39. — Arrêt déchargeant les habitants de Saint-
Phal de moitié de ce qu'ils doivent pour les tailles et
crues, à condition qu'ils payeront l'autre moitié comptant.

Clair. 654, p. 219.

40. — Arrêt ordonnant que les lettres de provision
de l'office de receveur général des bois au département
de Bourgogne et Champagne, accordées à feu Jean
de Bréda, décédé avant d'avoir été reçu audit état,
seront réformées au nom de Christophe de Bréda,
son frère.

Clair. 654, p. 219.

41. — Arrêt ordonnant de rembourser au sieur de
Schomberg une somme de 8,949 écus 7 sols, sur les
premiers écus provenant de l'aliénation du domaine,
réserve faite des 10,000 écus affectés au remboursement de ce qui est dû aux sieurs de Revol et de
Fresnes, et au payement des mulets achetés pour le
service de l'armée.

Clair. 654, p. 220.

42. — Arrêt réglant le remboursement d'une obligation de 5,000 écus souscrite par le sieur Scipion
Sardini.

Clair. 654, p. 220.

43. — Arrêt interdisant la perception d'une taxe
sur le sel levée pour subvenir aux dépenses des fortifications de Jargeau, jusqu'après audition au Conseil
de ceux qui lèvent ladite taxe.

Clair. 654, p. 220.

1593, 7 janvier. — [Chartres.]

44. — Arrêt ordonnant que les offres d'enchère
faites par Adrien L'Auzeray, premier valet de chambre
du Roi, pour la terre et seigneurie de Rochefort-sur-
Charente, adjugée à dame Louise de Pons, dame
d'Usson, seront reçues au Conseil, et que nouvelles
proclamations seront faites pour la mise en adjudication de ladite terre.

Clair. 654, p. 221.

45. — Arrêt déchargeant les habitants de Saint-
Junien des restes des tailles de 1589 et 1590, à condition qu'ils payeront ce qu'ils doivent pour les années
1591 et 1592.

Clair. 654, p. 221.

46. — « Ont esté leues au Conseil les lettres patentes de déclaration de Sa Majesté sur la neutrallité
accordée cy-devant aux habitans de la ville et ellection
et greniers à sel de Nemours. »

Clair. 654, p. 221.

1593, 9 janvier. — [Chartres.]

47. — Arrêt ordonnant d'expédier les lettres patentes établissant une taxe d'un écu par tonneau de vin
pour être employée aux fortifications de Pithiviers.

Clair. 654, p. 222.

48. — Arrêt interdisant aux gouverneurs des
villes et châteaux du royaume de faire fortifier les
villes et châteaux dont ils ont le commandement, sans
avoir fait approuver par Sa Majesté le plan des travaux
qu'ils prétendent y faire.

Clair. 654, p. 222.

49. — Arrêt ordonnant aux marchands qui auront acquitté les droits de transport à Saint-Arnould,
Rambouillet ou Dourdan, de passer ensuite par Che-
vreuse ou Châtres, pour y faire voir leur marchandise
au bureau du contrôleur général, et les obligeant à
déclarer d'avance par quel bureau ils entendent passer.

Clair. 654, p. 223.

50. — Arrêt donnant assignation à Mᵉ Claude Bourgeois pour le remboursement de partie d'une somme de 32,000 écus, pour laquelle il s'est engagé, avec le maréchal d'Aumont et le sieur de Vaugrenan, envers Mᵉ Étienne Millet et autres, et sur laquelle a été prélevée la somme de 12,000 écus payée au sieur de Larthuise pour la reddition de la citadelle de Chalon-sur-Saône.

Clair. 654, p. 223.

51. — Arrêt réglant les conditions d'un emprunt de 10,000 écus fait par le Roi au sieur Barthélemy Cenamy, gentilhomme lucquois.

Clair. 654, p. 224.

52. — Arrêt réglant le payement d'une somme de 4,600 écus due au sieur de Damville pour son état de colonel des Suisses et pour le payement d'une partie de ses gardes.

Clair. 654, p. 224.

53. — Arrêt ordonnant le remboursement à Mᵉ Nicolas Parent, «subrogé au lieu de feu Noël de Hère pour le fournissement des greniers à sel,» d'une somme de 3,000 écus, dont Sa Majesté «se seroit aydée» pour payer ce qui était dû aux Suisses licenciés en 1591.

Clair. 654, p. 224.

54. — Arrêt statuant sur le payement de la garnison de Bonneval et du sieur de Guybert, commandant pour le Roi en ladite ville.

Clair. 654, p. 224.

———

1593, 10 janvier. — Chartres.

55. — «Estat des parties et sommes de deniers qui sont deubz par le Roy au sieur de Schombert, conte de Nantheul et felt-mareschal des gens de guerre allemandz de Sa Majesté.»

Clair. 654, p. 231.

———

1593, 11 janvier. — Chartres.

56. — Requête présentée par le sieur de Schomberg «au Roi et à Messeigneurs de son Conseil» pour obtenir payement des sommes portées au susdit état.

Avis du Conseil favorable à ladite requête et brevet portant approbation de la requête par le Roi.

Clair. 654, p. 235 à 237.

57. — Arrêt conforme au susdit brevet.

Clair. 654, p. 351.

58. — Arrêt ordonnant à Mᵉ Antoine de Chaulnes, trésorier des réparations et fortifications de Dauphiné, Provence et Savoie, de communiquer ses états de recettes et dépenses aux gouverneurs, lieutenants généraux, syndics et députés desdites provinces, toutes les fois qu'il en sera requis.

Clair. 654, p. 227.

59. — Arrêt ordonnant que les personnes qui auront obtenu des lettres de rétablissement ne jouiront des gages attribués à leurs offices que du jour de la vérification desdites lettres de rétablissement.

Clair. 654, p. 243. — Cf. ibid., p. 99.

60. — «Ont esté veues au Conseil» les lettres de déclaration portant établissement d'un bureau de douane à Tours.

Clair. 654, p. 243.

61. — Arrêt ordonnant qu'il sera fait recherche des officiers des diverses élections qui prétendent être exempts des tailles, sans avoir payé finance pour jouir de ladite exemption.

Clair. 655, p. 243.

02. — Arrêt établissant une taxe sur la viande vendue à Tours, pour subvenir aux dépenses des fortifications de ladite ville.

Clair. 654, p. 243

63. — Arrêt ordonnant qu'en exécution de l'arrêt du 4 mai 1591, rendu en faveur de Scipion Sardini contre les prévôt des marchands et échevins de la ville de Paris, il sera permis audit Sardini de s'attribuer une somme de 1,500 écus, dont le sieur Cotteblanche, l'un desdits échevins, avait été sur lui assigné.

Clair. 654, p. 244.

64. — Arrêt ordonnant que les proclamations des ventes du domaine en Normandie, qui auraient dû être faites dans les vicomtés dont le siège est occupé par les

ennemis, se feront dans les lieux les plus voisins dudit siège.

Clair. 654, p. 244.

65. — Arrêt ordonnant que les offres d'enchère présentées par Guillaume Texier pour la ferme générale des gabelles en Languedoc, Dauphiné et Provence, seront acceptées, et que nouvelle proclamation sera faite de ladite ferme.

Clair. 654, p. 244.

66. — Arrêt déchargeant Jean Souillard, fermier du huitième en la paroisse de Mézières, d'une somme de 117 écus qu'il a été contraint de payer aux gens de la Ligue à Dreux.

Clair. 654, p. 245.

67. — Arrêt ordonnant de lever les taxes de 20 sols et 10 sols établies sur le sel par arrêt du 8 août 1592 et lettres patentes du 11 août suivant, nonobstant les oppositions et appels des trésoriers de France.

Clair. 654, p. 245.

68. — Arrêt accordant quatre archers au lieutenant criminel de robe courte de la châtellenie d'Yvré-le-Châtel, outre les quatre qu'il a déjà.

Clair. 654, p. 246.

69. — Arrêt réglant les gages des sieurs Séguier et Servin, avocats généraux au parlement de Tours.

Clair. 654, p. 246.

70. — Arrêt faisant droit aux réclamations des receveurs généraux en Poitou contre les empiétements tentés sur leurs fonctions par les élus d'Angoulême et autres officiers.

Clair. 654, p. 246.

71. — Arrêt accordant aux habitants d'Issy une surséance de six mois pour le payement de leurs tailles.

Clair. 654, p. 247.

72. — Arrêt ordonnant que les rentes assignées sur les décimes seront payées aux personnes « reconnues serviteurs de Sa Majesté » par Me Philippe de Castille, receveur général du clergé, sur les états qui en seront dressés au Conseil.

Clair. 654, p. 247.

73. — Arrêt ordonnant d'imposer en deux années, sur les habitants du Dauphiné, la somme de 14,046 écus 1/2, pour le remboursement des frais faits par le sieur de Gouvernet pour la reprise de la ville de Châteaumeillant.

Clair. 654, p. 248.

74. — Arrêt accordant à Marin Barberie, fermier du huitième en la paroisse de Bu, une remise de 100 écus sur ce qu'il doit de sa ferme, en considération du pillage dudit lieu par les gens de la Ligue.

Clair. 654, p. 248.

75. — Arrêt donnant assignation au sieur de La Rivière, gouverneur de Bellême, pour une somme de 9,000 écus à lui due sur la rançon du sieur de La Mothe-Serrant.

Clair. 654, p. 248.

76. — Arrêt donnant assignation d'une somme de 300 écus à Villemin Velly et Gaspard Vidmarquer, pour voyages par eux faits en Allemagne pour le service du Roi.

Clair. 645, p. 249.

77. — Arrêt donnant assignation à César Eustache, Claude Oddet et autres, conducteurs des mulets servant au transport des vivres de l'armée, pour une somme de 7,333 écus 21 sols 6 deniers.

Clair. 654, p. 249.

78. — Arrêt nommant Me Pierre de Belloy à la charge d'avocat général au parlement de Toulouse, transféré à Montpellier, à condition qu'il payera une indemnité de 1,500 écus aux héritiers de Me Daffis, dernier titulaire dudit office.

Clair. 654, p. 249.

79. — Arrêt ordonnant le payement à Jean Bosquet, président en la chambre des comptes de Montpellier, et à Jeanne de Laudun, sa femme, d'une somme de 4,000 écus, « qui leur auroit esté accordée pour la récompense du marquisat de l'Isle d'Ières à eulx advenu par le trespas du feu sieur d'Aramon ».

Clair. 654, p. 249.

1593, 14 janvier. — Chartres.

80. — Arrêt portant adjudication à Mᵉ Guillaume de Guetz des aides de la ville d'Angoulême, pour la somme de 11,200 écus.

Clair. 654, p. 255.

81. — Arrêt ordonnant d'expédier lettres de contrainte à Mᵉ René de La Mare, receveur général des finances à Limoges, pour le payement d'une somme de 1,198 écus 20 sols, due au cardinal de Bourbon.

Clair. 654, p. 255.

82. — Arrêt fixant à 100 écus l'indemnité due à Mᵉ Émile Perrot, procureur général des Eaux et forêts de France, pour le voyage par lui fait de Tours à Chartres pour les affaires du Roi.

Clair. 654, p. 255.

83. — Arrêt réglant le payement de la somme de 66,526 écus 9 sols 6 deniers, due au sieur de Sancy pour « la despence qu'il a faicte pour l'armée qu'il a mise sus et exploictée en Savoye ès années 1590 et 1591 ».

Clair. 654, p. 255.

84. — Arrêt accordant au président de Metz l'office de second président en l'élection de Vendôme, en échange d'un office de président dont il a été débouté par la Cour des aides en faveur de Jean Grimaudet, qui en avait été précédemment pourvu.

Clair. 654, p. 256.

85. — Arrêt déchargeant les habitants de Saint-Jean-de-Braye de ce qu'ils doivent des tailles des années 1589 et 1590.

Clair. 654, p. 256.

86. — Arrêt déchargeant l'abbesse et les religieuses de Notre-Dame de Moulins des décimes des années 1589, 1590 et 1591.

Clair. 654, p. 256.

87. — Arrêt donnant assignation sur le trésorier de l'Épargne à Mᵉ François de Lauson, conseiller au Parlement, pour le payement de ses gages.

Clair. 654, p. 256.

88. — Arrêt accordant un office de conseiller au parlement de Toulouse à Mᵉ Abel Du Suc, ci-devant pourvu de l'office d'avocat du Roi en la chambre mi-partie établie à l'Isle-d'Albi.

(Arrêt cancellé.)

Clair. 654, p. 257.

89. — Arrêt réglant le payement d'une assignation de 4,600 écus donnée au sieur de Damville sur Mᵉ René de La Mare, receveur général des finances à Limoges.

Clair. 654, p. 257.

90. — Arrêt accordant aux officiers des eaux et forêts au siège de la Table de marbre, transférée à Tours, une somme de 200 écus, pour leur permettre « d'approprier quelque lieu commode à l'exercice de leur jurisdiction ».

Clair. 654, p. 257.

91. — Arrêt ordonnant d'expédier à Mᵉ Pierre Le Charron, trésorier général de l'Extraordinaire des guerres, des lettres de validation pour passer à son compte diverses dépenses faites, pour le service du Roi, par le comte de La Rochepot, lieutenant général en Anjou.

Clair. 654, p. 258.

92. — Arrêt annulant une vente de bois faite par le maître des eaux et forêts du Perche, au préjudice d'une assignation donnée au sieur de Vaurèze, maître des forges de la Rochette, pour le payement de 10,000 balles de canon par lui fournies au Roi.

Clair. 654, p. 258.

1593, 16 janvier. — Chartres.

93. — Arrêt confirmant l'adjudication faite à Pierre Bedacier du greffe de la Cour des aides de Paris, transférée à Tours, nonobstant les oppositions formées par Mᵉ Isaac Habert, Claude Tonnelier, Anne Marchebouc et Catherine Poncet.

Clair. 654, p. 267.

94. — Arrêt ordonnant l'acquit des quittances délivrées au feu amiral de Biron sur les confirmations d'offices de Guéret et de la Haute-Marche, et annulant

les quittances délivrées au sieur de La Guiche sur les mêmes fonds.

Clair. 654, p. 268.

95. — Arrêt donnant assignation au sieur de Souvré, gouverneur et lieutenant général en Touraine, pour le payement de sa pension pendant les cinq dernières années.

Clair. 654, p. 268.

96. — Arrêt accordant à Richard de Chanprepuce, fermier du total des quatrièmes en la ville de Coutances, une remise sur le prix de sa ferme, en conséquence de la non-jouissance dont il a souffert pendant l'occupation de ladite ville par les Ligueurs.

Clair. 654, p. 269.

97. — Arrêt ordonnant que Jean de Bourdeaulx, contrôleur des aides en l'élection de Vernon et Gournay, fera le contrôle des deniers provenant des taxes sur le vin et autres marchandises passant à Vernon, nonobstant la commission donnée à Mᵉ André Le Cousturier pour le contrôle du vin, laquelle est révoquée.

Clair. 654, p. 269.

98. — Arrêt accordant à Mᵉ Jehannet, sieur de La Soulaye, l'office d'avocat du Roi au présidial d'Angers, moyennant la somme de 1,900 écus, et nonobstant les enchères qui pourraient être mises sur ledit office.

Clair. 654, p. 269.

99. — Arrêt décidant que Mᵉ Claude Quiquebeuf, contrôleur général des bois au département d'Outre-Seine-et-Yonne, qui avait été commis à l'exercice de l'état de contrôleur général des finances, à une époque où il ne se faisait aucune vente de bois, exercera dorénavant son état de contrôleur général des bois.

Clair. 654, p. 270.

100. — Arrêt ordonnant le payement des gages de Mᵐ Jean de Brion et Bouyn, conseillers au Parlement, autorisés par le Roi à demeurer dans Paris.

Clair. 654, p. 270.

101. — Arrêt faisant défense aux trésoriers de France de poursuivre Michel Damas, receveur et fermier de Bray-sur-Seine, Courlon et Villeneuve, à raison de la perception des fruits desdites terres, attendu qu'il n'a pu jouir de ladite ferme.

Clair. 654, p. 270.

102. — Arrêt déchargeant le sieur de La Rochepot, lieutenant général en Anjou, envers Mᵉ Lazare Cochon, grènetier de Saumur, d'une somme de 150 écus, par lui prise sur ledit grenier, en l'an 1590, pour le payement des officiers de l'artillerie « qui s'en vouloient aller ».

Clair. 654, p. 271.

103. — Arrêt ordonnant aux officiers des greniers à sel de Janville, Châteaudun et autres de percevoir les crues de 20 sols, 10 sols et 1 écu 15 sols prescrites par Sa Majesté, encore que lesdites crues n'aient été vérifiées par la Cour des aides et les trésoriers géraux de France, « dont il n'est besoing, n'estant la levée d'icelles que pour ung temps préfix, et non à perpétuité ».

Clair. 654, p. 271.

1593, 18 janvier. — [Chartres.]

104. — Arrêt donnant décharge à Mᵉ Vallet, commis à la recette du grenier à sel de Pont-de-l'Arche, pour les deniers empruntés audit grenier par le sieur Du Rouillet, gouverneur des villes de Louviers et Pont-de-l'Arche, pour le payement des garnisons desdites villes.

Clair. 654, p. 272.

105. — Arrêt ratifiant une taxe sur le vin, établie aux Ponts-de-Cé par le prince de Conti, pour pourvoir au remboursement d'un prêt de 28,500 écus, fait au Roi par les maire, échevins et habitants d'Angers; et établissant, pour le même objet, une autre taxe sur le vin en la ville d'Angers.

Clair. 654, p. 274.

106. — Arrêt établissant diverses taxes, afin de pourvoir au remboursement des deniers avancés par les échevins et habitants de Blois pour l'entretien de l'armée et la conservation de la ville en l'obéissance du Roi.

Clair. 654, p. 275.

1593, 21 janvier. — Chartres.

107. — Avis du Conseil tendant à accorder aux gens du parlement de Normandie une somme de 5,000 écus, à prendre sur les biens des Ligueurs, et des robes rouges, à la place de celles qui leur ont été prises pendant les troubles.

Clair. 654, p. 276.

108. — Avis du Conseil tendant à accorder aux gens du parlement de Paris, transféré à Tours, une indemnité de 10,000 écus, à prendre sur les biens des Ligueurs, et des robes rouges, à la place de celles qu'ils ont perdues à Paris.

Clair. 654, p. 277.

1593, 23 janvier. — Chartres.

109. — Arrêt ordonnant que M° François de Vigny, receveur de la ville de Paris, exercera son office à la suite du Conseil, ou en telle ville que Sa Majesté jugera plus commode, et ne payera que les rentes dues aux serviteurs reconnus de Sa Majesté, suivant l'état qui en sera dressé au Conseil, le payement des rentes constituées sur le clergé demeurant attribué à M° Philippe de Castille, receveur général du clergé.

Clair. 654, p. 283.

110. — Arrêt décidant que l'exemption des tailles ne peut être continuée aux habitants de Vervins, mais que le don de 400 livres par an sur le sel débité au grenier de ladite ville, à eux accordé en 1527, leur sera continué pendant six ans.

Clair. 654, p. 283.

111. — Arrêt ordonnant que les 320 écus imposés sur la ville de Compiègne pour la taxe des clochers seront levés, mais employés aux dépenses que la guerre nécessitera en ladite ville.

Clair. 654, p. 283.

112. — Arrêt ordonnant aux fermiers de Royan d'acquitter l'assignation de 6,280 écus sur eux délivrée au sieur de Caudelay, gouverneur de Royan, pour le payement de la garnison de ladite ville.

Clair. 654, p. 284.

113. — Arrêt déchargeant les habitants de la paroisse Saint-Nicolas du Mesnil-Simon de ce qu'ils doivent des tailles de l'année 1589, et leur accordant surséance pour le payement des tailles de 1592.

Clair. 654, p. 284.

114. — Arrêt entérinant les lettres patentes donnant mainlevée à la dame de Brissac des terres et seigneuries de Montjean, Sillé-le-Guillaume, Malestroit, Châteaugiron, Assigny, etc.

Clair. 654, p. 284.

115. — Arrêt ordonnant que le château et la place de Villandraut seront remis au baron de Duras et de Villandraut nonobstant l'arrêt du parlement de Bordeaux qui en avait ordonné la démolition.

Clair. 654, p. 285.

116. — Arrêt fixant la quantité de bois qui sera distribuée aux corps de garde de Compiègne, en attendant que les habitants de ladite ville aient justifié de leur droit à prendre dans la forêt de Cuise le bois nécessaire à leurs corps de garde.

Clair. 654, p. 285.

117. — Arrêt accordant aux habitants de Meulan une somme de 200 écus par an, à prendre sur les biens des Ligueurs, pour le bois et la chandelle des corps de garde du fort de Meulan.

Clair. 654, p. 286.

1593, 26 janvier. — Chartres.

118. — Arrêt interdisant aux trésoriers de France et autres comptables de communiquer aux gouverneurs des villes et provinces les états, rôles et instructions concernant les finances, et défendant aux gouverneurs et autres gens de guerre « de prendre aucuns deniers de force ès coffres des receptes, ne ailleurs ».

Clair. 654, p. 291.

119. — Arrêt interdisant aux gouverneurs des villes et provinces de lever aucune contribution en deniers ou en nature, sinon en vertu de lettres patentes du Roi dûment vérifiées par les trésoriers de France.

Clair. 654, p. 292.

120. — Arrêt interdisant, sous peine de la vie, aux gens de guerre, cabaretiers, vivandiers, etc., de loger leurs chevaux, bétail ou bagages dans les églises, cloîtres, cimetières ou autres lieux saints et sacrés.

Clair. 654, p. 292.

121. — Arrêt déchargeant le clergé de la ville de Caen de la taxe pour les fortifications de ladite ville.

Clair. 654, p. 293.

122. — Arrêt ordonnant de lever un emprunt de 6,000 écus sur les habitants de Senlis et de 2,000 écus sur ceux de Compiègne, pour subvenir aux frais de la guerre.

Clair. 654, p. 293.

123. — Arrêt renvoyant par-devant le parlement de Normandie le procès soutenu par Mᵉ Jacques Du Fay en la chambre des comptes de ladite province.

Clair. 654, p. 293.

124. — Arrêt donnant assignation d'une somme de 2,046 écus au sieur Du Rouillet, gouverneur de Pont-de-l'Arche et de Louviers, pour le payement de 3,060 boisseaux de blé par lui fournis à l'armée du Roi.

Clair. 654, p. 294.

125. — Arrêt ordonnant le payement des gages de Mᵉ Jonas Marie, receveur des tailles en l'élection de Montivilliers.

Clair. 654, p. 294.

126. — Arrêt prorogeant pour six années les octrois de la ville de Saint-Junien.

Clair. 654, p. 294.

127. — Arrêt réglant l'acquit d'une somme de 20,000 écus due à dame Suzanne de La Porte, veuve du sieur de Richelieu, grand prévôt de France.

Clair. 654, p. 294.

128. — Arrêt attribuant aux receveurs des tailles de la généralité de Bourges un certain nombre de soldats, pour les aider au recouvrement des tailles.

Clair. 654, p. 295.

129. — Arrêt ordonnant de payer une somme de 200 écus à Mᵉ Éloi Maignan, docteur en théologie, « prédicateur retenu par Sa Majesté ».

Clair. 654, p. 295.

130. — Arrêt ordonnant qu'il sera pourvu par commission aux offices d'huissiers en la Cour des aides, transférée à Tours, les titulaires desdits offices étant tous « rebelles et tenant le party de la Ligue ».

Clair. 654, p. 296.

131. — Arrêt ordonnant le payement d'une fourniture de blé faite par Pierre Stargas, pourvoyeur du Roi.

Clair. 654, p. 296.

132. — Arrêt déchargeant les habitants d'Angers d'une partie de la taxe pour l'entretien des garnisons.

Clair. 654, p. 296.

1593, 28 janvier. — Chartres.

133. — Arrêt attribuant au payement des gens de guerre de Guyenne les deniers provenant des taxes sur le clergé de la généralité de Bordeaux, par dérogation expresse à l'arrêt qui avait réservé tous les deniers de cette nature au payement des rentes constituées sur l'hôtel de ville de Paris.

Clair. 654, p. 303.

134. — Arrêt ordonnant aux trésoriers de France à Poitiers de lever la somme de 6,666 écus 8 sols, à laquelle monte l'adjudication de la fourniture des grains destinés au magasin établi à Thouars, nonobstant les oppositions soulevées contre ladite adjudication.

Clair. 654, p. 304.

135. — Arrêt ordonnant aux commis à la recette du subside qui se lève à Royan d'envoyer leurs comptes au Conseil dans un délai de trois mois, pour qu'il puisse être fait un nouveau bail.

Clair. 654, p. 305.

136. — Arrêt ordonnant que tous les deniers provenant des élections de Châteaudun et de Vendôme seront apportés en la présente année à la recette générale établie à Chartres, et que l'assignation donnée au trésorier de l'Extraordinaire des guerres sur lesdits deniers, pour le payement des garnisons du gouvernement de Blois et Orléans, sera remplacée par une assignation sur les tailles des élections de Romorantin, Orléans et Beaugency.

Clair. 654, p. 305.

137. — Arrêt pourvoyant au payement d'une fourniture de poudre faite par des marchands de Coutances, et déclarant « nul et tortionnaire » l'emprisonnement de Mᵉ Pierre de Bernières, receveur des finances à Caen, lequel avait été arrêté à la poursuite desdits marchands et à raison dudit payement.

Clair. 654, p. 306.

138. — Arrêt réglant à 5,000 écus les appointements dus au sieur de Massez, lieutenant général en Angoumois et Saintonge, « pour le temps qu'il a servy en Piedmont » de 1583 à 1588.

Clair. 654, p. 307.

139. — Arrêt confirmant les lettres de rétablissement de l'élection de la Flèche, nonobstant tous arrêts contraires obtenus à la requête des élus de Baugé.

Clair. 654, p. 307.

140. — Arrêt déchargeant Mᵉ Edmond Servient, receveur général des finances à Rouen, d'une somme de 500 écus à lui volée par les gens de la Ligue.

Clair. 654, p. 308.

141. — Arrêt relatif au recouvrement des restes des tailles des années 1589 à 1592 dus par les collecteurs des paroisses et les receveurs particuliers de Champagne et Brie.

Clair. 654, p. 308.

142. — Arrêt ordonnant aux trésoriers généraux d'exiger caution des commis aux recettes particulières des vivres et marchandises allant aux villes rebelles, et réglant les taxations qui pourront être accordées auxdits commis.

Clair. 654, p. 309.

143. — Arrêt réglant le payement d'un quartier de la solde de la compagnie d'hommes d'armes du sieur de Montlouet.

Clair. 654, p. 310.

144. — Arrêt ordonnant le payement au sieur de Caudelay, gouverneur de Royan, d'une somme de 1,186 écus 50 sols, pour les dépenses par lui faites pour la conservation de ladite ville en l'obéissance de Sa Majesté.

Clair. 654, p. 311.

145. — Arrêt donnant décharge à Mᵉ Nicolas Bellanvilliers, commis à la recette des tailles en l'élection de Beauvais, d'une somme de 800 écus à lui volée par les gens de la Ligue.

Clair. 654, p. 311.

146. — Arrêt autorisant l'établissement pour un an d'une taxe sur le sel, l'orge et l'avoine entrant en la ville d'Anglure, pour subvenir à la garde de ladite ville.

Clair. 654, p. 312.

147. — Arrêt ordonnant aux trésoriers provinciaux et aux commis des trésoriers généraux de l'Extraordinaire des guerres de rendre leurs comptes aux trésoriers généraux dans un délai de deux mois après leur sortie de charge.

Clair. 654, p. 313.

1593, 1ᵉʳ février. — Chartres.

148. — Arrêt ordonnant de lever une crue extraordinaire de 40,000 écus sur la généralité de Picardie, pour le payement des garnisons dudit pays.

Clair. 654, p. 319.

149. — Arrêt ordonnant aux trésoriers généraux de Picardie de procéder à l'aliénation des greffes domaniaux de ladite généralité et d'en affecter le produit au payement des garnisons.

Clair. 654, p. 319.

150. — Arrêt « portant résolution de ne faire plus don des biens des rebelles en Picardie, sinon d'un tiers, les autres deux tiers réservez pour servir au payement des garnisons dudit pays de Picardie ».

Clair. 654, p. 319.

151. — Arrêt supprimant un office de président au bureau des finances de la généralité de Paris, à

condition que les trésoriers de France rembourseront Mᵉ Louis Picot, qui en était pourvu.

Clair. 654, p. 319.

152. — Arrêt relatif au payement des arrérages d'une rente réclamés par le président Nicolay sur la recette générale de Châlons.

Clair. 654, p. 320.

153. — Arrêt ordonnant d'imposer sur les élections de Châteaudun et de Bonneval, une somme de 550 écus, pour le remboursement de pareille somme avancée par le fermier de l'abbaye de Bonneval au capitaine Angevin et à sa compagnie.

Clair. 654, p. 320.

154. — Réponses du Conseil aux remontrances présentées par les gens du parlement de Tours :

1° Sur les levées de deniers ordonnées par les gouverneurs et capitaines des villes;

2° Sur les bénéfices;

3° Sur l'édit de surannation;

4° Sur l'affaire de la régale du doyenné de Bayeux;

5° Sur les attributions des membres du parlement siégeant à Châlons;

6° Sur le payement de leurs gages, etc.

Clair. 654, p. 322.

155. — Arrêt ordonnant de publier dans tous les sièges de la généralité de Châlons les lettres patentes interdisant au parlement de Châlons de connaître des affaires de finances.

Clair. 654, p. 323.

156. — Arrêt déchargeant Jean Bellanger et Julien Poilvillain, fermiers de l'ancien subside de 5 sols par muid de vin entrant en la ville du Mans, du payement de leur ferme pour les années 1588 et 1589.

Clair. 654, p. 323.

157. — Arrêt ordonnant à Mᵉ Paul Parent, conseiller, notaire et secrétaire du Roi, de rendre compte, dans un délai de deux mois, du maniement de deniers à lui confié par le feu sieur de Châtillon, et décidant qu'il sera sursis pendant ce temps au décret de prise de corps décerné contre ledit Parent par les gens des Comptes.

Clair. 654, p. 324.

158. — « Estat de la perte de finances que le Roy portera sur les survivances accordées par Sa Majesté pour parvenir au recouvrement de la somme de 20,000 escus et icelle employer au payement de son armée du présent moys. »

Clair. 654, p. 331.

1593, 3 février. — [Chartres.]

159. — Arrêt déchargeant Mᵉ Pierre Denis, trésorier provincial de l'Extraordinaire des guerres en Normandie, d'une somme de 1,000 écus à lui volée par les Ligueurs lors de la surprise de Pont-Audemer.

Clair. 654, p. 324.

160. — Arrêt déchargeant Germain Canu, receveur ancien des aides et tailles en l'élection de Pont-Audemer, d'une somme de 900 écus à lui volée lors de la surprise de ladite ville.

Clair. 654, p. 326.

161. — Arrêt portant adjudication au sieur de Massez de la terre, seigneurie et châtellenie de Bouteville, appartenant au Roi.

Clair. 654, p. 326.

162. — Arrêt condamnant les échevins de Blois à payer à l'amiral de Biron, auquel le Roi a fait don des fruits de l'abbaye de Marmoutier, une somme de 238 écus, pour laquelle lesdits échevins étaient engagés envers le frère Jacques de Launay, économe de cette abbaye.

Clair. 654, p. 327.

163. — Arrêt attribuant à l'amiral de Biron, donataire des fruits de l'abbaye de Marmoutier, par suite de la rébellion du cardinal de Joyeuse, une somme de 187 écus 1/2 due par Jacques Lefèvre, fermier de la grèneterie de Blois.

Clair. 654, p. 327.

164. — Arrêt déclarant de bonne prise les meubles et hardes enlevés à un nommé Lamy par les gens de guerre de la compagnie du sieur de Dunes, gouverneur de Pithiviers.

Clair. 654, p. 328.

1593, 4 février. — [Chartres.]

165. — Arrêt décidant que Perrine Mathe, veuve de Pierre Denis, marchand de Tours, sera déchargée envers les créanciers de son mari d'une somme de 1,000 écus par lui fournie à Sa Majesté, et que, pour le reste de ses dettes, elle délivrera auxdits créanciers des obligations pour pareille somme sur les débiteurs du défunt ès villes de Paris, Rouen et Troyes.

Clair. 654, p. 335.

166. — Avis du Conseil tendant à accorder à Nicolas Charenton, clerc-commis au greffe des requêtes du Palais, une somme de 1,866 écus 2/3, à lui léguée par Florestan Lefèvre, dont les biens sont acquis au Roi par droit d'aubaine.

Clair. 654, p. 336.

167. — Arrêt ordonnant au sieur de Menou, commandant en la ville du Blanc, de restituer au receveur des tailles de ladite ville la somme de 2,213 écus 1/3, par lui prise sur les deniers ordinaires de ladite élection, et ordonnant au receveur des tailles de lever en toute diligence les deniers destinés au payement de la garnison.

Clair. 654, p. 336.

168. — Arrêt renvoyant aux trésoriers de France en Berry une requête de l'abbé de Selles, tendant à obtenir la remise des décimes par lui dues pour les années 1589 à 1592.

Clair. 654, p. 997.

169. — Arrêt déchargeant les habitants de Saran de ce qu'ils doivent des tailles de 1589 et 1590.

Clair. 654, p. 337.

170. — Arrêt maintenant concurremment Jacques Marsollier et Jean Guichard en un office de commissaire ordinaire des guerres, dont ils ont été pourvus simultanément, avec réserve pour l'un d'eux du premier office de même nature qui deviendra vacant.

Clair. 654, p. 337.

171. — Arrêt réglant l'acquit des dépenses faites, pour le service du Roi, par François Maurier, commis par le feu duc de Montpensier au fait et charge de l'Extraordinaire de la guerre et de l'Artillerie en l'armée conduite par ledit duc.

Clair. 654, p. 338.

172. — Arrêt ordonnant que compensation sera faite entre ce que messire Nicolas de Thou, évêque de Chartres, doit en décimes des années 1589 à 1592, et ce qui lui est dû pour ses rentes sur le clergé pendant les mêmes années.

Clair. 654, p. 339.

173. — Arrêt rétablissant en la ville de Boiscommun la chambre à sel, qui avait été transférée à Châtillon-sur-Loing.

Clair. 654, p. 340.

174. — Arrêt ordonnant que visite et estimation sera faite de la maison de Noël Coutet, sise auprès de la citadelle de Chartres, et dont la démolition a été ordonnée par le Roi.

Clair. 654, p. 340.

1593, 5 février. — Chartres.

175. — «Articles et difficultez sur lesquelles Me Nicolas Parent, commis à la recette generalle des droictz des gabelles et augmentations de la vente du sel ès greniers de ce royaume, doict estre esclaircy pour la redition de son compte de ladicte charge,» et réponses du Conseil.

Clair. 654, p. 343.

1593, 9 février. — Chartres.

176. — Arrêt validant les levées de deniers, blés, avoines et vin, faites par commandement du sieur de Marolles, gouverneur de Janville, tant sur les Ligueurs que sur les habitants dudit Janville.

Clair. 654, p. 347.

177. — Arrêt validant les ordonnances rendues par César Du Mont, seigneur de Charrière, gouverneur d'Aubusson, pour le payement de ladite garnison.

Clair. 654, p. 347.

178. — Arrêt supprimant deux offices de président au bureau des finances de Montpellier.

Clair. 654, p. 347.

179. — Arrêt décidant que Jean Gault, échevin de Tours, sera déchargé envers les Ligueurs, ses créanciers, d'une somme de 2,000 écus par lui fournie au Roi, et que, pour le reste de ses dettes, il pourra leur bailler ses créances sur les villes rebelles de Paris, Orléans, Troyes, etc.

Clair. 654, p. 348.

180. — Arrêt concédant, pour neuf ans, à Pierre Chartier la jouissance de la geôle de Poissy, moyennant une redevance annuelle de 20 écus sol.

Clair. 654, p. 348.

181. — Arrêt approuvant une fourniture de blé faite, par ordre des trésoriers de France à Senlis, aux 30 arquebusiers et 10 « cuirasses » envoyés par le Roi pour renforcer la garnison de Creil.

Clair. 654, p. 348.

1593, 11 février. — Chartres.

182. — Arrêt renvoyant aux commissaires députés pour la saisie des biens des Ligueurs un différend entre Jean Grimaudet, élu de Vendôme, et les héritiers d'Antoine Lebeuf, au sujet de sommes dues audit Lebeuf et versées par ledit Grimaudet entre les mains du commis à la recette des deniers provenant des biens des Ligueurs.

Clair. 654, p. 355.

183. — Arrêt ordonnant le remboursement d'une somme de 2,450 écus avancée au feu Roi par la demoiselle de Corbie.

Clair. 654, p. 355.

184. — Arrêt réglant le payement des gages des grènetiers et contrôleurs du grenier à sel de Chartres et de la chambre d'Illiers.

Clair. 654, p. 355.

185. — Arrêt accordant à Gilbert Rousseau, contrôleur de la Maison du Roi, un délai de 3 mois pour justifier de l'emploi de 18 quittances de receveurs-collecteurs de l'élection de Tours, par lui expédiées aux héritiers de Jean Langlois, et qui ont été perdues par suite des troubles.

Clair. 654, p. 356.

186. — Arrêt annulant les aliénations du domaine faites dans les vicomtés de Caen, Bayeux et Falaise, contrairement à l'arrêt du 6 octobre 1592, qui avait réservé la jouissance desdites vicomtés au duc de Ferrare.

Clair. 654, p. 356.

187. — Avis du Conseil tendant à accorder à Jean Gigou un des offices vacants d'huissier au Grand Conseil, à la place d'un autre office d'huissier dont il n'a pu être pourvu.

Clair. 654, p. 357.

188. — Arrêt ordonnant de rembourser à Simon Poulin, hôtelier à Chartres, une somme de 140 écus, par lui avancée pour les dépenses des veneurs de la vénerie du Roi.

Clair. 654, p. 357.

189. — Arrêt accordant à l'évêque de Maillezais, abbé commendataire de Preuilly, remise de 350 écus sur les décimes dues par ladite abbaye.

Clair. 654, p. 357.

190. — Arrêt décidant que la taxe d'un écu par poinçon de vin, établie en la ville de Louviers, se lèvera sur tout le vin entrant en ladite ville.

Clair. 654, p. 357.

191. — Arrêt accordant remise aux habitants de la ville et élection de Dourdan des restes des tailles des années 1589 et 1590.

Clair. 654, p. 358.

192. — Arrêt accordant aux habitants de Nozay et de la Ville-du-Bois une surséance de trois mois pour le payement des tailles de 1591 et 1592.

Clair. 654, p. 358.

193. — Arrêt maintenant Christophe de Baigneux, en un office de maître particulier des eaux et forêts alternatif de Romorantin et Millançay, dont il avait été pourvu antérieurement à l'édit du 27 mai 1588 portant révocation des offices de ce genre dont les édits de création n'étaient pas encore exécutés.

Clair. 654, p. 363.

1593, 12 février. — Chartres.

194.— « Département des parroisses qui demeureront affectées au payement des gens de guerre tenant garnison ès villes de Romorantin, Vatan, Saint-Aignan et Levroux. »

Clair. 654, p. 367.

195. — Arrêt ordonnant aux gouverneurs et capitaines de gens de guerre de prêter main-forte au receveur des tailles de l'élection de Romorantin, toutes les fois qu'ils en seront requis.

Clair. 654, p. 369.

196. — « Remonstrances faictes au Roy et à nosseigneurs de son Conseil par les trésoriers généraulx de France au bureau des finances establly à Orléans, transféré à Chartres, touchant les affaires de leur charge et générallité, » et réponses du Conseil.

Clair. 654, p. 371.

1593, 16 février. — Chartres.

197. —. Arrêt répondant aux remontrances du parlement de Bretagne et ordonnant :

1° Qu'il sera fait défense à toute personne, de quelque qualité qu'elle soit, de faire des levées de deniers sans le commandement du Roi ;

2° Que le parlement et autres officiers de justice seront maintenus en leur autorité et juridiction, et que les gouverneurs et lieutenants généraux ou particuliers ne pourront s'immiscer au fait de la justice ;

3° Que les trésoriers généraux aviseront au payement des gages des officiers de ladite cour.

Clair. 654, p. 383.

198. — Arrêt ordonnant de rembourser au sieur de Buhy, lieutenant général au gouvernement de l'Ile-de-France, une somme de 218 écus 2/3, par lui avancée pour la solde de la garnison de Dourdan.

Clair. 654, p. 384.

199. — Arrêt accordant à Me Jean de Vauhardy, commis en Champagne de Me Étienne Regnault, trésorier général de l'Extraordinaire des guerres, décharge d'une somme de 2,000 écus, par lui prise sur la recette générale du taillon et employée à la dépense de la guerre, suivant une ordonnance du sieur d'Inteville, lieutenant général en Champagne, et du parlement de Châlons.

(Arrêt cancellé.)

Clair. 654, p. 385.

200. — Arrêt déchargeant les habitants de Courgenay de la crue extraordinaire qui leur a été imposée pour l'année 1592, à condition qu'ils payeront préalablement tout ce qu'ils doivent des tailles des années passées.

Clair. 654, p. 385.

201. — Arrêt ordonnant une nouvelle mise en adjudication des aides et des quatrièmes de la ville, faubourgs et élection de Caen.

Clair. 654, p. 386.

1593, 18 février. — [Chartres.]

202. — Arrêt accordant aux abbé et religieux de Chezal-Benoît une remise sur les décimes par eux dues.

Clair. 654, p. 386.

203. — Arrêt accordant aux habitants de Pont-sur-Seine remise de la moitié de leurs tailles de 1591 et 1592.

Clair. 654, p. 387.

204. — Arrêt réglant la possession d'un office d'huissier au parlement de Bretagne, accordé par le Roi à la veuve de Pierre Chappon, titulaire de cet office, et dont la quittance avait été par erreur délivrée à un tiers.

Clair. 654, p. 387.

205. — Arrêt accordant aux habitants de Saint-Jean-de-Braye, une remise sur les tailles de 1591, en place de la remise à eux accordée sur les tailles de 1589 et 1590, et dont il n'a été tenu compte.

Clair. 654, p. 387.

206.— Arrêt ordonnant l'élargissement de François Charron, pauvre laboureur, détenu pour une dette qui incombe à tous les habitants de Beauvilliers, et ordonnant que lesdits habitants seront contraints par toutes voies et moyens de satisfaire à ladite dette.

Clair. 654, p. 388.

1593, 21 février. — Chartres.

207. — Arrêt annulant une ordonnance du 22 décembre 1590 qui autorisait la répétition d'une somme de 59 écus 10 sols, payée à Jérôme Bleuet et autres par Gilles Martin, commis à la recette du sel au magasin de Compiègne.

Clair. 654, p. 395.

1593, 22 février. — Chartres.

208. — Arrêt déchargeant les habitants de Maisse d'une taxe de 17 muids de blé sur eux imposée par les élus d'Étampes.

Clair. 654, p. 399.

209. — Arrêt ordonnant que la duchesse de Nemours percevra les fruits de ses terres de Provins et de Sablé à partir de l'année 1592, en conséquence des lettres de mainlevée à elle accordées par le Roi.

Clair. 654, p. 399.

210. — Arrêt ordonnant que le sieur de Marles, maître des requêtes de l'Hôtel, continuera l'instruction du procès intenté à Guillaume Hubert, élu en l'élection de Chartres, nonobstant les récusations présentées par ledit Hubert.

Clair. 654, p. 399.

211. — Arrêt ordonnant que « monitions et censures éclésiastiques à fin de révélation seront délivrées et publiées aux prosnes des églises parrochiales, tant de la présente ville [de Chartres], que des lieux circonvoisins, contre tous ceulx et celles qui sçavent et peuvent tesmoigner des concussions et exactions commises, par quelque personne que ce soit, depuis la réduction de ladicte ville en l'obéissance du Roy ».

Clair. 654, p. 400.

212. — Arrêt décidant que l'on choisira un lieu propre et commode en la ville de Chartres, pour y établir le bureau des trésoriers généraux.

Clair. 654, p. 400.

213. — Arrêt déchargeant le curé de Villemeux des décimes des années 1589 à 1593.

Clair. 654, p. 400.

1593, 23 février. — [Chartres.]

214. — Arrêt donnant décharge à Me Pierre Billard, receveur ordinaire de la vicomté d'Argentan, pour une somme de 1,650 écus 50 sols tournois, provenant des ventes de bois, dont il a été contraint de donner quittance au comte de Brissac, qui avait surpris la ville d'Argentan et la détenait au nom de la Ligue.

Clair. 654, p. 401.

215. — Arrêt accordant à Jean Ciron, voiturier, une indemnité de 100 écus pour la perte de diverses marchandises qu'il conduisait à Chartres, sous passeport du Roi.

Clair. 654, p. 402.

216. — Arrêt accordant aux habitants de Maisse la jouissance pendant neuf années des droits qui se lèvent sur leurs foires et marchés.

Clair. 654, p. 402.

217. — Arrêt renvoyant par-devant le lieutenant civil au Châtelet de Paris, transféré à Saint-Denis, l'information commencée contre les religieux de l'abbaye de Livry, à raison du meurtre du lieutenant de la compagnie de gens de pied en garnison à Gournay.

Clair. 654, p. 403.

218. — Arrêt ordonnant aux trésoriers de France à Chartres de faire élargir le sieur Sandrin Du Puys, greffier de Coulombs, s'il appert qu'il a été emprisonné « à faulte de payement des sommes dues par les habitans de la parroisse dudit lieu », et de contraindre par toutes voies et moyens lesdits habitants au payement desdites sommes.

Clair. 654, p. 403.

219. — Arrêt ordonnant au trésorier des Parties casuelles d'acquitter, sur les deniers provenant des offices vacants, le mandement de 500 écus levé sur lui en faveur de la dame de Fay, veuve du sieur Du Fay, chancelier de Navarre, encore que ledit mandement ait été expédié pour être acquitté sur les offices de nouvelle création.

Clair. 654, p. 403.

220. — Arrêt assignant au Conseil Me Charles Bouquet et autres pour être ouïs sur la requête en cassation de deux arrêts du parlement de Châlons, présentée par Mᵉ Jean de Vauhardy.

Clair. 654, p. 404.

221. — Arrêt ratifiant les échanges de terrain et indemnités accordés aux propriétaires des maisons qui doivent être démolies pour la construction de la citadelle de Chartres.

Clair. 654, p. 427. Cf. ibid., p. 379.

1593, 26 février. — Chartres.

222. — Arrêt renvoyant par-devant les commissaires députés sur le fait et saisie des biens des rebelles la requête du sieur Du Plessis, conseiller d'État, tendant à obtenir l'envoi en possession des biens de James de Leschi, à lui donnés par le Roi.

Clair. 654, p. 415.

223. — Arrêt ordonnant à Jean Charmole et à Raoul Vivenel de représenter au Conseil les récépissés du garde général des vivres, pour obtenir payement d'une fourniture de blés par eux faite.

Clair. 654, p. 415.

224. — Arrêt accordant remise aux habitants de Vic-le-Comte de ce qu'ils doivent des tailles de 1589 et 1590.

Clair. 654, p. 415.

225. — Arrêt renvoyant aux trésoriers de France à Clermont la requête du chapitre de la Sainte-Chapelle de Vic-le-Comte, tendant a obtenir décharge des décimes de 1589 à 1593.

Clair. 654, p. 416.

226. — Avis du Conseil tendant à accorder à Yvonne Cothart, veuve de Bertrand Le Conte, sergent royal en Bretagne, l'office de son défunt mari, pour en pourvoir Mᵉ Antoine Moulnyer.

Clair. 654, p. 416.

227. — Arrêt accordant remise à Marin Galery, fermier du moulin de Domfront, de 60 écus sur le prix de sa ferme.

Clair. 654, p. 417.

228. — Arrêt déchargeant les habitants de Solignac en Limousin des tailles de 1589 à 1590.

Clair. 654, p. 417.

229. — Arrêt ordonnant de procéder à l'estimation et au payement de 400 boisseaux de blé, pris aux Célestins de Mantes par les commissaires des vivres, pour la nourriture de l'armée royale pendant le siège de Rouen.

Clair. 654, p. 417.

230. — Arrêt ordonnant au trésorier de l'Épargne de payer une somme de 100 écus à Mᵉ Gabriel Chappuys, garde de la librairie du Roi et annaliste de Sa Majesté.

Clair. 654, p. 418.

231. — Arrêt ordonnant d'imposer sur l'élection de Loches une somme de 435 écus, pour le remboursement des chevaux d'artillerie fournis à l'armée royale par certains habitants de Loches et de Beaulieu.

Clair. 654, p. 418.

232. — Arrêt relatif au payement des travaux faits aux châteaux de Blois, Chambord et autres lieux par Jean Chesneau, maître couvreur de la ville de Blois.

Clair. 654, p. 419.

233. — Arrêt ordonnant le payement de 266 écus 2/3 à Jean Roulet, Jean Allaire et Martine Douzille, pour le bois fourni par eux pour la « munition » du château d'Amboise.

Clair. 654, p. 419.

234. — Arrêt ordonnant au trésorier de l'Épargne de donner assignation à Mᵉ Louis Bertrand, procureur au présidial de Chartres d'une somme de 200 écus, à lui accordée par le feu Roi, pour l'indemniser de l'incendie de sa maison.

Clair. 654, p. 420.

235. — Arrêt ordonnant que, conformément aux privilèges et immunités du clergé de France, les deniers des décimes à percevoir dans le diocèse d'Évreux seront reçus par les receveurs des décimes et par eux transmis à Mᵉ Philippe de Castille, receveur général du clergé, et défendant aux trésoriers généraux et à tous autres de s'entremettre au fait desdites décimes.

Clair. 654, p. 420.

236. — Arrêt renvoyant aux trésoriers de France

à Tours une requête en décharge présentée par Mathurin Rodais, fermier de la traite domaniale mise sur le papier qui se transporte hors du royaume par le bureau d'Ingrande.

Clair. 654, p. 420.

1593, 6 mars. — Chartres.

237. — Arrêt déchargeant les habitants de Compiègne d'une somme de 2,677 écus, à eux imposée pour la crue des garnisons.

Clair. 654, p. 431.

238. — Arrêt déchargeant Jean Aubert, fermier de la prévôté de Sainte-Scolasse, du prix de sa ferme pour l'année 1589, à raison des pertes que lui ont fait subir les Ligueurs d'Essai.

Clair. 654, p. 43.

239. — Arrêt accordant à Me Robert Le Hérisson, abbé de Saint-Pierre-lès-Melun, remise des 2/3 des décimes par lui dues pour les années 1589 à 1592, à raison des pertes qu'il a subies pendant l'occupation de Melun par les Ligueurs, et lors de la reprise de cette ville par Sa Majesté.

Clair. 654, p. 432.

240. — Arrêt ordonnant qu'en conséquence de la mainlevée accordée à la dame de Clermont d'Entraigues, comme ayant la garde noble des enfants du feu sieur de Clermont, des droits de gros et huitième de Lagny, Villevaudé, Bordeaux, Sarcelles, et Saint-Leu-Taverny, appartenant à ladite dame et à ses enfants, « les debteurs et redevables desditz droictz seront tenuz et contrainctz de luy en rendre compte ; de ce qu'ilz doivent du passé, et payer ce qu'ilz se treuveront redevables ».

Clair. 654, p. 432.

241. — Avis du Conseil tendant à accorder à Marie Saulcier, veuve du sieur Amadou, commissaire des guerres et commandant du château d'Aulneaux, une somme de 2,000 écus, en considération de la mort de son mari, tué au service du Roi, et des pertes par elle éprouvées au pillage de sa maison.

Clair. 654, p. 433.

242. — Arrêt réglant le payement des gages de

Jacques Nicolas, lieutenant général au bailliage de Beauvais, transféré à Gournay.

Clair. 654, p. 433.

243. — Arrêt ordonnant le payement à Pierre Aubert, sieur de Villeserin, d'une somme de 266 écus 2/3, pour les arrérages d'une rente à lui due.

Clair. 654, p. 434.

244. — Arrêt mandant au Conseil la veuve du sieur Barjot, président au Grand Conseil, pour être ouïe sur sa requête au sujet dudit office de président, dont provision a été donnée à Me François Miron, maître des requêtes ordinaire de l'Hôtel.

Clair. 654, p. 434.

245. — Arrêt ordonnant aux trésoriers de France de la généralité d'Outre-Seine-et-Yonne de vérifier et faire payer ce qui est dû aux religieux de l'abbaye de Saint-Denis, pour les arrérages d'une rente à eux accordée par la feue reine mère (Catherine de Médicis) sur le domaine de Valois et la châtellenie de Crespy.

Clair. 654, p. 435.

246. — Arrêt renvoyant au bailli de Melun une requête des religieux de Sainte-Colombe « sur le restablissement des fruictz et revenus du prieuré de Saint-Leu-la-Chapelle-sur-Seyne », usurpés par le sieur de Chastenay.

Clair. 654, p. 435.

247. — Arrêt accordant à Me Jacques Bigot une somme de 133 écus par an, à compter du 1er janvier 1589, pour ses gages de substitut du procureur général à la suite du Grand Conseil.

Clair. 654, p. 436.

1593, 9 mars. — Chartres.

248. — Arrêt déclarant que la connaissance « de la ferme et recepte du convoy qui se lève en la ville de Bordeaux » appartient aux trésoriers de France en ladite ville, et défendant au parlement de Bordeaux de s'y « immiscer ne entremettre en aucune manière ».

Clair. 654, p. 509.

249. — Arrêt rendu sur la requête de Me Claude

Philippe, commis par le Roi à la recette des deniers provenant des biens des Ligueurs, faisant défense à Claude Pouppier, ci-devant commis à ladite recette par les trésoriers de France à Tours, « de plus s'en entremettre », et lui ordonnant de déposer au greffe de la chambre établie pour ce près le Conseil les états de ladite recette.

Clair. 654, p. 510.

250. — Avis du Conseil tendant à indemniser les sieurs Michel Ripault, conseiller au Grand Conseil, et Albert Le Febvre, médecin ordinaire du Roi, pour la perte des meubles qu'ils faisaient apporter de Paris par un conducteur de marchandises nommé Jean Lamy, lequel a été arrêté pour avoir abusé de son passeport, et dont les marchandises ont été déclarées de bonne prise.

Clair. 654, p. 511.

251. — Arrêt ordonnant que, nonobstant l'opposition formée par la Cour des aides et les trésoriers de France à Orléans, les officiers des greniers à sel de Châteaudun, Janville, Orléans et Baugency imposeront sans autre délai les crues de 20 sols, 10 sols et un écu 15 sols, ordonnées sur lesdits greniers par arrêt du 15 janvier dernier.

Clair. 654, p. 511.

252. — Arrêt ordonnant au trésorier de l'Épargne de donner assignation au sieur de Versigny pour le payement de ses gages de maître des requêtes de l'Hôtel, et pour ses vacations en la Chambre du domaine à Tours.

Clair. 654, p. 439 et 512.

1593, 11 mars. — [Chartres.]

253. — Arrêt accordant à Jean Le Caron, fermier des boucheries et garennes de la vicomté de Boulogne, remise de la moitié de sa ferme pour l'année 1587.

Clair. 654, p. 443.

254. — Arrêt autorisant Me Julien Biscul, grènetier du grenier à sel d'Alençon, à rembourser le grènetier de la chambre à sel de Séez, laquelle sera réunie audit grenier, dont elle avait été distraite.

Clair. 654, p. 443.

255. — Arrêt déchargeant les religieux de Saint-Sauveur de Melun de la moitié de leurs décimes pendant trois années.

Clair. 654, p. 443.

256. — Arrêt relatif au payement d'une somme de 1,967 écus 2/3, due à la veuve de Me André Maillard, maître des requêtes ordinaire de l'Hôtel, pour l'arriéré des gages de sondit mari.

Clair. 654, p. 444.

257. — Arrêt réglant le remboursement à Me Robert Denyau, receveur des aides en l'élection de Gisors, des sommes par lui empruntées aux habitants de Gisors, « pour subvenir aux urgens affaires de Sa Majesté ».

Clair. 654, p. 444.

258. — Arrêt accordant remise à Me Vincent Mahun, curé de Tremblay-le-Vicomte, d'une somme de 50 écus, sur ce qu'il doit des décimes.

Clair. 654, p. 445.

259. — Arrêt ordonnant aux trésoriers de France transférés de Paris à Melun et à Senlis de faire connaître au Conseil, dedans quinzaine, les motifs du refus qu'ils ont opposé à la vérification de la remise de décimes accordée à l'évêque de Maillezais, pour son abbaye de Preuilly en Brie.

Clair. 654, p. 445.

260. — Avis du Conseil relatif aux indemnités réclamées par Me Chrétien Margeret, maître des comptes en Bourgogne, pour les pertes et dépenses qu'il a faites au service du Roi.

Clair. 654, p. 446.

261. — Arrêt réglant le payement des gages des officiers du parlement de Bourgogne, transféré à Semur.

Clair. 654, p. 446.

1593, 13 mars. — Chartres.

262. — Requête présentée « au Roi et à nosseigneurs de son Conseil » par Moïse Du Vignau, contrôleur du taillon et commis au greffe des finances de Guyenne, pour obtenir règlement de ses frais de voyage, et arrêt faisant droit à cette requête.

Clair. 654, p. 315.

3.

1593, 15 mars. — Chartres.

263. — Arrêt accordant décharge d'une année de tailles aux habitants de Trappes.

Clair. 654, p. 451.

264. — Arrêt accordant une remise de décimes à Me Pierre Brachet, curé de Trappes.

Clair. 654, p. 451.

265. — Arrêt déchargeant François et Michel Berry, laboureurs demeurant au Gault en Beauce, d'une année de tailles à départir en deux.

Clair. 654, p. 452.

266. — Arrêt ordonnant aux trésoriers de France transférés d'Orléans à Chartres et à Blois de passer outre à l'exécution des lettres patentes du 17 décembre 1592, nonobstant leur refus de vérifier lesdites lettres.

Clair. 654, p. 452.

267. — Arrêt ordonnant que le duc de Nevers rendra au sieur Scipion Sardini deux quittances montant à 16,455 écus, et faisant partie de plus ample somme à lui due par le Roi, lesdits 16,455 écus devant être payés audit duc en même temps que le reste de la dette.

Clair. 654, p. 453.

1593, 16 mars. — Chartres.

268. — Arrêt évoquant au Conseil l'information commencée contre Jean Le Vasseur, sieur de Colanges, capitaine du château d'Évreux.

Clair. 654, p. 454.

269. — Arrêt défendant d'exercer aucune poursuite contre Me Jérôme Le Beau, pour le recouvrement des taxes par lui dues à raison de son office de chancelier du chapitre de Chartres.

Clair. 654, p. 454.

270. — Arrêt renvoyant par-devant le parlement transféré à Tours le procès criminel intenté à Me Guillaume Hubert, élu en l'élection de Chartres.

Clair. 654, p. 454.

1593, 18 mars. — Chartres.

271. — Arrêt portant règlement du compte présenté par Macé Gaillard, secrétaire de la défunte reine Élisabeth d'Autriche, pour le temps pendant lequel il a exercé les fonctions de Jean Morin, receveur des aides en la généralité de Tours.

Clair. 654, p. 467.

272. — Arrêt ordonnant aux trésoriers de France en Bretagne d'envoyer au Conseil état des restes dus en ladite province sur les deniers de toute nature, et d'en faire le recouvrement dans le plus bref délai, avec défense au parlement et à la chambre des comptes de Bretagne de s'immiscer au fait desdits restes.

Clair. 654, p. 469.

273. — Arrêt ordonnant que les taxes de 3 écus par feu de fouage et de 4 livres par pipe de vin, imposées au pays de Bretagne par lettres patentes du Roi, seront perçues, nonobstant les remontrances des états de ladite province, mais seulement pendant la présente année, et sans tirer à conséquence.

Clair. 654, p. 469.

274. — Arrêt ordonnant que les gages de l'office de second président en l'élection de Chartres, lequel a été remboursé par les officiers de ladite élection et supprimé, serviront d'augmentation aux gages desdits officiers, à condition que ladite augmentation cessera, à mesure que leurs offices deviendront vacants.

Clair. 654, p. 470.

275. — Arrêt ordonnant l'exécution des arrêts intervenus en faveur de Henri Balbany, à condition qu'il s'engagera sous caution à restituer, s'il y a lieu, les sommes à lui attribuées par lesdits arrêts ; et ordonnant au procureur du Roi en la Chambre des comptes de faire valoir, dans un délai de deux mois, les motifs de l'opposition par lui formée contre lesdits arrêts.

Clair. 654, p. 470.

1593, 20 mars. — Chartres.

276. — Arrêt ordonnant au trésorier de l'Épargne de donner assignation au sieur de Biron pour le payement des blés et avoines par lui fournis au sieur de Sancy, pour le service du Roi.

Clair. 654, p. 459.

277. — Arrêt ordonnant au trésorier de l'Épargne de donner assignation au trésorier de l'Artillerie des sommes dues au sieur de Malicorne, lieutenant général en Poitou, pour la réparation de huit pièces d'artillerie et la conduite de deux pièces devant le château de Champraimbault.

Clair. 654, p. 459.

278. — Arrêt évoquant une instance pendante en la Cour des aides entre Me François Chouayne, président et lieutenant général au bailliage de Chartres, et les élus dudit lieu, au sujet « du département des deniers qui se lèveront dans ladite ville », et annulant toute sentence rendue par lesdits élus.

Clair. 654, p. 459.

1593, 22 mars. — [Chartres.]

279. — Arrêt accordant à Guillaume Hervé, fermier de la prévôté de Saumur, décharge de la moitié du prix de son bail.

Clair. 654, p. 460.

280. — Arrêt déchargeant les habitants de Nogent-le-Rotrou d'une levée de 20 muids de blé, à eux imposée par les élus de Mortagne, attendu qu'ils ont été déjà taxés pour la même quantité par le commis à la recette des blés du magasin de Chartres.

Clair. 654, p. 461.

281. — Arrêt ordonnant la mise en adjudication au prix de 900 écus des réparations à faire au château d'Alençon.

Clair. 654, p. 461.

282. — Arrêt ordonnant que la garde de Me Louis Hubert, élu en l'élection de Chartres, détenu prisonnier en ladite ville, sera confiée au sieur Véron, huissier au Grand Conseil.

Clair. 654, p. 462.

283. — Arrêt assignant au Conseil la veuve de Me Florent Chouayne, receveur des tailles en l'élection de Chartres, pour être ensuite ordonné sur sa requête ce qu'il appartiendra.

Clair. 654, p. 462.

284. — Arrêt accordant à Richard Le Fèvre l'office de contrôleur ancien et alternatif au grenier à sel de Mussy-l'Évêque, qui appartenait à ses frères François et Paul Le Fèvre, tous deux tués au service du Roi.

Clair. 654, p. 462.

1593, 26 mars. — [Chartres.]

285. — Arrêt relatif au procès pendant entre le sieur Haverdin, receveur des aides en l'élection de Chartres, et Alphonse II d'Este, duc de Ferrare, qui réclamait le payement d'une somme assignée sur les aides de Chartres, comme complément de la dot de Renée de France, sa mère.

Arch. nat. — E 1e, fes 1 et 3.

1593, 27 mars. — Chartres.

286. — Arrêt ordonnant que, nonobstant les remontrances des trésoriers de France à Tours, il sera procédé, sans autre délai, à la levée des impositions de 20 sols et de 10 sols par minot de sel, ordonnées par arrêt du 28 août 1592 et lettres patentes du 11 du même mois.

Clair. 654, p. 475.

287. — Arrêt déchargeant Jean de La Grange et François Cordier, collecteurs des tailles à Saint-Saulge, des sommes à eux enlevées par les Ligueurs à la prise de ladite ville.

Clair. 654, p. 475.

288. — Arrêt accordant une décharge de trois années de tailles aux habitants de Toucy.

Clair. 654, p. 476.

289. — Arrêt accordant décharge aux habitants de Corbeil du dernier quartier des tailles de 1590.

Clair. 654, p. 476.

290. — Arrêt ordonnant aux adjudicataires de la fourniture des greniers à sel de faire « leurs dilligences » pour empêcher les levées d'impositions sur le sel faites journellement par les Ligueurs.

(Arrêt cancellé.)

Clair. 654, p. 476.

291. — Arrêt accordant une indemnité de 300 écus

à Me François de Villiers, procureur au siège présidial de Chartres.

Clair. 654, p. 477.

292. — Arrêt condamnant le sieur Annibal Milano, agent du duc de Ferrare, à rendre à Me Philippe Joudart, receveur des aides à Chartres, trois quittances qu'il refuse de lui délivrer avant d'avoir été payé des arrérages de rente qui lui sont dus; et ordonnant qu'assignation sera donnée audit Milano pour le payement desdits arrérages.

Clair. 654, p. 477.

1593, 28 mars. — Chartres.

293. — Arrêt ordonnant que lettres de jussion seront expédiées aux gens des comptes à Tours, pour procéder à la vérification des lettres du feu Roi du mois d'avril 1588, concédant aux habitants de Chartres un octroi de 3 sous 9 deniers par minot de sel, à prendre sur le grenier de ladite ville, pour l'entretien des fortifications.

Clair. 654, p. 487.

1593, 30 mars. — Chartres.

294. — Arrêt accordant à divers marchands de Tours la permission de céder, en payement de ce qu'ils doivent à divers marchands étrangers demeurant à Lyon, des créances qu'ils ont sur des marchands demeurant à Paris et autres villes rebelles.

Clair. 654, p. 478.

295. — Arrêt ordonnant que remontrances seront faites au Roi « du préjudice apporté à son service » par l'ordonnance en forme d'arrêt du 11 mars dernier, qui réglait à 32,000 écus la composition faite avec le sieur de Larthuise pour la reddition de la citadelle de Chalon-sur-Saône; et ordonnant que nonobstant il sera sursis à l'exécution de ladite ordonnance.

Clair. 654, p. 479.

296. — Arrêt ordonnant que remontrances seront faites au Roi sur le dommage causé aux forêts par l'abus des concessions de chauffage, et qu'en attendant défenses seront faites aux officiers des forêts de délivrer du bois de chauffage en vertu desdites concessions.

Clair. 654, p. 480.

1593, 31 mars. — Chartres.

297. — Arrêt reconnaissant au sieur de Marchaumont, engagiste du comté de Beaumont-sur-Oise, le droit de nomination et présentation aux offices dépendant dudit comté, notamment à un office de maître des eaux et forêts, vacant par le décès de Louis de La Fosse.

Clair. 654, p. 480.

298. — Avis du Conseil accordant à Marguerite de Fatz, veuve de Marin Boucher, une somme de 800 écus, pour les arrérages des gages affectés à deux offices de contrôleur général du taillon à Grenoble, appartenant à sondit mari et dont il n'avait pu jouir.

Clair. 654, p. 480.

299. — Arrêt autorisant Me Macé Gaillard à poursuivre la liquidation et vérification de ce qui est dû des aides en l'élection de Chinon, bien qu'il ait cessé, depuis plus de six mois, de faire le maniement des aides en ladite élection.

Clair. 654, p. 481.

300. — Arrêt réglant le compte de Jean de Vauhardy, ci-devant commis à la recette des deniers provenant de la composition des offices de conseillers au Grand Conseil, conseillers présidiaux, huissiers audienciers, etc., et ordonnant qu'en attendant qu'il puisse être remboursé du reliquat de 28,776 écus 9 sols 6 deniers à lui dus, il en touchera les intérêts au denier douze.

Clair. 654, p. 482.

301. — Avis du Conseil conforme aux remontrances des habitants de Moulins, tendant à obtenir création d'une chambre de justice et à pourvoir à la réparation des fortifications de ladite ville.

Clair. 654, p. 483.

302. — Arrêt accordant remise aux habitants de Cucharmoy, la Chapelle-Saint-Sulpice, Villaines, Coutençon et Vieux-Champagne d'une somme de 613 écus 10 sous sur les restes des tailles.

Clair. 654, p. 491.

1593, 18 juin. — Mantes.

303. — Arrêt ordonnant aux trésoriers de France à Châlons de faire payer les sommes dues à M⁰ Jean Roussat, lieutenant général et maire de Langres.

E 1ᵉ, fᵒ 5 rᵒ.

1593, 1ᵉʳ juillet. — Mantes.

304. — Arrêt renvoyant aux trésoriers de France à Melun une requête des habitants de Wissous tendant à obtenir un dégrèvement d'impôts.

E 1ᵉ, fᵒ 7 rᵒ.

305. — Arrêt annulant une partie d'une adjudication de bois en la forêt de Longboël, vicomté de Rouen.

E 1ᵉ, fᵒ 7 rᵒ.

306. — Arrêt confirmant l'arrêt du 12 juin 1593, relatif aux offices anciens et nouveaux de la chambre des comptes de Montpellier.

E 1ᵉ, fᵒ 7 rᵒ.

307. — Arrêt donnant mainlevée de la terre de Parnay à Ambroise Rivaleau, dont le mari, Jean Pinault, avait fait acte de rebelle.

E 1ᵉ, fᵒ 7 vᵒ.

1593, 6 juillet. — Mantes.

308. — Arrêt relatif au payement des sommes dues à Jean Cesnet, adjudicataire des réparations à faire au château de Loudun.

E 1ᵉ, fᵒ 7 vᵒ.

309. — Arrêt réglant l'indemnité réclamée par Claude Gumery, fournisseur de l'armée pendant le siège de Paris.

E 1ᵉ, fᵒ 8 rᵒ.

310. — Arrêt donnant mainlevée de ses biens à M⁰ Jean Le Picard, conseiller à la Chambre des comptes, injustement accusé de rébellion.

E 1ᵉ, fᵒ 8 rᵒ.

311. — Arrêt renvoyant aux trésoriers de France à Blois une réclamation des habitants de Montoire

relative aux vivres et fourrages par eux fournis au sieur de Souvré.

E 1ᵉ, fᵒ 8 vᵒ.

312. — Arrêt ordonnant que les recettes et dépenses du feu comte de Châteauvillain, pendant les trois sièges soutenus par lui contre le duc de Lorraine, seront vérifiées, avant qu'il soit fait droit aux réclamations de sa veuve.

E 1ᵉ, fᵒ 8 vᵒ.

1593, 17 juillet. — Mantes.

313. — Arrêt relatif à la vérification des comptes du sieur Barthélemy Dubois, commis à la recette générale du pays de Caux lors des troubles de 1589.

E 1ᵉ, fᵒ 13 rᵒ.

1593, 31 juillet. — Saint-Denis.

314. — Arrêt validant les commissions d'« hommes portant cuirasses » établis pour assister les receveurs particuliers dans la levée des impôts, pendant l'occupation du pays par l'ennemi.

E 1ᵉ, fᵒ 15 rᵒ.

1593, 2 août. — Saint-Denis.

315. — Arrêt confirmant un mandat de payement délivré au sieur de La Guesle sur la recette générale de Limoges.

E 1ᵉ, fᵒ 17 rᵒ.

316. — Arrêt réglant le payement d'un mandat délivré à l'abbé de Cerisy sur la recette générale de Limoges.

E 1ᵉ, fᵒ 19 rᵒ.

1593, 3 août. — Saint-Denis.

317. — Arrêt défendant aux gouverneurs de province de lever l'impôt d'un écu par arpent de vigne établi par quelques-uns d'entre eux.

E 1ᵉ, fᵒ 21 rᵒ.

318. — Arrêt réglant l'administration des finances en Bretagne.

E 1ᵉ, fᵒ 22 rᵒ.

1593, 4 août. — Saint-Denis.

319. — Arrêt relatif au payement des gages du sieur d'Émery, conseiller d'État.

E 1ᵉ, f° 26 r°.

320. — Arrêt relatif au payement des gages du sieur Du Faur, gouverneur de Jargeau.

E 1ᵉ, f° 28 r°.

321. — Arrêt obligeant la demoiselle de La Fosse, naguère remise en possession des greffes de Beaucaire et du Vigan, à payer 2,500 écus au trésorier de l'Épargne.

E 1ᵉ, f° 30 r°.

322. — Arrêt rétablissant le sieur Jean Biart dans l'office de receveur des aides en l'élection d'Argentan.

E 1ᵉ, f° 32 r°.

1593, 12 août. — Saint-Denis.

323. — Arrêt ordonnant de rembourser, sur les deniers de la recette générale de Tours, le prêt fait au Roi par le président Nicolay.

E 1ᵉ, f° 35 r°.

1593, 7 septembre. — Melun.

324. — Arrêt assignant au Conseil les sieurs Jacques Valon et Jean Cothenot, conseillers au parlement de Bourgogne.

E 1ᵉ, f° 34 r°.

1593, 17 septembre. — Fontainebleau.

325. — «Estat des gages que le Roy a ordonnez et attribuez aux receveurs particuliers, généraux, provinciaux et thrésoriers généraux créez par son édict du mois de septembre 1593.»

AD I 112, n° 15.

1594, 2 janvier. — Mantes.

326. — Arrêt ordonnant qu'à partir du 1ᵉʳ janvier 1594, il ne sera accordé aucune résignation d'office à condition de survivance.

Bibl. nat. — Ms. fr. 18159, f° 1 r°.

327. — Arrêt réglant le mode de payement des frais des voyages faits pour le compte du Roi.

Ms. fr. 18159, f° 1 v°.

328. — Arrêt affectant à l'entretien des armées tous les deniers provenant des recettes générales des finances pendant le premier quartier de la présente année.

Ms. fr. 18159, f° 2 r°.

329. — Arrêt maintenant Mᵉ Jean Du Hamel dans la charge de commis à la recette du commerce à Melun.

Ms. fr. 18159, f° 2 r°.

1594, 3 janvier. — Mantes.

330. — Arrêt ordonnant à Mᵉ Michel Le Soyne, receveur général des présidiaux de la généralité de Caen, de présenter au Conseil les lettres qu'il prétend avoir obtenues du feu Roi, l'autorisant à retenir une somme de 1,600 écus.

Ms. fr. 18159, f° 43 v°.

1594, 4 janvier. — Mantes.

331. — Arrêt interdisant « aux trésoriers ordinaires des guerres de ne payer ne assigner aulcuns officiers de la gendarmerie pour leurs gaiges », que sur le vu de leurs lettres de provision.

Ms. fr. 18159, f° 3 r°.

332. — Arrêt renvoyant aux trésoriers de France une requête par laquelle les habitants de Montauban demandent à être déchargés d'impôt pendant dix ans.

Ms. fr. 18159, f° 3 v°.

333. — Arrêt déchargeant le sieur Georges de Montcheron, commis à la recette de la prévôté de Nantes, d'une somme de 850 écus à lui volée par des gens de la garnison de Rochefort.

Ms. fr. 18159, f° 3 v°.

334. — Arrêt déchargeant les habitants de Chartres de diverses impositions.

Ms. fr. 18159, f° 4 r°.

335. — Arrêt révoquant la commission de conseiller en la Cour des aides donnée au sieur d'Anquechin.

Ms. fr. 18159, f° 4 v°.

336. — Arrêt supprimant deux des quatre offices de substituts du procureur général en la Cour des aides.

Ms. fr. 18159, f° 4 v°.

337. — Arrêt réglant la perception de l'impôt d'un écu par muid de vin établi en la ville de Mantes.

Ms. fr. 18159, f° 5 r°.

1594, 7 janvier. — Mantes.

338. — Avis du Conseil tendant à ce que le Roi prie la reine d'Angleterre de faire droit à la plainte du sieur Martissant de Hanguez, marchand de Saint-Jean-de-Luz, «pour la déprédation faicte par des navires anglois d'un sien navire et marchandises».

Ms. fr. 18159, f° 5 v°.

339. — Arrêt ordonnant que les habitants de Saint-Calais seront taxés avec les autres paroisses de l'élection du Mans pour les tailles et levées d'impôts ordinaires, et avec les habitants du pays et duché de Vendômois pour les levées extraordinaires.

Ms. fr. 18159, f° 5 v°.

340. — Arrêt renvoyant par-devant les Maréchaux le «faict advenu près la ville de Saint-Calais en Vendosmois au cappitaine Mocquet, sergent majeur de la garnison de Vendosme, et ceux qui l'accompaignèrent pour contraindre les habitans dudit Saint-Calais aux corvées accoustumées pour la fortiffication du chasteau dudit Vendosme».

Ms. fr. 18159, f° 6 r°.

341. — Arrêt confirmant le sieur Jean de La Fosse dans l'office de trésorier général ordinaire des guerres, en remplacement de feu Claude Le Roy, sieur de La Poterie.

Ms. fr. 18159, f° 6 v°.

342. — Arrêt déchargeant les habitants de Bacqueville des tailles du quartier d'octobre, en considération des sièges qu'ils ont eu à soutenir contre les sieurs de Villars-Grillon et La Fontaine-Martel.

Ms. fr. 18159, f° 7 r°.

343. — Arrêt maintenant en la ville de Châtillon-sur-Loing l'élection, recette et justice de Montargis, que réclamaient les habitants de Lorris.

Ms. fr. 18159, f° 7 r°.

344. — Arrêt renvoyant aux trésoriers de France en Champagne la plainte des habitants d'Épernay contre le receveur de ladite ville.

Ms. fr. 18159, f° 7 v°.

1594, 11 janvier. — Mantes.

345. — Arrêt dispensant M° Hotman, trésorier de l'Épargne, de l'observation d'un arrêt de la Chambre des comptes qui lui interdisait d'acquitter aucune dette non vérifiée en ladite chambre.

Ms. fr. 18159, f° 7 v°.

346. — Arrêt ordonnant l'expédition de lettres patentes à la seigneurie de Genève, pour la reconnaissance d'un prêt de 357,340 écus, que le Roi s'engage à rembourser dès que l'état de ses finances le permettra.

Ms. fr. 18159, f° 8 r°.

347. — Arrêt ordonnant le remboursement au sieur Pierre Gaulteron d'une somme à lui due sur un buffet d'argent doré, exécuté pour le feu sieur de Guise, et que Sa Majesté avait fait saisir et vendre.

Ms. fr. 18159, f° 8 v°.

348. — Avis du Conseil tendant à ce que le sieur de Chazeron, gouverneur du Bourbonnais, soit payé d'une somme de 10,187 écus 48 sols, par lui avancée pour remettre en l'obéissance de Sa Majesté la ville et château de Chantelle, le fort de Bourbon, la Palisse et autres places.

Ms. fr. 18159, f° 9 r°.

349. — Arrêt déchargeant les habitants de la paroisse de Jouhet des tailles par eux dues pour les années 1589 à 1592.

Ms. fr. 18159, f° 9 r°.

350. — Arrêt déchargeant M° André Négrier, maître de la Chambre aux deniers, des poursuites exercées contre lui par le prévôt de l'Hôtel.

Ms. fr. 18159, f° 9 v°.

351. — Arrêt confirmant pour six années l'octroi aux habitants de Sézanne de 2 sols par minot de sel débité au grenier de ladite ville, pour l'entretien de leurs murailles.

Ms. fr. 18159, f° 9 v°.

352. — Arrêt déchargeant les habitants de Poissy de toute augmentation d'impôts.

Ms. fr. 18159, f° 10 r°.

353. — Arrêt ordonnant le payement, sur le produit de la vente du domaine de Navarre, des sommes dues aux régiments de Soleure, de Glaris, de Baltazard et des Grisons.

Ms. fr. 18159, f° 10 r°.

354. — Autre arrêt relatif au payement des sommes dues aux mêmes régiments.

Ms. fr. 18159, f° 10 v°.

355. — Autre arrêt relatif à la solde des régiments de Glaris et des Grisons.

Ms. fr. 18159, f° 11 r°.

1594, 13 janvier. — Mantes.

356. — Arrêt ordonnant de prélever sur les deniers provenant des biens des rebelles les gages des officiers de la prévôté de Paris.

Ms. fr. 18159, f° 11 v°.

357. — Arrêt ordonnant de rembourser au sieur d'Effiat les sommes par lui avancées pour faire rentrer le bas pays d'Auvergne dans l'obéissance de Sa Majesté.

Ms. fr. 18159, f° 12 r°.

358. — Arrêt ordonnant le payement des sommes restant dues aux sieurs Mathurin Le Fèvre, François Le Fort, Guillaume Michelot, Michel-Anne Tremblaye, pour la fourniture des munitions destinées au siège de Guingamp.

Ms. fr. 18159, f° 12 v°.

359. — Arrêt confirmant l'ordonnance du sieur de Nevers pour la fortification de la ville de Châteauvillain et remplaçant par des taxes les corvées impo-

sées par ledit seigneur aux habitants des villages circonvoisins.

Ms. fr. 18159, f° 13 r°.

360. — Arrêt réglant les gages de Mᵉ Pierre Joly, procureur du Roi en la justice de Metz, Toul et Verdun.

Ms. fr. 18159, f° 13 r°.

361. — Arrêt maintenant le sieur Pierre Grangier en l'office de solliciteur et receveur général des restes de la chambre des comptes de Montpellier.

Ms. fr. 18159, f° 13 r°.

362. — Arrêt portant réduction de tailles pour les habitants de Saintes, Saint-Vivien, Saint-Sorlin-de-Séchaud, Écurat, Saint-Eutrope, Saint-Palais, Champnières, Saint-Assaire et Saint-Georges-des-Coteaux, éprouvés par la grêle.

Ms. fr. 18159, f° 13 v°.

363. — Arrêt déchargeant Mᵉ Raoul Hurault, abbé de Clairefontaine, des décimes par lui dues, en considération du pillage de l'abbaye Notre-Dame de l'Estrée par la garnison de Dreux.

Ms. fr. 18159, f° 14 r°.

364. — Arrêt ordonnant le payement au sieur de Gamaches d'une somme de 4,000 écus.

Ms. fr. 18159, f° 14 r°.

365. — Arrêt approuvant l'état de répartition des 2,870 muids de blé qui devront être levés dans les généralités de Paris, Rouen, Caen, Picardie, Champagne, Orléans, Berry, Tours, Poitiers, Limoges et Moulins.

Ms. fr. 18159, f° 14 r°.

366. — Arrêt autorisant le sieur Audras, receveur du grenier à sel d'Issoudun, à parfaire ses gages sur le produit du grenier de Janville.

Ms. fr. 18159, f° 14 v°.

367. — Arrêt autorisant Mᵉ Philippe de Castille, receveur général du clergé de France, à retenir sur les décimes les six années d'arrérages à lui dus.

Ms. fr. 18159, f° 14 v°, et Clair. 654, p. 495.

1594, 15 janvier. — Mantes.

368. — «Mémoire de ce que la Royne [Louise de Lorraine] désire du Roy et de Messieurs de son Conseil selon ce qu'elle leur a faict proposer en sa présence,» et réponses du Conseil audit mémoire.

Ms. fr. 18159, f° 15 r°.

369. — Règlement pour l'entretien de l'armée du Roi.

Ms. fr. 18159, f° 15 v°.

370. — État de répartition de 2,870 muids de blé qui devront être levés dans les généralités de Paris, Picardie, etc.

Ms. fr. 18159, f° 17 r°.

371. — «Estat de la despence des officiers et esquipaige des vivres de l'armée du Roy, qui se payera par chacun moys en l'année 1594.»

Ms. fr. 18159, f° 18 r°.

372. — Arrêt réglant le payement de certains arrérages dus au sieur de Schomberg.

Clair. 654, p. 263, et ms. fr. 18159, f° 18 r°.

1594, 16 janvier. — Mantes.

373. — Arrêt déchargeant les habitants d'Ainay-le-Château de ce qu'ils doivent sur les tailles de 1589 à 1593, en considération de ce qu'ils ont souffert pendant les troubles et le siège de leur ville par le baron de La Châtre.

Ms. fr. 18159, f° 19 v°.

374. — Arrêt déchargeant les habitants de la ville de Theneuille en Bourbonnais d'une année de tailles.

Ms. fr. 18159, f° 20 r°.

375. — Arrêt modérant à 40 sols la taxe d'un écu par muid de vin imposée aux habitants d'Argenteuil.

Ms. fr. 18159, f° 20 r°.

376. — Arrêt renvoyant aux trésoriers de France la requête des religieuses de Saint-Antoine-lès-Paris, qui demandaient à être déchargées du payement des décimes.

Ms. fr. 18159, f° 20 v°.

377. — Arrêt créant un corps de 45 hommes portant cuirasse, chargés d'aller au recouvrement des tailles dans les élections de Paris, Meaux, Crépy et Beauvais.

Ms. fr. 18159, f° 20 v°.

378. — Arrêt ordonnant le payement des sommes dues au sieur de Roissy.

Ms. fr. 18159, f° 21 r°.

1594, 17 janvier. — Mantes.

379. — Arrêt interdisant aux receveurs particuliers de disposer des sommes qu'ils perçoivent, sans mandement des receveurs généraux.

E 1ᵃ, f° 38 r°, et ms. fr. 18159, f° 25 v°.

1594, 21 janvier. — Mantes.

380. — Arrêt réglant le payement de la garnison de Saint-Robert en Limousin.

E 1ᵃ, f° 40 r°.

381. — «Département des parroisses... affectées au paiement des gens de guerre tenant garnison ès villes» de Romorantin, Vatan, Saint-Aignan et Levroux.

Ms. fr. 18159, f° 26 r°.

382. — Arrêt déchargeant M. de L'Aubespine, évêque d'Orléans, des décimes des années 1589 à 1592, en raison de la diminution des revenus de l'évêché et pour prix d'un pré acheté par Sa Majesté pour le haras de Meung.

E 1ᵃ, f° 41 r°, et ms. fr. 18159, f° 26 v°.

1594, 22 janvier. — Mantes.

383. — Arrêt chargeant les gens des comptes de la vérification des dépenses faites pendant le siège de Châteauvillain.

Ms. fr. 18159, f° 21 v°.

384. — Arrêt ordonnant d'acquitter le mandement de l'Épargne délivré au sieur de Biron, amiral de France.

Ms. fr. 18159, f° 21 v°.

385. — Arrêt relatif à l'assiette des tailles dans les élections du Haut et Bas-Limousin, du Blanc en Berry et de Bourganeuf.

Ms. fr. 18159, f° 22 r°.

386. — Arrêt maintenant pour deux ans la surtaxe d'un écu 15 sols par minot de sel dans les généralités de Paris et Rouen.

Ms. fr. 18159, f° 22 r°.

387. — Arrêt ordonnant le remboursement au sieur Jean Sergent des 200 écus par lui payés pour l'office de contrôleur des aides et tailles en l'élection de Pithiviers, qu'il a dû céder au sieur Mathieu Derbainnes, antérieurement pourvu du même office.

Ms. fr. 18159, f° 22 v°.

388. — Arrêt ordonnant l'assignation sur les deniers de la recette générale de Limoges de moitié de la somme de 12,000 écus, donnée par le Roi au prince de Conti.

Ms. fr. 18159, f° 22 v°.

389. — Arrêt ordonnant au procureur général en la Chambre des comptes de présenter au Conseil un rapport sur les causes qui ont déterminé ladite chambre à réformer les lettres de provision adressées aux trésoriers généraux, pour la mise en possession d'office des receveurs généraux, provinciaux et particuliers établis pour percevoir les nouveaux droits sur le sel.

Ms. fr. 18159, f° 23 r°.

390. — Arrêt ordonnant le rétablissement des bureaux pour le commerce des blés, vins et autres denrées.

Ms. fr. 18159, f° 23 v°.

391. — Arrêt assignant 80,000 écus sur les recettes de la généralité de Champagne pour le payement des garnisons de Sedan et Stenay.

Ms. fr. 18159, f° 23 v°.

392. — Arrêt assignant aux notaires et secrétaires servant en la cour du Roi durant le présent mois, une somme de 1,200 écus, sur les droits payés par certains marchands des Pays-Bas pour tirer hors du royaume 300,000 barils de sel gris.

Ms. fr. 18159, f° 23 v°.

393. — Arrêt ordonnant au trésorier général de l'Extraordinaire et à ses commis en chaque généralité de n'accepter des receveurs particuliers, pour le payement des gens de guerre, que les quittances des paroisses peu éloignées du chef-lieu de la recette, et dont le payement se peut faire facilement.

Ms. fr. 18159, f° 24 r°.

394. — Arrêt accordant aux habitants d'Issoudun l'usage dans la forêt, et les déchargeant de ce qu'ils peuvent devoir pour la convocation du ban et de l'arrière-ban, ainsi que pour l'exemption des francs-fiefs et nouveaux acquêts.

Ms. fr. 18159, f° 24 v°.

395. — Arrêt confirmant une décharge d'impôt accordée à la ville de Pithiviers par le feu Roi.

Ms. fr. 18159, f° 24 v°.

396. — Arrêt ordonnant la levée de 5,500 écus sur le haut pays d'Auvergne pour le payement de la somme due au sieur de Morèze, gouverneur du château de Carlat.

Ms. fr. 18159, f° 25 r°.

397. — Arrêt ordonnant que les habitants de la châtellenie de Muret seront tenus de faire au château de Carlat «le guet, garde et autres debvoirs qu'ils avoient accoustumé de faire» au château de Muret, démoli «ès guerres passées, il y a vingt-huit ans et plus».

Ms. fr. 18159, f° 25 r°.

398. — Arrêt autorisant le receveur des décimes à payer à Henri Godefroy, grènetier de Paris, certains arrérages à lui dus.

Ms. fr. 18159, f° 43 v°.

1594, 24 janvier. — Mantes.

399. — Arrêt relatif au transport des blés et vivres dans les environs de Paris.

E 1ᵉ, f° 43 r°, et ms. fr. 18159, f° 27 v°.

400. — Arrêt adjugeant au sieur Robert Le Roullier diverses places de clercs aux greffes de Montpellier,

de Nîmes, de Beaucaire, d'Uzès, du Vigan, de Mende, de Sommières, de Lunel et de Villeneuve-de-Berg.

Ms. fr. 18159, f° 28 r°.

401. — Arrêt condamnant le sieur Du Pont, receveur des décimes au diocèse d'Angers, au payement d'une assignation de 1,500 écus donnée à M° Balthazar Gobelin, trésorier de l'Épargne.

Ms. fr. 18159, f° 29 r°.

402. — Arrêt relatif à un emprunt fait par le Roi au sieur Cénamy.

Ms. fr. 18159, f° 29 v°.

403. — Arrêt déchargeant les habitants de Saint-Hilaire-le-Bois de divers impôts.

Ms. fr. 18159, f° 29 v°.

404. — Arrêt déchargeant les habitants d'Épernay du tiers de la somme par eux due sur les taxes de l'année 1593.

Ms. fr. 18159, f° 30 r°.

405. — Arrêt ordonnant aux trésoriers de France à Melun et à Senlis de s'enquérir des pertes éprouvées par les religieux de l'abbaye de Barbeaux, pour les décharger des décimes au prorata de leurs pertes.

Ms. fr. 18159, f° 30 r°.

406. — Arrêt déchargeant les habitants de Bois-commun du tiers de la somme à eux imposée pour leur part de l'entretien de 50,000 hommes de pied.

Ms. fr. 18159, f° 30 r°.

407. — Avis du Conseil relativement aux levées d'impôts en l'élection de Mirebeau.

Ms. fr. 18159, f° 30 v°.

408. — Arrêt réglant à 22,000 écus la somme due au trésorier de l'Extraordinaire des guerres.

Ms. fr. 18159, f° 31 r°.

1594, 26 janvier. — Mantes.

409. — Avis du Conseil relativement à l'indemnité due au sieur de Lieu-Dieu pour ses pertes au service du Roi.

Ms. fr. 18159, f° 31 v°.

410. — Arrêt établissant un impôt d'un écu par pipe de vin passant par la baronnie de Mauléon, pour le payement de la compagnie de chevau-légers levée par le sieur de La Trémoille.

Ms. fr. 18159, f° 31 v°.

411. — Arrêt ordonnant aux trésoriers de France à Châlons de vérifier les lettres obtenues par le maire et les échevins de Langres, « pour imposer les sommes y contenues ».

Ms. fr. 18159, f° 32 r°.

412. — Arrêt déchargeant les habitants de Saint-Luc et Cressy de deux années de tailles.

Ms. fr. 18159, f° 32 r°.

413. — Arrêt ratifiant les levées de deniers faites pour le service du Roi, en 1577, par le sieur de Longua, gouverneur de la ville de Sainte-Foy.

Ms. fr. 18159, f° 32 r°.

1594, 27 janvier. — Mantes.

414. — Arrêt autorisant M° Claude Genestre, receveur des tailles en l'élection de Chaumont et Magny, « de prendre le nombre et quantité de six cuirasses pour sa seureté ».

Ms. fr. 18159, f° 32 v°.

415. — Arrêt modérant les contributions perçues dans les villes et châteaux des bords de la Loire sur les vins d'Anjou et de Touraine.

Ms. fr. 18159, f° 33 r°.

416. — Arrêt relatif au payement des troupes commandées par le duc de Bouillon.

Ms. fr. 18159, f° 33 v°.

417. — Arrêt réglant le payement des sommes dues au sieur de Caudeley, gouverneur de Royan, par les fermiers des impôts.

Ms. fr. 18159, f° 34 r°.

418. — Arrêt déchargeant Charles Taffu, receveur du domaine du Bas-Vendômois, d'une somme de 850 écus, dont il était redevable.

Ms. fr. 18159, f° 34 v°.

419. — Arrêt adjugeant au sieur de Baliros deux

quarts de la justice haute, moyenne et basse du lieu de Montiès au pays de Rivière-Verdun.

Ms. fr. 18159, f° 35 r°.

420. — Arrêt sur la reddition des comptes de Charles Noblesse, maître de la Chambre aux deniers.

Ms. fr. 18159, f° 35 r°.

421. — Arrêt donnant décharge au sieur de La Frette, commandant de la Ferté-Bernard, de 1,952 écus par lui pris pour le payement de sa garnison.

Ms. fr. 18159, f° 35 v°.

422. — Arrêt réglant le remboursement d'un emprunt de 60,000 écus, fait par le Roi aux sieurs de Beaulieu, Revol, de Gesvres et de Fresnes, secrétaires d'État.

Ms. fr. 18159, f° 37 v°.

———————

1594, 29 janvier. — Mantes.

423. — Arrêt ordonnant le remboursement au sieur de Noailles des sommes par lui payées à la compagnie de 50 hommes d'armes des ordonnances de Sa Majesté, envoyée en Auvergne sous son commandement pour s'opposer au duc de Nemours.

Ms. fr. 18159, f° 38 r°.

424. — Arrêt portant réduction d'impôts en faveur de la ville de Meulan.

Ms. fr. 18159, f° 38 v°.

425. — Arrêt accordant aux paroisses de l'élection d'Évreux voisines de Verneuil et de Dreux un terme de deux années pour payer l'arriéré de leurs impositions.

Ms. fr. 18159, f° 38 v°.

426. — Arrêt réglant l'acquit des dépenses de la Chambre aux deniers.

Ms. fr. 18159, f° 39 r°.

427. — Arrêt relatif à la répartition des tailles sur le hameau de la Pommoraie, près Sens.

Ms. fr. 18159, f° 39 r°.

428. — Arrêt relatif aux monnaies étrangères circulant à Meaux.

Ms. fr. 18159, f° 39 v°.

429. — Arrêt portant décharge d'impôts pour les habitants de Roseille, en Basse-Auvergne, à raison du séjour de seize jours que Sa Majesté y a fait.

Ms. fr. 18159, f° 39 v°.

430. — Arrêt déchargeant les habitants de Toussus-le-Noble de deux années de tailles.

Ms. fr. 18159, f° 39 v°.

431. — Arrêt déchargeant les habitants de Jouy-en-Josas de deux années de tailles.

Ms. fr. 18159, f° 40 r°.

432. — Arrêt renvoyant à la Chambre des comptes l'état des recettes et dépenses faites pour le service du Roi par feu Raymond-Roger Du Bernet, gouverneur de Boulogne.

Ms. fr. 18159, f° 40 r°.

433. — Arrêt relatif au payement des fournisseurs de la Maison du Roi.

Ms. fr. 18159, f° 40 v°.

434. — Arrêt relatif au remboursement des frais faits par le sieur de Beliers pour le service du Roi.

Ms. fr. 18159, f° 41 r°.

435. — Arrêt relatif à l'indemnité réclamée par Jean de La Croix pour avoir été dépossédé de la seigneurie de Mirevaux.

Ms. fr. 18159, f° 41 r°.

436. — Arrêt accordant des dommages-intérêts au sieur Barbot, fermier des taxes établies sur la Gironde.

Ms. fr. 18159, f° 41 v°.

437. — Arrêt réglant les gages des receveurs particuliers des tailles en Languedoc.

Ms. fr. 18159, f° 42 r°.

438. — Arrêt renvoyant au connétable de Montmorency le cahier de la noblesse du Haut-Languedoc appartenant à la religion réformée.

E 1°, f° 62 r°, et ms. fr. 18159, f° 42 v°.

439. — Arrêt affectant 4,000 écus à la fondation d'une académie pour la jeunesse noble à Tours.

Ms. fr. 18159, f° 43 r°.

1594, 31 janvier. — Mantes.

·440. — Règlement pour la levée des décimes.

Ms. fr. 18159, f° 36 v°.

1594, 3 février. — Mantes.

441. — Arrêt déchargeant Jacques de La Grange, grènetier de Crépy-en-Valois, du sel saisi par les Ligueurs lors de la surprise de ladite ville.

Ms. fr. 18159, f° 44 r°.

442. — Arrêt déchargeant René Rouillier, abbé de Lagny et d'Hérivaux, des décimes des années 1590 à 1593.

Ms. fr. 18159, f° 44 v°.

443. — Arrêt accordant une remise de taxe aux habitants d'Évreux.

Ms. fr. 18159, f° 45 r°.

444. — Arrêt accordant une remise de taxe aux habitants de Louviers.

Ms. fr. 18159, f° 45 r°.

445. — Arrêt réduisant la taxe établie pour l'entretien de l'armée navale commandée par les sieurs de Saint-Luc et La Lunaille.

Ms. fr. 18159, f° 45 r°.

446. — Arrêt maintenant Me Robert de Louvigny dans la charge de commis à la recette du commerce à Corbeil.

Ms. fr. 18159, f° 46 r°.

447. — Arrêt accordant décharge aux habitants d'Avranches pour un canon et deux bâtardes à eux réclamés par le sieur de Suresnes.

Ms. fr. 18159, f° 47 r°.

·448. — Arrêt partageant entre les sieurs de Fabas et de La Roche une pension sur l'évêché de Condom.

Ms. fr. 18159, f° 47 r°.

·449. — Arrêt désignant les commissaires du Roi aux États de Normandie.

E 1ª, f° 44 r°.

1594, 5 février. — [Mantes.]

450. — Arrêt déchargeant les habitants d'Asnières et de Viarmes de deux années de tailles.

Ms. fr. 18159, f° 48 r°.

451. — Arrêt déchargeant les habitants de Saint-Pierre-la-Garenne, près Gaillon, de deux années de tailles.

Ms. fr. 18159, f° 48 r°.

452. — Arrêt déchargeant les habitants de Bailleul, anciennement Notre-Dame-de-la-Grâce, de deux années de tailles.

Ms. fr. 18159, f° 48 v°.

453. — Arrêt déchargeant les habitants de Lorrez[-le-Bocage] de deux années de tailles.

Ms. fr. 18159, f° 48 v°.

454. — Arrêt accordant un rabais au sieur Jérôme Cousin, sous-fermier des aides dans les bailliages de Beaumont et de Fresnay.

Ms. fr. 18159, f° 49 r°.

455. — Arrêt accordant une réduction de décimes à l'économe de l'abbaye de Solignac.

Ms. fr. 18159, f° 49 r°.

456. — Arrêt ordonnant le remboursement à Me Léger Davoust du prix de son office de second président en l'élection de la Flèche, récemment supprimé.

Ms. fr. 18159, f° 49 v°.

·457. — Arrêt ordonnant une vente de bois dans les forêts de l'Ile-de-France, pour acquitter les sommes dues au sieur de Fleury, conseiller d'État.

Ms. fr. 18159, f° 49 v°.

458. — Arrêt réglant les taxes sur le vin dans la ville de Mantes.

Ms. fr. 18159, f° 50 r°.

459. — Arrêt relatif au payement des gens de guerre.

Ms. fr. 18159, f° 50 r°.

460. — Arrêt indemnisant les grands audienciers et contrôleurs de l'Audience de France, pour la déli-

vrance gratuite du sceau des lettres de provision d'offices accordées aux habitants de Meaux.

Ms. fr. 18159, f° 50 v°.

461. — Arrêt donnant main levée à Madame, sœur du Roi, de diverses terres saisies par M⁰ Jean Martin, trésorier de France, dans le duché d'Albret.

Ms. fr. 18159, f° 50 v°.

462. — « A esté veu au Conseil le contract de bail à ferme du domaine de la comptablie de Bourdeaux. »

Ms. fr. 18159, f° 51 v°.

463. — Arrêt accordant à M⁰ Pierre de L'Aubespin, receveur du domaine en Bourbonnais, une somme de 266 écus par lui réclamée.

Ms. fr. 18159, f° 51 v°.

1594, 14 février. — Chartres.

464. — Arrêt réglant le payement des sommes dues au sieur de Malicorne, gouverneur du Poitou, et ordonnant l'élargissement de M⁰ Martial de Maledent, receveur général en la généralité de Poitiers, emprisonné à cette occasion.

Ms. fr. 18159, f° 52 r°.

465. — Arrêt interdisant aux trésoriers de l'Épargne de payer sur les deniers de Sa Majesté les dons faits par elle sur les biens des Ligueurs.

Ms. fr. 18159, f° 52 v°.

466. — Arrêt relatif aux contestations entre la dame d'Aubeterre et les sieurs de Longua et de Cercé, touchant les fortifications et munitions du château de Mussidan.

Ms. fr. 18159, f° 52 v°.

467. — Arrêt relatif à la solde de la garnison du château de Valençay.

Ms. fr. 18159, f° 53 r°.

468. — Arrêt réglant le payement des gages des officiers du Grand Conseil.

Ms. fr. 18159, f° 53 v°.

469. — Arrêt établissant sur le sel passant sous le pont de Blois une taxe dont le produit sera consacré à la réparation des murs de la ville.

Ms. fr. 18159, f° 54 r°.

470. — Arrêt rétablissant une augmentation de gages octroyée par le feu Roi aux officiers de la Cour des aides.

Ms. fr. 18159, f° 54 v°.

471. — Arrêt ordonnant le remboursement d'une somme due par le Roi au sieur de Pontac.

Ms. fr. 18159, f° 55 r°.

472. — Arrêt indemnisant le sieur Raoul Olier pour l'achat d'un office de contrôleur général des finances à Chartres, dont il n'a pu être pourvu.

Ms. fr. 18159, f° 55 r°.

473. — Arrêt ordonnant d'expédier les lettres rétablissant au compte de Barthélemy Cénamy une somme rayée par M⁰ Jacques Le Roy, trésorier de l'Épargne.

Ms. fr. 18159, f° 55 v°.

474. — Arrêt ordonnant que les habitants de Niort et de Fontenay payeront, nonobstant appel, les taxes imposées sur eux pour l'entretien de l'armée du prince de Conti.

Ms. fr. 18159, f° 55 v°.

1594, 16 février. — [Chartres.]

475. — Arrêt réglant à 30,000 écus les frais faits pour le service du Roi, en 1590, par Jean Du Tremblay, trésorier de l'Extraordinaire des guerres.

Ms. fr. 18159, f° 56 r°.

476. — Arrêt accordant une réduction de tailles aux habitants de Montrichard.

Ms. fr. 18159, f° 57 r°.

477. — Arrêt accordant une réduction de décimes à M⁰ Jean de Vieupont, abbé de Saint-Jean de Falaise.

Ms. fr. 18159, f° 57 r°.

478. — Arrêt réglant l'indemnité due à M⁰ Pierre Le Charron, trésorier général de l'Extraordinaire des

guerres, pour les frais faits en l'exercice de sa charge pendant l'année 1590.

Ms. fr. 18159, f° 57 v°.

1594, 20 février. — Paris.

479. — Remontrances présentées au Roi par les conseillers et échevins de la ville de Rouen, au sujet des rentes constituées, des gabelles, des fortifications, etc., et réponses du Conseil.

Clair. 652, p. 21.

1594, 24 février. — Chartres.

480. — Arrêt réglant la levée des subsides sur les marchandises passant sous le pont de Pontoise et devant le port de Conflans.

Ms. fr. 18159, f° 58 r°.

481. — Arrêt réglant les droits de gabelle au grenier à sel de Pontoise.

Ms. fr. 18159, f° 58 v°.

482. — Arrêt interdisant aux élus de donner mainlevée des saisies opérées par les receveurs des tailles, ou de faire élargir les personnes riches emprisonnées faute de payement des tailles.

Ms. fr. 18159, f° 58 v°.

483. — Arrêt ordonnant le remboursement au sieur de Hertré, gouverneur d'Alençon, de la poudre et des balles de canon fournies par lui pour le service du Roi.

Ms. fr. 18159, f° 59 r°.

484. — Arrêt renouvelant les défenses faites aux trésoriers généraux de France de disposer des deniers provenant des gabelles.

Ms. fr. 18159, f° 59 v°.

485. — Arrêt accordant remise à Guillaume Bury des deniers dont il était redevable pour la ferme de diverses taxes en l'élection d'Arques.

Ms. fr. 18159, f° 60 r°.

486. — Arrêt accordant une réduction de taxes aux habitants de Châteaudun.

Ms. fr. 18159, f° 60 r°.

487. — Arrêt confirmant au sieur de Thoury un droit d'usage et de chauffage en la forêt d'Armeau.

Ms. fr. 18159, f° 60 v°.

1594, 1ᵉʳ mars. — Chartres.

488. — Arrêt relatif au payement des régiments suisses.

Ms. fr. 18159, f° 61 r°.

489. — Arrêt réglant les sommes dues par le Roi au sieur Philibert Chassaigne.

Ms. fr. 18159, f° 61 v°.

490. — Arrêt réglant le mode de remboursement des 115,000 écus empruntés par le Roi au sieur Cénamy.

Ms. fr. 18159, f° 61 v°.

491. — Arrêt autorisant, moyennant caution, le sieur de La Lunaille à recevoir les deniers des recettes de Soubize et de Brouage.

Ms. fr. 18159, f° 62 v°.

492. — Arrêt donnant hypothèque au sieur Des Pruneaux, seigneur de Sorbières, sur les seigneuries de Pacy, Ézy et Nonancourt, pour une somme de 25,000 écus.

Ms. fr. 18159, f° 62 v°.

493. — Arrêt ordonnant remboursement au sieur Jean Le Faure de la finance par lui payée pour l'office de maître particulier alternatif des eaux et forêts du bailliage de Melun, dont il a été débouté et n'a pu jouir.

Ms. fr. 18159, f° 62 v°.

494. — Arrêt fixant les conditions de l'enchère proposée par Antoine Du Treyne pour l'office de greffier des appeaux en la viguerie de Gignac.

Ms. fr. 18159, f° 63 r°.

495. — Arrêt relatif à l'acquit des frais d'entretien des cinquante hommes de guerre tenant garnison en la ville de Tonnerre.

Ms. fr. 18159, f° 63 r°.

496. — Arrêt accordant une remise de décimes au frère Denis Le Saige, curé d'Ardelu.

Ms. fr. 18159, f° 63 v°.

497. — Avis du Conseil tendant à «ordonner qu'il ne soit dorénavant expédié aulcuns acquietz soubz noms supposez.»

Ms. fr. 18159, f° 63 v°.

—————

1594, 2 mars. — [Chartres.]

498. — Arrêt relatif à l'acquit des sommes dues par le Roi aux Ligues suisses.

Ms. fr. 18159, f° 64 r°.

499. — Arrêt réglant le payement des avances faites par le canton de Berne, pour l'entretien du régiment du colonel de Diesbach.

Ms. fr. 18159, f° 64 v°.

500. — Arrêt défendant au sieur de La Raynière, commandant à Bellême, et à tous autres commandants de gens de guerre de lever des impositions ou de faire des réquisitions sans pouvoir spécial.

Ms. fr. 18159, f° 65 r°.

501. — Arrêt déchargeant les habitants de Port-Mort de deux années de tailles.

Ms. fr. 18159, f° 65 v°.

502. — Arrêt accordant une remise de décimes au prieur de Saint-Jean de Houdan.

Ms. fr. 18159, f° 65 v°.

503. — Arrêt relatif au payement du ciboire d'argent et des 100 écus donnés par le Roi aux religieux de Marmoutiers, pour avoir apporté la sainte ampoule à Chartres.

Ms. fr. 18159, f° 65 v°.

504. — Arrêt réglant le remboursement de 10,000 écus empruntés au sieur Cénamy pour le payement des Suisses.

Ms. fr. 18159, f° 66 r°.

—————

1594, 3 mars. — Chartres.

505. — Arrêt maintenant l'office de trésorier général de France à Châlons, appartenant à Me François Garrault.

Ms. fr. 18159, f° 66 v°.

506. — Arrêt ordonnant à l'économe temporel de l'évêché de Beauvais de rendre compte de son administration par-devant le bailli de Senlis.

Ms. fr. 18159, f° 66 v°.

507. — Arrêt accordant aux maire et échevins de Tours une gratification de 400 écus de rente.

Ms. fr. 18159, f° 67 r°.

508. — Arrêt déchargeant les habitants de Vendôme de l'entretien de 60 pionniers.

Ms. fr. 18159, f° 67 r°.

509. — Arrêt mandant au Conseil Me Nicolas Rogais, trésorier de l'Extraordinaire des guerres en Guyenne, pour l'entendre sur les assignations données par le maréchal de Matignon, gouverneur de Guyenne.

Ms. fr. 18159, f° 67 v°.

510. — Arrêt portant adjudication à Me François Briand du greffe du bureau des finances à Bordeaux.

Ms. fr. 18159, f° 68 r°.

511. — Arrêt réglant le licenciement du régiment de lansquenets de Hans Sedericq.

Ms. fr. 18159, f° 68 v°.

512. — Arrêt ordonnant la mise en adjudication des terres de Pacy, Ézy et Nonancourt.

Ms. fr. 18159, f° 68 v°.

513. — Arrêt réglant le remboursement des sommes dues au sieur de La Chaux, commandant de la ville de Cherbourg.

Ms. fr. 18159, f° 68 v°.

514. — Arrêt réduisant de moitié le prix d'une adjudication de coupes de bois en la forêt de Crécy, vu les dommages éprouvés pendant la guerre par les adjudicataires.

Ms. fr. 18159, f° 69 r°.

515. — Arrêt ordonnant aux trésoriers généraux de France de procéder à la vérification des comptes des receveurs des gabelles, à partir de l'année 1588.

Ms. fr. 18159, f° 69 v°.

516. — Arrêt maintenant René Baudouin en son office de receveur particulier au grenier à sel d'Orléans.

Ms. fr. 18159, f° 70 r°.

517. — Arrêt mandant au Conseil les trésoriers de France à Châlons, pour être entendus sur la requête de M° Martin Nau, receveur général des finances à Châlons.

Ms. fr. 18159, f° 70 r°.

518. — Arrêt maintenant une surtaxe sur le sel au grenier de Chartres.

Ms. fr. 18159, f° 70 v°.

519. — Arrêt de validation « d'aulcuns acquitz ausquelz, pour certaines considérations, Sa Majesté n'a voullu aucun n'estre nommé, ny faict mention des causes de l'employ des dictes sommes, ny de la distribution d'icelles, sinon que par certification signée d'aulcuns principaulx officiers de la Couronne, seigneurs du Conseil et secrétaires des commandemens ».

Ms. fr. 18159, f° 71 r°.

520. — Arrêt ordonnant que Mathias Paraige, président de l'élection de Baugé, jouira de l'augmentation de gages et juridiction à lui attribuée.

Ms. fr. 18159, f° 71 v°.

521. — Arrêt faisant remise aux habitants de Tauxigny de divers impôts.

Ms. fr. 18159, f° 71 v°.

522. — Arrêt relatif à l'établissement du compte des dépenses faites pour l'entretien des gens de guerre en Limousin de 1589 à 1593.

Ms. fr. 18159, f° 71 v°.

523. — Arrêt réglant le payement des gages du duc de Ventadour en qualité de sénéchal du Limousin.

Ms. fr. 18159, f° 72 r°.

524. — Arrêt portant à huit le nombre des archers du prévôt des Maréchaux en la province et baronnie de Châteauneuf-en-Thymerais.

Ms. fr. 18159, f° 72 v°.

525. — Arrêt accordant une réduction de tailles aux habitants de la Ferté-Alais pendant six années.

Ms. fr. 18159, f° 72 v°.

526. — Arrêt déchargeant les habitants d'Auteuil-en-Valois et de Billemont d'une année de tailles.

Ms. fr. 18159, f° 73 r°.

1594, 7 mars. — Chartres.

527. — Arrêt accordant un appointement de 400 écus par an à M° Jean de Champront, président des enquêtes au parlement de Paris, transféré à Tours.

Ms. fr. 18159, f° 73 r°.

528. — Arrêt validant la prise de deniers faite par le sieur de Cezy pour la solde de 80 arquebusiers levés par commission du sieur d'Inteville, gouverneur de Champagne.

Ms. fr. 18159, f° 73 v°.

529. — Arrêt accordant réduction de tailles aux habitants de la Riche, de Berthenay, de Vallères, de Lignières, de Savonnières et du Colombier.

Ms. fr. 18159, f° 73 v°.

530. — Arrêt déchargeant les habitants de Montereau-sur-Jard d'une année et demie de tailles.

Ms. fr. 18159, f° 74 r°.

531. — Arrêt ordonnant la revente des greffes du bailliage de Blois.

Ms. fr. 18159, f° 74 r°.

532. — Arrêt ordonnant la vente des aides, huitième, vingtième et autres impositions en la généralité d'Orléans.

Ms. fr. 18159, f° 75 r°.

533. — Arrêt relatif au payement du colonel des Suisses du canton de Soleure et aux réclamations des créanciers de Catherine de Médicis.

Ms. fr. 18159, f° 75 r°.

534. — Arrêt ordonnant au capitaine de la ville de Châteauneuf-sur-Loire de remettre la place au sieur Des Barreaux, acquéreur de la capitainerie de cette ville; les Suisses du régiment de Soleure devront être payés sur le produit de la vente de cette capitainerie.

Ms. fr. 18159, f° 76 r°.

1594, 9 mars. — Chartres.

535. — Arrêt réduisant la taxe des gabelles en la ville de Thouars.

Ms. fr. 18159, f° 76 r°.

536. — Arrêt ordonnant aux trésoriers généraux de France transférés à Clermont de vérifier les réclamations de M° Bérault de La Roche, receveur des tailles en l'élection d'Angers.

Ms. fr. 18159, f° 76 v°.

537. — Arrêt déchargeant les habitants de la Croix-Saint-Leufroy de deux années de tailles.

Ms. fr. 18159, f° 77 r°.

538. — Arrêt validant une prise de deniers faite par le sieur de Lestelle, pour l'appointement des gens de guerre levés par lui pour combattre les forces de la Ligue.

Ms. fr. 18159, f° 77 r°.

539. — Arrêt réglant la rentrée du taillon.

Ms. fr. 18159, f° 77 r°.

540. — Arrêt restituant à M° Jean de Béchon son office de conseiller au présidial d'Agen, adjugé à M° Isaac de Lubert, « sur le bruit que le dict Béchon estoit mort ».

Ms. fr. 18159, f° 77 v°.

541. — Arrêt assignant sur la généralité d'Auvergne le remboursement des avances faites au Roi par Martin Tauzin, son valet de chambre.

Ms. fr. 18159, f° 78 r°.

542. — Arrêt déchargeant les habitants d'Ivry, d'Ibouvillers et de la Villeneuve-le-Roi d'une année de tailles.

Ms. fr. 18159, f° 78 v°.

543. — Arrêt accordant une remise de décimes au chapitre de Notre-Dame de Montereau.

Ms. fr. 18159, f° 78 v°.

544. — Arrêt réglant la finance à payer par Dominique de Tollis pour obtenir l'office de receveur des aides et tailles en Périgord.

Ms. fr. 18159, f° 79 r°.

545. — Arrêt réglant le payement du fret d'un navire appelé le *Marchant royal*, employé au siège de Blaye.

Ms. fr. 18159, f° 79 r°.

546. — Réponses du Conseil aux remontrances des échevins de Chartres sur le fait des finances.

Ms. fr. 18159, f° 79 v°.

1594, 10 mars. — Chartres.

547. — Arrêt ordonnant que M° Odet Martin, avocat au parlement de Bordeaux, sera pourvu de l'office de conseiller audit parlement.

E 1°, f° 47 r°.

548. — Arrêt ordonnant restitution à M° Joseph de La Rivière de la finance par lui payée pour l'office de conseiller et lieutenant général à Bergerac, dont il a été débouté par arrêt du parlement de Tours.

Ms. fr. 18159, f° 80 r°.

549. — Arrêt ordonnant le payement des rentes réclamées par la princesse de Condé sur la recette générale de Châlons.

Ms. fr. 18159, f° 80 r°.

550. — Arrêt relatif au payement du régiment suisse de Soleure.

Ms. fr. 18159, f° 80 v°.

551. — Arrêt confirmant celui du 3 mars [n° 517] et ordonnant à Nicolas L'Argentier de restituer les sommes à lui payées par M° Pierre Lignaige, caution de M° Martin Nau.

Ms. fr. 18159, f° 81 r°.

552. — Arrêt validant les dépenses faites par le sieur de Chamberet, lieutenant général en Limousin, pour l'entretien de deux compagnies de gens de guerre.

Ms. fr. 18159, f° 81 v°.

553. — Arrêt accordant une remise de décimes à M° Jérôme Gerbeau, chancelier et chanoine de Chartres.

Ms. fr. 18159, f° 82 r°.

554. — Arrêt ordonnant le payement à Jean de

La Poterie, sergent-major en la ville d'Évreux, du blé
par lui fourni à l'armée du Roi en 1592.

Ms. fr. 18159, f° 82 r°.

555. — Arrêt ordonnant que M° Jacques Blanchard, l'un des trésoriers de France à Orléans, continuera provisoirement à Chartres l'exercice de sa
charge.

Ms. fr. 18159, f° 82 r°!

556. — Arrêt ordonnant aux trésoriers de France
de porter sur l'état des finances de l'année 1595 les
arrérages dus au marquis de Curton pour une rente
sur le droit de bûche de la ville de Paris.

Ms. fr. 18159, f° 82 v°.

557. — Arrêt accordant une réduction de tailles,
pendant trois années, aux habitants de Morancez.

Ms. fr. 18159, f° 82 v°.

558. — Arrêt accordant au sieur de Vaurozay,
maître des forges de la Rochette, le produit d'une
coupe de bois en la forêt de Reno, pour partie du
payement des 10,000 balles à canon par lui fournies
au Roi.

Ms. fr. 18159, f° 83 r°.

559. — Arrêt réglant le rachat par la ville de
Bordeaux du subside établi à Royan sur les vins et
autres marchandises.

Ms. fr. 18159, f° 83 r°.

560. — Arrêt accordant à Vincent Grainier décharge,
envers le grènetier de Buzançais, de 25 minots de sel,
à lui pris par le gouverneur d'Argenton en Berry.

Ms. fr. 18159, f° 84 r°.

561. — Arrêt réglant le remboursement des
avances faites au Roi par le sieur de Schomberg.

Ms. fr. 18159, f° 84 v°.

562. — Arrêt portant adjudication à Adrien
L'Auzeray, premier valet de chambre du Roi, de la
terre et châtellenie de Rochefort-sur-Charente.

Ms. fr. 18159, f° 84 v°.

1594, 26 mars. — Paris.

563. — Arrêt de mainlevée et surséance en faveur
des religieux de Ferrières en Gâtinais.

Ms. fr. 18159, f° 85 v°.

564. — Arrêt réglant l'emploi des restes des assignations en la recette générale de Champagne.

Ms. fr. 18159, f° 85 v°.

565. — Arrêt réglant l'acquit des assignations
levées sur les receveurs généraux des finances établis
à Châlons.

Ms. fr. 18159, f° 86 r°.

566. — Arrêt réglant la levée du subside destiné
à l'entretien de l'armée du prince de Conti.

Ms. fr. 18159, f° 86 v°.

567. — Arrêt confirmant le sieur Verdier, trésorier
général de France à Limoges, en la qualité de seul
commissaire député pour la vente du domaine royal
dans la généralité de Limoges et le pays de Haute-
Marche.

Ms. fr. 18159, f° 87 r°.

568. — Arrêt ordonnant l'expédition d'un acquit-
patent en faveur «de certaine personne dont [Sa Ma-
jesté] ne veult estre faict aulcune mention ni déclaration».

Ms. fr. 18159, f° 87 v°.

569. — Arrêt établissant un impôt de 1,200 écus
sur les habitants de l'élection de Troyes, pour fortifier la ville de Méry-sur-Seine.

Ms. fr. 18159, f° 88 r°.

570. — Arrêt réglant le partage d'un office de
contrôleur de la Chancellerie de France entre M° Jacques de Pomereu et M° Griffon.

Ms. fr. 18159, f° 88 r°.

1594, 28 mars. — Paris.

571. — Arrêt réglant les réparations à faire au
château de Bayeux.

Ms. fr. 18159, f° 88 v°.

572. — Arrêt ordonnant le payement de la garnison d'Aulnay.

Ms. fr. 18159, f° 89 r°.

573. — Arrêt accordant aux habitants d'Arfeuille en Limousin une remise sur l'arriéré de leurs tailles.

Ms. fr. 18159; f° 89 r°.

1594, 29 mars. — Paris.

574. — Arrêt autorisant M° Ézéchiel Brochard, commissaire ordinaire de l'Artillerie, à rembourser à Jean Boisseau, sieur du Pouzou, le greffe de la sénéchaussée de Saintonge à Saint-Jean-d'Angely, et à s'en porter adjudicataire moyennant 1,500 écus de tiercement.

Clair. 652, p. 19.

1594, 30 mars. — [Paris.]

575. — « Ont esté veues et respondues » les remontrances des trésoriers de France à Châlons.

Ms. fr. 18159, f° 89 v°.

576. — « Ont esté veues et respondues » les requêtes des habitants du pays du Maine.

Ms. fr. 18159, f° 89 v°.

577. — Arrêt accordant aux habitants d'Aubervilliers une remise sur l'arriéré de leurs tailles.

Ms. fr. 18159, f° 90 r°.

578. — Arrêt ordonnant une levée de 2,000 écus pour les fortifications de Saint-Maixent.

Ms. fr. 18159, f° 90 r°.

579. — Arrêt accordant remise aux habitants de Beauvais-sur-Matha et de Loiré des trois quarts de leurs impositions de l'année 1593.

Ms. fr. 18159, f° 90 v°.

580. — Arrêt ordonnant d'expédier les lettres de surannation accordées au habitants de Saint-Junien pour la réduction de leurs tailles.

Ms. fr. 18159, f° 90 v°.

1594, 31 mars. — Paris.

581. — Arrêt ordonnant le remboursement des avances faites par le duc de Bouillon pour l'armée du Roi en Lorraine.

E 1*, f° 49 r°.

1594, 1er avril. — Paris.

582. — Arrêt confirmant M° Jean Bourlon en l'office de receveur général provincial des gabelles en la généralité de Paris.

Ms. fr. 18159, f° 91 r°.

583. — Arrêt confirmant M° Mathieu Prévost dans la possession de deux offices de receveur du grenier à sel de Paris.

Ms. fr. 18159, f° 91 r°.

584. — Arrêt ordonnant le remboursement aux prévôt et échevins de Paris d'un emprunt forcé levé sur eux par le duc de Mayenne.

Ms. fr. 18159, f° 91 v°.

1594, 3 avril. — Paris.

585. — Arrêt réglant le remboursement des offices auxquels le duc de Mayenne avait pourvu pendant la guerre.

Ms. fr. 18159, f° 92 r°.

586. — Arrêt réduisant la contribution imposée au grenier à sel de Paris au profit de l'Hôtel-Dieu.

Ms. fr. 18159, f° 92 r°.

587. — Arrêt établissant une surtaxe sur le sel pour les réparations des ponts de Charenton, Saint-Mars, Saint-Cloud, Poissy et autres.

Ms. fr. 18159, f° 92 r°.

588. — Arrêt accordant remise aux habitants de Joigny de l'arriéré de leurs tailles.

Ms. fr. 18159, f° 92 r°.

589. — Arrêt imposant sur la généralité de Poitiers une somme de 12,000 écus pour l'acquit des dépenses causées par les sièges de Rochefort et de Mirebeau.

Ms. fr. 18159, f° 92 v°.

590. — Arrêt déchargeant les habitants d'Acy-en-Multien de deux années d'impôts.

Ms. fr. 18159, f° 92 v°.

591. — Arrêt permettant d'affecter aux fortifications du château de Blois les deniers provenant du péage établi au pont de ladite ville.

Ms. fr. 18159, f° 93 r°.

592. — Arrêt attribuant aux fortifications de Bray-sur-Seine 300 écus provenant de la taxe sur le vin passant audit lieu.

Ms. fr. 18159, f° 93 r°.

593. — Arrêt évoquant le procès intenté en la Cour des aides à M° Richard Bugrand, receveur des tailles en l'élection de Paris, par diverses personnes arrêtées pour le fait des tailles.

Ms. fr. 18159, f° 93 v°.

594. — Arrêt maintenant les officiers du bailliage de Senlis pourvus par le Roi contrairement au droit de provision appartenant à la reine de Navarre.

Ms. fr. 18159, f° 93 v°.

595. — Réponses aux remontrances faites par les habitants d'Étampes relativement à divers impôts.

Ms. fr. 18159, f° 93 v°.

596. — Arrêt ordonnant le remboursement de la finance payée par M° Jean Faure pour un office dont il n'a pu être pourvu.

Ms. fr. 18159, f° 94 r°.

597. — Arrêt confirmant au sieur Antoine Bénard l'office de contrôleur général des finances en la généralité de Picardie.

Ms. fr. 18159, f° 94 v°.

598. — Arrêt déchargeant les habitants de Sainte-Catherine-de-Fierbois d'une partie de leurs tailles.

Ms. fr. 18159, f° 94 v°.

599. — Arrêt confirmant à Jean Gaulcher, contrôleur des aides et tailles en l'élection du Mans, la jouissance du droit de bordereau attaché audit office.

Ms. fr. 18159, f° 94 v°.

600. — Arrêt maintenant pour la présente année

M° Remi Le Cat en l'office de receveur des tailles en l'élection de Paris, à charge de payer les gages du sieur Borderel, précédemment pourvu dudit office.

Ms. fr. 18159, f° 95 r°.

1594, 11 avril. — Paris.

601. — Arrêt ordonnant le remboursement de la finance payée par M° Jean de Choisy pour un office de receveur général des finances à Rouen, dont il avait été pourvu concurremment avec M° Henri d'Ambray.

Ms. fr. 18159, f° 95 r°.

602. — Avis du Conseil tendant à faire don à la veuve et aux enfants de feu [Jean] Sandras de l'état de commissaire des guerres ayant appartenu audit défunt.

Ms. fr. 18159, f° 95 v°.

603. — Arrêt portant don à Nicolle Royer, veuve de Jean Guienne, de l'office de grènetier de Chaumont-le-Roy, dont était pourvu son mari.

Ms. fr. 18159, f° 95 v°.

604. — Arrêt réglant le payement des gages de M° Jean Carles, commis à l'office de trésorier général de France à Lyon.

Ms. fr. 18159, f° 95 v°.

605. — Arrêt ordonnant le remboursement aux trésoriers généraux de France en Guyenne de la somme par eux payée à M° Jean Martin pour la suppression de son office de président.

Ms. fr. 18159, f° 96 r°.

606. — Arrêt relatif à la caution exigée de François Gasteboys, receveur des tailles en l'élection de Langres.

Ms. fr. 18159, f° 96 r°.

607. — Arrêt ordonnant le payement des gages de la compagnie de cent gentilshommes ordinaires de la Maison du Roi, commandée par le sieur de Rambouillet.

Ms. fr. 18159, f° 96 r°.

608. — Réponses aux remontrances des maire et

jurats de Bordeaux sur les dépenses faites par leurs députés à la suite du Roi et de son Conseil et sur le nombre des archers du guet.

Ms. fr. 18159, f° 96 v°.

609. — Arrêt accordant remise de cinq années de décimes aux religieux de la Chartreuse du Val-Saint-Georges, à raison des pertes par eux souffertes durant les deux sièges de la ville de l'Orme.

Ms. fr. 18159, f° 97 r°.

610. — Arrêt déchargeant de deux années de tailles les habitants de Châteauroux, à raison du séjour dans leur ville de l'armée du sieur de Montigny, pendant le dernier siège de Déols.

Ms. fr. 18159, f° 97 r°.

611. — Arrêt accordant décharge à M° Isambert Fleury, receveur des aides à Rouen, d'une somme dont il est redevable sur son compte.

Ms. fr. 18159, f° 97 r°.

612. — Arrêt maintenant concurremment Mᵉˢ Jacques Bellet et Jacques Paillet en un office de procureur au présidial de Rouen.

Ms. fr. 18159, f° 97 v°.

613. — Arrêt accordant à Jean Hays l'office de second avocat au présidial de Pont-de-l'Arche.

Ms. fr. 18159, f° 97 v°.

614. — Arrêt confirmant aux sieurs Charles Le Beauclerc, François Testu et Blaise de Verneson la possession de deux offices de conseillers au présidial de Vannes, transféré à Ploërmel.

Ms. fr. 18159, f° 98 r°.

615. — Arrêt ordonnant aux trésoriers de France à Paris de procéder à la vérification des lettres de commission pour la levée des grains nécessaires au service du Roi dans la généralité de Paris.

Ms. fr. 18159, f° 98 v°.

616. — Arrêt déchargeant les habitants d'Ormoy de deux années de tailles.

Ms. fr. 18159, f° 98 v°.

617. — Arrêt déchargeant les habitants de Méru de diverses taxes.

Ms. fr. 18159, f° 99 r°.

618. — Arrêt déchargeant les habitants de Courcome de diverses taxes.

Ms. fr. 18159, f° 99 r°.

_____

1594, 15 avril. — Paris.

619. — Arrêt réglant les conditions imposées à la ville de Bordeaux pour l'abolition de la taxe levée sur les vins à Royan.

E 1ᵃ, f° 51 r°.

_____

1594, 15-18 avril. — Paris.

620. — Arrêt maintenant le sieur Des Hameaux en l'office de premier président en la cour des aides de Normandie, et remboursant le prix dudit office au sieur de La Mare, qui en avait été pourvu par le duc de Mayenne.

Ms. fr. 18159, f° 99 v°.

621. — Arrêt maintenant Richard Grissel en l'office de trésorier de France à Rouen, et remboursant le prix dudit office à Thibaud Des Portes, qui en avait été pourvu par le duc de Mayenne.

Ms. fr. 18159, f° 99 v°.

622. — Arrêt relatif aux gages et rentes assignés sur le plat pays de Berry, contrairement au traité fait avec le sieur de La Châtre.

Ms. fr. 18159, f° 100 r°.

623. — Arrêt confirmant au sieur Des Pruneaulx la jouissance des terres de Pacy, Ézy et Nonancourt, jusqu'au plein remboursement de ce qui lui est dû.

Ms. fr. 18159, f° 100 v°.

624. — Arrêt autorisant une expropriation pour l'ouverture d'une rue à Langres.

Ms. fr. 18159, f° 101 r°.

625. — Arrêt maintenant plusieurs offices d'huissiers au parlement de Normandie, sauf suppression desdits offices à la mort des titulaires.

Ms. fr. 18159, f° 101 r°.

626. — Arrêt déchargeant les habitants d'Étampes d'une taxe établie pour l'entretien de 62 hommes portant cuirasses, destinés à assister les receveurs des tailles.

Ms. fr. 18159, f° 101 v°.

627. — Arrêt ordonnant la mise en liberté de Claude Du Bois, grènetier de Chartres, injustement arrêté par le sieur de Mesdavy, commandant de Verneuil.

Ms. fr. 18159, f° 101 v°.

628. — Arrêt réglant le remboursement des avances faites par le sieur de La Force pour la conservation en l'obéissance du Roi du Périgord et de l'Agenais.

Ms. fr. 18159, f° 102 r°.

629. — Arrêt autorisant les sieurs Jean Grandseigneur, Jacques de La Roche, et autres à faire le trafic des cendres dans le Morvan et le Nivernais.

Ms. fr. 18159, f° 102 r°.

630. — Arrêt réglant la réunion des élections de Gien et de Clamecy à la généralité d'Orléans, et de celle de Châtillon-sur-Indre à la généralité de Bourges.

Ms. fr. 18159, f° 102 v°.

631. — Arrêt révoquant un autre arrêt (n° 555), qui autorisait M° Blanchard, trésorier de France au bureau d'Orléans, à résider à Chartres.

Ms. fr. 18159, f° 102 v°.

632. — Arrêt déchargeant les habitants d'Orléans de la moitié d'une levée de grains à eux imposée.

Ms. fr. 18159, f° 103 r°.

633. — Arrêt réglant l'imputation d'une somme de 5,500 écus affectée à l'Extraordinaire des guerres.

Ms. fr. 18159, f° 103 r°.

634. — Arrêt établissant une taxe sur le vin passant à Melun, « pour le parachèvement de la fortiffication ».

Ms. fr. 18159, f° 103 v°.

635. — Arrêt faisant remise aux habitants de l'élection de Paris de ce qu'ils doivent des tailles des années 1589 à 1592.

Ms. fr. 18159, f° 103 v°.

636. — Arrêt faisant remise aux habitants de Valençay et de Meusnes de ce qu'ils doivent des tailles des années 1589 à 1592.

Ms. fr. 18159, f° 104 r°.

637. — Arrêt accordant décharge à Édouard Gousset, receveur des aides à Château-Chinon, pour des deniers à lui volés.

Ms. fr. 18159, f° 104 r°.

638. — Arrêt accordant remise de divers impôts aux habitants de Cravant.

Ms. fr. 18159, f° 104 r°.

639. — Arrêt renouvelant le bail du quatrième du vin vendu à Pontoise.

Ms. fr. 18159, f° 104 v°.

640. — Arrêt faisant remise aux habitants de Fleury-le-Haut-Verger de l'arriéré de leurs tailles.

Ms. fr. 18159, f° 104 v°.

641. — Arrêt remettant, jusqu'après audition des parties, le jugement sur la requête de l'évêque de Saint-Flour concernant la jouissance de certains bénéfices.

Ms. fr. 18159, f° 105 r°.

———

1594, 20 avril. — Paris.

642. — Arrêt décidant que Jamet Métayer, Pierre L'Huillier et Frédéric Morel exerceront ensemble la charge d'imprimeurs du Roi.

Ms. fr. 18159, f° 105 v°.

643. — Arrêt adjugeant à Jean de Laval les greffes civil et criminel de la sénéchaussée de Bergerac.

Ms. fr. 18159, f° 105 v°.

644. — Arrêt donnant commission à M° Jean de Cottereau, contrôleur des fortifications de l'Ile-de-France, pour pousser activement les travaux de fortifications de Pontoise et de Saint-Denis.

Ms. fr. 18159, f° 106 r°.

645. — Arrêt imposant les habitants de la vallée de Chailleau, pour le payement de la somme pro-

mise au nom du Roi au sieur de Champigny lors de la reddition du château de Diant.

Ms. fr. 18159, f° 106 r°.

646. — Arrêt déchargeant les habitants de Janville des deux tiers de leurs tailles pendant quatre ans.

Ms. fr. 18159, f° 106 v°.

647. — Arrêt déchargeant les habitants de Figeac de la moitié de leurs tailles de l'année présente.

Ms. fr. 18159, f° 106 v°.

648. — Arrêt rétablissant pour six années consécutives les prévôt des marchands et échevins de Paris dans la jouissance de leurs droits.

Ms. fr. 18159, f° 106 v°, et K 961, n° 59.

649. — Arrêt accordant remise de divers impôts aux habitants de Cravant.

Ms. fr. 18159, f° 107 r°.

650. — Arrêt maintenant la taxe de trois sous par feu levée tant au profit des fortifications de Meulan, que pour la réparation de l'église de Mureaux.

Ms. fr. 18159, f° 107 r°.

651. — Arrêt accordant à Me Nicolas Girard, trésorier des Ligues suisses, un droit de courtage de 6 p. o/o pour l'envoi à Soleure des sommes dues aux régiments suisses.

Ms. fr. 18159, f° 107 v°.

652. — Arrêt ordonnant de rembourser à Me Jacques Tamponnet la finance par lui payée pour deux offices de payeur au parlement de Paris, qui ont été restitués à leurs titulaires.

Ms. fr. 18159, f° 108 r°.

653. — Arrêt mandant au Conseil Me Claude Philippe et Me Hac pour être entendus sur leurs prétentions à l'office de greffier en la Cour des monnaies.

Ms. fr. 18159, f° 108 r°.

654. — Arrêt maintenant Me Jean Bagereau en son office de conseiller-clerc au Parlement, dont il avait été pourvu par le duc de Mayenne.

Ms. fr. 18159, f° 108 r°.

655. — Arrêt maintenant Mes Jean Borderel et

Benjamin Le Riche en leurs offices de receveurs des tailles en l'élection de Paris.

Ms. fr. 18159, f° 108 v°.

656. — Arrêt maintenant les receveurs des gabelles à Paris nommés par le duc de Mayenne.

Ms. fr. 18159, f° 108 v°.

657. — Arrêt maintenant le fils de Me Charles Le Grand en l'office d'élu à Paris, dont il avait été pourvu par le duc de Mayenne, et décidant que Me Hureau, pourvu du même office par le Roi, «obtiendra lettres de Sa Majesté par nouvelle création à la charge de suppression par la mort du premier».

Ms. fr. 18159, f° 108 v°.

658. — Arrêt ordonnant au sieur Testu, chevalier du guet à Paris, de pourvoir au remplacement de Mathurin Bouchet, dit La Fontaine, lieutenant du guet.

Ms. fr. 18159, f° 108 v°.

659. — Arrêt maintenant le sieur Longuet en l'état de général des Monnaies, et décidant que Pierre Longuet, pourvu du même office par le duc de Mayenne, aura lettres de création de pareil office «à la charge de suppression dudit estat par la mort dudit premier».

Ms. fr. 18159, f° 109 r°.

660. — Arrêt maintenant Me Vignard en la place de lecteur du Roi en langue hébraïque.

Ms. fr. 18159, f° 109 r°.

661. — Arrêt donnant quittance au sieur de La Force et consorts pour les fruits de la cure de Bayac, qu'ils ont pris et employés au service du Roi.

Ms. fr. 18159, f° 109 r°.

662. — Arrêt réglant l'indemnité due au sieur de Blacy pour l'entretien du régiment par lui levé en 1589.

Ms. fr. 18159, f° 109 r°.

663. — Arrêt autorisant jusqu'à la fin de mai la coupe du bois dans les forêts de Senlis et de Compiègne.

Ms. fr. 18159, f° 109 v°.

664. — Arrêt portant décharge de tailles pour les habitants du plat pays de [Berry (?)]*.

Ms. fr. 18159, f° 109 v°.

665. — Arrêt faisant remise aux habitants de Romorantin des restes de leurs tailles des années 1589 à 1592.

Ms. fr. 18159, f° 109 v°.

666. — Arrêt faisant remise aux habitants de Mennetou-sur-Cher des restes de leurs tailles des années 1589 à 1591.

Ms. fr. 18159, f° 109 v°.

667. — Arrêt ordonnant la réception de Jacques Chauvreux en l'office d'intendant des turcies et levées de la Loire et du Cher.

Ms. fr. 18159, f° 110 r°.

668. — Réponses aux remontrances des habitants d'Orléans :

1° Sur le fait des octrois;

2° Sur la saisie des deniers communs;

3° Sur la réduction du nombre des gouverneurs de ville;

4° Sur la restitution à l'évêque du château de Meung;

5° Sur la dépossession des officiers de justice.

Ms. fr. 18159, f° 110 r°.

669. — Arrêt confirmant le don fait aux Augustins d'Orléans par le feu Roi d'une coupe de bois dans la forêt d'Orléans.

Ms. fr. 18159, f° 110 v°.

670. — Arrêt ratifiant les levées de deniers faites par le sieur de Villebouche dans la Combraille, la Marche et le Bourbonnais, pour l'entretien des gens de guerre.

Ms. fr. 18159, f° 111 r°.

671. — Arrêt confirmant un don de 83 écus par an fait aux Frères Prêcheurs d'Orléans par le feu Roi.

Ms. fr. 18159, f° 111 r°.

672. — Arrêt relatif au payement des régiments de Gallaty et de Grissac.

Ms. fr. 18159, f° 111 r°.

673. — Arrêt ordonnant le payement d'une somme due au sieur Sauguin.

Ms. fr. 18159, f° 111 v°.

674. — Arrêt réduisant le prix de la ferme des huitième et vingtième dans les paroisses de Saint-Mesmes, Vineuil, Claye, Annet, Carnetin, Fresnes, Souilly et Juilly.

Ms. fr. 18159, f° 111 v°.

675. — Arrêt maintenant en la charge de lecteurs du Roi en langue grecque Mes François Parent, principal du collège de Navarre, et Claude Colin, principal du collège de Caen.

Ms. fr. 18159, f° 112 r°.

676. — Arrêt cassant un arrêt du parlement de Châlons du 3 mars 1593, sur le fait des gabelles.

Ms. fr. 18159, f° 112 r°.

677. — Réponses aux remontrances des habitants d'Angers:

1° Sur l'envoi d'une armée en Anjou;

2° Sur le fait des tailles;

3° Sur la suppression d'une taxe sur le vin;

4° Sur le doublement du subside destiné aux fortifications;

5° Sur le remboursement des avances faites par ladite ville à l'occasion du siège de Rochefort;

6° Sur les privilèges de ladite ville;

7° Sur l'attribution au sénéchal d'Anjou de la connaissance des impôts établis en ladite ville;

8° Sur l'attribution de la police au corps de ville;

9° Sur la concession de certains deniers pour satisfaire aux dépenses de la ville.

Ms. fr. 18159, f° 112 r°.

678. — Arrêt accordant aux officiers du siège présidial d'Angers une indemnité pour la perte de leurs gages pendant les cinq dernières années.

Ms. fr. 18159, f° 114 v°.

1594, 24 avril. — [Paris.]

679. — Arrêt portant don de 25,000 écus à la ville de Paris pour la réparation des fontaines, des fortifications et du pavé de ladite ville.

Ms. fr. 18159, f° 115 r°.

* Ce nom est resté en blanc dans le texte.

680. — Arrêt abolissant la taxe sur le sel établie à Jargeau pendant la Ligue.

Ms. fr. 18159, f° 115 v°.

681. — Arrêt donnant à ferme le bac de Charenton au sieur Jean Grossier, en considération des services qu'il a rendus au Roi, notamment pour la réduction de la ville de Paris.

Ms. fr. 18159, f° 116 r°.

682. — Arrêt déchargeant les habitants de Boury et de Vaudancourt de deux années de tailles.

Ms. fr. 18159, f° 116 r°.

683. — Arrêt accordant une remise de décimes à François Hamelin, administrateur de la maladrerie d'Ablis.

Ms. fr. 18159, f° 116 r°.

684. — Arrêt ordonnant le remboursement à Paul Dorges de la composition par lui payée pour l'office de receveur du grenier à sel de Paris, dont il avait été pourvu par le duc de Mayenne.

Ms. fr. 18159, f° 116 v°.

685. — Arrêt déchargeant les habitants de la paroisse de Pomponne de deux années de tailles, à raison des pertes par eux subies pendant les sièges de Lagny et Corbeil.

Ms. fr. 18159, f° 116 v°.

686. — Arrêt déchargeant les habitants de Chabris de l'arriéré de leurs tailles, à raison des pertes par eux subies pendant les deux sièges de Selles.

Ms. fr. 18159, f° 116 v°.

687. — Arrêt déchargeant Germain Mansaut, commis à la recette des tailles à Ligny, d'une somme à lui volée.

Ms. fr. 18159, f° 117 r°.

688. — Arrêt accordant une décharge de tailles aux habitants de l'élection de Meaux, suivant l'état dressé par les élus de ladite élection.

Ms. fr. 18159, f° 117 r°.

689. — Arrêt ordonnant de percevoir la taxe imposée à l'élection d'Orléans pour le payement des deux compagnies de gens de pied levées après la prise de Selles par les Ligueurs.

Ms. fr. 18159, f° 117 v°.

690. — Arrêt ordonnant à la dame de Rozières de payer au sieur Sébastien Zamet, cessionnaire de la banque établie à Lyon par Louis Capponi, la somme pour laquelle s'était obligé son défunt mari.

Ms. fr. 18159, f° 117 v°.

691. — Arrêt réglant le payement des sommes dues au maréchal de La Châtre, à Me Vincent Bouhier et Louis Habert, trésoriers de l'Ordinaire des guerres, et à Me Pierre Le Charron, trésorier de l'Extraordinaire.

Ms. fr. 18159, f° 118 r°.

692. — Arrêt réglant le payement des sommes dues au maréchal de La Châtre, au baron de La Châtre, gouverneur du Berry, à Me Vincent Bouhier, trésorier de l'Ordinaire des guerres, à Mes Étienne Regnault et Pierre Le Charron, trésoriers de l'Extraordinaire.

Ms. fr. 18159, f° 118 v°.

693. — Arrêt déchargeant tous les contribuables du royaume des restes des tailles et crues des garnisons pour les années 1589 à 1592, et accordant surséance pour les restes des tailles de 1593.

Ms. fr. 18159, f° 119 r°.

694. — Arrêt ordonnant à ceux de la religion prétendue réformée qui détiennent l'église métropolitaine d'Embrun de la remettre au chapitre.

Ms. fr. 18159, f° 119 v°.

695. — Arrêt accordant remise aux habitants de Vaire [-sous-Corbie] et de Bray-sur-Somme de l'arriéré de leurs tailles des années 1589 à 1592.

Ms. fr. 18159, f° 119 v°.

696. — Arrêt concédant, comme lieu de réunion, aux élus de Bordeaux le lieu dit les Archives, sis au-dessous de la grande salle du Palais, vis-à-vis de la conciergerie et du lieu appelé Paradis.

Ms. fr. 18159, f° 120 r°.

697. — Arrêt déchargeant les habitants de Pontoise des tailles de la présente année.

Ms. fr. 18159, f° 120 r°.

698. — Arrêt faisant remise aux habitants d'Irancy, Champs et Jussy de l'arriéré de leurs tailles des années 1589 à 1592.

Ms. fr. 18159, f° 120 r°.

699. — Arrêt concédant aux grènetiers de Crépy-en-Valois un droit sur le sel pour le payement de l'arriéré de leurs gages.

Ms. fr. 18159, f° 120 r°.

700. — Arrêt portant confirmation des arrêts rendus le 31 octobre 1592 et le 28 août 1593, sur le débat entre le sieur de Beaulieu, conseiller d'État, d'une part, l'évêque d'Angers et le sieur de L'Ermitage, de l'autre.

Ms. fr. 18159, f° 120 v°.

1594, 30 avril. — Paris.

701. — Arrêt accordant à tous les contribuables du royaume décharge pour les tailles des années 1589 à 1592 et surséance pour les tailles de l'année 1593, étant déchus de toute grâce et décharge les habitants des villes ou villages qui se sont opposés de force à la levée desdites tailles et qui ont suivi ouvertement le parti contraire à Sa Majesté.

AD I 113, n°ˢ 30 et 31.

1594, 3 mai. — Paris.

702. — Arrêt accordant une décharge de tailles aux habitants de Véron.

Ms. fr. 18159, f° 121 r°.

703. — Arrêt annulant toutes les commissions qui pourraient être décernées contre Mᵉ Louis Habert, trésorier ordinaire des guerres, pour le fait des gages des officiers de la gendarmerie, en attendant que le Roi ait pourvu au payement desdits gages.

Ms. fr. 18159, f° 121 v°.

704. — Arrêt accordant une remise de décimes à Louis Boucher, doyen de l'église de Chartres.

Ms. fr. 18159, f° 122 r°.

705. — Arrêt déchargeant les habitants de Pont-Sainte-Maxence du tiers de leurs tailles pendant trois années.

Ms. fr. 18159, f° 122 r°.

706. — Arrêt réglant le remboursement à Mᵉ Jean de Choisy d'un office de receveur général des finances à Rouen.

Ms. fr. 18159, f° 122 r°.

707. — Arrêt accordant mainlevée des deniers communs de la ville d'Orléans saisis par les créanciers de cette ville, et renvoyant aux trésoriers de France la requête des habitants de ladite ville, relative aux réparations à faire aux levées de la Loire et au pont Saint-Mesmin.

Ms. fr. 18159, f° 122 v°.

708. — Arrêt confirmant aux enfants de Jean Du Chemin l'office de contrôleur ordinaire des guerres vacant par le décès de leur père.

Ms. fr. 18159, f° 123 r°.

709. — Arrêt ordonnant que Mᵉ Paul Robichon, receveur des tailles à Tours, sera remboursé dudit office par les deux anciens titulaires, auxquels le Roi fait grâce de leur rébellion.

Ms. fr. 18159, f° 123 r°.

710. — Arrêt maintenant René Baudouin et René Pélican en qualité de receveurs des gabelles à Orléans, à charge de rembourser Jacques Chartier, pourvu dudit office par le duc de Mayenne.

Ms. fr. 18159, f° 123 r°.

711. — Arrêt maintenant Mathurin et Pierre Longuet en l'office de général des Monnaies.

Ms. fr. 18159, f° 123 r°.

712. — Arrêt maintenant René Vivien et Charles Barentin en l'office de conseiller en la Cour des aides.

Ms. fr. 18159, f° 123 v°.

713. — Arrêt refusant à Joseph Caillau provision d'un office de général des Monnaies.

Ms. fr. 18159, f° 123 v°.

714. — Arrêt refusant à Jean de Chailly nouvelle provision d'un office d'huissier au Parlement, dont il avait été pourvu par le duc de Mayenne.

Ms. fr. 18159, f° 124 r°.

715. — Arrêt maintenant Robert Creuil et Antoine Jailleau en l'office de crieur juré de la ville de Paris.

Ms. fr. 18159, f° 124 r°.

716. — Arrêt accordant à Jean Maurice nouvelle provision d'un office de sergent au Châtelet, dont il avait été pourvu par le duc de Mayenne.

Ms. fr. 18159, f° 124 r°.

717. — Arrêt confirmant René Le Tellier en l'office de général-surintendant des deniers provinciaux en la généralité de Picardie, dont il avait été pourvu par le duc de Mayenne.

Ms. fr. 18159, f° 124 r°.

718. — Arrêt rétablissant Guillaume Tourteron en l'office de receveur des tailles à Melun, dont il avait été pourvu par le duc de Mayenne, à la charge d'en rembourser le prix à Me Jean Du Biez.

Ms. fr. 18159, f° 124 r°.

719. — Arrêt ordonnant une information sur la capacité de Jean Belin, avant de faire droit à sa requête en confirmation de l'office de lieutenant du prévôt des maréchaux en Champagne, dont il avait été pourvu par le duc de Mayenne.

Ms. fr. 18159, f° 124 v°.

720. — Arrêt refusant à Jérôme Le Maître nouvelle provision des offices de conseiller-clerc et président des enquêtes au parlement de Paris, dont il avait été pourvu par le duc de Mayenne.

Ms. fr. 18159, f° 124 v°.

721. — Arrêt maintenant Me Jacques d'Amboise en la place de médecin au Châtelet de Paris, nonobstant semblable provision accordée par le duc de Mayenne à Me Pierre Seguin.

Ms. fr. 18159, f° 124 v°.

722. — Arrêt maintenant Me Guillemeaux en la place de chirurgien au Châtelet, nonobstant semblable provision accordée à Me de La Noue par le duc de Mayenne.

Ms. fr. 18159, f° 125 r°.

723. — Arrêt confirmant pour trois années aux habitants de Vaire et de Bray-sur-Somme l'affranchissement de tailles à eux ci-devant accordé (n° 695).

Ms. fr. 18159, f° 125 r°.

724. — Arrêt maintenant la taxe imposée aux receveurs des tailles par l'édit de mars 1594.

Ms. fr. 18159, f° 125 r°.

1594, 5 mai. — [Paris.]

725. — Arrêt assignant au Conseil l'économe et le titulaire de l'abbaye de Saint-Jean-d'Angely, pour être ouïs sur leur différend; et avis tendant à la publication d'un règlement général sur les matières bénéficiales.

Ms. fr. 18159, f° 125 v°.

726. — Arrêt expliquant et confirmant celui du 30 avril dernier (n° 701), qui a déchargé tous les contribuables du royaume de l'arriéré de leurs tailles.

Ms. fr. 18159, f° 125 v°, et AD I 114, n° 3.

727. — Arrêt assignant au Conseil les trésoriers de France à Paris, pour être ouïs sur leur différend avec Me de Bragelongne, ancien trésorier de France.

Ms. fr. 18159, f° 126 r°.

728. — Arrêt accordant à Mes Guillaume Vent et Jacques de Portes commission pour jouir des états de commissaire ordinaire et de contrôleur ordinaire des guerres, en attendant qu'ils puissent en être pourvus à la première vacance.

Ms. fr. 18159, f° 126 r°.

729. — Arrêt ordonnant de tenir compte, dans le prix de l'acquisition des greffes de Bordeaux, faite par le sieur de Balagny, d'une somme de 10,000 écus à lui due.

Ms. fr. 18159, f° 126 r°.

730. — Arrêt accordant une décharge de tailles aux habitants de Villenouve le-Roi, conformément à l'arrêt du 30 avril dernier (n° 701).

Ms. fr. 18159, f° 126 r°.

731. — Arrêt maintenant la taxe sur le sel dans les greniers de Paris, Melun, Lagny, Brie-Comte-Robert, Montfort, Étampes, Pontoise, Mantes et la Roche-Guyon.

Ms. fr. 18159, f° 126 v°.

732. — Arrêt confirmant la taxe sur le sel levée au grenier de Paris au profit des prévôt et échevins.

Ms. fr. 18159, f° 126 v°.

733. — Arrêt ordonnant la réception au présidial de Bourges de Mes Claude Bridart, Jean-Jacques Jaupistre et Jacques Fontaine, nonobstant l'opposition des conseillers audit présidial.

Ms. fr. 18159, f° 126 v°.

734. — Arrêt ordonnant que le sieur Blanchard, trésorier de France à Orléans, sera provisoirement député à Chartres pour le service de Sa Majesté. — (Cf. n° 555 et 631.)

Ms. fr. 18159, f° 127 r°.

735. — Arrêt fixant l'indemnité due à M° Germain Le Grand et à Louis Le Roy, commis au grenier à sel de Chartres, « prins prisonniers en satisfaisant à l'arrest du Conseil de Sa Majesté du 23 février dernier ».

Ms. fr. 18159, f° 127 r°.

736. — Arrêt ordonnant la réception de M° Mathieu Prévost en l'office de receveur particulier au grenier à sel de Paris.

Ms. fr. 18159, f° 127 v°.

737. — Arrêt accordant aux habitants de Lorris remise de l'arriéré de leurs tailles des années 1590 à 1592.

Ms. fr. 18159, f° 127 v°.

738. — Arrêt donnant quittance à la veuve de Germain Legoix, commis à la recette du taillon en l'élection de Montargis, des sommes dues par son mari pour l'administration de sa charge.

Ms. fr. 18159, f° 127 v°.

739. — Arrêt ordonnant à la veuve et aux enfants de feu Claude Martinet, président au présidial de Senlis, de désigner une personne capable pour être pourvue de l'office dudit Martinet.

Ms. fr. 18159, f° 128 r°.

740. — Arrêt maintenant Mes Pierre Hérouard et Jean Bourlin aux offices de receveurs généraux des greniers à sel de la généralité de Paris.

Ms. fr. 18159, f° 128 r°.

741. — Arrêt déchargeant Jean Robert de ce qu'il doit pour la ferme du gros et huitième de Tremblay.

Ms. fr. 18159, f° 128 r°.

742. — Arrêt ordonnant aux receveurs généraux des gabelles des généralités de Rouen, Caen, Orléans, Tours et Paris de transmettre au trésorier général des gabelles, avant le 25 mai, les deniers du quartier d'avril perçus par les receveurs particuliers desdites généralités.

Ms. fr. 18159, f° 128 r°.

743. — Remontrances des maire et échevins de Caen, avec réponses du Conseil :

1° Sur le maintien à Caen des cours de parlement et des aides et de la chambre des comptes;

2° Sur l'exemption du ban et arrière-ban, francs-fiefs et nouveaux acquêts;

3° Sur la foire de Caen;

4° Sur la compétence de la cour des aides de Rouen;

5° Sur la tenue des États alternativement à Caen et à Rouen;

6° Sur le remboursement de l'emprunt fait par ordre du duc de Montpensier;

7° Sur une taxe de 3,000 écus réclamés par les receveurs généraux.

Ms. fr. 18159, f° 128 v°.

1594, 6 mai. — Paris.

744. — Arrêt accordant à la veuve de Jean Sandras, commissaire ordinaire des guerres, l'office de son mari, pour y être pourvu à sa nomination.

Ms. fr. 18159, f° 130 r°.

745. — Arrêt maintenant pendant quatre années la taxe sur le bois levée en la ville de Mantes au profit des maire et échevins, pour subvenir aux réparations de ladite ville.

Ms. fr. 18159, f° 130 v°.

746. — Arrêt validant l'état de recette de la taxe sur le vin levée à Mantes pour les réparations des fortifications de ladite ville.

Ms. fr. 18159, f° 130 v°.

747. — Arrêt accordant à la veuve d'Antoine Pasquier, condamné à mort et exécuté pour avoir voulu remettre la ville de Rouen en l'obéissance du Roi,

l'office de collecteur des finances à Rouen, pour y être pourvu à sa nomination.

Ms. fr. 18159, f° 130 v°.

748. — Arrêt autorisant la levée de 1,000 écus sur la ville et l'élection d'Épernay, pour subvenir aux réparations de ladite ville.

Ms. fr. 18159, f° 131 r°.

749. — Arrêt sur l'instance pendante entre les trésoriers de France à Châlons, M° Martin Nau, receveur général des finances, Nicolas L'Argentier et Jacques Langault, commissaires des poudres et salpêtres audit lieu.

Ms. fr. 18159, f° 131 r°.

750. — Arrêt ordonnant à M° Guy Du Pont, receveur des décimes au diocèse d'Angers, d'acquitter, dans le délai de quatre mois, une rescription de M° Philippe de Castille, receveur général du clergé de France, et lui accordant surséance pour les autres assignations.

Ms. fr. 18159, f° 131 v°.

751. — Arrêt accordant un acompte à Jean Henry, habitant d'Oinville, sur la somme à lui due pour les avances qu'il a faites pour les tailles de 1590.

Ms. fr. 18159, f° 132 r°.

752. — Arrêt déchargeant le fermier du duché de Mayenne d'une partie de sa ferme.

Ms. fr. 18159, f° 132 v°.

753. — Arrêt remettant 200 livres à Sébastien Sanson et à Pierre de La Planche, adjudicataires de 4 arpents en la forêt de Retz, attendu que tout le bois provenant de ladite vente leur a été volé par les gens de guerre.

Ms. fr. 18159, f° 132 v°.

754. — Arrêt déchargeant la veuve de Pierre Jau, fermier des droits sur les draps en Normandie, d'une partie de ladite ferme.

Ms. fr. 18159, f° 133 r°.

755. — Arrêt accordant aux habitants d'Obsonville remise de l'arriéré de leurs tailles pour les années 1589 à 1592 et décharge de tailles pour deux années à venir, à départir en quatre.

Ms. fr. 18159, f° 133 r°.

756. — Arrêt ordonnant aux trésoriers de France à Orléans de procurer au sieur de La Caillaudière, lieutenant de l'Artillerie, une maison pour lui servir de magasin.

Ms. fr. 18159, f° 133 r°.

757. — Arrêt ordonnant à Louis Huet et Jean Du Fay de représenter au Conseil leurs lettres de provision des offices de receveurs au grenier à sel de Péronne, dont sont également pourvus Charles Hochede et Guillaume Priblame.

Ms. fr. 18159, f° 133 v°,

758. — Arrêt réglant le payement de la garnison du château de Benest.

Ms. fr. 18159, f° 133 v°.

759. — Arrêt accordant une remise de décimes à M° Pierre Brisac, conseiller au parlement de Paris, prieur du prieuré de Plaisir.

Ms. fr. 18159, f° 134 r°.

760. — Arrêt ordonnant que les adjudicataires des greniers à sel jouiront de la crue à eux accordée, jusqu'à épuisement des quantités de sel à présent conservées dans lesdits greniers.

Ms. fr. 18159, f° 134 r°.

761. — Arrêt ordonnant aux trésoriers de France qui transmettent au Conseil des demandes en décharge de tailles, de donner l'état des sommes qui doivent demeurer à la charge des demandeurs.

Ms. fr. 18159, f° 135 r°.

762. — Arrêt refusant à M° Jérôme Le Maître, conseiller au parlement de Paris, provision d'un office de président aux enquêtes, dont l'avait déjà pourvu le duc de Mayenne.

Ms. fr. 18159, f° 135 r°.

763. — Arrêt ordonnant aux trésoriers de France à Lyon de faire un emprunt pour le payement des Ligues suisses.

Ms. fr. 18159, f° 135 r°.

764. — Arrêt accordant une remise de taxe aux habitants de Crécy.

Ms. fr. 18159, f° 135 v°.

765. — Arrêt accordant une décharge de tailles

aux habitants de la Ferté-Hubert et de Crouy, à raison des pertes par eux subies pendant les sièges du château de la Ferté.

Ms. fr. 18159, f° 136 r°.

766. — Arrêt accordant une remise de tailles aux habitants de Marœuil, Pouillé et Angé.

Ms. fr. 18159, f° 136 r°.

767. — Arrêt accordant à Claude Monet, receveur général du domaine à Calais, surséance de six mois pour rendre compte des sommes par lui fournies au sieur de Gourdan, pour l'entretien de la garnison de Calais.

Ms. fr. 18159, f° 136 v°.

768. — Arrêt ordonnant d'expédier nouvelles lettres de jussion au parlement de Bordeaux pour la réception de Mᵐ Bertrand de Testal et Bertrand de Saint-Genès en qualité de conseillers.

Ms. fr. 18159, f° 137 r°.

1594, 14 mai. — Paris.

769. — Arrêt ordonnant à la chambre des comptes de Paris de procéder à la vérification des lettres patentes accordées pour la réduction de la ville de Meaux.

Ms. fr. 18159, f° 137 r°.

770. — Arrêt maintenant le sieur Guillaume Regnault en l'état de vendeur de bétail, à lui accordé pour services rendus lors de la réduction de la ville de Paris.

Ms. fr. 18159, f° 137 v°.

771. — Arrêt maintenant François Parent en la place de lecteur du Roi ès lettres grecques, vacante par la mort de Mᵉ Jacques Hélias, et dont le duc de Mayenne avait pourvu Mᵉ George Cretton.

Ms. fr. 18159, f° 137 v°.

772. — Arrêt approuvant le compte de Pierre de la Coste, commis à l'intendance des fortifications de Saint-Denis.

Ms. fr. 18159, f° 137 v°.

773. — Arrêt accordant au sieur Du Vivier un office de président au parlement de Rouen, en échange d'un office de procureur général au même parlement.

Ms. fr. 18159, f° 138 r°.

774. — Arrêt déchargeant la ville de Caen de moitié de la taxe à elle imposée pour la solde de 50,000 hommes de pied.

Ms. fr. 18159, f° 138 r°.

775. — Arrêt ordonnant la retenue d'un quartier sur les gages des officiers demeurés à Bourges jusqu'à la réduction de cette ville, afin de subvenir aux assignations levées sur la recette générale de Bourges.

Ms. fr. 18159, f° 138 r°.

776. — Arrêt réduisant de moitié la levée de blé et d'avoine imposée à la généralité de Tours pour la nourriture de l'armée.

Ms. fr. 18159, f° 138 v°.

777. — Arrêt réglant le payement d'un don de deniers fait par le Roi à Philippe de Vert, lieutenant général, et à François Le Febvre, prévôt de Troyes.

Ms. fr. 18159, f° 139 r°.

778. — Arrêt accordant au cardinal de Gondi une remise de trois années de décimes.

Ms. fr. 18159, f° 139 r°.

779. — Arrêt accordant aux habitants de Ferrières-en-Brie remise d'une année de tailles.

Ms. fr. 18159, f° 139 r°.

780. — Arrêt accordant aux habitants de Bagnolet remise d'une année de tailles.

Ms. fr. 18159, f° 139 r°.

1594, 16 mai. — [Paris.]

781. — Arrêt décidant que les pourvus d'offices qui n'auront pas été reçus dans l'année de leur provision ne pourront obtenir des lettres de réformation, sinon en payant le tiers denier de la finance due pour leur office.

Ms. fr. 18159, f° 139 v°.

782. — Arrêt ordonnant que les marchands de Paris qui voudraient obtenir délai pour le payement

de leurs dettes devront se pourvoir devant le sieur Séguier, lieutenant civil en ladite ville.

Ms. fr. 18159, f° 139 v°.

783. — Arrêt réglant le payement des avances faites par M° François Milleton, maire de Langres, pour le magasin établi en ladite ville.

Ms. fr. 18159, f° 140 v°.

784. — Arrêt portant à 10 deniers par minot le droit sur le sel accordé aux officiers de la cour des aides de Paris.

Ms. fr. 18159, f° 140 v°.

785. — Arrêt ordonnant la réception de Mathurin Longuet en l'office de conseiller et général des monnaies.

Ms. fr. 18159, f° 141 r°.

786. — Arrêt ordonnant aux trésoriers de France à Paris de passer outre à la vérification des lettres patentes du 23 janvier 1594, maintenant les taxes sur le sel dans la généralité de Paris.

Ms. fr. 18159, f° 141 r°.

787. — Arrêt réglant la démolition du fort de Gournay.

Ms. fr. 18159, f° 141 v°.

788. — Arrêt accordant une pension à Jean de Canteleu, pour services rendus lors de la réduction d'Abbeville.

Ms. fr. 18159, f° 142 r°.

789. — Arrêt accordant à Robert Saulnier, aumônier des feus Rois, 60 écus sur le revenu des Bons-Hommes de Vincennes.

Ms. fr. 18159, f° 142 r°.

790. — Arrêt donnant quittance de diverses sommes aux héritiers de M° Nicolas Le Sueur, receveur des aides en l'élection de Verneuil.

Ms. fr. 18159, f° 142 v°.

791. — Arrêt imposant les habitants de Montivilliers pour le remboursement d'une somme de 1,000 écus, fournie par leurs échevins à l'armée du Roi.

Ms. fr. 18159, f° 142 v°.

792. — Arrêt confirmant l'office de receveur des tailles d'Armagnac à Bertrand Beugnet, dont le père, « en faisant le debvoir et exercice de sa charge, a esté inhumainement meurdry par ceulx de la Ligue ».

Ms. fr. 18159, f° 143 r°.

793. — Arrêt ordonnant à tous les clercs et commis qui auraient reçu récépissés, mandats, etc. de feu Antoine Bourderel, trésorier général de l'Artillerie, d'en rendre compte à Jean Bourderel, frère et caution du défunt.

Ms. fr. 18159, f° 143 r°.

794. — Arrêt accordant remise du droit de confirmation d'office aux officiers de l'élection d'Issoudun, supprimée par arrêt du 15 décembre 1593.

Ms. fr. 18159, f° 143 v°.

795. — Arrêt accordant aux habitants de Châteauroux remise de moitié de la subvention des villes closes.

Ms. fr. 18159, f° 143 v°.

796. — Arrêt ordonnant à M° Emmanuel Sturbe, fermier général des gabelles en Languedoc, de payer aux héritiers de Jean de Combes la somme spécifiée par son contrat de bail.

Ms. fr. 18159, f° 143 v°.

———————

1594, 21 mai. — Paris.

797. — Arrêt ordonnant la remise au trésorier général des gabelles du produit des droits sur le grenier à sel d'Auxerre, vendus à la ville de Paris.

Ms. fr. 18159, f° 144 r°.

798. — Arrêt chargeant le receveur général des finances à Caen de recouvrer les crues imposées aux élections d'Alençon, Argentan, Verneuil, Mortagne et Domfront, annexées pendant la guerre à la généralité de Caen. (Cf. n° 1124.)

Ms. fr. 18159, f° 144 v°.

799. — Arrêt ordonnant le payement des restes des tailles de l'année 1592 dans les élections de Mortagne, Alençon, Argentan, Valognes et Verneuil.

Ms. fr. 18159, f° 145 r°.

800. — Arrêt ordonnant le payement des sommes dues à Gilles Deffroissis, bourgeois de Dieppe.

Ms. fr. 18159, f° 145 v°.

801. — Arrêt ordonnant le remboursement au sieur Jean Dujon d'un office de président en la Cour des monnaies.

Ms. fr. 18159, f° 145 v°.

802. — Arrêt accordant aux habitants de Pontoise une subvention pour la réparation de leurs fortifications.

Ms. fr. 18159, f° 146 r°.

803. — Arrêt ordonnant la création de quatre offices d'huissier au parlement de Rouen en faveur de Pierre Le Rat, Mathurin Cusson, Thomas Poupart, Hélie Poulain. (Cf. n° 1288.)

Ms. fr. 18159, f° 146 r°.

804. — Arrêt accordant une remise de tailles aux habitants de Neuilly, en considération du sac de leur ville par le duc de Guise.

Ms. fr. 18159, f° 146 r°.

805. — Arrêt accordant aux habitants de Flavigny remise de trois années de tailles.

Ms. fr. 18159, f° 146 v°.

806. — Arrêt portant rabais, pour cause de non-jouissance, du prix de la ferme du nouveau subside de 5 sols par muid de vin, imposé à la ville de Lyon.

Ms. fr. 18159, f° 146 v°.

807. — Arrêt donnant commission aux conseillers d'Heudicourt et Des Barreaux pour la vente et délivrance au sieur de La Roche-Chemerault des terres de «Melley et de Cuyrey».

Ms. fr. 18159, f° 147 r°.

808. — Arrêt accordant mainlevée du prieuré de Molitard à Charles de Buyst, étudiant en l'université d'Orléans, prieur dudit lieu.

Ms. fr. 18159, f° 147 r°.

809. — Arrêt accordant une remise de décimes au chapitre de la Sainte-Chapelle du Vivier.

Ms. fr. 18159, f° 147 v°.

810. — Arrêt accordant aux villes du diocèse d'Albi un subside à prendre sur les consulats nouvellement réduits en l'obéissance de Sa Majesté, pour l'appointement du sieur de Saint-Rome, commandant audit diocèse, sous le connétable de Montmorency, et pour les travaux de fortification.

Ms. fr. 18159, f° 147 v°.

811. — Arrêt donnant acte aux trésoriers généraux de France à Caen de leur protestation, relativement au démembrement des cinq élections du bailliage d'Alençon unies à la généralité de Caen, en 1589.

Ms. fr. 18159, f° 148 r°.

812. — Arrêt accordant surséance aux habitants de la généralité de Caen pour moitié de la levée de grains destinée à l'armée.

Ms. fr. 18159, f° 148 r°.

813. — Arrêt accordant aux habitants de Châtres-en-Brie remise de deux années de tailles.

Ms. fr. 18159, f° 148 v°.

1594, 24 mai. — Paris.

814. — Arrêt accordant au sieur de Grandmont 10,000 écus pour prix d'un navire fourni par son père, en 1582, à l'armée conduite par le feu sieur de Strozzi.

Ms. fr. 18159, f° 149 r°.

815. — Arrêt accordant aux habitants de Maysel remise d'une année de tailles, à raison du sac de leur ville par l'armée du duc de Mayenne.

Ms. fr. 18159, f° 149 r°.

816. — Arrêt portant adjudication, pour six années, à M° Barthélemy Lautrade des droits de traites et impositions foraines, rêve et haut passage dans les sénéchaussées de Toulouse et de Carcassonne.

Ms. fr. 18159, f° 149 v°.

817. — Arrêt abolissant le subside levé à Pontoise et au port de Conflans pour l'entretien de la garnison de Pontoise, et le remplaçant par une surtaxe à l'octroi de Paris.

Ms. fr. 18159, f° 149 v°.

818. — Arrêt déchargeant de son bail le fermier du subside de 7 sous par pipe de vin entrant à Tours

et à Montbazon, et ordonnant une nouvelle mise en adjudication dudit subside.

Ms. fr. 18159, f° 150 r°.

819. — Arrêt déchargeant les habitants de Compiègne de diverses taxes, en échange des sommes à eux dues pour les secours qu'ils ont fournis à l'armée du Roi devant Noyon.

Ms. fr. 18159, f° 150 r°.

820. — Arrêt maintenant Pierre Richard en l'office d'élu en l'élection de Tours, concurremment avec Mᵉ Pierre Chappelain, rétabli audit office, en vertu de la déclaration faite par le Roi sur la réduction d'Orléans.

Ms. fr. 18159, f° 150 v°.

821. — Arrêt refusant à Mathieu Huot confirmation de l'office de contrôleur au grenier à sel de Troyes, dont il avait été pourvu par le duc de Mayenne.

Ms. fr. 18159, f° 150 v°.

822. — Arrêt maintenant concurremment Pierre Sobier et Jacques Bannier en un état de receveur des amendes au parlement de Normandie.

Ms. fr. 18159, f° 151 r°.

823. — Arrêt refusant à Jean Léris lettres de confirmation de l'office de receveur général des finances en Auvergne, dont il avait été pourvu par le duc de Mayenne.

Ms. fr. 18159, f° 151 r°.

824. — Arrêt réintégrant Mᵉ Claude Canonne en l'office de receveur des décimes héréditaire au diocèse de Beauvais.

Ms. fr. 18159, f° 151 r°.

825. — Arrêt maintenant concurremment Marin Texier et Claude Lagrippe en un office de sergent à cheval au Châtelet.

Ms. fr. 18159, f° 152 r°.

826. — Arrêt maintenant concurremment les sieurs Étienne Regnault et Jean Le Febvre en un office de vendeur de marée à Paris.

Ms. fr. 18159, f° 152 r°.

827. — Arrêt mandant aux trésoriers de France à

[nom en blanc] de payer au marquis de Pisani sa rente de 3,000 écus sur les aides.

Ms. fr. 18159, f° 152 v°.

828. — Arrêt supprimant les offices de deux audienciers et deux contrôleurs en la chancellerie de Paris.

Ms. fr. 18159, f° 152 v°.

829. — Arrêt déchargeant les habitants de Compiègne du payement des non-valeurs des tailles de l'année 1593.

Ms. fr. 18159, f° 153 r°.

830. — Arrêt ordonnant que Mᵉ Nicolas Barthélemy sera pourvu du premier office de maître des requêtes de l'Hôtel qui sera vacant.

Ms. fr. 18159, f° 153 r°.

831. — Arrêt ordonnant d'expédier lettres de jussion à la Chambre des comptes, pour l'entérinement de l'édit d'aliénation de 8,000 écus de rente sur les bureaux des recettes de Taillebourg et de Tonnay-Charente.

Ms. fr. 18159, f° 153 r°.

832. — Arrêt ordonnant aux trésoriers de France à Châlons de faire lever, sur les élections de Langres et Chaumont, le montant des sommes avancées par Jean Roussat, maire de Langres.

Ms. fr. 18159, f° 153 v°.

833. — Arrêt donnant quittance au sieur Noirault, commis à la recette des tailles en l'élection de Mauléon, pour une somme de 2,682 écus à lui volée lors de la prise de ladite ville par les Ligueurs.

Ms. fr. 18159, f° 153 v°.

834. — Arrêt accordant aux habitants de Vitry-sur-Seine remise d'une année de tailles.

Ms. fr. 18159, f° 154 r°.

835. — Arrêt réduisant diverses taxes et contributions imposées à la ville de Saumur.

Ms. fr. 18159, f° 154 r°.

836. — Arrêt refusant aux habitants de Clamecy la décharge de tailles par eux requise.

Ms. fr. 18159, f° 154 r°.

837. — Arrêt confirmant la remise de tailles accordée par le feu Roi aux habitants du Gévaudan.

Ms. fr. 18159, f° 154 r°.

838. — Arrêt portant adjudication de la seigneurie de Talmont-sur-Gironde au marquis de Pisani, pour la somme de 4,736 écus 33 sols 4 deniers.

Ms. fr. 18159, f° 154 v°.

839. — Arrêt réglant les gages des employés à la recette des amendes au parlement de Normandie.

Ms. fr. 18159, f° 154 v°.

840. — Arrêt refusant au clergé du diocèse de Cahors remise des décimes, mais lui accordant surséance pour le payement de celles des années 1589 à 1593.

Ms. fr. 18159, f° 155 r°.

841. — Arrêt accordant aux Frères Prêcheurs d'Argentan remise d'une somme sur eux imposée par le receveur des domaines.

Ms. fr. 18159, f° 155 r°.

842. — Arrêt ordonnant au prévôt de Paris de recevoir Antoine Le Bel en l'office de commissaire examinateur au Châtelet.

Ms. fr. 18159, f° 155 r°.

843. — Arrêt ordonnant au sieur de Miraumont, gouverneur de Nogent-sur-Seine, de rembourser au fermier des aides les deniers qu'il lui a pris, sans commission du Roi, pour les fortifications de ladite ville.

Ms. fr. 18159, f° 155 v°.

844. — Arrêt renvoyant aux trésoriers de France à Paris la requête en remise de tailles présentée par les habitants de Brienon-l'Archevêque.

Ms. fr. 18159, f° 155 v°.

845. — Arrêt portant don de 300 écus à Claude Pineau, commis à la recette du grenier à sel de Dreux, pour services rendus à la prise de cette ville.

Ms. fr. 18159, f° 155 v°.

846. — Arrêt réintégrant Me François Garrault en l'office de trésorier de France à Châlons.

Ms. fr. 18159, f° 156 r°.

847. — Arrêt ordonnant aux trésoriers de France de faire payer les gages de Jean Du Fauré, commis pour faire la montre du prévôt des maréchaux à Montmorillon.

Ms. fr. 18159, f° 156 r°.

848. — Arrêt réglant le payement des vivres et munitions fournis à l'armée royale, pendant le siège de Paris, par Pierre Doudeau, marchand à Nogent-sur-Seine.

Ms. fr. 18159, f° 156 r°.

849. — Arrêt ordonnant de lever sur les habitants d'Évreux la somme nécessaire au payement des vivres fournis à l'armée du Roi par les échevins de ladite ville.

Ms. fr. 18159, f° 156 v°.

850. — Arrêt déchargeant Jean Proclaus, de Dourdan, de la taxe par lui due pour la conduite de deux charretées de blé, qui lui ont été volées près du pont d'Antony.

Ms. fr. 18159, f° 156 v°.

851. — Arrêt accordant à diverses paroisses de l'élection de Beauvais un délai de huit mois pour justifier du payement des sommes qu'elles prétendent avoir été perçues par le sieur de Pocé, pour la solde de la garnison de Gournay.

Ms. fr. 18159, f° 156 v°.

852. — Arrêt accordant décharge à Scipion Sardini d'une assignation sur lui donnée aux trésoriers généraux de l'Extraordinaire des guerres et de l'Artillerie.

Ms. fr. 18159, f° 157 r°.

853. — Arrêt ordonnant de lever sur les élections de Saint-Quentin et Noyon les 1,259 écus 26 sols avancés par les échevins de Saint-Quentin, pour l'entretien de la garnison.

Ms. fr. 18159, f° 157 r°.

854. — Arrêt accordant aux habitants de Crottes et Teillay-Saint-Benoît remise d'une année de tailles.

Ms. fr. 18159, f° 157 v°.

855. — Arrêt accordant aux habitants de Bourgtheroulde, Boissey, Berville, etc., décharge d'une partie de leurs tailles et surséance pour le surplus.

Ms. fr. 18159, f° 157 v°.

856. — Arrêt refusant aux habitants de Montluçon remise de leurs tailles.

Ms. fr. 18159, f° 158 r°.

857. — Arrêt ordonnant que les officiers de l'élection de Montluçon contribueront aux frais de fonte des canons et autres frais de guerre.

Ms. fr. 18159, f° 158 r°.

1594, 28 mai. — Paris.

858. — Arrêt ordonnant que les élus de Gien et de Clamecy enverront aux trésoriers de France à Bourges les deniers provenant de la crue ordonnée par l'édit de réduction des villes et bourgs, et que les élus de Châtillon-sur-Indre les enverront aux trésoriers de France à Orléans.

Ms. fr. 18159, f° 158 v°.

859. — Arrêt prononçant mainlevée de toutes les saisies et oppositions qui pourraient empêcher la prompte exécution des édits prescrivant l'aliénation de portions du domaine.

Ms. fr. 18159, f° 159 r°.

860. — Arrêt refusant d'admettre la résignation d'un état de sergent au Châtelet, faite par Martin Du Guet en faveur de Catherine Chauveau.

Ms. fr. 18159, f° 159 v°.

861. — Arrêt accordant à Jacques Carelet nouvelles lettres de provision de l'office de maître des eaux et forêts ès vicomtés de Caudebec et Neufchâtel, dont il avait été pourvu par le duc de Mayenne.

Ms. fr. 18159, f° 159 v°.

862. — Arrêt maintenant concurremment Jean Longuet et Jacques Arnault en un office d'huissier-sergent fieffé au Châtelet.

Ms. fr. 18159, f° 159 v°.

863. — Arrêt maintenant concurremment Louis Mesnier et Adrien Barberousse en un office d'huissier-collecteur des finances en la généralité d'Orléans.

Ms. fr. 18159, f° 160 r°.

864. — Arrêt portant don de deniers à M° Louis Le Febvre, sieur de Caumartin, président au Grand Conseil.

Ms. fr. 18159, f° 160 r°.

865. — Arrêt ordonnant de rabattre sur les restes des tailles dus par les habitants de Brienon-l'Archevêque les 1,000 écus par eux fournis à l'amiral de Brinon, pour l'entretien de l'armée.

Ms. fr. 18159, f° 160 v°.

866. — Arrêt accordant une remise de décimes à M° François Pierron, abbé de Notre-Dame de Quincy.

Ms. fr. 18159, f° 160 v°.

867. — Arrêt renvoyant aux trésoriers de France à Tours l'affaire pendante entre les sieurs de Herteray, de Cocesseville et Pithois, et les habitants du Maine.

Ms. fr. 18159, f° 161 r°.

868. — Arrêt accordant remise à Robert Lamy, collecteur des tailles à Pontgouin, de ce qu'il doit sur les tailles.

Ms. fr. 18159, f° 161 r°.

869. — Arrêt réduisant à 25 le nombre des pionniers qui devront être levés en l'élection de Joigny.

Ms. fr. 18159, f° 161 r°.

870. — Arrêt ordonnant aux trésoriers de France à Châlons de payer une somme de 3,800 écus à M° Arthur Talon, receveur des décimes au diocèse de Châlons, et accordant surséance audit Talon pour le compte des sommes dues par les bénéficiers réfugiés ès villes rebelles.

Ms. fr. 18159, f° 161 v°.

871. — Arrêt réglant le payement de l'arriéré de la solde de la garnison d'Aulnay-aux-Planches.

Ms. fr. 18159, f° 161 v°.

872. — Arrêt accordant à M° Antoine de Beauvais remboursement de la finance par lui payée pour son office de maître des requêtes ordinaire de l'Hôtel.

Ms. fr. 18159, f° 161 v°.

873. — Arrêt confirmant aux habitants de Montargis la remise des restes du taillon à eux accordée

par le traité fait entre le Roi et la duchesse de Nemours.

Ms. fr. 18159, f° 162 r°.

874. — Arrêt accordant aux habitants de Fontenay-les-Briis remise d'une année de tailles et surséance pour le surplus.

Ms. fr. 18159, f° 162 r°.

875. — Arrêt accordant remise aux habitants d'Agen d'un quartier de tailles pour la présente année.

Ms. fr. 18159, f° 162 r°.

876. — Arrêt accordant remise aux habitants de Langres de moitié des 1,000 écus auxquels ils ont été taxés pour la subvention des villes closes.

Ms. fr. 18159, f° 162 r°.

877. — Arrêt déchargeant les habitants de Compiègne de la taxe pour l'entretien des garnisons, et réglant le remboursement des fournitures par eux faites à l'armée du Roi, pendant le siège de Noyon.

Ms. fr. 18159, f° 162 v°.

878. — Arrêt accordant à plusieurs paroisses de l'élection de Saintes remise de certains impôts et surséance pour d'autres.

Ms. fr. 18159, f° 162 v°.

1594, 1ᵉʳ juin. — Paris.

879. — Arrêt accordant aux habitants de Gueschard, Villeroy, Acquet, etc., remise de toutes levées extraordinaires pendant deux ans.

Ms. fr. 18159, f° 163 v°.

880. — Arrêt réglant le remboursement des vivres fournis par Étienne Humbelot à la garnison du château de Coiffy.

Ms. fr. 18159, f° 163 v°.

881. — Arrêt renvoyant aux trésoriers de France en Guyenne une requête des bénéficiers du diocèse de Cahors tendant à obtenir remise de décimes.

Ms. fr. 18159, f° 164 r°.

882. — Arrêt ordonnant aux contrôleurs des greniers à sel de dresser état des regrattiers et revendeurs de sel auprès de chaque grenier, afin qu'il leur soit donné provision, en exécution de l'édit d'octobre 1593.

Ms. fr. 18159, f° 164 r°.

883. — Arrêt autorisant les fournisseurs des greniers à sel de la généralité de Rouen à percevoir, nonobstant les défenses de la Cour des aides, les 12 sous 6 deniers par minot qu'ils levaient, «pour leur remboursement de 8 écus pour muid qu'ilz paient pour l'embouchure à Rouen».

Ms. fr. 18159, f° 164 v°.

884. — Arrêt autorisant la ville de Troyes à percevoir une taxe pour la réparation de ses fortifications.

Ms. fr. 18159, f° 165 r°.

885. — Arrêt donnant décharge du prix de sa ferme à Pierre Goubelet, adjudicataire de bois en la forêt de Cuise.

Ms. fr. 18159, f° 165 r°.

886. — Arrêt imposant la province d'Angoumois, pour la réparation des ponts de Cognac, de Merpins et de Saint-Sulpice.

Ms. fr. 18159, f° 165 r°.

887. — Arrêt accordant aux habitants de Vincy et Manœuvre remise de deux années de tailles, à raison du sac desdits villages par les Espagnols de la garnison de Meaux.

Ms. fr. 18159, f° 165 v°.

888. — Arrêt ordonnant de rembourser à Mᵉ Jean Hays la finance par lui payée pour l'office de procureur du Roi à Pont-de-l'Arche, dont il a été débouté.

Ms. fr. 18159, f° 166 r°.

889. — Arrêt portant augmentation de gages en faveur de Jean Griffon, secrétaire du Roi et contrôleur en l'audience de la Chancellerie.

Ms. fr. 18159, f° 166 r°.

890. — Arrêt ordonnant que Mᵉˢ Jean Bonvoisin, Jacques Gaultier et Félix Le Gras, conseillers au parlement de Bretagne, jouiront de leurs prérogatives et prééminences hors du ressort de leur parlement, comme le font les autres conseillers du royaume.

Ms. fr. 18159, f° 166 r°.

891. — Arrêt maintenant Joseph Chaillou en l'office de contrôleur et général de la Cour des monnaies, dont il avait été pourvu par le duc de Mayenne.

Ms. fr. 18159, f° 166 v°.

892. — Arrêt confirmant l'exemption de tailles accordée aux habitants de Montreuil-sous-Bois.

Ms. fr. 18159, f° 167 r°.

893. — Arrêt ordonnant l'exécution de l'édit de septembre 1587 pour la réduction des offices de payeurs de la gendarmerie.

Ms. fr. 18159, f° 167 v°.

894. — Arrêt prorogeant, au delà des six semaines primitivement fixées, la taxe sur les marchandises entrant en la ville de Paris.

Ms. fr. 18159, f° 167 v°.

895. — Arrêt modérant la taxe sur le blé entrant à Paris.

Ms. fr. 18159, f° 168 r°.

896. — Arrêt modérant la taxe imposée sur l'élection de Montargis, pour subvenir aux dépenses du train d'artillerie suivant l'armée royale.

Ms. fr. 18159, f° 168 v°.

897. — Arrêt faisant remise aux habitants de Joigny de moitié de leurs tailles pendant quatre ans.

Ms. fr. 18159, f° 169 r°.

898. — Arrêt maintenant pour un an le « doublement » du péage de Montsoreau, pour subvenir à la solde de la garnison dudit lieu.

Ms. fr. 18159, f° 169 r°.

899. — Arrêt accordant à Mᵉ Roland Roncier, prieur de Saint-Vincent de Mirvaux, remise des décimes des quatre dernières années.

Ms. fr. 18159, f° 169 v°.

900. — Arrêt accordant à Noël L'Olivier, sous-fermier de l'impôt de 5 sols par muid de vin en la généralité de Rouen, remise d'une partie du prix de sa ferme.

Ms. fr. 18159, f° 169 v°.

1594, 4 juin. — Paris.

901. — Arrêt réglant les dépenses de la grande et de la petite Écurie du Roi.

Ms. fr. 18159, f° 170 r°.

902. — Arrêt maintenant la levée d'un écu par muid de vin en la ville de Mantes.

Ms. fr. 18159, f° 170 r°.

903. — Arrêt ordonnant que les confiscations prononcées contre ceux qui auraient fait entrer des marchandises dans Paris, sans payer les taxes, seront opérées par les commis à la recette desdites taxes.

Ms. fr. 18159, f° 170 v°.

904. — Arrêt ordonnant le remboursement au sieur de L'Estang de la finance par lui payée pour un office de contrôleur ordinaire des guerres, dont il a été débouté.

Ms. fr. 18159, f° 171 r°.

905. — Arrêt faisant remise de 688 écus au receveur des tailles à Mortain, en considération du pillage de sa maison par les rebelles.

Ms. fr. 18159, f° 171 r°.

906. — Arrêt faisant remise aux habitants de Dormans d'une partie de ce qu'ils doivent des tailles.

Ms. fr. 18159, f° 171 v°.

907. — Arrêt maintenant concurremment Marc de Thelis et Jean de Lize en un office d'huissier-sergent à cheval au Châtelet de Paris.

Ms. fr. 18159, f° 171 v°.

908. — Arrêt confirmant à la ville de Blois un droit de 400 écus sur le grenier à sel de ladite ville.

Ms. fr. 18159, f° 171 v°.

909. — Arrêt faisant remise aux habitants de Pavilly d'une année et demie de tailles.

Ms. fr. 18159, f° 172 r°.

910. — Arrêt accordant aux habitants de Sainte-Escobille remise de deux années de tailles.

Ms. fr. 18159, f° 172 r°.

911. — Arrêt accordant aux habitants de Bures

et de Fresles une remise de tailles, à raison des pertes par eux subies durant les sièges de Neufchâtel.

Ms. fr. 18159, f° 172 r°.

912. — Arrêt maintenant Nicolas Joubert et Julien Chaloppin en leurs offices de receveurs alternatifs des aides en l'élection de Tours, à charge de rembourser M° Paul Robichon.

Ms. fr. 18159, f° 172 v°.

913. — Arrêt faisant remise aux habitants du Dauphiné de ce qu'ils doivent du taillon.

Ms. fr. 18159, f° 173 r°.

1594, 6 juin. — Paris.

914. — Arrêt réglant le remboursement des fournitures faites par Charles Marchant pour les réparations du pont au Change. (Cf. n° 961.)

Ms. fr. 18159, f° 173 v°.

915. — Arrêt ordonnant une enquête sur les travaux faits aux fortifications de Mussy-l'Évêque, par ordre de l'évêque de Langres.

Ms. fr. 18159, f° 174 r°.

916. — Arrêt ordonnant que l'office de sculpteur ordinaire du Roi, vacant par le décès de M° Germain Pilon père et réclamé par son fils M° Germain Pilon et par M° Barthélemy Prieur, sera baillé au plus expérimenté des deux, avec la jouissance de la maison où habitait le défunt Pilon, assise en l'île du Palais, appelée les « Estuves du Roi ».

Ms. fr. 18159, f° 174 v°.

917. — Arrêt ordonnant une enquête sur les droits respectifs de M° François Moreau et de M° François de Selincourt à l'office de notaire et secrétaire du Roi, contrôleur en la Chancellerie.

Ms. fr. 18159, f° 175 r°.

918. — Arrêt condamnant M° Jacques Sabathier à délaisser les greffes du parlement de Toulouse à dame Olympe de Fay, agissant pour elle et les enfants de son feu mari, messire Michel Hurault de L'Hospital, conseiller d'État et chancelier de Navarre.

Ms. fr. 18159, f° 175 r°.

919. — Arrêt accordant à Nicolas Morel, aumônier et sous-chantre de la chapelle de musique du Roi, curé de Chataincourt, remise des décimes des quatre dernières années.

Ms. fr. 18159, f° 176 v°.

920. — Arrêt accordant aux habitants de Langres un droit sur le sel vendu au grenier de cette ville.

Ms. fr. 18159, f° 176 v°.

921. — Arrêt ordonnant que tous les officiers sujets au payement de la taxe pour confirmation d'office à l'avènement du Roi seront contraints au payement de leur taxe, nonobstant appel, et que la connaissance de tous les procès sur ce fait sera réservée au Conseil.

Ms. fr. 18159, f° 176 v°.

922. — Arrêt renvoyant à l'examen des élus de Semur l'état des dépenses faites par les habitants de cette ville pour le service du Roi.

Ms. fr. 18159, f° 177 r°.

923. — Arrêt accordant remise de six années d'impôts aux habitants de Semur, à raison de la destruction de leurs églises et de leurs maisons.

Ms. fr. 18159, f° 177 r°.

924. — Arrêt accordant provision d'un office de commissaire ordinaire des guerres à François Du Broc, sieur de Nozet.

Ms. fr. 18159, f° 177 r°.

925. — Arrêt accordant aux habitants du plat pays de Bourbonnais remise de la contribution de blé imposée sur la généralité de Moulins.

Ms. fr. 18159, f° 177 v°.

926. — Arrêt donnant à bail à Martin d'Ivray l'office de garde de la geôle du Petit-Châtelet.

Ms. fr. 18159, f° 177 v°.

927. — Arrêt déchargeant les habitants de l'élection d'Orléans d'une taxe établie par le duc de Mayenne, et ordonnant qu'elle sera payée sur la somme accordée par le Roi aux maire et échevins d'Orléans pour leurs affaires communes.

Ms. fr. 18159, f° 178 r°.

928. — Arrêt ordonnant le remboursement à
Mᵉ Pierre de Mouchy d'un office d'audiencier en la
Chancellerie, supprimé par suite du rétablissement
du parlement de Paris.

Ms. fr. 18159, fᵒ 178 rᵒ.

929. — Arrêt accordant aux habitants de Dollot
remise de quatre années de tailles.

Ms. fr. 18159, fᵒ 178 rᵒ.

930. — Arrêt attribuant pour un an au lieutenant
du prévôt de Laval connaissance des crimes qui se
commettent dans l'élection de Laval.

Ms. fr. 18159, fᵒ 178 rᵒ.

931. — Arrêt réglant le remboursement d'une
somme due au sieur de Noailles, pour l'entretien de
sa compagnie.

Ms. fr. 18159, fᵒ 178 vᵒ.

932. — Arrêt ordonnant une vente de bois en la
forêt de Cuise, afin de satisfaire à la composition faite
avec le sieur d'Arcy pour la réduction du château de
Pierrefonds.

Ms. fr. 18159, fᵒ 178 vᵒ.

933. — Arrêt déclarant qu'il n'y a lieu d'accorder
lettres de confirmation à Mᵉ François Gaucher pour
son office de receveur des gabelles en la généralité
d'Orléans.

Ms. fr. 18159, fᵒ 179 rᵒ.

934. — Arrêt déclarant qu'il n'y a lieu de confirmer les provisions d'offices de receveurs généraux
provinciaux des gabelles, accordées par le duc de
Mayenne, sauf pour la ville de Paris.

Ms. fr. 18159, fᵒ 179 rᵒ.

935. — Arrêt déclarant qu'il n'y a lieu de confirmer les provisions d'offices de commissaires et trésoriers provinciaux des guerres, accordées par le duc
de Mayenne.

Ms. fr. 18159, fᵒ 179 vᵒ.

936. — Arrêt accordant à Mᵉ Jacques Hérault,
curé de Romilly-sur-Aigre, remise des décimes des
quatre dernières années.

Ms. fr. 18159, fᵒ 179 vᵒ.

937. — Arrêt enjoignant au parlement de Bourgogne de recevoir en l'office de conseillers Mᵉˢ Jacques
Fevret et Pierre Chaudon.

Ms. fr. 18159, fᵒ 179 vᵒ.

938. — Arrêt évoquant au Conseil une instance
intentée au sieur de Marolles au sujet des fruits du
château de Merville.

Ms. fr. 18159, fᵒ 180 rᵒ.

939. — Arrêt confirmant les lettres patentes du
23 mai 1594, qui ordonnent le démantèlement du
château de Merville.

Ms. fr. 48159, fᵒ 180 rᵉ

940. — Arrêt mandant au Conseil Mᵉˢ Dauvergne
et Lasne, trésoriers généraux de France à Orléans,
pour être ouïs sur l'ordonnance par eux rendue à
l'encontre d'une levée de munitions prescrite par Sa
Majesté.

Ms. fr. 18159, fᵒ 180 rᵒ.

941. — Arrêt ordonnant aux trésoriers généraux
de France à Paris de lever incontinent les 4,000 écus
imposés à la généralité de Paris pour les vivres et
munitions.

Ms. fr. 18159, fᵒ 180 vᵒ.

942. — Arrêt confirmant à Mᵉ Jean Duval la
commission de receveur des tailles à Chartres.

Ms. fr. 18159, fᵒ 180 vᵒ.

943. — Arrêt interdisant à la cour des aides de
Normandie de connaître des ordonnances des trésoriers
généraux de France à Rouen.

Ms. fr. 18159, fᵒ 181 rᵒ.

944. — Arrêt accordant 300 écus, sur le grenier
à sel de Chartres, à Claude Du Bois, grènetier de
Chartres, pour avoir été arrêté par la garnison de Verneuil, pendant qu'il poursuivait des faux-sauniers.

Ms. fr. 18159, fᵒ 161 vᵒ.

945. — Arrêt accordant une indemnité à François Gault l'aîné, grènetier de Saint-Saulge, pour
les pertes par lui subies pendant les troubles.

Ms. fr. 18159, fᵒ 181 vᵒ.

946. — Arrêt réglant le payement des gages des officiers de la Maison du Roi.

Ms. fr. 18159, f° 181 v°.

1594, 10 juin. — Paris.

947. — Remontrances des procureurs du collège ancien des notaires et secrétaires du Roi, et des Cinquante-quatre. Arrêt faisant droit à ces remontrances, révoquant l'édit de mai 1594, qui portait création de cinquante nouveaux secrétaires du Roi et augmentation de l'émolument du sceau, et supprimant tous les secrétaires que Sa Majesté ou que le duc de Mayenne auraient pourvus autrement que par mort, résignation ou survivance.

V°9, n°ˢ 37 et 37 *bis*; AD I 114, n° 4. — Cf. ms. fr. 18159, f°ˢ 182 r° et 183 v°.

1594, 14 juin. — Paris.

948. — Arrêt ordonnant le payement des fournitures faites, pour le service du Roi, par Marie Pachon et Thomas Deschamps, marchands de Lyon.

Ms. fr. 18159, f° 183 r°.

949. — Arrêt réglant les frais faits par M° Pierre du Houssay, conseiller au parlement de Paris, pour la vente du domaine dans les généralités de Bourges et d'Orléans.

Ms. fr. 18159, f° 183 v°.

950. — Arrêt ordonnant que les remises de tailles devront, pour être exécutoires, recevoir l'attache du trésorier de l'Épargne. (Cf. n° 1014.)

Ms. fr. 18159, f° 184 r°.

951. — Arrêt réglant les gages de M° Christophe de Sève, maître des requêtes ordinaire de l'Hôtel, pour ses vacations dans l'affaire des fausses lettres de provision données à M° Ogier de Gasq.

Ms. fr. 18159, f° 184 r°.

952. — Arrêt portant adjudication des droits de traites et impositions foraines, rêve et haut passage dans les sénéchaussées de Toulouse et Carcassonne.

Ms. fr. 18159, f° 184 v°.

953. — Arrêt réglant la suppression de divers offices du guet ordinaire de la ville de Paris.

Ms. fr. 18159, f° 184 v°.

954. — Arrêt ordonnant la réception de Louis Huet et Jean Du Fay, pourvus de deux états de receveurs particuliers des gabelles à Péronne.

Ms. fr. 18159, f° 185 r°.

955. — Arrêt accordant à la veuve de François Gezelac, fermier du domaine à Niort, une remise sur le prix de sa ferme.

Ms. fr. 18159, f° 185 r°.

956. — Arrêt attribuant à la réparation des ponts de Saint-Cloud, Charenton et Saint-Maur une partie du droit levé, sur le grenier à sel de Paris, au profit de l'Hôtel-Dieu.

Ms. fr. 18159, f° 185 r°.

957. — Arrêt réglant le payement des gages du prévôt des maréchaux à Senlis et de ses lieutenants et archers.

Ms. fr. 18159, f° 185 v°.

958. — Arrêt ordonnant que le subside levé sur le vin passant aux Ponts-de-Cé sera perçu jusqu'à concurrence de 16,000 écus.

Ms. fr. 18159, f° 185 v°.

959. — Arrêt maintenant concurremment Thomas Gournay et Roland Martin en un office de sergent à cheval au Châtelet.

Ms. fr. 18159, f° 186 r°.

960. — Arrêt accordant à Pierre Devau, fermier de l'écu par pipe de vin passant sous les ponts de Tours, une remise sur le prix de sa ferme.

Ms. fr. 18159, f° 186 r°.

961. — Arrêt réglant le payement des fournitures faites par Charles Marchant, entrepreneur des réparations du pont au Change. (Cf. n° 914.)

Ms. fr. 18159, f° 186 v°.

962. — Arrêt réglant le remboursement des avances faites au roi par Claude Delouet, Jacques Arnault, François Bellenger et autres habitants d'Angers.

Ms. fr. 18159, f° 187 r°.

8.

963. — Arrêt ordonnant de lever sur les habitants de Crépy-en-Valois la somme nécessaire au remboursement des deniers volés au receveur des tailles, lors de la prise de la ville par les Ligueurs.

Ms. fr. 18159, f° 187 r°.

964. — Arrêt modérant de moitié la taxe sur le blé entrant dans Paris.

Ms. fr. 18159, f° 187 v°.

1594, 18 juin. — Paris.

965. — Arrêt renvoyant au Roi la demande de François Loubert, sieur de Neuilly, tendant à obtenir décharge du service du ban et arrière-ban.

Ms. fr. 18159, f° 188 r°.

966. — Arrêt attribuant à Mᵉ Jean de Calmeil l'office de conseiller au parlement de Bordeaux, résigné par son père.

Ms. fr. 18159, f° 188 v°.

967. — Arrêt ordonnant remboursement à Nicolas Choppin de la somme par lui payée pour le greffe du bureau des finances à Orléans.

Ms. fr. 18159, f° 189 r°.

968. — Arrêt ordonnant que Mᵉ Claude Josse, receveur général des bois d'Outre-Seine-et-Yonne, remboursera Mᵉ Nicolas Regnard, pourvu du même office.

Ms. fr. 18159, f° 189 r°.

969. — Arrêt ratifiant l'échange entre le Roi et le sieur de Rillac du droit de parage de Pléaux et du village des Dix-Maisons.

Ms. fr. 18159, f° 189 v°.

970. — Arrêt modérant une levée de deniers imposée aux élections de Sens, Joigny et Saint-Florentin.

Ms. fr. 18159, f° 189 v°.

971. — Contrat passé entre le Conseil et Mᵉ Louis de Foix, ingénieur ordinaire du Roi, pour l'édification de la tour de Cordouan.

Ms. fr. 18159, f° 200 r°

1594, 21 juin. — [Paris.]

972. — Arrêt ordonnant à Henri Godefroy, grènetier au grenier à sel de Paris, de rendre compte à Mathieu Prévost, receveur des gabelles, des deniers provenant de l'écu et des 15 et 10 sols levés sur le sel.

Ms. fr. 18159, f° 190 r°.

973. — Arrêt donnant aux trésoriers des gardes du corps assignation de 400 écus, pour le payement d'une somme due au sieur de La Grange-le-Roy.

Ms. fr. 18159, fr. 190 r°.

974. — Arrêt déchargeant Mᵉ Pierre Le Guet, curé de Sonchamp, des décimes des années 1589 à 1592.

Ms. fr. 18159, f° 190 v°.

975. — Arrêt ordonnant au receveur général des finances à Tours de remettre au receveur du parlement de Paris les assignations qu'il a sur les receveurs généraux de Poitou et de Berry, pour le payement des gages du parlement.

Ms. fr. 18159, f° 190 v°.

976. — Arrêt portant défense au receveur général des finances à Tours de poursuivre le receveur particulier des décimes au diocèse du Mans, à raison des restes des décimes, et ordonnant audit receveur particulier d'en fournir état.

Ms. fr. 18159, f° 191 r°.

977. — Arrêt ordonnant à Mᵉ Martin Boylesme, lieutenant général en la sénéchaussée d'Anjou, de faire lever incontinent la somme imposée sur la ville d'Angers pour la taxe des villes closes.

Ms. fr. 18159, f° 191 v°.

978. — Arrêt réservant à la veuve de Jean Berger, sergent au bailliage de Vermandois, assassiné par les Ligueurs, l'office de son mari, pour y être pourvu à sa nomination.

Ms. fr. 18159, f° 192 r°.

979. — Arrêt mandant au Conseil Mᵉˢ François Croiset et Jean Bardeau, pour être entendus sur la provision de l'office de garde des sceaux aux contrats de la ville et du bailliage de Provins.

Ms. fr. 18159, f° 192 r°.

980. — Arrêt mandant au Conseil Guillaume Lavisey, secrétaire du Roi, et Pierre Blanconne, pour être ouïs sur leur différend.

Ms. fr. 18159, f° 192 r°.

981. — Arrêt réglant la résignation d'un office de conseiller au parlement de Bordeaux, faite par Jean de La Rivière en faveur de son fils Léon de La Rivière.

Ms. fr. 18159, f° 192 r°.

982. — Arrêt ordonnant la restitution à M° Charles Turgot, chanoine en la cathédrale de Coutances, des deniers sur lui saisis par les commissaires députés pour la saisie des biens des rebelles.

Ms. fr. 18159, f° 192 v°.

983. — Arrêt ordonnant que les habitants de Cravant seront taxés par provision, dans la même proportion qu'ils l'étaient l'année précédente.

Ms. fr. 18159, f° 192 v°.

984. — Arrêt interdisant aux élus de Verneuil de lever aucun impôt, sans lettres patentes du Roi, et les mandant au Conseil pour rendre compte des motifs qui les ont portés à emprisonner le commis du receveur des tailles, lequel devra être élargi sur-le-champ.

Ms. fr. 18159, f° 193 r°.

985. — Arrêt réglant le payement des gages des officiers des eaux et forêts au siège de la Table de marbre.

Ms. fr. 18159, f° 193 v°.

986. — Arrêt ordonnant aux gens des Monnaies d'entériner les lettres patentes obtenues par François Bedeau, fermier de la monnaie d'Angers.

Ms. fr. 18159, f° 193 v°.

987. — Arrêt déchargeant le chapitre de Saint-Pierre de Montpellier d'une somme par lui due à demoiselle Nicolle de Bonerue, et saisie par ordre du duc de Montmorency.

Ms. fr. 18159, f° 193 v°.

988. — Arrêt confirmant les créations d'offices ordonnées, le 24 décembre 1591, au profit du sieur de Châtillon, par dérogation spéciale au règlement qui interdit de nouvelles créations.

Ms. fr. 18159, f° 194 r°.

989. — Arrêt renvoyant au sieur de La Grange, gouverneur de Melun, une requête en décharge de taxe présentée par les habitants de cette ville.

Ms. fr. 18159, f° 194 v°.

990. — Arrêt accordant une remise de trois années de tailles aux habitants de Melun.

Ms. fr. 18159, f° 194 v°.

991. — Arrêt modérant la taxe imposée aux habitants de Fourqueux pour les fortifications des villes et châteaux.

Ms. fr. 18159, f° 195 r°.

1594, 22 juin. — [Paris.]

992. — Arrêt attribuant à Jacques Florentin, débouté de l'office de garde au port de Mèze, un autre office de garde au bureau de la foraine de Montpellier.

Ms. fr. 18159, f° 195 r°.

993. — Arrêt ordonnant d'élargir Guillaume Le Chandelier, receveur du domaine de Lyons, détenu à Rouen.

Ms. fr. 18159, f° 195 v°.

994. — Arrêt réglant les gages de M° Mathurin Le Beau, commis à la recette des deniers destinés au payement et rachat des rentes dues par le Roi.

Ms. fr. 18159, f° 195 v°.

995. — Arrêt confirmant aux habitants de Nemours la décharge à eux accordée des arrérages des tailles.

Ms. fr. 18159, f° 195 v°.

996. — Arrêt mandant au Conseil Claude Bernard et Thibaud Langlois, pour être ouïs sur une requête de Jean Charron, trésorier provincial de l'Extraordinaire des guerres.

Ms. fr. 18159, f° 196 r°.

997. — Arrêt décidant que les habitants d'Auxerre auront remise d'une année de tailles, mais non du taillon et de la solde du prévôt des maréchaux.

Ms. fr. 18159, f° 196 r°.

998. — Arrêt accordant une remise de tailles aux habitants de Lésigny et de Ferrolles.

Ms. fr. 18159, f° 196 r°.

999. — Arrêt accordant une remise de tailles aux habitants de la paroisse Saint-Lazare de Lèves, à raison des pertes par eux subies durant le siège de Chartres.

Ms. fr. 18159, f° 196 v°.

1000. — Arrêt accordant une remise de tailles aux habitants de la paroisse Saint-Denis de Champhol, à raison du sac de ladite paroisse durant le siège de Chartres.

Ms. fr. 18159, f° 196 v°.

1594, 23 juin. — Paris.

1001. — Arrêt déchargeant les habitants de Dammartin de la contribution destinée aux fortifications de Meaux.

Ms. fr. 18159, f° 196 v°.

1002. — Arrêt restituant à la Cour des aides la connaissance des procès relatifs aux restes.

Ms. fr. 18159, f° 197 r°.

1003. — Arrêt attribuant à la Cour des aides et aux trésoriers de France la connaissance des différends relatifs aux droits d'entrée à Paris.

Ms. fr. 18159, f° 197 r°.

1004. — Arrêt tendant à réprimer les fraudes sur les droits d'entrée à Paris.

Ms. fr. 18159, f° 197 v°.

1005. — Arrêt levant les oppositions faites par le procureur des États de Bourgogne à l'exécution du contrat des fournisseurs de greniers à sel en la généralité de Bourgogne.

Ms. fr. 18159, f° 198 r°.

1006. — Arrêt autorisant la ville de Meaux à s'imposer pour les frais de vérification des articles de la capitulation de ladite ville.

Ms. fr. 18159, f° 198 v°.

1007. — Arrêt ordonnant au maître des eaux et forêts du Perche de délivrer au sieur de Vaurozay les coupes de bois à lui octroyées par lettres du 23 octobre 1593.

Ms. fr. 18159, f° 199 r°.

1008. — Arrêt accordant une réduction de tailles aux habitants de Molesme, pour les indemniser de fournitures faites, en 1591, à l'armée du maréchal d'Aumont.

Ms. fr. 18159, f° 199 r°.

1009. — Arrêt accordant une réduction de tailles aux habitants de Gaillardon.

Ms. fr. 18159, f° 199 v°.

1010. — Arrêt accordant une réduction de tailles aux habitants du Tremblay-le-Vicomte.

Ms. fr. 18159, f° 199 v°.

1011. — Arrêt accordant une remise de deux années de tailles aux habitants de Couffy, dans le comté de Saint-Aignan.

Ms. fr. 18159, f° 199 v°.

1012. — Arrêt accordant une remise de deux années de tailles aux habitants de Lye en Berry.

Ms. fr. 18159, f° 199 v°.

1013. — Arrêt acordant une remise de trois années de tailles aux habitants de Faverolles et de Châteauvieux.

Ms. fr. 18159, f° 200 r°.

1594, 25 juin. — Paris.

1014. — Arrêt décidant que les remises de tailles ne seront valables qu'avec l'attache et consentement du trésorier de l'Épargne. (Cf. n° 950.)

Ms. fr. 18159, f° 204 r°.

1015. — Arrêt réglant le recouvrement des 500 écus que chacun des présidents, trésoriers généraux de France et receveurs généraux doit prêter au Roi, pour les dépenses de sa Maison et l'entretien de son armée.

Ms. fr. 18159, f° 204 r°.

1016. — Arrêt accordant une remise de tailles aux habitants de Fresnoy-lez-Roye.

Ms. fr. 18159, f° 204 v°.

1017. — Arrêt ordonnant de lever sur les habitants de Senlis la somme nécessaire au payement du bois pris, pendant le siège de la ville, pour la réparation des brèches.

Ms. fr. 18159, f° 204 v°.

1018. — Arrêt accordant une remise de deux années de tailles aux habitants de Pierre-Levée, à raison des dégâts commis audit village par l'armée du duc de Parme.

Ms. fr. 18159, f° 205 r°.

1019. — Arrêt indemnisant M° Adam de La Barre pour les droits qu'il pouvait faire valoir sur l'office de lieutenant général en la sénéchaussée d'Angers, accordé au sieur Boylesme.

Ms. fr. 18159, f° 205 r°.

1020. — Arrêt ordonnant « que, après avoir faict commandement aux collecteurs des parroisses de paier les sommes èsquelles ilz se trouveront redebvables, et qu'il ne se trouve aucuns biens en leurs maisons, les receveurs des tailles pouront, et leur sera permis de prendre et apréhender, pour le payement d'icelluy, le premier habitant dudit lieu et parroisse, ensemble ses biens et meubles, sauf son recours contre lesdits collecteurs. »

Ms. fr. 18159, f° 205 v°.

1021. — Arrêt maintenant le bureau et le siège de l'élection établie à Maillebois, et y députant un élu de l'élection de Verneuil.

Ms. fr. 18159, f° 205 v°.

1022. — Arrêt accordant aux habitants d'Attichy remise d'une année de tailles.

Ms. fr. 18159, f° 206 r°.

1023. — Arrêt modérant la taxe pour le payement des garnisons du haut pays d'Auvergne.

Ms. fr. 18159, f° 206 r°.

1024. — Arrêt réglant le remboursement à M° Claude Philippe des greffes de la Chambre des comptes et de la Cour des monnaies.

Ms. fr. 18159, f° 206 r°.

1025. — Arrêt réglant le payement de la somme due aux Franciscains de Rennes, pour l'occupation de leur couvent par le parlement de Bretagne.

Ms. fr. 18159, f° 206 v°.

1026. — Arrêt ordonnant une coupe de bois dans la forêt d'Orléans, pour le payement des Suisses.

Ms. fr. 18159, f° 207 r°.

1594, 28 juin. — [Paris.]

1027. — Arrêt commettant le sieur de Tavannes, gouverneur de Bourgogne, pour faire une enquête sur l'arrestation de M° François Pizé, archidiacre de Mâcon, par le sieur de La Vauguyon.

Ms. fr. 18159, f° 207 r°.

1028. — Arrêt assignant, sur les ventes de bois en la forêt d'Orléans, la somme due au comte de Choisy par suite de la réunion au domaine d'une partie des bois achetés par son père.

Ms. fr. 18159, f° 207 v°.

1029. — Arrêt accordant aux habitants d'Auxerre un droit sur le sel, en remboursement des avances par eux faites pour l'entretien des gens de guerre.

Ms. fr. 18159, f° 208 r°.

1030. — Arrêt imposant sur l'élection de Tonnerre la somme promise au sieur de Villiers pour la reddition du château des Regennes.

Ms. fr. 18159, f° 208 r°.

1031. — Arrêt ordonnant à M° Bonnet, receveur général à Paris, fermier et admodiateur des moulins de Gonesse, de fournir du blé, aux termes accoutumés, aux religieux du prieuré de Grandmont dans le bois de Vincennes.

Ms. fr. 18159, f° 208 r°.

1032. — Arrêt ordonnant à M° Lugoly, lieutenant de la prévôté de l'Hôtel, de remettre au contrôleur général des finances diverses bagues appartenant au Roi, et confiées audit Lugoly par frère Pierre de Varny, procureur des collèges de Jésuites en la province de France, à qui en sera donnée quittance.

Ms. fr. 18159, f° 208 r°.

1033. — Arrêt ordonnant à M⁰ Charles Martin de produire au Conseil ses lettres de provision de l'office d'élu en l'élection de Lyon.

Ms. fr. 18159, f° 208 v°.

1034. — Arrêt accordant une remise de tailles aux habitants de Brécé. (Cf. n° 1068.)

Ms. fr. 18159, f° 208 v°.

1035. — Arrêt réglant le remboursement des greffes du Parlement acquis par M⁰ Richard Tardieu, et réunis au domaine en 1591.

Ms. fr. 18159, f° 208 v°.

1594, 30 juin. — Paris.

1036. — Arrêt rétablissant M⁰ Pierre Poncet en l'office de greffier de la Cour des aides, et réglant le remboursement de la finance payée par M⁰ Pierre Bedacier, adjudicataire dudit office.

Ms. fr. 18159, f° 209 r°.

1037. — Arrêt ordonnant au trésorier de l'Épargne de donner assignation d'une somme de 9,000 écus au sieur de La Rivière, gouverneur de Bellême, « et aux gens de guerre estant près de luy, pour leur récompense de la rançon du sieur de La Mothe-Serrant, qui estoit rebelle ». (Cf. n° 75.)

Ms. fr. 18159, f° 210 r°.

1038. — Arrêt ordonnant qu'après vérification par les trésoriers de France en Auvergne de l'état des avances faites par les habitants de Clermont pour le service du Roi, il sera imposé sur le bas pays d'Auvergne une somme de 40,000 écus, pour le remboursement de ces avances.

Ms. fr. 18159, f° 210 r°.

1039. — Arrêt accordant remise aux habitants de Villeneuve-le-Comte de la taxe de 3 sous par feu qui se lève en l'élection de Meaux.

Ms. fr. 18159, f° 210 v°.

1040. — Arrêt donnant assignation de 3,386 livres 5 sols, sur la recette générale de Picardie, au vicomte d'Auchy, gouverneur de Saint-Quentin.

Ms. fr. 18159, f° 211 r°.

1041. — Arrêt établissant une surtaxe au grenier à sel de Meaux, pour le payement des gages des officiers du présidial.

Ms. fr. 18159, f° 211 r°.

1042. — Arrêt ordonnant la vente aux enchères des prisons de Grenoble et la construction d'une nouvelle prison en la maison de la Gouvernerie.

Ms. fr. 18159, f° 211 r°.

1043. — Arrêt réduisant de moitié le prix d'une adjudication de bois en la forêt de Retz, faite à M⁰ Jérôme de La Planche.

Ms. fr. 18159, f° 211 r°.

1044. — Arrêt accordant une remise de décimes à M⁰ Raymond Massès, prieur de Saint-Pierre de Gien, conformément aux articles de la capitulation d'Orléans.

Ms. fr. 18159, f° 211 v°.

1045. — Arrêt accordant aux habitants de l'élection d'Angers remise de moitié de la contribution imposée pour l'entretien des pionniers destinés à la conduite de l'artillerie.

Ms. fr. 18159, f° 211 v°.

1046. — Arrêt ordonnant que la taxe sur la draperie, à la halle aux draps [de Paris], sera perçue conformément au tableau du 29 mars 1594.

Ms. fr. 18159, f° 212 r°.

1047. — Arrêt réglant les gages des receveurs de la taxe levée sur les marchandises passant à Pontoise et à Conflans.

Ms. fr. 18159, f° 212 r°.

1048. — Arrêt confirmant la cession d'une assignation de 6,000 écus faite par Jean Clercelier aux héritiers du président Dolu.

Ms. fr. 18159, f° 212 v°.

1049. — Arrêt accordant remise aux habitants de Coupvray de deux années de tailles.

Ms. fr. 18159, f° 212 v°.

1050. — Arrêt ordonnant que les adjudicataires des bois de la Garenne, en la forêt de Saint-Germain, devront payer la taxe qui se levait jadis à Saint-

Denis sur les marchandises entrant à Paris, pour le produit en être consacré à l'entretien du château et de la fontaine de Saint-Germain-en-Laye.

Ms. fr. 18159, f° 212 v°.

1051. — Arrêt réglant le remboursement de la somme avancée par M⁰ Claude Bourgeois, président, et Étienne Millet, conseiller au parlement de Bourgogne, pour la réduction de la ville de Chalon-sur-Saône. (Cf. n° 50.)

Ms. fr. 18159, f° 213 r°.

1052. — Arrêt accordant aux habitants de la généralité d'Auvergne remise des restes des tailles jusqu'en 1593, à condition qu'ils contribueront, au sol la livre, au payement des 107,209 écus 52 sols 6 deniers restant dus pour gages d'officiers et autres débets.

Ms. fr. 18159, f° 214 r°.

1053. — Arrêt réglant le remboursement des avances faites, pour le service du Roi, par M° Jean Roussat, lieutenant général à Langres.

Ms. fr. 18159, f° 214 v°.

1054. — Arrêt ordonnant d'expédier les lettres patentes établissant une taxe de 19,000 écus sur l'élection de Paris, pour le payement de la garnison de Pontoise.

Ms. fr. 18159, f° 215 r°.

1055. — Arrêt ordonnant que Vincent Boucher, sieur de Boismarchaiz, sera mis en possession du greffe du présidial de Riom.

Ms. fr. 15189, f° 215 r°.

1056. — Arrêt réglant l'indemnité due au sieur de La Grange, gouverneur de Melun, pour la cession au baron de Mesdavy du domaine de la vicomté de Verneuil, engagé précédemment au sieur de Gourdan, dont ledit La Grange «représente le droict».

Ms. fr. 18159, f° 215 r°.

1057. — Arrêt ordonnant aux trésoriers de France à Paris de vérifier ce qui peut être dû à l'abbaye de Notre-Dame-du-Lys sur les recettes de Sens et Melun, pour en être fait payement.

Ms. fr. 18159, f° 216 r°.

1594, 2 juillet. — Paris.

1058. — Arrêt ordonnant à l'avocat et au procureur général au parlement de Rouen de donner leur avis sur la réception audit parlement de M⁰⁰ Jean de la Faye et Nicolas Bimache.

Ms. fr. 18159, f° 217 r°.

1059. — Arrêt portant assignation de 500 écus accordés, par arrêt du Conseil du 22 mai 1593, à la veuve de Robert Lebchote, lieutenant général en la vicomté de Rouen, décédé au service du Roi.

Ms. fr. 18159, f° 217 r°.

1060. — Arrêt accordant à M° François Des Baulx, doyen de l'église d'Orléans, mainlevée des revenus dudit doyenné.

Ms. fr. 18159, f° 217 r°.

1061. — Arrêt accordant aux greffiers de la Cour du palais et des consuls de la ville de Paris remise de la taxe pour confirmation d'office.

Ms. fr. 18159, f° 217 v°.

1062. — Arrêt décidant que les habitants de Troyes n'ont été déchargés, aux termes des articles de la réduction de leur ville, que des restes des tailles des années 1589 et suivantes, mais non des restes des années antérieures.

Ms. fr. 18159, f° 217 v°.

1063. — Arrêt accordant à M° Guillaume Soreau, prieur du Pont-Neuf au diocèse du Mans, un délai d'un an pour procéder à l'aliénation de partie de son temporel, afin de payer sa part de l'aliénation autorisée par le Pape pour les années 1587 et 1588.

Ms. fr. 18159, f° 217 v°.

1064. — Arrêt réglant le payement d'une compagnie de Suisses ayant tenu garnison à Valence et à Grenoble de 1569 à 1589.

Ms. fr. 18159, f° 218 r°.

1065. — Arrêt déchargeant M° Joseph Charlot, procureur des Eaux et forêts de France, de la taxe pour confirmation d'office.

Ms. fr. 18159, f° 218 r°.

1066. — Arrêt ordonnant à Jean Fenestier de comparaître au Conseil, pour être entendu sur la requête des habitants de Montereau-Faut-Yonne, relativement à l'assiette des impositions.

Ms. fr. 18159, f° 218 r°.

1067. — Arrêt accordant remise aux habitants de Nevers de moitié de la quantité de grains qu'ils doivent fournir au magasin établi en Bourbonnais.

Ms. fr. 18159, f° 218 r°.

1068. — Arrêt accordant une remise de tailles aux habitants de Brécé. (Cf. n° 1034.)

Ms. fr. 18159, f° 218 v°.

1069. — Arrêt fixant le mode de nomination des commis de la douane de Lyon, des traites foraine et domaniale, rêve et haut passage de Picardie, Champagne et Bourgogne, etc., et réglant l'emploi des deniers provenant desdits impôts.

Ms. fr. 18159, f° 218 v°.

1070. — Arrêt adjugeant, pour sept années, à Ives de La Lande la ferme du droit domanial sur les blés de Poitou et de Marans.

Ms. fr. 18159, f° 219 v°. Cf. ibid., f° 266 r°.

1071. — Arrêt accordant aux habitants de Hérisson et de Châteloy remise des restes des tailles de l'année 1593.

Ms. fr. 18159, f° 219 v°.

1072. — Arrêt maintenant les héritiers de Mᵉ Claude de La Venhe en possession de l'état de lieutenant criminel au bailliage de Forez.

Ms. fr. 18159, f° 219 v°.

1073. — Arrêt accordant aux habitants du comté d'Armagnac remise des restes des tailles de l'année 1593.

Ms. fr. 18159, f° 220 r°.

1074. — Arrêt confirmant au sieur Le Normant la possession d'un office de maître des Comptes à lui adjugé, après saisie sur James Allamant.

Ms. fr. 18159, f° 220 r°.

1075. — Arrêt ordonnant aux trésoriers de France à Dijon de faire payer les gages de Mᵉ Pierre Chau-

don, conseiller au parlement de Bourgogne, lequel a été omis dans l'état de payement des officiers de ladite cour.

Ms. fr. 18159, f° 220 r°.

1076. — Arrêt autorisant Louis Hurault, trésorier général de la reine de Navarre, à faire pourvoir personne capable de l'office de général subsidiaire des monnaies de Provence, qui lui a été donné par ladite reine, en payement d'une somme à lui due.

Ms. fr. 18159, f° 220 v°.

1077. — Arrêt prononçant mainlevée des saisies faites sur les biens du sieur de Schomberg, comte de Nanteuil, antérieurement à la présente année.

Ms. fr. 18159, f° 220 v°.

1078. — Arrêt ordonnant le payement d'une pension accordée à Jean Daguier, avocat du Roi au présidial de Blois, pour l'indemniser de la création d'un second office d'avocat.

Ms. fr. 18159, f° 220 v°.

1079. — Arrêt ordonnant aux trésoriers de France à Châlons de veiller à ce que les habitants de Ricey ne payent d'autres impositions que celles qui sont prescrites par les ordonnances du Roi.

Ms. fr. 18159, f° 221 r°.

1080. — Arrêt ordonnant de payer aux officiers du parlement de Bourgogne l'augmentation de gages à eux accordée pour l'exercice de leurs charges pendant les troubles.

Ms. fr. 18159, f° 221 r°.

1594, 5 juillet. — Paris.

1081. — Arrêt accordant aux fermiers du huitième et du vingtième du vin dans les villages de Vareddes, Chambry, Crégy et Chaillouet une remise sur le prix de leur ferme.

Ms. fr. 18159, f° 221 v°.

1082. — Arrêt accordant à Nicolas Barré, ancien receveur du domaine de Montfort, compensation des sommes à lui dues et par lui dues sur ses comptes des années 1586 et 1588.

Ms. fr. 18159, f° 221 v°.

1083. — Arrêt réglant les travaux de réparation à faire au pont d'Olivet sur la Loire.

Ms. fr. 18159, f° 222 r°.

1084. — Arrêt maintenant Nicolas Chaumelis en la possession d'un office de commissaire des guerres, ayant appartenu à Jean Sandras, et accordant à la veuve de ce dernier la première charge de commissaire des guerres qui sera vacante, pour y être pourvu à sa nomination.

Ms. fr. 18159, f° 222 r°.

1085. — Arrêt ordonnant l'expédition d'un acquit patent de 16,000 écus, au profit du sieur de Schomberg, pour sa pension de colonel des reîtres allemands pendant six années.

Ms. fr. 18159, f° 222 r°.

1086. — Arrêt renvoyant aux trésoriers de France à Orléans une requête en remise de tailles présentée par diverses paroisses des élections d'Orléans et de Blois éprouvées par la gelée.

Ms. fr. 18159, f° 222 v°.

1087. — Arrêt faisant remise aux habitants de Jargeau de trois années de tailles.

Ms. fr. 18159, f° 223 r°.

1088. — Arrêt ordonnant le payement des gages des contrôleurs généraux des fortifications de la Picardie et de l'Ile-de-France, et leur enjoignant de tenir état au vrai des recettes et dépenses provenant du fait des fortifications.

Ms. fr. 18159, f° 223.

1089. — Arrêt ordonnant de rembourser au sieur de Sainte-Marthe, lieutenant général en la sénéchaussée de Poitou, une somme par lui avancée pour l'acquit des deniers prêtés par le sieur de Traversay, à l'occasion de la réduction de Poitiers.

Ms. fr. 18159, f° 223 v°.

1090. — Arrêt accordant aux habitants de Bouilly remise d'une année de tailles.

Ms. fr. 18159, f° 224 r°.

1091. — Arrêt ordonnant aux trésoriers de France à Paris de s'informer des motifs qui ont porté les élus d'Étampes à refuser de faire jouir les habitants de Maisse de la remise de tailles à eux accordée.

Ms. fr. 18159, f° 224 r°.

1092. — Arrêt maintenant Simon Brissard en l'office de contrôleur du grenier à sel de Montfort-l'Amaury, et ordonnant le remboursement de Nicolas Compaignon, qui avait été pourvu du même office.

Ms. fr. 18159, f° 224 v°.

1093. — Arrêt accordant remise de diverses sommes à Jacques Baschelier, receveur des tailles à Pont-de-l'Arche, pour l'indemniser de ses pertes à la prise de cette ville.

Ms. fr. 18159, f° 224 v°.

1094. — Arrêt accordant aux héritiers de Rodolphe Sureau remboursement de la finance par lui payée pour l'office de trésorier provincial de l'Extraordinaire des guerres en Languedoc, auquel il n'a pu être reçu.

Ms. fr. 18159, f° 225 r°.

1095. — Arrêt déclarant que la remise de décimes accordée aux bénéficiers, par les articles de la réduction de Rouen, ne s'applique qu'aux bénéficiers résidant à Rouen, au Havre, à Harfleur, Montivilliers, Pont-Audemer et Verneuil.

Ms. fr. 18159, f° 225 r°.

1096. — Arrêt rétablissant à Arcis-sur-Aube le grenier à sel transféré à Plancy.

Ms. fr. 18159, f° 225 r°.

1594, 7 juillet. — Paris.

1097. — Arrêt autorisant la levée de 2,445 écus sur l'élection de Fontenay-le-Comte, afin de payer les intérêts des sommes empruntées par les échevins pour la défense de ladite ville.

Ms. fr. 18159, f° 225 v°.

1098. — Arrêt décidant que les habitants de l'Isle payeront leurs tailles en l'élection de Vézelay, et non en celle de Clamecy; et renvoyant aux trésoriers de France la requête desdits habitants touchant la réparation du pont de l'Isle.

Ms. fr. 18159, f° 225 v°.

1099. — Arrêt accordant remise aux héritiers d'Étienne Sellier d'une partie du prix d'une adjudication de bois au lieu de Mézières, dans la forêt d'Orléans.

Ms. fr. 18159, f° 226 r°.

1100. — Arrêt accordant au sieur de Verdilly, procureur général du Roi en la Cour des aides, mainlevée de ses gages.

Ms. fr. 18159, f° 226 r°.

1101. — Arrêt ordonnant à Pierre Bugrand, sergent à verge au Châtelet, de payer une somme de 100 écus, imputable sur la finance de son office, à la veuve de Richard Belot, ancien titulaire dudit office.

Ms. fr. 18159, f° 226 v°.

1102. — Arrêt accordant remise de deux années de tailles à la paroisse de Quincy en Brie.

Ms. fr. 18159, f° 226 v°.

1103. — Arrêt ordonnant d'employer les 1,500 écus dus par la veuve de James Allamant pour la provision de l'office de son mari, au remboursement de la finance payée par M° Testu, lequel avait été pourvu du même office.

Ms. fr. 18159, f° 227 r°.

1594, 9 juillet. — Paris.

1104. — Arrêt réglant le remboursement de la somme payée par le sieur de Schomberg, à la décharge du Roi, aux enfants du feu duc Jean-Guillaume de Saxe.

Ms. fr. 18159, f° 227 r°.

1105. — Arrêt renvoyant par-devant les commissaires pour ce établis le jugement à intervenir sur la saisie des marchandises que la femme Nicolle La Poterie voulait faire entrer dans Paris sans payer les droits.

Ms. fr. 18159, f° 227 v°.

1106. — Arrêt réglant la quotité des droits à percevoir sur les vins par le commis à la recette du pont de Beaumont-sur-Oise.

Ms. fr. 18159, f° 228 r°.

1107. — Arrêt réglant la rétrocession au maréchal de La Châtre de la terre de Beaugency, adjugée en payement au régiment de Soleure. (Cf. n° 1130.)

Ms. fr. 18159, f° 228 v°.

1108. — Arrêt condamnant le sieur de Médeville, en qualité de caution de Zacharie de Roulin, maître de la monnaie de Dieppe, à payer une somme de 320 écus, assignée sur ladite monnaie, à Jean de Larlas, essayeur général des monnaies.

Ms. fr. 18159, f° 229 r°.

1109. — Arrêt maintenant concurremment en un office de commissaire ordinaire des guerres les sieurs Daniel Forget et de Tiville.

Ms. fr. 18159, f° 229 v°.

1110. — Arrêt portant création de trois offices d'huissiers au parlement de Paris, en faveur de Pierre Naverac, de Jean Boissonnet et de Pierre Fleur.

Ms. fr. 18159, f° 230 r°.

1111. — Arrêt ordonnant aux contrôleurs généraux des fortifications de l'Ile-de-France de tenir état des deniers employés aux fortifications de Paris.

Ms. fr. 18159, f° 230 r°.

1594, 12 juillet. — Paris.

1112. — Arrêt révoquant le bail de la « ferme de la busche, eschalatz et bois mérien entrant et vendu en la ville de Paris », et ordonnant une nouvelle adjudication de cette ferme.

Ms. fr. 18159, f° 230 v°.

1113. — Arrêt ordonnant de réformer, pour cause d'erreur, les lettres de provision accordées à Jacques Charmolue, procureur du Roi en l'élection et grenier à sel de Compiègne.

Ms. fr. 18159, f° 230 v°.

1114. — Arrêt ordonnant de rembourser à M° Laurent Le Chaleux la finance par lui payée pour les deux offices de contrôleur des aides et tailles en l'élection de Beaugency, ladite élection ayant été supprimée.

Ms. fr. 18159, f° 231 r°.

1115. — Arrêt exemptant les paroissiens de l'église de Notre-Dame, aux faubourgs de Pontoise, du payement de la composition imposée lors de la réduction de ladite ville.

Ms. fr. 18159, f° 231 r°.

1116. — Arrêt décidant qu'il sera tenu compte de la somme payée par Esprit Boucher, greffier criminel héréditaire au parlement de Paris, à M° Richard Tardieu, acquéreur des greffes civil. et criminel, pour, en cas de rachat dudit office, lui en être fait remboursement.

Ms. fr. 18159, f° 231 r°.

1117. — Arrêt accordant remise de deux années de tailles aux habitants de Rampillon, à raison des pertes par eux subies durant les sièges de Provins.

Ms. fr. 18159, f° 231 v°.

1594, 14 juillet. — Paris.

1118. — Arrêt déchargeant les habitants du Havre de l'impôt de 20 sous par cent de morues entrant en ladite ville.

Ms. fr. 18159, f° 231 v°.

1119. — Arrêt accordant aux habitants de Dieppe que l'impôt sur le poisson ne sera perçu qu'à la sortie, et non plus à l'entrée de la ville.

Ms. fr. 18159, f° 232 r°.

1120. — Arrêt accordant à Nicolas Barthélemy, procureur du Roi au bailliage de Senlis, une rente de 200 écus, jusqu'à remboursement de la somme par lui avancée pour le service du Roi.

Ms. fr. 18159, f° 232 r°.

1121. — Arrêt ordonnant que les frais faits, dans l'exercice de sa charge, par le sieur Nicolas Pajot, commis à la vente du domaine, seront imputés sur le compte du trésorier général de l'Extraordinaire des guerres.

Ms. fr. 18159, f° 232 v°.

1122. — Arrêt maintenant concurremment en un office de conseiller et général des Monnaies M° Mathurin et Pierre Longuet, sauf préséance en faveur de Mathurin. (Cf. n° 478.)

Ms. fr. 18159, f° 232 v°.

1123. — Arrêt ordonnant le remboursement d'un prêt de 5,000 écus fait, en 1587, à Henri III par le sieur Brulart.

Ms. fr. 18159, f° 232 v°.

1124. — Arrêt annulant une ordonnance des trésoriers de France à Rouen contraire à l'arrêt du 14 [lisez 21] mai 1594. (Cf. n° 798.)

Ms. fr. 18159, f° 233 v°.

1125. — Arrêt ordonnant l'élargissement de Jean Roger, receveur général des finances en Bretagne, et la restitution des deniers à lui pris indûment, par ordre. du maréchal d'Aumont, pour le fait de la guerre.

Ms. fr. 18159, f° 234 r°.

1126. — Arrêt confirmant un autre arrêt du 14 décembre 1593, lequel ordonnait que le maniement des deniers affectés aux gens de guerre du pays de Bretagne appartiendrait au trésorier des États, en qualité de commis du trésorier de l'Extraordinaire des guerres, pour le compte en être vérifié en la Chambre des comptes à Paris.

Ms. fr. 18159, f° 235 r°.

1127. — Arrêt adjugeant à Jean de Laval les greffes civil et criminel de la sénéchaussée de Bergerac, à charge de rembourser les précédents acquéreurs.

Ms. fr. 18159, f° 236 r°.

1594, 16 juillet. — Paris.

1128. — Arrêt ordonnant que le sieur Gault, contrôleur en l'audience du parlement de Paris, sera confirmé dans son office, s'il n'en est remboursé, dans la huitaine, par les sieurs Le Cointre, de Neufville et Le Pilleur.

Ms. fr. 18159, f° 237 v°.

1129. — Arrêt approuvant les travaux faits par le sieur Du Rouillet aux fortifications de Pont-de-l'Arche, et en ordonnant le payement.

Ms. fr. 18159, f° 238 r°.

1130. — Arrêt confirmant la rétrocession de la terre et seigneurie de Beaugency faite au maréchal de La Châtre par les colonel et capitaines du régiment de Soleure. (Cf. n° 1107.)

Ms. fr. 18159, f° 238 v°.

1131. — Arrêt confirmant à Nicolas et à Philippe Denetz la jouissance du greffe du bailliage d'Amiens, dont feu leur père était adjudicataire.

Ms. fr. 18159, f° 239 r°.

1132. — Arrêt accordant remise aux officiers du présidial de Saintes de moitié de la taxe par eux due, pour confirmation de leurs offices à l'avènement du Roi.

Ms. fr. 18159, f° 239 r°.

1133. — Arrêt ordonnant de rembourser à Étienne Papillon la finance par lui payée, pour un office de contrôleur des aides en l'élection de Tours, rendu à M° Adrien Joubert.

Ms. fr. 18159, f° 239 r°.

1134. — Arrêt ordonnant que, pour assurer le payement des rentes sur le sel, les deniers perçus par les receveurs particuliers des gabelles seront remis aux receveurs provinciaux, pour être réunis ès mains de M° Florent d'Argouges, trésorier général des greniers à sel de France et payeur des rentes constituées sur le sel.

Ms. fr. 18159, f° 239 r°.

1135. — Arrêt mandant au Conseil le sieur Le Gros, procureur des États de Bourgogne, pour répondre sur certaines paroles injurieuses contenues en une requête par lui présentée au parlement de Bourgogne.

Ms. fr. 18159, f° 241 r°.

1136. — Arrêt ordonnant au gouverneur de la Rochelle et aux gens du présidial de Saintes d'informer contre les auteurs des troubles suscités en l'élection de Saintes, à l'occasion du recouvrement des impôts.

Ms. fr. 18159, f° 241 r°.

1137. — Arrêt décidant que la nomination du procureur en la sénéchaussée de la Marche appartient à la reine Louise, douairière de France, mais non celle du procureur en la vice-sénéchaussée dudit pays, et confirmant, en conséquence, les nominations des sieurs Boyron et Bérault auxdits offices.

Ms. fr. 18159, f° 241 v°.

1138. — « Rabais de l'imposition des marchandises, vivres et denrées entrant dans la ville et faux bourgs de Paris. »

AD I 114, n° 13.

1594, 19 juillet. — Paris.

1139. — Arrêt ordonnant d'expédier les lettres de provision de l'office de président en l'élection d'Épernay, accordé par le Roi à Adam Dupuis.

Ms. fr. 18159, f° 242 r°.

1140. — Arrêt rétablissant en leurs offices les anciens receveurs des épices aux Parlement, Grand Conseil, Cour des aides, etc., à condition que lesdits offices seront supprimés après décès des titulaires.

Ms. fr. 18159, f° 242 r°.

1141. — Arrêt ordonnant le payement des appointements du sieur de Jambeville, maître des requêtes ordinaire de l'Hôtel.

Ms. fr. 18159, f° 242 v°.

1142. — Arrêt ordonnant que les habitants de l'élection de Montluçon payeront l'assignation donnée au capitaine La Ronde sur le receveur des tailles de ladite élection, nonobstant la remise générale de l'arriéré des tailles accordée par le Roi.

Ms. fr. 18159, f° 242 v°.

1143. — Arrêt confirmant à Charles Guillaume la ferme d'un écu par muid de vin entrant ès villes et bourgs de l'élection de Nogent, à charge de payer au trésorier des réparations de l'Ile-de-France une somme de 300 écus, pour les fortifications de Bray-sur-Seine.

Ms. fr. 18159, f° 242 v°.

1144. — Arrêt autorisant l'établissement, pour six années, d'un droit de passage au pont de Saint-Jean-de-Luz.

Ms. fr. 18159, f° 243 r°.

1145. — Arrêt relatif au payement de la garnison

de Calais et aux réparations à faire au havre de ladite ville.

Ms. fr. 18159, f° 243 r°.

1146. — Arrêt enjoignant aux trésoriers de France à Paris de passer outre à la vérification des lettres patentes prescrivant une levée de 2,500 écus pour le payement de la garnison de Poissy.

Ms. fr. 18159, f° 243 v°.

1147. — Arrêt ordonnant à Mᵉ René Péan et à Guillaume Le Sueur de procéder à la liquidation des sommes dues par Mᵉ Macé Gaillard, ancien commis aux aides, sur la taxe des cabaretiers de Chinon.

Ms. fr. 18159, f° 243 v°.

1148. — Arrêt évoquant au Conseil d'État un différend entre Jacques Le Gay et François Le Polalier, au sujet de l'office de procureur du Roi en la prévôté et en l'élection de Senlis.

Ms. fr. 18159, f° 244 r°.

1149. — Arrêt autorisant la ville du Havre à lever une taxe sur les navires étrangers, pour subvenir aux travaux du port.

Ms. fr. 18159, f° 244 r°.

1150. — Arrêt confirmant au sieur de Laussade et à ses associés la ferme des subsides de Royan et des impositions des rivières de Garonne et Dordogne.

Ms. fr. 18159, f° 244 v°.

1151. — Arrêt ordonnant une coupe de bois en la forêt de Blois, pour le produit en être consacré à la restauration des châteaux de Blois et de Chambord.

Ms. fr. 18159, f° 245 r°.

1152. — Arrêt accordant une remise de tailles aux habitants de Trilbardou.

Ms. fr. 18159, f° 245 r°.

1153. — Arrêt rétablissant Michel Colas en l'office de receveur des tailles à Orléans, à charge de rembourser à Isaïe Goyer la finance par lui payée pour ledit office. (Cf. n° 1163.)

Ms. fr. 18159, f° 245 v°.

1154. — Arrêt statuant sur la requête présentée

par Mᵉ André Du Broca, fermier de la comptable de Bordeaux, pour obtenir un rabais sur sa ferme.

Ms. fr. 18159, f° 246 r°, et E 1ᵃ, f° 137 r°.

— — — — — —

1594, 21 juillet. — Paris.

1155. — Arrêt ordonnant que les sieurs Jean Prévost et de Boutincourt seront maintenus en un office de vendeur de marée à Rouen, si mieux n'aiment les autres vendeurs rembourser audit Prévost la finance par lui payée pour ledit office.

Ms. fr. 18159, f° 249 v°.

1156. — Arrêt ordonnant la vente de deux offices de sergent à verge au Châtelet, au profit de Mᵉ Nicolas Bragelone, conseiller au Parlement, à condition que celui-ci remboursera la finance payée par Jean Fresneau et François Froissart pour lesdits offices.

Ms. fr. 18159, f° 250 r°.

1157. — Arrêt accordant à Mᵉˢ Étienne Regnault, Pierre Le Charron, Jean Du Tremblay et Jérôme Garrault, trésoriers de l'Extraordinaire des guerres, les quatre charges de trésoriers des chevau-légers nouvellement créées.

Ms. fr. 18159, f° 250 v°.

1158. — Arrêt défendant au sieur Joubert et à tous autres « de n'expédier ou instrumenter aucune chose concernant la charge de grand aumosnier, sans le pouvoir exprès et commission dudit grand aumosnier.»

Ms. fr. 18159, f° 251 r°.

1159. — Arrêt allouant 200 écus aux président et trésoriers généraux de France à Tours, pour les frais occasionnés par les commissions extraordinaires à eux adressées par le Roi depuis trois mois.

Ms. fr. 18159, f° 251 r°.

1160. — Arrêt ordonnant à tous les officiers privilégiés du royaume de prendre des lettres de confirmation de leurs offices.

Ms. fr. 18159, f° 251 v°.

1161. — Arrêt renvoyant aux trésoriers de France

à Paris la requête en remise de tailles présentée par les habitants de Sens.

Ms. fr. 18159, f° 252 r°.

1162. — Arrêt ordonnant au parlement de Rouen de vérifier l'édit de création d'un office de second président en faveur de Mᵉ Jean Du Vivier.

Ms. fr. 18159, f° 252 r°.

1163. — Arrêt rétablissant Michel Colas en l'office de receveur des tailles à Orléans, à charge de rembourser à Isaïe Goyer la finance par lui payée pour ledit office, avec les frais et intérêts, évalués à 500 écus. (Cf. n° 1153.)

Ms. fr. 18159, f° 252 v°.

1164. — Arrêt accordant à Nicolas Bolenger, garde des engins, matériaux et marbres du château du Louvre, le payement de ce qui lui est dû pour ses gages, et une indemnité de 100 écus, pour la destruction de sa maison, démolie par les lansquenets.

Ms. fr. 18159, f° 253 r°.

1165. — Arrêt confirmant les lettres de commission données à Raoul Mogue par le sieur de Longueville, pour exercer la charge de lieutenant criminel de robe courte en Boulonnais, et de lieutenant du prévôt des maréchaux en Picardie, Boulonnais, Artois et Pays reconquis.

Ms. fr. 18159, f° 253 r°.

1166. — Arrêt ordonnant de rembourser à Noël Pasquée les sommes par lui payées pour sa réception en l'office d'élu en l'élection de Meaux, dont il a été dépossédé, en conséquence de la capitulation de cette ville.

Ms. fr. 18159, f° 253 r°.

<hr>

1594, 23 juillet. — Paris.

1167. — Arrêt supprimant l'office de greffier des tailles en la paroisse du Bouchet, à charge pour les habitants de rembourser le titulaire de cet office, et de commettre l'un d'entre eux pour faire les rôle et répartition des tailles.

Ms. fr. 18159, f° 253 v°.

1168. — Arrêt maintenant Rémi Le Cat et Michel

Symon ès offices de receveurs généraux et provinciaux des gabelles en la généralité de Champagne, et annulant les lettres de provision de semblable office accordées par le duc de Mayenne à Sébastien Mauroy.

Ms. fr. 18159, f° 253 v°.

1169. — Arrêt maintenant François Courtin en l'office de receveur des tailles à Beauvais, à charge de rembourser la finance payée par Jacques Néret pour ledit office.

Ms. fr. 18159, f° 254 r°.

1170. — Arrêt validant les comptes de Mᵉ Arthur Ygon, commis à la recette générale des traites foraines, des entrées de marchandises et du subside du vin en Normandie.

Ms. fr. 18159, f° 254 v°.

1171. — Arrêt assignant au Conseil demoiselle Marguerite Thomassin, pour être ouïe sur l'instance pendante entre elle et Jacques Viguier, au sujet de l'office de procureur du Roi au bailliage de Chaumont.

Ms. fr. 18159, f° 255 r°.

1172. — Arrêt confirmant Simon Brissart en l'office de contrôleur au grenier à sel de Montfort, nonobstant un arrêt de la Cour des aides rendu à la poursuite de Nicolas Compaignon. (Cf. n° 1092.)

Ms. fr. 18159, f° 255 r°.

1173. — Arrêt accordant remise de deux années de tailles aux habitants de Champlay, attendu qu'au mois de mars dernier, ledit bourg a été brûlé par le duc de Guise.

Ms. fr. 18159, f° 255 r°.

1174. — Arrêt ordonnant le payement de ce qui reste dû à Jean Clercelier sur les 42,000 écus à lui assignés par arrêt du 11 avril 1588.

Ms. fr. 18159, f° 255 v°.

1175. — Arrêt accordant à Mᵉ Antoine de Saint-Yon, lieutenant général des eaux et forêts au siège de la Table de marbre, remise de la taxe pour confirmation d'office à l'avènement du Roi.

Ms. fr. 18159, f° 255 v°.

1176. — Arrêt ordonnant le payement, sur les de-

niers provenant des ventes de bois du duché de Normandie, de 15,000 écus prêtés au Roi par le sieur
Goriny et de 20,000 écus destinés aux dépenses de
l'ordre du Saint-Esprit.

Ms. fr. 18159, f° 255 v°.

1177. — Arrêt ordonnant à M° Gabriel Huz, trésorier des États de Bretagne, de restituer à M° Nicolas
Fiot, trésorier et receveur général des finances en
Bretagne, une somme de 1,250 écus avancée par ce
dernier audit Huz, sur l'ordre du maréchal d'Aumont
et du sieur de Saint-Luc.

Ms. fr. 18159, f° 256 v°.

1178. — Arrêt interdisant aux rentiers et autres
particuliers assignés sur les recettes de la généralité
de Bretagne de poursuivre les receveurs généraux et
particuliers devant une autre juridiction que celle des
trésoriers de France et des généraux des finances
établis audit pays.

Ms. fr. 18159, f° 256 v°.

1179. — Arrêt faisant remise de deux années
de tailles aux habitants de Tracy[-le-Val], en considération de l'incendie de leurs maisons, brûlées par
le sieur de Cluzeaux, gouverneur de Noyon.

Ms. fr. 18159, f° 257 r°.

1180. — Arrêt interdisant aux particuliers de dé-
tourner pour leur usage les eaux des fontaines et ré-
servoirs de la ville de Paris, et ordonnant au maître
des œuvres de la ville de faire condamner tous les
robinets qui ont pu être établis pour conduire l'eau
dans les maisons particulières.

Ms. fr. 18159, f° 257 v°, et K 961, n° 64.

1181. — Arrêt donnant hypothèque au sieur Pinard, conseiller d'État, sur les fiefs d'Oulchy-le-Château, Neuilly-saint-Front, Igny-le-Jard, pour un prêt
de 30,000 écus par lui fait au Roi, en 1591.

Ms. fr. 18159, f° 257 v°.

1182. — Arrêt confirmant l'assignation donnée au
susdit Pinard par le feu Roi sur les impôts, billots,
prévôté de Nantes et autres grosses fermes de Bretagne.

Ms. fr. 18159, f° 258 r°.

1183. — Arrêt validant les dépenses, faites par le
maréchal de Joyeuse en Languedoc, dont les pièces
justificatives ne peuvent être représentées, par suite
du décès dudit maréchal et de M° Jacques Hodey,
commis du trésorier général de l'Extraordinaire des
guerres en Languedoc.

Ms. fr. 18159, f° 258 v°.

1184. — Arrêt déchargeant Denise Audrette de la
ferme « des impositions du pied rond et pied fourché
de la ville de Corbeil », ci-devant adjugée à son défunt mari le sieur Delas.

Ms. fr. 18159, f° 259 v°.

1185. — Arrêt réglant le payement des gages de
Pierre Du Guet, grènetier ancien et alternatif du
grenier à sel de Saint-Florentin.

Ms. fr. 18159, f° 259 v°.

1186. — Arrêt accordant à la veuve de Jacques
Folmais l'office de conseiller au parlement de Bretagne, ayant appartenu à son mari, pour en faire
pourvoir Jean Folmais, en faveur duquel ledit office
avait été résigné par le défunt.

Ms. fr. 18159, f° 259 v°.

1187. — Arrêt maintenant Adam Le Bœuf en
l'office de second président en l'élection de Saumur,
sauf remboursement de la finance payée, pour le
même office, par Lazare Cochon.

E 1°, f° 53 r°, et ms. fr. 18159, f° 260 r°.

————

1594, 30 juillet. — Paris.

1188. — Arrêt accordant aux habitants de Troyes
continuation pour trois ans du bail de l'ancien subside
de 5 sols par muid de vin entrant en ladite ville.

Ms. fr. 18159, f° 260 r°.

1189. — Arrêt ordonnant le payement de la pension due à Nicolas Guiot, maître des eaux et forêts
du duché d'Orléans.

Ms. fr. 18159, f° 260 v°.

1190. — Arrêt ordonnant le remboursement à
Pierre Aubert, sieur de Villeserin, de la finance par lui

payée pour un office de maître de garde en la forêt
d'Orléans, dont il a été débouté.

Ms. fr. 18159, f° 260 v°.

1191. — Arrêt ordonnant le remboursement à
Georges Péan, sergent royal à Langres, de la rançon
par lui payée aux ennemis, qui l'avaient fait prisonnier
dans l'exercice de sa charge.

Ms. fr. 18159, f° 261 r°.

1192. — Arrêt maintenant et confirmant la suppression d'un office de maître particulier alternatif
des eaux et forêts à Senlis.

Ms. fr. 18159, f° 261 r°.

1193. — Arrêt ordonnant aux officiers des Eaux et
forêts prétendant jouir du droit de chauffage, de
représenter la quittance de la composition par eux
payée pour obtenir ledit droit.

Ms. fr. 18159, f° 261 v°.

1194. — Arrêt renvoyant par-devant le sieur de
Frémiot, conseiller d'État, une instance pendante
entre Jean de Saint-Simon, baron de Courtomer, et
le sieur Du Rousset, baron de Mesdavy, pour, sur son
rapport, être fait droit auxdites parties.

Ms. fr. 18159, f° 262 r°.

1195. — Arrêt renvoyant par-devant le sieur de
Frémiot une instance pendante entre René de Fresnes,
sieur de La Gourdinière, le baron de Mesdavy et
Odet de Matignon, comte de Torigny.

Ms. fr. 18159, f° 262 r°.

1196. — Arrêt ordonnant le payement des blés et
vins, appartenant à Pierre Bosse, saisis par les commissaires des vivres, pour la nourriture des gens de
guerre pendant le siège de Corbeil.

Ms. fr. 18159, f° 262 v°.

1197. — Arrêt accordant une augmentation de
gages au prévôt des maréchaux au comté du Perche
et à son greffier, en même temps que cinq nouveaux
archers, pour l'aider à «nettoyer le pais de volleurs et
malvivans».

Ms. fr. 18159, f° 262 v°.

1198. — Arrêt accordant à M⁰ Guillaume-Guibert

Gibron un office de conseiller au présidial de Carcassonne, vacant par le décès de son oncle Jean Gibron,
tué par les ennemis à la surprise de ladite ville.

Ms. fr. 18159, f° 263 r°.

1199. — Arrêt ordonnant aux trésoriers de France
de faire jouir Henri de Laussade et ses associés, fermiers de l'impôt sur les rivières de Garonne et Dordogne, des lettres de surséance à eux accordées le
24 mai dernier.

Ms. fr. 18159, f° 263 r°.

1200. — Arrêt maintenant les impôts levés en la
ville de Rouen, nonobstant une requête des échevins
et habitants de ladite ville.

Ms. fr. 18159, f° 262 r°.

1201. — Arrêt accordant, pour cinq années, aux
échevins et habitants de Blois la ferme de l'ancien subside sur le vin entrant en ladite ville.

Ms. fr. 18159, f° 264 r°.

1202. — Arrêt annulant toutes les adjudications
d'aides dans les élections de Saintes et de Saint-Jean-
d'Angely, et ordonnant qu'il sera fait droit aux adjudicataires, après que le marquis de Pisani aura choisi,
comme premier en hypothèque, telle quantité de ces
aides qui suffira au remboursement des 36,000 écus
jadis prêtés par lui au feu Roi.

Ms. fr. 18159, f° 264 r°.

1203. — Arrêt accordant aux trésoriers ordinaires
des guerres en Languedoc une somme de 1,000 écus
par quartier, pour subvenir aux gages des commissaires et contrôleurs de la gendarmerie, et autres
frais extraordinaires.

Ms. fr. 18159, f° 265 r°.

1204. — Arrêt déchargeant les habitants de l'élection de Saint-Maixent d'une taxe de 1,200 écus, à
eux imposée en remplacement d'une fourniture de
chevaux, qui leur était réclamée, et que l'on a reconnu avoir été livrée à l'armée de Poitou.

Ms. fr. 18159, f° 265 v°.

1205. — Arrêt ordonnant le payement de 1,200
écus dus à Philippe Vincent, président en l'élection

d'Auxerre, sur le grenier à sel de ladite ville, en vertu d'une assignation du duc de Mayenne.

Ms. fr. 18159, f° 265 v°.

1594, 2 août. — Paris.

1206. — Arrêt ordonnant le payement des régiments de Glaris et des Grisons sur les deniers provenant de la vente et revente du domaine en la généralité de Poitou.

Ms. fr. 18159, f° 268 r°.

1207. — Arrêt renvoyant aux trésoriers de France à Paris une requête de Philippe de Libéré, garde des prisons du Châtelet, demandant remise de la somme par lui due pour la ferme du geôle dudit Châtelet, attendu qu'il n'a pu en jouir pendant les troubles.

Ms. fr. 18159, f° 268 r°.

1208. — Arrêt faisant remise à Jean Lavoine, fermier d'un moulin, en Boulonnais, de 75 écus sur le prix de sa ferme.

Ms. fr. 18159, f° 268 v°.

1209. — « Ont esté leues et ordonné estre enregistrées au registre du Conseil » les lettres patentes portant règlement des gages des gens du Parlement, du Grand Conseil, de la Chambre des comptes et de la Cour des aides.

Ms. fr. 18159, f° 268 v°. — Voir ces lettres au f° 276 r°.

1210. — Arrêt assignant au Conseil les parties nommées en la requête de Me Michel Le Bas, chanoine de Notre-Dame de Paris et prieur de Saint-Martin de Vertou.

Ms. fr. 18159, f° 268 v°.

1211. — Arrêt ordonnant au sieur Petit-Pied d'apporter au greffe du Conseil les originaux des procédures faites contre les sieurs Pinard, père et fils, à l'occasion de la reddition de Château-Thierry.

Ms. fr. 18159, f° 268 v°.

1212. — Arrêt accordant à la veuve de Pierre Barentin l'office de « commissaire à faire les monstres du

prévost des mareschaulx de Bloys », exercé par feu son mari.

Ms. fr. 18159, f° 268 bis r°.

1213. — Arrêt autorisant les vente et revente du domaine dans toutes les généralités du ressort du parlement de Paris, jusqu'à concurrence d'une somme de 78,000 écus en plus des 200,000 écus fixés par l'arrêt du mois de février 1594.

Ms. fr. 18159, f° 268 bis r°.

1214. — « Ont esté veues et respondues » les remontrances des habitants d'Abbeville.

Ms. fr. 18159, f° 268 bis r°.

1215. — « Ont esté veuz et responduz » les mémoires présentés par les maîtres des requêtes ordinaires de l'Hôtel.

Ms. fr. 18159, f° 268 bis r°.

1216. — Arrêt réglant le payement des gages des commis à la recette des marais salants et du droit de passeport à Brouage.

Ms. fr. 18159, f° 268 bis v°.

1217. — Arrêt déchargeant Jean Le Monnier d'une adjudication de bois en la forêt de Longboël.

Ms. fr. 18159, f° 268 bis v°.

1218. — Arrêt ordonnant le remboursement à Hervé Hue de la finance par lui payée, pour un office de vendeur de poisson frais, sec et salé, à Rouen, restitué à son ancien titulaire, aux termes de l'édit de réduction de ladite ville.

Ms. fr. 18159, f° 269 r°.

1219. — Arrêt réglant le remboursement des avances faites par le sieur de Bourdeaux, gouverneur de Vire, pour la réparation du château de ladite ville.

Ms. fr. 18159, f° 269 v°.

1220. — Arrêt fixant les gages des commis aux nouveaux offices de receveurs des gabelles en la généralité de Paris, en attendant qu'il soit pourvu à ces offices.

Ms. fr. 18159, f° 269 r°.

1221. — Arrêt ordonnant le payement de ce qui

reste dû au sieur de Gourgues, sur les sommes par lui avancées au feu Roi, pour l'armement des navires équipés en 1582.

Ms. fr. 18159, f° 269 v°.

1222. — Arrêt réglant le payement des gages de Jean de Vauhardy, grènetier du grenier à sel de Provins.

Ms. fr. 18159, f° 269 v°.

1223. — Arrêt réglant les gages de Mᵉ Émile Perrot, conseiller des eaux et forêts au siège de la Table de marbre.

Ms. fr. 18159, f° 269 v°.

1224. — Arrêt accordant à Mᵉ Pierre de La Fagerdie, président en l'élection du Bas-Limousin, le droit de résigner son office, moyennant le payement de 31 écus 2/3 aux parties casuelles.

Ms. fr. 18159, f° 270 r°.

1225. — Arrêt ordonnant qu'il sera envoyé aux gens de la cour des aides de Montferrand confirmation en corps, sans qu'ils aient pour ce à payer aucune taxe.

Ms. fr. 18159, f° 270 r°.

1226. — Arrêt réglant le payement des gages de Mᵉ Hélie Bigot, substitut du procureur du Roi au Grand Conseil.

Ms. fr. 18159, f° 270 r°.

1227. — Arrêt ordonnant le payement de ce qui est dû au sieur de Birague pour la solde de la compagnie du comte d'Auvergne, dont il est lieutenant.

Ms. fr. 18159, f° 270 r°.

1228. — Arrêt ordonnant la suppression de quatre offices de conseillers au présidial de Condom, créés en l'an 1586, à charge de remboursement desdits offices par les habitants du ressort.

Ms. fr. 18159, f° 270 v°.

1229. — Arrêt renvoyant aux trésoriers de France à Paris une requête en remise d'impôts présentée par les habitants de Paray-lès-Rungy.

Ms. fr. 18159, f° 270 v°.

1230. — Arrêt fixant les gages de Benoît de Gan, grènetier de Mireval.

Ms. fr. 18159, f° 271 r°.

1231. — Arrêt octroyant à Jean Moullon, fermier général de l'abbaye de Saint-Julien de Tours, une indemnité de 100 écus, pour l'occupation des logis de l'abbaye par le Parlement, la Cour des aides et autres juridictions.

Ms. fr. 18159, f° 271 r°.

1232. — Arrêt confirmant à Mᵉ Étienne Millet, conseiller au parlement de Bourgogne, la jouissance d'une rente sur le domaine royal, à lui appartenant à cause de la châtellenie de Rouvre.

Ms. fr. 18159, f° 271 r°.

1233. — Arrêt ordonnant aux trésoriers de France en Languedoc, Dauphiné et Provence de veiller à ce que le bail de François de Rocheblanc, fermier général des gabelles ès dites provinces, sorte son plein effet.

Ms. fr. 18159, f° 271 v°.

———

1594, 6 août. — Paris.

1234. — Arrêt augmentant la somme allouée aux argentiers des grande et petite Écuries du Roi, pour l'entretien des pages et la nourriture des chevaux.

Ms. fr. 18159, f° 271 v°.

1235. — Arrêt accordant aux habitants de Sennevières remise de ce qu'ils doivent sur leurs tailles des années 1592 et 1593.

Ms. fr. 18159, f° 271 v°.

1236. — Arrêt accordant à Michel Mingault provision d'un office de sergent en la prévôté d'Entre-deux-Mers.

Ms. fr. 18159, f° 272 r°.

1237. — Arrêt ordonnant la levée des droits de domaine forain, traite et imposition foraine aux Lannes.

Ms. fr. 18159, f° 272 r°.

1238. — Arrêt ordonnant d'imposer les habitants d'Angers, pour le remboursement des vivres et munitions fournis pour la place du Plessis-Bourreau.

Ms. fr. 18159, f° 272 v°.

1239. — Arrêt ordonnant d'expédier provision à Toussaint Parchappe des trois offices d'élus en l'élection d'Épernay, rétablis par édit du feu Roi.

Ms. fr. 18159, f° 273 r°.

1240. — Arrêt prolongeant de dix mois le délai pour faire vendre et adjuger l'office de receveur général du taillon à Paris, dont la survivance appartenait à Mᵉ Guillaume Adenot, tué pendant les troubles.

Ms. fr. 18159, f° 273 r°.

1241. — Arrêt renvoyant aux trésoriers de France à Orléans la requête des officiers du grenier à sel de Montargis et de la chambre à sel de Boiscommun, pour être payés de leurs gages et du droit de billet.

Ms. fr. 18159, f° 273 r°.

1242. — Arrêt renvoyant aux trésoriers de France à Rouen la requête des officiers du grenier à sel de Verneuil et des chambres de Laigle et Brezolles, pour être payés de leurs gages et du droit de billet.

Ms. fr. 18159, f° 273 r°.

1243. — Arrêt renvoyant aux trésoriers de France à Rouen la requête en remise d'impôt des paroisses de Saint-Étienne, Saint-Nicolas, Saint-Ouen et Ganzeville, au bourg de Fécamp.

Ms. fr. 18159, f° 273 v°.

1244. — Arrêt accordant aux habitants de Villeneuve-le-Roi remise des restes de leurs tailles des années 1589 à 1592.

Ms. fr. 18159, f° 273 v°.

1245. — Arrêt ordonnant à Philippe Gautier de rapporter au Conseil ses lettres de provision d'un office de sergent à cheval au Châtelet, dont a été également pourvu Sébastien Prunier, pour, les parties ouïes, être ordonné ce qu'il appartiendra.

Ms. fr. 18159, f° 274 r°.

1246. — Arrêt ordonnant l'exécution des lettres patentes obtenues par Jacques Le Vacher contre Mᵉ Hélie de Savare, commis à la recette des biens des rebelles.

Ms. fr. 18159, f° 274 r°.

1247. — Arrêt ordonnant au trésorier de l'Épargne de faire payer une somme de 99 écus due à la veuve de Jean Coulault, sommelier d'armes du Roi.

Ms. fr. 18159, f° 274 r°.

1248. — Arrêt accordant à Edme Jehan, clerc au greffe et receveur alternatif des épices du parlement de Paris, un droit de 3 sols par écu, jusqu'à remboursement de son office, ou vacance dudit office advenant par mort.

Ms. fr. 18159, f° 274 r°.

1249. — Arrêt renvoyant aux trésoriers de France à Paris une requête d'Isaac Lebert, élu en l'élection de Meaux, tendant à obtenir le remboursement des avances par lui faites pour fourniture de blé au magasin de ladite ville.

Ms. fr. 18159, f° 274 v°.

1250. — Arrêt renvoyant aux trésoriers de France à Paris un compte présenté par Jean Milly, commis au grenier de Meaux, pour les dépenses par lui faites audit grenier.

Ms. fr. 18159, f° 274 v°.

1251. — Arrêt accordant à Nicolas Le Sueur, sieur d'Osny, ancien notaire et secrétaire du Roi, de la maison et de la couronne de France, présentement l'un des Cinquante-quatre, les privilèges acquis aux secrétaires du Roi après vingt ans de services.

Ms. fr. 18159, f° 275 r°.

1252. — Arrêt réglant le payement à la veuve de Jérôme de Bragelongne, secrétaire du Roi, des arrérages dus à son défunt mari sur le domaine de Crépy.

Ms. fr. 18159, f° 275 r°.

1253. — Arrêt accordant compensation à Mᵉ François Fabry, commis à la recette des tailles du bas diocèse de Montauban, entre une somme dont Sa Majesté lui est redevable et une autre somme par lui reçue de Mᵉ Bertrand Rech, pour le fait de sa charge.

Ms. fr. 18159, f° 275 v°.

1254. — Arrêt relatif à un payement fait aux Suisses.

Ms. fr. 18159, f° 275 v°.

1594, 9 août. — Paris.

1255.—Arrêt accordant une augmentation de gages à M⁰ Thomas Depileur, contrôleur ancien de la Chancellerie de Paris, obligé, par arrêt du 24 mai 1594, à rembourser M⁰ Jean Pileur, contrôleur à Tours, dont l'état est supprimé.

Ms. fr. 18159, f° 277 r°.

1256. — Arrêt rétablissant, en faveur de Gilles Fleury, un des offices de la grande et petite charrue sur les quais de Rouen, en échange de celui dont il était pourvu, et qui est rendu au sieur Michel de Seyne.

Ms. fr. 18159, f° 277 v°.

1257. — Arrêt accordant au prévôt des maréchaux de Châteaudun quatre nouveaux archers pour la poursuite des malfaiteurs.

Ms. fr. 18159, f° 277 v°.

1258. — Arrêt ordonnant le remboursement aux héritiers de feu Louis-Gilbert Combaud d'un prêt par lui fait au Roi.

Ms. fr. 18159, f° 278 r°.

1259. — Arrêt statuant sur une requête des officiers de l'élection de la Haute-Marche pour obtenir décharge de diverses sommes.

Ms. fr. 18159, f° 278 r°.

1594, 11 août. — [Paris.]

1260. — Arrêt ordonnant le payement des vivres fournis à l'armée de Guyenne par Jean Bourdon, en 1587.

Ms. fr. 18159, f° 278 v°.

1261. — Arrêt établissant une taxe de 15 sols par muid de vin passant sous les ponts de Joigny, pour être employée aux réparations de ladite ville.

Ms. fr. 18159, f° 279 r°.

1262. — Arrêt réservant à la veuve de M⁰ Nicolas Rousset, grènetier au grenier à sel de Château-Thierry, l'office de son mari, pour y être pourvu à sa nomination.

Ms. fr. 18159, f° 279 r°.

1263. — Arrêt accordant à Philippe de Nevers, l'un des commis aux vivres de l'armée du Roi, décharge d'une somme de 512 écus à lui volée, près de Bonneval, par les gens de la Ligue.

Ms. fr. 18159, f° 279 r°.

1264. — « Ont esté veues et respondues » les remontrances des gens de la Cour des aides.

Ms. fr. 18159, f° 279 v°.

1265. — Arrêt établissant une taxe sur les greniers à sel de Champagne, pour le payement des gages arriérés des officiers des présidiaux et greniers à sel de ladite province.

Ms. fr. 18159, f° 279 v°.

1266. — Arrêt réglant les honoraires des huissiers chargés de faire sommation aux officiers et privilégiés de la ville de Paris qui n'ont pas encore payé la taxe pour confirmation d'office.

Ms. fr. 18159, f° 279 v°.

1267. — Arrêt ordonnant à tous les secrétaires du Roi, de la maison et de la couronne de France, pourvus par Sa Majesté ou par le duc de Mayenne, de produire leur provision, dans la quinzaine, par-devant les sieurs de Retz et de Pontcarré, conseillers d'État.

Ms. fr. 18159, f° 280 r°.

1268. — Arrêt accordant remise de quatre années de tailles aux habitants de Bessancourt.

Ms. fr. 18159, f° 280 r°.

1269. — Arrêt ordonnant au parlement de Rouen de procéder à la réception de Joseph Hochemberg, rétabli en son office de receveur des épices de ladite cour.

Ms. fr. 18159, f° 280 v°.

1270. — Arrêt ordonnant le payement des gages de Pierre Richer, trésorier des mortes-payes des provinces de Champagne et Brie.

Ms. fr. 18159, f° 280 v°.

1271. — Arrêt ordonnant que les 200 écus payés par M⁰ Adrien Danes et par M⁰ Vassault, pour un office de secrétaire du Roi, de la maison et de la couronne de France, seront tenus en consignation, ainsi que les bourses attribuées à cet office, jusqu'à ce qu'il ait été décidé auquel des deux il doit revenir.

Ms. fr. 18159, f° 280 v°.

1272. — Arrêt ordonnant que le sieur de Raigny recevra 2,000 écus sur le grenier à sel d'Auxerre, et 600 écus sur celui de Noyers, pour le payement de sa compagnie d'ordonnance et des garnisons de Noyers, Montréal, Châtel-Gérard et Thizy.

Ms. fr. 18159, f° 281 r°.

1273. — Arrêt autorisant Claude Dary, receveur des tailles en l'élection d'Épernay, à retenir sur les tailles de ladite élection une somme de 489 écus qu'il a été contraint de verser au receveur général, et dont remise a depuis été faite par le Roi.

Ms. fr. 18159, f° 281 r°.

1274. — Arrêt ordonnant à Simon Brissard et à Nicolas Compaignon de remettre aux sieurs de Pont-carré et d'Incarville toutes les pièces relatives à leur différend touchant la possession de l'office de contrô-leur du grenier à sel de Montfort-l'Amaury.

Ms. fr. 18159, f° 281 v°.

1275. — Arrêt accordant à Jean Fontaine, maître des ouvrages de charpenterie du Roi, une rente sur les maisons et boutiques du pont Saint-Michel, en payement des ouvrages de charpenterie par lui faits audit pont, et qui en ont empêché la ruine totale.

Ms. fr. 18159, f° 281 v°.

1276. — Arrêt renvoyant au parlement de Paris l'opposition formée par les huissiers de ladite cour contre la création de trois nouveaux offices d'huissiers.

Ms. fr. 18159, f° 282 r°.

1277. — Arrêt ordonnant que les appels formés, en la Cour des aides, contre les jugements des com-missaires chargés de prononcer la confiscation des marchandises introduites en fraude dans Paris, de-vront être vidés dans la quinzaine, faute de quoi les-dits jugements deviendront exécutoires.

Ms. fr. 18159, f° 282 r°.

1278. — Arrêt mandant au Conseil les échevins de la ville de Chartres, pour être ouïs sur la plainte contre eux portée par Jacques de La Guesle, conseiller d'État, à la suite des violences dont il fut l'objet en ladite ville, où il s'était rendu pour le service du Roi.

Ms. fr. 18159, f° 282 v°.

1279. — Arrêt réglant le remboursement des sommes avancées au Roi par Mes Julien Chaloppin et Nicolas Joubert, receveurs des tailles en l'élection de Tours.

Ms. fr. 18159, f° 283 r°.

1280. — Arrêt accordant à Me Paul Robichon, ci-devant receveur des aides à Tours, une somme de 200 écus, pour ses frais et loyaux coûts pendant l'exercice de ladite charge.

Ms. fr. 18159, f° 283 v°.

1281. — Arrêt ordonnant le remboursement à Jean Mains et à Simon de Domnot des sommes par eux payées aux parties casuelles, pour les offices de con-trôleur du grenier à sel de Joinville et de receveur du grenier de Château-Porcien, dont ils ont été dé-boutés.

Ms. fr. 18159, f° 283 v°.

1282. — Arrêt réglant le payement de 44 muids de vin pris par Me Charles Doret, commissaire des vivres à Melun, pour le magasin de ladite ville.

Ms. fr. 18159, f° 284 r°.

1283. — Arrêt modérant à 129 écus la taxe im-posée à Édouard Gousset, receveur des aides et tailles en l'élection de Château-Chinon, pour l'augmentation des gages des receveurs des tailles.

Ms. fr. 18159, f° 284 r°.

1284. — Arrêt cassant un arrêt de la cour des aides de Normandie rendu contrairement aux arrêts du Conseil des 12 juillet 1593 et 23 janvier 1594, relatifs à la rentrée des tailles; et mandant au Conseil les officiers de l'élection de Valognes, pour être ouïs sur diverses contraventions à ces arrêts.

Ms. fr. 18159, f°s 284 r° et 292 r° (à la date du 20 août).

1594, 13 août. — Paris.

1285. — « Remontrances très humbles que Jehan de La Forestie, trésorier de France au bureau de Limoges, et deputté d'icelluy, faict au Roy et à Mes-seigneurs de son Conseil, sur l'occurance des affaires de la généralité de Limoges...., » et réponses du Conseil auxdites remontrances.

Ms. fr. 18159, f° 284 v°.

1594, 18 août. — Paris.

1286. — Arrêt confirmant les lettres de provision d'un office de second président en l'élection de Langres, accordées au sieur Cenamy, nonobstant les lettres de provision dudit office obtenues par Didier Le Febvre.

Ms. fr. 18159, f° 288 v°.

1287. — Arrêt réglant à 3,000 écus l'indemnité due à André Du Broca, comptable de Bordeaux, pour les frais par lui faits dans l'instance sur le rabais de sa ferme.

Ms. fr. 18159, f° 289 r°.

1288. — Arrêt confirmant les provisions d'huissiers au parlement de Rouen accordées à Thomas Poupart, Pierre Le Rat, Mathurin Cusson et Hélie Poulain, sauf suppression desdits offices en cas de vacance. (Cf. n° 803.)

Ms. fr. 18159, f° 289 r°.

1289. — Arrêt accordant aux habitants de Pavilly remise de deux années de tailles, à cause de l'incendie de leur village.

Ms. fr. 18159, f° 289 r°.

1290. — Arrêt portant assignation d'une somme de 42,000 écus due à Jean Clercelier.

Ms. fr. 18159, f° 289 v°.

1594, 20 août. — [Paris.]

1291. — Arrêt réservant à M° Claude Bodin le premier office vacant de contrôleur général des guerres.

Ms. fr. 18159, f° 289 v°.

1292. — Arrêt ordonnant aux maîtres des requêtes ordinaires de l'Hôtel de recevoir le serment de Nicolas Du Cloz, premier huissier aux requêtes du palais.

Ms. fr. 18159, f° 290 r°.

1293. — « Ont esté veues » les remontrances présentées par le tiers état du bas pays d'Auvergne.

Ms. fr. 18159, f° 290 r°.

1294. — « Ont été veues » les remontrances des trésoriers de France à Limoges. (Cf. n° 1285.)

Ms. fr. 18159, f° 290 r°.

1295. — Arrêt autorisant la ville d'Amboise à percevoir une taxe de 6,000 écus sur le sel, pour la réparation du pont sur la Loire.

Ms. fr. 18159, f° 290 r°.

1296. — Avis du Conseil relatif au payement des sommes avancées par le sieur de La Hibière, gouverneur de Bayonne, pour le service du Roi.

Ms. fr. 18159, f° 290 v°.

1297. — Arrêt accordant aux habitants de Conty remise de quatre années de tailles.

Ms. fr. 18159, f° 290 v°.

1298. — Arrêt interprétant et confirmant l'arrêt rendu le 24 avril 1594 (n° 691) pour le payement des sommes dues au maréchal de La Châtre et à M°° Vincent Bouhier, Louis Habert, Pierre Le Charron.

Ms. fr. 18159, f° 291 r°.

1299. — Arrêt réglant à 2,000 écus le compte des sommes dues à François L'Aisné, garde des vivres au magasin de Brouage.

Ms. fr. 18159, f° 291 v°.

1300. — Arrêt inféodant à M° Pierre de Bompar diverses terres vaines et vagues en la sénéchaussée de Beaucaire.

Ms. fr. 18159, f° 292 r°.

1301. — Arrêt maintenant concurremment en un office de premier huissier en la cour des aides de Normandie Guillaume Le Roux et Jacques Baillard.

Ms. fr. 18159, f° 292 v°.

1302. — Arrêt semblable en faveur de David Le Roy et de Charles Clerot.

Ms. fr. 18159, f° 293 r°.

1303. — Arrêt ordonnant la recherche et la remise au grand aumônier de France de divers objets et ornements d'église appartenant au feu Roi, et qui ont été soustraits par des particuliers.

Ms. fr. 18159, f° 293 r°.

1304. — Arrêt confirmant les jugements d'expropriation prononcés par les commissaires députés pour l'accroissement des fortifications de Tours.

Ms. fr. 18159, f° 293 v°.

1305. — Arrêt enjoignant au parlement de Béziers de passer outre à la vérification de deux édits relatifs à la vente du domaine en Languedoc.

Ms. fr. 18159, f° 294 r°.

1306. — Arrêt ordonnant le remboursement au comte de Charny des sommes par lui avancées pour le payement des Suisses de l'armée de Guyenne.

Ms. fr. 18159, f° 294 v°.

1307. — Arrêt ordonnant que les officiers de l'élection de Bourges rembourseront, avant le 30 septembre prochain, la finance payée par les officiers de l'élection d'Issoudun, faute de quoi ladite élection, supprimée par arrêts des 15 décembre et 27 mai derniers, sera rétablie et maintenue.

Ms. fr. 18159, f° 295 r°.

1308. — Arrêt condamnant Mᵉ Christophe Bernard à payer au sieur de Sancy une somme de 1,200 écus, sauf recours contre le sieur Des Hameaulx, premier président de la cour des aides de Normandie.

Ms. fr. 18159, f° 295 v°.

1309. — Arrêt semblable en faveur des héritiers de feu Charles Noblesse, maître de la Chambre aux deniers.

Ms. fr. 18159, f° 295 v°.

1310. — Arrêt maintenant Mᵉ Adrien de Médine, conseiller-notaire et secrétaire du Roi, en l'office de maître des ports, havres, ponts et passages de la province de Normandie, sauf remboursement dudit office à Robert Le Febvre, qui en avait été pourvu par le duc de Mayenne.

Ms. fr. 18159, f° 295 v°.

1311. — Arrêt maintenant concurremment Jean de La Faye et Charles Pascal en un office de conseiller au parlement de Rouen et de commissaire aux requêtes du palais.

Ms. fr. 18159, f° 296 r°.

1312. — Arrêt maintenant Mᵉ Lucas Boulaye en l'office de procureur du Roi au bailliage de Rouen,

à charge de rembourser Mᵉ Jacques Bellet, précédemment pourvu du même office.

Ms. fr. 18159, f° 296 r°.

1313. — Arrêt maintenant concurremment Thomas Gentien et Jacques de La Chesnaye en un office de maître en la chambre des comptes de Normandie.

Ms. fr. 18159, f° 296 v°.

1314. — Arrêt limitant à deux années la levée des nouvelles taxes imposées sur la ville de Caen et la province de Normandie, pour subvenir à l'acquit des promesses faites pour la réduction des villes de la province.

Ms. fr. 18159, f° 296 v°.

1315. — Arrêt ordonnant d'expédier les lettres de provision d'un office de président en l'élection de Conches, nouvellement créé en faveur du sieur de La Chaise.

Ms. fr. 18159, f° 297 r°.

1316. — Remontrances présentées par les habitants de Saint-Sever, et réponses du Conseil :

1° Sur diverses impositions établies contrairement aux privilèges de la sénéchaussée des Landes ;

2° Sur l'état des rivières descendant au havre de Bayonne ;

3° Sur la destruction des bois de haute futaie ;

4° Sur la création d'un siège présidial à Saint-Sever ;

5° Sur l'élection d'un syndic et de conseillers pour la garde des privilèges de ladite ville, etc.

Ms. fr. 18159, f° 297 v°.

———

1594, 26 août. — [Paris.]

1317. — Arrêt réglant le rachat des rentes constituées, et ordonnant que lettres de jussion seront adressées au Parlement, pour être procédé à la vérification pure et simple de l'édit du 8 juillet dernier sur lesdites rentes.

Ms. fr. 18159, f° 297 r°.

1318. — Arrêt confirmant le bail fait par M Jacques Blanchard, trésorier de France à Orléans, de la ferme de l'impôt de 3 sols 9 deniers par minot de sel vendu aux greniers des généralités de Tours, Bourges et Orléans.

Ms. fr. 18159, f° 302 r°.

1319. — Arrêt réglant à 600 écus les sommes réclamées par Mᵉ Pierre Corbonnois, grènetier ancien et alternatif du grenier à sel de Dreux, pour ses gages pendant l'occupation de la ville par les rebelles.

Ms. fr. 18159, f° 302 r°.

1320. — Arrêt accordant à Sébastien Gaude, sous-fermier du nouveau subside de 5 sous par muid de vin levé dans la généralité de Paris, un rabais de 4,000 écus sur le prix de sa ferme.

Ms. fr. 18159, f° 302 v°.

1321. — Arrêt ordonnant que les habitants de Ferrières[-Gâtinais] seront contraints de payer les restes des tailles des années 1592 et 1593, avancés aux receveurs de Montargis par Mathurin Thibault et Pierre Jaderel.

Ms. fr. 18159, f° 303 r°.

1322. — Arrêt assignant sur la recette générale de Paris l'augmentation de gages accordée à Mᵉ Thomas Le Pilleur, secrétaire du Roi et contrôleur en la chancellerie de Paris.

Ms. fr. 18159, f° 303 r°.

1323. — Arrêt révoquant la provision d'un office d'huissier au parlement de Paris accordée à Philibert Jacquet, et ordonnant le remboursement de la finance par lui payée.

Ms. fr. 18159, f° 303 r°.

1324. — Arrêt ordonnant le remboursement de la finance payée par Mᵉ Guillaume Gault pour un office d'auditeur des comptes en Bretagne.

Ms. fr. 18159, f° 303 v°.

1325. — Arrêt accordant à Philippe Vaillant, fermier des traites et impositions foraines, drogueries et épiceries entrant et sortant par le port de Boulogne, rabais du quart de sa ferme pour la première année.

Ms. fr. 18159, f° 303 v°.

1326. — Arrêt réglant le payement des sommes

dues à Lucas Ravenel, capitaine ordinaire du charroi de l'artillerie.

Ms. fr. 18159, f° 304 v°.

1327. — Arrêt réglant le payement des sommes dues à Claude Gaucher, dit d'Anjou, l'un des capitaines des chevaux rouliers de l'artillerie.

Ms. fr. 18159, f° 304 r°.

1328. — Arrêt ordonnant aux gens des comptes à Rouen de faire jouir Robert Bequet et Charles Reguet, auditeurs, de l'assignation à eux donnée pour le payement de leurs gages.

Ms. fr. 18159, f° 304 r°.

1329. — Arrêt réglant le remboursement de 2,000 écus prêtés au Roi par les habitants de Sées.

Ms. fr. 18159, f° 304 r°.

1330. — Arrêt déchargeant Edmond Servient, receveur général des finances à Rouen, du recouvrement des deniers imposés pour le remboursement des étapes fournies aux compagnies des sieurs de Carouge et de Pierrecourt.

Ms. fr. 18159, f° 304 r°.

1331. — Arrêt autorisant les religieux de Saint-Vincent de Senlis à convertir en moulin à blé un moulin à draps nommé le moulin Choisel.

Ms. fr. 18159, f° 304 v°.

1332. — Arrêt maintenant au compte de Nicolas de Neufville, sieur de Villeroy, engagiste de la châtellenie de Corbeil, toutes les charges assignées sur ladite châtellenie jusqu'au 1ᵉʳ avril 1590.

Ms. fr. 18159, f° 304 v°.

1333. — Arrêt accordant aux habitants de Sèvres modération de leurs impôts.

Ms. fr. 18159, f° 305 r°.

1334. — Arrêt ordonnant le remboursement à Mᵉ Isaac Vachier de la finance par lui payée pour un office de conseiller au présidial de Riom, dont il n'a pu jouir.

Ms. fr. 18159, f° 305 r°.

1335. — Arrêt ordonnant le remboursement à Mᵉ Antoine Vachier de la finance par lui payée pour un office de contrôleur général des finances en Auvergne, dont il n'a pu jouir.

Ms. fr. 18159, f° 305 r°.

1336. — Arrêt réglant l'emploi des deniers provenant des gabelles de Bourgogne.

Ms. fr. 18159, f° 305 v°.

1337. — Arrêt ordonnant de lever, sur les habitants de Melun, une somme de 1,220 écus destinée à indemniser les propriétaires des maisons démolies pour l'agrandissement des fortifications.

Ms. fr. 18159, f° 306 r°.

1594, 27 août. — Paris.

1338. — Arrêt maintenant en la charge de notaires et secrétaires du Roi les sieurs Potier, Phélippeaux, Blondeau, Baignaulx, Le Nayn, de Bassault et Godart.

Ms. fr. 18159, f° 306 r°.

1339. — Arrêt maintenant Jean Hays en l'office de second avocat du Roi au siège de Pont-de-l'Arche, sauf suppression de l'office à la mort dudit Hays.

Ms. fr. 18159, f° 306 v°.

1340. — Arrêt maintenant concurremment Jacques Le Vert et Jean Le Loup en un office de sergent royal à Troyes.

Ms. fr. 18159, f° 307 r°.

1341. — Arrêt maintenant Étienne Regnault en un office de vendeur de marée aux halles de Paris.

Ms. fr. 18159, f° 307 v°.

1342. — Arrêt maintenant le sieur Mathieu d'Amyens en l'office de portier de la halle au blé de Paris, à charge par lui de rembourser Michel Guillemeau, pourvu du même office par le duc de Mayenne.

Ms. fr. 18159, f° 308 r°.

1343. — Arrêt maintenant concurremment les sieurs Pierre Guérin et Germain Huet en un office d'huissier-sergent ordinaire et commissaire des aides et tailles, décimes et magasins à sel en l'élection de Paris.

Ms. fr. 18159, f° 308 v°.

1344. — Arrêt ratifiant l'adjudication faite à Mᵉ Nicolas Choppin des greffes civil et criminel des bailliage et siège présidial d'Orléans.

Ms. fr. 18159, f° 308 v°.

1345. — Arrêt confirmant la résignation faite par Mᵉ Thibaud Des Portes à Mᵉ Abdenago de La Palme de l'office de contrôleur général de la marine du Ponant, réparations, fortifications et ravitaillement des villes, places et havres de la province de Normandie.

Ms. fr. 18159, f° 310 r°.

1346. — Arrêt adjugeant à Claude Hiérosme le greffe des eaux et forêts au siège de la Table de marbre, à charge de remboursement de la finance précédemment payée par Antoine Galland. (Cf. n° 1373.)

Ms. fr. 18159, f° 310 r°.

1347. — Arrêt maintenant Michel Boulenger en l'office de contrôleur des aides et tailles en l'élection de Pont-de-l'Arche, et déboutant Guillaume Bavée, pourvu dudit office par le duc de Mayenne.

Ms. fr. 18159, f° 310 v°.

1348. — Arrêt maintenant Pierre Bréart en l'office de receveur ancien et alternatif au grenier à sel de Sens, et déboutant Antoine Brice, pourvu dudit office par le duc de Mayenne.

Ms. fr. 18159, f° 310 v°.

1349. — Arrêt maintenant concurremment Raoul Gaudion et Claude Raye en un office de receveur des amendes en la Cour des aides.

Ms. fr. 18159, f° 311 r°.

1350. — Arrêt maintenant concurremment Joseph Le Roux et Noël Le Vert en une charge de clerc siégé en la grande ferme de la vicomté de l'Eau à Rouen.

Ms. fr. 18159, f° 311 r°.

1594, 29 août. — [Paris.]

1351. — Arrêt portant que les anciens officiers de la chambre des comptes de Bourgogne qui se sont conservés ou réduits en l'obéissance du Roi, exerceront désormais leurs charges, et ordonnant le payement des gages de M⁰ Martin Tisserand, commis à la recette générale des finances en Bourgogne et auditeur en ladite chambre des comptes.

Ms. fr. 18159, f° 311 v°.

1352. — Arrêt maintenant, pour une année, la levée de trois sols par feu établie en Poitou pour le payement des travaux de fortifications exécutés dans ladite province.

Ms. fr. 18159, f° 312 r°.

1353. — Arrêt évoquant au Conseil l'appel interjeté par Charles Quantin sur une sentence des commissaires députés pour juger les différends relatifs aux impositions établies à Paris.

Ms. fr. 18159, f° 312 v°.

1354. — Arrêt attribuant aux gens du Grand Conseil la recherche des crimes d'usure.

Ms. fr. 18159, f° 313 r°.

1355. — Arrêt condamnant le sieur Des Hameaux, premier président en la cour des aides de Normandie, à acquitter diverses assignations.

Ms. fr. 18159, f° 313 r°.

1356. — Arrêt confirmant la résignation faite par M⁰ Jacques de Boucquemare à M⁰ Vincent de Civilles de l'office de premier président aux requêtes du palais à Rouen.

Ms. fr. 18159, f° 313 v°.

1357. — Arrêt faisant remise à M⁰ Étienne Le Tonnelier de la finance par lui due pour son office de conseiller au Grand Conseil.

Ms. fr. 18159, f° 313 v°.

1358. — Arrêt accordant une remise de décimes à M⁰ Antoine Houdon, économe de l'abbaye de Mauléon.

Ms. fr. 18159, f° 314 r°.

1359. — Arrêt confirmant et interprétant l'édit du 8 juillet 1594 sur la réduction des arrérages des rentes, et ordonnant que lettres de jussion seront adressées au Parlement, pour en être faite la vérification pure et simple.

Ms. fr. 18159, f° 314 r°.

1360. — Arrêt décidant que l'office de clerc du greffe de la sénéchaussée de Bourbonnais, accordé à M⁰ Gilbert Charpy, représente les 800 écus à lui dus par le Roi pour frais de voyage, et qu'il n'en pourra être dépossédé que contre remboursement de ladite somme.

Ms. fr. 18159, f° 314 v°.

1594, 30 août. — Paris.

1361. — Réponses du Conseil aux remontrances présentées par les colonels des régiments suisses de Berne, de Glaris et des Grisons pour le payement de leurs régiments.

Ms. fr. 18159, f° 315 r°.

1594, août. — Paris.

1362. — Arrêt ordonnant au juge des traites à la Rochelle d'informer contre les marchands qui transportent des blés et vins sans acquitter les taxes.

E 1ᵃ, f° 55 r°.

1594, 3 septembre. — Paris.

1363. — Arrêt réglant le payement de la pension de 100 écus par mois accordée au baron de Rosny.

Ms. fr. 18159, f° 317 v°.

1364. — Arrêt ordonnant à M⁰ Jacques de Choisy, commis à la recette des deniers provenant de l'aliénation du domaine en Normandie, de payer au sieur de Souvré, lieutenant général en Touraine, les 20,000 écus assignés sur ladite recette, nonobstant l'arrêt à ce contraire rendu par la chambre des comptes de Normandie.

Ms. fr. 18159, f° 317 v°.

1365. — Arrêt ordonnant l'exécution d'un arrêt interlocutoire rendu, le 2 juin 1594, dans le procès pendant entre les sieurs de Gasc et Du Broca.

Ms. fr. 18159, f° 318 v°.

1366. — Arrêt faisant remise aux habitants d'Aubigny de moitié de la taxe imposée aux villes closes du Berry.

Ms. fr. 18159, f° 318 v°.

1367. — Arrêt prononçant la déchéance, pour cause de rébellion, de Mᵉ Des Portes, secrétaire des finances, et attribuant son office à Mᵉ Claude Guilloyre.

Ms. fr. 18159, f° 318 v°.

1368. — Arrêt accordant une indemnité de 600 écus aux fermiers de la terre de Saint-Aubin, pour cotrets et autres bois employés au siège de Joigny.

Ms. fr. 18159, f° 319 r°.

1369. — « Ont esté veues et respondues » les remontrances présentées par les habitants de Bar-sur-Seine.

Ms. fr. 18159, f° 319 r°.

1370. — Arrêt autorisant la saisie, jusqu'à concurrence de 200 écus, des gages des sieurs Du Plessis, de Thou, de Berny, Brulart, grands maîtres des Eaux et forêts de France, pour le payement du droit de confirmation de leurs charges.

Ms. fr. 18159, f° 319 v°.

1371. — Arrêt accordant aux habitants des paroisses de Gy et de Billy remise d'une année de tailles.

Ms. fr. 18159, f° 319 v°.

1372. — Arrêt confirmant à François Le Pelletier, sieur de La Pérouze, l'adjudication des greffes et sceaux aux contrats du bailliage de Graisivaudan en la ville de Grenoble.

Ms. fr. 18159, f° 319 v°.

1373. — Arrêt ordonnant que Claude Hiérosme, greffier des eaux et forêts au siège de la Table de marbre, remboursera la finance payée par Antoine Galland au prorata de la valeur du greffe. (Cf. n° 1346.)

Ms. fr. 18159, f° 320 r°.

1374. — Arrêt ordonnant de surseoir, jusqu'après audition des parties au Conseil, aux poursuites intentées contre Michel Baschelier, ex-receveur des deniers communs de la ville de Chartres, à l'occasion de l'emprunt fait en janvier 1592.

Ms. fr. 18159, f° 320 r°.

1375. — Arrêt ordonnant le remboursement des avances faites par Étienne Gaultier, sieur de Bristeau, pour la solde de la garnison du château de l'Isle-Bouchard, dont il était commandant.

Ms. fr. 18159, f° 320 r°.

———

1594, 10 septembre. — [Paris].

1376. — Arrêt prélevant, pour la solde de la garnison de Joigny, une partie de la taxe sur le vin destinée à la réparation des ponts de ladite ville.

Ms. fr. 18159, f° 320 v°.

1377. — Arrêt réglant le payement de 8,000 écus dus au sieur Du Pesché, gouverneur de Château-Thierry.

Ms. fr. 18159, f° 321 r°.

1378. — Arrêt confirmant un traité conclu pour l'approvisionnement des greniers à sel de Bourgogne, et ordonnant la restitution de sommes injustement perçues sur les associés de feu Noël de Hère.

Ms. fr. 18159, f° 321 v°.

1379. — Arrêt déchargeant Mᵉ Louis Du Boys, receveur des tailles à Vendôme, des deniers par lui envoyés au sieur Cottereau, trésorier de France à Tours, et saisis par les Ligueurs.

Ms. fr. 18159, f° 322 v°.

1380. — Arrêt établissant une taxe sur les greniers à sel de Fère-en-Tardenois et de Marle, pour le payement des gages dus aux officiers de ces greniers.

Ms. fr. 18159, f° 323 r°.

1381. — Arrêt établissant une taxe sur les greniers à sel d'Auxerre, Cosne et Vézelay, pour le payement des gages dus aux officiers du présidial d'Auxerre.

Ms. fr. 18159, f° 323 r°.

1382. — Arrêt décidant qu'il sera expédié, en faveur de Mᵉ Hugues Genton, lettres de déclaration particulières pour l'exercice d'un office de conseiller au Châtelet.

Ms. fr. 18159, f° 323 r°.

1383. — Arrêt fixant l'indemnité due à Mᵉ Jean Pileur, contrôleur ordinaire des guerres, pour le blé à lui pris par le sieur de Laverdin, commandant de Saint-Denis.

Ms. fr. 18159, f° 323 r°.

1384. — Arrêt confirmant les assignations données, pour un achat de chevaux, à Jacques Borel et Claude Gaucher, dit d'Anjou, capitaines ordinaires du charroi de l'artillerie.

Ms. fr. 18159, f° 323 v°.

1385. — Arrêt réglant le payement des gages de Guy Artaud, grènetier du grenier à sel de Château-Gontier.

Ms. fr. 18159, f° 323 v°.

1386. — Arrêt fixant à 6,000 écus l'indemnité due à messire Henri d'Escoubleau, évêque de Maillezais, pour les vivres à lui pris par ordre du sieur de Malicorne, gouverneur du Poitou, et destinés à l'entretien de la garnison de Marans.

Ms. fr. 18159, f° 323 v°.

1387. — Arrêt fixant à 1,500 écus la somme due à Auguste Prévost, pour le remboursement de l'office de receveur des présidiaux de Bretagne, dont il n'a pu jouir.

Ms. fr. 18159, f° 324 r°.

1388. — Arrêt réglant le payement d'une rente due au sieur de Lesdiguières sur les greniers à sel de Languedoc et autres fermes de Dauphiné, Provence et Lyonnais.

Ms. fr. 18159, f° 324 v°.

1389. — Arrêt cassant l'élection du président de Nully et de Me Michel Marteau en l'état de conseiller de ville à Paris, vacant par la mort de Me Jérôme de Bragelongne, et attribuant cet office à Me Martin de Bragelongne, en faveur de qui le défunt l'avait résigné.

Ms. fr. 18159, f° 326 r°.

1390. — Arrêt réglant le remboursement de la dépense faite par le sieur de Courans pour la reprise du château du Plessis-Bourreau.

Ms. fr. 18159, f° 326 r°.

1391. — Arrêt réduisant do 450 écus le bail d'Arnault de Cardon, fermier du greffe de la sénéchaussée des Landes au siège de Saint-Sever.

Ms. fr. 18159, f° 326 v°.

1392. — Arrêt confirmant un autre arrêt du

20 août 1594 (n° 1310), et ordonnant la réception de Me Jean de La Faye en l'office de conseiller au parlement de Rouen et de commissaire aux enquêtes du palais.

Ms. fr. 18159, f° 327 r°.

1393. — Arrêt accordant un délai de deux ans à Nicolas Peyson pour couper les bois par lui achetés au bailliage de la Montagne en Bourgogne.

Ms. fr. 18159, f° 327 r°.

1394. — Arrêt accordant aux huissiers de la Cour des aides une augmentation de 10 livres de gages.

Ms. fr. 18159, f° 327 r°.

1395. — Arrêt accordant à Me Antoine Bernard, contrôleur général des finances en Picardie, la moitié des gages attribués à l'office de contrôleur des nouveaux impôts établis sur les marchandises entrant ès villes rebelles, attendu qu'il a exercé ledit office depuis l'année dernière.

Ms. fr. 18159, f° 327 r°.

1396. — Arrêt déclarant que les adjudicataires des greniers à sel n'auront point à payer les gages des officiers des greniers qui n'ont pu être approvisionnés pendant les troubles.

Ms. fr. 18159, f° 327 v°.

1397. — Arrêt maintenant concurremment en un office de trésorier de France à Rouen Mes Abdenago de la Palme et Richard Grisel.

Ms. fr. 18159, f° 328 r°.

1398. — Arrêt maintenant concurremment en un office d'auditeur en la chambre des comptes de Rouen Mes Étienne de La Fondz et Jacques Boissel.

Ms. fr. 18159, f° 328 v°.

1594, 13 septembre. — Paris.

1399. — Arrêt accordant aux habitants de Laon remise de l'arriéré de leurs tailles, à condition qu'ils contribueront à la réparation de leurs fortifications.

E 1*, f° 56 r°, et ms. fr. 18159, f° 329 r°.

1400. — Arrêt accordant à Jacques Le Barbot,

fermier des droits perçus à Taillebourg et à Tonnay-Charente, un rabais sur le prix de son bail.

E 1ᵉ, fᵒ 56 rᵒ, et ms. fr. 18159, fᵒ 329 rᵒ.

1401. — Arrêt réglant le payement de la solde du sieur de Chanlivault, gouverneur d'Auxerre, et de sa compagnie.

E 1ᵉ, fᵒ 56 vᵒ, et ms. fr. 18159, fᵒ 329 vᵒ.

1402. — Arrêt enjoignant aux gens du Grand Conseil de recevoir en qualité de conseiller Mᵉ Antoine Payot.

E 1ᵉ, fᵒ 57 rᵒ, et ms. fr. 18159, fᵒ 329 vᵒ.

1403. — Arrêt réglant le remboursement des places de clercs au présidial de Poitiers acquises par maître Jean de La Fosse, greffier audit siège.

E 1ᵉ, fᵒ 57 rᵒ, et ms. fr. 18159, fᵒ 330 rᵒ.

1404. — Arrêt donnant commission à l'archevêque de Bourges pour juger le procès pendant entre Vincent Marchand et François de La Neuville, abbé de Grandmont, au sujet de la place de principal au collège Mignon, à Paris.

E 1ᵉ, fᵒ 57 vᵒ, et ms. fr. 18159, fᵒ 330 rᵒ.

1405. — Arrêt permettant aux habitants de Senlis de réserver, pour l'entretien de leurs fortifications, un tiers de l'impôt levé sur le vin entrant en ladite ville.

E 1ᵉ, fᵒ 57 vᵒ, et ms. fr. 18159, fᵒ 330 rᵒ.

1406. — Arrêt fixant au 1ᵉʳ janvier 1595 le commencement du bail de Jacques Michellet et de Barthélemy Lautrade, fermiers des traite foraine, rêve et haut passage dans les sénéchaussées de Toulouse et de Carcassonne.

E 1ᵉ, fᵒ 57 vᵒ, et ms. fr. 18159, fᵒ 330 vᵒ.

1407. — Arrêt rejetant une demande en remise d'impôts présentée par les habitants de Bar-sur-Seine.

E 1ᵉ, fᵒ 58 rᵒ, et ms. fr. 18159, fᵒ 330 vᵒ.

1408. — Arrêt imposant sur les élections de Châlons, de Vitry, de Reims et d'Épernay une somme de 10,000 écus, destinée à indemniser les habitants de Châlons des frais par eux supportés pour la défense du pays.

E 1ᵉ, fᵒ 58 rᵒ, et ms. fr. 18159, fᵒ 330 vᵒ.

1409. — Arrêt mandant au Conseil le sieur Gaignot, capitaine de quartier, coupable d'avoir chassé d'Orléans Mᵉ Gilles Le Beau, élu en l'élection de ladite ville.

E 1ᵉ, fᵒ 58 vᵒ, et ms. fr. 18159, fᵒ 331 rᵒ.

1410. — Arrêt assignant au Conseil Mᵉ Hervé Guymont, prévôt des maréchaux en l'élection d'Orléans.

E 1ᵉ, fᵒ 58 vᵒ, et ms. fr. 18159, fᵒ 331 rᵒ.

1411. — Arrêt assignant au Conseil Jean de La Fosse et la veuve Mâçon, pour être ouïs sur leur différend.

E 1ᵉ, fᵒ 59 rᵒ, et ms. fr. 18159, fᵒ 331 rᵒ.

1412. — Arrêt accordant aux habitants de Marcilly-sur-Seine une remise de trois années de tailles.

E 1ᵉ, fᵒ 59 rᵒ, et ms. fr. 18159, fᵒ 331 vᵒ.

1594, 17 septembre. — Paris.

1413. — Arrêt accordant aux religieuses franciscaines d'Abbeville 25 barils de beurre à prendre, pendant six ans, sur les fermiers des bières en ladite ville.

Ms. fr. 18159, fᵒ 331 vᵒ.

1414. — Arrêt rétablissant l'ancien subside de 2 écus par tonneau de vin levé à Royan.

Ms. fr. 18159, fᵒ 332 rᵒ.

1415. — Arrêt révoquant la remise de 10,000 écus, sur la taxe pour l'entretien des garnisons, accordée aux habitants du haut pays d'Auvergne par arrêt du [25 juin] 1594 (nᵒ 1023).

Ms. fr. 18159, fᵒ 332 vᵒ.

1416. — Arrêt accordant une augmentation de gages à Itier Guenon, receveur ordinaire du domaine de Saintonge.

Ms. fr. 18159, fᵒ 333 rᵒ.

1417. — Arrêt réglant le payement des sommes dues au sieur de Fournier, capitaine d'une compagnie de chevau-légers en garnison à Dieppe.

Ms. fr. 18159, fᵒ 333 rᵒ.

1418. — Arrêt réglant le payement des sommes

dues au sieur de La Trémoille pour sa compagnie de chevau-légers en garnison à Thouars.

Ms. fr. 18159, f° 333 r°.

1419. — Arrêt ordonnant que, si les contrôleurs de l'audience de la chancellerie de Paris ne satisfont, dedans huitaine, à l'arrêt du 16 juillet dernier (n° 1128), M° Christophe Gault sera réintégré dans son office de contrôleur de la Chancellerie.

Ms. fr. 18159, f° 333 v°.

1420. — Arrêt réglant le montant de l'indemnité due aux héritiers de feu messire Tristan de Bizet, évêque de Saintes, pour les deniers à lui pris par commandement du feu Roi.

Ms. fr. 18159, f° 333 v°.

1421. — Arrêt accordant le titre de sculpteur du Roi à Barthélemy Prieur et à Pierre Biart, et réservant audit Prieur, comme au plus expérimenté, la jouissance de la maison affectée audit office.

Ms. fr. 18159, f° 334 r°.

1422. — Arrêt réglant le payement des restes dus au Roi par les bénéficiers du pays de Saintonge.

Ms. fr. 18159, f° 334 r°.

1423. — Arrêt confirmant les lettres patentes du 21 mai 1592, qui accordaient au sieur de Manteville, premier président de la chambre des comptes de Normandie, le remboursement d'une somme de 9,000 écus.

Ms. fr. 18159, f° 334 v°.

1424. — Arrêt cassant un arrêt de la Cour des aides qui exemptait les habitants de Faremoutiers de la levée d'impôts ordonnée pour les fortifications de Melun.

Ms. fr. 18159, f° 335 r°.

1425. — Arrêt accordant aux habitants de Vendôme une remise de 3,000 écus sur les tailles, à raison du sac de leur ville.

Ms. fr. 18159, f° 335 r°.

1426. — Arrêt évoquant au Conseil le différend survenu entre les adjudicataires des greniers à sel et certains charretiers employés par eux, dont les che-

vaux furent pris par le maréchal de Biron pour le service de l'artillerie.

Ms. fr. 18159, f° 335 v°.

1427. — Arrêt ordonnant que les sommes portées sur les états dressés par la Chambre des comptes « des débets de quittances, souffrances et autres charges estans au chappitre des rentes constituées », depuis l'année 1560 jusqu'en 1594, seront versées ès mains de M° Isaac Le Tanneur par les comptables dénommés auxdits états, ou par leurs héritiers ou cautions, dans les délais fixés par la Chambre des comptes.

Ms. fr. 18159, f° 336 r°.

1428. — Arrêt renvoyant au sénéchal d'Auvergne la requête d'Antoine Forget, sieur d'Idoigne, receveur des consignations en la sénéchaussée d'Auvergne, pour obtenir décharge des deniers à lui confiés par divers particuliers et déposés au couvent de Marsac, où ils ont été pris par les gens de guerre du comte d'Auvergne.

Ms. fr. 18159, f° 337 r°.

1429. — Arrêt déchargeant la ville de Beauvais de l'impôt de 12 deniers par livre sur les draps.

Ms. fr. 18159, f° 337 r°.

1430. — Arrêt accordant aux habitants de Charenton, de Saint-Maurice, des Carrières et de Charenton-le-Pont modération de l'arriéré de leurs tailles et remise de deux années à venir.

Ms. fr. 18159, f° 337 r°.

1431. — Avis du Conseil fixant à 300 écus l'indemnité due à Jean Thion, collecteur au bureau des finances de Moulins, pour les pertes par lui souffertes au service du Roi.

Ms. fr. 18159, f° 337 v°.

1432. — Arrêt accordant à M° Étienne Boullenger, aumônier du Roi, prieur de Sainte-Catherine du Val-des-Écoliers, remise des décimes dues par ledit prieuré.

Ms. fr. 18159, f° 337 v°.

1433. — Arrêt réglant le remboursement des avances faites au Roi par le duc de Nevers.

Ms. fr. 18159, f° 338 r°.

(Le même arrêt se retrouve à la date du 27 septembre, E 1ᵃ, f° 60 r°.)

1434. — Arrêt ordonnant que les marguilliers, procureurs-syndics et principaux habitants des élections de Sens et Joigny (la ville de Joigny exceptée) seront contraints, dedans huitaine après commandement, au payement des sommes dues au Roi par lesdites élections pour les tailles et crues des années 1589 à 1593.

Ms. fr. 18159, f° 338 v°.

1435. — Arrêt ordonnant le maintien de Jean Dubiez en l'office de receveur ancien et alternatif des aides et tailles en l'élection de Rozoy-en-Brie, à condition qu'il remboursera Robert Millot, précédemment pourvu du même office.

Ms. fr. 18159, f° 339 r°.

(Le même arrêt est répété à la date du 1er octobre. Voir ci-dessous n° 1475.)

1436. — Arrêt réglant le payement de 174 cordes de bois prises à Georges Coursel par le sieur d'Alègre, gouverneur de Gisors.

Ms. fr. 18159, f° 339 r°.

1437. — Arrêt révoquant la confiscation de biens prononcée contre Jérôme Le Roy et Martin Touzain, et réglant le remboursement d'une somme de 77,471 écus 51 sols 4 deniers, à eux due par le Roi, à charge par eux de payer leurs créanciers dans le délai d'un an.

Ms. fr. 18159, f° 339 v°.

1438. — Arrêt confirmant la réunion des paroisses dépendant de la baronnie de Châteauneuf-en-Thymerais à l'élection de Dreux.

Ms. fr. 18159, f° 340 v°.

1594, 20 septembre. — [Paris.]

1439. — Arrêt fixant à 2,000 écus l'indemnité due à Catherine Millet, veuve de Guillaume Lormier, pour la démolition de quatre moulins, ordonnée par le Roi pendant le siège de Saint-Denis.

Ms. fr. 18159, f° 341 r°.

1440. — Arrêt ordonnant que les habitants de Vignory relèveront, pour le payement des tailles, de l'élection de Chaumont.

Ms. fr. 18159, f° 341 v°.

1441. — Avis du Conseil fixant à 200 écus l'indemnité réclamée par Madeleine Joly, veuve de Robert Guygnard, pour la démolition de sa maison, ordonnée afin d'agrandir les fortifications de Dreux.

Ms. fr. 18159, f° 342 r°.

1442. — Arrêt confirmant celui du 14 février dernier (n° 467), relatif au payement de la garnison du château de Valençay.

Ms. fr. 18159, f° 342 r°.

1443. — Arrêt ordonnant que les sommes avancées par Gabriel Pietrequin, receveur des décimes au diocèse de Langres, pour divers bénéficiers qui refusaient de payer leurs taxes, lui seront remboursées avec les intérêts par lesdits bénéficiers.

Ms. fr. 18159, f° 342 v°.

1444. — Arrêt mandant au Conseil le sieur de Sourdis et le trésorier des Parties casuelles, pour être ouïs sur une requête des syndics du clergé de Chartres.

Ms. fr. 18159, f° 343 r°.

1445. — Arrêt maintenant Antoine de Cormont, sieur de Villeneuve, en l'office de maître particulier des eaux et forêts au bailliage de Sézanne.

Ms. fr. 18159, f° 343 r°.

1446. — Arrêt autorisant le sieur Barbot, fermier des droits établis à Taillebourg et à Tonnay-Charente, à retenir sur ses fermages une somme de 1,774 écus 11 sols 4 deniers tournois, pour dommages-intérêts à lui dus.

Ms. fr. 18159, f° 343 r°.

1447. — Arrêt donnant défaut au procureur de l'Hôtel contre Jean Le Gros, procureur-syndic des États de Bourgogne, et ordonnant la prise de corps dudit Le Gros et sa comparution par-devant le Conseil, « pour respondre sur certains faictz et parolles scandalleuses ».

Ms. fr. 18159, f° 344 r°.

1594, 22 septembre. — Paris.

1448. — Arrêt ordonnant que tous les officiers originaires et non originaires du parlement de Rennes jouiront, en dehors du ressort de ladite cour, de tous les privilèges accordés aux officiers des autres parlements du royaume.

Ms. fr. 18159, f° 344 v°.

1449. — Arrêt ordonnant de dresser état des deniers provenant des taxes du ban et de l'arrière-ban, et défendant au trésorier de l'Épargne de donner aucune assignation sur ces fonds, avant que ledit état ait été vu au Conseil.

Ms. fr. 18159, f° 345 r°.

1450. — Arrêt ordonnant aux gens du parlement de Provence de faire payer complant à Pierre Tergus une somme de 6,000 écus, en déduction de ce qui lui est dû, pour fournitures de bouche faites au grand prieur de France, gouverneur de Provence.

Ms. fr. 18159, f° 345 v°.

1451. — Arrêt ordonnant que Jean Holle, pourvu d'un office de secrétaire du Roi, maison et couronne de France, du collège ancien des Six-Vingts, sera immatriculé nonobstant l'opposition dudit collège.

Ms. fr. 18159, f° 346 r°.

1452. — Arrêt ordonnant le payement des gages de Menault Joyeulx, lieutenant général du prévôt des bandes et de l'infanterie française, de son greffier et des dix archers de sa suite.

Ms. fr. 18159, f° 346 r°.

1453. — Arrêt renvoyant au Parlement un différend pendant entre François Le Vayer, lieutenant général en la sénéchaussée du Maine, et Jean Le Pelletier (alias Le Pilleur), président au présidial du Maine.

Ms. fr. 18159, f° 346 v°.

1454. — Arrêt ordonnant que l'abbé de Belle-Branche sera déchargé des décimes par lui dues pour ladite abbaye, dont il n'a pu toucher les fruits, et que ces décimes seront payées par ceux qui ont joui desdits revenus.

Ms. fr. 18159, f° 346 v°.

1594, 24 septembre. — [Paris.]

1455. — Arrêt réservant à Hugues Gindon, pourvu

d'un office de conseiller au Châtelet dont le Roi avait précédemment disposé, le premier office de même valeur qui viendra à vaquer.

Ms. fr. 18159, f° 347 r°.

1456. — Arrêt renvoyant au prévôt des maréchaux de Châteauneuf [-en-Thymerais] l'instruction et jugement du procès criminel intenté au nommé Le Boulay, pour cause d'homicides.

Ms. fr. 18159, f° 347 r°.

1457. — Arrêt renvoyant aux commissaires tenant la Chambre du domaine la requête présentée par René Lasseray, commis à la recette des tailles en l'élection de Poitiers, pour obtenir payement de la somme à lui restée due après reddition de ses comptes.

Ms. fr. 18159, f° 347 v°.

1458. — Arrêt réservant aux héritiers de Gilles Gobelin, contrôleur alternatif du grenier à sel de Lagny, tué par les Espagnols au sac de cette ville, l'office dudit défunt, pour y être pourvu à leur nomination.

Ms. fr. 18159, f° 347 v°.

1459. — Arrêt maintenant concurremment Jean Le Noir et Tanneguy Bazire en un office d'avocat général en la chambre des comptes de Rouen.

Ms. fr. 18159, f° 348 r°.

1460. — Arrêt renvoyant à la cour des aides de Rouen le procès pendant entre les fermiers du subside de 5 sols par muid de vin et leurs sous-fermiers en l'élection de Gisors.

Ms. fr. 18159, f° 348 r°.

1461. — Arrêt assignant au Conseil Charles de Guierville, et autres dénommés en une requête du sieur de Saint-Denys, pour être ouïs sur les fins de ladite requête.

Ms. fr. 18159, f° 348 r°.

1462. — Arrêt confirmant Me Bernard Potier en un office de notaire et secrétaire du Roi, déboutant dudit office Me Claude Le Tonnelier, pourvu par le duc de Mayenne, et accordant audit Le Tonnelier la survivance d'un office de conseiller au Grand Conseil.

Ms. fr. 18159, f° 348 v°.

1463. — Arrêt maintenant concurremment Mᵉˢ Jean Bimache et Guillaume Enfrie en un office de conseiller au parlement de Rouen.

Ms. fr. 18159, f° 349 r°.

1464. — Arrêt maintenant François Galloys en un office de boutilleur et priseur de vins en la ville de Rouen, et ordonnant le remboursement de la finance payée par Jacques Sorin, pourvu du même office.

Ms. fr. 18159, f° 349 r°.

1465. — Arrêt réglant le payement de la rente due au sieur Du Pesché sur le domaine et les tailles de Château-Thierry.

Ms. fr. 18159, f° 349 v°.

1466. — Arrêt réservant à la veuve et aux enfants de Philippe Boulenger, grènetier ancien au grenier à sel de Lagny, tué, en 1590, par les Espagnols, après la prise de ladite ville, ledit office de grènetier, pour y être pourvu à leur nomination.

Ms. fr. 18159, f° 349 v°.

1467. — Arrêt déchargeant Mᵉˢ Robert Rousset et Jean Aubin, receveurs du domaine à Pont-Authou et Pont-Audemer, de diverses sommes à eux volées lors de la prise de Pont-Audemer.

Ms. fr. 18159, f° 350 r°.

1468. — Arrêt accordant une indemnité de 300 écus au sieur de La Moussaye, capitaine d'une compagnie d'arquebusiers à cheval, pour la perte du bois et des chevaux à lui pris par l'ennemi en la forêt de Lyons.

Ms. fr. 18159, f° 350 v°.

1469. — Arrêt accordant à Antoine Fabre, fermier du domaine de la châtellenie de Lorris, remise d'une partie de sa ferme.

Ms. fr. 18159, f° 350 v°.

1470. — Arrêt confirmant les privilèges des habitants de Cléry et de Saint-André, et fixant le maximum des sommes auxquelles ils pourront être taxés.

Ms. fr. 18159, f° 351 r°.

1471. — Arrêt accordant au sieur Du Rousseau, prévôt des maréchaux en Anjou, douze archers supplémentaires et une augmentation de gages pour lui et pour ses lieutenants.

Ms. fr. 18159, f° 351 r°.

1472. — Arrêt réglant le remboursement des sommes mises par les bénéficiers du diocèse de Langres ès mains de Gabriel Pietrequin, pour être employées à la suppression des offices de receveur alternatif et de contrôleurs des décimes audit diocèse, sommes que le Roi « auroit faict prendre en la nécessité de ses affaires ».

Ms. fr. 18159, f° 351 v°.

———

1594, 30 septembre. — Paris.

1473. — Arrêt déchargeant les trente-quatre jurés vendeurs et contrôleurs de vins en la ville de Paris de toute taxe pour confirmation d'offices.

KK 1013, f° 236 r°.

———

1594, 1ᵉʳ octobre. — Paris.

1474. — « Estat des partyes et assignations que le Roy entend estre payées aux personnes cy après nommées, par Mᵉ Charles Le Charron, conseiller de Sa Majesté et receveur général de ses finances en Champaigne, sur les deniers restans à recouvrer en ladicte province tant de l'année dernière M Vᶜ IIIIˣˣ xiii que des présédentes. »

Ms. fr. 18159, f° 053 r°.

1475. — Arrêt ordonnant le maintien de Jean Dubiez en l'office de receveur ancien et alternatif des aides et tailles en l'élection de Rozoy-en-Brie, à condition qu'il remboursera Robert Millot, précédemment pourvu du même office.

Ms. fr. 18159, f° 399 r°.

(Le même arrêt figure dans le résultat du 17 septembre. Cf. n° 1435.)

1476. — Arrêt ordonnant que Mᵉˢ Étienne Jacqueau et Nicolas Ménard jouiront concurremment d'un office de contrôleur alternatif au grenier à sel de Montargis

Ms. fr. 18159, f° 399 v°.

———

1594, 3 octobre. — Paris.

1477. — Arrêt maintenant M⁰ Raoul Coignet en un office de conseiller-notaire et secrétaire du Roi, et accordant à M⁰ Charles Benoise la jouissance du même office, avec réserve de la première charge de même nature qui deviendra vacante.

Ms. fr. 18159, f° 354 r°.

1594, 4 octobre. — Paris.

1478. — Arrêt réglant le payement d'une assignation sur le grenier à sel de Pontoise donnée au sieur de Villeroy, conseiller d'État et secrétaire des commandements.

Ms. fr. 18159, f° 354 r°.

1479. — Arrêt ordonnant aux trésoriers de France de dresser état des restes dus sur les tailles par les paroisses du ressort de leurs charges, ainsi que des quittances délivrées sur lesdits restes aux commandants de gens de guerre.

Ms. fr. 18159, f° 355 r°.

1480. — Arrêt ordonnant le payement des gages de Jean Barailhon, trésorier de France à Lyon.

Ms. fr. 18159, f° 355 v°.

1481. — Arrêt concédant au sieur de La Ramée la propriété d'un moulin bâti par les habitants de Villeneuve-le-Roi, sur l'emplacement d'une tannerie à lui appartenant, à condition qu'il payera une rente de 3 écus 20 sols à la recette du domaine de Sens, et une autre de 1 écu 40 sols à la communauté de Villeneuve-le-Roi.

Ms. fr. 18159, f° 355 v°.

1482. — Arrêt ordonnant que les receveurs des décimes des diocèses de Poitiers, Chartres, Angers, Coutances, Bayeux et Tours auront à payer, préférablement à toute autre, les assignations données par le receveur général du clergé à M⁰ Barthélemy Cenamy.

Ms. fr. 18159, f° 356 r°.

1483. — Arrêt ordonnant le remboursement de la finance payée par M⁰ Jean Du Vivier pour un office de cinquième président au parlement de Rouen, auquel il n'a pu être reçu.

Ms. fr. 18159, f° 356 r°.

1484. — Arrêt autorisant Pierre Viollé, sieur Du Chemin, à rentrer en l'exercice d'un office de commissaire ordinaire des guerres qu'il avait résigné en faveur de son fils.

Ms. fr. 18159, f° 356 v°.

1485. — Arrêt ordonnant le remboursement des avances faites par le sieur de Champigny, gouverneur de Chinon, pour la fortification de ladite ville.

Ms. fr. 18159, f° 356 v°.

1486. — Arrêt ordonnant le payement des sommes dues au sieur de Sobolle, gouverneur de la citadelle de Metz, pour ses gages et l'entretien de la garnison.

Ms. fr. 18159, f° 356 v°.

1487. — Arrêt déchargeant la veuve du sieur de Tannerre, gouverneur de la ville et comté de Gien et du pays d'Auxerrois, d'une somme de 4,835 écus 2 sols par lui prise sur les greniers à sel de Gien et de Bouhy, pour l'entretien de la garnison de Gien.

Ms. fr. 18159, f° 357 r°.

1488. — Arrêt décidant que le tabellionage royal de Compiègne sera compris dans l'édit de revente du domaine, et qu'en conséquence il devra être revendu, sauf remboursement des premiers acquéreurs.

Ms. fr. 18159, f° 357 r°.

1489. — Arrêt ordonnant que l'avis des gens des Comptes sur l'arrêt du Conseil du 1ᵉʳ juin 1594, relatif à la réduction des offices de payeurs de la gendarmerie (n° 893), sera suivi et enregistré au Conseil.

Ms. fr. 18159, f° 357 r°.

1490. — « Ont esté veues et respondues » les remontrances présentées par les maire et échevins de Sens.

Ms. fr. 18159, f° 357 v°.

1491. — Arrêt ordonnant au prévôt des maréchaux à Paris de passer outre au jugement du procès criminel intenté à Georges Salvader.

Ms. fr. 18159, f° 357 v°.

1492. — Arrêt déchargeant les habitants de Sens d'une somme de 1,350 écus, sur leurs tailles de la présente année.

Ms. fr. 18159, f° 357 v°.

1493. — Arrêt accordant à messire Philippe Hurault, abbé de Pontlevoy et de Royaumont, une somme de 700 écus, à prendre sur les deniers provenant de la démolition du château de Neufchâtel, pour la réparation d'un moulin, sis hors ladite ville, et appartenant à l'abbaye de Royaumont, lequel fut brûlé et dévasté lors du siège de Neufchâtel par le duc de Parme.

Ms. fr. 18159, f° 358 r°.

1494. — Arrêt adjugeant à François Rousset les greffes et places de clercs des sièges présidiaux de Brive, Tulle et Uzerche.

Ms. fr. 18159, f° 367 v°.

1594, 6 octobre. — [Paris.]

1495. — Arrêt accordant une somme de 66 écus 2/3 au sieur de Goussonville, commandant au pont de Poissy, pour le chauffage des hommes de sa garnison.

Ms. fr. 18159, f° 358 v°.

1496. — Arrêt ordonnant de lever sur les élections de Baugé, de la Flèche et du Mans les sommes nécessaires au remboursement des avances faites par les habitants de la Flèche, pour l'entretien des gens de guerre et la réduction du château de Bazouges.

Ms. fr. 18159, f° 358 v°.

1497. — Arrêt ordonnant à M° Claude Philippe, commis à la recette générale des deniers provenant des biens des ligueurs, de donner à M° Nicolas Guionnet, trésorier des fortifications de Picardie, quittance d'une somme de 2,000 écus à l'acquit du receveur du domaine de Chauny, pour être employée aux fortifications de Chauny.

Ms. fr. 18159, f° 359 r°.

1594, 7 octobre. — Paris.

1498. — Arrêt confirmant la vente à perpétuité, faite aux sieurs de Dampmartin et de Rebours, d'une partie du domaine de Carantan, nonobstant les réclamations de la dame de Carnavalet, engagiste dudit domaine, représentée par le comte de Thorigny.

Ms. fr. 18159, f° 361 v°.

1499. — Arrêt confirmant les privilèges des habitants des bailliages de Marennes et d'Arvert, de l'île d'Oloron et des paroisses abonnées du gouvernement de Brouage, à condition qu'ils payeront régulièrement les sommes auxquelles ils sont abonnés.

Ms. fr. 18159, f° 400 r°.

1594, 8 octobre. — [Paris.]

1500. — Avis du Conseil réglant à 800 écus l'indemnité réclamée par Nicolas Godier, marchand à Troyes, pour les dépenses qu'il a faites au service du Roi.

Ms. fr. 18159, f° 359 v°.

1501. — Arrêt modérant de moitié la taxe de 2,000 livres imposée sur les habitants de Melun pour l'année 1594.

Ms. fr. 18159, f° 359 v°.

1502. — Arrêt accordant aux juges, consuls et autres représentants des marchands de Paris le rachat du greffe des consuls, moyennant une surenchère de 1,000 écus sur le prix de l'adjudication précédemment faite à M° Nicolas Clercelier.

Ms. fr. 18159, f° 360 r°.

1503. — Arrêt renvoyant au sieur de Longueville, gouverneur du Boulonnais, une requête des habitants dudit pays relative à l'entretien des gens de guerre.

Ms. fr. 18159, f° 360 r°.

1504. — Arrêt ordonnant le remboursement et la suppression des offices de surintendant et de contrôleur des deniers patrimoniaux d'octroi de la généralité de Châlons, appartenant à Charles Taupin et à Gaspard Macere.

Ms. fr. 18159, f° 360 r°.

1505. — Arrêt mandant au Conseil Daniel Du

Tenet, pour être ouï sur une requête des habitants de Calais.

Ms. fr. 18159, f° 360 v°.

1506. — Arrêt mandant au Conseil M° Jean Mestral, receveur général des bois en la généralité d'Outre-Seine-et-Yonne, pour être ouï sur son différend avec son compagnon d'office, M° Claude Chosse.

Ms. fr. 18159, f° 360 v°.

1507. — Arrêt réglant le remboursement des sommes empruntées en 1589 par les sieurs de Luxembourg, duc de Piney et d'Inteville, pour l'entretien des Suisses qui allaient rejoindre l'armée royale au siège de Pontoise.

Ms. fr. 18159, f° 360 v°.

1508. — Arrêt supprimant la taxe établie sur les navires passant à Henricarville (Quillebeuf), et maintenant, malgré les remontrances de la cour des aides de Rouen, l'article 1er du tableau des nouvelles impositions établies pour subvenir aux frais de la réduction de la province de Normandie.

Ms. fr. 18159, f° 362 r°.

1509. — Arrêt ordonnant que les adjudicataires des greniers à sel, associés de feu Noël de Hère, jouiront de l'augmentation de 20 sols par minot et des autres conditions de leur bail, jusqu'à la date du 1er octobre 1595, à laquelle est prorogée l'expiration dudit bail.

Ms. fr. 18159, f° 362 v°.

1510. — Arrêt dispensant les présidents de la cour des aides de Normandie de comparoir au Conseil, et réservant audit Conseil la connaissance des différends qui pourraient s'élever entre ladite cour et les trésoriers de France.

Ms. fr. 18159, f° 363 r° et 400 v°.

———

1594, 11 octobre. — Paris.

1511. — Arrêt réglant le payement des gages du sieur de Montbaret, gouverneur de Rennes.

Ms. fr. 18159, f° 363 r°.

1512. — Arrêt faisant défense aux officiers du parlement de Paris de poursuivre, pour le payement de leurs gages, M° Alexandre Serviant, receveur général des finances à Tours, ci-devant commis au payement desdits gages.

Ms. fr. 18159, f° 363 r°.

1513. — Arrêt ordonnant qu'une rente sera constituée à Henri Galmet, payeur des compagnies des sieurs de Tavannes, jusqu'à remboursement de son office.

Ms. fr. 18159, f° 363 v°.

1514. — Arrêt ordonnant que le receveur de la terre d'Angles, rendue à l'évêque de Poitiers, en vertu du traité conclu pour la réduction de la ville de Poitiers, payera, sur le revenu de cette terre, ce qui est dû pour l'entretien de la garnison du château d'Angles, jusqu'au jour du traité.

Ms. fr. 18159, f° 363 v°.

1515. — Arrêt réglant le payement d'une rente de 3,317 écus 28 sols 8 deniers, due aux habitants d'Orléans.

Ms. fr. 18159, f° 363 v°.

1516. — Arrêt autorisant les colonels Gaspard Gallaty et Balthazar de Grissac à faire saisir tous deniers appartenant à Emmanuel Sturbe, fermier général des gabelles en Languedoc, et à le contraindre par corps au payement des sommes pour lesquelles il s'est engagé envers eux.

Ms. fr. 18159, f° 364 r°.

1517. — Arrêt ordonnant que les 73,000 écus dus à la ville d'Orléans seront payés sur les deniers provenant de la taxe des marchandises entrant ès villes closes de la généralité d'Orléans.

Ms. fr. 18159, f° 364 r°.

1518. — Arrêt ordonnant le rétablissement au compte de l'Épargne des pensions des évêques de Nantes et d'Évreux et du sieur de Larchant, rayées par la Chambre des comptes.

Ms. fr. 18159, f° 364 v°.

1519. — Arrêt ordonnant que Lucas Boulaye, maintenu en l'office de procureur au bailliage de Rouen, sera contraint par corps à rembourser, ainsi qu'il était convenu, la finance payée par Me Jacques Belet pour ledit office.

Ms. fr. 18159, f° 364 v°.

1594, 13 octobre. — Paris.

1520. — Arrêt confirmant à dame Diane de Vivonne, veuve du sieur de Larchant, capitaine des gardes du corps, un don de 2,000 écus à elle fait par Sa Majesté, sur les biens de la demoiselle Picquet, et donnant assignation de pareille somme à la demoiselle Picquet, en dédommagement dudit don.

Ms. fr. 18159, f° 365 r°.

1521. — Arrêt accordant au sieur de La Bastide, gouverneur des Ponts-de-Cé, le remboursement des avances par lui faites pour les fortifications de ladite place, et ordonnant la cessation de tous travaux de fortification.

Ms. fr. 18159, f° 365 v°.

1522. — Arrêt chargeant Louis Boullart, contrôleur des traites domaniales à Abbeville, du contrôle des autres taxes, et réduisant les deux offices de contrôleur nouvellement créés en un seul office de contrôleur alternatif.

Ms. fr. 18159, f° 365 v°.

1523. — Arrêt réglant à 600 écus l'indemnité réclamée par la veuve de Pierre Saget, à cause de la révocation du contrat fait avec son feu mari pour la fourniture des poudres et salpêtre au magasin de Châlons.

Ms. fr. 18159, f° 366 r°.

1524. — Arrêt réservant à la veuve de Jean Sandras le premier office de commissaire ordinaire des guerres qui viendra à vacquer, pour y être pourvu à sa nomination.

Ms. fr. 18159, f° 366 r°.

1525. — Arrêt accordant remise aux religieux de Saint-Martin de Laon de moitié de ce qu'ils doivent des décimes.

Ms. fr. 18159, f° 366 v°.

1526. — Arrêt ordonnant le payement des gages arriérés d'Antoine Pigray, avocat au Châtelet.

Ms. fr. 18159, f° 366 v°.

1527. — Arrêt accordant aux habitants de l'élection de Nemours remise de la taxe de 3 sous par feu, pour le dernier quartier de l'année 1594.

Ms. fr. 18159, f° 366 v°.

1528. — Arrêt maintenant concurremment Roch Pierrefort et Jean Tabar en un office de contrôleur des guerres.

Ms. fr. 18159, f° 367 r°.

1529. — Arrêt ordonnant aux trésoriers de France en Berry de faire, pour l'élection de Châtillon-sur-Indre, l'assiette de la taxe de 110,000 écus imposée à la généralité de Bourges.

Ms. fr. 18159, f° 367 r°.

1530. — Arrêt donnant au sieur de Calignon, conseiller d'État, lettres de provision en blanc de l'office de trésorier de France en Languedoc, pour être par lui remplies « au nom de personne capable », à qui la quittance de la finance et du marc d'or payés par le sieur de Lorme, pourvu dudit office, servira, comme s'ils avaient été acquittés par ladite personne.

Ms. fr. 18159, f° 367 v°.

1531. — Arrêt confirmant la remise des restes de tailles accordée aux habitants du bas pays d'Auvergne par les arrêts des 30 avril (n° 701), 5 mai (n° 726) et 30 juin 1594 (n° 1052).

Ms. fr. 18159, f° 368 r°.

1532. — Arrêt réglant le remboursement des sommes avancées par le sieur de La Ferrière pour les fortifications de Vezins.

Ms. fr. 18159, f° 491 r°.

1533. — Arrêt réglant l'ordre de payement des assignations délivrées au maréchal de La Châtre et au sieur de Montigny, sur la taxe de 110,000 écus imposée en la généralité de Berry.

Ms. fr. 18159, f° 401 r°.

1594, 15 octobre. — Paris.

1534. — Arrêt accordant aux habitants de Maule[-sur-Mandre] remise de divers impôts.

Ms. fr. 18159, f° 368 v°.

1535. — Arrêt réglant le payement des rentes assignées sur René de La Mare, receveur général des finances à Limoges, en faveur de divers serviteurs du feu Roi.

Ms. fr. 18159, f° 369 r°.

1536. — Arrêt confirmant la remise de décimes accordée aux ecclésiastiques résidant à Auxerre par le 3ᵉ article du traité conclu pour la réduction de ladite ville.

Ms. fr. 18159, f° 370 r°.

1537. — Arrêt réglant le payement des gages dus aux commis à la recette des décimes dans les villes de Beaugency, Romorantin, Jargeau, Pithiviers et Janville, pendant les années 1589 à 1593.

Ms. fr. 18159, f° 370 r°.

1538. — Arrêt condamnant le sieur Le Charron à rendre à dame Claude de Montgommery, dame de Sézanne, veuve du sieur Du Bin, les promesses et obligations consignées entre ses mains par le capitaine Rémission.

Ms. fr. 18159, f° 370 r°.

1539. — Arrêt déchargeant les « gardes de la marchandise d'espiceries et appoticqueries » de la taxe pour confirmation de leurs privilèges.

Ms. fr. 18159, f° 370 r°.

1540. — Arrêt accordant aux héritiers de feu Antoine Le Boucher, secrétaire des finances de la feue reine de Navarre, surséance quant au payement des rentes constituées par ledit Le Boucher pour les affaires de ladite reine, jusqu'à ce que le Roi ait avisé au règlement desdites affaires.

Ms. fr. 18159, f° 370 v°.

1541. — Arrêt faisant défense au sieur de Tavannes, lieutenant général en Bourgogne, aux trésoriers généraux, aux élus et à tous autres de délivrer aucune ordonnance ou mandat de payement sur les deniers des gabelles de ladite généralité.

Ms. fr. 18159, f° 370 v°.

1542. — Arrêt réglant le payement de la rente due au sieur de Schomberg sur les deniers du sel.

Ms. fr. 18159, f° 371 r°.

1543. — Arrêt ordonnant au procureur général en la cour des aides de Normandie de s'enquérir des ressources des lieutenants généraux et particuliers, présidents, élus, etc. de ladite province, et de ce qu'ils payent d'impôts, pour en adresser rapport au Conseil.

Ms. fr. 18159, f° 371 v°.

1544. — Arrêt ordonnant qu'un supplément de finance sera payé par toutes les personnes anoblies pendant les troubles.

Ms. fr. 18159, f° 372 r°. Cf. f° 373 r°.

1545. — « Instructions aux commissaires depputez par le Roy pour la recherche des usurpateurs de privilleiges de noblesses et autres articles, mentionnés ès lettres de commission de Sa Majesté du ij° jour de juing dernier. »

Ms. fr. 18159, f° 372 v°.

1546. — Arrêt fixant les gages attribués à Mᵉ Gabriel Le Paige, procureur général en la Cour des aides, pour vaquer à la commission à lui donnée le 2 juin dernier. (Cf. n° 1545.)

Ms. fr. 18159, f° 373 r°.

1547. — Arrêt ordonnant la saisie de 350 muids de sel, dont les États de Languedoc auraient permis le transport gratuit, par dérogation au contrat passé avec François de Rocheblanc, fermier général des gabelles de Languedoc, de Provence et de Dauphiné.

Ms. fr. 18159, f° 401 v°.

1594, 16 octobre. — Paris.

1548. — Arrêt ordonnant que la levée des nouveaux subsides, imposée sur les marchandises passant à Henricarville, sera continuée au profit des fortifications et de l'entretien de la garnison de ladite ville.

Ms. fr. 18159, f° 402 v°.

1594, 20 octobre. — Paris.

1549. — Arrêt accordant à Claude Aubry, fermier du huitième du vin vendu en détail au faubourg Saint-Marcel, près Paris, une remise sur le prix de sa ferme.

Ms. fr. 18159, f° 377 v°.

1550. — Arrêt accordant à François Bedeau, maître particulier et fermier de la monnaie d'Angers, décharge de son bail, et ordonnant à la Cour des monnaies de vérifier purement et simplement les autres arrêts précédemment rendus sur le même objet.

Ms. fr. 18159, f° 378 r°.

1551. — Arrêt réglant le payement des sommes dues au sieur de Villeneuve-Cormont, commandant en la ville de Pont-sur-Seine.

Ms. fr. 18159, f° 379 r°.

1552. — Arrêt ordonnant la réformation au nom de Jean de Calmeil des lettres de provision de l'office de conseiller au parlement de Bordeaux accordées à Armand de Sevin.

Ms. fr. 18159, f° 379 r°.

1553. — Arrêt ordonnant aux maire et échevins d'Angers de représenter au Conseil les lettres patentes par lesquelles le Roi aurait retiré à la Cour des aides, pour l'attribuer au Grand Conseil, la connaissance du subside de 15 sous par pipe de vin passant par Angers et par les Ponts-de-Cé.

Ms. fr. 18159, f° 379 v°.

1554. — Arrêt ordonnant le remboursement des 10,000 écus avancés par Didier de Villiers, pour le payement de la garnison de Metz.

Ms. fr. 18159, f° 380 r°.

1555. — Arrêt accordant à Jacques Gosset, le jeune, et à Quentin Rouzier, fermiers de l'impôt de 10 sols par muid de vin entrant à Crépy, une remise de 50 écus sur le prix de leur ferme.

Ms. fr. 18159, f° 380 r°.

1556. — Arrêt réglant le remboursement des sommes dues à Philippe Pâte, receveur des décimes au diocèse d'Amiens.

Ms. fr. 18159, f° 380 v°.

1557. — Arrêt ordonnant l'élargissement de Jean Commeau, détenu en la prison d'Angers, faute d'avoir payé une amende à laquelle il avait été condamné pour folle enchère, et autorisant ledit Commeau à faire cession de biens, sauf au receveur des aides à se pourvoir sur ces biens pour le payement de ladite amende.

Ms. fr. 18159, f° 380 v°.

1558. — Arrêt ordonnant que tous les officiers pourvus avant la réduction de la ville de Rouen, ou pourvus par le Roi après ladite réduction, seront maintenus en leurs offices, pour en jouir suivant l'ordre de leur réception.

Ms. fr. 18159, f° 380 v°.

1594, 22 octobre. — Paris.

1559. — Arrêt ordonnant la vérification des lettres patentes relatives aux taxes sur le sel en Normandie, nonobstant les remontrances du procureur-syndic des États de ladite province.

Ms. fr. 18159, f° 381 v°.

1560. — Arrêt assignant Joachim Guitonneau à comparoir au Conseil, pour être ouï sur son différend avec Trophémond de Bossicaud.

Ms. fr. 18159, f° 381 v°.

1561. — Arrêt renvoyant aux trésoriers de France à Tours une requête des habitants de Bessé-sur-Braye, la Chapelle-Huon, Vancé, Lavenay, etc., relative à la réparation du pont de Bessé.

Ms. fr. 18159, f° 381 v°.

1562. — Arrêt réglant le payement des sommes dues aux gentilshommes qui ont commandé, pour le service du Roi, pendant les troubles, dans les villes du gouvernement de Champagne.

Ms. fr. 18159, f° 382 r°.

1563. — Arrêt accordant à Françoise Cotteblanche, veuve de Guillaume Du Jariel, fermier de la baronnie de Mayenne, un rabais sur ladite ferme.

Ms. fr. 18159, f° 382 r°.

1564. — Arrêt ordonnant une information sur les poursuites exercées par divers marchands contre les officiers de la maison de la reine douairière de France, pour fournitures de bouche pendant la vie du feu Roi.

Ms. fr. 18159, f° 382 r°.

1565. — Arrêt maintenant Nicolas Boullenger en l'office de receveur des aides à Meaux, et déboutant Jean Courson, pourvu dudit office par le duc de Mayenne.

Ms. fr. 18159, f° 382 v°.

1566. — Arrêt maintenant concurremment Adam Chevrier et Nicolas Du Bos en l'office de trésorier de France en Picardie.

Ms. fr. 18159, f° 383 r°.

1567. — Arrêt autorisant une levée de 4,000 écus sur la généralité de Moulins, pour la réparation des ponts de Decize sur la Loire.

Ms. fr. 18159, f° 403 r°.

1594, 25 octobre. — Paris.

1568. — Arrêt confirmant l'assignation donnée aux colonels Ernest de Mandeslo et Otto Edler de Ploto sur les deniers provenant de la création d'offices de vendeurs de marée.

Ms. fr. 18159, f° 383 v°.

1569. — Arrêt accordant aux religieux de l'abbaye de Déols remise de moitié des décimes par eux dues.

Ms. fr. 18159, f° 384 r°.

1570. — Arrêt ordonnant que M° Antoine Payot sera remboursé de son office de conseiller au Grand Conseil.

Ms. fr. 18159, f° 384 r°.

1571. — Arrêt ordonnant le remboursement de 200 écus dus à René Alaire, contrôleur des titres à Montmorillon.

Ms. fr. 18159, f° 384 r°.

1572. — Arrêt confirmant l'augmentation de gages accordée aux quatre courtiers et aux quatre briseurs du grenier à sel de Paris.

Ms. fr. 18159, f° 384 v°.

1573. — Arrêt ordonnant que les membres de la famille royale seront assemblés par-devant le président de Thou, à l'effet d'élire un tuteur à Mademoiselle de Bourbon, en remplacement du cardinal de Bourbon, décédé.

Ms. fr. 18159, f° 404 r°.

1594, 26 octobre. — Paris.

1574. — Arrêt réglant le payement d'une somme de 13,400 écus, avancée au Roi par le sieur Guillaume de La Fontaine.

Ms. fr. 18159, f° 404 r°.

1594, 27 octobre. — [Paris.]

1575. — Arrêt résiliant un contrat fait, en 1583, avec M° François Le Riche, secrétaire de la chambre de la Reine régnante, relativement à la recette des deniers provenant de la première création des offices de receveurs d'épices.

Ms. fr. 18159, f° 384 v°.

1576. — Arrêt réglant le payement des 2,525 écus restant dus à M° Richard Tardieu, pour le remboursement des greffes du Parlement transféré à Tours, qui lui avaient été aliénés à faculté de rachat perpétuel.

Ms. fr. 18159, f° 385 r°.

1577. — Arrêt ordonnant qu'une somme de 3,720 écus, faisant partie de l'indemnité due à l'évêché d'Orléans, pour le percement du nouveau canal de la Loire, sera affectée tant à la réparation du château de Meung et de la maison de Saint-Ay, qu'au rachat d'une rente constituée par messire Jean de L'Aubespine, évêque d'Orléans.

Ms. fr. 18159, f°ˢ 385 v° et 396 r°.

1578. — Arrêt maintenant Antoine Piart et Antoine Simon en l'office de vice-bailli de Caux, qu'ils exerceront, le premier dans les vicomtés de Caudebec et de Montivilliers, le second dans celles d'Arques et de Neufchâtel.

Ms. fr. 18159, f° 385 v°.

1579. — Arrêt ordonnant aux trésoriers de France à Montpellier de mettre aux enchères la ferme des traites foraines, rêve et haut passage des sénéchaussées de Beaucaire, Nîmes, Montpellier et Mende.

Ms. fr. 18159, f° 386 r°.

1580. — Arrêt autorisant les parents et amis de Louis Toussaint, détenu dans une galère espagnole, à faire enfermer dans les prisons de la Rochelle, jusqu'à la délivrance dudit Toussaint, les Portugais et les Espagnols qui pourraient être pris par les capitaines de la marine.

Ms. fr. 18159, f° 386 r°.

1581. — Arrêt ordonnant le payement de diverses sommes dues aux héritiers de René de Goulmont.

Ms. fr. 18159, f° 386 r°.

1582. — Arrêt autorisant les habitants de Brie-Comte-Robert à racheter l'office de greffier nouvellement créé en ladite paroisse.

Ms. fr. 18159, f° 386 v°.

1583. — Arrêt ordonnant la levée d'une taxe sur les contribuables de Montereau, pour le produit en être affecté au remboursement des sommes avancées au Roi, en 1590, par aucuns particuliers de ladite ville.

Ms. fr. 18159, f° 386 v°.

1584. — Arrêt établissant une surtaxe sur les greniers à sel, pour le payement des gages des officiers du présidial d'Orléans.

Ms. fr. 18159, f° 387 r°.

1585. — Arrêt accordant aux habitants de Crocq modération de leurs tailles.

Ms. fr. 18159, f° 387 r°.

1586. — Arrêt ordonnant que les habitants de Vernon et des villages voisins jouiront de la décharge d'impôts stipulée par le traité de Rouen.

Ms. fr. 18159, f° 387 r°.

1587. — Arrêt accordant à Guillaume Mesmage, receveur des tailles de la paroisse de Courberie, décharge de 92 écus, à lui volés pendant qu'il les portait à la recette du Mans.

Ms. fr. 18159, f° 387 v°.

1588. — Arrêt ordonnant au receveur général du taillon à Orléans d'assigner, sur une autre élection que celle de Châtillon-sur-Indre, les 2,200 écus dus au sieur de Montlouet, pour l'entretien de sa compagnie.

Ms. fr. 18159, f° 387 v°.

1589. — Arrêt réglant le remboursement des avances faites au feu Roi par le feu baron de Magnac.

Ms. fr. 18159, f° 388 r°.

1590. — Arrêt validant les aliénations du domaine royal qui dépassent le chiffre primitivement fixé par l'édit d'octobre 1590.

Ms. fr. 18159, f° 388 r°.

1591. — Avis du Conseil tendant à accorder une indemnité de 600 écus à Françoise Arnault, veuve de Jean Légier, attendu que son feu mari n'a pu jouir de son office de conseiller au présidial du Mans.

Ms. fr. 18159, f° 388 v°.

1592. — Arrêt interdisant aux trésoriers de France et aux receveurs généraux de tenir aucun compte des remises de tailles, à moins qu'au préalable l'attache du trésorier de l'Épargne ne leur ait été présentée, et leur défendant de payer aucune somme en vertu d'acquit patent, avant l'entier acquittement de ce qu'ils doivent à l'Épargne.

Ms. fr. 18159, f° 389 r°.

1593. — Arrêt réglant le remboursement de l'office de receveur des tailles à Orléans, appartenant à Isaac Goyer.

Ms. fr. 18159, f° 389 v°.

1594. — Arrêt validant une prise de deniers faite par le sieur Du Rouillet, gouverneur de Pont-de-l'Arche et de Louviers, sur les greniers à sel desdites villes, pour l'entretien des garnisons.

Ms. fr. 18159, f° 390 r°.

1595. — Arrêt réglant le remboursement de diverses sommes dues au sieur Du Rouillet.

Ms. fr. 18159, f° 390 r°.

1596. — Arrêt accordant à François et à Louis de Grez les offices de receveurs particuliers aux greniers à sel de Doullens et de Grandvilliers, à condition qu'ils rembourseront les deux personnes pourvues des mêmes offices par le Roi. (Cf. n° 1671.)

Ms. fr. 18159, f° 390 v°.

1597. — Arrêt confirmant M° Claude Gobory en l'office de receveur général des gabelles de Picardie, à condition qu'il remboursera M° Jacquart, pourvu du même office.

Ms. fr. 18159, f° 390 v°

13.

1598. — Arrêt réglant le remboursement d'une somme de 2,000 écus, prêtée au Roi par Laurent Toustain.

Ms. fr. 18159, f° 391 r°.

1599. — Arrêt réglant le payement d'une rente constituée à Léonard Biscul sur les quatrièmes du vin d'Argentan.

Ms. fr. 18159, f° 391 r°.

1600. — Arrêt ordonnant le remboursement d'une somme de 1,247 écus 2/3, avancée par le sieur de La Verrière, pour les affaires secrètes de Sa Majesté en Suisse.

Ms. fr. 18159, f° 391 r°.

1601. — Arrêt ordonnant la levée, sur le pays de Bourgogne, d'un impôt destiné à payer les arrérages de l'emprunt fait par la ville de Semur, pour la conservation d'icelle en l'obéissance du Roi.

Ms. fr. 18159, f° 391 v°.

1602. — Arrêt réglant le payement de diverses sommes dues au marquis de Revel.

Ms. fr. 18159, f° 391 v°.

1603. — Arrêt accordant aux habitants du plat pays de Limousin remise de la moitié des restes des tailles pour l'année 1592.

Ms. fr. 18159, f° 391 v°.

1604. — Arrêt affectant à l'entretien de l'armée de Bretagne les deniers provenant de divers offices récemment créés audit pays.

Ms. fr. 18159, f° 392 r°.

1605. — Arrêt autorisant Éphraïm Galland, sieur de La Vivardière, à jouir de l'office de contrôleur général de la douane à Lyon.

Ms. fr. 18159, f° 392 v°.

1606. — Arrêt ordonnant de payer au sieur de Bellegarde, grand écuyer de France, une somme de 1,500 écus, pour l'entretien de la garnison de Henricarville.

Ms. fr. 18159, f° 392 v°.

1607. — Arrêt ordonnant le payement d'une avance de 750 écus à Raymond Vedel et Nicolas Gesu,

chargés d'un achat de chevaux, pour le service de l'artillerie du maréchal de Bouillon.

Ms. fr. 18159, f° 392 v°.

1608. — Arrêt interdisant toute poursuite contre M° Michel de Pomereu, à raison des rentes constituées dont il s'est porté caution, pour le service du Roi.

Ms. fr. 18159, f° 393 r°.

1609. — Arrêt réglant le payement d'une somme de 6,166 écus 2/3, due au sieur de La Razillière, lieutenant de la compagnie de gendarmes du feu duc de Montpensier, pour la solde de sa compagnie.

Ms. fr. 18159, f° 393 v°.

1610. — Arrêt renvoyant par-devant la Cour des aides le procès pendant entre Louis Mesnyer, Jean Lespinette, Antoine Hennequin et autres.

Ms. fr. 18159, f° 394 r°.

1611. — Arrêt condamnant Jérôme Le Roy et consorts à payer à leurs créanciers les arrérages dont ils sont redevables, et leur adjugeant, pour leur donner moyen de ce faire, les fermes des dixième et champarts du Pays reconquis.

Ms. fr. 18159, f° 394 v°.

1612. — Arrêt réglant le remboursement d'une somme de 35,260 écus avancée, en 1589, par le sieur Nicolas L'Argentier, de Troyes, sous la garantie des sieurs de Luxembourg, pair de France, d'Aumont, maréchal de France, et d'Inteville, lieutenant général au gouvernement de Champagne.

Ms. fr. 18159, f° 395 r°.

1613. — Arrêt ordonnant que le droit de survivance de l'office de secrétaire du Roi, acquis par M° Jean de Ligny, sera transféré à l'office d'auditeur en la Chambre des comptes, dont jouit M° Bureau.

Ms. fr. 18159, f° 397 r°.

1614. — Arrêt accordant à Pierre Régnier, fermier du huitième du vin vendu en détail à Paris, remise d'un quartier de sa ferme.

Ms. fr. 18159, f° 397 r°.

1615. — Arrêt confirmant M° Jacques Viguier en

l'office de procureur du Roi au bailliage de Chaumont-en-Bassigny, nonobstant l'opposition formée par la veuve de Jean Maignan, anciennement pourvu dudit office.

Ms. fr. 18159, f° 398 r°.

1616. — Arrêt relatif au règlement des comptes de Jean de Vauhardy, commis à la recette des deniers provenant des créations d'offices faites en 1586.

Ms. fr. 18159, f° 404 v°.

1617. — Arrêt maintenant Georges Le Croier et Jacques Faucher ès offices d'huissiers au Conseil d'État, et déboutant Guillaume Nicolas et Alexandre Rambotteau de leurs prétentions auxdits offices.

Ms. fr. 18159, f° 405 r°.

1594, 28 octobre. — Paris.

1618. — Arrêt déboutant Me Pierre de Malinguchan de sa requête à l'encontre d'André Négrier, maître en la Chambre aux deniers, qui se serait porté garant pour une fourniture de vin faite à la Maison du Roi.

Ms. fr. 18159, f° 397 v°.

1619. — Arrêt confirmant Me Victor Gardette en l'office de président et lieutenant général au bailliage de Touraine, à condition qu'il payera une somme de 2,500 écus au trésorier des Parties casuelles.

Ms. fr. 18159, f° 399 r°.

1594, 4 novembre. — Saint-Germain-en-Laye.

1620. — Arrêt ordonnant au prévôt des maréchaux à Meaux, au lieutenant de robe courte de Château-Thierry et de Fère-en-Tardenois d'informer et procéder extraordinairement contre les habitants de l'élection de Château-Thierry, qui se refusent à payer les tailles.

Ms. fr. 18159, f° 406 v°.

1621. — Arrêt réservant à la veuve et aux enfants de feu Jacques Fremin, huissier-sergent à cheval au Châtelet, l'office dudit défunt pour y être pourvu à leur nomination.

Ms. fr. 18159, f° 407 v°.

1622. — Arrêt assignant à comparoir au Conseil les juges et consuls des marchands de la ville de Paris et les auditeurs au Châtelet, pour y être entendus sur leur différend.

Ms. fr. 18159, f° 407 v°.

1623. — Arrêt réservant à la veuve et aux enfants de feu Adrien de Fer, président et lieutenant général au bailliage de Vermandois, l'office dudit défunt, pour y être pourvu à leur nomination, à condition qu'ils verseront 2,000 écus, à titre de prêt, ès mains du trésorier de l'Épargne.

Ms. fr. 18159, f° 408 r°.

1624. — Arrêt déclarant les prévôt et ouvriers monnayeurs de la ville de Paris déchargés de tous droits pour confirmation de leurs privilèges, autres que les 36 écus 36 sols par eux déjà payés.

Ms. fr. 18159, f° 408 r°.

1625. — Arrêt donnant décharge au duc de Nivernais pour 30 muids de sel destinés à la ville de Vézelay, saisis par son ordre et vendus, au profit du Roi, pendant la rébellion de ladite ville.

Ms. fr. 18159, f° 408 v°.

1626. — Arrêt réglant le remboursement des sommes prises, en 1589, par le sieur de Sobolle à Louis de Mairat, maire de Troyes, à Joseph Gombault, conseiller, et à Louis Paillot, marchand en ladite ville, pour le payement de la garnison de Metz.

Ms. fr. 18159, f° 409 r°.

1627. — Arrêt ordonnant de porter sur l'état des dettes du Roi une somme de 18,217 écus réclamée par le sieur Du Castel, maître de camp d'un régiment de six enseignes de gens de guerre français, pour la solde dudit régiment.

Ms. fr. 18159, f° 409 r°.

1628. — Arrêt relatif au payement des arrérages d'une rente de 100 écus due au sieur de Verbois sur la recette générale de Châlons.

Ms. fr. 18159, f° 409 v°.

1629. — Avis du Conseil tendant à réserver à Antoine de Vienne l'office d'élu en l'élection de Troyes, appartenant à son fils François de Vienne, tué au service du Roi.

Ms. fr. 18159, f° 409 v°.

1630. — Arrêt mandant au Conseil le procureur général en la cour des aides de Rouen et les manants et habitants de Caen, pour être ouïs sur le conflit élevé entre ladite cour et la cour des aides de Paris, relativement à la connaissance des procès concernant les tailles en la ville de Caen.

Ms. fr. 18159, f° 410 r°.

1594, 6 novembre. — Saint-Germain-en-Laye.

1631. — Arrêt relatif au payement des rentes constituées sur les villes de Paris et Rouen et sur diverses parties du domaine royal, appartenant aux religieuses de Saint-Louis de Poissy.

Ms. fr. 18159, f° 410 v°.

1632. — Arrêt interdisant la levée de 3 sous par feu et par mois imposée à la ville de Gisors, pour l'entretien de ses fortifications.

Ms. fr. 18159, f° 411 r°.

1633. — Arrêt assignant une somme de 9,650 écus à Gossin Mahêtre, Guillaume Gesse, Nicolas Dupuy et autres capitaines de navires de Henricarville, pour les services par eux rendus au Roi pendant les sièges de Rouen et de Henricarville.

Ms. fr. 18159, f° 411 r°.

1634. — Arrêt assignant 160 écus, pour frais de voyage, à M° Louis Quatrehommes, député aux États de Blois, en 1588, par le siège présidial de la prévôté de Paris.

Ms. fr. 18159, f° 411 v°.

1635. — Arrêt accordant à Pierre Daret, fermier de l'écu par muid de vin vendu en la ville de Mantes, remise d'un quart du prix de sa ferme.

Ms. fr. 18159, f° 412 r°.

1636. — Arrêt accordant à la grande duchesse de Toscane une surséance de trois mois pour le payement des crues qui se lèvent sur une maison à elle appartenant, sise rue des Deux-Écus.

Ms. fr. 18159, f° 412 r°.

1637. — Arrêt ordonnant de payer aux héritiers de feu Jacques de Saint-Mesmin, receveur des tailles en l'élection de Mortain, les arrérages des gages dudit office, supprimé à condition de remboursement.

Ms. fr. 18159, f° 412 r°.

1638. — Arrêt renvoyant au Grand Conseil une requête d'André Courtin, relative à un différend pendant entre lui et Guillaume Morel au sujet de l'administration de l'Hôtel-Dieu de Corbeil.

Ms. fr. 18159, f° 412 v°.

1594, 7 novembre. — Saint-Germain-en-Laye.

1639. — Arrêt réglant le payement des 4,000 écus promis au sieur d'Halincourt, gouverneur de Pontoise, en vertu du traité passé pour la réduction de ladite ville.

Ms. fr. 18159, f° 412 v°.

1640. — Arrêt réglant le payement des sommes nécessaires au prompt achèvement de la citadelle de Pontoise.

Ms. fr. 18159, f° 413 r°.

1594, 8 novembre. — Saint-Germain-en-Laye.

1641. — Arrêt réglant l'affaire pendante entre Jacques Picard, secrétaire de la Chambre du Roi, président en l'élection de Soissons, les « atournez gouverneurs » de la ville de Compiègne, et M° Étienne Regnault, trésorier général de l'Extraordinaire des guerres, relativement aux quittances fournies par ce dernier pour le remboursement d'une somme de 4,525 écus 15 sols, avancée par les habitants de Compiègne pour le service du Roi.

Ms. fr. 18159, f° 413 r°.

1642. — Arrêt condamnant M° Pierre Lemyère à payer à M° Nicolas Lescalopier une somme de 2,500 écus, qu'il lui doit, pour l'achat de son office de trésorier de France à Caen.

Ms. fr. 18159, f° 414 r°.

1643. — Arrêt ordonnant le prompt payement des sommes dues aux régiments suisses des colonels Reding et Heyd et le remboursement des sommes avancées par le comte de Charny pour l'entretien desdits régiments.

Ms. fr. 18159, f° 415 v°.

1644. — Avis du Conseil déclarant que le greffe des requêtes du palais en la cour du parlement de Toulouse fait partie des greffes de ladite cour vendus à la veuve de messire Michel Hurault de L'Hospital, chancelier de Navarre, par contrat en date du 10 juin 1593.

Ms. fr. 18159, f° 416 v°.

1645. — Arrêt ordonnant d'imposer l'élection de Saint-Yrieix et les deux plus voisines d'icelle, pour le remboursement d'une somme de 5,000 écus que les maire et échevins de ladite ville avaient payée au sieur de Restignac, pour la remettre en l'obéissance du Roi.

Ms. fr. 18159, f° 417 r°.

1646. — Arrêt ordonnant que Madeleine de Crèvecœur, veuve du sieur de Vuideville, et Florimond Grosil conserveront les greffes des bailliage et siège présidial de Blois, adjugés au feu sieur de Vuideville, à condition de rembourser la somme payée par le sieur Du Plessis, conseiller d'État, auquel lesdits greffes ont été adjugés pendant les troubles.

Ms. fr. 18159, f° 417 v°.

1647. — Arrêt accordant à Samuel de La Fosse, adjudicataire pour trois ans du greffe de la prévôté de Vimeux, une remise sur le prix de sa ferme.

Ms. fr. 18159, f° 418 r°.

1648. — Arrêt décidant que Me Martin Huetz, pourvu de l'office de trésorier de France en Champagne, ne devra payer d'autre supplément de finance, pour son office, que les 250 écus payés par les autres trésoriers de France.

Ms. fr. 18159, f° 418 r°.

1649. — Arrêt autorisant les habitants de Barsur-Seine à prélever, sur la taxe du vin entrant en ladite ville, la somme nécessaire au remboursement des 8,000 écus par eux payés au duc de Guise, lorsqu'il s'empara de leur ville.

Ms. fr. 18159, f° 418 r°.

1650. — Arrêt ordonnant que Vincent Bouhier,

sieur de Beaumarchais, greffier civil des appeaulx, insinuations et présentations de la sénéchaussée de Riom, sera mis en possession desdits greffes, nonobstant l'opposition des échevins de Clermont et des consuls de Riom et de Montferrand, lesquels seront appelés, pour être ouïs au Conseil.

Ms. fr. 18159, f° 418 v°.

1651. — Arrêt accordant au sieur de Laverdin, gouverneur du Maine, de Laval et du Perche, une indemnité de 1,500 écus, pour ses dépenses pendant les négociations de la trêve conclue avec les provinces de l'Anjou et du Maine.

Ms. fr. 18159, f° 419 v°.

1652. — Arrêt réglant le payement des gages du sieur de Rambouillet.

Ms. fr. 18159, f° 419 v°.

1653. — Arrêt ordonnant que l'office de grènetier ancien et alternatif au grenier à sel de Paris sera maintenu au sieur Godefroy, nonobstant l'enchère proposée par le sieur Beroust, à condition que ledit Godefroy payera au trésorier des Parties casuelles une somme de 2,000 écus, outre ce qu'il a déjà payé pour ledit office.

Ms. fr. 18159, f° 420 r°.

1654. — Arrêt réglant le payement des 4,423 écus dus à Me Pierre Bédacier, pour son remboursement de l'office de greffier en la Cour des aides, dont il a été évincé.

Ms. fr. 18159, f° 421 r°.

1655. — Arrêt accordant aux habitants de Montmartre et de Clignancourt remise d'une année de tailles.

Ms. fr. 18159, f° 421 r°.

1656. — Arrêt accordant aux habitants de Marly remise du tiers de leurs tailles pendant quatre ans.

Ms. fr. 18159, f° 421 v°.

1657. — Arrêt accordant aux habitants de Villenoy remise de la moitié de leurs tailles pour la présente année.

Ms. fr. 18159, f° 421 v°.

1658. — Arrêt donnant au trésorier général de

l'Extraordinaire des guerres assignation de 1,478 écus, sur les recettes de la généralité de Bourgogne, pour le payement de la garnison de Grancey.

Ms. fr. 18159, f° 422 r°.

1659. — Arrêt réglant le remboursement des sommes avancées par le sieur de Balagny, maréchal de France, pour la solde et l'entretien des garnisons de Marle, Bohain, Beaurevoir, Ribemont et Honnecourt.

Ms. fr. 18159, f° 422 r°.

1660. — Arrêt réservant à Antoine Mesnier, tuteur de demoiselle Anne Arnault, fille de feu Jean Arnault, trésorier de France à Riom, ledit office de trésorier de France, pour y être pourvu à sa nomination.

Ms. fr. 18159, f° 422 v.

1661. — Arrêt réglant le payement des gages attribués au capitaine Edme Le Breton, dit du Donjon, payeur de la gendarmerie, devenu aveugle au service du Roi. (Cf. n° 2109.)

Ms. fr. 18159, f° 423 r°.

1662. — Arrêt ordonnant à M° Mathieu Maldent, receveur général des finances à Limoges, de donner quittance à M° Denis Aubusson, receveur des tailles en l'élection de Bourganeuf, pour deux sommes de 438 et de 657 écus, prises audit Aubusson par le sieur de Gauchard, gouverneur de Bourganeuf.

Ms. fr. 18159, f° 423 r°.

1663. — Arrêt donnant assignation de 1,786 écus à Simon Moustier, dit Pontoise, pour diverses fournitures de cordonnerie faites au Roi.

Ms. fr. 18159, f° 423 v°.

1664. — Arrêt fixant les gages des mesureurs du grenier à sel de Rouen à 12 sols par minot de sel.

Ms. fr. 18159, f° 423 v°.

1665. — Arrêt déchargeant les procureurs postulants en la sénéchaussée d'Angoulême du droit de confirmation d'office, attendu qu'ils ne sont pourvus en titre de leurs offices, et ne jouissent d'aucuns privilèges.

Ms. fr. 18159, f° 424 r°.

1594, 10 novembre. — Saint-Germain-en-Laye.

1666. — Arrêt réglant le remboursement de 20 milliers de poudre achetés par le sieur de La Rochepot, en mars 1593, lorsque le Roi voulait assiéger Château-Gontier et Laval, et lui ordonnant de les livrer au garde général des munitions de l'armée de Bretagne.

Ms. fr. 18159, f° 424 v°.

1667. — Arrêt adjugeant à M** Claude et François de Luez, à faculté de rachat perpétuel, les greffes civil et criminel du siège de Loches, à condition qu'ils payeront comptant la somme de 1,560 écus 7 sols 10 deniers tournois.

Ms. fr. 18159, f° 424 v°.

1668. — Arrêt déchargeant le sieur d'Émery, l'évêque de Nantes et la dame de Larchant, veuve du sieur de Larchant, «de la restitution des parties employées, sous leurs noms..., au compte de l'Espargne rendu par M° Baltazar Gobelin..., pour l'année 1591.»

Ms. fr. 18159, f° 425 v°.

1669. — Arrêt relatif au remboursement d'une somme de 2,000 écus, avancée au Roi par M° Jean Billet, receveur général du taillon en la province de Champagne.

Ms. fr. 18159, f° 426 r°.

1670. — Arrêt ordonnant le rétablissement sur le compte de l'Épargne, au profit de l'évêque de Nantes, du sieur d'Émery et de la dame de Larchant, de diverses sommes rayées par arrêt de la Chambre des comptes.

Ms. fr. 18159, f° 426 v°.

1671. — Arrêt maintenant François et Louis de Grez en leurs offices de receveurs des greniers à sel de Doullens et de Grandvilliers, à condition qu'ils rembourseront les deux personnes pourvues des mêmes offices par le Roi. (Cf. n° 1596.)

Ms. fr. 18159, f° 427 r°.

1672. — Arrêt ordonnant que la taxe pour la réduction des villes rebelles sera levée sur la ville de

Caen, nonobstant les remontrances présentées par les habitants de ladite ville.

Ms. fr. 18159, f° 427 v°.

1673. — Arrêt ordonnant aux trésoriers de France à Montpellier de faire proclamer la mise en adjudication de la ferme des traites et impositions foraines, rêves et haut passage dans les sénéchaussées de Beaucaire, de Nîmes, de Mende et du Puy et dans le gouvernement de Montpellier.

Ms. fr. 18159, f° 427 v°.

1674. — Arrêt réglant le remboursement à la veuve du sieur Du Fay, conseiller d'État, d'une somme de 400 écus par lui payée, pour l'office de conseiller au présidial de la Rochelle.

Ms. fr. 18159, f° 427 v°.

1675. — Arrêt déchargeant les habitants d'Itteville d'une année de tailles.

Ms. fr. 18159, f° 428 r°.

1676. — Arrêt accordant à Nicolas Lamberge, capitaine du charroi de l'artillerie, fermier « du travers des marchandises passans tant par eau que par terre à Poissy », remise de la moitié du prix de ladite ferme.

Ms. fr. 18159, f° 428 r°.

1677. — Arrêt autorisant le clergé de Laon à se cotiser pour le payement des taxes imposées au commandeur de Puisieux et à l'abbesse du Sauvoir, en attendant que l'opposition formée contre cette imposition par lesdits commandeur et abbesse ait été vidée.

Ms. fr. 18159, f° 428 v°.

1678. — Arrêt accordant à Pierre Donze, adjudicataire des quatrièmes en l'élection de Bernay, une remise de 4,000 écus sur le prix de sa ferme.

Ms. fr. 18159, f° 428 v°.

1679. — Arrêt ordonnant que, si le sieur François de La Haye ne rembourse, dans un délai de huit jours, la finance payée par Mᵉ Blaise de Verneson pour un office d'audiencier au parlement de Paris, ledit de Verneson sera maintenu audit office.

Ms. fr. 18159, f° 429 r°.

1680. — Arrêt accordant à Jean de Lions, fermier des gros et huitième du vin à Villiers-le-Bel, décharge des deux quartiers de sa ferme finissant au 30 septembre 1589.

Ms. fr. 18159, f° 429 v°.

1681. — Arrêt ordonnant aux trésoriers de France en Poitou de faire lever la taxe de 2,000 écus imposée sur l'élection de Thouars, afin de rembourser les avances faites, en 1590, par les habitants de Thouars, pour l'entretien des troupes qui venaient tenir garnison en ladite ville.

Ms. fr. 18159, f° 429 v°.

1682. — Arrêt affectant la taxe d'un office nouvellement créé de grand maître des eaux et forêts en Bretagne au payement de diverses sommes dues au sieur de Saint-Luc, maréchal de camp.

Ms. fr. 18159, f° 430 r°.

1683. — Arrêt réglant le payement d'une somme de 11,250 écus, due par le Roi aux sieurs Antoine, François et Joseph de Vienne.

Ms. fr. 18159, f° 430 r°.

1684. — Arrêt accordant aux habitants d'Ozouer remise d'une année de tailles, à raison des pertes par eux subies durant le siège de Corbeil.

Ms. fr. 18159, f° 430 v°.

1685. — Arrêt renvoyant aux prévôt et échevins de Paris une requête des fermiers du sceau et de la police des draps, tendant à obtenir une remise sur le prix de leur ferme, « attendu que les deniers de ladite ferme sont affectez au paiement des rentes dues à la ville de Paris ».

Ms. fr. 18159, f° 430 v°.

1686. — Arrêt ordonnant que le baron de Rosny jouira du don, à lui fait, de la maison bâtie par le feu Roi aux Tournelles, jusqu'à ce qu'il ait pu faire procéder à la vérification dudit don.

Ms. fr. 18159, f° 431 r°.

1687. — Arrêt commettant l'archevêque de Bourges et les évêques de Nantes et de Langres au jugement des différends qui pourraient s'élever entre divers ecclésiastiques et les receveurs du clergé, au sujet de prétendues surtaxes.

Ms. fr. 18159, f° 431 r°.

—————

1594, 11 novembre. — Saint-Germain-en-Laye.

1688. — Arrêt chargeant les sieurs de Saint-Germain et Le Grand, maîtres des Comptes, et les deux anciens trésoriers de France en Champagne d'évaluer et de céder au duc de Nivernais, en échange de ses droits sur la succession d'Anne d'Alençon, son aïeule, diverses terres du domaine de Champagne ayant fait partie du douaire de Marie Stuart.

Ms. fr. 18159, f° 431 v°.

1689. — Arrêt réglant le montant des indemnités dues aux trésoriers des gardes du corps, pour leurs frais de voyage et de transport de deniers, de 1588 à 1592.

Ms. fr. 18159, f° 432 r°.

1690. — Arrêt ordonnant que des contraintes seront décernées contre les receveurs des décimes des diocèses de Lisieux, de Bayeux et d'Avranches, pour les obliger au payement des rescriptions sur eux données aux trésoriers des gardes du corps par Mᵉ Philippe de Castille, receveur général du clergé.

Ms. fr. 18159, f° 432 v°.

1691. — « Ont esté veues et respondues » les remontrances présentées par les habitants de la Rochelle.

Ms. fr. 18159, f° 432 v°.

1692. — Arrêt renvoyant aux trésoriers de France la requête des habitants de Bar-sur-Aube tendant à obtenir un abonnement aux tailles pour une période de neuf ans.

Ms. fr. 18159, f° 433 r°.

1693. — Avis du Conseil réglant à 1,000 écus la somme due par le Roi au sieur d'Ailleville, pour la solde de sa compagnie de chevau-légers.

Ms. fr. 18159, f° 433 r°.

1694. — Arrêt ordonnant aux président et élus de l'élection de Troyes de faire lever les tailles sur tous les villages de ladite élection, nonobstant les lettres de remise et de surséance accordées par le duc de Mayenne, pour les sommes en provenant être employées conformément à l'état présenté au Conseil.

Ms. fr. 18159, f° 433 r°.

1695. — Arrêt attribuant au payement de la compagnie de chevau-légers du sieur de Sesseval le produit du tiercement du greffe du présidial de Beauvais.

Ms. fr. 18159, f° 433 v°.

1696. — Arrêt réglant les conditions d'un emprunt de 2,000 écus fait à Mᵉ Louis Belle, receveur général du taillon en la généralité de Paris, « pour subvenir aux urgentes affaires de Sa Majesté ».

Ms. fr. 18159, f° 434 r°.

1697. — Arrêt réglant l'adjudication du comté de Beaufort au duc de Bouillon.

Ms. fr. 18159, f° 434 v°.

1698. — Arrêt réglant le remboursement d'une somme de 2,646 écus 52 sols tournois, avancée par l'amiral de Villars et par Mᵉ Marin Le Carron, receveur du domaine d'Arques, pour le payement et l'entretien de la garnison du fort d'En-haut, à Fécamp.

Ms. fr. 18159, f° 435 r°.

1699. — Arrêt ordonnant que lettres de survivance seront expédiées au profit de Mᵉ André d'Amably, sans qu'il ait à payer finance, pour l'office de conseiller au parlement de Bordeaux, que son père, Girault d'Amably, a été autorisé à résigner en sa faveur.

Ms. fr. 18159, f° 435 r°.

1700. — Arrêt affectant les deniers provenant de l'adjudication de la maison du Chevalier du Guet au payement des sommes dues au sieur de Studer et à ses frères, pour les services rendus au Roi par eux et par leurs troupes.

Ms. fr. 18159, f° 435 v°.

1701. — Arrêt ordonnant le payement des épices dues à Philibert de Buron, depuis son rétablissement

en l'office d'auditeur en la Chambre des comptes, jusqu'au 31 octobre 1593.

Ms. fr. 18159, f° 435 v°.

1594, 12 novembre. — Saint-Germain-en-Laye.

1702. — Arrêt accordant aux chanoines de l'église
de Paris surséance pour le payement des décimes de
l'année courante, et compensation entre les décimes
par eux dues, pour les années précédentes, et les arrérages des rentes sur l'Hôtel de ville qu'ils n'ont pu
toucher.

Ms. fr. 18159, f° 436 r°.

1703. — Arrêt ordonnant communication au sieur
Martenault (*alias* Maulevault) d'une requête de
Me Pierre de Bernières, trésorier de France à Caen,
tendant à obtenir la révocation d'une commission
contre lui décernée, à la poursuite dudit Martenault.

Ms. fr. 18159, f° 436 r°.

1704. — Arrêt assignant au Conseil Philippe
Goullet, lieutenant criminel de robe courte à Beauvais,
et Jean Goullet, son frère, pour être entendus sur les
faits contenus en l'information contre eux faite par
les maire et pairs de Beauvais.

Ms. fr. 18159, f° 436 v°.

1705. — Arrêt ordonnant le remboursement de
la finance payée par Sébastien Turquois, archer de la
porte du Roi, pour un office de vendeur de marée à
Rouen, lequel a été rendu à Jean Buchelet, en vertu
du traité de réduction de ladite ville.

Ms. fr. 18159, f° 436 v°.

1706. — Arrêt accordant à Pierre Hardy, Philippe Barat, Pierre Bachelier, Jean de Lespine et
Robert Huot, vendeurs de poisson frais et salé à
Rouen, un nouveau délai d'un mois pour procéder
au remboursement de l'office de Jean Prévost, conformément à l'arrêt du 21 juillet dernier (n° 1155).

Ms. fr. 18159, f° 436 v°.

1707. — Arrêt ordonnant d'expédier un acquit
patent de 13,252 écus 20 sols au sieur de Malepierre,

« cy-devant résident pour le service du Roi ès Bas-
Pays ».

Ms. fr. 18159, f° 437 r°.

1708. — Arrêt accordant une somme de 200 [écus]
à Me Barthélemy de La Font, pour avoir exercé, pendant deux ans, l'office de procureur du Roi en la
Chambre du domaine.

Ms. fr. 18159, f° 437 r°.

1709. — Arrêt passant au compte de Me Nicolas
Forest, commis à la recette des tailles en l'élection
de Reims, trois mandements et deux rescriptions du
trésorier de l'Épargne, adressés à feu Me Florent de
Montvoisin, receveur général en Champagne.

Ms. fr. 18159, f° 445 r°.

1710. — Arrêt réservant à Me Jean Poittevin l'office de conseiller au parlement de Toulouse, vacant
par suite de la promotion de Me Albert de Suc à
l'office de substitut en la chambre mi-partie dudit
parlement, ou le premier office de même nature qui
deviendrait vacant.

Ms. fr. 18159, f° 445 r°.

1711. — Arrêt ordonnant que Me Barthélemy
Morisot sera reçu en l'exercice des deux offices de
contrôleur du domaine en Bourgogne dont il est
pourvu, si mieux n'aiment les élus dudit pays rembourser, dans un délai de six mois, la finance payée
par ledit Morisot, pour la composition desdits offices.

Ms. fr. 18159, f° 445 v°.

S. D. [1594, 12 (?) novembre. — Saint-Germain-en-Laye.]

1712. — Arrêt ordonnant que Me Claude Feulette, pourvu d'un office d'élu en l'élection de Paris,
appartenant à Me Martin Roland, sera reçu audit office, « attendu la notorietté de la rebélion dudit Roland », lequel « n'a encores satisfaict aux éedictz et
déclarations ».

Ms. fr. 18159, f° 446 v°.

1594, 14 novembre. — Saint-Germain-en-Laye.

1713. — Arrêt convoquant pour le 1er mars 1595,

14.

à Paris, l'assemblée générale du clergé de France, pour aviser aux questions relatives au payement des décimes, et pour procéder à l'audition des comptes de Mᵉ Philippe de Castille, receveur général du clergé.

KK 1013, fᵒ 256 vᵒ, et ms. fr. 18159, fᵒ 437 rᵒ.

1594, 17 novembre. — Saint-Germain-en-Laye.

1714. — Arrêt maintenant Mᵉ Arnauld Des Champs en l'office d'élu en l'élection de Périgueux, à charge de suppression du premier office d'élu en ladite élection qui deviendra vacant.

Ms. fr. 18159, fᵒ 447 rᵒ.

1715. — Arrêt réglant le payement d'une somme de 4,000 écus, due au sieur de Rochefort, gouverneur de Vézelay et d'Avallon, et primitivement assignée sur l'élection de Château-Chinon.

Ms. fr. 18159, fᵒ 447 vᵒ.

1716. — Arrêt ordonnant le payement des rentes constituées aux sieurs de Sancy, de Saint-Luc, baron de Zérotin, de La Corbonnière et Bellanger, sur la ferme des impôts et traites de la Charente, bien que le contrat de constitution desdites rentes n'ait pas encore été vérifié.

Ms. fr. 18159, fᵒ 448 rᵒ.

1717. — Arrêt ordonnant à Mᵉ Jean de Ligny de recevoir de Mᵉ Canonne de Beauvais une somme de 5,333 écus, pour le tiercement du greffe dudit lieu, en promettant de lui en donner quittance, si ledit greffe lui est adjugé, ou de la lui rembourser, si l'adjudication est faite à un autre; ladite somme devant être délivrée au sieur de Sesseval, afin qu'il puisse, en toute diligence, joindre le maréchal de Bouillon.

Ms. fr. 18159, fᵒ 448 vᵒ.

1594, 19 novembre. — Saint-Germain en Laye.

1718. — Arrêt révoquant l'édit d'union de l'élection de Franc-Aleu à celle de Combrailles, et rétablissant ladite élection de Franc-Aleu.

Ms. fr. 18159, fᵒ 439 rᵒ.

1719. — Arrêt confirmant Pierre-Édouard d'Aspetegny en l'office de président en l'élection de Sens, dont il avait été pourvu par nomination de sa mère, Étiennette Guillaume, à laquelle ledit office avait été donné par le Roi, après la mort de son mari, Pierre d'Aspetegny, tué au service de Sa Majesté.

Ms. fr. 18159, fᵒ 439 rᵒ.

1720. — Arrêt ordonnant que les registres des expéditions du greffe de la prévôté d'Orléans, saisi et mis en adjudication par les échevins de ladite ville, seront remis à dame Marie Valée, veuve du sieur de Chenailles, à laquelle ledit greffe appartenait.

Ms. fr. 18159, fᵒ 439 vᵒ.

1721. — Arrêt ordonnant le payement d'une somme de 100 écus, due aux héritiers de Mᵉ Antoine de Choues, sur une maison sise à Orléans et appartenant à Anna Méreau, laquelle maison a été saisie, « ladite Méreau s'estant absentée, pour estre de la religion prétendue réformée ».

Ms. fr. 18159, fᵒ 439 vᵒ.

1722. — Arrêt ordonnant de payer au vicomte d'Auchy, gouverneur de Saint-Quentin, et à dame Charlotte Des Ursins, sa femme, les intérêts au denier quinze de la somme de 3,386 livres 5 sols, dont le Roi s'est reconnu redevable envers eux, par arrêt du 30 juin dernier (nᵒ 1040).

Ms. fr. 18159, fᵒ 440 rᵒ.

1723. — Arrêt ordonnant que les officiers royaux de Montargis seront soumis à la taxe pour confirmation d'office à l'avènement du Roi, nonobstant leur opposition fondée sur l'acte de capitulation de ladite ville.

Ms. fr. 18159, fᵒ 440 rᵒ.

1724. — Arrêt ordonnant que Henri de Saint-Père, contrôleur des finances en la généralité de Bourges, ayant droit de Mᵉ François Pajonnet, acquéreur du huitième du vin qui se vend à la Charité, jouira paisiblement dudit huitième, et que défenses seront faites aux élus de Gien de le troubler dans la jouissance dudit droit.

Ms. fr. 18159, fᵒ 440 vᵒ.

1725. — Arrêt ordonnant de rembourser à Jean de La Poterne, sergent majeur en la ville d'Évreux, deux muids de blé par lui fournis à l'armée du Roi.

Ms. fr. 18159, f° 440 v°.

1726. — Arrêt réglant le payement d'une rente de 1,000 écus, accordée par le feu Roi à Jean de Secondat, sieur de Rocques, et ordonnant qu'il touchera également les arrérages de ladite rente échus depuis onze ans et demi.

Ms. fr. 18159, f° 440 v°.

1727. — Arrêt renvoyant aux gens des Comptes la requête de Jean de Secondat, tendant à obtenir remboursement de la finance payée par son père, feu Mᵉ Pierre de Secondat, pour l'office de trésorier de France dans la généralité établie à Villeneuve-de-Rouergue, en 1557, et supprimée aussitôt après.

Ms. fr. 18159, f° 441 r°.

1728. — Arrêt ordonnant le remboursement d'une somme de 1,833 écus 1/3, fournie, sous forme de prêt, par Pierre Tireul, Nicolas Duval, Toussaint Lebau et autres bourgeois de Pont-Audemer.

Ms. fr. 18159, f° 441 r°.

1729. — Arrêt donnant décharge au sieur de Rochefort, gouverneur d'Avallon et de Vézelay, d'une somme de 355 écus, qu'il n'avait pu porter en recette dans le compte par lui soumis à la Chambre des comptes.

Ms. fr. 18159, f° 441 v°.

1730. — Arrêt décidant que la taxe pour confirmation d'office imposée aux officiers et privilégiés des corporations d'arts et métiers du royaume ne pourra excéder celle qui leur fut imposée pour les confirmations précédentes.

Ms. fr. 18159, f° 442 r°.

1731. — Arrêt établissant à Civray, en Poitou, un vice-sénéchal, un lieutenant, un greffier et douze archers, et nommant audit office de vice-sénéchal Jean Sasserye, écuyer, sieur de Beaulieu, ci-devant vice-sénéchal de Poitou.

Ms. fr. 18159, f° 442 r°.

1732. — Arrêt faisant remise de diverses sommes à Martial de La Roche, dit Vauzelle, maître particulier de la monnaie de Limoges, attendu qu'il a été volé, et n'a pu battre monnaie pendant la contagion qui a sévi dans cette ville, de 1584 à 1586.

Ms. fr. 18159, f° 442 r°.

1733. — Arrêt renvoyant au parlement de Rouen une requête des habitants de Louviers, tendant à ce que les rentes par eux constituées fussent déclarées «de telle nature, que celles créées sur le domaine de Paris et de Rouen».

Ms. fr. 18159, f° 442 v°.

1734. — Arrêt faisant remise aux habitants de Chenoise de la moitié des tailles de 1593 et d'une portion des tailles de 1595 à 1597.

Ms. fr. 18159, f° 442 v°.

1735. — Arrêt maintenant Guy Blondeau en l'état de grand maître enquêteur et général réformateur des eaux et forêts de la province de Bourgogne, et faisant défense au sieur Du Roussay de rien entreprendre sur le département dudit Blondeau.

Ms. fr. 18159, f° 443 r°.

1736. — Arrêt ordonnant aux héritiers du sieur d'O de remettre ès mains de l'archevêque de Bourges, grand aumônier du Roi, les ornements de la chapelle du feu Roi, qui devront être employés pour la chapelle ordinaire de Sa Majesté.

Ms. fr. 18159, f° 443 r°.

1737. — Arrêt révoquant toutes les commissions expédiées pour la levée des crues extraordinaires de l'élection de Saintes, pendant la prochaine année 1595, ordonnant une enquête sur les exactions et pillages commis audit pays depuis les troubles, enjoignant aux gens de guerre de vider les châtellenies de Barbezieux et de Berneuil, et pardonnant aux habitants desdites châtellenies, qui «se seroient assemblez en armes».

Ms. fr. 18159, f° 443 v° et 451 v°.

1738. — Arrêt révoquant toutes les commissions expédiées pour la levée des crues extraordinaires de l'élection d'Angoulême, pendant la prochaine année 1595, et ordonnant une enquête sur les « exactions pilleries et autres excez » commis audit pays depuis les troubles.

Ms. fr. 18159, f°° 444 v° et 450 r°.

1739. — Arrêt maintenant Isaac Thuriot en l'office de receveur des tailles en l'élection de Paris, à condition qu'il remboursera la finance payée par Richard Bugrand, précédemment pourvu du même office.

Ms. fr. 18159, f° 450 v°.

1740. — Arrêt maintenant Jean de Vienne en l'office de grènetier au grenier à sel de Chaumont-en-Bassigny, à condition qu'il remboursera la finance payée par Jacques Le Moyne, pourvu par le Roi du même office.

Ms. fr. 18159, f° 451 r°.

1594, 20 novembre. — Saint-Germain-en-Laye.

1741. — Arrêt ordonnant que la levée des 4,000 écus imposés sur la généralité de Bourges, pour l'entretien de l'équipage des vivres, au lieu de se faire en la présente année, sera renvoyée au premier quartier de l'année 1595.

Ms. fr. 18159, f° 452 v°.

1594, 22 novembre. — Saint-Germain-en-Laye.

1742. — Arrêt ordonnant de lever sur les greniers à sel de la généralité de Rouen la taxe de 3 deniers par minot de sel, établie sur tous les greniers du royaume par la déclaration en date du 27 août 1587.

Ms. fr. 18159, f° 453 r°.

1743. — « Estat des articles restans à résoudre par le Roy et nosseigneurs de son Conseil, présentés par le sieur baron de Dampmartin, colonnel des reîtres, » et réponses du Conseil.

Ms. fr. 18159, f° 453 v°.

1594, 24 novembre. — Saint-Germain-en-Laye.

1744. — Arrêt interdisant au trésorier de l'É-

pargne de donner aucune assignation « sur les deniers proceddans du commerce de la généralité [et] de la ville de Paris », avant l'entier payement des 37,500 écus dus par le Roi au sieur Cenamy.

Ms. fr. 18159, f° 453 v°.

1745. — Arrêt ordonnant aux receveurs généraux et particuliers désignés en la commission décernée aux sieurs de Saint-Germain, Le Grand et de Bragelongne de dresser l'état au vrai « des saisies, arretz ou empeschemens faicts des parties employées ès comptes par eulx rendus..., pour gaiges d'officiers, rentes constituées, etc. »

Ms. fr. 18159, f° 454 v°.

1746. — Arrêt ordonnant aux commissaires « députez pour faire estat des sommes qui se trouveront employées pour rentes constituées et charges de débetz de quittances et autres charges », de dresser également l'état « des parties employées pour fiefs et aulmosnes, gaiges d'officiers et autres, ès comptes des receveurs généraux et particuliers ».

Ms. fr. 18159, f° 455 r°.

1747. — Arrêt ordonnant à M° Bonnot, receveur général des finances à Paris, de payer, avant toute autre assignation, une somme de 6,000 écus au receveur et payeur des gages de Messieurs des Comptes.

Ms. fr. 18159, f° 455 v°.

1748. — Arrêt ordonnant que, par suite de la suppression de l'élection de la Flèche, en 1593, et de la réunion de plusieurs paroisses à l'élection du Mans, la taxe de 500 écus imposée aux deux receveurs de la Flèche, pour augmentation de gages et pour confirmation du droit de recette des deniers extraordinaires, sera payée par les trois receveurs de l'élection du Mans.

Ms. fr. 18159, f° 455 v°.

1749. — Arrêt maintenant au taux du denier dix, nonobstant une ordonnance des trésoriers de France à Tours, la taxe imposée aux receveurs des tailles de la généralité de Tours, en vertu de l'édit de mars 1594.

Ms. fr. 18159, f° 456 r°.

1750. — Arrêt ordonnant au trésorier de l'Épargne de payer à Mᵉ Louis Belle, receveur général du taillon à Paris, une somme de 150 écus, pour frais de voyages et de transport de deniers.

Ms. fr. 18159, f° 456 v°.

1751. — Arrêt ordonnant aux trésoriers de France de faire verser ès mains des receveurs les deniers des tailles et crues des années 1589 à 1592, payés par les habitants de diverses élections aux collecteurs des tailles, et retenus par ces derniers, sous prétexte que Sa Majesté aurait accordé remise des restes desdites tailles.

Ms. fr. 18159, f° 456 v°.

1752. — Réponses du Conseil aux remontrances présentées par le sieur de Malicorne, gouverneur du Poitou :

1° Sur le payement des restes des crues des garnisons;

2° Sur le payement des gens de guerre;

3° Sur le recouvrement des restes des années précédentes, détenus par certains collecteurs de paroisses;

4° Sur la levée des crues des garnisons;

5° Sur les inégalités commises dans la levée de l'impôt sur le bois et la chandelle.

Ms. fr. 18159, f° 547 r°.

1753. — Arrêt accordant à Pierre Civelz, à Jacques Daniel et à Laurent Couchers remise de la moitié du prix de leurs fermes du huitième du vin, du poisson et de la taxe du bois en la ville de Beauvais, « ayant esté ladite ville blosquée de toutes partz par les garnisons des villes et chasteaulx des environs estant soubz l'obéissance de Sa Majesté ».

Ms. fr. 18159, f° 458 v°.

1754. — Arrêt accordant aux habitants de Malay-le-Vicomte remise d'un tiers de leurs tailles pendant trois ans, attendu les ruines par eux souffertes, « tant au passage, séjour des gens de guerre, que à la prinse et reprinse de ladite ville, faicte à trois diverses fois, tant par le feu sieur de Sautour, que par les sieurs de Guise et de La Chastre, ayant entièrement ruyné ladite ville, tellement que, de 600 feuz qu'ilz estoient, sont venuz à moins de 200 ».

Ms. fr. 18159, f° 458 v°.

1755. — Arrêt accordant à Simon Langles, fermier de l'ancien subside de 5 sols par muid de vin entrant à Beauvais, remise d'un tiers du prix de sa ferme pendant un an.

Ms. fr. 18159, f° 459 r°.

1756. — Arrêt accordant aux religieux de Ferrières-Gâtinais surséance de six mois pour la moitié des décimes qui leur sont réclamées.

Ms. fr. 18159, f° 459 r°.

1757. — Arrêt accordant aux élus, receveurs, contrôleurs, greffiers et autres officiers de l'élection de Saintes, remise de moitié de la taxe pour confirmation d'office, à condition qu'ils payeront l'autre moitié comptant.

Ms. fr. 18159, f° 459 r°.

1758. — Arrêt ordonnant que Mᵉ François Rogier, procureur général au parlement de Bretagne, sera payé, sur le produit des amendes, lods et ventes, et autres deniers extraordinaires de ladite province, d'une somme de 266 écus 2/3, à lui due comme héritier de feu Mᵉ Jean Rogier, son père.

Ms. fr. 18159, f° 459 v°.

1759. — Arrêt accordant à Mᵉ François Rogier, procureur général au parlement de Bretagne, la moitié des gages attachés à l'office d'avocat général audit parlement, qu'il a rempli seul pendant le mois de février 1593.

Ms. fr. 18159, f° 459 v°.

1760. — Arrêt permettant à Nicolas Bossu, adjudicataire du grenier à sel de Soissons et de Coucy, « de prendre des ennemys telles lettres et provisions qu'il advisera, à la charge que, se de leur part il luy estoit pris aulcun sel ou denier, il n'en pourra prétendre recours sur le Roy ».

Ms. fr. 18159, f° 459 v°.

1761. — Arrêt semblable en faveur de Jean Standon, adjudicataire des greniers à sel de Dijon, Beaune, Nuits, Pouilly et Arnay-le-Duc.

Ms. fr. 18159, f° 460 r°.

1762. — Arrêt ordonnant à Mᵉ Jean Bourlon, receveur général des gabelles en la généralité de Paris, de « faire prandre, par forme d'advance, aux plus prochains greniers de ladite généralité », une somme de 7,000 écus, pour le service du Roi.

Ms. fr. 18159, f° 460 r°.

1763. — Arrêt portant assignation d'une somme de 1750 écus, faisant partie des 3,000 écus « qui ont esté, ce matin, ordonnez au trésorier général de l'Artillerie », pour achat de munitions et de voitures.

Ms. fr. 18159, f° 460 r°.

1764. — Arrêt ordonnant aux trésoriers de France à Tours de remettre en adjudication la ferme de la crue d'Ingrande.

Ms. fr. 18159, f° 460 v°.

1765. — Arrêt établissant une taxe de 2 écus sur chaque muid de blé conduit à Paris par Corbeil et par Meaux, afin de pourvoir au payement d'une somme de 100,000 écus, faisant partie d'une plus grande somme promise, par le traité de Paris, au maréchal de Brissac.

Ms. fr. 18159, f° 460 v°.

1766. — Arrêt attribuant une portion du domaine au maréchal de Brissac, jusqu'à concurrence d'une somme de 120,000 écus, à lui promise.

Ms. fr. 18159, f° 461 r°.

1767. — Arrêt confirmant les lettres patentes du 23 août dernier, et révoquant de nouveau les lettres de surséance accordées à divers bénéficiers, pour le payement des taxes destinées au remboursement de 250,000 écus, que le sieur Sardini avait fournis au feu Roi, pour le compte du clergé de France.

Ms. fr. 18159, f° 461 r°.

1768. — Arrêt renvoyant aux trésoriers de France à Paris une requête des habitants de Rozoy-en-Brie, demandant à être déchargés de toute contribution aux dépenses des fortifications de Melun et de Meaux, attendu qu'ils ont déjà été taxés pour les fortifications de Provins.

Ms. fr. 18159, f° 462 r°.

1769. — Arrêt ordonnant que M° Philippe de Castille, receveur général du clergé, recevra, en payement des décimes dues par les religieuses de Maubuis-son, les quittances des arrérages de rentes à elles dus par Sa Majesté.

Ms. fr. 18159, f° 462 r°.

1770. — Arrêt accordant aux habitants d'Ivry (?) une remise de deux années de tailles, à départir en six.

Ms. fr. 18159, f° 462 r°.

1771. — Arrêt ordonnant que lettres de provision de l'office de second président en l'élection d'Abbeville seront octroyées à Arthur Boucher, s'il est avéré qu'il ait financé, en 1587, aux Parties casuelles, pour l'office de second président en l'élection de Saintes.

Ms. fr. 18159, f° 462 v°.

1772. — Arrêt accordant au vice-bailli de Gisors quatre archers, outre les huit qu'il a sous ses ordres, pour l'aider à purger le pays « des voleurs et malvivans ».

Ms. fr. 18159, f° 462 v°.

1773. — Arrêt ordonnant que le sieur de Piepape, gouverneur de Saint-Florentin, sera assigné de la somme « à quoy revient la levée de 15 solz pour mynot de sel vendu et débité durant l'année présente », en déduction de ce qui lui a été reconnu dû par lettres patentes du 1er avril dernier.

Ms. fr. 18159, f° 463 r°.

1774. — Arrêt ordonnant que Jean Dupont sera pourvu de l'office de garde des prisons de Vaucouleurs, à lui accordé par brevet du 19 octobre dernier.

Ms. fr. 18159, f° 463 r°.

1775. — Arrêt ordonnant que lettres de déclaration seront expédiées aux officiers du parlement de Bourgogne, pour que l'assignation de leurs gages leur soit donnée, comme par le passé, sur les gabelles de la généralité, et décidant qu'il sera pourvu, par l'état dressé au commencement de l'année prochaine, au payement de l'arriéré de leurs gages.

Ms. fr. 18159, f° 463 r°.

1776. — « Ont esté veues et respondues » les remontrances présentées par les syndic et officiers du comté d'Astarac.

Ms. fr. 18159, f° 463 v°.

1777. — Arrêt ordonnant de rembourser au sieur de Chambaud, maréchal de camp ès armées de Languedoc et capitaine de cinquante hommes d'armes des ordonnances du Roi, les sommes par lui avancées pour la solde et pour l'entretien de sa compagnie.

Ms. fr. 18159, f° 463 v°.

1778. — Arrêt dispensant les habitants de l'élection de Chaumont et Magny de contribuer à la taxe imposée, en la généralité de Rouen, pour la réduction des villes et châteaux de Neufchâtel, Tancarville et Tombelaine, attendu qu'ils ont supporté seuls les charges occasionnées par les fortifications et l'entretien de la garnison de Pontoise, auxquelles auraient dû contribuer les autres habitants de la province de Normandie.

Ms. fr. 18159, f° 464 r°.

1779. — Arrêt accordant une somme de 600 écus à M° Gilles Boutaud, receveur des tailles en l'élection de Vendôme, pour l'indemniser de ses pertes et de la rançon par lui payée aux Ligueurs, qui l'avaient fait prisonnier dans l'exercice de sa charge.

Ms. fr. 18159, f° 464 v°.

1780. — Arrêt accordant aux héritiers de feu François Nivelet, sergent-bailliager à Montmorillon, décharge d'une somme de 830 écus 20 sols, déposée chez ledit Nivelet par les receveurs des tailles de Poitiers, et volée par les rebelles qui prirent la ville de Parthenay, le 6 octobre 1589.

Ms. fr. 18159, f° 464 v°.

1781. — Arrêt ordonnant d'expédier à Laurent Salé, sergent à verge au Châtelet, lettres d'ampliation pour exercer son office, attendu qu'il en a payé la finance dès l'année 1586.

Ms. fr. 18159, f° 465 r°.

1782. — Arrêt faisant remise aux habitants de Vernon de moitié de la subvention des villes closes.

Ms. fr. 18159, f° 465 r°.

1783. — Arrêt accordant à Nicolas Carière, résignataire d'un office de sergent royal, priseur-vendeur des biens en la châtellenie de Compiègne, lettres d'ampliation pour exercer ledit office avec son autre office de sergent ancien morte-paye de la forêt de Cuise.

Ms. fr. 18159, f° 465 r°.

1784. — Arrêt accordant à M° Étienne Bologne, aumônier ordinaire du Roi, abbé de Livry, remise des décimes dues antérieurement à sa nomination d'abbé.

Ms. fr. 18159, f° 465 v°.

1785. — Arrêt déchargeant M° Laurent Gillot, ci-devant abbé de Bourgueil, des décimes dues pour les années 1589 à 1593, pendant lesquelles les revenus de ladite abbaye ont été perçus par le cardinal de Bourbon.

Ms. fr. 18159, f° 465 v°.

1786. — Arrêt ordonnant au sieur de Saumery, trésorier de France à Blois, de mettre en adjudication l'étang de Pigelée, ainsi que 50 arpents de terres vagues situées près de la forêt de Blois, et, s'il n'est point fait d'enchères, de les adjuger à Blaise de Verneson, secrétaire des finances.

Ms. fr. 18159, f° 465 v°.

1787. — Arrêt accordant aux habitants de Gerzat remise de trois années de tailles.

Ms. fr. 18159, f° 466 r°.

1788. — Arrêt réglant le remboursement d'une somme de 4,500 écus, avancée au Roi par le sieur de La Corbinière, en mars 1593.

Ms. fr. 18159, f° 466 v°.

1789. — Arrêt accordant aux habitants de Suresnes remise du quart de leurs tailles pendant quatre ans.

Ms. fr. 18159, f° 466 v°.

1790. — Arrêt accordant aux habitants de la Ferté-Milon et des villages environnants, «jusques à deux lieues à la ronde», remise de deux années de tailles à départir en quatre.

Ms. fr. 18159, f° 466 v°.

1791. — Arrêt prolongeant de deux mois la surséance accordée, par arrêt du 25 (*lisez* 26) août 1594 (n° 1320), à Sébastien Gaude, sous-fermier du nouveau subside de 5 sous par muid de vin, levé dans la généralité de Paris.

Ms. fr. 18159, f° 467 r°.

1792. — Arrêt accordant aux adjudicataires des greniers à sel de la Ferté-Bernard et du Mans une augmentation de 2 sols par minot sur le prix de marchand, pour leur permettre de faire venir le sel par la voie de Caen, au lieu de le conduire par la Loire et la Sarthe, ces rivières traversant le pays occupé par le duc de Mercœur et « ses complices ».

Ms. fr. 18159, f° 467 r°.

1793. — Arrêt donnant assignation au duc de Nevers d'une somme de 110,437 écus 33 sols, par lui prêtée au Roi en plusieurs fois.

Ms. fr. 18159, f° 467 v°.

1594, 25 novembre. — Saint-Germain-en-Laye.

1794. — Arrêt ordonnant de remettre au sieur de Ris, conseiller d'État, toutes les pièces relatives au différend pendant entre Maurice de Grand, Paul Ruget et Hugues de Lestre, au sujet de l'office de prévôt à Chaumont-en-Bassigny.

Ms. fr. 18159, f° 469 v°.

1594, 26 novembre. — Saint-Germain-en-Laye.

1795. — Arrêt maintenant Hugues Granet en l'office d'élu en l'élection de Clermont, en Auvergne.

Ms. fr. 18159, f° 468 v°.

1796. — Arrêt autorisant Jean Dumantet, clerc au greffe du parlement de Bordeaux, et Dominique de Tollis, ci-devant receveur des tailles de Périgord, à faire, à leur profit, le remboursement des sommes payées pour l'achat et le tiercement des offices de clercs civil et criminel au greffe dudit parlement.

Ms. fr. 18159, f° 469 r°.

1797. — Arrêt accordant une somme de 1,700 écus à Claude Bourgeois, sieur de Crespy, président au parlement de Bourgogne, pour avoir exercé, pendant dix-sept mois, l'office d'intendant des finances auprès de l'armée du maréchal d'Aumont.

Ms. fr. 18159, f° 469 v°.

1798. — Arrêt ordonnant que, conformément aux articles secrets accordés au sieur de Villars pour la réduction des villes de Rouen, du Havre et autres, le sieur d'O rendra à Me Philippe Des Portes, abbé de Tiron, les papiers appartenant au sieur Des Portes-Branliers, son frère, saisis à Tours par Me Pierre Lugoly, lieutenant du prévôt de l'Hôtel.

Ms. fr. 18159, f° 470 r°.

1799. — Arrêt ordonnant que, conformément aux lettres patentes du 3 août 1593, les sommes dues à la duchesse de Longueville seront assignées sur les ventes ordinaires des bois faites en la forêt de Lyons pendant la présente année.

Ms. fr. 18159, f° 470 v°.

1800. — Arrêt relatif au remboursement d'une somme de 10,200 écus 18 sols due au sieur de La Force, capitaine des gardes du Roi, pour l'entretien des garnisons du Périgord et de l'Agenais.

Ms. fr. 18159, f° 471 r°.

1801. — Arrêt ordonnant de délivrer aux Chartreux de Bourg-Fontaine l'arriéré des 5 setiers de sel qu'ils ont droit de prendre, chaque année, sur le grenier de la Ferté-Milon.

Ms. fr. 18159, f° 471 r°.

1802. — Arrêt prorogeant jusqu'au 31 janvier le délai accordé à Me Gabriel Huz, trésorier des États de Bretagne, pour comparoir au Conseil et répondre sur les faits de sa charge.

Ms. fr. 18159, f° 471 r°.

1803. — Arrêt accordant à Nicolas Gien, fermier du vingtième du vin en la ville de Beauvais, remise d'un tiers du prix de sa ferme.

Ms. fr. 18159, f° 471 v°.

1804. — Arrêt ordonnant au trésorier de l'Épargne de rembourser à Me Côme Goupil les sommes qu'il est condamné à payer, par arrêt du Parlement, pour avoir voulu, en vertu du traité conclu pour la réduction de Poitiers, rentrer en un office de conseiller au présidial de Tours, lequel avait été précédemment supprimé par arrêt du même parlement.

Ms. fr. 18159, f° 471 v°.

1805. — Arrêt réglant le payement de deux quar-

tiers de la solde due à la compagnie du sieur de Larchant.

Ms. fr. 18159, f° 472 r°.

1806. — Arrêt renvoyant au juge royal de Rieux
la requête de M° Jean Potier, sieur de La Terrasse,
maître des requêtes ordinaire de l'Hôtel, tendant à
obtenir l'autorisation d'établir un péage sur la Garonne,
pour l'entretien de la chaussée des moulins qu'il possède sur ladite rivière.

Ms. fr. 18159, f° 472 v°.

1807. — Arrêt réglant à 23,000 écus la somme
due à M° Louis de Foix, valet de chambre et ingénieur
du Roi, pour les travaux supplémentaires par lui exécutés au Boucau et au havre neuf de Bayonne, et non
spécifiés dans le contrat fait par Charles IX, en 1572.

Ms. fr. 18159, f° 472 v°.

1808. — Arrêt ordonnant l'exécution de l'édit de
mai 1586, portant érection en titre d'offices des
charges de substituts des procureurs et d'adjoints aux
enquêtes, dans tous les bailliages, sénéchaussées, prévôtés, élections, et autres cours royales.

Ms. fr. 18159, f° 473 r°, et AD I 115, n° 20.

1809. — Arrêt ordonnant que demoiselle Marguerite Sauvat, veuve de M° Germain Le Charron,
trésorier général de l'Extraordinaire des guerres, en
son nom, et comme tutrice de ses enfants, sera tenue
en surséance envers les créanciers de son mari, pour
toutes les obligations par lui contractées pour le service du feu Roi.

Ms. fr. 18159, f° 473 v°.

1594, 27 novembre. — Saint-Germain-en-Laye.

1810. — Arrêt réglant le payement des arrérages
de rente dus à Louise de L'Hospital, dame de Se-
myères.

Ms. fr. 18159, f° 474 r°.

1811. — Arrêt déchargeant la veuve de M° Germain Le Charron du payement d'une rente pour
laquelle son mari s'était obligé envers le sieur Claude
Pinart, secrétaire d'État, et ordonnant que ladite rente
sera acquittée par le Roi, jusqu'à remboursement du

capital, « comme estant sa propre debte faicte et con-
tractée pour son service ».

Ms. fr. 18159, f° 474 v°.

1812. — Arrêt portant création d'un office de conseiller au parlement de Toulouse, en faveur de M° Her-
mann Sevyn.

Ms. fr. 18159, f° 475 v°.

1813. — Arrêt maintenant M° Jean Bardeau en
l'office de garde du scel royal au bailliage de Provins,
nonobstant les lettres de provision de même office
obtenues, de la duchesse de Nemours, par M° François Croizet.

Ms. fr. 18159, f° 476 r°.

1814. — Arrêt faisant défense à la cour des aides
de Normandie d'assigner par devant elle les receveurs
des tailles des élections d'Alençon, Mortagne, Argentan, Verneuil et Valognes qui procèdent au recouvrement des tailles de l'année 1592, conformément
à l'arrêt du 21 mai 1594 (n° 798).

Ms. fr. 18159, f° 476 v°.

1594, 28 novembre. — Saint-Germain-en-Laye.

1815. — Arrêt maintenant la taxe de 10 sols par
minot vendu au grenier à sel de Dreux, jusqu'à l'entier payement des 1,000 écus que ladite ville a été
condamnée à payer à M° Pierre Corbonnois, par arrêt
du Conseil privé du 22 novembre dernier.

Ms. fr. 18159, f° 477 v°.

1816. — Arrêt ordonnant que les terres de Dourdan, Neuilly-Saint-Front, Oulchy-le-Château, seront
adjugées, à faculté de rachat perpétuel, au colonel de
Diesbach, en payement d'une somme de 260,000 écus,
à lui due pour l'entretien de son régiment pendant les
dernières années.

Ms. fr. 18159, f° 490 r°.

1594, 30 novembre. — Saint-Germain-en-Laye.

1817. — Arrêt réglant le remboursement d'une
somme de 6,000 écus prêtée au Roi par Claude Mes-
nardeau, sieur de Beaumont, maître des requêtes ordinaire de l'Hôtel.

Ms. fr. 18159, f° 478 r°.

1818. — Arrêt maintenant Mᵉ Thomas Morant en un office de notaire et secrétaire du Roi, maison et couronne de France, et attribuant à Mᵉ Jean Hallé, ci-devant pourvu du même office, une somme de 2,000 écus, à titre de dommages-intérêts.

Ms. fr. 18159, fᵒ 478 vᵒ.

1594, 10 décembre. — Paris.

1819. — Arrêt ordonnant que « ceux qui, pendant les troubles, ont levé les décimes et autres deniers imposez sur les bénéficiers des diocèzes de Périgueulx et de Sarlat, rendront compte desdits deniers par devant les évesques et députez de chacun desdits diocèzes..., pour, ce faict, lesdicts comptes estre envoiez au Conseil..., et, iceulx veuz par deux conseillers d'Estat, l'un ecclésiasticque et l'autre lay, à leurs rapportz ordonné sur la validation des parties emploiées et la despense d'iceulx, s'il y éschet ».

Ms. fr. 18159, fᵒ 479 rᵒ.

1820. — Arrêt renvoyant par-devant le Grand Conseil l'action en dommages-intérêts intentée par le sieur de Rebetz et frère Nicolas Legendre, soi-disant prieurs de Saint-Sauveur, à Bray-sur-Seine, contre le sieur de Chaumont, gouverneur d'Auxerre, lequel tient garnison audit prieuré, pour le service du Roi.

Ms. fr. 18159, fᵒ 479 rᵒ.

1821. — Arrêt accordant une remise de tailles aux habitants de Besse[-en-Chandesse].

Ms. fr. 18159, fᵒ 479 rᵒ.

1822. — Arrêt pourvoyant au payement d'une somme de 8,795 écus, due au baron de Beuvron, capitaine de cinquante hommes d'armes, pour la solde de sa compagnie.

Ms. fr. 18159, fᵒ 480 rᵒ.

1823. — Arrêt renvoyant au comte d'Auvergne l'examen d'une requête présentée par la dame de Pontgibaud, pour obtenir le payement d'une somme de 340 écus, montant de la solde du capitaine et des vingt soldats tenant garnison au château de Pontgibaud.

Ms. fr. 18159, fᵒ 480 rᵒ.

1824. — Arrêt accordant aux habitants de Coulommiers des lettres de validation pour une levée de 3,000 écus faite en mai 1592, lors du passage de l'armée espagnole, afin d'empêcher le pillage de ladite ville.

Ms. fr. 18159, fᵒ 480 vᵒ.

1825. — Arrêt ordonnant et réglant le payement d'une somme de 1,100 écus, accordée à Hercule Penchèvres, pour la fourniture de 50 pipes de vin destinées à la garnison de Sablé, et enlevées par l'ennemi, lors de la surprise de ladite place.

Ms. fr. 18159, fᵒ 480 vᵒ.

1826. — Arrêt accordant à François Greffier, adjudicataire de la ferme du pied fourché en la ville de Beauvais, remise d'un quart du prix de sa ferme.

Ms. fr. 18159, fᵒ 480 vᵒ.

1827. — Arrêt accordant à Nicolas de Sayne, conseiller au Grand Conseil, un office de conseiller au parlement de Bourgogne, vacant par la mort de de Mᵉ Isaac Bretaigne, nonobstant la résignation faite par le défunt en faveur de Mᵉ Jacques Siflot.

Ms. fr. 18159, fᵒ 481 rᵒ.

1828. — Arrêt accordant une somme de 1,200 écus à demoiselle Marguerite Mesnager, veuve du sieur d'Allebourg, premier médecin du Roi.

Ms. fr. 18159, fᵒ 481 rᵒ.

1829. — Arrêt renvoyant aux trésoriers de France à Châlons une requête présentée par Nicolas Roze et autres sergents royaux, demeurant à Châteauvillain.

Ms. fr. 18159, fᵒ 481 rᵒ.

1830. — Arrêt ordonnant le payement d'une somme de 325 écus, due à Alexandre Lalande, pour fournitures faites à l'armée de Bretagne.

Ms. fr. 18159, fᵒ 481 vᵒ.

1831. — Arrêt renvoyant au Grand Conseil le procès intenté au sieur de Chanlivault par le neveu du cardinal de Pelvé, à raison des fruits du prieuré de Saint-Sauveur [à Bray-sur-Seine], « duquel ledit sieur s'est saisi, par le commandement de Sa Majesté ».

Ms. fr. 18159, fᵒ 481 vᵒ.

1832. — Arrêt ordonnant que Pierre Colaye (?) sera remboursé de la finance par lui payée pour un office d'élu en l'élection d'Issoudun, laquelle a été supprimée.

Ms. fr. 18159, f° 481 v°.

1833. — Avis du Conseil renvoyant au Conseil de Navarre une requête présentée par Imbert de Diesbach, colonel du régiment de Berne, afin d'obtenir payement d'une somme de 24,000 écus, due aux capitaines du canton de Berne depuis l'an 1586.

Ms. fr. 18159, f° 481 v°.

1834. — Arrêt accordant à Gaspard Malherbe, fermier des 4 deniers pour livre destinés aux fortifications de Beauvais, remise de la moitié du prix de sa ferme.

Ms. fr. 18159, f° 482 r°.

1835. — Arrêt accordant à Gaspard Malherbe, fermier des huitième et vingtième de Notre-Dame-du-Thil, Gerberoy, Marseille[-le-Petit], Fercourt, etc., remise de la moitié du prix de sa ferme.

Ms. fr. 18159, f° 482 r°.

1836. — Arrêt accordant aux habitants de Bourges, sur les deniers qui se lèvent « pour l'entretènement de la navigation », une somme de 1,000 écus, qui devra être employée « aux réparations et réfections » nécessaires audit entretènement.

Ms. fr. 18159, f° 482 v°.

1837. — Arrêt accordant à M° Antoine Payot, pourvu d'un office de conseiller nouvellement créé, et depuis supprimé, un office de conseiller au Grand Conseil, vacant par la mort de M° de Brou, à condition qu'il avancera au Roi une somme de 1,000 écus.

Ms. fr. 18159, f° 482 v°.

1838. — Arrêt ordonnant que Madeleine de Crèvecœur, veuve du sieur de Vuideville, et Florimond de Croizil, adjudicataires des greffes du présidial de Blois, seront mis en possession desdits greffes, après avoir remboursé les 4,050 écus payés par les ayants droit du sieur Du Plessis-Mornay, à qui lesdits greffes avaient été précédemment adjugés.

Ms. fr. 18159, f° 482 v°.

1839. — Arrêt ordonnant le remboursement d'une somme de 282 écus 48 sols, prêtée par M° Gallerand Gaillard, avocat du Roi au bailliage de Blois, pour le payement de la garnison de ladite ville.

Ms. fr. 18159, f° 483 r°.

1840. — Arrêt ordonnant aux président et trésorier de France à Châlons de faire jouir les habitants de Saint-Mards-en-Othe de la remise de tailles à eux accordée, et de leur faire rendre le bétail à eux pris par le capitaine La Mothe.

Ms. fr. 18159, f° 483 r°.

1841. — Arrêt réglant la possession d'un office de grand maître enquêteur des eaux et forêts ès provinces de Guyenne, Poitou, Saintonge, Angoumois, Berry, Orléans et Blois, dont avaient été pourvus concurremment Jean Du Houssay, sieur de Laborde, et M° André d'Alesso.

Ms. fr. 18159, f° 483 r°.

―――――

1594, 13 décembre. — Paris.

1842. — Avis du Conseil déclarant que les arrérages dus aux personnes qui ont des droits d'usage sur les forêts du département de Paris, et qui n'ont pu en jouir par suite des troubles, doivent être payés par Sa Majesté, « ne pouvant icelles forests porter le payement desdits arréraiges, sans estre entièrement ruynées et dépopulées ».

Ms. fr. 18159, f° 484 v°.

1843. — « Ont été veues et respondues » les remontrances présentées par les habitants de Rouen.

Ms. fr. 18159, f° 484 v°.

1844. — Arrêt renvoyant aux trésoriers de France et aux maîtres des eaux et forêts une requête présentée par le sieur de Saint-Martin, engagiste de la seigneurie de Tremblevif, pour être autorisé à défricher 60 arpents de buissons.

Ms. fr. 18159, f° 484 v°.

1845. — Arrêt accordant surséance à M° Pierre Louvet, abbé d'Huiron, pour le payement des décimes par lui dues, et ordonnant que le sieur de Mutiny sera mandé au Conseil, pour se voir condamner à restituer les fruits perçus, et à réparer les dégâts commis en ladite abbaye, depuis l'année 1589.

Ms. fr. 18159, f° 485 r°.

1846. — Arrêt ordonnant que toute personne pourvue d'un des offices de receveurs généraux ou particuliers des gabelles établis en Languedoc par l'édit d'octobre 1593, et qui aura payé finance, conformément audit édit, sera dispensée du supplément de finance imposé par les lettres patentes du 18 octobre 1594.

Ms. fr. 18159, f° 485 r°.

1594, 15 décembre. — Paris.

1847. — Arrêt confirmant l'incorporation à l'élection de Dreux des paroisses de la baronnie de Châteauneuf-en-Thymerais, ci-devant comprises en l'élection de Verneuil, et commettant deux trésoriers de France, avec les présidents desdites élections, pour régler cette distraction de la façon la plus équitable.

Ms. fr. 18159, f° 484 r°.

1594, 20 décembre. — Paris.

1848. — Arrêt ordonnant au maître particulier des eaux et forêts du bailliage de Troyes de délivrer à Nicolas Corberon, pour la réparation du moulin à poudre de ladite ville, 25 pieds de chêne à prendre dans la forêt de Romilly, nonobstant l'opposition des religieux de Molesme.

Ms. fr. 18159, f° 485 v°.

1849. — Arrêt accordant à Mathurin Coste, fermier du huitième de diverses paroisses en l'élection de Châteaudun, remise de son bail, et ordonnant une nouvelle mise en adjudication de ladite ferme.

Ms. fr. 18159, f° 486 r°.

1850. — Arrêt modérant à 64 minots la taxe de 100 minots de sel imposée aux habitants de Gonnord.

Ms. fr. 18159, f° 486 r°.

1851. — Arrêt portant nouvelle assignation d'une somme de 500 écus due à Gabriel Goutereau, sieur de La Regnardière.

Ms. fr. 18159, f° 486 r°.

1852. — Arrêt accordant à Hercule Chappelier, receveur des tailles en l'élection de Blois, surséance d'un quartier des tailles de l'année 1593.

Ms. fr. 18159, f° 486 v°.

1853. — Arrêt ordonnant « que les deniers provenans des imposts du sel restans à lever en Picardie, jusques au jour que les villes ont esté réduites en l'obeissance du Roy, dont sera dressé estat par les officiers de chacun grenier, seront receuz par Mᵉ Claude Gohory, receveur général desdicts greniers à sel dudit pays », et que sur iceux seront payées les rescriptions ci-devant expédiées sur Jean Aguesseau, commis à la recette générale desdits greniers.

Ms. fr. 18159, f° 486 v°.

1854. — Arrêt supprimant l'office de payeur du prévôt provincial d'Anjou, et ordonnant que la finance payée par Jacques Bernardin, titulaire dudit office, sera remboursée aux frais des contribuables du pays d'Anjou.

Ms. fr. 18159, f° 486 v°.

1855. — Arrêt portant aliénation d'une place de clerc du greffe civil et criminel de la prévôté d'Entre-deux-Mers, en faveur de Pierre Duportal, secrétaire ordinaire de la Chambre.

Ms. fr. 18159, f° 487 r°.

1594, 22 décembre. — Paris.

1856. — Arrêt réglant la levée et l'emploi de la taxe du ban et de l'arrière-ban, dans le Poitou, la Haute et la Basse-Marche.

Ms. fr. 18159, f° 487 r°.

1594, 24 décembre. — Paris.

1857. — Arrêt confirmant la commission donnée à Mᵉ Isaac Busnel pour effectuer la recette des taxes imposées aux anoblis, nonobstant les défenses des parlement, cour des aides et chambre des comptes de Rouen, et réservant au Conseil la connaissance des différends qui pourraient survenir à l'occasion de la perception desdites taxes.

Ms. fr. 18159, f° 489 v°.

1594, 26 décembre. — Paris.

1858. — Arrêt conforme à l'avis des « commissaires ordonnez par le Roy, près sa personne, sur le faict des biens des rebelles et Ligueurs », attribuant à M⁰ Pierre de Viloutreys, secrétaire des finances, 50 écus de gages par mois, pour le temps qu'il a vaqué aux expéditions ordonnées par ladite commission.

Ms. fr. 18159, f° 489 r°. Cf. ibid., f° 488 v°.

────────────

1594, 29 décembre. — Paris.

1859. — Arrêt accordant à Simon Rousseau, fermier du huitième de Saint-Germain-des-Prés, remise d'un demi-quartier de sa ferme.

Ms. fr. 18159, f° 491 r°.

1860. — Arrêt accordant à Jean Nicot, trésorier des menues affaires de la Chambre du Roi, « ung escu pour chacune poste du payement qu'il aura fait en l'année 1588, pour tous fraiz qu'il en pourra prétendre ».

Ms. fr. 18159, f° 491 r°.

1861. — Arrêt accordant à Pierre Rousseau, greffier de la prévôté de Melun, une remise de 50 écus sur le prix de sa ferme.

Ms. fr. 18159, f° 491 r°.

1862. — Arrêt réglant le payement des gages de Claude Pesrain et de Hubert Tannet, archers du prévôt des maréchaux de l'Ile-de-France.

Ms. fr. 18159, f° 491 v°.

1863. — Arrêt autorisant les habitants de la Réole à s'imposer de 1,000 écus, pour le remboursement du sieur Janvier.

Ms. fr. 18159, f° 491 v°.

1864. — Arrêt accordant une augmentation de gages au prévôt des maréchaux en l'élection de Blois et à ses lieutenants.

Ms. fr. 18159, f° 492 r°.

1865. — Arrêt autorisant les habitants d'Aubigny [-sur-Nère] à rembourser à M⁰ Jean Jaupitre son office d'élu particulier en ladite ville, moyennant quoi ledit office sera supprimé, et ledit « Jaupitre rendu contribuable en ladite paroisse, comme il estoit auparavant ».

Ms. fr. 18159, f° 492 r°.

1866. — Arrêt renvoyant aux trésoriers de France à Orléans une requête de Marie Le Sergent, veuve de René Payen, tendant à obtenir remise de 267 écus dus par son mari, pour une adjudication de bois dont la coupe n'a pu être faite, par suite des troubles.

Ms. fr. 18159, f° 492 v°.

1867. — Arrêt accordant à Pierre Foubert remise de ce qui est resté dû par son père sur l'adjudication du quatrième de la Bouille, de Caumont et de la Trinité-de-Thouberville.

Ms. fr. 18159, f° 492 v°.

1868. — Arrêt accordant aux habitants de Champtocé, Ingrande, Saint-Germain-des-Prés, Saint-Sigismond et Ville-Moisan modération de ce qu'ils doivent, pour les tailles et les gabelles, depuis l'an 1589.

Ms. fr. 18159, f° 492 v°.

1869. — Arrêt ordonnant au prévôt des maréchaux à Soissons de joindre à ses huit archers une troupe de seize soldats, pour purger le pays des voleurs et des Ligueurs réfugiés dans les forêts de Villers-Cotterets et de Compiègne.

Ms. fr. 18159, f° 493 r°.

1870. — Arrêt renvoyant aux maire et échevins de Beauvais une requête présentée par Thomas Le Clerc, sous-fermier du sol pour livre imposé sur la draperie de Beauvais, Mouy, Clermont, Mello et Chambly, pour obtenir une remise sur le prix de sa ferme.

Ms. fr. 18159, f° 493 v°.

1871. — Arrêt accordant aux habitants de Wailly, Tilloy, Velennes, Namps-au-Val, Fontaine-sur-Somme et Guizancourt remise d'une année et demie de tailles, à départir en trois.

Ms. fr. 18159, f° 493 v°.

1872. — Arrêt accordant à Gilles Alyot, adjudicataire du vingtième du vin vendu en gros en la ville de Crépy[-en-Valois], remise d'un tiers du prix de sa ferme.

Ms. fr. 18159, f° 493 v°.

1873. — Arrêt accordant une remise de tailles aux habitants de Charly, à raison de leurs pertes et des «grandes despences par eulx souffertes à la fortification dudit bourg, pour le conserver en l'obéissance du Roy».

Ms. fr. 18159, f° 494 r°.

1874. — Arrêt maintenant Me Christophe Jacquart en l'office de receveur général des gabelles en Picardie, à condition qu'il remboursera Me Claude Gohory, pourvu du même office par le duc de Mayenne.

Ms. fr. 18159, f° 494 r°.

1875. — Arrêt ordonnant que la rente jadis assignée, sur la recette de Nevers, au sieur de Chemerault, trésorier de France en Berry, lui sera dorénavant payée sur la recette de Bourges, comme il a été ordonné lors de la création de la généralité de Moulins.

Ms. fr. 18159, f° 494 v°.

1876. — Arrêt ordonnant le remboursement de la finance payée par Antoine Senèses pour un office de receveur des tailles à Issoire, dont il a été dépossédé par le rétablissement du sieur Anne Baille.

Ms. fr. 18159, f° 495 r°.

1877. — Arrêt évoquant au Conseil des parties le différend pendant entre Sébastien Zamet et Nicolas de Grandfilz, Jacques Le Nain, etc.

Ms. fr. 18159, f° 495 r°.

1878. — Arrêt accordant à Félix Panthou, adjudicataire, pour huit mois, des deux tiers de la taxe d'un écu par muid de vin entrant à Senlis, la remise d'un quart du prix de sa ferme.

Ms. fr. 18159, f° 495 v°.

1879. — Arrêt maintenant Robert Le Molinet et Jean Hameau en deux offices de receveur ancien et de receveur alternatif des aides et tailles en l'élection d'Alençon, avec faculté pour ledit Molinet de rembourser ledit Hameau, et à condition que le premier de ces deux offices qui deviendra vacant sera supprimé.

Ms. fr. 18159, f° 496 r°.

1594, 31 décembre. — Paris.

1880. — Arrêt réglant le licenciement du régiment de lansquenets de Hans Sedericq.

Ms. fr. 18159, f° 496 v°.

1881. — Arrêt accordant à Olympe Dufaur, veuve de Michel Hurault de L'Hospital, chancelier de Navarre, 400 écus pour partie des frais supportés par son mari «en la surintendance des deniers, pendant le siège de Paris».

Ms. fr. 18159, f° 498 r°.

1882. — Arrêt réglant le remboursement de 6,000 écus, pour lesquels le sieur Michel Hurault de L'Hospital s'était obligé, au nom du Roi, envers certains marchands de la Rochelle.

Ms. fr. 18159, f° 498 v°.

1883. — Arrêt ordonnant que les ecclésiastiques du diocèse d'Auxerre poursuivis en payement des sommes auxquelles ils ont été taxés, pour le remboursement du sieur Sardini, jouiront de la surséance générale ci-devant accordée au clergé du royaume.

Ms. fr. 18159, f° 498 v°.

1884. — Arrêt ordonnant à la Chambre des comptes de procéder à la vérification du bail de la comptablie de Bordeaux, adjugé à Pierre Hubert, et décidant que ladite comptablie sera remise aux enchères dans les six mois.

Ms. fr. 18159, f° 498 v°.

1885. — Arrêt réglant le payement d'une somme de 1591 écus 2/3, due au feu sieur Des Pruneaux, pour avoir servi de conseil au duc de Montpensier, en Bretagne.

Ms. fr. 18159, f° 499 r°.

1886. — Arrêt ordonnant que Jacques Le Hunart, ci-devant acquéreur du greffe ordinaire de Vermandois, au siège de Châlons, sera maintenu audit office, s'il paye la somme à laquelle monte le tiercement qui en a été fait.

Ms. fr. 18159, f° 499 r°

1887. — Arrêt autorisant Germain Symon, notaire au Châtelet, à résigner son office au profit du sieur Huart, sans payer finance.

Ms. fr. 18159, f° 499 v°.

1888. — « Ont esté veuz et respondus » les articles et remontrances présentés par les consuls et habitants de la ville d'Agen et du pays d'Agenais.

Ms. fr. 18159, f° 499 v°.

1889. — Arrêt donnant acte à Jean Charmolue, ancien sergent-major à Langres, d'une déclaration du sieur Du Châtelet, gouverneur de Langres, relative à certaine dénonciation par laquelle ledit Charmolue accusait Jean Roussat, lieutenant général à Langres, d'avoir fait fabriquer à Bâle de fausses clefs de ladite ville.

Ms. fr. 18159, f° 499 v°.

1595, 2 janvier. — Paris.

1890. — « L'estat de la despance des estrenes de la présente année a esté arresté... à la somme de 750 écus, et ordonnez estre paiez par le sieur trésorier de l'Espargne, Gobelin. » (Conseil des finances*.)

Clair. 653, p. 1.

1891. — « Plus, a esté aussy résolu un reiglement pour les taxes des voiages à faire en la présente année, pour lesquelz voiages ledit sieur trésorier de l'Espargne, Gobelin, reportera un estat, à la fin de la sepmaine, de ce qu'il aura paié pendant icelle, qui sera arresté audit Conseil, suivant le reiglement général. » (Conseil des finances.)

Clair. 653, p. 1.

1892. — Arrêt réglant le payement d'une pension de 800 écus accordée au sieur Gilles de Maize, par brevet du 12 janvier 1594. (Conseil des finances.)

Clair. 653, p. 1.

1893. — Arrêt ordonnant le payement d'une somme de 200 écus accordée à Mᵉ Louis de Foix, ingénieur du Roi, « pour le séjour qu'il fait en la ville de Paris, à la conduite du modelle que Sadite Majesté luy a commandé faire pour les pompes et fontaines ordonnées en ladite ville, pour la commodité d'icelle ». (Conseil des finances.)

Clair. 653, p. 1.

* Les arrêts portant cette mention ont été rendus dans le *Conseil* spécial *des finances* établi, le 25 novembre 1594, après la mort du surintendant d'O. Voir l'*Introduction*.

1894. — Arrêt révoquant la commission expédiée au sieur de La Chapelle, marquis de Reynel, pour la levée d'une somme « à luy accordée pour la composition de Pierrefont », attendu que ladite somme est comprise au brevet de la taille de l'année présente. (Conseil des finances.)

Clair. 653, p. 1.

1895. — « Le sieur Marcel s'est chargé de reporter l'estat entier de ce qui reste deu des obligations faites, pour le service du Roy, par Messieurs de son Conseil, de tout le passé. » (Conseil des finances.)

Clair. 653, p. 1.

1896. — Arrêt ordonnant au sieur de Beaulieu, secrétaire du Conseil, de poursuivre, au Parlement et à la Chambre des comptes, la vérification des édits, et particulièrement la vérification d'une commission pour les ventes de bois extraordinaires qui se doivent faire en l'année présente. (Conseil des finances.)

Clair. 653, p. 1.

1897. — Arrêt ordonnant qu'il sera fait « dépesches expresses, par toutes les généralitez, aux trésoriers généraulx de France, affin qu'ilz aient à envoyer au Conseil, ès mains du sieur de La Grange-le-Roy, un estat par le menu des domaine et aydes de leurs généralitez, ensemble les aliénations et charges particulières estans sur iceulx ». (Conseil des finances.)

Clair. 653, p. 2.

1898. — Arrêt ordonnant une enquête sur les aliénations des aides et du domaine. (Conseil des finances.)

Clair. 653, p. 2.

1899. — Commissions données à quelques membres du Conseil pour vérifier :

1° L'état de plusieurs grosses fermes qui ne rapportent rien ;

2° Ce qui reste dû pour cause de l'aliénation des biens du clergé, ordonnée en l'an 1586 ;

3° L'état « des subcides et commerces nouvellement establiz » ;

4° Les recettes et dépenses des greniers à sel du royaume ;

5° L'emploi des deniers provenant de l'aliénation du domaine et des aides, ou des édits nouvellement vérifiés ;

6° Ce qui pourra provenir du supplément des offices ;

7° L'état des commissions expédiées pour les ventes extraordinaires de bois. (Conseil des finances.)

Clair. 653, p. 2 et 3.

1900. — Arrêt ordonnant à Me Philippe de Castille, receveur général du clergé, de remettre au trésorier de l'Épargne l'état détaillé des décimes par diocèse. (Conseil des finances.)

Clair. 653, p. 3.

1901. — Arrêt ordonnant aux trésoriers de France, dans toutes les généralités, d'adresser promptement au Conseil un état des officiers de finance, de judicature, etc., de leurs gages et de leurs droits, en y joignant leur avis sur la valeur desdits offices. (Conseil des finances.)

Clair. 653, p. 4.

1902. — Arrêt ordonnant divers rapports sur l'état des dépenses de la Maison du Roi. (Conseil des finances.)

Clair. 653, p. 4.

1903. — Arrêt portant assignation de 20,000 écus destinés à l'établissement de magasins de blé, «pour faire vivre l'armée de Sa Majesté allant à Lyon». (Conseil des finances.)

Clair. 653, p. 4.

1595, 3 janvier. — Paris.

1904. — «A esté veu» le rôle des taxes faites sur les officiers des greniers à sel, pour le supplément ordonné par déclaration du 18 octobre 1594. (Conseil des finances.)

Clair. 653, p. 9.

1905. — Arrêt ordonnant le payement d'une somme de 4,000 écus restant due aux gardes du corps de Sa Majesté. (Conseil des finances.)

Clair. 653, p. 9.

1906. — Arrêt ordonnant que l'on s'aidera, pour les dépenses de l'année, d'une somme de 99,527 écus, restant due pour cause de l'aliénation des biens du clergé ordonnée en l'an 1586. (Conseil des finances.)

Clair. 653, p. 9.

1907. — Rapport du sieur de Fresnes sur «l'estat des affaires du sel», depuis seize ans, et arrêt ordonnant à Me Nicolas Parent et aux autres receveurs des gabelles de dresser l'état général de ce qu'ils prétendent être dû par Sa Majesté. (Conseil des finances.)

Clair. 653, p. 9.

1908. — Arrêt ordonnant de continuer les proclamations déjà faites pour la mise en adjudication de la ferme des aluns, «sans que jusques icy il se soit trouvé aucun fermier». (Conseil des finances.)

Clair. 653, p. 10.

1909. — Arrêt enjoignant aux trésoriers de France à Paris de s'expliquer, par-devant le Conseil, sur les empêchements qu'ils apportent à la levée de l'impôt sur les grains passant sous les ponts de Meaux et de Corbeil. [Cf. n° 1930.] (Conseil des finances.)

Clair. 653, p. 10.

1910. — Arrêt affectant 600 écus «à la despance des festins qu'il fault faire les jours de la cérémonye de l'ordre du Saint-Esprit». (Conseil des finances.)

Clair. 653, p. 11.

1911. — Arrêt ordonnant le payement d'une somme de 50 écus, pour trois gerfauts «que Sa Majesté a commandé estre mis en sa fauconnerie». (Conseil des finances.)

Clair. 653, p. 11.

1912. — Arrêt ordonnant le payement des étrennes de sept grands valets de pied du Roi non compris en l'état des étrennes, arrêté à 750 écus. (Conseil des finances.)

Clair. 653, p. 11.

1913. — Arrêt donnant commission à Me Jean Sève, receveur général à Lyon, pour exercer, en la présente année, la charge de Me Grégoire Boyronet, son compagnon d'office, dont l'état «est en criée à cause de ses dettes». (Conseil des finances.)

Clair. 653, p. 11.

1914. — Arrêt faisant remise aux habitants de l'élection de Château-Thierry de ce qu'ils doivent du taillon et de la solde du prévôt des maréchaux, pour les années 1589 à 1593, « attendu que la pluspart de ladite ellection est comme désert et inhabité, à l'occasion de la maladie contagieuse ». (Conseil des finances.)

Clair. 653, p. 11.

1595, 4 janvier. — Paris.

1915. — Arrêt ordonnant aux habitants de Rouen d'avancer les 16,000 écus ordonnés pour la réduction de la ville de Neufchâtel, lesquels ne se lèvent point assez promptement sur le plat pays de la généralité de Rouen. (Conseil des finances.)

Clair. 653, p. 13.

1916. — Arrêt ordonnant au sieur Ringuet, fermier de la traite générale d'Anjou, de présenter au Conseil le compte avec lui arrêté, en l'année 1589, lors de la résiliation de son bail, ainsi que l'état de ses recettes et dépenses depuis ladite année. (Conseil des finances.)

Clair. 653, p. 13.

1917. — Arrêt ordonnant la mise en adjudication de la ferme de la traite générale d'Anjou. (Conseil des finances.)

Clair. 653, p. 13.

1918. — Arrêt ordonnant qu'il ne sera plus fait remise du taillon, et mandant aux trésoriers de France, dans toutes les généralités du royaume, d'adresser au Conseil l'état des restes dudit taillon depuis 1588 jusqu'en 1594. (Conseil des finances.)

Clair. 653, p. 13.

1919. — Arrêt ordonnant à Me Jean Ravenel, commis à la recette générale de la traite et de l'imposition foraine d'Anjou, d'avancer, pour le payement des gages des gens de la Cour des aides, une somme de 2,800 écus, dont il se remboursera sur les premiers deniers de sa recette. (Conseil des finances.)

Clair. 653, p. 14.

1920. — Arrêt réglant le payement d'une somme de 6,000 écus, due pour une partie de la solde de la garnison de Laon. (Conseil des finances.)

Clair. 653, p. 14.

1595, 10 janvier. — Paris.

1921. — Arrêt ordonnant aux commissaires députés par la Chambre du trésor pour la recherche des francs fiefs et nouveaux acquêts du pays de Berry de rapporter au Conseil leur commission, et d'y venir « rendre raison du faict d'icelle ».

Ms. fr. 10841, f° 1 r°.

1922. — Arrêt portant assignation d'une somme de 5,000 écus due au sieur de Lamberte, gentilhomme ordinaire de la Chambre.

Ms. fr. 10841, f° 1 r°.

1923. — Arrêt renvoyant au Grand Conseil le procès pendant entre Marie Bourdet et Jean Dubois, au sujet du prieuré de l'Hôtel-Dieu de Saint-Nicolas de Compiègne.

Ms. fr. 10841, f° 1 v°.

1924. — Arrêt accordant aux habitants de Vailly-sur-Aisne décharge de l'arriéré de leurs tailles jusqu'au 31 décembre 1593, à raison des fournitures par eux faites à l'armée royale, durant le siège de Laon.

Ms. fr. 10841, f° 2 r°.

1925. — Arrêt ordonnant aux trésoriers de France en Champagne de satisfaire au payement d'une somme de 2,000 écus assignée à Nicolas L'Argentier.

Ms. fr. 10841, f° 2 r°.

1926. — Arrêt ordonnant qu'il sera sursis, pendant trois mois, aux poursuites exercées par divers fournisseurs de bois et de vin contre André Négrier, maître de la Chambre aux deniers, et que, dans ce délai, assignation sera donnée audit Négrier pour le payement desdits fournisseurs.

Ms. fr. 10841, f° 2 r°.

1927. — Arrêt enjoignant au Parlement d'avoir à enregistrer, sauf quelques modifications, l'édit qui

16.

transférait à Semur la chambre des comptes de Bourgogne.

Ms. fr. 10841, f° 2 v°.

1928. — Arrêt ordonnant au sieur de Berny, grand maître des eaux et forêts au département d'Île-de-France et de Picardie, de procéder à la vente extraordinaire de 50 arpents de bois en la forêt de Montfort, sans attendre la vérification du Parlement. (Conseil des finances.)

Clair. 653, p. 17.

1929. — Arrêt ratifiant un emprunt de 60,000 écus fait aux sieurs La Pérouse et Cussouel, pour les dépenses de l'armée conduite en Piémont par le sieur de Lesdiguières. (Conseil des finances.)

Clair. 653, p. 17.

1930. — Arrêt enjoignant aux trésoriers de France à Paris de procéder à la vérification de la levée sur les grains passant sous les ponts de Meaux et de Corbeil, sans attendre la vérification de la Cour des aides. [Cf. n° 1909.] (Conseil des finances.)

Clair. 653, p. 17.

1931. — Arrêt réglant le remboursement des 550 écus avancés par le sieur d'Incarville, pour le payement d'une certaine quantité d'ambre et de musc. (Conseil des finances.)

Clair. 653, p. 18.

1932. — Arrêt réglant le remboursement d'une somme de 6,000 écus avancée par M° Henri Godefroy, grènetier de Paris, et avis du Conseil tendant à faire audit Godefroy un don de 1,000 autres écus. (Conseil des finances.)

Clair. 653, p. 18.

1933. — Arrêt réglant le payement d'une somme de 26,000 écus accordée au sieur de Montigny, lieutenant général en Blaisois, et à ses frères, attendu qu'ils ont remis aux mains du Roi plusieurs places dudit pays. (Conseil des finances.)

Clair. 653, p. 18.

1934. — Arrêt attribuant une indemnité de 900 écus à trois maîtres des Comptes et à trois auditeurs députés pour vérifier les compositions payées par plusieurs officiers de finance, durant les années 1574 à 1592. (Conseil des finances.)

Clair. 653, p. 19.

1935. — Arrêt portant assignation d'une somme de 8,566 écus donnée par le Roi au sieur de Miossant. (Conseil des finances.)

Clair. 653, p. 19.

1595, 15 janvier. — Paris.

1936. — Arrêt ordonnant que tous les deniers provenant de la vente des greffes du duché de Bretagne seront affectés à l'entretien de l'armée dudit pays. (Conseil des finances.)

Clair. 653, p. 21.

1937. — Arrêt portant nouvelle assignation d'une somme de 4,000 écus due au sieur de Saint-Luc, tant pour ses appointements de maréchal de camp, que pour les frais de son voyage en Bretagne. (Conseil des finances.)

Clair. 653, p. 21.

1938. — Arrêt chargeant le sieur Des Barreaux de dresser, pour le Conseil des finances, un état des recettes et dépenses faites par René Broard, fermier des cinq grosses fermes, pendant les années 1584 à 1588, ainsi qu'un état des charges qui pèsent sur lesdites fermes. (Conseil des finances.)

Clair. 653, p. 21.

1939. — Arrêt révoquant les passeports accordés par le Roi, depuis la réduction de Lyon, pour l'entrée des draps de soie et autres marchandises par la Champagne, la Normandie, la Picardie et le Poitou; supprimant les bureaux établis à Calais, Dieppe, Caen et la Rochelle; ordonnant toutefois que les marchandises venant d'Italie pourront entrer par la Champagne, en payant les droits de douane à Vitry-le-François, tant que dureront « les empeschemans du pas de Suze ». (Conseil des finances.)

Clair. 653, p. 22.

1940. — Arrêt ordonnant aux trésoriers de France d'envoyer l'état des recettes, dépenses et charges de la douane et de l'imposition foraine de Champagne et de Picardie. (Conseil des finances.)

Clair. 653, p. 22.

1941. — Arrêt ordonnant aux trésoriers de France en Normandie, Picardie et Champagne de faire les publications nécessaires pour la mise en adjudication des deux fermes de la traite domaniale et de l'entrée des grosses denrées et marchandises, de nommer cependant des commis à la recette desdites fermes et d'envoyer au Conseil l'état des recettes, dépenses et charges desdites fermes. (Conseil des finances.)

Clair. 653, p. 22.

1942. — Arrêt ordonnant que le Prévôt des marchands sera entendu au Conseil sur le rétablissement de l'impôt du sol pour livre sur la draperie, dont le montant était affecté au payement des rentes de la ville de Paris. (Conseil des finances.)

Clair. 653, p. 23.

1943. — Arrêt ordonnant qu'un état par le menu sera envoyé au Conseil de tout ce qu'a rapporté, depuis le 1er octobre 1588, la ferme des cinq sols nouveaux par muid de vin. (Conseil des finances.)

Clair. 653, p. 23.

1944. — Arrêt ordonnant la mise en adjudication de la ferme du petit scel sur la draperie, et mandant aux trésoriers de France d'adresser au Conseil l'état des recettes et dépenses de ladite ferme. (Conseil des finances.)

Clair. 653, p. 23.

1945. — Rapports du sieur Des Barreaux au sujet des cinq grosses fermes; du sieur d'Incarville, au sujet de la ferme du passeport de Brouage; du sieur Marcel, au sujet des fermes de Taillebourg et Tonnay-Charente, de Royan, de la Garonne et de la Dordogne, de la comptablie de Bordeaux, de la prévôté de Nantes, des impôts et billots de Bretagne, etc.; du sieur Marcel, au sujet de la recette des décimes. (Conseil des finances.)

Clair. 653, p. 21, 23 et 26.

1946. — Arrêt ordonnant la mise en adjudication

des fermes de Tonnay-Charente et de 2 écus par tonneau de vin. (Conseil des finances.)

Clair. 653, p. 25.

1947. — Arrêt ordonnant au sieur Martin, fermier de la comptablie de Bordeaux, de faire voir au Conseil les clauses de son bail. (Conseil des finances.)

Clair. 653, p. 25.

1948. — Arrêt ordonnant aux trésoriers de France de toutes les généralités du royaume de dresser l'état des levées extraordinaires qui se font par commissions particulières du Roi. (Conseil des finances.)

Clair. 653, p. 26.

1595, 12 janvier. — Paris.

1949. — Arrêt accordant au sieur Brulart, conseiller d'État, mainlevée de diverses rentes à lui constituées, puis saisies par sentences des mois d'avril et mai 1590.

Ms. fr. 10841, f° 3 r°.

1950. — Arrêt réduisant à trente le nombre des « cuirasses » qui assisteront les collecteurs des tailles, durant les six premiers mois de l'année, dans les élections de Meaux, Crépy, Château-Thierry, Soissons et Beauvais, et ordonnant que la solde desdites cuirasses sera levée sur les contribuables aux tailles dans lesdites élections.

Ms. fr. 10841, f° 3 r°.

1951. — Arrêt validant un payement de 2,273 écus fait au sieur Claude Barreau, ci-devant contrôleur général de la maison du duc d'Anjou, nonobstant une ordonnance de la Chambre des comptes, qui rejetait ledit payement.

Ms. fr. 10841, f° 3 v°.

1952. — Arrêt accordant aux habitants de l'élection de Dreux remise d'une levée de blé et de vin, ordonnée aussitôt après la réduction de ladite ville.

Clair. 653, p. 345.

1595, 14 janvier. — Paris.

1953. — Arrêt déchargeant Théodore Le Tourneur,

juge de la prévôté du Mans, d'une somme de 150 écus, à laquelle il avait été taxé, pour jouir de l'exemption de tailles accordée aux lieutenants des baillis et sénéchaux, attendu que son office n'est pas compris en ladite exemption.

Ms. fr. 10841, f° 4 r°.

1954. — Arrêt accordant semblable décharge à M° Michel Ferrand, lieutenant général au duché de Châtellerault, attendu le peu de valeur de son office.

Ms. fr. 10841, f° 4 r°.

1955. — Arrêt accordant semblable décharge à M° Jean Berthelin, procureur du Roi en l'élection de Châtellerault.

Ms. fr. 10841, f° 4 r°.

1956. — Arrêt accordant semblable décharge au lieutenant du sénéchal du Mans, à l'assesseur, aux conseillers, à l'avocat et au procureur du Roi au siège de Château-du-Loir.

Ms. fr. 10841, f° 4 v°.

1957. — Arrêt portant règlement de comptes entre Anne Brouard, ci-devant fermier général des cinq grosses fermes, les maire et échevins de Troyes, et Nicolas L'Argentier, au sujet de la ferme du nouveau subside de 5 sols par muid de vin dans la généralité de Champagne.

Ms. fr. 10841, f° 4 v°.

1958. — Arrêt déchargeant Étiennette Saudiot, veuve de M° Claude Séjournant, de la taxe pour confirmation des greffes de Sens, ci-devant adjugés audit Séjournant.

Ms. fr. 10841, f° 5 r°.

1959. — Arrêt accordant à Jeanne, fille de Pierre de Montet, fermier de l'équivalent en la sénéchaussée de Toulouse, remise d'une somme de 4,000 écus sur le prix de ladite ferme.

Ms. fr. 10841, f° 5 v°.

1960. — Arrêt ratifiant la vente de la place du Vieux-Jeu, conclue par les habitants d'Angers, pour subvenir aux frais de construction d'une plateforme près le boulevard Saint-Serge.

Ms. fr. 10841, f° 5 v°.

1961. — Arrêt ordonnant que les lettres de confirmation des privilèges de Saint-Maixent seront corrigées et expédiées en termes généraux.

Ms. fr. 10841, f° 6 r°.

1962. — Arrêt ordonnant le payement des arrérages de rentes dus au sieur de Crillon, chevalier des ordres du Roi.

Ms. fr. 10841, f° 6 r°.

1963. — Arrêt ordonnant à M° Jacques de Chaulmont, trésorier général ordinaire des guerres, de payer aux héritiers de Jean Fleurette les sommes dues audit défunt, pour ses gages de contrôleur général des guerres.

Ms. fr. 10841, f° 6 r°.

1964. — Arrêt portant assignation d'une somme de 600 écus due au sieur de Pappe, commandant en la ville de Saint-Florentin.

Ms. fr. 10841, f° 6 r°.

1965. — Arrêt renvoyant au Prévôt des marchands une requête des marchands forains fournissant le bois de construction à la ville de Paris, et les autorisant à transporter ledit bois par eau, durant les trois semaines qui suivront la signification du présent arrêt.

Ms. fr. 10841, f° 6 v°.

1966. — Arrêt confirmant les règlements faits au Conseil au sujet des greffes de la sénéchaussée et du siège présidial du Mans, nonobstant les procédures entamées par les officiers dudit siège.

Ms. fr. 10841, f° 6 v°.

1967. — Arrêt ordonnant que la somme de 1,500 écus, imposée aux habitants de Charenton [-du-Cher], pour la réduction de ladite ville en l'obéissance du Roi, sera répartie sur tous les contribuables de l'élection de Montluçon.

Ms. fr. 10841, f° 7 r°.

1968. — Rapports du sieur de Sancy et du sieur d'Heudicourt sur les dépenses de la Chambre aux deniers, de l'Écurie, de l'Argenterie, des Menues affaires, de la Vénerie et de la Fauconnerie. (Conseil des finances.)

Clair. 653, p. 29.

1969. — Arrêt réglant le payement d'une somme de 6,000 écus donnée au sieur de Vignolles, gouverneur d'Épernay, pour le dédommager des dépenses par lui faites à la prise du fort de Mareuil. (Conseil des finances.)

Clair. 653, p. 29.

1970. — Arrêt donnant commission à Richard Bugrand pour exercer, en la présente année, la recette des tailles de Paris, à condition qu'il prêtera au Roi une somme de 4,000 écus. (Conseil des finances.)

Clair. 653, p. 29.

1971. — Arrêt ordonnant que les trésoriers de France ne retiendront plus que 8 deniers pour livre, au lieu du sol pour livre à eux accordé par l'édit de création des receveurs-collecteurs de tailles. (Conseil des finances.)

Clair. 653, p. 30.

1972. — Arrêt rejetant une requête présentée par Charles Nourisson, lieutenant en la prévôté d'Orléans, pour être admis à résigner son office sans payer finance, et avis tendant à lui accorder une somme de 200 écus. (Conseil des finances.)

Clair. 653, p. 30.

1595, 16 janvier. — Paris.

1973. — Arrêt ordonnant de surseoir « à la recherche des usures au pays de Picardie ».

Ms. fr. 10841, f° 7 r°.

1974. — Arrêt autorisant Jacques Menoust à céder à Adam de Bonvalet son office de trésorier-payeur des archers des gardes du corps, attendu qu'il ne pourrait l'exercer avant l'âge de vingt-cinq ans.

Ms. fr. 10841, f° 7 v°.

1975. — Arrêt cassant les procédures faites au parlement de Bordeaux, dans le procès intenté au sieur de Longua par Arnauld Bourguet et Nicolas Fumeau, et confirmant l'évocation dudit procès au Conseil, ordonnée par lettres du 23 janvier 1594.

Ms. fr. 10841, f° 7 v°.

1976. — Arrêt maintenant M° Daniel Sevin en l'office de trésorier des turcies et levées de la Loire et du Cher, nonobstant l'opposition de M° Jean Bergerat et de M° Thomas Bédacier, pourvus de pareil office.

Ms. fr. 10841, f° 7 v°.

1977. — Arrêt autorisant, sur la proposition du sieur de Blacy, le tiercement des greffes et tabellionages des bailliages et prévôté de Vitry-le-François, Sainte-Menehould et Château-Thierry.

Ms. fr. 10841, f° 8 r°.

1978. — Arrêt ordonnant à M° Antoine de Sorin, ci-devant receveur des décimes au diocèse de Mende, de venir rendre ses comptes devant une commission composée de deux conseillers d'État, de deux conseillers au Parlement et du syndic du diocèse.

Ms. fr. 10841, f° 8 v°.

1979. — Arrêt attribuant à M° Claude Cannone les greffes du bailliage et du siège présidial de Beauvais, en remboursement de l'avance qu'il a faite au Roi, pour le payement de la compagnie du sieur de Sesseval.

Ms. fr. 10841, f° 8 v°.

1980. — Arrêt ordonnant de lever sur la généralité de Tours une somme de 7,900 écus accordée, comme indemnité, aux habitants du faubourg de Saint-Symphorien, dont les maisons et marchandises ont été brûlées par les Ligueurs, les 8 et 9 mai 1589.

Ms. fr. 10841, f° 9 r°.

1981. — Arrêt autorisant les sergents royaux en l'élection de Berry à rembourser l'office du sieur Rouzeau, « sergent supernuméraire ».

Ms. fr. 10841, f° 9 v°.

1595, 17 janvier. — Paris.

1982. — Arrêt confirmant aux acquéreurs des fermes des aides, vingtième, huitième et autres impositions de la généralité de Paris la jouissance desdites fermes, jusqu'à l'entier remboursement du prix d'acquisition, et attribuant une indemnité au Prévôt des marchands et aux échevins de la ville de Paris.

E 1ᵃ, f° 63 r° et 64 r°, et ms. fr. 10841, f° 20 v°.

1595, 18 janvier. — Paris.

1983. — Arrêt ordonnant l'élargissement de M° Abdenago, Blondeau receveur des gabelles en Bourgogne, et condamnant M° Jean Sanguin, trésorier de France en Bourgogne, coupable dudit emprisonnement, à lui payer 50 écus de dommages-intérêts. (Conseil des finances.)

Clair. 653, p. 33.

1984. — Arrêt ordonnant à M° François Hotman, trésorier de l'Épargne, de présenter au Conseil un état des assignations par lui levées, en l'année dernière, sur les subsides et impôts nouveaux. (Conseil des finances.)

Clair. 653, p. 33.

1985. — Arrêt donnant commission aux sieurs Nicolay et Tambonneau, présidents en la Chambre des comptes, et au sieur Marcel, contrôleur général des finances, pour faire faire l'estimation des jardins et bâtiments des Tuileries, requise par les créanciers de Catherine de Médicis. (Conseil des finances.)

Clair. 653, p. 33.

————

1595, 19 janvier. — Paris.

1986. — Arrêt enjoignant à M° Le Gros, procureur-syndic des États de Bourgogne, de se comporter modestement en sa charge, sans dire ni présenter requête ou mémoire, ni faire acte quelconque préjudiciable au service du Roi.

Ms. fr. 10841, f° 9 v°.

1987. — Arrêt faisant abandon aux habitants de Pithiviers de trois années de tailles, pour être employées à la réédification de leur église, qui a été brûlée.

Ms. fr. 10841, f° 10 r°.

1988. — Arrêt déclarant que les fermiers de la duchesse de Mayenne doivent jouir des revenus de leurs fermes, durant la trêve accordée au duché de Mayenne.

Ms. fr. 10841, f° 10 v°.

1989. — Avis du Conseil tendant à la levée d'une somme de 4,000 écus, destinée à la dépense des fortifications de Chauny.

Ms. fr. 10841, f° 10 v°.

1990. — Arrêt renvoyant aux avocats et procureurs du Roi au parlement de Bordeaux une requête présentée par le sieur de Grandmont, à l'effet d'obtenir l'indemnité promise à ses prédécesseurs pour les terres, à eux appartenant, réunies au domaine par Charles VII.

Ms. fr. 10841, f° 10 v°.

1991. — Arrêt maintenant Guillaume de Bordeaux en l'office de receveur et payeur de la Chambre des comptes, et ordonnant le remboursement de Claude de Boisgaultier, pourvu par le Roi du même office.

Ms. fr. 10841, f° 11 r°.

1992. — Arrêt renvoyant à la Chambre des comptes le procès pendant entre M° Ogier de Gourgues, président au bureau des finances de Guyenne, et les curateurs des biens vacants de feu M° Guillaume Adenet, receveur général du taillon en la généralité de Paris.

Ms. fr. 10841, f° 11 v°.

————

1595, 20 janvier. — Paris.

1993. — Arrêt ordonnant la mise en adjudication des greffes, tabellionages et aides de la généralité de Moulins, non compris dans les aliénations faites à la reine Louise et à Madame d'Angoulême.

E 1ᵃ, f° 65 r°, et ms. fr. 10841, f° 21 r°.

1994. — Arrêt octroyant aux habitants de Villemaur un droit de 10 sols par minot de sel vendu au grenier de la ville, pour le produit en être affecté aux fortifications dudit Villemaur. (Conseil des finances.)

Clair. 653, p. 123.

1995. — Arrêt ordonnant que les deniers provenant du subside levé à Paris seront affectés, en première ligne, au payement des garnisons, à l'entretien des bâtiments du Roi et des fontaines de Paris. (Conseil des finances.)

Clair. 653, p. 123.

1996. — Arrêt ordonnant que M° Jean de Ligny continuera à percevoir, aux termes de sa commission, les deniers provenant de la vente du domaine en la généralité de Paris, nonobstant l'édit d'attribution des 2 deniers pour livre accordés aux receveurs généraux. (Conseil des finances.)

Clair. 653, p. 123.

1997. — Arrêt autorisant M° Michel de Monchy à résigner, sans payer finance, son office de conseiller-clerc au parlement de Rouen. (Conseil des finances.)

Clair. 653, p. 124.

1998. — Arrêt ordonnant diverses levées de deniers, pour satisfaire aux engagements pris, envers le sieur de Bois-Dauphin, par le sieur de La Rochepot, gouverneur et lieutenant général en Anjou, à l'occasion de la trêve conclue durant les mois d'octobre, novembre et décembre derniers. (Conseil des finances.)

Clair. 653, p. 124.

1595, 21 janvier. — Paris.

1999. — Arrêt accordant aux habitants d'Écuelles remise de deux années de tailles, attendu que toutes les maisons dudit village ont été brûlées par ordre du feu Roi.

Ms. fr. 10841, f° 12 v°.

2000. — Arrêt accordant aux habitants de Féricy remise de deux années de taille, en considération des dégâts commis par deux compagnies de Suisses qui ont séjourné audit village pendant trois mois.

Ms. fr. 10841, f° 13 r°.

2001. — Arrêt confirmant un arrêt du Conseil du 17 juillet 1593, qui condamnait le clergé du diocèse de Châlons à payer à Scipion Sardini une somme de 3,800 écus, et ordonnant que ledit clergé sera remboursé, sur la recette de Châlons, du montant des intérêts échus pendant que le Roi était en possession de ladite somme.

Ms. fr. 10841, f° 13 r°.

2002. — Arrêt renvoyant à la Cour des aides une requête en exemption de tailles pour cause de noblesse, présentée par M° Gilbert Séguyn, lieutenant général au siège de Loches, et par Jean de Puismuault, lieutenant général au siège de Châtillon-sur-Indre.

Ms. fr. 10841, f° 13 v°.

2003. — Arrêt renvoyant aux commissaires pour la vente des greffes une requête des clercs au greffe du parlement de Bordeaux tendant à ce que leurs places ne puissent être adjugées que par-devant lesdits commissaires.

Ms. fr. 10841, f° 14 r°.

2004. — Arrêt défendant à tous officiers de faire aucune levée arbitraire sur les habitants de Villefranche-de-Rouergue, restés fidèles au Roi, et ordonnant qu'il sera fait état tant des deniers imposés sur ledit pays, par ordre du duc de Mayenne, que des sommes nécessaires pour le service du Roi et pour le bien dudit pays.

Ms. fr. 10841, f° 14 r°.

1595, 23 janvier. — Paris.

2005. — Arrêt ordonnant le payement d'une indemnité de 500 écus accordée au sieur de La Bastide, maître d'hôtel du Roi, pour les voyages par lui faits lors de la réduction de Noyon. (Conseil des finances.)

Clair. 653, p. 37.

2006. — Arrêt ordonnant le payement d'une indemnité de 200 écus accordée au sieur de La Chapelle, pour les voyages par lui faits lors de la réduction de Noyon. (Conseil des finances.)

Clair. 653, p. 37.

2007. — Arrêt ordonnant le remboursement d'une somme de 3,000 écus avancée par le sieur de Rochepot pour le payement de la garnison de Metz. (Conseil des finances.)

Clair. 653, p. 37.

2008. — Arrêt réglant le remboursement d'une somme de 52,500 écus promise aujourd'hui même par le sieur Des Cluzeaux pour la réduction de la ville de Noyon. (Conseil des finances.)

Clair. 653, p. 37.

1595, 24 janvier. — Paris.

2009. — Arrêt donnant assignation à François d'Angennes, sieur de Montlouet, conseiller d'État, pour ce qui lui reste dû de la solde de sa compagnie de 50 hommes d'armes des ordonnances du Roi.

Ms. fr. 10841, f° 14 v°.

2010. — Arrêt ordonnant que le sieur Testu, Chevalier du Guet, sera payé, par préférence, d'une somme de 3,471 écus 33 sols 4 deniers, sur la levée de 15 sols par minot de sel vendu en la ville de Paris, le surplus de ladite levée devant être affecté aux réparations des pavés et fontaines de ladite ville.

Ms. fr. 10841, f° 14 v°.

2011. — Avis du Conseil tendant à accorder une indemnité de 13,000 écus à M° Robert Tourmante, conseiller au Grand Conseil, dont les maisons ont été brûlées, en 1592, par ordre et en présence du Roi, pour empêcher les Espagnols commandés par le prince de Parme de loger aux environs d'Yvetot.

Ms. fr. 10841, f° 15 r°.

2012. — Arrêt confirmant les précédents arrêts du Conseil relatifs au prix du greffe du bailliage de Blois.

Ms. fr. 10841, f° 15 v°.

2013. — Arrêt ordonnant à M° Philippe de Castille, receveur général du clergé de France, de lever, en toute diligence, ce qui reste à payer des 100,000 écus imposés sur les diocèses de Guyenne, pour l'aliénation des biens du clergé, et de payer, sur ces deniers, au sieur Charles de Birague une somme de 6,386 écus.

Ms. fr. 10841, f° 15 v°.

2014. — Arrêt accordant surséance, pour le payement des décimes, au chapitre de la Sainte-Chapelle, et au clergé de Saint-Pierre de Vic-le-Comte, à raison des pertes par eux subies durant le siège de ladite ville.

Ms. fr. 10841, f° 16 r°.

2015. — Arrêt ordonnant aux trésoriers de France en Bourbonnais de vérifier si le comte d'Auvergne a reçu des mains de Guillaume Bouchet, syndic du pays de la Marche, une somme de 13,457 écus 51 sols.

Ms. fr. 10841, f° 16 r°.

2016. — Arrêt portant assignation d'une somme de 1,333 écus 1/3 due à M° Antoine Bataille pour l'arriéré de ses gages de garde-marteau et de procureur du Roi aux eaux et forêts du duché de Valois.

Ms. fr. 10841, f° 16 v°.

2017. — Arrêt prorogeant le sursis accordé à Sébastien Gaude, sous-fermier du subside de 5 sols pour muid de vin en la généralité de Paris, pour le payement du prix de sa ferme.

Ms. fr. 10841, f° 16 v°.

2018. — Arrêt réglant le payement d'une somme de 72,407 écus due au sieur de Pichery, gouverneur du château d'Angers, et ordonnant que, moyennant 10,000 écus, revente lui sera faite des aides et huitième de la ville et des faubourgs d'Angers. (Conseil des finances.)

Clair. 653, p. 41 et 45.

2019. — Arrêt ordonnant qu'il sera levé sur les élections de Troyes, Chaumont et Sézanne une somme de 7,801 écus 25 sols, promise au sieur de La Piere, capitaine des gardes du duc de Guise. (Conseil des finances.)

(Arrêt cancellé.)

Clair. 653, p. 42.

2020. — Arrêt réglant le payement d'une rente de 1,000 écus et d'une somme de 666 écus 2/3, dues à M° Jean de Secondat, sieur de Rocques. (Conseil des finances.)

Clair. 653, p. 42.

2021. — Arrêt ordonnant au trésorier de l'Épargne de bailler à M° André Négrier, maître de la Chambre aux deniers, assignation d'une somme de 2,930 écus, qui reste due pour fournitures de vin et de bois faites à la Maison du Roi, et que ledit Négrier n'a pu payer sur les fonds de ladite Chambre. (Conseil des finances.)

Clair. 653, p. 43.

2022. — Arrêt réglant le payement des sommes

dues au colonel Dampmartin pour le service que lui et ses reîtres ont fait pendant les dernières guerres. (Conseil des finances.)

Clair. 653, p. 43.

1595, 26 janvier. — Paris.

2023. — Arrêt portant nouvelle assignation d'une somme de 400 écus, due à divers particuliers qui ont fourni des chevaux lors du siège de Dreux.

Ms. fr. 10841, f° 17 r°.

2024. — Arrêt faisant remise à Hector de Chailly, sergent-traversier en la forêt d'Orléans, d'une somme de 468 écus 16 sols 2 deniers, restant due sur le prix d'adjudication des amendes et confiscations de ladite forêt pour les années 1586 et 1587.

Ms. fr. 10841, f° 17 r°.

2025. — Arrêt ordonnant que Louis Fumée, héritier, sous bénéfice d'inventaire, de Nicolas Fumée, évêque et comte de Beauvais, sera remboursé d'une somme de 7,072 écus 55 sols, prêtée par ledit évêque au feu Roi, et des intérêts échus depuis le 9 juillet 1592.

Ms. fr. 10841, f° 17 r°.

2026. — Arrêt assignant au Conseil Jacques Néret et François Courtin, soi-disant pourvus de l'office de receveur des tailles en l'élection de Beauvais.

Ms. fr. 10841, f° 17 v°.

2027. — Avis du Conseil tendant à ce que Me Jean de La Rivière puisse résigner à son fils, à condition de survivance, son office de conseiller au parlement de Bordeaux, sans payer autre finance que les 500 écus par lui déjà versés pour la résignation pure et simple qu'il avait d'abord voulu faire.

Ms. fr. 10841, f° 17 v°.

2028. — Arrêt accordant une indemnité de 1,000 écus à Christophe Goguet, président en l'élection de Fontenay-le-Comte, dont les maisons et jardins ont été pris pour les fortifications de ladite ville.

Ms. fr. 10841, f° 18 r°.

2029. — Arrêt autorisant les grènetiers et con-

trôleurs du grenier à sel de Saint-Fargeau à jouir, sans payer nouveau droit, d'une augmentation de 6 et de 4 deniers par minot de sel.

Ms. fr. 10841, f° 18 r°.

2030. — Arrêt ordonnant qu'Adrien Le Sobre, marchand d'Amiens, sera remboursé du prix des marchandises à lui enlevées par le sieur de Riceval, commandant au château de Beauquesne.

Ms. fr. 10841, f° 18 r°.

2031. — Arrêt accordant aux habitants de Mennetou-sur-Cher remise de l'arriéré de leurs tailles et crues, pour les années 1593 et 1594, pourvu que les receveurs des tailles n'aient point donné en payement aux gens de guerre les quittances de la crue des garnisons.

Ms. fr. 10841, f° 18 v°.

2032. — Arrêt autorisant les jurats de la Réole à lever sur les habitants de ladite ville le montant du capital et des intérêts d'une somme de 6,000 écus, par eux empruntée, en 1591, pour reconstruire les murs de ladite ville, détruits par une inondation.

Ms. fr. 10841, f° 18 v°.

2033. — Arrêt maintenant Me Michel Tamponnet en un office de receveur des épices au parlement de Paris, conformément à l'arrêt du 19 juillet 1594 (n° 1140).

Ms. fr. 10841, f° 19 r°.

2034. — Arrêt faisant remise de deux années de tailles aux habitants de Miraumont, de Pys, d'Irles et de Courcelette.

Ms. fr. 10841, f° 19 r°.

2035. — Arrêt portant assignation d'une somme de 2,449 écus 6 sols, due au sieur de Chazeron, lieutenant général en Bourbonnais.

Ms. fr. 10841, f° 19 r°.

2036. — Arrêt portant assignation d'une somme de 1,200 écus, accordée par le duc de Montpensier au sieur de La Noue, conseiller au parlement de Bretagne, pour être demeuré près de lui en qualité de maître des requêtes, durant les mois d'avril à décembre de l'année 1591.

Ms. fr. 10841, f° 19 v°.

2037. — Arrêt dispensant les présidents et élus en l'élection de Romorantin de s'expliquer devant le Conseil au sujet de l'opposition par eux faite à la levée de la nourriture des gens de guerre, leur donnant mainlevée de leurs gages, et leur enjoignant d'obéir désormais aux trésoriers de France.

Ms. fr. 10841, f° 19 v°.

2038. — Arrêt faisant défense à toute personne de lever aucun impôt sur le vin, les toiles et autres denrées ou marchandises en la ville de la Ferté-Bernard, sans commission du Roi, et enjoignant aux soldats tenant garnison dans ladite ville de ne plus couper de bois appartenant à la duchesse de Nemours.

Ms. fr. 10841, f° 19 v°.

2039. — Arrêt accordant aux habitants de Clamart remise d'une année de tailles et des restes de l'année 1593.

Ms. fr. 10841, f° 20 r°.

2040. — Arrêt ordonnant que Claude Denezy sera remboursé du prix de la ferme de l'abbaye de Moutiers-Saint-Jean, qu'il a payé une fois au sieur de Tavannes, gouverneur de Bourgogne, et une fois au sieur Lubert, maître des requêtes.

Ms. fr. 10841, f° 20 r°.

1595, 28 janvier. — Paris.

2041. — Arrêt accordant une somme de 3,044 écus à Charles d'Escars, évêque et duc de Langres, en considération des travaux de fortification qu'il a fait faire, pendant les troubles, à Mussy-l'Évêque.

Ms. fr. 10841, f° 21 v°.

2042. — Arrêt faisant défense à tous gouverneurs ou capitaines de villes, maires et échevins, de lever aucune taxe sur les marchandises voiturées en la ville de Paris, hors le cas où ils auraient une « commission du Roy vérifiée ».

Ms. fr. 10841, f° 22 r°.

2043. — Arrêt accordant aux habitants de Pontgouin une remise de trois années de tailles.

Ms. fr. 10841, f° 22 r°.

2044. — Arrêt ordonnant que les habitants de Nesle, ruinés par le séjour des armées des ducs de Parme et de Mayenne, jouiront de la décharge générale accordée pour les restes des tailles des années 1589 à 1592, et obtiendront en outre une remise de trois années de tailles.

Ms. fr. 10841, f° 22 v°.

2045. — Arrêt autorisant les président et élus en l'élection de Chinon à rembourser M° Charles Boynard du prix de son office de lieutenant en ladite élection, lequel demeurera supprimé.

Ms. fr. 10841, f° 22 v°.

2046. — Arrêt renvoyant à la cour des aides de Normandie la plainte présentée au Roi par Michel Moryn, receveur des tailles en l'élection de Bernay, contre les habitants de la paroisse de Genville.

Ms. fr. 10841, f° 22 v°.

2047. — Arrêt ordonnant l'envoi au Conseil de toutes les pièces du procès intenté par Jean Caillot, avocat au Parlement, contre les sieurs de La Plisonnière, de Blères, de La Cave, de Vieure et de Laage.

Ms. fr. 10841, f° 23 r°.

2048. — Arrêt ordonnant aux officiers de la sénéchaussée de Boulonnais de procéder à la levée de 2,640 écus, ordonnée par lettres patentes du 1er octobre dernier, pour l'entretien et la solde de la garnison et du gouverneur d'Étaples, nonobstant l'opposition du sieur de Champagnol, commandant en Boulonnais.

Ms. fr. 10841, f° 23 r°.

2049. — Arrêt relatif à la reddition des comptes du receveur des rentes constituées sur les aides de Beauvais.

Ms. fr. 10841, f° 23 v°.

2050. — Arrêt maintenant M° Michel Renouard en l'office de général surintendant des deniers communs des villes de la généralité d'Orléans, et ordonnant que les habitants desdites villes seront contraints de lui payer ses gages.

Ms. fr. 10841, f° 23 v°.

2051. — Arrêt ordonnant le payement d'une indemnité de 5,000 écus accordée à Jacques Du Casse, bourgeois de Bordeaux, pour la perte d'un navire réquisitionné par la marine royale, et coulé à fond dans un combat contre trois navires espagnols.

Ms. fr. 10841, f° 24 r°.

2052. — Arrêt renvoyant aux trésoriers de France une requête présentée par M° Nicolas Leboyndre, contrôleur général des finances en Berry, «pour estre réglé de l'exercice dudit estat avec M° Henry de Saint-Père, pourveu et retenu troisiesme contrôleur en ladite généralité».

Ms. fr. 10841, f° 24 r°.

2053. — Arrêt réglant le remboursement d'une somme de 35,260 écus due au duc de Luxembourg, au maréchal d'Aumont et au sieur d'Inteville.

E 1ᵃ, f° 66 r°, et ms. fr. 10841, f° 24 v°.

2054. — Arrêt cassant, comme subreptices, les lettres en forme de requête civile accordées par la chancellerie de Paris au sieur Courtin, soi-disant administrateur de l'Hôtel-Dieu de Corbeil.

E 1ᵃ, f° 68 r°, et ms. fr. 10841, f° 25 v°.

1595, 31 janvier. — Paris.

2055. — Arrêt ordonnant que les sommes dues au chapitre de Chartres pour les arrérages de ses rentes seront rabattues sur les sommes dues par ledit chapitre pour les décimes des années 1593 et 1594.

Ms. fr. 10841, f° 25 v°.

2056. — Arrêt maintenant Pierre Belin en la charge de «clerc du guet de la garde françoise du corps de Sa Majesté».

Ms. fr. 10841, f° 25 v°.

2057. — Arrêt ordonnant que Pierre Certain, trésorier provincial des guerres en Poitou, jouira, sans

payer nouvelle caution, d'un office pareil au sien et nouvellement créé, dont il s'est fait pourvoir.

Ms. fr. 10841, f° 26 v°.

2058. — Arrêt faisant remise de tout supplément de taxe à Jacques Le Bonnet, homme d'armes de la compagnie du sieur de Beuvron, anobli pour services rendus au Roi en la bataille d'Ivry.

Ms. fr. 10841, f° 26 v°.

2059. — Arrêt ordonnant que la maison du sieur Miron, seigneur de L'Hermitage, située à Paris, sera ouverte, et qu'il sera procédé à la vente de ses biens meubles, ainsi que de ceux de son fils, le sieur Miron, évêque d'Angers, pour le prix en être versé aux mains de Martin Ruzé, sieur de Beaulieu, conseiller d'État et secrétaire des commandements.

Ms. fr. 10841, f° 27 r°.

2060. — Arrêt ordonnant que M° Ogier de Gourgues, président au bureau des finances de Guyenne, sera remboursé du prix d'un office de conseiller au parlement de Bordeaux, qui a été adjugé à M° Pierre Crullaud.

Ms. fr. 10841, f° 27 r°.

2061. — Arrêt ordonnant le remboursement d'une somme de 627 écus, qu'avait dépensée Claude Forget, sieur de La Quantinière, pour se faire pourvoir d'un office de maître alternatif des eaux et forêts à Amboise, dont il a été débouté.

Ms. fr. 10841, f° 27 r°.

2062. — Arrêt cassant les arrêts rendus par le parlement siégeant à Châlons contre Claude Pinard, vicomte de Comblizy, et contre son père, et déclarant qu'ils se sont comportés en gens de bien et d'honneur, lors de la reddition et de la capitulation de Château-Thierry.

E 1ᵃ, f° 72 r°, et ms. fr. 10841, f° 28 r°.

2063. — Arrêt réglant à 8,000 écus la somme que le sieur d'Avaugour devra payer aux sieurs de Vignacourt et de Sainte-Geneviève, pour sa rançon et pour celle du sieur de Bois-Dauphin.

E 1ᵃ, f° 70 r°, et ms. fr. 10841, f° 29 r°.

1595, 1ᵉʳ février. — Paris.

2064. — Arrêt ordonnant la vente des forêts du mont d'Éraines et autres, situées en la vicomté de Falaise, pour les deniers en provenant être affectés à la dépense de l'armée. (Conseil des finances.)

Clair. 653, p. 55.

2065. — Arrêt réglant le remboursement du principal et des intérêts d'une somme de 5,000 écus prêtée, en l'année 1587, par le maréchal d'Aumont, alors que le feu Roi s'en allait « en l'armée qu'il conduisoit en personne contre les reistres et autres estrangers estant lors en France ». (Conseil des finances.)

Clair. 653, p. 55.

2066. — Arrêt ordonnant le payement d'une somme de 5,425 écus due à Gilles Deffroissis, bourgeois de Dieppe, cessionnaire de Scipion Balbany, gentilhomme lucquois. (Conseil des finances.)

Clair. 653, p. 55.

2067. — Arrêt ordonnant le remboursement de partie des 3,000 écus prêtés, en l'année dernière, par Mᵉ Claude Bonnet, receveur général à Paris, pour le payement des Suisses. (Conseil des finances.)

Clair. 653, p. 56.

———————

1595, 4 février. — Paris.

2068. — Arrêt faisant remise à Marie Sergent d'une somme de 187 écus, restant due par feu son mari, René Payen, sur le prix d'une adjudication de bois en la forêt d'Orléans.

Ms. fr. 10841, f° 30 r°.

2069. — Arrêt accordant aux religieux de l'abbaye de Saint-Père de Chartres remise des décimes par eux dues, depuis l'année 1589, jusqu'à la réduction de Chartres et de Dreux.

Ms. fr. 10841, f° 30 r°.

2070. — Arrêt accordant aux religieux de l'abbaye de Saint-Pierre-et-Saint-Paul de Ferrières remise des décimes par eux dues, depuis l'année 1589, jusqu'à la réduction de Paris.

Ms. fr. 10841, f° 30 v°.

2071. — Arrêt ordonnant que les pièces du procès pendant entre le sieur de Praslin, capitaine des gardes, et Mᵉ Thomelin, trésorier de France à Châlons, seront mises entre les mains du président de Riz, conseiller d'État, qui doit rapporter l'affaire par-devant les Maréchaux.

Ms. fr. 10841, f° 30 v°.

2072. — Arrêt ordonnant que Délie de Birague sera remboursée d'une somme de 1,000 écus, prêtée au feu Roi, en 1587, par son père, le feu sieur Charles de Birague, chevalier des ordres du Roi.

Ms. fr. 10841, f° 31 r°.

2073. — Arrêt ordonnant que Fortuné Nivelet exercera son office de receveur des épices des juridictions royales à Poitiers, jusqu'à ce qu'il soit remboursé de la finance par lui payée aux Parties casuelles, ainsi que de ses loyaux coûts.

Ms. fr. 10841, f° 31 r°.

2074. — Arrêt accordant remise ou modération à Philippe de Hères, geôlier des prisons du Châtelet, pour ce qu'il doit des années 1594 et 1595, attendu que, durant les troubles, il n'a pu jouir de sa ferme, et que, depuis la réduction de Paris, il a été défendu d'emprisonner « pour debtes civiles ».

Ms. fr. 10841, f° 31 r°.

2075. — Arrêt accordant à Jacques Pimont, fermier des quatrièmes du vin et des menus breuvages en la châtellenie de Saint-Saens, remise d'un tiers du prix de sa ferme.

Ms. fr. 10841, f° 31 v°.

2076. — Arrêt ordonnant qu'une somme de 3,500 écus, restant due par la dame Jeanne de Faulx, veuve du sieur de Mortemart, sur le montant de l'indemnité payée, en 1592, au maréchal de Brissac, pour la libération de la ville de Lussac, sera imposée tant sur les habitants de ladite ville que sur ceux qui s'y étaient alors réfugiés ou y avaient déposé leurs biens.

Ms. fr. 10841, f° 31 v°.

2077. — Arrêt maintenant Pierre Ciredieu et Guillaume Marier en un des douze offices de marchands de vin privilégiés de la Cour, à condition que le premier office semblable qui deviendra vacant sera supprimé.

E 1ª, fᵒ 74 rᵒ, et ms. fr. 10841, fᵒ 32 rᵒ.

1595, 9 février. — Paris.

2078. — Arrêt autorisant Nicolas Dureau à échanger son office de second président en l'élection de Gien contre celui de premier président, en payant aux Parties casuelles une somme de 300 écus.

Ms. fr. 10841, fᵒ 32 vᵒ.

2079. — Arrêt faisant remise à François Bonheur de la moitié du prix de sa ferme des gros et huitième de Garges et de Goussainville.

Ms. fr. 10841, fᵒ 33 rᵒ.

2080. — Arrêt assignant au Conseil Claude Triballier, sieur d'Anglèse, et François de Salart, sieur de Bourron.

Ms. fr. 10841, fᵒ 33 rᵒ.

2081. — Arrêt renvoyant aux Requêtes du Palais le procès pendant au Conseil d'État entre Michel Gozy et Mᵉ Pierre Pena, médecin ordinaire du Roi.

Ms. fr. 10841, fᵒ 33 rᵒ.

2082. — Arrêt faisant remise aux habitants de Lyons de moitié de la subvention des villes closes.

Ms. fr. 10841, fᵒ 33 rᵒ

2083. — Arrêt validant un payement de 1,000 écus fait, en 1591, au maréchal d'Aumont, par Mᵉ Claude Philippe, commis à la recette des deniers provenant des biens des Ligueurs.

Ms. fr. 10841, fᵒ 33 rᵒ.

2084. — Arrêt ordonnant la mise en adjudication, pour une durée de 29 ans, du moulin de Pontailler, et ordonnant que Jean de Gillet, capitaine d'une compagnie de gens de pied, sera remboursé des sommes par lui dépensées à la poursuite dudit bail.

Ms. fr. 10841, fᵒ 33 vᵒ.

2085. — Arrêt ordonnant aux trésoriers de France à Tours de faire verser le produit de la taxe de 3 sols

9 deniers par minot de sel entre les mains de Jean Mesland, adjudicataire de ladite taxe, lequel s'en déchargera ensuite entre les mains des échevins de Tours.

Ms. fr. 10841, fᵒ 34 rᵒ.

1595, 11 février. — Paris.

2086. — Arrêt accordant surséance aux habitants de la Ferté-Milon pour le payement du taillon de 1589 à 1593.

Ms. fr. 10841, fᵒ 34 rᵒ.

2087. — Arrêt ordonnant que les habitants des villes et du plat pays de Boulonnais jouiront entièrement des exemptions d'impôts qui leur ont été octroyées par leurs chartes et privilèges.

Ms. fr. 10841, fᵒ 34 vᵒ.

2088. — Arrêt ordonnant aux officiers des Eaux et forêts de procéder à la réception d'Antoine de Cormont, sieur de Villeneuve, en l'office de maître particulier des eaux et forêts au bailliage de Sézanne.

Ms. fr. 10841, fᵒ 34 vᵒ.

2089. — Arrêt ordonnant le remboursement des sommes qu'avait dépensées le sieur de Forbois, lieutenant des gardes, pour être pourvu d'un office de maître particulier des eaux et forêts au bailliage de Montfort, lequel a été restitué à Mᵉ Jean Griffon.

Ms. fr. 10841, fᵒ 35 rᵒ.

2090. — Arrêt ordonnant au grand maître des Eaux et forêts et aux autres officiers de la Table de marbre de procéder à la réception de Christophe Le Roy en l'office de maître particulier alternatif du bois de Sourdun et du buisson de Ferrières.

Ms. fr. 10841, fᵒ 35 rᵒ.

2091. — Arrêt maintenant concurremment Jean Le Vilain et Jean Le Flameux en l'office de référendaire en la chancellerie de Rouen.

Ms. fr. 10841, fᵒ 35 rᵒ.

2092. — Arrêt interprétant l'édit de mars 1594, relatif aux receveurs des tailles, et statuant sur le cas de certains receveurs des généralités de Rouen et de Caen qui ont résigné leur office après la proclamation de l'édit et avant qu'il fût vérifié par la chambre des comptes de Rouen.

E 1°, f° 78 r°, et ms. fr. 10841, f° 93 v°.

2093. — Arrêt déchargeant Jean Barreau et Nicolas Bellay, commissaires généraux au magasin de Paris pour la fabrication de la poudre à canon, de tout droit d'entrée sur les salpêtres, bois, soufre, charbon, cendres, etc.

Ms. fr. 10841, f° 35 v°.

2094. — Arrêt accordant, pour un an, à René Charpentier et à Jean Guyot, fermiers du grand péage et du péage établi sur le bois arrivant par la Loire à Orléans, remise d'un tiers de leurs fermages.

Ms. fr. 10841, f° 36 r°.

2095. — Arrêt confirmant les privilèges accordés aux habitants du Gévaudan par lettres patentes du 16 juillet dernier, et ordonnant de surseoir aux poursuites intentées contre lesdits habitants pour le payement des impôts levés antérieurement à la réduction dudit pays.

Ms. fr. 10841, f° 36 r°.

2096. — Arrêt autorisant les gens du clergé du diocèse d'Avranches à lever sur eux-mêmes une somme de 1,260 écus, afin de rembourser le prix d'un office de receveur alternatif des décimes, dont est pourvu M° Maymont.

Ms. fr. 10841, f° 36 v°.

2097. — Arrêt ordonnant que M° Pierre L'Argentier, reçu en un office d'élu en l'élection de Troyes, sera pourvu dudit office à la nomination d'Antoine de Vienne, auquel ledit office avait été réservé.

Ms. fr. 10841, f° 36 v°.

2098. — Arrêt refusant aux marchands d'Orléans la permission d'augmenter les émoluments des greffes de la juridiction des consuls, mais les autorisant à lever sur eux-mêmes la somme nécessaire au payement des rentes par eux constituées à des particuliers, pour l'achat de la maison du consulat.

Ms. fr. 10841, f° 36 v°.

2099. — Arrêt réglant le payement des officiers du guet établi par Charles IX à Orléans.

Ms. fr. 10841, f° 37 r°.

2100. — Arrêt ordonnant que les 8,000 écus accordés au sieur de Rochefort pour la réduction d'Avallon seront levés sur les bailliages d'Auxerrois, d'Autun et de la Montagne.

Ms. fr. 10841, f° 37 r°.

2101. — Arrêt ordonnant que lettres de déclaration seront adressées au Parlement pour la réception de M° François Des Rues en l'office de maître particulier alternatif des eaux et forêts de l'Angoumois, nonobstant l'opposition des gens de la Table de marbre.

Ms. fr. 10841, f° 37 v°.

2102. — Arrêt faisant remise de 660 écus à Mathieu Thibault, maître des grosses forges du Roi, adjudicataire de certaine quantité de bois dans les forêts de Moulins et de Bonsmoulins, attendu qu'il a été pris et rançonné par le gouverneur de Dreux.

Ms. fr. 10841, f° 37 v°.

1595, 14 février. — Paris.

2103. — Arrêt ordonnant que le duc de Lorraine sera payé par préférence de ses rentes sur le Clergé. (Conseil des finances.)

Ms. fr. 16216, f° 110 r°.

2104. — Arrêt réglant le remboursement d'une somme de 2,000 écus payée aux compagnies des sieurs de Sesseval et Montcarmel afin qu'elles pussent joindre l'armée du duc de Bouillon. (Conseil des finances.)

Ms. fr. 16216, f° 110 r°.

2105. — Arrêt réduisant de moitié la taxe imposée, pour supplément de finance, aux receveurs généraux provinciaux des gabelles nouvellement créés. (Conseil des finances.)

Ms. fr. 16216, f° 110 r°.

2106. — Arrêt ordonnant à tous les receveurs généraux du royaume de ne faire emploi des deniers provenant d'impositions nouvelles, que sur l'ordre du trésorier de l'Épargne, M° Balthazar Gobelin. (Conseil des finances.)

Ms. fr. 16216, f° 110 r°.

2107. — Arrêt faisant défense aux commis à la recette des deniers provenant de l'aliénation du domaine en Languedoc de dépenser aucun desdits deniers, sinon sur l'ordre du trésorier de l'Épargne, M° Balthazar Gobelin, excepté la somme de 60,000 écus précédemment affectée aux dépenses de l'armée de Savoie. (Conseil des finances.)

Ms. fr. 16216, f° 110 r°.

2108. — Arrêt ordonnant au trésorier de l'Épargne de payer une somme de 422 écus 1/2 à M° Edmond Revol, secrétaire du Roi. (Conseil des finances.)

Ms. fr. 16216, f° 110 v°.

2109. — Arrêt réglant le payement d'une somme de 450 écus due au capitaine Edme Le Breton, dit du Donjon, pour ses gages de payeur de la gendarmerie. [Cf. n° 1661.] (Conseil des finances.)

Ms. fr. 16216, f° 110 v°.

———

1595, 15 février. — Paris.

2110. — Arrêt affectant le montant des taxes des quatre offices de contrôleurs généraux de l'Extraordinaire des guerres au payement d'une somme de 26,000 écus donnée par le Roi au comte de Soissons, et au payement d'une indemnité accordée aux quatre contrôleurs généraux de l'Ordinaire des guerres ; déchargeant en outre ces derniers de la taxe pour supplément d'office. [Cf. n° 2147.] (Conseil des finances.)

(Arrêt cancellé.)

Ms. fr. 16216, f° 111 r°.

2111. — Arrêt réglant le payement d'une somme de 24,000 écus due à Madame, sœur du Roi, pour sa pension de l'année présente. (Conseil des finances.)

Ms. fr. 16216, f° 111 r°.

2112. — Arrêt accordant aux officiers de judicature et de finance des villes de Châlons et de Langres

remise « de la finance qu'ilz sont tenuz payer à Sa Majesté à l'advènement à sa couronne, pour leursditz estatz et offices ». (Conseil des finances.)

Ms. fr. 16216, f° 111 r°.

2113. — Arrêt enjoignant à M° Arthur Talon, receveur de décimes au diocèse de Châlons, de satisfaire à l'arrêt du 27 avril 1593, qui le condamnait à payer une somme de 6,602 écus 36 sols au sieur Scipion Sardini. (Conseil des finances.)

Ms. fr. 16216, f° 111 r°.

2114. — Arrêt ordonnant que 5000 livres de poudre et 362 boulets de canon, livrés par le sieur d'Halincourt à l'Arsenal, lui seront restitués, « d'aultant qu'il n'y a à présent moien de luy faire payer lesdites pouldres et boulletz ». (Conseil des finances.)

Ms. fr. 16216, f° 111 v°.

2115. — Arrêt affectant le quart des impôts nouvellement établis à Troyes au payement des rentes dues aux habitants de ladite ville, et aux dépenses nécessaires, telles que la construction d'un hôtel de ville ; réglant en outre le payement des sommes dues auxdits habitants par le duc de Guise. (Conseil des finances.)

Ms. fr. 16216, f° 111 v°.

———

1595, 16 février. — Paris.

2116. — Arrêt renvoyant à la prochaine assemblée du Clergé une requête présentée par le clergé du diocèse d'Orléans pour être déchargé des décimes dues par M° Geoffroi Le Pin, doyen de l'église Sainte-Croix d'Orléans, qui est mort sans laisser aucun bien.

E 1ᵃ, f° 80 r°, et ms. fr. 10841, f° 38 r°.

2117. — Arrêt accordant à Louis de Prune, adjudicataire de la ferme des draps d'or, d'argent, de soie et de laine, appelée l'ancienne douane, remise d'une somme de 231 écus 15 sols, équivalant à moitié du quartier de juillet de ladite ferme.

E 1ᵃ, f° 80 r°, et ms. fr. 10841, f° 38 r°.

2118. — Arrêt autorisant les habitants de Sancerre à s'imposer, pendant neuf années, pour le remboursement d'un emprunt de 6,995 écus et pour l'entretien des fortifications de ladite ville.

E 1*, f° 80 v°, et ms. fr. 10841, f° 38 v°.

2119. — Arrêt faisant remise à Nicolas Chauvot d'une somme de 133 écus 1/3, sur le prix de sa ferme du huitième et du vingtième de Fère-en-Tardenois.

E 1*, f° 81 v°, et ms. fr. 10841, f° 38 v°.

2120. — Arrêt accordant à Claude Le Moulnyer, ancien receveur particulier du taillon au Mans, décharge d'une somme de 1,000 écus, par lui employée, sur les ordres du sieur de Laverdin, gouverneur du Maine, au payement de la garnison du Mans et de la compagnie dudit de Laverdin.

E 1*, f° 80 v°, et ms. fr. 10841, f° 38 v°.

2121. — Arrêt ordonnant aux habitants de Vitry-sur-Seine de rembourser à Louis Trudelle, receveur des tailles à Corbeil, une somme de 27 écus 55 sols, qu'il avait payée pour eux sur le montant de leurs tailles de l'année 1591.

E 1*, f° 81 r°, et ms. fr. 10841, f° 39 r°.

2122. — Arrêt accordant à René Le Grand, valet de chambre de la Reine, moyennant un cens perpétuel, une place vague sise à Saint-Germain-en-Laye et nommée la place aux Écuyers.

E 1*, f° 81 r°, et ms. fr. 10841, f° 39 r°.

2123. — Arrêt maintenant Nicolas Alexandre en un office de conseiller au présidial de Périgueux, dont il avait été pourvu par le duc de Mayenne.

E 1*, f° 81 v°, et ms. fr. 10841, f° 39 r°.

2124. — Arrêt réglant le payement des gages d'Antoine Simon, vice-bailli de Caux.

E 1*, f° 81 v°, et ms. fr. 10841, f° 39 v°.

2125. — Arrêt donnant commission au sieur de Bussy, conseiller d'État, pour examiner l'état des quittances de provisions d'offices demeurées aux mains de Jean de Vauhardy.

E 1*, f° 81 v°, et ms. fr. 10841, f° 39 v°.

2126. — Arrêt enjoignant aux trésoriers de France

à Paris de vérifier purement et simplement les lettres patentes accordant remise de tailles aux habitants de la Ferté-Milon en vertu du traité de capitulation de ladite ville.

E 1*, f° 82 r°, et ms. fr. 10841, f° 40 r°.

2127. — Arrêt accordant à Me Jean Bouyn, conseiller au parlement de Toulouse, une indemnité de 300 écus pour les frais par lui supportés quand ledit parlement fut transféré à Béziers.

E 1*, f° 82 r°, et ms. fr. 10841, f° 40 r°.

2128. — Arrêt ordonnant au receveur général des finances en Bourgogne de prélever sur les deniers destinés au payement des gages des gens du parlement de Bourgogne une somme de 4,814 écus 35 sols tournois, afin de rembourser à Jacques Fevret et à Pierre Chandon le prix de deux offices de conseillers en la chambre des enquêtes dudit parlement, auxquels offices les gens de ladite cour n'ont voulu les recevoir.

E 1*, f° 83 r°, et ms. fr. 10841, f° 40 v°.

1595, 18 février. — Paris.

2129. — Arrêt ajournant au 25 juin l'assemblée générale du Clergé.

Ms. fr. 10841, f° 41 v°.

2130. — Arrêt déchargeant Pierre Calvin, avocat du Roi en l'élection de Châtellerault, d'une somme de 200 écus, à laquelle il avait été taxé pour l'exemption des tailles.

Ms. fr. 10841, f° 42 r°.

2131. — Arrêt assignant au Conseil César Sancynaty, pour répondre à une requête du sieur Claude de L'Aubespine, conseiller d'État.

Ms. fr. 10841, f° 42 r°.

2132. — Arrêt ordonnant que les habitants ou collecteurs des tailles de Jargeau, et autres, seront contraints au payement des sommes affectées à la solde de la compagnie du sieur de Montlouet.

Ms. fr. 10841, f° 42 r°.

2133. — Arrêt relatif à la reddition des comptes des grèneteirs qui, avant la provision des receveurs particuliers nouvellement créés dans chaque grenier à sel, ont fait la recette des droits de gabelle et d'augmentation.

Ms. fr. 10841, f° 43 r°.

2134. — Arrêt faisant défense aux trésoriers de France à Tours de plus disposer des deniers des gabelles affectés au payement des rentes, contrairement à l'arrêt de règlement du 14 juillet dernier.

Ms. fr. 10841, f° 43 r°.

2135. — Arrêt faisant remise de 79 écus 50 sols au sieur Potier, fermier du gros, du huitième et des foires de Fère-en-Tardenois.

Ms. fr. 10841, f° 43 v°.

2136. — Arrêt renvoyant aux trésoriers de France à Paris une requête présentée par plusieurs habitants de Saint-Florentin pour être déchargés des taxes imposées depuis la réduction de ladite ville, attendu qu'ils s'en sont allés, en 1589, pour ne pas participer à la rébellion.

Ms. fr. 10841, f° 43 v°.

2137. — Arrêt accordant aux habitants de l'élection de Laval surséance de trois mois pour le payement des tailles de l'année 1588, et renvoyant aux trésoriers de France à Tours une requête par eux présentée pour en obtenir remise.

Ms. fr. 10841, f° 43 v°.

2138. — Arrêt ordonnant une enquête sur le vol des deniers des tailles de Méry-ès-Bois, avant de statuer sur la requête en décharge de Michel Mayretz, collecteur des tailles de ladite paroisse.

Ms. fr. 10841, f° 44 r°.

2139. — Arrêt ordonnant que Julien Colin, contrôleur en la chancellerie du parlement de Paris, transféré à Tours, sera remboursé du prix de son office, supprimé par arrêt du 24 mai dernier (n° 828).

Ms. fr. 10841, f° 44 r°.

2140. — Arrêt confirmant les augmentation et droit de bordereau précédemment attribués à Nicolas Coquault, contrôleur en l'élection de Reims.

Ms. fr. 10841, f° 44 r°.

2141. — Arrêt accordant au chapitre de Saint-Nicolas de Montluçon confirmation du droit de 10 deniers par minot de sel vendu au grenier dudit Montluçon.

Ms. fr. 10841, f° 44 v°.

2142. — Arrêt affectant au payement des taxes dues par plusieurs secrétaires du Roi les deniers provenant de leurs bourses, nonobstant des saisies antérieures.

Ms. fr. 10841, f° 44 v°.

2143. — Arrêt renvoyant aux trésoriers de France en Bretagne une requête présentée par Mathurin Auffrey, receveur des fouages en l'évêché de Saint-Brieuc, pour obtenir décharge : 1° d'une somme de 1,442 écus 49 sols 8 deniers, prise, à Quintin, par le duc de Mercœur, en l'année 1589 ; 2° d'une somme de 2,599 écus 27 sols, enlevée, à la prise de Moncontour, au mois de mars 1591.

Ms. fr. 10841, f° 45 r°.

2144. — Arrêt renvoyant aux trésoriers de France en Bretagne une requête dudit Auffrey tendant au rétablissement de deux parties employées en son compte de l'année 1592 et comprenant une somme de 600 écus, à lui prise, et une somme de 1,200 écus, par lui payée aux Ligueurs pour sa rançon.

Ms. fr. 10841, f° 45 r°.

2145. — Arrêt maintenant Nicolas de Bouvilliers en l'office de receveur des tailles en l'élection de Beauvais, et ordonnant de biffer les mots injurieux contenus en la requête de M° Jacques Convers, soi-disant pourvu dudit office par le duc de Mayenne.

Ms. fr. 10841, f° 45 v°.

2146. — Arrêt ordonnant que la recette des traites foraine et domaniale sera faite, conformément à l'édit d'août dernier, par les trésoriers généraux desdites traites, les receveurs généraux et particuliers, ou leurs commis, défendant à toute autre personne de s'ingérer en ladite recette, et assignant au Conseil d'État « tous ceulx qui se sont entremis de la recette desdits droitz ».

Clair. 654, p. 505.

2147. — Arrêt affectant le montant des taxes des quatre nouveaux offices de contrôleurs généraux de l'Extraordinaire des guerres au payement des sommes dues soit au comte de Soissons, soit aux quatre contrôleurs généraux de l'Ordinaire des guerres. [Cf. n° 2110.] (Conseil des finances.)

Ms. fr. 16216, f° 114 r°.

2148. — Arrêt ordonnant le remboursement des sommes prêtées par les capitaines Saint-Martin et Pineau, en garnison à Saint-Denis. (Conseil des finances.)

Ms. fr. 16216, f° 114 r°.

2149. — Arrêt portant assignation d'une somme de 2,600 écus donnée par le Roi aux sieurs de Sesseval, gouverneur de Beauvais, de La Mothe et de La Chapelle, «pour les bons et signalez services qu'ilz luy ont faitz en la réduction des villes d'Amyens et Beauvais». (Conseil des finances.)

. Ms. fr. 16216, f° 114 r°.

2150. — Arrêt réglant le payement d'une somme de 9,463 écus 12 sols due à M° Gabriel Pietrequin, receveur des décimes au diocèse de Langres, pour les causes contenues dans l'arrêt du 23 (lisez : 24) septembre 1594 [n° 1472]. (Conseil des finances.)

Ms. fr. 16216, f° 114 r°.

2151. — Arrêt portant nouvelle assignation d'une somme de 11,380 écus due au sieur de La Force pour la solde des garnisons de son gouvernement et de sa compagnie d'hommes d'armes. (Conseil des finances.)

Ms. fr. 16216, f° 114 r°.

2152. — Arrêt portant nouvelle assignation d'une somme de 8,533 écus 1/4 donnée par le Roi au sieur de Miossans. (Conseil des finances.)

Ms. fr. 16216, f° 114 v°.

2153. — Arrêt réglant le payement des gens de guerre à pied français en garnison à Noyon. (Conseil des finances.)

Ms. fr. 16216, f° 114 v°.

2154. — Arrêt portant nouvelle assignation d'une somme de 666 écus 2/3 due au sieur de Rocques. (Conseil des finances.)

Ms. fr. 16216, f° 114 v°.

2155. — Arrêt portant assignation d'une somme de 8,200 écus accordée à M° Jean Du Vivier par arrêt du Conseil du 4 octobre dernier [n° 1483]. (Conseil des finances.)

Ms. fr. 16216, f° 114 v°.

───────

1595, 21 février. — Paris.

2156. — Arrêt ordonnant à M° Émile Perrot, conseiller des eaux et forêts à la Table de marbre, d'aller, dans la forêt d'Orléans, visiter les terres vagues, dresser état de celles qui ont été aliénées, et «de celles dont les remboursements ont esté faictz».

E 1*, f° 86 r°, et ms. fr. 10841, f° 47 r°.

2157. — Arrêt ordonnant que les habitants de Reims verseront les deniers du taillon de l'année 1594 entre les mains de M° Nicolas Forest, receveur du taillon en l'élection de Reims, lequel, durant les troubles, a demeuré à Châlons.

E 1*, f° 86 r°, et ms. fr. 10841, f° 47 v°.

2158. — Arrêt ordonnant que la levée de 10 sols par minot sur les greniers à sel de Beauvais, Clermont, Montdidier et Grandvilliers sera continuée jusqu'à l'entier payement des gages des officiers du bailliage et du siège présidial de Beauvais.

E 1*, f° 86 v°, et ms. fr. 10841, f° 47 v°.

2159. — Arrêt confirmant, pour neuf mois, la modération de tailles et l'octroi de la ferme des quatrième et vingtième, accordés aux habitants de Saint-Valery[-sur-Somme] pour les aider à réparer les fortifications de leur ville, et en outre leur faisant remise du taillon des années 1591 et 1592.

E 1*, f° 86 v°, et ms. fr. 10841, f° 48 r°.

2160. — Arrêt renvoyant au parlement de Bourgogne une requête de M° Pierre Pelletier, receveur des aides en l'élection de Tonnerre et greffier propriétaire du greffe de la chancellerie de Semur, tendant à ce que ses fermiers supportent la moitié du rabais ordonné par ledit parlement sur le prix de sadite ferme.

E 1*, f° 87 r°, et ms. fr. 10841, f° 48 v°.

2161. — Arrêt assignant au Conseil Thomas Le Clerc et M° Jean-Baptiste Champin, pour être ouïs sur la requête de M° Nicolas de Bouvilliers, receveur des aides en l'élection de Beauvais, au sujet de la possession dudit office.

E 1*, f° 87 r°, et ms. fr. 10841, f° 48 v°.

2162. — Arrêt accordant remise de diverses sommes à André Le Prestre, fermier du huitième dans les faubourgs Saint-Jacques, Saint-Honoré, Saint-Martin, Saint-Denis et Saint-Antoine, attendu « que lesditz faubourgz ont esté inhabitez ».

E 1*, f° 87 v°, et ms. fr. 10841, f° 48 v°.

2163. — Arrêt relatif au payement d'une rente perpétuelle de 20,000 écus, constituée par le feu Roi, au profit du sieur Scipion Sardini, sur la taxe des cabarets et hôtelleries du royaume.

E 1*, f° 90 r°.

1595, 22 février. — Paris.

2164. — Arrêt ordonnant le remboursement d'une somme de 366 écus 2/3 due aux enfants et héritiers de M° Jean de Mondoucet, président au présidial de Blois. (Conseil des finances.)

Clair. 1097, f° 87 r°

2165. — Arrêt ordonnant que la dame de Fay sera payée d'une somme de 400 écus due à son feu mari pour les causes portées en un arrêt du 31 décembre 1594 [n° 1881]. (Conseil des finances.)

Clair. 1097, f° 87 r°.

2166. — Arrêt portant nouvelle assignation d'une somme de 8,456 écus 2/3 16 sols, due au sieur de Damville. (Conseil des finances.)

Clair. 1097, f° 87 r°.

2167. — Arrêt ordonnant que les receveurs généraux de Bourges et de Poitiers seront contraints de payer à Hugues Du Mas, contrôleur général des postes, une somme de de 2,649 écus 2/3 et 6 sols, faisant

partie de plus grande somme par lui consignée, le 30 mai 1586, au greffe du Parlement, et saisie pour le service du feu Roi. (Conseil des finances.)

Clair. 1097, f° 87 v°.

2168. — Arrêt ordonnant le payement d'une somme de 800 écus donnée à Nicolas Godier, bourgeois de Troyes, en considération des services par lui rendus au Roi, lors de la réduction de ladite ville. (Conseil des finances.)

Clair. 1097, f° 87 v°.

2169. — Arrêt ordonnant le remboursement d'une somme de 15,000 écus prêtée au Roi par les chevaliers de l'ordre du Saint-Esprit et employée au payement des Suisses. (Conseil des finances.)

Clair. 1097, f° 87 v°.

2170. — Arrêt portant nouvelle assignation d'une somme de 13,821 écus 53 sols due au sieur de Malissey, ci-devant gouverneur de la Capelle. (Conseil des finances.)

Clair. 1097, f° 88 r°.

2171. — Arrêt ordonnant au trésorier de l'Épargne de payer 500 écus au maréchal de Retz, pour son voyage de Normandie. (Conseil des finances.)

Clair. 1097, f° 88 r°.

1595, 23 février. — Paris.

2172. — Arrêt maintenant Jean Bourlon et Pierre Hérouard ès offices de receveurs généraux et provinciaux des gabelles en la généralité de Paris, et ordonnant le remboursement de Denis Béguin, pourvu de même office par le duc de Mayenne.

E 1*, f° 92 r°, et ms. fr. 10841, f° 49 r°.

1595, 24 février. — Paris.

2173. — Arrêt réglant l'incorporation à l'élection de Dreux de diverses paroisses distraites de l'élection de Verneuil.

E 1*, f° 94 r°, et ms. fr. 10841, f° 88 v°.

1595, 25 février. — Paris.

2174. — Arrêt ordonnant le payement d'une

somme de 2,449 écus 6 sols due au sieur de Chazeron, lieutenant général en Bourbonnais.

Ms. fr. 10841, f° 50 r°.

2175. — Arrêt ordonnant aux habitants de Bernes,
près Chambly, remise des tailles de l'année 1592 et de
deux années à venir.

Ms. fr. 10841, f° 50 r°.

2176. — Arrêt accordant à M° Adrien Bellet, grènetier au grenier à sel de Roye, décharge d'une somme
de 1,566 écus 6 sols 6 deniers, enlevée en ses coffres
lors de la prise de Roye.

Ms. fr. 10841, f° 50 v°.

2177. — Arrêt accordant une indemnité de
1,000 écus à M° Émile Perrot, conseiller au siège de
la Table de marbre, pour ses frais et vacations depuis
l'année 1589.

Ms. fr. 10841, f° 51 v°.

2178. — Arrêt accordant une indemnité de
3,000 écus à André d'Alesso, pour le démembrement
de son office de grand maître enquêteur et général
réformateur des eaux et forêts dans le département de
Guyenne, Poitou, Saintonge, Angoumois, Châtellerault, Berry, Orléans et Blois.

Ms. fr. 10841, f° 51 r°.

2179. — Arrêt ordonnant le payement des arrérages de rentes dus au sieur Pinard, conseiller
d'État, nonobstant les saisies faites par les Ligueurs
durant les troubles.

Ms. fr. 10841, f° 51 v°.

2180. — Arrêt ordonnant le remboursement d'une
somme de 4,000 écus, prêtée au Roi par le doyen de
Blois, par les archidiacres de Blois et de Dreux et par
dix chanoines de Chartres, lors de la réduction de
ladite ville de Chartres.

Ms. fr. 10841, f° 51 v°.

2181. — Arrêt accordant aux officiers du bailliage
de Loudun décharge de la taxe pour exemption des
tailles.

Ms. fr. 10841, f° 51 v°.

2182. — Arrêt autorisant M° Pierre Le Moulnier,

receveur du taillon en l'élection du Mans, à prélever
sur son prochain compte une somme de 300 écus,
à lui dérobée lors de la prise du Mans par les Ligueurs.

Ms. fr. 10841, f° 52 r°.

———————

1595, 27 février. — Paris.

2183. — Arrêt ordonnant au trésorier de l'Épargne
de délivrer ses lettres d'attache pour le payement d'une
somme de 1,200 écus accordée au sieur de Berthon,
commandeur de Malte, par lettres patentes du 10 février dernier. (Conseil des finances.)

Clair. 653, p. 63.

2184. — Arrêt réglant le payement des intérêts
d'une somme de 12,000 écus, fournie comptant à
Lyon, pour le payement de l'armée du Connétable.
(Conseil des finances.)

Clair. 653, p. 63.

2185. — Arrêt augmentant de 200 écus les gages
du Chevalier du Guet, pour l'indemniser de la vente
de « la maison apartenant à Sa Majesté, assize au car-
refour du Chevalier du Guet..., de tout temps et ancienneté affectée audit Chevalier du Guet pour sa demeure ». (Conseil des finances.)

Clair. 653, p. 63.

2186. — Arrêt ordonnant le payement d'une
somme de 700 écus due au sieur Cénamy pour le
change des 5,000 écus, par lui avancés, à Lyon, au
colonel Escher, du canton de Zurich. (Conseil des finances.)

Clair. 653, p. 64.

2187. — Arrêt donnant assignation de 2,000 écus
au baron de Dampmartin, colonel des reîtres. (Conseil
des finances.)

Clair. 653, p. 64.

2188. — Arrêt ordonnant le payement d'une
somme de 30 écus due à Nicolas Thierry, l'un des valets
de pied du Roi, pour un voyage qu'il a fait vers le
maréchal de Matignon. (Conseil des finances.)

Clair. 653, p. 64.

2189. — Arrêt réglant le remboursement d'une

somme de 158 écus 46 sols 6 deniers, avancée par le garde des meubles du Conseil, pour frais d'ameublement de la chambre dudit Conseil. (Conseil des finances.)

Clair. 653, p. 64.

2190. — Arrêt portant assignation d'une somme de 8,000 écus donnée par le Roi au sieur de Themynes, sénéchal et gouverneur du Quercy. (Conseil des finances.)

Clair. 653, p. 64.

2191. — Arrêt portant nouvelle assignation d'une somme de 6,000 écus avancée, pour les dépenses de la guerre, par le feu chancelier de Navarre. (Conseil des finances.)

Clair. 653, p. 65.

2192. — Arrêt portant assignation d'une somme de 700 écus due aux lecteurs et professeurs de l'Université de Paris pour leurs gages. (Conseil des finances.)

Clair. 653, p. 65.

————

1595, 28 février. — Paris.

2193. — Arrêt réglant le recouvrement des impôts et traitant particulièrement :

1° Des sergents ;

2° Du payement des gens de guerre ;

3° Du devoir des gentilshommes « ayant maisons et places fortes » ;

4° Du devoir des gouverneurs et lieutenants généraux des provinces ;

5° Des lettres de validation ;

6° Du devoir des juges et des gens de la Cour des aides ;

7° Des versements aux recettes générales ;

8° De l'élection des collecteurs ;

9° De l'assiette des tailles. (Conseil des finances.)

Clair. 653, p. 117, et Clair. 654, p. 502. Cf. ibid. p. 499.

1595, 1er mars. — Paris.

2194. — Arrêt maintenant, nonobstant les remontrances des États de Bourgogne, le bail conclu avec les associés de feu Noël de Hère pour la fourniture dudit pays, à condition qu'ils mettront du sel dans les villes où il n'y en a pas.

Ms. fr. 10841, f° 52 v°.

2195. — Arrêt réduisant, à la requête des États de Bourgogne, les impôts mis sur le sel pour l'entretien des garnisons dudit pays, et ordonnant des poursuites contre ceux qui font venir du « faulx sel » de Lorraine.

Ms. fr. 10841, f° 53 r°.

2196. — Arrêt déclarant que la remise des décimes des années 1589 à 1594, stipulée par le traité de la réduction d'Amiens, n'est applicable qu'au clergé de la ville et des faubourgs.

Ms. fr. 10841, f° 53 v°.

2197. — Arrêt accordant aux habitants de Vermenton remise de la moitié des tailles de l'année 1594, attendu les nombreuses fournitures qu'ils ont été contraints de faire aux sieurs de Tannerre et de Mareuil, et lors du siège de Coulange-la-Vineuse.

Ms. fr. 10841, f° 54 r°.

2198. — Arrêt accordant aux habitants de Thorigny surséance de deux mois pour la levée de chaque quartier d'impôt.

Ms. fr. 10841, f° 54 r°.

2199. — Arrêt assignant au Conseil Pierre de Sessiode, maître particulier et fermier de la monnaie de Bayonne, ainsi que le sieur Daurasse, qui offre de surenchérir sur le prix de ladite ferme.

Ms. fr. 10841, f° 54 v°.

2200. — Arrêt faisant défense à Me Nicolas Maney, maître des Comptes, de poursuivre par-devant le Parlement Antoine Portal, premier chirurgien du Roi, « attendu qu'il est question de l'exécution d'un jugement donné en la Chambre du domayne, confirmé par arrest du Conseil ».

Ms. fr. 10841, f° 54 v°.

2201. — Arrêt ordonnant au sieur de Beauregard, commissaire ordinaire des guerres, de donner au sieur de Marolles, commandant à Janville, et au sieur de Montigny, commandant au régiment de Charbonnières, nouvelle expédition des rôles de montre perdus par ledit de Montigny.

. Ms. fr. 10841, f° 54 v°.

2202. — Arrêt déchargeant Étienne Barbin, grènetier du grenier à sel de Montereau, d'une somme de 400 écus à lui enlevée par le capitaine Mazée, lors de la prise de Montereau.

Ms. fr. 10841, f° 55 r°.

2203. — Arrêt enjoignant à la Cour des monnaies de passer outre à la vérification des lettres patentes du 26 janvier dernier qui donnaient cours dans le royaume aux douzains de Navarre et de Béarn.

E 1ᵃ, f° 99 r°, et ms. fr. 10841, f° 55 r°.

2204. — Arrêt maintenant Jean Le Frère en l'office de greffier et d'archer-sergent au Châtelet, à charge de rembourser la finance payée par Daniel Gosselin pour ledit office.

E 1ᵃ, f° 101 r°, et ms. fr. 10841, f° 55 v°.

2205. — Arrêt ordonnant qu'une somme de 8,000 écus sera distribuée, dans trois ou quatre jours, aux archers des gardes, pour leur donner moyen d'accompagner le Roi à Saint-Germain-en-Laye, « veu les nouvelles que l'on a tous les jours que l'on veult attenter à sa personne ». (Conseil des finances.)

Clair. 653, p. 67.

2206. — Arrêt ordonnant de rembourser au duc de Guise le prix d'un buffet d'or ayant appartenu à son père et vendu au profit du Roi. (Conseil des finances.)

Clair. 653, p. 67.

2207. — Arrêt portant assignation d'une somme de 100,000 écus destinée aux dépenses de la Maison du Roi pendant son voyage. (Conseil des finances.)

Clair. 653, p. 67.

2208. — Arrêt accordant au sieur Des Digues l'office de receveur alternatif des tailles à Albi, moyennant une somme de 6,000 écus, qui sera donnée au sieur de Vic pour les frais de son voyage en Guyenne. (Conseil des finances.)

Clair. 653, p. 67.

2209. — Arrêt ordonnant qu'il sera levé sur le bailliage de Cotentin, outre la somme de 4,000 écus à laquelle montent les frais de réduction du château de Tatihou, une somme de 1,000 écus destinée aux réparations du château de Cherbourg, « qui tombe tout en ruyne ». (Conseil des finances.)

Clair. 653, p. 68.

2210. — Arrêt donnant au marquis de Pisani assignation d'une somme de 14,333 écus 1/3; et avis du Conseil tendant à lui faire remise des 2 sols pour livre par lui dus à cause de l'enchère qu'il a été obligé de mettre sur la terre de Talmont-sur-Gironde, à lui adjugée en payement de ses créances. (Conseil des finances.)

Clair. 653, p. 68.

2211. — Arrêt ordonnant le payement d'une indemnité de 150 écus accordée à Louis Bazille, maître de la poste à Bourg-la-Reine. (Conseil des finances.)

Clair. 653, p. 68.

2212. — Arrêt ordonnant le payement d'une indemnité de 150 écus accordée à Mᵉ Jean Corberon, trésorier de France en Champagne, pour les frais d'un voyage à Paris. (Conseil des finances.)

Clair. 653, p. 68.

2213. — Arrêt ordonnant au sieur d'Inteville, lieutenant général en Champagne, de faire vérifier en la Chambre des comptes les arrérages de sa pension qu'il prétend lui être dus. (Conseil des finances.)

Clair. 653, p. 69.

2214. — Arrêt portant nouvelle assignation des sommes dues au maréchal de La Châtre et au sieur de Montigny. (Conseil des finances.)

Clair. 653, p. 69.

1595, 2 mars. — Paris.

2215. — Arrêt ordonnant que Mᵉ Léonard Coqueley sera entendu au Conseil, avant qu'il soit statué sur la demande de Mᵉ Christophe-Hector de Marle, sieur de Versigny, maître des requêtes de l'Hôtel.

Ms. fr. 10841, f° 57 r°.

2216. — Arrêt ordonnant l'expédition de lettres patentes en faveur de Barthélemy Prieur, pourvu, par arrêt du 17 septembre dernier (n° 1421), de l'état de sculpteur du Roi, vacant par la mort de Germain Pilon, avec jouissance de la maison sise en l'île du Palais.

Ms. fr. 10841, f° 57 v°.

2217. — Arrêt réglant les gages du sieur Lubert, maître des requêtes de l'Hôtel, qui avait exercé, en 1592, l'état d'intendant de justice en Bourgogne.

Ms. fr. 10841, f° 57 v°.

2218. — Arrêt renvoyant aux trésoriers de France une requête en remise de tailles présentée par les habitants de la ville et de l'élection de Noyon.

Ms. fr. 10841, f° 57 v°.

2219. — Arrêt accordant décharge de la taxe pour confirmation d'offices aux acquéreurs des greffes du bailliage, de la prévôté et des eaux et forêts de Lorris.

Ms. fr. 10841, f° 57 v°.

2220. — Arrêt confirmant le bail de Jean Mesland, adjudicataire du grenier à sel de Blois, et lui accordant surséance pour le payement des sommes par lui dues à Noël de Hère, adjudicataire des greniers du royaume.

Ms. fr. 10841, f° 58 v°.

2221. — Arrêt accordant décharge à M° Pierre Lugoly, lieutenant général en la prévôté de l'Hôtel, pour divers joyaux trouvés aux mains du jésuite Pierre Berny et remis à Sa Majesté.

Ms. fr. 10841, f° 58 r°.

1595, 3 mars. — Paris.

2222. — Arrêt confirmant un contrat conclu entre Pierre Le Lorrain et la veuve du sieur de Fontaines, conseiller d'État, gouverneur de Bretagne, pour l'exploitation des coches du royaume, et attribuant au prévôt de Paris la connaissance de tous les procès relatifs audit contrat.

Ms. fr. 10841, f° 58 v°.

2223. — Arrêt ordonnant que les juges, conseillers et officiers de Vitry-le-François ne seront payés que de leurs gages échus depuis la réduction de ladite ville.

Ms. fr. 10841, f° 59 r°.

2224. — Arrêt ordonnant que Mathurin Charretier sera remboursé du prix d'un office de trésorier de France en Auvergne, restitué à M° Claude Habert, suivant le traité conclu pour la réduction de Riom.

Ms. fr. 10841, f° 59 r°.

2225. — Arrêt renvoyant au bailli et aux gens du présidial de Château-Thierry un appel interjeté par Georges de Hazillemont contre un décret rendu, à la requête de son beau-frère, par le prévôt des maréchaux de Champagne.

Ms. fr. 10841, f° 59 v°.

2226. — Arrêt révoquant la commission et ordonnant la reddition des comptes de Jean Perreau, commis à la recette des impositions de Beauvoir-sur-Mer.

Ms. fr. 10841, f° 59 v°.

2227. — Arrêt ordonnant que M°° Jean de Ligny et Pajot continueront à exercer la recette des deniers provenant de la vente du domaine, mais que dorénavant tous deniers extraordinaires seront transmis à l'Épargne par les receveurs généraux. (Conseil des finances.)

Clair. 653, p. 71.

2228. — Arrêt ordonnant le remboursement d'une somme de 12,490 écus prêtée, tant pour l'Épargne que pour frais de guerre en Lyonnais, par M° Nicolas Girard, trésorier des Ligues. (Conseil des finances.)

Clair. 653, p. 71.

2229. — Arrêt ordonnant l'expédition d'un édit qui fait remise d'un supplément de taxe aux anciens trésoriers provinciaux de l'Extraordinaire des guerres, et leur attribue, moyennant finance, un droit de 9 deniers pour écu sur toute levée extraordinaire faite, en leur province, pour le payement des gens de guerre. (Conseil des finances.)

Clair. 653, p. 72.

2230. — Arrêt ordonnant l'expédition de l'édit

relatif aux taxes ci-devant imposées aux vingt payeurs de la gendarmerie. (Conseil des finances.)

Clair. 653, p. 72.

2231. — Arrêt ordonnant l'expédition de l'édit de création d'un grènetier et d'un greffier dans chacune des chambres à sel du royaume. (Conseil des finances.)

Clair. 653, p. 72.

2232. — Arrêt ordonnant au trésorier de l'Épargne de délivrer ses lettres d'attache pour le payement d'une somme de 1,000 écus due au sieur de Santeny, intendant et contrôleur général des finances. (Conseil des finances.)

Clair. 653, p. 73.

2233. — Arrêt ordonnant que Mᵉ Jean de Choisy exercera son office de trésorier provincial de l'Extra-ordinaire des guerres, en la présente année, ès bail-liages de Caen, d'Alençon, du Cotentin, et, durant l'année suivante, ès bailliages de Rouen, de Caux, d'Évreux et de Gisors. (Conseil des finances.)

Clair. 653, p. 73.

2234. — Arrêt interprétant l'édit par lequel un droit de 2 deniers pour livre était accordé aux rece-veurs généraux « pour le maniement de tous les de-niers extraordinaires de leurs charges». (Conseil des finances.)

Clair. 653, p. 73.

2235. — Arrêt fixant à 24,963 écus 30 sols la somme due au sieur Ancel, résidant près de l'Empe-reur, «depuis le temps qu'il a exercé ladite charge, jusques au dernier décembre 1594». (Conseil des finances.)

Clair. 653, p. 74.

2236. — Arrêt réservant au Conseil ou aux gens des Comptes et interdisant aux cours des aides la connaissance des procès qui pourraient être intentés aux receveurs généraux pour cause des rescriptions par eux baillées, durant les troubles, sur les receveurs particuliers de leurs charges. (Conseil des finances.)

Clair. 653, p. 74.

2237. — Arrêt ordonnant au trésorier de l'Épargne de « bailler ses attaches » sur plusieurs assi-gnations aux noms du sieur de La Guesle, conseiller d'État, de Jean de La Guesle, sieur de La Chaux, et de Martin Connay. (Conseil des finances.)

Clair. 653, p. 74.

2238. — Arrêt ordonnant le payement d'une somme de 339 écus 50 sols due à Jean Eslant, sieur de L'Escluze, commandant au château du Louvre en l'absence du sieur de Mareuil. (Conseil des fi-nances.)

Clair. 653, p. 75.

2239. — Arrêt portant assignation d'une somme de 650 écus due à Pierre Billaud (?), commis aux vivres. (Conseil des finances.)

Clair. 653, p. 75.

2240. — Arrêt rabattant 10,000 écus sur le compte des sommes que le maréchal de Balagny pré-tend lui être dues pour solde de troupes et pour achat d'armes et munitions durant le siège de Laon. (Conseil des finances.)

Clair. 653, p. 75.

1595, 4 mars. — Paris.

2241. — Arrêt ordonnant à Jean de Vauhardy, commis à la recette des deniers provenant des offices de conseillers présidiaux, d'huissiers-audienciers et de lieutenants des élections, de soumettre au Conseil un état de tous les offices dont provision aurait été expé-diée, au préjudice dudit de Vauhardy, par Mᵉˢ Sublet et Rochon, trésoriers des Parties casuelles.

E 1ᵃ, fᵒ 103 rᵒ, et ms. fr. 10841, fᵒ 56 rᵒ.

1595, 6 mars. — Paris.

2242. — «Estat de la quantité de vin qu'aulcuns marchans de Paris... ont faict passer, durant les mois de décembre et janvier dernier, au port et havre de Henriquartville, et auxquels marchans le Roy a faict rabbais et modération des subcides qu'ilz estoient tenus paier à Sa Majesté..., en payant par iceulx marchans... la somme d'un escu 2/3 pour chacun thonneau... »

Clair. 652, p. 365.

2243. — Arrêt enjoignant aux trésoriers de France à Paris de procéder incontinent à la levée des 3o sols par muid de vin passant sous le pont de Corbeil, à peine de suspension de leurs charges, évoquant au Conseil et interdisant à la Cour des aides la connaissance des procès qui en pourraient résulter. (Conseil des finances.)

Clair. 653, p. 77.

2244. — Arrêt ordonnant aux trésoriers de France en Champagne de surseoir, durant le premier quartier, à toute levée autre que celle des tailles. (Conseil des finances.)

(Arrêt cancellé.)

Clair. 653, p. 77.

1595, 7 mars. — Paris.

2245. — Arrêt réglant le payement de diverses fournitures de bois, vin, viandes, pain, etc. faites en la Maison du Roi, et ordonnant la suspension des poursuites dirigées, à l'occasion de ces fournitures, contre Mᵉ André Négrier, maître de la Chambre aux deniers.

Ms. fr. 10841, fᵒ 6o rᵒ.

2246. — Arrêt ordonnant qu'Aaron Roulon, secrétaire ordinaire de la maison de Navarre, jouira des privilèges attachés audit office, comme si l'état du Conseil de Navarre avait été déposé au greffe de la Cour des aides.

Ms. fr. 10841, fᵒ 6o vᵒ.

2247. — Arrêt portant modération de taxes en faveur des habitants de Rablay, à raison des pertes par eux subies lors des sièges de Rochefort[-sur-Loire], de Chemillé, de Brissac, etc.

Ms. fr. 10841, fᵒ 6o vᵒ.

2248. — Arrêt faisant remise à Simon Navarre, fermier de la monnaie de Champagne, d'un quart de ses fermages depuis le 31 décembre 159o.

Ms. fr. 10841, fᵒ 61 rᵒ.

2249. — Arrêt déclarant que la crue des garnisons n'est pas comprise en la remise de tailles accordée aux habitants de Dormans.

Ms. fr. 10841, fᵒ 61 rᵒ.

2250. — Arrêt enjoignant à Mᵉ Guillaume Loret, receveur général du taillon en Bretagne, de payer à Gabriel Gaulterot, sieur de La Regnardière, une somme de 4oo écus à lui due pour ses gages de commissaire ordinaire des guerres.

Ms. fr. 10841, fᵒ 61 rᵒ.

2251. — Arrêt ordonnant au trésorier des Parties casuelles de payer, nonobstant l'opposition de la Chambre des comptes, une somme de 1,923 écus 2 sols 6 deniers due à Mᵉ Jean Thomas, procureur-syndic des États de Normandie, pour les gages d'un office de conseiller aux requêtes du palais de Rouen, auquel il n'a pu encore être reçu.

E 1ᵃ, fᵒ 1o5 rᵒ, et ms. fr. 10841, fᵒ 87 rᵒ.

1595, 8 mars. — Paris.

2252. — Arrêt ordonnant que le droit de péage du bois passant à Orléans, sur la Loire, sera cédé, à faculté de rachat perpétuel, au capitaine Lambert, en payement d'une somme de 18,0oo écus à lui due pour frais d'équipage des armées du duc de Montpensier et du maréchal de Bouillon. (Conseil des finances.)

Clair. 653, p. 79.

2253. — Arrêt ordonnant que Mᵐˢ Jacques de Chaulmont et Jean de La Fosse, trésoriers généraux de l'Ordinaire des guerres, Mᵐˢ Jacquelin et Estienne, trésoriers des Bâtiments, Mᵉˢ Fleureteau et André Négrier, maîtres de la Chambre aux deniers, seront contraints de prêter au Roi une somme de 3,15o écus. (Conseil des finances.)

Clair. 653, p. 79.

2254. — Arrêt ordonnant le payement d'une indemnité de voyage de 15o écus accordée à Mylon, sieur de Leaudière, trésorier de France à Tours, pour avoir apporté plusieurs états au Conseil. (Conseil des finances.)

Clair. 653, p. 8o.

2255. — Arrêt portant nouvelle assignation des sommes de 65o et de 4oo écus dues au duc de Nevers et au sieur de Sancy. (Conseil des finances.)

Clair. 653, p. 8o.

2256. — Arrêt ordonnant le remboursement d'une somme de 450 écus avancée par le sieur de Schomberg. (Conseil des finances.)

Clair. 653, p. 80.

2257. — Arrêt ordonnant le payement d'une indemnité de voyage de 90 écus accordée à Jacques Dourlin, greffier des trésoriers de France à Lyon, pour avoir apporté divers états et dépêches au Conseil. (Conseil des finances.)

Clair. 653, p. 80.

2258. — Arrêt ordonnant le payement des intérêts d'une somme de 3,419 écus prêtée, en l'an 1590, par Denyau, receveur des tailles à Gisors. (Conseil des finances.)

Clair. 653, p. 80.

2259. — Arrêt ordonnant aux trésoriers de France en Champagne de constituer, conformément aux lettres patentes de septembre 1587, pour 3,500 écus de rente sur la recette générale de Champagne, le produit en devant être affecté au remboursement d'une somme de 42,000 écus avancée au feu Roi par le sieur Claude Giroust. (Conseil des finances.)

Clair. 653, p. 81.

2260. — Arrêt fixant à 43,080 écus 41 sols 3 deniers la somme payable au sieur Jérôme Gondy. (Conseil des finances.)

Clair. 653, p. 81.

1595, 9 mars. — Paris.

2261. — Arrêt permettant au chapitre de l'église d'Avallon d'aliéner des bois, jusqu'à concurrence de la somme nécessaire pour la reconstruction du clocher de ladite église.

E 1ᵃ, fᵒ 107 rᵒ, et ms. fr. 10841, fᵒ 61 vᵒ.

2262. — Arrêt ordonnant aux trésoriers de France à Bordeaux de procéder à l'adjudication du moulin d'Estourneaux, sis sur la rivière du Dropt, près Monségur.

E 1ᵃ, fᵒ 107 rᵒ, et ms. fr. 10841, fᵒ 61 vᵒ.

2263. — Arrêt subrogeant à la place du sieur Belin, payeur de la gendarmerie, lequel résigne son office en échange d'une rente, Mᵉ Jacques Richard, pourvu d'un des offices de payeur de la gendarmerie dont la suppression avait été ordonnée par l'édit du 16 octobre 1594.

E 1ᵃ, fᵒ 107 vᵒ, et ms. fr. 10841, fᵒ 62 rᵒ.

2264. — Arrêt ordonnant le payement d'une indemnité de 1,000 écus due à Georges Le Jumel, sieur de Montaval, pour les réparations par lui faites au château d'Exmes.

E 1ᵃ, fᵒ 108 rᵒ, et ms. fr. 10841, fᵒ 13 rᵒ.

2265. — Arrêt ordonnant que l'assignation de 6,000 écus précédemment donnée au sieur de Favas sur le subside de Royan, sera reportée sur la nouvelle imposition accordée aux maire et jurats de Bordeaux en remplacement dudit subside.

E 1ᵃ, fᵒ 108 vᵒ, et ms. fr. 10841, fᵒ 63 rᵒ.

2266. — Arrêt ordonnant au syndic et aux députés du pays de Rouergue de vérifier l'état des fournitures de munitions de guerre faites par Jean Palot, et d'imposer sur les habitants dudit pays la somme nécessaire au payement desdites fournitures.

E 1ᵃ, fᵒ 109 rᵒ, et ms. fr. 10841, fᵒ 63 vᵒ.

2267. — Arrêt maintenant Mᵉ Claude Quiquebeuf en l'office de receveur des tailles en l'élection de Paris.

E 1ᵃ, fᵒ 109 rᵒ, et ms. fr. 10841, fᵒ 63 vᵒ.

1595, 10 mars. — Paris.

2268. — Arrêt validant une levée de 1,033 écus 1/3 faite par ordre du sieur Des Cluzeaux, gouverneur de Noyon, pour le payement des troupes en garnison dans ladite ville durant le mois de janvier dernier. (Conseil des finances.)

Clair. 653, p. 87.

2269. — Arrêt ordonnant une levée de 1,200 écus par mois, durant les neuf derniers mois de la présente année, sur tous les habitants des élections de Noyon, Montdidier et Compiègne, pour le produit en être affecté aux fortifications de Noyon. (Conseil des finances.)

Clair. 653, p. 87.

2270. — Arrêt ordonnant que les receveurs généraux seront contraints au payement des sommes auxquelles ils ont été taxés, « pour l'attribution à eulx faicte de 2 deniers pour livre », sur les deniers extraordinaires dont le maniement leur est confié. (Conseil des finances.)

Clair. 653, p. 87.

2271. — Arrêt ordonnant le payement d'une somme de 8,000 écus donnée par le Roi au sieur de Themynes, sénéchal et gouverneur du Quercy. (Conseil des finances.)

Clair. 653, p. 87.

2272. — Arrêt portant nouvelle assignation d'une indemnité de 350 écus accordée au sieur Gaucher pour le voyage qu'il a fait en Languedoc. (Conseil des finances.)

Clair. 653, p. 88.

2273. — Arrêt portant assignation d'une somme de 2,283 écus 18 sols 3 deniers due aux religieuses de Maubuisson « pour arrérages de rente, fiefz et aulmosnes qu'elles ont sur les recettes des domaynes de Sa Majesté ». (Conseil des finances.)

Clair. 653, p. 88.

2274. — Arrêt donnant assignation d'une somme de 2,900 écus au maître de la Chambre aux deniers, Négrier, pour fournitures de bois, vin et vivres. (Conseil des finances.)

Clair. 653, p. 88.

2275. — Arrêt donnant assignation d'une somme de 1,500 écus à l'argentier du Roi, La Bruyère, pour fournitures de drap de soie. (Conseil des finances.)

Clair. 653, p. 88.

2276. — Arrêt ordonnant le payement d'une somme de 4,700 écus, due au capitaine Vallier. (Conseil des finances.)

Clair. 653, p. 88.

1595, 11 mars. — Paris.

2277. — Arrêt confirmant, pour neuf ans, un don annuel de 450 livres accordé, par lettres patentes du 2 décembre 1579, aux « pauvres filles rendues pénitentes en la ville de Paris ».

Ms. fr. 10841, f° 64 r°.

2278. — Arrêt ordonnant aux trésoriers de France en Champagne de vérifier de nouveau l'état des recettes et dépenses de Me Martin Nau, receveur général des finances, et de conformer leur décision aux ordonnances rendues sur ledit état en Conseil.

Ms. fr. 10841, f° 64 v°.

2279. — Arrêt rétablissant sur le compte de la recette des tailles de l'élection de Vitry une somme de 400 écus payée à Florentin Mynot, marchand de Vaucouleurs.

Ms. fr. 10841, f° 65 r°.

2280. — Arrêt ordonnant qu'une somme de 275 écus, que Me Bernard Foullé, greffier des présentations au Parlement, est condamné à payer à Me Pierre Sisoin, comptera comme augmentation du prix de son office.

Ms. fr. 10841, f° 65 r°.

2281. — Arrêt renvoyant aux officiers des eaux et forêts du Boulonnais une requête présentée par François Gillart, Pierre Mecquignon, Robert Gille et Marc Du Moulin pour obtenir remise du prix d'une adjudication de bois.

Ms. fr. 10841, f° 65 r°.

2282. — Arrêt ordonnant le payement d'une rente de 50 écus constituée à Me Jean Le Verrier conseiller assesseur en la vicomté d'Auge.

Ms. fr. 10841, f° 65 v°.

2283. — Arrêt accordant aux fermiers de l'imposition du sceau et de la police des draps dans les ressorts des parlements de Paris, Rouen, Dijon et Bretagne décharge totale de leurs fermages, moyennant une somme de 5,000 écus.

Ms. fr. 10841, f° 65 v°.

2284. — Arrêt accordant à Jean Aleaume, « adjudicataire de certaines ventes de boys en la forest d'Orléans », décharge du reste de ses fermages, attendu qu'une partie dudit bois lui a été prise par les garnisons de Jargeau, de Pithiviers, etc.

Ms. fr. 10841, f° 66 r°.

2285. — Arrêt faisant remise à Jean Du Boys de la moitié du prix de sa ferme des gros et huitième de Taverny et de Franconville.

Ms. fr. 10841, f° 66 r°.

2286. — Arrêt ordonnant que le sieur de Franqueville ne jouira qu'à partir de la réduction de Rouen de la rente à lui constituée sur les quatrièmes d'Offranville et d'Eu.

Ms. fr. 10841, f° 66 v°.

2287. — Arrêt réglant le remboursement d'une somme de 200 écus payée par les maire et échevins de Joigny aux capitaines Morteau et Grand-Maison.

Ms. fr. 10841, f° 66 v°.

2288. — Arrêt faisant remise de 176 écus à Jean Bodin, adjudicataire de bois taillis en la forêt d'Orléans.

Ms. fr. 10841, f° 67 r°.

2289. — Arrêt réglant le remboursement d'une somme de 1,951 écus 21 sols, dépensée par le sieur de La Rochepot, gouverneur et lieutenant général en Anjou, pour « la conduitte et attirail » des canons qu'il avait fait venir d'Angers et envoyés au siège de Sablé.

Ms. fr. 10841, f° 67 r°.

2290. — Arrêt validant les recettes et dépenses faites par feu Raymond-Roger Du Bernet, gouverneur de Boulogne, pour les fortifications de ladite ville, et ordonnant le remboursement d'une somme de 17,811 écus 36 sols tournois, par lui empruntée pour le service du Roi.

E 1°, f° 111 r°, et ms. fr. 10841, f° 90 v°.

2291. — Arrêt réglant le payement d'une partie de la somme de 25,000 écus accordée aux frères de Vienne, tant pour eux que pour d'autres personnes ayant contribué à la réduction de Tours. (Conseil des finances.)

Ms. fr. 16216, f° 118 r°.

2292. — Arrêt assignant au Conseil d'État Mᵉ Pierre Fillon et les élus en l'élection d'Orléans, pour se voir renvoyer, au besoin, par-devant la Cour des aides. (Conseil des finances.)

Ms. fr. 16216, f° 118 r°.

2293. — Arrêt ordonnant que la rente de 3,000 écus constituée à Mᵉ Florent d'Argouges, trésorier général des gabelles, sur la recette générale de Rouen, sera transportée sur les droits de gabelle de Normandie. (Conseil des finances.)

Ms. fr. 16216, f° 118 r°.

2294. — Arrêt portant réduction des droits levés sur les harengs entrant en la ville de Paris. (Conseil des finances.)

Ms. fr. 16216, f° 118 v°.

1595, 12 mars. — Paris.

2295. — Arrêt augmentant de moitié le droit perçu par les greffiers des présentations dans toutes les cours et juridictions du royaume.

Ms. fr. 16216, f° 116 r°.

1595, 13 mars. — Paris.

2296. — Arrêt portant nouvelle assignation d'une somme de 800 écus, due au sieur de La Gillettière, ci-devant homme d'armes de la compagnie du sieur d'O. (Conseil des finances.)

Ms. fr. 16216, f° 118 v°.

2297. — Arrêt portant assignation d'une somme de 1,497 écus 5 sols, accordée par acquit patent au sieur de Vignelles, gouverneur de Vendôme. (Conseil des finances.)

Ms. fr. 16216, f° 118 v°.

2298. — Arrêt réglant le payement de la compagnie du sieur de Dampierre, conseiller d'État, « attendu le service qu'il a rendu en l'année dernière, avec sadite compagnie, ès armées où estoit Sa Majesté en personne, comme il fait encore de présent en celle conduicte en Bourgoigne par le sieur mareschal de Biron. » (Conseil des finances.)

Ms. fr. 16216, f° 118 v°.

2299. — Arrêt réglant le payement d'une somme de 8,000 écus due au sieur de Gribouval. (Conseil des finances.)

Ms. fr. 16216, f° 119 r°.

1595, 14 mars. — Paris.

2300. — Arrêt ordonnant aux trésoriers de France à Paris de faire jouir les habitants de la Ferté-Milon et des villages environnants de la remise de tailles par eux obtenue, nonobstant l'opposition du sieur de Bouteville et des gens de guerre de la garnison de Senlis, pourvus d'assignation sur lesdits deniers.

Ms. fr. 10841, f° 67 v°.

2301. — Arrêt faisant défense à M° François de Neufville, abbé de Grandmont, de faire aucune construction sur la cour du collège Mignon, à Paris.

Ms. fr. 10841, f° 67 v°.

2302. — Arrêt donnant à Mᵃ François Garrault, Henri d'Aubray, Pierre de Bernières, Jean Sené, Jean Bailly, Thomas Nérault, etc., receveurs généraux des finances, assignation d'une somme de 6,125 écus, qu'ils ont été condamnés à rembourser à la veuve du sieur de La Besset, trésorier de France à Rouen.

Ms. fr. 10841, f° 68 r°.

2303. — Arrêt ordonnant au parlement de Toulouse d'homologuer la vente d'une rente de 40 setiers de blé, faite par l'abbé de Saint-Sernin « pour satisfaire à sa cotte de l'aliénation du temporel du clergé ».

Ms. fr. 10841, f° 68 v°.

2304. — Arrêt faisant remise de 56 écus 2/3 à Jean de Francastel, fermier des huitième et vingtième du vin dans le doyenné de Mouchy.

Ms. fr. 10841, f° 68 v°.

2305. — Arrêt ordonnant aux sieurs de Pontac, trésorier de France à Bordeaux, et de Visson, intendant et contrôleur général des finances, de faire enquête sur la prétendue non-jouissance de Henri de Laussade, fermier de l'imposition des rivières de Garonne et Dordogne.

Ms. fr. 10841, f° 69 r°.

2306. — Arrêt déchargeant les brodeurs de Tours de la taxe du nouvel avènement, attendu qu'ils n'ont ni maîtres, ni jurés, ni privilèges.

Ms. fr. 10841, f° 69 r°.

2307. — Arrêt renvoyant au Parlement le procès pendant entre M° Pierre Billart, ancien trésorier général de l'Extraordinaire des guerres, et M° Guillaume de Verthamond, notaire et secrétaire du Roi.

Ms. fr. 10841, f° 69 r°.

2308. — Arrêt déchargeant de son bail Denis de La Bonde, fermier associé à la recette du domaine en la vicomté de Coutances, attendu l'adjudication de plusieurs prévôtés dépendant de ladite vicomté.

Ms. fr. 10841, f° 69 r°.

2309. — Arrêt assignant au Conseil le doyen et les chanoines de l'église de Noyon, pour être entendus sur une requête de messire Jean de L'Aubespine, conseiller d'État, évêque d'Orléans et abbé de Saint-Éloi de Noyon.

Ms. fr. 10841, f° 69 v°.

2310. — Arrêt renvoyant aux trésoriers de France à Bourges une requête présentée par Hector Aubert, marchand d'Issoudun, pour être déchargé de sa ferme.

Ms. fr. 10841, f° 69 v°.

2311. — Arrêt déclarant que nulle personne pourvue d'office par le duc de Mayenne ne pourra faire valoir ladite provision, si elle n'a été reçue audit office avant la réduction de Paris, et révoquant toute survivance, toute dispense des quarante jours, qui auraient pu être accordées par ledit duc de Mayenne.

Ms. fr. 10841, f° 70 r°.

2312. — Arrêt révoquant toute provision d'office expédiée sous le nom de Charles X.

Ms. fr. 10841, f° 70 r°.

2313. — Arrêt ordonnant aux trésoriers de France à Clermont de faire lever sur le haut pays d'Auvergne une somme de 5,500 écus, due au sieur de Maurèze, capitaine de cinquante hommes d'armes des ordonnances du Roi, et de faire visiter les travaux de fortification faits au château de Carlat par ledit de Maurèze.

Ms. fr. 10841, f° 70 v°.

2314. Arrêt accordant aux fermiers des aides et impositions d'Orléans et aux fermiers des huitièmes en l'élection d'Orléans remise de la moitié de leurs fermages.

Ms. fr. 10841, f° 71 r°.

2315. — Arrêt rejetant diverses requêtes des parties intéressées au procès naguères pendant au Parlement, entre Raoul Le Féron et Claude Pinard, secrétaire d'État.

E 1ᵃ, f° 123 r°, et ms. fr. 10841, f° 71 r°.

2316. — Arrêt confirmant l'arrêt du 16 janvier dernier (n° 1976) et maintenant Daniel Sevin en l'office de trésorier des turcies et levées de la Loire et du Cher.

Ms. fr. 10841, f° 71 v°.

2317. — Arrêt rejetant une requête de Pierre Blanconne, maître des eaux et forêts à Toulouse, tendant à ce que le procès pendant entre lui, Jean Sublet, maître des Comptes, et Guillaume Lavisey, notaire-secrétaire du Roi, puisse être jugé par le prévôt de Paris, nonobstant l'évocation dudit procès et l'assignation au Conseil prononcée par arrêt du 21 juin dernier (n° 980).

E 1ᵃ, f° 121 r°, et ms. fr. 10841, f° 72 r°.

2318. — Arrêt maintenant Jean Huet en l'office de « plancager sur la rivière de Seyne depuis Vernon jusques au Havre-de-Grâce », nonobstant les lettres de provision du même office accordées par le duc de Mayenne à Henri Barbier.

E 1ᵃ, f° 115 r°, et ms. fr. 10841, f° 72 v°.

2319. — Arrêt maintenant Antoine Bourrier en l'office de « clerc commissaire de la busche » en là ville de Paris, à charge de rembourser la finance payée par Ancelot Richard, pourvu du même office.

E 1ᵃ, f° 117 r°, et ms. fr. 10841, f° 73 r°.

2320. — Arrêt ordonnant la mise en liberté d'Ézéchiel Le Bugle, commis du receveur général des finances à Limoges, détenu par ordre des trésoriers généraux, et lui accordant un délai de trois mois pour rendre ses comptes.

E 1ᵃ, f° 119 r°, et ms. fr. 10841, f° 74 r°.

1595, 15 mars. — Paris.

2321. — Arrêt nommant des commissaires pour informer sur le rabais demandé par Henri de Laussade, au nom des fermiers de l'imposition des rivières de Garonne et Dordogne.

E 1ᵃ, f° 125 r°, et ms. fr. 10841, f° 96 r°.

2322. — « Le roolle comptant de la despance de l'Espargne du mois de febvrier a esté veu au Conseil et arresté à la somme de 67,376 escuz 1/3 10 sols. » (Conseil des finances.)

Clair. 653, p. 91.

2323. « A esté arresté le menu de comptant ès mains du Roy dudit mois à la somme de 2,390 escuz. » (Conseil des finances.)

Clair. 653, p. 91.

2324. — Arrêt ordonnant que les deniers levés en la ville de Meulan pour les fortifications de Pontoise, ainsi que la cinquième partie des deniers provenant des impositions nouvelles qui se doivent lever en ladite ville, seront employés tant à la reconstruction d'un pan de muraille qu'aux fournitures de bois et de chandelle du corps de garde dudit Meulan. (Conseil des finances.)

Clair. 653, p. 91.

2325. — Arrêt ordonnant le remboursement d'une somme de 4,000 livres, due à Jacques Poille, conseiller au Parlement, et à ses frères et sœurs. (Conseil des finances.)

Clair. 653, p. 91.

2326. — Arrêt faisant droit aux remontrances du trésorier de l'Épargne au sujet de « l'estat, arresté au Conseil, de ce qui doit revenir de net en chacune des recettes générales, pour les despenses de sa charge ». (Conseil des finances.)

Clair. 653, p. 92.

2327. — Arrêt ordonnant le payement d'une somme de 4,000 écus, due au prince de Condé, pour sa pension et pour celle de sa sœur, la demoiselle de Bourbon. (Conseil des finances.)

Clair. 653, p. 92.

2328. — Arrêt ordonnant le payement d'une

somme de 200 écus restant due sur la pension du prince de Condé. (Conseil des finances.)

Clair. 653, p. 93.

2329. — Arrêt portant constitution de rente, pour une somme de 18,000 écus, au profit du sieur de Lieudieu, ci-devant gouverneur de Verdun, en attendant que pareille somme puisse lui être remboursée par le Roi. (Conseil des finances.)

Clair. 653, p. 93.

2330. — Arrêt affectant les deniers des offices qui viendraient à vaquer durant le présent quartier au remboursement des sommes avancées par les trésoriers des Parties casuelles, pour la Chambre aux deniers, pour les Suisses ou pour le sieur de Lannes. (Conseil des finances.)

Clair. 653, p. 93.

1595, 16 mars. — Paris.

2331. — Arrêt renvoyant au Grand Conseil une requête de Charles Martel, sieur de Bacqueville, tendant à la restitution des fruits de l'abbaye de Saint-Josse.

Ms. fr. 10841, f° 74 v°.

2332. — Arrêt ordonnant que Mᵉ Claude Bonnot, receveur général des finances à Paris, sera contraint de payer à Mᵉ Mathias Du Mont, principal des grammairiens au collège de Navarre, la somme par lui due pour la pension des 30 écoliers qui y sont entretenus par le Roi.

Ms. fr. 10841, f° 75 r°.

2333. — Arrêt autorisant Mᵉ Jean Robert, greffier civil et criminel du bailliage de Chartres, à réunir à son office, moyennant finance, les places de clercs dudit greffe.

Ms. fr. 10841, f° 75 r°.

2334. — «Estat des lettres patentes et commissions du Roy pour impositions et levées de deniers, qui ont esté présentées au bureau de la trésorerie générale de France estably à Poictiers, depuis le commancement de la présente année, pour estre procedé à l'exécution d'icelles,» avec apostilles du Conseil. (Conseil des finances.)

Clair. 654, p. 517.

2335. — Arrêt ordonnant le payement d'une somme de 18,989 écus 37 sols due au colonel Balthazar de Grissac, «à cause du service qu'il a rendu à Sa Majesté soubz le colonel Galati». (Conseil des finances.)

Clair. 653, p. 95.

2336. — Avis du Conseil tendant à ce que le sieur de Vic aille traiter, avec les États du Languedoc, de l'érection de plusieurs greniers à sel en la généralité de Toulouse, et à ce que les deniers provenant desdites créations d'offices soient affectés, moitié au payement du prince de Conti, moitié aux dépenses de l'armée du Roi. (Conseil des finances.)

Clair. 653, p. 95.

2337. — Arrêt portant nouvelle assignation de deux sommes de 6,150 et de 4,000 écus dues à Madame, sœur du Roi. (Conseil des finances.)

Clair. 653, p. 96.

2338. — Arrêt portant assignation d'une somme de 110,000 écus accordée à Mᵉ Étienne Regnault, trésorier de l'Extraordinaire des guerres, pour partie des dépenses de l'armée du maréchal de Bouillon. (Conseil des finances.)

Clair. 653, p. 96.

2339. — Avis du Conseil tendant à la suppression des offices de prévôts des maréchaux provinciaux. (Conseil des finances.)

Clair. 653, p. 96.

2340. — Arrêt ordonnant le payement d'une somme de 1,000 écus donnée par le Roi au sieur Poullain, fils naturel du feu cardinal de Bourbon. (Conseil des finances.)

Clair. 653, p. 96.

2341. — Arrêt ordonnant qu'il sera imposé sur le bas pays d'Auvergne une somme de 12,333 écus accordée par le comte de Clermont au sieur Buisson, pour la réduction de la ville de la Tour. (Conseil des finances.)

Clair. 653, p. 96.

2342. — Arrêt portant assignation de diverses sommes dues ou accordées au sieur de Vitry, capitaine de la forêt de Fontainebleau et maître des eaux et forêts dudit lieu. (Conseil des finances.)

Clair. 653, p. 97.

2343. — Arrêt enjoignant à la cour des aides de Normandie d'avoir à vérifier l'édit de création d'un second président en chaque élection du royaume. (Conseil des finances.)

Clair. 653, p. 97.

————

1595, 17 mars. — Paris.

2344. — Arrêt portant assignation d'une somme de 4,000 écus donnée aux sieurs de Vierze, d'Arambures, Le Jeune, Maneville et Lafons. (Conseil des finances.)

Clair. 653, p. 103.

2345. — Arrêt portant assignation d'une somme de 400 écus due pour la pension de Me Jean Saulmon, théologal d'Amiens. (Conseil des finances.)

Clair. 653, p. 103.

2346. — Arrêt portant assignation d'une somme de 1,000 écus due pour la pension du sieur de Bethemot (?), conformément au traité fait pour la réduction de Noyon. (Conseil des finances.)

Clair. 653, p. 103.

2347. — Arrêt portant assignation d'une somme de 2,000 écus due pour la pension du sieur Des Cluzeaulx, gouverneur de Noyon, suivant le traité fait pour la réduction de ladite ville. (Conseil des finances).

Clair. 653, p. 103.

2348. — Arrêt portant assignation d'une somme de 600 écus, due pour la pension du sieur de Moulins. (Conseil des finances.)

Clair. 653, p. 103.

2349. — Arrêt réglant le payement d'une somme de 3,666 écus 2/3, due au sieur de Puichairie, et d'une somme de 1,000 écus, à lui donnée par le Roi. (Conseil des finances.)

Clair. 653, p. 103.

2350. — Arrêt portant assignation d'une somme de 400 écus, due à Anstrude, exempt des gardes écossaises, pour ses gages des années passées. (Conseil des finances.)

Clair. 653, p. 103.

2351. — Arrêt autorisant le sieur Cenamy à faire exercer, par personnes capables, les vingt-quatre offices de trésoriers provinciaux de l'Extraordinaire des guerres dont il dispose, en attendant qu'il trouve des acquéreurs pour lesdits offices. (Conseil des finances.)

Clair. 653, p. 104.

————

1595, 18 mars. — Paris.

2352. — Arrêt maintenant Me Jean Du Rieu en l'office de président au présidial du Rouergue, nonobstant l'opposition de quelques conseillers présidiaux. et du parlement de Toulouse.

Ms. fr. 10841, f° 75 v°.

2353. — Arrêt renvoyant aux trésoriers de France à Châlons une requête présentée par Auguste Josin pour obtenir décharge de la ferme des huitième et vingtième de Chaumuzy, de Ville-en-Tardenois, d'Anthenay et de Chambrecy.

Ms. fr. 10841, f° 76 r°.

2354. — Avis du Conseil tendant à accorder un don de 150 écus à François de Ruel, à Mesme Bonhomme et à Florent de Flandre, archers du prévôt de Paris, dévalisés sur la route de Torcy, en Brie, par des gens de la garnison de Soissons.

Ms. fr. 10841, f° 76 r°.

2355. — Arrêt enjoignant à Me Joachim Gervaise, lieutenant particulier au bailliage d'Orléans, de satisfaire à l'arrêt du Conseil privé du 26 octobre dernier, qui le condamnait à payer 2,000 écus à Me Jean Le Normand, sieur de Moussy, conseiller au Grand Conseil et grand rapporteur de France.

Ms. fr. 10841, f° 76 v°.

2356. — Arrêt accordant aux religieux de Saint-Denis-en-France le rétablissement des foires franches du Lendit.

Ms. fr. 10841, f° 76 v°.

2357. — Arrêt renvoyant aux trésoriers de France

à Bordeaux une requête présentée par Henri de Laussade, comptable de Bordeaux, commis à la recette des deniers levés pour l'extinction du subside de Royan.

Ms. fr. 10841, f° 76 v°.

2358. — Arrêt réglant l'indemnité due à M° François Allamant, sieur de Guépéan, président au Grand Conseil, pour les dommages à lui causés par la construction du fort de Gournay-sur-Marne.

Ms. fr. 10841, f° 77 r°.

2359. — Arrêt ordonnant l'élargissement de Gervais Lassus et renvoyant aux trésoriers de France à Paris la requête par lui présentée pour obtenir décharge de la ferme du barrage de Bourg-la-Reine.

Ms. fr. 10841, f° 77 r°.

2360. — Arrêt faisant remise de 220 écus à Éloi Pardoulx, adjudicataire de quatre ventes de bois en la forêt d'Orléans.

Ms. fr. 10841, f° 77 v°.

2361. — Arrêt ordonnant le remboursement d'une somme de 4,414 livres 8 sols 8 deniers, payée par Charles Crouyn, sieur de Cussé et de Fontaines, capitaine commandant au château de Beaufort, pour l'acquisition de terrains vagues situés au comté de Beaufort, dont il n'a pu jouir.

Ms. fr. 10841, f° 78 r°.

2362. — Arrêt ordonnant aux trésoriers de France de commettre quelque personne solvable pour recevoir et distribuer les arrérages des rentes sur le sel constituées à la ville de Tours.

Ms. fr. 10841, f° 78 r°.

2363. — Arrêt ordonnant qu'une somme de 650 écus, restant due sur les sommes employées à la réparation d'une brèche faite aux murs de Bayeux, sera levée sur les habitants de ladite ville et des faubourgs.

Ms. fr. 10841, f° 78 v°.

2364. — Arrêt ordonnant que M°° Nicolas Fyot et Jean Roger, receveurs généraux en Bretagne, seront contraints de payer les sommes assignées sur leurs recettes à Gabriel Gaulterot, sieur de La Regnardière.

Ms. fr. 10841, f° 78 v°.

2365. — Arrêt ordonnant le payement d'une somme de 486 écus 20 sols due à Pierre et à François Verdurier, gens « de la cuisine et communz de Sa Majesté », pour fournitures par eux faites durant les années 1589 à 1594.

Ms. fr. 10841, f° 79 r°.

2366. — Arrêt ordonnant le payement d'une somme de 1,790 écus 1/2 due à Guillaume Tournemyne, pelletier du Roi, pour fournitures par lui faites à l'ordinaire de l'Argenterie.

Ms. fr. 10841, f° 79 r°.

2367. — Arrêt portant assignation d'une indemnité de 2,000 écus, accordée à André d'Alessó pour le démembrement de son office de grand maître enquêteur et général réformateur des eaux et forêts au département de Guyenne, Poitou, Saintonge, Angoumois, Châtellerault, Berry, Orléans et Blois, et lui accordant, en outre, le droit de résigner son office sans payer finance.

Ms. fr. 10841, f° 79 r°.

2368. — Arrêt maintenant concurremment Gaspard Buisson et Jean Barcillon en un office de maître de la chambre des comptes de Provence, sauf suppression du premier office de même nature qui deviendrait vacant.

E 1°, f° 127 r°, et ms. fr. 10841, f° 92 v°.

2369. — Arrêt ordonnant que l'Hôtel-Dieu de Paris continuera à percevoir, pendant un an, 10 sols par chaque minot de sel vendu au grenier de Paris. (Conseil des finances.)

Clair. 653, p. 107.

2370. — Arrêt ordonnant le payement d'une somme de 3,500 écus restant due aux trésoriers des gardes du corps. (Conseil des finances.)

Clair. 653, p. 107.

2371. — Arrêt portant assignation d'une somme de 1,000 écus, due pour la pension du sieur de Themynes, sénéchal et gouverneur du Quercy. (Conseil des finances.)

Clair. 653, p. 107.

2372. — Arrêt portant assignation d'une somme

de 2,000 écus, due au sieur Du Bosc, beau-frère du sieur de Themynes, pour achat de chevaux mis en l'écurie du Roi. (Conseil des finances.)

Clair. 653, p. 107.

2373. — Arrêt ordonnant le payement d'une somme de 1,000 écus donnée au sieur de La Lande « pour le récompanser d'un cheval qu'il perdist à la deffaicte du sieur duc de Joyeuse, près Villemur ». (Conseil des finances.)

Clair. 653, p. 108.

2374. — Arrêt portant nouvelle assignation d'une somme de 600 écus attribuée à Mᵉ Pierre Le Charron, trésorier de l'Extraordinaire des guerres. (Conseil des finances.)

Clair. 653, p. 108.

2375. — Arrêt attribuant au sieur Fortra un office nouvellement créé de conseiller au présidial de Caudebec, en payement d'une somme de 460 écus, à lui due. (Conseil des finances.)

Clair. 653, p. 108.

2376. — Arrêt ordonnant qu'une somme de 10,000 écus, due au sieur de Messillac, lieutenant général en Haute-Auvergne, « sera employée au brevet de la taille en l'année prochaine ». (Conseil des finances.)

Clair. 653, p. 108.

2377. — Arrêt portant assignation d'une somme de 1,200 écus, due à Camuzat, valet de chambre du Roi, pour ses gages de l'année passée. (Conseil des finances.)

Clair. 653, p. 108.

2378. — Arrêt ordonnant au trésorier de l'Épargne de taxer le voyage fait par François de La Porte, exempt de la compagnie du Grand prévôt, « pour conduire de ceste ville de Paris en celle de Meaulx un relligieux de Chambrefontayne, pour luy faire faire amande honorable, et le ramener audit Paris, pour en faire justice. » (Conseil des finances.)

Clair. 653, p. 109.

2379. — Arrêt portant assignation de deux sommes de 1,650 écus 52 sols 8 deniers et de 696 écus 2/3,

dues à Mᵉ Raymond Colin, conseiller au Parlement. (Conseil des finances.)

Clair. 653, p. 109.

2380. — Arrêt portant assignation de deux sommes de 2,000 écus et de 10,135 écus 55 sols 10 deniers, dues au sieur de La Bastide, capitaine et gouverneur des Ponts-de-Cé. (Conseil des finances.)

Clair. 653, p. 109.

2381. — Arrêt relatif au payement d'intérêts dus au sieur de Chamferrant et montant à une somme de 6,709 écus 5 sols 1 denier. (Conseil des finances.)

Clair. 653, p. 109.

2382. — Arrêt commettant les sieurs Des Barreaulx et Marcel, intendants et contrôleurs généraux des finances, pour procéder à l'adjudication des terres de Melle, Civray et Usson. (Conseil des finances.)

Clair. 653, p. 109.

2383. — Arrêt renvoyant au Parlement une requête des pauvres bourgeois, veuves et orphelins de Paris, pour leur être pourvu, conformément à la déclaration du 23 février dernier, sur les arrérages des rentes de l'Hôtel de ville. (Conseil des finances.)

Clair. 653, p. 110.

2384. — Arrêt portant acceptation des offres de bail faites par Jacques Mulon pour la ferme de l'imposition de Blaye. (Conseil des finances.)

Clair. 653, p. 110.

2385. — Arrêt ordonnant à Mᵉ Claude de Montescot, trésorier des Parties casuelles, de délivrer au sieur de Sancy les quittances de plusieurs offices nouvellement créés de trésoriers provinciaux des Parties casuelles, jusqu'à concurrence d'une somme de 40,000 écus, avancée par ledit sieur pour le payement des Suisses ou autres dépenses nécessaires. (Conseil des finances.)

Clair. 653, p. 111.

2386. — Arrêt relatif au payement d'intérêts dus au sieur de Chamferrant, et montant à une somme de 3,354 écus. (Conseil des finances.)

Clair. 653, p. 111.

1595, 20 mars. — Paris.

2387. — Arrêt fixant à 2,000 écus l'indemnité due à Me François Mallet, auditeur en la Chambre des comptes, pour la démolition de sa maison du pont de Charenton, ordonnée, lors du siège de Paris, par le feu sieur de Givry.

Ms. fr. 10841, f° 95 r°.

2388. — Arrêt ordonnant que la déclaration du 18 octobre dernier, relative aux suppléments, sera exécutée en Bourgogne, comme en toutes les autres généralités, nonobstant l'opposition du parlement et de la chambre des comptes. (Conseil des finances.)

Clair. 653, p. 121.

1595, 21 mars. — Paris.

2389. — Arrêt ordonnant aux trésoriers de France à Montpellier d'indemniser dame Charlotte de Beaune, marquise de Noirmoutier, dans le cas où les fermages des greffes du présidial de Montpellier, par elle acquis, ne représenteraient point le capital de 10,522 écus 3 sols, et faisant défense à tous commissaires d'aliéner aucune place de clerc au préjudice de ladite dame.

Ms. fr. 10841, f° 80 r°.

2390. — Arrêt ordonnant la revision des lettres de provision de Claude Gervaise, receveur au grenier à sel de Blois et en la chambre de Mer, et de Remi Pellican, receveur au grenier à sel d'Orléans et en la chambre de Beaugency, lesquels ont permuté l'un avec l'autre.

Ms. fr. 10841, f° 80 v°.

2391. — Arrêt faisant remise à Pierre Wion d'une partie des arrérages de sa ferme de 5 sols sur chaque muid de vin qui entre à Montdidier ou à Roye.

Ms. fr. 10841, f° 80 v°.

2392. — Arrêt accordant diverses remises et surséances à Même Métyvier, fermier général du domaine d'Amboise, à cause des pertes par lui subies sur le péage, lequel a été improductif, «ne passant par la rivière de Loyre aulcunes marchandises subjectes audit droit».

Ms. fr. 10841, f° 81 r°.

2393. — Arrêt portant remise de fermages en faveur de François de Vousseau, meunier, attendu qu'il a été rançonné par la garnison de la Ferté-Milon et que son moulin a été brûlé par les Espagnols.

Ms. fr. 10841, f° 81 r°.

2394. — Arrêt ordonnant le payement des intérêts d'une somme de 1,961 écus avancée par le sieur de La Source, maire et capitaine d'Angers, pour la dépense des sièges de Craon et de Rochefort.

Ms. fr. 10841, f° 81 v°.

2395. — Arrêt renvoyant aux trésoriers de France à Paris une requête présentée par Victor Binet, sieur de Montessuz, grand maître des eaux et forêts au département de Bretagne, pour être payé de ses gages sur les deniers provenant de la vente des bois.

Ms. fr. 10841, f° 81 v°.

2396. — Arrêt évoquant au Conseil le procès pendant, à la Cour des aides, entre Me Jacques Chazeron, grènetier au grenier à sel de Gien, et Me Abraham Geoffriou, porteur des quittances délivrées à Scipion Balbany, pour le recouvrement des droits d'augmentation dus par tous les grènetiers et contrôleurs des greniers à sel du royaume.

Ms. fr. 10841, f° 82 r°.

2397. — Arrêt autorisant les habitants d'Igny-le-Jard et de Comblizy à aliéner diverses pièces de terre leur appartenant en communauté, afin qu'ils puissent payer leurs tailles.

Ms. fr. 10841, f° 82 r°.

2398. — Arrêt autorisant l'adjudication d'une maison appartenant à la Reine et saisie par les héritiers du sieur de La Chapelle-aux-Ursins.

Ms. fr. 10841, f° 82 r°.

2399. — Arrêt accordant aux grèneteurs, contrôleurs et greffiers du grenier à sel de Paris 20 deniers sur chaque muid de sel qui remonte ou descend le cours de la Seine.

Ms. fr. 10841, f° 82 v°.

2400. — Arrêt interdisant toute provision d'offices d'huissiers, de sergents à cheval, de sergents à verge, de priseurs et de vendeurs au Châtelet, jusqu'à ce que leur nombre soit réduit à ce qu'il était au 1er mai 1588.

Ms. fr. 10841, f° 83 r°.

2401. — Arrêt ordonnant à Me Claude de Montescot de bailler en payement à certaines personnes les quittances de survivance aux deux offices d'auditeur en la Chambre des comptes et d'élu à Châteaudun, en place de deux autres quittances de même nature qui n'ont point été réclamées.

Ms. fr. 10841, f° 83 r°.

2402. — Arrêt ordonnant au procureur général près le parlement de Bordeaux d'envoyer au Conseil, dans un délai d'un mois, les motifs de l'arrêt rendu par ladite cour au sujet des rang et séance de Me Besnard de Pichon, conseiller audit parlement.

E 1re, f° 129 r°, et ms. fr. 10841, f° 94 r°.

2403. — « Règlement et instructions pour le doublement du droit des greffes des présentations. » (Conseil des finances.)

Clair. 653, p. 127.

————

1595, 25 mars. — Paris.

2404. — Arrêt ordonnant que l'impôt établi par les Ligueurs sur plusieurs sortes de marchandises transportées sur la Maine, la Sarthe et la Loire, ou conduites par terre d'Angers à Château-Gontier, Sablé et Durtal continuera d'être levé jusqu'à la fin de l'année, pour le produit en être affecté, soit à la réparation, soit à la démolition des fortifications du Plessis-Beuvreau.

Ms. fr. 10841, f° 83 v°.

2405. — Arrêt accordant à Girard Rossignol remise d'un tiers du prix de sa ferme des huitième et vingtième de Quincy, Couilly, Saint-Germain-lez-Couilly, Coulommes et Ségy.

Ms. fr. 10841, f° 84 r°.

2406. — Arrêt déclarant « réelles et prédialles » les tailles du pays de Condomois, « sans que aulcune personne, de quelque qualité ou dignité qu'elle soit, en puisse estre exempte pour leurs biens et héritaiges roturiers ».

Ms. fr. 10841, f° 84 r°.

2407. — Arrêt accordant à Jacques de Béthizy, procureur et notaire royal au bailliage de Valois, remise d'une somme de 58 écus 20 sols.

Ms. fr. 10841, f° 84 v°.

2408. — Arrêt réglant le remboursement d'une somme de 10,600 écus prêtée, pendant les troubles, par le sieur de Rochefort, pour la fortification de Vézelay.

Ms. fr. 10841, f° 85 r°.

2409. — Arrêt accordant à Me Urbain Roissey, greffier aux Requêtes de l'Hôtel, une indemnité de 1,000 écus et une augmentation de gages, à raison de la diminution des émoluments dudit greffe.

Ms. fr. 10841, f° 85 v°.

2410. — Arrêt déchargeant Denis de La Bonde et les enfants de feu Me Étienne Hodey de la ferme du domaine de la vicomté de Coutances.

Ms. fr. 10841, f° 85 v°.

2411. — Arrêt renvoyant aux Maréchaux un différend pendant entre Henri Cossette, sieur de Beaucourt, ci-devant capitaine de Harcourt, et messire Pierre de Harcourt, sieur de Beuvron, chevalier de l'ordre et capitaine de 50 hommes d'armes des ordonnances du Roi.

Ms. fr. 10841, f° 86 r°.

2412. — Arrêt réglant l'exécution de l'édit de janvier 1586 sur « l'ampliation du pouvoir attribué aux sergens royaulx d'exploicter partout ».

Ms. fr. 10841, f° 86 r°.

2413. — Arrêt ordonnant que la quittance pour taxe de survivance, expédiée au nom de Me Étienne Dorron, premier huissier au Parlement, servira pour l'office d'auditeur en la Chambre des comptes dont est pourvu Me Jean Guillemon, et que celle qui a été expédiée sous le nom de Me Adrien Bressays, maître des comptes en Bretagne, servira pour l'office d'auditeur en la Chambre des comptes dont est pourvu Me Delahaye.

Ms. fr. 10841, f° 86 v°.

1595, 28 mars. — Paris.

2414. — Arrêt ordonnant le remboursement d'une somme de 3,100 écus, due à Mᵉˢ Louis Boucher, doyen de Chartres, Jacques Mestivier, archidiacre de Blois, Jean Doiet, chanoine en l'église de Chartres, laquelle somme fait partie des 10,000 écus « dont le clergé de la ville et banlieue de Chartres feist prest à Sa Majesté lors de la réduction de ladite ville en son obéissance, en l'année 1591 ».

Clair. 654, p. 523.

1595, 29 mars. — Paris.

2415. — Adjudication des terres de Civray, Usson et Melle, faite en Conseil d'État, pour la somme de 18,420 écus, à Merri de Barbezières, sieur de La Roche-Chemerault, chevalier des ordres du Roi, conseiller d'État et grand maréchal des logis du Roi.

Ms. fr. 10841, f° 96 v°.

2416. — Arrêt affectant la moitié des deniers provenant du doublement des petits sceaux au payement d'une somme de 300,000 écus due aux colonels des régiments de Berne, de Glaris, de Bâle et des Grisons, ainsi qu'à plusieurs capitaines licenciés à Tours.

Clair. 654, p. 527.

2417. — Remontrances des habitants du Vivarais, avec réponses du Conseil :

1° Sur les restes des aides, octrois, crues et taillons des années 1590 à 1593;

2° Sur la ratification du traité fait, au nom du Connétable, par M. de Ventadour avec le sieur de Montréal;

3° Sur la validation des levées de deniers faites pour la conservation des places fortes;

4° Sur le remboursement des dépenses faites par lesdits habitants pour le siège de Baix;

5° Sur la juridiction des sièges royaux de [Villeneuve-de-]Berg;

6° Sur l'abolition des subsides extraordinaires.

Clair. 653, p. 135.

1595, 31 mars. — Paris.

2418. — Arrêt ordonnant aux trésoriers généraux de l'Extraordinaire des guerres de remettre entre les mains de la dame de Balagny, comme garantie de l'emprunt que le maréchal de Balagny est autorisé à souscrire au profit de la garnison de Cambrai, les quatre assignations levées, pour le payement de ladite garnison, sur les généralités de Rouen, d'Orléans et de Bordeaux, et sur la finance provenant de l'exemption des élus.

E 1ᵉ, f° 131 r°, et ms. fr. 10841, f° 95 v°.

2419. — Arrêt enjoignant aux payeurs de la gendarmerie de satisfaire au supplément auquel ils ont été taxés par déclaration du 16 octobre dernier, sous peine d'être remplacés en leursdits offices.

Clair. 653, p. 139.

1595, 1ᵉʳ avril. — Paris.

2420. — Arrêt ordonnant que Mᵉ Louis de Dieu, sieur de Vailly, président au parlement de Bretagne, sera contraint, par la vente de ses biens et, au besoin, par l'emprisonnement de sa personne, au payement des 11,000 écus par lui extorqués à Mᵉ Claude de Faucon, sieur de Ris, conseiller d'État, premier président dudit parlement, et laquelle somme il a été condamné à lui restituer, par arrêt du 16 septembre dernier.

Ms. fr. 10841, f° 98 r°.

2421. — Arrêt confirmant les privilèges des notaires royaux de Rennes et faisant défense à tous autres notaires de Bretagne d'instrumenter ailleurs qu'en leur propre district et pour personnes non dépendantes de leur juridiction.

Ms. fr. 10841, f° 99 v°.

2422. — Arrêt ordonnant à Emmanuel Sturbe, sieur de Rochault, fermier général des gabelles en Languedoc, Dauphiné, Provence, etc., d'apporter au Conseil des finances l'état au vrai de ses recettes et dépenses.

Ms. fr. 10841, f° 99 v°.

2423. — Arrêt faisant remise de 66 écus 1/3 à Mathieu Mercier, « adjudicataire des fermes des 10 solz tournois pour muyd de vin, 3 solz parizis pour queue et 18 deniers parizis pour muyd yssant hors de ceste ville de Paris ».

Ms. fr. 10841, f° 100 r°.

2424. — Arrêt attribuant de nouveau la jouissance du droit de 6 deniers à l'office de contrôleur au grenier à sel d'Auxerre, dont est pourvu Claude Charles.

Ms. fr. 10841, f° 100 v°.

2425. — Arrêt renvoyant aux trésoriers de France à Paris une requête présentée par Jacques Deschamps, adjudicataire de plusieurs greniers à sel du royaume, pour obtenir remise d'une somme de 443 écus 40 sols.

Ms. fr. 10841, f° 100 v°.

2426. — Arrêt faisant défense au capitaine Castor et à tous autres de plus inquiéter les habitants de Chézy-l'Abbaye et de Nogent-l'Artaud au sujet du payement des tailles des années 1591 à 1593, non plus que de saisir les chevaux, bestiaux ou instruments de labour.

Ms. fr. 10841, f° 100 v°.

2427. — Arrêt ordonnant que les receveurs et payeurs des présidiaux du royaume qui n'ont point encore satisfait à l'édit de septembre 1587 seront contraints de payer les sommes auxquelles ils ont été taxés.

Ms. fr. 10841, f° 101 r°.

———————

1595, 6 avril. — Paris.

2428. — Arrêt confirmant un arrêt du Grand Conseil du 18 novembre dernier, nonobstant une requête du sieur de Fontenay, grand prévôt de France, tendant à ce que Jacques Simon soit maintenu en l'état de l'un des cabaretiers suivant la Cour.

Ms. fr. 10841, f° 101 v°.

2429. — Arrêt rejetant un appel interjeté par Me Étienne Regnault, trésorier de l'Extraordinaire des guerres et ci-devant commis au payement des dettes du feu duc d'Alençon, contre une sentence des Requêtes du Palais, et le condamnant à payer 612 écus 40 sols à la veuve de Pierre Rouer, pourvoyeur de la maison du feu duc.

Ms. fr. 10841, f° 102 r°.

2430. — Arrêt déchargeant les habitants de Saint-Liénard en Nivernais (Corbigny) d'une somme de 203 écus, qu'ils ont payée au receveur de Clamecy et que leur réclame Me Étienne Le Lieuvre, receveur des tailles en l'élection de Vézelay.

Ms. fr. 10841, f° 104 v°.

2431. — Arrêt assignant 400 écus à Me Jacques Du Mesnil, contrôleur du domaine en la généralité de Paris, pour l'indemniser de l'abandon qu'il fait au Roi d'une maison sise en la basse cour du château de Blois.

Ms. fr. 10841, f° 104 v°.

2432. — Arrêt maintenant Jean Gigou en son office d'huissier au Grand Conseil et ordonnant qu'il précédera Vincent Vassot, dont la provision a été expédiée au nom de Charles X.

Ms. fr. 10841, f° 105 r°.

2433. — Arrêt supprimant l'office de maître particulier des eaux et forêts au comté d'Auxerre, dont Gaspard Le Prince a été pourvu par le duc de Mayenne.

Ms. fr. 10841, f° 105 r°.

2434. — Arrêt déchargeant la comtesse de Châteauvillain de certaines sommes saisies par son feu mari sur des personnes qui les devaient à des Ligueurs absents, et par lui employées aux fortifications de Châteauvillain.

Ms. fr. 10841, f° 105 v°.

2435. — Arrêt déclarant que Mathieu Prévost, receveur au grenier à sel de Paris, ne sera point tenu d'avoir une clef du grenier où se descend et se vend le sel.

Ms. fr. 10841, f° 105 v°.

2436. — Arrêt ordonnant qu'une somme de 665 écus, levée par ordre du duc de Mayenne et demeurée aux mains de Me François Pastoureau, receveur des tailles en l'élection de Doullens, sera employée aux fortifications de ladite ville, et établissant une taxe sur chaque pot de vin vendu dans ladite ville, pour le produit en être affecté au payement des vivres et munitions fournis par les échevins, lors des sièges d'Humbercourt et de Beauquesne.

Ms. fr. 10841, f° 105 v°.

2437. — Arrêt ordonnant que les receveurs des

tailles seront contraints d'acquitter les taxes qu'ils doivent fournir aux Parties casuelles, par suite d'une nouvelle augmentation de leurs gages et de la confirmation du droit de 3 deniers pour livre sur toutes levées extraordinaires.

Ms. fr. 10841, f° 106 v°.

2438. — Arrêt modifiant le tracé du chemin de Bulles à la Neuville-en-Hez, qui passait devant la maison du sieur de Vignacourt, à Litz.

Ms. fr. 10841, f° 107 r°.

2439. — Arrêt confirmant une assignation de 6,386 écus, jadis donnée à Charles de Birague pour avoir, en 1586, suivi l'armée du duc de Mayenne.

Ms. fr. 10841, f° 107 v°.

2440. — Arrêt accordant à Guillaume Du Pont, le jeune, et à Jacques Richard, fermiers des cens, rentes et reliefs d'Orléans, remise d'un tiers de leur ferme pendant les deux années passées, à condition qu'ils renouvelleront leur bail pour l'année suivante.

Ms. fr. 10841, f° 108 v°.

2441. — Arrêt renvoyant au parlement de Toulouse la vérification et la liquidation des frais du voyage fait, à la suite du Roi, par Me Jean de Bardichon, conseiller en ladite cour et député par les autres conseillers dudit parlement.

Ms. fr. 10841, f° 109 r°.

2442. — Arrêt ordonnant que les sommes dues à Jean Conseil, receveur des tailles en l'élection de Château-Gontier, pour les tailles des années 1590 à 1592, ne seront levées que sur les paroisses rebelles de ladite élection.

Ms. fr. 10841, f° 109 r°.

2443. — Arrêt ordonnant à Zacharie Piget, ci-devant commis à la recette des deniers provenant des biens des Ligueurs au pays de Bourgogne, de représenter un état de ses recettes et dépenses, dûment certifié par le maréchal d'Aumont, avant qu'il soit statué sur sa décharge.

Ms. fr. 10841, f° 109 r°.

2444. — Arrêt joignant au prix principal du greffe des présentations du Parlement de Paris une somme de 1,500 écus, que Me Léonard Foulle, greffier desdites présentations, a été condamné à payer à Me Richard Tardieu, adjudicataire des greffes civil et criminel.

Ms. fr. 10841, f° 109 v°.

2445. — Arrêt renvoyant à l'assemblée générale du Clergé une requête en remise de décimes présentée par l'abbaye de Sainte-Marie-Madeleine de Châteaudun.

Ms. fr. 10841, f° 109 v°.

2446. — Arrêt faisant remise aux habitants du Grand-Andely d'un tiers de la subvention des villes closes.

Ms. fr. 10841, f° 110 r°.

2447. — Arrêt maintenant les sieurs André Girardin et Dubois en deux offices de receveurs aux greniers à sel de Saint-Dizier et de Guise, dont ils ont été pourvus par le duc de Mayenne, à charge de rembourser le duc d'Argouges, pourvu de semblables quittances par le trésorier des Parties casuelles.

Ms. fr. 10841, f° 110 r°..

2448. — Arrêt accordant aux receveurs des aides et tailles en l'élection de Vézelay une augmentation de gages de 100 écus, leur vie durant, à condition qu'ils payeront une somme de 1,600 écus, dont la majeure partie sera employée à l'acquittement des sommes promises, lors de la réduction d'Avallon, à Claude Pirot, à Jean Regnard et à l'un desdits receveurs, Étienne Le Lieuvre.

Ms. fr. 10841, f° 110 r°.

2449. — Arrêt renvoyant aux trésoriers de France à Tours une requête présentée par Thibaud Doisseau, entrepreneur des ponts de la Suze-sur-Sarthe, pour être indemnisé de ses frais.

Ms. fr. 10841, f° 110 v°.

2450. — Arrêt accordant douze nouveaux archers à André Bouchier, vice-sénéchal de Fontenay-le-Comte, afin qu'il puisse purger le pays des « volleurs et malvivans ».

Ms. fr. 10841, f° 111 r°.

2451. — Arrêt ordonnant à la veuve de Gilles Belhomme, adjudicataire des quatrièmes de Pacy-sur-Eure, Villiers-en-Désœuvre et Saint-Aquilin-de-Pacy, remise de ses fermages pour l'année 1589.

Ms. fr. 10841, f° 111 r°.

2452. — Arrêt ordonnant aux gens des Comptes d'accorder aux sous-fermiers des aides en l'élection de Bar-sur-Aube une remise proportionnelle à celle qui a été accordée au fermier général, Simon Cabarot, sieur de La Crolière.

Ms. fr. 10841, f° 111 v°.

2453. — Arrêt autorisant les habitants du Blanc, en Berry, à lever, durant trois ans, divers impôts sur le bétail, afin de pouvoir réparer les portes, murailles et fortifications de ladite ville, détruites par les Ligueurs.

Ms. fr. 10841, f° 112 r°.

1595, 9 avril. — Paris.

2454. — Arrêt maintenant, moyennant finance, Claude Ponchin en un office de lieutenant particulier, assesseur criminel au bailliage de Péronne, supprimé par arrêt du Parlement du 29 novembre dernier.

Ms. fr. 10841, f° 112 v°.

1595, 15 avril.

2455. — Arrêt fixant le nombre des offices de courtiers de change et de banque dans les principales villes du royaume, et réglant le fait de leur charge.

AD I 116, n°ˢ 23 et 24.

1595, 24 mai. — Troyes.

2456. — Arrêt enjoignant à M° Le Cat, receveur des gabelles en la généralité de Châlons, de remettre incontinent au trésorier de l'Épargne une somme de 11,333 écus 1/3, pour les besoins de l'armée.

E 1°, f° 96 r°.

1595, 31 mai.

2457. — Arrêt ordonnant une levée de 2,232 écus

sur les habitants du comté de Boulonnais, pour le payement du sieur de Lenclos, gouverneur du Mont-Hulin, et pour l'entretien de la garnison dudit lieu.

E 1°, f° 97 r°.

1595, 19 juin. — Paris.

2458. — Arrêt accordant aux grènetiers et aux contrôleurs des greniers à sel du royaume une augmentation de 3 deniers par chaque minot de sel sur leur droit de billet.

AD I 117, n° 5.

1595, 22 juillet. — Auxonne.

2459. — Arrêt ordonnant que, pour accélérer le recouvrement des deniers provenant de la création de nouveaux offices d'huissiers audienciers en chaque juridiction de consuls, il sera expédié aux membres du Conseil restés à Paris soixante lettres en blanc de provision auxdits offices lesquelles ils feront remplir avant de les délivrer.

E 1°, f° 141 r°.

2460. — Arrêt ordonnant à M° François Garnier, conseiller au Parlement, de venir rendre raison pardevant le Conseil de la procédure par lui suivie après la révocation d'une commission qui lui avait été expédiée pour la vente du domaine en Poitou.

E 1°, f° 141 r°.

2461. — Arrêt révoquant toute assignation contraire à l'ordre établi par l'état du commencement de l'année, et réglant l'acquittement des assignations données au maréchal de Balagny pour l'entretien de la garnison de Cambrai.

E 1°, f° 141 v°.

2462. — Arrêt cassant un arrêt du parlement de Rouen du 14 juin 1595, relatif au payement des rentes constituées à ladite ville sur diverses recettes, « attendu que ledit arrest est directement contre les ordonnances de Sa Majesté et le règlement de ses finances, desquelles ladite court n'a aucun pouvoir d'ordonner ».

E 1°, f° 142 r°.

2463. — Arrêt faisant défense aux receveurs particuliers de la généralité de Rouen d'interjeter appel, ailleurs qu'au Conseil, des ordonnances délivrées contre eux par les trésoriers de France, pour l'acquit des charges et assignations grevant leursdites recettes.

E 1*, f° 142 r°.

2464. — Arrêt faisant défense aux gens du parlement de Languedoc, réunis à Castelsarrasin, de faire exécuter les arrêts prononcés à Toulouse pendant l'interdiction dudit parlement, et de rien entreprendre contre l'autorité du parlement de Béziers.

E 1*, f° 142 v°.

2465. — Arrêt portant assignation de 1,478 écus pour le payement de la garnison de Grancey et de 2,046 écus pour le payement de la garnison de Saulx-le-Duc.

E 1*, f° 143 r°.

2466. — Arrêt portant assignation d'une somme de 1,357 écus due au sieur de Fervacques pour l'entretien de la garnison de Grancey en 1592 et en 1593.

E 1*, f° 143 r°.

2467. — Arrêt portant assignation d'une somme de 1,450 écus due au sieur Hasdrubal Germini pour plusieurs voyages en Italie.

E 1*, f° 143 r°.

2468. — Arrêt donnant assignation de 1,200 écus à M° François Sauvat, receveur et payeur de l'Écurie.

E 1*, f° 143 r°.

2469. — Arrêt portant assignation d'une somme de 2,400 écus due aux sieurs Frémyot, président au parlement de Bourgogne, et Morisot, contrôleur général du domaine en ladite généralité, pour partie de leurs gages.

E 1*, f° 143 v°.

2470. — Arrêt donnant assignation de 650 écus au sieur Le Gros, procureur-syndic des États de Bourgogne.

E 1*, f° 143 v°.

2471. — Arrêt portant assignation d'une somme de 1,000 écus donnée par le Roi au président Frémyot.

E 1*, f° 143 v°.

2472. — Arrêt portant assignation d'une somme de 1,000 écus donnée par le Roi à M° Gabriel Brennot, conseiller au parlement de Dijon, à condition qu'il payera le dixième denier destiné à l'ordre du Saint-Esprit.

E 1*, f° 143 v°.

2473. — Arrêt portant assignation de 1,200 écus en faveur du duc d'Elbeuf, pour ses appointements de lieutenant général et de gouverneur du Poitou.

E 1*, f° 143 v°.

2474. — Arrêt portant assignation de 2,000 écus en faveur du duc d'Elbeuf, pour ses appointements de lieutenant général et de gouverneur du Bourbonnais.

E 1*, f° 143 v°.

2475. — Arrêt portant assignation de 3,720 écus en faveur du duc d'Elbeuf, pour l'entretien de 30 gardes en Bourbonnais.

E 1*, f° 144 r°.

2476. — Arrêt portant assignation de diverses sommes données par le Roi aux sieurs Blot, père et fils, Du Tericat (?), de La Perche, de Vermontet, de La Marche, au vicomte de Canillac, au sergent Jacques et au sieur de Travers.

E 1*, f° 144 r°.

_____

1595, 22 août. — Paris.

2477. — Arrêt donnant commission aux receveurs généraux des finances à Paris pour opérer la recette des impositions sur les vivres et denrées entrant en la ville de Paris, à condition qu'ils prêteront au Roi une somme de 9,000 écus pour subvenir au payement de l'armée de Normandie

E 1*, f° 145 r°.

_____

1595, 25 août. — Paris.

2478. — Arrêt relatif à l'exécution de l'édit de

mars 1595 touchant « le doublement » du droit des présentations.

AD I 117, n° 9.

1595, 3 septembre. — Paris.

2479. — Arrêt réglant le remboursement d'une somme de 5,000 écus prêtée, pour les dépenses de la guerre, par les officiers de l'élection de la Flèche.

Clair. 653, p. 143.

1595, 5 septembre. — Paris.

2480. — Arrêt ordonnant le payement d'une somme de 100 écus accordée au sieur Truchon pour un voyage à Caen et à Rouen.

Clair. 653, p. 145.

2481. — Arrêt relatif au payement d'une somme de 133 écus 1/3 accordée au sieur Le Gendre pour plusieurs voyages du château de Vez à Paris.

Clair. 653, p. 147.

2482. — Arrêt donnant assignation de 5,000 écus au sieur de Louvigny pour frais d'un voyage à Rouen.

Clair. 652, p. 273.

2483. — Arrêt déclarant de bonne prise le sieur Martin de La Grée, ligueur, venu à Paris sans passeport du Roi et fait prisonnier par le sieur de Lorme, enseigne des gardes du prince de Conti.

Ms. fr. 16216, f° 120 r°.

1595, 7 septembre. — Paris.

2484. — Arrêt portant assignation de la somme de 133 écus 1/3 due au sieur Le Gendre, commissaire ordinaire des guerres.

Clair. 653, p. 149.

2485. — Arrêt ordonnant le payement d'un mois de soldo à la compagnie de cavalerie du comte de Saint-Pol, qui, après avoir contribué au blocus de Soissons, a reçu l'ordre de servir en Picardie.

Clair. 652, p. 437 et 451.

2486. — Arrêt réglant le remboursement d'une somme de 2,000 écus que M° François Miron, conseiller d'État et président au Grand Conseil, offre de prêter au Roi pour le payement de l'armée étrangère commandée par le maréchal de Bouillon.

Clair. 652, p. 455.

2487. — Arrêt enjoignant aux trésoriers de France à Châlons d'avoir à vérifier et à exécuter la déclaration qui attribue aux grènetiers et aux contrôleurs de tous les greniers à sel du royaume une augmentation de 4 deniers par minot de sel.

Clair. 652, p. 459.

2488. — Arrêt interprétant l'édit qui établissait une nouvelle imposition sur les vins dans les villes et bons bourgs de la généralité de Paris, et accordant une surséance, pour le payement dudit impôt, aux élections de Sens, Joigny, Saint-Florentin, Tonnerre et Vézelay.

Clair. 652, p. 463.

2489. — Arrêt assignant au Conseil M° Henri de Laussade, receveur du domaine du Bordelais et du Bazadais, pour faire voir ses comptes des deux fermes du subside de Royan et des impositions des rivières de Garonne et Dordogne.

Clair. 652, p. 467.

2490. — Arrêt donnant assignation d'une somme de 500 écus à M° Jacques Germain, receveur général des finances à Paris.

Clair. 652, p. 471.

2491. — Arrêt donnant assignation de 100 écus au sieur de Lieu-Dieu, mestre de camp d'un régiment de gens de pied français.

Clair. 652, p. 475.

2492. — Arrêt relatif à la reddition des comptes de M° Jean de Ligny, commis à la recette des deniers ordonnés pour le rachat des rentes « ausquelles aulcuns des seigneurs du Conseil et aultres serviteurs de Sa Majesté sont obligez pour son service ».

Clair. 652, p. 477.

2493. — Arrêt ordonnant à M° Étienne Regnault, trésorier général de l'Extraordinaire des guerres, d'envoyer en Picardie une somme de 9,000 écus, pour la solde de la cavalerie.

Clair. 652, p. 489.

2494. — Arrêt ordonnant à M° Étienne Regnault, trésorier de l'Extraordinaire des guerres, d'avancer 1,000 écus au sieur de Treigny « pour luy donner moyen de remettre sa compagnie en équipage ».

Clair. 652, p. 491.

Sans date. [1595, 7 septembre. — Paris.]

2495. — Arrêt relatif au payement des sommes assignées, sur la recette générale de Châlons, à M° Jean de Vauhardy, trésorier provincial de l'Extraordinaire des guerres en Champagne et Brie.

Clair. 652, p. 470.

1595, 8 septembre. — Paris.

2496. — Arrêt ordonnant que M° Edmond Servient et Henri d'Ambray, receveurs généraux à Rouen, et M° Jean Le Terrier, receveur général à Caen, seront contraints, par emprisonnement de leurs personnes, au payement des sommes auxquelles ils ont été taxés pour jouir du droit de 2 deniers pour livre de toutes levées extraordinaires.

Clair. 652, p. 429.

2497. — Arrêt ordonnant que les tailles du quartier d'octobre levées sur les villages du gouvernement de Coucy et de l'élection de Laon seront affectées à l'entretien de la garnison de Coucy.

Clair. 652, p. 433.

1595, 9 septembre. — Paris.

2498. — Arrêt ordonnant que les officiers de l'élection de Montargis seront contraints de payer les taxes réglées par arrêt du Conseil du 4 août dernier, et évoquant l'assignation donnée, à leur requête, en la Cour des aides.

Clair. 652, p. 415.

2499. — Arrêt ordonnant aux trésoriers de France en toutes les généralités du royaume de faire dresser l'état des gages de tous les officiers des élections, et

ordonnant que lesdits officiers seront contraints au payement de leurs taxes, pour le produit en être affecté aux dépenses de l'armée de Picardie.

Clair. 652, p. 419.

2500. — Arrêt ordonnant à M° Jérôme Garrault, trésorier général de l'Extraordinaire des guerres, d'envoyer recevoir à la Rochelle, des mains du sieur de La Romaigne, une somme de 4,900 écus.

Clair. 652, p. 423.

2501. — Arrêt ordonnant le payement d'une indemnité de 382 écus accordée à Urbin de La Borde pour voyages en Bourgogne, à Lyon et en Picardie.

Clair. 652, p. 425.

1595, 10 septembre. — Paris.

2502. — « Estat... des deniers provenant des ventes de bois de haulte fustaye faictes aux forestz d'Orléans et Montargis, en l'année dernière, par le sieur de Villiers, grand maistre enquesteur et général réformateur des eaux et forestz de France... »

Clair. 652, p. 407.

1595, 12 septembre. — Paris.

2503. — Arrêt ordonnant à M° Jean Goulas et Jean de La Fosse, trésoriers ordinaires des guerres, de bailler leurs quittances aux sieurs de Bouteville, gouverneur de Senlis, et Vineuil, gouverneur de Dammartin, pour une somme de 17,685 écus 9 sols 9 deniers, « attendu qu'il est question de l'exécution du traicté de la ville de Meaulx ».

Clair. 652, p. 396.

2504. — Arrêt réglant le payement d'une somme de 15,000 écus qu'il convient de fournir pour l'entretien de la trêve conclue par le duc de Montpensier entre la Normandie et la Bretagne.

Clair. 652, p. 405.

1595, 13 septembre. — Paris.

2505. — Arrêt ordonnant le payement de la compagnie du sieur d'Estrées, afin qu'elle puisse promptement s'acheminer en Picardie.

Clair. 652, p. 391.

2506. — Arrêt ordonnant le payement d'une somme de 40 écus accordée à La Chapelle, courrier ordinaire du Roi près M. de Montpensier.

Clair. 652, p. 393.

2507. — Arrêt ordonnant qu'une somme de 6,000 écus, fournie par le receveur général des finances à Tours, sera entièrement affectée au payement des garnisons de cavalerie en Picardie.

Clair. 652, p. 399.

2508. — Arrêt accordant surséance à M⁰ˢ Jean de Hault, receveur particulier des traites, et Pierre Bail, grènetier des droits de gabelle et d'augmentation d'Abbeville, pour le payement d'une somme de 300 écus à eux prise par ordre du comte de Saint-Pol, gouverneur de Picardie, et employée au payement des munitions de l'armée allant au secours de Doullens.

Clair. 652, p. 401.

2509. — Arrêt prescrivant les corvées et levées nécessaires pour la réparation des fortifications et pour l'entretien de la garnison de Ham.

Clair. 652, p. 403.

1595, 16 septembre. — Paris.

2510. — Arrêt réglant le payement d'une somme de 4,000 écus due au baron de Dampmartin, colonel des reîtres, pour les arrérages de rentes à lui constituées sur les recettes générales de Châlons et de Caen.

Clair. 652, p. 53.

2511. — Arrêt ordonnant le payement d'une somme de 250 écus accordée au sieur de Saint-Louis, gentilhomme de la suite du maréchal de La Châtre, pour qu'il porte des lettres au Roi de la part dudit maréchal et de la part du Conseil d'État.

Clair. 652, p. 355.

2512. — Arrêt ordonnant de payer 30 sols par jour aux deux Suisses ordonnés pour la garde du sieur Antonio Perez.

Clair. 652, p. 357.

2513. — Arrêt ordonnant le payement d'une somme de 6 écus accordée à Michel Ygoron, laquais du sieur de Vicq, pour avoir apporté au Conseil des nouvelles de l'armée de son maître.

Clair. 652, p. 359.

2514. — Arrêt ordonnant le payement des 500 écus accordés à Simon Guyon pour le change d'une somme de 15,000 écus envoyée à Lyon, par ordre du Conseil, et destinée « aulx despenses pressées qui sont à faire prez la personne du Roy ».

Clair. 652, p. 361.

2515. — Arrêt enjoignant à la cour des aides de Rouen d'avoir à vérifier l'édit de création de 60 nobles en Normandie, « attendu l'urgente nécessité des gens de guerre estant en la province de Picardye, ausquelz les deniers qui en doibvent provenir sont affectez ».

Clair. 652, p. 371.

2516. — Arrêt réglant le payement des sommes dues au baron de Dampmartin, colonel des reîtres, et renvoyant au Roi la requête dudit baron tendant à obtenir une indemnité de 2,000 écus.

Clair. 652, p. 373.

2517. — Arrêt enjoignant à la cour des aides de Rouen d'avoir à vérifier la déclaration du 28 décembre dernier, au sujet des attributions et exemptions des élus, « attendu l'urgente nécessité » des troupes de Picardie, auxquelles « les deniers qui en doibvent provenir sont affectez ».

Clair. 652, p. 377.

2518. — Arrêt ordonnant aux président et trésoriers de France à Châlons d'avoir à vérifier les lettres patentes du 27 octobre dernier, relatives à la fortification de Rethel.

Clair. 652, p. 379.

2519. — Arrêt ordonnant à l'un des auditeurs en la chambre des comptes de Rouen de dresser l'état des sommes payées pour les tailles, en l'année 1588, par chacune des paroisses de la province de Normandie, et ce « pour procéder plus certainement au régalement des tailles ».

Clair. 652, p. 383.

2520. — Arrêt ordonnant à l'un des auditeurs en la Chambre des comptes de dresser l'état des sommes payées pour les tailles par chaque paroisse, en l'année 1588, et ce «pour procéder plus certainement au régalement des tailles».

Clair. 652, p. 387.

1595, 17 septembre. — Paris.

2521. — Arrêt ordonnant aux trésoriers des réparations, fortifications, vivres, munitions et avitaillement de l'Île-de-France, de la Picardie et de la Champagne, assignés sur la recette générale du Clergé, de se contenter des rescriptions de Me Philippe de Castille sur les receveurs des décimes dans les généralités de Limoges, d'Auvergne et de Languedoc.

Clair. 652, p. 345.

2522. — «Articles sommaires présentez au Conseil par le sieur de La Corbinière, pour l'exécution desquelz il a esté dépesché par M. de Nevers, pour le faict des vivres en Picardie,» et réponses du Conseil.

Clair. 652, p. 347.

1595, 18 septembre. — Lyon.

2523. — Arrêt accordant aux habitants du Dauphiné surséance, jusqu'à nouvel ordre, pour le payement des tailles et autres impositions.

E 1*, f° 147 r°.

2524. — Arrêt ordonnant le payement des gages dus à Hubert Froment, ci-devant trésorier provincial de l'Extraordinaire des guerres en Provence, en Piémont et dans le marquisat de Saluces.

E 1*, f° 147 v°.

2525. — Arrêt réglant le payement d'une somme de 2,726 écus 43 sols 8 deniers due à Me Simon Joly, greffier au bureau des finances de la généralité de Moulins.

E 1*, f° 147 v°.

2526. — Arrêt accordant à René Brouart, fermier des cinq grosses fermes, un rabais sur le prix de la ferme du noùveau subside de 5 sols par muid de vin entrant à Lyon, à condition qu'il payera comptant au trésorier de l'Épargne une somme de 300 écus.

E 1*, f° 147 v°.

2527. — Arrêt portant nouvelle assignation d'une somme assignée, sur la recette de Saluces, à messire Bertrand Plouier, premier président de la chambre des comptes de Dauphiné, attendu qu'il n'a pu en être payé, par suite de l'occupation du marquisat de Saluces.

E 1*, f° 148 r°.

2528. — Arrêt ordonnant le remboursement de diverses sommes avancées, pour le service du Roi, par le sieur d'Ornano, gouverneur du Dauphiné.

E 1*, f° 148 r°.

2529. — Arrêt autorisant les habitants de Lunel à curer le canal nommé la Robine de Lunel et à y faire passer l'eau du Vidourle pour le rendre navigable, et établissant, à cet effet, plusieurs octrois audit Lunel.

E 1*, f° 148 v°.

2530. — Arrêt donnant assignation d'une somme de 1,000 écus au sieur de Chaux, capitaine des gardes du Connétable.

E 1*, f° 149 r°.

2531. — Arrêt accordant à Me Pierre de Termes, conseiller au Grand Conseil, le droit de résigner son office avec dispense des 40 jours, à condition qu'il payera comptant une somme de 2,000 écus.

E 1*, f° 149 r°.

2532. — Arrêt réglant le payement de 7,661 écus restés dus à Jean Le Pelletier, secrétaire des finances de Navarre, sur le compte des recettes de l'amirauté de Guyenne pendant l'année 1590.

E 1*, f° 149 v°.

2533. — Arrêt ordonnant que les dons, gages, pensions accordés au sieur de Morlans, conseiller d'État, général surintendant des vivres, seront payés à ses héritiers.

E 1*, f° 149 v°.

2534. — Avis du Conseil tendant à faire un don

de 200 écus au sieur de Villars, lieutenant général en la sénéchaussée de Lyon, par égard pour ses services et pour les pertes qu'il a souffertes.

E 1°, f° 149 v°.

1595, 18 septembre. — Paris.

2535. — Arrêt défendant aux commissaires députés pour l'aliénation du domaine de procéder à la vente et au doublement des petits sceaux, opérations qui doivent être faites séparément, en vertu de l'édit du mois de janvier dernier.

Clair. 652, p. 239, 243, 245 et 247.

2536. — Arrêt réglant le payement d'une somme de 225 écus due aux enfants mineurs du feu sieur de Fargis.

Clair. 652, p. 241.

2537. — Arrêt ordonnant l'élargissement de Gabriel Regnault, greffier du prévôt des maréchaux à Fontenay-le-Comte, ci-devant commis par le duc de Mercœur à la recette des deniers provenant de la vente des biens des royalistes, et lui accordant un délai pour faire apparoir de la clôture de ses comptes.

Clair. 652, p. 329.

2538. — «Estat de ce qui sera retranché sur les charges de la recepte du domaine à Paris, à cause de la faulte de fondz qui s'est trouvée en ladite recepte, durant la présente année 1595.»

Clair. 652, p. 331.

2539. — Arrêt évoquant l'appel interjeté au Parlement par les habitants de Chinon contre Me Julien Collin, commis pour la vente des offices de receveurs des consignations.

Clair. 652, p. 335.

2540. — Arrêt déclarant que les deniers des tailles, aides et «distraction du sol pour escu» ont été bien et dûment versés par les receveurs particuliers des élections d'Alençon, Argentan, Verneuil, Mortagne et Domfront, entre les mains de Me Thomas Morant, receveur général des finances à Caen.

Clair. 652, p. 339.

2541. — Moyens proposés pour payer les vivres nécessaires à l'armée de Picardie, et réponses du Conseil.

Clair. 652, p. 351.

1595, 19 septembre. — Paris.

2542. — Arrêt ordonnant le payement de deux sommes de 50 et de 150 écus accordées aux sieurs Le Brin et de Montglat pour frais de voyages.

Clair. 652, p. 279.

2543. — Arrêt ordonnant que Me Guillaume Barre, receveur particulier en l'élection de Tulle, sera contraint d'acquitter l'assignation donnée au sieur de La Guesle, conseiller d'État, pour une somme de 600 écus prêtée au feu Roi par le feu président de La Guesle, et pour l'arriéré de ses gages, montant à 400 écus.

Clair. 652, p. 305.

2544. — Arrêt portant assignation d'une somme de 847 écus 4 sols due au sieur de La Guesle, abbé de Cerisy, pour la dîme des bois vendus en la forêt de Lyons durant l'année 1588.

Clair. 652, p. 307.

2545. — Arrêt ordonnant que les paroisses de l'élection de Dourdan mentionnées dans les quittances de Me Jean Blanchard, ci-devant commis à la recette du taillon, seront contraintes de payer les sommes assignées au sieur de Montlouet pour le payement de sa compagnie.

Clair. 652, f° 309 r°.

2546. — «Taxe faicte par le Roy en son Conseil sur les villes clauzes et gros bourgs de la générallité de Caen, des sommes que Sa Majesté veult estre paiée dans la fin du moys de novembre prochainement venant,... pour subvenir aux fraiz de la tresve de Normandie et Bretaigne.»

Clair. 652, p. 311.

2547. — Arrêt ordonnant au receveur de Laon de bailler ses quittances aux habitants de 19 villages voisins de Coucy, attendu qu'ils ont été contraints de payer les deux premiers quartiers des tailles à la garnison dudit Coucy.

Clair. 652, p. 315 et 319.

2548. — Arrêt enjoignant à Mᵉ La Voulte, receveur des tailles en l'élection de Meaux, de verser incontinent les deniers de sa recette entre les mains de Mᵉ Jacques Germain, receveur général des finances à Paris, et d'envoyer au Conseil un état de ses recettes et dépenses.

Clair. 652, p. 321.

2549. — Arrêt ordonnant à Mᵉ Germain, receveur général des finances à Paris, de payer au sieur Barthélemy Cenamy une somme de 15,000 écus, à lui assignée sur les deniers de la châtellenie de Châteauneuf-en-Thymerais.

Clair. 652, p. 323.

2550. — Arrêt ordonnant de lever 16,000 écus, nécessaires pour l'exécution de la trêve entre la Normandie et la Bretagne, sur les paroisses les plus riches des bailliages d'Alençon, de Caen et de Cotentin, sur les villes closes et gros bourgs de la généralité de Caen et sur les gros bénéficiers des diocèses de Séez, de Bayeux, de Coutances et d'Avranches.

Clair. 652, p. 325.

1595, 20 septembre. — Paris.

2551. — Arrêt ordonnant au trésorier de l'Épargne Mᵉ Balthazar Gobelin de mettre son attache sur l'acquit patent obtenu par les sieurs Ladouyère et de Bontomal pour une somme de 2,000 écus.

Clair. 652, p. 283.

2552. — Arrêt ordonnant à Mᵉ Étienne Regnault, trésorier général de l'Extraordinaire des guerres, de rabattre sur le compte de Mᵉ Servient, receveur général des finances à Tours, une somme de 3,000 écus payée, par ordre du Conseil et par commandement exprès du duc de Nevers, au sieur de Laverdin, pour la solde des gens de guerre qu'il a promis de mener au secours de Cambrai.

Clair. 652, p. 285.

2553. — Arrêt ordonnant le payement d'une indemnité de 40 écus accordée au sieur de Roussel, pour un voyage de Gournay à Fougères.

Clair. 652, p. 287.

2554. — Arrêt confirmant une assignation de 4,500 écus donnée au comte de Saint-Pol, gouverneur de Picardie, sur la recette générale d'Amiens.

Clair. 652, p. 289.

2555. — Arrêt ordonnant au sieur de Cothereau, contrôleur général des fortifications, de se transporter sur la Marne, avec deux archers et six soldats, pour faire rompre les gués par lesquels les voleurs, à la faveur de la guerre civile, viennent dévaster la Brie.

Clair. 652, p. 293.

2556. — Arrêt ordonnant que tous les deniers qui proviendront de la vente des offices d'huissiers audienciers nouvellement créés ès sièges de juges-consuls seront affectés au payement des pourvoyeurs de la Maison du Roi.

Clair. 652, p. 297.

2557. — « Estat des parties qui doibvent estre paiées sur la partie de 10,000 escuz proceddant de l'advence de la vente des offices de greffiers des insinuations ecclésiastiques. »

Clair. 652, p. 301.

1595, 21 septembre. — Paris.

2558. — Arrêt accordant surséance aux officiers de l'élection de Crépy-en-Valois pour le payement des taxes de l'exemption des tailles.

Clair. 652, p. 281.

2559. — Arrêt déclarant les habitants de Beauvais exempts « des establissemens de commissaires, tant que les troubles dureront en la province de Picardie ».

Ms. fr. 16216, fᵒ 121 rᵒ.

1595, 22 septembre. — [Lyon.]

2560. — Arrêt accordant à François de Rocheblanc, fermier général des gabelles en Languedoc, Dauphiné, Lyonnais, Forez et Beaujolais, une remise sur le prix de sa ferme.

E 1ᵃ, fᵒ 151 rᵒ.

1595, 22 septembre. — Paris.

2561. — « Distribution de la somme de 13,000 escuz provenue, assavoir 8,000 escuz des deniers de la vente des offices de l'ellection de la Flèche, et 5,000 escuz à cause du prest que font les officiers de ladicte ellection, en faveur de l'establyssement d'icelle. »

Clair. 652, p. 235.

2562. — Arrêt enjoignant aux trésoriers de France à Bourges de payer une somme de 30,450 écus assignée à la cavalerie de Champagne et Brie.

Clair. 652, p. 249.

2563. — Arrêt ordonnant au bailli d'Orléans ou à son lieutenant de procéder à la réception de Claude Priné en l'office de procureur au bailliage d'Orléans.

Clair. 652, p. 253.

2564. — Arrêt enjoignant aux trésoriers de France à Paris de procéder à l'assiette d'une somme de 8,000 écus que doivent fournir les paroisses de la généralité de Paris, pour la solde des capitaines qui ont suivi le duc de Guise.

Clair. 652, p. 257.

2565. — Arrêt ordonnant à Mᵉ Étienne Regnault, trésorier général de l'Extraordinaire des guerres, de payer 40 écus aux capitaines Pineau et Saint-Martin.

Clair. 652, p. 261.

2566. — Arrêt ordonnant à Mᵉ Étienne Regnault, trésorier général de l'Extraordinaire des guerres, de payer 70 écus 2/3 au sieur de Beaumont, capitaine de 50 hommes de pied en garnison à Corbeil, pour ses appointements de deux mois, bien qu'il n'ait pu se présenter aux montres.

Clair. 652, p. 263.

2567. — « Estat des parties qui doibvent estre paiées sur les 10,000 escuz proceddans de l'advance de la vente des offices de greffiers des insinuations ecclésiasticques. »

Clair. 652, p. 265.

2568. — Arrêt donnant assignation de 1,000 écus au sieur de Bragelongne, maître ordinaire en la Chambre des comptes.

Clair. 652, p. 269.

2569. — Arrêt donnant assignation de 200 écus

au sieur de La Rivière, ingénieur du Roi, « pour satisfaire à partie des fraiz qu'il luy convient faire pour les modelles et machines de guerre qui luy ont esté commandez par Sa Majesté ».

Clair. 652, p. 271.

2570. — Arrêt faisant défense au grand prévôt de l'Hôtel de saisir les chevaux de Guillaume et de Louis Bazille, qui tiennent les postes pour Sa Majesté au Bourg-la-Reine et à Longjumeau.

Clair. 652, p. 277.

2571. — Arrêt ordonnant le payement d'une somme de 50 écus accordée à Guillaume Hubert, homme d'armes de la compagnie du sieur de Vitry, pour aller porter les lettres en Picardie.

Clair. 652, p. 279.

1595, 23 septembre. — Lyon.

2572. — Promesse de MM. du Conseil de rembourser au sieur Zamet une somme de 15,000 écus, par lui fournie pour l'habillement des Suisses.

E 1ᵃ, fᵒ 153 rᵒ.

2573. — Promesse de MM. du Conseil de rembourser au sieur Zamet une somme de 11,000 écus, au cas où elle ne lui aurait pas été payée le 31 octobre 1596 par le sieur de Servières.

E 1ᵃ, fᵒ 153 rᵒ.

2574. — Promesse de MM. du Conseil de rembourser au sieur Zamet une somme de 2,500 écus, par lui avancée pour le payement des Suisses.

E 1ᵃ, fᵒ 153 rᵒ.

2575. — Avis du Conseil proposant de réduire à 5,200,000 écus le brevet de la taille pour l'année 1596.

E 1ᵃ, fᵒ 153 rᵒ.

2576. — Arrêt ordonnant aux gens du Conseil réunis à Paris de pourvoir au payement d'une somme de 73,750 écus pour laquelle le sieur de La Grange-le-Roy s'est engagé envers les sieurs Gallaty et Baltazard, colonels des Suisses.

E 1ᵃ, fᵒ 153 rᵒ.

2577. — Arrêt semblable, au sujet d'une somme de 4,333 écus pour laquelle le sieur de La Grange s'est engagé envers le sieur Phiffer.

E 1ᵃ, fᵒ 153 vᵒ.

2578. — Arrêt renvoyant au surintendant-commissaire général des vivres un mémoire présenté par le sieur de Beauvoir-la-Nocle.

E 1ᵃ, fᵒ 153 vᵒ.

2579. — Arrêt donnant à Mᵉ Jean Mellet assignation de 600 écus.

E 1ᵃ, fᵒ 153 vᵒ.

2580. — Arrêt portant assignation de 300 écus donnés par le Roi à l'Hôtel-Dieu de Lyon.

E 1ᵃ, fᵒ 153 vᵒ.

2581. — Arrêt accordant à l'auteur d'un avis présenté au Conseil la vingtième partie des deniers qui pourraient être recueillis grâce à cet expédient, si après examen il était trouvé raisonnable.

E 1ᵃ, fᵒ 153 vᵒ.

1595, 23 septembre. — Paris.

2582. — « Roole des taxes et modérations faictes au Conseil d'Estat du Roy sur aucuns officiers cy-après nommez, pour le suppléement qu'ilz sont tenuz de faire de leurs offices, suyvant la déclaration de Sa Majesté du xviiiᵉ octobre 1594. »

Clair. 652, p. 225.

2583. — Arrêt assignant au Conseil Mᵉ Guillaume Lusson, contrôleur des décimes au diocèse de Lisieux, pour être entendu sur une décharge sollicitée par Mᵉ Jean Le Terrier, ci-devant receveur des décimes audit lieu.

Clair. 652, p. 229.

2584. — Arrêt renvoyant aux trésoriers de France à Paris une requête en remise de tailles, présentée par les habitants de Sennevières et fondée sur les ruines et mauvais traitements par eux soufferts, tant de la part des Espagnols, que de la part des garnisons de Pierrefonds et de Soissons.

Clair. 652, p. 231.

2585. — Arrêt ordonnant à Mᵉ Étienne Regnault, trésorier général de l'Extraordinaire des guerres, de payer 24 écus au capitaine Baradat et 16 écus 1/3 à Henri de Bryon, son lieutenant, bien que ce dernier n'ait pas assisté à la montre du présent mois.

Clair. 652, p. 233.

1595, 24 septembre. — Paris.

2586. — Arrêt ordonnant aux trésoriers de France à Paris de procéder au déblayement des ruines du pont de Pont-Sainte-Maxence, afin de rétablir la navigation sur l'Oise.

Clair. 652, p. 185.

2587. — Arrêt accordant aux trésoriers de France à Poitiers décharge d'un supplément de taxe ordonné par déclaration du 18 octobre dernier, à condition qu'ils prêteront 4,000 écus au Roi, et déclarant que les trésoriers de France « ne seront à l'advenir comprins aux taxes générales qui seront faictes sur les officiers des finances ».

Clair. 652, p. 187.

2588. — Arrêt ordonnant le payement d'une somme de 6,000 écus due au sieur de Malpierre, ci-devant agent aux Pays-Bas, tant pour ses gages que pour les frais extraordinaires de sa charge durant les années 1585 à 1589.

Clair. 652, p. 189.

2589. — Arrêt confirmant la commission expédiée aux sieurs de Châtillon et de La Grange, trésoriers de France à Orléans, pour qu'ils procèdent à l'aliénation du domaine, en adressant une semblable au sieur de Villefallier, président audit bureau, et renvoyant au Roi la réclamation des trésoriers de France de la même ville tendant à ce que toute commission concernant le fait de leur charge soit adressée en corps à leur bureau.

Clair. 652, p. 191.

2590. — Arrêt accordant à Mᵉ d'Auvergne, trésorier de France à Orléans, décharge d'un supplément de taxe ordonné par déclaration du 18 octobre dernier, à condition qu'il prêtera au Roi une somme de 400 écus.

Clair. 652, p. 195.

22.

2591. — Arrêt accordant semblable décharge à Mᵉ Blanchard, trésorier de France à Orléans, à condition qu'il prêtera au Roi une somme de 400 écus.

Clair. 652, p. 199.

2592. — Arrêt accordant semblable décharge à Mᵉ Claude Le Tonnelier, trésorier de France à Orléans, à condition qu'il prêtera au Roi une somme de 400 écus.

Clair. 652, p. 203.

2593. — Arrêt accordant semblable décharge à Mᵉ de Châtillon, trésorier de France à Orléans, à condition qu'il prêtera au Roi une somme de 800 écus.

Clair. 652, p. 205.

2594. — Arrêt accordant semblable décharge à Mᵉ Lamyrauld, trésorier de France à Orléans, à condition qu'il prêtera au Roi une somme de 800 écus.

Clair. 652, p. 207.

2595. — Arrêt accordant semblable décharge à Mᵉ de La Grange, trésorier de France à Orléans, à condition qu'il prêtera au Roi une somme de 400 écus.

Clair. 652, p. 223.

2596. — Arrêt accordant semblable décharge aux trésoriers de France à Tours, à condition qu'ils prêteront au Roi une somme de 3,000 écus.

Clair. 652, p. 197.

2597. — Arrêt accordant semblable décharge à Mᵉ Guillaume Thenon, trésorier de France à Bourges, à condition qu'il prêtera au Roi une somme de 500 écus.

Clair. 652, p. 209.

2598. — Arrêt accordant semblable décharge à Mᵉ Chemerault, trésorier de France à Bourges, à condition qu'il prêtera au Roi une somme de 500 écus.

Clair. 652, p. 211.

2599. — Arrêt accordant semblable décharge à Mᵉ Antoine Olivier, trésorier de France à Bourges, à condition qu'il prêtera au Roi une somme de 800 écus.

Clair. 652, p. 219.

2600. — Arrêt accordant semblable décharge à Mᵉ Parfaict, trésorier de France à Bourges, à condition qu'il prêtera au Roi une somme de 800 écus.

Clair. 652, p. 221.

2601. — Arrêt accordant semblable décharge à Mᵉ Guillaume de Léveillé, trésorier de France à Poitiers, à condition qu'il prêtera au Roi une somme de 400 écus.

Clair. 652, p. 213.

2602. — Arrêt ordonnant que Jean Bitard, receveur des aides et tailles en l'élection d'Argentan, poursuivra le recouvrement des restes de l'année 1592, nonobstant l'opposition des élus dudit lieu.

Clair. 652, p. 201.

2603. — Arrêt ordonnant que le « droict de doublement de présentation », prescrit par édit du mois de mars dernier, sera entièrement acquitté par le demandeur en la juridiction des consuls de Paris.

Clair. 652, p. 215.

———

1595, 25 septembre. — Paris.

2604. — Arrêt enjoignant à Mᵉ Jacquet, receveur des tailles en l'élection du Blanc, de remettre incontinent une somme de 268 écus, provenant de la levée de l'année dernière, entre les mains de Mᵉ Martin Baudichon, garde général des vivres, nonobstant la saisie faite à la requête du sieur Barriou, de la compagnie de chevau-légers du Roi.

Clair. 652, p. 147.

2605. — Arrêt ordonnant aux trésoriers de France et aux élus en la généralité de Moulins de faire verser entre les mains de Mᵉ Martin Baudichon, garde général des vivres, pour être affectés à l'entretien de l'armée de Picardie, les deniers provenant d'une levée faite, en l'année dernière, dans ladite généralité, ainsi que les 5,000 écus assignés, pour le fait des vivres, en l'année présente.

Clair. 652, p. 149.

2606. — Arrêt interdisant à la cour des aides de Paris, et attribuant aux commissaires députés pour l'établissement de nouveaux subsides en la province de Normandie la connaissance des poursuites et réclamations faites à l'occasion de la taxe levée sur le vin passant par eau à Pontoise.

Clair. 652, p. 153.

2607. — Arrêt ordonnant le payement d'une somme de 83 écus 1/3 accordée à Jean Guéroult, huissier du Conseil, pour deux voyages faits de Paris à Rouen « vers M. le duc de Montpensier ».

Clair. 652, p. 157.

2608. — Arrêt donnant mainlevée aux officiers de l'élection de Paris des meubles saisis sur eux à l'occasion de l'exemption des tailles, à condition qu'ils prêteront au Roi une somme de 500 écus.

Clair. 652, p. 159.

2609. — Arrêt ordonnant le payement d'une indemnité de 200 écus accordée au sieur de Menucourt, trésorier de France à Rouen, pour un voyage fait de Rouen à Paris par ordre du Conseil.

Clair. 652, p. 161.

2610. — Arrêt ordonnant le payement d'une indemnité de 200 écus accordée à Me Edmond Servient, receveur général des finances à Rouen, pour un voyage fait de Rouen à Paris par ordre du Conseil.

Clair. 652, p. 163.

2611. — Arrêt ratifiant une assignation de 700 écus accordée par le comte de Saint-Pol, lieutenant général en Picardie, aux échevins et habitants d'Abbeville, lesquels ont fourni 12 muids de blé pour la nourriture de l'armée de Picardie.

Clair. 652, p. 165.

2612. — Arrêt ordonnant que les habitants d'Amiens seront contraints de fournir à François de Heghes et à Jean de Poilly, munitionnaires des magasins de Montreuil, Boulogne et Rue, certaine quantité de blé qu'ils devaient fournir au magasin de Doullens, nonobstant la compensation qu'ils prétendent établir entre cette fourniture de vivres et une fourniture d'artillerie qui ne leur a point été payée.

Clair. 652, p. 167.

2613. — Arrêt ordonnant que Jacques Fouge-ranges et Pierre Corbin, habitants de Dourdan, seront contraints de verser entre les mains de Me Martin Baudichon, garde général des vivres, la valeur de 8 muids de blé méteil, destinés à l'approvisionnement des magasins de Picardie et de Champagne.

Clair. 652, p. 171.

2614. — Arrêt ordonnant le payement des sommes dues à François de Heghes, à Jean de Poilly, à Antoine Maisné, munitionnaires de Montreuil, Boulogne et Rue, afin de leur ôter tout prétexte pour refuser plus longtemps leur concours à l'approvisionnement des magasins de la Picardie, du Boulonnais et du Pays reconquis.

Clair. 652, p. 175.

2615. — Arrêt réglant le payement des gages de Me Nicolas Bouvyer, président au présidial d'Alençon.

Clair. 652, p. 177.

2616. — Arrêt ratifiant une assignation de 720 écus accordée par le comte de Saint-Pol, lieutenant général en Picardie, aux échevins et habitants d'Amiens, lesquels ont fourni 12 muids de blé méteil pour la nourriture de l'armée de Picardie.

Clair. 652, p. 181.

1595, 26 septembre. — Paris.

2617. — Arrêt ordonnant à Me Jean Bouer, commis à la recette des deniers provenant de l'exemption des élus, de payer comptant 500 écus au sieur Antonio Perez.

Clair. 653, p. 151.

2618. — « Estat de la faulte de fondz qui se trouve en l'année présente 1595, pour le paiement des charges assignées sur la recepte générale de Rouen, tant du principal de la taille et creues y joinctes, que de la creue des garnisons, et du remplacement à faire de ladite faulte de fondz. »

Clair. 652, p. 101.

2619. — Arrêt ordonnant que, jusqu'à la fin de novembre, les bourgeois de Paris propriétaires de vignes dans les environs de la ville payeront, pour tout droit d'entrée, 45 sols, au lieu d'un écu, par muid de vin provenant de leurs crus et destiné à l'approvisionnement de leurs maisons.

Clair. 652, p. 105.

2620. — Arrêt cassant une ordonnance des trésoriers de France à Rouen, et leur ordonnant d'enregistrer purement et simplement l'édit d'aliénation de 30,000 écus de rentes en Normandie, avec les modifications apportées audit édit par le parlement et par la chambre des comptes de Rouen.

Clair. 652, p. 107.

2621. — Arrêt donnant décharge au receveur des tailles en l'élection de Laon pour des payements par lui faits à la garnison de ladite ville, lesquels dépassent de 2,060 écus 2/3 l'état dressé pour l'année présente.

Clair. 652, p. 111.

2622. — Arrêt réglant le payement d'une somme de 1,000 écus accordée au sieur Delamole par lettres patentes du 8 avril dernier.

Clair. 652, p. 115.

2623. — Arrêt ordonnant à Me Edmond Servient, receveur général des finances à Rouen, de payer une somme de 6,300 écus au sieur de Villars, gouverneur du Havre-de-Grâce, « sur les deniers employez en l'estat du Roy » au compte de son frère, l'amiral de Villars.

Clair. 652, p. 117.

2624. — Arrêt ordonnant aux trésoriers de France à Rouen de faire payer au sieur de Villars, gouverneur du Havre-de-Grâce, ce qui peut lui rester dû d'une somme de 15,000 écus « employée soubz son nom en l'estat du Roy de ladite recette généralle ».

Clair. 652, p. 119.

2625. — Arrêt donnant assignation de 3,000 écus à Me de La Martinière, trésorier de la marine, des fortifications et réparations en la province de Normandie, pour qu'il les emploie au fait de sa charge, notamment aux fortifications de Sainte-Catherine-du-Mont à Rouen.

Clair. 652, p. 121.

2626. — Arrêt donnant assignation de 682 écus au trésorier provincial de l'Extraordinaire des guerres en Normandie, pour qu'il les emploie au fait de sa charge, notamment au payement de la garnison de Dieppe.

Clair. 652, p. 123.

2627. — Arrêt portant nouvelle assignation d'une somme de 9,000 écus attribuée à Me Étienne Regnault, trésorier général de l'Extraordinaire des guerres, et devant être affectée au payement de la garnison de Calais.

Clair. 652, p. 125.

2628. — Arrêt ordonnant qu'une somme de 100 écus sera prise sur les deniers du commerce de Paris, pour les voyages à Lyon et en Picardie nécessités par le service du Roi.

Clair. 652, p. 127.

2629. — Arrêt ordonnant à Me Nicolas Langlois, sieur de Manteville, conseiller d'État, de payer aux trésoriers de l'Épargne une somme de 2,000 écus, restant due sur le prix de son office de premier président de la chambre des comptes de Rouen.

Clair. 652, p. 129.

2630. — Arrêt ordonnant le payement d'une somme de 500 écus accordée au sieur Antonio Perez, pour son voyage d'Angleterre à Paris.

Clair. 652, p. 131.

2631. — Arrêt ordonnant le payement d'une somme de 50 écus accordée à Simon d'Anguin, ci-devant garde des munitions de l'artillerie, pour un voyage en l'armée de Picardie.

Clair. 652, p. 133.

2632. — Arrêt ordonnant le remboursement d'une somme de 1,200 écus prêtée au Roi, en 1589, par le sieur de Chaste, gouverneur de Dieppe.

Clair. 652, p. 135.

2633. — Arrêt ordonnant aux président et trésoriers de France à Rouen d'envoyer promptement les états de la recette que doit faire Me Edmond Servient, receveur général des finances audit lieu, ainsi que ceux des charges qui doivent peser sur ladite recette,

le tout conformément à « l'estat qui en a esté cejour-
d'huy faict au Conseil ».

Clair. 652, p. 139.

2634. — Arrêt confirmant une vente des quatrièmes
des vin et menues boissons en la ville d'Eu et en la paroisse de Harancourt, faite à Mᵉ Charles de Saldaigne,
sieur d'Incarville, conseiller d'État, nonobstant l'opposition des trésoriers de France à Rouen.

Clair. 652, p. 143.

1595, 27 septembre. — Paris.

2635. — « Distribution de la somme de 6,000 escuz
provenue de l'advence qu'en a faicte le sieur Cénamy,
sur les deniers de la continuation des 4 solz pour
livre..... »

Clair. 652, p. 97.

1595, 28 septembre. — Paris.

2636. — Arrêt ordonnant aux trésoriers de France
en Auvergne de payer, préférablement à toute autre,
une somme de 6,150 écus assignée à Madame, sœur
du Roi, pour l'entretien de sa maison.

Clair. 652, p. 69.

2637. — Arrêt ordonnant que les grènetiers et
contrôleurs des greniers à sel seront contraints au
payement des sommes auxquelles ils ont été taxés en
vertu des lettres patentes du mois de septembre dernier, et nonobstant l'opposition de là cour des aides
de Rouen.

Clair. 652, p. 73.

2638. — Arrêt ordonnant le payement d'une
somme de 3,400 écus faisant partie de plus grande
somme due au comte de Soissons, et pour laquelle
« Messieurs du Conseil sont obligez ».

Clair. 652, p. 77.

2639. — Arrêt ordonnant à Mᵉ Bonnet, commis
à la recette des deniers du commerce de la ville de
Paris, de présenter au Conseil l'état de ses recettes et
dépenses.

Clair. 652, p. 21.

2640. — Arrêt ordonnant que Mᵉ Pierre Goyard

jouira du doublement du droit des présentations en
la sénéchaussée de Poitou, et condamnant Mᵉˢ Louis
Bouchereau et Étienne Malrat à lui en restituer la
valeur.

Clair. 652, p. 85.

2641. — Arrêt ordonnant au sieur de La Che-
vallerye, lieutenant du grand maître de l'Artillerie, de
faire couper cent pieds d'ormes dans le bois de Gournay-sur-Marne, appartenant à la présidente Dolu,
pour les faire servir au remontage des pièces d'artillerie de l'Arsenal.

Clair. 652, p. 89.

2642. — Arrêt ordonnant le payement d'une indemnité de 200 écus accordée à Mᵉ Jean Le Terrier,
receveur général des finances à Caen, pour un voyage
de Caen à Paris.

Clair. 652, p. 93.

1595, 29 septembre. — Paris.

2643. — Arrêt accordant surséance aux religieuses
de l'abbaye de Ferrières pour le payement des décimes, attendu leur extrême pauvreté.

Clair. 652, p. 61 et 65.

1595, 30 septembre. — [Lyon.]

2644. — Arrêt portant création d'un président, de
quatre maîtres des comptes, de deux correcteurs, de
quatre auditeurs, de deux huissiers et d'un greffier en
la chambre des comptes de Languedoc.

E 1ᵉ, fᵒ 154 rᵒ.

2645. — Arrêt portant assignation d'une somme
de 10,000 écus due au sieur de Sillery, conseiller
d'État et ambassadeur en Suisse.

E 1ᵉ, fᵒ 154 rᵒ.

1595, 30 septembre. — [Paris.]

2646. — Arrêt ordonnant le payement d'une
somme de 300 écus prêtée par la dame de Quitry, en
1592, pour les dépenses de la guerre.

Clair. 652, p. 45.

2647. — Arrêt accordant au sieur Annet Du Bois,

gouverneur de Selles-sur-Cher, décharge d'une somme de 4,000 écus par lui prise, durant la guerre, au grenier à sel de ladite ville, sauf aux marchands fournisseurs dudit grenier à se pourvoir pour leur remboursement par devers le Roi.

Clair. 652, p. 45.

2648. — Arrêt ordonnant le payement des gages de Jean Guichard, commissaire ordinaire des guerres, après toutefois qu'il aura payé la taxe pour augmentation de gages.

Clair. 652, p. 46.

2649. — Arrêt réglant le payement d'une assignation de 1,000 écus donnée au sieur de Verdilly, procureur général en la Cour des aides, sur Mᵉ Bouer, sieur Des Fontaines, commis à la recette des deniers provenant de l'exemption des élus.

Clair. 652, p. 46.

2650. — Arrêt réglant le payement des arrérages de rente dus au sieur d'Abin, montant à la somme de 4,510 écus.

Clair. 652, p. 45.

2651. — Arrêt réglant le payement d'une somme de 306 écus due à la veuve d'Antoine Vivier, payeur de la compagnie du sieur de Rochefort.

Clair. 652, p. 47.

2652. — Arrêt ordonnant au receveur général en la généralité de Touraine de payer comptant aux trésoriers provinciaux de l'Extraordinaire des guerres de la Picardie et de l'Île-de-France ce qu'il leur doit pour le quartier de juillet, afin qu'ils puissent « donner quelque contentement aux gens de guerre desdites provinces ».

Clair. 652, p. 49.

2653. — Arrêt faisant défense expresse aux trésoriers de France et aux receveurs généraux des finances de s'entremettre en la perception des deniers des douanes, traites foraine et domaniale, contrairement à l'édit de création des trésoriers généraux des traites.

Clair. 652, p. 57.

2654. — Arrêt ordonnant aux trésoriers de France

en la généralité d'Auvergne d'envoyer au Conseil un état des deniers provenant de la crue en ladite généralité, ainsi qu'un état des gages et des rentes au payement desquels lesdits deniers sont affectés.

Clair. 653, p. 153.

1595, septembre. — Paris.

2655. — Arrêt réglant le payement d'une somme de 400 écus assignée au sieur de Gesvres sur les ventes de bois en la forêt de Bièvres.

Clair. 652, p. 275.

1595, 3 octobre. — Paris.

2656. — Arrêt ordonnant le payement d'une somme de 4,500 écus due au comte de Saint-Pol, gouverneur de Picardie.

E 1ᵃ, fᵒ 157 rᵒ.

2657. — Arrêt déchargeant les président et trésoriers de France à Rouen de toute taxe pour supplément d'offices, à condition qu'ils payeront comptant, et sous forme de prêt, une somme de 3,000 écus.

E 1ᵃ, fᵒ 158 rᵒ.

2658. — Arrêt donnant aux pourvoyeurs de la Maison du Roi assignation d'une somme de 8,000 écus.

E 1ᵃ, fᵒ 159 rᵒ.

1595, 4 octobre. — Lyon.

2659. — Arrêt inféodant à Alphonse d'Ornano, conseiller au Conseil du Roi et lieutenant général en Dauphiné, l'enclos du château de Moras, rasé pendant les guerres civiles.

E 1ᵃ, fᵒ 160 rᵒ.

2660. — Arrêt statuant sur les différends pendant entre le parlement de Toulouse, transféré à Castelsarrasin, et la chambre de l'Édit rétablie à Castres.

E 1ᵃ, fᵒ 160 vᵒ.

2661. — Arrêt faisant remise aux habitants d'Aubenas de ce qu'ils doivent des tailles jusqu'en décembre 1593.

E 1ᵃ, fᵒ 160 vᵒ.

2662. — Arrêt ordonnant que Mᵉ Mathurin Charretier, pourvu de l'office de président au bureau des finances de Riom, pendant la rébellion de Mᵉ Claude Habert, jouira des gages attachés audit office jusqu'au jour « du rétablissement » du sieur Habert, lequel a été réintégré dans son office par suite de la réduction de ladite ville.

E 1ª, f° 161 v°.

2663. — Arrêt ordonnant que l'office de conseiller au parlement de Dijon créé par le Roi en faveur de Mᵉ Jean Belin, maire de Beaune, sera, en cas de mort dudit Belin, réservé à sa veuve et à ses héritiers.

E 1ª, f° 161 v°.

2664. — Arrêt autorisant Barthélemy Galoys et Guillaume de Chavancy, fermiers du tirage du sel, à tirer des marais de Brouage, Arvert, Oloron et autres lieux ou ports de l'Océan, telle quantité de sel qui leur sera nécessaire pour approvisionner les greniers, à charge de payer 3 écus par muid pour tout droit de gabelle.

E 1ª, f° 161 v°.

2665. — Arrêt enjoignant aux capitaines Arthoys et Villemain de restituer la maison du sieur de Condat, gentilhomme d'Auvergne, attendu qu'il n'est plus besoin d'y entretenir aucune garnison.

E 1ª, f° 162 r°.

2666. — Arrêt réglant les gages extraordinaires dus à Mᵉ Jacques Mareschal, « procureur du Roy en la prévosté de Sa Majesté », et à ses archers, pour le service par eux fait à la suite de l'armée du Roi.

E 1ª, f° 162 v°.

2667. — Arrêt autorisant Mᵉ Jean Sève, receveur général des finances à Lyon, à se rembourser, sur les deniers de sa charge, d'une somme de 1,000 écus par lui indûment payée.

E 1ª, f° 162 v°.

2668. — Arrêt réglant le payement d'une somme de 4,914 écus due au vicomte de Gourdon.

E 1ª, f° 162 v°.

2669. — Arrêt portant assignation de 300 écus en faveur du sieur Vidal, maître des courriers du Roi à Venise.

E 1ª, f° 163 r°.

2670. — Arrêt donnant assignation de 10 écus par mois à chacun des deux courriers ordinaires de Venise.

E 1ª, f° 163 v°.

2671. — Arrêt portant nouvelle assignation d'une somme de 19,900 écus due au sieur de La Varenne-Nagu.

E 1ª, f° 163 r°.

2672. — Arrêt ordonnant que la crue sur le sel établie à Pont-Saint-Esprit, pour la construction de la citadelle de ladite ville, sera maintenue jusqu'au remboursement des avances faites par les sieurs André Maurin et Alphonse d'Ornano pour lesdits travaux.

E 1ª, f° 163 v°.

2673. — Arrêt ordonnant qu'Antoine Michin jouira des gages de son office de visiteur de la douane à Lyon, dont il reste pourvu concurremment avec Michel Faujat.

E 1ª, f° 163 v°.

2674. — Arrêt statuant sur une requête des habitants de Pont-de-Vaux, en Bresse, tendant à obtenir décharge de toutes tailles, corvées pour les fortifications, péages, traites foraines, contributions aux garnisons, etc., à obtenir toute liberté pour le commerce des blés et autres denrées, et remboursement d'une somme de 3,100 écus par eux prêtée au Roi.

E 1ª, f° 164 r°.

2675. — Arrêt accordant aux habitants de Murviel adjudication, à faculté de rachat perpétuel, de la seigneurie de Mus.

E 1ª, f° 164 v°.

2676. — Arrêt prorogeant pendant cinq ans le bail conclu avec les habitants de Reims pour la ferme du vingtième du vin et des autres boissons vendues en ladite ville.

E 1ª, f° 164 v°.

2677. — Arrêt accordant à Claude Berthaud, fermier du péage de Chanas, une remise de 200 écus sur ce qu'il doit de sa ferme.

E 1°, f° 165 r°.

2678. — Arrêt déchargeant Jacques Cordier de la somme de 134 écus 15 sols tournois, montant du tiercement du greffe de la prévôté de Vaucouleurs, laquelle somme lui a été volée par les gens de la Ligue.

E 1°, f° 165 r°.

2679. — Arrêt validant une taxe sur le sel qu'avait établie le Connétable pour pourvoir aux réparations de l'hôpital, du pont et de la forteresse de Pont-Saint-Esprit.

E 1°, f° 165 r°.

2680. — Arrêt confirmant l'adjudication des greffe et scel ancien du bailliage de Graisivaudan et des petits sceaux de la ville de Grenoble, faite à François Le Pelletier, sieur de La Pérouse, et lui attribuant une indemnité de 2,112 écus.

E 1°, f° 165 v°.

2681. — Arrêt relatif au payement des gages de Nicolas L'Allemant, sieur de Concressault, soi-disant commissaire des guerres.

E 1°, f° 166 r°.

2682. — Arrêt accordant aux habitants de Celles, en Auvergne, remise de trois années de tailles.

E 1°, f° 166 v°.

2683. — Arrêt confirmant l'arrêt du 30 décembre 1594 relatif aux émoluments dus au collège des notaires et secrétaires du Roi par les audienciers et contrôleurs de la chancellerie de Provence, cassant un arrêt du parlement de Provence à ce contraire, et interdisant audit parlement de s'immiscer dans l'emploi des deniers provenant de ladite chancellerie.

E 1°, f° 168 r°.

1595, 4 octobre. — Paris.

2684. — Arrêt ordonnant que la taxe de 400 écus imposée à Me Jean Potherat, receveur des tailles en l'élection de Troyes, pour le supplément de son office, sera commuée en un prêt au Roi.

E 1°, f° 170 r°.

2685. — Arrêt réglant le payement d'une somme de 15,000 écus due au sieur Barthélemy Cénamy.

E 1°, f° 171 r°.

1595, 5 octobre. — Paris.

2686. — Arrêt ordonnant le payement d'une somme de 6,775 écus destinée à l'entretien des gens de guerre à pied tenant garnison en Picardie.

E 1°, f° 173 r°.

2687. — Arrêt réglant le remboursement de moitié de la somme de 6,000 écus prêtée au Roi par les trésoriers de France à Orléans.

E 1°, f° 174 r°.

2688. — Arrêt réglant le remboursement de l'autre moitié de la même somme.

E 1°, f° 176 r°.

2689. — Arrêt enjoignant aux trésoriers de France à Caen de procéder à la levée des crues que le Roi a imposées sur la généralité de Caen pour satisfaire aux promesses par lui faites lors de la réduction des villes et châteaux de Neufchâtel, Tancarville et Tombelaine.

E 1°, f° 175 r°.

2690. — Arrêt déchargeant Me de Gaumont, trésorier de France à Paris, d'une somme de 4,266 écus 2/3 à laquelle il avait été taxé pour le supplément de son office, à condition qu'il prêtera au Roi une somme de 2,000 écus.

E 1°, f° 177 r°.

2691. — Arrêt ordonnant aux commissaires délégués par les élus de Clamecy à la perception du huitième et du subside de 5 sols par muid de vin dans les villes de Clamecy, Perreuse, Saint-Sauveur, etc., de rendre compte de leur gestion à Me Jacques de Forgues, sieur Des Granges, adjudicataire desdits impôts.

E 1°, f° 178 r°.

1595, 6 octobre. — Lyon.

2692. — Arrêt maintenant en l'office de receveur général des finances de Picardie Me Jean Aguesseau, pourvu dudit office par le duc de Mayenne, et ordonnant le remboursement de la finance payée par M⁰ Robert Du Fresnoy, pourvu par le Roi du même office.

E 1ᵃ, fᵒ 180 rᵒ.

1595, 8 octobre. — Lyon.

2693. — Arrêt réglant le payement d'une somme de 17,769 écus due au sieur de Belliers pour les frais de la garnison par lui entretenue en la place des Échelles du 17 mars 1591 au 31 juillet 1592, jour où elle fut prise par les Espagnols.

E 1ᵃ, fˢ 166 vᵒ et 182 rᵒ.

1595, 11 octobre. — Paris.

2694. — Arrêt ordonnant que les officiers de l'élection de Troyes seront contraints de payer leurs taxes conformément à l'arrêt du 4 août, ainsi que tous les officiers des autres élections du royaume.

E 1ᵃ, fᵒ 184 rᵒ.

2695. — Arrêt ordonnant que Mᵉ Nicolas Parent, commis à la recette des gabelles dans le Maine et l'Anjou, continuera l'exercice de ladite recette jusqu'à l'entier remboursement des 7,000 écus par lui avancés au trésorier de l'Extraordinaire des guerres.

E 1ᵃ, fᵒ 185 rᵒ.

2696. — Arrêt accordant au comte de Chaulnes une somme de 1,500 écus, pour l'entretien de sa compagnie de chevau-légers.

E 1ᵃ, fᵒ 187 rᵒ.

2697. — Arrêt confirmant la délégation donnée par le sieur de Marillac, maître des requêtes ordinaire de l'Hôtel, à Mᵉ Charles Bautru, pour vendre les offices de gardes du petit sceau, les greffes des présentations, etc., dans les villes d'Angers et de Baugé.

E 1ᵃ, fᵒ 188 rᵒ.

1595, 9 octobre. — Lyon.

2698. — Arrêt accordant aux gens du tiers état de Dauphiné décharge, surséance ou remise d'impôts,

avec la faculté de racheter les biens qu'ils avaient aliénés depuis 1588 pour satisfaire aux levées d'impôts.

AD I 118, n° 3.

1595, 13 octobre. — Paris.

2699. — Arrêt accordant aux bourgeois de Paris possesseurs de vignes remise d'un quart des droits d'entrée pour les vins provenant de leurs crus.

E 1ᵃ, fᵒ 190 rᵒ.

2700. — Arrêt accordant aux président et trésoriers de France à Caen décharge de la taxe pour supplément d'office, à condition qu'ils prêteront au Roi une somme de 3,000 écus.

E 1ᵃ, fᵒ 192 rᵒ.

2701. — Arrêt ordonnant aux juges ordinaires de la généralité de Caen d'informer des rébellions commises par certains officiers de Normandie à l'occasion de la perception des taxes pour supplément d'offices, et ordonnant que deux archers du prévôt de l'Hôtel se transporteront en Normandie pour exécuter les contraintes décernées contre lesdits officiers.

E 1ᵃ, fᵒ 193 rᵒ.

2702. — Arrêt assignant au Conseil établi à Paris Mᵉˢ Jean Barbe, contrôleur au grenier à sel de Bayeux, Simon Marconnet, président des élus dudit lieu, et Herbeline, dit Douberot, accusés de rébellion contre un huissier chargé de contraindre ledit Barbe au payement de la taxe pour supplément d'office.

E 1ᵃ, fᵒ 194 rᵒ.

2703. — Arrêt déchargeant Mᵉ Jean de Lorin, trésorier de France en Champagne, de la taxe pour supplément d'office, à condition qu'il prêtera au Roi une somme de 1,000 écus.

E 1ᵃ, fᵒ 195 rᵒ.

2704. — Arrêt assignant au Conseil établi à Paris Mᵉ Jacques Du Moulin, receveur des tailles à Bayeux, accusé de rébellion contre un sergent qui lui commandait de faire le prêt à lui imposé en place de la taxe pour supplément d'office.

E 1ᵃ, fᵒ 196 rᵒ.

1595, 16 octobre. — Paris.

2705. — Arrêt ordonnant qu'il sera dressé état des adjudications du domaine faites dans les généralités de Clermont et de Moulins, pour que les deniers en provenant soient directement versés entre les mains de M⁰⁰ Jean Goulas et Nicolas Girard, trésoriers des Ligues.

E 1ᵃ, fᵒ 197 rᵒ.

2706. — Arrêt accordant à Mᵉ François Hotman, ci-devant trésorier de l'Ordinaire des guerres, décharge d'une somme de 2,175 écus par lui payée à Mᵉ Pierre de Laval, payeur de la compagnie du sieur de'Pierrecourt.

E 1ᵃ, fᵒ 199 rᵒ.

2707. — Requête présentée au Roi par François de Clary, maître des requêtes ordinaire de l'Hôtel, afin d'obtenir une indemnité pour la composition et l'impression de livres destinés à défendre la cause royale; avis du Conseil tendant à lui allouer, pour ce, une somme de 2,000 écus.

E 1ᵃ, fᵒ 200 rᵒ et vᵒ.

———————

1595, 14 octobre. — Paris.

2708. — Arrêt ordonnant que les commissaires députés pour l'exécution de l'édit d'octobre 1594 pourront revendre les recettes des consignations, aux mêmes conditions que les greffes et autres portions du domaine aliénés en vertu de cet édit.

E 1ᵃ, fᵒ 191 rᵒ.

———————

1595, 17 octobre. — Paris.

2709. — Arrêt octroyant à la ville de Rouen une somme de 2,000 écus pour la construction d'un pont de bois, en attendant qu'on puisse reconstruire les trois arches du pont de pierre qui ont été rompues.

E 1ᵃ, fᵒ 202 rᵒ.

———————

1595, 21 octobre. — Paris.

2710. — Arrêt ordonnant que la taxe sur les bestiaux établie en Normandie sera perçue seulement sur les bestiaux qui entrent dans les villes et bourgs pour y servir à la consommation, et non sur ceux qui les traversent pour aller d'un lieu à un autre, ou que l'on conduit aux herbages.

E 1ᵃ, fᵒ 203 rᵒ.

2711. — Arrêt ordonnant aux trésoriers de France en la généralité de Caen d'accélérer la levée de 200 muids de blé imposée sur ladite généralité, et les autorisant à en recevoir l'équivalent en argent, à raison de 50 sols par boisseau.

E 1ᵃ, fᵒ 204 rᵒ.

2712. — Arrêt ordonnant aux trésoriers de France en Champagne de faire payer au trésorier provincial de l'Extraordinaire des guerres les assignations qui lui ont été données pour l'entretien des garnisons, sans avoir égard aux allégations de diverses paroisses soidisant exemptes de la crue des garnisons.

E 1ᵃ, fᵒ 205 rᵒ.

2713. — Arrêt ordonnant aux commissaires députés pour l'établissement des nouvelles impositions en Normandie de procéder à la levée desdites impositions, nonobstant les ordonnances de la cour des aides dudit pays.

E 1ᵃ, fᵒ 206 rᵒ.

2714. — Arrêt annulant le bail conclu avec René Rottereau et ses associés, fermiers du comté de Beaufort, leur enjoignant de rendre compte des fruits au duc de Bouillon, engagiste dudit comté, et ordonnant qu'il sera procédé à une nouvelle adjudication.

E 1ᵃ, fᵒ 207 rᵒ.

———————

1595, 24 octobre. — Paris.

2715. — Arrêt ordonnant à Mᵉ Le Gras, trésorier de France en la généralité de Paris, de se transporter en la ville de Sens, pour y établir le nouveau subside imposé à toutes les villes de ladite généralité.

E 1ᵃ, fᵒ 209 rᵒ.

2716. — Arrêt interdisant à Mᵉ Bove, commis à la recette des deniers provenant de l'édit d'exemption des élus, d'acquitter aucune assignation sur lesdits deniers, au préjudice de celles qui lui seront présentées par M⁹ Étienne Regnault, trésorier de l'Extraordinaire des guerres.

E 1ᵉ, fᵒ 210 rᵒ.

2717. — Arrêt déchargeant Mᵉ Hennequin, trésorier de France à Amiens, de la taxe pour supplément d'office, à condition qu'il prêtera au Roi une somme de 900 écus.

E 1ᵉ, fᵒ 211 rᵒ.

1595, 25 octobre. — Paris.

2718. — Arrêt réglant le remboursement des dépenses faites par Guillaume Du Boys, sur l'ordre du sieur de Laverdin, pour la reprise du château de Montguerré.

E 1ᵉ, fᵒ 212 rᵒ.

1595, 26 octobre. — Paris.

2719. — Arrêt ordonnant au trésorier de l'Épargne de donner quittance de la taxe pour supplément d'offices à tous les trésoriers de France qui prêteront au Roi les deux tiers de la somme par eux due pour ledit supplément, les deniers provenant desdits prêts devant servir au remboursement des avances faites par Mᵉ Michel Musnier.

E 1ᵉ, fᵒ 214 rᵒ.

2720. — Arrêt ordonnant que Mᵉ Richard Le Gras percevra et maniera seul les deniers provenant de la réunion au domaine, de l'augmentation ou de la revente des greffes de consuls, et faisant-défense à Mᵉ de Ligny, ci-devant commis à la recette des deniers provenant de la vente du domaine dans le ressort du parlement de Paris, de troubler ledit Le Gras dans l'exercice de ladite commission.

E 1ᵉ, fᵒ 215 rᵒ.

2721. — Arrêt ordonnant aux trésoriers de France en Champagne de procéder tout de suite à l'établissement de l'imposition sur le vin dans les villes de Champagne, et leur défendant de délivrer aucune assignation sur les deniers en provenant, avant l'entier payement des 400,000 écus accordés au duc de Guise en vertu de son traité avec le Roi.

E 1ᵉ, fᵒ 217 rᵒ.

2722. — Arrêt déchargeant Mᵉ Lugoly, trésorier

de France à Limoges, de la taxe pour supplément d'office, à condition qu'il prêtera au Roi une somme de 800 écus.

E 1ᵉ, fᵒ 218 rᵒ.

1595, 27 octobre. — Paris.

2723. — Arrêt ordonnant que les assignations expédiées, pour l'achat des poudres et salpêtres, sur les recettes générales de Paris, Rouen, Châlons, Bourges, Tours et Poitiers seront acquittées par les receveurs généraux, et avant toute autre assignation.

E 1ᵉ, fᵒ 219 rᵒ.

2724. — Arrêt validant les poursuites faites par Mᵉ Antoine Courrault, procureur du Roi au présidial de la Rochelle, par Jacques Chollet, receveur des tailles audit lieu, et par Jean Du Tertre, sergent royal, en exécution de l'arrêt du Conseil du 2 septembre dernier, contre Jean de Salbert, sieur de Romaigne.

E 1ᵉ, fᵒ 220 rᵒ.

2725. — Arrêt ordonnant l'exécution de lettres patentes du 24 mai 1594 qui prorogeaient une taxe levée à Nogent-sur-Seine jusqu'à l'entier remboursement des fournitures de blé et de munitions faites à l'armée du Roi par le sieur Doudeau, pendant le siège de Paris.

E 1ᵉ, fᵒ 221 rᵒ.

2726. — Arrêt portant nouvelle assignation d'une somme de 2,000 écus accordée à la marquise de Monceaux.

E 1ᵉ, fᵒ 223 rᵒ.

2727. — Arrêt ordonnant aux trésoriers de France en la généralité de Paris d'acquitter ladite assignation sur les deniers du commerce de Paris, bien qu'elle ne soit point comprise en l'état dressé pour la distribution desdits deniers.

E 1ᵉ, fᵒ 222 rᵒ.

2728. — Arrêt donnant assignation de 2,000 écus au sieur de Montigny, lieutenant d'une compagnie de gens de pied français, et à Richard Gallois, secrétaire ordinaire de la Chambre, en faveur de la marquise de Monceaux.

E 1ᵉ, fᵒ 224 rᵒ.

2729. — Arrêt ordonnant que la taxe pour confirmation d'offices sera payée par les officiers de la ville de Rouen, conformément au rôle arrêté le 6 septembre dernier, dans la quinzaine qui suivra la signification dudit rôle aux parties intéressées.

E 1ᵉ, fᵒ 263 rᵒ.

1595, 30 octobre. — Paris.

2730. — Arrêt renvoyant au Grand Conseil un procès relatif au prieuré de Saint-Nicolas de Compiègne.

E 1ᵉ, fᵒ 225 rᵒ.

2731. — Arrêt relatif au remboursement d'une somme de 600 écus due par Mᵉ Roissieu, trésorier de France à Orléans, à Scipion Balbany, qui avait fourni ladite somme au feu Roi pour le compte dudit Roissieu.

E 1ᵉ, fᵒ 227 rᵒ.

1595, 3 novembre. — Paris.

2732. — Arrêt cassant un arrêt du parlement de Languedoc, transféré à Castelsarrazin, qui permettait « à toutes personnes d'exposer audict pays les escus au prix de soixante six solz ».

E 1ᵉ, fᵒ 229 rᵒ.

1595, 4 novembre. — Paris.

2733. — Arrêt ordonnant au sénéchal de Rouergue de faire procéder immédiatement à la levée des tailles et impositions extraordinaires dues par ladite province, afin que les deniers en provenant puissent être versés à la recette générale de Bordeaux, et que l'on puisse acquitter les assignations levées sur ladite recette.

E 1ᵉ, fᵒ 230 rᵒ.

1595, 7 novembre. — Paris.

2734. — Arrêt faisant défense aux maire et échevins d'Orléans de procéder à une levée de 8,000 écus qu'ils avaient ordonnée « pour leurs affaires particullières », et ordonnant aux trésoriers de France et au bailli d'Orléans de procéder immédiatement à la levée de la subvention.

E 1ᵉ, fᵒ 232 rᵒ.

1595, 8 novembre. — Paris.

2735. — Arrêt fixant le montant des indemnités dues à Mᵉ Pierre Le Charron, trésorier général de l'Extraordinaire des guerres, pour frais par lui supportés dans l'exercice de sa charge pendant l'année 1592.

E 1ᵉ, fᵒ 233 rᵒ.

2736. — Arrêt fixant le montant des indemnités dues à Mᵉ Étienne Regnault, trésorier général de l'Extraordinaire des guerres, pour frais par lui supportés dans l'exercice de sa charge pendant l'année 1593.

E 1ᵉ, fᵒ 235 rᵒ.

2737. — Arrêt réglant le remboursement d'une somme de 27,000 écus due à Mᵉ Claude Bonnot, receveur général des finances à Paris, pour obligation par lui souscrite en garantie d'une fourniture de draps destinés à l'habillement des Suisses.

E 1ᵉ, fᵒ 237 rᵒ.

1595, 9 novembre. — Paris.

2738. — Arrêt relatif au même objet.

E 1ᵉ, fᵒ 237 vᵒ.

1595, 12 novembre. — Paris.

2739. — Arrêt déchargeant Mᵉ François de Bénévent, trésorier de France à Bourges, de la taxe pour supplément d'office, à condition qu'il prêtera au Roi une somme de 400 écus.

E 1ᵉ, fᵒ 239 rᵒ.

1595, 13 novembre. — [Paris.]

2740. — Arrêt ordonnant à Mᵉ Remi Le Cat, ci-devant receveur des tailles en l'élection de Paris, de procéder au recouvrement des restes de la levée faite, en 1594, pour la construction de la citadelle de Saint-Denis, et d'en verser le montant entre les mains de Mᵉ Philippe Danquechin, trésorier des fortifications d'Île-de-France et de Picardie.

E 1ᵉ, fᵒ 240 rᵒ.

1595, 14 novembre. — Paris.

2741. — Arrêt confirmant les arrêts du Conseil du 24 février (n° 2173) et du 29 mai derniers qui ont incorporé à l'élection de Dreux diverses paroisses de la baronnie de Châteauneuf-en-Thymerais; assignant au Conseil et suspendant de leurs fonctions les officiers de l'élection de Verneuil qui ont contrevenu auxdits arrêts.

E 1*, f° 242 r°.

1595, 17 novembre. — Paris.

2742. — Arrêt accordant aux habitants de Montaut surséance de deux mois pour le payement des crues de l'année présente, et ordonnant que ladite paroisse sera distraite de l'élection d'Orléans et rattachée à celle de Romorantin.

E 1*, f° 244 r°.

2743. — Arrêt déclarant que, par les articles 5, 6 et 7 de la trêve générale du royaume, Sa Majesté n'a entendu accorder aucune remise de tailles, pour les années 1593 à 1595, à ceux de ses sujets qui étaient et sont encore en pays de son obéissance.

E 1*, f° 246 r°, et AD I 118, n° 14.

2744. — Arrêt ordonnant que les deniers provenant des greniers à sel de Provins et de Montereau seront répartis entre divers officiers du Roi et les religieux de Preuilly en Brie, au prorata de ce qui leur est dû.

E 1*, f° 248 r°.

1595, 18 novembre. — Paris.

2745. — Arrêt prorogeant jusqu'à la fin de la présente année la surséance accordée aux ecclésiastiques du royaume pour le payement des décimes des années 1589 à 1592.

E 1*, f° 250 r°.

2746. — Arrêt ordonnant de lever sur les habitants de l'élection de Saumur une somme de 3,390 écus 42 sols 6 deniers, destinée au remboursement des avances faites par René de Lhommeau, receveur des tailles à Saumur, pour le payement de la garnison de ladite ville pendant les années 1591 et 1592.

E 1*, f° 251 r°.

2747. — Arrêt maintenant Me Jean Poittevin en un office de conseiller au parlement de Languedoc, nonobstant l'opposition formée par Me Jean Bardichon.

E 1*, f° 253 r°.

1595, 19 novembre. — Paris.

2748. — Arrêt ordonnant qu'il ne pourra être intenté aucune action en répétition à l'occasion des dons faits par le Roi sur les biens des Ligueurs, encore que ces dons n'aient été vérifiés ni en la Chambre du domaine, ni ailleurs.

E 1*, f° 255 r°.

1595, 23 novembre. — [Paris.]

2749. — Arrêt maintenant dom Claude Dormy, religieux profès de l'ordre de Cluny, en la possession du prieuré de Saint-Martin-des-Champs, nonobstant l'opposition formée par frère François Chappellier, religieux profès de l'ordre de Cluny.

E 1*, f° 257 r°.

1595, 25 novembre. — Paris.

2750. — Arrêt autorisant le sieur Martin Nau, receveur général des finances à Châlons, à payer aux sieurs de Tersanes, Montbron et Grandval la somme de 4,000 écus à eux accordée par le duc de Guise, sur les 32,000 écus que le Roi lui doit payer, et annulant la rescription ci-devant délivrée, pour pareille somme, au sieur de Campagnac et révoquée par le duc de Guise à cause de l'entreprise dudit de Campagnac sur la ville de Rocroy.

E 1*, f° 261 r°.

1595, 28 novembre. — Paris.

2751. — Arrêt ordonnant le payement d'une somme de 23,000 écus due au duc de Guise, pour l'entretien de ses onze compagnies de chevau-légers. (Cf. n° 2768.)

E 1*, f° 264 r°.

1595, 29 novembre. — [Paris.]

2752. — « Estat de la recepte et despence que le Roy veult et ordonne estre faicte des deniers quy proviendront des subcides de la ville et généralité de Paris pour le reste de la présente année. »

E 1ª, fº 265 rº.

2753. — « Autre estat de recepte et despence de la somme de 60,000 escuz qui doibt provenir du commerce de la ville de Paris, du quartier de janvier de l'année prochaine mil vᶜ IIIIˣˣ XVI. »

E 1ª, fº 266 rº.

1595, 30 novembre. — Paris.

2754. — Arrêt ordonnant que la recette de toutes les impositions qui se lèvent sur le sel en Languedoc sera faite par François de Rocheblanc, fermier général des greniers à sel de ladite province, et annulant un arrêt du 30 septembre dernier qui faisait distraction de diverses crues pour le remboursement des sommes dues à Pierre de Saint-Sixte, à Barthélemy de Reddes et à Arnaud de Rignac.

E 1ª, fº 269 rº.

1595, 1ᵉʳ décembre. — Paris.

2755. — Arrêt réglant le remboursement de partie des 37,500 écus prêtés par le sieur Cénamy au Roi.

E 1ª, fº 271 rº.

2756. — Arrêt validant un payement de 100 écus fait, en 1592, par Mᵉ Claude Dijon, commis du trésorier des réparations de Picardie et de l'Île-de-France, à raison de certaines dépenses occasionnées par les travaux de fortifications de Mantes, et sur l'ordonnance du sieur de Buhy, gouverneur de ladite ville.

E 1ª, fº 272 rº.

2757. — Arrêt enjoignant à Mᵉ Claude Bonnot, commis à la recette du commerce de Paris, de payer à Mᵉ Philippe Dauquechin, trésorier des fortifications de l'Île-de-France, nonobstant toute prétendue saisie, une somme de 8,500 écus destinée aux fortifications de Pontoise.

E 1ª, fº 274 rº.

2758. — Avis de trois conseillers d'État tendant à l'apurement du compte présenté par Mᵉ Noël de Hère, à l'occasion du rachat des rentes constituées sur le sel pendant les trois années finissant au 30 septembre 1588. (Cf. nº 2761.)

E 1ª, fº 275 rº.

2759. — « Articles accordez au sieur colonel Galati et cappitaines de son regiment, » à condition qu'ils se rendront immédiatement auprès du Roi pour continuer leur service.

E 1ª, fº 276 rº.

1595, 4 décembre. — Paris.

2760. — Arrêt ordonnant aux sieurs Zamet et Cénamy de s'engager envers les colonels et capitaines des régiments de Gallaty et de Balthazar de Grissac pour une somme de 45,560 écus.

E 1ª, fº 281 rº; cf. ibid., fºˢ 279 rº et 280 rº.

2761. — Arrêt réglant, conformément à l'avis de trois conseillers d'État (nº 2758), le remboursement des sommes dues à Pierre Bréart et aux autres associés de Mᵉ Noël de Hère, pour le rachat et le payement des rentes constituées sur le sel.

E 1ª, fº 282 rº.

1595, 5 décembre. — Paris.

2762. — Avis du Conseil tendant à accorder, pour un an, au sieur Louvet, bourgeois de Paris, la ferme du nouveau subside qui se lève en la ville de Paris.

E 1ª, fº 284 rº.

1595, 6 décembre. — Paris.

2763. — Arrêt réglant le « remplacement » d'une somme de 5,600 écus payée au sieur de Hertré, pour la garnison d'Alençon, par Mᵉ Edmond Servient, receveur général des finances à Rouen.

E 1ª, fº 286 rº.

1595, 7 décembre. — Paris.

2764. — Arrêt réglant le remboursement d'une somme de 161,000 écus prêtée au Roi par Mᵉ Michel Musnier.

E 1ª, fº 287 rº.

2765. — Arrêt réglant l'indemnité due à M° Jean Du Tremblay, trésorier général de l'Extraordinaire des guerres, pour les frais par lui supportés en l'exercice de sa charge pendant l'année 1592.

E 1°, f° 289 r°.

1595, 9 décembre. — Paris.

2766. — Arrêt ordonnant à M° François Garrault, receveur général des finances à Orléans, de présenter au Conseil, dans un délai de six semaines, son état de recettes et dépenses, vérifié par les trésoriers de France.

E 1°, f° 291 r°.

2767. — Arrêt ordonnant que les gages des notaires et secrétaires du Roi qui n'ont pas encore payé leur quote-part des 35,000 écus accordés au Roi, en vertu de l'édit de juin 1594, seront délivrés à ceux desdits secrétaires qui ont payé pour leurs compagnons.

E 1°, f° 292 r°.

2768. — Arrêt relatif au payement des 23,000 écus accordés au duc de Guise par arrêt du 28 novembre dernier (n° 2751).

E 1°, f° 294 r°.

2769. — Arrêt enjoignant à M° Mathieu de Maldent, receveur général des finances à Limoges, de satisfaire à une assignation de 3,202 écus 2/3 15 sols donnée au sieur de Schomberg, comte de Nanteuil.

E 1°, f° 296 r°.

2770. — Arrêt ordonnant à M° Jean Bouer, sieur Des Fontaines, commis à la recette des deniers provenant des exemptions et affranchissements accordés aux élus du royaume, de délivrer au trésorier provincial de l'Extraordinaire des guerres en Picardie, en payement des 48,000 écus assignés sur ladite recette pour l'entretien des garnisons de Picardie, ses « blancz ou quittances en l'acquit des esleus des généralitez de Rouen et Caen, comme il a jà faict celles de la généralité d'Amyens ».

E 1°, f° 297 r°.

2771. — Arrêt accordant à dame Marie Valée, veuve de Robert Miron, sieur de Chenailles, conseiller d'État, mainlevée des biens saisis « pour raison des obligations auxquelles ledit feu sieur de Chenailles ce seroyt pour le service de Sa Majesté constitué débiteur ».

E 1°, f° 299 r°.

1595, 10 décembre. — Paris.

2772. — Arrêt prorogeant un impôt de 2 sols pour livre levé à Paris à l'occasion du traité de Pontoise, jusqu'à l'entier remboursement d'une somme de 16,666 écus 2/3, que le Roi a emprunté au sieur Cénamy afin d'indemniser le sieur d'Estrées de la démolition du château de Pierrefonds.

E 1°, f° 301 r°.

1595, 11 décembre. — Paris.

2773. — Arrêt faisant défense à M° Pierre Le Clerc, receveur général provincial des gabelles en Normandie, de payer en la présente année plus de deux quartiers d'arrérages des rentes constituées sur le revenu des greniers à sel, le surplus étant réservé pour les dépenses de la guerre.

E 1°, f° 302 r°.

1595, 12 décembre. — Paris.

2774. — Arrêt déchargeant M° Pierre de Geneste, trésorier de France à Bordeaux, de la taxe pour supplément d'office, à condition qu'il prêtera au Roi une somme de 800 écus.

E 1°, f° 303 r°.

2775. — Arrêt déchargeant M° Claude Habert, trésorier de France à Riom, de la taxe pour supplément d'office, à condition qu'il prêtera au Roi une somme de 800 écus.

E 1°, f° 304 r°.

2776. — Arrêt déchargeant les présidents et trésoriers de France à Caen de la taxe pour supplément d'offices, à condition qu'ils prêteront au Roi une somme de 3,000 écus.

E 1°, f° 305 r°.

2777. — Arrêt déchargeant M° Dupré, trésorier

de France à Limoges, de la taxe pour supplément d'office, à condition qu'il prêtera au Roi une somme de 1,300 écus.

E 1ᵉ, fᵒ 306 rᵒ.

2778. — Arrêt déchargeant les présidents et trésoriers de France à Rouen de la taxe pour supplément d'offices, à condition qu'ils prêteront au Roi une somme de 3,000 écus.

E 1ᵉ, fᵒ 307 rᵒ.

2779. — Arrêt déchargeant Mᵉ Sébastien Mallier, trésorier de France à Orléans, de la taxe pour supplément d'office, à condition qu'il prêtera au Roi une somme de 400 écus.

E 1ᵉ, fᵒ 308 rᵒ.

2780. — Arrêt ordonnant que les officiers refusant de payer la taxe pour supplément d'offices seront amenés prisonniers en la conciergerie du Palais, à Paris.

E 1ᵉ, fᵒ 309 rᵒ.

1595, 24 décembre. — Coucy.

2781. — Arrêt confirmant, pour six années, le privilège accordé à Ottoniel Smith, marchand anglais, pour l'importation du plomb dans les provinces de Normandie et de Picardie.

E 1ᵉ, fᵒ 310 rᵒ.

1595, 27 décembre. — Folembray.

2782. — «Estat des deniers deubz au sieur de Gast, qu'il a advencez pour le service du Roy», avec apostilles du Conseil.

Clair. 654, p. 545.

1595, 31 décembre. — Coucy.

2783. — Arrêt ordonnant au trésorier de l'Épargne de mettre son attache sur une quittance de 20,000 écus expédiée au sieur de Montigny.

E 1ᵉ, fᵒ 312 rᵒ.

2784. — Arrêt ordonnant à Mᵉˢ Jérôme Garrault, trésorier général, et Claude Dupré, trésorier provincial de l'Extraordinaire des guerres en Poitou, Saintonge et Brouage, de remettre aux mains du trésorier de l'Épargne la somme de 666 écus 2/3, montant des appointements du feu sieur de Bellegarde, gouverneur de Saintonge et d'Angoumois, depuis le 18 octobre 1587, jour de sa mort, jusqu'au 31 décembre suivant.

E 1ᵉ, fᵒ 314 rᵒ.

Sans date. [1595].

2785. — Arrêt réglant le remboursement de Mᵉ Gérard Desargues et autres créanciers de la ferme du tirage du sel.

E 1ᵉ, fᵒ 316 rᵒ.

2786. — Arrêt maintenant Jean de Vivonne, marquis de Pisani, conseiller d'État, en la possession de la terre et de la seigneurie de Talmont-sur-Gironde, et révoquant certaine vente faite à Denis Barguenon, procureur au présidial de Saintes.

E 1ᵉ, fᵒ 318 rᵒ.

2787. — Arrêt ordonnant de lever sur le comté de Boulogne une somme de 6,678 écus due au sieur de Lenclos, gouverneur du Mont-Hulin, pour la solde de sa compagnie.

E 1ᵉ, fᵒ 320 rᵒ.

2788. — Arrêt confirmant un autre arrêt du 16 janvier dernier et ordonnant que Daniel Sevin exercera, en la présente année, son office de trésorier des turcies et levées de la Loire et du Cher.

E 1ᵉ, fᵒ 321 rᵒ.

2789. — Arrêt maintenant Nicolas de Bouvilliers en l'office de receveur des tailles en l'élection de Beauvais.

E 1ᵉ, fᵒ 323 rᵒ.

1596, 6 janvier. — Coucy.

2790. — «Articles accordez par le Roy et Messieurs de son Conseil avec les trésoriers des Parties casuelles.... »

Clair. 654, p. 553.

1596, 22 janvier. — Coucy.

2791. — Arrêt ordonnant que les habitants de Genève seront traités en France comme Français, tant pour le droit de naturalité que pour le droit de succession.

AD I 119, n°ˢ 10 et 20.

1596, 29 janvier. — Coucy.

2792. — Arrêt maintenant le sieur de Chandon en l'office de premier président de la Cour des aides, et accordant une somme de 8,000 écus au sieur de Neuilly, précédemment pourvu du même office.

Clair. 654, p. 557.

2793. — Arrêt renvoyant aux trésoriers de France en Bourgogne une requête du sieur Lubert, conseiller d'État, qui demande à être remis en possession d'une maison proche de Chalon-sur-Saône, occupée par les gens de guerre.

Clair. 654, p. 557.

2794. — Arrêt ordonnant aux trésoriers des Parties casuelles d'expédier dorénavant leurs quittances sans avoir égard aux saisies-arrêts et oppositions qui leur pourraient être signifiées, lesquelles devront être formées auprès de celui « qui est commis pour le sceau à la garde des roolles desdites Parties casuelles ».

Clair. 654, p. 558.

2795. — Arrêt affectant au payement des Suisses les deniers provenant de la création de nouveaux offices de procureurs-postulants dans l'Anjou, le Maine, le duché de Beaumont et le Vendômois.

Clair. 654, p. 558.

2796. — Arrêt affectant au payement des Suisses le produit de la vente des terre et seigneurie de Grassay, en Poitou.

Clair. 654, p. 558.

2797. — Arrêt interdisant au parlement de Bordeaux et à tous autres la connaissance du procès intenté à l'occasion du feu qui fut mis par quelques soldats de Jean Du Saillant, sieur de Maillière, en une maison d'un village de Limousin, « pour plus aisément se deffendre des habitans dudit lieu et paroisse et autres assemblez au son du tocsaint, sur lesquelz ilz vouloient lever les tailles ».

Clair. 654, p. 559.

2798. — Arrêt ordonnant que les quittances des Parties casuelles et du marc d'or, expédiées sous le nom de Mᵉ Antoine de Laurens, pour l'office de lieutenant général criminel à Reims, serviront à Mᵉ Branche.

Clair. 654, p. 559.

2799. — Arrêt portant assignation de deux sommes de 1,450 et de 5,986 écus dues au sieur Jean de Sarres, pour le remboursement de sa rançon et des sommes par lui fournies au Roi par ordre du Connétable.

Clair. 654, p. 559.

2800. — Arrêt accordant aux habitants de Leuilly remise de deux années de taille, à raison des pertes par eux souffertes durant les sièges de Noyon, Laon et la Fère.

Clair. 654, p. 560.

2801. — Arrêt établissant un commissaire chargé des vivres et munitions qui entreront au magasin de Brest, et validant les levées ordonnées par le sieur de Sourdéac, « pour tenir la place munye contre les effortz de l'Espagnol ».

Clair. 654, p. 560.

2802. — Arrêt réglant le remboursement d'une somme de 5,878 écus due à plusieurs marchands de Vitré et de Saint-Malo pour fourniture de poudre à canon, de balles et de piques ferrées.

Clair. 654, p. 561.

2803. — Arrêt réglant le remboursement d'une somme de 10,010 écus due au sieur de Chambauld, commandant en la ville d'Aubenas, pour l'entretien de la garnison de ladite ville.

Clair. 654, p. 561.

2804. — Arrêt accordant à Nicolas Potier, fermier des amendes du bailliage et de la prévôté d'Orléans, remise de la moitié du prix de sa ferme.

Clair. 654, p. 562.

2805. — Arrêt accordant à plusieurs pauvres habitants des environs d'Orléans remise des restes du prix d'une adjudication de bois.

Clair. 654, p. 562.

2806. — Réponses du Conseil aux articles présentés par les habitants de Reims :

1° Sur la remise de la subvention des villes closes;
2° Sur la confirmation de leurs privilèges; ·
3° Sur les ventes de meubles, prises de deniers, etc. faites durant la guerre;
4° Sur la vente du sel fourni, en 1590, au grenier de Reims.

Clair. 654, p. 563.

2807.— Arrêt ordonnant une levée de 44,000 écus sur la généralité de Poitou, à l'occasion de la trêve conclue avec le duc de Mercœur.

Clair. 654, p. 563.

1596, 13 février. — Folembray.

2808. — Arrêt réglant les droits de Mᵉ Isaac Arnault, contrôleur général des restes en la Chambre des comptes.

AD I 119, nᵒˢ 27 et 29.

1596, 22 février. — Paris.

2809. — Arrêt relatif au payement des rentes constituées sur les recettes générales des finances ou sur les recettes particulières du domaine, des aides et tailles, des gabelles, des décimes et des deniers communs des villes.

AD I 119, nᵒˢ 30 et 31.

1596, 9 mars. — Paris.

2810. — Arrêt faisant défense à Mᵉ Isaac Arnault, contrôleur général des restes en la Chambre des comptes, d'exercer aucune poursuite contre les receveurs généraux des finances ou contre les receveurs particuliers du domaine, des gabelles, des aides et tailles, des décimes et des deniers communs des villes, pour les arrérages de rentes par eux dus à divers particuliers.

AD I 119, nᵒ 30, et AD I 120, nᵒ 2.

1596, 17 mars. — Paris.

2811. — Instructions aux commissaires députés par le Roi pour l'exécution de l'édit de création des offices de jaugeurs et mesureurs des vaisseaux de vin, bière, cidre, etc., dans toutes les provinces du royaume.

AD I 120, nᵒ 19.

1596, 22 avril. — Paris.

2812. — Arrêt accordant aux bénéficiers du royaume décharge des deniers par eux dus et saisis par les officiers du Roi, ainsi que remise des décimes pour les années 1589 à 1592.

AD I 120, nᵒ 8.

1596, 22 juin. — Paris.

2813. — Arrêt portant que toute personne pourvue par le duc de Mayenne d'un office de finance ou de judicature sera tenue de rapporter dans un mois ses provisions, pour être taxée par forme de supplément.

E 1ᵇ, fᵒ 1 rᵒ, et AD I 121, nᵒ 3.

1596, 23 juillet. — Amiens.

2814. — Arrêt ordonnant, sur la proposition du connétable de Montmorency, la construction d'un port et d'une forteresse au cap de Cette, et mandant au duc de Ventadour, lieutenant général en Languedoc, de s'entendre, à ce sujet, avec les États de la province et avec l'ingénieur Jean Donnat.

E 1ᵇ, fᵒ 3 rᵒ.

2815. — Arrêt ordonnant la levée d'une somme de 1,700 écus accordée au sieur de Born, lieutenant général de l'Artillerie, « pour l'artillerie qui estoit dans la ville de Provins, lorsqu'elle fut remise en l'obéissance du Roy ».

E 1ᵇ, fᵒ 3 vᵒ.

2816. — Arrêt accordant au connétable de Montmorency une surséance de six mois pour produire ses titres de propriété du péage qui se lève sur le Rhône, au château de Lers.

E 1ᵇ, fᵒ 4 rᵒ.

2817. — Arrêt ordonnant que les gens de la suite de Sa Majesté logés dans les hôtelleries d'Amiens devront n'occuper que les deux tiers de chaque hôtellerie et payeront chaque jour à l'hôtelier 12 deniers par cheval.

E 1ᵇ, fᵒ 4 rᵒ.

2818. — Arrêt donnant assignation de 13,459 écus à Mᵉ Pierre Le Charron, trésorier de l'Extraordinaire des guerres, pour partie de la solde des lansquenets.

E 1ᵇ, fᵒ 4 vᵒ.

2819. — Arrêt donnant assignation de 4,469 écus à Mᵉ Pierre Le Charron, trésorier de l'Extraordinaire des guerres, pour partie de la solde des lansquenets.

E 1ᵇ, fᵒ 5 rᵒ.

2820. — Arrêt ordonnant de lever sur la ville et sur l'élection de Péronne une somme de 596 écus due à Nicolas Le Rendu, propriétaire d'une maison et d'une hôtellerie démolies en vue de la construction d'un « ravelin que le Roy auroit commandé estre faict hors des faulxbourgs de ladite ville ».

E 1ᵇ, fᵒ 5 rᵒ.

2821. — Arrêt portant révocation de la commission expédiée, le 24 août dernier, pour la vente ou revente des îles du Rhône, depuis Lyon jusqu'à la mer, et donnant mainlevée desdites îles aux légitimes propriétaires.

E 1ᵇ, fᵒ 5 rᵒ.

1596, 25 juillet.

2822. — Arrêt ordonnant à Mᵉ Michel Gaucher, naguère commis à la recette des impôts de Pontoise, de payer aux sieurs de L'Estang, de La Noue, de Montredon, de La Chauvette, et aux religieuses de Maubuisson les sommes portées en trois rescriptions auxquelles Mᵉ Edmond Servient, receveur général des finances à Rouen, a refusé de satisfaire.

E 1ᵇ, fᵒ 6 rᵒ.

1596, 31 juillet. — Paris.

2823. — Arrêt ordonnant que, nonobstant l'arrêt de la Chambre des comptes du 26 courant, les receveurs et contrôleurs des tailles seront contraints au payement des sommes auxquelles ils ont été taxés pour l'augmentation de 3 deniers pour livre à eux accordée par l'édit du mois de juin dernier.

AD I 121, nᵒ 10.

1596, 7 et 9 septembre. — Monceaux.

2824. — Arrêt interdisant à la chambre des Grands Jours de Lyon toute connaissance du fait des aides, tailles et autres deniers royaux, la connaissance de ces matières étant réservée à la Cour des aides.

E 1ᵇ, fᵒ 9 rᵒ.

2825. — Arrêt ordonnant la vérification des dépenses faites, par ordre du prince de Conti, en l'armée assiégeant Rochefort.

E 1ᵇ, fᵒ 9 vᵒ.

2826. — Arrêt ordonnant que le duc de Montpensier, auquel ont été données douze des lettres d'anoblissement accordées à des habitants de Normandie, touchera également le supplément auquel ont été taxés lesdits anoblis.

E 1ᵇ, fᵒ 10 rᵒ.

2827. — Arrêt réglant le remboursement de l'office de contrôleur général des traites foraine et domaniale en Champagne, appartenant à Mᵉ Jean Pileur.

E 1ᵇ, fᵒ 10 rᵒ.

2828. — Arrêt ordonnant que les payeurs de la gendarmerie seront contraints, par la saisie de leurs gages, au payement des suppléments auxquels ils ont été taxés, et sur lesquels assignation a été donnée au trésorier des Bâtiments.

E 1ᵇ, fᵒ 10 vᵒ.

2829. — Arrêt affectant au payement des Suisses une partie des gages des officiers des cours royales.

E 1ᵇ, fᵒ 11 rᵒ.

2830. — Arrêt réglant le payement des gages du sieur Du Roussay, grand maître ancien des eaux et forêts au département de Champagne et Bourgogne.

E 1ᵇ, fᵒ 11 rᵒ.

2831. — Arrêt réglant le payement de la compagnie de chevau-légers du sieur d'Halincourt, gouverneur de Pontoise.

E 1ᵇ, fᵒ 11 vᵒ.

2832. — Arrêt accordant aux habitants de Senlis remise de toutes tailles et crues pour neuf années à venir, à raison des pertes par eux subies durant le siège de ladite ville, « dont se seroit ensuivy la mémorable victoire que Sa Majesté a eue de la bataille qui fut donnée devant ladite ville, qui a esté le commencement du progrez et acheminement des affaires de ce royaume ».

E 1ᵇ, fᵒ 12 rᵒ.

2833. — Arrêt assignant au Conseil les créanciers du Roi « auparavant son advènement à la couronne », pour avoir à répondre sur une requête des « conseillers et autres officiers de Sa Majesté de son privé conseil de Navarre, ayans charge de l'administration et conduicte de son antien patrimoine ».

E 1ᵇ, fᵒ 12 rᵒ.

2834. — Arrêt ordonnant l'achat de 300 muids de blé et de 100 muids d'avoine destinés à l'approvisionnement de l'armée de Picardie.

E 1ᵇ, fᵒ 12 vᵒ.

2835. — Arrêt interdisant toute vente ou coupe de bois dans les forêts du royaume, jusqu'à la visite des commissaires envoyés par Sa Majesté.

E 1ᵇ, fᵒ 13 rᵒ.

2836. — Arrêt prolongeant de trois ans le bail conclu avec les gouverneurs et échevins de Senlis pour les fermes des huitième, vingtième et autres impositions perçues en ladite ville, à condition qu'ils avanceront dès à présent au Roi une somme de 1,500 écus.

E 1ᵇ, fᵒ 13 vᵒ.

2837. — Arrêt ordonnant l'élargissement de Mᵉ Henri Raffin, receveur général de la douane à Lyon.

E 1ᵇ, fᵒ 14 rᵒ.

2838. — Arrêt ordonnant qu'une somme de 816 écus due aux président, lieutenant, élus, contrôleurs et autres officiers de l'élection de Senlis, pour le « remplacement » de deux quartiers de leurs gages « reculés », sera imposée, en l'année suivante, sur les taillables de ladite élection.

E 1ᵇ, fᵒ 14 vᵒ.

2839. — Arrêt faisant remise de deux années de

tailles aux habitants de Bucy-sur-Aisne, de Pinon, de Jumigny, de Vaudesson, de Chavignon, de Laffaux et d'Allemant, à raison de la gelée des vignes de 1594 et des pertes par eux souffertes durant les sièges de Laon et de la Fère.

E 1ᵇ, fᵒ 14 vᵒ.

2840. — Arrêt ordonnant d'imposer sur les élections de Châteauroux, de la Châtre et de Châtillon-sur-Indre la somme due à Bertrand Davesne, ci-devant commis à la charge de lieutenant en la maréchaussée de Berry, pour ses gages et pour ceux de ses archers.

E 1ᵇ, fᵒ 15 rᵒ.

2841. — Arrêt faisant remise de toutes tailles et crues des années passées et de l'année présente à la paroisse de Scillé, entièrement dépeuplée.

E 1ᵇ, fᵒ 15 rᵒ.

2842. — Arrêt accordant surséance de trois semaines à Jacques Le Gendre, élu en l'élection de Paris, pour le payement d'une somme de 1,170 écus, à laquelle il a été taxé, comme contrôleur des tailles en ladite élection.

E 1ᵇ, fᵒ 15 vᵒ.

2843. — Arrêt accordant aux élus, contrôleur et receveur des tailles en l'élection de Senlis une surséance de trois semaines pour le payement de la somme à laquelle ils ont été taxés.

E 1ᵇ, fᵒ 15 vᵒ.

2844. — Arrêt accordant semblable surséance aux receveurs des tailles en l'élection de Meaux.

E 1ᵇ, fᵒ 15 vᵒ.

2845. — Arrêt accordant semblable surséance aux contrôleurs des tailles en l'élection de Meaux.

E 1ᵇ, fᵒ 16 rᵒ.

2846. — Arrêt accordant semblable surséance aux contrôleurs et receveurs des tailles en l'élection de Crépy-en-Valois.

E 1ᵇ, fᵒ 16 rᵒ.

2847. — Arrêt fixant à 5,000 écus l'indemnité due à Denis Huon, propriétaire de deux maisons démolies pour la fortification de Taillebourg, et ordonnant que ladite somme sera levée sur les élections de Saintes et de Saint-Jean-d'Angely.

E 1ᵇ, f° 16 r°.

2848. — Arrêt accordant à Jérôme d'Alençon, contrôleur en l'élection de Rozoy-en-Brie, surséance de trois semaines pour le payement de la somme à laquelle il a été taxé.

E 1ᵇ, f° 16 v°.

1596, 12 septembre. — [Monceaux.]

.2849. — Arrêt réglant le remboursement des sommes empruntées par les sieurs de Sancy, de La Grange-le-Roy et d'Incarville, tant pour le licenciement des Suisses que pour les dépenses de l'armée, ainsi que d'une somme de 71,391 écus 51 sols promise par lesdits seigneurs aux colonels Gallaty, Balthazar et Diesbach et garantie par Messieurs du Conseil.

E 1ᵇ, f° 16 v°.

2850. — Arrêt ordonnant d'expédier l'édit de création de deux conseillers correcteurs des comptes en la chambre des comptes de Provence établie à Aix.

E 1ᵇ, f° 16 v°.

2851. — Arrêt faisant remise de trois années de tailles aux habitants de Montmorency, de Deuil, de Saint Prix, de Saint-Leu-Taverny, du Plessis-Bouchard, de Franconville, etc., à raison des pertes par eux souffertes durant le siège de Paris.

E 1ᵇ, f° 17 r°.

1596, 14 et 16 septembre. — Monceaux.

2852. — Arrêt ordonnant la saisie-arrêt des gages des officiers des élections, jusqu'à l'entier payement des sommes auxquelles ils ont été taxés, et évoquant toutes contestations relatives auxdites taxes.

E 1ᵇ, f° 19 r°.

2853. — Arrêt ordonnant aux receveurs particuliers des décimes de verser entre les mains de Philippe de Castille ou de ses commis les deniers de sa charge, nonobstant toutes quittances et ordonnances expédiées

par personnes non comptables, lesquelles demeureront nulles.

E 1ᵇ, f° 19 v°.

2854. — Arrêt accordant aux habitants des élections de Soissons, Château-Thierry, Crépy, Clermont-en-Beauvoisis, Laon et Noyon une surséance pour le payement des tailles des années passées.

E 1ᵇ, f° 19 v°.

2855. — Arrêt ordonnant d'imposer une somme de 2,000 écus sur la ville et sur l'élection de Nogent-sur-Seine, pour la réparation d'une des portes et pour les travaux du boulevard et du port de ladite ville.

E 1ᵇ, f° 20 r°.

2856. — Arrêt permettant de lever sur le pays de Gévaudan et dans le diocèse de Nîmes les sommes dues au sieur de Fosseux et à la garnison par lui établie en la ville de Mende.

E 1ᵇ, f° 20 r°.

2857. — Arrêt faisant remise de deux années de tailles aux villages de Vierzy, de Berzy, de Chazelles, de Chaudun, etc., presque entièrement dépeuplés tant par la guerre que par la maladie.

E 1ᵇ, f° 20 v°.

2858. — Arrêt réglant le remboursement d'une somme de 5,000 écus avancée par Jean Pérou, pourvoyeur de la Maison du Roi, pendant le siège de la Fère.

E 1ᵇ, f° 21 r°.

2859. — Arrêt ordonnant le remboursement de 2,000 écus dépensés par le sieur de Vic à Boulogne, à Saint-Quentin et au siège de Cambrai.

E 1ᵇ, f° 21 r°.

2860. — Arrêt donnant assignation de 1,800 écus au sieur de Vic, pour neuf mois de pension.

E 1ᵇ, f° 21 r°.

2861. — Arrêt ordonnant le payement de la compagnie du sieur de Vic et le remboursement de 676 écus dépensés par ledit sieur à Boulogne.

E 1ᵇ, f° 21 r°.

2862. — Arrêt ordonnant que les receveurs et contrôleurs généraux des traites, impositions foraines et domaniales en la province de Champagne jouiront des privilèges accordés aux trésoriers, receveurs et contrôleurs de la douane de Lyon par arrêt du 22 juin dernier.

E 1ᵇ, f° 21 v°.

2863. — Arrêt ordonnant de surseoir aux poursuites faites contre le sieur de Bellièvre, conseiller d'État, par Ambroise Doujat, veuve de Pierre Lebail, pour raison de 100 écus de rente sur l'Hôtel de ville.

E 1ᵇ, f° 21 v°.

2864. — Arrêt réglant le payement de la garnison de Péronne.

E 1ᵇ, f° 22 r°.

2865. — Arrêt réglant le remboursement d'une somme de 16,500 écus empruntée par le duc de Luxembourg, tant pour les frais de l'ambassade à Rome dont il est chargé, que « pour employer à certains affaires secretz que [Sa Majesté] luy a commandé, et dont elle ne veult estre faict aucune mention ».

E 1ᵇ, f° 22 r°.

2866. — Arrêt ordonnant à Mᵉ Raymond Phélypeaux, trésorier des Parties casuelles, de verser chaque jour, entre les mains du sieur Jérôme de Gondy, gentilhomme ordinaire de la Chambre, les deniers provenant d'offices vacants par mort ou résignation, à compter du 1ᵉʳ juillet dernier jusqu'à la fin de l'année présente.

E 1ᵇ, f° 22 v°.

2867. — Arrêt assignant au Conseil Mᵉ Claude Dehors, receveur des aides et tailles en l'élection de Gisors, pour répondre au sujet de la résistance par lui opposée à Jean Bourré et à François Pageot, huissiers-sergents à cheval au Châtelet, qui lui enjoignaient de payer son supplément d'office.

E 1ᵇ, f° 22 r°.

2868. — Arrêt commettant Mᵉ Guillaume de Sève, sieur de Saint-Julien, en la place de Mᵉ Jean Cognart, pour faire la recette des deniers provenant du doublement des petits sceaux, deniers sur lesquels assigna-

tion a été donnée aux colonels des régiments de Berne, de Bâle, de Glaris et des Grisons.

E 1ᵇ, f° 23 r°.

2869. — Arrêt ordonnant qu'en payant la taille, le taillon, les crues, les sommes levées pour le remboursement de Messieurs du Conseil et pour les gages des magistrats présidiaux, les habitants de Parizot et autres taillables de la Basse-Marche et du comté de Rouergue auront surséance pour le payement des autres deniers extraordinaires.

E 1ᵇ, f° 23 v°.

2870. — Arrêt ordonnant le payement de 1,000 écus de rente dus au duc de Luxembourg, sur les aides de Sézanne.

E 1ᵇ, f° 24 r°.

2871. — Arrêt faisant défense aux marchands et échevins de Paris de procéder à l'adjudication de la ferme du sol pour livre levé sur les draps vendus en gros à la halle de Paris, attendu que ladite ferme doit être adjugée au Conseil, comme étant l'une des cinq grosses fermes.

E 1ᵇ, f° 24 r°.

2872. — Arrêt accordant aux habitants de Jouysur-Morin une surséance pour le payement des tailles.

E 1ᵇ, f° 24 r°.

2873. — Arrêt ordonnant que les receveurs des tailles de toutes les élections du royaume seront tenus de prêter au Roi les sommes auxquelles ils ont été taxés pour l'attribution à eux faite de 3 deniers pour livre sur le principal de la taille, sans néanmoins qu'ils puissent jouir de ladite attribution.

E 1ᵇ, f° 24 v°.

2874. — Arrêt accordant aux présidents, lieutenants ou élus « ayant la qualité de contrôleurs des tailles joinctz et uniz à leurs estatz », et aux autres contrôleurs des tailles de partie des élections du royaume, une surséance de six semaines pour le payement de leurs taxes.

E 1ᵇ, f° 24 v°.

2875. — Arrêt établissant une taxe sur le sel vendu à Coucy, afin de pourvoir au remboursement d'une somme de 1,227 écus prise, en 1595, par le sieur de Lamet, pour la solde de la garnison dudit lieu.

(Arrêt cancellé.)

E 1ᵇ, fᵒ 24 vᵒ.

2876. — Arrêt accordant aux officiers de l'élection des Sables-d'Olonne décharge des sommes auxquelles ils pourraient être taxés pour l'exemption des tailles.

E 1ᵇ, fᵒ 25 rᵒ.

1596, 30 septembre. — Rouen.

2877. — Arrêt ordonnant la vente des bois de l'abbaye d'Aigue-Vive, jusqu'à concurrence d'une somme de 2,000 écus, laquelle sera employée par le juge de Montrichard aux réparations de ladite abbaye.

E 1ᵇ, fᵒ 25 rᵒ.

2878. — Arrêt ordonnant que François de La Croix, ci-devant lieutenant général en la châtellenie de Moulins, sera tenu quitte des droits par lui dus au Roi à cause de ses terres de Pomay et de Lusigny, et que le Roi percevra en échange les droits dus audit de La Croix par plusieurs habitants de Moulins.

E 1ᵇ, fᵒ 25 vᵒ.

1596, 2 octobre. — Rouen.

2879. — Arrêt ordonnant que le recouvrement des impôts dans les paroisses de la baronnie de Château-neuf-en-Thymerais dépendant de l'élection de Verneuil sera encore fait, pour les années 1595 et 1596, par les officiers de l'élection de Verneuil.

E 1ᵇ, fᵒ 29 rᵒ.

2880. — Arrêt ordonnant à Mᵉ Fournier de déclarer qu'il renonce au marché par lui conclu « pour raison des droictz nouvellement accordez aux receveurs et controlleurs des greniers à sel de ce royaume », ou bien de payer la somme de 5,700 écus par lui restée due pour cause dudit marché.

E 1ᵇ, fᵒ 29 vᵒ.

2881. — Arrêt ordonnant de surseoir à la levée de 10 sols par minot de sel faite au préjudice de François Delin, adjudicataire des greniers à sel de

Rouen, Dieppe, Neufchâtel et de la chambre à sel de la Bouille.

E 1ᵇ, fᵒ 29 vᵒ.

2882. — Arrêt modérant d'un tiers la somme de 560 écus à laquelle Mᵉ Jacques Riotte, grènetier et receveur au grenier à sel de Melun, a été taxé pour l'attribution de 7 deniers par minot de sel.

E 1ᵇ, fᵒ 30 rᵒ.

2883. — Arrêt renvoyant aux prévôt des marchands et échevins de la ville de Paris une requête en modération présentée par Jean Lequin, fermier des 12 deniers pour livre de draps vendue en gros dans les halles de Paris.

(Arrêt cancellé.)

E 1ᵇ, fᵒ 30 rᵒ.

2884. — Arrêt renvoyant aux prévôt des marchands et échevins de la ville de Paris une requête en modération présentée par Pierre Savetier, fermier du huitième denier du vin vendu en détail en la Cité, à Paris.

(Arrêt cancellé.)

E 1ᵇ, fᵒ 30 rᵒ.

2885. — Arrêt évoquant au Conseil un appel interjeté en la Cour des aides par les habitants de la paroisse de Saint-Aspais de Melun, au sujet de certaine levée destinée à rembourser à Mᵉ Gabriel Pinot, président en l'élection de Melun, les avances par lui faites, en 1589, pour les réparations de ladite ville.

E 1ᵇ, fᵒ 30 vᵒ.

1596, 3 octobre. — Rouen.

2886. — Arrêt ordonnant que Mᵉ Guillaume Le Prieur « demeurera l'un des troys commis et retenus au premier rang d'éleu antien et opté » en l'élection de Falaise.

E 1ᵇ, fᵒ 33 rᵒ.

2887. — Arrêt accordant à Jean Dey et à Antoine Wibes, contrôleurs, à Quentin Lance et à Louis Mareschal, receveurs des aides et tailles en l'élection de Saint-Quentin, surséance pour le payement de leurs taxes.

E 1ᵇ, fᵒ 33 rᵒ.

2888. — Arrêt accordant aux receveurs et contrôleurs des aides et tailles en la généralité de Berry surséance pour le payement de leurs taxes.

E 1ᵇ, fᵒ 33 vᵒ.

2889. — Arrêt ordonnant que Mᵉ Guillaume Hubert, receveur ordinaire du domaine et voyer de la vicomté de Paris, fera la recette de tous les deniers dudit domaine, tant ordinaires qu'extraordinaires, deniers adjugés au Roi par droit d'aubaine, de confiscation, de déshérence, d'épaves, de forfaiture, deniers destinés à l'entretien des bâtiments, ponts, passages et places publiques appartenant au Roi.

E 1ᵇ, fᵒ 33 vᵒ.

2890. — Arrêt maintenant Mᵉ Guillaume Hubert en l'office de receveur ordinaire du domaine et de voyer de la vicomté de Paris, nonobstant la commission donnée au sieur Miron pour «interdire les charges d'aucuns officiers de la ville de Paris».

E 1ᵇ, fᵒ 34 rᵒ.

2891. — Arrêt accordant à Pierre L'Ollivier, caution de feu Regnault Le Boisselier, fermier du domaine de la vicomté de Conches, décharge de moitié du prix de ladite ferme pour les années 1589 à 1592.

E 1ᵇ, fᵒ 34 vᵒ.

2892. — Arrêt ordonnant au trésorier de l'Épargne d'assigner une somme de 1,350 écus au sieur Bressins, l'un des orateurs du Roi, pour frais du voyage qu'il doit faire à Rome avec le duc de Luxembourg, ambassadeur, et pour l'achat d'une robe de velours et d'autres vêtements à lui nécessaires.

E 1ᵇ, fᵒ 34 vᵒ.

2893. — Arrêt ordonnant au sieur Miron, ci-devant «commis pour vérifier les estatz et arrester les deniers des receptes de la généralité de Paris», de payer audit sieur Bressins ladite somme de 1,350 écus, sur lui assignée par rescription du trésorier de l'Épargne.

E 1ᵇ, fᵒ 34 vᵒ.

1596, 4 octobre. — [Rouen.]

2894. — Arrêt accordant à Nicolas Bignon, fermier du droit de bûche en la ville de Paris, remise d'une somme de 1,716 écus 40 sols sur le prix de sa ferme.

E 1ᵇ, fᵒ 35 rᵒ.

2895. — Arrêt accordant aux habitants de Favières, en Brie, remise d'une année de tailles et des restes de l'année passée.

E 1ᵇ, fᵒ 35 rᵒ.

2896. — Arrêt permettant à Jean Bertout de résigner son office de receveur des tailles à Isambert Fleury, et permettant à celui-ci de résigner son office de receveur des aides à Paul Delabarre, sans payer finance.

E 1ᵇ, fᵒ 35 vᵒ.

2897. — Arrêt ordonnant l'élargissement de Mᵉ Jean Du Viquet, receveur des tailles à Montivilliers.

E 1ᵇ, fᵒ 36 rᵒ.

2898. — Arrêt ordonnant que Mᵉ Guillaume Hubert, receveur ordinaire du domaine et voyer de la vicomté de Paris, retiendra une partie des gages et rentes assignés sur ledit domaine, laquelle Sa Majesté a ordonné être reculée, pour suppléer à la faute de fonds étant pour le présent en ladite recette.

E 1ᵇ, fᵒ 36 rᵒ.

2899. — Arrêt confirmant l'arrêt et les lettres patentes du 30 juin dernier qui ordonnaient de lever sur l'élection de Rouen une somme de 2,750 écus, pour le remboursement de la poudre à canon prise par le sieur de L'Estang, commandant de Honfleur, sur le navire *le George*, appartenant à Georges Vuode, Écossais.

E 1ᵇ, fᵒ 36 rᵒ.

2900. — Arrêt accordant au vice-bailli et aux archers de Gisors mainlevée de leurs gages de la présente année, précédemment reculés.

E 1ᵇ, fᵒ 36 vᵒ.

2901. — Arrêt maintenant Mᵉ Denis Baudry en l'office de président en l'élection de Rouen.

E 1ᵇ, fᵒ 36 vᵒ.

2902. — Arrêt maintenant Mᵉ Jacques Carré en l'office de président en l'élection de Lisieux.

E 1ᵇ, fᵒ 37 rᵒ.

2903. — Arrêt ordonnant que les récompenses accordées par le Roi aux sieurs Chauvet, Papillon, Lefort, Bodin, Richer, Suzanneville, Crososqui, Giron et Foubert, pour avoir servi Sa Majesté en qualité de valets de chambre, d'huissiers, de porte-manteau ou de barbier, seront converties chacune en un don de 3o écus.

E 1ᵇ, f° 37 r°.

2904. — Arrêt accordant surséance aux présidents, élus, receveurs et contrôleurs de toutes les élections du royaume pour le payement des sommes auxquelles ils ont été taxés.

E 1ᵇ, f° 37 r°.

2905. — Arrêt accordant à Adrien Chabot, marchand de Châtillon-sur-Seine, fermier du domaine au bailliage de la Montagne, modération d'un tiers du prix de sa ferme.

E 1ᵇ, f° 37 v°.

———

1596, 7 octobre. — Rouen.

2906. — Arrêt affectant une somme de 14,000 écus à l'achat de 3oo muids de blé, pour l'entretien de l'armée du Roi.

E 1ᵇ, f° 39 r°.

2907. — Arrêt ordonnant de lever une somme de 2,620 écus sur le bailliage d'Alençon, pour le payement des poudres et munitions avancées, en 1593, par le sieur de Hertré.

E 1ᵇ, f° 39 r°.

2908. — Arrêt ordonnant de lever une somme de 637 écus 3o sols sur la généralité de Picardie, pour la solde des archers de robe courte de ladite généralité.

E 1ᵇ, f° 39 r°.

2909. — Arrêt assignant au Conseil Christophe Courcol et Paul Tassel, sergents des sergenteries de Lyons, pour être entendus sur la suppression de l'office dudit Tassel.

E 1ᵇ, f° 39 v°.

2910. — Arrêt réglant le payement d'une somme de 1,000 écus assignée au maréchal de Brissac et au sieur de Saint-Luc, grand maître de l'Artillerie.

E 1ᵇ, f° 39 v°.

2911. — Arrêt accordant surséance à Mᵉ Jean Le Sueur, receveur des aides et tailles en l'élection de Verneuil, pour le payement des restes par lui dus à Mᵉ Edmond Servient, receveur général à Rouen.

E 1ᵇ, f° 39 v°.

2912. — Arrêt relatif à l'exécution d'une déclaration de 1586 en vertu de laquelle les grènetiers et contrôleurs des greniers à sel de Normandie devaient jouir, moyennant finance, d'un droit de 6 et de 4 deniers par minot de sel.

E 1ᵇ, f° 4o r°.

2913. — Arrêt ordonnant que l'office de conseiller au Châtelet vacant par la mort de Mᵉ Jean Dulac sera donné à la nomination de demoiselle Marie Bathonneau, sa mère.

E 1ᵇ, f° 4o r°.

2914. — Arrêt ordonnant que la veuve et les enfants de feu Jean Picard, trésorier de France en Poitou, recevront le montant des gages dus audit Picard à son décès et seront déchargés du droit de confirmation dudit office.

E 1ᵇ, f° 4o v°.

2915. — Arrêt ordonnant de passer outre à l'exécution de la commission expédiée, le 4 novembre 1582, pour la revision des fiefs, des terres vaines et vagues et du tiers et danger, ainsi que pour la recherche des usurpations commises dans les forêts et dans le domaine de Normandie.

E 1ᵇ, f° 43 r°.

———

1596, 18 octobre. — Rouen.

2916. — Arrêt ordonnant que Mᵉ François Le Fèvre, trésorier de France à Paris, exercera sondit office concurremment avec le trésorier de France le plus anciennement pourvu et reçu.

E 1ᵇ, f° 45 r°.

2917. — Arrêt portant assignation d'une somme de 15,987 écus 55 sols 1 denier due au sieur Dauzerée (*alias* L'Auzeray), premier valet de chambre du Roi.

E 1ᵇ, f° 45 v°.

———

1596, 23 octobre. — Rouen.

2918. — Arrêt portant décharge d'une somme de 10,000 écus prise, en 1595, à M° Belin, trésorier provincial de l'Extraordinaire des guerres, par le feu sieur de Bidaussan, gouverneur de Calais.

E 1ᵇ, fᵒ 47 rᵒ.

2919. — Arrêt renvoyant à la Cour des monnaies une requête du duc de Montpensier, prince souverain du pays de Dombes, tendant à ce que les monnaies dudit pays ne soient point comprises au nombre des monnaies étrangères.

E 1ᵇ, fᵒ 47 rᵒ.

2920. — Arrêt portant assignation d'une somme de 6,000 écus donnée par le Roi au sieur d'Andelot, dès l'annnée 1594.

E 1ᵇ, fᵒ 47 vᵒ.

2921. — Arrêt renvoyant au Grand Conseil le procès pendant entre Philippe de Montagu, conseiller au parlement de Rouen, et demoiselle Marie Carré, d'une part, Nicolas Le Camus et Nicolas de Gremore, de l'autre.

E 1ᵇ, fᵒ 47 vᵒ.

2922. — Arrêt ordonnant de surseoir, jusqu'après audition des parties au Conseil, aux poursuites commencées contre Isaac de Gach, sieur de Varanses, et lui accordant mainlevée de ses biens, « en considération du signalé service qu'il feit au Roy par la remise en l'obéissance de Sa Majesté du chasteau de Lombers, l'une des plus fortes et plus importantes places du du Languedoc ».

E 1ᵇ, fᵒ 48 rᵒ.

2923. — Arrêt ordonnant de surseoir, jusqu'après audition des parties au Conseil, à l'instruction du procès pendant entre les frères Martin et Jean Connet, de Marseille, d'une part, François et Nicolas Capponi, gentilshommes florentins tenant maison à Lyon, de l'autre.

E 1ᵇ, fᵒ 48 vᵒ.

2924. — Arrêt attribuant à M° Baptiste Le Grand, secrétaire des finances, l'office de maître particulier des eaux et forêts d'Orléans vacant par la mort du sieur Hanapier, son beau-père.

E 1ᵇ, fᵒ 49 rᵒ.

2925. — Arrêt accordant surséance à Claude Louvet, fermier des nouveaux subsides levés à Paris sur les marchandises, pour le payement d'un quartier de sa ferme.

E 1ᵇ, fᵒ 49 rᵒ.

2926. — Arrêt portant assignation d'une somme de 7,000 écus due au capitaine Bourrel, pour la nourriture des chevaux d'artillerie.

E 1ᵇ, fᵒ 49 vᵒ.

1596, 26 octobre. — Rouen.

2927. — Arrêt assignant au Conseil le sieur Du Faur, gouverneur de Jargeau, et Mᵉ Baptiste Le Grand, secrétaire des finances, pour être ouïs sur leur différend au sujet de l'office de maître particulier des eaux et forêts d'Orléans.

E 1ᵇ, fᵒ 51 rᵒ.

2928. — Arrêt ordonnant la levée de la subvention de 50,000 écus consentie par les États de Bretagne.

E 1ᵇ, fᵒ 51 rᵒ.

2929. — Arrêt ordonnant aux trésoriers de France et généraux des finances en Bretagne de tenir la main à ce que les deniers des impôts et billots de ladite province soient tous versés entre les mains du trésorier de l'Épargne.

E 1ᵇ, fᵒ 51 vᵒ.

2930. — Arrêt renvoyant aux trésoriers de France et généraux des finances à Limoges une requête du sieur de La Trémoille, comte de Taillebourg, tendant à ce que le fermier de l'impôt établi aux ponts de Taillebourg avance une somme de 4,200 écus, pour la réparation des ruines occasionnées par le tonnerre, lequel a démoli la tour et comblé le canal de ladite ville.

E 1ᵇ, fᵒ 52 rᵒ.

2931. — Arrêt ordonnant l'élargissement de Julien Colin, sieur de Chamferrand, emprisonné à la requête de M° Michel Musnier, « commis à la recette des deniers provenant des suppléments des offices comptables ».

E 1ᵇ, f° 52 r°.

2932. — Arrêt assignant au Conseil Charles de Matignon, comte de Thorigny, Anne de Mermel et Jean Tabarie, pour être ouïs sur le don de l'évêché de Montauban fait audit comte par le Roi.

E 1ᵇ, f° 52 r°.

2933. — Arrêt accordant à Jean Du Bosc décharge d'une somme de 273 écus 1/3 à laquelle son père, M° Pierre Du Bosc, avait été taxé pour supplément de son office de contrôleur des tailles en l'élection de Lisieux.

E 1ᵇ, f° 52 v°.

2934. — Arrêt transportant de l'élection de Gannat sur celle de la Haute-Marche l'assignation de 3,800 écus « affectée par chacun an à la royne douairière de France, pour sa récompense des chastellenies de Muret, Billy et Usson ».

E 1ᵇ, f° 52 v°.

2935. — Arrêt portant assignation d'une somme de 200 écus due à Claude Durant, « pour quatre voyages qu'il a faictz pendant l'entreprinse de Rue ».

E 1ᵇ, f° 53 r°.

2936 — Arrêt ordonnant de lever sur le Lyonnais et sur le Forez une somme de 8,480 écus 5 sols, due à plusieurs des principaux habitants desdits pays, pour dépenses par eux faites lors de la réduction de Montbazon.

E 1ᵇ, f° 53 r°.

2937. — Arrêt assignant au Conseil le procureur des États de Normandie, pour qu'il rende raison de l'opposition par lui faite « à l'adjudication des frais, intérestz et levée de deniers mentionnée ès lettres patentes de Sa Majesté du xxviii° juillet dernier ».

E 1ᵇ, f° 53 v°.

2938. — Arrêt ordonnant que les grènetiers devront payer les sommes auxquelles ils ont été taxés, en 1586, pour l'attribution de 6 deniers par minot,

bien que ladite attribution ait été révoquée par un autre édit qui leur attribue 7 deniers par minot.

E 1ᵇ, f° 53 v°.

2939. — Avis du Conseil tendant à faire don d'une somme de 16,000 écus à Madame, sœur du Roi, attendu la saisie faite par M° Jean Martin, créancier du Roi, sur le revenu du duché d'Albret.

E 1ᵇ, f° 53 v°.

2940. — Arrêt modérant d'un tiers la taxe imposée, pour supplément d'office, à M° Jean Soupplye, receveur du grenier à sel de Neufchâtel.

E 1ᵇ, f° 54 v°.

2941. — Arrêt ordonnant le payement des arrérages d'une rente constituée au sieur de Vitry, pour le remboursement d'une somme de 16,250 écus par lui prêtée au Roi lors du siège de la Fère.

E 1ᵇ, f° 54 v°.

2942. — Arrêt ordonnant l'aliénation des aides et quatrièmes de la généralité de Rouen, jusqu'à concurrence d'une somme de 60,000 écus, afin de pourvoir au remboursement des sommes prêtées au Roi, en 1586, par le sieur Cénamy, et d'éviter la vente à vil prix des bagues de la Couronne remises en gage audit Cénamy.

E 1ᵇ, f° 57 r°.

1596, 30 octobre. — Rouen.

2943. — Arrêt permettant aux habitants de Carcassonne de prélever, pendant trois ans, une somme de 400 écus sur les tailles et d'employer ladite somme à l'achèvement des fortifications de leur ville.

E 1ᵇ, f° 59 r°.

2944. — Réponses du Conseil aux requêtes présentées par les habitants du Puy et de la sénéchaussée de Quercy touchant les impositions.

E 1ᵇ, f° 59 r°.

2945. — Arrêt ordonnant le payement de la rente assignée à la duchesse de Nivernais en récompense de l'abandon qu'elle a fait au Roi des terres provenant de la légitime des Armagnac.

E 1ᵇ, f° 60 r°.

2946. — Arrêt accordant à Antoine Bourel, dit Bellot, décharge de la somme à laquelle a été taxé son office d'huissier royal à Grasse.

E 1ᵇ, f° 60 r°.

2947. — Arrêt confirmant un arrêt du parlement de Bordeaux qui donnait mainlevée à Nicolas Simossan et à d'autres marchands flamands de certains deniers provenant de la vente du blé par eux amené à Bayonne, lors de la famine de 1594, lesquels deniers avaient été saisis sur leurs navires par le prévôt de la Monnaie dudit Bayonne.

E 1ᵇ, f° 60 r°.

2948. — Arrêt assignant au Conseil la noblesse et le tiers état de Dauphiné, pour être ouïs sur leur différend touchant l'assiette des tailles à Grenoble.

E 1ᵇ, f° 61 r°.

2949. — Arrêt maintenant Mᵉ Pierre Poittevin, payeur de la gendarmerie, en la charge d'économe de l'abbaye de Saint-Cybar-lez-Angoulême, nonobstant l'opposition du sieur d'Aubeterre.

E 1ᵇ, f° 61 r°.

2950. — Arrêt ordonnant que les habitants de Tarascon seront contraints de payer à Jacques Vallée une somme de 1,250 écus, à lui assignée par le sieur d'Épernon, gouverneur de Provence, attendu qu'il a été chargé, en 1593, de la garde du fort de Trinquetaille.

E 1ᵇ, f° 61 v°.

2951. — Arrêt portant assignation de 2,000 écus en faveur de la marquise de Monceaux.

E 1ᵇ, f° 62 v°.

2952. — Arrêt attribuant à Mᵉ François Miron l'office de conseiller au Grand Conseil vacant par la mort de Mᵉ Jorret, en échange de son office de président, lequel demeurera supprimé.

(Arrêt cancellé.)

E 1ᵇ, f° 62 v°.

1596, 31 octobre. — Rouen.

2953. — Arrêt accordant à Mᵉ Georges Langlois,

trésorier de France à Rouen, décharge de la taxe pour confirmation d'office.

E 1ᵇ, f° 65 r°.

2954. — Arrêt donnant assignation de 1,000 écus au sieur Alexandre Saldatte, maître-maréchal des écuries du grand-duc de Toscane.

E 1ᵇ, f° 65 r°.

2955. — Arrêt donnant assignation de 7,200 écus à Mᵉ Henri Estienne, trésorier des Bâtiments.

E 1ᵇ, f° 65 r°.

2956. — Arrêt ordonnant le payement d'une somme de 750 écus donnée par le Roi aux sieurs Guertier et Sommerset.

E 1ᵇ, f° 65 r°.

2957. — Arrêt assignant au sieur d'Attichy, conseiller d'État, 10 écus par jour, pour toute la durée de sa mission en Bretagne.

E 1ᵇ, f° 65 v°.

2958. — Arrêt modérant de moitié la taxe levée sur Mᵉ Balthazar Chahu, receveur général, et sur Mᵉ Baptiste Le Clerc, contrôleur général des gabelles en Champagne, pour l'attribution de 2 deniers par minot de sel.

E 1ᵇ, f° 65 v°.

2959. — Arrêt maintenant Mᵉ Jacques Dupuis au rang d'élu en l'élection de Senlis.

E 1ᵇ, f° 65 v°.

2960. — Arrêt portant assignation d'une somme de 1,400 écus, dont « le Roy a faict don, en faveur de madame la marquise de Monceaux, aux sieurs de Manican et de Vassan ».

E 1ᵇ, f° 66 r°.

2961. — Arrêt confirmant la modération des tailles et crues accordée aux habitants de Noyon lors de la réduction de ladite ville.

E 1ᵇ, f° 66 r°.

2962. — Arrêt portant assignation de 1,448 écus en faveur du sieur de Boissize, conseiller d'État.

E 1ᵇ, f° 66 v°.

2963. — Arrêt ordonnant que Mᵉ Valentin Belot

sera pourvu de l'office de prévôt de Blois, à la nomination de la veuve et des héritiers du précédent titulaire, M° Jacques Guéret.

E 1ᵇ, f° 66 v°.

2964. — Arrêt accordant à Louis Le Roy, sergent en l'élection de Chaumont et Magny, décharge d'une somme de 230 écus par lui prise sur les deniers des tailles pour le payement de sa rançon.

E 1ᵇ, f° 66 v°.

2965. — Arrêt maintenant en prison M° Pierre Canu, commis à la recette des confirmations de France en la généralité de Rouen.

E 1ᵇ, f° 67 r°.

2966. — Arrêt portant que les contraintes auxquelles sont soumis les adjudicataires des greniers à sel pourront être aussi bien exercées contre leurs cessionnaires et cautions, et ordonnant la saisie des deniers provenant de la vente du sel, jusqu'à concurrence d'une somme de 5,000 écus, assignée au trésorier de l'Extraordinaire des guerres.

E 1ᵇ, f° 67 r°.

2967. — Arrêt maintenant M° Fiacre Terrier en l'office d'élu particulier à Pontoise, « pour l'exercice de la justice seulement ».

E 1ᵇ, f° 67 v°.

2968. — Arrêt confirmant l'exemption de tailles accordée à Pierre Roollet, messager juré en la ville de Paris, et le dispensant de faire le recouvrement dont il a été chargé par les habitants de Gisors.

(Arrêt cancellé.)

E 1ᵇ, f° 67 v°.

2969. — Arrêt modérant d'un quart la taxe imposée aux habitants d'Étrépagny, pour leur part de la subvention des villes et bourgs de la généralité de Rouen, attendu les pertes que leur ont causées la guerre et les incendies.

– E 1ᵇ, f° 67 v°.

2970. — Arrêt réunissant à l'élection de Verneuil les paroisses de la baronnie de Châteauneuf-en-Thymerais qui en avaient été distraites pour être incorporées à l'élection de Dreux, à l'exception des paroisses

de Fresnay-le-Gilmert, de Tremblay-le-Vicomte et de Chêne-Chenu, qui seront incorporées à l'élection de Chartres, en place des paroisses de Dampierre-sur-Blévy, de Blévy et Baronval, et de Chennevière.

E 1ᵇ, f° 68 r°.

2971. — Arrêt ordonnant le payement de la pension du sieur de Bussy, conseiller d'État, ainsi que des intérêts d'une somme de 1,700 écus à lui due pour le remboursement de son office d'intendant et de contrôleur général des finances.

E 1ᵇ, f° 68 v°.

2972. — Arrêt portant assignation de 1,250 écus en faveur du sieur de La Guesle, conseiller d'État et procureur général.

E 1ᵇ, f° 68 v°.

2973. — Arrêt portant assignation de 2,000 écus en faveur de l'évêque d'Évreux, pour les frais de son voyage à Rome.

E 1ᵇ, f° 68 v°.

2974. — Arrêt assignant au Conseil Jacques Favier, ci-devant majeur de Calais, Jean et Jacques Delabat, marchands de Bordeaux, pour être ouïs sur la requête dudit Favier tendant à la cassation d'un arrêt du Conseil du 2 août dernier.

E 1ᵇ, f° 68 v°.

2975. — Arrêt ordonnant à M° Jacques Couppé, trésorier des offrandes, aumônes et dévotions du Roi, de payer 125 écus au sieur de La Chesnaye, aumônier du Roi, « ayant la charge et garde du feu Roy dernier decedé », 180 écus 30 sols aux religieux de Saint-Corneille de Compiègne, « pour le service qu'ils font pour l'âme dudit feu Roy », et 163 écus à divers particuliers, pour raison des funérailles dudit Roi.

E 1ᵇ, f° 69 r°.

2976. — Arrêt assignant 1,026 écus à Jean Gilles, marchand confiturier, pour fournitures faites au Roi.

E 1ᵇ, f° 69 r°.

2977. — Arrêt ordonnant que ceux qui achèteront les offices nouvellement créés de jaugeurs de vaisseaux à vin et autres breuvages seront reçus par les juges du lieu, sans avoir besoin de requérir lettres de provision du grand sceau.

E 1ᵇ, f° 69 r°.

2978. — Arrêt ordonnant que Mᵉ Hugues Grasset continuera à exercer sa charge d'élu en l'élection de Clamecy.

E 1ᵇ, f° 69 v°.

2979. — Arrêt ordonnant que Mᵉ Charles Le Pelletier continuera à exercer son office d'élu en l'élection de Mantes.

E 1ᵇ, f° 70 r°.

2980. — Arrêt accordant aux habitants d'Arcy-Sainte-Restitue et des hameaux en dépendant remise de tout l'arriéré des tailles et de deux années et demie à venir, « en considération de ce qu'ilz ont esté brulez par les gens de guerre espagnolz ».

E 1ᵇ, f° 70 v°.

2981. — Arrêt accordant aux habitants de Thourotte remise de tout l'arriéré et, en outre, de trois années et demie de tailles, attendu que ledit village a été brûlé trois fois par les gens de guerre.

(Arrêt cancellé.)

E 1ᵇ, f° 70 v°.

2982. — Arrêt accordant aux habitants de Fère-en-Tardenois remise des tailles d'un quartier passé et d'une année à venir, « en considération des pertes qu'ilz ont souffertes par le fréquent et continuel passage des gens de guerre ».

E 1ᵇ, f° 71 r°.

2983. — Arrêt ordonnant que les habitants de Saint-Antoine de Viennois ne seront plus cotés qu'à raison de 12 feux 1/2, au lieu de 25.

E 1ᵇ, f° 71 r°.

2984. — Arrêt donnant assignation de 333 écus 1/3 à Bernard de La Fosse, gouverneur des pages de la Chambre du Roi.

E 1ᵇ, f° 71 v°.

2985. — Arrêt donnant assignation de 153 écus à Gilbert de La Fontaine, serdeau de Sa Majesté.

E 1ᵇ, f° 71 v°.

2986. — Arrêt accordant une modération de taxe aux habitants de Conches, à raison des pertes par eux subies lors de la prise de leur ville.

E 1ᵇ, f° 71 v°.

2987. — Arrêt modérant d'un tiers la subvention des villes closes et des gros bourgs, à condition que les habitants de Normandie payeront les deux autres tiers comptant, et que les habitants des autres provinces les payeront dans la quinzaine de la signification de l'ordonnance.

E 1ᵇ, f° 72 r°.

2988. — Avis du Conseil tendant à accorder quelque gratification au sieur d'Amanzé, gouverneur de Bourbon-Lancy, à l'occasion des dépenses par lui faites pour les fortifications de ladite ville.

E 1ᵇ, f° 72 r°.

2989. — Arrêt donnant commission à François Jan pour saisir les décimes des diocèses de Rouen, d'Évreux, de Lisieux et de Sées, et pour les faire mettre aux mains de Mᵉ Henri d'Ambray, receveur général des finances à Rouen.

E 1ᵇ, f° 72 r°.

2990. — Arrêt donnant commission semblable à François Jan pour saisir les décimes des diocèses de Bayeux, de Coutances et d'Avranches.

E 1ᵇ, f° 72 v°.

2991. — Arrêt attribuant au fils de Mᵉ Claude d'Argentré l'office de conseiller au parlement de Bretagne vacant par la mort de son père.

E 1ᵇ, f° 72 v°.

2992. — Arrêt ordonnant le payement d'une somme de 200 écus accordée au sieur Le Grand, valet de chambre ordinaire du Roi, pour les frais d'un voyage de Paris à Rennes qu'il a fait sur l'ordre de Messieurs du Conseil.

E 1ᵇ, f° 73 r°.

2993. — Arrêt portant assignation d'une somme de 10,700 écus due au sieur de Sancy.

E 1ᵇ, f° 73 v°.

2994. — Arrêt ordonnant le payement d'une

somme de 5oo écus accordée au sieur de Lambert, maître d'hôtel ordinaire du Roi.

E 1ᵇ, fᵒ 73 rᵒ.

2995. — Arrêt portant assignation de 200 écus en faveur du sieur de Court.

E 1ᵇ, fᵒ 73 rᵒ.

1596, 6 novembre. — Rouen.

2996. — Arrêt réglant le payement des gens de guerre à pied suisses en garnison à Lyon.

E 1ᵇ, fᵒ 73 rᵒ.

2997. — Arrêt portant que, nonobstant la remise accordée par les trésoriers de France à Paris aux habitants de Champigny, ceux-ci seront contraints de payer la somme à laquelle ils ont été taxés pour la subvention accordée au duc de Guise par lettres patentes du mois de mars 1595.

E 1ᵇ, fᵒ 75 rᵒ.

2998. — Arrêt portant que, nonobstant les surséances accordées aux habitants de Montacher, ils seront contraints de payer la somme à laquelle ils ont été taxés pour la subvention accordée au duc de Guise par lettres patentes du mois de mars 1595.

E 1ᵇ, fᵒ 75 vᵒ.

2999. — Arrêt relatif à un versement de 3,000 écus fait entre les mains du trésorier de l'Épargne par Jean Le Clerc, le jeune, et par Guy Celot, fermiers du subside ancien des 5 sols par muid de vin.

E 1ᵇ, fᵒ 76 rᵒ.

3000. — Réponse du Conseil à une requête présentée par les officiers des élections du royaume, tendant à la levée des interdictions à eux faites ou au remboursement du prix de leurs offices.

E 1ᵇ, fᵒ 76 vᵒ.

3001. — Arrêt fixant à 4oo écus l'indemnité due à Claude Du Hamel, qui a poursuivi la vérification de l'édit accordant une augmentation aux officiers des greniers à sel de Normandie.

E 1ᵇ, fᵒ 76 vᵒ.

3002. — Arrêt ordonnant le payement des 1,3oo écus assignés à Diego Botellio, grand maître et gouverneur du roi de Portugal, attendu qu'il n'a aucun moyen d'acquitter les dettes du feu roi, ni celles de Don Christophe, son fils.

E 1ᵇ, fᵒ 77 rᵒ.

1596, 8 novembre. — Rouen.

3003. — Arrêt faisant remise aux habitants du bas pays d'Auvergne de ce qu'ils doivent des tailles jusqu'au 1ᵉʳ juillet 1595.

E 1ᵇ, fᵒ 81 rᵒ.

3004. — Arrêt donnant assignation de 12,000 écus aux officiers tenant les grands jours à Lyon, attendu que le Roi veut en prolonger la session jusqu'à la fin de l'année présente.

E 1ᵇ, fᵒ 81 rᵒ.

3005. — Arrêt accordant surséance aux procureurs et greffiers des greniers à sel de Normandie pour le payement des sommes auxquelles ils ont été taxés à raison d'une attribution de 3 deniers par minot de sel.

E 1ᵇ, fᵒ 81 rᵒ.

3006. — Arrêt ordonnant que les religieuses de Saint-Louis de Poissy seront payées de leurs fiefs et aumônes pendant le cours de l'année présente.

E 1ᵇ, fᵒ 81 vᵒ.

3007. — Arrêt réglant le payement de la pension de 4oo écus accordée à Pierre Augor, prévôt général de Languedoc.

E 1ᵇ, fᵒ 81 vᵒ.

3008. — Arrêt portant que l'impôt nouveau « pour le commerce » ne sera point levé dans le bourg de Fère-en-Tardenois, qui n'est encore « cloz que de hayes » et « n'est tenu pour ville close ».

E 1ᵇ, fᵒ 81 vᵒ.

3009. — Arrêt enjoignant aux trésoriers de France à Rouen de passer outre à l'exécution des lettres patentes du 28 juillet dernier qui prescrivaient une levée pour le remboursement d'un office de procureur général au parlement de Rouen ayant appartenu à Mᵉ Jean Du Vivier.

E 1ᵇ, fᵒ 81 vᵒ.

3010. — Arrêt relatif à la résignation d'un office de conseiller au Parlement faite par M⁰ Olivier Le Bossu au profit de M⁰ Isaac Le Bossu, son fils.

E 1ᵇ, f° 82 r°.

3011. — Arrêt faisant remise à M⁰ Jean de Fleurs de la somme à laquelle il a été taxé, comme payeur de la gendarmerie.

E 1ᵇ, f° 82 r°.

3012. — Arrêt maintenant M⁰ Michel Le Brumeu, contrôleur des aides à Rouen, en l'exercice de sa charge, pourvu qu'il soit du nombre des trois plus anciens reçus.

E 1ᵇ, f° 82 r°.

3013. — Arrêt renvoyant aux trésoriers de France la requête présentée par Jacques Du Pin, procureur-syndic de la maison commune de Saint-Lô, afin d'obtenir quelque subvention pour la réparation des ponts de Vire, de Candol, de Gourfaleur et du Pont-Hébert.

E 1ᵇ, f° 82 r°.

3014. — Arrêt ordonnant le payement d'une somme de 3,535 écus 12 sols 6 deniers due au duc de Montpensier pour arrérages de rente.

E 1ᵇ, f° 82 r°.

3015. — Arrêt ordonnant le payement d'une somme de 1,500 écus assignée à M⁰ Guillaume Sanguin, receveur de l'Écurie.

E 1ᵇ, f° 82 v°.

3016. — Arrêt ordonnant le payement d'une somme de 1,000 écus assignée au sieur de Gesvres.

E 1ᵇ, f° 82 v°.

3017. — Avis du Conseil tendant à accorder, sous forme de don, à M⁰ Jean Thomas, procureur-syndic des États de Normandie, une somme de 2,300 écus, tant à cause de ses services, que pour le remboursement du prix d'un office de conseiller aux requêtes du palais de Rouen auquel il n'a pu être reçu.

E 1ᵇ, f° 83 r°.

3018. — Arrêt ordonnant que compensation sera faite entre les arrérages de rente dus à l'abbaye de la Sainte-Trinité de Vendôme et les décimes dues par ladite abbaye pour les années 1594 à 1596.

(Arrêt cancellé.)

E 1ᵇ, f° 83 r°.

3019. — Arrêt ordonnant que les officiers de la chambre des comptes de Normandie précéderont ceux de la cour des aides de la même province en toutes assemblées générales et particulières, même en l'adresse et en la vérification des édits, déclarations, etc.

AD I 121, n°. 17.

1596, 11 novembre. — [Rouen.]

3020. — Arrêt ordonnant de surseoir à l'exécution d'un arrêt du Conseil du 12 septembre dernier obtenu par M⁰ˢ Jean Almeras et Jean de Ligny à l'encontre de Julien Collin, sieur de Champferrand, lequel n'a point été entendu.

E 1ᵇ, f° 83 r°.

3021. — Arrêt relatif au payement d'une somme de 3,300 écus avancée par le sieur de Chevrières aux capitaines commandant à Virieux et à Bourg, ainsi que d'une somme de 2,000 écus accordée aux sieurs de Trocezard et de La Platrière à l'occasion de la réduction de Lyon.

E 1ᵇ, f° 83 v°.

3022. — Arrêt réglant le payement d'une somme de 4,280 écus due à Simon Du Monties, de Pontoise, l'un des cordonniers ordinaires du Roi.

E 1ᵇ, f°. 83 v°.

1596, 12 novembre. — Rouen.

3023. — Arrêt portant assignation d'une somme de 2,250 écus due au sieur de La Bastide, maître d'hôtel du Roi, attendu qu'il a mené de la Rochelle à Dreux et à Selles-sur-Cher cent mulets chargés de poudre à canon, et qu'il a fourni au Roi l'argent nécessaire tant au payement de la rançon du sieur Chorin, qu'au transport de l'artillerie d'Ambert à Gien.

E 1ᵇ, f° 85 r°.

3024. — Arrêt maintenant une taxe de 600 écus levée sur les habitants de Tournan, pour le remboursement des avances faites par divers particuliers à la garnison du château d'Armainvilliers.

E 1ᵇ, fᵒ 85 rᵒ.

3025. — Arrêt modérant d'un tiers la taxe imposée à Jean Rabot et à Même Mestivier, receveurs du grenier à sel d'Amboise, pour l'attribution de 7 deniers par minot de sel.

E 1ᵇ, fᵒ 85 rᵒ.

3026. — Arrêt accordant aux religieux de l'abbaye de Moutiers-Saint-Jean une surséance de six mois pour le payement des décimes.

E 1ᵇ, fᵒ 85 vᵒ.

3027. — Arrêt relatif au remboursement des sommes empruntées au mois d'avril 1594, pour le service du Roi, par les frères Antoine et François de Vienne.

E 1ᵇ, fᵒ 85 vᵒ.

3028. — Arrêt assignant au Conseil les commis particuliers du diocèse de Mende, et leur faisant défense de procéder à aucune levée de deniers sans commission du Roi.

E 1ᵇ, fᵒ 86 rᵒ.

3029. — Arrêt donnant assignation de 1,000 écus à Mᵉ Étienne Puget, trésorier général de l'Artillerie, «pour estre icelle somme employée au faict de son office» en la ville de Rouen.

E 1ᵇ, fᵒ 86 rᵒ.

3030. — Arrêt portant à trente, pour une année seulement, le nombre des archers du prévôt des maréchaux d'Auvergne, attendu le grand nombre des voleurs et vagabonds.

E 1ᵇ, fᵒ 86 rᵒ.

1596, 15 novembre. — Rouen.

3031. — Arrêt ordonnant le payement de 50 écus dus à Georges Le Cizier, premier huissier du Conseil, pour fournitures de bois, de chandelle, etc. par lui faites à l'assemblée des députés.

E 1ᵇ, fᵒ 86 vᵒ.

3032. — Arrêt réglant le payement d'une somme de 4,000 écus due au sieur de Fresnes, conseiller et secrétaire d'État.

E 1ᵇ, fᵒ 86 vᵒ.

3033. — Arrêt accordant surséance pour le payement des décimes aux bénéficiers du diocèse d'Angers «estans ès archidiaconez d'outre Loyre et Mayenne».

E 1ᵇ, fᵒ 87 rᵒ.

3034. — Arrêt donnant mainlevée des saisies faites sur les deniers provenant de la crue de 20 sols par minot de sel au préjudice des officiers des cours souveraines qui avaient leurs gages assignés sur ladite crue.

E 1ᵇ, fᵒ 87 rᵒ.

3035. — Arrêt ordonnant au sénéchal de Saintonge de faire enquête sur les empêchements apportés à la jouissance de Jacques Barbot, fermier des impositions levées sur la Charente, sur la Seudre et sur la Gironde.

E 1ᵇ, fᵒ 87 vᵒ.

3036. — Arrêt ordonnant que les terres de Montigny et de Nogent-le-Roi (en exceptant la forteresse de Montigny) seront vendues, à faculté de rachat perpétuel, au duc de Wurtemberg, comte de Montbéliard.

(Arrêt cancellé.)

E 1ᵇ, fᵒ 88 rᵒ.

3037. — Arrêt assignant au Conseil Mᵉˢ Pierre Potier et Jean Jullien, élus en l'élection de Valognes, pour être entendus sur le fait de leur parenté

E 1ᵇ, fᵒ 88 rᵒ.

3038. — «Ce qui a esté résolu et arresté au Conseil du Roy tenu à Rouen..., pour faciliter et advancer le recouvrement des assignations baillées au sieur de Ligny, commis à faire le payement, rachapt et admortissement des rentes deues par Sa Majesté ausquelles sont obligez aucuns de Messieurs du Conseil.»

E 1ᵇ, fᵒˢ 91 rᵒ à 94 rᵒ.

1596, 16 novembre. — Rouen.

3039. — Arrêt réglant le remboursement des

26.

sommes avancées, en 1586, par Barthélemy Cénamy et par Scipion Balbany sur les taxes imposées aux officiers des greniers à sel de Normandie.

E 1ᵇ, fᵒ 96 rᵒ.

3040. — Arrêt assignant au Conseil Mᵉ Bigot, contrôleur général provincial des gabelles en la généralité de Paris, pour qu'il s'explique sur son refus de payer la taxe.

E 1ᵇ, fᵒ 96 rᵒ.

3041. — Arrêt affectant au remboursement du sieur de Boisrozay la plus-value de la ferme des quatrièmes des boissons en la vicomté de Montivilliers, à Fécamp et à Lillebonne.

E 1ᵇ, fᵒ 96 rᵒ.

3042. — Arrêt cassant un arrêt de la cour des aides de Montpellier du 7 août dernier, et ordonnant le rétablissement des mesures de sel fixées par les commissaires députés en Languedoc pour la réformation des gabelles.

E 1ᵇ, fᵒ 96 vᵒ.

3043. — Arrêt accordant aux habitants de Mantilli une remise de deux années de tailles, attendu les pertes que leur ont fait subir les troupes du marquis de Belle-Isle.

E 1ᵇ, fᵒ 97 vᵒ.

3044. — Arrêt ordonnant que les villes d'Épernon, de Rochefort et de Saint-Arnoult contribueront, sous forme d'aide, à la subvention des villes closes imposée aux habitants de Montfort.

E 1ᵇ, fᵒ 97 vᵒ.

3045. — Arrêt ordonnant le payement d'une somme de 333 écus 1/3 due à Mᵉ Baptiste Le Grand, pour ses gages de secrétaire des finances.

E 1ᵇ, fᵒ 98 rᵒ.

3046. — Arrêt autorisant Adrien de Barastre, fermier de l'impôt de 3 écus 18 sols levé sur chaque tonneau de vin entrant ès villes de Picardie, à établir un bureau de recette à Saint-Valery-sur-Somme, attendu la maladie contagieuse qui sévit en ladite province.

E 1ᵇ, fᵒ 98 rᵒ.

3047. — Arrêt ordonnant le payement des gages dus au sieur de Fourcy, trésorier de France à Paris, intendant des bâtiments et châteaux du Louvre, de Saint-Germain-en-Laye, des Tuileries, et au sieur de Douon, contrôleur général desdits bâtiments.

E 1ᵇ, fᵒ 98 vᵒ.

3048. — Arrêt ordonnant que le receveur particulier du grenier à sel de Soissons sera contraint au payement de la somme à laquelle il a été taxé.

E 1ᵇ, fᵒ 98 vᵒ.

3049. — Arrêt ordonnant au premier conseiller en la cour des aides de Normandie de faire enquête sur les motifs de la demande en remise de tailles formée par plusieurs villages de l'élection de Neufchâtel.

E 1ᵇ, fᵒ 99 rᵒ.

3050. — Arrêt maintenant Mᵉ Guillaume Cochon, président en l'élection d'Alençon, au nombre des trois officiers retenus en ladite élection.

E 1ᵇ, fᵒ 99 vᵒ.

3051. — Arrêt réduisant au taux de l'année 1595 la subvention des villes closes imposée aux habitants de Moret.

E 1ᵇ, fᵒ 99 vᵒ.

3052. — Arrêt portant que les collecteurs des tailles de Pontoise seront dispensés de faire le recouvrement des 4,000 écus naguère imposés en ladite ville pour le remboursement de plusieurs particuliers.

E 1ᵇ, fᵒ 100 rᵒ.

3053. — Arrêt relatif à la levée des taxes levées sur les receveurs et contrôleurs des tailles et affectées au payement des sommes dues aux colonels de Diesbach et de Montricher.

E 1ᵇ, fᵒ 100 rᵒ.

3054. — Arrêt portant assignation d'une somme de 600 écus donnée au sieur de La Rivière, premier médecin du Roi.

E 1ᵇ, fᵒ 101 rᵒ.

1596, 18 novembre. — Rouen.

3055. — Arrêt levant l'interdiction prononcée

contre les trésoriers de France, mais faisant défense à tous ceux qui n'ont point été «réservés» d'exercer leursdits offices avant la résolution qui en sera prise dans l'assemblée de Rouen.

E 1ᵇ, fᵒ 104 rᵒ.

3056. — Arrêt ordonnant de surseoir, pendant six semaines, à l'exécution de toutes les sentences qui ont été rendues contre les habitants de Vendôme à l'occasion des pertes subies par les officiers du Grand Conseil lors de la réduction de Vendôme en l'obéissance du duc de Mayenne.

E 1ᵇ, fᵒ 104 vᵒ.

3057. — Arrêt rétablissant Mᵉ Jacques Blanchard, trésorier de France à Orléans, en l'exercice de sa charge, nonobstant la commission expédiée par le sieur de Rosny, conseiller d'État, en faveur du sieur d'Achères.

E 1ᵇ, fᵒ 104 vᵒ.

3058. — Arrêt portant que Mᵉ Timothée de Montchal, trésorier de France à Montpellier, ne pourra être contraint au payement de la taxe pour confirmation d'office.

E 1ᵇ, fᵒ 105 rᵒ.

3059. — Arrêt réglant le payement de la garnison de Laon.

E 1ᵇ, fᵒ 105 rᵒ.

3060. — Arrêt confirmant la vente de la terre de Roquemaure, adjugée au duc de Joyeuse pour une somme de 11,000 écus, et réservant au Roi la possession du château et de la forteresse.

E 1ᵇ, fᵒ 105 vᵒ.

1596, 19 novembre. — Rouen.

3061. — Arrêt réglant le payement des gens de guerre à pied suisses et français en garnison dans le Lyonnais.

E 1ᵇ, fᵒ 108 rᵒ.

3062. — Arrêt réglant le payement des gens de guerre en garnison à Châlon-sur-Saône et dans les autres villes de Bourgogne conservées au duc de Mayenne.

E 1ᵇ, fᵒ 108 rᵒ.

3063. — Arrêt confirmant la revente de la seigneurie de Dourdan faite au sieur Imbert de Diesbach, colonel des Suisses du canton de Berne.

E 1ᵇ, fᵒ 108 vᵒ.

3064. — Arrêt réglant le payement d'une somme de 1,000 écus donnée par le Roi à Ange Capel, sieur Du Luat.

E 1ᵇ, fᵒ 108 vᵒ.

3065. — Arrêt portant assignation d'une indemnité de 300 écus accordée aux députés de la cour des aides de Normandie, à cause du voyage qu'ils firent de Caen à Mantes pour trouver le Roi.

E 1ᵇ, fᵒ 109 rᵒ.

3066. — Arrêt réglant le payement des frais et vacations des commissaires députés pour la réformation des gabelles dans le Languedoc, dans le Dauphiné et dans la Provence.

E 1ᵇ, fᵒ 109 rᵒ.

3067. — Arrêt réglant le payement des sommes dues au sieur Miron, conseiller d'État et président au Grand Conseil, pour sa charge d'intendant de la justice et de la police dans l'armée.

E 1ᵇ, fᵒ 109 vᵒ.

3068. — Arrêt ordonnant le payement d'une somme de 600 écus due au Connétable pour la solde de ses gardes.

E 1ᵇ, fᵒ 109 vᵒ.

1596, 20 novembre. — Rouen.

3069. — Arrêt portant règlement au sujet de la signature, du contrôle, de l'adresse et du sceau des lettres d'assiette.

E 1ᵇ, fᵒ 112 rᵒ; mss. fr. 7007, fᵒ 300 rᵒ, et 23677, fᵒ 3 rᵒ.

3070. — Arrêt ordonnant aux trésoriers de France d'adresser au Conseil un état au vrai des restes dus par les habitants de leurs généralités, et accordant une surséance générale pour le payement des restes des années passées jusqu'à 1594 inclusivement.

E 1ᵇ, fᵒ 112 rᵒ.

3071. — Arrêt portant assignation d'une somme

de 2,651 écus 1/3 due au sieur de Vic, pour sa pension et pour le remboursement des frais par lui supportés à Saint-Quentin, au siège de Cambrai, à Boulogne.

E 1ᵇ, fᵒ 112 vᵒ.

3072. — Arrêt portant assignation d'une somme de 2,000 écus due au sieur Choyrin.

E 1ᵇ, fᵒ 112 vᵒ.

3073. — Arrêt ordonnant aux trésoriers de France à Paris de constituer jusqu'à 2,500 écus de rente, pour subvenir aux réparations les plus urgentes du pont de Saint-Cloud.

E 1ᵇ, fᵒ 112 vᵒ.

3074. — Arrêt maintenant Mᵉ Thomas Fromage, ancien élu en l'élection de Falaise, en l'exercice de sa charge, et faisant défense à Mᵉ Jean Harnoult, contrôleur en ladite élection, de s'immiscer en l'exercice de ladite charge.

E 1ᵇ, fᵒ 113 rᵒ.

3075. — Arrêt portant que Pierre Le Vassor, receveur des tailles en l'élection de Dreux, comptera en la Chambre des comptes pour les recettes par lui faites, en l'année 1595, dans les paroisses alors distraites de l'élection de Verneuil et réunies à celle de Dreux.

E 1ᵇ, fᵒ 113 rᵒ.

3076. — Arrêt accordant à Mᵉ Jean Coynart, trésorier des douanes, traites, impositions foraine et domaniale, une indemnité de 6 écus par jour, pour avoir vaqué, avec le baron de Rosny, à l'interdiction des élus.

E 1ᵇ, fᵒ 113 rᵒ.

3077. — Arrêt accordant surséance, pour le payement des tailles de l'année 1594, aux habitants des paroisses d'Ivry, de Saint-Crépin et d'Ibouvillers, appartenant au sieur de Marivaulx.

E 1ᵇ, fᵒ 113 vᵒ.

3078. — Arrêt portant assignation d'une somme de 400 écus donnée par le Roi à la veuve et aux héritiers de Mᵉ Jacques Guéret, prévôt de Blois.

E 1ᵇ, fᵒ 113 vᵒ.

3079. — Arrêt portant assignation d'une somme de 266 écus 2/3 due au sieur de La Noue-Bonault pour ses gages de maréchal des logis du Roi.

E 1ᵇ, fᵒ 113 vᵒ.

3080. — Arrêt ordonnant le payement d'une somme de 1,500 écus accordée au sieur de Penjas par lettres patentes du 9 octobre dernier.

E 1ᵇ, fᵒ 114 rᵒ.

3081. — Arrêt portant nouvelle assignation d'une somme de 200 écus due à Florimond de Culfroy, sieur de La Racine.

E 1ᵇ, fᵒ 114 rᵒ.

3082. — Arrêt déchargeant les Frères Prêcheurs de Toulon des tailles qu'ils pourraient devoir à raison d'une métairie sise à Hyères.

E 1ᵇ, fᵒ 114 rᵒ.

1596, 21 novembre. — Rouen.

3083. — Arrêt accordant à Mᵉ Jean Ceberet, notaire et secrétaire du Roi, un office de maître des comptes en Bretagne.

E 1ᵇ, fᵒ 116 rᵒ.

3084. — Arrêt renvoyant aux trésoriers de France à Tours une requête présentée par la veuve de René Robichon à l'encontre de Paul Robichon, frère de son défunt mari, pour raison de la ferme du nouveau subside de 5 sols par muid de vin entrant en la généralité de Tours.

E 1ᵇ, fᵒ 116 rᵒ.

3085. — Arrêt accordant aux maire et jurats de Bordeaux remise des sommes par eux dues pour l'entretien des garnisons en 1594 et en 1595.

E 1ᵇ, fᵒ 116 vᵒ.

3086. — Avis du Conseil tendant à accorder quelque gratification au sieur de Vardes, en considération de ses services.

E 1ᵇ, fᵒ 116 vᵒ.

3087. — Arrêt portant assignation d'une indemnité de 500 écus accordée au sieur Guischard, valet de chambre ordinaire du Roi, pour plusieurs voyages.

E 1ᵇ, fᵒ 117 rᵒ.

3088. — Arrêt accordant surséance pour le payement des tailles aux habitants de Gommerville, à
raison des pertes que leur ont fait subir les troupes
du duc de Nemours.

E 1ᵇ, fᵒ 117 rᵒ.

3089. — Arrêt portant nouvelle assignation de
7,000 écus dus à Nicolas de Corberon, commissaire
des poudres et salpêtres en Champagne, Brie et Bourgogne, pour la fourniture de 60,000 livres de poudre
qu'il doit livrer au magasin de Troyes.

E 1ᵇ, fᵒ 117 rᵒ.

3090. — Arrêt portant que Mᵉ Jean Maledent, receveur des tailles en l'élection de Limoges, sera dispensé
de faire la recette des taxes sur les greffes des tailles
et paroisses.

E 1ᵇ, fᵒ 117 vᵒ.

3091. — Arrêt ordonnant le payement d'une somme
de 2,000 écus assignée au prince de Conti.

E 1ᵇ, fᵒ 117 vᵒ.

3092. — Arrêt ordonnant à Mᵉ Philippe de Castille, receveur général du Clergé, de hâter le payement
des assignations données au sieur de Luxembourg,
pair de France.

E 1ᵇ, fᵒ 117 vᵒ.

3093. — Arrêt ordonnant que les habitants de
l'élection de Soissons seront contraints au payement
des tailles de l'année 1595, nonobstant certaine remise qu'ils ont obtenue par surprise. (Cf. nᵒ 3102.)

E 1ᵇ, fᵒ 118 rᵒ.

3094. — Arrêt portant assignation d'une somme
de 500 écus en faveur du sieur de Lambert, maître
d'hôtel ordinaire du Roi.

E 1ᵇ, fᵒ 118 rᵒ.

3095. — Arrêt portant assignation de 1,600 écus
en faveur du comte de La Rochepot, gouverneur
d'Anjou.

E 1ᵇ, fᵒ 118 rᵒ.

3096. — Arrêt accordant à Mᵉ Jean Louvet, notaire et secrétaire du Roi, décharge d'une somme de
200 écus à lui réclamée comme supplément de ses
lettres d'anoblissement.

E 1ᵇ, fᵒ 118 vᵒ.

3097. — Arrêt ordonnant le payement des rôles
expédiés par le feu sieur de Rubempré, gouverneur
de Rue, pour la solde de 30 chevau-légers et de
20 hommes de pied en garnison dans ladite place.

E 1ᵇ, fᵒ 118 vᵒ.

3098. — Arrêt renvoyant aux trésoriers de France
à Paris et à Rouen une requête en remise de gabelle
présentée par François Belin, adjudicataire de la
fourniture des greniers à sel de la Ferté-Milon, de
Provins, de Sens, de Montereau, de Rouen, de Neufchâtel et de Dieppe.

E 1ᵇ, fᵒ 118 vᵒ.

3099. — Arrêt donnant commission à Mᵉ Guillaume
Le Vacher, contrôleur du domaine en Bourbonnais,
pour rechercher en Picardie et en Normandie les biens
des sujets du Roi qui se sont retirés en pays ennemis,
ainsi que les sommes d'argent dues aux sujets des
Pays-Bas demeurant à Lille en Flandre.

E 1ᵇ, fᵒ 119 rᵒ.

3100. — Arrêt réglant le payement du supplément
de la dot de la Reine sur les « deniers que le sieur de
Rosny a faict apporter des receptes génералles de Tours
et Orléans ».

E 1ᵇ, fᵒ 119 rᵒ.

3101. — Arrêt ordonnant que Mᵉ François Garrault, receveur général des finances à Orléans, sera
contraint au payement de 2,000 écus assignés à
Mᵉ Faure, trésorier des gardes du Roi, pour le payement desdites gardes.

E 1ᵇ, fᵒ 119 rᵒ.

3102. — Arrêt accordant surséance à Mᵉ Nicolas
Falaise, receveur des tailles en l'élection de Soissons,
pour l'acquittement des sommes assignées sur ladite
recette. (Cf. nᵒ 3093.)

E 1ᵇ, fᵒ 119 rᵒ.

3103. — Arrêt ordonnant le payement d'une
somme de 1,000 écus assignée au sieur de Gesvres,
secrétaire d'État.

E 1ᵇ, fᵒ 119 vᵒ.

3104. — Requêtes des habitants de Toulon et réponses du Conseil au sujet :

1° De la remise des droits de douane et d'imposition foraine;

2° Des fortifications de la ville, du côté de la mer;

3° De la taxe pour l'entretien des garnisons;

4° De l'élection des consuls, conseillers et autres officiers de ville.

E 1ᵇ, fᵒ 121 rᵒ.

1596, 26 novembre. — Rouen.

3105. — Arrêt renvoyant au premier président de la chambre des comptes de Bretagne, au sieur Turquan, conseiller d'État et maître des requêtes de l'Hôtel, et au procureur général en la Chambre des comptes une requête du comte de Châteauroux et du baron de Chappes tendant à la validation des impositions ou réquisitions faites en Bretagne, sans le consentement des États, en vertu des ordonnances du feu maréchal d'Aumont.

E 1ᵇ, fᵒ 123 rᵒ.

3106. — Arrêt faisant remise aux habitants de Bayeux de moitié de la subvention des villes closes, attendu le double pillage auquel ils ont été soumis.

E 1ᵇ, fᵒ 123 vᵒ.

3107. — Arrêt faisant remise aux habitants d'Issoudun de ce qu'ils doivent pour la subvention des villes closes de l'année dernière et d'un tiers de ce qu'ils doivent pour celle de l'année présente.

E 1ᵇ, fᵒ 123 vᵒ.

3108. — Avis du Conseil tendant à accorder quelque gratification au capitaine Saint-Mathieu, commandant à Montcenis.

E 1ᵇ, fᵒ 124 rᵒ.

3109. — Arrêt réglant le remboursement du montant d'une taxe imposée, en 1586, aux officiers des greniers à sel de Normandie, laquelle somme a été avancée au Roi par les sieurs Barthélemi Cénamy et Scipion Balbany.

E 1ᵇ, fᵒ 124 rᵒ.

3110 — Arrêt donnant à Mᵉ Étienne Puget, tré-

sorier général de l'Artillerie, assignation de 3,000 écus « sur les deniers qui ont esté conduitz des receptes généralles de Tours et Orléans » et assignation de 1,000 écus « sur ceulx qui doibvent estre admenez des receptes généralles de Ryom, Moulins et Bourges ».

E 1ᵇ, fᵒ 124 vᵒ.

3111. — Arrêt donnant assignation de 6,000 écus à Mᵉ Étienne Puget, trésorier général de l'Artillerie, pour achat de boulets de canon.

E 1ᵇ, fᵒ 124 vᵒ.

3112. — Arrêt réglant le remboursement de la finance payée par Mᵉ Nicolas Bouvyer, président au présidial d'Alençon, pour l'office de lieutenant criminel au bailliage d'Alençon, dont il a été débouté.

E 1ᵇ, fᵒ 124 vᵒ.

3113. — Arrêt enjoignant aux trésoriers de France à Châlons de faire procéder, sans plus de retard, en l'élection de Chaumont, à une levée de 3,000 écus destinée à remplacer une levée de 60 chevaux d'artillerie.

E 1ᵇ, fᵒ 125 rᵒ. .

3114. — Arrêt ordonnant au trésorier de l'Épargne de payer comptant 1,200 écus au sieur de Rosny, « pour le voyage par luy faict ès généralitez d'Orléans et Tours pour l'accélération et recouvrement des deniers desdites généralitez ».

E 1ᵇ, fᵒ 125 rᵒ.

3115. — Arrêt ordonnant au trésorier de l'Épargne de payer comptant 100 écus au sieur Du Four, secrétaire de la Chambre du Roi, pour le voyage par lui fait aux élections d'Orléans et de Tours, par subdélégation du sieur de Rosny.

E 1ᵇ, fᵒ 125 rᵒ.

3116. — Arrêt donnant assignation de 403 écus 31 sols 6 deniers à René Dupont, commis du sieur de Gesvres, secrétaire d'État, pour les frais des dépêches par lui expédiées sous ledit sieur de Gesvres.

E 1ᵇ, fᵒ 125 rᵒ.

3117. — Arrêt ordonnant le payement d'une pension de 100 écus accordée à Robert Estienne, poète et interprète du Roi.

E 1ᵇ, fᵒ 125 vᵒ.

1596, 27 novembre. — Rouen.

3118. — Arrêt donnant mainlevée de marchandises appartenant à plusieurs marchands de Rouen, saisies au Havre par l'amirauté, sur un navire chargé à Séville, à condition que lesdits marchands fourniront caution; ordonnant, en outre, que ledit procès sera jugé, en première instance, par les officiers de l'amirauté du Havre.

E 1ᵇ, fᵒ 127 rᵒ.

3119. — Arrêt réglant le payement d'une somme de 239 écus avancée par le sieur de [Di]simieu, gouverneur de Vienne, pour les réparations des châteaux de Pipet et de la Bâtie.

E 1ᵇ, fᵒ 127 vᵒ.

3120. — Arrêt réglant le payement des gages dus à Jérôme de Gondy, gentilhomme ordinaire de la Chambre, «ayant la charge et conduicte des ambassadeurs», pour les années 1587 à 1594.

E 1ᵇ, fᵒ 127 vᵒ.

3121. — Arrêt ordonnant le payement de la pension de 1,566 écus due audit sieur de Gondy pour les années 1588 à 1594.

E 1ᵇ, fᵒ 128 rᵒ.

3122. — Arrêt ordonnant le remboursement d'une somme de 20,941 écus 47 sols 6 deniers prêtée au feu Roi par ledit sieur de Gondy.

E 1ᵇ, fᵒ 128 rᵒ.

3123. — Arrêt ordonnant le payement d'une somme de 150 écus accordée au sieur d'Angoulevent, l'un des valets de chambre ordinaires du Roi.

E 1ᵇ, fᵒ 128 rᵒ.

1596, 28 novembre. — Rouen.

3124. — Arrêt autorisant les habitants de Saint-Cloud à lever sur eux-mêmes la somme nécessaire au remboursement des 1,000 écus par eux empruntés pour la rançon des gardes du duc de Nemours, laquelle rançon ils avaient été contraints de payer pour avoir porté secours aux troupes royales en 1589 et contribué à la défaite des Ligueurs.

E 1ᵇ, fᵒ 129 rᵒ.

3125. — Arrêt portant nouvelle assignation d'une somme de 1,163 écus 1/3 donnée par le Roi, en 1592, au sieur de Bellengreville, commandant à Meulan.

E 1ᵇ, fᵒ 129 rᵒ.

3126. — Arrêt enjoignant aux consuls de Montpellier et des autres villes de Languedoc, Dauphiné, Provence, Lyonnais, Forez, Beaujolais et Mâconnais de délivrer au sieur Des Barreaux, conseiller d'État, les états de toutes les levées faites dans lesdites villes.

E 1ᵇ, fᵒ 129 vᵒ.

3127. — Arrêt ordonnant au Connétable, gouverneur de Languedoc, aux lieutenants généraux et aux gouverneurs particuliers dudit pays de faire remettre de gré ou de force aux mains de l'évêque nommé du Puy la ville de Monistrol et les autres places dépendant dudit évêché, actuellement occupées par le sieur de Champetière ou autres.

E 1ᵇ, fᵒ 129 vᵒ.

1596, 30 novembre. — Rouen.

3128. — Arrêt donnant commission au grand prévôt de France pour faire un procès criminel et extraordinaire aux habitants de Touquettes, coupables de violences et de meurtre sur la personne des archers ou sergents envoyés pour le recouvrement des tailles.

E 1ᵇ, fᵒ 130 rᵒ.

3129. — Arrêt assignant au Conseil le sieur de Montaupresbtre et ses créanciers, envers lesquels ledit sieur a été déclaré quitte, pendant qu'ils étaient ligueurs.

E 1ᵇ, fᵒ 130 vᵒ.

3130. — Arrêt ordonnant aux trésoriers de France à Rouen et à Caen de passer outre, nonobstant l'opposition des États de Normandie, à la levée d'une somme de 8,200 écus accordée à Mᵉ Jean Du Vivier, par arrêt du 28 juillet dernier, pour le remboursement de son office de procureur général au parlement de Rouen.

E 1ᵇ, fᵒ 130 vᵒ.

3131. — Arrêt portant assignation d'une somme

de 1,000 écus due au sieur de Montaval, capitaine du château d'Exmes, pour réparations faites audit château.

E 1ᵇ, f° 131 r°.

3132. — Arrêt portant nouvelle assignation d'une somme de 5,000 écus empruntée par Jean de Mesmes, sieur de Bocar, pour la levée d'une compagnie de chevau-légers qu'il mena, en l'année 1588, à l'armée du Roi.

(Arrêt cancellé.)

E 1ᵇ, f° 131 r°.

3133. — Arrêt accordant à neuf paroisses de l'élection de Montreuil-Bellay remise des tailles pour les années 1589 à 1592 et surséance pour les années 1593 et 1594, à raison des pertes par eux subies pendant les troubles et par suite du siège de Tiffauges.

E 1ᵇ, f° 131 r°.

3134. — Avis du Conseil tendant à faire don de 100 écus à la veuve du capitaine La Ruine.

E 1ᵇ, f° 131 v°.

3135. — Arrêt renvoyant au maître particulier des eaux et forêts une requête qu'a présentée la veuve de Jean Mariavèle pour être déchargée du prix des bois adjugés à son défunt mari dans la verderie de Lyons.

E 1ᵇ, f° 131 v°.

3136. — Arrêt portant décharge du droit de supplément d'office, et réduisant à 31 écus le droit de billet imposé à Jean Glanart, grènetier au magasin à sel de Caudebec.

E 1ᵇ, f° 132 r°.

3137. — Arrêt renvoyant à la Cour des monnaies une requête en remise de fermages présentée par Claude Le Roux, fermier de la monnaie de Rouen.

E 1ᵇ, f° 132 r°.

3138. — Arrêt ordonnant la cessation de toutes poursuites au sujet des soulèvements en Périgord.

E 1ᵇ, f° 132 r°.

3139. — Arrêt faisant remise aux habitants de Laon de moitié de la subvention des villes closes,

attendu les pertes que leur ont fait subir la guerre, la peste et la famine.

E 1ᵇ, f° 132 v°.

3140. — Arrêt faisant remise aux habitants d'Orléans de moitié de la subvention des villes closes.

E 1ᵇ, f° 133 r°.

3141. — Arrêt faisant remise aux habitants de Corbeil de moitié de la subvention des villes closes.

E 1ᵇ, f° 133 r°.

3142. — Arrêt accordant aux habitants de Magny décharge de la subvention des villes closes.

E 1ᵇ, f° 133 r°.

3143. — Arrêt ordonnant que Scipion Balbany, chargé de la recette des taxes imposées aux officiers des greniers à sel, comptera par-devant le sieur de La Grange, conseiller d'État.

E 1ᵇ, f° 133 v°.

3144. — Arrêt renvoyant à la Chambre des comptes le soin de régler les attributions de Mˢˢ Jean Jacquelin et Henri Estienne, trésoriers des Bâtiments, et du receveur du domaine de Paris.

E 1ᵇ, f° 133 v°.

3145. — Arrêt déchargeant du droit de confirmation d'offices les procureurs du parlement de Rouen.

E 1ᵇ, f° 134 r°.

3146. — Arrêt enjoignant aux deux contrôleurs généraux des guerres de satisfaire à l'arrêt du Conseil du 17 juin dernier, sans quoi Claude Bodin, maître d'hôtel ordinaire du Roi, pourrait être pourvu de même office.

E 1ᵇ, f° 134 r°.

3147. — Arrêt ordonnant le payement d'une somme de 353 écus 1/3 due au sieur de Cange, écuyer d'écurie du Roi, tant pour ses gages que pour le prix d'un cheval par lui vendu à Sa Majesté.

E 1ᵇ, f° 134 r°.

3148. — Arrêt portant assignation d'une somme de 433 écus 1/3 due pour les gages du sieur de Sève, maître des requêtes ordinaire de l'Hôtel.

E 1ᵇ, f° 134 r°.

3149. — Arrêt renvoyant à la cour des aides de Normandie une requête qu'a présentée la veuve de M° Guillaume Nouynée, trésorier de France à Caen, pour être autorisée à prendre du sel dans les greniers sans gabelle.

E 1ᵇ, fᵒ 134 vᵒ.

3150. — Arrêt renvoyant aux trésoriers de France à Rouen une requête présentée par le sieur de Bois-rozay pour obtenir la plus-value des fermes des vin et menues boissons de la vicomté de Caudebec.

E 1ᵇ, fᵒ 134 vᵒ.

3151. — Arrêt accordant à M° Guillaume Du Fayot, l'un des soixante payeurs anciens de la gendarmerie, décharge d'un second supplément d'office.

E 1ᵇ, fᵒ 134 vᵒ.

3152. — Arrêt déclarant que les habitants des paroisses où il n'y a pas de greffier pourvu en titre d'office seront déchargés du droit de confirmation.

E 1ᵇ, fᵒ 135 rᵒ.

3153. — Arrêt enjoignant à la veuve et aux cautions de M°. Jean Roussel, commis à la recette des décimes au diocèse d'Évreux, de verser entre les mains de M° Martin de Laune, receveur des décimes en la généralité de Rouen, les restes des décimes de l'année 1595.

E 1ᵇ, fᵒ 135 rᵒ.

3154. — Arrêt portant assignation de 1,866 écus 2/3 en faveur du président Forget.

E 1ᵇ, fᵒ 135 vᵒ.

3155. — Arrêt accordant à Étienne Vacher, « payeur de la gendarmerie du nombre des soixante retenuz », décharge d'un second supplément d'office.

E 1ᵇ, fᵒ 135 vᵒ.

3156. — Arrêt renvoyant à la cour des aides de Normandie une requête des habitants de Saint-Jean-du-Cardonnay tendant à ce que Charles de Dehors, soi-disant archer des gardes du Roi, contribue au payement des tailles.

E 1ᵇ, fᵒ 135 vᵒ.

3157. — Arrêt déchargeant les receveurs de la généralité d'Orléans d'une somme de 320 écus par eux baillée au sieur de Vic, conseiller d'État.

E 1ᵇ, fᵒ 135 vᵒ.

3158. — Arrêt donnant commission aux lieutenants civil et particulier du Châtelet pour faire estimer les « livres rares, beaux marbres et antiquitez, bois de cèdre, pierres taillées et non taillées, estans allentour et ès environs du chasteau de Saint-Maur », tous objets ayant appartenu à Catherine de Médicis, et dont le prix est revendiqué par les créanciers de ladite dame.

E 1ᵇ, fᵒ 136 rᵒ.

3159. — Arrêt réglant le payement de 143 écus 12 sols dus à l'orfèvre Mathurin Ferré, pour fourniture de vaisselle d'argent.

E 1ᵇ, fᵒ 136 rᵒ.

3160. — Arrêt ordonnant le payement d'une somme de 333 écus 2/3 assignée au sieur d'Estrées.

E 1ᵇ, fᵒ 136 vᵒ.

3161. — Arrêt accordant aux habitants de Fresnes surséance pour le payement des tailles, attendu les ravages commis par le régiment de Tremblecourt et les pertes que leur a causées la maladie contagieuse.

E 1ᵇ, fᵒ 136 vᵒ.

3162. — Arrêt réglant le payement d'une somme de 4,000 écus accordée au sieur de Lieu-Dieu, ci-devant gouverneur de Verdun.

E 1ᵇ, fᵒ 136 vᵒ.

3163. — Arrêt portant que M° Robert Robineau, receveur des boîtes des monnaies de France, sera contraint de verser 2,000 écus entre les mains du trésorier de l'Épargne.

E 1ᵇ, fᵒ 137 rᵒ.

3164. — Arrêt accordant à l'évêque d'Albi décharge des 5/6 des décimes de l'année 1595, attendu qu'il n'a pu jouir des revenus dudit évêché.

E 1ᵇ, fᵒ 141 rᵒ.

3165. — Arrêt accordant au clergé du diocèse de Lyon décharge de la moitié des décimes des années 1594 à 1596.

E 1ᵇ, fᵒ 141 vᵒ.

3166. — Arrêt accordant aux ecclésiastiques du diocèse de Vienne habitant le Dauphiné décharge des deux tiers des décimes pour les cinq dernières années, et ordonnant une enquête sur la prétendue spoliation soufferte par les ecclésiastiques du même diocèse qui habitent le Lyonnais, le Forez ou le Vivarais.

E 1ᵇ, f° 141 v°.

3167. — Arrêt accordant au clergé du diocèse de Toulouse décharge d'une somme de 3,600 écus.

E 1ᵇ, f° 142 r°.

3168. — Arrêt accordant au clergé du diocèse de Montauban décharge d'une somme de 3,133 écus 1/3.

E 1ᵇ, f° 142 v°.

3169. — Arrêt ordonnant l'élargissement d'Ives de Gourmille, sieur de l'Isle-en-Bretagne, mais lui défendant, sous peine de mort, d'approcher de moins de dix lieues de la résidence du Roi. (Cf. n° 3171.)

E 1ᵇ, f° 145 r°.

—————

1596, 2 décembre. — Rouen.

3170. — Arrêt ordonnant de surseoir à l'exécution des lettres de remise obtenues par plusieurs paroisses voisines d'Ambert.

E 1ᵇ, f° 137 v°.

3171. — Arrêt autorisant Ives de Gourmille, sieur de l'Isle, à demeurer encore six jours à Rouen. (Cf. n° 3169.)

E 1ᵇ, f° 137 v°.

3172. — Arrêt ordonnant une enquête sur le guet-apens dont fut victime Jacques de Bresmes, l'un des clercs de Mᵉ Louis Habert, trésorier général ordinaire des guerres.

F. 1ᵇ, f° 138 r°.

3173. — Arrêt taxant à 40 écus chacun des quatre offices de courtiers de vin à Dieppe.

E 1ᵇ, f° 138 r°.

3174. — Arrêt réglant le payement des gages de Mᵉ Claude Le Beau, receveur des traites et impositions foraines à Calais.

E 1ᵇ, f° 138 r°.

3175. — Arrêt faisant remise de 102 écus aux enfants mineurs de feu Denis de Brévedent sur le prix d'une ferme en l'élection de Pont-Audemer.

E 1ᵇ, f° 138 r°.

3176. — Arrêt renvoyant à la cour des aides de Rouen le procès pendant entre Georges Louchart, fermier des 10 sols sur chaque muid de vin entrant dans les villes closes de la généralité de Rouen, et Antoine Abelly, l'un des douze marchands de vin privilégiés suivant la Cour.

(Arrêt cancellé.)

E 1ᵇ, f° 138 v°.

3177. — Arrêt faisant remise à Simon Havart, demeurant à Étrépagny, de ce qu'il doit des quatrièmes du vin par lui vendu pendant les années 1591 à 1593.

E 1ᵇ, f° 138 v°.

3178. — Arrêt renvoyant au maître particulier des eaux et forêts une requête présentée par Gervais de Cailly pour obtenir remise du prix de deux adjudications de bois en la verderie de Longchamp.

E 1ᵇ, f° 139 r°.

—————

1596, 3 décembre. — Rouen.

3179. — Arrêt donnant au sieur Mario de Baudini, gentilhomme ordinaire de la Chambre, retenu prisonnier depuis huit ans par le duc d'Épernon, assignation de 59,500 écus, tant en considération des avances par lui faites au feu Roi, que de la mort de son frère, le colonel Baudini, massacré à Narbonne.

E 1ᵇ, f° 146 r°.

3180. — Arrêt réglant à 250,631 écus 32 sols 2 deniers les sommes dues au duc de Wurtemberg et de Teck, comte de Montbéliard, et ordonnant que vente lui sera faite des seigneuries de Montigny et de Nogent-le-Roi, en exceptant la forteresse de Montigny.

E 1ᵇ, f°ˢ 146 v° et 150 r°.

3181. — Arrêt accordant 20 écus à Antoine Musnier, huissier de la salle « où se tient le Conseil près Monseigneur le Connestable ».

E 1ᵇ, f° 146 v°.

3182. — Arrêt accordant une indemnité de 900 écus à Bernard de Jullien, fermier des taxes levées aux ports d'Agde et de Sérignan.

E 1ᵇ, fᵒ 146 vᵒ.

3183. — Arrêt confirmant la revente de la seigneurie de Lombez.

E 1ᵇ, fᵒ 147 rᵒ.

3184. — Arrêt réservant l'office de feu Mᵉ Robert de Goussancourt, conseiller au Parlement, à la nomination de sa veuve.

E 1ᵇ, fᵒ 147 vᵒ.

3185. — Arrêt portant assignation de 2,000 écus en faveur du duc de Retz.

E 1ᵇ, fᵒ 147 vᵒ.

3186. — Arrêt réglant le remboursement de partie des 8,000 écus prêtés au Roi, en 1594, par feu Mᵉ Antoine de Coste, commis à la recette générale du commerce de Paris.

E 1ᵇ, fᵒ 147 vᵒ.

3187. — Arrêt ordonnant la levée d'une somme de 15,000 écus sur le sel passant à Valence.

E 1ᵇ, fᵒ 147 vᵒ.

3188. — Arrêt maintenant en l'exercice de sa charge Mᵉ Robert Le Vieil, président en l'élection d'Argentan.

E 1ᵇ, fᵒ 148 rᵒ.

—————

1596, 5 décembre. — Rouen.

3189. — Arrêt ordonnant qu'Ottoniel Smith, marchand anglais, acquittera les droits d'entrée levés sur les sacs d'alun introduits dans le royaume.

E 1ᵇ, fᵒ 154 rᵒ.

3190. — Arrêt ordonnant qu'une vente de bois dans la garenne et dans le duché de Châtellerault sera faite par le sieur de La Borde, grand maître des eaux et forêts de Guyenne, de Poitou, de Saintonge et d'Angoumois, nonobstant l'opposition de Mᵉ Jean Petit, agent d'affaires du duc de Montpensier.

E 1ᵇ, fᵒ 154 vᵒ.

3191. — Arrêt portant nouvelle assignation d'une somme de 14,000 écus affectée au payement des gardes du Roi.

E 1ᵇ, fᵒ 154 vᵒ.

3192. — Arrêt accordant surséance aux habitants de Blois pour la fourniture de 4,500 livres de poudre.

E 1ᵇ, fᵒ 154 vᵒ.

3193. — Arrêt interdisant la levée de 126,747 écus 38 sols 4 deniers imposée aux habitants du bas pays d'Auvergne par arrêt du Conseil du 6 août dernier.

E 1ᵇ, fᵒ 155 rᵒ.

3194. — Arrêt portant que toutes les levées extraordinaires seront dorénavant faites par les receveurs des tailles.

E 1ᵇ, fᵒ 155 rᵒ.

3195. — Arrêt ordonnant l'exécution de l'arrêt du 21 juin dernier, en vertu duquel tous les officiers pourvus, pendant les troubles, par le duc de Mayenne sont astreints au payement d'un supplément.

E 1ᵇ, fᵒ 158 rᵒ.

3196. — Arrêt ordonnant le remboursement d'une somme de 5,000 écus due à la marquise de Monceaux.

E 1ᵇ, fᵒ 158 rᵒ.

3197. — Arrêt ordonnant au trésorier de l'Épargne de donner à Mᵉ Jean Ceberet, maître ordinaire en la chambre des comptes de Bretagne, quittance d'une somme de 2,800 écus.

E 1ᵇ, fᵒ 158 rᵒ.

3198. — Arrêt donnant à Mᵉ Jean Ceberet l'office de maître des comptes en Bretagne résigné par feu Mᵉ Pierre Gury en faveur de son frère, à condition que ledit Ceberet prêtera au Roi une somme de 2,800 écus.

E 1ᵇ, fᵒ 158 rᵒ.

3199. — Arrêt ordonnant à Mᵉ Jacques Tournay, prévôt de Soissons, de s'expliquer par-devant le Conseil au sujet de l'élargissement des commis à la recette des droits d'entrée en ladite ville.

E 1ᵇ, fᵒ 158 vᵒ.

3200. — Arrêt ordonnant que M° Jean de Ligny sera entendu au Conseil au sujet d'une requête de la reine douairière Louise de Lorraine.

E 1ᵇ, f° 158 v°.

3201. — Arrêt donnant assignation de 5,000 écus au sieur de Schomberg et au président de Thou, pour les frais d'un voyage en Bretagne.

E 1ᵇ, f° 158 v°.

3202. — Arrêt ordonnant le payement d'une indemnité de 100 écus accordée à Guillaume Alain, trompette du Roi.

E 1ᵇ, f° 159 r°.

3203. — Arrêt donnant commission au sieur d'Heudicourt, conseiller d'État, pour vérifier le montant des gages dus au capitaine La Ruine, tué au service du Roi.

E 1ᵇ, f° 159 r°.

1596, 10 décembre. — Rouen.

3204. — Arrêt ordonnant à M° Jean Petit, élu en l'élection de Nemours, de s'expliquer au sujet des empêchements par lui apportés à la levée de la subvention des villes closes en la ville de Larchant.

E 1ᵇ, f° 162 r°.

3205. — Arrêt accordant remise de divers impôts aux habitants de Chamblet, attendu les excès commis en ladite paroisse par les gens de guerre.

E 1ᵇ, f° 162 r°.

3206. — Arrêt faisant remise de 250 écus à la veuve et au fils d'Antoine Cauchie, sur le prix de la ferme de l'imposition de la bûche levée en la ville d'Amiens.

E 1ᵇ, f° 162 v°.

1596, 12 décembre. — Rouen.

3207. — Arrêt autorisant M° Jean-Baptiste de Machault, conseiller au Parlement, à jouir de ses biens à partir du jour où il a prêté serment de fidélité au Roi.

E 1ᵇ, f° 164 r°.

3208. — Arrêt déclarant les habitants de Tillières

quittes des restes de toutes impositions pour les années 1589 à 1592, et les autorisant à faire ouvrir une enquête sur les prétendues exactions du receveur des tailles en l'élection de Conches.

E 1ᵇ, f° 164 r°.

1596, 17 décembre. — Rouen.

3209. — Arrêt autorisant les habitants d'Hyères à se transporter sur le bord de la mer, à y construire une nouvelle ville fortifiée et un port, exemptant de tous impôts les habitants de la nouvelle ville, leur abandonnant, pendant six ans, les droits du Roi sur les greniers à sel d'Hyères, et leur concédant un marché et une foire annuelle.

E 1ᵇ, f° 166 r°.

3210. — Arrêt réglant le payement de la solde de la garnison de Montluel.

E 1ᵇ, f° 168 r°.

3211. — Arrêt ordonnant que Charles Landier, quoique protestant, sera reçu en l'office de receveur et payeur des gages des juges présidiaux d'Alençon.

E 1ᵇ, f° 168 r°.

3212. — Arrêt portant assignation d'une somme de 300 écus accordée à M° Émile Perrot, conseiller au siège des eaux et forêts de Paris, pour le règlement par lui fait au sujet de la forêt de Fontainebleau.

E 1ᵇ, f° 168 v°.

3213. — Arrêt donnant mainlevée du navire la Providence, saisi par Martissant Des Hargues, marinier de Saint-Jean-de-Luz, en vertu de lettres de marque du 23 novembre dernier.

E 1ᵇ, f° 168 v°.

3214. — Arrêt réglant le payement d'une somme de 8,000 écus accordée au sieur de Nerestan, mestre de camp d'un régiment de gens de pied.

E 1ᵇ, f° 169 r°.

3215. — Arrêt relatif au payement fait par Maurice de Mazin pour la taxe de l'office de viguier à Grasse.

E 1ᵇ, f° 169 r°.

3216. — Arrêt accordant aux habitants de Blois remise de 3,000 livres de poudre à canon.

E 1ᵇ, fᵒ 169 vᵒ.

3217. — Arrêt autorisant l'établissement d'un octroi à Granville, pour l'achèvement des quais, pour la construction des halles et de la chambre du conseil.

E 1ᵇ, fᵒ 169 vᵒ.

1596, 19 décembre. — Rouen.

3218. — Arrêt ordonnant le payement de 400 écus dus au sieur de Themynes.

E 1ᵇ, fᵒ 169 vᵒ.

3219. — Arrêt faisant remise aux habitants de Houdan de moitié de la subvention des villes closes.

E 1ᵇ, fᵒ 170 rᵒ.

3220. — Arrêt renvoyant aux trésoriers de France à Rouen la requête de Mᵉ Denis Dehors, receveur des tailles en l'élection de Chaumont et Magny, lequel demande à être élargi sous sa caution juratoire.

E 1ᵇ, fᵒ 170 rᵒ.

1596, 20 décembre. — Rouen.

3221. — Arrêt ordonnant que Mᵉ René de La Mare, receveur général des finances à Soissons, sera contraint de satisfaire à une assignation de 1,222 écus 30 sols donnée à Mᵉ Pierre Le Charron, trésorier général de l'Extraordinaire des guerres.

E 1ᵇ, fᵒ 172 rᵒ.

3222. — Arrêt relatif au payement de la solde de la garnison de Vignory.

E 1ᵇ, fᵒ 172 rᵒ.

3223. — Arrêt ordonnant au trésorier de l'Épargne de mettre son attache sur un acquit de 150 écus accordé au sieur d'Esquerque, gentilhomme de la suite du feu sieur de Longueville.

E 1ᵇ, fᵒ 172 rᵒ.

3224. — Arrêt donnant à Mᵉ Pierre Le Charron, trésorier de l'Extraordinaire des guerres, assignation d'une somme de 250 écus 48 sols, qui devra être employée conformément à l'acquit du 25 novembre dernier.

(Arrêt cancellé.)

E 1ᵇ, fᵒ 172 rᵒ.

3225. — Arrêt ordonnant le payement des gages dus à Mᵉ Claude L'Hoste, secrétaire de la Chambre.

E 1ᵇ, fᵒ 172 vᵒ.

3226. — Arrêt donnant assignation de 266 écus 2/3 au sieur de Montglat.

E 1ᵇ, fᵒ 172 vᵒ.

3227. — Arrêt donnant assignation de 250 écus au sieur de Vallègran.

E 1ᵇ, fᵒ 172 vᵒ.

3228. — Arrêt portant assignation d'une somme de 1,000 écus donnée par le Roi au sieur de La Rivière, premier médecin de Sa Majesté.

E 1ᵇ, fᵒ 172 vᵒ.

3229. — Arrêt portant assignation d'une somme de 1,000 écus donnée par le Roi à Jean de La Rivière, secrétaire de la Chambre.

E 1ᵇ, fᵒ 172 vᵒ.

3230. — Arrêt portant assignation d'une somme de 1,000 écus donnée au sieur Du Laurent, médecin ordinaire du Roi.

E 1ᵇ, fᵒ 172 vᵒ.

3231. — Arrêt portant assignation d'une somme de 1,000 écus donnée au sieur de Loménie, secrétaire du cabinet du Roi.

E 1ᵇ, fᵒ 173 rᵒ.

3232. — Arrêt donnant assignation de 400 écus au sieur Du Plessis-Prévost.

E 1ᵇ, fᵒ 173 rᵒ.

3233. — Arrêt donnant assignation de 419 écus 40 sols au sieur de La Barre, commandant au château d'Harcourt.

(Arrêt cancellé.)

E 1ᵇ, fᵒ 173 rᵒ.

3234. — Arrêt donnant assignation de 500 écus au sieur de Boullencourt, président en la Chambre des comptes.

E 1ᵇ, fᵒ 173 rᵒ.

3235. — Arrêt donnant assignation de 200 écus au sieur de Marsilly.

E 1ᵇ, fᵒ 173 rᵒ.

3236. — Arrêt donnant assignation de 200 écus au sieur de La Barde.

E 1ᵇ, fᵒ 173 rᵒ.

3237. — Arrêt portant assignation d'une somme de 200 écus due au sieur Pinclaire, pour ses gages de maréchal des logis du Roi.

E 1ᵇ, fᵒ 173 rᵒ.

3238. — Arrêt portant assignation de 1,100 écus dus au sieur de Vienne, aide de maréchal de camp en l'armée du Roi.

E 1ᵇ, fᵒ 173 vᵒ.

3239. — Arrêt portant assignation d'une somme de 1,000 écus due au prince de Conti pour sa pension.

E 1ᵇ, fᵒ 173 vᵒ.

3240. — Arrêt portant assignation d'une somme de 200 écus due au sieur de Mareil, écuyer d'écurie du Roi, pour ses gages de capitaine du château du Louvre.

E 1ᵇ, fᵒ 173 vᵒ.

3241. — Arrêt portant assignation d'une somme de 60 écus due à Jean Avons, dit Montauban, trompette ordinaire du Roi.

E 1ᵇ, fᵒ 173 vᵒ.

3242. — Arrêt ordonnant le payement de 560 écus dus au sieur Moreau, huissier de la Chambre.

E 1ᵇ, fᵒ 173 vᵒ.

3243. — Arrêt portant assignation d'une somme de 1,301 écus 1/2, accordée au sieur Le Maistre, médecin ordinaire du Roi.

E 1ᵇ, fᵒ 174 rᵒ.

3244. — Arrêt ordonnant le payement d'une somme de 244 écus 15 sols due au sieur de Mareil, l'un des écuyers du Roi, pour la nourriture d'un page et d'un cheval de la suite de Sa Majesté.

E 1ᵇ, fᵒ 174 rᵒ.

3245. — Arrêt réglant le remboursement d'une somme de 500 écus prêtée au Roi par Eustache Trevasche, marchand de Rouen.

E 1ᵇ, fᵒ 174 rᵒ.

3246. — Arrêt ordonnant le payement d'une somme de 500 écus due au sieur de La Roche, l'un des écuyers d'écurie du Roi, pour ses gages de capitaine général des bateaux.

E 1ᵇ, fᵒ 174 rᵒ.

3247. — Arrêt donnant assignation de 244 écus 11 sols au sieur de La Roche, l'un des écuyers du Roi, pour l'entretien d'un page et d'un cheval de la suite de Sa Majesté.

E 1ᵇ, fᵒ 174 rᵒ.

3248. — Arrêt ordonnant le payement de 1,000 écus dus pour la pension de Mᵉ Vincent Le Roy, lieutenant général d'Amiens.

(Arrêt cancellé.)

E 1ᵇ, fᵒ 174 rᵒ.

3249. — Arrêt ordonnant le payement de 1,000 écus donnés au sieur de Saignes, conseiller d'État, procureur général au parlement de Bordeaux.

(Arrêt cancellé.)

E 1ᵇ, fᵒ 174 rᵒ.

3250. — Arrêt ordonnant que le baron de Mesdavy jouira de la rente de 1,000 écus à lui assignée sur les aides et quatrièmes de l'élection de Verneuil, suivant le traité conclu pour la réduction de ladite ville, nonobstant l'hypothèque précédemment constituée à la ville de Paris sur les deniers provenant desdits impôts.

E 1ᵇ, fᵒ 178 rᵒ.

3251. — Arrêt assignant au Conseil Mᵉ Nicolas Fayot, receveur général des finances en Bretagne, et le procureur général en la chambre des comptes dudit pays, pour qu'ils s'expliquent au sujet de l'arrêt par lequel ladite chambre des comptes a annulé les états dressés par le sieur d'Attichy, commissaire député pour le règlement des finances en ladite province.

E 1ᵇ, fᵒ 178 vᵒ.

3252. — Arrêt réglant le remboursement d'une somme de 1,000 écus payée, en 1590, au vidame de Chartres par M° Nicolas Pelloquin, receveur des tailles en l'élection d'Évreux, ainsi que le payement d'une somme de 1,874 écus 35 sols restée due audit Pelloquin.

E 1ᵇ, f° 179 r°.

3253. — Arrêt portant assignation d'une somme de 1,175 écus due pour les gages du sieur Soppite, l'un des valets de chambre du Roi.

E 1ᵇ, f° 179 v°.

3254. — Arrêt ordonnant que quatre pauvres laboureurs du Calaisis réfugiés à Ernemont [-sur-Buchy] après la prise de Calais par les Espagnols ne pourront être contraints au payement des tailles dues par les autres habitants de ladite paroisse.

E 1ᵇ, f° 179 v°.

3255. — Arrêt ordonnant de lever sur les élections de Montivilliers et de Caudebec une somme de 952 écus, pour le remboursement de diverses fournitures faites, par ordre de l'amiral de Villars, à la garnison de Montivilliers et aux troupes assiégeant Tancarville.

E 1ᵇ, f° 179 v°.

—————

1596, 21 décembre. — Rouen.

3256. — Arrêt ordonnant de lever en la généralité de Poitou une somme de 25,300 écus, affectée au payement des dépenses occasionnées par la continuation de la trêve entre le Poitou et la Bretagne.

E 1ᵇ, f° 180 r°.

3257. — Arrêt réglant le payement des appointements et de la pension du sieur de Bothéon, lieutenant général en Lyonnais, Forez et Beaujolais.

E 1ᵇ, f° 180 v°.

3258. — Arrêt renvoyant au parlement de Dauphiné une requête du sieur de Poët, commandant à Montélimart, tendant au remboursement des avances par lui faites à plusieurs communautés pour le payement des gens de guerre.

E 1ᵇ, f° 181 r°.

3259. — Arrêt réglant le payement des sommes

dues au sieur de Vic, conseiller d'État, pour les dépenses de son voyage en Languedoc.

E 1ᵇ, f° 181 r°.

3260. — Avis du conseil tendant à faire don de 725 écus à Jean Vignereux, marchand d'Orléans, que son grand âge a empêché de quitter ladite ville pendant les troubles.

E 1ᵇ, f° 181 r°.

3261. — Avis du conseil tendant à faire don de 100 écus aux religieux de l'Observance de Lyon, à l'occasion de la convocation du chapitre général de l'ordre.

(Arrêt cancellé.)

E 1ᵇ, f° 181 v°.

3262. — Arrêt faisant remise de divers impôts aux habitants de l'élection de Mirebeau.

E 1ᵇ, f° 181 v°.

3263. — Arrêt faisant remise aux habitants d'Angers de deux tiers de la subvention des villes closes pour l'année 1595, et d'un tiers de ladite subvention pour l'année 1596.

E 1ᵇ, f° 182 r°.

3264. — Arrêt confirmant la décharge accordée aux religieux de Clairvaux par arrêt du 9 mars dernier, et réglant la levée d'une somme de 700 écus accordée au baron de Thenissey, gouverneur de Châtillon-sur-Seine.

E 1ᵇ, f° 182 v°.

—————

1596, 31 décembre. — [Rouen.]

3265. — Arrêt cassant un arrêt du parlement de Toulouse qui faisait défense aux commissaires députés pour la réforme des finances, gabelles et péages d'exécuter leur commission dans le ressort sans lui montrer leurs pouvoirs.

E 1ᵇ, f° 184 r°.

—————

[1596.]

3266. — Arrêt ordonnant aux trésoriers des Ligues de pourvoir tant à l'acquittement des obligations souscrites par les membres du Conseil qu'au payement des dettes qui leur seront signalées par le sieur de Mortefontaine, ambassadeur en Suisse.

E 1ᵇ, fᵒ 186 rᵒ.

_____

1597, 1ᵉʳ janvier. — Rouen.

3267. — Arrêt réglant le remboursement de 1,100 écus, faisant partie d'une somme de 5,000 écus payée, en 1594, par Mᵉ Claude Murot, receveur du grenier à sel de Joigny, au sieur de Belan, gouverneur de Sens, «pour faire vuyder les garnisons» de Sens, de Joigny, etc.

Ms. fr. 18160, fᵒ 1 rᵒ.

3268. — Arrêt accordant une indemnité de 4,000 écus à Pierre Chardot, propriétaire d'une maison voisine de la citadelle de Metz, démolie par ordre du sieur de Sobolle, lieutenant général en Pays Messin.

Ms. fr. 18160, fᵒ 1 vᵒ.

3269. — Arrêt faisant défense à Mᵉ Nicolas Bourdon, naguère pourvu de l'office de second président en l'élection de Pont-Audemer, de plus «s'entremettre en l'exercice de sa charge».

Ms. fr. 18160, fᵒ 1 vᵒ.

3270. — Arrêt ordonnant au procureur du Roi et à Mᵉ Laurent Vincent, élu en l'élection de Rouen, d'informer des malversations commises en ladite élection par les sergents, par les commissaires ou par les receveurs des tailles.

Ms. fr. 18160, fᵒ 2 rᵒ.

3271. — Arrêt renvoyant aux trésoriers de France à Châlons une requête des habitants de Reims tendant à obtenir payement de 10 muids de sel par eux fournis au magasin de ladite ville.

Ms. fr. 18160, fᵒ 2 rᵒ.

3272. — Arrêt renvoyant au Parlement une requête de plusieurs habitants de Melun tendant à la cassation d'arrêts rendus à leur préjudice au sujet de certaine quantité de blé, de vin et d'argent prise, pendant les troubles, par le gouverneur de la ville.

Ms. fr. 18160, fᵒ 2 vᵒ.

3273. — Arrêt faisant remise aux habitants de Reims de moitié de la subvention des villes closes.

Ms. fr. 18160, fᵒ 3 rᵒ.

_____

1597, 2 janvier. — Rouen.

3274. — Arrêt enjoignant au procureur général en la Cour des aides d'expliquer au Conseil le motif des empêchements apportés par ladite Cour à certaine levée faite à Melun pour le remboursement des 50 muids de vin et des 100 écus d'argent fournis à ladite ville par Mᵉ Gabriel Pinot.

Ms. fr. 18160, fᵒ 3 rᵒ.

3275. — Arrêt assignant au Conseil Mᵉ Bertrand Le Bret, président, Mᵐ Pierre Échard et Yves Le Got, élus en l'élection d'Avranches, «pour estre reiglez suivant les dattes de leur réception èsdictz offices».

Ms. fr. 18160, fᵒ 3 vᵒ.

3276. — Arrêt faisant remise aux habitants de Sens de moitié de la subvention des villes closes, à raison des pertes que leur ont fait subir la contagion et la gelée.

Ms. fr. 18160, fᵒ 4 rᵒ.

3277. — Arrêt donnant assignation d'une somme de 300 écus aux députés de la cour des aides de Normandie, pour le voyage qu'ils ont fait de Caen à Mantes en venant retrouver le Roi.

Ms. fr. 18160, fᵒ 4 rᵒ.

3278. — Arrêt ordonnant le remboursement d'une somme de 4,066 écus payée aux Parties casuelles par Mᵉ Claude Le Beau, receveur ancien et alternatif des traites et impositions foraines de Calais, attendu qu'il a perdu sondit office à la prise de Calais par les Espagnols.

Ms. fr. 18160, fᵒ 4 vᵒ.

3279. — Arrêt accordant à Pierre Simon, garde-marteau héréditaire en la verderie de Neufmarché (forêt de Lyons), assignation de deux années de ses gages dont il n'avait point été payé, à raison des troubles.

Ms. fr. 18160, fᵒ 5 rᵒ.

3280. — Arrêt faisant remise aux habitants de

Nemours de moitié de la subvention des villes closes, à raison des pertes que leur ont fait subir le feu et la contagion.

Ms. fr. 18160, f° 5 r°.

3281. — Arrêt autorisant Nicolas de Corberon, commissaire des salpêtres ès provinces de Champagne et Bourgogne, à faire exécuter par un sergent royal de Tours les lettres de contrainte qu'il a obtenues contre M⁰ˢ Bailly et Richard, receveurs généraux des finances à Poitiers.

Ms. fr. 18160, f° 5 v°.

3282. — Arrêt renvoyant à la cour des aides de Normandie le procès des habitants de Lougé[-sur-Maire] et de Saint-Ouen[-sur-Maire], coupables de rébellion contre les sergents des tailles.

Ms. fr. 18160, f° 5 v°.

3283. — Arrêt adjugeant la terre d'Yèvre-le-Châtel au sieur de Meuillon, enseigne des cent gentilshommes de la Maison du Roi, en échange de la terre du Monceau, «prise pour accomplir le bâtiment du château de Fontainebleau».

Ms. fr. 18160, f° 6 r°.

3284. — Arrêt assignant au Conseil la veuve de M⁰ Jean Roussel, en son vivant commis à la recette des décimes au diocèse d'Évreux, lequel était resté débiteur de partie des décimes de l'année 1595.

Ms. fr. 18160, f° 6 v°.

3285. — Arrêt faisant remise aux habitants de Blois de moitié de la subvention des villes closes.

Ms. fr. 18160, f° 6 v°.

3286. — Arrêt faisant remise aux habitants de Loudun de moitié des 4,000 livres de poudre à canon qu'ils devaient fournir.

Ms. fr. 18160, f° 7 r°.

3287. — Arrêt faisant remise aux habitants d'Amboise de moitié de la subvention des villes closes.

Ms. fr. 18160, f° 7 r°.

3288. — Arrêt ordonnant à M⁰ Florent Chouayne, receveur des tailles à Chartres, de verser aux mains de M⁰ Jean de Ligny, conseiller et secrétaire du Roi,

une somme de 3,000 écus, destinée au rachat des rentes «èsquelles les seigneurs du Conseil sont obligez pour le service de Sa Majesté».

Ms. fr. 18160, f° 7 v°.

3289. — Arrêt donnant à Madame, sœur du Roi, assignation de partie des 16,000 écus accordés à ladite dame par le Roi sous forme de supplément de pension.

Ms. fr. 18160, f° 7 v°.

3290. — Arrêt faisant remise aux habitants de Joigny de moitié de la subvention des villes closes.

Ms. fr. 18160, f° 8 r°.

3291. — Arrêt ordonnant l'enregistrement d'un brevet portant à 1,200 écus la pension du sieur Gildemesa.

Ms. fr. 18160, f° 8 r°. Cf. ibid., f° 9 r°.

3292. — Arrêt accordant à Guillaume Le Breton, dit L'Empereur, valet garde-robe du Roi, payement de ses gages de 1594 à 1596.

Ms. fr. 18160, f° 8 r°.

3293. — Arrêt relatif à l'emploi du produit des nouveaux subsides qui seront perçus, durant le présent quartier, en la généralité de Paris.

Ms. fr. 18160, f° 8 r°.

3294. — Arrêt ordonnant l'enregistrement d'un brevet qui accorde au sieur Christophe Valfrontin une pension de 800 écus, «pour luy donner moyen de s'entretenir à la Court».

Ms. fr. 18160, f° 8 v°. Cf. ibid., f° 9 r°.

1597, 8 janvier. — Rouen.

3295. — Arrêt enjoignant aux receveurs généraux, provinciaux et particuliers de Normandie de mettre ès mains de M⁰ Henry d'Ambray, receveur général à Rouen, les deniers des décimes payables aux deux derniers termes dans les diocèses de Rouen, d'Évreux, de Séez et de Lisieux, attendu qu'ils sont affectés à l'achat des vivres de l'armée et au payement des garnisons de la frontière de Picardie. (Cf. n° 3518.)

Ms. fr. 18160, f° 9 v°.

3296. — Arrêt réglant le remboursement des grains fournis pour la nourriture de l'armée, durant le siège mis devant le château de Dijon par le baron de Luz, lieutenant général en Bourgogne.

Ms. fr. 18160, f° 10 v°.

3297. — Arrêt ordonnant de surseoir, jusqu'après audition des parties, aux poursuites exercées contre le baron de Luz par aucuns créanciers auxquels il avait emprunté 1,000 écus, le 7 juin 1595, pour payer la garnison de Seurre.

Ms. fr. 18160, f° 10 v°.

3298. — Arrêt donnant assignation au sieur Du Plessis-Mornay, gouverneur de Saumur, pour le remboursement d'un mois de solde par lui payé, en 1594, à la garnison de ladite ville.

Ms. fr. 18160, f° 11 r°.

3299. — Arrêt réglant le remboursement des blés fournis par le comte de Choisy à l'armée assiégeant la Fère.

Ms. fr. 18160, f° 11 v°.

3300. — Arrêt ordonnant aux receveurs particuliers des tailles de la généralité d'Orléans d'apporter par préférence à la recette générale les deniers des deux derniers quartiers, avant de rembourser les sommes par eux empruntées à plusieurs particuliers.

Ms. fr. 18160, f° 11 v°.

3301. — Arrêt assignant au Conseil Philibert Bonnin, procureur de plusieurs marchands de chevaux d'Allemagne, et ordonnant de surseoir à l'exécution de l'arrêt par lui obtenu contre Guillaume de Limbourg, subrogé au lieu de René Broard, ci-devant fermier des cinq grosses fermes.

Ms. fr. 18160, f° 12 r°.

3302. — Arrêt confirmant une décharge de tailles précédemment accordée aux habitants de Turqueville.

Ms. fr. 18160, f° 12 r°.

3303. — Arrêt donnant au sieur de Saint-Luc assignation d'une somme de 666 écus 2/3 à lui due pour ses gages de conseiller d'État en l'année 1595.

Ms. fr. 18160, f° 13 r°.

3304. — Arrêt accordant aux habitants de la province de Picardie remise de la crue ordonnée pour les traités et affaires de la guerre et surséance pour toutes les autres levées extraordinaires.

Ms. fr. 18160, f° 13 r°.

3305. — Arrêt autorisant les contrôleurs généraux des guerres à prendre, pour 8,000 écus, celui des quatre offices de contrôleurs généraux des guerres nouvellement créés auquel il reste à pourvoir.

Ms. fr. 18160, f° 13 v°.

3306. — Réponses du Conseil aux requêtes présentées par les habitants de Sermaize au sujet :

1° Des travaux de fortification dudit bourg;

2° De l'élection d'un capitaine;

3° De la confirmation de leurs franchises;

4° De l'exemption des tailles;

5° Des embuscades que leur tendent les ennemis du Roi sur la route de Saint-Dizier.

Ms. fr. 18160, f° 14 v°.

3307. — Réponses du Conseil aux requêtes présentées par la reine douairière Louise de Lorraine au sujet :

1° De la provision des offices de notaires et de sergents au bailliage de Berry;

2° De la revente des greffes de la généralité de Moulins;

3° De l'érection d'une justice haute, moyenne et basse en la Haute-Marche.

Ms. fr. 18160, f° 15 r°.

3308. — Arrêt assignant 12 écus à François Chauvin, huissier de salle de M. de Montpensier, pour avoir dressé les tables et nettoyé les tapis de l'assemblée de Rouen.

Ms. fr. 18160, f° 15 v°.

3309. — Arrêt assignant 12 écus à Thomas Guenault, apothicaire ordinaire et distillateur du Roi.

Ms. fr. 18160, f° 15 v°.

1597, 9 janvier. — Rouen.

3310. — Arrêt assignant 100 écus au sieur de

Saint-Germain, pourvu de « la charge de faire ense-
velir et enterrer les corps des mortz ès armées du Roy
et icelles nettoyer et repurger de toutes infections ».

Ms. fr. 18160, f° 16 r°.

3311. — Arrêt renvoyant aux trésoriers de
France en Guyenne la requête des habitants de Les-
parre, qui demandent à être imposés comme demeurant en ville close.

Ms. fr. 18160, f° 16 r°.

3312. — Arrêt accordant aux habitants de Saint-
Mars-d'Égrenne remise de deux années de taille.

Ms. fr. 18160, f° 16 v°.

3313. — Arrêt donnant assignation au sieur de
Hangest, lieutenant de gendarmerie, pour moitié d'une
somme de 4,000 écus à lui accordée par le Roi en
place de la rançon du vicomte de Tavannes, qu'il
avait fait prisonnier devant Noyon.

Ms. fr. 18160, f° 17 r°.

3314. — Arrêt assignant 2,000 écus au duc de
Montbazon, pour la pension à lui accordée par le
Roi.

Ms. fr. 18160, f° 17 r°.

3315. — Arrêt accordant à M° Richard Testu la
vingtième partie des deniers qui proviendront de la
création de huit offices de grands maîtres, et ordonnant qu'il sera pourvu de l'office de grand maître au
parlement de Paris.

Ms. fr. 18160, f° 17 v°.

3316. — Arrêt ordonnant que lettres de jussion
seront expédiées au parlement de Rouen, pour faire
jouir Guillaume Tollemer de la remise d'une amende
de 400 écus.

Ms. fr. 18160, f° 17 v°.

3317. — Arrêt chargeant le sieur de Vic, conseiller
d'État, de faire exécuter l'édit de la revente des offices
de receveurs particuliers et provinciaux des décimes,
les deniers en provenant devant servir au remboursement des emprunts faits par les seigneurs du Conseil
pour le service du Roi.

Ms. fr. 18160, f° 17 v°.

3318. — Arrêt réglant le payement de 75,407 écus
dus au sieur de Puichairic, gouverneur d'Angers, en
vertu d'articles à lui accordés par le Roi le 16 janvier 1595.

Ms. fr. 18160, f° 18 r°.

3319. — Arrêt faisant remise aux habitants de
Beaumont-sur-Oise de moitié de la subvention des
villes closes.

Ms. fr. 18160, f° 18 v°.

3320. — Arrêt ordonnant le payement de 4,000
écus dus au baron de Themynes pour fournitures par
lui faites durant les troubles.

Ms. fr. 18160, f° 19 r°.

3321. — Avis du Conseil tendant à ce que le Roi
accorde, sous forme de don, 3,666 écus dus pour la
solde des garnisons de Chantilly et des châteaux de
Mello et d'Offémont, lesquels n'ont pu être payés
sur les deniers des tailles.

Ms. fr. 18160, f° 19 v°.

3322. — Arrêt ordonnant de surseoir à l'exécution
d'un arrêt du Parlement qui condamnait les habitants de Vendôme à faire une restitution à M° Bigot,
procureur du Roi au Grand Conseil.

Ms. fr. 18160, f° 19 v°.

3323. — Arrêt déchargeant Marthe Le Doux d'une
partie du prix de la ferme de son défunt mari, Nicolas
de Fleurs, principal preneur de la ferme de la nouvelle
imposition mise sur les denrées et marchandises entrant en la ville de Beauvais.

Ms. fr. 18160, f° 20 r°.

3324. — Arrêt ordonnant le payement de 4,743
écus dus à Galliot de Geuffrion, dit Des Bons-Hommes
pour diverses fournitures.

Ms. fr. 18160, 20.

3325. — Arrêt assignant 1,200 écus au sieur
Arnault de Cherelles, contrôleur général des guerres
de l'année précédente, pour ses états et appointements
extraordinaires.

Ms. fr. 18160, f° 20 v°.

3326. — Arrêt assignant 1,200 écus au sieur Des
Jardins, contrôleur général des guerres de la pré-

sente année, pour ses états et appointements extraordinaires.

Ms. fr. 18160, f° 21 r°.

3327. — Arrêt ordonnant l'enregistrement d'une ordonnance du Roi qui enjoint aux sieurs d'Heudicourt et Gobelin de garantir en leurs propres noms le payement de plusieurs bagues achetées par le Roi pour la somme de 22,000 écus.

Ms. fr. 18160, f° 21 r°.

3328. — Arrêt ordonnant la mise en adjudication de la ferme générale de l'imposition de 60 sols par quintal d'alun entrant en France.

Ms. fr. 18160, f° 21 r°.

1597, 11 janvier. — Rouen.

3329. — «Ont esté veuz» les articles du traité conclu avec les sieurs Zamet et Cénamy pour le payement de l'armée du Roi et pour l'entretien des garnisons de Picardie et de Champagne.

Ms. fr. 18160, f° 21 v°.

3330. — Arrêt réglant le remboursement de partie des 65,000 écus prêtés sans intérêt par les sieurs Zamet et Cénamy pour le payement des Suisses et pour l'entretien de l'armée de Dauphiné.

Ms. fr. 18160, f° 21 v°.

3331. — Arrêt ordonnant à M° Jacques de Bèze, trésorier provincial de l'Extraordinaire des guerres en Picardie, de mettre promptement aux mains de M° Étienne Regnault, trésorier général de l'Extraordinaire, les mandements ou rescriptions qui lui ont été donnés sous le nom du précédent trésorier, M° Pierre Le Charron.

Ms. fr. 18160, f° 22 r°.

3332. — Arrêt ordonnant à M° Martin Baudichon, garde général des vivres, de faire conduire 96 muids de blé aux garnisons de Boulogne, Montreuil, Rue, Picquigny, etc., et chargeant les généraux des vivres de pourvoir à la nourriture des dix compagnies du régiment des gardes qui suivent Sa Majesté, ainsi que de celle qui entre à Noyon.

Ms. fr. 18160, f° 22 v°.

3333. — Arrêt assignant 400 écus au sieur de Boisseval, aide de maréchal de camp, pour ses états extraordinaires.

Ms. fr. 18160, f° 23 r°.

3334. — Arrêt accordant aux habitants de l'élection de Saumur remise de moitié de l'impôt des poudres, et aux habitants de la ville remise de moitié de la subvention des villes closes.

Ms. fr. 18160, f° 23 r°.

3335. — Arrêt assignant 1,433 écus 20 sols à Hugues de Vert, marchand de Mâcon, pour le payement de 3,452 coupes de blé et de 36 pièces de vin par lui fournies, au mois de septembre 1595, à l'armée du maréchal de Biron.

Ms. fr. 18160, f° 23 v°.

3336. — Arrêt ordonnant le remboursement de 1,900 écus avancés, en l'année précédente, par le maréchal de Biron, pour la solde des sept compagnies qu'il avait fait lever et conduire devant la Fère.

Ms. fr. 18160, f° 23 v°.

3337. — Arrêt renvoyant aux commissaires députés sur le fait du commerce à Paris une demande de sursis présentée par Claude Louvet pour le payement de sa ferme des nouvelles impositions mises sur les marchandises et denrées entrant en la ville de Paris.

Ms. fr. 18160, f° 24 r°.

3338. — Arrêt défendant provisoirement aux élus interdits de la généralité de Tours de troubler les élus retenus de ladite généralité en l'exercice de leur charge, nonobstant de prétendus arrêts de la Cour des aides qui leur permettraient d'exercer leursdits états.

Ms. fr. 18160, f° 24 v°.

3339. — Arrêt ordonnant à M° Denis, trésorier provincial de l'Extraordinaire des guerres en Normandie, de faire examiner ses comptes par le sieur de La Grange, conseiller d'État.

Ms. fr. 18160, f° 25 r°.

3340. — Arrêt donnant assignation au sieur de

Pardaillan, le puîné, pour le payement de 6,000 écus d'arrérages.

Ms. fr. 18160, f° 25 r°.

3341. — Arrêt réglant le payement de 5,733 écus 1/3 dus au sieur de Messe pour les frais de son ambassade à Venise et pour sa pension de conseiller d'État.

Ms. fr. 18160, f° 25 v°.

3342. — Arrêt ordonnant le payement des arrérages dus aux religieuses de l'hôpital fondé près de l'église Saint-Gervais de Paris.

Ms. fr. 18160, f° 26 r°.

3343. — Arrêt donnant assignation de 5,479 écus au baron de La Châtre, pour le payement des garnisons de la tour de Bourges et du château de Mehun, pour sa pension de gouverneur du Berry et pour récompense de ses services.

Ms. fr. 18160, f° 26 v°.

3344. — Arrêt faisant remise aux habitants de Meaux de moitié de la subvention des villes closes, attendu qu'ils ont aidé à la réduction de ladite ville en l'obéissance du Roi.

Ms. fr. 18160, f° 26 v°.

3345. — Arrêt faisant remise aux habitants de Louviers d'un tiers de la subvention des villes closes.

Ms. fr. 18160, f° 27 r°.

3346. — Arrêt ordonnant que, nonobstant l'opposition du parlement de Rouen, les officiers pourvus par le duc de Mayenne seront contraints au payement des sommes auxquelles ils sont taxés pour leur supplément.

Ms. fr. 18160, f° 27 r°.

3347. — Arrêt donnant à Jean Richer, valet de chambre du Roi, assignation de 305 écus pour ses gages.

Ms. fr. 18160, f° 28 r°.

3348. — Arrêt donnant à Mᵉ Zacharie de Pérelles, trésorier et garde général des munitions de l'Arsenal, assignation de 770 écus, pour ses gages.

Ms. fr. 18160, f° 28 r°.

3349. — Arrêt donnant au sieur Bertrand de Masellières, gentilhomme servant du Roi, assignation de 563 écus 53 sols 4 deniers, pour ses gages.

Ms. fr. 18160, f° 28 v°.

3350. — Arrêt portant assignation de 300 écus donnés par le Roi à Jean Maige, tailleur d'habits.

Ms. fr. 18160, f° 28 v°.

3351. — Arrêt donnant au sieur Maugis, secrétaire des finances, assignation de 433 écus 1/3, pour ses gages.

Ms. fr. 18160, f° 28 v°.

3352. — Arrêts portant assignation de diverses sommes au profit des sieurs Soppite, de Neufbourg, de Vaussan, de Pochin et de Montigny.

Ms. fr. 18160, f° 28 v°.

1597, 13 janvier. — Rouen.

3353. — Arrêt affectant 3,000 écus aux réparations du château de Dijon.

Ms. fr. 18160, f° 29 r°.

3354. — Arrêt autorisant les habitants de Noyon à lever sur les villes et villages de l'élection la somme nécessaire au remboursement des 2,000 écus qu'ils avaient prêtés, en 1591, à Sa Majesté.

Ms. fr. 18160, f° 29 v°.

3355. — Arrêt défendant aux élus de Verneuil de poursuivre les habitants de la Puisaye, si ceux-ci prouvent qu'ils ont payé leurs taxes et cotes de tailles aux élus de Dreux.

Ms. fr. 18160, f° 29 v°.

3356. — Arrêt donnant au sieur de Saint-Jory, second président au parlement de Toulouse, assignation de 6,713 écus 3 sols 9 deniers, pour ses gages et pension.

Ms. fr. 18160, f° 30 r°.

3357. — Arrêt assignant 1,120 écus 55 sols à Antoine de Heghes, mayeur de Montreuil, tant pour les fournitures par lui faites à la garnison, que pour l'entretien de la garde et des fortifications de ladite ville; avis du Conseil tendant à ce que le Roi lui fasse un don de 600 écus.

Ms. fr. 18160, f° 30 v°.

3358. — Arrêt donnant assignation de 1,000 écus au prince de Conti, pour ce qui lui reste dû de sa pension de l'année dernière.

Ms. fr. 18160, f° 31 r°.

3359. — Arrêt ordonnant le payement de 25 écus à chacun des quatre huissiers ordinaires du Conseil d'État, «pour leurs estrennes et droictz de livrée, qu'ilz avoient chacun accoustumé d'avoir, auparavant les troubles, au jour de l'an».

Ms. fr. 18160, f° 31 r°.

3360. — Arrêt ordonnant que 600 écus seront pris sur les deniers précédemment affectés aux réparations du pont Saint-Michel et du pont au Change, pour achever les réparations du pont de Charenton.

Ms. fr. 18160, f° 31 v°.

3361. — Arrêt déchargeant Gérauld de Bergues, valet de chambre du Roi, du supplément auquel est taxé l'office de receveur du taillon en Périgord, attendu qu'il a résigné ledit office.

Ms. fr. 18160, f° 31 v°.

3362. — Arrêt déchargeant les habitants de l'élection du Mans du prix de certaine quantité de blé trouvée dans les châteaux de Mayenne et de Montesson et abandonnée auxdits habitants par le prince de Conti.

Ms. fr. 18160, f° 32 r°.

3363. — Arrêt accordant la charge d'huissier en la chambre des comptes de Normandie à Nicolas Le Vacher, précédemment pourvu de l'office de garde des livres en ladite chambre.

Ms. fr. 18160, f° 32 v°.

3364. — Arrêt ordonnant que les habitants de Saint-Pierre-le-Moutier ne payeront, pour la subvention des villes closes, que les 200 écus auxquels ils avaient été taxés en l'année 1595.

Ms. fr. 18160, f° 32 v°.

3365. — Arrêt enjoignant à M° Pierre Grasset, commis à la recette du grenier de Clamecy, de déli-

vrer à M° Pierre Le Charron, trésorier général de l'Extraordinaire des guerres, une somme de 330 écus à lui due par M° Pierre Lagoguay, adjudicataire dudit grenier.

Ms. fr. 18160, f° 33 r°.

3366. — Arrêt assignant 1,000 écus au sieur de Saint-Luc, pour sa pension de grand maître de l'Artillerie, et 2,000 écus au sieur de Born, pour sa pension de lieutenant général de l'Artillerie.

Ms. fr. 18160, f° 33 v°.

3367. — Arrêt assignant au sieur de Rambouillet un acompte de 1,500 écus sur ce qui peut lui être dû.

Ms. fr. 18160, f° 34 r°.

3368. — Arrêt ordonnant que les sommes de 2,000 et de 2,500 écus accordées par le Roi au marquis de Canillac et au sieur de Montfand seront comprises en l'état des parties devant être payées qui sera communiqué aux membres de l'assemblée [de Rouen].

Ms. fr. 18160, f° 34 r°.

3369. — Arrêt ordonnant aux trésoriers de l'Épargne de fournir rescription sur le trésorier des Parties casuelles pour une somme égale à celle qui, provenant des offices de Provence, a été versée entre les mains des trésoriers généraux de l'Extraordinaire des guerres.

Ms. fr. 18160, f° 34 v°.

3370. — Arrêt ordonnant de surseoir aux poursuites exercées par M° Hubert Guerrier, receveur des tailles en l'élection de Mortagne, contre M° Robert Renouard, quatrième élu en ladite élection.

Ms. fr. 18160, f° 34 v°.

3371. — Arrêt assignant 500 écus «pour estre employés à nettoyer le fossé de la ville de Mouzon».

Ms. fr. 18160, f° 35 r°.

3372. — Arrêt validant, «pour ceste foys» seulement, une saisie de grains provenant du domaine et pris par le comte de Grandpré, gouverneur de Mouzon, pour la garnison de ladite ville.

Ms. fr. 18160, f° 35 v°.

3373. — Arrêt défendant provisoirement aux élus interdits de la généralité de Rouen d'inquiéter les élus retenus de ladite généralité tandis qu'ils procèdent à l'assiette des tailles, et ce, nonobstant des arrêts de la cour des aides de Normandie favorables aux prétentions desdits élus interdits.

Ms. fr. 18160, f° 35 v°.

3374. — Arrêt ordonnant que la somme de 23,460 écus due au feu duc de Longueville et réclamée par sa veuve, dame Catherine de Gonzague et de Clèves, «sera employée en l'estat des debtes de Sa Majesté».

Ms. fr. 18160, f° 36 r°.

3375. — Arrêt enjoignant à Me Jean Sève, receveur général des finances à Lyon, de payer par préférence à Me Jean Du Tremblay, trésorier de l'Extraordinaire des guerres, les sommes dont celui-ci a été assigné sur ladite recette, pour le payement des garnisons du gouvernement de Lyon.

Ms. fr. 18160, f° 36 v°.

1597, 14 janvier. — Rouen.

3376. — Arrêt portant nouvelle assignation de 1,700 écus dus au sieur de Saint-Luc, pour vivres par lui fournis à l'armée de Sa Majesté.

Ms. fr. 18160, f° 38 r°.

3377. — Arrêt ordonnant que le receveur général des finances à Lyon étant l'année dernière en exercice sera contraint de payer 7,163 écus au sieur de Beauvais-Nangis.

Ms. fr. 18160, f° 38 r°.

3378. — Arrêt ordonnant que la somme de 21,380 écus due au sieur de Caumont, capitaine des gardes du corps, «sera employée dans l'estat des debtes à pourvoir en la présente année».

Ms. fr. 18160, f° 38 v°.

3379. — Arrêt ordonnant que la somme de 8,266 écus 2/3 due au sieur de Dunes, lieutenant général à Orléans, tant pour l'entretien d'une compagnie de gendarmes des ordonnances, que pour le payement de la garnison de Pithiviers, «sera employée dans l'estat des debtes à pourvoir en la présente année».

Ms. fr. 18160, f° 38 v°.

3380. — Arrêt mandant au Conseil le procureur du Roi en la chambre des comptes de Normandie, pour l'interroger au sujet d'une requête de la cour des aides de Normandie tendant à ce que les comptes concernant ladite cour soient renvoyés à la chambre des comptes de Paris.

Ms. fr. 18160, f° 39 r°.

3381. — Arrêt défendant de nouveau à la Cour des aides de connaître d'un procès intenté à Me Martin Nau, receveur général des finances en Champagne, par Me Charles de Chanteclerc, maître des requêtes ordinaire de l'Hôtel.

Ms. fr. 18160, f° 39 r°.

3382. — Arrêt assignant 2,020 écus à Robert Le Fèvre, sieur de La Févrie, gentilhomme ordinaire du duc de Mayenne, pour le dédommager de la perte de son office de maître des ports en Normandie.

Ms. fr. 18160, f° 39 v°.

3383. — Arrêt ordonnant au Grand Prévôt d'adjoindre trois archers de la prévôté de l'Hôtel aux sergents de l'élection de Neufchâtel pour contraindre au payement des tailles les contribuables de ladite élection.

Ms. fr. 18160, f° 39 v°.

3384. — Avis du Conseil tendant à faire don de 25 écus à chacun des quatres huissier dudit Conseil, «pour leurs estrennes et droictz de livrée de la présente année».

Ms. fr. 18160, f° 40 r°.

3385. — Arrêt assignant 5,166 écus 2/3 au sieur de Calvart, ambassadeur des Pays-Bas, en payement des poudres fournies par Jean Vandervehen, marchand de Rotterdam.

Ms. fr. 18160, f° 40 v°.

3386. — Arrêt défendant provisoirement à tous les élus interdits du royaume de prendre part à l'opération du département des tailles.

Ms. fr. 18160, f° 40 v°.

1597, 16 janvier. — Rouen.

3387. — Arrêt ordonnant que Jean Du Puy, de la compagnie des chevau-légers du Roi, sera payé comptant de 25 écus, à condition qu'il renoncera aux 200 écus à lui assignés pour voyages faits au service de Sa Majesté.

Ms. fr. 18160, f° 41 r°.

3388. — Arrêt portant à 10 sols l'impôt sur chaque minot de sel des greniers d'Alençon, d'Argentan et d'Exmes, afin de pourvoir aux gages des présidents, conseillers, avocat et procureur du Roi au présidial d'Alençon.

Ms. fr. 18160, f° 41 r°.

3389. — Arrêt ordonnant que le comte de Choisy jouira de tous les droits dépendant de la terre et de la châtellenie de Lorris, à lui vendues par le Roi.

Ms. fr. 18160, f° 41 v°.

3390. — Réponses du Conseil aux requêtes présentées par la duchesse de Nevers afin d'obtenir payement de diverses sommes dues par le Roi au feu duc de Nevers.

Ms. fr. 18160, f° 42 r°.

3391. — Arrêt enjoignant à M° Guilhon, receveur général des finances à Limoges, de payer les 6,500 écus assignés au duc de Mayenne sous le nom de M° Gabriel de Guéneygaud.

Ms. fr. 18160, f° 43 v°.

3392. — Arrêt réglant le payement de la pension de 1,000 écus accordée au frère prêcheur Séraphin Banqui, lequel a dénoncé au Roi le parricide Barrière, qui a été exécuté à Melun.

Ms. fr. 18160, f° 44 r°.

3393. — Arrêt donnant mainlevée au sieur de Gast, gouverneur d'Amboise, de diverses rentes et d'une assignation à lui baillée pour le payement de la garnison d'Amboise, nonobstant les saisies faites par le sieur de Rosay.

Ms. fr. 18160, f° 44 v°.

3394. — Arrêt renvoyant aux trésoriers de France à Châlons une requête par laquelle les habitants de Reims demandent à être exemptés de l'impôt levé pour la réparation du pont sur la Marne, à Châlons.

Ms. fr. 18160, f° 44 v°.

3395. — Arrêt faisant remise aux habitants de Vitry-le-François de moitié de la subvention des villes closes, à raison des pertes que leur ont fait subir le séjour des armées de Champagne et les incursions des Bourguignons.

Ms. fr. 18160, f° 45 r°.

3396. — Arrêt ordonnant le payement des sommes dues au sieur Zamet et Cénamy sur les deniers du commerce de la ville de Paris.

Ms. fr. 18160, f° 45 r°.

3397. — Arrêt renvoyant aux trésoriers de France à Châlons une requête en remise d'impôts présentée par les habitants de Sainte-Menehould, « attendu qu'ilz ne se ressentent en rien des fruictz de la paix qui est en l'intérieur de ce royaume ».

Ms. fr. 18160, f° 45 v°.

3398. — Arrêt ordonnant à M° Louis Besle, receveur général du taillon à Paris, de délivrer bonnes et valables quittances au sieur de Bouteville de Montmorency, gouverneur de Senlis, jusqu'à concurrence d'une somme de 12,600 écus affectée à l'entretien de la garnison de ladite ville.

Ms. fr. 18160, f° 46 r°.

3399. — Arrêt ordonnant qu'en remboursant à François Caulet son office de contrôleur général des finances à Toulouse, M° Guillaume Clausel augmentera d'autant le prix auquel serait taxé son propre office « en cas de remboursement par suppression ou autrement ».

Ms. fr. 18160, f° 46 v°.

3400. — Arrêt faisant remise aux habitants de Vernay de moitié de la subvention des villes closes, à raison des ravages causés par la guerre et par la peste.

Ms. fr. 18160, f° 47 r°.

3401. — Arrêt cassant un arrêt de la cour des aides de Montpellier interdisant ceux qui l'ont rendu, jusqu'à ce qu'ils soient ouïs au Conseil, et défendant

derechef à ladite cour d'inquiéter les commissaires députés pour la réformation des gabelles en Languedoc.

Ms. fr. 18160, f° 47 r°.

3402. — Arrêt réglant l'emploi des « deniers provenans de certain advis et mémoires qui doibvent estre
mis ès mains du prévost des marchans et eschevins de
la ville de Paris ».

Ms. fr. 18160, f° 48 r°.

3403. — Arrêt ordonnant que le maréchal d'Ornano et la veuve du baron de Seneçay seront ouïs au
Conseil au sujet d'une requête du duc de Nemours
tendant à ce qu'on restitue à celui-ci la rançon dudit
maréchal, en partie payée audit baron.

Ms. fr. 18160, f° 48 v°.

3404. — Arrêt évoquant l'instance pendante au
parlement de Bourgogne entre les sieurs de Crespy et
Compasseur, prête-noms du feu baron de Seneçay, et
les cautions du maréchal d'Ornano, au sujet de la
rançon dudit maréchal.

Ms. fr. 18160, f° 49 r°.

———

1597, 20 janvier. — Rouen.

3405. — Arrêt assignant une somme de 2,800 écus
à Me de Bordeaux, receveur et payeur des gages des
officiers des Comptes, « pour icelle dellivrer à aucuns
des seigneurs desdits Comptes ».

Ms. fr. 18160, f° 51 r°.

3406. — Arrêt assignant 300 écus, « pour don et
récompense », à Me Honoré Barentes, contrôleur de la
Maison du Roi.

Ms. fr. 18160, f° 51 r°.

3407. — Arrêt assignant 230 écus à Jean de Saint-
Pé, chef de panneterie et fourrier ordinaire des logis
du Roi, pour ses gages de l'année 1596.

Ms. fr. 18160, f° 51 v°.

3408. — Arrêt assignant 200 écus à Madame
d'Angoulême, pour sa pension de gouvernante du
Limousin.

Ms. fr. 18160, f° 51 v°.

3409. — Arrêt assignant 5,500 écus au sieur de
Schomberg.

Ms. fr. 18160, f° 51 v°.

3410. — Arrêt ordonnant que les officiers du
Parlement seront payés du reste de leurs gages « sur
les moyens extraordinaires qui se présenteront en la
présente année ».

Ms. fr. 18160, f° 52 r°.

3411. — Arrêt évoquant un procès pendant entre
Me Charles Pajot, trésorier général de la Maison du
Roi, et le duc de Lorraine, au sujet de certaines rentes
dotales de la feue duchesse de Lorraine.

Ms. fr. 18160, f° 52 v°.

(Même arrêt, ibid., f° 79 r°, à la date du 23 janvier 1597.)

3412. — Arrêt ordonnant que les sommes dues au
vicomte de Chamore (?), gouverneur de Turcey (?),
pour avances et fournitures par lui faites à la garnison de ladite ville, seront « employées dans l'estat
des debtes de Sa Majesté ».

Ms. fr. 18160, f° 53 r°.

3413. — Arrêt ordonnant que les gens des comptes
de Rouen expliqueront par-devant le Conseil leur refus
de recevoir Me Jean Roussel en l'office de conseiller-
correcteur.

Ms. fr. 18160, f° 53 v°.

3414. — Arrêt évoquant le procès pendant entre
les moines de Lérins et Jean-Baptiste Des Romains,
sieur de Guault, lequel a été nommé abbé nonobstant
l'union dudit monastère à la congrégation du Mont-
Cassin.

Ms. fr. 18160, f° 54 r°.

3415. — Arrêt ordonnant à Me Étienne Regnault,
trésorier de l'Extraordinaire des guerres, de faire
faire par des clercs ou commis le payement des garnisons de Picardie, de Champagne et de Metz, bien
qu'il rentre dans les attributions des trésoriers provinciaux.

Ms. fr. 18160, f° 54 r°.

3416. — Arrêt relatif au remboursement de
38,000 écus avancés par Guillaume de Charancey,
fermier du tirage du sel.

Ms. fr. 18160, f° 54 v°.

3417. — Arrêt renvoyant aux trésoriers de France à Dijon la requête en rabais présentée par François Boussuair, fermier des vins vendus en gros à Auxerre.

Ms. fr. 18160, f° 55 v°.

3418. — Arrêt déclarant que la reine [Louise de Lorraine] jouira des privilèges concédés aux reines douairières de France, et qu'elle n'exercera que le droit de nomination aux offices du duché de Berry, la provision en demeurant réservée au Roi.

Ms. fr. 18160, f° 55 v°.

3419. — Arrêt accordant surséance à M⁰⁰ Ambroise Le Conte et Jean Sergent, receveurs des tailles en l'élection de Pithiviers, pour le payement des 270 écus auxquels ils ont été l'un et l'autre taxés.

Ms. fr. 18160, f° 56 r°.

3420. — Arrêt donnant commission au sieur de Châteauneuf, conseiller d'État, et aux deux anciens trésoriers de France à Bourges pour recevoir, au nom du Roi, les hommages dus par les fiefs dépendant du duché de Berry et pour faire dresser un nouveau terrier desdits fiefs.

Ms. fr. 18160, f° 56 v°.

3421. — Arrêt enjoignant aux receveurs particuliers de la généralité de Champagne de poursuivre sans retard la levée de la crue affectée au payement de Charles Garretier, prévôt des maréchaux, de ses lieutenants et archers.

Ms. fr. 18160, f° 57 r°.

3422. — Arrêt assignant 10 écus à Pierre Joubert, serviteur des huissiers et garde des meubles du Conseil, pour ses étrennes de l'année présente.

Ms. fr. 18160, f° 58 v°.

3423. — Arrêt assignant derechef au Conseil Philibert Bonnin, procureur de plusieurs marchands de chevaux d'Allemagne. (Cf. n° 3301.)

Ms. fr. 18160, f° 58 v°.

3424. — Arrêt ordonnant que les gens des Comptes seront payés du reste de leurs gages « sur les moyens extraordinaires qui se pourront présenter en la présente année ».

Ms. fr. 18160, f° 59 r°.

3425. — Arrêt ordonnant que les gens du Grand Conseil seront assignés des sommes nécessaires pour compléter leurs gages « sur les moyens extraordinaires qui se pourront présenter en la présente année ».

Ms. fr. 18160, f° 59 v°.

3426. — Arrêt faisant remise aux habitants de Châlons de la subvention des villes closes de l'année 1595.

Ms. fr. 18160, f° 60 r°.

3427. — Arrêt assignant 333 écus 1/3 au sieur Constance, écuyer de l'Écurie du Roi, pour sa pension de l'année dernière.

Ms. fr. 18160, f° 60 v°.

3428. — Arrêt ordonnant à M⁰ Balthazar Gobelin, trésorier de l'Épargne, d'expédier quittance aux sieurs Zamet et Cénamy, pour un prêt de 404,000 écus.

Ms. fr. 18160, f° 60 v°.

3429. — Arrêt donnant à M⁰ Louis Girard, trésorier des Ligues, assignation de 14,500 écus, « pour employer au faict de sa charge ».

Ms. fr. 18160, f° 61 r°.

3430. — Arrêt ordonnant la visite et la réforme des forêts, prohibant toute vente extraordinaire de bois, révoquant les concessions d'usage ou de chauffage faites depuis François Iᵉʳ, et supprimant les offices des eaux et forêts créés depuis la mort de Charles IX.

Ms. fr. 18160, f° 61 r°.

3431. — Arrêt faisant remise aux bénéficiers du diocèse de Dax de la moitié des décimes des années 1586 à 1588, attendu que les réformés les ont dépouillés du revenu desdites années.

Ms. fr. 18160, f° 63 r°.

3432. — Arrêt accordant aux bénéficiers du diocèse de Sarlat remise des trois quarts des décimes des années 1586 à 1588, en considération du siège mis devant Sarlat par le maréchal de Bouillon et de l'occupation du pays par les réformés.

Ms. fr. 18160, f° 63 v°.

3433. — Arrêt accordant au clergé du diocèse

d'Amiens remise des décimes du terme prochain, et de tous les restes des années passées.

Ms. fr. 18160, f° 64 r°.

3434. — Arrêt accordant au clergé du diocèse de Lombez remise d'une somme de 2,776 écus 54 sols.

Ms. fr. 18160, f° 64 r°.

3435. — Arrêt accordant à l'évêque de Langres, abbé de Bèze, remise des décimes des années 1595 et 1596.

Ms. fr. 18160, f° 64 v°.

3436. — Arrêt accordant au chapitre de Langres remise de la moitié des décimes des années 1595 et 1596.

Ms. fr. 18160, f° 65 r°.

3437. — Arrêt accordant à l'abbé de Saint-Seine remise de la moitié des décimes des années 1593 à 1595.

Ms. fr. 18160, f° 65 r°.

3438. — Arrêt accordant au clergé du diocèse de Die remise des décimes des années 1586 à 1588.

Ms. fr. 18160, f° 65 v°.

3439. — Arrêt accordant à l'évêque et à d'autres bénéficiers du diocèse de Valence remise des décimes des années 1586 à 1588.

Ms. fr. 18160, f° 65 v°.

3440. — Arrêt accordant à trente-deux bénéficiers du diocèse de Valence remise des décimes des années 1587 et 1588.

Ms. fr. 18160, f° 66 r°.

3441. Arrêt accordant au clergé du diocèse d'Agen remise des trois quarts des décimes des années 1586 à 1588.

Ms. fr. 18160, f° 66 r°.

3442. — Arrêt accordant au clergé du diocèse de Tulle remise de toutes les décimes des années 1586 à 1588, et des deux tiers des restes des années 1593 et 1594.

Ms. fr. 18160, f° 66 v°.

3443. — Arrêt accordant aux religieux de l'abbaye de la Cour-Dieu remise des décimes de l'année 1593.

Ms. fr. 18160, f° 66 v°.

1597, 22 janvier. — Rouen.

3444. — Arrêt renvoyant aux trésoriers de France à Châlons une requête par laquelle les habitants de Vitry-le-François demandent à être exemptés de l'impôt levé pour la réparation du pont sur la Marne à Châlons.

Ms. fr. 18160, f° 67 v°.

3445. — Arrêt renvoyant aux trésoriers de France à Châlons une requête semblable des habitants de Sainte-Menehould.

Ms. fr. 18160, f° 67 v°.

3446. — Arrêt faisant remise aux habitants de Sainte-Menehould de moitié de la subvention de l'année passée.

Ms. fr. 18160, f° 68 r°.

3447. — Arrêt mandant au Conseil ceux qui prétendent avoir obtenu assignation sur les deniers des francs fiefs et nouveaux acquêts du Languedoc, au préjudice du don précédemment fait au prince de Conti.

Ms. fr. 18160, f° 68 r°.

3448. — Arrêt accordant rabais de 106 écus 40 sols à Thomas de La Carrière, adjudicataire du quatrième du vin au bourg de Pont-Saint-Pierre.

Ms. fr. 18160, f° 68 v°.

3449. — Arrêt attribuant à Me Pierre Maymlis, procureur du Roi au bailliage de Saint-Flour, les mêmes gages qu'aux archers du prévôt des maréchaux.

Ms. fr. 18160, f° 68 v°.

3450. — Arrêt assignant 1,756 écus 2/3 au sieur de Beringuen, premier valet de chambre du Roi, en vertu d'un acquit patent du 31 décembre dernier.

Ms. fr. 18160, f° 69 r°.

3451. — Arrêt accordant surséance aux habitants de la généralité de Moulins pour l'envoi de pionniers en Picardie.

Ms. fr. 18160, f° 69 r°.

3452. — Arrêt ordonnant que le procureur général au parlement de Rouen sera assigné au Conseil pour expliquer le refus dudit parlement de recevoir M⁰ Vincent Regnault en l'office de conseiller-clerc.

Ms. fr. 18160, f° 69 v°.

3453. — Arrêt assignant 100 écus à Georges Le Cirier, huissier du Conseil, pour l'achat ou louage des meubles, bois et chandelle nécessaires à l'assemblée de Rouen.

Ms. fr. 18160, f° 69 v°.

3454. — Arrêt portant assignation d'une somme de 31,128 écus 30 sols due au sieur de Brennes, ambassadeur en Turquie, pour ses états et ameublements.

Ms. fr. 18160, f° 70 r°.

3455. — Arrêt autorisant les habitants de Saint-Amand [Mont-Rond] à lever sur eux-mêmes une somme de 5,000 écus, pour payer les dettes qu'ils ont contractées afin de maintenir leur ville en l'obéissance du Roi.

Ms. fr. 18160, f° 70 v°.

3456. — Arrêt assignant 100 écus au chevalier Feigly, capitaine suisse, pour les dépenses qu'il a faites, à la suite du Roi, en sollicitant le payement de ses services.

Ms. fr. 18160, f° 70 v°.

3457. — Arrêt renvoyant aux trésoriers de France une requête en remise de tailles des habitants de Touffreville.

Ms. fr. 18160, f° 71 r°.

3458. — Arrêt déchargeant les habitants de Rouen d'une somme de 42,000 écus à laquelle ils avaient été taxés, tant pour la solde ordonnée à cause de la défaite des reîtres, que pour la subvention des villes closes.

Ms. fr. 18160, f° 71 r°.

3459. — Arrêt ordonnant que nouvelles lettres d'assiette seront expédiées à M⁰ Jean Pasquier, prévôt de Montdidier, pour qu'il fasse lever une somme de 580 écus sur l'élection de Clermont.

Ms. fr. 18160, f° 71 v°.

3460. — Arrêt renvoyant au maître particulier des eaux et forêts de Pont-de-l'Arche une requête par laquelle Jacques Le Maître, adjudicataire des ventes de bois, demande à être déchargé du prix de son adjudication, attendu que les Suisses lui ont enlevé la plus grande partie dudit bois, durant leur séjour au Vaudreuil.

Ms. fr. 18160, f° 72 r°.

3461. — Arrêt déchargeant Philippe Patin d'un quart du prix de sa ferme « des cinq solz antiens entrans en la ville de Beauvais ».

Ms. fr. 18160, f° 72 r°.

1597, 23 janvier. — Rouen.

3462. — Arrêt confirmant à M⁰ Michel Évrard, conseiller du Roi en son conseil de Navarre, la jouissance du huitième des vins et autres breuvages d'Auneau, de Nogent-le-Roi et de Courville, nonobstant l'opposition d'Annibal Milano, agent du duc de Ferrare, de M⁰ Charles Le Comte, receveur et payeur des rentes de l'hôtel de ville de Paris, et de Mathurin Bremont, fermier des aides de Chartres.

Ms. fr. 18160, f° 72 v°.

3463. — Arrêt assignant 700 écus au maréchal de Biron, pour ses états ordinaires et extraordinaires des années 1595 et 1596.

Ms. fr. 18160, f° 74 r°.

3464. — Arrêt donnant commission aux sieurs de Saint-Jory, président au parlement de Toulouse, et Du Refuge, maître des requêtes ordinaire de l'Hôtel, pour informer des désobéissances et contraventions de la cour des aides et des trésoriers de France de Montpellier.

Ms. fr. 18160, f° 74 v°.

3465. — Arrêt enjoignant au parlement de Toulouse de ne plus mettre obstacle au libre commerce des blés.

Ms. fr. 18160, f° 75 r°.

3466. — Arrêt confirmant un don de 8,000 écus accordé, à titre de remboursement, à M⁰ Jean de Choisy, receveur général des finances à Caen.

Ms. fr. 18160, f° 75 v°.

3467. — Arrêt renvoyant à la chambre des comptes de Provence une requête du duc de Retz tendant au remboursement de 6,666 écus. 2/3.

Ms. fr. 18160, f° 76 v°.

3468. — Arrêt ordonnant que les vins et autres marchandises venant d'Auxerre passeront librement par Cravant, Auxerre et Monéteau, maintenant toutefois une taxe de 2,000 écus sur « tous les marchans qui ont vins et marchandises acheptées ou evrées esdictz lieux et qui en feront passer pendant ung moys ».

Ms. fr. 18160, f° 77 r°.

3469. — Arrêt ordonnant le payement de 1,000 écus dus au prince de Conti.

Ms. fr. 18160, f° 77 v°.

3470. — Arrêt modérant à 200 écus la taxe de M° Guillaume Tarteron, grènetier au grenier à sel de Melun.

Ms. fr. 18160, f° 78 r°.

3471. — Arrêt modérant à 200 écus la taxe de Pierre Macé, receveur particulier du grenier à sel de Château-Thierry et de la chambre de Fère.

Ms. fr. 18160, f° 78 r°.

3472. — Arrêt ordonnant qu'il ne sera plus fait aucun « recullement » des gages du vice-bailli de Caen, de ses lieutenant, greffier et archers.

Ms. fr. 18160, f° 78 v°.

3473. — Arrêt ordonnant le payement de 213 écus dus au sieur Cheron, pour « la despense qu'il lui convient faire » au service du Roi.

Ms. fr. 18160, f° 79 v°.

3474. — Arrêt ordonnant le payement de 206 écus 2/3 dus au sieur de Saint-Bonnet, secrétaire de la Chambre du Roi.

Ms. fr. 18160, f° 79 v°.

1597, 24 janvier.   Rouen.

3475. — Arrêt maintenant au duc de Luxembourg la jouissance des greniers à sel de Château-Porcien et de Cormicy, pour l'indemniser de la perte des terres de Saint-Dizier et de Vassy, enlevées par Louis XI aux seigneurs de Croy.

Ms. fr. 18160, f° 79 v°.

3476. — Arrêt enjoignant aux habitants de Sens de payer les 2,000 écus qu'ils avaient promis de prêter au Roi.

Ms. fr. 18160, f° 80 v°.

3477. — Arrêt confirmant une remise de tailles accordée aux habitants de Mézières pour six années consécutives.

Ms. fr. 18160, f° 80 v°.

3478. — Arrêt accordant à Noël Terguy, fermier de l'écu pour muid de vin entrant à Noyon, remise du quart du prix de sadite ferme.

Ms. fr. 18160, f° 81 r°.

3479. — Arrêt défendant aux élus de Verneuil d'inquiéter les habitants des Ressuintes, de Réveillon et de la Mancelière, s'ils prouvent qu'ils ont payé leurs taxes aux élus de Dreux.

Ms. fr. 18160, f° 81 v°.

3480. — Arrêt donnant assignation de 2,141 écus au sieur Lubert, conseiller d'État, pour l'indemniser de la perte d'une maison occupée par le duc de Mayenne.

Ms. fr. 18160, f° 82 v°.

3481. — Arrêt relatif à une requête par laquelle M° Robert Vimont demande à être déchargé d'une somme de 200 écus sur le supplément de son office de grènetier au grenier à sel de Lisieux.

Ms. fr. 18160, f° 82 r°.

3482. — Arrêt ordonnant que les habitants d'Orléans seront payés de deux quartiers de leurs rentes de l'année 1596.

Ms. fr. 18160, f° 82 v°.

3483. — Arrêt ordonnant que l'impôt de 4 écus pour muid de sel levé à Jargeau sera transporté en la ville d'Orléans, pour le produit en être affecté au payement des dettes de ladite ville.

Ms. fr. 18160, f° 82 v°.

3484. — Arrêt ordonnant aux gens des comptes

de Normandie de dresser un compte à part du sol pour écu affecté, par lettres closes du 6 novembre dernier, à la construction des châteaux du Louvre et de Saint-Germain-en-Laye et du palais des Tuileries.

Ms. fr. 18160, f° 83 v°.

———————

1597, 25 janvier. — Rouen.

3485. — Arrêt assignant 400 écus au colonel Vieser, « pour distribuer aux plus nécessiteux Suisses ».

Ms. fr. 18160, f° 85 r°.

3486. — Arrêt donnant assignation de 118,069 écus à M° Étienne Regnault, trésorier de l'Extraordinaire des guerres, pour le payement des garnisons du gouvernement de Bourgogne.

Ms. fr. 18160, f° 85 r°.

3487. — Arrêt donnant assignation de 16,000 écus au sieur Boniface, commandant au fort de Sainte-Catherine.

Ms. fr. 18160, f° 85 v°.

3488. — Arrêt ordonnant l'examen des comptes de M° Jean Le Terrier, receveur général des finances à Caen, lequel n'a point payé les 11,000 écus assignés pour les gages des officiers de l'Artillerie.

Ms. fr. 18160, f° 85 v°.

3489. — Arrêt assignant 1,200 écus à Thomas Guenault, apothicaire-distillateur du Roi, pour ses gages de six années.

Ms. fr. 18160, f° 86 r°.

3490. — Arrêt ordonnant le remboursement des fournitures faites par le sieur de Lierramont pour la conservation de la place du Castellet, et avis tendant à ce que le Roi accorde audit de Lierramont un don de 6,000 écus.

Ms. fr. 18160, f° 86 v°.

3491. — Arrêt attribuant à la cour des aides de Rouen la connaissance de tous les procès intentés par Georges Louchart au sujet de sa ferme de 5 sols par muid de vin entrant ès villes de marché de la généralité de Rouen.

Ms. fr. 18160, f° 86 v°.

3492. — Arrêt déclarant que les habitants de vingt paroisses d'Auvergne ne jouiront que de la remise générale accordée à toutes les paroisses du royaume.

Ms. fr. 18160, f° 87 r°.

3493. — Arrêt ordonnant au procureur général au parlement de Rouen de faire mettre en liberté Guillaume Tollemer, attendu que le Roi lui a fait remise de son amende.

Ms. fr. 18160, f° 87 r°.

3494. — Arrêt ordonnant à deux archers de la prévôté de l'Hôtel d'aller coopérer au recouvrement des tailles en l'élection d'Arques.

Ms. fr. 18160, f° 87 v°.

3495. — Arrêt ordonnant à deux archers de la prévôté de l'Hôtel d'aller coopérer au recouvrement des tailles en l'élection de Verneuil.

Ms. fr. 18160, f° 88 r°.

3496. — Arrêt réglant les conditions d'un prêt de 360,000 écus fait par les sieurs Zamet et Cénamy.

Ms. fr. 18160, f° 88 r°.

3497. — Arrêt accordant surséance à M° François Garrault, receveur général des finances à Orléans, pour le payement d'assignations levées sur ladite recette.

Ms. fr. 18160, f° 88 v°.

3498. — Arrêt réglant le payement des gages d'Antoine Fournier, commis au contrôle général du commerce à Paris, à raison de 83 écus 1/3 par mois.

Ms. fr. 18160, f° 89 r°.

3499. — Arrêt ordonnant l'expédition des lettres de commission adressées à Élie de La Salle pour la levée des deniers dus par les fermiers des petits sceaux dans le ressort du parlement de Bordeaux.

Ms. fr. 18160, f° 89 r°.

3500. — Arrêt assignant 1,166 écus 2/3 au sieur de Bellegarde, grand écuyer de France, pour une année de ses gages de premier gentilhomme de la Chambre, et 233 écus 1/3 au sieur de Niraumont, pour une année de ses gages d'écuyer de l'Écurie du Roi.

Ms. fr. 18160, f° 89 v°.

3501. — Arrêt ordonnant aux receveurs particuliers d'Arques, de Bernay et de Verneuil d'acquitter par préférence les assignations levées au profit de M° Étienne Puget, trésorier général de l'Artillerie, pour la confection des poudres et pour l'achat des salpêtres.

Ms. fr. 18160, f° 89 v°.

3502. — Arrêt ordonnant au receveur des tailles à Verneuil de payer comptant une somme de 1,137 écus 50 sols portée sur une quittance de M° Henri d'Ambray, receveur général des finances à Rouen.

Ms. fr. 18160, f° 90 r°.

3503. — Arrêt accordant aux religieux de l'abbaye du Bec remise de ce qu'ils doivent des décimes du terme de février 1594 et surséance pour le payement du surplus.

Ms. fr. 18160, f° 90 v°.

3504. — Arrêt accordant au clergé du diocèse de Saint-Flour remise des décimes des années 1586 à 1588, et accordant au cardinal de Joyeuse, abbé d'Aurillac, remise des décimes des années 1593 à 1596.

Ms. fr. 18160, f° 91 r°.

3505. — Arrêt accordant au clergé du diocèse de Montpellier remise d'une somme de 1,987 écus 19 sols.

Ms. fr. 18160, f° 91 v°.

3506. — Arrêt accordant au clergé du diocèse d'Agde remise d'une somme de 3,033 écus 20 sols.

Ms. fr. 18160, f° 92 r°.

3507. — Arrêt accordant au clergé du diocèse d'Albi remise d'une somme de 3,807 écus 25 sols 5 deniers.

Ms. fr. 18160, f° 92 v°.

3508. — Arrêt accordant au clergé du diocèse de Sisteron remise de la moitié des décimes des années 1586 à 1588, et accordant au clergé des diocèses d'Aix,

d'Arles, de Digne, de Grasse, de Glandève, de Senez, de Vence, d'Apt, de Riez, de Fréjus, de Marseille, d'Avignon, de Carpentras et de Toulon remise des deux tiers des décimes des années 1594 et 1595 et de la moitié des décimes de l'année 1596.

Ms. fr. 18160, f° 93 r°.

1597, 28 janvier. — Rouen.

3509. — Arrêt assignant au Conseil Nicolas Le Bossu, adjudicataire de plusieurs greniers à sel.

Ms. fr. 18160, f° 93 r°.

3510. — Arrêt ordonnant que les contribuables de Pontoise seront contraints de payer les quatrièmes du vin aux receveurs des aides, nonobstant l'opposition de l'élu particulier de Pontoise.

Ms. fr. 18160, f° 93 v°.

3511. — Arrêt ordonnant que les 20 deniers pour minot de sel levés au grenier à sel d'Andely seront affectés aux fortifications du Petit-Andely.

Ms. fr. 18160, f° 94 r°.

3512. — Arrêt rejetant une requête des habitants de Cramoisy tendant à ce que plusieurs habitants de Senlis et de Beauvais, propriétaires à Cramoisy, contribuent aux tailles dudit bourg.

Ms. fr. 18160, f° 94 v°.

3513. — Arrêt ordonnant que les habitants et les élus de Mello seront entendus au Conseil au sujet du payement de 500 écus dus par lesdits habitants auxdits élus.

Ms. fr. 18160, f° 94 v°.

3514. — Arrêt portant assignation d'une somme de 2,400 écus due au sieur de Barrault, sénéchal et gouverneur de Bazadais, vice-amiral en Guyenne, pour le fret d'un navire qui a servi huit mois au siège de Blaye.

Ms. fr. 18160, f° 94 v°.

3515. — Arrêt confirmant une assignation de 14,000 écus donnée aux trésoriers des gardes du corps.

Ms. fr. 18160, f° 95 r°.

3516. — Arrêt validant une assignation de 4,800 écus levée sur la recette des nouvelles impositions de Dieppe au profit du sieur de Chaste.

Ms. fr. 18160, f° 95 v°.

1597, 29 janvier. — [Rouen.]

3517. — Arrêt validant une levée d'un écu par muid de vin faite à Cravant et à Monéteau par les sieurs de Chasteluz, Thierry et Billard, sur l'ordre exprès du Roi et du maréchal de Biron, gouverneur de Bourgogne.

Ms. fr. 18160, f° 95 v°.

1597, 31 janvier. — [Rouen.]

3518. — Arrêt confirmant un arrêt du 8 janvier dernier (n° 3295), nonobstant l'opposition du prévôt des marchands de la ville de Paris.

Ms. fr. 18160, f° 96 v°.

3519. — « Estat des sommes... deues par les receveurs particuliers des décymes de Normandye..., desquelles sommes il est ordonné ausdictz receveurs particuliers et receveurs généraulx desdictz décymes vuider leurs mains, et les mettre en celles du trésorier général de l'Extraordinaire des guerres, M° Estienne Regnault... »

Ms. fr. 18160, f° 97 v°.

3520. — Arrêt enjoignant aux élus et procureur retenus de l'élection d'Arques, ou, à leur défaut, aux président et élus interdits de ladite élection, de procéder au département des tailles, sans rien changer à l'assiette qui leur a été envoyée par les trésoriers de France à Rouen.

Ms. fr. 18160, f° 98 v°.

3521. — Arrêt ordonnant à M°ˢ de Pruynes et de Geneste, trésoriers de France en Guyenne, de s'expliquer au sujet de l'emprisonnement de M°. Dolard, commis de M° Nicolas Rogais, trésorier provincial de l'Extraordinaire des guerres.

Ms. fr. 18160, f° 99 v°.

3522. — Arrêt ordonnant à deux archers de la prévôté de l'Hôtel d'aller coopérer au recouvrement des tailles en l'élection de Gisors.

Ms. fr. 18160, f° 100 v°.

3523. — Arrêt donnant assignation de 266 écus 1/3 à M° Antoine Poussin, l'un des médecins ordinaires de Sa Majesté.

Ms. fr. 18160, f° 101 r°.

3524. — Arrêt déchargeant M° Nicolas Girard, payeur de la gendarmerie, d'une somme de 200 écus à laquelle il avait été taxé pour second supplément de son office.

Ms. fr. 18160, f° 101 r°.

3525. — Arrêt renvoyant au sieur de Fleury, surintendant général des Eaux et forêts, une requête qu'ont présentée Mathieu Gaillard et Étienne Le Vigueur, adjudicataires de 28 arpents de bois en la forêt de Rouvray, pour être déchargés de 800 écus.

Ms. fr. 18160, f° 101 v°.

3526. — Arrêt ordonnant que les doyen et chanoines de Saint-Étienne de Châlons seront entendus au Conseil au sujet d'une requête par laquelle les habitants de Vitry demandent à être exemptés de l'impôt levé pour la réparation du pont sur la Marne de Châlons.

Ms. fr. 18160, f° 102 r°.

3527. — Arrêt modérant à 20 minots de sel l'impôt ordinaire levé à Trelazé.

Ms. fr. 18160, f° 102 r°.

3528. — Arrêt ordonnant l'élargissement de M° Denis Dehors, receveur des tailles en l'élection de Chaumont et Magny, emprisonné à la requête de M° Edmond Servient, receveur général des finances à Rouen.

Ms. fr. 18160, f° 102 v°.

3529. — Arrêt portant nouvelle assignation d'une somme de 2,039 écus due au sieur de Disimieu, gouverneur de Vienne, pour les réparations du château de Pipet et de la Bâtie.

Ms. fr. 18160, f° 103 r°.

3530. — Arrêt réglant le payement de la garnison de Henricarville.

Ms. fr. 18160, f° 103 v°.

3531. — Arrêt portant assignation d'une somme de 1,500 écus due au sieur Des Hameaux, conseiller d'État et premier président en la cour des aides de Normandie.

Ms. fr. 18160, f° 104 v°.

3532. — Arrêt ordonnant le payement de 15,564 écus 2/3 dus aux sieurs d'Aumont et de Chappes, fils et héritiers du maréchal d'Aumont, pour avances faites par ledit maréchal.

Ms. fr. 18160, f° 104 v°.

———

1597, 1ᵉʳ février. — [Rouen.]

3533. — « Estat de la recepte et despence que Mᵉ Florent d'Argouges, trésorier général des greniers à sel de France, fera en l'année présente 1596 (sic). »

Ms. fr. 18160, f° 105 r°.

———

1597, 20 février.

3534. — Arrêt donnant nouvelle assignation de 399 écus 1/3 à Mᵉ Jean Sauduboys, trésorier des gardes du corps.

Ms. fr. 18160, f° 110 r°.

———

1597, 21 février. — Paris.

3535. — Arrêt ordonnant à Mᵉ Nicolas Girard, trésorier des Ligues de Suisse et des Grisons, de procéder, avec le conseil des trésoriers de France à Lyon, au change d'une somme de 14,500 écus.

Ms. fr. 18160, f° 110 v°.

3536. — Arrêt donnant à Mᵉ Nicolas Girard une lettre de change de 14,500 écus pour les sieurs Boubizes de Lyon.

Ms. fr. 18160, f° 111 r°.

3537. — Arrêt assignant 3,333 écus 1/3 au sieur de Bois-Dauphin pour sa pension de maréchal de France durant l'année 1596.

Ms. fr. 18160, f° 111 v°.

3538. — Arrêt accordant à Mᵉ Jean Glanart, grènetier, et à Pierre Vauguelin, contrôleur au grenier à sel de Caudebec, remise de moitié des sommes auxquelles ils ont été taxés pour une augmentation de 7 deniers par minot.

Ms. fr. 18160, f° 111 v°.

3539. — Arrêt renvoyant au sieur d'Incarville, contrôleur général des finances, une requête en surséance présentée par Mᵉ Nicolas Macé, receveur général du taillon en la généralité de Bourges.

Ms. fr. 18160, f° 112 r°.

3540. — Arrêt renvoyant au prévôt des marchands et aux échevins de la ville de Paris une requête en rabais présentée par Pierre Simon, fermier du sel pour livre des draps vendus en gros en la halle Paris.

Ms. fr. 18160, f° 112 v°.

———

1597, 22 février. — [Paris.]

3541. — Arrêt assignant 7,000 écus au sieur de Nerestan.

Ms. fr. 18160, f° 112 v°.

3542. — Arrêt ordonnant que dame Marguerite de Lestrac et la comtesse de Saint-Pol, sa fille, seront entendues au Conseil au sujet du renvoi de leur procès par-devant la chambre mi-partie de Guyenne.

Ms. fr. 18160, f° 113 r°.

3543. — Arrêt ordonnant que le sieur de Vivans et la comtesse de Saint-Pol seront entendus au Conseil au sujet du renvoi de leur procès par-devant la chambre mi-partie de Guyenne.

Ms. fr. 18160, f° 113 r°.

———

1597, 25 février. — [Paris.]

3544. — Arrêt interdisant la traite des blés, grains et des légumes.

Ms. fr. 18160, f° 113 v°.

3545. — Arrêt évoquant le procès intenté en la Cour des aides à Mᵉ Jean Callaisseau, l'un des anciens officiers retenus de l'élection d'Angers.

Ms. fr. 18160, f° 114 r°.

30.

3546. — Arrêt donnant au sieur de La Rivière, premier médecin du Roi, assignation de 900 écus, pour ses gages de l'année dernière.

Ms. fr. 18160, f° 114 r°.

3547. — Arrêt donnant à François de La Marguerite, huissier de chambre du Roi, assignation de 110 écus, pour ses gages de l'année dernière.

Ms. fr. 18160, f° 114 r°.

3548. — Arrêt ordonnant à M° Le Jay, receveur des tailles en l'élection de Sens, de fournir les preuves du refus fait par les villes et bourgs de ladite élection de payer la subvention des villes closes.

Ms. fr. 18160, f° 114 v°.

3549. — Arrêt ordonnant de surseoir, jusqu'après audition des parties au Conseil, aux poursuites exercées à la requête du sieur de Braudelac contre M° René de La Mare, receveur général des finances à Limoges.

Ms. fr. 18160, f° 114 v°.

3550. — Arrêt affectant 6,000 écus aux réparations du château de Dijon.

Ms. fr. 18160, f° 115 r°.

3551. — Arrêt validant une fourniture de 17 muids de blé et de 16,000 pains de munition faite par les habitants de Saint-Quentin aux armées conduites en Picardie par le feu duc de Nivernais et par le comte de Saint-Pol.

Ms. fr. 18160, f° 115 r°.

1597, 26 février. — [Paris.]

3552. — Arrêt ordonnant une enquête sur le refus fait par le receveur général et par les officiers du présidial de Poitiers de procéder à la publication de l'édit du parisis des greffes.

Ms. fr. 18160, f° 115 v°.

3553. — Arrêt accordant à Joachim Guitonneau l'office de clerc-commissaire du vin qui se vend au quartier des halles à Paris.

Ms. fr. 18160, f° 116 r°.

1597, 27 février. — Paris.

3554. — Arrêt ordonnant aux trésoriers de France à Châlons d'avancer 3,000 écus pour le payement des garnisons de Champagne, en attendant la perception des deniers provenant de la subvention des villes closes.

Ms. fr. 18160, f° 116 v°.

3555. — Arrêt ordonnant que les habitants de Dourdan ne payeront que 200 écus pour la subvention des villes closes, et que cette somme sera portée en la recette générale d'Orléans.

Ms. fr. 18160, f° 117 r°.

3556. — Arrêt assignant 100 écus au Chevalier du Guet, qui a veillé au maintien du bon ordre en la foire de Saint-Germain-des-Prés.

Ms. fr. 18160, f° 117 r°.

3557. — Arrêt faisant remise d'une somme de 515 écus à Jean Bourelly, ci-devant fermier du poids et des balances à Marseille.

Ms. fr. 18160, f° 117 v°.

3558. — Arrêt renvoyant à la cour des aides de Rouen le procès intenté par les élus d'Évreux aux habitants de Cravent pour actes de rébellion.

Ms. fr. 18160, f° 117 v°.

3559. — Arrêt accordant un sursis à M° Nicolas de Bouvilliers, receveur des aides et tailles en l'élection de Beauvais.

Ms. fr. 18160, f° 118 r°.

3560. — Arrêt portant assignation d'une somme de 4,000 écus due au sieur de Calvard, ambassadeur des Pays-Bas, pour avances faites tant au Roi qu'au sieur de Buzenval, ambassadeur de France aux Pays-Bas.

Ms. fr. 18160, f° 118 v°.

3561. — Arrêt accordant aux habitants de Fresnes remise de trois années de tailles, en considération du massacre commis audit village par le régiment de Tremblecourt.

Ms. fr. 18160, f° 118 v°.

3562. — Arrêt accordant aux villes et bourgs de

la généralité de Tours remise du tiers de la subvention des villes closes, afin d'en faciliter le recouvrement.

Ms. fr. 18160, f° 119 r°.

3563. — Arrêt accordant même remise aux habitants des villes et bourgs de la généralité de Limoges.

Ms. fr. 18160, f° 119 v°.

1597, février. — Paris.

3564. — Arrêt ordonnant le payement d'une somme de 333 écus 1/3 due au sieur Claude de L'Aubespine, secrétaire des finances, pour ses gages de l'année passée.

Clair. 653, p. 175.

1597, 3 mars. — Paris.

3565. — Arrêt donnant au prince de Conti assignation de 1,000 écus.

Ms. fr. 18160, f° 120 r°.

3566. — Arrêt révoquant celui du 20 janvier dernier (n° 3418) et ordonnant que la reine douairière Louise de Lorraine exercera le droit de provision aux offices de notaires et de sergents du duché de Berry.

Ms. fr. 18160, f° 120 r°.

3567. — Arrêt modérant à 400 écus le supplément d'office de M° Antoine de Pontenet, conseiller en la chambre des comptes et en la cour des aides de Provence.

Ms. fr. 18160, f° 120 v°.

3568. — Arrêt ordonnant que M° Pierre Martin, receveur général des finances à Bordeaux, et diverses personnes pourvues d'assignations sur ladite recette seront entendus au Conseil d'État, et défendant au parlement de Bordeaux «de plus prendre aucune congnoissance du faict des finances».

Ms. fr. 18160, f° 121 r°.

3569. — Arrêt donnant assignation de 400 écus au sieur Érard, ingénieur du Roi, employé aux fortifications des villes de Picardie et de Champagne.

Ms. fr. 18160, f° 121 v°.

3570. — Arrêt faisant remise aux habitants de Tonnerre de moitié de la subvention des villes closes.

Ms. fr. 18160, f° 121 v°.

3571. — Arrêt donnant au sieur Jean de Serres, historiographe ordinaire du Roi, assignation de partie de 500 écus dont «Sa Majesté luy a faict don, pour luy donner moyen de continuer l'*Inventaire général de l'histoire de France*».

Ms. fr. 18160, f° 122 r°.

3572. — Arrêt accordant à M° Séraphin Le Ragois, grènetier au grenier à sel d'Étampes, remise d'une somme de 40 écus.

Ms. fr. 18160, f° 122 r°.

3573. — Arrêt ordonnant à M° Jean de Champfeu, receveur général des finances à Moulins, de payer comptant la somme de 379 écus 40 sols.

Ms. fr. 18160, f° 122 r°.

3574. — Arrêt évoquant un appel interjeté en la Cour des aides par Nicolas Louvet contre un exécutoire du Conseil délivré aux sieurs Zamet et Cénamy.

Ms. fr. 18160, f° 122 v°.

3575. — Arrêt ordonnant que 4,000 écus assignés à M° Étienne Puget, trésorier de l'Artillerie, seront fournis comptant à M° François Hotman, trésorier de l'Épargne, pour satisfaire aux dépenses de l'année passée.

Ms. fr. 18160, f° 143 v°.

1597, 4 mars. — Paris.

3576. — Arrêt ordonnant de surseoir, jusqu'après audition des parties, aux poursuites intentées contre M° Thomas de Lorme, sieur Des Bordes, ci-devant trésorier de France à Montpellier.

Ms. fr. 18160, f° 124 r°.

3577. — Arrêt accordant une remise de tailles aux habitants de Saint-Quentin, en considération des pertes que leur ont fait subir la contagion et les incursions continuelles de l'ennemi.

Ms. fr. 18160, f° 124 r°.

3578. — Arrêt ordonnant de lever sur les contribuables de la baronnie de Vitré les 5,000 écus restant dus au sieur de Montmartin, maréchal de camp, attendu la démission qu'il a volontairement. donnée de sa place de gouverneur de Vitré.

Ms. fr. 18160, f° 124 v°.

3579. — Arrêt assignant 2,400 écus à Pierre Chollier, secrétaire du sieur de Lesdiguières.

Ms. fr. 18160, f° 124 v°.

3580. — Arrêt tendant à accorder à Jacques de Raudinet « le vingtième denier qui proviendra de l'advis qu'il présentera, pourveu qu'il ne soit à la foulle du peuple ».

Ms. fr. 18160, f° 125 r°.

3581. — Arrêt relatif au payement des pensions ou soldes dues aux Suisses.

Ms. fr. 18160, f° 125 r°.

3582. — Arrêt réglant le payement des garnisons de Montpellier, d'Aigues-Mortes, de la tour Carbonnière et du fort de Peccais.

Ms. fr. 18160, f° 125 v°.

3583. — Arrêt réglant la levée de 380 écus faisant le complément de 2,000 écus auxquels les habitants de la Fère ont été taxés, pour les « réparations et réédification de ladite ville ».

Ms. fr. 18160, f° 126 v°.

3584. — Arrêt assignant 16,000 écus au duc de Guise, pour sa pension des années 1595 et 1596.

Ms. fr. 18160, f° 126 v°.

3585. — Arrêt déchargeant Mᵉ Jean Foulon, payeur de la gendarmerie, d'une somme de 200 écus à laquelle il avait été taxé pour second supplément.

Ms. fr. 18160, f° 127 r°.

3586. — Arrêt portant assignation de 800 écus dus au sieur de Marly, président en la Chambre des comptes.

Ms. fr. 18160, f° 127 r°.

3587. — Arrêt assignant 3,000 écus au maréchal de Biron, aux sieurs de Rieux et de Saint-Angel.

Ms. fr. 18160, f° 127 v°.

1597, 6 mars. — Paris.

3588. — Arrêt donnant assignation de 200,000 écus à Mᵉ Jérôme Garrault, trésorier général de l'Extraordinaire des guerres, pour la dépense de l'armée conduite en Savoie par le sieur de Lesdiguières, lieutenant général en Dauphiné.

Ms. fr. 18160, f° 127 v°.

3589. — Arrêt ordonnant l'expédition de lettres de jussion adressées à la Chambre des comptes pour la vérification de lettres patentes du 25 décembre 1595 accordées à Mᵉ Claude Cottereau, trésorier de France à Tours.

Ms. fr. 18160, f° 127 v°.

3590. — Arrêt maintenant la remise de tailles accordée, pour six ans, aux habitants de Chauny, attendu que ladite ville est maintenant frontière.

Ms. fr. 18160, f° 128 v°.

3591. — Arrêt portant assignation de 905 écus dus à Guischard et à Croize, valets de chambre du Roi, pour leurs gages, et de 500 écus dus audit Guischard, pour frais de voyage.

Ms. fr. 18160, f° 128 v°.

3592. — Arrêt accordant un don de 200 écus au sieur de Saint-Félix, conseiller d'État, procureur général au parlement de Toulouse, lequel s'était obligé pour pareille somme envers feu Mᵉ Pierre de Cheverry, trésorier de France à Toulouse.

Ms. fr. 18160, f° 129 r°.

3593. — Arrêt validant l'emploi d'une somme de 1,227 écus prise au grenier à sel de Coucy par le sieur de La Meth, gouverneur, pour l'entretien de la garnison de ladite ville.

Ms. fr. 18160, f° 129 r°.

3594. — Arrêt ordonnant le payement de 780 écus précédemment assignés à Mᵉ Nicolas Le Roux, conseiller au Parlement.

Ms. fr. 18160, f° 130 r°.

3595. — Arrêt accordant au sieur de La Guesle, abbé de Cerisy, nommé par le Roi à l'archevêché de

Tours, mainlevée de la dîme des bois vendus en la forêt de Lyons.

Ms. fr. 18160, f° 130 v°.

3596. — Arrêt défendant de poursuivre Me Alexandre Gallifet, receveur héréditaire des décimes au diocèse de Rouen, pour une somme de 2,000 écus par lui versée, suivant l'arrêt du 31 janvier dernier (n° 3519), entre les mains de Me Étienne Regnault, trésorier de l'Extraordinaire des guerres.

Ms. fr. 18160, f° 130 v°.

1597, 8 mars. — Paris.

3597. — Arrêt donnant assignation de la somme due au sieur de Thomassin, gouverneur de Châlons, pour la solde d'une compagnie de chevau-légers par lui levée en l'année 1595.

Ms. fr. 18160, f° 131 v°.

3598. — Arrêt accordant le payement de 351 écus 17 sols assignés à Me Pierre de La Bruyère, argentier du Roi.

Ms. fr. 18160, f° 131 v°.

3599. — Arrêt ordonnant le payement de 2,800 écus assignés au sieur de Rambouillet, chevalier des ordres du Roi et capitaine des cent gentilshommes de la Maison.

Ms. fr. 18160, f° 131 v°.

3600. — Arrêt défendant à tous huissiers de mettre la main sur Pierre de Roddet, secrétaire de la Chambre du Roi, à la requête de Me Guillaume Robineau, procureur et avocat du Roi au grenier à sel de Paris.

Ms. fr. 18160, f° 132 r°.

3601. — Arrêt donnant assignation de 500 écus à Me Francois de Vigny, receveur du domaine de la ville de Paris.

Ms. fr. 18160, f° 132 v°.

3602. — Arrêt cassant plusieurs arrêts de la chambre des comptes de Rennes, et lui interdisant toute connaissance du fait de l'Extraordinaire des guerres.

Ms. fr. 18160, f° 132 v°.

1597, 10 mars. — Paris.

3603. — Arrêt ordonnant de surseoir à toute levée extraordinaire de deniers ou de munitions dans la généralité de Tours.

Ms. fr. 18160, f° 136 r°.

3604. — Arrêt ordonnant que Me Vallez, pourvu d'un état de notaire et secrétaire du Roi, et le procureur du collège desdits notaires et secrétaires seront entendus au Conseil au sujet de l'opposition faite par ledit collège à la réception dudit Vallez.

Ms. fr. 18160, f° 136 v°.

3605. — Arrêt ordonnant de surseoir à la levée d'une somme de 136,000 écus due aux habitants de Clermont (en Auvergne), à raison de dépenses faites, pour le service du Roi, durant les années 1589 et 1590.

Ms. fr. 18160, f° 136 v° et 139 r°.

3606. — Arrêt ordonnant aux trésoriers de l'Extraordinaire des guerres et des Ligues de faire le compte des sommes dues à Paulus Cochouard, capitaine d'une compagnie de Suisses en garnison à Brest.

Ms. fr. 18160, f° 137 r°.

3607. — Avis du Conseil tendant à faire don à Claude de Montgison et à ses associés de « la vingtième partye de ce qui proviendra de l'advis qu'ilz donneront à Sa Majesté ».

Ms. fr. 18160, f° 137 v°.

3608. — Arrêt déclarant contribuables aux tailles Me Alexandre Du Quesnel, procureur du Roi à Creil, nonobstant sa prétendue descendance d'Eudes Le Maire, dit Chalo-Saint-Mars.

Ms. fr. 18160, f° 138 r°.

3609. — Arrêt ordonnant l'élargissement de Gilles Doué, vigneron de Barberey, poursuivi pour usure devant le Parlement et le Grand Conseil.

Ms. fr. 18160, f° 138 v°.

3610. — Arrêt portant assignation d'une somme de 666 écus 2/3 due au sieur de Montbarrot, maréchal de camp en l'armée de Bretagne, pour son entretien extraordinaire durant quatre mois.

Ms. fr. 18160, f° 139 r°.

3611. — Arrêt ordonnant le payement d'une somme de 5o écus accordée à Nicolas de Bouilly de Jouyse, «pour les escriptures tant en parchemin que pappier, confection de pacquetz et autres despesches et expéditions pressées et nécessaires qu'il a faictes pour le service du Roy, et par le commandement de MM. de son Conseil, soubz la charge du sieur Méliand, secrétaire des finances».

Clair. 653, p. 161.

1597, 11 mars. — Paris.

3612. — Arrêt validant une recette de 4,900 écus faite par Mes Balthazar Gobelin, trésorier de l'Épargne, Jérôme Garrault, trésorier général de l'Extraordinaire des guerres, Jacques Chollet, receveur des tailles à la Rochelle; et évoquant le procès pendant, à ce sujet, entre lesdits Gobelin, Garrault et Chollet et les héritiers du chevalier de Sève.

Ms. fr. 18160, f° 139 v°.

3613. — Arrêt donnant mainlevée des saisies faites par les créanciers du duc de Guise entre les mains de Me Florent d'Argouges.

Ms. fr. 18160, f° 140 v°.

3614. — Arrêt confirmant l'affranchissement de tailles ci-devant accordé aux habitants de la Fère et des villages circonvoisins, nonobstant la révocation générale de tous les affranchissements de cette sorte.

Ms. fr. 18160, f° 141 v°.

3615. — Arrêt portant assignation d'une somme de 497 écus 39 sols 6 deniers due à Abraham Lizé, à Abraham L'Esturgeon et autres valets de fourrière, pour fournitures de bois faites à la Maison du Roi.

Ms. fr. 18160, f° 141 v°.

3616. — Arrêt faisant remise aux habitants de la Ferté-Alais de moitié de la subvention des villes closes, attendu qu'il n'y reste plus «que dix ou douze mesnages».

Ms. fr. 18160, f° 142 r°.

3617. — Arrêt portant assignation d'une somme de 280 écus due à Me Étienne Regnault, pour ses gages de secrétaire de la Chambre, et à Louis Méric, pour ses gages de fourrier du Roi.

Ms. fr. 18160, f° 142 r°.

3618. — Arrêt portant assignation de 500 écus donnés par le Roi au baron de Saint-Blancart, mestre de camp du régiment de Picardie.

Ms. fr. 18160, f° 142 v°.

3619. — Arrêt donnant commission au sieur de Sillery, conseiller d'État, pour terminer le différend pendant entre Me Charles de Chanteclerc et Me Martin Nau, receveur général des finances en Champagne.

Ms. fr. 18160, f° 142 v°.

1597, 13 mars. — Paris.

3620. — Arrêt donnant assignation de 400 écus au sieur de Vic, capitaine de cinquante hommes d'armes des ordonnances du Roi.

Ms. fr. 18160, f° 143 r°.

3621. — Arrêt donnant assignation de 140,000 écus à Me Étienne Regnault, trésorier général de l'Extraordinaire des guerres, «pour la despense de l'armée que Sa Majesté veult mettre sus au païs de Bourgongne».

Ms. fr. 18160, f° 143 r°.

3622. — Arrêt renvoyant aux trésoriers de France en Bourgogne une requête du baron de Lux tendant au payement tant des appointements dudit baron que des fournitures par lui faites à l'armée assiégeant le château de Dijon.

Ms. fr. 18160, f° 143 r°.

3623. — Arrêt ordonnant à Me Étienne Regnault, trésorier général de l'Extraordinaire des guerres, de remettre entre les mains de Me François Hotman, trésorier de l'Épargne, une somme de 8,800 écus provenant des décimes de Normandie.

Ms. fr. 18160, f° 143 v°.

3624. — Arrêt ordonnant le remboursement d'une somme de 725 écus prise à Jean Vigreux, habitant d'Orléans.

Ms. fr. 18160, f° 143 v°.

3625. — Arrêt réglant le remboursement de 10,962 écus dus à Jean Charmolue, bourgeois de Compiègne, pour fournitures faites aux armées du Roi.

Ms. fr. 18160, f° 144 r°.

3626. — Arrêt réglant le remboursement de 1,560 écus dus à Marguerite Le Caron, pour fournitures de poudre à canon faites par son défunt mari, Gilles Charmolue.

Ms. fr. 18160, f° 144 r°.

3627. — Arrêt ordonnant que les lettres de provision de deux offices de receveurs aux bureaux du Havre, de Honfleur et de Fécamp, expédiées sous le nom de Me Antoine Boudot, seront réformées sous celui de Me André Godard.

Ms. fr. 18160, f° 144 v°.

3628. — Arrêt évoquant le procès pendant à la cour des aides de Rouen entre Ottoniel Smith et Richard Quelly, marchands anglais, au sujet de l'autorisation accordée par le Roi de faire entrer en France 200 tonneaux d'alun.

Ms. fr. 18160, f° 144 v°.

3629. — Arrêt assignant 20,000 écus aux sieurs Zamet et Cénamy.

Ms. fr. 18160, f° 145 r°.

3630. — Arrêt portant assignation de 1,000 écus donnés par le Roi au sieur de Thomassin, gouverneur de Châlons, en considération de ses services.

Ms. fr. 18160, f° 145 v°.

3631. — Arrêt portant assignation de 1,000 écus donnés par le Roi à la marquise de Monceaux.

Ms. fr. 18160, f° 145 v°.

3632. — Arrêt portant assignation de 500 écus donnés par le Roi au marquis de Cœuvres.

Ms. fr. 18160, f° 145 v°.

3633. — Arrêt assignant 20 écus à Maximilien Fasquel, à Jean de Caen et à Pierre Du Baillé, garçons de la Chambre du Roi, pour leur nourriture et pour frais de transport des meubles de Sa Majesté.

Ms. fr. 18160, f° 146 r°.

3634. — Arrêt donnant assignation de 1,600 écus à Me Guillaume Sanguin, receveur de l'Écurie, en payement des habits des cent Suisses de la Garde.

Ms. fr. 18160, f° 146 r°.

3635. — Arrêt ordonnant que le maréchal de Biron sera payé d'une somme de 7,000 écus, à lui assignée sur les nouvelles impositions de Normandie, nonobstant l'assignation obtenue, le 28 juillet dernier, par le sieur Du Rouillet.

Ms. fr. 18160, f° 146 r°.

3636. — Arrêt assignant 10 écus à Jacques Valletz, huissier et garde des meubles du Conseil, pour fourniture de bois, de flambeaux et d'écrans.

Ms. fr. 18160, f° 146 v°.

1597, 14 mars. — Paris.

3637. — Arrêt ordonnant le payement d'une somme de 1,000 écus donnée par le Roi au sieur de Chantelou, sergent-major de la ville de Chartres.

Ms. fr. 18160, f° 146 v°.

3638. — Arrêt ordonnant le payement d'une somme de 1,000 écus donnée par le Roi au comte de La Chapelle.

Ms. fr. 18160, f° 146 v°.

3639. — Arrêt ordonnant le payement d'une somme de 1,000 écus donnée par le Roi au sieur de Gaucourt.

Ms. fr. 18160, f° 147 r°.

3640. — Arrêt ordonnant le payement d'une somme de 1,000 écus donnée par le Roi au comte de Tonnerre.

Ms. fr. 18160, f° 147 r°.

3641. — Arrêt ordonnant le payement d'une somme de 1,000 écus donnée par le Roi au sieur de Sourdis.

Ms. fr. 18160, f° 147 r°.

3642. — Arrêt ordonnant le payement d'une somme de 400 écus due au sieur Ambroise Jugement, pour sa pension de l'année 1596.

Ms. fr. 18160, f° 147 r°.

3643. — Arrêt ordonnant le payement d'une somme de 400 écus due au sieur de La Roze, pour sa pension de l'année 1596.

Ms. fr. 18160, f° 147 r°.

3644. — Arrêt ordonnant le remboursement d'une somme de 9,000 écus empruntée au sieur Zamet.

Ms. fr. 18160, f° 147 v°.

3645. — Arrêt ordonnant le payement d'une somme de 195 écus due au sieur Le Grand, pour ses gages de porte-manteau ordinaire du Roi et de capitaine des chasses de la forêt de Sézanne.

Ms. fr. 18160, f° 147 r°.

1597, 15 mars. — Paris.

3646. — Arrêt portant assignation d'une somme de 3,000 écus donnée par le Roi au sieur de Souvré.

Ms. fr. 18160, f° 147 v°.

3647. — Arrêt portant assignation d'une somme de 400 écus due à demoiselle Marguerite de Faby, pour sa pension de l'année 1596.

Ms. fr. 18160, f° 148 r°.

3648. — Arrêt déclarant que les habitants du haut pays de Limousin jouiront de la remise générale des tailles accordée à tous les sujets du royaume.

Ms. fr. 18160, f° 148 r°.

3649. — Arrêt déchargeant Laurent Digueau, fermier des barrages du Petit Pont et du pont Saint-Michel, à Paris, d'une folle enchère de 60 écus par lui mise sur la ferme du gros et du huitième de Saint-Cloud.

Ms. fr. 18160, f° 148 r°.

3650. — Arrêt ordonnant à Me Jean Fineau, receveur général de Bourges, et à Me Jean Ragueau, son commis, d'acquitter préférablement à toute autre l'assignation levée pour le payement des garnisons de Brie.

Ms. fr. 18160, f° 148 v°.

3651. — Arrêt relatif au payement des arrérages dus à la ville de Paris sur le sel vendu en l'année 1595.

Ms. fr. 18160, f° 149 r°.

3652. — «Estat de la despense qu'il convient faire en la province de Guyenne» pour l'achat des munitions et pour l'entretien de la garnison de Bayonne.

Ms. fr. 18160, f° 149 v°.

3653. — Arrêt révoquant une ordonnance prononcée par les trésoriers de France à Caen contre Me Thomas Morant, receveur général des finances en ladite ville.

Ms. fr. 18160, f° 151 r°.

1597, 17 mars. — Paris.

3654. — Arrêt autorisant le clergé du diocèse d'Angers à se rembourser, sur le produit des décimes, d'une somme de 16,962 écus 44 sols 6 deniers par lui prêtée, en 1589, pour l'entretien de l'armée du maréchal d'Aumont.

Ms. fr. 18160, f° 152 r°.

3655. — Arrêt chargeant le président de Riz, conseiller d'État, de rapporter au Conseil le procès pendant entre les moines de Lérins et Jean-Baptiste de Romans, sieur de Gault.

Ms. fr. 18160, f° 152 v°.

3656. — Réponses du Conseil aux requêtes des habitants d'Orléans au sujet :
1° Du payement des deniers assignés à ladite ville;
2° D'une décharge de subvention;
3° De l'établissement d'un octroi sur le sel.

Ms. fr. 18160, f° 153 r°.

3657. — Arrêt affectant les deniers du commerce de la ville de Paris au remboursement des sommes dues aux sieurs Zamet et Cénamy.

Ms. fr. 18160, f° 153 r°.

3658. — Arrêt donnant assignation de 5,000 écus à Me Jean Goulas, trésorier des Ligues de Suisse et des Grisons, tant pour gagés d'officiers, que pour autres frais de sa charge.

Ms. fr. 18160, f° 154 r°.

3659. — Arrêt donnant assignation de 1,200 écus au sieur Arnauld de Cherelles, contrôleur général des guerres, pour ses appointements de l'année 1594.

Ms. fr. 18160, f° 154 r°.

3660. — Arrêt assignant 1,000 écus à M° Charles Marchand, pour les réparations de l'Isle-Adam.

Ms. fr. 18160, f° 154 v°.

3661. — Arrêt validant, moyennant 8,000 écus, la résignation faite par Jacques de Chaumont, trésorier ordinaire des guerres, ainsi que les lettres de provision expédiées à M° Paul Parent moins de 40 jours avant la mort dudit Chaumont.

Ms. fr. 18160, f° 155 r°.

3662. — Arrêt ordonnant de surseoir, pendant un an, à toutes les poursuites intentées par les créanciers de la ville d'Orléans pour dettes contractées durant les troubles.

Ms. fr. 18160, f° 155 r°.

3663. — Arrêt ordonnant à M° Balthazar Gobelin, trésorier de l'Épargne, d'expédier sa quittance à M° Jacques de Chaumont pour une somme de 8,000 écus que ce dernier a prêtée au Roi.

Ms. fr. 18160, f° 155 v°.

1597, 18 mars. — Paris.

3664. — Arrêt donnant assignation de 135,000 écus à M°° Pierre Du Four et Christophe Bernard, munitionnaires de l'armée du Roi. (Cf. n°° 3666 et 3689.)

Ms. fr. 18160, f° 156 r°.

3665. — Arrêt assignant 800 écus à Hugues Guischard, valet de chambre du Roi, pour frais de voyage.

Ms. fr. 18160, f° 156 v°.

3666. — Arrêt ordonnant à M° Étienne Regnault, trésorier général de l'Extraordinaire des guerres, de fournir ses rescriptions des sommes assignées sur la recette générale de Paris à M°° Pierre Du Four et Christophe Bernard, munitionnaires de l'armée du Roi. (Cf. n°° 3664 et 3689.)

Ms. fr. 18160, f° 156 v°.

3667. — Arrêt autorisant M° Henri d'Ambray, receveur général des finances à Caen, à faire transporter en une autre prison M° Bourderel, receveur des tailles à Évreux, emprisonné dans ladite ville à la requête dudit d'Ambray, attendu « que le geollier des prisons dudit Évreux le laisse sortir et aller à ses affaires, de sorte qu'il n'en peult tirer aucune chose ».

Ms. fr. 18160, f° 157 r°.

1597, 19 mars. — Paris.

3668. — Arrêt confirmant celui du 31 janvier dernier (n° 3518), ainsi que la commission donnée, en vertu de cet arrêt, à Pierre Baltazar, grand prévôt de France, nonobstant l'opposition du parlement de Normandie.

Ms. fr. 18160, f° 157 r°.

3669. — Arrêt assignant 50 écus au sieur de Montsire, commissaire ordinaire des guerres, chargé de conduire plusieurs compagnies de gens de guerre de Beauce en Picardie.

Ms. fr. 18160, f° 158 v°.

3670. — Arrêt donnant au sieur de Montmartin, maréchal de camp, assignation de 5,000 écus restant dus de la somme à lui accordée par le Roi, tant pour ses services qu'à raison de sa démission de gouverneur de Vitré.

Ms. fr. 18160, f° 158 v°.

3671. — Arrêt ordonnant le payement de 1,000 écus donnés par le Roi au sieur de Fontenay, grand prévôt de France.

Ms. fr. 18160, f° 159 r°.

3672. — Arrêt portant assignation de 583 écus 1/3 dus à Sébastien Bodinet, tant pour ses gages d'apothicaire et de chef de fruiterie du Roi, que pour ses appointements extraordinaires.

Ms. fr. 18160, f° 159 r°.

3673. — Arrêt ordonnant que les grènetiers et

31.

contrôleurs de Normandie seront contraints au payement de leurs taxes, nonobstant l'opposition de la
cour des aides de Rouen.

Ms. fr. 18160, f° 159 v°.

3674. — Arrêt défendant aux commissaires députés au parlement de Toulouse pour la vente à perpétuité du domaine d'y comprendre les greffes, clercs
et tabellionnages.

Ms. fr. 18160, f° 160 r°.

3675. — Arrêt ordonnant à M° Nicolas Girard,
trésorier des Ligues de Suisse et des Grisons, d'emprunter 2,000 écus au sieur de Mortefontaine, conseiller d'État et ambassadeur en Suisse, pour les colonels et capitaines suisses qui s'en retournent dans
leur pays.

Ms. fr. 18160, f° 160 v°.

1597, 22 mars. — Paris.

3676. — Arrêt ordonnant à M° Claude de Montescot, trésorier des Parties casuelles, de prêter une
somme de 1,600 écus, destinée au comte de Haus-
frize et au vicomte de Chamoix.

Ms. fr. 18160, f° 160 v°.

3677. — Arrêt ordonnant le remboursement d'une
somme de 200 écus qu'avait dépensée le sieur de
Saint-Félix, le 6 janvier 1589, pour donner avis au
feu Roi de la révolte de Toulouse.

Ms. fr. 18160, f° 161 r°.

3678. — Arrêt donnant assignation de 6,000 écus
au trésorier général de l'Artillerie, pour les dépenses
de sa charge.

Ms. fr. 18160, f° 161 v°.

3679. — Arrêt donnant au chevalier de Montmorency assignation de 1,333 écus, pour sa pension de
l'année dernière.

Ms. fr. 18160, f° 161 v°.

3680. — Arrêt portant assignation de 3,666 écus
10 sols donnés au Connétable, en dédommagement
des avances par lui faites aux garnisons de Chantilly,
de Mello et d'Offémont.

Ms. fr. 18160, f° 161 v°.

3681. — Arrêt assignant 4,000 écus au sieur
de Hangest, lieutenant de la compagnie du sieur de
La Boissière, en place de la rançon du vicomte de
Tavannes, « retiré de ses mains par Sa Majesté ».

Ms. fr. 18160, f° 162 r°.

3682. — Arrêt réglant le remboursement d'une
somme de 1,237 écus que le sieur de Lameth, gouverneur de Coucy, avait prise au grenier de ladite
ville, afin de pouvoir envoyer sa compagnie de chevau-légers au secours de Doullens et de Cambrai, et
d'éviter le licenciement de la garnison de Coucy.

Ms. fr. 18160, f° 162 r°.

3683. — Arrêt ordonnant à M° Claude de Montescot, trésorier des Parties casuelles, de remettre son
état de recettes et dépenses entre les mains du sieur
d'Incarville, conseiller d'État, « pour estre veu et arresté au Conseil ».

Ms. fr. 18160, f° 162 v°.

3684. — Arrêt ordonnant à M° Bouet, commis à
la recette des deniers, provenant de l'exemption des
élus, de remettre son état de recettes et dépenses
entre les mains du sieur d'Attichy, conseiller d'État,
« pour estre veu et arresté au Conseil ».

Ms. fr. 18160, f° 162 v°.

3685. — Arrêt réglant le remboursement de
1,000 écus prêtés par le sieur Sébastien Zamet.

Ms. fr. 18160, f° 163 r°.

3686. — Arrêt portant assignation de 4,200 écus
dus au sieur Aubin de Carnoy.

Ms. fr. 18160, f° 163 r°.

3687. — Arrêt donnant commission aux sieurs de
Saint-Jory, conseiller d'État et président au parlement
de Toulouse, et de Refuge, maître des requêtes ordinaire de l'Hôtel, pour informer des désobéissances
commises, tant par les officiers de la cour des aides
que par les trésoriers de France à Montpellier.

Ms. fr. 18160, f° 163 r°.

3688. — Arrêt portant nouvelle assignation de
partie d'une somme de 30,000 écus précédemment

assignée au sieur Du Rouillet, maître d'hôtel ordinaire du Roi et gouverneur de Louviers.

Ms. fr. 18160, f° 163 v°.

3689. — Arrêt relatif à une assignation de
135,000 écus donnée à M⁰⁰ Pierre Du Four et Christophe Bernard, munitionnaires de l'armée du Roi.
(Cf. n⁰⁰ 3664 et 3666.)

Ms. fr. 18160, f° 164 r°.

3690.—Avis tendant à accorder à Louis de Machy
5 % du bénéfice qui proviendra d'un avis par lui
donné à Sa Majesté.

Ms. fr. 18160, f° 164 v°.

3691. — Arrêt ordonnant de payer à Simon Por-
chet, chevaucheur d'écurie du Roi, la somme nécessaire pour porter en toute diligence des lettres du
Connétable au Roi, en Picardie, et pour rapporter la
réponse.

Ms. fr. 18160, f° 164 v°.

3692. — Arrêt ordonnant à M⁰ Michel Simon,
receveur général des finances à Soissons, de prêter
2,000 écus pour le payement de la garnison de ladite
ville.

Ms. fr. 18160, f° 164 v°.

1597, 24 mars. — Paris.

3693. — « Articles accordez aux collonnel Baltazard
et cappitaines de son régiment. »

Ms. fr. 18160, f° 165 r°.

1597, 26 mars. — Paris.

3694. — Arrêt nommant le sieur de La Grange
rapporteur dans l'affaire de l'emprisonnement de
M⁰ Béraudin de La Roche, receveur des tailles de la
Haute-Auvergne.

Ms. fr. 18160, f° 165 v°.

1597, 27 mars. — Paris.

3695. — Arrêt portant assignation de 3,525 écus
donnés par le Roi au sieur de La Vaulte, capitaine de
cent chevau-légers en Haute-Auvergne.

Ms. fr. 18160, f° 166 r°.

3696. — Arrêt portant assignation de 2,000 écus
donnés par le Roi au sieur de Marennes, gouverneur
de la ville de Mauvezin.

Ms. fr. 18160, f° 166 r° et v°.

3697. — Arrêt portant assignation de 1,000 écus
donnés par le Roi au sieur de La Chaumette, commandant en la ville de Saint-Flour.

Ms. fr. 18160, f° 166 v°.

3698. — Arrêt réglant le payement des six enseignes de gens de pied suisses que le colonel Baltazard a reçu l'ordre de conduire à Saint-Denis.

Ms. fr. 18160, f° 166 v°.

3699. — Arrêt ordonnant au sieur Ridier, conseiller au Parlement, commis et député « pour la recherche faicte au logis de Madame de Vuideville », de
restituer à ladite dame une partie des objets saisis.

Ms. fr. 18160, f° 167 r°.

3700. — Arrêt accordant aux habitants du haut
pays d'Auvergne remise de diverses tailles et crues.

Ms. fr. 18160, f° 167 v°.

3701. — Réponses du Conseil aux requêtes présentées par les habitants de Saint-Flour au sujet :

1° D'un affranchissement perpétuel des tailles;

2° Du séquestre et de la garde de terres éloignées
de plus de trois lieues de ladite ville;

3° D'une exemption des tailles de l'année 1596.

Ms. fr. 18160, f° 168 r°.

3702. — Arrêt nommant le sieur de Sillery rapporteur du procès pendant entre M⁰ Martin Nau, receveur général des finances en Champagne, et le sieur
de Chanteclerc, maître des requêtes ordinaire de
l'Hôtel.

Ms. fr. 18160, f° 169 r°.

3703. — Réponses du Conseil aux requêtes présentées par le duc de Ventadour au sujet :

1° Du remboursement d'une somme de 20,000
écus;

2° Du payement d'une somme de 1,500 écus précédemment assignée audit duc;

3° Du payement d'une pension de 2,000 écus;

4° Du payement de 2,000 écus d'appointements;

5° De la validation d'une levée de deniers faite en Velay, pour le payement des gens de guerre licenciés.

Ms. fr. 18160, f° 169 r°.

3704. — Arrêt ordonnant de payer 700 écus au sieur de Caumartin, conseiller d'État et président au Grand Conseil, ainsi qu'à son greffier, Abel Mangin, procureur du Roi en l'élection de Rozoy-en-Brie, «pour le second voiage qu'il a faict, pour la direction des finances, ès générallitez de Ryon, Bourges et Molins».

Ms. fr. 18160, f° 170 r°.

3705. — Arrêt ordonnant le payement de 600 écus assignés au sieur de Martz, pour frais de voyage.

Ms. fr. 18160, f° 170 r°.

3706. — Arrêt ordonnant de payer 400 écus au sieur Ridier, conseiller au Parlement, pour les frais de sa commission.

Ms. fr. 18160, f° 170 v°.

3707. — Arrêt ordonnant au sieur Ridier de rendre à la dame Chevalier les six saphirs et les deux rubis qu'il avait reçu l'ordre de garder.

Ms. fr. 18160, f° 170 v°.

3708. — Arrêt ordonnant le payement de 1,500 écus dus au sieur Virgineo Ursin.

Ms. fr. 18160, f° 170 v°.

3709. — Arrêt portant assignation de 1,800 écus dus au sieur Benoist, évêque de Troyes, prédicateur et confesseur ordinaire du Roi, pour ses gages et pension.

Ms. fr. 18160, f° 171 r°.

3710. — Arrêt donnant assignation de 12,000 écus au duc de Luxembourg, pour ses appointements d'ambassadeur auprès du Saint-Siège.

Ms. fr. 18160, f° 171 r°.

3711. — Arrêt portant don de 50 écus en faveur du sieur de Fevre, «pour luy donner moyen de vivre».

Ms. fr. 18160, f° 171 r°.

3712. — Arrêt ordonnant le payement d'une somme de 3,000 écus due au sieur de Buzenval, pour ses appointements.

Ms. fr. 18160, f° 171 r°.

3713. — Arrêt ordonnant d'assigner aux sieurs de Villeron et Maurice «leurs estatz de l'année dernière».

Ms. fr. 18160, f° 171 v°.

3714. — Arrêt portant assignation de 4,112 écus dus pour l'entretien de la garnison de Laon pendant deux mois.

Ms. fr. 18160, f° 171 v°.

3715. — Arrêt ordonnant que la revente du domaine en Languedoc sera continuée, conformément au règlement fait au Conseil le 22 septembre 1596, et nonobstant l'opposition du parlement de Toulouse.

Ms. fr. 18160, f° 171 v°.

1597, 28 mars. — Paris.

3716. — Arrêt statuant sur un procès pendant entre Ottoniel Smith, marchand anglais, et les conseillers et échevins de la ville de Rouen.

Ms. fr. 18160, f° 172 v°.

3717. — «Ce qui a esté arresté au Conseil d'Estat..... sur les affaires de Monsieur le duc de Mayenne.»

Ms. fr. 18160, f° 173 r°.

3718. — Arrêt ordonnant au parlement, à la chambre des comptes et aux trésoriers de France à Dijon de surseoir, jusqu'après audition des parties au Conseil, à la revision des comptes de Mᵉ Abdenago Blondeau, receveur général des gabelles en Bourgogne.

Ms. fr. 18160, f° 174 r°.

3719. — Arrêt accordant à Pierre Simon, fermier du sol pour livre des draps vendus en gros dans la halle de Paris, la liberté sous caution et une surséance de trois mois pour ce qui lui reste à payer du prix de sa ferme.

Ms. fr. 18160, f° 174 v°.

3720. — Arrêt accordant à Mᵉ Mathieu Advisard,

receveur ancien et alternatif des tailles de Rivière-Verdun, décharge d'une somme de 560 écus.

Ms. fr. 18160, f° 175 r°.

3721. — Arrêt faisant remise aux habitants de Braisne de moitié de la subvention des villes closes, « attendu les ruynes qu'ilz ont souffertes par les prinses et reprises de ladite ville et les fréquens logemens des gens de guerre espaignolz, napolitains et autres ».

Ms. fr. 18160, f° 175 v°.

3722. — Arrêt accordant à Mes Ambroise Le Comte et Jean Sergent, receveurs des aides, tailles et taillon de Pithiviers, une nouvelle surséance de trois mois pour le payement des sommes auxquelles ils ont été taxés.

Ms. fr. 18160, f° 175 v°.

3723. — Arrêt confirmant l'affranchissement des tailles précédemment accordé aux habitants de Noyon, nonobstant la révocation générale de tous semblables affranchissements.

Ms. fr. 18160, f° 176 r°.

3724. — Arrêt confirmant une assignation de 7,050 écus donnée au sieur de Saléon, commandant à Loches, nonobstant le refus du trésorier de l'Épargne d'y mettre son attache.

Ms. fr. 18160, f° 176 v°.

3725. — Réponses du Conseil aux requêtes présentées par les habitants de Compiègne au sujet :
1° De l'exemption des tailles ;
2° De la remise de la subvention des villes closes ;
3° De l'exemption de la crue des garnisons.

Ms. fr. 18160, f° 176 v°.

3726. — Arrêt prolongeant de six mois le délai accordé à Me Claude Giroust, trésorier de France à Soissons, pour résigner son office de contrôleur provincial des greniers à sel de Normandie.

Ms. fr. 18160, f° 177 r°.

3727. — Arrêt portant assignation de moitié des 8,333 écus 1/3 dus au sieur de Brennes pour une année de ses états d'ambassadeur dans le Levant.

Ms. fr. 18160, f° 177 v°.

3728. — Arrêt ordonnant le payement des intérêts d'une somme de 7,000 écus due au sieur Le Tonnelier, trésorier de France à Orléans.

Ms. fr. 18160, f° 177 v°.

3729. — Arrêt défendant aux consuls et habitants de Riom de faire aucune levée de deniers durant la présente année.

Ms. fr. 18160, f° 178 r°.

3730. — Arrêt révoquant toutes les commissions expédiées pour la levée d'impôts extraordinaires dans les généralités de Tours et de Poitiers.

Ms. fr. 18160, f° 178 v°.

3731. — Arrêt ordonnant d'expédier les édits de création d'une troisième chambre des enquêtes et d'un huissier des requêtes du palais au parlement de Toulouse.

Ms. fr. 18160, f° 179 r°.

3732. — Arrêt ordonnant à Me Nicolas Girard d'emprunter 2,500 écus aux sieurs de Sancy et de Mortefontaine, conseillers d'État, pour le payement des Suisses qui retournent en leur pays.

Ms. fr. 18160, f° 179 r°.

3733. — Arrêt donnant assignation de 199 écus 12 sols aux sieurs Nicolay, premier président, Tambonneau, de Charmeaulx, de Boullancourt, présidents, et de Bellièvre, maître en la Chambre des comptes, pour leurs vacations en la vérification des dettes de Sa Majesté.

Ms. fr. 18160, f° 179 v°.

3734. — Arrêt portant assignation de 349 écus 10 sols dus au sieur Meneust, pour ses gages de président en la Chambre des comptes.

Ms. fr. 18160, f° 179 v°.

3735. — Arrêt portant assignation de 19,700 écus restant dus au sieur de Buzenval, pour son état d'ambassadeur dans les Provinces-Unies.

Ms. fr. 18160, f° 179 v°.

3736. — Arrêt portant assignation de 3,041 écus 20 sols dus au sieur de Saint-Félix, conseiller d'État, pour ses gages de procureur général au parlement de Toulouse durant les années 1591 à 1595.

Ms. fr. 18160, f° 180 r°.

3737. — Arrêt portant nouvelle assignation de 300 écus dus au sieur Morange.

Ms. fr. 18160, f° 180 v°.

3738. — Arrêt ordonnant de payer au secrétaire du comte d'Auvergne «son voiage, pour aller en dilligence en plusieurs endroictz de la province d'Auvergne».

Ms. fr. 18160, f° 180 v°.

3739. — Arrêt ordonnant le payement de ce qu'il faut à Laurent Cocquet pour s'en retourner de Paris à Rennes, vers le maréchal de Brissac.

Ms. fr. 18160, f° 181 r°.

3740. — Arrêt ordonnant le payement de 153 écus 30 sols dus à Claude Vallence, «pour avoir voicturé de Lyon à Paris deux pièces de vin muscat pour la bouche du Roy».

Ms. fr. 18160, f° 181 r°.

3741. — Arrêt portant assignation de 466 écus 2/3 dus au sieur Paulmier, pour ses gages de secrétaire des finances et de secrétaire du Roi.

Ms. fr. 18160, f° 181 r°.

3742. — Arrêt ordonnant que les marchands-entrepreneurs de la fourniture du pain entretiendront en l'armée 150 chevaux et 200 mulets, avec les accessoires nécessaires pour porter les vivres de quatre jours au moins.

Ms. fr. 18160, f° 181 r°.

3743. — Arrêt donnant commission au sieur de Pontcarré, conseiller d'État, pour faire enquête au sujet des perquisitions entreprises, par ordre du Roi, en la maison de M° Nicolas Chevalier, maître des requêtes ordinaire de l'Hôtel.

Ms. fr. 18160, f° 181 v°.

3744. — Arrêt ordonnant au sieur Ridier, conseiller au Parlement, de remettre au trésorier de l'Épargne une somme de 12,000 écus saisie chez M° Nicolas Chevalier, maître des requêtes ordinaire de l'Hôtel, et de restituer audit Chevalier partie de ses bagues et bijoux.

Ms. fr. 18160, f° 182 r°.

1597, 29 mars. — Paris.

3745. — «Département de la somme de 6,250 escus qui se doit paier par le receveur général des finances en la générallité de Soissons, M° Michel Simon,... faisant partye de la somme de 25,000 escus de laquelle le trésorier général de l'Extraordinaire des guerres, M° Estienne Regnault, est assigné,... pour partye du paiement des garnisons du gouvernement de l'Isle de France.»

Ms. fr. 18160, f° 182 r°.

3746. — Arrêt donnant au sieur de La Simonne assignation de 600 écus.

Ms. fr. 18160, f° 184 v°.

3747. — Arrêt ordonnant le payement de 400 écus accordés par le Roi aux héritiers de M° Jean-Jacques Regnault, receveur général des finances à Tours.

Ms. fr. 18160, f° 185 r°.

3748. — Arrêt maintenant une levée extraordinaire de 5 sols sur chaque minot de sel dans le ressort du siège présidial d'Orléans, jusqu'à complet payement des gages des officiers dudit présidial et jusqu'à parfait remboursement des officiers de la douane.

Ms. fr. 18160, f° 185 r°.

3749. — Arrêt ordonnant que le sieur de La Roche-Cottereau, cinquième trésorier de France à Tours, et ses successeurs audit office jouiront du bénéfice des brevet et lettres patentes à eux accordés le 31 décembre 1577 et le 25 décembre 1595, nonobstant l'opposition de la Chambre des comptes.

Ms. fr. 18160, f° 185 v°.

3750. — Arrêt réglant le remboursement de 18,024 écus prêtés par le sieur de Beaulieu, secrétaire d'État, lors de la réduction de Pontoise et depuis, tant pour le payement des Suisses, «que autres pressez et urgens affaires».

Ms. fr. 18160, f° 187 r°.

3751. — « Estat de la somme de 1,400,000 escus, que Monsieur du Mayne prendra sur les receptes généralles... »

Ms. fr. 18160, f° 188 r°.

1597, 30 mars. — Paris.

3752. — Arrêt ordonnant le payement de 200 écus accordés par le Roi à l'héritier de M° Jean-Jacques Regnault, receveur général des finances à Tours.

Ms. fr. 18160, f° 188 r°.

3753. — Arrêt ordonnant le payement de 209 écus accordés par le Roi au sieur Borel, capitaine ordinaire de l'Artillerie.

Ms. fr. 18160, f° 188 v°.

1597, 31 mars. — Paris.

3754. — Arrêt ordonnant à M° Pierre Denis, trésorier provincial en Normandie, de représenter, avant le 30 avril, les acquits de sa dépense.

Ms. fr. 18160, f° 188 v°.

3755. — Arrêt ordonnant le payement de 100 écus accordés par le Roi au sieur de Lesjoux, secrétaire du maréchal de Laverdin, pour ses services au siège de la Fère.

Ms. fr. 18160, f° 189 r°.

3756. — Arrêt donnant commission au sieur de Ris, maître des requêtes ordinaire de l'Hôtel, pour informer des violences commises par Bruneau, commissaire au Châtelet, lequel aurait fait évader deux prisonniers arrêtés, comme incendiaires, par ordre de Nicolas Rapin, grand prévôt de la Connétablie.

Ms. fr. 18160, f° 189 r°.

3757. — Arrêt renvoyant aux trésoriers de France en Bourgogne une requête par laquelle Charles d'Estampeville, sieur de Pouilly, demande à être indemnisé des dégâts commis en sa maison, par ordre du maréchal de Biron, lors du blocus de Seurre.

Ms. fr. 18160, f° 189 v°.

3758. — Arrêt renvoyant aux trésoriers de France à Rouen la requête présentée par M° Claude Bourde-

rel, receveur des tailles en l'élection d'Évreux, pour obtenir surséance et élargissement.

Ms. fr. 18160, f° 190 r°.

3759. — Arrêt faisant remise aux habitants de Montrichard de moitié de la subvention des villes closes.

Ms. fr. 18160, f° 190 v°.

3760. — Arrêt ordonnant que Jean Du Faure sera pourvu, sans payer finance, de l'office « de commissaire pour faire la monstre du prévost des mareschaulx de Montmorillon », vacant par la mort de Laurent Martineau, « attendu que la provision dudit office n'a esté expédiée soubz le nom dudit Martineau que pour conserver ledit office au sieur de Chavigny, chevalier de l'ordre du Roi et capitaine des cent gentilshommes de sa Maison ».

Ms. fr. 18160, f° 190 v°.

3761. — Arrêt donnant à la dame de Clermont d'Entragues assignation de 666 écus 2/3, pour sa pension de l'année dernière.

Ms. fr. 18160, f° 191 r°.

3762. — Arrêt faisant droit aux requêtes des colonels et capitaines suisses, et ordonnant au parlement de Grenoble de passer outre à la vérification « de l'édit faict pour le doublement et augmentation du droict de petiz seaulx ».

Ms. fr. 18160, f° 191 r°.

3763. — Arrêt donnant nouvelle assignation de 275 écus à Pierre de Besse, valet de chambre du feu duc d'Anjou.

Ms. fr. 18160, f° 192 r°.

3764. — Arrêt ordonnant au sieur Mollan, cidevant trésorier de l'Épargne, d'envoyer au Conseil l'état des assignations données par Henri III, durant son exercice, pour le rachat des rentes au payement desquelles plusieurs conseillers s'étaient obligés, par ordre et pour le service du Roi.

Ms. fr. 18160, f° 192 v°.

3765. — Arrêt portant assignation de 650 écus dus à l'archevêque de Bourges, pour sa charge de commandeur de l'ordre du Saint-Esprit.

Ms. fr. 18160, f° 191 v°.

3766. — Arrêt enjoignant à la Cour des aides de passer outre, le jour même, à la vérification de l'édit du sol pour livre.

Ms. fr. 18160, f° 192 v°.

3767. — Arrêt ordonnant que toutes les impositions levées sur diverses sortes de marchandises cesseront à Paris, dès le 1ᵉʳ avril, et seront remplacées aussitôt par le subside général d'un sol pour livre.

Ms. fr. 18160, f° 193 r°.

3768. — Arrêt réglant le payement de l'indemnité due à l'évêque de Maillezais, abbé de Preuilly, pour la perte d'une maison appartenant audit couvent et prise pour la construction de la citadelle de Provins.

Ms. fr. 18160, f° 193 v°.

3769. — Arrêt ordonnant la saisie des revenus de l'évêché de Carcassonne jusqu'au jugement du procès pendant entre messire Annibal de Rucelay, abbé de Signy, et le connétable de Montmorency.

Ms. fr. 18160, f° 194 r°.

3770. — Arrêt déclarant que le privilège accordé au feu cardinal de Bourbon pour la traite de 200 gros muids de sel a été éteint par la mort dudit cardinal et octroyé, pour les années suivantes, à la dame Gabrielle d'Estrées.

Ms. fr. 18160, f° 195 v°.

3771. — Arrêt transférant au Pollet, ou en tout autre faubourg de Dieppe, le siège de la justice royale, ci-devant établi au bourg d'Arques.

Ms. fr. 18160, f° 197 r°.

3772. — Arrêt donnant assignation au sieur François de La Mothe, baron de Castelnau, gouverneur de Marmande et de Monségur, pour le payement de sa pension et pour l'entretien des garnisons desdites villes.

Ms. fr. 18160, f° 200 v°.

3773. — Arrêt cassant un arrêt du parlement de Toulouse, et ordonnant que le maréchal de Matignon et le sieur de Bellegarde, grand écuyer de France, seront mis en possession de la châtellenie de Muret et de la baronnie de Saint-Sulpice.

Ms. fr. 18160, f° 201 v°.

3774. — Arrêt ordonnant le payement de 300 écus accordés au sieur de La Roche-Cottereau, trésorier de France à Tours, pour un voyage de Tours à Rouen et à Paris.

Ms. fr. 18160, f° 203 v°.

3775. — Arrêt ordonnant à Mᵉ Boismartin receveur général des gabelles en Berry, d'acquitter une somme de 10,000 écus assignée aux sieurs Zamet et Cénamy.

Ms. fr. 18160, f° 203 v°.

3776. — Arrêt ordonnant à Mᵉ Lambert, receveur général des gabelles à Soissons, d'acquitter une somme de 18,000 écus assignée aux sieurs Zamet et Cénamy.

Ms. fr. 18160, f° 204 r°.

3777. — Arrêt ordonnant à Mᵉ de Villiers-Martin, receveur général des gabelles en la généralité d'Orléans, d'acquitter une somme de 60,000 écus assignée aux sieurs Zamet et Cénamy.

Ms. fr. 18160, f° 204 r°.

3778. — Arrêt ordonnant à Mᵉ Guillaume Hérouard, receveur général des gabelles en la généralité de Paris, d'acquitter une somme de 92,000 écus assignée aux sieurs Zamet et Cénamy.

Ms. fr. 18160, f° 204 v°.

3779. — Arrêt ordonnant à Mᵉ Dallier, receveur général des gabelles à Tours, d'acquitter une somme de 4,000 écus assignée aux sieurs Zamet et Cénamy.

Ms. fr. 18160, f° 205 r°.

3780. — Arrêt ordonnant à Mᵉ Nicolas Parent, trésorier général des gabelles, d'expédier aux sieurs Zamet et Cénamy ses rescriptions d'une somme de 195,000 écus sur les recettes de Paris, d'Orléans, de Soissons, de Berry et de Tours.

Ms. fr. 18160, f° 205 r°.

1597, 4 mai. — Saint-Germain-en-Laye.

3781. — Arrêt réglant le payement des gages des officiers de la Cour des aides.

AD I 123, n° 6.

3782. — Arrêt déclarant que les gages des receveurs des tailles ne seront pas soumis à réduction.

AD I 123, n° 7.

1597, 22 mai. — Paris.

3783. — Arrêt enjoignant au Prévôt des marchands de faire enregistrer aux registres de l'Hôtel de ville une déclaration du Roi qui fixe les rang et séance des présidents de la Cour des aides.

AD I 123, n° 13.

1597, 30 juin. — Paris.

3784. — Arrêt ordonnant qu'aucune personne ne pourra continuer à exercer l'état de procureur postulant dans les bailliages, sénéchaussées, sièges présidiaux et autres juridictions royales, sans avoir payé finance aux Parties casuelles et reçu lettres de provision du Roi.

AD I 123, n°s 25 et 26.

1597, 2, 3 et 5 juillet. — Paris.

3785. — Arrêt enjoignant aux trésoriers de France et aux élus de la généralité de Tours de procéder à la levée des deniers affectés tant aux dépenses de la guerre qu'à l'entretien de la trêve de Bretagne, nonobstant toute remise précédemment accordée pour les crues de l'année 1597.

E 1b, f° 188 r°.

3786. — Arrêt réglant le payement des hommes de la garnison de Montbrison, « affin de les contenir et leur empescher les courses et ravaiges qu'ilz exerçoient dans toute la province ».

E 1b, f° 188 r°.

3787. — Arrêt réservant à la nomination de Jeanne Le Sergue l'office de sergent royal en la vicomté de l'Eau à Rouen, dont était pourvu son défunt mari, Jean Le Riche, assassiné dans l'exercice de sa charge.

E 1b, f° 188 v°.

3788. — Arrêt réduisant à quarante et un le nombre des pionniers que devront fournir la ville et l'élection d'Étampes.

E 1b, f° 188 v°.

3789. — Arrêt autorisant l'érection d'un évêché à Dijon.

E 1b, f° 188 v°.

3790. — Arrêt enjoignant à Me Claude Bonnot, receveur des finances à Paris, de satisfaire à une assignation de 166 écus 2/3 donnée au sieur d'Estrées, lieutenant au gouvernement de Paris.

E 1b, f° 189 r°.

3791. — Arrêt donnant assignation de 5,733 écus 1/3 au sieur de Maisse, conseiller d'État.

E 1b, f° 189 r°.

3792. — Arrêt réglant le payement d'un acquit patent, revêtu d'un certificat de Messieurs du Conseil, en date du 23 juin dernier.

E 1b, f° 189 r°.

3793. — Arrêt ordonnant le remboursement d'une somme de 872 écus 57 sols 3 deniers avancée par le sieur d'Alincourt, gouverneur de Pontoise, à René Le Tellier, commis aux dépenses et recettes des fortifications de ladite ville.

(Arrêt cancellé.)

E 1b, f° 189 r°.

3794. — Arrêt ordonnant au trésorier de l'Épargne de mettre son attache sur une assignation de 3,000 écus donnée au sieur de La Vérune.

E 1b, f° 189 v°.

3795. — Avis du Conseil tendant à accorder « la dispense des 40 jours » à Me Claude de Marle, auquel un office de lieutenant en l'élection de Rouen a été résigné par feu Me Cordier, débiteur des sieurs de Caumartin et Guilloyre.

E 1b, f° 189 v°.

3796. — Arrêt réglant le payement d'un acquit patent de 100,000 écus expédié, le 10 mars dernier, au maréchal de Biron.

E 1b, f° 189 v°.

3797. — Arrêt accordant un rabais de 75 écus à Vincent Limosin, fermier du « sallaige » de Blois.

E 1b, f° 190 r°.

3798. — Arrêt approuvant l'édit de création des

vendeurs de bétail, et affectant les deniers provenant desdits offices au payement des sommes dues au baron de Créange, colonel des reîtres.

E 1ᵇ, fᵒ 190 rᵒ.

3799. — Arrêt ordonnant de lever en Bourgogne le capital et les intérêts d'une somme de 8,000 écus que le feu sieur de Varennes-Nagu fut contraint de prêter au duc de Mayenne, le 14 juillet 1593.

E 1ᵇ, fᵒ 190 rᵒ.

3800. — Arrêt assignant 6 écus 2/3 par jour au sieur de Matras, grand rapporteur de France, pendant toute la durée du voyage qu'il fera en Anjou, en Touraine, en Maine et en Blaisois, « pour requérir, au nom de Sa Majesté, les villes et communautés dudit pays de la secourir de quelque somme de deniers en l'urgente nécessité de ses affaires ».

E 1ᵇ, fᵒ 190 vᵒ.

3801. — Arrêt réglant le remboursement d'une somme de 30,436 écus 2/3 prêtée au Roi par les sieurs Zamet et Cénamy.

E 1ᵇ, fᵒ 190 vᵒ.

3802. — Arrêt réglant le payement d'une somme de 3,000 écus due au sieur de Schomberg.

E 1ᵇ, fᵒ 191 rᵒ.

3803. — Arrêt réglant le payement d'un acquit comptant de 10,000 écus, muni d'un certificat de Messieurs du Conseil, en date du 3 juin dernier.

E 1ᵇ, fᵒ 191 rᵒ.

3804. — Arrêt ordonnant à Mᵉ Claude de Montescot, trésorier des Parties casuelles, de remettre au sieur de Rosny, conseiller d'État, les six quittances de conseillers nouvellement créés aux présidiaux du Mans, d'Orléans et de Tours, pour le payement des frais du voyage fait à Rome par l'évêque d'Évreux.

E 1ᵇ, fᵒ 191 vᵒ.

3805. — Arrêt ordonnant le payement des sommes dues au vidame de Chartres, conseiller d'État, pour le service de sa compagnie d'hommes d'armes des ordonnances du Roi.

E 1ᵇ, fᵒ 191 vᵒ.

3806. — Arrêt réglant le payement d'une somme de 2,000 écus due au colonel Herdt et aux capitaines de son régiment, servant le Roi en Bretagne.

E 1ᵇ, fᵒ 191 vᵒ.

3807. — Arrêt affectant 12,000 écus aux dépenses des fortifications de Picardie.

E 1ᵇ, fᵒ 192 rᵒ.

3808. — Arrêt réglant le payement d'une somme de 10,376 écus 30 sols affectée à la solde et à l'entretien des gens de guerre à pied français en garnison dans l'Île-de-France.

E 1ᵇ, fᵒ 192 rᵒ.

3809. — Arrêt ordonnant le payement d'une indemnité de 250 écus due à Mᵉ Alexandre Serviant, receveur général des finances à Tours, pour son voyage de Tours à Paris.

E 1ᵇ, fᵒ 192 rᵒ.

3810. — Arrêt ordonnant le payement des sommes dues aux fournisseurs des magasins de Châlons et de Troyes, pour l'achat du salpêtre et pour la confection de la poudre.

E 1ᵇ, fᵒ 192 vᵒ.

3811. — Arrêt donnant assignation de 120,000 écus à Mᵉ Nicolas Girard, trésorier des Ligues suisses.

E 1ᵇ, fᵒ 192 vᵒ.

3812. — Avis du Conseil approuvant « l'éedict d'union au domayne de tous huyssiers et sergens de ce royaume, à condition de certaine redevance par chacun an ».

E 1ᵇ, fᵒ 192 vᵒ.

3813. — Arrêt assignant 10,000 écus au maréchal de Bouillon, auquel la *Licorne* de la Couronne avait été donnée en gage, tandis que lui-même livrait un de ses diamants à la dame de Chemerolles, en nantissement de pareille somme à elle empruntée par le Roi.

E 1ᵇ, fᵒ 192 vᵒ.

3814. — Arrêt portant assignation d'une somme de 2,333 écus 20 sols due pour la pension du maréchal de Bouillon.

E 1ᵇ, fᵒ 192 vᵒ.

3815. — Arrêt réglant le payement de la garnison de Sedan.

(Arrêt cancellé.)

E 1ᵇ, fᵒ 193 rᵒ.

1597, juillet. — Paris.

3816. — Arrêt ordonnant à Mᵉ Nicolas Girard, trésorier des Ligues, de rembourser une somme de 5.16 écus payée aux capitaines suisses par le feu comte de Charny.

E 1ᵇ, fᵒ 194 rᵒ.

3817. — Arrêt ordonnant au sieur de Mortefontaine, ambassadeur en Suisse, de tenir la main à ce que les colonels et capitaines suisses fournissent valable décharge des sommes à eux déjà payées par le Roi.

E 1ᵇ, fᵒ 195 rᵒ.

3818. — Arrêt autorisant Mᵉ Nicolas Girard, trésorier des Ligues, à prélever 8,000 écus sur la somme de 237,000 écus qu'il est chargé de conduire en Suisse, pour ses frais de change et de transport.

E 1ᵇ, fᵒ 195 vᵒ.

3819. — Arrêt autorisant Mᵉ Nicolas Girard à changer 18,000 écus, pour le remboursement des sommes dues aux cantons de Berne et de Soleure.

E 1ᵇ, fᵒ 196 rᵒ.

3820. — Arrêt autorisant Mᵉ Nicolas Girard à convertir en francs et en testons une somme de 112,500 écus.

E 1ᵇ, fᵒ 197 rᵒ.

3821. — Arrêt ordonnant à Mᵉ Nicolas Girard de bailler quittance d'une somme de 20,500 écus au reçu d'une lettre de change du sieur Cénamy, payable en la ville de Lyon.

E 1ᵇ, fᵒ 197 vᵒ.

3822. — Arrêt donnant assignation de 14,000 écus à Mᵉ Nicolas Girard, et lui ordonnant de convertir ladite somme en testons et en francs.

E 1ᵇ, fᵒ 198 rᵒ.

1597, 8 août. — Paris.

3823. — Règlement relatif au rétablissement des

offices de contrôleurs-visiteurs-marqueurs-gardes des halles et marteaux des cuirs du royaume.

AD I 123, nᵒ 33.

1597, 19 août. — Paris.

3824. — Arrêt condamnant les jaugeurs de la ville de Paris à payer, une fois pour toutes, une somme de 110 écus, à raison de l'augmentation de droit à eux accordée par l'édit du 29 février 1596.

KK 1013, fᵒ 285 rᵒ.

1597, 31 août. — Paris.

3825. — Arrêt accordant aux marchands de Paris surséance de toutes contraintes par corps pour les dettes par eux contractées avant la réduction de ladite ville.

AD I 123, nᵒ 37.

1597, 17 septembre. — Paris.

3826. — État des offices de nouvelle création auxquels il n'a pas encore été pourvu.

Clair. 654, p. 605.

1597, 18 septembre. — Paris.

3827. — Arrêt ordonnant que, conformément à l'arrêt du Conseil du 31 janvier dernier (nᵒ 3519), et nonobstant l'opposition du parlement de Normandie, les receveurs des décimes de ladite province seront contraints de verser les deniers des décimes de l'année 1596 entre les mains du trésorier de l'Extraordinaire des guerres.

E 1ᵇ, fᵒ 200 rᵒ.

1597, 28 septembre. — Paris.

3828. — Arrêt portant règlement des fonctions de contrôleurs-visiteurs-marqueurs de cuirs en la ville de Paris.

AD I 124, nᵒ 6.

1597, 1ᵉʳ octobre. — Paris.

3829. — Arrêt accordant à Messire Philibert de

Foissy mainlevée d'une somme de 3,000 écus, à lui due pour « la composition du chasteau » de Mont-saugeon.

Ms. fr. 18161, f° 1 r°.

3830. — Arrêt ordonnant le payement d'une somme de 1,501 écus 2/3 accordée au sieur Soppite, « vallet de chambre ordinaire du Roy, couchant en icelle ».

Ms. fr. 18161, f° 1 r°.

3831. — Arrêt ordonnant le payement de 200 écus donnés par le Roi au sieur Des Barres, commissaire ordinaire de l'Artillerie.

Ms. fr. 18161, f° 1 v°.

3832. — Arrêt ordonnant le payement d'une in-demnité de 100 écus accordée au sieur Vedeau de Grançon, qui va poursuivre en la chambre des comptes de Montpellier la vérification des édits de création d'offices de comptables triennaux en Languedoc.

Ms. fr. 18161, f° 1 v°.

3833. — Arrêt ordonnant le payement de 10 écus accordés à Pierre Petit, valet de pied du Roi, « pour luy donner moyen de se faire penser d'une maladie qui luy est survenue ».

Ms. fr. 18161, f° 1 v°.

3834. — Arrêt ordonnant le payement d'une in-demnité de 60 écus accordée à Rodolphe de Guimier, commissaire ordinaire des guerres, qui va conduire en l'armée du Roi les troupes du duc d'Épernon et les régiments de Picardie.

Ms. fr. 18161, f° 1 v°.

3835. — Arrêt ordonnant le payement de 60 écus accordés au sieur de Lobières, commissaire ordinaire des guerres, qui va « faire advancer lesdites trouppes et autres en ladite armée ».

Ms. fr. 18161, f° 1 v°.

3836. — Arrêt ordonnant le payement d'une in-demnité de 150 écus accordée au sieur Rapin, lieu-tenant criminel de robe courte en la vicomté de Paris, pour un voyage à Châtellerault.

Ms. fr. 18161, f° 1 v°.

3837. — Arrêt réglant le payement de 15,000 li-vres de poudre à canon achetées pour l'armée du Roi.

Ms. fr. 18161, f° 2 r°.

3838. — Arrêt autorisant les habitants de Melun à prélever une somme de 200 écus sur la nouvelle imposition du sol pour livre, pour la réparation de leurs portes.

Ms. fr. 18161, f° 2 r°.

3839. — Arrêt ordonnant le transport à Paris de 15,000 livres de poudre à canon, achetées à Châlons et destinées à l'armée du Roi.

Ms. fr. 18161, f° 2 r°.

3840. — Arrêt ordonnant le transport au camp du Roi de 12 à 15,000 livres de poudre à canon, emma-gasinées à Tours.

Ms. fr. 18161, f° 2 r°.

3841. — Arrêt ordonnant le payement d'une somme de 388 écus 7 sols 8 deniers due à Mᵉ Mar-celin de Guilon, contrôleur général de l'Artillerie, pour ses gages.

Ms. fr. 18161, f° 2 r°.

1597, 4 octobre. — Paris.

3842. — Arrêt ordonnant une enquête sur l'op-position faite par le lieutenant général et par les offi-ciers du présidial de Poitiers à la publication et à l'exécution de l'édit du parisis des greffes.

E 1ᵇ, f° 202 r°, et ms. fr. 18161, f° 2 v°.

1597, 7 octobre. — Paris.

3843. — Arrêt affectant spécialement au paye-ment des colonels et capitaines suisses les deniers provenant de la vente des îles et des atterrissements situés dans le ressort du parlement de Paris.

Ms. fr. 18161, f° 3 r°.

3844. — Arrêt prolongeant de trois mois, à la requête des colonels et capitaines suisses, le délai pendant lequel les compagnons peuvent jouir du bé-néfice de l'édit des arts et métiers.

Ms. fr. 18161, f° 3 v°.

3845. — Arrêt ordonnant l'élargissement de Jean d'Ysary, régent en la temporalité d'Albi, détenu au For-l'Évêque.

Ms. fr. 18161, f° 4 r°.

3846. — Arrêt ordonnant le payement de 4,000 écus dus au sieur d'Aumont, chevalier des ordres du Roi, pour deux années de pension.

Ms. fr. 18161, f° 4 v°.

3847. — Arrêt donnant assignation de 10,300 écus à M° Étienne Regnault, pour le soulagement des gens de guerre.

Ms. fr. 18161, f° 4 v°.

3848. — Arrêt donnant assignation de 10,666 écus 2/3 au sieur Séguier, grand maître des eaux et forêts de France au département de Normandie.

Ms. fr. 18161, f° 4 v°.

3849. — Arrêt portant assignation de 2,000 écus donnés par le Roi à Louis Le Maçon, sieur de La Fontaine, et à Pierre Le Maçon, sieur de Verne.

Ms. fr. 18161, f° 5 r°.

3850. — Arrêt portant nouvelle assignation d'une somme de 8,000 écus due au duc de Nemours.

Ms. fr. 18161, f° 5 r°.

3851. — Arrêt renvoyant aux trésoriers de France à Paris une requête de Pierre Regnier, qui demande à être déchargé de la ferme des 5 sols anciens et des 5 sols nouveaux sur chaque muid de vin entrant à Paris.

Ms. fr. 18161, f° 5 r°.

3852. — Remontrances des habitants du Languedoc au sujet :

1° De l'envoi des 10,000 écus accordés par lesdits habitants pour le siège d'Amiens;

2° De l'abolition des nouveaux subsides;

3° De la révocation des commissions extraordinaires;

4° De la continuation de la crue sur le sel;

5° De la contribution des diocèses de Narbonne et du Puy au payement des 10,000 écus.

Ms. fr. 18161, f° 5 v°.

3853. — Arrêt fixant à 120,000 écus la somme due à M° Balthazar Gobelin, trésorier de l'Épargne, pour les intérêts de ses avances, et avis du Conseil tendant à le gratifier d'une somme de 6,000 écus.

Ms. fr. 18161, f° 6 v°.

3854. — Arrêt affectant au payement du capitaine Trillard et de sa compagnie une somme de 8,483 écus 40 sols, précédemment destinée à l'entretien d'une troupe de 1,200 hommes sur les frontières de Bayonne.

Ms. fr. 18161, f° 7 r°.

———

1597, 8 octobre. — Paris.

3855. — Arrêt cassant les arrêts de la chambre des comptes et de la cour des aides de Montpellier donnés au préjudice de certaines commissions décernées aux sieurs Des Barreaux, de Sirvières, de Refuge et de Langes, pour le règlement des salines, greniers à sel, gabelles, péages et impositions de Languedoc, Provence et Dauphiné; ordonnant néanmoins au sieur Des Barreaux de surseoir à l'exécution d'une autre commission à lui particulièrement décernée pour la recherche des levées faites dans lesdites provinces depuis l'année 1589.

E 1ᵇ, f° 204 r°, et ms. fr. 18161, f° 7 v°.

3856. — Arrêt cassant trois arrêts de la Cour des aides relatifs à la levée de l'emprunt imposé aux officiers des finances, et réservant derechef au Conseil la connaissance de pareilles causes.

E 1ᵇ, f° 206 r°, et ms. fr. 18161, f° 7 r°.

3857. — Arrêt réglant le payement d'une somme de 31,050 écus due à M° Guillaume Bomard, munitionnaire des vivres de l'armée.

Ms. fr. 18161, f° 7 r° et 9 v°.

3858. — Arrêt portant assignation de 2,000 écus dus au prince de Conti, pour sa pension extraordinaire.

Ms. fr. 18161, f° 9 v°.

3859. — Arrêt faisant défense à Pierre Hémat, le jeune, receveur des décimes à Senlis, de poursuivre en la Cour des aides le recours par lui formé au sujet de la levée de 1,000 écus imposée, pour l'entretien de l'armée du Roi, sur les plus aisés de ladite ville.

Ms. fr. 18161, f° 9 v°.

3860. — Arrêt donnant mainlevée d'une somme de 2,000 écus due au sieur de Lesdiguières, lieutenant général en Dauphiné, Savoie et Piémont, « pour les advances par luy faictes, en la guerre de Piedmont ».

Ms. fr. 18161, f° 10 r°.

3861. — Arrêt interdisant toute poursuite contre les élus de Mantes, attendu qu'ils consentent à la réception de l'élu nouvellement créé en vertu du traité conclu avec le duc de Mayenne.

Ms. fr. 18161, f° 11 r°.

1597, 9 octobre. — Paris.

3862. — Arrêt ordonnant « que doresnavant tous petits offices, encores qu'ilz soient taxez au dessoubz de 100 escus, demeureront quinze jours à la taxe, auparavant qu'ilz puissent estre délivrez ».

Ms. fr. 18161, f° 11 r°,

3863. — Arrêt ordonnant le payement d'une indemnité de 600 écus accordée au sieur de Lizores, conseiller d'État, qui a été chargé de demander un subside aux villes de Basse-Normandie.

Ms. fr. 18161, f° 11 r°.

3864. — Arrêt accordant 100 écus au greffier du président de Lizores.

Ms. fr. 18161, f° 11 v°,

3865. — Arrêt ordonnant à M° Étienne Regnault, trésorier général de l'Extraordinaire des guerres, d'envoyer 8,000 écus, sous escorte, en l'armée de Picardie.

Ms. fr. 18161, f° 11 v°.

3866. — Arrêt réglant le payement de 15,000 livres de poudre à canon devant être achetées à Paris et à Troyes.

Ms. fr. 18161, f° 11 v°.

3867. — Arrêt donnant assignation de 200 écus

à M° Philippe Danquechin, trésorier général des réparations et fortifications d'Île-de-France et de Picardie.

Ms. fr. 18161, f° 12 r°.

3868. — Arrêt donnant assignation de 50,000 écus à M° Étienne Regnault, trésorier général de l'Extraordinaire des guerres, pour le payement de l'armée du Roi.

Ms. fr. 18161, f° 12 r°.

3869. — Mémoire au sujet des mesures à prendre « pour l'accellération des deniers de l'emprunct faict par le Roy sur les officiers de finances, et donner moien de contenter le Roy ».

Ms. fr. 18161, f° 12 r°.

1597, 10 octobre. — Paris.

3870. — Arrêt maintenant Bernardin Pradel et Guillaume Marron, sieur de L'Estang, en l'office de trésorier de France en la généralité de Montpellier.

E 1ᵇ, f° 210 r°, et ms. fr. 18161, f° 21 r°.

3871. — Arrêt réglant le payement d'une somme de 41,092 écus 52 sols restant due, à la fin de l'année 1596, par la recette générale de Tours.

Ms. fr. 18161, f° 14 r°.

3872. — Arrêt portant nouvelle assignation d'une somme de 2,227 écus 1/3, due à Rose de Caulet, sur la pension de son mari, le sieur Duranti, premier président du parlement de Toulouse, massacré en ladite ville.

Ms. fr. 18161, f° 16 r°.

3873. — Arrêt ordonnant le payement des gages dus à M° Michel Simon, avocat du Roi aux eaux et forêts et en l'amirauté de la province de Normandie, au siège de la table de marbre du palais de Rouen.

Ms. fr. 18161, f° 16 v°.

1597, 11 octobre. — Paris.

3874. — Arrêt réglant le remboursement des sommes empruntées, pour les frais de réduction de la citadelle de Châlon-sur-Saône, à M° Étienne Millet, conseiller au parlement de Bourgogne, et ce, sur la procuration de M°° Claude Bourgeois, sieur de Crespy, et Philippe Baillet, sieur de Vaugrenant, présidents audit parlement.

E 1ᵇ, f°.214 r°, et ms. fr. 18161, f° 52 r°.

3875. — Arrêt ordonnant l'acquittement d'une somme de 2,700 écus assignée au comte de Choisy sur les recettes générales d'Orléans et de Tours, non-obstant l'opposition des trésoriers de France.

Ms. fr. 18161, f° 17 r°.

3876. — Arrêt ordonnant l'acquittement d'une somme de 1,466 écus 2/3 assignée au maréchal de Laverdin, sur la recette générale de Tours, bien qu'elle ne soit pas comprise en l'état du Roi.

Ms. fr. 18161, f° 17 v°.

3877. — Arrêt donnant assignation de 720 écus à M° Abdenago de La Palme, contrôleur de la Maison du Roi.

Ms. fr. 18161, f° 17 v°.

3878. — Arrêt donnant assignation de 2,058 écus 45 sols à M° Florent Pasquier, commis du sieur de Villeroy, secrétaire d'État, pour ses écritures de la présente année.

Ms. fr. 18161, f° 18 r°.

3879. — Arrêt déclarant la ville du Crotoy exempte de tout impôt, en tant que ville frontière.

Ms. fr. 18161, f° 18 r°.

3880. — Arrêt ordonnant l'acquittement d'une somme de 10,000 écus assignée au duc de Nemours, sur la recette générale de Bretagne, bien qu'elle ne soit pas comprise en l'état du Roi.

Ms. fr. 18161, f° 18 v°.

3881. — Arrêt réglant le payement d'une somme de 50,000 écus due à M° Christophe Bernard, munitionnaire de l'armée du Roi, pour la fourniture du pain pendant le mois d'octobre.

Ms. fr. 18161, f° 20 v°.

1597, 13 octobre. — [Paris.]

3882. — Arrêt donnant assignation de 3,333 écus 1/3 au sieur de Lesdiguières, lieutenant en Piémont et Savoie, pour sa pension de l'année présente.

Ms. fr. 18161, f° 19 r°.

3883. — Arrêt ordonnant le payement de 10,000 livres de poudre à canon envoyées au camp de Doullens.

Ms. fr. 18161, f° 19 r°.

3884. — Arrêt réservant l'office de lieutenant général au bailliage d'Orléans à la nomination de la veuve et des enfants de M° Gilles Aleaume, mort victime de l'épidémie, tandis qu'il était chargé de vaquer à la police d'Orléans et de « donner ordre aux malades de la contagion ».

Ms. fr. 18161, f° 19 v°.

3885. — Arrêt rejetant une demande en remise de taxe présentée par les habitants de Sens, et leur ordonnant de surseoir à toutes levées, sauf à celles qui concernent le service du Roi.

Ms. fr. 18161, f° 19 v°.

3886. — Arrêt ordonnant l'exécution d'un arrêt de la Cour des aides rendu en faveur de M° Charles Huart, trésorier provincial de l'Extraordinaire des guerres au gouvernement d'Orléans, contre M° Michel Le Viel, receveur des tailles à Châteaudun, nonobstant des lettres patentes obtenues subrepticement par ledit Le Viel.

Ms. fr. 18161, f° 20 r°.

3887. — Arrêt donnant assignation de 400 écus au sieur Jean Érard, ingénieur du Roi.

Ms. fr. 18161, f° 20 v°.

1597, 14 octobre. — Paris.

3888. — Arrêt déclarant que l'édit de réunion au domaine de tous les offices de notaires ne sera point appliqué aux notaires des châtelets de Paris et d'Orléans, mais leur ordonnant de payer 200 écus chacun, pour que leurs charges soient reconnues héréditaires.

E 1ᵇ, f° 218 r°, ms. fr. 18161, f° 23 r°, et AD I 124, n° 7.

3889. — Arrêt réglant la reddition des comptes de M° Jean Coynart, ci-devant commis à la recette du doublement des petits sceaux, et ordonnant à M° Guillaume de Sève, sieur de Saint-Julien, de continuer ladite recette.

E 1ᵇ, fᵒ 220 rᵒ, et ms. fr. 18161, fᵒ 24 vᵒ.

3890. — Arrêt donnant assignation de 1,200 écus à M° Étienne Regnault, trésorier général de l'Extraordinaire des guerres, pour le payement de la garnison de Metz.

Ms. fr. 18161, fᵒ 24 rᵒ.

3891. — « Estat des sommes de deniers que le Roy veult et ordonne estre payées par le receveur général ou commis à la recette générale des finances à Moulins... pour partie des despenses de l'armée. »

Ms. fr. 18161, fᵒ 24 rᵒ.

3892. — Arrêt enjoignant à M° François Garrault, receveur général à Orléans, d'acquitter une assignation de 700 écus donnée au sieur de Vignolles, commandant à Vendôme.

Ms. fr. 18161, fᵒ 27 rᵒ.

3893. — Arrêt renvoyant aux trésoriers de France à Tours une requête par laquelle M° Laurent de Courtenay, commis en la chambre à sel de Château-du-Loir, demande qu'il soit fait enquête sur l'incendie de sa maison.

Ms. fr. 18161, fᵒ 27 vᵒ.

3894. — Arrêt accordant surséance à M° Christophe Jacquart, receveur général des gabelles en Picardie, pour le payement des sommes par lui dues à M° Jean Raulquin.

Ms. fr. 18161, fᵒ 27 vᵒ.

3895. — Arrêt accordant une réduction de tailles aux habitants de Beaumont-sur-Oise, « pour éviter que ladite ville ne soit du tout déserte ».

Ms. fr. 18161, fᵒ 27 vᵒ

3896. — Arrêt accordant une réduction de tailles aux habitants de Liancourt, en Beauvoisis, « pour éviter que ledit village ne demeure abandonné ».

Ms. fr. 18161, fᵒ 28 rᵒ.

3897. — Arrêt portant nouvelle assignation de l'indemnité accordée à M° Antoine de Saint-Yon, lieutenant général des eaux et forêts à la Table de marbre, pour le voyage par lui fait à Rouen.

Ms. fr. 18161, fᵒ 28 rᵒ.

1597, 15 octobre. —]Paris.]

3898. — Arrêt attribuant aux Parties casuelles l'office de juge ordinaire de Narbonne, et ordonnant le remboursement de la finance payée pour ledit office par M° Étienne Forcadel.

E 1ᵇ, fᵒ 222 rᵒ, et ms. fr. 18161, fᵒ 26 vᵒ.

3899. — Arrêt réglant le payement des frais et vacations dus aux commissaires députés pour le règlement des gabelles, péages et impositions dans les provinces de Languedoc, Provence et Dauphiné.

E 1ᵇ, fᵒ 224 rᵒ, et ms. fr. 18161, fᵒ 25 rᵒ.

1597, 16 octobre. — [Paris.]

3900. — Arrêt donnant assignation de 1,293 écus 1/3 à M° Jérôme Garrault, trésorier général de l'Extraordinaire des guerres, pour les dépenses de l'armée de Savoie.

Ms. fr. 18161, fᵒ 28 vᵒ.

3901. — Arrêt réglant le payement d'une somme de 83 écus 1/3 due, à titre de fiefs et aumônes, à l'abbaye de Maubuisson.

Ms. fr. 18161, fᵒ 28 vᵒ.

3902. — Arrêt ordonnant une coupe dans le parc de Chambord, pour la réparation de trois ponts situés auprès du château.

Ms. fr. 18161, fᵒ 29 rᵒ.

3903. — Arrêt donnant assignation de 3,114 écus aux sieurs Loccalopior et Gamin.

Ms. fr. 18161, fᵒ 29 rᵒ.

3904. — Arrêt donnant assignation de 20,000 écus à M° Étienne Regnault, trésorier général de l'Extraordinaire des guerres, pour « l'advance qu'il fault faire à

Guillaume de Poilblanc, munitionnaire de l'armée du Roy ».

Ms. fr. 18161, f° 29 v°.

3905. — Arrêt assignant 12 écus à Pierre Thibelly, valet de pied du Roi, dévalisé par les gens du duc de Mercœur.

Ms. fr. 18161, f° 29 v°.

3906. — Arrêt portant validation d'une saisie faite par le sieur Du Pesché, gouverneur de Château-Thierry, en la recette des tailles de ladite ville, pour le payement des troupes en garnison audit lieu.

Ms. fr. 18161, f° 29 v°.

_____

1597, 18 octobre. — Paris.

3907. — Arrêt réglant le « remplacement » d'une somme de 3,000 écus prise en Picardie, sur les deniers des gabelles, pour les fortifications.

Ms. fr. 18161, f° 30 r°.

3908. — Arrêt donnant au sieur de Vitry, baron de Coubert, capitaine des gardes du corps, assignation des arrérages d'une rente à lui constituée, lors du siège de la Fère, pour fournitures de blé et d'argent.

Ms. fr. 18161, f° 30 v°.

3909. — Arrêt réglant le payement d'une somme de 733 écus 1/3 due au sieur Du Plessis-Mornay.

Ms. fr. 18161, f° 30 v°.

3910. — Arrêt donnant assignation de 2,200 écus à Me Daniel Du Tour, lequel fournit comptant 20,500 écus pour l'achat des offices de receveurs et contrôleurs triennaux de Guyenne.

Ms. fr. 18161, f° 31 r°.

3911. — Arrêt assignant 600 écus par semaine, durant le présent quartier, à Me Jean Jacquelin, trésorier des Bâtiments, pour le fait de sa charge.

Ms. fr. 18161, f° 31 r°.

3912. — Arrêt enjoignant à Me Jacques Germain, receveur général des finances à Paris, d'acquitter une assignation de 7,626 écus 2/3 baillée à Me Étienne

Regnault, trésorier général de l'Extraordinaire des guerres.

Ms. fr. 18161, f° 31 r°.

3913. — Arrêt modérant à 500 écus la taxe levée, par forme d'emprunt, sur Me Antoine Ribault.

Ms. fr. 18161, f° 31 v° et 33 r°.

3914. — Arrêt ordonnant que, nonobstant l'opposition de Jean Papot et de Philippe Blondeau, enquêteurs à Saumur, il sera procédé à la réception de Me François Collin en l'état de commissaire-examinateur au siège royal de ladite ville.

Ms. fr. 18161, f° 31 v°.

3915. — Arrêt ordonnant à Me Charles Larcher, voyer et receveur du domaine de Mantes et de Meulan, d'apporter au Conseil l'état dudit domaine, et lui accordant surséance pour le payement des sommes à lui réclamées par le prieuré de Pontoise.

Ms. fr. 18161, f° 32 r°.

3916. — Arrêt assignant 15 écus au caporal Garnier et au soldat Jean Puisard, pour avoir escorté de Paris à Compiègne un bateau de poudre.

Ms. fr. 18161, f° 32 v°.

3917. — Arrêt ordonnant le payement de la somme attribuée au sieur Regnault, conseiller en la Cour des aides, chargé d'établir l'impôt du sol pour livre dans les provinces d'Orléans et du Berry.

Ms. fr. 18161, f° 32 v°.

3918. — Arrêt réglant le payement d'une somme de 2,350 écus due aux quatre compagnies de chevau-légers de Champagne.

Ms. fr. 18161, f° 33 r°.

3919. — Arrêt ordonnant le payement de 40 écus accordés à Grandmaison, fourrier du Roi, pour le voyage qu'il va faire, avec le légat, à Saint-Quentin.

Ms. fr. 18161, f° 33 r°.

3920. — Arrêt autorisant Me Antoine Bonnot, président en l'élection de Langres, à résigner son office à son fils, Me Henri Bonnot.

Ms. fr. 18161, f° 33 r°.

33.

3921. — Arrêt ordonnant la suppression de l'élection de Brive, demandée par les États du Limousin.

Ms. fr. 18161, f° 33 v°.

3922. — Arrêt réglant le payement d'une somme de 20,000 écus qu'il faut avancer à Guillaume de Poilblanc, munitionnaire de l'armée du Roi en Picardie et en Champagne.

Ms. fr. 18161, f° 34 r°.

3923. — Arrêt attribuant 42 écus à Thomas Varlet, envoyé pour hâter le recouvrement des sommes accordées au Roi par les villes et par le clergé de Beauvais, de Meaux, de Pontoise et de Mantes.

Ms. fr. 18161, f° 34 r°.

3924. — Arrêt enjoignant aux bailli, maire et échevins de Mantes de procéder, sans plus tarder, à la levée des 500 écus accordés au Roi par les habitants de ladite ville.

Ms. fr. 18161, f° 34 v°.

3925. — Arrêt ordonnant que Nicolas Clément sera reçu en l'état de batteur d'or et d'argent à Paris, nonobstant l'opposition des gardes et jurés dudit métier.

Ms. fr. 18161, f° 34 v°.

1597, 20 octobre. — Paris.

3926. — Arrêt portant règlement au sujet de la recette des deniers provenant de « l'éedict du parisis des greffes, clercs et tabellionnages, et revente d'iceux ».

E 1ᵇ, f° 226 r°, et ms. fr. 18161, f° 36 v°.

3927. — « Estat des assignations ordonnées au Conseil pour estre baillées par le trésorier de l'Espargne, Mᵉ Balthazard Gobelin, à Mᵉ Thomas de Serre, conseiller du Roy et trésorier de la marine de Levant. »

E 1ᵇ, f° 228 r°, et ms. fr. 18161, f° 39 r°.

1597, 21 octobre. — Paris.

3928. — Arrêt accordant aux villes closes de la généralité de Tours remise de la subvention de l'année 1596.

E 1ᵇ, f° 230 r°, et ms. fr. 18161, f° 39 v°.

3929. — Arrêt ordonnant le payement des arrérages de rente dus à la princesse de Condé.

E 1ᵇ, f° 232 r°, et ms. fr. 18161, f° 44 r°.

3930. — Arrêt cassant un arrêt rendu, le 29 novembre 1596, par la chambre des comptes de Bretagne contre le sieur d'Attichy, commissaire député pour le règlement, la direction et le recouvrement des finances en Bretagne.

E 1ᵇ, f° 233 r°, et ms. fr. 18161, f° 38 r°.

3931. — Arrêt déclarant que Châteaufort ne doit être tenu ni pour ville close ni pour bourg fermé.

Ms. fr. 18161, f° 35 r°.

3932. — Arrêt ordonnant le payement de 4,000 écus dus au sieur de Themynes, gouverneur de Quercy.

Ms. fr. 18161, f° 35 r°.

3933. — Arrêt prorogeant le délai accordé à Mᵉ Jean Patin pour résigner l'un des deux offices d'avocat du Roi et de conseiller au présidial de Beauvais.

Ms. fr. 18161, f° 35 r°.

3934. — Arrêt ordonnant que les députés d'Auvergne seront entendus au Conseil, avant qu'il soit statué sur la requête de Claude La Noyerie, subrogé de feu Noël de Hère pour la fourniture du sel dans le bas pays d'Auvergne, lequel demande payement du sel à lui pris par le sieur de Rendan, gouverneur dudit pays.

Ms. fr. 18161, f° 35 v°.

3935. — Arrêt réglant le payement de partie de la somme due à Mᵉ Jean de Vauhardy, ci-devant commis à la recette des deniers provenant des offices de conseillers au Grand Conseil, de conseillers présidiaux, d'huissiers audienciers, de lieutenants des élections et de receveurs alternatifs des épices.

Ms. fr. 18161, f° 35 v°.

3936. — Arrêt renvoyant aux trésoriers de France à Châlons une requête en remise de tailles présentée par le baron Du Thour et par les habitants des villages du Thour et de Villers-devant-le-Thour.

Ms. fr. 18161, f° 36 r°.

3937. — Arrêt portant assignation de 6,000 écus en faveur du prince de Conti.

Ms. fr. 18161, f° 36 r°.

3938. — Arrêt réglant le remboursement d'une somme de 306 écus 1/3 avancée par le duc de Nevers, gouverneur de Champagne et Brie.

Ms. fr. 18161, f° 36 v°.

3939. — Arrêt ordonnant que les officiers du comté de Blois contribueront, pour cette fois seulement, à l'emprunt levé sur les officiers des finances.

Ms. fr. 18161, f° 39 v°.

3940. — Arrêt ordonnant que Jean Rollequin, fournisseur des greniers à sel de Champagne, de Bar-sur-Seine et de Picardie, jouira pleinement de la décharge portée par les arrêts du Conseil du 17 juillet 1596 et du 17 mai dernier.

Ms. fr. 18161, f° 40 r°.

3941. — Arrêt ordonnant des poursuites contre les officiers d'Amboise coupables de rébellion à l'encontre de Pierre Bury, sergent royal en Touraine.

Ms. fr. 18161, f° 40 v°.

3942. — Arrêt ordonnant que la taxe de 10,000 écus imposée en la ville de Gisors, pour les besoins de l'armée du Roi, sera levée même sur les personnes exemptes et privilégiées.

Ms. fr. 18161, f° 41 r°.

3943. — Arrêt ordonnant l'acquittement d'une assignation de 39,696 écus 2/3 donnée à M° Étienne Regnault, trésorier général de l'Extraordinaire des guerres, pour le payement des garnisons de la généralité de Tours.

Ms. fr. 18161, f° 41 r°.

3944. — Arrêt portant assignation de 800 écus en faveur de Thomas Guenault, apothicaire-distillateur du Roi.

Ms. fr. 18161, f° 41 r°.

3945. — Arrêt ordonnant le payement de 15 écus alloués au sieur Morel, maître de la chapelle de musique du Roi, pour qu'il conduise à Saint-Germain-en-Laye trois enfants de musique de ladite chapelle.

Ms. fr. 18161, f° 41 v°.

3946. — Arrêt réglant : 1° le remboursement des sommes prêtées par le sieur d'Incarville et par le sieur Petit, secrétaire de la Chambre; 2° le payement de partie des dépenses de l'armée, frais de pansement des hommes blessés au siège d'Amiens, etc.

Ms. fr. 18161, f° 41 v°.

3947. — Arrêt réglant le remboursement d'une somme de 2,000 écus prêtée au Roi par la duchesse de Beaufort.

Ms. fr. 18161, f° 41 v°.

3948. — Arrêt accordant surséance à M° Simon Barreau, contrôleur général des Ligues suisses, pour le payement des 200 écus auxquels il a été taxé.

Ms. fr. 18161, f° 42 r°.

————

1597, 22 octobre. — Paris.

3949. — Arrêt déclarant que Jean Rollequin, adjudicataire des greniers à sel de Picardie, ne sera tenu au payement du droit de gabelle et des gages d'officiers, qu'autant qu'il y aura eu distribution de sel dans lesdits greniers.

E 1ᵇ, f° 235 r°, et ms. fr. 18161, f° 55 r°.

————

1597, 23 octobre. — Paris.

3950. — Arrêt déclarant que les gages des receveurs et contrôleurs du sel ne doivent pas être soumis à la retenue ordonnée par lettres du 9 septembre dernier.

E 1ᵇ, f° 236 r°, et ms. fr. 18161, f° 45 r°.

3951. — Arrêt assignant au Conseil Antoine Dupris, second consul à Nîmes; M° Astier, avocat au présidial de ladite ville; Honorat Gavoudan et Claude Bessonnet, pour répondre au procureur général au sujet de l'empêchement par eux apporté à l'exécution de l'édit qui ordonnait la vente des places de clercs dans tous les greffes de la sénéchaussée de Beaucaire et du gouvernement de Montpellier.

E 1ᵇ, f° 238 r°, et ms. fr. 18161, f° 56 r°.

3952. — État des recettes et dépenses que doivent

faire les trésoriers de France et le receveur général des finances en la généralité de Tours.

Ms. fr. 18161, f° 42 r°.

1597, 24 octobre. — Paris.

3953. — « Estat des assignations ordonnées au trésorier général de l'Extraordinaire des guerres, M° Jhérosme Garrault, tant pour le remplacement des assignations à luy cy-devant baillées sur les deniers de l'imposition, que pour le paiement de l'augmentation des garnisons ordonnées ès villes et places du département dudit Garrault, durant la présente année 97. »

Ms. fr. 18161, f° 47 r°.

1597, 26 octobre. — Saint-Germain-en-Laye.

3954. — Arrêt donnant nouvelle assignation de 4,800 écus au trésorier des Bâtiments.

Ms. fr. 18161, f° 44 v°.

1597, 31 octobre. — Paris.

3955. — Arrêt confirmant les droits accordés aux trésoriers de France par les arrêts des 14, 29 et 31 juillet dernier, à condition qu'ils fourniront promptement, à titre de prêt, 400 écus chacun.

E 1ᵇ, f° 240 r°, et ms. fr. 18161, f° 58 v°.

3956. — Arrêt enjoignant aux trésoriers de France à Amiens de procéder immédiatement à l'établissement des taxes sur le vin et sur la bière nouvellement ordonnées pour la réparation des murs de ladite ville, sans attendre la réception des lettres patentes vérifiées en la Cour des aides.

E 1ᵇ, f° 242 r°, et ms. fr. 18161, f° 49 r°.

3957. — Arrêt faisant défense aux maîtres, gardes et jurés de mettre aucun obstacle à l'exécution de l'édit qui porte règlement général de tous les arts, trafics et métiers du royaume.

AD I 124, n° 8, et ms. fr. 18161, f° 46 r°.

3958. — Arrêt ordonnant que M° Nicolas de

Lancy continuera à exercer l'office de trésorier ordinaire des guerres, bien qu'il n'ait pas encore été reçu en la Chambre des comptes.

Ms. fr. 18161, f° 45 v°.

3959. — Arrêt assignant 4 écus au Suisse Alexandre Leblanc, envoyé de Montmirail par le capitaine Favyer.

Ms. fr. 18161, f° 46 v°.

3960. — Arrêt ordonnant le payement de 6,186 écus dus au sieur de Sancy.

Ms. fr. 18161, f° 47 r°.

3961. — Arrêt donnant assignation de 7,040 écus 9 sols 6 deniers au sieur de Marivaulx, gouverneur de Laon.

Ms. fr. 18161, f° 47 r°.

3962. — Arrêt donnant assignation de 640 écus à M° Philippe Danquechin, trésorier des réparations et fortifications d'Île-de-France et de Picardie, pour les fortifications de Ham.

Ms. fr. 18161, f° 47 r°.

3963. — Arrêt ordonnant l'élargissement de M° Claude Bazin, commis à la recette des deniers provenant de l'emprunt des officiers des finances, lequel a été emprisonné à la requête de Mᵉˢ Giroust et Benoise, trésoriers de France à Soissons.

Ms. fr. 18161, f° 47 v°.

3964. — Arrêt donnant aux valets de chambre et aux « autres officiers fournissans en l'Argenterie du Roi » assignation des sommes qui leur sont dues, à condition qu'ils en prêteront la moitié au Roi « pour subvenir à ses affaires ».

Ms. fr. 18161, f° 48 r°.

3965. — Arrêt évoquant au Conseil le procès criminel intenté, en la ville de Saint-Quentin, à Jacques Lotigneau et à François Seneschal, marchands de vin, accusés d'avoir proféré des paroles séditieuses. (Cf. n° 4110.)

Ms. fr. 18161, f° 48 r°

3966. — Arrêt ordonnant que le greffe des présentations de la juridiction consulaire de Clermont en Auvergne sera remis au nombre des offices.

Ms. fr. 18161, f° 48 v°.

3967. — Arrêt affectant aux dépenses de l'armée de Picardie une somme de 1,000 écus octroyée au Roi par les consuls de Condom.

Ms. fr. 18161, f° 48 v°.

3968. — Arrêt ordonnant au prévôt des marchands et aux échevins de Paris de payer 1,300 écus au colonel Balthazar de Grissac et aux capitaines de son régiment.

Ms. fr. 18161, f° 48 v°.

1597, 3 novembre. — Paris.

3969. — Arrêt cassant un arrêt du Parlement du 16 octobre dernier, ordonnant que l'édit de réunion au domaine des offices de notaires sera exécuté contre les notaires de Tours, et assignant au Conseil plusieurs desdits notaires, coupables de contravention audit édit.

E 1ᵇ, f° 244 r°, et ms. fr. 18161, f° 49 v°.

3970. — Arrêt réglant l'établissement de la taxe imposée aux notaires, pour l'hérédité de leurs charges, dans tous les pays où l'édit de réunion au domaine desdits offices de notaires n'aura pas été exécuté.

E 1ᵇ, f° 246 r°, et ms. fr. 18161, f° 51 r°.

3971. — Arrêt accordant à un particulier non dénommé un brevet d'invention, valable pendant 25 ans, pour la fabrication d'objets de fer et d'acier.

E 1ᵇ, f° 248 r°, et ms fr 18161, f° 61 v°.

3972. — Arrêt assignant 500 écus au sieur de Caumartin, conseiller d'État, président au Grand Conseil, ci-devant « commissaire estably en Normandye pour faire acheminer la noblesse dudit pays en l'armée de Sa Majesté ».

E 1ᵇ, f° 252 r°, et ms. fr. 18161, f° 49 v°.

3973. — Arrêt réglant le payement de 1,000 écus donnés par le Roi au chevalier Guichardin.

Ms. fr. 18161, f° 49 r°.

3974. — Arrêt accordant à Mᵉ Antoine Ribauld décharge d'une somme de 666 écus 2/3, à laquelle il avait été taxé pour l'emprunt levé sur les officiers des finances.

Ms. fr. 18161, f° 49 v°.

3975. — Arrêt autorisant la duchesse de Beaufort à couper, dans ses bois taillis, trois baliveaux par arpent.

Ms. fr. 18161, f° 60 r°.

3976. — Arrêt ordonnant des poursuites contre les officiers des finances de l'élection d'Auxerre coupables de rébellion.

Ms. fr. 18161, f° 60 r°.

3977. — Arrêt ordonnant que Mᵉ Auguste Prévost, pourvu de l'office de receveur général triennal des finances en la généralité de Bordeaux, fournira sa caution par-devant le prévôt de Paris.

Ms. fr. 18161, f° 60 r°.

3978. — Arrêt renvoyant au sieur de Marivaulx une requête par laquelle les habitants de Vervins demandaient à être déchargés de la taxe des fortifications de Laon.

Ms. fr. 18161, f° 60 v°.

3979. — Arrêt ordonnant le payement de 700 écus accordés, par acquit patent, à Mᵉ Durand Le Tellier, médecin ordinaire du Roi.

Ms. fr. 18161, f° 60 v°.

3980. — Arrêt ordonnant le payement de l'indemnité de voyage due à Croize, valet de chambre du Roi, chargé d'acheminer vers la Picardie les troupes du sieur d'Épernon.

Ms fr 18161, f° 60 v°

3981. — Arrêt ordonnant que Claude Louvet, fermier de l'imposition nouvelle de Paris, sera contraint au payement de 1,000 écus donnés par le Roi à Ange Capel, sieur Du Luat. (Cf. n° 3064.)

Ms. fr. 18161, f° 60 v°.

3982. — Arrêt ordonnant qu'il sera levé sur les habitants de Méry-sur-Seine une somme de 655 écus, due à Nicolas Rooland, pour fournitures de grains.

Ms. fr. 18161, f° 60 v°.

3983. — Arrêt accordant remise de toutes les impositions des années passées et de la moitié des impositions de l'année présente aux habitants de l'Arbresle, de Tarare, de Sain-Bel, de Savigny, de Lentilly, de Bessenay, de Darcizé, de Brussieux, de Bagnols, etc., ruinés par la grêle.

Ms. fr. 18161, f° 61 r°.

3984. — Arrêt accordant semblable remise aux habitants de Ville-sur-Jarnioux.

Ms. fr. 18161, f° 61 r°.

1597, 4 novembre. — Paris.

3985. — Arrêt ordonnant que les sommes levées en l'élection du Mans pour l'achat des chevaux destinés au train de l'artillerie seront remises au capitaine Bourel, commissaire ordinaire de l'Artillerie.

E 1.b, f° 253 r°, et ms. fr. 18161, f° 62 r°.

1597, 6 novembre. — Paris.

3986. — Arrêt accordant à Me Adrien de Heu l'office de conseiller au présidial d'Amiens vacant par la mort de Me Simon Lemartre, tué, les armes à la main, lors de la surprise de ladite ville.

Ms. fr. 18161, f° 62 v°.

3987. — Arrêt assignant au Conseil les cautions de feu Remi Lecat, receveur général des gabelles en Champagne, pour répondre à la requête de Me Nicolas Parent, trésorier général des gabelles, et interdisant à la Cour des aides la connaissance dudit procès.

Ms. fr. 18161, f° 63 r°.

3988. — Arrêt ordonnant le payement de 1,000 livres de poudre à canon livrées, au camp d'Amiens, par Jean L'Homme-Dieu, marchand de Sedan.

Ms. fr. 18161, f° 63 r°.

3989. — Arrêt faisant remise de 100 écus aux habitants de Grandvilliers, ruinés par un incendie et par le passage des gens de guerre.

Ms. fr. 18161, f° 63 r°.

3990. — Arrêt donnant assignation de 3,000 écus au sieur de La Fontaine, « ayant charge des affaires de Sa Majesté en Angleterre ».

Ms. fr. 18161, f° 63 v°.

3991. — Arrêt donnant au même assignation de 1,000 autres écus.

Ms. fr. 18161, f° 63 v°.

3992. — Arrêt ordonnant que Scipion Balbany sera contraint de payer 4,931 écus 4 sols pour les constructions du château de Fontainebleau.

Ms. fr. 18161, f° 63 v°.

3993. — Arrêts donnant assignation de 500 écus aux capitaines suisses Studer et Christi Ritmater.

Ms. fr. 18161, f° 64 r°.

3994. — Arrêt réglant le payement d'une indemnité de 280 écus due au sieur Blanconne, maître des eaux et forêts à Toulouse, pour un voyage de Castelsarrasin à Troyes.

Ms. fr. 18161, f° 64 r°.

3995. — Arrêt réduisant à 500 écus la taxe imposée aux habitants d'Alençon pour les frais du siège d'Amiens.

Ms. fr. 18161, f° 64 r°.

3996. — Arrêt confirmant un édit égaré durant les troubles, lequel portait création d'un lieutenant du prévôt des maréchaux et de quatre archers à Tonnerre; maintenant en outre le sieur de Lessac en cet office de lieutenant.

Ms. fr. 18161, f° 64 v°.

3997. — Arrêt accordant à Nicolas Du Castel, receveur consignataire au gouvernement de Montdidier, mainlevée des biens sur lui saisis à la requête du sieur de Herte, trésorier de France à Amiens.

Ms. fr. 18161, f° 64 v°.

3998. — Arrêt autorisant l'établissement d'un magasin de blé à Dijon.

Ms. fr. 18161, f° 65 r°.

3999. — Arrêt renvoyant à Me Claude Binet, lieutenant général en la sénéchaussée d'Auvergne, une requête en décharge de la subvention des villes closes présentée par les habitants de Moissat.

Ms. fr. 18161, f° 65 v°.

4000. — Arrêt renvoyant aux élus de Bayeux une

requête de Jacques Aussemont et de Thomas Legueus, lesquels demandent à n'être point contraints par corps au payement des tailles de Monfréville et des Oubeaux.

Ms. fr. 18161, f° 65 v°.

4001. — Arrêt accordant aux habitants de Breteuil décharge du nouvel impôt sur le vin, pour tout le temps qu'a duré l'occupation d'Amiens.

Ms. fr. 18161, f° 65 v°.

4002. — Arrêt accordant à André Perrenelle, fermier du gros et du huitième de Taverny, remise de la moitié du prix de sa ferme.

Ms. fr. 18161, f° 66 r°.

4003. — Arrêt renvoyant aux gens des Comptes une requête présentée par plusieurs orfèvres de Paris pour obtenir payement de marchandises fournies au feu Roi, en l'année 1582.

Ms. fr. 18161, f° 66 r°.

4004. — Arrêt réglant le payement de diverses sommes dues à Me Nicolas Thomas, avocat général au parlement de Normandie.

Ms. fr. 18161, f° 66 r°.

4005. — Arrêt réglant le payement des gages du sieur Spifame, substitut du procureur général au Parlement.

Ms. fr. 18161, f° 66 r°.

4006. — Avis du Conseil tendant à faire suspendre toutes poursuites contre Claude Louvet, bourgeois de Paris, ci-devant fermier de la nouvelle imposition.

Ms. fr. 18161, f° 66 v°.

4007. — Arrêt réglant le payement de 25,000 écus dus au duc de Mayenne, pour le reste de sa pension de 3,333 écus 1/3.

Ms. fr. 18161, f° 79 r°.

1597, 7 novembre. — Paris.

4008. — Arrêt accordant aux habitants de Durtal décharge de la subvention des villes closes.

Ms. fr. 18161, f° 66 v°.

4009. — Arrêt assignant 330 écus à Jean Gallois,

pour « avoir servy de greffier soubz le sieur de Boissize, conseiller au Conseil d'Estat du Roy et superintendent de la justice en Limosin ».

Ms. fr. 18161, f° 67 r°.

4010. — Arrêt assignant 193 écus 10 sols au sieur de Boissize.

Ms. fr. 18161, f° 67 r°.

4011. — Arrêt ordonnant que Pierre Hoellin sera reçu par la Cour des aides en l'office de grènetier au grenier à sel de Loudun.

Ms. fr. 18161, f° 67 r°.

4012. — Arrêt portant assignation de 300 écus donnés par le Roi au sieur de Vollette, gentilhomme piémontais.

Ms. fr. 18161, f° 67 v°.

1597, 8 novembre. — Paris.

4013. — Arrêt ordonnant aux trésoriers de France en Guyenne, aux avocats et aux procureurs généraux du parlement de Bordeaux d'envoyer leur avis à Sa Majesté sur l'abolition du subside qui a toujours été levé sur le sel, dans la sénéchaussée d'Agenais, pour le payement des présidiaux.

E 1ᵇ, f° 255 r°, et ms. fr. 18161, f° 68 r°.

4014. — Arrêt ordonnant que les assiettes d'impôts faites par les consuls de Guyenne seront désormais vérifiées par le sénéchal du ressort.

Ms. fr. 18161, f° 69 r°.

1597, 10 novembre. — Paris.

4015. — Arrêt renouvelant le contrat passé avec François L'Aisné, munitionnaire et garde du magasin de vivres de Brouage.

E 1ᵇ, f° 257 r°, et ms. fr. 18161, f° 70 r°.

4016. — Arrêt ordonnant que le grain conduit à Rouen par Me Christophe Bernard, munitionnaire du camp et de l'armée du Roi, sera emmagasiné dans les greniers de ladite ville, nonobstant un arrêt du parlement de Rouen.

E 1ᵇ, f° 259 r°, et ms. fr. 18161, f° 70 v°.

4017. — Arrêt ordonnant que Mᵉ Léger Tarragon, contrôleur des décimes au diocèse de Luçon, continuera la recette des deniers provenant de la vente des biens du clergé dans ledit diocèse, lesdits deniers ayant été assignés au sieur de La Corbinière, général surintendant des vivres, pour son remboursement des fournitures par lui faites, en 1595, aux magasins de Cambrai, de Boulogne, de Montreuil et de Rue.

E 1ᵇ, fᵒ 260 rᵒ, et ms. fr. 18161, fᵒ 69 rᵒ.

4018. — Arrêt ordonnant au sieur Marchal, sergent à cheval au Châtelet, de remettre au trésorier de l'Épargne une somme de 333 écus 1/3 par lui reçue des mains du sieur Robineau, caution de Mᵉ Duval, receveur général des boîtes.

Ms. fr. 18161, fᵒ 67 vᵒ.

4019. — Arrêt ordonnant le payement de la solde d'un régiment suisse en garnison à Amiens, à Saint-Quentin, à Abbeville.

Ms. fr. 18161, fᵒ 68 rᵒ.

4020. — Arrêt ordonnant que l'instance pendante au Conseil entre le marquis de Pisani et Mᵉ Jean Angibaud sera jugée sur les pièces produites par devers le sieur de Maisse, conseiller d'État.

Ms. fr. 18161, fᵒ 68 rᵒ.

1597, 12 novembre. — Paris.

4021. — Arrêt accordant au colonel Gallaty mainlevée des deniers saisis à la requête du sieur Lespoint, marchand de Lyon.

Ms. fr. 18161, fᵒ 71 rᵒ.

4022. — Arrêt ordonnant le payement de 600 écus dus au capitaine Greder, député du canton de Soleure, et au colonel Witauruer.

Ms. fr. 18161, fᵒ 71 rᵒ.

4023. — Arrêt ordonnant le payement d'une somme de 100 écus donnée au sieur de Sept-Fontaines, lieutenant de la compagnie du sieur de Campaignolz, pour un voyage secret.

Ms. fr. 18161, fᵒ 71 vᵒ.

4024. — Arrêt ordonnant le payement d'une indemnité de 50 écus due au sieur d'Angoulevent, valet de chambre du Roi, pour plusieurs voyages d'Amiens à Paris.

Ms. fr. 18161, fᵒ 71 vᵒ.

4025. — Arrêt réglant le payement des gages de Guillaume Du Fayot, trésorier et payeur de la gendarmerie.

Ms. fr. 18161, fᵒ 71 vᵒ.

4026. — Arrêt déclarant que les habitants de Monistrol jouiront du bénéfice de l'exemption accordée par le traité conclu avec le duc de Joyeuse.

Ms. fr. 18161, fᵒ 71 vᵒ.

1597, 13 novembre. — [Paris.]

4027. — Arrêt ordonnant le payement de 50 écus dus à Jean Louvet, chevaucheur d'écurie du Roi, qui deux fois a porté à Fontainebleau les dépêches de Messieurs du Conseil.

Ms. fr. 18161, fᵒ 72 rᵒ.

4028. — Arrêt ordonnant le payement de 1,900 écus dus au régiment de Balthazar de Grissac.

Ms. fr. 18161, fᵒ 72 rᵒ.

4029. — Arrêt prorogeant le délai pendant lequel Mᵉ Antoine Duval pourra, sans payer finance, résigner son office de conseiller au parlement de Rouen.

Ms. fr. 18161, fᵒ 72 rᵒ.

1597, 16 novembre. — Paris.

4030. — Arrêt ordonnant des poursuites contre ceux qui ont mis en quarantaine, aux portes de Montpellier, Mathurin Longuet, huissier du Conseil, porteur d'ordonnances des commissaires députés pour le règlement des gabelles, péages et impositions dans le Languedoc, la Provence et le Dauphiné.

E 1ᵇ, fᵒ 262 rᵒ, et ms. fr. 18161, fᵒ 73 rᵒ.

4031. — Arrêt autorisant Léonard Fleureteau, maître de la Chambre aux deniers, et François Sauvat, trésorier des écuries du Roi, à verser entre les mains du trésorier de l'Épargne leur quote-part de l'emprunt levé sur les officiers des finances.

Ms. fr. 18161, f° 72 v°.

4032. — Arrêt accordant remise de toutes les impositions des années passées et de la moitié des impositions de l'année présente aux habitants de Saint-Vérand, ruinés par la grêle.

Ms. fr. 18161, f° 72 v°.

4033. — Arrêt affectant au payement des Suisses les deniers provenant de la vente des terres vaines et vagues dans les provinces de Champagne, de Brie et d'Orléans.

Ms. fr. 18161, f° 73 r°.

1597, 17 novembre. — Paris.

4034. — Arrêt ordonnant, conformément aux remontrances de la Cour des monnaies, l'élargissement de Jean Duval, receveur général des boîtes, à condition qu'il payera 1,500 écus sur les 2,000 qu'il doit à Mᵉ François Hotman, trésorier de l'Épargne.

E 1ᵇ, f° 264 r°, et ms. fr. 18161, f° 80 r°.

4035. — Arrêt réglant l'ordre des assignations expédiées en faveur des garnisons de Normandie, de la garnison du Havre, du duc de Montpensier, du maréchal de Biron, des sieurs Du Rouillet, Du Mesnil et de La Lande.

E 1ᵇ, f° 266 r°, et ms. fr. 18161, f° 79 v°.

4036. — Arrêt ordonnant que les élections de Saumur et de Montreuil-Bellay contribueront à l'impôt des garnisons, à la crue de Bretagne et aux autres levées extraordinaires, nonobstant toutes lettres à ce contraires.

E 1ᵇ, f° 266 r°, et ms. fr. 18161, f° 78 v°.

4037. — Arrêt réglant le remboursement des sommes prêtées au Roi « par plusieurs de ses bons subjectz et serviteurs », pour ses affaires urgentes, notamment pour la réduction d'Amiens.

E 1ᵇ, f° 267 r°, et ms. fr. 18161, f° 81 r°.

4038. — Arrêt modérant à 100 écus la taxe imposée aux notaires d'Orléans pour l'hérédité de leurs charges, et fixant à 60 écus la taxe imposée à ceux qui en ont acquis la survivance.

E 1ᵇ, f° 268 r°, et ms. fr. 18161, f° 80 v°.

4039. — Arrêt réglant le payement du régiment de Balthazar de Grissac.

Ms. fr. 18161, f° 74 r°.

4040. — Arrêt ordonnant à Mᵉ Étienne Regnault, trésorier général de l'Extraordinaire des guerres, de faire porter à la monnaie de Paris 2,000 écus de douzains détériorés par le feu, au quartier royal d'Amiens.

Ms. fr. 18161, f° 74 r°.

4041. — Arrêt réglant le payement de la solde d'un sergent et de neuf arquebusiers en garnison au château de Valognes.

Ms. fr. 18161, f° 74 v°.

4042. — Arrêt ordonnant le remboursement de 10,000 écus prêtés au Roi par le sieur Sébastien Zamet, le 14 avril 1596.

Ms. fr. 18161, f° 74 v°.

4043. — Arrêt réglant le payement de la garnison de Mantes.

Ms. fr. 18161, f° 74 v°.

4044. — Arrêt ordonnant le payement d'une partie de la pension de 3,333 écus 1/3 accordée au sieur de Rosny, conseiller d'État, par brevet du 31 octobre 1594.

Ms. fr. 18161, f° 74 v°.

4045. — Arrêt affectant aux dépenses des fortifications d'Amiens les deniers provenant de certains emprunts forcés ou volontaires faits en la ville d'Amiens, comme aussi les deniers provenant de l'écu par muid de vin entrant en ladite ville.

Ms. fr. 18161, f° 75 r°.

4046. — Arrêt ordonnant qu'estimation sera faite des maisons qui doivent être démolies pour la construction de la citadelle d'Amiens.

Ms. fr. 18161, f° 75 r°.

4047. — Arrêt ordonnant le payement de la

34.

somme due à un courrier, pour divers voyages à Saint-Germain-en-Laye, à Gien, à Puiseaux et à Pithiviers.

Ms. fr. 18161, f° 75 r°.

4048. — Arrêt ordonnant le payement d'une somme de 3,500 écus due au sieur Sébastien Zamet, pour arrérages de rentes constituées sur la ville de Paris.

Ms. fr. 18161, f° 75 v°.

4049. — Arrêt ordonnant le payement d'une somme de 15,163 écus 39 sols 6 deniers due au sieur Bénédict Massey, pour arrérages d'une rente constituée sur la ville de Paris.

Ms. fr. 18161, f° 75 v°.

4050. — Arrêt donnant assignation de 50 écus à Jacques Néret, secrétaire de la Chambre, chargé de poursuivre au parlement de Rouen la vérification de l'édit relatif au règlement des arts et métiers.

Ms. fr. 18161, f° 76 r°.

4051. — Arrêt réglant le payement de la pension de 666 écus 2/3 accordée à l'avocat et au procureur-général du Roi, à titre de conseillers au Conseil du Roi.

Ms. fr. 18161, f° 76 r°.

4052. — Arrêt ordonnant des poursuites contre les officiers de l'élection de Chinon qui se sont rendus coupables de rébellion, à l'occasion de l'emprunt levé sur les officiers des finances.

Ms. fr. 18161, f° 76 r°.

4053. — Arrêt ordonnant que le greffier de la Chambre royale sera tenu de rendre à Me Claude Feulette, élu de Paris, ses papiers saisis par ordonnance de ladite Chambre.

Ms. fr. 18161, f° 76 v°.

4054. — Arrêt ordonnant le payement d'une indemnité de 50 écus due à Me Jacques Barrin, chanoine de la Sainte-Chapelle, dont la maison a été, durant huit mois, occupée par la Chambre royale.

Ms. fr. 18161, f° 76 v°.

4055. — Arrêt ordonnant le payement d'une somme de 1,140 écus due pour les gages des maîtres des postes en la généralité de Tours.

Ms. fr. 18161, f° 77 r°.

4056. — Arrêt ordonnant le payement de 600 écus dus à Me Pierre Baduel, « truchement du Roy aux Ligues et commis par Sa Majesté à la sollicitation du paiement des debtes des Suisses ».

Ms. fr. 18161, f° 77 r°.

4057. — Arrêt donnant assignation de 1,200 écus au colonel Imbert de Diesbach et aux capitaines Wis et Rubelly, du canton de Berne.

Ms. fr. 18161, f° 77 v°.

4058. — Arrêt allouant 69 écus à Me Nicolas Girard, trésorier des Ligues, pour frais de voyages entre Paris et Auxonne.

Ms. fr. 18161, f° 77 v°.

4059. — Arrêt donnant assignation de 12,000 écus à Me Philippe Danquechin, trésorier des fortifications d'Île-de-France et de Picardie, tant pour la construction de la citadelle d'Amiens, que pour les fortifications des villes de Picardie.

Ms. fr. 18161, f° 77 v°.

4060. — Arrêt réglant le remboursement d'un office de procureur du Roi au bailliage de Rouen dont a été dépossédé Me Jacques Bellet.

Ms. fr. 18161, f° 77 v°.

4061. — Arrêt ordonnant l'expédition de lettres patentes qui ajournaient au Conseil les maîtres des eaux et forêts de Troyes, et autres, lesquels avaient fait saisies et ventes de bois en la terre de Vauchassis, vendue au colonel Imbert de Diesbach.

Ms. fr. 18161, f° 78 r°.

4062. — Arrêt réglant le payement des garnisons du Lyonnais et de Thoissey.

Ms. fr. 18161, f° 78 r°.

4063. — Arrêt réglant le payement de la garnison de Soissons.

Ms. fr. 18161, f° 78 v°.

4064. — Arrêt affectant 22,000 écus au payement des garnisons de Châlon-sur-Saône, de Seurre et des autres places du bailliage de Châlon.

Ms. fr. 18161, f° 79 r°.

4065. — Arrêt ordonnant l'adjudication des droits d'entrée ou de sortie des vins à Saint-Quentin, ainsi que l'adjudication du « doublement » desdits droits, lequel a été affecté aux dépenses des fortifications de ladite ville.

E 1ᵇ, fᵒ 270 rᵒ, et ms. fr. 18161, fᵒ 81 rᵒ.

4066. — Arrêt accordant à Mᵉˢ Martin Nau et Charles Le Charron, receveurs généraux en Champagne, décharge des arrérages de rente par eux payés à la princesse de Condé.

E 1ᵇ, fᵒ 272 rᵒ, et ms. fr. 18161, fᵒ 84 vᵒ.

4067. — Arrêt ordonnant aux sieurs de La Barre et Desportes, trésoriers de France à Rouen, de procéder à l'adjudication des nouvelles impositions du bailliage de Gisors.

E 1ᵇ, fᵒ 274 vᵒ, et ms. fr. 18161, fᵒ 85 rᵒ.

4068. — Arrêt accordant modération de décimes au clergé du diocèse de Rodez.

Ms. fr. 18161, fᵒ 82 rᵒ.

4069. — Arrêt accordant remise ou modération de décimes au clergé du diocèse de Vabres.

Ms. fr. 18161, fᵒ 82 vᵒ.

4070. — Arrêt accordant au clergé du diocèse de Châlon décharge d'une somme de 2,488 écus 20 sols.

Ms. fr. 18161, fᵒ 83 rᵒ.

4071. — Arrêt accordant au prieur et au curé d'Auteuil[-en-Valois] remise des décimes par eux dues jusqu'au jour de la réduction de Soissons.

Ms. fr. 18161, fᵒ 83 rᵒ.

4072. — Arrêt statuant sur diverses requêtes présentées par le baron de Dampmartin, colonel des reîtres, et ordonnant que la taxe de 5 sols par minot de sel continuera d'être levée dans le ressort du parlement de Paris.

Ms. fr. 18161, fᵒ 85 vᵒ.

4073. — Arrêt assignant 300 écus au sieur d'Amours, conseiller d'État, pour le reste des frais d'un voyage en Champagne.

Ms. fr. 18161, fᵒ 86 rᵒ.

4074. — Arrêt réglant le remboursement d'une somme de 3,000 écus prêtée par le sieur de Montglat, premier maître d'hôtel du Roi, pour les dépenses des garnisons du château de Montéclair et de Montigny-[le-Roi].

Ms. fr. 18161, fᵒ 86 rᵒ.

4075. — Arrêt relatif à la reddition des comptes de Jacques Barbot, échevin de la Rochelle, fermier des impositions de Tonnay-Charente, lequel a été troublé dans la jouissance de sa ferme par les agents des protestants.

Ms. fr. 18161, fᵒ 86 vᵒ.

4076. — Arrêt réglant le payement de « la nourriture des chevaux d'artillerie estans soubz la charge du cappitaine Borrel ».

Ms. fr. 18161, fᵒ 87 rᵒ.

4077. — Arrêt faisant défense aux trésoriers des Parties casuelles de délivrer quittance des offices de rapporteurs et de certificateurs de criées, au préjudice de l'assignation précédemment obtenue par les héritiers du sieur de La Chapelle-aux-Ursins.

Ms. fr. 18161, fᵒ 87 rᵒ.

4078. — Arrêt accordant surséance à Mᵉ François Le Geay, élu à Mauléon en Poitou, pour le payement de la taxe des exempts.

Ms. fr. 18161, fᵒ 87 rᵒ.

4079. — Arrêt donnant assignation de 800 écus au sieur de Bernières, maître des requêtes de l'Hôtel, « commissaire depputé de Sa Majesté pour demander aux villes de la généralité de Rouen le secours pour l'entretènement de l'armée », et donnant assignation de 100 écus à Mᵉ Grisel, son greffier.

Ms. fr. 18161, fᵒ 87 vᵒ.

4080. — Arrêt donnant assignation de 15,000 écus au duc de Guise.

Ms. fr. 18161, fᵒ 87 vᵒ.

4081. — Arrêt donnant assignation de 400 écus

à l'archevêque de Reims, pour ses gages de maître de la chapelle du Roi.

Ms. fr. 18161, f° 87 v°.

4082. — Arrêt réduisant à 250 écus la taxe imposée à chacun des trésoriers de France à Soissons, pour sa quote-part de l'emprunt levé sur les officiers des finances.

Ms. fr. 18161, f° 88 r°.

4083. — Arrêt ordonnant le payement d'une somme de 1,300 écus due au capitaine Josué Studer.

Ms. fr. 18161, f° 88 r°.

———

1597, 20 novembre. — Paris.

4084. — Arrêt ordonnant que Me Jean Angibaud, juge, et les autres officiers de la terre et seigneurie de Talmont-sur-Gironde rendront dorénavant la justice au nom du marquis de Pisani.

E 1b, f° 276 r°, et ms. fr. 18161, f° 88 v°.

———

1597, 21 novembre. — Paris.

4085. — Arrêt ordonnant la levée de la crue de 15 sols par minot de sel ordonnée pour les frais du siège d'Amiens, nonobstant l'opposition de la chambre des comptes de Dijon.

E 1b, f° 278 r°, et ms. fr. 18161, f° 89 v°.

4086. — Arrêt ordonnant que tous les officiers des finances de la généralité de Rouen seront contraints de contribuer à l'emprunt, nonobstant l'opposition de la cour des aides de Normandie.

E 1b, f° 280 r°, et ms. fr. 18161, f° 90 v°.

4087. — Arrêt affectant au fait de l'Extraordinaire des guerres une somme de 4,160 écus 9 sols 3 deniers, prise sur les décimes de Normandie.

Ms. fr. 18161, f° 89 v°. Cf. ibid., f° 92 v°.

4088. — « Estat de la recepte et despense faicte par Me Charles Huc, commis par le Roy au recouvrement des deniers deubz à Sa Majesté par les recepveurs généraux et particuliers des décimes de Normandye. »

Ms. fr. 18161, f° 91 r°.

1597, 22 novembre. — Paris.

4089. — Arrêt donnant assignation de 10,000 écus à Me Léonard Fleureteau, maître de la Chambre aux deniers, pour la dépense ordinaire des mois de novembre et décembre.

Ms. fr. 18161, f° 93 r°.

4090. — Arrêt assignant 900 écus à Me Léonard Fleureteau, comme acompte des intérêts à lui dus.

Ms. fr. 18161, f° 93 r°.

4091. — Arrêt donnant autre assignation de 10,000 écus à Me Léonard Fleureteau.

Ms. fr. 18161, f° 93 r°.

4092. — Arrêt ordonnant qu'une assignation de 900 écus délivrée à Me André Négrier, maître de la Chambre aux deniers, sur la recette générale de Caen, sera acquittée préférablement à toute autre, attendu que cette somme est affectée aux dépenses de la Maison du Roi.

Ms. fr. 18161, f° 93 r°.

4093. — Arrêt ordonnant le remboursement de 250 écus avancés par la dame de Coucy, pour les frais de détention des sieurs de Condé et de Saint-Martin, faits prisonniers à Vervins.

Ms. fr. 18161, f° 94 r°.

4094. — Arrêt donnant assignation de 500 écus à Symphorien Royer, échevin de Beauvais.

Ms. fr. 18161, f° 94 r°.

4095. — Arrêt réglant le payement de la solde de Jean de Fontes, sieur de Luray, vice-bailli de Chartres, et de ses archers.

Ms. fr. 18161, f° 94 v°.

4096. — Arrêt donnant assignation de 1,000 écus au sieur de Thomassin, gouverneur de Châlons-sur-Marne.

Ms. fr. 18161, f° 94 v°.

4097. — Arrêt ordonnant le payement de partie des 33,000 écus dus au sieur Jean Bultel, bourgeois de Rouen, pour le prix de 6,000 habits vendus à l'armée du Roi.

Ms. fr. 18161, f° 94 v°.

4098. — Arrêt donnant assignation de 54,000 écus à Mᵉ Étienne Regnault, trésorier général de l'Extraordinaire des guerres, pour le licenciement du régiment de Balthazar de Grissac.

Ms. fr. 18161, f° 95 r°.

4099. — Arrêt affectant aux frais de licenciement du régiment de Balthazar de Grissac 12,000 écus restant dus par la ville de Bordeaux.

Ms. fr. 18161, f° 95 r°.

4100. — Arrêt affectant aux frais de licenciement du régiment de Balthazar de Grissac 6,000 écus restant dus par la ville de Toulouse.

Ms. fr. 18161, f° 95 r°.

1597, 25 novembre. — Paris.

4101. — Arrêt ordonnant que, nonobstant la déclaration du 15 octobre dernier, les orfèvres de Paris seront soumis au droit de confirmation ordonné par l'édit « sur tous les artz, traficques et mestiers de ce royaume ».

E 1ᵇ, f° 282 r°, et ms. fr. 18161, f° 95 v°.

4102. — Arrêt ordonnant que le clergé de Rouen sera contraint au payement de sa quote-part des 100,000 livres accordées au Roi, pour les frais du siège d'Amiens.

Ms. fr. 18161, f° 96 v°.

4103. — Arrêt assignant au Conseil et suspendant de leurs fonctions plusieurs officiers de la ville de Gisors, coupables de rébellion contre le sergent chargé de lever l'emprunt sur les officiers des finances.

Ms. fr. 18161, f° 97 r°.

4104. — Arrêt évoquant au Conseil le procès pendant au Parlement entre le recteur et les suppôts de l'université d'Angers, d'une part, Étienne Prévost et les violons italiens du Roi, de l'autre.

Ms. fr. 18161, f° 97 r°.

4105. — Arrêt donnant assignation de 1,000 écus au sieur Antonio Perez.

Ms. fr. 18161, f° 97 r°.

4106. — Arrêt ordonnant la levée d'une somme de 1,100 écus accordée au sieur de Boin, lieutenant général de l'Artillerie, comme équivalent de l'artillerie et des munitions prises lors de la réduction d'Épernay.

Ms. fr. 18161, f° 97 v°.

1597, 26 novembre. — Paris.

4107. — Arrêt ordonnant à Nicolas Dorigny, receveur des aides, tailles et taillon en l'élection de Troyes, de remettre l'état de ses restes au bureau des trésoriers de France en Champagne.

E 1ᵇ, f° 284 r°, et ms. fr. 18161, f° 102 r°.

4108. — Arrêt ordonnant la suspension pour un an de Nicolas Dorigny et de Jean Potherat, receveurs particuliers en l'élection de Troyes.

E 1ᵇ, f° 286 r°, et ms. fr. 18161, f° 103 r°.

4109. — Arrêt ordonnant que Jacques Lotigneau et François Seneschal seront mis en liberté sous caution, et que les pièces de leur procès seront apportées au greffe du Conseil. (Cf. n° 3965.)

Ms. fr. 18161, f° 97 v°.

4110. — Arrêt attribuant aux deux trésoriers anciens des réparations et fortifications d'Île-de-France et de Picardie l'office nouvellement créé de trésorier triennal, à condition qu'ils payeront comptant 2,400 écus destinés aux fortifications de la Fère.

Ms. fr. 18161, f° 98 r°.

4111. — Arrêt accordant surséance pour le payement des décimes à l'économe de l'abbaye du Bec.

Ms. fr. 18161, f° 98 v°.

4112. — Arrêt donnant assignation de 3,000 écus au sieur de Liancourt, premier écuyer de l'Écurie du Roi, pour la nourriture des pages et des chevaux.

Ms. fr. 18161, f° 98 v°.

4113. — Arrêt portant assignation de 750 écus au sieur d'Estrées, grand maître de l'Artillerie, pour un quartier de sa pension.

Ms. fr. 18161, f° 99 r°.

4114. — Arrêt donnant assignation de 3,066 écus

2/3 à l'archevêque de Bourges, de pareille somme à l'archevêque de Reims, et de 1,866 écus 2/3 au sieur de Rambouillet, conseiller d'État, pour leurs gages et pensions.

Ms. fr. 18161, f° 99 r°.

4115. — Arrêt donnant assignation de 157 écus 40 sols au sieur Favier, commissaire ordinaire des guerres, lequel est allé à Langres attendre et recevoir une compagnie de Suisses.

Ms. fr. 18161, f° 99 r°.

4116. — Arrêt relatif au payement des 9,650 écus dus aux capitaines de Henricarville « pour le service qu'ilz ont faict avec leurs navires au siège de Rouen ».

Ms. fr. 18161, f° 99 v°.

4117. — Arrêt ordonnant le payement de 1,395 écus dus aux chantres de la Chambre du Roi.

Ms. fr. 18161, f° 99 v°.

4118. — Arrêt portant assignation de 1,250 écus dus à Jacques de Vigues, sieur de La Bastide, maître d'hôtel du Roi, pour fournitures de blé.

Ms. fr. 18161, f° 99 v°.

4119. — Arrêt réglant le payement des gages des capitaines ordinaires du charroi de l'Artillerie.

Ms. fr. 18161, f° 99 v°.

4120. — Arrêt réglant le payement de 333 écus 1/3 dus à Jacques Heusson, pour ses gages de fondeur ordinaire de l'Artillerie.

Ms. fr. 18161, f° 100 r°.

4121. — Arrêt accordant à Mes Claude L'Hoste et Jean Geuffirmieau décharge de la taxe levée sur les officiers des finances, attendu qu'ils « ont acquis en domayne » la recette des consignations d'Orléans.

Ms. fr. 18161, f° 100 r°.

4122. — Arrêt ordonnant l'expédition des lettres patentes qui réduisent d'un tiers la subvention due par l'archevêque de Sens.

Ms. fr. 18161, f° 100 r°.

4123. — Arrêt ordonnant que Me Martin Connay,

secrétaire du Roi, sera assigné de 655 écus 10 sols à lui dus pour prix de grains saisis à Méry-sur-Seine.

Ms. fr. 18161, f° 100 v°.

4124. — Arrêt donnant assignation de 1,400 écus à la duchesse de Beaufort, pour les dépenses de César Monsieur.

Ms. fr. 18161, f° 100 v°.

4125. — Arrêt ordonnant aux receveurs particuliers des greniers à sel de Picardie de verser les deniers provenant de la vente du sel entre les mains du receveur provincial, nonobstant une ordonnance du comte de Saint-Pol, gouverneur de Picardie.

Ms. fr. 18161, f° 100 v°.

4126. — Arrêt réglant le « retranchement » d'un quartier des gages des receveurs et contrôleurs provinciaux et des receveurs particuliers du sel à Paris.

Ms. fr. 18161, f° 101 r°.

4127. — Arrêt réglant le payement de la solde d'une compagnie d'arquebusiers à cheval commandée par le sieur de Miossans.

Ms. fr. 18161, f° 101 r°.

4128. — Arrêt portant assignation de 1,000 écus destinés aux dépenses des fortifications de Péronne.

Ms. fr. 18161, f° 101 v°.

4129. — Arrêt portant assignation de 5,500 écus destinés aux dépenses des fortifications de Picardie.

Ms. fr. 18161, f° 101 v°.

4130. — Arrêt réglant le payement des gages du munitionnaire des vivres emmagasinés à Brouage.

Ms. fr. 18161, f° 101 v°.

4131. — Arrêt ordonnant le payement d'un quartier des gages accordés à Valerio Charlini « pour le port des paquetz et despesches ordinaires de Sa Majesté tant à Rome que autres villes d'Itallye ».

Ms. fr. 18161, f° 101 v°.

4132. — Arrêt donnant assignation de 2,000 écus au sieur de Massez, lieutenant général en Angoumois et en Saintonge.

Ms. fr. 18161, f° 102 r°.

1597, 27 novembre. — Paris.

4133. — Arrêt ordonnant à M⁰ Mallon, conseiller en la Cour des aides, de payer la finance d'un office nouvellement créé de conseiller et de commissaire aux Requêtes du Parlement, dont il a été pourvu.

E 1ᵇ, f° 288 r°, et ms. fr. 18161, f° 103 v°.

4134. — Arrêt cassant un arrêt de suspension rendu par la chambre des comptes et par la cour des aides de Provence contre Mᵉ Henri de Serre, président et ancien trésorier de France en Provence; renvoyant les parties au parlement de Provence.

E 1ᵇ, f° 289 r°, et ms. fr. 18161, f° 104 r°.

4135. — Arrêt renvoyant les requêtes du prévôt des marchands et des échevins de Lyon au sieur de Vic, conseiller d'État, «commis et député pour se transporter audit Lyon, intendant de la justice et des affaires de Sa Majesté».

E 1ᵇ, f° 291 r°, et ms. fr. 18161, f° 106 r°.

4136. — Arrêt portant assignation de 3,333 écus 1/3 dus au sieur de Laverdin, pour sa pension de maréchal de France.

Ms. fr. 18161, f° 105 r°.

4137. — Arrêt portant assignation de 3,333 écus 1/3 dus au sieur de Bois-Dauphin, pour sa pension de maréchal de France.

Ms. fr. 18161, f° 105 r°.

4138. — Arrêt enjoignant aux trésoriers de France à Soissons de faire procéder à la validation d'un payement de 1,394 écus 2/3 fait par Mᵉ Le Maistre, receveur des tailles à Château-Thierry.

Ms. fr. 18161, f° 105 r°.

4139. — Arrêt portant assignation de 1,000 écus dus pour la pension du sieur de La Senerye, gouverneur de la Garnache.

Ms. fr. 18161, f° 105 v°.

4140. — Arrêt réglant le remboursement d'une somme de 978 écus 10 sols avancée, en 1592, par le sieur de Parabère, gouverneur de Niort.

Ms. fr. 18161, f° 105 v°.

4141. — Arrêt ordonnant aux trésoriers de France à Orléans de faire connaître les motifs qui ont empêché Mᵉ François Garrault, receveur général des finances à Orléans, d'acquitter certaine assignation levée au profit des garnisons.

Ms. fr. 18161, f° 106 r°.

1597, 29 novembre. — Paris.

4142. — Arrêt ordonnant que Jean Brolhart sera pourvu de l'office de commissaire-examinateur à Aurillac.

E 1ᵇ, f° 293 r°, et ms. fr. 18161, f° 107 v°.

1597, 30 novembre. — Paris.

4143. — Arrêt donnant à la Reine mainlevée de sa pension de 1,666 écus 2/3, nonobstant les saisies faites à la requête de ses créanciers.

Ms. fr. 18161, f° 108 r°.

4144. — Arrêt subrogeant les Chartreux de Villeneuve-lès-Avignon au lieu et place d'Emmanuel Sturbe, adjudicataire de la pêcherie du pont sur le Rhône.

Ms. fr. 18161, f° 108 v°.

4145. — Arrêt réglant le payement des gages dus aux généraux des vivres.

Ms. fr. 18161, f° 109 r°.

4146. — Arrêt réglant le payement de 4,000 écus dus aux officiers, aux commis et aux équipages des vivres.

Ms. fr. 18161, f° 109 v°.

4147. — Arrêt réglant le payement de 266 écus 2/3 dus au sieur d'Arcona, gouverneur de Pont-Audemer, pour ses appointements durant huit mois.

Ms. fr. 18161, f° 109 v°.

4148. — Arrêt portant assignation de 666 écus 2/3 dus au sieur de Caumartin, pour sa pension de conseiller d'État.

Ms. fr. 18161, f° 110 r°.

4149. — Arrêt réglant le remboursement de 110 écus avancés par Claude Lestourneau, pour l'achat de plusieurs pétards, ponts, échelles et autres engins de guerre.

Ms. fr. 18161, f° 110 r°.

4150. — Arrêt portant assignation de 36,000 écus destinés au payement des gages extraordinaires des officiers et à l'entretien des chevaux de l'artillerie, durant les mois de novembre et décembre.

Ms. fr. 18161, f° 110 r°.

4151. — Arrêt ordonnant au trésorier de l'Épargne de délivrer sa rescription sur la recette générale d'Orléans pour une assignation de 1,822 écus 1/2, baillée à M° Étienne Regnault.

Ms. fr. 18161, f° 110 v°.

4152. — Arrêt donnant assignation de 1,000 écus au comte d'Auvergne, pour qu'il fasse pourvoir M° Pierre Manguin de l'office de lieutenant particulier à Clermont.

Ms. fr. 18161, f° 110 v°.

4153. — Arrêt ordonnant au sieur de Source, gentilhomme ordinaire de la Chambre, de faire verser entre les mains de M° Étienne Regnault, trésorier général de l'Extraordinaire des guerres, le montant des deux subventions de 1,000 et de 1,500 écus accordées par les consuls de Lectoure et d'Auch, pour les dépenses de l'année.

Ms. fr. 18161, f° 110 v°.

1597, 3 décembre. — Saint-Germain-en-Laye.

4154. — Arrêt portant assignation de 4,300 écus en faveur de Madame, sœur du Roi.

E 1b, f° 295 r°, et ms. fr. 18161, f° 128 v°.

4155. — Arrêt ordonnant le payement des gages dus à Michel Lucas, secrétaire ordinaire de la Chambre du Roi.

E 1b, f° 295 r°, et ms. fr. 18161, f° 129 r°.

4156. — Arrêt ordonnant le payement d'une somme de 3,466 écus 2/3 due au sieur de Beaulieu, conseiller d'État.

E 1b, f° 295 r°, et ms. fr. 18161, f° 129 r°.

4157. — Arrêt donnant assignation de 400 écus à M° Étienne Regnault, trésorier général de l'Extraordinaire des guerres, pour le payement de la garde suisse du Connétable.

E 1b, f° 295 r°, et ms. fr. 18161 f° 129 v°.

4158. — Arrêt ordonnant l'exécution des contraintes décernées par le Conseil contre M° Jean Fineau, receveur général des finances à Bourges.

E 1b, f° 295 r°, et ms. fr. 18161, f° 129 v°.

4159. — Arrêt donnant assignation de 4,500 écus au payeur des gages des officiers de la prévôté de l'Hôtel.

E 1b, f° 295 v°.

4160. — Arrêt réglant le payement de 900 écus, montant des intérêts d'une somme de 10,000 écus précédemment empruntée pour les dépenses de la bouche du Roi.

Ms. fr. 18161, f° 111 r°.

4161. — Arrêt donnant commission au sieur de Ris, conseiller d'État, pour ouïr la défense de M° Achille Frontin, lieutenant au bailliage de Gisors, et de M° Antoine de La Mare, auditeur des comptes en Normandie; levant, en outre, la suspension prononcée contre eux, sur la dénonciation du sergent Louis Le Febvre.

Ms. fr. 18161, f° 111 r°.

4162. — Arrêt assignant à M° Philippe Danquechin, trésorier des réparations et fortifications d'Île-de-France et de Picardie, une somme de 2,500 écus, provenant de prêts volontaires faits par les habitants d'Amiens.

Ms. fr. 18161, f° 111 v°.

4163. — Arrêt donnant assignation de 10,000 écus à M° Philippe Danquechin, pour la construction de la citadelle et pour la réparation des brèches de la ville d'Amiens.

Ms. f. 18161, f° 111 v°.

4164. — Arrêt donnant assignation de 8,000 écus à M° Philippe Danquechin, pour la même destination.

Ms. fr. 18161, f° 112 r°.

4165. — Arrêt donnant assignation de 1,250 écus à M° Philippe Danquechin, pour la réparation des murs et du château de Boulogne.

Ms. fr. 18161, f° 112 r°.

4166. — Arrêt donnant assignation de 730 écus 40 sols à M° Nicolas Rogais, trésorier général de la cavalerie légère en Piémont, pour l'entretien de trente carabins servant sous le sieur de La Guiche.

Ms. fr. 18161, f° 112 r°.

4167. — Arrêt ordonnant le payement de 221 écus 40 sols dus à Robert Legouas et à Jean L'Esguillon, dit L'Espine, valets de chambre du chancelier de Cheverny, «pour l'achapt de la cyre qu'ilz auroient fournye, et qui auroit esté employée à sceller extra-ordinairement les éedictz, ordonnances, commissions, déclarations et autres expéditions concernans les af-faires et service de Sa Majesté».

Ms. fr. 18161, f° 112 v°.

4168. — Arrêt portant assignation de 1,333 écus 1/3 dus au sieur de Praslin, capitaine des gardes du corps du Roi, pour sa pension et pour ses gages de conseiller d'État.

Ms. fr. 18161, f° 112 v°.

4169. — Arrêt portant assignation de 2,000 écus dus pour la pension du sieur d'Alincourt, capitaine de cinquante hommes d'armes des ordonnances et gouverneur de Pontoise.

Ms. fr. 18161, f° 112 v°.

1597, 5 décembre. — Saint-Germain-en-Laye.

4170. — Arrêt modérant à 100 écus la taxe levée sur les notaires de Paris, pour l'hérédité de leurs charges.

E 1ᵇ, f° 299 r°, et ms. fr. 18161, f° 116 v°.

4171. — «Estat abrégé de la recepte et despence faicte et à faire en la généralité de Rouen» par M° Ed-mond Servient, receveur général des finances en la-dite généralité, durant l'année 1597.

E 1ᵇ, f° 300 r°, et ms. fr. 18161, f° 113 r°.

4172. — État des rentes que le Roi veut être payées par M° Edmond Servient, receveur général des fi-nances à Rouen.

E 1ᵇ, f° 304 r°, et ms. fr. 18161, f° 115 v°.

1597, 6 décembre. — Saint-Germain-en-Laye.

4173. — Arrêt donnant assignation de 1,733 écus 1/3 au sieur de Thou, conseiller d'État et président au Parlement, chargé d'entrer en négociation avec l'as-semblée des religionnaires.

Ms. fr. 18161, f° 117 r°.

4174. — Arrêt donnant assignation de 3000 écus aux sieurs de Vic et de Calignon, conseillers d'État, pour diverses négociations par eux entamées avec les religionnaires de Touraine et de Poitou.

Ms. fr. 18161, f° 117 v°.

1597, 9 décembre. — [Saint-Germain-en-Laye.]

4175. — Remontrances des habitants des villes de la généralité de Caen, tendant à la révocation de l'impôt établi par lettres patentes du 13 juillet der-nier sur les vins, cidres, boissons, bétail et denrées dans les généralités de Rouen et de Caen; réponses du Conseil.

E 1ᵇ, f° 306 r°, et ms. fr. 18161, f° 117 v°.

1597, 10 décembre. — Saint-Germain-en-Laye.

4176. — Arrêt réglant le payement immédiat des garnisons d'Île-de-France et de Champagne.

E 1ᵇ, f° 312 r°, et ms. fr. 18161, f° 120 r°.

4177. — Arrêt ordonnant que M° Guillaume de Buron sera pourvu de l'office d'argentier triennal nouvellement créé.

E 1ᵇ, f° 312 r°, et ms. fr. 18161, f° 120 r°.

4178. — Arrêt affectant aux dépenses des fortifi-cations de Beauvais le cinquième denier des nouveaux impôts levés en ladite ville, en vertu de l'édit de mars 1597.

E 1ᵇ, f° 312 v°, et ms. fr. 18161, f° 120 v°.

4179. — Arrêt accordant aux trésoriers de France

35.

en Picardie remise des 400 écus auxquels chacun
d'eux a été taxé pour sa part de l'emprunt fait aux
officiers des finances, à condition qu'ils prêteront chacun 250 écus au Roi.

E 1^b, f° 312 v°, et ms. fr. 18161, f° 121 r°.

4180. — Arrêt renvoyant aux officiers de l'élection
de Paris une requête des habitants de Crosnes tendant à la suppression de l'office de greffier des tailles
en ladite paroisse.

E 1^b, f° 313 r°, et ms. fr. 18161, f° 121 r°.

4181. — Arrêt réglant l'emploi des deniers provenant de la vente des offices de contrôleurs des cuirs
nouvellement créés.

E 1^b, f° 313 r°.

4182. — Arrêt ordonnant le payement d'une somme
de 466 écus 2/3 due à Guillaume Lamy, secrétaire de
la Chambre du Roi.

E 1^b, f° 313 r°, et ms. fr. 18161, f° 121 v°.

4183. — Arrêt ordonnant de payer au même une
somme de 200 écus.

E 1^b, f° 313 v°, et ms. fr. 18161, f° 121 v°.

4184. — Arrêt ordonnant au trésorier de l'Épargne
de mettre son attache sur une assignation de 200 écus
baillée au sieur Du Luat.

E 1^b, f° 313 v°, et ms. fr. 18161, f° 121 v°.

4185. — Arrêt réglant le payement de la solde de
50 arquebusiers à cheval qui ont servi à la suite du
duc de Montpensier.

(Arrêt cancellé.)

E 1^b, f° 313 v°.

4186. — Arrêt donnant assignation de 360 écus
à M° Pierre Le Charron, trésorier général de l'Extraordinaire des guerres.

E 1^b, f° 313 v°.

4187. — Arrêt modérant à 800 écus la taxe imposée aux habitants de Provins pour l'entretien de
l'armée « estant devant Amyens ».

E 1^b, f° 313 v°, et ms. fr. 18161, f° 122 r°.

4188. — Arrêt renvoyant aux trésoriers de France

à Tours une requête présentée par François Ravart,
ci-devant fermier des aides et huitième de l'élection
d'Angers, pour obtenir une prolongation de bail.

E 1^b, f° 314 r°, et ms. fr. 18161, f° 122 r°.

4189. — Arrêt ordonnant au sieur Heurlault de
venir rendre compte au Conseil de l'expédition des
lettres d'assiette obtenues en la chancellerie de Rouen
par les échevins et habitants de Vernon.

E 1^b, f° 314 r°, et ms. fr. 18161, f° 122 v°.

4190. — Arrêt donnant commission au sieur de
La Corbinière, intendant général des vivres, pour
clore le compte de Pierre Du Four, ci-devant munitionnaire de l'armée.

E 1^b, f° 314 v°, et ms. fr. 18161, f° 122 v°.

4191. — Arrêt prorogeant la remise d'impôts
accordée aux consuls de la ville basse de Carcassonne,
à condition qu'ils en emploieront le produit aux réparations des murs de ladite ville.

E 1^b, f° 314 v°, et ms. fr. 18161, f° 123 r°.

4192. — Arrêt donnant assignation de 1,441 écus
39 sols aux religieuses de Maubuisson.

E 1^b, f° 315 r°, et ms. fr. 18161, f° 123 r°.

4193. — Arrêt autorisant M° Nicolas Girard, trésorier des Ligues, à verser entre les mains du trésorier
de l'Épargne sa part de l'emprunt fait aux officiers des
finances.

E 1^b, f° 315 r°, et ms. fr. 18161, f° 123 v°.

1597, 12 décembre. — Saint-Germain-en-Laye.

4194. — Arrêt réglant l'ordre de payement des
assignations données à M° Pierre Le Charron, trésorier
général de l'Extraordinaire des guerres, pour l'entretien des garnisons de Champagne.

E 1^b, f° 318 r°, et ms. fr. 18161, f° 125 v°.

4195. — Arrêt réglant le payement d'un pont-levis
appartenant au sieur Langlois, prévôt des marchands,
et enlevé du lieu de Beaurepaire pour être transporté
à la porte neuve de Saint-Nicolas, à Corbeil.

Ms. fr. 18161, f° 126 r°.

4196. — Arrêt portant assignation de 500 écus dus au sieur de Marcongncy, pour son voyage de Rome.

Ms. fr. 18161, f° 126 v°.

4197. — Arrêt donnant assignation de 793 écus 1/3 aux sieurs de Tourneaux et Fouges, maréchaux des logis de l'armée du Roi, Regnauldin et Lefranc, aides des maréchaux des logis, Richard, Louvet et Billault, fourriers de ladite armée.

Ms. fr. 18161, f° 126 v°.

4198. — Arrêt portant nouvelle assignation de 560 écus dus à Jacques Regnauldin, aide du maréchal des logis, et à Étienne Richard, fourrier de l'armée du Roi.

Ms. fr. 18161, f° 127 r°.

4199. — Arrêt réglant le remboursement de 663 écus 46 sols avancés par les sieurs de Joffreville, gouverneur de Rocroy, et par les sieurs de Beaufort, Sausson et Jonchery, capitaines en garnison dans ladite ville.

Ms. fr. 18161, f° 127 r°.

4200. — Arrêt ordonnant le payement de 30 écus dus à Nicolas Aubry, tapissier du duc de Montpensier, pour les tentures de la salle où s'est tenue l'assemblée de Rouen et pour la perte d'un tapis de Turquie, dérobé dans la chambre où a été ordonné le maréchal de Matignon.

Ms. fr. 18161, f° 127 r°.

4201. — Arrêt réglant le payement : 1° de la solde des garnisons de Chinon et de Loudun ; 2° des appointements du sieur Pesse, capitaine du château de Tours ; 3° des sommes accordées aux religionnaires de Saumur, de Loudun, de l'Isle-Bouchard et de Vezins.

Ms. fr. 18161, f° 127 r°.

4202. — Arrêt réglant le remboursement de 600 écus dus au commandeur de Chaste, gouverneur de Dieppe et lieutenant général au bailliage de Caux.

Ms. fr. 18161, f° 127 v°.

4203. — Arrêt ordonnant au trésorier de l'Épargne de mettre son attache sur les lettres patentes qui rè-

glent le payement de 1,000 écus dus au commandeur de Chaste.

Ms. fr. 18161, f° 128 r°.

4204. — Arrêt portant assignation de 4,110 écus 2/3 dus pour les gages du sieur Forget, conseiller d'État et président au Parlement.

Ms. fr. 18161, f° 128 r°.

4205. — Arrêt portant assignation de 600 écus donnés, par acquit patent, à Jeanne Gautier, veuve du sieur La Ruine, capitaine des mines et sapes.

Ms. fr. 18161, f° 128 r°.

4206. — Arrêt portant assignation de 1,000 écus donnés par le Roi au chevalier Guichardin.

Ms. fr. 18161, f° 128 r°.

4207. — Arrêt portant assignation de 77,471 écus 59 sols 2 deniers dus à Mᵐᵉ Jérome Le Roy et Martin Touzain.

Ms. fr. 18161, f° 128 r°.

4208. — Arrêt portant assignation de 500 écus dus au sieur Claude Parfaict, pour 50 mandilles de drap gris blanc livrées aux carabins de la compagnie du Roi.

Ms. fr. 18161, f° 128 v°.

4209. — Arrêt fixant le droit de marc d'or payable pour les offices de contrôleurs-visiteurs-marqueurs de cuirs nouvellement rétablis et rendus héréditaires.

Ms. fr. 18161, f° 134 v°.

———

1597, 14 décembre. — Saint-Germain-en-Laye.

4210. — Arrêt faisant remise au clergé d'Anjou de la moitié des décimes des années 1596 et 1597.

Ms. fr. 18161, f° 83 r°.

4211. — Arrêt accordant au clergé du diocèse de Laon remise des trois quarts des décimes de l'année présente.

Ms. fr. 18161, f° 83 v°.

4212. — Arrêt accordant au clergé du diocèse de

Nîmes décharge d'une somme de 5,588 écus 53 sols 4 deniers.

Ms. fr. 18161, f° 84 r°.

1597, 16 décembre. — Saint-Germain-en-Laye.

4213. — Arrêt renvoyant aux élus en l'élection de Bourges une requête présentée par Jean Maçon, ci-devant collecteur des tailles à Sainte-Lizaigne, à l'effet d'obtenir décharge des restes de l'année 1595.

E 1ᵇ, f° 295 v°, et ms. fr. 18161, f° 129 v°.

4214. — Arrêt assignant au Conseil Mᵉ Alexandre Serviant, receveur général des finances à Tours, et Mᵉ Paul Petau, conseiller au Parlement, et faisant défense à ce dernier de poursuivre ledit Serviant en la Cour des aides, pour le payement d'une prétendue assignation.

E 1ᵇ, f° 295 v°, et ms. fr. 18161, f° 129 v°.

4215. — Arrêt portant assignation d'une somme de 1,333 écus 1/3 due au sieur de Montmartin, maréchal de camp, pour sa pension de l'année présente.

E 1ᵇ, f° 296 r°, et ms. fr. 18161, f° 130 r°.

4216. — Arrêt évoquant au Conseil le procès pendant au parlement de Toulouse entre Charles de Brouteil, commandant de la ville d'Agde et du fort de Brescou, et le sieur Guyon, de Carcassonne, au sujet de marchandises appartenant à celui-ci, prises en mer par des galères de Brescou.

E 1ᵇ, f° 296 r°, et ms. fr. 18161, f° 130 r°.

4217. — Arrêt assignant au Conseil les sœurs Gabrielle de L'Hospital et Marguerite Corbleau, afin qu'elles s'expliquent sur leurs prétentions au prieuré de Saint-Loup-des-Vignes-lès-Orléans.

E 1ᵇ, f° 296 r°, et ms. fr. 18161, f° 130 v°.

4218. — Arrêt portant assignation d'une somme de 1,200 écus donnée par le Roi aux sieurs Parfaict et Révillon.

E 1ᵇ, f° 296 r°, et ms. fr. 18161, f° 130 v°.

4219. — Arrêt portant assignation d'une somme de 20,273 écus 28 sols due au sieur d'Halincourt, chevalier des ordres du Roi.

E 1ᵇ, f° 296 r°, et ms. fr. 18161, f° 131 r°.

4220. — Arrêt donnant au trésorier des Bâtiments assignation de 10,000 écus, pour les dépenses du château du Louvre, du château de Saint-Germain-en-Laye et du palais des Tuileries.

E 1ᵇ, f° 296 v°, et ms. fr. 18161, f° 131 r°.

4221. — Arrêt donnant assignation de 1,250 écus à Mᵉ Étienne Regnault, trésorier général de l'Extraordinaire des guerres, pour le payement de la garnison de Soissons.

E 1ᵇ, f° 296 v°, et ms. fr. 18161, f° 131 v°.

4222. — Arrêt portant assignation d'une somme de 1,500 écus due au maréchal de Biron.

E 1ᵇ, f° 296 v°, et ms. fr. 18161, f° 131 v°.

4223. — Arrêt portant assignation d'une somme de 300 écus due au sieur Beringuen, l'un des premiers valets de chambre du Roi, pour l'achat d'un cheval de l'écurie du Roi.

E 1ᵇ, f° 296 v°, et ms. fr. 18161, f° 131 v°.

4224. — Arrêt assignant 4,265 écus à Mᵉ Simon Bellanger, commis au payement des dettes du Roi antérieures à son avènement.

(Arrêt cancellé.)

E 1ᵇ, f° 296 r°.

4225. — Arrêt ordonnant le payement de 20 écus dus à Georges Le Cirier, premier huissier du Conseil.

E 1ᵇ, f° 297 r°, et ms. fr. 18161, f° 132 r°.

4226. — Arrêt ordonnant la mise en adjudication des émoluments de deux offices de contrôleurs-visiteurs-marqueurs et gardes des halles et marteaux des cuirs en la ville de Paris.

E 1ᵇ, f° 297 r°, et ms. fr. 18161, f° 132 r°.

4227. — Arrêt portant assignation de 1,666 écus 2/3 et de 1,266 écus 2/3 dus au sieur de Liancourt, premier écuyer de la petite Écurie, et au sieur de Chemerault, grand maréchal des logis, pour leur pension de l'année présente.

E 1ᵇ, f° 297 r°, et ms. fr. 18161, f° 132 v°.

4228. — Arrêt réglant le payement d'une somme de 400 écus donnée par le Roi au sieur de Vielbourg, homme d'armes de la compagnie du duc de Nevers.

E 1ᵇ, f° 297 v°, et ms. fr. 18161, f° 132 v°.

4229. — Arrêt donnant au sieur de Praslin, capitaine des gardes du corps, assignation de 1,383 écus 1/3, tant pour sa pension, que pour ses gages de conseiller d'État.

(Arrêt cancellé.)

E 1ᵇ, f° 297 v°.

4230. — Arrêt ordonnant l'élargissement de Jacques Macé, caution de Guillaume Le Mercier, fermier des aides en l'élection de Paris.

E 1ᵇ, f° 297 v°, et ms. fr. 18161, f° 132 v°.

4231. — Arrêt donnant commission à Mᵉ Pierre Beugy, receveur des aides et tailles en l'élection de Bourges, pour faire la levée du sol pour livre dans toutes les villes de la généralité de Bourges.

E 1ᵇ, f° 297 v°, et ms. fr. 18161, f° 133 r°.

4232. — Arrêt ordonnant à Mᵉ Jean Le Terrier, receveur général des finances à Caen, de rendre compte de son exercice de l'année 1595, pour qu'il soit fait droit ensuite à la requête des sieurs de Montgommery et de Sainte-Marie-du-Mont.

E 1ᵇ, f° 298 r°, et ms. fr. 18161, f° 133 v°.

4233. — Arrêt portant assignation d'une somme de 5,600 écus due au maréchal de La Châtre, pour sa pension de l'année présente.

E 1ᵇ, f° 298 r°, et ms. fr. 18161, f° 133 v°.

4234. — Arrêt donnant assignation de 5,000 écus à Mᵉ Philippe Danquechin, trésorier des fortifications d'Île-de-France et de Picardie, pour les fortifications d'Amiens.

E 1ᵇ, f° 298 r°, et ms. fr. 18161, f° 134 r°.

4235. — Arrêt portant assignation d'une somme de 3,333 écus 1/3 due au sieur de Bois-Dauphin, pour ses gages de maréchal de France.

E 1ᵇ, f° 298 r°, et ms. fr. 18161, f° 134 r°.

4236. — Arrêt réglant le remboursement d'une

somme de 4,833 écus 1/3 prêtée au feu Roi par le sieur d'Heudicourt, conseiller d'État, nonobstant l'opposition du sieur de Gondi, gentilhomme ordinaire de la Chambre.

E 1ᵇ, f° 320 r°, et ms. fr. 18161, f° 136 r°.

4237. — Arrêt ordonnant l'exécution de l'édit fait pour le rétablissement des offices de contrôleurs-visiteurs-marqueurs et gardes des halles et marteaux des cuirs du royaume, nonobstant l'opposition des baillis d'Orléans et de Soissons.

E 1ᵇ, f° 322 r°, et ms. fr. 18161, f° 134 v°.

4238. — Arrêt ordonnant que Mᵉ Antoine Bigot, receveur des tailles et taillon en l'élection de la Châtre, sera contraint de verser entre les mains de Mᵉ Thomas Robin, receveur général des finances à Bourges, le reliquat de son compte, montant à 6,138 écus.

E 1ᵇ, f° 324 r°, et ms. fr. 18161, f° 137 r°.

1597, 19 décembre. — Saint-Germain-en-Laye.

4239. — Arrêt déclarant que celui qui sera pourvu de l'office de receveur général triennal de Picardie nouvellement créé, dont la finance a été affectée aux dépenses des fortifications d'Amiens, entrera le 1ᵉʳ janvier 1598 en la jouissance de sondit office.

E 1ᵇ, f° 326 r°, et ms. fr. 18161, f° 138 r°.

1597, 20 décembre. — Saint-Germain-en-Laye.

4240. — Arrêt ordonnant aux maire et échevins d'Orléans de passer outre à la levée de certaines impositions, nonobstant l'opposition des trésoriers de France.

E 1ᵇ, f° 328 r°, et ms. fr. 18161, f° 139 r°.

4241. — Arrêt prolongeant jusqu'au 30 juin 1601 le bail conclu avec François L'Aisné pour la ferme des 37 sols 6 deniers levés sur chaque muid de sel qui se transporte hors du gouvernement de Brouage.

E 1ᵇ, f° 330 r°, et ms. fr. 18161, f° 140 r°. Cf. E 1ᵇ, f° 331 r°, et ms. fr. 18161, f° 140 v°.

4242. — Arrêt réglant le payement des gages extraordinaires des officiers d'artillerie durant les mois de septembre et d'octobre, ainsi que l'entretien des chevaux d'artillerie.

Ms. fr. 18161. f° 138 v°.

4243. — Arrêt assignant 21,500 écus au tréso-rier des Bâtiments, pour les dépenses des châteaux du Louvre, de Saint-Germain-en-Laye et du palais des Tuileries.

Ms. fr. 18161, f° 142 r°.

1597, 21 décembre. — Saint-Germain-en-Laye.

4244. — Arrêt renouvelant l'interdiction pronon-cée contre M° Nicolas Dorigny, receveur des tailles en l'élection de Troyes, et lui ordonnant de payer 4,000 écus à M° Charles Regnard, trésorier provincial de l'Extraordinaire des guerres à Metz, Toul et Verdun.

E 1ᵇ, f° 334 r°, et ms. fr. 18161, f° 142 v°.

1597, 22 décembre. — Saint-Germain-en-Laye.

4245. — Arrêt validant les payements faits par M° Julien Fontaines, commis à la recette générale de Touraine, en vertu des ordonnances du maréchal de Bois-Dauphin, excepté ceux qui ont été faits à des personnes actuellement rebelles.

E 1ᵇ, f° 336 r°, et ms. fr. 18161, f° 144 r°.

4246. — Arrêt portant assignation de la somme due au sieur de Vignelles, gouverneur de Vendôme, pour sa pension et pour ses gages de maître d'hôtel de la Maison du Roi.

Ms. fr. 18161, f° 144 r°.

4247. — Arrêt confirmant en partie un arrêt de règlement rendu par la Cour des aides, au mois de mai 1596, à la requête des officiers de l'élection de Loudun, et réglant la levée des tailles.

Ms. fr. 18161, f° 144 v°.

1597, 23 décembre. — Saint-Germain-en-Laye.

4248. — Arrêt fixant à 3,500 écus la somme im-posée sur la ville de Chartres pour les dépenses du siège d'Amiens et pour le payement des garnisons de la généralité d'Orléans.

Ms. fr. 18161, f° 145 r°.

4249. — Arrêt ordonnant que la somme de 2,500 écus imposée sur les habitants de Blois, pour leur quote-part des 36,431 écus 2/3 levés en la géné-ralité d'Orléans, sera payée moitié par la ville, moitié par les contribuables aux tailles de l'élection de Blois.

Ms. fr. 18161, f° 145 v°.

4250. — Arrêt ordonnant de surseoir à l'exécu-tion des contraintes décernées contre Michel Cavillier, commis à la recette des aides, tailles et taillon en l'élection de Château-Thierry transférée à Épernay.

Ms. fr. 18161, f° 146 v°.

4251. — Arrêt faisant remise de 625 écus à Ma-thurin Du Lyon, fermier des aides et huitièmes non aliénés de l'élection de Loudun, à raison du passage des troupes, de la stérilité des vignes et de la rébellion de Mirebeau.

Ms. fr. 18161, f° 147 r°.

4252. — Arrêt portant assignation de 256 écus 2/3 dus à Jean de La Lande, jardinier du Roi en son verger de Saint-Germain-en-Laye.

Ms. fr. 18161, f° 147 r°.

1597, 24 décembre. — Saint-Germain-en-Laye.

4253. — Arrêt ordonnant l'élargissement du sieur de La Fontaine, capitaine et gouverneur de Creil, et ordonnant derechef au sieur Lubert, maître des requêtes de l'Hôtel, d'apporter au Conseil la commis-sion en vertu de laquelle il a exercé des poursuites contre ledit de La Fontaine.

E 1ᵇ, f° 327 r°, et ms. 18161, f° 147 r°.

4254. — Contrat passé avec le sieur Sébastien Zamet pour un emprunt de 160,500 écus, destinés au payement de l'armée et des Suisses, aux dépenses de l'artillerie, etc.

Clair. 654, p. 609.

1597, 26 décembre. — Saint-Germain-en-Laye.

4255. — Arrêt réglant le remboursement d'une

somme de 1,200 écus empruntée pour le payement de deux compagnies de gens de pied suisses nouvellement entrées au service du Roi.

Ms. fr. 18161, f° 148 r°.

1597, 28 décembre. — Saint-Germain-en-Laye.

4256. — Arrêt réglant le payement d'une somme de 1,394 écus 2/3 due pour la solde de la garnison de Château-Thierry et pour les appointements du sieur Du Pesché, gouverneur de ladite ville.

E 1b, f° 339 r°, et ms. fr. 18161, f° 148 r°.

4257. — Arrêt confirmant l'adjudication du péage et des aides du comté de Mâcon, ainsi que l'adjudication de la châtellenie de Cuisery, faites au feu comte de Charny, et ordonnant la mise en possession de ses filles et héritières, la duchesse d'Elbeuf, la comtesse de Tavannes, la dame de Tillières, la dame de Cheverny et la demoiselle de Givry.

E 1b, f° 340 r°, et ms. fr. 18161, f° 148 4°.

4258. — Arrêt ordonnant de lever, sur les élections de Paris, de Compiègne, de Senlis, de Soissons, de Clermont et de Crépy-en-Valois une somme de 14,452 écus 43 sols, due à Jean Charmolue et à ses associés, pour fournitures faites à l'armée.

E 1b, f° 344 r°, et ms. fr. 18161, f° 151 v°.

4259. — Arrêt défendant au parlement de Rouen d'empiéter sur la juridiction de la cour des aides, et ordonnant, conformément aux règlements, que, « sur les différentz qui pourront survenir entre lesdites courtz, les gens du Roy en icelles communiqueront ensemble pour s'en accorder, et, où ilz ne s'en pourroyent accorder, auront recours à Sa Majesté en son Conseil ».

E 1b, f° 346 r°, et ms. fr. 18161, f° 152 r°.

4260. — Arrêt donnant assignation de 6,000 écus au sieur de Nérestan, maître de camp d'un régiment de gens de pied français.

Ms. fr. 18161, f° 107 v° et 148 r°.

4261. — Arrêt portant assignation de 2,000 écus dus pour la pension du marquis de Cœuvres.

Ms. fr. 18161, f° 152 r°.

4262. — Arrêt ordonnant le payement de 753 écus 1/3 dus pour les gages du sieur d'Armagnac, premier valet de chambre du Roi.

Ms. fr. 18161, f° 152 v°.

4263. — Arrêt ordonnant le payement de 700 écus dus au sieur Le Tonnelier, trésorier de France à Orléans.

Ms. fr. 18161, f° 152 v°.

4264. — Arrêt portant assignation de 1750 écus dus à Me Louis Moreau, contrôleur provincial de l'Artillerie en Lyonnais et en Dauphiné.

Ms. fr. 18161, f° 152 v°.

4265. — Arrêt réglant le payement de 1,500 écus dus pour l'intérêt et pour le change de sommes empruntées aux sieurs Lescalopier, Gamin, etc.

Ms. fr. 18161, f° 152 v°.

4266. — Arrêt réglant le payement de la pension du sieur de L'Auzeray, premier valet de chambre du Roi.

Ms. fr. 18161, f° 152 v°.

4267. — Arrêt réglant le payement des gages des sieurs d'Interville et Méliand, secrétaires du Conseil.

Ms. fr. 18161, f° 152 v°.

1597, 29 décembre. — Saint-Germain-en-Laye.

4268. — Arrêt réglant le payement des arrérages de rentes de l'Hôtel de ville dus aux enfants du duc d'Épernon.

Ms. fr. 18161, f°s 153 r° et v°, et 154 r° et v°.

4269. — Arrêt portant nouvelle assignation d'une somme de 5,000 écus due à Me Nicolas Placin, secrétaire de la Chambre.

Ms. fr. 18161, f° 155 r°.

4270. — Arrêt portant nouvelle assignation d'une somme de 1,000 écus due au baron de Châteauneuf.

Ms. fr. 18161, f° 155 r°.

4271. — Arrêt donnant assignation de 1,166 écus 2/3 au maréchal de Laverdin, gouverneur du Maine.

Ms. fr. 18161, f° 155 v°.

4272. — Arrêt donnant assignation de 666 écus 2/3 aux premiers présidents du parlement et de la chambre des comptes de Rouen, pour leur pension de conseillers d'État.

Ms. fr. 18161, f° 155 v°.

4273. — Arrêt portant nouvelle assignation de 220 écus dus à Mᵉ Pierre de Vassault, secrétaire des finances.

Ms. fr. 18161, f° 155 v°.

4274. — Arrêt portant assignation de 883 écus 1/3 dus pour les gages et pour la pension du secrétaire Du Jardin, commis du sieur de Villeroy, conseiller d'État et secrétaire des commandements.

Ms. fr. 18161, f° 156 r°.

4275. — Arrêt donnant assignation de 500 écus à Mᵉ Hilaire L'Hoste, commis du sieur d'Incarville, conseiller d'État et contrôleur général des finances, « pour avoir faict grossier et mettre au nett, à ses despens, sept gros registres du controlle général des finances de l'année 1596 ».

Ms. fr. 18164, f° 156 r°.

4276. — Arrêt donnant assignation de 620 écus 15 sols au sieur de Verton, secrétaire du Roi, « pour les expéditions par lui faictes soubz le sieur de Fresnes, secrétaire d'Estat, pour le service de Sa Majesté, durant l'année M Vᶜ IIIIˣˣ unze ».

Ms. fr. 18161, f° 156 r°.

4277. — Arrêt portant assignation de 1,200 écus dus pour la pension du baron de Pallin.

Ms. fr. 18161, f° 156 r°.

4278. — Arrêt ordonnant le payement de 50 écus dus à Monnier, garde des meubles du Roi, pour le transport des tapis et draps destinés aux tentures de la chapelle et de la chambre de MM. du Conseil à Saint-Germain-en-Laye.

Ms. fr. 18161, f° 156 r°.

4279. — Arrêt portant nouvelle assignation d'une somme de 1,000 écus due au sieur de Montholon.

Ms. fr. 18161, f° 156 v°.

4280. — Arrêt donnant assignation de 666 écus

35 sols à Mᵉ Charles Le Beauclerc, secrétaire des finances et commis du sieur de Beaulieu, secrétaire d'État et des commandements, tant pour ses gages de secrétaire des finances, que pour les expéditions par lui faites sous ledit sieur de Beaulieu.

Ms. fr. 18161, f° 156 v°.

4281. — Arrêt donnant assignation de 133 écus 1/3 au sieur Le Beauclerc, pour ses gages de secrétaire ordinaire de la Chambre.

Ms. fr. 18161, f° 156 v°.

4282. — Arrêt réglant le remboursement de 872 écus 57 sols 3 deniers avancés par le sieur d'Alincourt, gouverneur de Pontoise, pour les fortifications de ladite ville.

Ms. fr. 18161, f° 157 r°.

4283. — Arrêt portant assignation de 333 écus 1/3 dus pour la pension du sieur de Girard, secrétaire des finances.

Ms. fr. 18161, f° 157 r°.

4284. — Arrêt portant assignation de 2,500 écus dus à L'Hoste et à Arnault, commis du sieur d'Incarville, contrôleur général des finances, « pour partie de leurs escriptures ».

Ms. fr. 18161, f° 157 r°.

4285. — Arrêt donnant nouvelle assignation de 1,325 écus par mois à Mᵉ Charles Le Beauclerc, secrétaire des finances.

Ms. fr. 18161, f° 157 r°.

4286. — Arrêt ordonnant le payement de 200 écus dus pour la pension de Robert Estienne ; poète et interprète du Roi.

Ms. fr. 18161, f° 157 v°.

1597, 30 décembre. — Saint-Germain-en-Laye.

4287. — Arrêt affectant 3,000 écus au payement des garnisons de Champagne.

Ms. fr. 18161, f° 157 v°.

1597, 31 décembre. — Saint-Germain-en-Laye.

4288. — Arrêt accordant aux habitants de Blois modération des droits d'entrée sur le vin.

E 1ᵇ, f° 348 r°, et ms. fr. 18161, f° 159 r°.

4289. — Arrêt portant nouvelle assignation d'une somme de 4,000 écus affectée au payement des officiers, des commis et des équipages des vivres, en l'année 1597.

E 1ᵇ, f° 349 r°.

4290. — Arrêt réglant le payement de 1,333 écus 1/3 dus pour les appointements du sieur de Fleury, conseiller d'État, surintendant et grand maître des eaux et forêts de France.

Ms. fr. 18161, f° 157 v°.

4291. — Arrêt réglant le payement de 2,125 écus dus aux sieurs de Bellegarde et Cachat, pour leurs appointements de premier gentilhomme de la Chambre, et de capitaine de la porte du logis du Roi.

Ms. fr. 18161, f° 158 r°.

4292. — Arrêt donnant assignation de 20,000 écus au sieur de Poisblanc, munitionnaire de l'armée du Roi.

Ms. fr. 18161, f° 158 r°.

4293. — Arrêt ordonnant le remboursement de 4,255 écus 16 sols dus par le Roi, avant son avènement, au sieur de Fresnes-Canaye, conseiller au Conseil d'État et privé.

Ms. fr. 18161, f° 158 r°.

4294. — Arrêt réglant le payement des arrérages de rentes sur le sel ou sur la ville de Paris dus à Mᵉ Étienne Brullé, secrétaire de la Chambre.

Ms. fr. 18161, f° 158 v°, 159 r° et v°.

4295. — Arrêt réglant le payement des arrérages de rentes sur la ville de Paris dus à Mᵉ Nicolas Lescalopier.

Ms. fr. 18161, f° 159 v°.

4296. — Arrêt réglant le payement des arrérages de rentes sur la ville de Paris dus au sieur de Fontenay, grand prévôt de France.

Ms. fr. 18161, f° 160 r°.

4297. — Arrêt réglant le payement des arrérages de rentes sur la ville de Paris dus au sieur Sébastien Zamet.

Ms. fr. 18161, f° 160 r°.

4298. — Arrêt donnant assignation de 400 écus à chacun des vingt gentilshommes ordinaires du Roi.

Ms. fr. 18161, f° 160 v°.

4299. — Arrêt donnant nouvelle assignation de 1,000 écus au sieur de Gesvres, secrétaire d'État.

Ms. fr. 18161, f° 160 v°.

4300. — Arrêt ordonnant le payement de 1,000 écus donnés par le Roi au sieur de Burosse, premier capitaine du régiment de Champagne.

Ms. fr. 18161, f° 160 v°.

4301. — Arrêt donnant assignation de 500 écus au sieur Tardieu, secrétaire du duc de Nevers.

Ms. fr. 18161, f° 161 r°.

4302. — Arrêt assignant 1,333 écus 1/3 à Mᵉ Galliot Mandat, secrétaire des finances et de la Chambre, et 133 écus 1/3 à Mᵉ Jean Mandat, secrétaire-interprète du Roi en langue germanique.

Ms. fr. 18161, f° 161 r°.

4303. — Arrêt portant assignation de 4,000 écus dus pour la pension du duc de Joinville.

Ms. fr. 18161, f° 161 r°.

4304. — Arrêt donnant assignation de 1,831 écus au sieur de Maupeou, maître des Comptes et commissaire député à la direction des finances dans les généralités de Guyenne et de Limoges.

Ms. fr. 18161, f° 161 r°.

4305. — Arrêt portant nouvelle assignation de 555 écus dus à Joachim Garreau, officier de la Maison du Roi.

Ms. fr. 18161, f° 161 v°.

4306. — Arrêt ordonnant le payement de 1,000 écus donnés par le Roi au sieur de Verzenay, trésorier de France en Champagne.

Ms. fr. 18161, f° 161 v°.

4307. — Arrêt donnant assignation de 520 écus au sieur Servin, avocat général au Parlement.

Ms. fr. 18161, f° 161 v°.

4308. — Arrêt ordonnant le payement de 550 écus

dus à M' David Danneray, secrétaire du Roi, « pour les fraiz qu'il a faictz en la ville de Rouen, tant pour la recepte des deniers provenuz des offices de nouvelle création faictz en ladite ville, que pour la poursuite qu'il a faicte de la vériffication de plusieurs éedictz ».

Ms. fr. 18161, f° 161 v°.

4309. — Arrêt affectant 12,000 écus « à partie du paiement de la solde » du régiment de Paris et de l'Île-de-France, « pendant l'enroollement et conduitte qui s'en est faict au camp devant Amyens ».

Ms. fr. 18161, f° 162 r°.

4310. — « Articles proposez au Roy par le collonnel Balthazar de Grissach et ses cappitaines de son régiment. »

. Ms. fr. 18161, f° 162 r°.

4311. — Arrêt ordonnant qu'il sera levé en la généralité de Paris une somme de 9,000 écus, pour l'armement et pour le transport du régiment de 1,200 hommes de guerre à pied français que la ville de Paris lève à ses frais.

E 1ᵇ, f° 351 r°.

1598, 5 janvier. — Paris.

4312. — Arrêt révoquant le « changement d'octroy porté par les mandemens expédiez pour la levée des tailles » en la généralité de Caen.

Ms. fr. 18162, f° 2 v°.

4313. — Arrêt confirmant le jugement prononcé par les trésoriers de France à Rouen contre les élus de ladite ville qui refusent de procéder au département des tailles, et ordonnant auxdits trésoriers de France de passer outre audit département.

' Ms. fr. 18162, f° 3 r°.

1598, 6 janvier. — Paris.

4314. — Arrêt assignant au Conseil Jean de Salbert, sieur de Romaigne, pour qu'il soit entendu au sujet de la sentence rendue aux Requêtes du Palais, à son profit, contre Jérôme Garrault, trésorier général de l'Extraordinaire des guerres, et consorts.

Ms. fr. 18162, f° 1 r°.

4315. — Arrêt réglant les droits de Claude Paris, fermier de l'impôt levé sur les denrées et marchandises entrant en la ville d'Orléans.

Ms. fr. 18162, f° 1 r°.

4316. — Arrêt accordant surséance au fils de feu Pierre Marchant, syndic des habitants de Rozoy-en-Brie, et à Pierre Bonnebye, échevin de ladite ville, pour ce qu'ils doivent à raison de fournitures de blé faites, en 1590, à l'armée assiégeant Paris.

Ms. fr. 18162, f° 1 v°.

4317. — Arrêt ordonnant que le sieur de Tavannes touchera 1,000 écus par an sur l'impôt du sol pour livre de Saint-Jean-de-Losne, jusqu'à l'entier remboursement de sa charge de lieutenant général en Bourgogne.

Ms. fr. 18162, f° 2 r°.

4318. — Arrêt ordonnant que Pierre Aleaume, contrôleur des deniers communs d'Orléans, sera entendu au Conseil sur la mainlevée requise par les maire et échevins de ladite ville.

Ms. fr. 18162, f° 2 r°.

1598, 8 janvier. — Paris.

4319. — Arrêt ordonnant qu'André Le Prestre, fermier de la nouvelle imposition de Melun, demeurera prisonnier jusqu'à l'entier payement de 554 écus 4 sols 4 deniers, par lui dus pour l'entretien de la garnison de Melun.

Ms. fr. 18162, f°.3 v°.

4320. — Arrêt donnant assignation de 4,000 écus au sieur de Fresnes-Canaye, tant pour ses gages de l'année 1594, que pour les frais de son voyage dans le Languedoc, où il a présidé la chambre mi-partie.

Ms. fr. 18162, f° 3 v°.

4321. — Arrêt réglant le payement de 259 écus dus à M° Charles Huault, pour ses gages de conseiller au Grand Conseil pendant les années 1592 et 1593.

Ms. fr. 18162, f° 3 v°.

4322. — Arrêt accordant aux habitants de Grisy-Suines, décimés par l'épidémie, remise de 70 écus auxquels ils ont été taxés pour la fourniture et pour l'équipement d'un cheval d'artillerie, destiné au siège d'Amiens.

Ms. fr. 18162, f° 4 r°.

4323. — Arrêt déchargeant le président et les conseillers tenant les Grands Jours à Vendôme de l'ajournement personnel par-devant le Conseil décerné contre eux sur la requête de M° François Noury, élu en l'élection de Vendôme.

Ms. fr. 18162, f° 4 r°.

4324. — Arrêt affectant 31,200 écus aux travaux des châteaux du Louvre et de Saint-Germain-en-Laye et du palais des Tuileries.

Ms. fr. 18162, f° 4 v°.

4325. — Arrêts réglant le remboursement de 12,000 écus pris en la maison du sieur Chevalier, maître des requêtes ordinaire de l'Hôtel, le 22 mars 1597, pour le service du Roi.

Ms. fr. 18162, f° 4 v° et 5 r°.

4326. — Arrêt déclarant que M° Nicolas de Lancy, trésorier ordinaire des guerres, demeurera dispensé de la réception en la Chambre des comptes et gardera son rang d'ancienneté, nonobstant la réception de M° Rogais.

Ms. fr. 18162, f° 5 r°.

4327. — Arrêt accordant aux habitants de Baye remise des tailles des années 1589 à 1594 et surséance pour les tailles de l'année 1595.

Ms. fr. 18162, f° 5 v°.

4328. — Arrêt autorisant les États de Bourgogne à lever une somme de 3,000 écus, afin de désintéresser M° Bénigne Frémyot, conseiller d'État et président au parlement de Dijon, lequel a contracté, par ordre du Roi, une obligation de pareille somme « pour faciliter la réduction du sieur vicomte de Tavannes et du fort de Talant ».

Ms. fr. 18162, f° 6 r°.

4329. — Arrêt donnant assignation d'une somme de 30,000 écus à M° Bénigne Frémyot, pour l'acquittement des dettes royales dont il s'est porté garant.

Ms. fr. 18162, f° 6 v°.

4330. — Arrêt ordonnant à M° Mallon, conseiller à la Cour des aides, de payer, dans les deux jours, la finance d'un état de conseiller et de commissaire aux Requêtes du Parlement, dont il a été pourvu.

Ms. fr. 18162, f° 6 v°.

4331. — Arrêt ordonnant que le receveur commis au bureau de Corbeil versera, chaque mois, 333 écus 1/3 entre les mains de M° Jacques Germain, receveur général des finances à Paris et commis à la recette de l'impôt du sol pour livre levé sur les denrées et marchandises entrant à Paris.

Ms. fr. 18162, f° 7 r°.

1598, 10 janvier. — Paris.

4332. — Arrêt établissant une taxe sur le vin descendant la Seine, pour que l'on puisse pourvoir aux réparations du pont Saint-Michel et du pont de Mantes.

Ms. fr. 18162, f° 7 v°.

4333. — Arrêt déclarant que le cautionnement des comptables s'élèvera à 2,000 écus dans les élections où le produit des tailles, du taillon et des aides dépasse 10,000 écus, et à 1,500 écus dans toutes les autres élections du royaume.

Ms. fr. 18162, f° 8 r°.

4334. — Arrêt déclarant que toutes les paroisses exemptes contribueront, cette année, au payement des tailles, nonobstant l'opposition de la Chambre des comptes et de la Cour des aides.

Ms. fr. 18162, f° 8 v°.

4335. — Arrêt annulant les baux des amendes, épaves et confiscations conclus par les officiers de Langres, contrairement aux ordonnances.

Ms. fr. 18162, f° 9 r°.

4336. — Arrêt portant augmentation d'un octroi précédemment accordé aux maire et échevins d'Amboise, pour la réparation des ponts et pour l'achèvement du quai de ladite ville.

Ms. fr. 18162, f° 9 v°.

4337. — Arrêt accordant aux habitants de Parthenay remise d'une année de tailles.

Ms. fr. 18162, f° 10 r°.

4338. — Arrêt autorisant Julien Thomyn à résigner son office d'élu à Mauléon, sans payer finance.

Ms. fr. 18162, f° 10 r°.

4339. — Arrêt affectant au payement du reste des dépenses de l'armée une somme de 6,666 écus 2/3 provenant de la revente de divers droits domaniaux, bien que lesdites reventes n'aient pu être vérifiées ni au Parlement, ni en la Chambre des comptes.

Ms. fr. 18162, f° 10 v°.

4340. — Arrêt réglant le payement de 5,200 écus dus à Guillaume Poisblanc, munitionnaire des vivres en l'armée de Picardie.

Ms. fr. 18162, f° 10 v°.

1598, 12 janvier. — Paris.

4341. — Arrêt donnant assignation de 20,000 écus à Guillaume Poisblanc, munitionnaire des vivres en l'armée de Picardie.

Ms. fr. 18162, f° 11 r°.

4342. — Arrêt réglant le payement de 120,000 écus dus à Guillaume Poisblanc, munitionnaire des vivres en l'armée de Picardie.

Ms. fr. 18162, f° 11 r° et v°.

4343. — Arrêt modérant à 250 écus la taxe levée sur les trésoriers de France en Picardie.

Ms. fr. 18162, f° 11 v°.

4344. — Arrêt réglant le payement des gages du sieur de Frontenas, capitaine du château de Saint-Germain-en-Laye.

Ms. fr. 18162, f° 12 r°.

4345. — Arrêt ordonnant à Mᵉ Claude de Montescot, trésorier des Parties casuelles, d'expédier et de délivrer au sieur Lorin la quittance de plusieurs petits offices nouvellement créés.

Ms. fr. 18162, f° 12 v°.

1598, 13 janvier. — Paris.

4346. — Arrêt faisant nouvelle défense à tous huissiers, sergents et commissaires au Châtelet d'exé-cuter aucune contrainte à l'encontre de Mᵉ Charles Le Charron, receveur général des finances en Champagne.

Ms. fr. 18162, f° 12 v°.

4347. — Arrêt réglant le payement de 120,000 écus dus à Guillaume Poisblanc, munitionnaire des vivres en l'armée de Champagne.

Ms. fr. 18162, f° 13 r°.

4348. — Arrêt réglant le payement de six chevaux d'artillerie levés à Rouen et tués au siège d'Amiens.

Ms. fr. 18162, f° 13 r°.

4349. — Arrêt déclarant que les élus d'Orléans contribueront tant au subside de 6,000 écus accordé pour le siège d'Amiens, qu'à la taxe de 4,000 écus levée sur le sel à Jargeau; interdisant à la Cour des aides et évoquant au Conseil la connaissance de pareilles causes.

Ms. fr. 18162, f° 13 v°.

4350. — Arrêt déclarant que les droits d'entrée levés sur les marchandises et denrées dans les villes et bourgs de l'élection de Pithiviers seront levés également sur le vin nouveau, sur les vaches et brebis, sur les draps de laine.

Ms. fr. 18162, f° 14 r°.

4351. — Arrêt réglant le payement de 50,000 écus assignés à Jacques Jacquelin, munitionnaire des vivres en l'armée de Bretagne.

Ms. fr. 18162, f° 14 v° et 15 r°.

4352. — Arrêt autorisant les commissaires députés à la répartition de l'emprunt levé sur les officiers des finances à accorder une modération aux officiers de Picardie.

Ms. fr. 18162, f° 15 r°.

4353. — Arrêt donnant assignation de 60 écus au sieur Truchon, chargé de poursuivre au présidial d'Angers et aux sièges royaux d'Angers et de Saumur la publication du règlement général des arts et métiers.

Ms. fr. 18162, f° 15 v°.

4354. — Arrêt ordonnant le payement de 200 écus

dus au sieur Gatian pour ses gages de secrétaire ordinaire de la Chambre.

Ms. fr. 18162, f° 15 v°.

4355. — Arrêt portant assignation de 200 écus donnés par le Roi à Robert Regnault.

Ms. fr. 18162, f° 16 r°.

4356. — Arrêt ordonnant l'élargissement de l'une des cautions de Claude Louvet, ci-devant fermier des aides, auquel surséance a été accordée pour le payement de ses dettes, jusqu'au remboursement des sommes à lui dues par le Roi.

Ms. fr. 18162, f° 16 r°.

4357. — Arrêt réglant le payement des arrérages de rentes dus aux habitants d'Orléans.

Ms. fr. 18162, f° 16 r°.

4358. — Arrêt réglant le payement de la solde du régiment du colonel Balthazar, dont Sa Majesté a ordonné le licenciement.

Ms. fr. 18162, f° 16 v°.

4359. — Arrêt donnant aux commissaires chargés d'exécuter l'arrêt du 3 novembre dernier de pleins pouvoirs pour taxer, à leur gré, l'hérédité des offices de notaires royaux.

Ms. fr. 18162, f° 17 r°.

4360. — Arrêt ordonnant le remboursement de la finance payée par Galland, sieur de La Binardière, pour les offices de contrôleur général de la douane et de contrôleur général des traites en Lyonnais, lesquels ont été supprimés.

Clair. 653, p. 171.

1598, 15 janvier. — Paris.

4361. — Arrêt déclarant que Mes Charles Le Charron et Martin Nau, receveurs généraux des finances en Champagne, ne pourront être inquiétés à l'occasion de payements par eux faits à la princesse de Condé, en exécution des arrêts du 30 juin, du 12 juillet, du 21 octobre (n° 3929) et du 18 novembre 1597 (n° 4067).

Ms. fr. 18162, f° 18 r°.

4362. — Arrêt portant assignation de 1933 écus

1/2 dus à Mathieu Brulart, sieur de Berny, pour ses gages de grand maître des eaux et forêts au département de l'Île-de-France.

Ms. fr. 18162, f° 19 r°.

4363. — Arrêt ordonnant que la Chambre des comptes vérifiera le montant de la somme due à Jean de Beauvais, baron d'Anville, pour la solde de son régiment de gens de pied lorrains, qui a servi sous le duc de Mayenne.

Ms. fr. 18162, f° 19 v°.

4364. — Arrêt accordant à Gilles Guédon, receveur des gabelles à Beauvais, décharge de la taxe pour supplément d'office.

Ms. fr. 18162, f° 20 r°.

4365. — Arrêt accordant au chapitre de Notre-Dame de Melun mainlevée du temporel de ladite église, saisi à la requête du receveur des décimes.

Ms. fr. 18162, f° 20 r°.

4366. — Arrêt modérant à 800 écus la somme à laquelle est taxé Montargis, comme ville où la pancarte n'a pas été établie.

Ms. fr. 18162, f° 20 v°.

4367. — Arrêt ordonnant que les habitants de Cléry et de Saint-André contribueront aux tailles «selon leurs facultez et moyens», nonobstant leurs lettres d'abonnement.

Ms. fr. 18162, f° 21 r°.

4368. — Arrêt ordonnant aux trésoriers de France à Bourges de procéder à l'adjudication des droits d'entrée nouvellement perçus à Vierzon et à Aubigny, en tenant compte des offres faites par les habitants desdites villes.

Ms. fr. 18162, f° 21 r°.

1598, 16 janvier. — Paris.

4369. — Arrêt réglant la livraison de 6,000 habillements achetés à Rouen et destinés à l'infanterie française.

Ms. fr. 18162, f° 21 v°.

4370. — Arrêt ordonnant que les diverses personnes auxquelles le Roi a fait remettre, en 1595, des quittances du trésorier des Parties casuelles, pour qu'elles en poursuivissent le recouvrement, seront contraintes, dans la huitaine, de les rapporter à M° Claude de Montescot, trésorier des Parties casuelles, ou de lui en fournir bonne décharge.

Ms. fr. 18162, f° 21 v°.

4371. — Arrêt réglant le payement des sommes dues au comte de Choisy, en vertu d'un contrat du 3o janvier 1596.

Ms. fr. 18162, f° 22 v°.

4372. — Arrêt ordonnant de lever en la généralité de Tours une somme de 6,332 écus 45 sols due au sieur de Puichairic, gouverneur d'Angers.

Ms. fr. 18162, f° 23 r°.

4373. — Arrêt modérant à 3,000 écus la somme imposée aux habitants du Mans pour le payement des garnisons.

Ms. fr. 18162, f° 23 v°.

4374. — Arrêt portant assignation de 33,333 écus 1/3 dus pour la pension du comte d'Auvergne.

Ms. fr. 18162, f° 23 v°.

4375. — Arrêt portant assignation de 1,000 écus accordés par le Roi au sieur de Verzenay, trésorier de France en Champagne.

Ms. fr. 18162, f° 24 r°.

1598, 17 janvier. — Paris.

4376. — Arrêt réglant le payement de 5,000 écus dus à Guillaume Poisblanc, munitionnaire de l'armée de Picardie.

Ms. fr. 18162, f° 24 r°.

4377. — Arrêt réglant le payement de 120,000 écus dus à Guillaume Poisblanc, munitionnaire de l'armée de Picardie.

Ms. fr. 18162, f° 24 v°.

4378. — Arrêt ordonnant que l'office de président en l'élection de Ponthieu et d'Abbeville, vacant par la mort de M° Philippe Cordier, sera restitué à M° Jean de La Chaise.

Ms. fr. 18162, f° 24 v°.

4379. — Arrêt modérant d'un tiers la taxe imposée à M° Jacques Le Moine, grènetier au grenier à sel de Chaumont-en-Bassigny, en considération des services par lui rendus comme valet de chambre du Roi.

Ms. fr. 18162, f° 25 r°.

4380. — Arrêt autorisant Jacques Bron et autres capitaines de Henricarville à faire tiercer les fermes des nouvelles impositions de Normandie, les deniers en provenant devant être affectés au remboursement des frais d'entretien des navires équipés par lesdits capitaines pour la réduction de la Normandie.

Ms. fr. 18162, f° 25 r°.

4381. — Arrêt déclarant que M° Prestin Le Pelletier, receveur des fouages au diocèse de Nantes, ne pourra être poursuivi ailleurs que par-devant les gens des comptes ou les trésoriers de France en Bretagne, pour l'acquittement des rescriptions levées sur lui par les receveurs généraux des finances ou par les trésoriers des États de Bretagne.

Ms. fr. 18162, f° 25 v°.

4382. — Arrêt assignant 21 écus à Jacques Valletz, huissier et garde des meubles du Conseil, pour qu'il fournisse au Conseil le bois et les flambeaux, pendant le présent mois de janvier.

Ms. fr. 18162, f° 26 r°.

4383. — Arrêt attribuant à René Brunet l'office de commissaire à faire les montres des prévôts des maréchaux dans la Basse-Auvergne, lequel office lui a été vendu par M° Guichard Faure, secrétaire du Roi, maison et couronne de France.

Ms. fr. 18162, f° 26 r°.

4384. — Arrêt portant assignation de 900 écus dus pour la pension de la duchesse de Nemours.

Ms. fr. 18162, f° 27 r°.

4385. — Arrêt ordonnant l'exécution des édits et déclarations expédiés pour la revente des greffes et pour la recherche des deniers recélés par les collecteurs des tailles dans la généralité de Lyon, nonobstant l'opposition de la Chambre des comptes et du sieur de La Guiche, lieutenant général en Lyonnais.

Ms. fr. 18162, f° 27 r°.

4386. — Arrêt réglant le payement de 9,000 écus dus à M⁰ Gaston Midorge, trésorier général de l'Artillerie.

Ms. fr. 18162, f° 28 r°.

4387. — Arrêt assignant aux deux compagnies de Suisses chargées de la garde du Roi 2,000 écus, à titre de prêt, en attendant qu'on puisse leur faire montre.

Ms. fr. 18162, f° 28 v°.

1598, 18 janvier. — Paris.

4388. — Arrêt enjoignant au lieutenant général et aux échevins du Mans de lever sans retard les deniers imposés, en 1596, sur les habitants de la sénéchaussée du Maine, pour l'entretien des garnisons de Picardie.

Ms. fr. 18162, f° 29 r°.

4389. — Adjudication des droits d'entrée perçus à Blois sur les marchandises et denrées.

Ms. fr. 18162, f° 29 v°.

4390. — Arrêt enjoignant au lieutenant général en la sénéchaussée du Maine de faire exécuter de point en point l'édit de janvier 1596 qui crée des offices de procureurs postulants distincts des charges d'avocats dans les provinces d'Anjou et du Maine, à la Flèche et dans les duchés de Beaumont et de Vendôme.

Ms. fr. 18162, f° 31 v°.

4391. — Arrêt cassant un arrêt du parlement de Rouen du 22 décembre 1597, et ordonnant que les officiers des finances de Normandie seront contraints au payement de leurs taxes.

Ms. fr. 18162, f° 32 v°.

4392. — Arrêt attribuant à Étienne Audouyn de Montherbu, secrétaire de la Chambre, 2 sols pour livre sur les deniers provenant de la vente des offices de notaires, desquels deniers il est chargé d'opérer le recouvrement.

Ms. fr. 18162, f° 34 r°.

4393. — Arrêt accordant aux personnes qui ont quitté Montargis durant les troubles décharge des taxes levées pour l'acquittement de dettes contractées, pendant leur absence, par ladite ville de Montargis.

Ms. fr. 18162, f° 34 v°.

4394. — Arrêt ordonnant que M⁰ Pierre Chicoyneau, receveur des aides en l'élection de Blois, sera dispensé d'effectuer lui-même la levée du nouvel impôt, lequel sera mis en adjudication par l'un des trésoriers de France à Orléans.

Ms. fr. 18162, f° 35 r°.

4395. — Arrêt portant assignation de 765 écus accordés au sieur de Louvancourt, par lettres patentes du 20 novembre dernier.

Ms. fr. 18162, f° 35 v°.

4396. — Arrêt portant assignation de 1,200 écus dus pour la pension du sieur Gilles de Messe.

Ms. fr. 18162, f° 35 v°.

4397. — Arrêt portant assignation de 7,200 écus dus pour les gages du maréchal de Retz.

Ms. fr. 18162, f° 35 v°.

4398. — Arrêt portant assignation de 100 écus dus à M⁰ Pierre Chasot, maître ordinaire en la chambre des comptes de Dijon, pour un voyage fait par ordre du Roi.

Ms. fr. 18162, f° 36 r°.

4399. — Arrêt portant assignation de 10,000 écus accordés, par acquit patent, au sieur de Saint-Géran.

Ms. fr. 18162, f° 36 r°.

4400. — Arrêt relatif à une remise de 1,350 écus accordée par le Roi au sieur Jean Barbier, ci-devant maître de la monnaie de Villeneuve-Saint-André-lès-Avignon.

Ms. fr. 18162, f° 36 r°.

4401. — Arrêt cassant de nouveau un arrêt de la cour des aides de Normandie du 8 novembre 1597, réservant derechef au Conseil la connaissance de tous procès relatifs à l'emprunt levé sur les officiers des finances, ordonnant l'élargissement des huissiers Le Fèvre et Velly, la suspension des geôliers qui les ont détenus et des sergents qui les ont arrêtés, l'emprisonnement des officiers qui refusent de contribuer à l'emprunt.

Ms. fr. 18162, f° 38 v°.

1598, 19 janvier. — Paris.

4402. — Arrêt accordant au cardinal de Gondi, abbé de Saint-Jean-des-Vignes, remise des décimes des années 1589 à 1592 et modération du surplus, attendu la saisie des revenus de ladite abbaye faite par le gouverneur de Soissons.

Ms. fr. 18162, f° 40 v°.

4403. — Arrêt accordant aux maire et échevins d'Orléans décharge de la somme de 6,000 écus à laquelle ils ont été taxés, pour leur quote-part des 26,131 écus 2/3 imposés en la généralité d'Orléans, et leur ordonnant de passer outre à la levée des 6,000 écus promis au Roi pour le siège d'Amiens, ainsi qu'à la levée des 7,000 écus dus au sieur Du Four.

Ms. fr. 18162, f° 41 r°.

1598, 20 janvier. — Paris.

4404. — Arrêt faisant remise de la taxe aux officiers des finances de Doullens et de Calais, villes occupées par l'ennemi, et accordant modération de la taxe aux officiers des finances de la généralité d'Amiens.

Ms. fr. 18162, f° 36 r°.

4405. — Arrêt ordonnant que, conformément à l'édit d'octobre 1594 sur l'aliénation du domaine, le comté de Beaumont-sur-Oise sera revendu au sieur de Liancourt, premier écuyer du Roi.

Ms. fr. 18r62, f° 36 v°.

4406. — Arrêt portant assignation de 1,900 écus dus, pour frais de déplacement, à M⁰ˢ Nicolas de Lan, trésorier de France en Picardie, Vincent Le Roy, lieutenant général au bailliage d'Amiens, et Augustin de Louvancourt, ancien mayeur de ladite ville, qui ont été mandés, en 1597, à l'assemblée de Rouen.

Ms. fr. 18162, f° 37 r°.

4407. — Arrêt réglant le payement de 300 écus accordés, par lettres patentes, au sieur de Beaumevielle, prévôt général des provinces d'Auvergne, de Haute et de Basse-Marche.

Ms. fr. 18162, f° 37 v°.

4408. — Arrêt réglant le payement de 465 écus accordés, par lettres patentes, audit sieur de Beaumevielle.

Ms. fr. 18162, f° 37 v°.

4409. — Arrêt réglant le payement de 50,000 écus dus à Jacques Jacquelin, munitionnaire de l'armée de Bretagne.

Ms. fr. 18162, f° 38 r°.

4410. — Arrêt réglant le remboursement de 9,000 écus dus à la duchesse de Beaufort.

Ms. fr. 18162, f° 38 r°.

4411. — Arrêt portant assignation de 1,000 écus donnés, par acquit patent, au sieur de Bellièvre.

Ms. fr. 18162, f° 38 v°.

4412. — Arrêt renvoyant aux trésoriers de France les offres faites par Pierre Le Fèvre, marchand d'Orléans, pour la ferme des droits de la prévôté de Nantes transférée à Angers et aux Ponts-de-Cé.

Ms. fr. 18162, f° 38 v°.

4413. — Arrêt donnant assignation de 10,000 écus à M⁰ Jean Jacquelin, trésorier des Bâtiments, pour les dépenses faites à Paris et à Saint-Germain.

Ms. fr. 18162, f° 42 v°.

4414. — Arrêt donnant assignation de 3,500 écus à M⁰ Jean Jacquelin, trésorier des Bâtiments, pour les dépenses faites à Paris et à Saint-Germain.

Ms. fr. 18162, f° 42 v°.

4415. — Arrêt ordonnant à M⁰ Étienne Puget, trésorier de l'épargne, de verser comptant 5,000 écus entre les mains du Roi.

Ms. fr. 18162, f° 42 v°.

4416. — Arrêt donnant assignation de 1,000 écus à M⁰ Nicolas Thomas, avocat du Roi au parlement de Rouen.

Ms. fr. 18162, f° 43 r°.

4417. — Arrêt ordonnant qu'il sera levé 12,000 écus en la généralité de Riom, pour le payement d'une partie de la somme accordée au sieur Lauston.

Ms. fr. 18162, f° 44 r°.

4418. — Arrêt affectant aux réparations du château de Blois les deniers provenant des paissons et glandées des forêts de Boulogne et de Russy.

Ms. fr. 18162, f° 44 v°.

4419. — Arrêt réglant les conditions d'un emprunt de 66,666 écus 2/3, destiné à l'entretien de l'armée et aux dépenses nécessitées par les affaires de Bretagne.

Clair. 654, p. 613.

1598, 21 janvier. — Paris.

4420. — Arrêt réglant le recouvrement et l'emploi des restes en la généralité de Tours.

Ms. fr. 18162, f° 43 r°.

4421. — Arrêt réglant le payement des gages des officiers de la Maison du Roi.

Ms. fr. 18162, f° 44 v°.

4422. — Arrêt enjoignant à Me Henri de Laussade, commis à la recette des deniers levés à Bordeaux pour l'extinction des subsides de Royan, d'acquitter une assignation de 6,000 écus baillée à Bernard de Girard, sieur Du Haillan.

Ms. fr. 18162, f° 45 r°.

4423. — Arrêt ordonnant qu'il sera levé en Bourgogne une somme de 8,000 écus, restée due en vertu du traité conclu avec le baron de Viteaux pour la capitulation de Noyers.

Ms. fr. 18162, f° 45 v°.

1598, 23 janvier. — Paris.

4424. — Arrêt enjoignant à Me Thomas Robin, receveur général des finances à Bourges, de s'obliger à payer 75,000 écus au sieur Zamet.

Ms. fr. 18162, f° 45 v°.

4425. — Arrêt ordonnant au trésorier de l'Épargne

de dépêcher l'un de ses commis vers les trésoriers de France à Tours pour leur faire porter l'arrêt (n° 4421) et les lettres patentes relatifs au recouvrement et à l'emploi des restes.

Ms. fr. 18162, f° 45 v°.

4426. — Arrêt portant assignation de 400 écus dus pour la pension du Chevalier du Guet.

Ms. fr. 18162, f° 46 r°.

4427. — Arrêt ordonnant la cessation des poursuites exercées contre les officiers de l'élection d'Étampes, à condition qu'ils ne feront aucune opposition à la réception du nouvel élu, institué en vertu du traité conclu avec le duc de Mayenne.

Ms. fr. 18162, f° 46 r°.

4428. — Arrêt portant assignation de 1,200 écus dus pour la pension du sieur de Termes.

Ms. fr. 18162, f° 46 v°.

4429. — Arrêt ordonnant à Me Étienne Puget, trésorier de l'Épargne, de payer comptant 18,800 écus aux personnes qui lui ont été expressément désignées par le Roi.

Ms. fr. 18162, f° 47 v°.

4430. — Arrêt donnant au sieur Zamet assignation de 2,000 écus.

Ms. fr. 18162, f° 47 v°.

1598, 24 janvier. — Paris.

4431. — Arrêt donnant assignation de 2,000 écus à Guillaume de Poisblanc, munitionnaire de l'armée de Picardie.

Ms. fr. 18162, f° 46 v°.

4432. — Arrêt portant assignation de 333 écus 1/3 dus à Me Bénigne Bernard, pour ses gages de secrétaire des finances.

Ms. fr. 18162, f° 46 v°.

4433. — Arrêt ordonnant de surseoir aux poursuites exercées par plusieurs marchands allemands contre le duc de Mayenne, au sujet du remboursement de 2,050 écus qu'il avait empruntés à Lyon, pour les frais de la guerre contre les hérétiques.

Ms. fr. 18162, f° 47 r°.

4434. — Arrêt ordonnant l'expédition des lettres patentes qui établissent une taxe sur le vin transporté par eau de Paris à Conflans, Mantes, Bonnières et Beaumont-sur-Oise, pour le produit en être affecté aux réparations du pont Saint-Michel et des autres ponts de la Seine, de l'Yonne ou de la Marne.

Ms. fr. 18162, f° 47 r°..

4435. — Arrêt réglant le payement d'une somme de 2,400 écus due au sieur de Barrault, sénéchal et gouverneur de Bazadais, vice-amiral en Guyenne, pour le fret d'un navire, à lui appartenant, qui servit, durant huit mois, au siège de Blaye.

Ms. fr. 18162, f°.48 r°.

4436. — Arrêt réglant le payement de 6,000 écus dus pour les gages et pension du comte de Saint-Pol, gouverneur de l'Picardie.

Ms. fr. 18162, f° 48 v°.

4437. — Arrêt réglant le payement des sommes dues au marquis de Pisani, afin qu'il puisse payer les dettes par lui contractées lors de son ambassade à Rome.

Ms. fr. 18162, f° 49 r°.

4438. — Arrêt portant assignation de 8,150 écus 26 sols dus à la veuve de Corneille Cuper, marchand de Rouen, pour fournitures de poudre, balles, vivres, munitions et deniers faites par son défunt mari, notamment lors du siège de Dieppe.

Ms. fr. 18162, f° 49 v°.

4439. — Arrêt réglant le payement d'un mois de solde de 50 arquebusiers à cheval servant à la suite du duc de Montpensier.

Ms. fr. 18162, f° 49 v°.

4440. — Arrêt donnant assignation de 300 écus à Me Joachim Pénicher, secrétaire de la Chambre, qui est allé poursuivre à Lyon la publication de l'édit des arts et métiers.

Ms. fr. 18162, f° 50 r°.

4441. — Arrêt ordonnant à Me Dreux Barbin, receveur général des finances à Paris, de s'obliger à payer 2,500 écus au sieur Cottard, pour les habits des Suisses.

Ms. fr. 18162, f° 50 r°.

4442. — Arrêt portant assignation d'une somme de 1,000 écus accordée, par acquit patent, au sieur de Marivaulx, gouverneur de Laon, pour son assistance à l'assemblée de Rouen.

Ms. fr. 18162, f° 50 v°.

4443. — « Estat des deniers que les sieurs de Luxembourg et de Dinteville furent contraints d'emprunter, pour le service du Roy, en l'année 1589 », et arrêt leur donnant assignation d'une somme de 25,766 écus 2/3.

Clair. 654, p. 617.

1598, 26 janvier. — Paris.

4444. — Arrêt adjugeant définitivement au maréchal de Biron les aides et huitièmes dont la jouissance lui avait été provisoirement concédée par arrêt du 14 mai 1597.

Ms. fr. 18162, f° 50 v°.

1598, 27 janvier. — Paris.

4445. — Arrêt ordonnant l'élargissement de Jean Rousseau, fermier de l'impôt levé sur les marchandises et denrées entrant dans les villes de l'élection de Pithiviers, et assignant au Conseil Tanneguy Lestourneau, élu particulier à Janville, qui a fait emprisonner ledit Rousseau.

Ms. fr. 18162, f° 52 r°.

4446. — Arrêt portant assignation de 20,000 écus dus pour la pension du prince de Conti.

Ms. fr. 18162, f° 53 r°.

4447. — Arrêt ordonnant que diverses taxes perçues à Meulan sur le vin, sur le plâtre et sur les bateaux de transport continueront à être levées jusqu'au remboursement d'une somme de 6,227 écus 30 sols, due au sieur de Berengreville.

Ms. fr. 18162, f° 53 r°.

4448. — Arrêt portant assignation de 416 écus 10 sols dus a Me Gilles de Laulu, l'un des quatre chauffe-cire de France, pour fourniture de cire.

Ms. fr. 18162, f° 53 v°.

4449. — Arrêt donnant assignation de 6,333 écus 1/3 à Me Jean Jacquelin, trésorier des Bâtiments, pour les travaux du Louvre, des Tuileries et de Saint-Germain-en-Laye.

Ms. fr. 18162, f° 53 v°.

4450. — Arrêt réglant le payement d'une indemnité de 600 écus due au sieur de Sillery, conseiller d'État, pour un voyage à Paris.

Ms. fr. 18162, f° 54 r°.

1598, 28 janvier. — Paris.

4451. — Arrêt réglant l'application de l'édit des arts et métiers aux métiers de merciers, de grossiers et de joailliers de la ville de Paris.

Ms. fr. 18162, f° 54 r°.

4452. — Arrêt ordonnant au sénéchal de Lyon de procéder à la publication de l'édit des arts et métiers, nonobstant l'opposition du prévôt des marchands et des échevins de Lyon.

Ms. fr. 18162, f° 55 r°.

1598, 29 janvier. — Paris.

4453. — Arrêt ordonnant que les héritiers de Me Michel Baudoisin, bailli de Dreux, seront assignés d'une somme de 2,000 écus, à eux due par le prince de Conti.

Ms. fr. 18162, f° 55 r°.

4454. — Arrêt ordonnant le payement de la rente appartenant à frère Raymond d'Arces, ci-devant lieutenant des gardes de la porte sous Charles IX et sous Henri III, à présent religieux en l'ermitage de Notre-Dame de la forêt de Sénart.

Ms. fr. 18162, f° 55 v°.

4455. — Arrêt portant assignation de 500 écus dus pour la pension du sieur Christophe de Mo..., maître d'hôtel ordinaire du Roi.

Ms. fr. 18162, f° 56 r°.

4456. — Arrêt relatif au payement de 370 écus restés dus à François de Moret, sieur de Réau, pour les frais de la dernière négociation de Cambrai, en 1594.

Ms. fr. 18162, f° 56 r°.

4457. — Arrêt accordant à Me Augustin de Louvancourt, receveur général des gabelles en Picardie, décharge d'une somme de 4,500 écus, prise en sa maison, le jour où les Espagnols ont surpris la ville d'Amiens.

Ms. fr. 18162, f° 56 v°.

4458. — Arrêt réglant le payement de 7,000 écus assignés au sieur de La Noue.

Ms. fr. 18162, f° 56 v°.

4459. — Arrêt réglant le payement des arrérages de rentes dus aux Minimes de Paris.

Ms. fr. 18162, f° 57 r°.

4460. — Arrêt taxant les droits de sceau payables pour les lettres de provision aux offices de regrattiers nouvellement créés dans les provinces de Lyonnais, Forez, Beaujolais, Mâconnais et Vivarais.

Ms. fr. 18162, f° 57 r°.

4461. — Arrêt portant assignation de 2,000 écus donnés par le Roi au baron de Canillac.

Ms. fr. 18162, f° 57 r°.

4462. — Arrêt portant assignation de 1,000 écus accordés, par acquit patent, au sieur Antonio Perez.

Ms. fr. 18162, f° 57 v°.

4463. — Arrêt affectant 14,000 écus à l'achat de 400 chevaux de trait et au payement de l'équipage de l'artillerie que le Roi fait conduire en Bretagne.

Ms. fr. 18162, f° 57 v°.

4464. — Arrêt ordonnant au sieur Zamet d'avancer ladite somme de 14,000 écus au trésorier de l'Épargne, Me Étienne Puget.

Ms. fr. 18162, f° 57 v°.

4465. — Arrêt portant assignation de 800 écus accordés, par lettres patentes en forme d'acquit, à

Mᵉ Thomas Guenault, apothicaire-distillateur ordinaire du Roi.

Ms. fr. 18162, fᵒ 57 vᵒ.

4466. — Arrêt réglant les fournitures de vivres
que doit faire Guillaume de Poisblanc tant aux régiments de Navarre, de Piémont, etc., qui vont en l'armée de Bretagne, qu'aux régiments de Picardie, de
Champagne, de Bourgogne, et l'autorisant à payer en
argent ce qu'il doit pour les vivres de la cavalerie.

Ms. fr. 18162, fᵒ 58 rᵒ.

4467. — Arrêt portant nouvelle assignation de
7,574 écus 16 sols dus au colonel Balthazar de
Grissac.

Ms. fr. 18162, fᵒ 58 rᵒ.

4468. — Arrêt portant assignation de 2,000 écus
donnés par le Roi au sieur de Rambouillet et à son
fils, le vidame du Mans, capitaine de cent gentilshommes de la Maison du Roi.

Ms. fr. 18162, fᵒ 58 vᵒ.

4469. — Arrêt ordonnant que le sieur Buzart, garde
de la douane, sera contraint de remettre 38 écus à
Mᵉ Baptiste Gallois, secrétaire de la Chambre.

Ms. fr. 18162, fᵒ 58 vᵒ.

4470. — Arrêt ordonnant qu'il sera levé 2,000
écus dans les élections de Senlis, de Crépy et de
Meaux, pour le remboursement partiel des 19,151
écus 32 sols 6 deniers empruntés à plusieurs habitants de Senlis.

Ms. fr. 18162, fᵒ 58 vᵒ.

4471. — Arrêt réglant le payement de la solde
des quatre-vingts mortes-payes du château de Leucate.

Ms. fr. 18162, fᵒ 59 rᵒ.

4472. — Arrêt réglant le payement de la somme
qui, après vérification à la Chambre des comptes,
se trouvera rester dué au sieur de Barres, gouverneur
de Leucate.

Ms. fr. 18162, fᵒ 59 vᵒ.

4473. — Arrêt donnant assignation de 6,000 écus
au maréchal (nom en blanc).

Ms. fr. 18162, fᵒ 60 rᵒ.

4474. — Arrêt portant assignation de 800 écus
donnés, par lettres patentes, au capitaine Chaillon,
ci-devant commandant à Issoire.

Ms. fr. 18162, fᵒ 6 rᵒ.

4475. — Arrêt assignant 300 écus à Mᵉ Jean
Bardeau, receveur et payeur de l'Écurie, « pour employer en achapt de lances et autres despences deppendans du faict de ladicte Escuyrie, que Sa Majesté
a commandé estre faictes pour servir au carousel qui
se fera, ès prochains jours, en la rue Saint-Anthoine,
pour le plaisir de Sa Majesté. »

Ms. fr. 18162, fᵒ 60 rᵒ.

4476. — Arrêt portant assignation de 2,000 écus
donnés par le Roi au sieur de La Vaulte, capitaine de
100 chevau-légers dans le haut pays d'Auvergne.

Ms. fr. 18162, fᵒ 60 rᵒ.

4477. — Arrêt ordonnant le payement des 100
écus que l'on doit distribuer, comme d'habitude, aux
archers du guet chargés de monter la garde à la foire
de Saint-Germain-des-Prés.

Ms. fr. 18162, fᵒ 60 vᵒ.

1598, 30 janvier. — Louvres-en-Parisis.

4478. — « Estat des arrestz qui sont à expédier
au Conseil du Roy pour les affaires des Suisses. »

Clair. 654, p. 589.

1598, 31 janvier. — Paris.

4479. — Arrêt réglant le payement des gages dus
aux sieurs de Bellegarde, de Rauquelaure, de Mire-
pois, do Liancourt, de Chemerault, de Montglat et
de Cachat.

Ms. fr. 18162, fᵒ 60 vᵒ.

4480. — Arrêt renvoyant plusieurs créanciers du
duc de Guise aux commissaires ordonnés par le Roi
pour la distribution des 400,000 écus destinés à
l'acquittement des dettes dudit duc, et annulant les
saisies faites à la requête desdits créanciers.

Ms. fr. 18162, fᵒ 61 rᵒ.

4481. — Arrêt portant assignation de 600 écus

dus pour la pension du sieur Du Luat, secrétaire ordinaire de la Chambre.

Ms. fr. 18162, f° 61 v°.

4482. — Arrêt supprimant la qualité de président au bureau des finances de Bourges, à condition que les trésoriers de France à Bourges rembourseront la finance payée par M° Hugues Le Grand.

Ms. fr. 18162, f° 61 v°.

4483. — Contrat conclu avec le sieur Sébastien Zamet pour un emprunt de 300,000 écus, destinés au payement de l'armée, des garnisons de Picardie et de Champagne et des Ligues suisses.

Clair. 654, p. 621.

1598, 3 février. — Paris.

4484. — Arrêt ordonnant que M° Mallon sera contraint de payer 4,500 écus pour son office de conseiller au Parlement et de commissaire aux Requêtes.

Ms. fr. 18162, f° 62 v°.

4485. — Arrêt réglant le payement des gages et pensions dus aux sieurs de Loménie et de Claireville, secrétaires ordinaires de la Chambre.

Ms. fr. 18162, f° 62 v°.

1598, 4 février. — Paris

4486. — Arrêt portant nouvelle assignation de 1,625 écus 1/3 dus à Pierre Bosse, marchand de Paris, pour fournitures de vin et de blé faites à la garnison de Corbeil.

Ms. fr. 18162, f° 63 r°.

4487. — Arrêt accordant à Thomas Proust, fermier du passage du port d'Olivet sur le Loiret, remise d'une partie de ses fermages.

Ms. fr. 18162, f° 63 r°.

4488. — Arrêt portant assignation de 5,000 écus accordés, à titre d'indemnité, au sieur de Montmartin, démissionnaire du gouvernement et de la capitainerie de Vitré.

Ms. fr. 18162, f° 63 v°.

4489. — Arrêt portant assignation de 1,706 écus 2/3 accordés, par acquit patent, à M° Jacques Mareschal, procureur du Roi en la prévôté de l'Hôtel.

Ms. fr. 18162, f° 63 v°.

4490. — Arrêt modérant à 100 écus la taxe imposée à Jean Poncet pour le supplément de son office de «contrôleur à faire les montres du prévost des mareschaux de Melun et Nemours».

Ms. fr. 18162, f° 63 v°.

4491. — Arrêt réglant le remboursement de 978 écus 10 sols avancés par le sieur de Parabère, en 1592, «pour les urgens affaires du Roy en son Artillerie».

Ms. fr. 18162, f° 64 r°.

4492. — Arrêt assignant au Conseil les élus de Chaumont et Magny, pour répondre au sujet d'une sentence par eux rendue à l'encontre de la caution de Jean Girard et de Denis Jaudouin, marchands de vin.

Ms. fr. 18162, f° 64 r°.

4493. — Arrêt donnant assignation de 12,783 écus 1/3 au sieur de Saint-Bonnet, trésorier des coffres du Roi.

Ms. fr. 18162, f° 64 v°.

4494. — Arrêt portant assignation de 1,500 écus accordés, par lettres patentes du 20 septembre dernier, au président de Metz, lequel avait été mandé en toute hâte au Conseil pour prendre part à la délibération concernant le gouvernement de Metz.

Ms. fr. 18162, f° 65 r°.

4495. — Arrêt réglant le remboursement des sommes dues par la ville de Lyon à Antoine Charrier, ci-devant échevin de ladite ville.

Ms. fr. 18162, f° 65 r°.

4496. — Arrêt donnant assignation de 6,666 écus 2/3 au maréchal de Balagny.

Ms. fr. 18162, f° 65 v°.

4497. — Arrêt donnant assignation de 1,000 écus au sieur de Burosse, premier capitaine du régiment de Champagne.

Ms. fr. 18162, f° 65 v°.

4498. — Arrêt donnant assignation de 200 écus à Laurent Regnard, porte-manteau du Roi, pour avoir porté au parlement de Dijon l'édit de création des offices de commissaires-examinateurs.

Ms. fr. 18162, f° 65 v°.

4499. — Arrêt réglant le payement de 500 écus « nécessaires pour embarquer les canons depuis Orléans jusques à Angers ».

Ms. fr. 18162, f° 66 r°.

4500. — Arrêt réglant le payement des sommes dues au sieur de Perrault, lieutenant du Roi dans la Haute-Bresse et gouverneur de Montluel, tant pour la fortification et l'approvisionnement, que pour la solde et l'entretien de la garnison de Montluel.

Ms. fr. 18162, f° 66 r°.

4501. — Arrêt ordonnant le payement de 200 écus dus au sieur d'Armençon, pour un voyage qu'il a été obligé de faire à la suite du Roi.

Ms. fr. 18162, f° 66 v°.

4502. — Arrêt déclarant que les amendes et confiscations de chablis des forêts du duché de Valois et du comté de Senlis tourneront au profit de la Reine, après toutefois qu'on aura prélevé les frais de la commission de Me Antoine de Saint-Yon, lieutenant général des eaux et forêts.

Ms. fr. 18162, f° 67 r°.

4503. — Arrêt accordant aux habitants de Saint-Julien-de-Copel remise du reste des tailles de l'année 1595.

Ms. fr. 18162, f° 67 r°.

1598, 5 février. — Paris.

4504. — Arrêt autorisant le chapitre de la Sainte-Chapelle du Vivier-en-Brie à échanger des terres sises au territoire de Torcy avec des terres appartenant au sieur de Rantilly.

Ms. fr. 18162, f° 67 v°.

4505. — Arrêt déclarant que Me Gervais Honoré, fermier général des impôts et billots de Bretagne,

sera contraint de payer une somme de 10,000 écus, assignée au duc de Nemours, nonobstant une ordonnance du maréchal de Brissac, lieutenant général en Bretagne.

Ms. fr. 18162, f° 68 v°.

4506. — Arrêt ordonnant l'envoi en Picardie d'une somme de 20,666 écus 2/3, provenant des compositions d'offices, et d'une somme de 9,000 écus, avancée par Zamet.

Ms. fr. 18162, f° 69 r°.

4507. — Arrêt ordonnant aux gardes et munitionnaires des villes de Boulogne, Montreuil et Rue de compter par-devant les commissaires et surintendants généraux des vivres, et prescrivant une enquête sur l'exécution du contrat passé avec Guillaume Poisblanc.

Ms. fr. 18162, f° 69 v°.

4508. — Arrêt réglant le payement des gages et pensions dus au sieur de La Rivière, premier médecin, et Du Laurens, médecin ordinaire du Roi.

Ms. fr. 18162, f° 70 v°.

4509. — Arrêt enjoignant aux agents du Clergé, au prévôt des marchands et aux échevins de Paris de faire juger au plus tôt leur opposition à la revente des offices de receveurs des décimes, sinon les commissaires passeront outre à la revente desdits offices.

Ms. fr. 18162, f° 95 v°.

1598, 6 février. — Paris.

4510. — Arrêt ratifiant la vente des terres et seigneuries de Fraissé[-Cabardès], de Coursan, d'Aurignac, de Samatan, de Portet, de Cabrières, de Portel, de Mas[-Cabardès], de Pradelles, de Saint-Marcet, etc., nonobstant un arrêt du parlement de Toulouse.

Ms. fr. 18162, f° 70 v°.

4511. — Arrêt portant règlement au sujet de l'approvisionnement des greniers et des chambres à sel du royaume.

Ms. fr. 18162, f° 71 v°.

4512. — Arrêt réglant le payement de 4,600 écus

dus «pour la nourriture et entretènement de trois pages de la Chambre de Sa Majesté, entretenuz extraordinairement» par le sieur de Bellegarde, premier gentilhomme de la Chambre.

Ms. fr. 18162, f° 72 v°.

4513. — Arrêt donnant assignation de 700 écus au sieur de La Guesle, conseiller d'État.

Ms. fr. 18162, f° 73 r°.

4514. — Arrêt donnant assignation de 1,700 écus au sieur de Loménie, secrétaire de la Chambre.

Ms. fr. 18162, f° 73 r°.

4515. — Arrêt réglant le remboursement de 2,466 écus 2/3 prêtés au Roi, le 31 décembre 1596, par René Croiset, l'un des valets de chambre ordinaires de Sa Majesté.

Ms. fr. 18162, f° 73 r°.

4516. — Arrêt réglant le remboursement de 3,600 écus prêtés au Roi, le 31 décembre 1596, par M° Louis de Tours, secrétaire du Roi et de ses finances.

Ms. fr. 18162, f° 73 r°.

4517. — Arrêt donnant assignation de 200 écus au sieur Guischard, valet de chambre ordinaire du Roi.

Ms. fr. 18162, f° 73 v°.

4518. — Arrêt donnant assignation de 200 écus à Nicolas Foubub (sic), huissier de la Chambre.

Ms. fr. 18162, f° 73 v°.

4519. — Arrêt réglant le payement de 400 écus 42 sols 6 deniers dus pour les gages du sieur de La Brosse, exempt des gardes du corps.

Ms. fr. 18162, f° 73 v°.

4520. — Arrêt relatif au payement de 600 écus dus au sieur de Vierse, pour ses gages de secrétaire des finances, de la Chambre et du Cabinet.

Ms. fr. 18162, f° 74 r°.

4521. — Arrêt portant assignation de 200 écus dus pour la pension de Marguerite Le Maçon, veuve de Jean Prévost, avocat en la Chambre des comptes.

Ms. fr. 18162, f° 74 r°.

4522. — Arrêt portant assignation de 1,000 écus dus pour les gages et pension du sieur de Langle, «ayant charge de la librarye au Cabinet du Roy».

Ms. fr. 18162, f° 74 r°.

4523. — Arrêt portant assignation de 333 écus 1/3 dus au sieur Guilloyre, pour ses gages de secrétaire des finances.

Ms. fr. 18162, f° 74 r°.

4524. — Arrêt portant assignation de 900 écus dus au sieur de Baignolz, greffier du Conseil, pour ses gages de secrétaire des finances.

Ms. fr. 18162, f° 74 r°.

4525. — Arrêt réglant l'emploi des deniers provenant de la composition des offices de contrôleurs-visiteurs-marqueurs de cuirs, rétablis et rendus héréditaires par édit du mois de janvier 1596.

Ms. fr. 18162, f° 74 v°.

1598, 7 février. — Paris.

4526. — Arrêt accordant à M° Jacques de Bèze, trésorier provincial des guerres en Picardie, décharge d'une somme de 3,100 écus, perdue lors de la surprise d'Amiens.

Ms. fr. 18162, f° 75 r°.

4527. — Arrêt portant assignation d'une somme de 3,576 écus 1/3 et 11 sols due au sieur de Sillery, pour les frais de son ambassade en Suisse.

Ms. fr. 18162, f° 75 r°.

4528. — Arrêt réglant le change de 40,500 écus que M° Nicolas Girard, trésorier des Ligues, doit convertir en testons et en francs.

Ms. fr. 18162, f° 75 v°.

4529. — Arrêt déclarant que toutes personnes, privilégiées ou non, contribueront au payement des 34,898 écus 40 sols imposés en l'élection de Paris pour la grande crue des garnisons.

Ms. fr. 18162, f° 76 v°.

4530. — Arrêt portant assignation de 600 écus

donnés, par acquit patent, aux sieurs d'Escures et d'Harbelay.

Ms. fr. 18162, f° 76 v°.

4531. — Arrêt déclarant que, nonobstant toute remise générale, les paroisses de l'Yssandonois et de la Xaintrie seront contraintes de payer les restes de leurs tailles à François de Trassaigne, vice-sénéchal dans le Bas-Limousin, attendu qu'elles ont été constamment rebelles.

Ms. fr. 18162, f° 77 r°.

4532. — Arrêt portant assignation de 1,000 écus dus pour la pension du sieur de La Bastide, maître d'hôtel ordinaire du Roi et gouverneur des Ponts-de-Cé.

Ms. fr. 18162, f° 77 r°.

4533. — Arrêt modérant à 100 écus la taxe imposée à Charles de Soubzlemontier, pour le supplément de son office de contrôleur à faire les montres du prévôt des maréchaux de Senlis.

Ms. fr. 18162, f° 77 v°.

4534. — Avis du Conseil tendant à accorder 1,100 écus à M° Claude de Montescot, trésorier des Parties casuelles, « pour le maniement extraordinaire qu'il a faist en l'année dernière ».

Ms. fr. 18162, f° 77 v°.

4535. — Arrêt portant nouvelle assignation de 8,000 écus dus au sieur d'Estrées, chevalier des ordres, conseiller d'État et grand maître de l'Artillerie.

Ms. fr. 18162, f° 78 r°.

4536. — Arrêt portant nouvelle assignation de 300 écus dus au sieur de Sève, maître des requêtes ordinaire de l'Hôtel.

Ms. fr. 18162, f° 78 r°.

4537. — Arrêt réglant le payement de 300 écus accordés, par acquits patents, au sieur Potit, secrétaire de la Chambre, tant pour ses gages que pour indemnité de voyage.

Ms. fr. 18162, f° 78 r°.

4538. — Arrêt réglant le payement de 133 écus

1/3 dus pour les gages de M° Victor Brodeau, secrétaire ordinaire de la Chambre.

Ms. fr. 18162, f° 78 v°.

4539. — Arrêt réglant le payement de 666 écus 2/3 dus à M° François de Launay, pour ses gages et pension de secrétaire des finances.

Ms. fr. 18162, f° 78 v°.

4540. — Arrêt portant assignation de 246 écus 2/3 dus au sieur Du Maurier, secrétaire de la Chambre.

Ms. fr. 18162, f° 78 v°.

4541. — Arrêt portant assignation de 700 écus dus au duc de Bouillon, pour ses gages de premier gentilhomme de la Chambre.

Ms. fr. 18162, f° 78 v°.

4542. — Arrêt portant assignation de 600 écus dus au sieur de Beaumevielle, pour un voyage d'Auvergne à Paris, et de 1,000 écus à lui donnés par le Roi, en considération de ses services.

Ms. fr. 18162, f° 79 r°.

4543. — Arrêt portant assignation de 1,000 écus dus au duc de Guise, pour ses gages de gouverneur de Provence.

Ms. fr. 18162, f° 79 r°.

4544. — Arrêt portant assignation de 3,000 écus donnés au sieur de Canisy, par acquit patent vérifié en la Chambre des comptes.

Ms. fr. 18162, f° 79 r°.

4545. — Arrêt relatif au payement de 162 écus 10 sols dus à la veuve du capitaine La Pierre, commissaire ordinaire de l'Artillerie, pour la réparation et le transport de plusieurs canons menés au siège d'Amiens.

Ms. fr. 18162, f° 79 v°.

4546. — Arrêt attribuant à Jacques de Barquillet un office d'élu en l'élection de Mantes, nouvellement créé par l'édit accordé au duc de Mayenne.

Ms. fr. 18162, f° 79 r°.

4547. — Arrêt réglant le remboursement de

2,000 écus empruntés par Antoine de Vienne, pour le service du Roi, après la réduction de Troyes.

Ms. fr. 18162, f° 80 r°.

4548. — Avis du Conseil tendant à attribuer au sieur de Suresnes un office nouvellement créé de prévôt général en Normandie, en payement d'une somme de 11,800 écus à lui due pour ses gages de maréchal de camp, de maître d'hôtel ordinaire et de maître des cérémonies.

Ms. fr. 18162, f° 80 r°.

4549. — Arrêt ordonnant qu'il sera sursis aux poursuites exercées contre le sieur de Chambray, jusqu'à la levée et jusqu'au remboursement d'une somme de 5,500 écus par lui avancée au Roi.

Ms. fr. 18162, f° 80 v°.

4550. — Arrêt portant assignation de 700 écus accordés, par acquit patent, au sieur de Pouilly, capitaine de cinquante hommes d'armes des ordonnances du Roi.

Ms. fr. 18162, f° 80 v°.

4551. — Arrêt portant assignation de 1,000 écus accordés, par acquit patent, au prince de Conti.

Ms. fr. 18162, f° 81 r°.

4552. — Arrêt portant assignation de 150 écus accordés, par acquit patent, au sieur de La Salle, lieutenant d'une compagnie au régiment des gardes.

Ms. fr. 18162, f° 81 r°.

4553. — Arrêt portant assignation de 400 écus dus pour la pension du capitaine Ambroise Bachot, ingénieur du Roi.

Ms. fr. 18162, f° 81 r°.

4554. — Arrêt portant assignation de 1,106 écus 2/3 accordés, par acquit patent, à Madame, sœur du Roi.

Ms. fr. 18162, f° 81 r°.

4555. — Arrêt portant assignation de 312 écus dus pour les appointements des sieurs Descoutures et de Verna, capitaine et exempt de la garde suisse de Madame.

Ms. fr. 18162, f° 81 v°.

4556. — Arrêt ordonnant au trésorier de l'Épargne de verser comptant aux mains du Roi une somme de 50,000 écus, pour l'acquittement de ce qui est dû aux sieurs Zamet et Cénamy.

Ms. fr. 18162, f° 81 v°.

4557. — Arrêt donnant assignation de 1,800 écus à M° Léonard Fleureteau, maître de la Chambre aux deniers.

Ms. fr. 18162, f° 81 v°.

4558. — Arrêt accordant aux habitants de [la Ferrière-des]-Chapelets, de Château-Fromage, de Sainte-Catherine-de-Lairière et de Saint-Vincent-Sterlange surséance pour le payement de leurs tailles.

Ms. fr. 18162, f° 81 v°.

4559. — Arrêt accordant aux sieurs de La Rivière, premier médecin, et Du Laurens, médecin ordinaire du Roi, 2 écus par chaque réception aux maîtrises d'apothicaires et de chirurgiens.

Ms. fr. 18162, f° 82 r°.

4560. — Arrêt ordonnant l'expédition de lettres patentes adressées aux commissaires députés pour la vente du domaine en la généralité de Guyenne.

Ms. fr. 18162, f° 82 r°.

4561. — Arrêt assignant au Conseil M° Victor Gardette, lieutenant général au bailliage de Touraine, pour qu'il réponde au sujet de deux sentences par lui rendues, nonobstant la défense qui lui avait été faite de connaître de l'exécution de l'édit de création des jaugeurs de vin.

Ms. fr. 18162, f° 82 v°.

4562. — Arrêt accordant aux habitants de Gommerville, en Beauce, remise d'une demi-année de tailles, à raison des excès qu'y ont commis les troupes du duc de Nemours.

Ms. fr. 18162, f° 83 r°.

4563. — Arrêt assignant 15 écus à Jean Desportes, garçon de la Chambre du Roi, pour son habillement et pour son entretien.

Ms. fr. 18162, f° 83 r°.

4564. — Avis du Conseil tendant à faire don de

38.

.1 o o écus, « par pitié et ausmosne, » au sieur Diego Botellio.

Ms. fr. 18162, f° 83 r°.

4565. — Arrêt réglant le payement de trois compagnies de gens de pied suisses en garnison à Lyon.

Ms. fr. 18162, f° 83 r°.

4566. — Arrêt assignant au Conseil et suspendant de leurs fonctions les officiers des élections de la Rochelle et de Fontenay-le-Comte, coupables de révolte contre les huissiers chargés de percevoir l'emprunt levé sur les officiers des finances.

Ms. fr. 18162, f° 84 r°.

4567. — Arrêt ordonnant que les habitants du duché de Guise et des châtellenies de Hirson et de Nouvion[-en-Thiérarche] seront contraints au payement de la crue.

Ms. fr. 18162, f° 85 r°.

4568. — Traité passé au Conseil avec Jean Loupes, capitaine de marine, pour l'armement et pour l'entretien du navire *le Royal,* de la rivière de Bordeaux, qui appartient au sieur de Barrault, vice-amiral de Guyenne, et qui doit rejoindre la flotte royale de Bretagne.

Ms. fr. 18162, f° 86 v°.

4569. — Arrêt donnant assignation de 1,500 écus à M° Philippe Danquechin, trésorier des réparations et fortifications d'Île-de-France et de Picardie, pour la réparation des brèches de la ville d'Amiens.

Ms. fr. 18162, f° 88 r°.

4570. — Arrêt donnant assignation de 1,600 écus à M° Philippe Danquechin, pour la construction de la citadelle et pour la réparation des fortifications d'Amiens.

Ms. fr. 18162, f° 88 v°.

4571. — Arrêt ordonnant qu'estimation sera faite des maisons démolies pour la construction de la citadelle d'Amiens.

Ms. fr. 18162, f° 88 v°.

4572. — Arrêt affectant tous les deniers provenant des lods et ventes d'Amiens aux réparations et aux fortifications de ladite ville.

Ms. fr. 18162, f° 89 r°.

4573. — Arrêt réglant le remboursement de partie des 21,500 écus empruntés, en 1595 et en 1596, aux sieurs Zamet et Cénamy, pour les dépenses de l'armée de Picardie.

Ms. fr. 18162, f° 90 r°.

4574. — Arrêt réglant le remboursement de 115,000 écus prêtés, pour les dépenses du siège d'Amiens, par plusieurs des « bons subjects et serviteurs » du Roi.

Ms. fr. 18162, f° 90 v°.

1598, 9 février. — Paris.

4575. — Arrêt portant nouvelle assignation de 1,000 écus dus au sieur de Nan.

Ms. fr. 18162, f° 91 v°.

1598, 10 février. — Paris.

4576. — Arrêt ordonnant que la ferme de l'augmentation du tiers imposée, en 1595, sur les marchandises entrant à Lyon, sera remise en adjudication sur l'enchère d'Horace Benay.

Ms. fr. 18162, f° 91 v°.

4577. — Arrêt portant assignation de 1,900 écus dus au sieur Frémyot, tant pour ses appointements de conseiller d'État, que pour ses gages de président au parlement de Dijon.

Ms. fr. 18162, f° 92 r°.

4578. — Arrêt autorisant les receveurs des tailles de Moulins à percevoir et à payer la solde des archers du vice-sénéchal de Bourbonnais, sauf à rembourser la finance qu'ont payée, pour remplir le même office, les receveurs du taillon.

Ms. fr. 18162, f° 92 r°.

4579.—Arrêt portant assignation de 1,233 écus 1/3 dus au sieur de Marcilly, pour sa pension et pour ses gages d'écuyer d'Écurie.

Ms. fr. 18162, f° 92 r°.

4580. — Arrêt donnant au sieur de Caumartin, conseiller d'État, assignation de moitié des 4,000 écus qu'il a payés pour sa rançon, lors de la surprise d'Amiens.

Ms. fr. 18162, f° 92 v°.

4581. — Arrêt portant assignation de 1,000 écus dus pour la pension du sieur de Mony.

Ms. fr. 18162, f° 92 v°.

4582. — Arrêt portant assignation de 1,000 écus dus pour la pension du sieur de Frontenac.

Ms. fr. 18162, f° 92 v°.

4583. — Arrêt portant assignation de 1,200 écus dus pour la pension du sieur de Roche, écuyer d'Écurie.

Ms. fr. 18162, f° 92 v°.

4584. — Arrêt réglant le remboursement de partie des fournitures de vin faites par feu Pierre Haslé, munitionnaire des armées du Roi.

Ms. fr. 18162, f° 93 r°.

4585. — Arrêt modérant à 100 écus la taxe imposée à Me Étienne de Clèves, pour le supplément de son office de contrôleur à faire les montres du prévôt des maréchaux de Champagne.

Ms. fr. 18162, f° 93 r°.

4586. — Arrêt accordant à Mes Antoine Gatian et Jean Coynart décharge de l'emprunt levé sur les officiers des finances, « attendu qu'ilz ont esté supprimez, aussi tost que pourveuz » des offices de trésoriers des traites de Lyon.

Ms. fr. 18162, f° 93 v°.

4587. — Arrêt ordonnant le maintien de l'élection de Brive, supprimée par arrêt du 18 octobre 1597 (n° 3921).

Ms. fr. 18162, f° 93 v°.

4588. — Arrêt déchargeant Pierre de Saint-Quentin de la ferme des nouvelles impositions de Gisors, de Clermont, de Magny, d'Étrépagny et du bailliage de la Roche-Guyon, à condition qu'il effectuera, en vertu d'une commission, la recette desdits impôts.

Ms. fr. 18162, f° 94 r°.

4589. — Arrêt réglant le remboursement de diverses sommes avancées par les sieurs Scipion-Marc-Antoine Sardini et Rodolphe Cénamy.

Ms. fr. 18162, f° 94 v°.

4590. — Arrêt portant assignation de 3,080 écus dus au sieur de La Varenne, contrôleur général des postes, tant pour sa pension que pour ses voyages.

Ms. fr. 18162, f° 95 v°.

1598, 11 février. — Paris.

4591. — Arrêt portant nouvelle assignation de 4,600 écus dus au sieur de Rosny, conseiller d'État, tant pour ses gages que pour le prêt par lui fait au Roi, en 1593.

Ms. fr. 18162, f° 96 r°.

4592. — Arrêt portant assignation de 6,000 écus dus aux « cappitaines entretenuz près de M. le duc d'Espernon ».

Ms. fr. 18162, f° 96 v°.

4593. — Arrêt ordonnant aux trésoriers de France à Bourges de faire acquitter par Me Thomas Robin, receveur général des finances à Bourges, une assignation de 6,000 écus levée au profit de la garnison de Châlon-sur-Saône.

Ms. fr. 18162, f° 96 v°.

4594. — Arrêt portant assignation de 4,500 écus donnés, par lettres patentes en forme d'acquit patent, au sieur de Bellefont, capitaine de cinquante chevau-légers.

Ms. fr. 18162, f° 97 r°.

4595. — Arrêt déclarant que le payement des gages dus aux archers des prévôts des maréchaux dont les états sont érigés en titre d'offices sera subordonné à l'acquittement des taxes levées sur lesdits archers.

Ms. fr. 18162, f° 97 r°.

4596. — Arrêt affectant 1,500 écus à la dépense des fortifications des places d'Angoumois et de Saintonge.

Ms. fr. 18162, f° 98 r°.

4597. — Mandat de payement de 60 écus délivré

au sieur Charron, pour les frais d'un voyage à Bordeaux.

Ms. fr. 18162, f° 98 r°.

4598. — Avis du Conseil tendant à comprendre « en la première certification de comptant ès mains de Sa Majesté » une somme de 10,000 écus due à Barthélemy Cénamy, nonobstant l'opposition de la Chambre des comptes.

Ms. fr. 18162, f° 98 r°.

————

1598, 12 février. — Paris.

4599. — Arrêt donnant assignation de 10,000 écus au duc de Mayenne.

Ms. fr. 18162, f° 98 v°.

4600. — Arrêts réglant le payement de 3,000 écus dus à Guillaume Poisblanc, munitionnaire de l'armée de Picardie, pour fournitures de pain, de foin et d'avoine.

Ms. fr. 18162, f°° 98 v° et 99 r°.

4601. — Arrêt ordonnant à Me Claude Bonnot, commis au payement des dépenses de la Vénerie, d'emprunter, en son nom, la somme de 14,809 écus, à laquelle monteront les dépenses de la présente année.

Ms. fr. 18162, f° 99 v°.

4602. — Arrêt assignant 50 écus à Jacques Valletz, huissier et garde-meubles du Conseil, pour les frais de transport desdits meubles durant le voyage de Bretagne.

Ms. fr. 18162, f° 100 r°.

4603. — Arrêt réglant le remboursement de 5,400 écus avancés par le sieur de Sancy et autres.

Ms. fr. 18162, f° 100 r°.

4604. — Arrêt donnant assignation de 2,500 écus à la duchesse de Beaufort.

Ms. fr. 18162, f° 100 r°.

4605. — Arrêt portant assignation de 133 écus 1/3 dus pour les gages de Me Jean Martin, médecin du Roi.

Ms. fr. 18162, f° 100 r°.

4606. — Arrêt portant assignation de 2,000 écus donnés par le Roi aux sieurs Cornelio Pellerarii et de Balmes.

Ms. fr. 18162, f° 100 v°.

4607. — Arrêt ordonnant l'exécution des arrêt et lettres patentes du 1er mai et du 15 juin derniers relatifs à la réunion des offices de maîtres-priseurs-vendeurs et d'huissiers-sergents royaux, assignant, en outre, au Conseil et suspendant de leurs fonctions les officiers de Tours, du Mans et de Fontenay-le-Comte qui se sont opposés à la publication dudit arrêt et desdites lettres patentes.

Ms. fr. 18162, f° 100 v°.

4608. — Arrêt interdisant derechef au Parlement et évoquant au Conseil d'État la connaissance de toutes les oppositions formées contre l'édit de réunion des offices de notaires royaux, notamment l'opposition formée par les notaires de Troyes.

Ms. fr. 18162, f° 101 r°.

4609. — Arrêt chargeant Me de Ligny, trésorier des Parties casuelles actuellement en charge, de délivrer, à la place de Me Claude de Montescot, les quittances des offices de commissaires-examinateurs des cuirs.

Ms. fr. 18162, f° 103 r°.

4610. — Arrêt renvoyant aux trésoriers de France à Paris le compte de Me Charles Larcher, voyer et receveur du domaine à Mantes et à Meulan.

Ms. fr. 18162, f° 103 r°.

4611. — Arrêt réduisant à 15 sols par muid la taxe levée sur le vin entrant en la ville d'Auxerre.

Ms. fr. 18162, f° 103 v°.

4612. — Arrêt portant assignation de 600 écus dus pour les gages et pension du sieur de Haultcourt, gentilhomme ordinaire de la Chambre et gouverneur de la personne de M. le Prince.

Ms. fr. 18162, f° 104 r°.

4613. — Arrêt portant assignation de 66 écus 2/3 dus à M. Gilbert Rigault, lieutenant criminel à Riom.

Ms. fr. 18162, f° 104 r°.

4614. — Arrêt ordonnant au sieur de Viçouse, conseiller d'État et intendant des finances en Guyenne, de vérifier les comptes de M° Jean Le Febvre, commis à l'Extraordinaire en Guyenne, accusé de malversations.

Ms. fr. 18162, f° 104 v°

4615. — Arrêt prolongeant de six mois le délai accordé au clergé de Châlon-sur-Saône pour le payement du prix des offices de receveur et de contrôleur audit diocèse.

Ms. fr. 18162, f° 104 v°.

4616. — Arrêt accordant aux habitants d'Auneau remise des tailles de l'année 1596, en considération de l'épidémie qui a presque détruit la population.

Ms. fr. 18162, f° 104 v°.

4617. — Arrêt donnant assignation de 400 écus aux sieurs Bonin et Bragelongne, conseillers au Parlement, tant pour leurs gages échus que pour les indemniser du retard apporté à leur réception.

Ms. fr. 18162, f° 105 r°.

4618. — Arrêt accordant à M° Louis Fervient et Lyé Barreau, contrôleurs généraux des Ligues, surséance de trois mois pour le payement de leur quotepart de l'emprunt levé sur les officiers des finances.

Ms. fr. 18162, f° 105 r°.

4619. — Arrêt portant assignation de 400 écus accordés, par acquit patent, à M° Jean de Beaugrand, écrivain du Roi et de ses bibliothèques, pour ses gages et pension.

Ms. fr. 18162, f° 105 v°.

4620. — Arrêt portant assignation de 200 écus dus pour la pension d'Édouard de Ferrère, gentilhomme portugais.

Ms. fr. 18162, f° 105 v°.

4621. — Arrêt portant assignation de 1,000 écus dus pour les appointements extraordinaires du sieur Billard, contrôleur général des guerres.

Ms. fr. 18162, f° 105 v°.

4622. — Arrêt portant assignation de 1,200 écus dus pour les appointements extraordinaires du sieur

de Cardonne, secrétaire et contrôleur général des guerres.

Ms. fr. 18162, f° 105 v°.

4623. — Arrêt assignant 50 écus à M° Frédéric Morel, imprimeur ordinaire du Roi, pour l'impression de divers édits, déclarations et arrêts.

Ms. fr. 18162, f° 106 r°.

4624. — Arrêt modifiant la teneur d'une ordonnance du Conseil du 17 novembre dernier (n° 4063) et ordonnant que certains deniers provenant de la recette générale de Lyon seront affectés concurremment au payement des garnisons du Lyonnais et de Thoissey et au payement des gens de guerre de Bresse.

Ms. fr. 18162, f° 106 r°.

4625. — Arrêt ordonnant que l'arrêt du 31 août dernier expédié à la requête de M° Jean Fremin servira à M° Claude Goblet, commissaire-examinateur à Melun, comme s'il avait été donné en son nom.

Ms. fr. 18162, f° 106 v°.

4626. — Arrêt portant assignation de 2,060 écus accordés, par acquits, à Arnauld Blandin, dit Perlant.

Ms. fr. 18162, f° 106 v°.

4627. — Arrêt réglant le remboursement de 1,000 écus dus au sieur de Moreton, capitaine d'une compagnie de chevau-légers près M. le Connétable.

Ms. fr. 18162, f° 106 v°.

4628. — Arrêt portant assignation de 600 écus accordés au sieur de Saurin, maître de camp d'un régiment de gens de pied, « pour avoir conduit, à ses despens, trois cens hommes de pied de Languedoc en Picardie ».

Ms. fr. 18162, f° 107 r°.

4629. — Arrêt portant assignation de 600 écus dus à M° Gilles de Saint-Yon, procureur général en la Chambre du trésor et maréchaussée de France.

Ms. fr. 18162, f° 107 v°.

4630. — Arrêt portant assignation de 600 écus dus à René Dupont, tant pour ses appointements extraordinaires que pour ses gages de secrétaire de la Chambre.

Ms. fr. 18162, f° 107 v°.

4631. — Arrêt donnant assignation de 400 écus au sieur de La Fontaine et de 100 écus à son fils.

Ms. fr. 18162, f° 107 v°.

4632. — Arrêt ordonnant le remboursement de 2,100 écus avancés par le sieur de Sancy, suivant le commandement du Roi, au sieur Frequendo, Portugais, au sieur de La Salle, au sieur de La Rivière, ingénieur, etc.

Ms. fr. 18162, f° 108 r°.

4633. — Arrêt réglant le remboursement de 696,750 écus empruntés à Sébastien Zamet, qui doit en fournir comptant 464,500, et affectant cette somme au payement des Suisses et des gardes du corps, aux dépenses de l'Extraordinaire des guerres, de l'Artillerie et de la Maison du Roi.

Ms. fr. 16216, f° 122 r°.

1598, 13 février. — Paris.

4634. — Arrêt ordonnant la prompte réparation du chemin qui va des faubourgs de Blois à la côte de Chousy, « afin que, Sa Majesté allant au pays de Bretaigne, ledit chemin soit en bon et suffisant estat pour y passer sa court et son armée ».

Ms. fr. 18162, f° 98 r°.

4635. — Arrêt ordonnant que les huissiers et archers « qui doibvent travailler par les generalitez aux commandemens et contrainctes » seront payés de leurs taxes de voyages par le trésorier des Parties casuelles, déduction faite des sommes qu'ils auront reçues des officiers de judicature.

Clair. 653, p. 177.

1598, 14 février. — Paris.

4636. — Arrêt portant assignation de 400 écus dus pour la pension du capitaine Jérôme Canalas.

Ms. fr. 18162, f° 108 r°.

4637. — Arrêt autorisant M° Marin Boislève, lieutenant général en la sénéchaussée et au siège présidial d'Anjou, à rembourser le prix de deux offices de commissaires-examinateurs nouvellement créés, lesquels demeureront supprimés.

Ms. fr. 18162, f° 108 r°.

4638. — Arrêt portant assignation de 17,500 écus dus au sieur de Roquelaure, maître de la garde-robe du Roi.

Ms. fr. 18162, f° 108 v°.

4639. — Arrêt portant assignation de 666 écus 2/3 dus au sieur de Chemerault, grand maréchal des logis du Roi, pour son état de conseiller d'État.

Ms. fr. 18162, f° 108 v°.

4640. — Arrêt réglant le payement du quart de la pension de 20,000 écus qu'il plaît au Roi de donner au Connétable, durant la présente année.

Ms. fr. 18162, f° 108 v°.

4641. — Arrêt donnant assignation de 400 écus à Robert Le Maçon, sieur de La Fontaine, « faisant les affaires de Sa Majesté en Angleterre », et assignation de 100 écus à Louis Le Maçon, son fils, pour son entretien à la suite du Roi.

Ms. fr. 18162, f° 109 r°.

4642. — Arrêt ordonnant qu'une somme de 10,000 écus sera imposée, en deux années, sur la généralité de Bourges, et qu'il sera pourvu de la sorte au remboursement du prince et de la princesse de Conti, qui se sont obligés pour pareille somme, aussitôt après la réduction de Selles, en 1592.

Ms. fr. 18162, f° 109 r°.

4643. — Arrêt portant assignation de 2,000 écus donnés par le Roi au sieur Loisel et à feu M° Pierre Pithou, avocats au Parlement, « en considération des offices particuliers qu'ilz luy ont rendus en des occasions importantes ».

Ms. fr. 18162, f° 109 v°.

4644. — Arrêt accordant à Jacques Fauvette, fermier de la nouvelle imposition sur le vin levée à Argenteuil, surséance pour le payement d'une somme de 430 écus, et ordonnant sa mise en liberté sous caution.

Ms. fr. 18162, f° 109 v°.

4645. — Arrêt réglant le payement de 8,729 écus 40 sols 9 deniers dus au sieur de Viçose, tant pour indemnités de voyages que pour obligations par lui souscrites lors de l'envoi en Languedoc de l'armée du maréchal de Matignon.

Ms. fr. 18162, f° 110 r°.

4646. — Arrêts ordonnant au trésorier de l'Épargne de mettre son attache sur deux acquits de 460 et de 550 écus expédiés à M° Pierre Le Charron, trésorier de l'Extraordinaire des guerres.

Ms. fr. 18162, f° 110 v°.

4647. — Arrêt ordonnant que M° Hugues de La Garde, secrétaire de la Chambre, sera assigné de 2,550 écus à lui accordés, par acquit patent du 10 mai 1596, à condition qu'il prêtera au Roi 2,500 écus, « pour faire partir les depputez des Suisses ».

Ms. fr. 18162, f° 110 v°.

4648. — Arrêt ordonnant le payement de 450 écus dus à la dame Chouart.

Ms. fr. 18162, f° 111 r°.

4649. — Arrêt portant assignation de 1,000 écus dus au duc de Mayenne, en vertu de son traité.

Ms. fr. 18162, f° 111 r°.

4650. — Arrêt portant assignation de 1,000 écus donnés par le Roi au sieur de Fontaines, capitaine d'une compagnie du régiment de Créquy.

Ms. fr. 18162, f° 111 r°.

4651. — Arrêt maintenant Adrien de Blanchefort, sieur d'Asnois, écuyer, en la jouissance de huitièmes du vin des villages d'Asnois et d'Amazy.

Ms. fr. 18162, f° 111 r°.

4652. — Avis du Conseil tendant à autoriser la vente des bagues qui avaient été données en gage à feu Jean Cornuat par le feu sieur de Réau, pour une somme de 4,223 écus 40 sols, employée au service du Roi.

Ms. fr. 18162, f° 111 v°.

4653. — Arrêt modérant de moitié la taxe imposée à Jean de Camuzat, valet de chambre ordinaire du Roi, pour le supplément de son office de commissaire à faire les montres du prévôt des maréchaux de Champagne et Brie.

Ms. fr. 18162, f° 112 r°.

4654. — Arrêt réglant le payement de partie de la solde des garnisons de l'Île-de-France.

Ms. fr. 18162, f° 112 r°.

4655. — Arrêt donnant assignation de 12,000 écus à M. de Luxembourg, pour ses appointements d'ambassadeur à Rome.

Ms. fr. 18162, f° 112 v°.

4656. — Arrêt faisant remise de deux termes des décimes au clergé du diocèse d'Amiens.

Ms. fr. 18162, f° 112 v°.

4657. — Arrêt déchargeant du droit de confirmation d'office M° Jacques Pichon, trésorier de France à Bordeaux, et le sieur de Vienne, qui lui a résigné ledit office.

Ms. fr. 18162, f° 113 r°.

4658. — Arrêts réglant le payement de 666 écus 2/3 dus à Guillaume Lamy, secrétaire de la Chambre.

Ms. fr. 18162, f° 113 v°.

4659. — Arrêt déclarant que les droits levés sur les marchandises entrant à Paris seront perçus conformément aux tableaux et pancartes dressés au Conseil du Roi.

Ms. fr. 18162, f° 113 v°.

4660. — Arrêt ordonnant le payement des gages du comte de Soissons, Grand Maître.

Ms. fr. 18162, f° 114 r°.

4661. — Arrêt portant assignation de 100 écus accordés, par acquit patent, à Pierre Le Roy.

Ms. fr. 18162, f° 114 r°.

4662. — Arrêt portant assignation de 220 écus accordés, par acquit patent, à Jean de Flerelles, commis du receveur général des bois de Normandie.

Ms. fr. 18162, f° 114 r°.

4663. — Arrêt réglant le payement de ce qui reste dû aux garnisons de l'Île-de-France, pour l'année 1597.

Ms. fr. 18162, f° 114 v°.

4664. — Arrêt portant assignation des sommes dues aux sieurs Des Barreaux, Marcel, de Bussy, de Santeny et de Vienne, pour leurs appointements de l'année 1597.

Ms. fr. 18162, f° 115 r°.

4665. — Arrêt portant assignation de 4,000 écus dus à M° Jean Dupré, secrétaire de la maison de ville de Marseille.

Ms. fr. 18162, f° 115 r°.

4666. — Arrêt assignant 300 écus à M° Adam Fronquière, secrétaire ordinaire de la Chambre, chargé d'aller poursuivre au parlement d'Aix la vérification de l'édit des arts et métiers.

Ms. fr. 18162, f° 115 r°.

4667. — Arrêt assignant 200 écus à M° Zacharie de Lu Carrière, secrétaire ordinaire de la Chambre, chargé d'aller poursuivre au parlement de Toulouse la vérification de l'édit des arts et métiers.

Ms. fr. 18162, f° 115 v°.

4668. — Arrêt assignant 200 écus à M° Bernard Jolha, valet de chambre du Roi, chargé de poursuivre au parlement de Bordeaux la vérification de l'édit des arts et métiers.

Ms. fr. 18162, f° 115 v°.

4669. — Arrêt assignant 300 écus à Baptiste Beaugrand, « ordonné par Sa Majesté près M. le prince de Condé, pour l'instruire en l'escriture, escrire aussi ses leçons et servir de secrétaire ».

Ms. fr. 18162, f° 116 r°.

4670. — Arrêt réglant le payement de 4,000 écus destinés à l'entretien de la garnison de Montluel.

Ms. fr. 18162, f° 116 r°.

4671. — Arrêt réglant le payement des arrérages de rentes dus à la veuve du sieur Bernard Gatian et au sieur Gatian, secrétaire de la Chambre.

Ms. fr. 18162, f° 116 r°.

4672. — Arrêt portant nouvelle assignation de 700 écus dus au sieur de La Roche, écuyer ordinaire de l'Écurie du Roi.

Ms. fr. 18162, f° 116 v°.

4673. — Arrêt portant assignation de 100 écus accordés, par lettres patentes, à Arnoul Lenoir, sommelier de la Paneterie du Roi.

Ms. fr. 18162, f° 116 v°.

4674. — Arrêt portant assignation de 991 écus 1/3 17 sols 6 deniers dus au sieur de Verton, secrétaire des finances, pour ses expéditions.

Ms. fr. 18162, f° 116 v°.

4675. — Arrêt relatif au payement de 66 écus 2/3 dus pour la pension du sieur d'Arnoville, auditeur en la Chambre des comptes.

Ms. fr. 18162, f° 117 r°.

4676. — Arrêt réglant le payement de 50 écus dus pour les gages de Guitard Dubois, commissaire ordinaire des guerres.

Ms. fr. 18162, f° 117 r°.

4677. — Arrêt ordonnant que la duchesse de Nemours sera payée, chaque année, de la somme de 1,800 écus qu'elle a le droit de prendre sur la recette des aides de Chartres.

Ms. fr. 18162, f° 117 r°.

4678. — Arrêt ordonnant que tous les deniers des aides de l'élection de Paris seront versés par les fermiers entre les mains du receveur, M° Claude Leconte, sauf aux particuliers qui ont des rentes constituées sur lesdites aides à se faire payer « par voye de simple arrest ès mains dudit receveur ».

Ms. fr. 18162, f° 117 v°.

4679. — Arrêt modérant de moitié la taxe imposée à M° Jean de Sancerre, receveur du grenier à sel d'Amiens, pour l'attribution de 7 deniers par minot de sel vendu au grenier d'Amiens ou aux chambres qui en dépendent.

Ms. fr. 18162, f° 118 r°.

4680. — Arrêt portant assignation de 633 écus 1/3 dus pour les gages de M°° Paul de La Barre et Jacques

Chauvelin, trésoriers de la marine du Ponent, et de Dieudonné L'Huillier.

Ms. fr. 18162, f° 118 r°.

4681. — Arrêt portant assignation de 300 écus dus au sieur Du Fournel, gentilhomme de la suite du duc de Nemours.

Ms. fr. 18162, f° 118 v°.

4682. — Arrêt réglant le payement de 5,000 écus dus au sieur Pinard, pour les intérêts d'une somme de 30,000 écus par lui prêtée au Roi, en l'année 1591, et d'une somme de 5,000 écus par lui prêtée au feu Roi, le 6 août 1587.

Ms. fr. 18162, f° 118 v°.

1598, 15 février. — Paris.

4683. — Arrêt enjoignant à vingt-sept huissiers à verge du Châtelet, pourvus par le duc de Mayenne, de remettre dans les six jours au sieur Simon Le Roux leurs lettres dé provision avec une copie de leur quittance, pour que leursdits offices soient taxés par forme de supplément.

Ms. fr. 18162, f° 119 r°.

4684. — Arrêt ordonnant l'exécution des édit, règlement, arrêt et commissions relatifs au rétablissement et à l'hérédité des offices de contrôleurs-marqueurs de cuirs, nonobstant l'opposition faite au Mans, à Lyon, à Orléans, à Soissons, à Château-du-Loir et à Châtellerault.

Ms. fr. 18162, f° 120 r°.

1598, 16 février. — Paris.

4685. — «Estat des prestz qui ont esté faictz au Roy, à la charge du remboursement sur les 15 sols mis d'augmentation sur chacun minot de sel», et arrêt ordonnant le remboursement desdits prêts, montant à la somme de 68,200 écus.

Clair. 654, p. 625.

1598, 19 février. — Paris.

4686. — Arrêt affectant 2,500 écus «à partye du payement de l'entretènement des depputez suisses sur leur partement».

Ms. fr. 18162, f° 121 r°.

1598, 20 février. — Paris.

4687. — Arrêt accordant un rabais de 19,225 écus 40 sols aux fermiers de diverses impositions levées à Paris sur le vin, sur le bétail, sur le poisson, etc.

E 1°, f° 1 r°.

4688. — Arrêt ordonnant à M° de Ligny, trésorier des Parties casuelles, de remettre à M° Olivier de Lalonde, secrétaire de la Chambre, toutes quittances nécessaires pour la nouvelle attribution de pouvoirs octroyée aux huissiers et aux sergents du ressort du parlement de Bordeaux.

Ms. fr. 18162, f° 121 v°.

4689. — Arrêt réglant le payement de 388 écus dus à la garnison du château de Gisors.

Ms. fr. 18162, f° 121 v°.

4690. — Arrêt réglant le payement de 2,500 écus dus aux capitaines et députés suisses étant pour le moment en France.

Ms. fr. 18162, f°s 122 r° et 123 r°.

4691. — Cautionnement de M° Olivier de Lalonde, commis à la recette des deniers provenant de la nouvelle attribution de pouvoirs octroyée aux huissiers et aux sergents du ressort du parlement de Bordeaux.

Ms. fr. 18162, f° 122 r°.

1598, 11 mars. — Angers.

4692. — Arrêt ordonnant que les receveurs des décimes, les boursiers des églises et les fermiers du revenu des principaux bénéfices d'Angers seront contraints au payement du quart de la subvention que les habitants de ladite ville ont accordée pour les frais de la guerre.

Ms. fr. 18162, f° 122 v°.

4693. — Arrêt réglant le payement de 1,200 écus

accordés aux sieurs de Bellièvre et de Sillery, conseillers d'État, pour un voyage en Picardie.

Ms. fr. 18162, f° 123 r°.

4694. — Arrêt réglant l'aliénation des fermes des aides et quatrièmes en la généralité de Rouen.

Ms. fr. 18162, f° 123 v°.

4695. — Arrêt réglant le payement de 633 écus 1/3 accordés au président de Thou et au sieur de Calignon, conseillers d'État, pour les appointements extraordinaires du mois de février dernier, durant lequel « ilz ont esté employez au traitté qui se faict avec ceulx de la Religion ».

Ms. fr. 18162, f° 124 r°.

4696. — Arrêt ordonnant que Françoise Aubert, veuve de Jean Flaucher de Brouage, sera remboursée du prix d'une maison, sise à Brouage, servant de geôle, de prison et de parquet.

Ms. fr. 18162, f° 124 v°.

4697. — Arrêt portant validation des payements qu'Isaac Breton, receveur à Châtellerault, a été contraint de faire au sieur de Préaulx, commandant en ladite ville.

Ms. fr. 18162, f° 124 v°.

4698. — Arrêt ordonnant que Me Fleury d'Aysse, avocat au parlement de Bordeaux, sera remboursé de la finance par lui payée aux Parties casuelles, à moins qu'il ne préfère être pourvu de l'office de conseiller au présidial de Guyenne, à lui résigné par Me Jacques Mallet.

Ms. fr. 18162, f° 125 r°.

4699. — Arrêt ordonnant que les paroisses soi-disant affranchies de l'élection de Montreuil-Bellay contribueront au payement des tailles, et faisant défense aux gentilshommes de recueillir les gens taillables dans leurs maisons.

Ms. fr. 18162, f° 125 v°.

4700. — Arrêt portant assignation de 1,600 écus accordés aux sieurs de Bellièvre et de Sillery, conseillers d'État, pour un voyage en Picardie.

Ms. fr. 18162, f° 126 r°.

1598, 14 mars. — Angers.

4701. — Arrêt réglant le payement de 2,000 écus dus à Me Simon Barreau, pour ses gages de contrôleur général des Ligues.

Clair. 653, p. 181.

4702. — Arrêt réglant le payement de 1,920 écus dus à Me Louis Froment, pour ses gages de contrôleur général des Ligues.

Clair. 653, p. 183.

1598, 16 mars. — Angers.

4703. — Arrêt ordonnant que l'arrêt du 11 mars dernier (n° 4693) sera exécuté à l'encontre de Mes Jean Cupif et Guy Du Pont, receveurs des décimes au diocèse d'Angers.

Ms. fr. 18162, f° 126 r°.

1598, 18 mars. — Angers.

4704. — Arrêt portant assignation de 600 écus accordés au sieur de Belloy, maître d'hôtel ordinaire du Roi, qui a rassemblé en Provence les troupes du duc d'Épernon et les a conduites en Picardie.

Ms. fr. 18162, f° 127 r°.

4705. — Arrêt ordonnant le remboursement de la finance payée par Pierre Guérin, sieur de Chappes, pour un office de contrôleur et marqueur de cuirs en la sénéchaussée de Saumur.

Ms. fr. 18162, f° 127 r°.

4706. — Arrêts portant assignation de 1,300 écus dus au sieur Valère Ciarlini, « pour le port des despesches de Sa Majesté à Rome ».

Ms. fr. 18162, f° 127 v°.

4707. — Arrêt portant assignation de 160 écus accordés, par acquit patent, aux capitaines Saint-Martin et d'Anstrude, exempts des gardes du corps du Roi.

Ms. fr. 18162, f° 127 v°.

4708. — Arrêt ordonnant que Roger de Valloye sera entendu au Conseil sur la requête qu'a présentée

Michel Auvray pour être déchargé de la taxe de l'office de sergent héréditaire à Pont-l'Abbé[-Picauville].

Ms. fr. 18162, f° 127 v°.

4709. — Arrêt ordonnant une enquête sur les exactions commises par les receveurs dans le plat pays de Limousin, contrairement aux remises et surséances précédemment accordées.

Ms. fr. 18162, f° 128 r°.

1598, 19 mars. — Angers.

4710. — Arrêt déclarant que les habitants de la paroisse de Saint-Maurille, à Angers, seront contraints de contribuer au payement de 24,000 écus « qui se lèvent en ladite ville, pour le secours des fraiz de la guerre des provinces d'Anjou et de Bretaigne ».

Ms. fr. 18162, f° 128 v°.

1598, 26 mars. — Angers.

4711. — Avis du Conseil tendant à faire don de 1,000 écus à l'hôpital fondé au prieuré de Saint-Jean-l'Évangéliste d'Angers et à créer un clerc en chacun des greffes de ladite ville, à condition qu'il fera gratuitement les expéditions concernant la ville, l'université et l'hôpital d'Angers.

Ms. fr. 18162, f° 129 r°.

4712. — Arrêt ordonnant le payement de 80 écus dus à Mathieu d'Herbannes, tapissier du Roi, pour l'ameublement de la chambre de l'ambassadeur d'Angleterre.

Ms. fr. 18162, f° 129 v°.

4713. — Arrêt ordonnant que les 250 écus levés à Chinon pour l'achat de la poudre à canon, et affectés à un autre usage par les receveurs des tailles, seront versés entre les mains du receveur général de l'Artillerie.

Ms. fr. 18162, f° 129 v°.

4714. — Arrêt ordonnant que Me Jacques Germain, receveur général des finances à Paris, sera contraint de payer les gages des douze lecteurs ordinaires du Roi en l'université de Paris.

Ms. fr. 18162, f° 130 r°.

4715. —. Réponses aux requêtes présentées par les habitants de Saumur au sujet :

1° De la subvention de 1,500 écus offerte pour les frais de l'armée de Bretagne;

2° De la taxe de 900 écus levée en place du droit de douane;

3° De la remise des tailles;

4° De l'affranchissement de certaines paroisses de l'élection de Saumur;

5° De la réparation du pont Fouchard.

Ms. fr. 18162, f° 130 r°.

4716. — Arrêt réglant le payement du reste d'une somme de 12,000 écus due à Marguerite Noblet, veuve du sieur de Vaugrenant, gouverneur de Saint-Jean-de-Losne.

Ms. fr. 18162, f° 131 r°.

4717. — Arrêt ordonnant de surseoir à l'exécution d'un arrêt du 21 novembre dernier, qui rétablissait Me Pierre Cremoux en l'office de receveur des tailles en l'élection de Périgord.

Ms. fr. 18162, f° 131 v°.

4718. — Arrêt ordonnant au sieur d'Incarville d'emprunter, sur son propre crédit, 1,150 écus, dus au sieur Valère Ciarlini, courrier ordinaire de Rome.

Ms. fr. 18162, f° 133 r°.

4719. — Arrêt suspendant de leurs fonctions les officiers des finances de la généralité de Caen accusés de rébellion contre Me Claude Salle, commis à la recette de l'emprunt levé sur les officiers des finances, sans préjudice des poursuites qui seront exercées contre les délinquants.

Ms. fr. 18162, f° 133 r°.

1598, 27 mars. — Angers.

4720. — Arrêt ordonnant de surseoir, attendu l'absence du Roi, à l'exécution de l'édit sur les hôteliers et cabaretiers, lequel rencontre de l'opposition au parlement de Paris.

Ms. fr. 18162, f° 135 v°.

4721. — Arrêt modérant de moitié la somme imposée aux habitants de Clermont en Auvergne, pour la subvention de l'année 1596.

Ms. fr. 18162, f° 135 v°.

4722. — Arrêt cassant tous jugements rendus, tant aux Requêtes du Palais, qu'au Parlement, dans le procès pendant entre la veuve et les enfants de Mᵉ Gilles Aleaume, lieutenant général à Orléans, et évoquant de nouveau l'affaire au Conseil.

Ms. fr. 18162, f° 136 r°.

4723. — Arrêt ordonnant de surseoir aux poursuites exercées contre Mᵉ Jean Dain, avocat au Conseil, à l'occasion des dettes qu'il a contractées « pour avoir faict construire un pont pour servir à la guerre, qui a esté mis en l'Arcenal ».

Ms. fr. 18162, f° 136 v°.

4724. — Arrêt accordant à Mᵉ René Ledin, ancien élu en l'élection de Domfront, décharge de 350 écus, qui lui ont été volés.

Ms. fr. 18162, f° 136 v°.

1598, 28 mars. — Angers.

4725. — Arrêt déclarant que tous les habitants d'Angers contribueront à la taxe « pour le secours de l'armée du Roi », modérée à 12,000 écus.

Ms. fr. 18162, f° 137 r°.

4726. — Arrêt déclarant que tous les officiers de Bretagne contribueront à la taxe « pour le secours de l'armée du Roi ».

Ms. fr. 18162, f° 137 r°.

4727. — Arrêt ordonnant que Mathurin Séguin rende compte, par-devant l'évêque et le clergé du diocèse d'Angers, des deniers des décimes par lui maniés pendant les troubles, et que le reliquat de son compte soit remis audit clergé, en déduction des sommes qui ne lui ont pas encore été remboursées sur le prêt par lui fait au feu Roi, en 1589.

Ms. fr. 18162, f° 137 v°.

4728. — Arrêt ordonnant le payement de 160 écus dus au commissaire Ravenier, lequel a conduit de Rocroi et de Maubert-Fontaine à Saûmur neuf compagnies de gens de pied du régiment de Piémont.

Ms. fr. 18162, f° 137 v°.

4729. — Arrêt accordant aux habitants de Chinon remise de la levée de soixante et onze pionniers, attendu l'épidémie et les pertes que leur ont fait subir les troupes en garnison à Mirebeau.

Ms. fr. 18162, f° 138 r°.

4730. — Arrêt portant assignation de 300 écus dus aux officiers de l'Artillerie.

Ms. fr. 18162, f° 138 r°.

1598, 29 mars. — Angers.

4731. — Arrêt ordonnant aux receveurs d'Ancenis d'exiger de toute personne l'acquittement du droit de 6 écus par pipe de vin entrant en Bretagne, sans tenir compte d'aucun passeport.

Ms. fr. 18162, f° 137 r°.

1598, 30 mars. — Angers.

4732. — Arrêts réglant le payement de 4,000 écus dus au sieur Sébastien Zamet, pour l'intérêt des avances par lui faites à l'armée de Picardie et pour le change de 10,000 écus qu'il doit payer aux Suisses.

Ms. fr. 18162, fⁱ 138 v° et 139 r°.

4733. — Arrêt ordonnant à Mᵉ Jean Goulas, trésorier des Ligues, de prendre pour argent comptant une obligation de 2,000 écus souscrite par les sieurs de Sancy et d'Incarville.

Ms. fr. 18162, f° 139 r°.

4734. — Arrêt ordonnant le remplacement des deniers du taillon affectés, en vertu de la trêve, à l'entretien des garnisons du parti contraire, et révoquant la remise accordée au receveur des tailles de Montreuil-Bellay.

Ms. fr. 18162, f° 139 v°.

4735. — Réponses du Conseil aux remontrances des sieurs de La Vallière et de Baudry, trésoriers de France à Tours, au sujet :

1° De l'impôt ordinaire du sel ;

2° Des tailles dans les élections d'Angers, de Saumur, de Montreuil-Bellay, de Mirebeau, de Chinon, de Château-Gontier et de Laval ;

3° De la traite du vin ;

4° Des exactions commises par les officiers du duc de Mercœur.

Ms. fr. 18162, f° 140 r°.

4736. — Arrêt résiliant le bail conclu avec Pierre Carré pour la construction de plusieurs levées le long de la Loire, aux environs de Blois.

Ms. fr. 18162, f° 141 v°.

4737. — Arrêt portant assignation de 500 écus dus au sieur de Maisse, conseiller d'État, pour un voyage en Angleterre.

Ms. fr. 18162, f° 143 r°.

4738. — Arrêt portant nouvelle assignation de 800 écus dus au sieur d'Interville, secrétaire du Conseil.

Ms. fr. 18162, f° 143 r°.

4739. — Arrêt accordant à M° François Pastoureau, receveur des tailles en l'élection de Doullens, décharge de 1,046 écus 29 sols, qui lui furent volés lors de la prise d'Amiens.

Ms. fr. 18162, f° 143 r°.

4740. — Arrêt portant assignation de 333 écus 1/3 dus au sieur de La Grange, greffier du Conseil, pour ses gages de secrétaire des finances.

Ms. fr. 18162, f° 143 v°.

4741. — Arrêt réglant le payement des fiefs et aumônes et des gages d'officiers assignés sur la recette du domaine de Meulan et de Mantes.

Ms. fr. 18162, f° 144 r°.

4742. — Arrêt ordonnant la mise en adjudication des greniers à sel de Blois, de Cheverny et de Mer.

Ms. fr. 18162, f° 144 r°.

4743. — Arrêt faisant remise de 150 écus à Vincent Soré, fermier de la pêcherie et de la rivière d'Arques, attendu les pertes par lui souffertes à l'occasion des fréquents passages de troupes en 1590 et du séjour des troupes anglaises en 1591 et en 1592.

Ms. fr. 18162, f° 144 v°.

4744. — Arrêt accordant aux habitants de Baugé remise de 300 écus sur le subside de 500 écus qu'ils ont offert pour l'armée de Bretagne.

Ms. fr. 18162, f° 144 v°.

4745. — Arrêt réglant le payement de 2,466 écus 2/3 dus pour la pension du sieur de Saint-Luc, gouverneur de Brouage.

Ms. fr. 18162, f° 145 r°.

4746. — Arrêt accordant à Jean Potles et à Pierre Fourreau, contrôleurs des aides et tailles en l'élection de Baugé, décharge de la somme à laquelle ils ont été taxés pour avoir la qualité d'élus.

Ms. fr. 18162, f° 145 r°.

4747. — Arrêt donnant assignation de 2,200 écus à M° Honoré Barantin, maître de la Chambre aux deniers.

Ms. fr. 18162, f° 145 v°.

4748. — Arrêt portant nouvelle assignation de 1,866 écus 2/3 dus au sieur de Montglat, conseiller d'État et premier maître de l'Hôtel.

Ms. fr. 18162, f° 145 v°.

4749. — Arrêt ordonnant aux trésoriers de France en Bretagne de renseigner Sa Majesté au sujet d'un droit d'entrée de 2 écus par pipe de vin qui serait indûment perçu par le sieur de Montbarrot, gouverneur de Rennes.

Ms. fr. 18162, f° 145 v°.

4750. — Arrêt ordonnant qu'un droit de 15 sols par minot de sel continuera d'être levé sur les greniers de Péronne, de Montdidier, de Roye, d'Amiens et sur les chambres qui en dépendent, pour le remboursement des intérêts d'une somme de 4,000 écus prêtée au Roi par plusieurs habitants de Montdidier, réfugiés à Compiègne au mois de septembre 1590, alors que le Roi projetait d'assiéger Montdidier.

Ms. fr. 18162, f° 146 r°.

4751. — Arrêt affectant 27,000 écus au payement des garnisons de Brouage et de Royan.

Ms. fr. 18162, f° 146 v°.

4752. — Arrêt affectant 10,706 écus 2/3 au
payement de la garnison de Thoissey.

Ms. fr. 18162, f° 147 r°.

4753. — Arrêt affectant 14,566 écus 2/3 au
payement de la garnison de Blaye.

Ms. fr. 18162, f° 147 r°.

4754. — Réponses du Conseil aux requêtes présentées par les habitants d'Angers, au sujet :

1° De l'entretien de l'université d'Angers;

2° De la misère du plat pays;

3° De l'inégale répartition des tailles;

4° D'un grand nombre d'impositions inconnues
dans les autres provinces;

5° De la réparation des routes;

6° Des sergents de la marée.

Ms. fr. 18162, f° 147 r°.

4755. — Arrêt réglant le payement de 600 écus
dus à M° René Sain, contrôleur général des vivres.

Ms. fr. 18162, f° 148 v°.

4756. — Arrêt accordant à M° Pierre Berthelot,
lieutenant en l'élection de Montreuil-Bellay, décharge
de la taxe pour l'exemption des tailles.

Ms. fr. 18162, f° 148 v°.

4757. — Arrêt accordant à M° Mathurin de La
Pierre, receveur des aides et tailles en l'élection de
Saumur, décharge d'une somme de 20 écus à laquelle
il a été taxé pour l'attribution de 5 deniers par quittance, attendu que, les aides étant affermées, il ne
délivre que quatre quittances par an.

Ms. fr. 18162, f° 149 r°.

4758. — Arrêt réglant le payement de 400 écus
accordés, par acquit, aux sieurs Anstrude, Saint-Martin, Saint-Pert et Dutreil, exempts des gardes du Roi.

Ms. fr. 18162, f° 149 r°.

4759. — Arrêt ordonnant que les bénéficiers du
diocèse d'Angers seront contraints de payer leur part
de la somme de 24,000 écus offerte par les habitants
d'Angers « pour le secours de l'armée de Bretaigne ».

Ms. fr. 18162, f° 149 v°.

4760. — Arrêts réglant le payement de 300 écus
destinés à l'achat de quatre chevaux « pour servir à
mener le charriot du petit lict de chasse de Sa Majesté ».

Ms. fr. 18162, f° 150 r°.

4761. — Arrêt portant assignation de 1,533 écus 1/3
dus au sieur Du Haillan, tant pour ses gages de secrétaire des finances que pour sa pension de l'année 1597.

Ms. fr. 18162, f° 150 r°.

4762. — Arrêt réglant le remboursement de
2,000 écus avancés par le sieur de Saumery, trésorier de France à Blois, pour les réparations du château.

Ms. fr. 18162, f° 150 v°.

1598, 31 mars. — Angers.

4763. — Arrêt portant assignation d'une somme
de 1,000 écus donnée par le Roi à la marquise de
Monceaux, le 21 décembre 1595.

E 1°, f° 3 r°, et Clair. 654, f° 629.

4764. — Arrêt portant assignation d'une somme
de 400 écus donnée par le Roi, le 21 décembre 1595,
à Louis Bérault, argentier de la marquise de Monceaux.

E 1°, f° 4 r°, et Clair. 654, p. 629.

4765. — Arrêt ordonnant le remboursement d'une
somme de 1,000 écus prêtée au Roi par le sieur et
par la dame de Sourdis, lors du siège de la Fère.

Clair. 654, p. 629.

4766. — Arrêt portant assignation d'une somme
de 200 écus due pour la pension du sieur Vyard,
maître des eaux et forêts au comté de Blois.

Clair. 654, p. 629.

4767. — Arrêt portant assignation d'une somme

de 600 écus due au siéur d'Interville, secrétaire du Conseil d'État.

Clair. 654, p. 629.

4768. — Arrêt portant assignation d'une somme de 133 écus 1/3 due à Alain Gaulcher, pour ses gages de concierge et de garde-meubles du château de Saint-Germain-en-Laye.

Clair. 654, p. 630.

4769. — Arrêt portant assignation de 66 écus dus au même Alain Gaulcher, « pour son paiement du nettoyement du chasteau de Saint-Germain-en-Laye des années 96 et 97 ».

Clair. 654, p. 630.

4770. — Arrêt portant nouvelle assignation d'une somme de 1,000 écus due au sieur de Sourdis.

Clair. 654, p. 630.

4771. — Arrêt ordonnant le payement de 60 écus dus au sieur Cruchot, secrétaire ordinaire de la Chambre.

(Arrêt cancellé.)

Clair. 654, p. 630.

1598, 15 mai. — Rennes.

4772. — Règlement sur l'administration des finances et sur les devoirs des comptables en Bretagne.

Ms. fr. 7007, f° 162 r°.

1598, 18 mai. — Rennes.

4773. — Arrêt autorisant Sébastien Hardy, receveur des aides et tailles en l'élection du Mans, à se faire accompagner d'une escorte, quand il transporte les deniers du Roi.

Clair. 653, p. 190.

4774. — Arrêt enjoignant à M° Jean Roger, receveur général des finances en Bretagne, de verser 8,800 écus entre les mains de M° Pierre Le Charron, trésorier général de l'Extraordinaire des guerres.

Clair. 653, p. 195.

1598, 3 juillet. — Saint-Germain-en-Laye.

4775. — Arrêt ordonnant que les syndics et dé-

ARRÊTS DU CONSEIL D'ÉTAT.

putés ou, à leur défaut, les principaux habitants des pays de Quercy, de Rouergue, de Comminge et de Rivière-Verdun seront contraints au payement des crues et impositions extraordinaires des années 1596 et 1597.

E 1°, f° 5 r°.

4776. — Arrêt ordonnant au duc de Joyeuse, lieutenant général en Languedoc, de faire remettre le maréchal de Bouillon en possession de la ville et du château de Bouzols.

E 1°, f° 7 r°.

4777. — Arrêt renvoyant au Grand Conseil le jugement des récusations proposées par Louis de Boulières, commandant au château de Pont-de-l'Arche, contre certains membres du parlement de Rouen, juges d'un procès pendant entre lui, d'une part, M™ Jean Le Sergent, vicomte de Pont-de-l'Arche, et Charles Duval, procureur en ladite vicomté, de l'autre.

E 1°, f° 9 r°.

1598, 4 juillet. — Saint-Germain-en-Laye.

4778. — Arrêt cassant un arrêt du Parlement du 5 juin dernier, et ordonnant l'exécution d'un arrêt du Conseil du 12 février dernier (n° 4609), relatif aux taxes d'hérédité levées sur les notaires de Troyes.

E 1°, f° 10 r°.

4779. — Arrêt ordonnant que M° Callixte Chaillou, receveur général des gages des officiers du présidial d'Orléans, sera contraint de verser le reliquat de son compte entre les mains de M° Antoine Gatien, commis à la recette des 5 sols par minot de sel vendu dans les greniers du royaume, et faisant défense aux juges présidiaux d'Orléans de s'attribuer aucune « congnoissance des différens concernans le fait des finances de Sa Majesté ».

E 1°, f° 32 r°.

1598, 11 juillet. — Saint-Germain-en-Laye.

4780. — Arrêt ordonnant l'exécution d'un arrêt rendu au Conseil, le 25 juin 1597, dans le procès de Richard Kelay et d'Ottoniel Smith, marchands anglais.

E 1°, f° 12 r°.

4781. — Arrêt ordonnant que Messire Éric de Lorraine, évêque de Verdun, sera dispensé de contribuer à l'achat d'un logement pour le gouverneur de ladite ville.

E 1ᵉ, fᵒ 14 rᵒ.

4782. — Arrêt faisant défense aux receveurs des décimes des généralités de Rouen et de Caen de verser aucun denier des années 1596 à 1598 entre les mains du receveur général du Clergé, Mᵉ Philippe de Castille, jusqu'à ce que mainlevée en ait été donnée par le Roi.

E 1ᵉ, fᵒ 18 rᵒ.

1598, 21 juillet. — Saint-Germain-en-Laye.

4783. — Arrêt ordonnant l'exécution des ordonnances rendues par les trésoriers de France à Châlons contre Mᵉ Jean Potherat, receveur des tailles en l'élection de Troyes, et enjoignant, sous peine de suspension, aux trésoriers de France à Troyes d'aller exercer leurs charges au bureau des finances de Châlons.

E 1ᵉ, fᵒ 18 rᵒ.

4784. — Arrêt ordonnant que Mᵉ Callixte Chaillou, receveur-payeur des officiers du présidial d'Orléans, sera contraint de satisfaire à une ordonnance des trésoriers de France, nonobstant l'opposition desdits officiers, et évoquant au Conseil l'appel interjeté par ledit Chaillou contre ladite ordonnance.

E 1ᵉ, fᵒ 20 rᵒ, et (dans le résultat des 25, 26 et 27 juillet) ibid., fᵒ 29 rᵒ.

1598, 24 juillet. — Paris.

4785. — Arrêt réglant le remboursement des sommes avancées par le duc de Mayenne pour la solde de la garnison de Châlon-sur-Saône.

E 1ᵉ, fᵒ 24 rᵒ.

1598, 24 et 25 juillet. — Paris.

4786. — Arrêt portant assignation de 400 écus donnés par le Roi au sieur Beringuen, premier valet de chambre de Sa Majesté.

E 1ᵉ, fᵒ 22 rᵒ.

4787. — Arrêt ordonnant le payement de la pension accordée, pour six années, à Jacques Dusy, « enfant cy-devant sorty de la chapelle du Roy », pour son entretien au collège.

E 1ᵉ, fᵒ 22 rᵒ.

4788. — Arrêt portant assignation de 2,694 écus dus aux compagnies de chevau-légers des sieurs de Loppe, La Perrière, Pouilly et La Tour, pour le service par elles fait au siège d'Amiens.

E 1ᵉ, fᵒ 22 rᵒ.

4789. — Arrêt portant assignation de 666 écus 2/3 dus à Guillaume Lamy, secrétaire de la Chambre du Roi.

E 1ᵉ, fᵒ 22 vᵒ.

1598, 25, 26 et 27 juillet. — Paris.

4790. — Arrêt ordonnant que Jean Raulequin, adjudicataire des greniers à sel de Picardie et de Champagne, sera indemnisé des pertes par lui subies lors de la surprise d'Amiens.

E 1ᵉ, fᵒ 26 rᵒ.

4791. — Arrêt ordonnant au sieur de La Rochepot, aux habitants des Ponts-de-Cé, etc., de remettre aux sieurs de Maisse, de Pontcarré et d'Attichy, conseillers d'État, les assignations à eux baillées sur le subside de 15 et de 5 sols par pipe de vin, lequel demeure supprimé.

E 1ᵉ, fᵒ 26 vᵒ.

4792. — Arrêt ordonnant que Jacques Du Vivier exercera, en l'année présente, l'office de receveur-payeur triennal de la Cour des aides.

E 1ᵉ, fᵒ 26 vᵒ.

4793. — Arrêt relatif au payement de la rente de 133 écus 20 sols due à l'archevêque de Lyon, comme prix de son droit de justice.

E 1ᵉ, fᵒ 27 rᵒ.

4794. — Arrêt accordant à Jacqueline Langle, veuve de Mᵉ Jean Poart, trésorier provincial de l'Extraordinaire des guerres au régiment des gardes du Roi, décharge de la taxe levée sur les officiers des finances, à condition qu'elle payera au Roi 115 écus comptant.

E 1e, fo 27 ro.

4795. — Arrêt ordonnant à Me Dreux Barbin, receveur général des finances à Paris, d'acquitter, nonobstant une ordonnance des trésoriers de France, les assignations données au trésorier de l'Épargne, Me Étienne Puget.

E 1e, fo 27 ro.

4796. — Arrêt ordonnant à Me Dreux Barbin, receveur général des finances à Paris, d'acquitter les trois quarts des assignations portées sur l'état de ses dépenses, et lui accordant surséance pour le payement du surplus.

E 1e, fo 27 ro.

4797. — Arrêt réglant le payement des sommes allouées à Me Jean Du Moulin, trésorier de France à Paris, et à Me Charles Barentin, conseiller en la Cour des aides, lesquels ont procédé à la vérification des droits d'entrée levés sur les marchandises à Paris, ainsi que le payement de la somme allouée à Jean Sousset, huissier en la Cour des monnaies, lequel a servi de greffier auxdits commissaires.

E 1e, fo 27 vo.

4798. — Arrêt réglant le payement de 50 muids d'avoine et de 300 bottes de foin fournis à l'armée de Picardie par le connétable de Montmorency.

E 1e, fo 27 vo.

4799. — Arrêt réglant le payement d'une indemnité de 500 écus due au sieur de Vic, conseiller d'État, pour un voyage à Rouen.

E 1e, fo 28 ro.

4800. — Arrêt ordonnant aux officiers des greniers à sel de Paris de continuer, pendant un mois, la levée des 15 sols par minot de sel qui sont affectés au remboursement des prêts faits à Sa Majesté.

E 1e, fo 28 ro.

4801. — Arrêt réglant le payement d'une indemnité due à Jean de La Roche, pour un voyage de Béziers à Paris.

E 1e, fo 28 ro.

4802. — Arrêt ordonnant que Jeanne Le Chandelier, veuve de Jacques Gaultier, propriétaire du greffe de l'élection de Mantes, ne pourra être contrainte au payement de 80 écus restant dus sur la somme à laquelle elle a été taxée.

E 1e, fo 28 ro.

4803. — Arrêt ordonnant aux élus de Chartres de comprendre parmi les contribuables aux tailles Jérôme Trossart et tous autres soi-disant descendants d'Eudes, le maire de Chalo-Saint-Mars.

E 1e, fo 28 vo.

4804. — Arrêt confirmant Jacques Bretignière en la jouissance du greffe des requêtes du palais de Rouen.

E 1e, fo 28 vo.

4805. — Arrêt ordonnant que les deniers des crues, précédemment abandonnés aux États de Languedoc, «pour leurs affaires particulières», seront affectés à l'entretien des garnisons dudit pays, jusqu'à l'entière réformation des gabelles.

E 1e, fo 29 ro.

4806. — Arrêt ordonnant la mise en adjudication du droit d'entrée perçu dans les élections de Châlons, de Reims et de Vitry, attendu que le sieur Du Castel, maître de camp d'un régiment qui a servi à Châlons, et les capitaines du même régiment voudraient obtenir la jouissance de ladite ferme, en payement d'une somme de 18,217 écus à eux due par le Roi.

E 1e, fo 29 vo.

4807. — Arrêt ordonnant que les juges chargés d'examiner les comptes de Mes Étienne Regnault, Pierre Le Charron, Jean Du Tremblay, Jérôme Garrault et Claude de Chaunes, trésoriers généraux de l'Extraordinaire des guerres, procéderont, en même temps, à la taxe des frais supportés par lesdits trésoriers dans l'exercice de leurs charges.

E 1e, fo 30 ro.

1598, 1er août. — Meaux.

4808. — Arrêt portant assignation de 4,333 écus 1/3 dus pour les pensions du maréchal de Bouillon.

E 1e, fo 34 ro.

1598, 11 août. — Paris.

4809. — Arrêt portant suppression du présidial de Saint-Sever.

E 1ᵉ, f° 36 r°.

1598, 18 août. — Paris.

4810. — Arrêt ordonnant que Pierre Cremoux sera rétabli en son office de receveur des tailles en l'élection de Périgueux.

E 1ᵉ, f° 38 r°.

4811. — Arrêt ordonnant que François Grangier sera remboursé du prix d'un office d'huissier au parlement de Paris.

E 1ᵉ, f° 40 r°.

1598, 19 août. — Paris.

4812. — Arrêt ordonnant à Mᵉ Jacques Abraham de résigner à Mᵉ Jean Duval son office de receveur triennal des tailles en l'élection de Chartres.

E 1ᵉ, f° 42 r°.

1598, 20 août. — Paris.

4813. — Arrêt enjoignant au payeur des gages du parlement de Bretagne de restituer les sommes par lui prises sur les deniers des impôts et billots, annulant les saisies faites sur les biens de Mᵉ François Miron, trésorier de France en Bretagne, et faisant nouvelle défense au parlement dudit pays « de plus ordonner directement ou indirectement des finances de Sa Majesté ».

E 1ᵉ, f° 44 r°.

1598, 25 août. — Paris.

4814. — Arrêt ordonnant que les taxes d'hérédité seront levées sur les notaires de Champagne, et assignant au Conseil les notaires de Sézanne coupables de rébellion contre les ordonnances du Roi.

E 1ᵉ, f° 46 r°.

4815. — Arrêt faisant défense tant aux receveurs particuliers et collecteurs des tailles, qu'aux syndics, consuls et habitants de Castres, de Puy-Laurens, de Villemur et des autres villes protestantes, de retenir aucuns deniers entre leurs mains, sous prétexte de pourvoir à l'entretien de leurs ministres.

E 1ᵉ, f° 48 r°.

4816. — Arrêt ordonnant l'exécution du règlement général des arts et métiers et l'élargissement de Mᵉ Jean Du Vignau, « commis à la recepte de l'exécution dudit éedict en Touraine ».

E 1ᵉ, f° 50 r°.

1598, 26 août. — Paris.

4817. — Arrêt ordonnant de lever sur le bas pays d'Auvergne une somme de 26,898 écus, afin que l'on puisse pourvoir au remboursement de pareille somme avancée, en 1589 et en 1590, par le feu sieur d'Effiat, pour la conservation dudit pays en l'obéissance du Roi.

E 1ᵉ, f° 52 r°.

4818. — Arrêt ordonnant que, conformément aux règlements relatifs aux marques des cuirs, les marchands de Paris seront contraints d'apporter aux halles tous leurs cuirs, pour qu'ils y soient contrôlés, visités et marqués.

E 1ᵉ, f° 54 r°.

4819. — Arrêt ordonnant que, conformément aux précédents règlements, les personnes pourvues d'offices de contrôleurs-visiteurs-marqueurs de cuirs jouiront de leursdits offices, nonobstant toute opposition des tanneurs, corroyeurs, cordonniers et mégissiers.

E 1ᵉ, f° 56 r°.

4820. — Arrêt ordonnant des poursuites contre les tanneurs, corroyeurs, cordonniers et mégissiers de Lyon, de Rouen, de Troyes, du Mans, de Caen qui ont tenté de s'opposer à la vente des offices de contrôleurs-visiteurs-marqueurs de cuirs.

E 1ᵉ, f° 58 r°.

4821. — Arrêt assignant au Conseil les créanciers de Mᵉ Jérôme Le Roy, de Martin Taupin et consorts, lesquels créanciers ont fait saisir certains deniers provenant de la vente des offices de contrôleurs-visiteurs-marqueurs de cuirs.

E 1ᵉ, f° 60 r°.

4822. — Arrêt ordonnant au parlement de Rouen de procéder promptement à la vérification pure et simple de l'édit de rétablissement des offices de contrôleurs-visiteurs-marqueurs de cuirs.

E 1ᵉ, f° 62 r°.

4823. — Arrêt enjoignant à Louis de Sainte-Marie, sieur de Canchy, de remettre aux mains du duc de Montpensier la place de Carentan, dont Robert Aux-Espaulles, sieur de Sainte-Marie-du-Mont, sera aussitôt institué gouverneur.

E 1ᵉ, f° 64 r°.

1598, 27 août. — Paris.

4824. — Arrêt ordonnant que les huissiers chargés du recouvrement des taxes levées sur les offices de judicature, dans le ressort du parlement de Paris, procéderont deux par deux, et leur accordant une augmentation de salaire, à condition qu'ils s'acquitteront de leur commission en quatre mois.

E 1ᵉ, f° 66 r°.

4825. — Arrêt portant nouvelle assignation de 12,652 écus dus à Mathurin Lambert, pour fournitures de blé, et lui attribuant, pour trois ans, à titre d'indemnité, la jouissance du péage des bois passant sur la Loire à Orléans.

E 1ᵉ, f° 68 r°.

1598, 29 août. — Paris.

4826. — Arrêt prolongeant de quatre mois la surséance accordée aux bourgeois de Paris, pour le payement de leurs dettes, par arrêt du 31 août 1597 (n° 3825).

E 1ᵉ, f° 70 r°.

4827. — Arrêt accordant aux habitants de Germigny-sous-Colombs remise de l'arriéré de leurs tailles.

E 1ᵉ, f° 72 r°.

4828. — Arrêt validant une prise de deniers faite en 1595, par le sieur de Lameth, gouverneur de Coucy, pour le payement de la garnison.

E 1ᵉ, f° 74 r°.

4829. — Arrêt cassant un arrêt du parlement de Toulouse, et nommant une commission pour faire le procès des sieurs Sauvecane, Vellas et Aiguesvives, huissiers en la cour des aides de Montpellier, de Mᵉ Coste, fils, procureur en ladite cour, et de plusieurs autres officiers de la même ville, coupables de violences et de rébellion.

E 1ᵉ, f° 76 r°.

4830. — Arrêt rétablissant les gens des comptes de Blois en l'exercice de leurs charges.

E 1ᵉ, f° 78 r°.

4831. — Arrêt confirmant un règlement fait au Conseil privé, le 22 janvier 1569, au sujet de la police de la ville de Toul.

E 1ᵉ, f° 80 r°.

4832. — Arrêt autorisant les maîtres-gardes de la marchandise de mercerie, joaillerie et grosserie de Paris à s'assembler pour aviser aux moyens d'empêcher l'importation des draps de soie, d'or et d'argent manufacturés à l'étranger.

E 1ᵉ, f° 82 r°.

1598, 24 septembre. — Paris.

4833. — Arrêt portant que les ecclésiastiques du diocèse de Léon seront contraints au payement de leur quote-part des 200,000 écus accordés au Roi par les États de Bretagne, pour son voyage audit pays.

E 1ᵉ, f° 84 r°.

4834. — Arrêt accordant à Jacques de Barquillet, élu et contrôleur en l'élection de Mantes, décharge d'une somme de 70 écus à laquelle il avait été taxé, «pour l'attribution de la qualité d'esleu audit office de controolleur».

E 1ᵉ, f° 84 v°.

4835. — Arrêt assignant 400 écus au sieur de Vermont, à titre d'indemnité, attendu qu'il a été dépossédé, pendant deux ans, de la maison appelée l'*Hostel de la royne de Navarre*, laquelle a servi de logement au légat de Florence.

E 1ᵉ, f° 84 v°.

4836. — Arrêt autorisant le sieur de La Verrière

à résigner, sans payer finance, son office de maître particulier des eaux et forêts en la vicomté de Paris.

E 1ᵉ, fᵒ 84 vᵒ.

1598, 27 septembre. — Paris.

4837. — Arrêt réglant le payement de 1,855 écus 33 sols 4 deniers que la duchesse de Nemours doit recevoir, chaque année, « pour partie de son domaine et revenu de son duché de Chartres ».

E 1ᵉ, fᵒ 85 rᵒ.

4838. — Arrêt révoquant un rabais de 4,545 écus accordé par le sieur Miron, trésorier de France en Bretagne, à Gervais Honoré, fermier général des impôts dudit pays en l'année 1598.

E 1ᵉ, fᵒ 85 rᵒ.

4839. — Arrêt ordonnant que les trésoriers de France à Amiens et les élus de Saint-Quentin comprendront dans une même adjudication les deux subsides de 5 sols par muid de vin et l'impôt de 3 écus 18 sols par tonneau levés dans les deux villes de Saint-Quentin et de Ham.

E 1ᵉ, fᵒ 85 vᵒ.

4840. — Arrêt assignant au Conseil le sieur de Montataire, lieutenant de la compagnie du prince de Condé, et ordonnant de surseoir à toutes poursuites contre Léonnet Guillon, ci-devant receveur du taillon à Saint-Jean d'Angély, pour une somme de 2,575 écus qu'il a été condamné à payer audit sieur de Montataire.

E 1ᵉ, fᵒ 86 rᵒ.

4841. — Arrêt ordonnant au sieur d'Achères, trésorier de France à Orléans, de prendre la place de son collègue Blanchard, dans la commission pour le régalement des tailles.

E 1ᵉ, fᵒ 86 vᵒ.

4842. — Arrêt réservant diverses sommes et établissant divers impôts en Languedoc, pour la construction d'un pont de briques sur la Garonne à Toulouse.

(Arrêt cancellé.)

E 1ᵉ, fᵒ 86 vᵒ.

1598, 29 septembre. — Paris.

4843. — Arrêt ordonnant de lever 2,000 écus en Anjou, pour les frais de démolition du château de Rochefort-sur-Loire, de la ville de Saint-Symphorien et du fort de Dieusie.

E 1ᵉ, fᵒ 87 rᵒ.

4844. — Arrêt ordonnant que, sur les 29,701 écus 57 sols 3 deniers imposés dans les paroisses abonnées des élections de Saintes et de Saint-Jean-d'Angély, les habitants desdites paroisses ne seront contraints de payer que 15,000 écus, le surplus devant être réparti entre les autres contribuables de ces deux élections.

E 1ᵉ, fᵒ 87 vᵒ.

4845. — Arrêt ordonnant que les marchands d'Orléans n'exerçant aucun art mécanique seront dispensés du serment ordonné par l'édit des arts et métiers, à condition qu'ils payeront chacun 6 écus au Roi, et que leurs successeurs acquitteront les droits spécifiés en l'article 20 du règlement.

E 1ᵉ, fᵒ 88 rᵒ.

4846. — Arrêt ordonnant que le syndic général du Languedoc sera dispensé d'opérer le remplacement d'une somme de 18,000 écus, par lui prise pour les affaires dudit pays sur les « deniers provenant de la commuttation à Tholoze ».

E 1ᵉ, fᵒ 90 rᵒ.

1598, 1ᵉʳ octobre. — Paris.

4847. — Arrêt enjoignant aux villes et aux paroisses de la généralité de Limoges d'acquitter, dans la quinzaine, les tailles et crues de la présente année.

E 1ᵉ, fᵒ 92 rᵒ, et ms. fr. 18163, fᵒ 1 rᵒ.

4848. — Arrêt réglant la reddition des comptes des receveurs des tailles et le recouvrement des restes dans la généralité de Limoges.

E 1ᵉ, fᵒ 94 rᵒ, et ms. fr. 18163, fᵒ 1 rᵒ.

4849. — Arrêt révoquant toutes les commissions précédemment expédiées pour la recherche des usures.

Ms. fr. 18163, fᵒ 1 vᵒ.

4850. — Arrêt réglant le payement des gages restés dus à divers officiers du parlement de Châlons, ainsi que le payement des frais dus à Jean de Paillard, sieur de Jumeauville, « cy-devant commis à faire le payement desditz gages ».

Ms. fr. 18163, f° 1 v°.

4851. — Arrêt renvoyant aux commissaires pour le régalement des tailles en la généralité de Paris la requête en remise de tailles présentée par les paroisses de Montreuil-sous-Bois, de Corbeil, d'Essonnes, de Lagny, etc.

Ms. fr. 18163, f° 2 r°.

4852. — Arrêt prolongeant de deux mois la surséance accordée à Mrs Louis Froment et Simon Barreau, contrôleurs généraux des Ligues, pour le payement de la taxe levée sur les officiers des finances.

Ms. fr. 18163, f° 2 v°.

4853. — Arrêt accordant aux habitants de Montignac et de Cellefrouin surséance pour le payement des tailles des années 1596 et 1597.

Ms. fr. 18163, f° 2 v°.

4854. — Arrêt ordonnant aux commissaires députés pour le régalement des tailles dans les généralités d'Amiens et de Soissons de procéder, en même temps, au régalement des gabelles et « d'informer sommairement de la commodité que le peuple recepvra par la commutation et eschange d'aucunes paroisses d'une ellection à autre ».

Ms. fr. 18163, f° 3 r°.

4855. — Arrêt ordonnant de surseoir à la réparation des canaux dans les marais salants de Marennes, de Soubize, d'Oloron, du Gua, de Saint-Jean-d'Angle, de Saint-Symphorien et de Saint-Agnant.

Ms. fr. 18163, f° 3 v°.

4856. — Arrêt accordant à Me Jean de Vauhardy décharge d'une somme de 600 écus qu'il avait été condamné, par arrêt du Conseil, à rendre à Me Martin Nau, receveur général de Champagne.

Ms. fr. 18163, f° 3 v°.

4857. — Arrêt ordonnant que la taxe destinée au remboursement des officiers supprimés de l'élection de Bellac continuera d'être levée.

Ms. fr. 18163, f° 4 r°.

1598, 2 octobre. — [Paris.]

4858. — Arrêt ordonnant plus ample information au sujet de la requête en décharge présentée par la veuve de Me Nicolas Pastureau, receveur du domaine et des aides au bailliage d'Amiens, dont la maison aurait été pillée, lors de la surprise d'Amiens.

Ms. fr. 18163, f° 4 r°.

4859. — Arrêt renvoyant aux commissaires députés pour le régalement des tailles en la généralité de Guyenne la requête en remise de tailles présentée par les habitants de Barcelonne.

Ms. fr. 18163, f° 4 v°.

4860. — Arrêt ordonnant que le vierg et les échevins d'Autun seront ouïs au Conseil au sujet de diverses requêtes présentées par l'évêque et par le clergé de ladite ville.

Ms. fr. 18163, f° 5 r°.

4861. — Arrêt ordonnant que Jean de Susserye, écuyer, sieur de Beaulieu, jouira des gages attribués à son office de vice-sénéchal de Civray, à partir de la date de ses lettres de provision.

Ms. fr. 18163, f° 5 r°.

4862. — Arrêt accordant à Me Henri Pingre, trésorier de France en Picardie, surséance de trois mois pour le payement de 500 écus, attendu qu'il a été ruiné lors de la surprise d'Amiens.

Ms. fr. 18163, f° 5 v°.

4863. — Arrêt réglant le remboursement de 2,487 écus 20 sols qu'ont dépensés les habitants d'Aigues-Mortes, pour mettre hors de la ville la garnison qui y était et pour y recevoir le sieur de Gondi en qualité de gouverneur.

Ms. fr. 18163, f° 5 v°.

1598, 3 octobre. — Paris.

4864. — Arrêt ordonnant que, dans les élections

où l'on n'a pu vendre les deux offices d'élu et de sergent créés par édit de novembre 1595, le prix desdits offices sera levé sur les contribuables aux tailles.

E 1ᵉ, fᵒ 96 rᵒ.

4865. — Arrêt ordonnant l'exécution des précédents arrêts ou ordonnances de commissaires relatifs à l'hérédité des offices de notaires royaux, et ouvrant une enquête sur les contraventions commises à Montferrand, à Thiers, etc.

E 1ᵉ, fᵒ 98 rᵒ, et ms. fr. 18163, fᵒ 8 vᵒ.

4866. — Arrêt ordonnant la levée des sommes nécessaires pour indemniser le duc de Mayenne, auquel avaient été attribués un office d'élu et un office de sergent en chaque élection du royaume, attendu que lesdits offices n'ont pu être vendus, par suite de la révocation des exemptions de tailles.

Ms. fr. 18163, fᵒ 7 vᵒ.

1598, 4 octobre. — [Paris.]

4867. — Arrêt modérant de deux tiers la somme due par l'abbaye de Bonport pour les décimes des années 1593 et 1594.

Ms. fr. 18163, fᵒ 9 vᵒ.

1598, 5 octobre. — Paris.

4868. — Arrêt ordonnant qu'il sera levé en la généralité de Poitiers une somme de 20,055 écus 21 sols 9 deniers, laquelle aurait dû être versée en la recette générale de Limoges par les paroisses qui avaient fait partie de l'élection de Bellac, récemment supprimée.

E 1ᵉ, fᵒ 100 rᵒ, et ms. fr. 18163, fᵒ 9 vᵒ.

4869. — Requêtes des députés du duché de Bourgogne et réponses du Conseil, au sujet :

1° De l'abus des évocations;

2° De la disparition de la menue monnaie;

3° Du recouvrement des deniers imposés pour la réduction de Seurre;

4° Des malversations des receveurs;

5° Du prix des gabelles.

E 1ᵉ, fᵒ 102 rᵒ, et ms. fr. 18163, fᵒ 10 vᵒ.

4870. — Arrêt déclarant que, nonobstant les arrêts du parlement de Bretagne des 26 juin et 21 juillet derniers, Mᵉ Jean Lauriot, ci-devant trésorier des États de Bretagne, fera la recette des restes dus par les paroisses des diocèses de Nantes et de Vannes.

Ms. fr. 18163, fᵒ 6 rᵒ.

4871. — Arrêt réglant le payement des gages dus au sieur de La Rivière, premier médecin du Roi.

Ms. fr. 18163, fᵒ 7 rᵒ.

4872. — Arrêt attribuant à la veuve du sieur Denis Boulle l'office de contrôleur provincial des guerres en Bretagne, vacant par la mort de son mari.

Ms. fr. 18163, fᵒ 7 rᵒ.

4873. — Arrêt faisant défense aux commissaires députés pour le régalement des tailles en Champagne, Touraine, Auvergne, Limousin, Normandie et Poitou d'apporter aucun retard aux levées qui se font ès dites provinces « pour la commutation des chevaulx d'artillerye en argent ».

Ms. fr. 18163, fᵒ 7 vᵒ.

1598, 6 octobre. — Paris.

4874. — Arrêt renvoyant à la chambre des comptes de Dijon une requête qu'ont présentée les habitants de Châlon-sur-Saône pour être dispensés de la reddition de leurs comptes, attendu la perte de leurs titres, détruits par la garnison italienne et napolitaine.

Ms. fr. 18163, fᵒ 11 vᵒ.

4875. — Arrêt accordant l'exemption des tailles au mari de la nourrice de feue Madame, fille de Charles IX.

Ms. fr. 18163, fᵒ 11 vᵒ.

4876. — Arrêt accordant aux habitants de Cercié surséance pour le payement des impôts des années 1595 et 1596.

Ms. fr. 18163, fᵒ 12 rᵒ.

4877. — Arrêt affectant 10,000 écus aux réparations du port d'Aigues-Mortes et des marais salants de Peccais.

Ms. fr. 18163, fᵒ 12 rᵒ.

1598, 7 octobre. — [Paris.]

4878. — Arrêt cassant un arrêt rendu au parlement de Bourgogne à l'encontre de Claude Regnier, sergent royal, lequel avait assigné au Conseil les hôteliers et cabaretiers de Montbart.

E 1ᵉ, fᵒ 104 rᵒ, et ms. fr. 18163, fᵒ 15 vᵒ.

4879. — Arrêt affectant à l'entretien du port d'Aigues-Mortes et des canaux par où la mer pénètre dans les étangs de Peccais le droit d'un denier par livre sur toutes les marchandises dudit port.

Ms. fr. 18163, fᵒ 13 rᵒ.

4880. — Arrêt inféodant aux propriétaires des marais salants de Peccais les herbages du Petit-Peccais, à condition qu'ils n'y feront paître leurs bestiaux que durant le temps de la fabrication du sel.

Ms. fr. 18163, fᵒ 13 vᵒ.

4881. — Arrêt accordant aux administrateurs de la Maison-Dieu d'Orléans le droit de prendre, durant trois ans, 4 sols par minot de sel vendu au grenier à sel d'Orléans.

Ms. fr. 18163, fᵒ 14 rᵒ.

1598, 10 octobre. — Paris.

4882. — Arrêt affectant 1,000 écus à l'achat d'une maison d'Orléans, où est actuellement gardée l'artillerie du Roi.

E 1ᵉ, fᵒ 106 rᵒ, et ms. fr. 18163, fᵒ 16 vᵒ.

4883. — Avis du Conseil tendant à évoquer un procès pendant au Grand Conseil entre le marquis de Canillac, lieutenant du Roi en Auvergne, et le sieur d'Arquien, au sujet de l'abbaye de Manglieu.

E 1ᵉ, fᵒ 108 rᵒ, et ms. fr. 18163, fᵒ 16 vᵒ.

4884. — Arrêt ordonnant que l'édit des arts et métiers sera exécuté à Tours, accordant toutefois un délai de quinze jours aux merciers, quincailliers et drogueurs, pour faire apparoir de leurs privilèges.

E 1ᵉ, fᵒ 110 rᵒ, et ms. fr. 18163, fᵒ 17 vᵒ.

4885. — Arrêt ordonnant que Mᵉˢ Martin de Hally et Nicolas de Brinon, conseillers au parlement de Rouen, procéderont à l'exécution du règlement sur les hôteliers, cabaretiers et taverniers.

Ms. fr. 18163, fᵒ 14 rᵒ.

4886. — Arrêt déclarant que les habitants de Sézanne seront contraints au payement de la somme de 400 écus à laquelle ils ont été taxés, « pour le secours d'Amiens ».

Ms. fr. 18163, fᵒ 14 vᵒ.

4887. — Arrêt renvoyant aux commissaires députés pour le régalement des tailles en la généralité de Paris la requête en remise de tailles des habitants de Rully et de Chamicy.

Ms. fr. 18163, fᵒ 15 rᵒ.

4888. — Arrêt accordant à Mᵉ Jean Du Loyr, avocat général en la chambre des comptes de Normandie, décharge de la taxe pour supplément d'office.

Ms. fr. 18163, fᵒ 15 rᵒ.

4889. — Avis du Conseil tendant à accorder aux habitants de Beauvais remise du droit de confirmation qu'ils devaient payer pour leurs privilèges, à l'avènement du Roi.

Ms. fr. 18163, fᵒ 15 rᵒ.

4890. — Arrêt attribuant au sieur Janvier l'office de procureur du Roi à Fontenay-le-Comte, « suivant la lettre escripte par le Roy à M. de Rosny ».

Ms. fr. 18163, fᵒ 15 vᵒ.

1598, 12 octobre. — Paris.

4891. — Arrêt maintenant Gilles de Souvré, gouverneur et lieutenant général en Touraine, en la possession du greffe du bailliage de Rouen.

E 1ᵉ, fᵒ 112 rᵒ, et ms. fr. 18163, fᵒ 19 rᵒ.

4892. — Arrêt ordonnant à Mᵉ Jean de Murat, trésorier général de l'Extraordinaire des guerres, de rendre à Mᵉ Jean de Ligny, trésorier des Parties casuelles, plusieurs quittances de receveurs et contrôleurs triennaux du Languedoc.

Ms. fr. 18163, fᵒ 20 rᵒ.

4893. — «Estat de la distribution que le Roy veult et entend estre faicte... de la somme de 48,787 escuz 35 sols... revenant à Sa Majesté à cause du retranchement par elle faict des garnisons de la province de Champagne.»

Ms. fr. 18163, f° 20 r°.

4894. — Arrêt renvoyant au maître particulier des eaux et forêts du Boulonnais une requête qu'a présentée Claude de Roussel, sieur de Bédouastre, pour être payé du prix de soixante chênes employés aux fortifications de Hardelot.

Ms. fr. 18163, f° 21 v°.

4895. — Arrêt faisant remise de 68 écus, et accordant la liberté à Nicolas Cousin, ci-devant fermier des gros et huitième en plusieurs villages de Brie.

Ms. fr. 18163, f° 21 v°.

4896. — Arrêt déclarant que M⁰ˢ Hilaire Barotin et Laurent Raymon, receveurs des tailles en l'élection de Mirebeau, condamnés à mort pour malversations, seront contraints de payer chacun 2,000 écus d'amende, suivant les lettres de commutation de peine qu'ils ont depuis obtenues.

Ms. fr. 18163, f° 22 r°.

1598, 13 octobre. — Paris.

4897. — Arrêt accordant aux collecteurs et aux greffiers des paroisses décharge de l'emprunt levé sur les officiers des finances.

E 1°, f° 114 r°, et ms. fr. 18163, f° 21 r°.

4898. — Arrêt réglant l'emploi du produit de divers impôts levés en Bourgogne.

E 1°, f° 115 r°, et ms. fr. 18163, f° 26 r°.

4899. — Arrêt ordonnant que le dossier d'Alexandre Bedeau, «fermier général du debvoir des 6 et 3 escus pour pippe de vin» entrant en Bretagne, sera renvoyé au sieur de Maupeou, maître des comptes, «commissaire depputé par Sa Majesté à la direction de ses finances en Bretagne».

E 1°, f° 117 r°, et ms. fr. 18163, f° 26 r°.

4900. — Arrêt accordant à M° Georges Faguet,

lieutenant civil au bailliage de Chaumont-en-Vexin, décharge d'une taxe «mise par inadvertence soubz son nom».

E 1°, f° 118 r°, et ms. fr. 18163, f° 26 v°.

4901. — Arrêt réglant le payement des gages du sieur de La Borde, grand maître des eaux et forêts au département de Guyenne et de Poitou.

Ms. fr. 18163, f° 23 r°.

4902. — Arrêt accordant aux habitants de Jouy-le-Châtel surséance pour le payement des restes de l'année 1595.

Ms. fr. 18163, f° 23 r°.

4903. — Arrêt renvoyant aux trésoriers de France à Rouen une requête par laquelle François Belin, ci-devant fermier du grenier à sel de Dieppe et de la chambre de Saint-Valery, demande l'augmentation du prix de certaine quantité de sel à lui appartenant.

Ms. fr. 18163, f° 23 v°.

4904. — Arrêt ordonnant la mise en liberté sous caution de M° Jacquet de May, ci-devant receveur des tailles en l'élection de Laon.

Ms. fr. 18163, f° 24 r°.

4905. — Arrêt ordonnant, nonobstant l'opposition du syndic de Dax, l'expédition des lettres patentes par lesquelles le syndic de Saint-Sever est chargé d'effectuer une levée de 3,000 écus en la sénéchaussée des Lannes, dans le Marsan, dans le Tursan et dans le Gabardan.

Ms. fr. 18163, f° 24 v°.

1598, 14 octobre. — [Paris.]

4906. — Arrêt faisant remise des tailles aux habitants de Montbrison, à partir du 1ᵉʳ janvier 1596 jusqu'au 14 avril de la même année, date du départ de la garnison établie par le duc de Nemours.

Ms. fr. 18163, f° 25 r°.

4907. — Arrêt modérant de moitié la taxe imposée à M° François Le Vayer, lieutenant général du vice-sénéchal du Maine, pour le supplément de son office de commissaire à faire les montres du prévôt-des maréchaux.

Ms. fr. 18163, f° 25 r°.

4908. — Arrêt réduisant de moitié la taxe pour supplément d'offices imposée à Mes Antoine de Sauzey, André Perdrigeon et Jean Bouclon, contrôleurs à faire les montres des prévôts des maréchaux et lieutenants de robe courte en Lyonnais, Forez et Beaujolais.

Ms. fr. 18163, f° 25 r°.

4909. — Arrêt renvoyant aux trésoriers de France à Rouen une requête des habitants de Magny-en-Vexin relative au mauvais état des routes.

Ms. fr. 18163, f° 25 v°.

4910. — Arrêt renvoyant une requête des habitants de Berre au sieur Du Veoir, intendant de la justice en Provence.

Ms. fr. 18163, f° 25 v°.

1598, 15 octobre. — Paris.

4911. — Arrêt réglant le payement des fournisseurs de la Maison du Roi.

Ms. fr. 18163, f° 27 r°.

4912. — Arrêt ordonnant l'expédition des lettres patentes par lesquelles les habitants de Montfort sont autorisés à affecter le produit d'un octroi au remboursement de 5,268 écus empruntés à divers particuliers, lors du passage des armées du Roi.

Ms. fr. 18163, f° 27 v°.

4913. — Arrêt ordonnant que les lettres de provision de l'office de maître particulier des eaux et forêts de Calais, d'Ardres et du comté de Guines, expédiées au nom de M° Jean de Flesselles, seront réformées au nom de M° Antoine Grimoust, désigné par la veuve du précédent titulaire.

Ms. fr. 18163, f° 28 r°.

4914. — Arrêt modérant de moitié la taxe pour supplément d'office imposée à Jean Boudet, commissaire à faire les montres de la compagnie du vice-sénéchal de Bourbonnais.

Ms. fr. 18163, f° 28 r°.

4915. — Arrêt renvoyant aux commissaires députés pour le régalement des tailles en Champagne une requête en remise de tailles des habitants de Heiltz-le-Maurupt, fondée sur les massacres et dévastations commis par les troupes-luxembourgeoises, le 24 décembre 1597.

Ms. fr. 18163, f° 28 v°.

4916. — Arrêt ordonnant la vérification des sommes dues à Paul Parent, sieur de Villemenon, surintendant général des vivres, munitions et magasins de France, pour fournitures faites aux garnisons de la Fère, de Guise, etc.

Ms. fr. 18163, f° 28 v°.

1598, 17 octobre. — Paris.

4917. — Arrêt enjoignant à M° Gaston Midorge, trésorier de l'Artillerie, de faire venir en toute diligence une somme de 23,000 écus, destinée au payement des officiers de l'Artillerie.

E 1°, f° 120 r°, et ms. fr. 18163, f° 29 v°.

4918. — Arrêt assignant au Conseil M° Jean Alexandre, receveur des tailles en l'élection de Poitiers, pour qu'il rende raison de son administration.

E 1°, f° 121 r°, et ms. fr. 18163, f° 33 r°.

4919. — Arrêt renvoyant au Roi une requête des maîtres-gardes de la draperie, de la grosserie, de la mercerie et de la joaillerie de Paris relative aux franchises de la foire de Saint-Denis.

E 1°, f° 123 r°, et ms. fr. 18163, f° 31 r°.

4920. — Arrêt ordonnant que la duchesse de Nemours jouira provisoirement, comme par le passé, des offices tant ordinaires qu'extraordinaires des duchés de Nemours, Chartres et Montargis, du comté de Gisors et des juridictions de Bayeux, Caen, Falaise et Provins.

E 1°, f° 124 r°, et ms. fr. 18163, f° 29 v°.

4921. — «Articles sur lesquelz les commissaires députés en Picardye pour le reégalement des tailles désirent entendre la volonté du Roy et de nosseigneurs de son Conseil» et réponses du Conseil.

E 1°, f° 126 r°, et ms. fr. 18163, f° 31 v°.

41.

4922. — Arrêt ordonnant à Mᵉ Guillaume Du Fayot, commis à la recette de l'emprunt levé sur les officiers des finances, de verser 20,000 écus à l'Épargne.

Ms. fr. 18163, f° 19 r°.

4923. — Arrêt ordonnant que le sieur de La Guesle, conseiller d'État, nommera par provision aux offices de sénéchaux, d'alloués et de procureurs de diverses juridictions de Bretagne, en qualité de tuteur de Charles duc d'Hallain, sieur de Piennes, sans préjudice des droits pouvant appartenir à la duchesse douairière d'Hallain.

Ms. fr. 18163, f° 34 r°.

4924. — Arrêt réglant le payement de 842 écus dus à la veuve de Thomas Le Page, maçon, pour la construction du ravelin de la porte Saint-Jean, à Saint-Quentin.

Ms. fr. 18163, f° 34 v°.

4925. — Arrêt modérant de moitié la somme imposée aux lieutenants et au procureur du Roi du siège de Ponthieu pour la suppression des offices de lieutenants généraux alternatifs.

Ms. fr. 18163, f° 35 r°.

———

1598, 25 octobre. — Paris.

4926. — Arrêt déchargeant de l'emprunt imposé aux officiers des finances Mᵉˢ Jean Fabry et Pierre de Launay, pourvus de deux offices de trésoriers provinciaux de l'Extraordinaire des guerres en Bretagne, qu'ils n'ont pu exercer.

E 1ᵉ, f° 128 r°, et ms. fr. 18163, f° 36 r°.

4927. — Arrêt assignant au Conseil Philippe d'Anglare, sieur de Guyonnelle, et François Chabot, sieur de Brion, pour qu'ils soient entendus au sujet de la rançon payée par ledit Chabot, durant les troubles.

E 1ᵉ, f° 130 r°, et ms. fr. 18163, f° 35 v°.

———

1598, 26 octobre. — Paris.

4928. — Avis du Conseil tendant à attribuer à Mᵉ Guillaume Parastre le quart des deniers qu'il fera rendre au Roi en indiquant les offices qui ont été résignés, dans le ressort du parlement de Toulouse, moins de quarante jours avant la mort du titulaire.

Ms. fr. 18163, f° 36 v°.

4929. — Arrêt ordonnant que, suivant un brevet du Roi, Mᵉ François Boumel sera pourvu, sans payer finance, de l'office de lieutenant particulier en la sénéchaussée du Puy.

Ms. fr. 18163, f° 36 v°.

4930. — Arrêt ordonnant aux commissaires députés pour le régalement des tailles en Champagne de comprendre en la première assiette de tailles ce qui reste à lever « pour les chevaulx d'artillerye qui ont servy ès sièges d'Amiens et pays de Bretaigne ».

Ms. fr. 18163, f° 37 r°.

4931. — Arrêt révoquant la surséance précédemment accordée aux habitants de Romorantin pour le payement des tailles.

Ms. fr. 18163, f° 37 r°.

4932. — Arrêt ordonnant la mise en liberté sous caution de Gervais Honoré, fermier général des impôts et billots de Bretagne.

Ms. fr. 18163, f° 37 r°.

———

1598, 27 octobre. — Paris.

4933. — Arrêt relatif à l'apurement des comptes de Mᵉ Alexandre Seryient, receveur général à Tours, pour l'année 1597.

E 1ᵉ, f° 132 r°, et ms. fr. 18163, f° 40 v°.

4934. — Arrêt ordonnant que Mᵉ Pierre Gilbert, commis à la recette de la taxe sur le vin passant à Corbeil, sera contraint de payer une somme de 1354 écus 46 sols 8 deniers, assignée au trésorier des Bâtiments.

E 1ᵉ, f° 134 r°, et ms fr. 18163, f° 40 r°.

4935. — Arrêt faisant défense aux trésoriers de France et aux commissaires du Roi d'accorder dorénavant aucune surséance ou décharge à un receveur des tailles, à une ville ou à une paroisse, non plus que d'avoir égard à aucunes lettres de décharge ou de surséance, à moins qu'elles ne soient enregistrées au Contrôle général des finances et revêtues de l'attache du trésorier de l'Épargne.

E 1°, f° 136 r°, et ms. fr. 18163, f° 39 r°.

4936. — Arrêt réglant le recouvrement et l'emploi des restes des décimes.

E 1°, f° 138 r°, et ms. fr. 18163, f° 42 r°.

4937. — Arrêt assignant au Conseil M° Yves Amelin, ci-devant contrôleur en l'élection de Saumur, accusé de rébellion contre le sergent du Châtelet chargé de lever la taxe des officiers des finances.

Ms. fr. 18163, f° 37 v°.

4938. — Arrêt accordant à Roland Buisson, ci-devant fermier de la terre de Boullarre, appartenant au chapitre de Meaux, remise de la portion de ses fermages que le Roi s'était réservée.

Ms. fr. 18163, f° 38 r°.

4939. — Arrêt faisant défense aux officiers des eaux et forêts du comté de Beaumont d'imposer des taxes excessives aux marchands-vendeurs de bois, au préjudice des droits acquis par le sieur de Liancourt, premier écuyer du Roi.

Ms. fr. 18163, f° 38 r°.

4940. — Arrêt accordant aux habitants de Châlon-sur-Saône surséance de six mois pour le remboursement des sommes par eux empruntées, sur l'ordre du duc de Mayenne, pour l'entretien de la garnison.

Ms. fr. 18163, f° 38 v°.

4941. — Avis du Conseil tendant à faire don de 1,000 écus à Bertrand Meilhan, dit capitaine More, pour l'indemnité des fournitures par lui faites, en 1587, au château de Montagnac.

Ms. fr. 18163, f° 39 r°.

———

1598, 28 octobre. — Paris.

4942. — Arrêts accordant diverses remises de décimes :

1° À l'évêque et au clergé du diocèse d'Autun;

2° Au clergé du diocèse de Châlon-sur-Saône;

3° À l'évêque, au chapitre de l'église cathédrale et au clergé du diocèse de Mende;

4° À l'évêque et au chapitre de Saint-Brieuc;

5° À l'évêque de Tréguier;

6° Au clergé du diocèse d'Amiens;

7° Au clergé du diocèse de Soissons;

8° Au clergé du diocèse de Périgueux;

9° À l'abbaye de Fontenay en Bourgogne;

10° À l'évêque et au clergé du diocèse de Boulogne;

11° Aux bénéficiers du diocèse de Saint-Flour;

12° Aux bénéficiers du diocèse de Vienne;

13° À frère Guillaume de Verfueil, chevalier de l'ordre de Saint-Jean de Jérusalem, commandeur de Palhers, de Rocoulles et de la Villatte, au diocèse de Mende;

14° À frère Charles Belot, chevalier de l'ordre de Saint-Jean de Jérusalem, commandeur de Catillon et de Puisieux, au diocèse de Laon;

15° À frère François de Prouville, chevalier de l'ordre de Saint-Jean de Jérusalem, commandeur de Fieffes.

Ms. fr. 18163, f° 43 r° à 46 v°.

4943. — Arrêt donnant au clergé du diocèse de Carcassonne décharge d'une somme de 2,247 écus 11 sols 5 deniers qu'il devait pour sa quote-part de l'aliénation des biens du Clergé, laquelle somme a été dépensée suivant une ordonnance du maréchal de Montmorency.

Ms. fr. 18163, f° 46 v°.

4944. — Arrêt donnant au clergé du diocèse d'Alet décharge d'une somme de 3,200 écus qu'il devait pour sa quote-part de l'aliénation des biens du Clergé.

Ms. fr. 18163, f° 47 r°.

4945. — Arrêt donnant à l'évêque de Condom décharge d'une somme de 1,800 écus.

Ms. fr. 18163, f° 47 v°.

4946. — Arrêt donnant au clergé du diocèse de Narbonne décharge d'une somme de 3,939 écus 51 sols 2 deniers.

Ms. fr. 18163, f° 47 v°.

4947. — Arrêt donnant au clergé du diocèse de Montpellier décharge d'une somme de 5,808 écus 41 sols 5 deniers.

Ms. fr. 18163, f° 48 r°.

4948. — Arrêt donnant au clergé du diocèse de Lectoure décharge d'une somme de 455 écus 59 sols 11 deniers.

Ms. fr. 18163, f° 48 v°.

4949. — Arrêt donnant au grand prieur de France décharge d'une somme de 80 écus.

Ms. fr. 18163, f° 49 r°.

4950. — Arrêt donnant à l'abbé de Saint-Pierre de Préaux décharge d'une somme de 150 écus.

Ms. fr. 18163, f° 49 r°.

4951. — Arrêt donnant à Marguerite de Souvré, abbesse de Saint-Léger de Préaux, décharge d'une somme de 75 écus.

Ms. fr. 18163, f° 49 v°.

4952. — Arrêt donnant à la prieure de Fargniers, au diocèse de Noyon, décharge d'une somme de 19 écus 43 sols.

Ms. fr. 18163, f° 49 v°.

4953. — Arrêt donnant au clergé du diocèse d'Autun décharge d'une somme de 2307 écus 3 sols 6 deniers.

Ms. fr. 18163, f° 49 v°.

4954. — Arrêt donnant au clergé du diocèse de Langres décharge d'une somme de 595 écus.

Ms. fr. 18163, f° 50 v°.

4955. — Arrêt donnant au clergé du diocèse de Mende décharge d'une somme de 1,000 écus.

Ms. fr. 18163, f° 50 v°.

4956. — Arrêt donnant au clergé du diocèse d'Uzès décharge d'une somme de 389 écus 30 sols.

Ms. fr. 18163, f° 51 r°.

4957. — Arrêt donnant au clergé du diocèse de Saintes décharge d'une somme de 5,845 écus 23 sols 2 deniers.

Ms. fr. 18168, f° 51 v°.

4958. — Arrêt donnant aux bénéficiers du diocèse d'Arles décharge d'une somme de 940 écus 42 sols 6 deniers.

Ms. fr. 18163, f° 51 v°.

———

1598, 29 octobre. — Paris.

4959. — « Règlement pour les Partyes casuelles. »

E 1°, f° 140 r°, ms. fr. 18163, f° 60 r°, et Clair. 654, p. 633.

4960. — Arrêt accordant à Adrien de Barastre, fermier de l'impôt de 3 écus 18 sols par tonneau de vin levé dans les élections d'Amiens, de Doullens et de Ponthieu, décharge d'une somme de 4,000 écus par lui avancée en l'année 1596.

E 1°, f° 142 r°, et ms. fr. 18163, f° 57 v°.

4961. — Arrêt ordonnant que les ecclésiastiques de Montpellier jouiront des mêmes privilèges que les autres ecclésiastiques du royaume, et les plaçant sous la sauvegarde des consuls et des magistrats.

E 1°, f° 144 r°, et ms. fr. 18163, f° 58 v°.

4962. — Arrêt déclarant que les habitants de Dinan contribueront au subside de 800,000 écus accordé à Sa Majesté par les États de Bretagne.

E 1°, f° 146 r°, et ms. fr. 18163, f° 59 v°.

4963. — Arrêt ordonnant que Me Guillaume Michelot, « fermier général des debvoirs des portz, havres, brieulx et traicte des bestes vives » en Bretagne, payera le montant de ses fermages nonobstant une saisie-arrêt faite à la requête du sieur de Guépéan, président au Grand Conseil, et des héritiers de Claude Aubry, de Claude de La Bistrate, etc.

E 1°, f° 147 r°, et ms. fr. 18163, f° 52 r°.

4964. — Arrêt ordonnant de surseoir à l'exécution de l'édit relatif à l'hérédité des notaires, dans les duchés ou comtés de Valois, d'Étampes, de Senlis, d'Agen, de Condomois, dans les seigneuries de Rieux, de Rivière-Verdun et de l'Isle-d'Albigeois, constitués en dot à la Reine.

E 1°, f° 149 r°, et ms. fr. 18163, f° 57 r°.

4965. — Arrêt renvoyant à la Cour des aides le procès intenté à Mᵉ Nicolas Bigot, contrôleur général des gabelles, et aux officiers du grenier à sel de Paris, pour contraventions aux ordonnances.

E 1ᵉ, f° 151 r°, et ms. fr. 18163, f° 60 r°.

4966. — « Articles sur lesquelz les commissaires depputez par le Roy pour le régallement de ses tailles en la générallité de Touraine requièrent Sa Majesté et MM. de son Conseil déclarer leur intention », avec les réponses du Conseil.

Ms. fr. 18163, f° 52 v°.

4967. — « Articles sur lesquelz les commissaires depputez par le Roy pour le régallement de ses tailles en la générallité de Champagne requièrent Sa Majesté et MM. de son Conseil déclarer leur intention », avec les réponses du Conseil.

Ms. fr. 18163, f° 53 v°.

4968. — Arrêt réduisant à 40 écus la taxe imposée à Nicolas Boucher, procureur du Roi, et à Raoul Boucher, greffier au grenier à sel de Thiérache établi à Guise, pour une augmentation de 3 deniers par minot.

Ms. fr. 18163, f° 55 r°.

4969. — Arrêt accordant à Mᵉ François Poisson, lieutenant général au bailliage de Nemours, décharge de la somme à laquelle il a été taxé, comme lieutenant général à Château-Landon, attendu que ce siège particulier dépend du bailliage de Nemours.

Ms. fr. 18163, f° 55 r°.

4970. — Arrêt ordonnant que les vendeurs de bétail de Paris et René Foucault, pourvu de semblable office, seront ouïs au Conseil au sujet d'un arrêt précédemment obtenu par ledit Foucault.

Ms. fr. 18163, f° 55 v°.

4971. — Arrêt prescrivant une enquête au sujet de l'emploi de deniers provenant de la vente du domaine de Bourgogne, lesquels devaient être affectés au payement des Suisses.

Ms. fr. 18163, f° 56 r°.

4972. — Arrêt renvoyant aux juridictions locales une requête des habitants d'Andorre relative au droit de foraine perçu sur les bœufs, sur les mules et sur les bestiaux.

Ms. fr. 18163, f° 56 r°.

4973. — Arrêt assignant 300 écus à Michel Du Pin, ci-devant lieutenant d'une compagnie de gens de pied, pour l'indemniser de la perte de deux maisons, sises en l'enceinte de la citadelle de Mézières.

Ms. fr. 18163, f° 56 v°.

4974. — Avis du Conseil tendant à faire don de 200 écus à la veuve d'un nommé Jean Hameau, tué au siège de Vitré.

Ms. fr. 18163, f° 56 v°.

1598, 30 octobre. — Paris.

4975. — Avis du Conseil tendant à faire abandon au sieur d'Escures, maréchal de camp, de la justice seigneuriale d'Olivet, du Val de la Loire, de l'Arché, de Saint-Mesmin et de partie de Saint-Privé, moyennant un cens annuel de 40 sols.

E 1ᵉ, f° 153 r°, et ms. fr. 18163, f° 63 r°.

4976. — Arrêt ordonnant que les notaires de Saint-Laurent-des-Mortiers seront contraints au payement de la taxe d'hérédité.

E 1ᵉ, f° 154 r°, et ms. fr. 18163, f° 62 v°.

4977. — Arrêt ordonnant que les deniers provenant des taxes d'hérédité levées sur les offices de notaires dans les baronnies d'Aulnay, de Melle et de Chizé seront versés entre les mains de Mᵉ Étienne Audouyn de Montherbu, secrétaire de la Chambre, commis à la recette générale desdits deniers.

E 1ᵉ, f° 156 r°, et ms. fr. 18163, f° 62 v°.

4978. — Arrêt réglant le payement de 1,200 écus dus aux garnisons de la ville et du gouvernement de Chartres.

Ms. fr. 18163, f° 63 r°.

1598, 31 octobre. — Paris.

4979. — Arrêt cassant un arrêt du parlement de Bretagne, et ordonnant que Mᵉˢ Jean Fabry et Pierre de Launay exerceront leurs offices de trésoriers provinciaux de l'Extraordinaire des guerres en Bretagne.

E 1ᵉ, fᵒ 158 rᵒ, et ms. fr. 18163, fᵒ 64 rᵒ.

1598, 3 novembre. — Paris.

4980. — Arrêt ordonnant au commis à la recette du marc d'or de délivrer ses quittances en blanc pour les offices de receveur général triennal, de contrôleurs généraux des finances, de receveurs et de contrôleurs particuliers à Toulouse.

Ms. fr. 18163, fᵒ 65 rᵒ.

1598, 4 novembre. — Paris.

4981. — Arrêt ordonnant l'arrestation de Mᵉ Benoît Le Gars, grènetier de Saint-Florentin, et l'assignant au Conseil avec le sieur Thiénot, élu en ladite ville, pour qu'ils répondent à une plainte des habitants d'Aix-en-Othe.

E 1ᵉ, fᵒ 160 rᵒ, et ms. fr. 18163, fᵒ 65 rᵒ.

4982. — Arrêt ordonnant que les habitants de Saint-Valery-sur-Somme jouiront de l'exemption à eux accordée par lettres patentes du 21 février 1595.

Ms. fr. 18163, fᵒ 65 vᵒ.

4983. — Arrêt ordonnant au trésorier des Parties casuelles de délivrer aux pourvoyeurs de la Maison du Roi ses quittances en blanc des offices nouvellement créés de « jaugeurs de vaisseaulx à mettre vins, bières, cidres, huilles », etc.

Ms. fr. 18163, fᵒ 65 vᵒ.

4984. — Arrêt ordonnant au commis à la recette du marc d'or de rendre 108 écus perçus pour l'office de conseiller au parlement de Bretagne et de garde des sceaux en la chancellerie de Rennes.

Ms. fr. 18163, fᵒ 66 rᵒ.

4985. — Arrêt réglant le remboursement du prix d'un office de conseiller originaire au parlement de Bretagne, auquel le sieur Charrette, sénéchal de Nantes, n'a pu se faire recevoir.

Ms. fr. 18163, fᵒ 66 rᵒ.

4986. — Arrêt déclarant que Messire Charles de Balzac, sieur de Dunes, chevalier des ordres du Roi, aura la nomination aux offices de la châtellenie de Janville, en qualité de tuteur des enfants du sieur de Clermont d'Entragues.

Ms. fr. 18163, fᵒ 66 vᵒ.

4987. — Arrêt ordonnant que le différend pendant entre les maire et échevins et les officiers du présidial d'Orléans sera jugé au Conseil.

Ms. fr. 18163, fᵒ 67 rᵒ.

1598, 5 novembre. — Paris.

4988. — Arrêt réglant le payement des gages des maîtres des postes.

E 1ᵉ, fᵒ 162 rᵒ, et ms. fr. 18163, fᵒ 67 rᵒ.

4989. — Arrêt portant règlement au sujet de la taxe des offices triennaux du Languedoc.

Ms. fr. 18163, fᵒ 67 vᵒ.

1598, 6 novembre. — Paris.

4990. — Enregistrement d'un contrat passé par le Roi avec le sieur Zamet, le 31 octobre 1598, pour un emprunt de 114,740 écus.

E 1ᵉ, fᵒ 164 rᵒ, et ms. fr. 18163, fᵒ 68 rᵒ.

1598, 9 novembre. — Paris.

4991. — Arrêt substituant Michel Frotet, sieur de La Bardelière, à Gilles Ruellon, à Robert Dubois et consorts, en qualité de fermier des 4 écus, 2 écus 40 sols, 20 sols, 16 et 8 sols levés sur chaque pipe de vin dans les diocèses de Saint-Malo et de Dol.

E 1ᵉ, fᵒ 166 rᵒ, et ms. fr. 18163, fᵒ 69 rᵒ. Cf. ibid., fᵒ 70 rᵒ.

4992. — Arrêt réglant le remboursement de 2,000 écus prêtés par Mᵉ Jean de Ligny, trésorier des Parties casuelles, pour les dépenses du siège d'Amiens.

E 1ᵉ, fᵒ 168 rᵒ, et ms. fr. 18163, fᵒ 69 rᵒ.

1598, 10 novembre. — Paris.

4993. — Arrêt ordonnant à M° Dreux Barbin, receveur général des finances à Paris, d'avancer 12,886 écus 40 sols à M° Étienne Puget, trésorier de l'Épargne.

Ms. fr. 18163, f° 72 r°.

4994. — Arrêt portant suppression d'un office de commissaire au Châtelet, vacant par la mort de M° Regnault Chambon, et ordonnant que les offices de commissaires au Châtelet seront réduits au nombre de trente-deux.

Ms. fr. 18163, f° 72 v°.

4995. — Arrêt déclarant que Sa Majesté n'entend faire aucun remboursement des taxes levées, par manière d'emprunt, sur les officiers des finances.

Ms. fr. 18163, f° 72 v°, et AD I 127, n° 18.

4996. — Arrêt ordonnant que tous les titres des personnes prétendant à des droits d'usage ou de chauffage dans les forêts de France seront apportés au sieur de Fleury, surintendant général et grand maître des eaux et forêts de France.

Ms. fr. 18163, f° 73 r°.

4997. — Arrêt renvoyant au sieur de Fleury, surintendant général et grand maître des eaux et forêts de France, une requête en décharge présentée par François de Sovostre, sieur de Beauchesne, caution de feu Hector Louvel, adjudicataire de bois en la forêt de Lyons.

Ms. fr. 18163, f° 73 v°.

4998. — Arrêt réglant le payement des frais d'un procès jugé à la Table de marbre et perdu par Guillaume Retel, maître particulier des eaux et forêts au bailliage de Provins.

Ms. fr. 18163, f° 73 v°.

1598, 12 novembre. — Paris.

4999. — Arrêt ordonnant que M° François Gastechair demeurera sénéchal de Vannes, à condition qu'il résignera son office de président au présidial de ladite ville.

E 1°, f° 169 r°, et ms. fr. 18163, f° 77 r°.

5000. — Arrêt renvoyant à la Cour des monnaies, nonobstant les arrêts du parlement de Toulouse et de la chambre mi-partie de Castres, le procès intenté aux maîtres des monnaies de Languedoc « qui, contre les ordonnances, ont fondu et billonné les bonnes et fortes monnoyes de France ».

E 1°, f° 171 r°, et ms. fr. 18163, f° 76 v°.

5001. — Arrêt accordant, moyennant finance, la « dispense des quarante jours » à M° Nicolas Tristan, pourvu par résignation de l'office d'élu en l'élection de Beauvais.

Ms. fr. 18163, f° 74 r°.

5002. — Arrêt ordonnant que tous les procès et instances relatifs à l'exécution des édits de création et de rétablissement des offices de contrôleurs-visiteurs-marqueurs de cuirs seront examinés par le sieur Lubert, maître des requêtes ordinaire de l'Hôtel.

Ms. fr. 18163, f° 74 v°.

5003. — Arrêt renvoyant à la Cour des monnaies tous les procès instruits en Languedoc par le président Fauchet.

Ms. fr. 18163, f° 74 v°.

5004. — Arrêt assignant 1,000 écus au sieur de La Fontaine.

Ms. fr. 18163, f° 76 r°.

5005. — Arrêt réglant le payement de 5,333 écus 1/3 dus pour l'entretien, pendant quatre mois, des garnisons de l'Île-de-France.

Ms. fr. 18163, f° 76 r°.

1598, 13 novembre. — Paris.

5006. — Arrêt réglant l'exécution de l'édit des arts et métiers.

E 1°, f° 173 r°, et ms. fr. 18163, f° 78 r°.

5007. — Arrêt ordonnant de surseoir aux poursuites exercées contre les marchands fréquentant les foires de Paris, pour le payement du droit de douane levé sur les marchandises vendues pendant la durée desdites foires.

Ms. fr. 18163, f° 74 v°.

5008. — Arrêt ordonnant au procureur général en la cour des aides de Normandie de faire savoir quelles poursuites il a exercées contre les émeutiers de Bacqueville, et accordant surséance à Guillaume Le Roux, fermier des nouveaux impôts en l'élection d'Arques.

Ms. fr. 18163, f° 75 v°.

5009. — Arrêt ordonnant que M⁰ Philippe de Colanges, trésorier de l'Extraordinaire des guerres en Picardie, et Bernard de Rippe, ingénieur, seront ouïs au Conseil au sujet de l'évocation du procès pendant entre eux.

Ms. fr. 18163, f° 75 v°,

1598, 14 novembre. — Paris.

5010. — Arrêt ordonnant que M⁰ Henri de Laussade, commis à la recette des « deniers provenans tant du convoy que de ce qui se lève pour l'extinction du subside de Royan », sera contraint de payer le reste des 18,000 écus promis au Roi par la ville de Bordeaux pour les frais du siège d'Amiens.

E 1°, f° 176 r°, et ms. fr. 18163, f° 78 v°.

5011. — Arrêt ordonnant aux trésoriers de France, dans toutes les généralités du royaume, de contraindre les receveurs et les comptables à fournir de bonnes et suffisantes cautions.

E 1°, f° 177 r°, et ms. fr. 18163, f° 79 v°.

5012. — Arrêt ordonnant que l'édit des arts et métiers sera rigoureusement exécuté, et que les merciers, quincailliers, drogueurs, joailliers et marchands de drap de soie de la ville de Tours acquitteront les droits sur eux levés « pour la création de leur maistrise en jurande ».

E 1°, f° 178 r°, et ms. fr. 18163, f° 80 r°.

5013. — Arrêt réglant le payement de la garde suisse du Connétable, durant les mois de mai, juin, juillet et août 1597.

Ms. fr. 18163, f° 79 r°.

5014. — Arrêt donnant assignation de 450 écus au sieur Du Courroy, maître de la musique de la Chambre du Roi.

Ms. fr. 18163, f° 79 r°.

5015. — Arrêt réglant le payement des gages dus au sieur de Montmartin, pour sa charge de maréchal de camp en l'armée de Bretagne.

Ms. fr. 18163, f° 81 r°.

5016. — Arrêt portant assignation de 4,000 écus donnés par le Roi au sieur de La Buisse, gouverneur de Voiron.

Ms. fr. 18163, f° 81 r°.

5017. — Avis du Conseil tendant au rejet d'une requête du duc de Nemours relative à l'augmentation des gages des enquêteurs et examinateurs de Normandie.

Ms. fr. 18163, f° 81 v°.

1598, 16 novembre. — [Paris.]

5018. — Arrêt chargeant M⁰ Jean Coynard, trésorier général des traites, de percevoir les deniers levés sur le sel qui sont affectés au remboursement des officiers des douanes et des traites.

Ms. fr. 18163, f° 81 v°.

1598, 19 novembre. — Paris.

5019. — Arrêt donnant commission au sieur Durant, maître des requêtes ordinaire de l'Hôtel, pour procéder extraordinairement à l'encontre des habitants de Clermont en Auvergne coupables de violences sur la personne de l'huissier Nicolas Blondeau et de son recors, qui venaient tous deux contraindre les officiers de judicature au payement de la taxe de 150,000 écus.

E 1°, f° 180 r°, et ms fr. 18163, f° 83 v°.

5020. — Arrêt renvoyant au Parlement un procès pendant entre les maire, échevins, conseillers et pairs de la Rochelle et les juges présidiaux de ladite ville, nonobstant les lettres d'évocation au Grand Conseil accordées auxdits échevins, par une fausse application de l'édit de Nantes.

E 1°, f° 182 r°, et ms. fr. 18163, f° 84 r°.

5021. — « Articles sur lesquelz les commissaires députez en Picardye pour le reégalement des tailles

désirent entendre la volonté du Roy et de nos seigneurs de son Conseil » et réponses du Conseil.

E 1°, f° 183 r°, et ms. fr. 18163, f° 82 r°.

5022. — Arrêt ordonnant que les habitants de
Pont-Audemer contribueront aux tailles, nonobstant
toute exemption antérieure à l'édit de janvier 1598.

Ms. fr. 18163, f° 84 v°.

5023. — Arrêt ordonnant que Marc-Antoine de
Sardini sera ouï au Conseil au sujet d'une requête en
décharge de taxe présentée par les clercs et commissaires des fermes des aides à Paris.

Ms. fr. 18163, f° 85 r°.

5024. — Arrêt ordonnant de surseoir à l'exécution
des arrêts obtenus par René Foucault, soi-disant
pourvu d'un office de vendeur de bétail à pied fourché
à Paris, à l'encontre des douze autres vendeurs.

Ms. fr. 18163, f° 85 r°.

5025. — Arrêt renvoyant au parlement de Dijon
une requête présentée par Charles-Emmanuel, comte
de Pont-de-Vaux, vicomte de Salins, pour obtenir
l'entrée en jouissance de la succession de la comtesse
de Cerny.

Ms. fr. 18163, f° 85 v°.

5026. — Arrêt accordant à M° Chrodegand Relier, bailli de Beaumont, surséance pour le payement
du tiers d'une taxe de 200 écus.

Ms. fr. 18163, f° 86 r°.

———

1598, 21 novembre. — Paris.

5027. — Arrêt ordonnant à M° de Chauffour,
lieutenant des eaux et forêts au bailliage de Gisors, de
faire une enquête sur les prétendus excès des commissaires députés à la « refformation des entreprises
et oultrepasses faictes en la forest de Lyons ».

E 1°, f° 185 r°, et ms. fr. 18163, f° 90 r°.

5028. — Arrêt assignant au Conseil le président
et élus de Langres, pour qu'ils s'expliquent sur leur
ingérence dans la distribution des deniers provenant
de la recette particulière de Langres.

E 1°, f° 186 r°, et ms. fr. 18163, f° 91 r°.

5029. — Arrêt ordonnant que le sieur Du Roussay
grand maître des eaux et forêts, et M° Émile Perrot,
conseiller à la Table de marbre, auront commission
pour visiter et réglementer les forêts du département
de Champagne, Bourbonnais, Forez, Lyonnais, Marche
et Limousin.

E 1°, f° 188 r°, et ms. fr. 18163, f° 92 r°.

5030. — Arrêt réglant le payement des garnisons
du Dauphiné.

E 1°, f° 190 r°, et ms. fr. 18163, f° 91 v°.

5031. — Arrêt assignant au Conseil les président
et élus de Reims, « pour respondre de ce que, au
préjudice du service de Sa Majesté, ilz ont entrepris
cognoissance de l'adjudication faicte à Anthoine Remy
par les trésoriers de France de Champaigne ».

E 1°, f° 192 r°, et ms. fr. 18163, f° 90 v°.

5032. — Arrêt ordonnant que M° Guillaume Ardelu, receveur des aides à Gien, ne sera contraint
d'acquitter aucune assignation, si ce n'est conformément à l'état qui lui est baillé par le Roi.

Ms. fr. 18163, f° 86 r°.

5033. — Arrêt autorisant les consuls et habitants
de Vienne à établir un octroi sur la viande et sur le
vin, pour l'acquittement des dettes de leur ville.

Ms. fr. 18163, f° 86 v°.

5034. — Arrêt déclarant qu'après vérification des
dettes de la ville d'Autun, il sera statué sur la requête
présentée par les vierg, échevins et habitants de ladite
ville pour obtenir l'établissement d'un octroi.

Ms. fr. 18163, f° 87 r°.

5035. — Arrêt ordonnant que le comte de Soissons
sera assigné, en l'année 1599, d'une somme de
5,671 écus 27 sols 6 deniers, à lui due.

Ms. fr. 18163, f° 87 v°.

5036. — Arrêt relatif à la reddition des comptes
d'Alexandre Pollalion, commis à faire la recette de la
crue de 30 sols levée dans les dix-sept greniers à sel
de Languedoc.

Ms. fr. 18163, f° 88 r°.

5037. — Arrêt réglant le payement d'une rente

42.

de 675 écus due à Charlotte de Béaune, marquise de Noirmoutier.

Ms. fr. 18163, f° 88 r°.

5038. — Arrêt accordant à Me Léon Moisan, élu en l'élection de Montfort-l'Amaury, surséance pour le payement d'une somme de 50 écus à laquelle il a été taxé, « pour l'attribution des droictz et jurisdictions portées par l'éedit du moys de janvier dernier ».

Ms. fr. 18163, f° 88 v°.

5039. — Arrêt ordonnant à Guillaume Berthin, commis à la recette des tailles en l'élection de Châlons, de payer, préférablement à toute autre, la somme due à Me Guillaume Du Fayot, commis à la recette de l'emprunt levé sur les officiers des finances.

Ms. fr. 18163, f° 88 v°.

5040. — Arrêt ordonnant que, nonobstant un arrêt de la Cour des aides, les fermiers de Dammarie seront contraints de verser la totalité de leurs fermages entre les mains de Me Jean Baziant, receveur en l'élection de Melun.

Ms. fr. 18163, f° 89 r°.

5041. — Arrêt renvoyant aux avocat et procureur généraux une requête des marchands de Paris tendant à obtenir de nouvelles surséances.

Ms. fr. 18163, f° 89 v°.

5042. — Arrêt relatif à l'acquittement de plusieurs assignations baillées au sieur Du Guast, capitaine et gouverneur du château d'Amboise.

Ms. fr. 18163, f° 90 r°.

1598, 28 novembre. — Paris.

5043. — Arrêt ordonnant que les droits de parisis, augmentés par édit de juillet 1595, seront intégralement levés sur les greffes du bailliage de Laon, nonobstant l'opposition des juges présidiaux de ladite ville.

E 1e, f° 184 r°, et ms. fr. 18163, f° 94 v°.

5044. — Requêtes présentées par les habitants de Calais, à l'occasion des pertes par eux subies pendant les troubles, et réponses du Conseil.

E 1e, f° 195 r°, et ms. fr. 18163, f° 95 r°.

5045. — Arrêt enjoignant au sénéchal de Poitou de procéder à la publication de l'édit des arts et métiers, nonobstant l'opposition des maire, échevins et bourgeois de la maison commune de Poitiers.

Ms. fr. 18163, f° 93 r°.

5046. — Arrêt enjoignant aux officiers de Meaux d'acquitter, sans plus tarder, les taxes levées sur eux « pour la révocation de l'éedict de création des offices alternatifz ».

Ms. fr. 18163, f° 93 r°.

5047. — Arrêt accordant au clergé, au vierg, aux échevins, aux syndics et aux habitants d'Autun surséance de deux ans pour le payement des dettes par eux contractées durant les troubles.

Ms. fr. 18163, f° 93 v°.

5048. — Arrêt accordant aux fermiers de l'imposition d'un sol par pot de vin vendu en détail à Montreuil-sur-Mer rabais d'un tiers de leur ferme.

Ms. fr. 18163, f° 93 v°.

5049. — Arrêt portant qu'une commission sera instituée pour établir l'impôt du sel au grenier de Pont-Audemer.

Ms. fr. 18163, f° 94 r°.

1598, 29 novembre. — Paris.

5050. — Arrêt permettant à Me Pierre Carpentier de résigner, sans payer finance, son office de président au parlement de Bretagne à Me Julien Charrette, sénéchal de Nantes.

Ms. fr. 18163, f° 96 v°.

5051. — Arrêt accordant à Me Guillaume Du Fayot, commis à la recette des deniers levés sur les officiers des finances, mainlevée de ses biens, saisis à la requête de Me Nicolas Du Courroy, maître des enfants de la chapelle du Roi.

Ms. fr. 18163, f° 96 v°.

5052. — Arrêt renvoyant au parlement de Bretagne le procès des émeutiers de Saint-Malo.

Ms. fr. 18163, f° 97 r°.

5053. — Arrêt attribuant au présidial d'Angers la connaissance des excès commis à Ingrande à l'encontre de Jacques d'Alibon, commis du fermier des 8 écus par muid de sel sortant de Bretagne.

Ms. fr. 18163, f° 97 v°.

1598, 30 novembre. — Paris.

5054. — Arrêt ordonnant au sieur de Bragelongne, commissaire député par le Roi pour la direction des finances en Auvergne, de faire rembourser, sur le produit d'un impôt levé dans le haut pays d'Auvergne, les sommes dépensées, en 1596 et en 1597, pour le bien de la province, par le sieur de Roquelaure, chevalier des ordres, maître de la garde-robe du Roi, lieutenant général et bailli du haut pays d'Auvergne, sénéchal et gouverneur du Rouergue.

Ms. fr. 18163, f° 98 r°.

5055. — Arrêt ordonnant à Me Jean de Bailly, receveur général des finances à Poitiers, d'avancer à l'Épargne 16,000 écus.

Ms. fr. 18163, f° 103 r°.

1598, novembre. — Paris.

5056. — Arrêt ordonnant aux trésoriers de France à Tours de s'informer de quelle manière a été acquittée une assignation baillée aux colonels Diesbach et Willermin, postérieurement révoquée.

E 1°, f° 199 r°, et ms. fr. 18163, f° 102 r°.

5057. — Arrêt nommant une commission pour procéder à la liquidation des dettes de la ville d'Arles, et autorisant les habitants à aliéner pour 150,000 écus de leur bien patrimonial.

Ms. fr. 18163, f° 100 r°. Cf. ibid., f° 98 v°.

5058. — Requêtes des consuls et habitants de Marseille et réponses du Conseil, au sujet :

1° De la surséance accordée auxdits habitants pour le payement de leurs dettes;

2° De la levée des fonds nécessaires à l'acquittement de leurs dettes;

3° De la restitution des marchandises prises par le grand-duc de Florence sur le navire appelé *Sainte-Claire;*

4° Des évocations;

5° Des épiceries et drogueries débarquées à Toulon, contrairement à l'édit de juillet 1596;

6° Des rigueurs dont usent les procureurs des villages circonvoisins à l'égard des pauvres habitants de la ville;

7° Des legs en faveur des pauvres malades soignés dans les hôpitaux de la ville;

8° De la translation du marché au blé dans l'hôpital Saint-Jacques-de-Galice.

Ms. fr. 18163, f° 100 v°.

5059. — Arrêt ordonnant qu'aucun receveur particulier des aides, tailles, taillon, etc., ne pourra être admis à l'exercice de sa charge, durant l'année 1599, s'il n'a, au préalable, rendu compte de sa gestion, et renouvelé ou renforcé son cautionnement.

Ms. fr. 18163, f° 102 v°.

1598, 1er décembre. — Paris.

5060. — Arrêt renvoyant au sieur Canaye de Fresnes, conseiller d'État et président en la chambre de Castres, et au plus ancien conseiller de ladite chambre le procès criminel intenté à Jean Grasset, prévenu du crime de rébellion, ainsi que les informations faites au parlement de Toulouse, à la requête dudit Grasset, contre Pierre d'Auger, prévôt général de Languedoc.

E 1°, f° 201 r°, et ms. fr. 18163, f° 103 v°.

5061. — Arrêt réglant le payement de 1,074 écus dus à la veuve d'Arnauld de Monin, cordonnier du Roi.

Ms. fr. 18163, f° 104 r°.

1598, 2 décembre. — Paris.

5062. — Arrêt ordonnant l'arrestation du sieur Le Vasseur, soi-disant commis de Me Jean de Ligny, trésorier des Parties casuelles, coupable d'avoir tenu des propos scandaleux, en présence du sieur d'Amours,

conseiller d'État, commissaire député pour le régalement des tailles en Champagne.

E 1°, f° 2o3 r°, et ms. fr. 18163, f° 105 r°.

5063. — Arrêt ordonnant aux trésoriers de France
à Paris de faire payer comptant par M° Dreux Barbin,
receveur général des finances à Paris, 3,322 écus
23 sols 6 deniers « revenant bons à cause du retranchement des garnisons de l'Isle-de-France, assignées
sur les deniers ordinaires de ladite recepte ».

Ms. fr. 18163, f° 104 v°.

1598, 3 décembre. — Paris.

5064. — Arrêt ordonnant que Nicolas de La Rue
jouira de son office de commissaire général et surintendant des coches publics de France, si mieux n'aime
la veuve du sieur de Fontaines lui rembourser la
somme de 1,700 écus.

E 1°, f° 204 r°, et ms. fr. 18163, f° 195 r°.

5065. — Arrêt confirmant l'arrêt du 19 novembre
dernier (n° 5019) et suspendant de leurs fonctions,
jusqu'après leur comparution au Conseil, M°° Antoine
Dalmas, lieutenant général, Paul Tissandier, receveur
général, substitut du procureur général, et Foufreide,
premier échevin de la ville de Clermont en Auvergne.

E 1°, f° 206 r°, et ms. fr. 18163, f° 123 v°.

5066. — Règlement relatif aux attributions de la
cour des aides et des trésoriers de France de Montpellier.

E 1°, f° 207 r°, et ms. fr. 18163, f° 106 r°.

5067. — Arrêt ordonnant que M° Antoine Dalmas,
lieutenant général, M° Paul Tissandier, receveur général, substitut du procureur général, et Foufreide,
premier échevin de Clermont en Auvergne, seront
ouïs au Conseil au sujet de violences commises à Clermont par des gens masqués sur les personnes de Nicolas Blondeau, huissier en la Chambre des comptes,
et de son recors.

Ms. fr. 18163, f° 123 v°.

5068. — Arrêt ordonnant aux commissaires députés pour le régalement des tailles dans les généralités
de Rouen et de Caen de faire contribuer aux tailles
les personnes anoblies depuis vingt ans, ainsi que les
officiers des élections, bien que l'édit de révocation
des exemptions et privilèges n'ait point encore été vérifié en la Cour des aides.

Ms. fr. 18163, f° 124 r°.

5069. — Arrêt ordonnant au commis à la recette
du marc d'or de verser 451 écus 15 sols entre les
mains du trésorier de l'Épargne, M° Étienne Puget.

Ms. fr. 18163, f° 124 v°.

5070. — Arrêt ordonnant la mise en adjudication
des droits de douane perçus à Vienne.

Ms. fr. 18163, f° 125 v°.

5071. — Arrêt ordonnant la saisie des biens des
étrangers qui sont morts, dans le Dauphiné ou dans le
marquisat de Saluces, sans avoir obtenu des lettres de
naturalité ou la permission d'acquérir des biens dans
le royaume.

Ms. fr. 18163, f° 115 v°.

5072. — Arrêt ordonnant que M° Philippe Bor-
nyer jouira de la ferme générale des droits forains,
de rêve et de haut passage dans la sénéchaussée de
Beaucaire et dans le gouvernement de Montpellier.

Ms. fr. 18163, f° 126 r°.

5073. — Arrêt ordonnant que les trésoriers de
France à Montpellier seront ouïs au Conseil au sujet
du préjudice causé à Sa Majesté par suite de la non-
vérification du bail de la ferme générale des droits
forains dans la sénéchaussée de Beaucaire et dans le
gouvernement de Montpellier.

Ms. fr. 18163, f° 127 r°.

5074. — Arrêt faisant remise de 3,000 écus à
Pierre Regnier, fermier des 5 sols pour muid de vin
entrant à Paris durant l'année 1597.

Ms. fr. 18163, f° 127 v°.

5075. — Arrêt accordant aux officiers de l'élection de Doullens surséance pour le payement de leurs
taxes.

Ms. fr. 18163, f° 127 v°.

5076. — Arrêt accordant aux officiers de l'élection d'Amiens surséance pour le payement de leurs taxes.

Ms. fr. 18163, f° 128 r°.

5077. — Arrêt ordonnant l'expédition de lettres patentes qui chargent M° Jérôme de Barade, général des monnaies, de faire le procès criminel à Gratien de Cazatis, garde de la monnaie de Bayonne.

Ms. fr. 18163, f° 128 r°.

5078. — Arrêt ordonnant que le sieur de Bodesmes, capitaine d'une compagnie du régiment de Picardie, blessé au siège d'Amiens, sera assigné en l'année prochaine, d'une somme de 1,000 écus, à lui donnée par le Roi.

Ms. fr. 18163, f° 128 r°.

5079. — Arrêt accordant une indemnité de 10,000 écus à Charles de Stainville, sieur de Pouilly, dont le maréchal de Biron a transformé la maison en forteresse, pour arrêter les sorties du capitaine La Fortune, maître de la ville de Seurre.

Ms. fr. 18163, f° 128 v°.

5080. — Arrêt ordonnant que les commissaires députés pour le régalement des tailles en la généralité de Touraine procéderont extraordinairement contre les sergents coupables d'exactions.

Ms. fr. 18163, f° 128 v°.

5081. — Acceptation des offres faites au Conseil par un particulier non dénommé pour faire remplir par des personnes capables les offices de receveurs particuliers des tailles dans les sénéchaussées de Rouergue et de Quercy, nonobstant l'opposition des États.

Ms. fr. 18163, f° 129 r°.

1598, 9 décembre. — Saint-Germain-en-Laye.

5082. — Arrêt ordonnant que M° Jean Morillon, maire de Périgueux, rendra raison par-devant le Conseil de son refus de départir sur les habitants de ladite ville un don gratuit de 3,000 écus.

Ms. fr. 18163, f° 129 v°.

5083. — Arrêt accordant à Jean de Paillart, sieur de Jumeauville, décharge de la somme à laquelle il a été taxé comme payeur du parlement de Châlons.

Ms. fr. 18163, f° 130 r°.

5084. — Arrêt ordonnant la restitution d'un navire capturé, près de Belle-Isle, sur Martin Fauster, marchand irlandais.

Ms. fr. 18163, f° 130 r°.

5085. — Arrêt portant nouvelle assignation de 2,287 écus 30 sols dus pour le payement du pain de munition fourni par les boulangers de Saint-Quentin aux garnisons de la Fère, de Guise, etc.

Ms. fr. 18163, f° 130 v°.

5086. — Arrêt prolongeant d'un mois la surséance accordée à M° Louis Fromont et Simon Barreau, contrôleurs généraux des Ligues, pour le payement de la taxe levée sur les officiers des finances.

Ms. fr. 18163, f° 131 r°.

5087. — Arrêt ordonnant aux trésoriers de France à Tours d'expliquer les motifs de l'ordonnance par laquelle ils ont décrété que l'on percevrait dorénavant à Saumur les taxes précédemment perçues aux Ponts-de-Cé et à Ingrande sur les marchandises et sur les vins passant par la Loire.

Ms. fr. 18163, f° 131 r°.

1598, 10 décembre. — Saint-Germain-en-Laye.

5088. — Arrêt faisant défense à toute communauté, à toute paroisse et à tout particulier de transporter sur la Loire aucune quantité de sel hors de Bretagne sans acquitter le « debvoir de 8 escuz pour chacun muid ».

E 1°, f° 211 r°, et ms. fr. 18163, f° 132 v°.

5089. — Arrêt ratifiant le bail conclu avec Jean Richard par le sieur de Maupeou et autres commissaires, pour la ferme des 8 écus par muid de sel levés à la sortie de Bretagne.

E 1°, f° 211 v°, et ms. fr. 18163, f° 133 r°.

5090. — Arrêt ordonnant que Robert Hamon et consorts jouiront paisiblement de la ferme des 4 écus

4o et 2o sols levés sur chaque pipe de vin entrant aux diocèses de Dol et de Saint-Malo, nonobstant le bail précédemment conclu avec Michel Frotet, sieur de La Bardelière.

E 1ᵉ, fᵒ 213 rᵒ, et ms. fr. 18163, fᵒ 131 vᵒ.

1598, 12 décembre. — Saint-Germain-en-Laye.

5091. — Arrêt réglant le payement de 600 écus restés dus à la compagnie d'hommes d'armes du Connétable.

Ms. fr. 18163, fᵒ 133 vᵒ.

1598, 14 décembre. — Saint-Germain-en-Laye.

5092. — Arrêt adjugeant à Mathurin Lambert, pour l'année 1599, et moyennant 1,500 écus, la ferme de la nouvelle imposition d'Orléans.

E 1ᵉ, fᵒ 215 rᵒ, et ms. fr. 18163, fᵒ 133 vᵒ.

1598, 18 décembre. — Saint-Germain-en-Laye.

5093. — Arrêt ordonnant que le jugement prononcé, le 2 juillet dernier, à Toulouse, dans l'assemblée du clergé, en faveur des diocèses de Béziers, Nîmes, Uzès, Agde et Mende, contre le diocèse de Montpellier, sortira son plein et entier effet, nonobstant un arrêt de la cour des aides de Montpellier du 2 octobre dernier.

E 1ᵉ, fᵒ 217 rᵒ, et ms. fr. 18163, fᵒ 135 vᵒ.

1598, 19 décembre. — Saint-Germain-en-Laye.

5094. — Arrêt ordonnant que les marchands fréquentant les foires de Saint-Germain-des-Prés, du Lendit et de Saint-Denis ne jouiront, pendant la durée desdites foires, que de l'exemption de la douane ancienne, et qu'ils ne pourront y vendre du drap de soie, d'or ou d'argent.

E 1ᵉ, fᵒ 219 rᵒ, et ms. fr. 18163, fᵒ 193 rᵒ.

5095. — Arrêt ordonnant que la veuve de Mᵉ Nicolas Le Clerc, conseiller au Parlement, et François Duval, sieur de Fontenay, seront ouïs au Conseil au sujet de l'évocation d'un procès pendant entre eux.

Ms. fr. 18163, fᵒ 136 vᵒ.

5096. — Arrêt autorisant les maîtres des monnaies de Paris, de Lyon et de la Rochelle à convertir les doubles de cuivre n'ayant cours que pour un denier tournois en liards faits à la presse, jusqu'à concurrence de 6,000 écus.

Ms. fr. 18163, fᵒ 137 rᵒ.

5097. — Arrêt ordonnant que Mᵉ Philippe-Paul de Cornoaille sera reçu en l'office de rapporteur et certificateur de criées au Châtelet.

Ms. fr. 18163, fᵒ 137 vᵒ.

5098. — Arrêt renvoyant aux commissaires députés pour le régalement des tailles en la généralité de Paris la requête en remise ou surséance de tailles présentée par quinze paroisses de l'élection de Beauvais.

Ms. fr. 18163, fᵒ 137 vᵒ.

5099. — Arrêt renvoyant au sieur de Maupeou, commissaire député pour la direction des finances en Bretagne, une requête du duc de Mercœur tendant à ce que les fermiers de Bretagne payent tout ce qu'ils doivent des années passées entre les mains des comptables établis par ledit duc de Mercœur.

Ms. fr. 18163, fᵒ 138 rᵒ.

5100. — Arrêt réglant le remboursement de 1,000 écus prêtés par Jacques Favier, commissaire ordinaire des guerres et mayeur de Calais, pour un achat de poudre à canon, pour le remontage de l'artillerie et pour l'entretien de la garnison d'Ardres.

Ms. fr. 18163, fᵒ 138 rᵒ.

5101. — Arrêt portant approbation des lettres patentes qui ordonnent de lever sur la ville et sur l'élection du Mans le capital et les intérêts d'une somme de 620 écus due à Jacques Berault, pour fournitures faites au château de ladite ville.

Ms. fr. 18163, fᵒ 138 vᵒ.

5102. — Arrêt réglant le payement de 200 écus assignés à Mathurin Longuet, huissier du Conseil, employé, en 1597, au fait des vivres et munitions des armées du Roi.

Ms. fr. 18163, fᵒ 138 vᵒ.

1598, 20 décembre. — Saint-Germain-en-Laye.

5103. — Arrêt accordant aux religieux de Cîteaux remise des deux tiers de leurs décimes, pour les années 1596 et 1597, et remise du tiers de leurs décimes, pour l'année 1598.

Ms. fr. 18163, f° 140 v°.

5104. — Arrêt accordant à l'abbé du Mas-Garnier remise des décimes des années 1586 à 1595.

Ms. fr. 18163, f° 140 v°.

1598, 28 décembre. — Saint-Germain-en-Laye.

5105. — Arrêt accordant à Diane, légitimée de France, duchesse d'Angoulême, mainlevée du duché d'Angoulême, du comté de Ponthieu, des terres de Coucy et de Follembray, des châtellenies de Montluçon, de Hérisson, de Bourbon-l'Archambault, de Souvigny, d'Ainay[-le-Château] et de Verneuil en Bourbonnais.

E 1ᶜ, f° 221 r°, et ms. fr. 18163, f° 145 r°.

5106. — Arrêt adjugeant à Mathurin Rodais la ferme de 4 écus 40 et 20 sols par pipe de vin entrant au diocèse de Nantes.

E 1ᶜ, f° 223 r°, et ms. fr. 18163, f° 142 r°.

5107. — Arrêt ordonnant que les habitants de Granville seront contraints d'acquitter entre les mains des receveurs les droits de domaine forain, d'imposition foraine, de traite domaniale et d'entrée des marchandises, nonobstant une sentence d'Adam Le Boulleur, qui a exercé la juridiction desdites traites en l'absence du maître des ports et de son lieutenant.

E 1ᶜ, f° 225 r°, et ms. fr. 18163, f° 144 v°.

5108. — Arrêt ordonnant le payement de 833 écus 1/3 dus à la princesse de Condé.

E 1ᶜ, f° 227 r°, et ms. fr. 18163, f° 146 r°.

5109. — Arrêt assignant au Conseil Mᵉ de La Boissière, procureur au présidial de Nantes, qui se serait opposé à l'impression des lettres patentes défendant à toutes cours de statuer sur des questions de finances.

Ms. fr. 18163, f° 146 v°.

5110. — Arrêt ordonnant que les tailles seront levées dans les villes de Honfleur, de Lisieux, de Pont-Audemer, de Henricarville, de Pont-de-l'Arche et de Louviers conformément au règlement fait par les commissaires députés à cet effet en Normandie.

Ms. fr. 18163, f° 147 r°.

5111. — Arrêt attribuant, à titre d'indemnité, la ferme de 7 sols 6 deniers par tonneau de vin entrant à Blois au sieur Macé Pelault, propriétaire de deux maisons démolies pour la fortification de ladite ville.

Ms. fr. 18163, f° 147 r°.

5112. — Arrêt réglant le payement d'une amende de folle enchère encourue par Claude Le Vacher, veuve de Jean Payan.

Ms. fr. 18163, f° 147 v°.

5113. — Arrêt ordonnant que Charlotte Longuet, veuve de Mᵉ Jean Fallou, sera remboursée du prix d'un office d'auditeur en la Chambre des comptes dont n'a pu jouir son défunt mari.

Ms. fr. 18163, f° 148 r°.

5114. — Arrêt autorisant l'union des deux offices de commissaire-examinateur et de lieutenant particulier assesseur criminel au siège de Concressault à celui de lieutenant général du bailliage de Berry au même siège, dont est pourvu Mᵉ François Margat.

Ms. fr. 18163, f° 148 v°.

5115. — Arrêt accordant aux lieutenants général et particulier du siège présidial nouvellement créé à Soissons surséance pour le payement de l'emprunt levé sur les officiers de judicature, attendu qu'ils n'ont pu encore jouir de leurs offices.

Ms. fr. 18163, f° 149 r°.

5116. — Arrêt ordonnant que les personnes pourvues des offices de lieutenant criminel et de procureur du Roi au siège présidial nouvellement créé à Soissons, dont les quittances ont été remises au duc de Mayenne en payement de 1,800 écus, seront déchargées de l'emprunt levé sur les officiers de judicature.

Ms. fr. 18163, f° 149 r°.

5117. — Arrêt donnant mainlevée des sommes assignées sur la recette de Paris au sieur de Luxembourg, pour ses états d'ambassadeur à Rome.

Ms. fr. 18163, f° 149 v°.

5118. — Arrêt ordonnant une enquête au sujet des rébellions commises par M° Pierre Gontrand et ses complices à l'encontre de Jean de Caresse, sergent royal à Bordeaux, lequel voulait faire acquitter une somme de 700 écus due à Louis de Foix, valet de chambre et ingénieur du Roi, pour la reconstruction de la tour de Cordouan.

Ms. fr. 18163, f° 150 r°.

5119. — Arrêt attribuant à Marc-Antoine de Bassy, écuyer d'écurie du Roi et garde du haras de Meung, la ferme de la nouvelle imposition des élections de Châteaudun et de Beaugency, en déduction de ce qui lui est dû pour l'entretien des étalons, des juments, des poulains, des palfreniers et des pages.

Ms. fr. 18163, f° 150 v°.

1598, 30 décembre. — Paris.

5120. — Arrêt ordonnant que l'office de commissaire-examinateur en la prévôté de Blois demeurera joint aux offices de prévôt et de greffier héréditaire en la prévôté de Blois.

E 1°, f° 229 r°, et ms. fr. 18163, f° 151 r°.

1598, 31 décembre. — Paris.

5121. — Arrêt relatif au remboursement d'une somme de 230,250 écus prêtée au Roi par Sébastien Zamet.

E 1°, f° 231 r°, et ms. fr. 18160, f° 152 r°.

5122. — Arrêt ordonnant au sieur de Maupeou, commissaire député à la direction des finances en Bretagne, de faire verser à l'Épargne les 3,333 écus 1/3 qui avaient été réservés par l'état des finances aux pensionnaires entretenus audit pays.

E 1°, f° 233 r°, et ms. fr. 18163, f° 151 v°.

1598, décembre.

5123. — Arrêt ordonnant aux élus de procéder au département des tailles, pour l'année 1599, en la manière accoutumée, dans les pays que n'ont point encore visités les commissaires députés pour le régalement des tailles.

E 1°, f° 235 r°, et ms. fr. 18163, f° 124 v°.

1598.

5124. — Arrêt réglant à 5,840 écus 19 sols la somme due par M° Jacques Barbot, ci-devant fermier des impositions de Tonnay-Charente.

E 1°, f° 237 r°, et ms. fr. 18163, f° 140 v°.

5125. — Arrêt portant assignation d'une somme de 2,200 écus avancée par le duc d'Épernon, «pou la levée des recreues des régimentz de Picardie et Navarre ».

E 1°, f° 239 r°.

1599, 2 janvier. — Paris.

5126. — Arrêt ordonnant aux adjudicataires des greniers à sel de faire apparoir des causes de leur opposition au contrat conclu par le Roi avec M° Claude Josse, pour l'approvisionnement général desdits greniers.

Ms. fr. 18164, f° 1 r°.

5127. — Arrêt ordonnant que les barons de Luz et de Vitteaulx, M°° Jean Fyot, conseiller, et Bernard, avocat au parlement de Dijon, seront ouïs au Conseil au sujet des 16,000 écus qu'ils prétendent leur être dus par le duc de Mayenne.

Ms. fr. 18164, f° 1 r°.

5128. — Arrêt ordonnant la mise en liberté sous caution de Médéric Le Vasseur, commis à la recette des taxes levées sur les officiers des élections de Champagne.

Ms. fr. 18164, f° 1 r°.

1599, 5 janvier. — Paris.

5129. — Arrêt ordonnant la suppression de tous

les offices de finance ou de judicature qui viendraient à vaquer, jusqu'à ce qu'ils se trouvent réduits au nombre des offices du temps de Henri II.

Ms. fr. 18164, f° 1 v°.

5130. — Arrêt ordonnant que les résignations seront taxées au quart de la valeur des offices de judicature, au tiers de la valeur des offices de finance, et que l'on y vaquera le samedi après dîner.

Ms. fr. 18164, f° 1 v°.

5131. — Arrêt promettant une récompense à ceux qui dénonceraient la fraude commise par des parents ou héritiers d'officiers du Roi coupables d'avoir célé le corps d'un officier mort après résignation de son office et avant l'expiration des quarante jours.

Ms. fr. 18164, f° 1 v°.

5132. — Arrêt ordonnant aux trésoriers de France de chaque généralité du royaume d'envoyer, tous les trois mois, au Conseil des finances un état des officiers du Roi décédés, avec le chiffre de leurs gages et la date de leur mort.

Ms. fr. 18164, f° 2 r°.

5133. — Arrêt ordonnant aux trésoriers de France en chaque généralité du royaume d'envoyer exactement au Conseil des finances les états au vrai vérifiés des receveurs généraux de leurs charges.

Ms. fr. 18164, f° 2 r°

5134. — Arrêt ordonnant une enquête sur l'emploi du revenu des péages de la Seine, de la Loire et de leurs affluents.

Ms. fr. 18164, f° 2 r°.

5135. — Arrêt ordonnant au sieur d'Incarville, contrôleur général des finances, de contrôler les quittances de la finance payée par Pierre Bauday, pour l'office de contrôleur général des gabelles du Languedoc.

Ms. fr. 18164, f° 2 r°.

5136. — Arrêt ordonnant l'expédition de l'édit relatif aux manufactures étrangères et à l'exportation des métaux précieux.

Ms. fr. 18164, f° 2 v°.

5137. — Arrêt ordonnant aux anciens adjudicataires des greniers à sel de déposer entre les mains du sieur de Pontcarré, conseiller d'État, leur requête en dommages-intérêts à l'encontre de Me Claude Josse, fermier général des gabelles, et leur défendant de procéder ailleurs qu'au Conseil.

Clair. 654, p. 259.

———

1599, 9 janvier. — Paris.

5138. — Arrêt faisant remise de 30,000 écus à Me Alexandre Bedeau, fermier général du devoir des 6 écus pour pipe de vin entrant en Bretagne.

Ms. fr. 18164, f° 2 v°.

5139. — Arrêt ordonnant que Pierre Quénot sera ouï au Conseil au sujet de la finance qu'il réclame pour chaque lettre de maîtrise expédiée en la ville de Meaux par le prince de Condé.

Ms. fr. 18164, f° 3 r°.

5140. — Arrêt autorisant Fiacre Philippes et Dauneau, marchands de Paris, à transporter 200 muids de blé en Normandie, attendu que Sa Majesté veut que « le commerce soit libre par toutes les provinces et villes de son royaume ».

Ms. fr. 18164, f° 3 r°.

5141. — Arrêt ordonnant aux trésoriers de France de chaque généralité du royaume d'envoyer au Conseil l'état au vrai du produit des ventes de bois durant les années 1597 et 1598.

Ms. fr. 18164, f° 3 v°.

5142. — Arrêt renvoyant au sieur de Norroy, commissaire député par le Roi pour se transporter sur les lieux, la requête de plusieurs marchands tendant à ce que les nouveaux subsides levés sur les marchandises passant sur la Loire ou sur ses affluents continuent d'être perçus aux Ponts-de-Cé.

Ms. fr. 18164, f° 3 v°.

5143. — Arrêt renvoyant au sieur de Norroy la requête du maréchal de Bois-Dauphin, des sieurs de Puichairic, gouverneur d'Angers, de La Bastide, commandant aux Ponts-de-Cé, Saint-Offange et de Bourcany, ci-devant commandants à Rochefort et à

43.

Ancenis, des maire et échevins d'Angers, tendant à ce que les subsides à eux accordés sur les vins et marchandises passant sur la Loire continuent d'être perçus aux Pont-de-Cé et à Ingrande.

Ms. fr. 18164, f° 3 v°.

1599, 11 janvier. — Paris.

5144. — Arrêt ratifiant la résolution prise par Sa Majesté à Saint-Germain-en-Laye, au sujet des trésoriers de France, conformément à l'avis de l'assemblée de Rouen.

Ms. fr. 18164, f° 4 r°.

5145. — Arrêt ordonnant la mise en liberté sous caution de Barthélemy de Laffemas, valet de chambre du Roi.

Ms. fr. 18164, f° 4 v°.

5146. — Réponses du Conseil aux requêtes des habitants de la ville et de l'élection d'Angers, au sujet :

1° Des subsides levés aux Ponts-de-Cé et à Angers pour le payement de plusieurs gentilshommes;

2° Du droit de douane levé dans les villes et bourgs où sont établis des marchés;

3° Du demi-doublement des aides et huitièmes;

4° Du subside levé aux Ponts-de-Cé sur chaque pipe de vin passant sur la Loire;

5° D'un octroi destiné à l'entretien des pauvres pestiférés de l'hôpital Saint-Jean;

6° De la subvention du blocus de Poitiers;

7° De la réparation des ponts sur la Maine;

8° De la construction d'un asile pour les pauvres pestiférés.

Ms. fr. 18164, f° 4 v°.

5147. — Arrêt faisant défense au sieur Du Roussay, ci-devant grand maître des eaux et forêts au département de Champagne, de passer outre à une vente de bois.

Ms. fr. 18164, f° 5 v°.

5148. — Arrêt confirmant tous les pouvoirs ordinaires et extraordinaires attribués au sieur de Cardonne, grand maître des eaux et forêts au départe-

ment de Champagne, de Bourgogne et de Bourbonnais.

Ms. fr. 18164, f° 6 r°.

5149. — Arrêt ordonnant à Me Pierre Le Charron, trésorier de l'Extraordinaire des guerres, de remettre aux mains de Me Étienne Puget, trésorier de l'Épargne, les quittances de 20,909 écus 43 sols restant à recouvrer en Bretagne.

Ms. fr. 18164, f° 6 v°.

5150. — Arrêt confirmant l'arrêt du Conseil du 30 juin 1579, qui portait règlement d'attributions entre la cour des aides et les trésoriers de France à Rouen.

Ms. fr. 18164, f° 6 v°.

5151. — Arrêt ordonnant de lever en la généralité de Bretagne une somme de 14,300 écus 1/3 due au duc de Montpensier.

Ms. fr. 18164, f° 6 v°.

5152. — Arrêt ordonnant la restitution du navire le Roland, appartenant à des marchands de Middelbourg.

Ms. fr. 18164, f° 7 r°.

5153. — Arrêt ordonnant que les lettres de provision de l'office de receveur général des finances à Soissons, dont est pourvu Me Jacques de Neufbourg, seront réformées au nom de Me Emmanuel Du Vignau.

Clair. 653, p. 275.

1599, 13 janvier. — Paris.

5154. — Arrêt modérant à 900 écus la taxe de l'office d'avocat du Roi au bailliage, au présidial, à la prévôté, à l'élection, au magasin à sel et aux autres juridictions du bailliage de Troyes, dont est pourvu Me Jean Favier.

Clair. 653, p. 283.

1599, 14 janvier. — Paris.

5155. — Arrêt interdisant au Grand Conseil et renvoyant à la cour des aides de Normandie la connaissance de plusieurs procès « où Sa Majesté a intérest pour ses deniers ».

Ms. fr. 18164, f° 8 r°.

5156. — Arrêt confirmant le règlement des monnayeurs du 22 avril dernier, nonobstant les lettres obtenues, le 26 avril suivant, par les monnayeurs de la monnaie de Saint-Lô.

Ms. fr. 18164, f° 8 r°.

5157. — Arrêt répondant aux remontrances des trésoriers de France en Champagne, «sur aucuns poinctz et articles concernant le service de Sa Majesté».

Ms. fr. 18164, f° 8 v°.

5158. — Arrêt ordonnant des poursuites contre certains roturiers de la généralité de Rouen «qui, soubz prétexte qu'ilz ont pendant les derniers troubles porté les armes, ont prins telle licence et auctorité sur les subjectz de Sa Majesté qu'ilz font asseoir par force et violence la taille».

Ms. fr. 18164, f° 9 r°.

5159. — Arrêt relatif au payement de 12,000 écus donnés par le Roi à la veuve du sieur Sanchamerand, tué dans une expédition contre Agen.

Ms. fr. 18164, f° 9 v°.

5160. — Arrêt faisant défense aux receveurs généraux des finances de délivrer aucune rescription sur les receveurs particuliers de leurs charges pour le payement des assignations levées sur leur recette générale, et ordonnant que leurs états soient envoyés, à chaque quartier, au Conseil des finances.

Ms. fr. 18164, f° 9 v°.

5161. — «A esté apporté au Conseil, de la part de Sa Majesté, l'éedict vériffié portant une attribution de droict aux receveurs des aydes, moyennant finance, dont les deniers doibvent estre emploiez à ses Bastimens.»

Ms. fr. 18164, f° 10 r°.

5162. — Arrêt réglant le payement des gages du sieur de La Borde, grand maître des eaux et forêts de France au département de Guyenne et de Poitou.

Ms. fr. 18164, f° 10 r°.

5163. — Arrêt ordonnant aux trésoriers de France à Paris de faire estimer les réparations nécessaires à l'église du couvent de Saint-Corentin-lès-Mantes, attendu la promesse faite par le Roi à l'abbesse dudit couvent «que ladite église seroit l'une des treize que Sa Majesté vouloit faire construire ou reédiffier».

Ms. fr. 18164, f° 10 v°.

5164. — Arrêt ordonnant le payement de la pension du prince de Conti.

Ms. fr. 18164, f° 10 v°.

1599, 16 janvier. — Paris.

5165. — Réponses du Conseil aux remontrances des trésoriers de France à Soissons.

Ms. fr. 18164, f° 10 v°.

5166. — Arrêt ordonnant à M° Jean de Ligny, trésorier des Parties casuelles, d'expédier, sous la date du 31 décembre, les quittances des offices vacants par mort et taxés au rôle du 21 décembre dernier.

Ms. fr. 18164, f° 11 r°.

5167. — Arrêt attribuant à Marc-Antoine de Bassy, écuyer d'écurie du Roi et garde du haras de Meung, la ferme de la nouvelle imposition des élections de Chartres, de Dourdan, de Pithiviers, de Montargis, de Gien, de Clamecy, de Romorantin, de Vendôme et de Blois.

Ms. fr. 18164, f° 11 r°.

5168. — Arrêt ordonnant le payement de 1,210 écus provenant de la taxe sur le vin passant à Corbeil et affectés aux dépenses de construction du Louvre, de Saint-Germain-en-Laye et des Tuileries.

Ms. fr. 18164, f° 12 v°.

5169. — Arrêt réglant les droits réciproques de M° Claude Josse, fournisseur général des greniers à sel du royaume, et des anciens adjudicataires.

Ms. fr. 18164, f° 13 v°, et Clair. 653, p. 285.

1599, 17 janvier. — Paris.

5170. — Arrêt ordonnant la vente ou revente de tous les offices de contrôleurs-visiteurs-marqueurs de cuirs.

Ms. fr. 18164, f° 22 r°.

5171. — Arrêt fixant à 100 écus la taxe imposée à M° Jules Lemaire pour la résignation de son office de trésorier de France à Dijon.

Ms. fr. 18164, f° 12 v°.

1599, 18 janvier. — Paris.

5172. — Arrêt accordant à neuf paroisses de l'élection de Montreuil-Bellay remise de la moitié des tailles des années 1597 et 1598, et ordonnant que Pierre Liguet, sieur de La Guierche, procureur desdites paroisses, rende compte au Conseil des levées particulières faites sans commission du Roi.

Ms. fr. 18164, f° 14 r°.

5173. — Arrêt ordonnant vérification de la date exacte des décès de M°° Pierre Castel et François de Vignaulx, président et conseiller au parlement de Toulouse, qui ont résigné leurs offices.

Ms. fr. 18164, f° 14 v°.

5174. — Arrêt accordant surséance à la Reine douairière et à ses cautions pour le payement de 8,440 écus dus à Jean Rouër, pourvoyeur de la maison de ladite dame, et ordonnant que cette dépense soit mise à la charge du Roi, dans l'état des finances de l'année 1600.

Ms. fr. 18164, f° 15 r°.

5175. — Arrêt enjoignant à M° Jean de Vauhardy, trésorier provincial de l'Extraordinaire des guerres en Champagne et Brie, de bailler au Conseil, dans les trois jours, son état de recettes et de dépenses, ou de payer 1,000 écus dus au sieur de Dinteville, lieutenant général èsdites provinces.

Ms. fr. 18164, f° 15 r°.

5176. — Arrêt accordant à M° Martin Cadot, receveur des aides en l'élection de Vendôme, décharge d'une somme de 280 écus, que le sieur de Sourdis prétend lui être due, et que ledit receveur a versée, au mois de septembre 1596, à la recette générale d'Orléans, suivant l'ordonnance du sieur de Rosny, conseiller d'État.

Ms. fr. 18164, f° 15 r°.

5177. — Arrêt révoquant les surséances accordées

aux officiers des élections pour le payement des taxes levées sur eux en vertu de l'édit de janvier, et accordant remise desdites taxes aux officiers de l'élection de Doullens.

Ms. fr. 18164, f° 15 v°.

5178. — Arrêt cassant un arrêt de la cour des aides de Montpellier du 16 octobre 1598, par lequel il était enjoint à Mathurin Longuet, huissier du Conseil, d'apporter par-devant ladite cour un arrêt du Conseil d'État relatif à la saisie de la crue des greniers à sel de Narbonne, de Peyriac et de Sigean.

Ms. fr. 18164, f° 16 r°.

1599, 19 janvier. — Paris.

5179. — Arrêt remettant en vigueur « l'antien ordre au faict, maniement et distribution des finances ».

Ms. fr. 18164, f° 16 r°.

1599, 21 janvier. — Paris.

5180. — Arrêt ordonnant la vente des munitions de guerre emmagasinées à Montreuil, en 1597, en prévision d'un siège.

Ms. fr. 18164, f° 17 r°.

5181. — Arrêt accordant à Nicolas Rapin, grand prévôt de la Connétablie et lieutenant criminel de robe courte à Paris, mainlevée de ses gages saisis à la requête de ses créanciers.

Ms. fr. 18164, f° 17 r°.

5182. — Réponses du Conseil aux articles présentés par le syndic des États de Bourgogne, au sujet :

1° De l'emploi des deniers provenant de la gabelle et du sol pour livre;

2° De la réduction des garnisons et de la suppression des taxes extraordinaires;

3° De la remise du taillon;

4° Des faux sauniers;

5° Du prélèvement d'un sol pour livre sur le montant des octrois.

Ms. fr. 18164, f° 17 v°.

5183. — Arrêt nommant deux conseillers rapporteurs pour examiner les procès-verbaux relatifs aux malversations des officiers des greniers à sel, des marchands et autres employés aux gabelles.

Ms. fr. 18164, f° 18 r°.

5184. — Arrêt ordonnant que les 44,863 écus 56 sols accordés à Louis de Foix, ingénieur et valet de chambre du Roi, tant pour l'achèvement de la tour de Cordouan que pour les travaux du Boucau, seront levés en Guyenne et en Saintonge, et donnant audit de Foix assignation de partie des 36,000 écus qui lui ont été attribués à titre d'indemnité.

Ms. fr. 18164, f° 19 v°.

5185. — Arrêt autorisant Mᵉ Henri Estienne, trésorier des Bâtiments, à emprunter, au denier douze, une somme de 10,000 écus, pour la construction des bâtiments du Roi.

Ms. fr. 18164, f° 21 r°.

1599, 22 janvier. — [Paris.]

5186. — Arrêt fixant le chiffre de la taxe imposée aux notaires de Troyes pour l'hérédité de leurs offices.

Ms. fr. 18164, f° 18 v°.

5187. — Arrêt accordant au sieur de La Roche-Chemerault, grand maréchal des logis du Roi, le «quart de ce qui proviendra de la vente en hérédité des offices de notaires» dépendant du comté de Civray et d'Usson et de la baronnie de Melle.

Ms. fr. 18164, f° 19 r°.

1599, 23 janvier. — Paris.

5188. — Arrêt confirmant l'exemption de tailles accordée, en considération du duc de Mayenne, aux habitants des marquisats de Villars et de Miribel, par lettres patentes du 5 février 1597 et du 26 janvier 1598.

Ms. fr. 18164, f° 21 v°.

5189. — Arrêt ordonnant l'exécution des états dressés, en 1598, «pour la distribution des finances et gabelles en la généralité de Montpellier», interdisant à la cour des aides de Montpellier et réservant au Conseil d'État la connaissance des oppositions qui pourraient se produire.

Ms. fr. 18164, f° 24 v°.

5190. — Arrêt déclarant que tous les officiers pourvus par le duc de Mayenne seront contraints au payement d'un supplément d'office, et révoquant les décharges accordées à Mᵉ Jean Du Loir, avocat général en la chambre des comptes de Normandie, et à Antoine Bourrier, commissaire sur le fait de la bûche en la ville de Paris.

Clair. 653, p. 287.

1599, 24 janvier. — Paris.

5191. — Arrêts accordant diverses remises de décimes :

1° Au clergé du diocèse d'Embrun ;

2° À l'évêque, au chapitre et au clergé du diocèse de Nantes ;

3° À l'évêque et au clergé du diocèse de Saint-Malo ;

4° Au clergé du diocèse de Dol ;

5° Au prieur de Saint-Clément de Craon ;

6° Au prieur de Champcouelle ;

7° Au clergé du diocèse d'Auxerre ;

8° Aux commandeurs de Valence et de Poët-Laval ;

9° Au prieur de Ceton ;

10° Au clergé du diocèse de Limoges ;

11° Au clergé du diocèse de Saint-Paul-Trois-Châteaux ;

12° À l'abbé de Bonnefont ;

13° Aux curés de Chavigny et de Bailleul ;

14° Au commandeur d'Éterpigny ;

15° Au commandeur de Beauvoir-lès-Abbeville ;

16° À l'abbesse de Saint-Sauveur d'Évreux ;

17° Au diocèse de Saint-Brieuc ;

18° Au clergé du diocèse de Tréguier ;

19° À l'évêque de Castres ;

20° À Simon d'Aubigné, commandeur de la Feuillée ;

21° Au clergé du diocèse de Condom ;

22° Au clergé du diocèse de Riez ;

23° Au clergé du diocèse d'Auch ;

24° Au clergé du diocèse de Paris.

Ms. fr. 18164, f°ˢ 25 v° à 29 v°.

1599, 25 janvier. — Paris.

5192. — Arrêt ordonnant à M⁰ Jean de Vauhardy, trésorier de l'Extraordinaire des guerres, de payer une somme de 1,000 écus due pour les appointements du sieur de Dinteville, lieutenant général en Champagne.

Ms. fr. 18164, f° 21 v°.

5193. — Arrêt confirmant aux religieuses de Sainte-Claire de Gien le droit de prendre du sel au grenier de Gien sans payer gabelle.

Ms. fr. 18164, f° 22 r°.

5194. — Arrêt portant confirmation des privilèges accordés aux habitants de Dax, sans toutefois qu'ils puissent s'en prévaloir pour s'exempter du payement des gouverneurs et des soldats de Dax et de Bayonne, ainsi que de l'impôt des garnisons.

Ms. fr. 18164, f° 22 r°.

5195. — Arrêt accordant à M⁰ Philippe de Castille, receveur général du Clergé, décharge de la taxe levée sur les officiers des finances.

Ms. fr. 18164, f° 22 r°.

5196. — Arrêt ordonnant l'expédition de cinq exécutoires destinés à contraindre les receveurs généraux de Rouen, de Tours, de Poitiers, de Bourges et de Châlons au payement des salpêtres.

Ms. fr. 18164, f° 22 v°.

5197. — Arrêt évoquant au Conseil le différend pendant entre Jean de Bétainvilliers et le sieur de Schomberg, comte de Nanteuil, au sujet du payement des munitions fournies, en 1588, aux reîtres conduits hors du royaume par ledit sieur de Schomberg.

Ms. fr. 18164, f° 22 v°.

5198. — Arrêt accordant nouvelle surséance à M⁰ Bénigne Frémiot, président au parlement de Dijon, pour le remboursement des sommes qu'il a empruntées, par ordre du Roi, pour la dépense de la guerre en Bourgogne.

Ms. fr. 18164, f° 23 r°.

5199. — « Ont esté veues au Conseil les despesches et expéditions ordonnées pour la charge et commission de MM. de Maisse et Du Refuge en Languedoc. »

Ms. fr. 18164, f° 23 v°.

5200. — Arrêt enjoignant aux trésoriers de France à Bordeaux de vendre à Galliot Geuffrion, dit des Bons-Hommes, apothicaire et valet de chambre du Roi, les greffe et places de clercs de la viguerie et du siège royal de Figeac.

Ms. fr. 18164, f° 24 r°.

5201. — Arrêt déclarant que, conformément à l'édit de création de la généralité de Soissons, les trésoriers de France à Soissons connaîtront de tous les deniers perçus en l'étendue de ladite généralité, notamment aux greniers à sel de Soissons et de Coucy, et ce, nonobstant les lettres obtenues par le général des finances à Blois.

Ms. fr. 18164, f° 24 r°.

5202. — Arrêt déclarant que les marchandises mises en vente à la foire de Saint-Germain-des-Prés demeureront exemptes des anciennes impositions seulement, et que les draps de soie, d'or et d'argent ne pourront y être apportés.

Ms. fr. 18164, f° 32 r°.

5203. — Arrêt réglant le payement de 80,000 écus dus au sieur Imbert de Diesbach, ci-devant colonel d'un régiment suisse, et au baron de Montricher.

Ms. fr. 18164, f° 32 r°.

1599, 26 janvier. — Paris.

5204. — Arrêt ordonnant que le receveur commis au bureau de Corbeil versera chaque mois 333 écus 1/3 entre les mains de M⁰ Dreux Barbin, receveur général des finances à Paris, sinon la recette de « l'imposition du vin venant en ladite ville de Paris » serait transférée de Corbeil à Paris.

Clair. 653, p. 291.

1599, 28 janvier. — Paris.

5205. — Arrêt ordonnant le rétablissement des

sommes rayées par le sieur de Maupeou, commissaire député à la direction des finances en Bretagne, sur les comptes de M°° Pierre Le Charron et Gaston Midorge, trésoriers généraux de l'Extraordinaire des guerres et de l'Artillerie.

Ms. fr. 18164, f° 34 r°.

5206. — Arrêt affectant aux dépenses des fortifications de Montreuil les deux tiers de l'impôt de 8 écus par muid de sel vendu en la généralité de Picardie.

Ms. fr. 18164, f° 35 r°.

_____

1599, 4 février. — Paris.

5207. — Arrêt enjoignant à M° Jean Claverger de se laisser rembourser par M° François Margat, lieutenant général au bailliage de Berry (siège de Concressault), de la finance qu'il a payée pour les deux offices de commissaire-examinateur et de lieutenant particulier assesseur criminel au siège de Concressault.

Ms. fr. 18164, f° 35 v°.

5208. — Arrêt accordant à Jean Aguesseau, receveur général des finances en Picardie, et à Jean Levrin, son commis, décharge d'une somme de 3,020 écus 25 sols 8 deniers enlevée par les Espagnols, lors de la surprise d'Amiens.

Ms. fr. 18164, f° 36 r°.

5209. — Arrêt renvoyant aux trésoriers de France une requête des religieux et des habitants de Lagny tendant au rétablissement d'un pont brûlé avant que ladite ville fût prise par le duc de Parme.

Ms. fr. 18164, f° 36 v°.

5210. — Arrêt portant suppression de l'office de grènetier en la chambre à sel de Brezolles, vacant par le décès de M° Jean de La Boullaye.

Ms. fr. 18164, f° 36 v°.

5211. — Arrêt accordant à M°° Louis Froment et Simon Barreau, contrôleurs généraux des Ligues, décharge de la somme à laquelle ils avaient été taxés pour l'emprunt levé sur les officiers des finances.

Ms. fr. 18164, f° 37 r°.

_____

1599, 6 février. — Paris.

5212. — Arrêt accordant à M° Étienne de La Bistrate, commis à la fourniture des greniers à sel en la généralité de Picardie, décharge d'une somme de 2,433 écus 12 sols enlevée par les Espagnols, lors de la surprise d'Amiens.

Ms. fr. 18164, f° 37 r°.

5213. — Arrêt réglant le payement de soixante chênes abattus chez le sieur de Bédouastre et employés, en 1597, à la fortification de Boulogne.

Ms. fr. 18164, f° 37 v°.

5214. — Arrêt accordant à M° Pierre Le Roux, argentier de la Maison du Roi, mainlevée d'une somme de 1,823 écus, saisie à la requête de M° Paul Hardier, commissaire député à la «visitation des greniers de Normandie».

Ms. fr. 18164, f° 37 v°.

5215. — Arrêt accordant à la veuve de M° Jean Pouard, trésorier provincial du régiment des gardes du Roi, remise de l'emprunt levé sur les officiers des finances.

Ms. fr. 18164, f° 38 r°.

5216. — Arrêt portant remise de 50,000 écus «sur la somme de 64,000 escuz ordonnée estre levée, en la présente année, en la générallité de Champaigne».

Ms. fr. 18164, f° 38 v°.

5217. — Arrêt ordonnant de surseoir aux poursuites exercées contre les adjudicataires des ventes de bois dans les forêts de Cuise et de l'Aigue, pour le payement de la taxe des arts et métiers.

Ms. fr. 18164, f° 38 v°.

5218. — «Ont esté leues au Conseil les lettres patentes de déclaration adressées à la Court des aydes et trésoriers généraulx de France, pour repetter contre les greffiers des tailles des paroisses ce qu'ilz ont exigé et receu outre ce qui leur est attribué par l'éedict, lesquelles ont esté trouvées raisonnables.»

Ms. fr. 18164, f° 39 r°.

5219. — Arrêt ordonnant que l'on prendra sur le

produit des amendes et confiscations prononcées au siège de la Rochelle la somme nécessaire aux répara-tions des prisons de ladite ville.

Ms. fr. 18164, f° 39 r°.

5220. — Contrat passé avec Louis Le Coq, sieur de Chavigny, bourgeois de Paris, pour l'avance de 80,000 écus dus aux colonels de Diesbach et baron de Montricher.

Ms. fr. 18164, f° 39 r°.

5221. — Arrêt évoquant au Conseil un procès pendant entre André Laurens, marchand portugais, et Jacques Mattenas, Guillaume Jerry, François Richer, habitants du Havre-de-Grâce, au sujet de la prise d'un navire appartenant audit Laurens, lequel procès avait été précédemment évoqué au Grand Conseil.

Ms. fr. 18164, f° 40 r°.

1599, 9 février. — Paris.

5222. — Arrêt ordonnant aux commissaires dé-putés pour le régalement des tailles en Normandie de passer outre au jugement du procès de François Du-prey, sergent des tailles à Valognes, accusé de concus-sion, nonobstant une évocation au Grand Conseil obtenue sous faux donné à entendre.

Ms. fr. 18164, f° 40 v°.

5223. — Arrêt faisant défense à Mᵉ Joseph Le Mercier d'inquiéter les habitants de Réville, d'Anne-ville, de Sainte-Geneviève, etc., au sujet du payement du droit de confirmation des offices de receveur, de collecteur et de greffier des tailles, attendu que lesdits offices ont été rachetés et supprimés aux frais des habitants.

Ms. fr. 18164, f° 41 r°.

5224. — Arrêt ordonnant que, conformément aux conditions du bail conclu avec Adrien de Barastre, fermier des 3 écus 18 sols par tonneau de vin entrant dans les villes et bourgs de Picardie, le Conseil con-naîtra du différend pendant entre ledit Barastre et les habitants de Grandvilliers.

Ms. fr. 18164, f° 41 v°.

1599, 10 février. — Paris.

5225. — Arrêt accordant diverses modérations d'impôts aux habitants de l'élection de Beauvais, at-tendu « la désolation qui est à présent en la pluspart des parroisses de ladite ellection », ordonnant qu'ils seront contraints, nonobstant toute fraude, au paye-ment du surplus, et faisant défense aux gentilshommes ou autres de recéler dans leurs maisons, châteaux et places fortes les biens desdits habitants, pour les sous-traire aux saisies.

Ms. fr. 18164, f° 42 r°.

5226. — Arrêt relatif au payement des garnisons de la généralité de Champagne.

Ms. fr. 18164, f° 42 v°.

5227. — Arrêt relatif au remboursement des sommes avancées par Louis Le Coq, sieur de Chavigny, pour le payement des colonels Imbert de Diesbach et Guillaume de Willermin, baron de Montricher.

Ms. fr. 18164, f° 43 r°.

1599, 13 février. — Paris.

5228. — Arrêt ordonnant la mise en liberté sous caution de Mᵉ Guillaume Berthin, commis à la recette des tailles de Châlons.

Ms. fr. 18164, f° 43 v°.

5229. — Arrêt ordonnant l'expédition des nou-velles lettres d'exemption accordées aux personnes demeurant en la basse cour du château de Vincennes, attendu l'obligation où elles sont de faire le guet, en temps de paix, comme en temps de guerre.

Ms. fr. 18164, f° 43 v°.

5230. — Arrêt réglant la levée d'une somme de 10,000 écus accordée, à titre d'indemnité, au sieur de Champier, qui, pour parvenir à la réduction des places du pays de Dombes, a remis entre les mains des échevins de Lyon le vicomte de Chamoix, son prisonnier.

Ms. fr. 18164, f° 44 r°.

5231. — Arrêt réglant le payement de 1,647 écus

41 sols 3 deniers dus à Jean Gastellier, bourgeois de Paris, «pour le luminaire fourny au service du feu Roy dernier décceddé».

Ms. fr. 18164, f° 44 r°.

5232. — Arrêt ordonnant qu'une taxe de 10 sols par minot continuera d'être levée sur les greniers à sel de Clamecy, de Saint-Fargeau et de Bonny, jusqu'à concurrence d'une somme de 1,400 écus donnée par le Roi à la veuve du sieur de Tannerre, gouverneur d'Auxerre.

Ms. fr. 18164, f° 44 v°.

5233. — Arrêt confirmant une décharge de 781 écus 15 sols accordée à la veuve et au légataire universel de M° Pierre Le Grand, secrétaire du Roi, lequel aurait été taxé comme officier des finances, pour avoir fait, au commencement des guerres, la recette des deniers du sel.

Ms. fr. 18164, f° 44 v°.

5234. — Arrêt ordonnant l'expédition des lettres patentes par lesquelles le sieur de Mémillon reçoit la terre d'Yèvre-le-Châtel, en échange de terres situées à Fontainebleau.

Ms. fr. 18164, f° 45 r°.

5235. — Arrêt ordonnant que les dépenses faites en Provence, durant les troubles et jusqu'à l'arrivée du duc de Guise, «seront indifféremment portées par le corps de ladite province..., sans aucune différence ny distinction de party».

Ms. fr. 18164, f° 45 r°.

5236. — Arrêt cassant un arrêt du parlement de Provence du 7 décembre 1598, et ordonnant la levée d'une imposition établie, le 22 novembre de la même année, par le conseil général d'Aix, sur les marchandises et denrées.

Ms. fr. 18164, f° 46 r°.

5237. — «A esté résolu au Conseil de Sa Majesté de faire les dépesches qui ensuivent, pour l'establissement du sol pour livre ès généralitez de Champaigne, Poictiers, Bourges, Limoges, Molins, Auvergne et Lyon...»

Clair. 654, p. 637.

1599, 15 février. — Paris.

5238. — Arrêt ordonnant que le sieur de Norroy, président aux Enquêtes, fera enlever, en sa présence, les chaînes tendues sous les ponts de la Loire ou de ses affluents, et informera des motifs qui ont porté certains gouverneurs de villes à contrevenir de la sorte aux ordres du Roi, depuis la publication de la paix.

Ms. fr. 18164, f° 48 v°.

5239. — Arrêt accordant à M° Michel de Brives, trésorier des États de Normandie, décharge de l'emprunt levé sur les officiers des finances.

Ms. fr. 18164, f° 48 v°.

5240. — Arrêt portant de 12 à 20 sols la taxe levée sur chaque pipe de vin passant aux Ponts-de-Cé, et établissant en toutes les villes d'Anjou un impôt de 30 sols par pipe de vin, pour le produit en être affecté à l'acquittement des dettes de la ville d'Angers.

Ms. fr. 18164, f° 49 r°.

5241. — Arrêt confirmant l'octroi de 4 écus par muid de sel passant sur la Loire précédemment accordé aux habitants d'Orléans, et leur donnant mainlevée des défenses faites par le sieur de Norroy, commissaire député à la vérification des taxes levées sur la Loire ou ses affluents.

Ms. fr. 18164, f° 49 r°.

5242. — Arrêt autorisant Jean de Vivonne, marquis de Pisani, conseiller d'État, à pourvoir, nonobstant les lettres patentes du 7 juillet 1598, aux offices ordinaires de la châtellenie de Talmont-sur-Gironde, dont il est acquéreur.

Clair. 653, p. 299.

1599, 16 février. — Paris.

5243. — Arrêt attribuant à M° François de Villemer, contrôleur du domaine au bailliage de Troyes, la sixième partie des revenus du domaine usurpé qui aura été recouvré à sa diligence, mais jusqu'à concurrence de 2,000 écus seulement.

Ms. fr. 18164, f° 49 v°.

44.

5244. — Arrêt réduisant de moitié la somme de 266 écus 2/3 imposée à Mᵉ Augustin Caillet, lieutenant au bailliage de la châtellenie d'Épernay, pour la suppression des offices de lieutenant généraux et de procureurs du Roi alternatifs.

Ms. fr. 18164, f° 50 r°.

5245. — Arrêt attribuant au capitaine Puy, exempt des gardes du corps, une indemnité de 500 écus, pour divers voyages qu'il a faits en gardant le sieur de Saint-Phal.

Ms. fr. 18164, f° 50 r°.

5246. — Arrêt accordant à Jacques Blondin, commis à la recette du grenier à sel d'Amiens, décharge d'une somme de 2,288 écus 22 sols 6 deniers enlevée par les Espagnols, lors de la surprise d'Amiens.

Ms. fr. 18164, f° 50 v°.

5247. — Arrêt renvoyant aux commissaires à ce députés une requête des habitants de Saint-Léonard-de-Noblat tendant à la confirmation des privilèges à eux accordés par Clovis, « pour recongnoissance de la guérison miraculeuse de la Royne, sa femme ».

Ms. fr. 18164, f° 50 v°.

5248. — Arrêt ordonnant à Benoît Le Gras de rapporter ses lettres de provision de l'office de grènetier à Saint-Florentin.

Ms. fr. 18164, f° 51 r°.

5249. — Arrêt ordonnant de surseoir à l'exécution d'un arrêt du Conseil privé rendu contre Mᵉ Augustin de Louvancourt, receveur provincial des greniers à sel de Picardie, à la requête du sieur Poilblanc, commis à la répression des faux sauniers.

Ms. fr. 18164, f° 51 r°.

5250. — Arrêt attribuant au Parlement la reconnaissance des usurpations commises au préjudice du Roi sur les anciens murs et fossés de Paris, et ordonnant que les deniers en provenant seront affectés au payement de la somme due au duc de Montpensier.

Ms. fr. 18164, f° 51 v°.

1599, 18 février. — Paris.

5251. — Arrêt ordonnant que sur le premier état des dettes du Roi figurera une somme de 1,200 écus, prix de deux couleuvrines achetées à la dame de Rohan et placées au château de Niort.

Ms. fr. 18164, f° 52 r°.

5252. — Arrêt relatif au remboursement de 2,458 écus prêtés au feu Roi par demoiselle Marie d'Almone, veuve du sieur de Corbie.

Ms. fr. 18164, f° 52 r°.

5253. — Arrêt accordant au sieur de Palaiseau, chevalier de l'ordre du Saint-Esprit, décharge du droit de relief à lui indûment réclamé pour sa terre de Nainville.

Ms. fr. 18164, f° 52 r°.

5254. — Arrêt ordonnant de surseoir à l'exécution des arrêts du Conseil privé donnés, au préjudice des droits du Roi, à la poursuite de la veuve d'Antoine Sezille, greffier en l'élection de Laon.

Ms. fr. 18164, f° 52 v°.

5255. — Arrêt ordonnant que le sieur de Marillac, maître des requêtes ordinaire de l'Hôtel, vérifiera les « reprises » faites, en les années précédentes, par les receveurs généraux des finances de Bordeaux, avant qu'il soit statué sur la remise des restes dus en la province de Guyenne.

Ms. fr. 18164, f° 52 v°.

5256. — Arrêt accordant aux habitants du Tréport surséance pour le payement des tailles.

Ms. fr. 18164, f° 53 r°.

5257. — Arrêt réglant le payement de 1,200 écus dus au sieur de Themynes, pour le service par lui fait en l'assemblée de Rouen.

Ms. fr. 18164, f° 53 r°.

1599, 19 février. — Paris.

5258. — Arrêt ordonnant que Mᵉ Jean Fineau sera contraint de payer au sieur Zamet une somme de 90,000 écus.

Ms. fr. 18164, f° 53 r°.

1599, 20 février. — Paris.

5259. — Arrêt ordonnant l'expédition des lettres patentes qui portent ratification du bail conclu avec Yves de Kermelec pour la ferme de 4 et 2 écus, 40, 20, 16 et 8 sols par pipe de vin entrant dans les ports des diocèses de Cornouaille, de Léon, de Tréguier et de Saint-Brieuc.

Ms. fr. 18164, f° 53 v°.

5260. — Arrêt ordonnant l'arrestation de plusieurs officiers du grenier à sel de Tours accusés d'abus et de malversations, commettant M° Du Monceau, général en la Cour des aides, pour leur faire leur procès, et attribuant à la Cour des aides la connaissance des appels qu'ils pourraient interjeter, « après toutesfois que les proceddures auront esté veues » au Conseil.

Ms. fr. 18164, f° 54 v°.

5261. — Arrêt ordonnant l'arrestation de plusieurs officiers des mesurages à sel de Nantes et d'Ingrande accusés de malversations, commettant M° Du Monceau, général en la Cour des aides pour leur faire leur procès, et attribuant à la Cour des aides la connaissance des appels qu'ils pourraient interjeter, « après toutesfois que les proceddures auront esté veues » au Conseil.

Ms. fr. 18164, f° 56 r°.

5262. — Arrêt réglant le payement des dettes contractées, pendant et depuis les troubles, pour la réduction de la Bourgogne, notamment le remboursement des sommes dues au vicomte de Tavannes et au baron de Seneçay, pour la réduction du fort de Talant.

Ms. fr. 18164, f° 57 v°.

1599, 22 février. — Paris.

5263. — Arrêt ordonnant l'élargissement de Jacques Franchon, marchand d'Annonay, solidairement condamné avec tous les habitants du Vivarais au payement de 6,075 écus, dus aux fermiers du tirage du sel.

Ms. fr. 18164, f° 53 v°.

5264. — Arrêt relatif au payement de 1,460 écus

dus à M° Louis de Rochemaur, président en la sénéchaussée de Beaucaire, pour voyages et commissions.

Ms. fr. 18164, f° 54 r°.

5265. — Arrêt ordonnant que M° François de Fontenay, grand maître au département de Bretagne, sera ouï au Conseil au sujet du don de l'office de grand veneur et de grand gruyer fait par le Roi au sieur de Montmartin.

Ms. fr. 18164, f° 54 r°.

5266. — Arrêt statuant sur le procès intenté au sieur de Bois-Dauphin par le sieur d'Avaugour au sujet d'une somme de 12,000 écus payée par ledit d'Avaugour sur l'ordre du duc de Mercœur, et mettant les parties hors de cour.

Ms. fr. 18164, f° 58 v°.

1599, 24 février. — Paris.

5267. — « Estat des officiers et commissionnaires taxez aux CXII^M escuz, qui ont esté deschargez et exemptez du paiement de leursdites taxes, tant par brevetz et lettres patentes du Roy qu'arrestz de son Conseil, que Sa Majesté veult néantmoings estre contrainctz au paiement desdites taxes. »

Ms. fr. 18164, f° 59 r°.

1599, 25 février. — Paris.

5268. — Arrêt accordant aux habitants de Jouy-le-Châtel remise des tailles de l'année 1595 et surséance pour le payement des tailles de l'année 1597.

Ms. fr. 18164, f° 60 r°.

5269. — Arrêt enjoignant aux élus de Beauvais de comparaître au Conseil, sous peine d'être condamnés, en leurs propres noms, au payement des sommes restées dues par les fermiers du sol pour livre de l'élection de Beauvais.

Ms. fr. 18164, f° 60 v°.

5270. — Arrêt fixant le chiffre des impôts que devront désormais payer les habitants du bailliage de Marennes, de la baronnie de Soubise, de l'île d'Oloron et des paroisses du Gua, de Saint-Jean-d'Angle, de Montierneuf, de Saint-Agnant-les-Marais. ·

Ms. fr. 18164, f° 60 v°.

5271. — Arrêt renvoyant aux trésoriers de France à Paris une requête qu'a présentée M° Athanase L'Évesque, receveur du domaine au bailliage de Senlis, pour être déchargé d'une somme de 1,200 écus à lui volée, en plein jour, dans le coche de Compiègne.

Ms. fr. 18164, f° 61 v°.

°5272. — Arrêt réglant le payement de partie des 90,773 écus 43 sols empruntés par le Roi au duc de Ventadour, lieutenant général en Languedoc.

Ms. fr. 18164, f° 61 v°.

5273. — Arrêt déclarant que, nonobstant la suppression des greffes des bureaux des finances, les greffiers actuellement pourvus exerceront, jusqu'au remboursement de la finance par eux payée, les fonctions de clercs et de commis des trésoriers de France.

Ms. fr. 18164, f° 62 r°.

5274. — Arrêt cassant toutes les évocations au Conseil ou au Grand Conseil accordées, à quelque personne que ce soit, pour procès relatifs aux tailles de Normandie, et attribuant la connaissance desdits procès, en première instance, aux élus, en appel, à la cour des aides de Normandie.

Ms. fr. 18164, f° 62 v°.

5275. — Arrêt ordonnant à la cour des aides de Normandie de faire connaître au Conseil les motifs d'un arrêt par lequel elle a rayé du rôle des tailles de Saint-Pierre-de-Cerqueux Jean Le Charretier, roturier, soi-disant homme d'armes de la compagnie du duc de Montpensier.

Ms. fr. 18164, f° 62 v°.

5276. — Arrêt enjoignant aux échevins et habitants des villes affranchies et abonnées de Normandie d'élire, dans les trois jours après la signification du présent arrêt, des asséeurs et collecteurs, sinon le premier habitant venu pourrait être contraint au payement de la totalité des taxes.

Ms. fr. 18164, f° 63 r°.

5277. — Arrêt réglant le remboursement de 11,000 écus empruntés, en 1594, par le feu maréchal d'Aumont aux habitants de Quimper-Corentin, pour les frais de la guerre de Bretagne.

Ms. fr. 18164, f° 63 r°.

1599, 27 février. — Paris.

5278. — Arrêt accordant aux religieux de Cîteaux remise des décimes des années 1596 à 1598.

Ms. fr. 18164, f° 40 v°.

5279. — Arrêt ordonnant que toute personne soumise aux taxes exigées en vertu de l'édit des arts et métiers, si elle n'a point acquitté lesdites taxes dans la huitaine du commandement qui lui aura été fait, devra payer le salaire et les frais des clercs, commis, huissiers et sergents employés au recouvrement desdites taxes.

Ms. fr. 18164, f° 63 v°.

5280. — Arrêt relatif au payement des colonels et capitaines suisses.

Ms. fr. 18164, f° 64 r°.

5281. — Arrêt ordonnant que les lieutenants généraux, civils et particuliers, les prévôts et autres juges ne pourront contraindre les lieutenants particuliers, assesseurs criminels, et les commissaires-examinateurs à se laisser rembourser leurs offices.

Ms. fr. 18164, f° 64 v°.

5282. — Arrêt relatif à la vente des offices de commissaires-examinateurs et de lieutenants particuliers, assesseurs criminels, dont le produit a été affecté au payement des colonels et capitaines suisses.

Ms. fr. 18164, f° 64 v°.

5283. — Arrêt accordant à la Reine le quart des deniers qui proviendront de la taxe d'hérédité des offices de notaires royaux sur les terres à elle délaissées dans les ressorts des parlements de Paris, de Toulouse et de Bordeaux.

Ms. fr. 18164, f° 65 v°.

5284. — Arrêt accordant à la duchesse d'Angoulême le quart des deniers qui proviendront de la taxe d'hérédité des offices de notaires royaux dans le duché d'Angoulême.

Ms. fr. 18164, f° 66 r°.

5285. — Arrêt accordant au duc de Montpensier le quart des deniers qui proviendront de la taxe d'hérédité des offices de notaires royaux dans le duché de Châtellerault.

Ms. fr. 18164, f° 66 v°.

5286. — Arrêt réglant la revente des offices de contrôleurs-visiteurs-marqueurs de cuirs.

Ms. fr. 18164, f° 67 r°.

5287. — Arrêt ordonnant que des lettres de jussion seront expédiées au parlement de Bordeaux pour qu'il reçoive M° Fleury Daisse en l'office de conseiller et de magistrat en la sénéchaussée de Guyenne.

Ms. fr. 18164, f° 68 r°.

5288. — Avis du Conseil tendant à ce que les lettres de provision de l'office de président en la Cour des monnaies, jadis accordées à M° Claude Fauchet, soient réformées au nom de M° Gabriel L'Allemand, ci-devant prévôt d'Orléans.

Ms. fr. 18164, f° 68 v°.

5289. — Arrêt ordonnant l'élargissement de M° Guillaume Berthin, commis à la recette des tailles de Châlons.

Ms. fr. 18164, f° 68 v°.

5290. — Arrêt ordonnant que les habitants de Henricarville payeront, par manière de subvention, les sommes auxquelles ils ont été taxés en 1599, et qu'ils jouiront à l'avenir de leurs anciens privilèges.

Ms. fr. 18164, f° 69 r°.

1599, 28 février. — Paris.

5291. — Arrêt ordonnant à M° Jean de Bobier, sieur de La Grand-Brosse, et à Pierre Jaupitre, sieur Des Bouillons, secrétaires de la Chambre, commissaires députés à la réformation des gabelles, d'établir dès à présent leurs commis aux ports et embouchures de rivières et de vaquer, en toute diligence, à l'exécution de leurdite commission, sans attendre la vérification soit

des parlements et chambres des comptes de Dijon et de Rennes, soit de la cour des aides de Rouen.

Ms. fr. 18164, f° 69 r°.

5292. — Arrêt levant la surséance accordée, à l'occasion des troubles, pour le payement des droits de franc-fief et de nouveaux acquêts.

Clair. 653, p. 303.

1599, 1er mars. — Paris.

5293. — Arrêt accordant à Judith de Pons, abbesse de Saint-Sauveur d'Évreux, remise du nouvel impôt par elle dû à raison des vins et des cidres fabriqués et consommés dans l'enceinte de son couvent.

Ms. fr. 18164, f° 70 v°.

5294. — Arrêt octroyant 5,000 écus aux habitants de Saumur, pour les réparations du pont Fouchard.

Ms. fr. 18164, f° 70 v°.

1599, 2 mars. — Paris.

5295. — Arrêt ordonnant que M° Jean Roger, receveur général des finances en Bretagne, sera ouï au Conseil au sujet d'une requête de Gabriel Goltrot, commissaire ordinaire des guerres.

Ms. fr. 18164, f° 71 r°.

5296. — Arrêt ordonnant l'exécution de l'édit des arts et métiers en ce qui concerne les marchands merciers, grossiers et poissonniers de Troyes.

Ms. fr. 18164, f° 71 r°.

5297. — Arrêt faisant remise de 2,000 écus à Joachim Guitonneau, fermier des 4 sols 2 deniers et des 10 deniers par muid de vin entrant à Paris.

Ms. fr. 18164, f° 71 r°.

5298. — Arrêt réglant le payement des gages du sieur de La Borde, grand maître-enquêteur et général réformateur des eaux et forêts au département de Guyenne, Poitou, Saintonge et Angoumois.

Ms. fr. 18164, f° 71 v°.

1599, 3 mars. — Paris.

5299. — Arrêt accordant aux capitaines, lieutênants, enseignes, exempts et archers des quatre compagnies écossaises et françaises de gardes du corps mainlevée de toutes les saisies qui ont été ou qui seront faites sur leurs gages, leurs chevaux ou leurs armes.

Ms. fr. 18164, f° 72 r°.

5300. — Arrêt établissant en Bourgogne un impôt de 5 sols tournois par minot de sel, pour le remboursement de partie des fournitures de blé faites par le sieur de Brion, comte de Charny, à l'armée de Franche-Comté.

Ms. fr. 18164, f° 72 r°.

1599, 4 mars. — Paris.

5301. — Arrêt ordonnant que l'avis des trésoriers de France à Soissons au sujet d'une requête présentée par les adjudicataires des taxes sur le vin perçues à Laon sera communiqué au prévôt des marchands et aux échevins de Paris.

Ms. fr. 18164, f° 72 v°.

5302. — Arrêt ordonnant le payement des rentes constituées aux sieurs de Saint-Luc, de La Corbinière et Bellanger sur la ferme de Charente, la « partie » de Madame, sœur du Roi, préalablement acquittée.

Ms. fr. 18164, f° 72 v°.

5303. — Arrêt accordant à Me Alexandre Bedeau, fermier général du devoir de 6 écus par pipe de vin entrant en Bretagne, décharge de 12,132 écus 35 sols sur le prix de sa ferme.

Ms. fr. 18164, f° 73 r°.

5304. — Arrêt accordant à Pierre Clavier, fermier du sol pour livre de drap vendue en gros à Paris, décharge de 800 écus sur le prix de sa ferme.

Ms. fr. 18164, f° 73 v°.

5305. — Arrêt ordonnant l'élargissement de Me Antoine Le Sueur, ci-devant receveur et payeur des gages du Parlement.

Ms. fr. 18164, f° 73 v°

5306. — Arrêt ordonnant que, nonobstant un arrêt rendu au Conseil privé dans le procès pendant entre les habitants du Mans et ceux de Baugé et de Beaufort-en-Vallée, les parties seront assignées à comparoir au Conseil d'État.

Ms. fr. 18164, f° 74 r°.

1599, 6 mars. — Paris.

5307. — Arrêt ordonnant l'élargissement de Me Paul Le Clerc, procureur-syndic, et de Me Guillaume de Boucault, jurat de Bordeaux, emprisonnés à la requête de Jacques Borel, capitaine du charroi de l'Artillerie.

Ms. fr. 18164, f° 74 v°.

5308. — Arrêt accordant aux habitants du Nivernais décharge d'une somme de 1,200 écus, prix de l'imposition du sol pour livre dans les villes et gros bourgs de l'élection de Nevers.

Ms. fr. 18164, f° 75 r°.

5309. — Arrêt ordonnant à Me François Jehan, commis à la recette des deniers provenant de la traite des blés en Normandie, de payer comptant 300 écus à Me Étienne de La Fond, « commis pour la solicitation de la traicte desditz bledz ».

Ms. fr. 18164, f° 75 v°.

5310. — Arrêt ordonnant que Me Faron Chalinot, pourvu par le Roi de l'office de receveur du domaine à Meaux, en considération des services par lui rendus à Sa Majesté lors de la réduction de ladite ville, sera tenu quitte du supplément imposé aux officiers pourvus par le duc de Mayenne.

Ms. fr. 18164, f° 75 v°.

5311. — Arrêt ordonnant que Me Antoine Michellet, grènetier au grenier à sel de Meaux, sera tenu quitte du supplément imposé aux officiers pourvus par le duc de Mayenne.

Ms. fr. 18164, f° 75 v°.

5312. — Arrêt ordonnant que Me Louis Belhomme, contrôleur des aides et tailles en l'élection de Meaux, sera tenu quitte du supplément imposé aux officiers pourvus par le duc de Mayenne.

Ms. fr. 18164, f° 76 r°.

5313. — Arrêt renvoyant aux trésoriers de France une requête présentée par Jean Geofle, caution de feu Claude L'Hoste, fermier des huitièmes et vingtièmes d'Étampes.

Ms. fr. 18164, f° 76 r°.

5314. — Arrêt réglant le payement des vacations du sieur de Maisse, conseiller d'État, et du sieur de Refuge, conseiller au Parlement, envoyés en Lyonnais, Dauphiné, Languedoc et Provence, pour le service du Roi.

Ms. fr. 18164, f° 76 v°.

5315. — Arrêt renvoyant au Parlement l'appel interjeté par les officiers des eaux et forêts de Saint-Dizier contre une vente d'arbres faite par le sieur Du Roussay, grand maître des eaux et forêts au département de Champagne et Brie.

Ms. fr. 18164, f° 77 r°.

———

1599, 8 mars. — Paris.

5316. — Arrêt relatif au payement des arrérages d'une rente due à la dame de Fors, à titre d'indemnité, pour l'abandon du havre de Brouage fait à Henri III par le feu sieur de Mirambeau, père de ladite dame.

Ms. fr. 18164, f° 77 v°.

5317. — Arrêt réglant le payement d'une somme de 4,914 écus 40 sols restée due au sieur de La Cave, maître des requêtes de l'Hôtel, exécuteur testamentaire d'Anne-Françoise Robertet, maréchale d'Aumont, pour le prix de bagues et bijoux appartenant à la succession de ladite dame et achetés par le Roi.

Ms. fr. 18164, f° 78 r°.

5318. — Arrêt évoquant au Conseil d'État le procès pendant entre Antoine Remy, d'une part, Pierre Cocquebert, Jean Royer, etc., habitants de Reims, d'autre part, au sujet de l'adjudication du droit de 5 sols par muid de vin et du nouveau droit d'entrée établi à Reims.

Ms. fr. 18164, f° 78 r°.

5319. — Arrêt déclarant que le clergé de Bretagne contribuera au payement des impôts de 4 écus

et de 2 écus par pipe de vin nouvellement établis en ladite province, à la suite de la réduction dudit pays en l'obéissance du Roi.

Ms. fr. 18164, f° 78 v°.

5320. — Arrêt ordonnant qu'à l'occasion de la révocation des alternatifs, les officiers de judicature seront payés de leur supplément de gages de la même manière que de leurs gages ordinaires.

Clair. 653, p. 307.

———

1599, 9 mars. — Paris.

5321. — Arrêt ordonnant de passer outre, nonobstant l'opposition de Me Claude Josse, à la levée d'une nouvelle taxe sur le sel établie en vue de l'augmentation de gages qui a été accordée à certains lieutenants généraux civils et criminels et à certains lieutenants particuliers et procureurs du Roi.

Ms. fr. 18164, f° 79 r°.

5322. — Arrêt relatif à la reddition des comptes de Me Louis Beslé, receveur général du taillon en la généralité de Paris.

Ms. fr. 18164, f° 79 r°.

5323. — Arrêt accordant à Pierre Cauteraine, fermier du vingtième du vin vendu en gros à Amiens, décharge de ses fermages du 1er janvier au 8 mars 1597, «attendu que ladite ville d'Amyens a esté occupée jusques au xxve jour de septembre audit an».

Ms. fr. 18164, f° 79 v°.

5324. — Arrêt accordant décharge de 1,000 écus à Pierre Cauteraine, fermier du vingtième du vin vendu en gros à Amiens.

Ms. fr. 18164, f° 79 v°.

5325. — Arrêt réglant le payement de 1,034 écus dus à Julien de Montigny, sieur de La Hottière, pour le fret de deux navires de 500 tonneaux par lui fournis au maréchal de Brissac et destinés au rapatriement de la garnison espagnole de Blavet.

Ms. fr. 18164, f° 80 r°.

5326. — Arrêt confiant à Me Gabriel Hus, tréso

rier des États de Bretagne, la recette de 20,909 écus 43 sols prêtés au Roi en ladite province.

Ms. fr. 18164, f° 80 r°.

5327. — Arrêt fixant à 200 et à 100 écus les taxes imposées à Jean Du Drac, pour la résignation de ses offices de conseiller au Parlement et de président aux Requêtes du Palais.

Clair. 653, p. 311.

5328. — Arrêt donnant assignation de 167,010 écus à Sébastien Zamet.

Clair. 653, p. 315.

1599, 11 mars. — Paris.

5329. — Arrêt évoquant au Conseil d'État le procès pendant entre Me Vincent Bouhier, commis à la direction des finances en la généralité de Poitou, et les propriétaires des marais salants de Beauvoir[-sur-Mer], et condamnant lesdits propriétaires à payer la taxe d'un écu par muid de sel.

Ms. fr. 18164, f° 80 v°.

5330. — Arrêt confirmant les privilèges des marchands grisons demeurant en France.

Ms. fr. 18164, f° 81 r°.

5331. — Arrêt maintenant définitivement frère Denis Granson en possession de l'abbaye de Thenailles, à condition qu'il payera pension à Me Gui Du Faur, clerc du diocèse de Paris, et mettant hors de cour messire Gilbert de La Curée, chevalier, et Me Antoine Aux-Enffans.

Ms.-fr. 18164, f° 81 v°.

5332. — Arrêt ordonnant que les deniers de la recette des aides de Chartres seront affectés, en premier lieu, au payement de la rente de 1,855 écus 33 sols 4 deniers due à la duchesse de Nemours.

Ms. fr. 18164, f° 82 v°.

5333. — Arrêt ordonnant le rétablissement d'une somme de 346 écus rayée par le sieur Des Barreaulx sur le compte d'Alexandre Pollallion, commis à la recette des gabelles en Languedoc.

Ms. fr. 18164, f° 83 v°.

5334. — Arrêt prolongeant de six mois le sursis accordé aux pays de Lyonnais, de Forez, de Beaujolais, de Mâconnais et de Haut-Vivarais, pour la revision des comptes de Barthelemy Gallois et de Guillaume de Charancy, fermiers du tirage du sel.

Ms. fr. 18164, f° 83 v°.

1599, 12 mars. — Paris.

5335. — Arrêt renvoyant au Parlement le procès pendant entre le sieur de Champgaillard, la veuve et les héritiers du sieur Des Pontains.

Ms. fr. 18164, f° 83 v°.

5336. — Arrêt accordant à Arnaud de Pelapoix, fermier général de l'équivalent dans les sénéchaussées de Toulouse et de Carcassonne, remise de 1,376 écus sur le prix de sa ferme.

Ms. fr. 18164, f° 84 r°.

5337. — Arrêt accordant à Philippe Penavayre, receveur des tailles au diocèse de Carcassonne, décharge d'une taxe de 1,333 écus 1/3.

Ms. fr. 18164, f° 84 r°.

5338. — Arrêt accordant aux habitants de Maisse remise de la moitié des tailles et crues du quartier d'octobre 1598.

Ms. fr. 18164, f° 84 v°.

5339. — Arrêt réduisant des deux tiers la taxe pour supplément d'offices imposée aux clercs et commis à l'exercice des fermes des aides de la ville de Paris.

Ms. fr. 18164, f° 84 v°.

5340. — Arrêt ordonnant que les lettres de provision de l'office de contrôleur des fortifications de Guyenne, accordées à Me Jacques Robert, contrôleur ordinaire des guerres, seront réformées au nom de Me Pierre Duportal, secrétaire du Roi.

Ms. fr. 18164, f° 85 r°.

5341. — Arrêt réglant le payement de 10,213 écus 1/3 dus au baron de Melle et au capitaine Peterman-Grissus, commandants de deux compagnies de Suisses servant pour la garde du Roi.

Ms. fr. 18164, f° 85 v°.

5342. — Arrêt accordant à Jean Rousseau, fermier du nouvel impôt levé sur les denrées et marchandises entrant ès villes de l'élection de Pithiviers, une surséance de trois mois pour le payement des deux tiers de ses fermages.

Ms. fr. 18164, f° 85 v°.

5343. — Arrêt confirmant, pour l'avenir, les droits attribués au prévôt des marchands et aux échevins de Lyon, aux Henry et à leurs associés sur les équivalents du Vivarais et des diocèses de Mende et du Puy.

Ms. fr. 18164, f° 86 r°.

5344. — Arrêt ordonnant que M° Pierre Boucher, sieur de Marolles, détenu depuis trois ans en la Conciergerie, touche ses gages de trésorier de France à Toulouse, à condition qu'avant un an il se fasse recevoir audit office.

Ms. fr. 18164, f° 86 r°.

5345. — Arrêt ordonnant que M° Philippe Bornier jouira de la ferme de la foraine du gouvernement de Montpellier et de la sénéchaussée de Beaucaire et de Nîmes, conformément au bail passé, au mois de décembre 1595, avec M° Paul de Castille, et annulant un bail conclu, le 20 octobre dernier, avec Pierre Simon par les trésoriers de France à Montpellier.

Ms. fr. 18164, f° 86 v°.

5346. — Arrêt réglant le payement des sommes dues à la duchesse de Nevers.

Ms. fr. 18164, f° 87 v°.

5347. — Arrêt condamnant la veuve du baron de Seneçay à rendre à M° Claude Le Compasseur, président au bureau des finances de Dijon, les terres par lui cédées en payement de la rançon du maréchal d'Ornano.

Ms. fr. 18164, f° 87 v°.

5348. — Arrêt ordonnant que M° Robert Miron, conseiller au Parlement, fera le procès aux coupables des «excedz et désobéissances à justice advenus en la ville de Clermont [en Auvergne], le sixiesme novembre dernier », et levant la suspension prononcée, par arrêt du Conseil du 1er février dernier, contre les conseillers au présidial de Clermont.

Ms. fr. 18164, f° 89 r°.

5349. — Arrêt condamnant les avocats des sièges présidiaux du Mans et des duchés de Beaumont et de Vendômois à payer le montant des quittances expédiées par le trésorier des Parties casuelles pour les offices de procureurs-postulants d'Anjou, de Maine, et des duchés de Beaumont et de Vendômois, nonobstant tout arrêt contraire du parlement de Paris.

Ms. fr. 18164, f° 89 r°.

5350. — Arrêt ordonnant le payement de 4,000 écus assignés à la duchesse de Beaufort, pour le prix « d'un bracelet contenant trois pièces d'or garnyes de deux cens dyamans de plusieurs grandeurs que ladite dame a vendu et livré à Sa Majesté ».

Clair. 653, p. 319.

1599, 14 mars. — [Paris.]

5351. — Arrêt condamnant M° Antoine de Vienne, greffier au bailliage de Troyes, et M° François de Vienne, son frère, à payer 4,000 écus à Jean d'Autruy, ci-devant maire de Troyes, sur la somme que leur a accordée le Roi pour les services par eux rendus et pour les frais par eux supportés, lors de la réduction de ladite ville.

Ms. fr. 18164, f° 90 r°.

1599, 15 mars. — Paris.

5352. — Arrêt accordant à M° Antoine de Berny, receveur général du taillon en Picardie, décharge d'une somme de 635 écus 40 sols à lui volée, lors de la prise d'Amiens.

Ms. fr. 18164, f° 91 r°.

5353. — Arrêt accordant à Gaspard Le Prince décharge d'une somme de 300 écus à laquelle il a été taxé pour le supplément d'un office supprimé de maître particulier des eaux et forêts au comté d'Auxerre.

Ms. fr. 18164, f° 91 v°.

5354. — Arrêt réglant le payement des gages dus aux lecteurs du Roi en l'Université de Paris.

Ms. fr. 18164, f° 91 v°.

45.

5355. — Arrêt réglant le payement de 8 écus 45 sols restés dus à Frédéric Morel, pour ses gages d'imprimeur ordinaire du Roi.

Ms. fr. 18164, f° 91 v°.

5356. — Arrêt réglant le payement des vacations dues à M° Claude Fauchet, premier président de la Cour des monnaies, commissaire député pour faire le procès à ceux qui ont billonné en Languedoc les bonnes et fortes espèces.

Ms. fr. 18164, f° 92 r°.

5357. — Arrêt ordonnant aux fermiers et receveurs des terres d'Auvergne appartenant au maréchal de Bouillon de verser le montant de leurs fermages ou recettes entre les mains des créanciers dudit maréchal.

Ms. fr. 18164, f° 92 r°.

5358. — Arrêt condamnant les maire, échevins et habitants de Châtellerault à payer 420 écus à Louis Davis, bourgeois et marchand de Paris.

Ms. fr. 18164, f° 92 v°.

5359. — Arrêt ordonnant que Bénédict Massey, associé d'Antoine Balbani, sera contraint de remettre à Louis Le Coq toutes les quittances du trésorier des Parties casuelles, tous les mandements et pièces relatives à l'assignation de 126,000 écus donnée aux sieurs de Diesbach et de Montricher, et réglant le remboursement de 10,600 écus dus aux sieurs Sardini et Cénamy.

Ms. fr. 18164, f° 93 r°.

5360. — Arrêt statuant sur une requête du sieur de Fresnes, secrétaire d'État et des commandements, et ordonnant la construction d'une chaussée à travers un marais qui coupe la route de Meaux à Lagny, aux environs du village de Fresnes.

Ms. fr. 16216, f° 124 r°.

1599, 18 mars. — Paris.

5361. — Arrêt validant un payement de 57,335 écus 16 sols 2 deniers fait, en 1597, à l'armée conduite en Bretagne par le maréchal de Brissac.

Ms. fr. 18164, f° 94 r°.

5362. — Arrêt portant assignation de 10,000 écus dus au prince de Conti.

Ms. fr. 18164, f° 94 r°.

5363. — Arrêt ordonnant que les clercs et commissaires des fermes d'impôts de la ville de Paris jouiront de leurs offices, nonobstant la requête du prévôt des marchands et des échevins de ladite ville.

Ms. fr. 18164, f° 94 v°.

1599, 19 mars. — Paris.

5364. — Arrêt affectant 500 écus aux réparations de la toiture du château d'Amboise.

Ms. fr. 18164, f° 94 v°.

1599, 20 mars. — Paris.

5365. — Arrêt ordonnant que M° Marin Groteste jouira de son office de lieutenant particulier en l'élection de Châteauneuf-en-Thymerais.

Ms. fr. 18164, f° 95 r°.

5366. — Arrêt réglant le payement des sommes dues à M° Geoffroy de Nogere, pour l'avitaillement de Brouage.

Ms. fr. 18164, f° 95 r°.

5367. — Arrêt réglant le payement des gages de plusieurs officiers du Parlement, ainsi que l'acquittement des sommes dues à Jean de Paillard, ci-devant commis au payement des gages des officiers du Parlement, alors siégeant à Châlons.

Ms. fr. 18164, f° 95 v°.

5368. — Arrêt relatif au payement de 2,800 écus dus à Marguerite Ménager, veuve du sieur d'Ailleboust, premier médecin du Roi.

Ms. fr. 18164, f° 96 r°.

5369. — Arrêt ordonnant le payement de 750 écus dus pour la solde de la garnison de la citadelle de Chartres.

Ms. fr. 18164, f° 96 r°.

5370. — Arrêt accordant aux habitants de Tours remise du nouveau demi-doublement des aides, à raison des recommandables services par eux rendus à Sa Majesté.

Ms. fr. 18164, f° 96 v°.

5371. — Arrêt autorisant M° Jacques de Cister-nay à céder à M° Jérôme Du Verger, receveur général des finances en la généralité de Montpellier, son of-fice de receveur alternatif des tailles au diocèse de Béziers, en payement d'une somme de 4,000 écus qu'il doit audit Du Verger.

Ms. fr. 18164, f° 96 v°.

5372. — Arrêt accordant à M° Jacques Le Vieil, contrôleur des aides et tailles en l'élection de Châ-teaudun et de Bonneval, décharge d'une somme de 100 écus qui lui était réclamée « pour l'attribution de la qualité d'elleu ».

Ms. fr. 18164, f° 97 r°.

5373. — Arrêt accordant à André Patelé, « fer-mier de xx sols pour lez de haran, mourue et maque-reau sallé yssant hors la ville de Paris », décharge de sa quote-part d'une somme de 3,000 écus imposée sur les autres fermiers de ladite taxe.

Ms. fr. 18164, f° 97 v°.

5374. — Arrêt portant constitution de rente en faveur de M° Charles Mallon, en attendant le rem-boursement d'un office de conseiller lai au Parlement et de commissaire aux Requêtes du Palais, auquel il n'a pu être reçu.

Ms. fr. 18164, f° 97 v°, et Clair. 654, p. 651.

5375. — Arrêt renvoyant à la Cour des aides le procès en inscription de faux intenté par M° Jean Alexandre, receveur des tailles en l'élection de Poi-tiers, contre M° Jean Du Ruau, élu en ladite élec-tion, « attendu que, depuis quatre mois et plus », ledit Alexandre « est à la suitte du Conseil de Sa Majesté, où il s'est présenté chacun jour pour estre oy et res-pondre à l'adjournement personnel qui luy a esté donné ».

Ms. fr. 18164, f° 98 r°.

5376. — Arrêt relatif au remboursement d'une somme de 7,780 écus avancée au sieur de Bois-Dauphin par le sieur de La Rochepot, gouverneur

d'Anjou, lors de la trêve conclue pour les provinces d'Anjou, de Touraine et de Maine.

Ms. fr. 18164, f° 98 v°.

5377. — Arrêt statuant sur le différend pendant entre les villes de Sézanne et de Provins, et réduisant à 300 écus la somme réclamée aux habitants de Sé-zanne pour les frais du siège d'Amiens.

Ms. fr. 18164, f° 99 r°.

1599, 23 mars. — Paris.

5378. — Arrêt ordonnant de surseoir à l'exécu-tion d'un arrêt de renvoi au Grand Conseil obtenu, le 12 courant, par les douze marchands bouchers privilé-giés suivant la Cour pour le jugement du procès pen-dant entre eux et les maîtres jurés-bouchers de la ville de Paris.

Ms. fr. 18164, f° 99 v°.

1599, 24 mars. — Paris.

5379. — Arrêt déboutant Alexandre Reignery d'une demande relative aux gages de receveur des décimes dans le diocèse de Lavaur.

E 2ª, f° 11 r°; ibid., f° 7 r° (à la date du 5 juillet 1599).

5380. — Arrêt ordonnant le payement de 100 écus restés dus au sieur Diego Botellio, pour sa pension de l'année dernière.

Ms. fr. 18164, f° 99 v°.

5381. — Arrêt condamnant M° Étienne Le Lièvre, receveur des aides et tailles en l'élection de Vézelay, à payer une somme de 300 écus à laquelle M° Claude Jurain a été taxé pour le supplément de son office de président en ladite élection.

Ms. fr. 18164, f° 100 r°.

5382. — Arrêt relatif au payement de la pension du sieur de Monbarrot, gouverneur de Rennes.

Ms. fr. 18164, f° 101 r°.

5383. — Arrêt autorisant M° Christophe Yver, lieutenant particulier assesseur criminel au siège de Villeneuve-le-Roi, à rembourser à M° Augustin Thouyn son office de lieutenant audit siège, lequel demeurera supprimé.

Ms. fr. 18164, f° 101 r°.

1599, 26 mars. — Paris.

5384. — Arrêt accordant aux habitants de Saint-Mathurin remise d'un tiers de l'impôt du sel pour l'année 1597, attendu que ladite paroisse a été l'une des plus maltraitées de l'Anjou.

Ms. fr. 18164, f° 101 v°.

5385. — Arrêt renvoyant aux trésoriers de France à Rouen une requête par laquelle Georges Louchard, fermier des anciens et des nouveaux 5 sols par muid de vin levés en la généralité de Rouen, demande, «attendu la stérillité notoire des vins», à être déchargé d'une année de ses fermages.

Ms. fr. 18164, f° 102 r°.

5386. — Arrêt accordant une remise de fermages à Jean Chevalier, maître particulier de la monnaie d'Aix, «attendu qu'il n'a peu joïr de ladite ferme, tant à l'occasion du siège mis devant ladite ville d'Aix, que des guerres et troubles notoires qui ont eu cours audit païs, et du transport des monnoyes ès païs estranges, aussi qu'il y auroit eu plusieurs monnoyes ouvertes où l'on travailloit en espèces non permises».

Ms. fr. 18164, f° 102 r°.

5387. — Arrêt renvoyant aux commissaires députés sur le fait des gabelles en Languedoc et aux premiers présidents de la chambre des comptes et de la cour des aides de Montpellier une requête du Connétable tendant : 1° à ce que Me Guillaume de La Rozière, commis au maniement des deniers affectés à la construction d'un port au cap de Cette, fasse lui-même la recette de la crue de 15 sols par quintal de sel affectée à ladite dépense; 2° à ce que Sa Majesté révoque une assignation accordée aux habitants d'Aigues-Mortes sur la même nature de deniers, pour la réparation du port d'Aigues-Mortes et pour les travaux des marais salants de Peccais.

Ms. fr. 18164, f° 102 v°.

5388. — Arrêt relatif à l'évocation des procès du duc de Nemours.

Ms. fr. 18164, f° 103 r°.

5389. — Arrêt portant nouvelle assignation de 8,000 écus dus au sieur de Perrault, lieutenant du Roi en la Haute-Bresse et gouverneur de Montluel, tant pour les dépenses des fortifications que pour le payement de la garnison de Montluel.

Ms. fr. 18164, f° 103 r°.

5390. — Arrêt accordant à Me Jean Coynart, ci-devant trésorier des traites foraines et domaniales et de la douane de Lyon, et à la veuve de Me Galian, pourvu de pareil office, décharge de l'emprunt levé sur les officiers des finances.

Ms. fr. 18164, f° 103 v°.

5391. — Arrêt ordonnant que les gages des officiers de l'élection de Mâcon ne seront plus payés sur le prix des aides du Mâconnais ou du péage de Mâcon, ces deniers étant entièrement affectés à l'acquittement des dettes pour lesquelles le feu comte de Charny et le feu sieur de Rozières se sont obligés envers les colonels suisses Reydich et Heyd.

Ms. fr. 18164, f° 103 r°.

5392. — Arrêt condamnant Me Pierre Thomas, receveur des aides et tailles en l'élection d'Amboise, à payer 2,222 écus au sieur d'Heudicourt, conseiller d'État et intendant des finances, sinon Me Claude Chicoyneau serait pourvu de l'office de receveur ancien triennal en ladite élection.

Ms. fr. 18164, f° 104 r°.

5393. — Arrêt ordonnant la reconstruction du pont Tranchefêtu, près de Chartres, démoli, en 1568, par ordre du roi Charles IX, attendu que c'est «un passage ordinaire pour venir» à Paris de Bretagne, d'Anjou, du Maine et du Perche.

Ms. fr. 18164, f° 105 r°.

1599, 27 mars. — Paris.

5394. — Arrêt relatif au remboursement des sommes avancées, en 1589, par les sieurs de Luxembourg, de Rambouillet et d'Inteville.

Ms. fr. 18164, f° 105 v°.

5395. — Arrêt accordant diverses remises de décimes aux bénéficiers du diocèse de Grenoble.

Ms. fr. 18164, f° 106 r°.

5396. — Arrêt accordant diverses remises de décimes aux bénéficiers du diocèse de Rennes.

Ms. fr. 18164, f° 106 v°.

5397. — Arrêt accordant au clergé de Bretagne décharge des décimes du terme de février 1598.

Ms. fr. 18164, f° 107 r°.

5398. — Arrêt ordonnant le remplacement de 1,100 écus pris, par ordre du duc de Guise, aux receveurs des décimes des diocèses d'Apt et de Sisteron.

Ms. fr. 18164, f° 107 r°.

5399. — Arrêt accordant au principal, aux chapelains, au procureur et aux boursiers du collège de Cornouaille, fondé en l'Université de Paris, décharge de tout droit de franc-fief et nouvel acquêt à eux réclamé à raison du petit fief de Fresles, qui leur a été donné par Jean de Guiscry, médecin de Charles V, et dont ils ont joui paisiblement pendant deux cent sept ans.

Ms. fr. 18164, f° 107 v°.

5400. — Arrêt renvoyant aux commissaires députés pour l'aliénation du domaine de l'Église, en 1598, une requête par laquelle l'évêque et le clergé du diocèse d'Autun demandent l'autorisation de faire une seconde aliénation de leur domaine, afin de rembourser le receveur et le contrôleur alternatifs des décimes dudit diocèse.

Ms. fr. 18164, f° 107 v°.

5401. — Arrêt renvoyant à l'évêque et aux députés du diocèse de Coutances la demande en réduction de décimes présentée par M° Pierre Le Roux, archidiacre du Cotentin.

Ms. fr. 18164, f° 108 r°.

5402. — Arrêt assignant 933 écus 54 sols 6 derniers à M° Laurent Bellange, receveur provincial en la généralité de Toulouse, tant pour les frais des poursuites par lui exercées contre cinq voleurs de la garnison de Muret, que pour les pertes subies par son commis Musnier.

Ms. fr. 18164, f° 108 r°.

5403. — Arrêt ordonnant qu'Odin Du Tu, économe de l'abbaye de Saint-Étienne de Dijon, jouira

des mêmes remises de décimes que les autres bénéficiers du diocèse de Langres.

Ms. fr. 18164, f° 108 v°.

1599, 28 mars. — Paris.

5404. — Arrêt ordonnant que M° Philippe Desportes, aumônier du Roi, abbé de Tiron et de Bon-Port, jouira des remises de décimes à lui accordées, pour toutes les années passées, jusqu'au 31 mars 1594.

Ms. fr. 18164, f° 108 v°.

1599, 30 mars. — Paris.

5405. — Arrêt faisant nouvelles défenses à la Cour des aides de connaître du procès pendant entre le syndic du clergé et le receveur des décimes du diocèse de Châlons, attendu que tous les différends relatifs aux décimes doivent être jugés par les syndics et députés généraux du Clergé établis aux bureaux de Paris, de Toulouse, de Bordeaux, de Rouen, de Lyon, de Tours, d'Aix et de Bourges.

Ms. fr. 18164, f° 109 v°.

1599, 5 mai. — Paris.

5406. — Arrêt ordonnant aux receveurs généraux des finances de ne payer dorénavant aux trésoriers des Bâtiments, de l'Artillerie, des réparations et fortifications et de l'Extraordinaire des guerres que les sommes contenues dans les mandements, rescriptions et quittances des trésoriers de l'Épargne, et conformément aux états arrêtés au Conseil.

AD I 128, n°ˢ 28 et 30.

1599, 3 juillet. — Paris.

5407. — Arrêt ordonnant un nouvel emprunt de 14,000 écus, pour les dépenses des Bâtiments du Roi durant la présente année.

E 2ᵃ, f° 3 r°.

1599, 5 juillet. — Paris.

5408. — Arrêt ordonnant la mise en liberté sous

caution. de Mᵉ Michel Robichon, contrôleur provincial des gabelles en la généralité de Tours.

E 2ᵃ, fᵒ 5 rᵒ. Cf. ibid., fᵒ 9 rᵒ.

1599, 23 juillet. — Paris.

5409. — Arrêt assignant 4,000 écus aux habitants de Mézières, pour les indemniser des pertes que leur a fait subir la construction de la citadelle.

E 2ᵃ, fᵒ 10 rᵒ.

1599, 24 juillet. — Orléans.

5410. — Arrêt renvoyant au Grand Conseil tous les procès criminels instruits par Mᵉ Jérôme L'Huillier, commissaire député à la recherche des malversations commises par les officiers des finances et des gabelles dans les généralités de Tours et d'Orléans.

E 2ᵃ, fᵒ 12 rᵒ.

5411. — Arrêt donnant mainlevée de certains fonds assignés à Gabriel de Guénégaud, receveur général des finances à Soissons, «commis par Sa Majesté au payement des dettes contractées par M. le duc de Mayenne durant les troubles et à l'occasion d'iceux, dont Sadite Majesté a promis l'acquitter».

E 2ᵃ, fᵒ 14 rᵒ.

5412. — Arrêt annulant la vente de la forêt de Gravenchon faite par les commissaires députés pour la vente du domaine en Normandie.

E 2ᵃ, fᵒ 16 rᵒ.

1599, 3 août. — Blois.

5413. — Arrêt évoquant au Conseil d'État toutes les instances relatives à l'impôt de 36,500 écus levé sur la ville d'Orléans, ordonnant que ledit impôt sera levé, en six ans, sur tous les habitants de ladite ville, même privilégiés, et affectant le produit de l'impôt de 73,000 écus levé sur la généralité d'Orléans au payement des dettes de ladite ville.

E 2ᵃ, fᵒ 17 rᵒ.

5414. — Arrêt ordonnant que les sergents du ressort du parlement de Bordeaux jouiront du pouvoir à eux accordé d'instrumenter dans tout le royaume, et qu'ils payeront en conséquence la somme à laquelle ils seront taxés.

E 2ᵃ, fᵒ 19 rᵒ.

1599, 4 août. — Blois.

5415. — Arrêt ordonnant aux trésoriers de France à Châlons de faire payer par Mᵉ Charles Le Charron, receveur général des finances à Châlons, 9,100 écus 4 deniers au trésorier de l'Épargne, et 24,230 écus 25 sols à Mᵉ Jean Charron, trésorier général de l'Extraordinaire des guerres.

E 2ᵃ, fᵒ 21 rᵒ.

1599, 7 août. — Blois.

5416. — Arrêt ordonnant que les protestants d'Angers pourront exercer leur culte en un lieu qui leur sera assigné dans la paroisse de Sorges, et leur permettant d'établir un cimetière au lieu de la Corderie, situé dans ladite ville entre la porte Lyonnaise et la Haute-Chaîne.

E 2ᵃ, fᵒ 27 rᵒ.

1599, 9 août. — Blois.

5417. — Arrêt ordonnant que l'évêque, le bailli et le conseil du Valais pourront, conformément aux traités d'alliance qu'ils ont conclus avec le Roi, s'approvisionner de sel aux greniers de Valence, de Mornas, de Châteauneuf, d'Avignon, de Beaucaire, de Tarascon ou de Peccais.

E 2ᵃ, fᵒ 29 rᵒ.

5418. — Arrêt prorogeant, durant neuf ans, la levée de l'impôt de 3 sols 9 deniers par minot de sel dans les généralités d'Orléans, de Tours, de Bourges et de Moulins, et en affectant le produit : 1° au payement des sommes dues à l'évêque d'Orléans et à plusieurs particuliers ou entrepreneurs, pour la construction du canal de la Loire auprès de Meung; 2° à la reconstruction de l'église Sainte-Croix d'Orléans; 3° aux réparations de l'église de Cléry.

E 2ᵃ, fᵒ 31 rᵒ.

1599, 10 août. — Blois.

5419. — Arrêt modérant à 8,200 écus la somme imposée sur les villes et gros bourgs des bailliages de

Berry et de Saint-Pierre-le-Moutier, au lieu du sol pour livre qui avait été établi par l'édit de mars 1597.

E 2ᵉ, f° 33 r°.

5420. — Arrêt portant suppression des élections de la Châtre, de Châteauroux et de Châtillon-sur-Indre, maintenant toutefois en leurs offices les receveurs des tailles des élections de la Châtre et de Châteauroux.

E 2ᵉ, f° 33 r°.

5421. — « Le brevet de la taille faict pour l'année prochaine 1600, montant à la somme de 3,617,730 écus 32 sols 6 deniers, a esté veu, leu et arresté au Conseil du Roy... »

E 2ᵉ, f° 33 v°.

5422. — Arrêt suspendant de leurs fonctions les officiers de l'élection du Haut-Limousin, attendu les abus et malversations qu'ils ont commis en procédant au département des tailles.

E 2ᵉ, f° 35 r°.

1599, 12 août. — Blois.

5423. — Arrêt cassant trois arrêts de la Cour des aides du 20 septembre, du 20 et du 21 juillet derniers, lui interdisant de nouveau toute connaissance des procès relatifs au payement de parties contenues en l'état du Roi, et ordonnant la restitution des sommes que Mᵉ Dreux Barbin, receveur général des finances à Paris, a été condamné à payer tant à Mᵉ Barat qu'aux lecteurs et professeurs du Roi.

E 2ᵉ, f° 37 r°.

5424. — Arrêt ordonnant l'élargissement de Mᵉ François de Vigny, ci-devant receveur et payeur des rentes de la ville de Paris, et lui accordant surséance pour le payement de la taxe levée sur les officiers des finances.

E 2ᵉ, f° 39 r°.

1599, 19 août. — Blois.

5425. — Arrêt ordonnant une enquête sur les abus auxquels donne lieu le recouvrement des deniers provenant de l'édit des métiers, et suspendant, pendant deux mois, l'exécution dudit édit.

E 2ᵉ, f° 41 r°.

5426. — Arrêt fixant à 4,000 écus la somme qui sera levée sur les villes et gros bourgs de l'élection d'Angers, en place du sol pour livre qui devait être levé sur les denrées et marchandises entrant à Angers.

E 2ᵉ, f° 44 v°.

5427. — Arrêt déclarant que la révocation générale des levées particulières ne s'appliquera pas aux levées faites pour la réparation du pont de Mantes, pour le démantèlement des places fortes de Normandie, pour le remboursement des offices d'élus affectés au duc de Mayenne, et pour le payement du munitionnaire Mathurin Lambert.

E 2ᵉ, f° 45 r°.

5428. — Arrêt accordant aux habitants de la généralité de Tours remise des restes des tailles des années 1595 à 1597, en exceptant une somme de 4,500 écus due par les élections de Chinon et de Montreuil-Bellay.

E 2ᵉ, f° 45 r°.

1599, 21 août. — Blois.

5429. — Arrêt relatif au remplacement des deniers fournis par Mᵉ Laurent Le Lettier, receveur général des finances à Tours, pour les fortifications des villes frontières.

E 2ᵉ, f° 43 r°.

5430. — Arrêt relatif au payement des assignations adressées à Mᵉ Laurent Le Lettier, receveur général des finances à Tours.

E 2ᵉ, f° 43 r°.

5431. — Arrêt supprimant les deux élections de Mirebeau et de Montreuil-Bellay, dont les paroisses ressortiront dorénavant à l'élection de Loudun, maintenant toutefois un élu particulier en chacune des villes de Mirebeau et de Montreuil-Bellay.

E 2ᵉ, f° 43 v°.

5432. — Arrêt ordonnant de surseoir, jusqu'à la fin de la présente année, à la levée des taxes imposées en la généralité de Tours en vertu d'arrêts de la Cour des aides ou de sentences des élus.

E 2ᵉ, fᵒ 44 rᵒ.

5433. — Arrêt relatif au recouvrement des tailles et crues dans la généralité de Tours.

E 2ᵉ, fᵒ 44 rᵒ.

5434. — Arrêt relatif au reculement d'un quartier des gages d'officiers de la généralité de Languedoc et d'un quartier des arrérages de rentes constituées sur les recettes de ladite généralité.

E 2ᵉ, fᵒ 47 rᵒ.

1599, 24 août. — Blois.

5435. — Arrêt donnant assignation de 6,000 écus au maréchal d'Ornano, sur ce qui lui peut être dû tant pour les frais par lui supportés dans le service du Roi, que pour l'entretien du régiment des Corses.

E 2ᵉ, fᵒ 49 rᵒ.

1599, 25 août. — [Blois.]

5436. — Arrêt déclarant que l'impôt de 20 sols par pipe de vin accordé aux États de Bretagne, pour le payement des dettes dudit pays, sera levé en Bretagne pendant l'espace de trois ans, « pour estre les deniers en provenans employez au payement des partyes qui seront ordonnées par Sa Majesté ».

(Arrêt cancellé.)

E 2ᵉ, fᵒ 51 rᵒ.

5437. — Arrêt ordonnant à Mᵉ Fiot, receveur général des finances en Bretagne, d'acquitter un certain nombre d'assignations tant sur les restes de ladite province, que sur les deniers restés dus par son compagnon d'office, Mᵉ Jean Roger.

E 2ᵉ, fᵒ 51 rᵒ.

5438. — Arrêt ordonnant que Mᵉ Jean Roger, receveur général des finances en Bretagne, sera ajourné à comparoir en personne au Conseil, pour y rendre raison du fait de sa charge.

E 2ᵉ, fᵒ 51 vᵒ.

1599, 28 août. — Blois.

5439. — Arrêt faisant défense au fermier des

20 sols par pipe de vin accordés aux États de Bretagne d'employer les deniers provenant dudit impôt au payement des gages dus aux officiers du parlement de Bretagne.

E 2ᵉ, fᵒ 53 rᵒ.

1599, 29 août. — Blois.

5440. — Arrêt révoquant les commissions expédiées pour la recherche des deniers recélés par les collecteurs des tailles en la généralité de Limoges, pendant les années 1586 à 1595.

E 2ᵉ, fᵒ 54 rᵒ.

5441. — Arrêt accordant aux habitants de la généralité de Limoges remise de tout ce qu'ils doivent de tailles et crues des années 1594 à 1597 et de la moitié de l'année 1598.

E 2ᵉ, fᵒ 54 rᵒ.

5442. — Arrêt ordonnant la continuation de la levée destinée au remboursement des officiers de l'élection de Bellac.

E 2ᵉ, fᵒ 54 vᵒ.

5443. — Arrêt ratifiant l'accord passé entre la duchesse de Nivernais et Mᵉ Claude Josse, adjudicataire de la fourniture des greniers à sel, à l'occasion de l'établissement de trois nouveaux greniers à Mézières, à Donchery et à Rethel.

E 2ᵉ, fᵒ 56 rᵒ.

1599, 31 août. — Blois.

5444. — Arrêt ordonnant des ventes de bois dans les diverses forêts du royaume, jusqu'à concurrence d'une somme de 90,000 écus, pour le produit en être affecté au remboursement des officiers des forêts supprimés par édit de janvier 1597.

E 2ᵉ, fᵒ 57 rᵒ.

5445. — Arrêt ordonnant que le maire et vingt-cinq échevins de Saint-Jean-d'Angély jouiront du privilège de noblesse, même s'ils font le commerce, mais à condition qu'ils demeureront en charge jusqu'à leur mort, ordonnant en outre que leurs veuves, après eux, jouiront du même privilège, ainsi que leurs enfants, s'ils s'abstiennent de tout commerce.

E 2ᵉ, fᵒ 58 rᵒ.

1599, 2 septembre. — Blois.

5446. — Arrêt ordonnant au maire et aux échevins de Tours d'assigner aux protestants un terrain d'un demi-arpent, d'accès commode, vers la rue du Ruau où ailleurs, pour qu'ils y puissent exercer leur culte.

E 2ᵃ, fᵒ 60 rᵒ.

5447. — Arrêt accordant aux habitants de Maisse remise d'un quart des tailles de l'année présente, et 30 écus sur les tailles de l'année 1600, « attendu qu'ilz ont esté pris et repris, pillez et saccagez pendant les troubles, aussy qu'ilz ont eu la peste en l'année dernière ».

E 2ᵃ, fᵒ 62 rᵒ.

5448. — Arrêt accordant à neuf paroisses de l'élection de Caen une surséance de deux mois pour le payement des tailles.

E 2ᵃ, fᵒ 62 rᵒ.

5449. — Arrêt faisant remise d'une année de fermages à Gillet Picard, fermier du subside des vins entrant et séjournant ès villes et faubourgs de l'élection de Dourdan.

E 2ᵃ, fᵒ 62 vᵒ.

5450. — Arrêt ordonnant que la duchesse de Nemours avancera les sommes nécessaires aux réparations des ponts de la vicomté de Falaise, du château de ladite ville et des autres édifices ruinés pendant les troubles.

E 2ᵃ, fᵒ 62 vᵒ.

5451. — Arrêt autorisant une levée de 2,000 écus ordonnée par les maire et échevins d'Angers, « pour subvenir à l'entretien et médicamens des malades de la contagion, payement des gages des médecin, appoticaire, chirurgien et autres officiers de la santé ».

E 2ᵃ, fᵒ 63 rᵒ.

5452. — Arrêt réglant le remboursement des offices de receveurs et de contrôleurs des traites foraines et domaniales de Champagne, de Picardie, de Calais et d'Ardres, créés au mois d'août 1598.

E 2ᵃ, fᵒˢ 63 rᵒ et 66 rᵒ.

5453. — Arrêt accordant l'exemption des tailles à Catherine Bugy, veuve de Pierre Rouillart, boulanger de la Maison du Roi.

E 2ᵃ, fᵒ 63 vᵒ.

5454. — Arrêt ordonnant la vérification des sommes dues à André Huart, pourvoyeur de la Maison du Roi.

E 2ᵃ, fᵒ 63 vᵒ.

5455. — Arrêt suspendant l'exécution de l'édit de suppression et de règlement des élections de France, en ce qui concerne l'élection de Paris seulement.

E 2ᵃ, fᵒ 64 rᵒ. *Ibid.*, fᵒ 81 rᵒ (à la date du 7 septembre).

1599, 3 septembre. — Blois.

5456. — Arrêt ordonnant au sieur Du Luat de rendre compte des deniers qu'il a reçus en vertu de l'arrêt du Conseil du 29 août 1598 par-devant le sieur Claude Louvet, ci-devant adjudicataire de l'imposition nouvelle levée sur les vins et sur les marchandises entrant à Paris.

E 2ᵃ, fᵒ 67 rᵒ.

5457. — Arrêt réglant le payement de 6,000 écus dus, pour l'acquisition et pour l'entretien du bâtiment et du jardin des simples de l'université de Montpellier, à Richer de Belleval, « professeur de l'anatomie ou congnoissance des simples pour Sa Majesté en ladite université ».

E 2ᵃ, fᵒ 70 rᵒ.

5458. — Arrêt ordonnant au sieur de Pontac, trésorier de France à Bordeaux, de dresser l'état des levées faites, sans commission du Roi, dans les sénéchaussées du Haut et du Bas-Rouergue, du Quercy, de Rivière-Verdun et de Comminge, et d'en faire verser le produit à la recette générale de Bordeaux.

E 2ᵃ, fᵒ 72 rᵒ.

5459. — Arrêt modérant à 12,200 écus la subvention levée sur les villes et gros bourgs de la généralité de Limoges.

E 2ᵃ, fᵒ 72 rᵒ.

1599, 7 septembre. — Blois.

5460. — Arrêt ordonnant la levée d'une taxe d'un écu 3 sols sur chaque muid de vin amené à Noyon de Pont-l'Évêque, de Sempigny, d'Ourscamps, ou simplement vendangé dans le doyenné de Noyon.

E 2ª, fº 73 rº.

5461. — Arrêt ordonnant que Jean Sacquespée, fermier du domaine de Coucy, payera dorénavant à la duchesse d'Angoulême, propriétaire dudit domaine, la pension de 1,800 écus qu'il devait servir au sieur de Lamet.

E 2ª, fº 75 rº.

5462. — Arrêt réglant le remboursement des sommes prêtées par le sieur de Souvré.

E 2ª, fº 75 rº.

5463. — Arrêt ordonnant le payement de 1,000 écus dus au comte de Choisy, pour fournitures de blé faites à l'armée assiégeant la Fère.

E 2ª, fº 75 vº.

5464. — Arrêt condamnant les caution et certificateurs de Guillaume Berroy, sieur de Hanneville, à payer 4,025 écus à André Laurens, marchand portugais, à moins que, dans la quinzaine, ledit Berroy n'ait réintégré la prison de la conciergerie de Rouen.

E 2ª, fº 76 vº.

5465. — Arrêt ordonnant que les habitants de la châtellenie de Courcelles dépendront de la collecte de Pierrefitte-ès-Bois.

E 2ª, fº 77 rº.

5466. — Arrêt ordonnant que les trésoriers de France à Paris et à Rouen feront cesser la levée de 15 sols par muid de vin et de 2 écus par bateau passant sur la Seine, s'il leur est prouvé qu'elle a été établie sans commandement du Roi.

E 2ª, fº 77 vº.

5467. — Arrêt portant assignation de 10,000 écus donnés, par acquit patent vérifié en la Chambre des comptes, au sieur de Montbarrot, gouverneur de la ville et du diocèse de Nantes.

E 2ª, fº 78 rº.

5468. — Arrêt ordonnant le remboursement d'un office de lieutenant au siège de Lorris dont Mᵉ Louis Marois a été débouté, par arrêt du Conseil privé du 17 décembre 1594.

E 2ª, fº 78 rº.

5469. — Arrêt ordonnant le payement de 8,333 écus 1/3 dus pour un quartier de la pension du comte d'Auvergne.

E 2ª, fº 78 vº.

5470. — Arrêt enjoignant à Mᵉ Jérôme Du Verger, receveur général des finances à Montpellier, de payer 8,000 écus au maréchal de Biron, pour le rembourser de partie des avances faites par ledit maréchal, en l'année 1598, aux garnisons de Bresse.

E 2ª, fº 78 vº.

5471. — Arrêt ordonnant la levée d'une taxe sur les viandes et denrées consommées à Chalon-sur-Saône, le produit en devant être affecté tant aux réparations des palissades et aux frais de bois et de chandelle de la citadelle de Chalon, qu'à l'acquittement des dettes que ladite ville a été obligée de contracter, en 1595, pour l'entretien d'une garnison de quatre à cinq mille hommes.

E 2ª, fº 79 rº.

5472. — Arrêt déclarant que les notaires et sergents des ressorts des parlements de Toulouse et de Bordeaux auront un délai d'un an, à partir de la date de leurs lettres de provision, pour se faire recevoir èsdits offices.

E 2ª, fº 79 vº.

———————

1599, 9 septembre. — Blois.

5473. — Arrêt approuvant une évaluation du domaine du comté de Gien, lequel a été délaissé à la reine Louise de Lorraine, pour partie de son douaire, et réglant les droits de ladite Reine sur les prés des grande et petite coutumes de Gien.

E 2ª, fº 83 rº.

5474. — Arrêt ordonnant au sieur de Pontac, trésorier de France en Guyenne, de se transporter dans les sénéchaussées de Rouergue et de Quercy pour y établir les receveurs particuliers triennaux.

E 2ª, fº 84 rº.

5475. — Arrêt relatif aux charges que doit supporter le maréchal de La Châtre, acquéreur de la châtellenie de Beaugency.

E 2ᵉ, fᵒ 87 rᵒ.

5476. — Arrêt ordonnant aux trésoriers de France en chacune des généralités du royaume de faire faire le recouvrement des restes par les receveurs des tailles et du taillon, « selon qu'ils cognoistront et jugeront que les parroisses les pourront paier, sans s'arrester aux surcéances que les gens des Comptes pourroient avoir données ».

E 2ᵉ, fᵒ 89 rᵒ.

5477. — Arrêt relatif à la validation d'un payement de 5,000 écus que Mᵉ Auguste Prévost, cidevant receveur des décimes en Guyenne, aurait été contraint de faire, en 1595, par ordonnance du maréchal de Matignon.

E 2ᵉ, fᵒ 90 rᵒ.

5478. — Arrêt accordant à l'évêque et au clergé d'Autun remise d'un tiers des décimes des années 1598 et 1599.

E 2ᵉ, fᵒ 93 rᵒ.

5479. — Arrêt accordant au chapitre de Montréal remise de 176 écus 1 sol 6 deniers.

E 2ᵉ, fᵒ 93 rᵒ.

5480. — Arrêt accordant au clergé du diocèse de Chalon-sur-Saône remise d'un tiers des décimes de l'année 1598.

E 2ᵉ, fᵒ 93 rᵒ.

5481. — Arrêt confirmant la remise de décimes accordée au clergé du diocèse d'Auxerre, par arrêt du Conseil du 24 janvier 1599 (nᵒ 5191).

E 2ᵉ, fᵒ 93 vᵒ.

5482. — Arrêt confirmant la remise de décimes accordée, par arrêt du Conseil, au clergé du diocèse de Nantes.

E 2ᵉ, fᵒ 93 vᵒ.

5483. — Arrêt ordonnant que l'abbé et les religieux Feuillants du diocèse de Rieux seront assignés au Conseil et qu'ils contribueront aux gages du receveur des décimes, aux frais des assemblées du Clergé

et à toutes autres levées extraordinaires faites sur le clergé dudit diocèse.

E 2ᵉ, fᵒ 94 rᵒ.

5484. — Arrêt ordonnant que les religieux de l'abbaye de la Croix-Saint-Leufroy jouiront de la remise de décimes accordée aux bénéficiers du diocèse d'Évreux, par arrêt du Conseil du 13 juin 1597.

E 2ᵉ, fᵒ 94 rᵒ.

5485. — Arrêt renvoyant aux députés du Clergé siégeant à Toulouse une requête par laquelle Mᵉ Laurent Bellanger, receveur des décimes en la généralité de Toulouse, demande à être élargi et rétabli en l'exercice de sa charge.

E 2ᵉ, fᵒ 94 rᵒ.

5486. — Arrêt accordant à frère Artus de Piennes, chevalier de l'ordre de Saint-Jean-de-Jérusalem, commandeur d'Oisemont, remise de tout ce qu'il doit des décimes jusqu'à la fin de l'année 1598, attendu les ravages exercés par les Anglais, le 26 novembre 1596, dans ladite commanderie.

E 2ᵉ, fᵒ 94 vᵒ.

5487. — Arrêt accordant à Mᵉ Hubert de Proyart, prieur de Val-Fleury, dans le gouvernement de Roye, remise de deux tiers des décimes des années 1592 à 1598.

E 2ᵉ, fᵒ 94 vᵒ.

5488. — Arrêt ordonnant aux officiers du grenier à sel de Paris de continuer, jusqu'au 30 septembre 1599, la levée de 15 sols par muid de sel affectée au remboursement des prêts faits à Sa Majesté.

E 2ᵉ, fᵒ 95 rᵒ.

1599, 10 septembre. — Blois.

5489. — Arrêt condamnant le maréchal d'Ornano à rembourser au sieur de Crespy, président au parlement de Dijon, et au sieur de Bothéon, sénéchal de Lyon, une somme de 20,000 écus, que ceux-ci se sont engagés à payer au baron de Seneçay pour la rançon dudit maréchal, et condamnant le duc du Maine à indemniser, à son tour, le maréchal d'Ornano.

E 2ᵉ, fᵒ 96 rᵒ.

1599, 11 septembre. — Blois.

5490. — Arrêt ordonnant que les quittances de payeurs des cours souveraines et d'autres officiers triennaux restant à lever dans les généralités de Toulouse et de Montpellier seront délivrées, moyennant 2,400 écus, à M° Jean Palot, secrétaire du Roi.

E 2°, f° 99 r°.

5491. — Arrêt ordonnant qu'une commission composée d'un conseiller au parlement, d'un trésorier de France, d'un maître des comptes et du syndic des États de Bourgogne procédera à la réformation des gabelles en Bourgogne, en Auxerrois, en Mâconnais et à Bar-sur-Seine.

E 2°, f° 100 r°.

5492. — Arrêt ordonnant à M° François Michaelis, receveur général à Toulouse, de passer outre à la recette des deniers dépendant de sa charge, nonobstant tout arrêt du parlement de Toulouse, auquel il est interdit « d'entreprendre aulcune jurisdiction ny cognoissance des finances et deniers de Sa Majesté ».

E 2°, f° 103 r°.

5493. — Arrêt accordant aux habitants des généralités de Picardie et de Champagne remise des tailles et crues des années 1596 et 1597.

E 2°, f° 104 r°.

5494. — Arrêt ordonnant le payement du tiers d'une somme de 15,493 écus assignée à M° Jean Palot, secrétaire du Roi, sur la recette générale de Limoges.

E 2°, f° 107 r°.

1599, 13 septembre. — Blois.

5495. — Arrêt ordonnant que tous les droits à percevoir sur le transit des vins par la Charente seront perçus dorénavant à Tonnay-Charente et réduits à 2 écus par tonneau, plus la traite qui est de 10 sols pour les Français et les Flamands, et de 20 sols pour les Anglais.

E 2°, f° 108 r°. Cf. Musée des archives, n° 766.

5496. — Arrêt ordonnant de surseoir à l'exécution de l'édit de l'hérédité des notaires dans les terres de la Reine, jusqu'à ce que les Suisses et ladite dame aient été entendus plus amplement au Conseil.

E 2°, f° 110 r°.

5497. — Arrêt ordonnant que M° François Miron, trésorier de France en Bretagne, sera ouï au Conseil au sujet d'une ordonnance du sieur de Maupeou, commissaire député à la direction des finances audit pays.

E 2°, f° 111 r°.

5498. — Arrêt déboutant de sa demande dame Olympe Du Faur, veuve de Michel Hurault, chancelier de Navarre, et ordonnant qu'une levée de 3,500 écus aura lieu seulement dans la ville et dans les faubourgs de Dreux.

E 2°, f° 114 r°.

5499. — Arrêt portant nouvelle assignation de 2,400 écus dus au sieur de Bartault, capitaine de cinquante hommes d'armes des ordonnances, sénéchal et gouverneur du Bazadais, vice-amiral de Guyenne, pour le fret d'un navire qui a servi au siège de Blaye.

E 2°, f° 116 r°.

5500. — Arrêt réglant le payement des gages des officiers du bailliage et du présidial de Soissons.

E 2°, f° 116 r°.

5501. — Arrêt ordonnant que, nonobstant la révocation générale de toutes les levées particulières, les contribuables de l'élection d'Angers auront à payer les 1,000 écus accordés au sieur de Puichairic, gouverneur d'Angers, pour son assistance aux assemblées de Rouen, en 1596 et en 1597.

E 2°, f° 116 r°.

5502. — Arrêt renvoyant aux trésoriers de France à Tours une requête de M° Olivier Cupif, receveur des tailles en l'élection d'Angers, tendant à ce que les contribuables de ladite élection soient obligés de payer, nonobstant toute remise générale, les restes des deux levées de pionniers faites en 1589 et en 1591.

E 2°, f° 116 v°.

5503. — Arrêt accordant diverses remises de tailles aux habitants de treize paroisses dépendant de l'élection de Châtillon-sur-Indre.

E 2°, f° 116 v°.

5504. — Arrêt réglant le remboursement de 1,000 écus prêtés par le sieur de Puichairic, gouverneur d'Angers, pour les dépenses du siège de la Fère.

E 2ᵉ, fᵒ 117 vᵒ.

5505. — Arrêt accordant aux habitants de [la Ferrière-des-]Chapelets, de Château-Fromage, de Lairière et de Saint-Vincent-Sterlange, toutes paroisses appartenant au sieur Des Roches-Buritaux, remise de l'arriéré des tailles jusqu'à l'année 1598.

E 2ᵉ, fᵒ 118 rᵒ.

5506. — Arrêt relatif au remboursement de 7,200 écus dus au sieur de Villeboys, ci-devant commandant à Mirebeau, tant pour la solde de la garnison que pour les réparations du château de ladite ville.

E 2ᵉ, fᵒ 118 rᵒ.

5507. — Arrêt ordonnant que l'office de procureur des fiefs en Poitou sera réuni à l'office d'avocat au présidial de Poitiers, dont est pourvu Mᵉ Jacques Maignan.

E 2ᵉ, fᵒ 118 vᵒ.

5508. — Arrêt ordonnant la suppression du cinquième office d'élu en l'élection d'Amboise, vacant par la mort de Robert Besnard.

E 2ᵉ, fᵒ 118 vᵒ.

5509. — Articles présentés par Mᵉ Claude Josse, fermier des gabelles en Normandie, et réponses du Conseil au sujet :

1° Du trafic de sel fait publiquement par la plus grande partie de la noblesse de Normandie ;

2° De la protection accordée aux faux sauniers par le sieur de Montgommery, gouverneur de Pontorson ;

3° De la rébellion des habitants de Quillebeuf et de Cherbourg ;

4° Du nombre excessif des officiers des chambres à sel ;

5° Du transport du sel que ledit Josse a fait venir de Portugal au Havré ;

6° Du prétendu privilège du sieur de Saint-Denys, etc.

E 2ᵉ, fᵒ 121 rᵒ.

1599, 14 septembre. — Blois.

5510. — Arrêt ratifiant une saisie d'une tonne et de 71 quartaux de sel faite, près de la Meilleraie, par Mathurin Rodais, commis au mesurage d'Ingrande.

E 2ᵉ, fᵒ 123 rᵒ.

5511. — Arrêt faisant remise de 100 écus à l'abbaye de Notre-Dame près Romorantin, entièrement ruinée pendant les guerres.

E 2ᵉ, fᵒ 124 rᵒ.

5512. — Arrêt accordant au clergé d'Anjou surséance pour le payement des décimes des années 1598 et 1599.

E 2ᵉ, fᵒ 124 rᵒ.

1599, 29 septembre. — Paris.

5513. — Arrêt défendant très expressément aux trésoriers de l'Épargne « d'employer doresnavant dans les roolles de l'Espargne aucunes parties en despense, sans rapporter ordonnance du Conseil sur chacune d'icelles, sur peine de raddiation et de leur tourner en pure perte, sauf et excepté celles qui seront employées ès estatz qui leur seront faictz au commencement de chacune année ».

E 2ᵉ, fᵒ 127 rᵒ.

1599, 30 septembre. — Paris.

5514. — Arrêt supprimant l'élection de Gannat et réunissant aux élections de Clermont et de Moulins les paroisses dont elle se compose.

E 2ᵉ, fᵒ 128 rᵒ.

5515. — Arrêt révoquant les prétendus privilèges des paroisses du May, de la Séguinière, de Torfou, de Saint-André-de-la-Marche, de la Romagne, de Montigné, de Roussay, du Longeron et de Saint-Pierre-des-Échauborgnes, et leur accordant remise de la moitié des tailles des années 1597 et 1598, conformément à l'arrêt du Conseil du 18 janvier dernier (nᵒ 5172).

E 2ᵉ, fᵒ 130 rᵒ.

5516. — Arrêt ordonnant que le procureur général et plusieurs conseillers en la cour des aides de

Montpellier seront assignés au Conseil, pour répondre sur le refus d'enregistrer la déclaration du 23 août 1598 par laquelle le Roi interdisait à ladite cour toute connaissance du fait des finances, et pour s'expliquer au sujet de plusieurs arrêts contraires à la déclaration susdite.

E 2ᵉ, f° 131 v°.

5517. — Arrêt enjoignant à Mᵉ Nicolas Le Beau, receveur particulier des traites domaniales à Calais, et à Mᵉ Jean Colas, commis à la recette de la traite foraine en ladite ville, de verser tout le produit desdits impôts entre les mains de Mᵉ Claude Monnet, receveur général des finances à Calais.

E 2ᵉ, f° 134 r°.

[1599, septembre?]

5518. — Réponses du Conseil aux articles présentés par les syndics du Haut-Limousin au sujet :

1° Des remises de tailles et de crues;
2° Des collecteurs des tailles;
3° Des sergents des tailles;
4° Des sergents royaux;
5° Des greffiers des tailles;
6° De la cour des aides de Montferrand.

E 2ᵉ, f° 138 r°. Cf. ibid., f° 141 r°.

5519. — Arrêt assignant au Conseil Claude Jacquart, commis de Mᵉ Guillaume Du Fayot, receveur général de l'emprunt levé sur les officiers des finances en Normandie.

E 2ᵉ, f° 139 r°.

5520. — Arrêt interdisant le cours des douzains, des liards, et autres monnaies de billon qui ne sont pas au coin et aux armes du Roi et qui ne portent pas son nom en légende; faisant défense aux comptables d'accepter des douzains pour plus d'un tiers des payements qui leur sont faits.

E 2ᵉ, f° 143 r°.

5521. — Arrêt ordonnant que les officiers de judicature de Normandie seront contraints au payement des sommes auxquelles ils ont été taxés « pour la révocation de l'éedict des lieutenans alternatifz ».

E 2ᵉ, f° 144 r°.

5522. — Arrêt ordonnant que Mᵉ Robert Frélat, lieutenant particulier du bailli de Gisors au siège de Lyons, sera contraint au payement de la somme à laquelle il a été taxé « pour la révocation de l'éedict des lieutenans alternatifz », et que ledit Frélat, Paul Tasset et Guy L'Huillier, soi-disant sergents audit siège, s'expliqueront par-devant le Conseil au sujet de leur rébellion.

E 2ᵉ, f° 144 r°.

5523. — Arrêt ordonnant que les officiers de judicature de Pont-l'Évêque et de Mortain seront contraints au payement des sommes auxquelles ils ont été ou seront taxés « pour la révocation de l'éedict des lieutenans alternatifz ».

E 2ᵉ, f° 144 v°.

1599, 2 octobre. — Paris.

5524. — Arrêt ordonnant au sieur de Fourcy, trésorier de France à Paris, de passer outre, nonobstant un arrêt de la Cour des aides du 26 août dernier, à l'adjudication de la taxe levée à Meaux sur la viande vendue en détail dans ladite ville.

E 2ᵉ, f° 147 r°, et ms. fr. 18165, f° 1 r°.

5525. — Arrêt ordonnant aux trésoriers de France à Rouen de remettre en adjudication la ferme des nouvelles impositions du bureau établi à Gournay.

E 2ᵉ, f° 147 r°, et ms. fr. 18165, f° 1 r°.

5526. — Arrêt déclarant que les nouvelles aides et impositions ne seront levées à Poissy que sur les bestiaux ou aliments consommés dans ladite ville.

E 2ᵉ, f° 147 v°, et ms. fr. 18165, f° 1 v°.

5527. — Arrêt ordonnant que les officiers de l'élection de Beauvais seront de nouveau assignés au Conseil pour expliquer les motifs qui les ont portés à accepter les cautions insolvables fournies par les fermiers du sol pour livre et du nouvel impôt en l'élection de Beauvais.

E 2ᵉ, f° 148 r°, et ms. fr. 18165, f° 2 r°.

1599, 7 octobre. — Fontainebleau.

5528. — Arrêt ordonnant que les maire et échevins d'Orléans payeront les dettes les plus urgentes de ladite ville, à mesure que s'opérera le recouvrement des 730,000 écus levés sur la ville et sur l'élection d'Orléans.

E 2°, f° 148 r°, et ms. fr. 18165, f° 2 r°.

5529. — Arrêt renvoyant aux commissaires députés pour le régalement des tailles en la généralité d'Orléans une requête par laquelle le maire et les échevins de ladite ville demandent à ne pas contribuer au payement des tailles levées, dans le plat pays, sur les paroisses où ils possèdent des terres.

E 2°, f° 148 v°, et ms. fr. 18165, f° 2 v°.

1599, 9 octobre. — [Fontainebleau.]

5530. — Arrêt ordonnant aux procureur et avocats généraux au Parlement de consulter le lieutenant civil, le prévôt des marchands, les échevins et un certain nombre de bourgeois de Paris au sujet de la confirmation de privilèges sollicitée par les marchands de vin de ladite ville.

E 2°, f° 148 v°, et ms. fr. 18165, f° 2 v°.

5531. — Arrêt ordonnant la réunion au domaine de la vicomté de Calais et de l'Écluse de Gravelines, et ordonnant la proclamation des offres faites au sieur de Rosny par Me Claude Fédry, contrôleur général du domaine à Calais.

E 2°, f° 149 r°, et ms. fr. 18165, f° 3 r°. Cf. E 2°, f° 135 r°.

5532. — Arrêt faisant défense aux élus et au juge royal de la prévôté d'Entre-deux-Mers, siégeant à Créon, de lever une somme de 2,008 écus sur les paroisses de Créon, de Sadirac, du Pout, de Madirac et de Saint-Genès-[de-Lombaud], au profit des héritiers des capitaines Gaston Martin et Jean Piguin.

E 2°, f° 149 r°, et ms. fr. 18165, f° 3 r°.

1592, 11 octobre. — Fontainebleau.

5533. — Arrêt portant règlement au sujet des taxes levées sur le vin de Frontignan.

E 2°, f° 151 r°, et ms. fr. 18165, f° 3 v°.

5534. — Arrêt faisant défense aux trésoriers de

l'Épargne « d'expédier... doresnavant leurs attaches et consentement sur les lettres et acquitz patens adressés aux trésoriers... de France pour l'acquit et payement d'aucunes partyes..., et ausditz trésoriers... de France de recevoir ny avoir aucun esgard ausdites lettres et acquitz patens, attaches et consentemens et d'ordonner dudit payement aux receveurs généraux des finances, ausquelz Sa Majesté fait pareilles inhibitions... de payer... les sommes y contenues... ».

E 2°, f° 153 r°, et ms. fr. 18165, f° 4 v°.

5535. — Arrêt ordonnant que, nonobstant un arrêt du parlement de Rouen du 17 août 1599, Me François Jan, receveur général des traites de Normandie, versera le produit de la traite des blés entre les mains de Me Edmond Servient, receveur général des finances à Rouen.

E 2°, f° 302 r°, et ms. fr. 18165, f° 5 r°.

5536. — Arrêt déclarant que, nonobstant l'opposition des trésoriers de France à Soissons, le produit des nouvelles impositions de Ham sera versé au bureau de Saint-Quentin, porté en la recette générale d'Amiens et employé aux fortifications des villes de Picardie.

Ms. fr. 18165, f° 4 r°.

5537. — Arrêt ordonnant que les commissions pour imposer la subvention des villes closes du bailliage de Soissons seront adressées aux trésoriers de France ou au bailli de Soissons, et que les commissions pour imposer la subvention des villes closes du bailliage de Vermandois seront adressées aux trésoriers de France à Châlons ou au bailli de Vermandois.

Ms. fr. 18165, f° 4 r°.

1599, 19 octobre. — Paris.

5538. — Arrêt accordant à trente et un villages de la généralité d'Orléans remise des restes des tailles et crues des années 1593 à 1597 et de la moitié de l'année 1598, en exceptant de ladite remise les sommes assignées au duc de Mayenne en l'année 1596,

E 2°, f° 155 r°, et ms. fr. 18165, f° 5 r°.

5539. — Arrêt modérant à 4,000 écus les sommes dues par les habitants de Romorantin pour le impositions des années 1597 et 1598.

E 2ᵉ, fᵒ 155 rᵒ, et ms. fr. 18165, fᵒ 5 vᵒ.

5540. — Arrêt accordant aux habitants de Clamecy décharge d'une somme de 350 écus à laquelle ils ont été taxés par les trésoriers de France à Bourges.

E 2ᵉ, fᵒ 155 vᵒ, et ms. fr. 18165, fᵒ 6 rᵒ.

5541. — Arrêt assignant 600 écus à Mᵉ Jean Bégon, trésorier de France en Champagne, pour les dépenses par lui faites lors de l'établissement de la traite du blé en Champagne et de l'impôt du sol pour livre en l'élection de Troyes.

E 2ᵉ, fᵒ 156 rᵒ, et ms. fr. 18165, fᵒ 6 rᵒ.

5542. — Arrêt déchargeant du droit de confirmation le prévôt général des maréchaux en Picardie, ses lieutenants, greffier, archers et officiers, attendu que, de tout temps, ils ont joui des mêmes privilèges que les officiers de gendarmerie.

(Arrêt cancellé.)

E 2ᵉ, fᵒ 156 rᵒ.

1599, 20 octobre. — Paris.

5543. — Arrêt réservant au Conseil la connaissance des oppositions formées par les prévôt des marchands et échevins de Paris et par les officiers des traites de Picardie et de Champagne contre l'adjudication des traites de Picardie faite à Jean Le Roy, le 6 août dernier, et cependant ordonnant à la Chambre des comptes de passer outre à la vérification pure et simple dudit bail.

E 2ᵉ, fᵒ 159 rᵒ, et ms. fr. 18165, fᵒ 7 rᵒ.

1599, 23 octobre. — Paris.

5544. — Arrêt accordant aux habitants de Toulouse surséance pour le payement du reste des 15,000 écus qu'ils ont offerts lors du siège d'Amiens, « en considération des ruynes advenues en ladite ville dans le desbordement de la rivière de Garonne, qui a abatu les murailles du quartier de Saint-Subra... et emporté les matériaulx préparez pour la construction du pont qu'on bastist sur ladite rivière...,joinct que,

ès moys de juin et d'aoust derniers, la pluspart des vins, grains et autres fruictz qui estoient sur la terre ès environs de ladite ville ont esté greslez ».

E 2ᵉ, fᵒ 156 vᵒ, et ms. fr. 18165, fᵒ 6 vᵒ.

5545. — Arrêt déclarant que les habitants d'Auneau seront contraints au payement des restes de l'année 1597.

E 2ᵉ, fᵒ 156 vᵒ, et ms. fr. 18165, fᵒ 6 vᵒ.

5546. — Arrêt ordonnant une enquête au sujet des violences faites à Mᵉ Nicolas Pellequin, receveur des tailles en l'élection d'Évreux, par plusieurs habitants de Musy.

E 2ᵉ, fᵒ 161 rᵒ, et ms. fr. 18165, fᵒ 7 vᵒ.

5547. — Arrêt ordonnant que le syndic du tiers État de Bourgogne sera entendu au Conseil au sujet d'une requête de Jean de Damas, député de la noblesse de Bourgogne, tendant à ce que les métayers des nobles soient exemptés de toutes taxes.

(Arrêt cancellé.)

E 2ᵉ, fᵒ 161 rᵒ.

5548. — Arrêt renvoyant au connétable de Montmorency et aux États de Languedoc des offres faites par le sieur de Roques pour rendre navigables le canal et le port de Vendres.

E 2ᵉ, fᵒ 161 vᵒ, et ms. fr. 18165, fᵒ 8 rᵒ.

5549. — Arrêt renvoyant aux avocats et procureur généraux au Parlement un mémoire sur la simplification de la procédure et sur la diminution des frais de justice.

E 2ᵉ, fᵒ 161 vᵒ, et ms. fr. 18165, fᵒ 8 rᵒ.

1599, 25 octobre. — Paris.

5550. — Arrêt relatif au payement des sommes assignées au duc de Mayenne sur les recettes particulières pendant les années 1596 et 1597.

E 2ᵉ, fᵒ 163 rᵒ, et ms. fr. 18165, fᵒ 8 vᵒ.

5551. — Arrêt ordonnant de surseoir au recouvrement des restes des années 1593 à 1597 en la généralité de Soissons.

E 2ᵉ, fᵒ 163 rᵒ, et ms. fr. 18165, fᵒ 8 vᵒ.

5552. — Arrêt accordant aux habitants de l'élection de Montluçon remise des restes de l'année 1588.

E 2°, f° 163 v°, et ms. fr. 18165, f° 9 r°.

5553. — Arrêt ordonnant que les prévôt des marchands et échevins de Paris et les autres parties intéressées seront entendus au Conseil au sujet d'une requête par laquelle le sieur de Villeroy, secrétaire des commandements, demande à jouir du revenu du coche d'eau vulgairement appelé *le Corbillat*.

E 2°, f° 164 r°, et ms. fr. 18165, f° 9 v°.

5554. — Arrêt ordonnant que les lettres de provision de l'office de trésorier de France à Orléans obtenues par Me Louis Maugrant seront réformées au nom de Me Guillaume de Beauharnois.

E 2°, f° 164 v°, et ms. fr. 18165, f° 10 r°.

5555. — Arrêt accordant à diverses paroisses de l'élection d'Évreux remise des restes des tailles des années 1595 et 1596, et surséances pour le payement des restes de l'année 1597.

E 2°, f° 164 v°, et ms. fr. 18165, f° 10 r°.

5556. — Arrêt ordonnant que les religieux de l'abbaye de Saint-Claude toucheront dorénavant les arrérages d'une rente de 100 écus, à eux constituée par Charles VIII, et leur accordant 100 écus à titre d'indemnité.

E 2°, f° 165 r°, et ms. fr. 18165, f° 10 v°.

5557. — Arrêt réglant le payement d'une rente de 90 écus appartenant aux Chartreux lès Paris.

E 2°, f° 165 r°, et ms. fr. 18165, f° 10 v°.

5558. — Arrêt faisant remise de 1,934 écus à Jean Huqueleu, «fermier du nouvel impost des entrées sur les vivres et marchandises de la ville de Beauvais».

(Arrêt cancellé.)

E 2°, f° 165 v°.

1599, 26 octobre. — Paris.

5559. — Arrêt affectant 1,020 écus aux frais des postes de la généralité de Poitiers.

E 2°, f° 167 r°, et ms. fr. 18165, f° 11 r°.

1599, 30 octobre. — Paris.

5560. — Arrêt ordonnant que le déficit de 2,000 écus accusé par l'état de recettes et dépenses du receveur général des finances en la généralité d'Orléans sera réparti proportionnellement entre les diverses parties de dépenses assignées sur ladite recette.

E 2°, f° 169 r°, et ms. fr. 18165, f° 13 r°.

5561. — Arrêt réservant au Conseil la connaissance des oppositions formées contre l'adjudication récemment faite à René Brunet de la douane de Lyon, du nouveau subside de 5 sols par muid de vin entrant en la généralité de Paris, des traites domaniales, des entrées de grosses denrées et de marchandises, enfin du nouveau subside de 5 sols par muid de vin levé en la province de Champagne.

E 2°, f° 170 r°, et ms. fr. 18165, f° 11 r°.

5562. — Arrêt relatif à l'apurement des comptes de Me François Jusseaulme, receveur général des finances à Tours, pour l'exercice 1598.

E 2°, f° 171 r°, et ms. fr. 18165, f° 11 v°.

1599 [octobre]. — Paris.

5563. — Arrêt accordant aux habitants de la généralité de Soissons remise des restes des tailles des années 1594 à 1597.

Ms. fr. 18165, f° 11 r°.

1599, 4 novembre. — Saint-Germain-en-Laye.

5564. — Arrêt déclarant que Me Nicolas Pajot fera seul la recette des deniers provenant de la revente du domaine de Bretagne, nonobstant un arrêt du parlement de Bretagne du 17 septembre dernier.

E 2°, f° 173 r°, et ms. fr. 18165; f° 13 v°.

1599, 9 novembre. — Paris.

5565. — Arrêt autorisant Me Gabriel Baltazar, prévôt et commissaire-examinateur au bailliage de Sens, à rembourser du prix de leurs offices, conformément à l'ordonnance de Blois, les trois conseillers en la prévôté de Sens, « attendu que lesditz offices sont à la charge du pauvre peuple et du tout inutilles ».

        E 2ª, fº 175 rº, et ms. fr. 18165, fº 19 rº.

5566. — Arrêt déchargeant d'une somme de 209 écus Jean Geofle, caution de Claude L'Hoste, fermier des huitièmes et des vingtièmes d'Étampes.

        E 2ª, fº 175 rº, et ms. fr. 18165, fº 19 vº.

5567. — Arrêt ordonnant que Mᵉ Isambert Fleury, receveur des deniers communs de Rouen, et les échevins de ladite ville seront ouïs au Conseil au sujet d'une requête du sieur de Bellegarde, grand écuyer de France.

        E 2ª, fº 175 vº, et ms. fr. 18165, fº 19 vº.

5568. — Arrêt ordonnant à Scipion Sardini de remettre entre les mains d'un conseiller d'État son contrat et l'état de ses recettes depuis le rétablissement de l'édit des cabaretiers.

        E 2ª, fº 175 vº.

5569. — Arrêt confirmant les conditions du bail conclu avec Jean Le Roy, habitant de Calais, fermier des traites domaniales de Picardie, nonobstant un arrêt de la Chambre des comptes du 27 octobre dernier.

        E 2ª, fº 179 rº, et ms. fr. 18165, fº 14 vº. Cf. E 2ª, fº 23 rº.

5570. — Adjudication du droit de 5 sols par muid de sel levé à Brouage faite, pour cinq ans, à Jean Delessau, moyennant le versement annuel de 4,300 écus.

        E 2ª, fº 181 rº, et ms. fr. 18165, fº 20 rº.

5571. — Adjudication du nouveau droit d'entrée sur les denrées et marchandises en la généralité d'Orléans faite, pour un an, à Mathurin Lambert, au prix de 32,000 écus.

        E 2ª, fº 183 rº.

5572. — Adjudication des droits de traite domaniale de Poitou, de Marans, etc., faite, pour trois ans, à Jean Manceau, receveur des tailles en l'élection de Niort, moyennant le versement annuel de 5,600 écus.

        E 2ª, fº 185 rº, et ms. fr. 18165, fº 16 vº.

5573. — Arrêt affectant les 17,666 écus 2/3 octroyés, en l'année précédente, par les États de Bourgogne : 1º au payement de 7,000 écus accordés au maréchal de Biron; 2º au payement de 10,000 écus dus à Mᵉ Bénigne Frémyot, président au parlement de Dijon; 3º au payement de 600 écus dus à Mᵉ Chrétien Margeret, maître ordinaire en la chambre des comptes de Dijon, pour frais de voyages en Suisse.

        E 2ª, fº 189 rº, et ms. fr. 18165, fº 14 rº.

5574. — Arrêt ordonnant que les gages des officiers du présidial d'Agen seront payés sur le subside du sel qui sera levé « tant par eaue que par terre en la sénéchaussée d'Agen », nonobstant l'opposition du tiers état dudit pays.

        E 2ª, 190 rº, et ms. fr. 18165, fº 15 vº.

—————

1599, 12 novembre. — Paris.

5575. — Arrêt confirmant le département des tailles et des autres impôts fait, en la présente année, par les consuls de Limoges.

        E 2ª, fº 192 rº, et ms. fr. 18165, fº 20 vº.

5576. — Arrêt accordant aux avocats des juridictions de Vendôme décharge des sommes auxquelles ils ont été taxés en vertu de l'édit de janvier 1596 sur les procureurs postulants, « attendu que ledit duché a tousjours été distinct et séparé du domaine de la Couronne de France, y ayant des officiers et ung Conseil estably à part, et que les juges dudit duché ne cognoissent des cas royaux ».

        E 2ª, fº 194 rº, et ms. fr. 18165, fº 21 vº.

5577. — Arrêt accordant semblable décharge aux avocats du siège de Montoire.

        E 2ª, fº 194 rº, et ms. fr. 18165, fº 21 vº.

5578. — Arrêt ordonnant de surseoir au jugement du procès pendant au parlement de Bretagne entre Gilles Le Vicomte, sieur de Saint-Ouen, et le sieur de La Varenne, qui, étant capitaine de chevau-légers sous les ordres du duc de Mercœur, a occupé et fortifié, durant les troubles, le château dudit Saint-Ouen; ordonnant, en outre, que ledit de La Varenne sera entendu au Conseil au sujet de l'action en garantie qu'il intente, pour ce fait, au duc de Mercœur.

E 2°, f° 194 v°, et ms. fr. 18165, f° 22 r°.

1599, 13 novembre. — Paris.

5579. — Arrêt ordonnant l'expédition des lettres patentes accordées au prince de Conti pour le remboursement des obligations par lui souscrites lors de l'établissement du magasin de Selles.

E 2°, f° 195 r°, et ms. fr. 18165, f° 22 v°.

5580. — Arrêt ordonnant de surseoir aux poursuites exercées, à la requête du sieur de Sourdéac, contre le colonel Herd et les capitaines de son régiment, au sujet d'une somme de 1,000 écus « qu'ilz furent contrainctz emprunter en Bretagne pour subvenir à la nécessité de leurs soldatz, faute de paye ».

E 2°, f° 195 r°, et ms. fr. 18165, f° 22 v°.

5581. — Arrêt ordonnant que le sieur Jérôme de Gondy sera entendu au Conseil au sujet d'une requête par laquelle le canton de Soleure demande l'autorisation de contraindre par corps les fermiers de la douane de Lyon au payement de 36,000 écus.

E 2°, f° 195 v°, et ms. fr. 18165, f° 22 v°.

5582. — Arrêt ordonnant que Baduel, « négociant les affaires des Suisses », sera entendu au Conseil au sujet d'une requête par laquelle M° Pierre Bédacier, ci-devant greffier en la Cour des aides, demande à être remboursé de 4,183 écus sur les deniers des archers.

E 2°, f° 195 v°, et ms. fr. 18165, f° 23 r°.

5583. — Arrêt accordant aux habitants du faubourg d'Amboise surséance pour le payement des tailles et crues.

E 2°, f° 196 r°, et ms. fr. 18165, f° 23 r°.

5584. — Arrêt renvoyant au Connétable l'action en garantie intentée au duc de Mercœur par Jean de Goulesve, sieur Du Fanouel, à l'occasion des sommes d'argent qu'il a été condamné à payer au sieur de Coët-Dinsay.

E 2°, f° 196 r°, et ms. fr. 18165, f° 23 r°.

5585. — Arrêt autorisant Jean Du Chayne à résigner, sans payer finance, son office d'élu à Périgueux ; attendu qu'il a levé aux Parties casuelles un office de lieutenant particulier en la sénéchaussée de Périgord, qui est de plus grande valeur.

E 2°, f° 196 v°, et ms. fr. 18165, f° 23 v°.

5586. — Arrêt renvoyant au sieur de Caumartin une requête de Balthazar Tortier et d'autres habitants de Clermont tendant à la levée d'un sursis qui a été accordé par ledit sieur de Caumartin aux habitants du pays d'Auvergne pour le payement de leurs tailles.

E 2°, f° 196 v°, et ms. fr. 18165, f° 23 v°.

5587. — Arrêt levant la suspension prononcée, par arrêt du Conseil du 10 août dernier (n° 5422), contre M° Guillaume de Verthamond, président, Pierre Des Cordes et Guillaume de Vaubrune, élus en l'élection du Haut-Limousin.

E 2°, f° 199 r°, et ms. fr. 18165, f° 24 v°.

1599, 15 novembre. — Paris.

5588. — Arrêt affectant 2,500 écus au payement des habits commandés pour les Cent-Suisses de la garde du Roi.

E 2°, f° 201 r°, et ms. fr. 18165, f° 24 v°.

5589. — Arrêt ordonnant la démolition immédiate des « pescherles » construites sous les arches ou entre les piliers des ponts de Nantes et la réparation desdits ponts.

E 2°, f° 203 r°, et ms. fr. 18165, f° 33 v°.

5590. — Arrêt renvoyant au sieur de Maupeou, commissaire député à la direction des finances en Bretagne, une requête par laquelle le sieur de Montbarrot, gouverneur de Nantes, et M° Alexandre Bedeau, fermier du devoir de 6 et de 3 écus par pipe de vin, demandent, l'un la mainlevée de ses biens, l'autre sa mise en liberté.

E 2°, f° 205 r°, et ms. fr. 18165, f° 25 r°.

5591. — Arrêt ordonnant à tous les sergents des élections du royaume de faire vérifier au plus tôt par les trésoriers de France le montant des taxes qu'ils ont payées aux Parties casuelles, afin que l'édit de juin 1599 sur la réduction desdits sergents au nombre de quatre puisse être mis à exécution.

E 2ᵉ, fᵒ 206 rᵒ, et ms. fr. 18165, fᵒ 25 vᵒ.

5592. — Adjudication des taxes levées sur la Loire et sur ses affluents faite, pour cinq ans, à Daniel Pillet, marchand, demeurant à Saumur, moyennant le payement annuel de 40,000 écus.

E 2ᵉ, fᵒ 208 rᵒ.

5593. — Requêtes présentées par les habitants de Troyes et réponses du Conseil, au sujet :

1° D'une levée de 6,000 écus destinée à remplacer à Troyes le subside général du sol pour livre;

2° D'un octroi de 40,000 écus, dont la levée souffre quelque difficulté;

3° Du payement des dettes de la ville;

4° De la reddition des comptes du maire, des échevins, de leurs receveurs et commis;

5° De la fondation d'un collège;

6° De la suppression de l'office de contrôleur-marqueur-visiteur des cuirs en la ville de Troyes;

7° Des poursuites exercées contre les maire, échevins et habitants de Troyes, à raison d'actes commis pendant les troubles.

E 2ᵉ, fᵒ 214 rᵒ, et ms. fr. 18165, fᵒ 26 rᵒ.

5594. — «Estat faict au Conseil du Roy à Mᵉ Jehan Mestral, conseiller et secrétaire du Roy, receveur général des boys au deppartement de l'Isle-de-France et autres provinces, des deniers provenans des ventes ordinaires de boys de haulte fustaye faicte[s], en l'année 1598, par les maistres particuliers et officiers des forestz... »

E 2ᵉ, fᵒ 218 rᵒ.

5595. — Arrêt accordant aux habitants de la généralité de Soissons remise des restes des tailles des années 1594 à 1597.

E 2ᵉ, fᵒ 228 rᵒ.

1599, 18 novembre. — Paris.

5596. — Arrêt ordonnant le payement de 600 écus donnés par le Roi à Anne Parent et à Pierre Maciet.

E 2ᵉ, fᵒ 230 rᵒ, et ms. fr. 18165, fᵒ 29 rᵒ.

5597. — Arrêt ordonnant qu'Annet Hervé, Priscien Thomas et Alexandre Bedeau, fermiers de divers impôts levés en Bretagne, seront entendus au Conseil au sujet des plaintes formées par l'avocat général au parlement de Bretagne.

E 2ᵉ, fᵒ 230 rᵒ, et ms. fr. 18165, fᵒ 29 rᵒ.

5598. — Arrêt ordonnant à Mᵉ Margeret, maître des comptes à Dijon, de délivrer à Mᵉ Claude Josse, adjudicataire général des greniers à sel, «l'arrest donné sur son contract en la chambre des comptes à Dijon».

E 2ᵉ, fᵒ 230 rᵒ, et ms. fr. 18165, fᵒ 29 vᵒ.

5599. — Arrêt déclarant que les acquéreurs ou engagistes du domaine doivent acquitter tous les droits auxquels les portions du domaine qui leur ont été aliénées ou engagées étaient anciennement soumises, «nonobstant que par leurs contractz d'acquisitions dudit domaine ilz n'en soient expressément chargez».

E 2ᵉ, fᵒ 230 vᵒ, et ms. fr. 18165, fᵒ 29 vᵒ.

5600. — Arrêt accordant à Sidonie Cirier, veuve de Martin Tisserand, remise de 54 écus 53 sols 4 deniers sur la ferme du bétail à pied fourché d'Amiens, et remise de 200 écus sur la ferme de la bûche.

E 2ᵉ, fᵒ 231 rᵒ, et ms. fr. 18165, fᵒ 30 rᵒ.

5601. — Arrêt ordonnant au sieur de Calignon, conseiller d'État, de vérifier le montant des sommes déjà payées aux Suisses.

E 2ᵉ, fᵒ 231 vᵒ, et ms. fr. 18165, fᵒ 30 rᵒ.

5602. — Arrêt accordant aux habitants de la Croix-en-Brie remise des restes des tailles des années 1595 et 1596, et surséance pour le payement des tailles de l'année 1597, attendu que les troupes ont séjourné dans ladite paroisse lors des sièges de Melun, de Corbeil, de Montereau et de Provins.

E 2ᵉ, fᵒ 232 rᵒ, et ms. fr. 18165, fᵒ 30 vᵒ.

5603. — Arrêt relatif à l'exemption des taxes sur le vin accordée à Antoine Abelly, marchand, demeurant à Paris, lequel a été chargé de fournir de vins la bouche et la maison du Roi, en vertu d'un traité passé, en 1596, avec les maîtres d'hôtel du Roi.

E 2ᵉ, f° 233 r°, et ms. fr. 18165, f° 32 v°. Cf. E 2ᵉ, f° 229 r°.

5604. — Arrêt relatif au remboursement de 40,000 écus qui ont été prêtés au Roi, sur les deniers des décimes affectés au payement des rentes de l'Hôtel de ville de l'année 1596.

E 2ᵉ, f° 235 r°, et ms. fr. 18165, f° 31 v°.

5605. — Arrêt ordonnant l'exécution du bail de la ferme des rivières de Saintonge, nonobstant un arrêt du parlement de Bordeaux du 28 août dernier qui autorisait les moire et échevins de Saintes à consulter sur ce point les États de la province.

E 2ᵉ, f° 237 r°, et ms. fr. 18165, f° 31 r°.

5606. — Arrêt relatif aux modifications que la cour des aides de Normandie propose de faire au bail de Mᵉ Claude Josse, adjudicataire général de tous les greniers à sel du royaume.

E 2ᵉ, f° 239 r°, et ms. fr. 18165, f° 30 v°.

1599, 20 novembre. — Paris.

5607. — Arrêt ordonnant à Mᵉ Dreux Barbin, receveur général des finances à Paris, de payer à la princesse de Condé 791 écus 1 sol, restés dus sur la pension de son fils, le prince de Condé.

E 2ᵉ, f° 241 r°, et ms. fr. 18165, f° 34 r°.

5608. — «Estat des sommes des deniers que le Roy, estant en son Conseil, a ordonné et ordonne estre levez en l'année prochaine, que l'on comptera 1600, par forme de creue extraordinaire oultre et par-dessus ce qui est contenu au brevet de la taille et creues y joinctes.»

Ms. fr. 18165, f° 34 v°.

1599, 23 novembre. — Paris.

5609. — Arrêt confirmant les privilèges des habitants de la châtellenie de Fouras, mais portant de 33 écus 1/3 à 100 écus le taux de leur abonnement aux tailles.

E 2ᵉ, f° 242 r°, et ms. fr. 18165, f° 36 r°.

5610. — Arrêt ordonnant le payement de 3,597 écus 40 sols assignés au sieur de Sancy sur la recette particulière de Saint-Maixent.

E 2ᵉ, f° 242 r°, et ms. fr. 18165, f° 36 r°.

5611. — Arrêt relatif à une requête des officiers et du fournisseur du grenier à sel de Cheverny tendant à ce que les habitants de Contres et de Soings prennent leur sel audit grenier.

E 2ᵉ, f° 242 v°, et ms. fr. 18165, f° 36 v°.

5612. — Arrêt donnant mainlevée des chevaux et de l'attirail du coche d'eau appelé le Corbillat, saisis à la requête du prévôt des marchands et des échevins de la ville de Paris, et ordonnant que les parties seront entendues au Conseil.

E 2ᵉ, f° 243 r°, et ms. fr. 18165, f° 36 v°.

5613. — Arrêt accordant à Mᵉˢ Simon de Mayre et Étienne Busseau, receveurs des aides et de l'équivalent de Poitou, décharge «des sommes ausquelles ilz ont esté taxez pour l'attribution de certain droict pour la réception des cautions des fermiers desdites aydes».

E 2ᵉ, f° 243 r°, et ms. fr. 18165, f° 37 r°.

5614. — Arrêt déclarant que le produit de l'impôt d'un écu par muid de sel passant sous le pont de la Charité sera en partie affecté à la réparation dudit pont.

E 2ᵉ, f° 243 v°, et ms. fr. 18165, f° 37 r°.

5615. — Arrêt accordant aux habitants du Bosc-Édeline remise des restes des tailles de l'année 1596 et surséance pour le payement des tailles de l'année 1597.

E 2ᵉ, f° 243 v°, et ms. fr. 18165, f° 37 v°.

5616. — Arrêt ordonnant que la demande d'élargissement présentée par Mᵉ Claude Fauvelet, procureur du Roi au bailliage de Sens, sera communiquée à Mᵉ Jean de Ligny, trésorier des Parties casuelles.

E 2ᵉ, f° 244 r°, et ms. fr. 18165, f° 37 v°.

5617. — Arrêt ordonnant que Jean Hue, sieur de Corbigny, répondra au sujet des faits articulés par Mᵉ François de Beauharnois, lieutenant général à

Orléans, par-devant le premier juge royal des lieux, ou par-devant le sieur de Calignon, conseiller d'État.

E 2°, f° 244 r°, et ms. fr. 18165, f° 37 v°.

5618. — Arrêt ordonnant « que toutes lettres de provision des offices de receveurs et contrerolleurs triennaulx des aydes et tailles du pays de Languedoc cy-devant expédiées à M° Palot, qui en a faict le party, seront réformées ès noms de telles personnes qu'il nommera ».

E 2°, f° 244 v°, et ms. fr. 18165, f° 38 r°.

5619. — Arrêt évoquant au Conseil le différend pendant entre le sieur de Fleury, surintendant général et grand maître des eaux et forêts de France, et le sieur de Ferrières-Myron, grand maître des eaux et forêts en Normandie, au sujet de la suppression des offices des eaux et forêts créés depuis le règne de Charles IX, attendu que ledit débat porte sur un commandement exprès du Roi.

E 2°, f° 246 r°, et ms. fr. 18165, f° 38 r°.

5620. — Arrêt ordonnant que les receveurs particuliers triennaux des tailles de Rouergue et de Quercy entreront, dès l'année 1600, en l'exercice de leurs charges.

E 2°, f° 247 r°, et ms. fr. 18165, f° 38 v°.

1599, 24 novembre. — Paris.

5621. — Arrêt ordonnant la restitution des sommes réclamées à l'évêque et au conseil du Valais tant par le sieur de Blascons que par le sieur d'Esdiguières, gouverneur de Dauphiné, contrairement au traité d'alliance qui exempte ledit évêque et ledit conseil de tout droit de traite sur le sel.

E 2°, f° 248 r°, et ms. fr. 18165, f° 39 r°.

1599, 27 novembre. — Paris.

5622. — Arrêt ordonnant que les lettres de provision de l'office d'huissier au parlement de Rennes, vacant par la mort de M° Mérault, seront délivrées au connétable de Montmorency et expédiées « au nom de telle personne que bon luy semblera ».

E 2°, f° 250 r°, et ms. fr. 18165, f° 39 v°.

5623. — Arrêt condamnant M° Philibert Bon, receveur particulier des tailles au diocèse de Nîmes, à payer à M° Jérôme Du Verger, receveur général des finances en la généralité de Montpellier, la somme de 2,837 écus 33 sols 4 deniers.

E 2°, f° 251 r°, et ms. fr. 18165, f° 40 r°.

1599, 1er décembre. — Paris.

5624. — Adjudication du droit d'entrée sur toutes les denrées et marchandises de Paris faite, pour un an, à Antoine Hervé, au prix de 79,000 écus.

E 2°, f° 253 r°, et ms. fr. 18165, f° 43 v°.

5625. — Adjudication de la nouvelle imposition de la généralité d'Orléans faite, pour un an, à Mathurin Lambert, au prix de 34,900 écus.

E 2°, f° 255 r°, et ms fr. 18165, f° 50 v°.

5626. — Adjudication des subsides de la Charente, de la Gironde et de la Seudre faite, pour cinq ans, à Claude Rasin, moyennant le versement annuel de 30,000 écus.

E 2°, f° 259 r°, et ms. fr. 18165, f° 41 v°.

5627. — Arrêt ordonnant que les doyen et chanoines de Rouen s'approvisionneront de sel au grenier de ladite ville et payeront le prix de marchand, suivant le contrat conclu avec M° Claude Josse, adjudicataire général des greniers à sel.

E 2°, f° 263 r°, et ms. fr. 18165, f° 50 v°.

1599, 2 décembre. — Paris.

5628. — Arrêt ordonnant qu'il sera levé en la généralité de Rouen une somme de 3,000 écus destinée au payement des frais des commissaires députés pour le régalement des tailles.

E 2°, f° 264 r°, et ms. fr. 18165, f° 45 r°.

5629. — Arrêt ordonnant qu'il sera levé en la généralité de Caen une somme de 3,000 écus, destinée au payement des frais des commissaires députés pour le régalement des tailles.

E 2°, f° 264 r°, et ms. fr. 18165, f° 45 v°.

5630. — Arrêt ordonnant qu'il sera levé en la généralité de Poitiers une somme de 1,500 écus, destinée au payement des frais des commissaires députés pour le régalement des tailles.

E 2ᵉ, fᵒ 264 rᵒ, et mś. fr. 18165, fᵒ 45 vᵒ.

5631. — Arrêt ordonnant que les deniers provenant de la suppression des offices de messagers seront affectés au remboursement d'une somme de 30,000 écus prêtée au Roi, lorsqu'il était à Arques et à Dieppe, par les États des Pays-Bas et par la princesse d'Orange.

E 2ᵉ, fᵒ 264 rᵒ, et ms. fr. 18165, fᵒ 45 vᵒ.

5632. — Arrêt déclarant que l'ambassadeur et les commissaires chargés du renouvellement de l'alliance avec les Suisses traiteront du payement de 72,000 écus dus au canton de Soleure.

E 2ᵉ, fᵒ 264 vᵒ, et ms. fr. 18165, fᵒ 45 vᵒ.

5633. — Arrêt accordant à Denis Nicou, fermier des moulins dépendant du domaine de Sens, remise d'un tiers de ses fermages de l'année 1597 et d'un quart de ses fermages de l'année 1598.

E 2ᵉ, fᵒ 264 vᵒ, et ms. fr. 18165, fᵒ 46 rᵒ.

5634. — Arrêt fixant à 700 écus le montant des tailles et crues payables, en l'année 1600, par les habitants de Montmirail.

(Arrêt cancellé.)

E 2ᵉ, fᵒ 265 rᵒ.

5635. — Arrêt ordonnant que, jusqu'au terme d'un abonnement de 9 ans conclu le 21 décembre 1593, les habitants de la ville et du marquisat de Royan payeront, chaque année, 317 écus 41 sols 8 deniers pour la taille, et 140 écus pour le taillon.

E 2ᵉ, fᵒ 265 vᵒ, et ms. fr. 18165, fᵒ 46 rᵒ.

5636. — Arrêt renvoyant aux trésoriers de France à Paris une requête en rabais présentée par Pierre Simon, caution de Jean Lequin, fermier des 12 deniers pour livre de drap vendu en gros dans les halles de Paris.

E 2ᵉ, fᵒ 266 rᵒ.

5637. — Arrêt relatif au payement d'une somme de 1,006 écus restée due par les habitants de Charly à Mᵉ Guillaume Cousinet, «commis pendant les derniers troubles à faire la recette des tailles en l'eslection de Soissons, lors transférée à Compiègne».

E 2ᵉ, fᵒ 266 rᵒ, et ms. fr. 18165, fᵒ 46 vᵒ.

5638. — Arrêt faisant remise de 66 écus 2/3 à Nicolas Lambert, ci-devant fermier de l'imposition nouvelle du vin à Chaumes.

E 2ᵉ, fᵒ 266 vᵒ, et ms. fr. 18165, fᵒ 46 vᵒ.

5639. — Arrêt ordonnant la vérification du montant des sommes dues aux officiers du Châtelet, pour leurs gages.

E 2ᵉ, fᵒ 266 vᵒ, et ms. fr. 18165, fᵒ 46 vᵒ.

5640. — Arrêt ordonnant qu'une requête du sieur de Marchaumont, tendant au payement de 1,973 écus 1/3 à lui dus pour arrérages de rentes, sera communiquée au prévôt des marchands et aux échevins de Paris.

E 2ᵉ, fᵒ 267 rᵒ, et ms. fr. 18165, fᵒ 47 rᵒ.

5641. — Arrêt relatif à la continuation d'une levée de 14,452 écus destinée au payement des fournitures faites par Jean Charmolue et par ses associés, en 1597, à «l'armée estant devant Laon».

E 2ᵉ, fᵒ 267 rᵒ, et ms. fr. 18165, fᵒ 47 rᵒ.

5642. — Arrêt chargeant le sieur de Marillac, maître des requêtes ordinaire de l'Hôtel, de vérifier le montant des deniers provenant de la vente des offices de regrattiers nouvellement créés, et ordonnant la vente de ceux de ces offices auxquels il n'a pas encore été pourvu dans le Lyonnais.

E 2ᵉ, fᵒ 267 vᵒ, et ms. fr. 18165, fᵒ 47 vᵒ.

5643. — Arrêt renvoyant aux trésoriers de France à Moulins une requête par laquelle le sieur de Chazeron, lieutenant général en Bourbonnais, demande le remboursement des sommes par lui prises sur les deniers des gabelles, pour le payement des troupes, durant les troubles.

E 2ᵉ, fᵒ 267 vᵒ, et ms. fr. 18165, fᵒ 47 vᵒ.

5644. — Arrêt accordant aux habitants de Noyon surséance pour le payement de la moitié des tailles et crues de l'année 1599, attendu les « deux prinses de leurdite ville, bruslement des deux tiers des maisons y estans et la maladye contagieuse y survenue ».

E 2ª, f° 268 v°, et ms. fr. 18165, f° 48 r°.

5645. — Arrêt ordonnant que, quand les trésoriers de France auront envoyé l'état des réparations qu'il est le plus urgent de faire en la généralité de Paris, il sera pourvu à une requête des religieux et des habitants de Lagny relative à la réparation du pont de ladite ville.

E 2ª, f° 268 v°, et ms. fr. 18165, f° 48 r°.

5646. — Arrêt ordonnant que, quand les trésoriers de France auront envoyé l'état des réparations qu'il est le plus urgent de faire en la généralité d'Orléans, il sera pourvu à une requête des habitants de Saint-Aignan relative à la réparation des ponts sur le Cher et des turcies et levées de ladite rivière.

E 2ª, f° 269 r°, et ms. f. 18165, f° 48 v°.

5647. — Arrêt ordonnant que les états de Mᵉ Abdenago Blondeau, receveur général provincial des gabelles en Bourgogne, seront vérifiés par le sieur Jeannin, conseiller d'État, attendu qu'il y a un procès pendant entre ledit Blondeau et plusieurs des trésoriers de France en Bourgogne.

E 2ª, f° 269 r°, et ms. fr. 18165, f° 48 v°.

5648. — Arrêt interdisant de nouveau à la Cour des aides la connaissance du procès pendant entre plusieurs rouliers d'Amiens et Jacques Blondin, au sujet de vingt-neuf chevaux pris pour le service du Roi, lors du siège de Cambrai.

E 2ª, f° 269 v°, et ms. fr. 18165, f° 48 v°.

5649. — Arrêt réduisant de moitié les taxes imposées aux officiers du bailliage, du présidial et de la prévôté de Chaumont « pour la révocation de l'éedict des alternatifz ».

E 2ª, f° 270 r°, et ms. fr. 18165, f° 49 r°.

5650. — Arrêt déclarant que les habitants de Chanoy et Jacques Hervé, collecteur des tailles en ladite paroisse, demeureront déchargés des restes des tailles de l'année 1595.

E 2ª, f° 270 r°, et ms. fr. 18165, f° 49 v°.

5651. — Arrêt réglant le payement de 1258 écus 20 sols dus pour les gages du feu président d'Espeisse.

E 2ª, f° 270 v°, et ms. fr. 18165, f° 49 v°.

5652. — Arrêt ordonnant que les lettres de provision de l'office de sergent à cheval au Châtelet, dont est pourvu Pierre Moussault, seront reformées au nom de Nicolas Landon.

E 2ª, f° 270 v°, et ms. fr. 18165, f° 49 v°.

5653. — Arrêt relatif au payement de diverses sommes dues au sieur de Lieudieu, gouverneur de Verdun.

E 2ª, f° 271 r°, et ms. fr. 18165, f° 50 r°.

5654. — Arrêt ordonnant de surseoir à l'exécution de l'édit des taverniers et cabaretiers, jusqu'à ce que l'un des conseillers d'État ait examiné l'état des sommes perçues par Scipion Sardini depuis le rétablissement dudit édit.

E 2ª, f° 271 r°, et ms. fr. 18165, f° 50 r°.

5655. — Arrêt chargeant le sieur de Marillac, maître des requêtes ordinaire de l'Hôtel, d'interroger Mᵉ Isaac Thierry « sur les faictz portez par les lettres missives ce jour d'huy leues au Conseil ».

E 2ª, f° 272 r°, et ms. fr. 18165, f° 54 v°.

5656. — Arrêt cassant tous les arrêts donnés au Parlement à la requête de Guillaume Don et consorts contre les receveurs généraux des finances du feu duc d'Anjou, « attendu qu'il est question des finances de Sa Majesté et debtes dudit seigneur duc, qui ne se peuvent ny doibvent acquitter que par les ordonnances et reiglemens de Sa Majesté et de son Conseil ».

E 2ª, f° 273 r°, et ms. fr. 18165, f° 53 v°.

5657. — Arrêt réglant la levée du reste des 3,500 écus imposés sur la ville et sur la châtellenie de Château-Renard, « à cause de la composition faicte avec le feu sieur de Chastillon, lors qu'il tenoit le chasteau de ladite ville assiégé ».

E 2ª, f° 275 r°, et ms. fr. 18165, f° 53 r°.

5658. — Arrêt accordant aux héritiers de feu Jean Renouard, receveur au grenier à sel d'Évreux, décharge d'une somme de 1,200 écus, volée audit défunt.

E 2°, f° 276 r°, et ms. fr. 18165, f° 52 v°.

5659. — Arrêt faisant remise de 1,850 écus à Jean Huqueleu, « fermier du nouvel impost des entrées sur les vivres et marchandises de la ville de Beauvais ».

E 2°, f° 277 r°, et ms. fr. 18165, f° 52 r°.

5660. — Arrêt ordonnant la vérification des sommes perçues par les commis à la recette de diverses taxes levées sous les ponts de Meulan, ainsi que la vérification des sommes dues sur lesdites taxes au sieur de Bellengreville.

E 2°, f° 278 r°, et ms. fr. 18165, f° 51 v°.

1499, 4 décembre. — Paris.

5661. — Arrêt déclarant que le procès pendant entre M° Jean Cousin et Jean Roger, au sujet de l'office de receveur général des finances en Bretagne, sera jugé au Conseil des finances, sur le rapport du sieur de Pontcarré.

E 2°, f° 279 r°, et ms. fr. 18165, f° 54 v°.

5662. — Arrêt relatif à une requête par laquelle les habitants du Haut-Vivarais demandent l'autorisation de s'approvisionner de sel dans les greniers à sel du Languedoc.

E 2°, f° 279 v°, et ms fr. 18165, f° 55 r°.

5663. — Arrêt renvoyant au juge de l'amirauté du Havre-de-Grâce une requête par laquelle frère Bernardin d'Axala demande restitution d'une cargaison envoyée par l'évêque de la Havane au couvent des Franciscains de Madrid et capturée en mer par le capitaine Massa.

E 2°, f° 281 r°, et ms. fr. 18165, f° 56 r°.

5664. — Arrêt renvoyant aux juges des lieux une requête par laquelle Georges Straguhin, marchand écossais, demande restitution des biens à lui pris sur mer par les capitaines de Belle-Isle et Laverdin et par plusieurs marchands de Roscoat.

E 2°, f° 281 r°, et ms. fr. 18165, f° 56 r°.

5665. — Arrêt évoquant au Conseil d'État la connaissance du procès pendant entre messire Jean Du Bourg, évêque de Rieux, et le sieur de Clermont, protestant, gouverneur de l'Isle-en-Jourdain, au sujet d'une pension que réclame ledit gouverneur sur le bénéfice de Latrape.

E 2°, f° 281 v°, et ms. fr. 18165, f° 56 r°.

5666. — Arrêt accordant aux habitants de Thizy et de Frontenas remise de ce qu'ils doivent des tailles des années passées jusqu'en l'année 1597.

E 2°, f° 282 r°, et ms. fr. 18165, f° 66 v°.

5667. — Arrêt ordonnant la continuation d'une levée annuelle de 2,000 écus destinée à l'acquittement des dettes de la ville de Blois.

E 2°, f° 282 r°, et ms. fr. 18165, f° 66 v°.

5668. — Arrêt accordant aux habitants de Bachivilliers remise des restes de l'année 1596 et surséance pour le payement des tailles de l'année 1597.

E 2°, f° 282 v°, et ms. fr. 18165, f° 57 r°.

5669. — Arrêt autorisant les colonels et capitaines suisses à procéder contre M° Jean Roger, receveur général des finances en Bretagne, par saisie et vente de son office, jusqu'à l'entier payement de 4,645 écus à eux assignés.

E 2°, f° 285 r°, et ms. fr. 18165, f° 55 v°.

1599, 7 décembre. — Paris.

5670. — Arrêt ordonnant que M° Nicolas Le Clerc payera aux Parties casuelles 150 écus pour la résignation de son office de conseiller au Parlement, et 250 écus pour sa commission de président aux Requêtes du Palais.

E 2°, f° 282 v°, et ms. fr. 18165, f° 57 r°.

5671. — Arrêt prohibant l'entrée des tapisseries, camelots, burails et autres étoffes semblables mêlées de soie, manufacturées aux Pays-Bas ou ailleurs.

E 2°, f° 283 r°, et ms. fr. 18165, f° 57 v°.

5672. — Arrêt ordonnant de nouveau la suppression de l'élection de Bellac.

E 2°, f° 286 r°, et ms. fr. 18165, f° 58 v°.

5673. — Arrêt réglant le payement des parties rayées par les trésoriers de France sur les états de plusieurs receveurs particuliers de la généralité de Limoges.

E 2ᵉ, fᵒ 287 rᵒ, et ms. fr. 18165, fᵒ 58 vᵒ.

5674. — Arrêt réglant la levée du reste des 20,055 écus 21 sols 9 deniers imposés sur la généralité de Poitiers, et que l'on devait payer à Mᵉ Jean Texier, receveur général des finances en la généralité de Limoges, pour l'indemniser de la distraction de certaines paroisses jointes à la nouvelle élection de Bellac.

E 2ᵉ, fᵒ 288 rᵒ, et ms. fr. 18165, fᵒ 57 vᵒ.

1599, 9 décembre. — Paris.

5675. — Arrêt ratifiant la revente des greffes et places de clercs des sénéchaussées de Toulouse et de Carcassonne.

E 2ᵉ, fᵒ 290 rᵒ, et ms. fr. 18165, fᵒ 60 rᵒ.

5676. — Arrêt anoblissant Pierre L'Angevin, lui accordant un privilège pour la construction de certaines galiotes de son invention, destinées à remorquer sur les rivières les bateaux marchands, et l'autorisant à y employer les forçats.

E 2ᵉ, fᵒ 291 rᵒ, et ms. fr. 18165, fᵒ 59 rᵒ.

5677. — Arrêt interprétant l'édit de mars 1597 relatif à la levée des droits d'entrée en l'élection de Chinon, droits naguère affermés à Gatien Rozier.

E 2ᵉ, fᵒ 293 rᵒ, et ms. fr. 18165, fᵒ 60 rᵒ.

1599, 10 décembre. — Paris.

5678. — Arrêt ordonnant que le procès pendant au Conseil privé entre dom Claude Dormy et frère François Chappelier, au sujet du prieuré de Saint-Martin-des-Champs, sera jugé au Conseil d'État.

E 2ᵉ, fᵒ 295 rᵒ, et ms. fr. 18165, fᵒ 61 vᵒ.

5679. — Arrêt ordonnant qu'il sera levé, en trois ans, sur les habitants du Gévaudan, une somme de 30,000 écus, destinée au remboursement du capital et des intérêts d'une somme que les gens du tiers état

d'Auvergne ont avancée, en 1586, « à l'armée conduite par le feu sieur de Joyeuse pour reprendre les villes occupées ès pays de Rouergue, Vellay, Gévaudan et Hault-Auvergne ».

E 2ᵉ, fᵒ 295 rᵒ, et ms. fr. 18165, fᵒ 61 vᵒ.

5680. — Arrêt ordonnant à Jean Aleaume, ci-devant commis à la recette du magasin de Meulan, de remettre au Conseil, dans la huitaine, son état de recettes et dépenses.

E 2ᵉ, fᵒ 296 rᵒ, et ms. fr. 18165, fᵒ 62 rᵒ.

5681. — Arrêt autorisant les officiers de l'élection de Montluçon à rembourser aux élus particuliers des châtellenies d'Ainay-[le-Château], de Saint-Amand-[Mont-Rond] et de Hérisson le prix de leurs offices, qui demeureront supprimés.

E 2ᵉ, fᵒ 296 rᵒ, et ms. fr. 18165, fᵒ 62 rᵒ.

5682. — Arrêt accordant à Antoine Claperon, fermier de la douane établie à Vienne et à Sainte-Colombe, surséance pour le payement d'un tiers de ses fermages.

E 2ᵉ, fᵒ 296 vᵒ, et ms. fr. 18165, fᵒ 62 vᵒ.

5683. — Arrêt réduisant à 2 écus par jour l'indemnité allouée à Mᵉ Carré, « naguères greffier en la commission des sieurs Des Barreaulx, de Reffuges et de Servières, envoyez en Languedoc pour la réformation des gabelles ».

E 2ᵉ, fᵒ 299 rᵒ, et ms. fr. 18165, fᵒ 63 vᵒ.

5684. — Arrêt accordant à Auguste de Franchy, gentilhomme génevois, mainlevée de tapisseries et de hardes saisies par les gardes des traites foraines de Picardie.

E 2ᵉ, fᵒ 300 rᵒ, et ms. fr. 18165, fᵒ 63 rᵒ.

5685. — Arrêt confirmant l'adjudication du nouveau subside des 5 sols par muid de vin de la généralité de Paris faite, pour cinq ans, à René Brunet.

E 2ᵉ, fᵒ 301 rᵒ, et ms. fr. 18165, fᵒ 64 vᵒ.

1599, 16 décembre. — Fontainebleau.

5686. — Arrêt ordonnant que lettres de provision de l'office de receveur des tailles en l'élection de Carentan, vacant par la mort de M⁰ Charles Sorin, seront expédiées au nom d'une personne capable, laquelle devra payer 2,000 écus à M⁰ Thomas Morant, receveur général des finances à Caen.

E 2ᵉ, f° 3o3 r°, et ms. fr. 18165, f° 65 v°.

5687. — Arrêt ordonnant qu'un acquit patent sera adressé au trésorier de l'Épargne au nom du comte de Saint-Pol, pour une somme de 33,333 écus 1/3, dont il n'a pu être payé.

E 2ᵉ, f° 3o5 r°, et ms. fr. 18165, f° 63 v°.

5688. — Arrêt réglant le cautionnement de Bernardin Cassanot, fermier général des gabelles en Languedoc.

Ms. fr. 18165, f° 64 r°.

5689. — Arrêt prohibant l'usage du sel de Brouage, de Poitou, d'Espagne, etc., dans le Rouergue, dans la Haute-Auvergne et dans tous les pays où l'on ne doit user que du sel blanc de Languedoc.

Ms. fr. 18165, f° 64 v°.

5690. — Arrêt relatif au payement de 10,000 écus dus au colonel Gaspard Gallaty.

Ms. fr. 18165, f° 65 r°.

5691. — Arrêt accordant aux habitants du faubourg d'Amboise surséance de six semaines pour le payement des tailles et des crues.

Ms. fr. 18165, f° 65 r°.

1599, 18 décembre. — Fontainebleau.

5692. — Arrêt ordonnant que M⁰ Jean Pietrequin, receveur des tailles en l'élection de Chaumont, sera contraint de payer 2,100 écus au sieur de Sancy.

E 2ᵉ, f° 3o7 r°, et ms. fr. 18165, f° 66 r°.

1599, 20 décembre. — Fontainebleau.

5693. — Adjudication des nouveaux subsides levés sur la Loire et sur ses affluents faite, pour cinq ans, à Étienne Ringues, moyennant le payement annuel de 56,000 écus, outre le versement de 3,000 écus « pour les armes de nostre cabinet ».

E 2ᵉ, f° 3o8 r°, et ms. fr. 18165, f° 66 v°.

5694. — Arrêt réduisant d'un tiers la taxe imposée à M⁰ Augustin de L'Isle, lieutenant particulier en la châtellenie de Château-Renard, pour la révocation de l'édit des alternatifs.

Ms. fr. 18165, f° 65 r°.

5695. — Arrêt déclarant qu'il sera pourvu à une requête des officiers de la bouche du Roi, après que le sieur de Vienne, contrôleur général des finances, aura examiné l'état de M⁰ Jacob Girard, trésorier général de la Maison du Roi.

Ms. fr. 18165, f° 65 r°.

1599, 29 décembre. — Paris.

5696. — Arrêt affectant le produit des taxes imposées aux receveurs des aides et tailles de la généralité de Soissons : 1° au remboursement des offices de sergents des tailles supprimés par l'édit de juin 1599 ; 2° au remboursement d'une somme de 30,000 écus avancée par le duc de Mayenne aux garnisons de Soissons et de Châlons-sur-Marne.

E 2ᵉ, f° 3i4 r°, et ms. fr. 18165, 73 v°.

5697. — Arrêt renvoyant à la Cour des aides un procès pendant entre le duc de Mayenne et M⁰ˢ Jean de Champfeu et Charles Moreau, receveurs généraux des finances à Moulins, lequel procès a été évoqué au Conseil, par arrêt du 14 août dernier.

E 2ᵉ, f° 3i5 r°, et ms. fr. 18165, f° 73 r°.

5698. — Arrêt déclarant que les officiers des finances seront contraints au payement des sommes auxquelles ils ont été taxés par forme d'emprunt, particulièrement dans les généralités de Toulouse et de Montpellier.

E 2ᵉ, f° 3i6 r°, et ms. fr. 18165, f° 72 r°.

5699. — Arrêt ordonnant au lieutenant en l'élection de Mantes de faire le procès aux habitants de Bennecourt qui ont voulu forcer Pierre Briché, Richard Ysaac et Jean Lorion, habitants de Bonnières, à contribuer au payement de leurs tailles.

E 2ᵉ, f° 3i7 r°, et ms. fr. 18165, f° 71 r°.

5700. — Arrêt déclarant que les habitants de Beauvais payeront 2,500 écus par forme de subvention, pour leur quote-part de ce qui doit se lever dans l'élection de Beauvais en l'année 1600.

E 2ᵉ, fᵒ 318 rᵒ, et ms. fr. 18165, fᵒ 70 vᵒ.

5701. — Arrêt déclarant qu'il ne sera fait aucun remboursement des deniers des tailles des années 1593 à 1595 qui ont pu être payés par certains contribuables de la généralité de Rouen avant la publication de la surséance accordée par Sa Majesté.

E 2ᵉ, fᵒ 319 rᵒ, et ms. fr. 18165, fᵒ 72 vᵒ.

5702. — Arrêt ordonnant qu'Antoine Hervé, fermier du sol pour livre, sera ouï au sujet d'une requête par laquelle les marchands de fer, acier, clouterie et charbon de terre de Paris demandent à être exemptés du sol pour livre, « attendu que le fer, de tout temps, a esté comprins soubz la marchandise de mercerye ».

E 2ᵉ, fᵒ 320 rᵒ, et ms. fr. 18165. 71 vᵒ.

5703. — Arrêt ordonnant que le duc de Mercœur sera remis en possession de la tour de Bouc, en laquelle le sieur de Guise tient garnison.

E 2ᵉ, fᵒ 320 rᵒ, et ms. fr. 18165, fᵒ 71 vᵒ.

5704. — Arrêt ordonnant que le fermier de la douane de Lyon sera entendu au sujet d'une requête par laquelle les marchands et fabricants de drap de soie de Lyon demandent l'application des règlements sur les droits d'entrée.

E 2ᵉ, fᵒ 320 rᵒ, et ms. fr. 18165, fᵒ 71 vᵒ.

1599, 31 décembre. — Paris.

5705. — Arrêt ordonnant à Mᵉ Étienne Puget, trésorier de l'Épargne, de verser entre les mains de Mᵉ Vincent Bouhier, trésorier de l'Épargne, une somme de 762 écus provenant de la réduction d'une indemnité allouée à Mᵉ Denis Carré, greffier des commissaires députés à la réformation des gabelles en Languedoc.

E 2ᵉ, fᵒ 322 rᵒ, et ms. fr. 18165, fᵒ 72 vᵒ.

5706. — Arrêt donnant assignation de 2,000 écus au sieur de Ventadour, pair de France, lieutenant général en Languedoc, pour sa pension de l'année 1598.

Clair. 653, p. 271.

5707. — Arrêt ordonnant le payement de 600 écus dus aux receveurs et aux contrôleurs de l'Écurie.

Clair. 653, p. 325.

5708. — Arrêt ordonnant le payement de 333 écus 20 sols dus à Mᵉ Louis L'Eschassier, pour ses gages de secrétaire des finances durant l'année 1598.

Clair. 653, p. 333.

ADDITIONS.

1591, 7 juillet.

5709. — « Articles respondus au Conseil du roy Henry 4ᵉ pour la reine Louise, douairière de France, veufve du feu roy Henry III... »

Ms. fr. 2751, f° 355 r°.

1591, 15 juillet. — Mantes.

5710. — Arrêt réglant les pouvoirs qu'auront dans la ville de Mantes le sieur d'O, gouverneur de la province, le sieur de Buhy, l'un des lieutenants du Roi en l'Île-de-France, et le sieur de Rosny, gouverneur particulier de ladite ville.

Ms. fr. 7007, f° 292 r°.

1591, 23 juillet. — Mantes.

5711. — Arrêt supprimant les offices des substituts du procureur général au parlement de Paris qui ont demeuré dans les villes rebelles; avis du Conseil tendant à la révocation de l'édit de création desdits offices.

AD I 110, n° 5.

1594, 20 janvier. — [Mantes.]

5712. — Arrêt renvoyant au parlement siégeant à Tours une requête par laquelle la reine douairière Louise de Lorraine, demande justice de l'assassinat de Henri III.

Ms. fr. 2751, f° 186 r°.

TABLE ALPHABÉTIQUE.

A

B

50

C

D

E

F

G

H

I

J

K

L

M

N

O

P

Q

R

S

T

W

X

Y

Z

ERRATA.

Page xliv, note 6. *Au lieu de :* Ibid., *lisez :* Bibl. nat., ms. français n° 18153, fol. 34 r°, etc., *comme à la note* 7.
Page xliv, note 7. *Au lieu de :* Bibl. nat., ms. français, etc., *lisez :* A. de Boislisle, *Les Conseils du Roi sous Louis XIV*, p. 64.
Page lxxii, ligne 24. *Au lieu de :* que s'est fait, *lisez :* que s'est faits.
Page cv, note 1. *Au lieu de :* ms. n° 310, *lisez :* ms. Godefroy n° 310.
Page cxlviii, ligne 14. *Au lieu de :* des triages, *lisez :* du triage.

N° 68. *Au lieu de :* Yvré-le-Châtel, *lisez :* Yèvre-le-Châtel.
N° 73. *Au lieu de :* Châteaumeillant, *lisez :* Mévouillon.
N° 92. *Au lieu de :* Vaurèze, *lisez :* Vaurezé.
N° 94. *Au lieu de :* amiral, *lisez :* amiral (*sic*, pour maréchal).
N° 223. *Au lieu de :* blés, *lisez :* blé.
N° 341. *Au lieu de :* Villars-Grillon, *lisez :* Villars, Grillon.
N°ˢ 445 et 491. *Au lieu de :* La Lunaille, *lisez :* La Limaille.
N° 511. *Au lieu de :* Sedericq, *lisez :* Federicq.
N° 529. *Au lieu de :* du Colombier, *lisez :* de Colombiers.
N° 609. *Au lieu de :* l'Orme, *lisez :* Lormes.
N° 616. *Au lieu de :* Ormoy, *lisez :* Ormes.
N° 701. Analyse d'un arrêt déjà inventorié sous le n° 693.
N° 865. *Au lieu de :* Brinon, *lisez :* Brinon (*sic*, pour Biron).
N° 1055. *Au lieu de :* 15189, *lisez :* 18159.
N° 1170. *Au lieu de :* Ygon, *lisez :* Ygou.
N° 1240. *Au lieu de :* Adenot, *lisez :* Adenet.
N° 1345. *Au lieu de :* ravitaillement, *lisez :* avitaillement.
N° 1370. *Au lieu de :* Berny, Brulart, *lisez :* Berny-Brulart.
N° 1430. *Au lieu de :* Charenton, de Saint-Maurice, *lisez :* Charenton-Saint-Maurice.
N° 1498. *Au lieu de :* Carantan, *lisez :* Carentan.
N° 1504. *Au lieu de :* Macere, *lisez :* Maceré.
N° 1511. *Au lieu de :* Montbaret, *lisez :* Montbarrot.
N° 1547. *Au lieu de :* Rocheblanc, *lisez :* Rocheblave.
N° 1602. *Au lieu de :* Revel, *lisez :* Renel.
N° 1719. *Au lieu de :* Apestegny, *lisez :* Apestéguy.
N° 1773. *Au lieu de :* Piepape, *lisez :* Piépape.
N° 1827. *Au lieu de :* Sayne, *lisez :* Sayve.
N° 1880. *Au lieu de :* Sedericq, *lisez :* Federicq.
N° 1891. *Au lieu de :* reportera, *lisez :* raportera.
N° 1895. *Au lieu de :* reporter, *lisez :* raporter.
N° 1964. *Au lieu de :* Pappe, *lisez :* [Pié]pape.
N° 2076. *Au lieu de :* Faulx, *lisez :* Saulx.
N° 2280. *Au lieu de :* Bernard, *lisez :* Léonard.
N° 2302. *Au lieu de :* Aubray, *lisez :* Ambray.
N° 2402. *Au lieu de :* Besnard, *lisez :* Bernard.
N° 2444. *Au lieu de :* Foulle, *lisez :* Foullé.
N° 2447. *Au lieu de :* duc, *lisez :* sieur.
N° 2451. *Au lieu de :* ordonnant, *lisez :* accordant.
N° 2472. *Au lieu de :* Brennot, *lisez :* Breunot.

N° 2527. *Au lieu de :* Plouier, *lisez :* Plovier.
N° 2551. *Au lieu de :* Bontonnal, *lisez :* Boutonval.
N° 2560. *Au lieu de :* Rocheblanc, *lisez :* Rocheblave.
N° 2563. *Au lieu de :* Priné, *lisez :* Privé.
N° 2629. *Au lieu de :* Manteville, *lisez :* Mauteville.
N° 2664. *Au lieu de :* Chavancy, *lisez :* Charancy.
N° 2716. *Au lieu de :* Bove, *lisez :* Boué.
N° 2754. *Au lieu de :* Rocheblanc, *lisez :* Rocheblave.
N° 2868. *Au lieu de :* Cognart, *lisez :* Coynart.
N° 2974. *Au lieu de :* majeur, *lisez :* mayeur.
N° 3012. *Au lieu de :* Le Brumeu, *lisez :* Le Brumen.
N° 3047. *Au lieu de :* Douon, *lisez :* Donon.
N° 3081. *Au lieu de :* Culfroy, *lisez :* Cinfroy.
N° 3149. *Au lieu de :* Nouynée, *lisez :* Nouyvée.
N° 3179. *Au lieu de :* Baudini, *lisez :* Bandini.
N° 3237. *Au lieu de :* Pinclaire, *lisez :* Pinelaire.
N° 3261. *Au lieu de :* Arrêt cancellé, *lisez :* Pièce cancellée.
N° 3412. *Au lieu de :* Turcey (?), *lisez :* Thoissey.
N° 3500. *Au lieu de :* Niraumont, *lisez :* Miraumont.
N° 3564. *Au lieu de :* Arrêt, *lisez :* Projet d'arrêt.
N° 3567. *Au lieu de :* Pontenet, *lisez :* Pontevez.
N° 3724. *Au lieu de :* Saléon, *lisez :* Salern.
N° 3733. *Au lieu de :* Bellievre, *lisez :* Veluire.
N° 3832. *Au lieu de :* Vedeau de Grançon, *lisez :* Veydeau de Gramont.
N° 4118. *Au lieu de :* Vigues, *lisez :* Vignes.
N° 4303. *Au lieu de :* duc, *lisez :* prince.
N° 4361. *Au lieu de :* 4067, *lisez :* 4066.
N° 4581. *Au lieu de :* Mony, *lisez :* Mouy.
N° 4617. *Au lieu de :* Bonin, *lisez :* Bouyn.
N° 4703. *Au lieu de :* 4693, *lisez :* 4692.
N° 4746. *Au lieu de :* Potles, *lisez :* Pothes.
N° 4927. *Au lieu de :* Guyonnelle, *lisez :* Guyonvelle.
N°ˢ 5065 et 5067. *Au lieu de :* Foufreide, *lisez :* Fonfreide.
N° 5086. *Au lieu de :* Fromont, *lisez :* Froment.
N°ˢ 5323 et 5324. *Au lieu de :* Cauteraine, *lisez :* Canteraine.
N° 5505. *Au lieu de :* Buriteaux, *lisez :* Bariteaux.
N° 5584. *Au lieu de :* Goulesve, *lisez :* Goulesne.

Page 385, col. 1, v° Abain. *Au lieu de :* Louis-Chasteignier, *lisez :* Louis Chasteignier.
Page 395, col. 1, v° Blaye. *Au lieu de :* 4754, *lisez :* 4753.
Page 397, col. 1, v° Boulogne-sur-Mer (Ville de). *Au lieu de :* Château, 4166, *lisez :* Château, 4165.
Page 397, col. 2, v° Bourbon (Charles, cardinal de). Les n°ˢ 2312, 2340 et 2432 se rapportent à Charles II, cardinal de Bourbon, les autres à Charles III, cardinal de Bourbon.
Page 404, col. 2. *Au lieu de :* Chasteigner, *lisez :* Chasteignier.
Page 409, col. 3, ligne 18. *Au lieu de :* Prassin, *lisez :* Praslin.
Page 432, col. 3. *Au lieu de :* La Lunaille, *lisez :* La Limaille.
Page 451, col. 3. *Au lieu de :* Ostefriss, *lisez :* Ostfrise.
Page 471, col. 3. *Au lieu de :* Taillet, *lisez :* Tailles.

TABLE GÉNÉRALE.